水城县志

SHUICHENG XIAN ZHI

（1978—2008）

六盘水市水城县地方志编纂委员会　编

方志出版社
Publishing House of Local Records

图书在版编目（CIP）数据

水城县志．1978 — 2008 / 六盘水市水城县地方志编纂委员会编．—北京：方志出版社，2018. 3

ISBN 978-7-5144-3043-1

I. ①水…II. ①六… III. ①水城县—地方志—1978 — 2008 IV. ① K297.34

中国版本图书馆 CIP 数据核字（2018）第 065740 号

水城县志（1978—2008）

编　　者：六盘水市水城县地方志编纂委员会

责任编辑：梅中英

出 版 者：方志出版社

地址　北京市朝阳区潘乐园东里 9 号（国家方志馆 4 层）

邮编　100021

网址　http//www.fzph.ofg

发　　行：方志出版社发行中心

电话　（010）67110500

经　　销：各地新华书店

印　　刷：昆明鹰达印刷有限公司

开　　本：889 × 1194　1/16

印　　张：46.75

字　　数：1176千

版　　次：2018年3月第1版　2018年3月第1次印刷

印　　数：0001 ~ 6000册

ISBN 978-7-5144-3043-1　　**定价**：780.00 元

《水城县志》编纂委员会

《水城县志》编辑人员

2007年8月至2011年8月

主　　编　李正龙
副 主 编　谢应钦　熊光阳
编　　辑　罗兰惠　叶志平　陆长海　彭清慧
资料收集　李正龙　谢应钦　熊光阳　罗兰惠　叶志平　陆长海
图片收集　李正龙　胡小柳　王中飞　王述慷　易进峰　刘治驿
校　　对　李正龙　谢应钦　熊光阳　彭清慧
编　　务　杜友惠　李姿梅　刘治驿　潘跃珍　蒙　勇　蔡　瑾

2011年9月至2012年5月

主　　编　邓刚森
副 主 编　罗兰惠
编　　辑　叶志平　陆长海
资料收集　邓刚森　罗兰惠　叶志平　陆长海
图片收集　邓刚森　罗兰惠　叶志平　陆长海
校　　对　邓刚森　罗兰惠　叶志平　陆长海
编　　务　李正龙　潘跃珍　蒙　勇　杜友惠　李姿梅　刘治驿　蔡　瑾　彭清慧

2012年6月至2016年4月

主　　编　郑应吉
副 主 编　戴兴赋　罗兰惠
编　　辑　叶志平　陆长海
资料收集　郑应吉　戴兴赋　罗兰惠　叶志平　陆长海
图片收集　郑应吉　罗兰惠　叶志平　陆长海
校　　对　郑应吉　戴兴赋　罗兰惠　叶志平　陆长海
编　　务　李正龙　潘跃珍　蒙　勇　杜友惠　李姿梅　刘治驿　蔡　瑾　彭清慧

2016年5月至2019年2月

主　　编　谢凤军
副 主 编　石舒德　吴顺文　李正龙　戴兴赋
编　　辑　罗兰惠
资料收集　谢凤军　石舒德　罗兰惠　李正龙　戴兴赋　唐　叶
图片收集　谢凤军　石舒德　李正龙　戴兴赋　罗兰惠　柏噕江　冯　伟　胡小柳
　　　　　龙　江　何思鸣　付定云　吴　刚　聂　康
校　　对　谢凤军　石舒德　吴顺文　李正龙　戴兴赋　罗兰惠
编　　务　王彦勇　杜友惠　李姿梅　刘治驿　蔡　瑾　李小龙　李嘉欣　王　黔

《水城县志》审稿人员

县级初审

杜　薇　易基恒　谢寿阳　金　星　郑　治　杨　彬　刘祖均　杨　锦
李洪喜　龙迎洪　邓刚森　谢凤军　柏竖江　杨　豪　王彬达　马武江
汪再剑　龙　江　陈　礼　邓　峰　邓世学　张友德　董　成　王林树
马永书　朱少达　邓　豪　金　杰　杨　锐　赵　吉　赵庆树　秦　凯
王　荣　孙成恒　郑应吉　石舒德　罗兰惠　李　丽　陈俊杰　袁丽君
李　涛　李正龙　戴兴赋

市级复审

余朝林　夏厚军　宋　兵　斯信强　汪龙舞　朱祖雄　余祖海　马永超
卢云儒

省级终审

梁贵钢　钟　莉　陆　震　车秀琴　李燕芝　王任索　唐玉芳　范同寿
周声浩

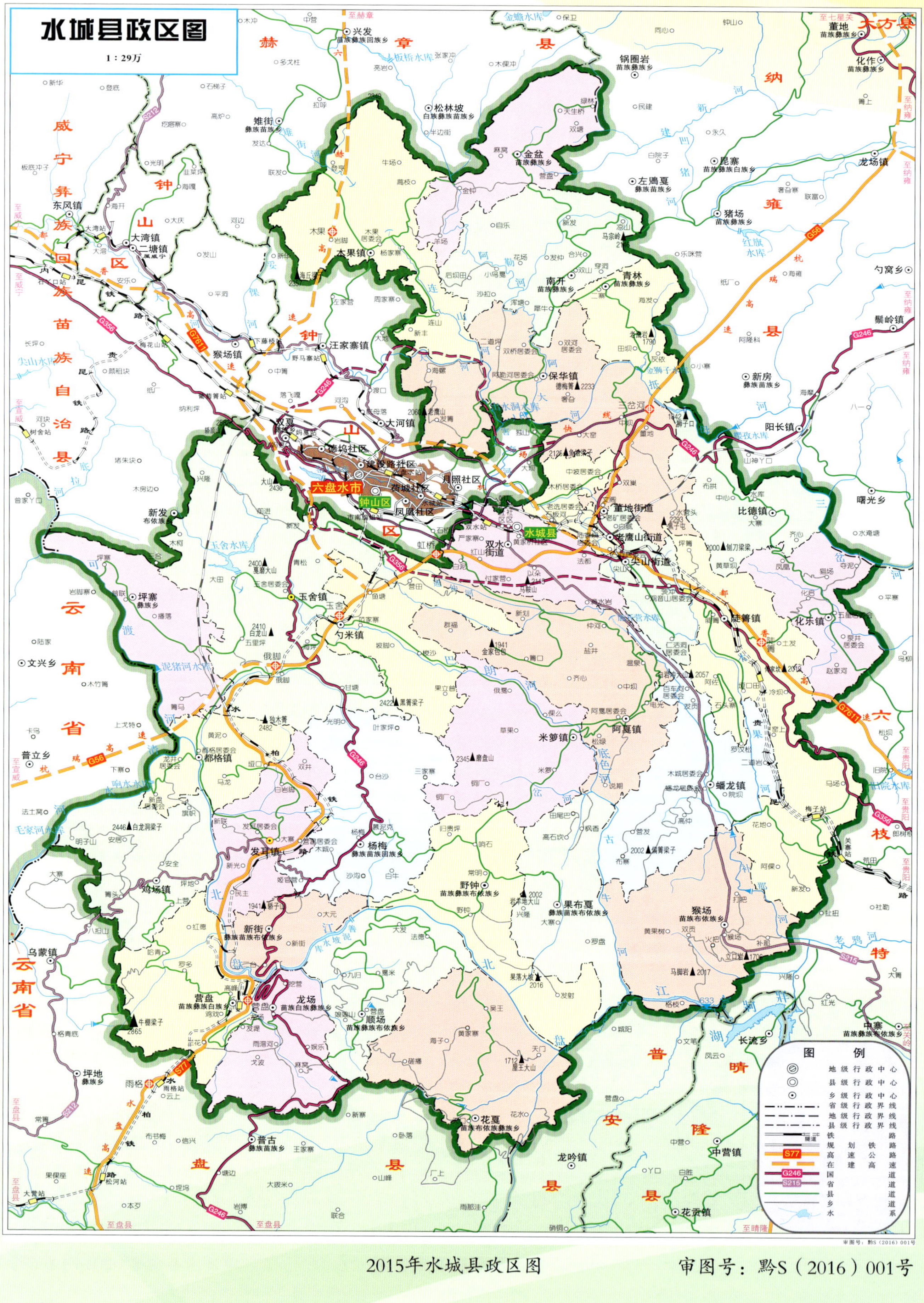

2015年水城县政区图

审图号：黔S（2016）001号

北盘江“马蹄峦”（胡小柳　摄）

北盘江大峡谷一景（胡小柳　摄）

乌蒙大地缝一景（胡小柳　摄）

花戛天坑（胡小柳　摄）

顺场乡九归梯田（胡小柳　摄）

花戛天门村（胡小柳　摄）

归集三屯（聂康　摄）

牛棚梁子峰顶（胡小柳　摄）

阿勒河景区一景（胡小柳　摄）

嘎直克石峰一景（胡小柳　摄）

双戛天生湖一景（胡小柳　摄）

虎跳石（红九军团长征渡过北盘江处）
（县史志办　供）

龙场乡碗厂红军烈士墓及纪念牌（胡小柳　摄）

钱氏印楼（胡小柳　摄）

夜郎王宫（胡小柳　摄）

妥倮大洞内的“大佛”（胡小柳　摄）

果布戛大硝洞一景（胡小柳　摄）

毛冲河竹竿桥（聂康　摄）

高家渡铁索桥（胡小柳　摄）

红豆杉（胡小柳　摄）

西康玉兰（胡小柳　摄）

黑叶猴（胡小柳　摄）

岩羊（胡小柳　摄）

红腹锦鸡（胡小柳　摄）

白腹锦鸡（胡小柳　摄）

猫头鹰（胡小柳　摄）

光叶珙桐（胡小柳　摄）

野生菌——鸡枞

1982年水城老城一景

1982年老城集市
（胡小柳　摄）

1992年县委、县政府驻地一角

2000年位于黄土坡的县委办公楼
（史志办　供）

2000年位于黄土坡的县政府办公楼
（史志办　供）

双水县委、县政府办公楼（胡小柳　摄）

2006年双水新区一角（胡小柳　摄）

2008年双水街道（胡小柳　摄）

2008年双水夜景一角（胡小柳　摄）

双水会展中心（胡小柳　摄）

双水广场一角（胡小柳　摄）

耕地（聂康　摄）

杂交玉米育苗地膜覆盖栽培（县农业局　供）

水稻两段育秧（胡小柳　摄）

马铃薯基地一角（胡小柳　摄）

荞麦基地一角（胡小柳　摄）

白菜（胡小柳　摄）

生姜苗（县农业局　供）

辣椒采摘（聂康　摄）

西红柿采摘（聂康　摄）

西瓜（县农业局　供）

香瓜（胡小柳　摄）

甘蔗（胡小柳　摄）

烤烟（胡小柳　摄）

白芨（中药材）种植基地一角（聂康　摄）

铁皮石斛（中药材）种植基地一角（聂康　摄）

半夏（中药材）种植（县农业局　供）

大棚竹荪（胡小柳　摄）

采茶（胡小柳　摄）

血红李（胡小柳　摄）

黄金梨（胡小柳　摄）

脆桃（胡小柳　摄）

核桃（胡小柳　摄）

新街乡二台坡鹅蛋柑（胡小柳　摄）

“黔宏”牌红心猕猴桃（胡小柳　摄）

樱桃（胡小柳　摄）

刺梨（胡小柳　摄）

杨梅（胡小柳　摄）

圣女果（胡小柳　摄）

蓝莓（胡小柳　摄）

猕猴桃基地一角（王述慷　摄）

纸厂乡前进村果树大棚一角（胡小柳　摄）

百车河高效农业科技生态园（胡小柳　摄）

杨梅乡茶园一角（胡小柳　摄）

“水城春”系列茶品（胡小柳　摄）

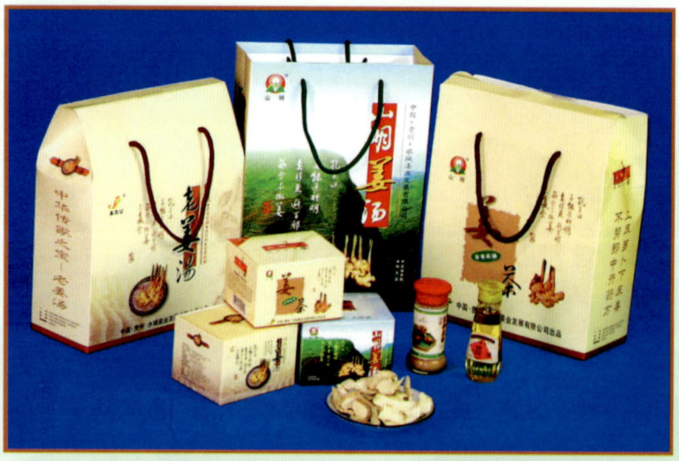

水城姜茶系列产品（胡小柳　摄）

特色食品——精肉鲊（胡小柳　摄）

草地养羊（县农业局　供）

肉牛（胡小柳　摄）

饲养生猪（县农业局　供）

种畜场繁殖的牛犊（县农业局　供）

规模化养鸡（聂康　摄）

1978年10月水钢2号焦炉祝捷大会现场
（县经信局　供）

1991年8月25日改质沥青工程竣工点火烘炉现场
（县经信局　供）

1994年三焦回收工程竣工现场
（县经信局　供）

2008年二净化车间初冷塔区焦炉设备
（县经信局　供）

2004年生产中的焦炉夜景（县经信局　供）

鑫晟煤化工有限公司煤泥矸石电厂一角
（县经信局　供）

玉舍煤业瓦斯发电（县经信局　供）

杨梅变电站（110千伏）（县经信局　供）

固虹塑料品厂生产车间（县经信局　供）

鑫新碳素有限责任公司（县经信局　供）

双牌铝业厂房（胡小柳　摄）

发耳煤电厂（县经信局　供）

下井前的煤矿工人（县经信局　供）

玉舍煤业井下机械采煤（县经信局　供）

1991年10月省军区政委喻忠桂少将（前中）到县检查扶贫工作
（县人武部　供）

1997年省军区司令员陈庆云少将（后排左四）向光明村小学赠学习用品（县人武部　供）

2006年10月省军区副政委何洪江少将（右四）参加冷坝学校落成典礼（县人武部　供）

2000年8月省军区政委谌宏昌少将（右一）检查县人武部干部理论学习情况（县人武部　供）

民兵训练轻武器知识讲解（县人武部　供）

民兵参加修公路（县人武部　供）

国防教育宣传（县人武部　供）

2008年军民抗冰保电（县人武部　供）

民兵应急分队待命（县人武部　供）

水盘中线公路建设（胡小柳　摄）

群众投工投劳建设水盘东线（胡小柳　摄）

横跨乌蒙大地缝的溜索（胡小柳　摄）

盘山公路（胡小柳　摄）

水黄高等级公路一段
（胡小柳　摄）

水盘高速公路营盘乡段（胡小柳　摄）

1971年通车的北盘江发耳大渡口公路桥（胡小柳　摄）

北盘江铁路桥（胡小柳　摄）

青林抵母河特大桥（聂康　摄）

2016年通车的杭瑞高速公路都格北盘江大桥（世界第一高桥，横跨云贵二省）（姜卫平　摄）

20世纪80年代中期的乡级小学
（胡小柳　摄）

21世纪初的乡级小学（聂康　摄）

1983年哈青岩洞小学（胡小柳　摄）

21世纪初的青林小学（聂康　摄）

水城县一小（县教育局　供）

水城二中（县教育局　供）

水城四小（县教育局　供）

六盘水市第八中学（聂康　摄）

水城县第一届中小学船模比赛（聂康　摄）

民族挑花进课堂（聂康　摄）

都格中学大课间——达体舞（聂康　摄）

原发耳乡卫生院（胡小柳　摄）

20世纪90年代的县医院（胡小柳　摄）

2005年搬迁至双水的县医院（胡小柳　摄）

21世纪初的村级卫生室（县卫计局　供）

21世纪初的米箩乡中心卫生院（县卫计局　供）

明硐水库一角（姚咏　摄）

两江公园一角（胡小柳　摄）

玉舍国家级森林公园一景
（胡小柳　摄）

雪中森林公园一景（姚咏　摄）

以朵森林公园一景（胡小柳　摄）

双水公园一角（聂康　摄）

彝族彩布贴花服饰制作（何剑春　摄）

彝族“打亲”（何剑春　摄）

彝族拦门酒（何剑春　摄）

彝族唢呐（县旅游局　供）

彝族酒令舞（何剑春　摄）

彝族铃铛舞（何剑春　摄）

彝族火把节（姚咏　摄）

彝族火把节篝火（胡小柳　摄）

彝族火把节（胡小柳　摄）

千米农民画绘制（聂康　摄）

节日欢歌（姚咏　摄）

苗族芦笙舞（胡小柳　摄）

南开花场（聂康　摄）

县志编委会第一次会议

县修志业务培训会

2017年《水城县志（1978—2008）》终审会召开

左起：罗兰惠（地方志股股长）、吴顺文（史志办副主任）、代兴赋（县志副主编）、谢凤军（史志办主任）、李正龙（县志副主编）、石舒德（史志办副主任）

序

《水城县志（1978—2008）》经过十年编纂，终于成书付梓与读者见面，可喜可贺。

水城县地处贵州西部六盘水市腹地，是一个幅员辽阔、资源丰富、山川壮美、民族风情浓郁的县级行政区。1994 年出版的《水城县（特区）志》对水城县及水城特区的历史曾有系统翔实的记述。但该志下限截至 1990 年，很少涉及县区分设后的水城县。

1987 年 12 月，水城特区撤销，分设为水城县和钟山区。随后行政区域的重新划分，主要城镇和工商企业划归钟山区，水城县则多是发展滞后的边远农村，以至县属行政机关都处在钟山区行政区域内。自次年起，水城县经济在总量小起点低的基础上艰难起步。后来的 21 年中，历届县委、县政府领导全县人民立足资源优势，不断深化改革、加大招商引资力度，千方百计发展以非公有制经济为主体的县域经济，促进社会进步。至 2008 年，经济和各项社会事业均取得长足进步，上了一个新的台阶。巨大而深刻的变化值得大书特书。

农业经过产业结构调整，逐步从传统农业向现代农业过渡，公司加农户经营模式的实施提高了农业生产力。烤烟成为支柱产业和农户收入的重要来源。“水城春”茶叶、山明姜茶创出品牌，畅销全国。科技养羊使畜牧大县的地位更加巩固。农民外出务工，增加收入又增长见识。新农村建设，解决人畜饮水困难，改造危房，使农村面貌焕然一新。退耕还林、植树造林、封山育林，逐年提高全县森林覆盖率，生态环境明显改善。20 余年的扶贫攻坚，使农村大面积脱贫，农村居民人均纯收入成倍增长。

工业充分发挥煤电资源优势，“筑巢引凤”，招来响水电站、双牌双元铝业公司、玉舍煤矿、发耳电厂、发耳煤矿等大批企业落户。2008 年，全县工业总产值比 1988 年增长 181. 78 倍。

进入 21 世纪后，水城县紧紧抓住西部大开发这一千载难逢的机遇，交通、水利、通信等基础设施得到极大改善。2003 年双水新县城建成，成为县域经济社会发展的中心。在国家和省市政府及社会各界的支持下，水城县不断加大教育投入，办学条件极大改善。2005 年，水城县“两基”攻坚工作通过省政府验收。2008 年全县适龄儿童入学率 99. 4%，比 1988 年的 72. 5% 增加 26. 9 个百分点。教育、卫生、体育等事业蓬勃发展，全县人民整体素质和健康水平不断提高。

其间，水城县着力发展旅游业。经规划建设，玉舍国家级森林公园等一批旅游景点初具规模，每年的南开苗族跳花节和海坪彝族火把节活动开展得热烈浓郁，水城农民画、水城烙锅、水城羊肉粉等成为闻名遐迩的旅游产品。

以上举其大端的表述显然不能代替系统的记述。水城县地方志编纂委员会历时十年编纂的《水城县志（1978—2008）》，全面、系统地记述水城自然、经济、政治、文化、社会的历史与现状，同时正确反映历史发展中的曲折和问题，自然是全方位了解水城县首选的资料性著述。这部新的方志遵循《地方志书质量规定》，实事求是地记述水城县（特区）伴随改革开放走过的30年历程。全书观点正确，体例严谨，内容全面，特色鲜明，记述准确，资料翔实，表达通顺，文风端正，图文并茂，印制规范，堪称水城县新的“地方之全史”。希望全县干部职工认真读之用之，让其资治、存史、教化的功能得到充分发挥。

《水城县志（1978—2008）》编纂过程中，得到省市地方志部门和有关领导、专家、学者精心指导；全县各党政部门和企事业单位，特别是档案部门提供大量第一手资料；编辑人员辛勤笔耕，后勤人员全力服务。值此成书之际，我们谨代表中共水城县委、水城县人民政府衷心地对他们深表谢忱。

中共六盘水市委常委、中共水城县委书记　张志祥

2018年1月16日

凡　例

一、本志编纂以马克思列宁主义、毛泽东思想、邓小平理论、“三个代表”重要思想、科学发展观、习近平新时代中国特色社会主义思想为指导，依照《地方志工作条例》《贵州省地方志工作规定》进行，运用辩证唯物主义和历史唯物主义的立场、观点和方法，实事求是地记述水城县（特区）的历史和现状。

二、本志为《水城县（特区）志》续志，上限为1978年12月，下限为2008年12月；对延续性较强的事件，上下限适当予以延伸，部分图片拍摄时间突破上下限；本志与前志记述时间有12年重叠，本志记述重叠时段时，内容重在查缺补漏；因修志历时较长，在附录中设“限外资料”对水城县2009—2015年的情况作简介。

三、全志采用述、记、志、传、图、表、录的记述体裁，以“志”为主。“志”的内容一般按篇、章、节、目、子目分层次记述；但内容简单的少数“节”不分“目”记述，内容简单的部分“目”不分“子目”记述。“煤炭”“烤烟”等水城特色内容升格记述，部分不宜立“节”的内容附在相关“节”后记述。

四、本志记述空间，1978年12月至1987年12月为水城特区辖境，1988年1月至2008年12月为水城县辖境（因水城特区分设为水城县和六盘水市钟山区）；部分人员在县（特区）外的活动也作适当记述。

五、“人物”部分采用“人物传”“人物简介”“名录”方式记述，坚持生不列传原则，“传记”“传略”按出生时间先后排列；前志已列传的人员（含本志时限内去世的人员），本志不再列传；本志上限前去世的人，分别在“传记”和“传略”后附的“补遗”中记述；由于本志编纂时间较长，本志“人物”下限延长至2015年12月。

六、本志一律用现代汉语行文，使用简化汉字；标点符号、计量单位的使用及数字用法，遵循国家公布的有关规定。

七、带有时间表述的名称和专项事物名称用当时称谓，对难以理解的词或词组进行括注。

八、重复出现的词语，首次使用全称并括注简称，之后使用简称或习惯称谓。

九、本志中记述的犯罪嫌疑人等负面人员，一律只记姓，不记名。

十、本志资料主要由各单位提供，采用少量图书报刊、文书档案及调查采访资料，文内不注明资料出处。因收集图片的时间跨度较长，收集时未注意拍摄时间，导致部分图片无法注明拍摄时间。数据以统计部门为主，也使用其他主管部门的数据；由于统计口径差异，数据不完全统一，因统计存在误差，数据与真实情况也不完全相符。

目 录

第四篇　党派　群团

第五篇　人大　政府　政协

第六篇　军事　国防

第七篇　公安　检察院　法院　司法

第十篇　工业　乡镇企业

第十一篇　煤　炭

第十二篇　商贸　非公经济

第十三篇　财税　金融

第十四篇　经济管理

第十五篇　民政人事劳动和社保　安监

第十六篇　科技　教育　卫生

第十七篇　文化　旅游　档案　体育

第十八篇　民俗　方言　宗教

人　物

附　录

概　述

一

1978年12月，水城特区（简称特区）隶属六盘水市（简称市）；1987年12月，国务院批准撤销水城特区，分设为水城县（简称县）和六盘水市钟山区（简称钟山区）。

水城特区由政企合一试点的原水城特区与毕节地区的水城县于1970年12月合并而成。地处贵州省（简称省）六盘水市西北部，具体位置在北纬26°3′~26°55′，东经104°34′~105°15之间，东邻六枝特区和纳雍县，西接威宁彝族回族苗族自治县和云南省宣威县，南连盘县特区和普安县，北毗赫章县，另有二塘、三合2个公社嵌于威宁县境内。全境南北长125千米，东西宽75千米，总面积4071平方千米。1987年12月县区分设，从特区划出1镇13乡置钟山区，余下10区98乡归水城县；全县总面积3641.77平方千米，县机关驻钟山区黄土坡。2001年后，县机关陆续迁往双水。2003年6月，民政部批准水城县政府驻地迁移滥坝镇双水。

县（特区）境地形西北高，东南低，峰峦起伏，河道纵横，谷地、山原、丘丛、坝子星罗棋布，溶岩地貌发育。二塘乡内的韭菜坪主峰，海拔2900.3米，是全省最高峰；北盘江出境处海拔635米。县境内有海拔2000米以上的山体1500多座，其中海拔2500米以上的10座。乌蒙山脉北段东南坡支脉横贯中部，成为境内长江水系的三岔河与珠江水系的北盘江的分水岭。地质构造以二叠系、石炭系和三叠系发育最好、分布最广；泥盆系、侏罗系和下第三系呈零星块状分布；第四系发育最差、分布极为零散；白垩系和上第三系缺失。河流多居深槽峡谷中，落差大、水能蕴藏量丰富。除南部的北盘江、北部的三岔河有客水过境外，其余支流和溪沟多属雨源性河流。天然降水形成的地表径流，经断层、裂隙进入地下补给地下水，但分布不均，季节变化明显。全境地处中亚热带季风气候区，为高原季风气候，夏无酷暑，冬无严寒，雨热同季、冬长无夏，春秋相连；年平均气温12.3℃，年降水940~1450毫米；年平均日照1553小时，年无霜期210~350天。雨季常出现“十里不同天”的现象，即同一时间内相距不远处晴雨各异。气候灾害有暴雨、倒春寒、秋风、凝冻、冰雹、春旱、雷电、大风等；地质灾害有滑坡、塌陷、地震等；生物灾害有病虫和鸟兽灾等。

县（特区）境大部分土地海拔在1400~1900米之间，土壤种类有山地灌丛草甸土、山地黄棕壤、黄壤、石灰土、紫色土、淤土、沼泽土和水稻土。特区有耕地139252.67公顷、林地45562.53公顷，县2008年有耕地103273.73公顷、林地131344.93公顷。植被有常绿阔叶林、常绿落叶阔叶混交林、河谷山地季雨林、灌木林。有高等植物900多种，其中有国家一级保护植物光叶珙桐、云南穗花杉、南方红豆杉、银杏，国家二级保护植物9种，并有多种食用、药用菌类，其中鸡枞为水城特产；有脊椎野生动物130种，其中有国家一级保护动物黑叶猴，二级保护陆生野生动物19种。矿藏以煤为主，特区探明储量69220亿千克，县2008年保有储量49156.62亿千克，煤矿具有分布广、煤质好、煤种多等特点。金属矿藏有铁、铅、锌、铝、铜、锰、钴、铀等，已探明铁储量312.47亿千克、铅储量1.21亿千克、锌储量4.35亿千克。非金属矿藏有辉绿岩、黏土、白云岩、石灰岩、砂岩、大理石、矽藻土、萤石、石膏、石棉、重晶石、冰洲石、水晶、高岭土等。

二

1978年，特区辖11个区121个公社。1979年2月增设大湾区，特区辖12个区111个公社574个大队3176个生产队。1982年7月15日，恢复城关区，城关镇易名水城镇。是年9月15日建立大河镇、汪家寨镇、大湾镇、观音山镇、老鹰山镇，特区有12个区6个区级镇，110个公社658个大队5576个生产队。1983年4月16日，按上级规定，人民公社更名为乡、设乡人民政府（“人民政府”简称“政府”），生产大队更名为村、设村民委员会（简称村委），生产队更名为村民组（简称组）。1984年，特区设立47个民族乡，建立5个区级镇，镇辖乡改为管理区，全特区5个镇8个区辖89个乡（含民族乡47个）、23个管理区。1987年，特区有1个镇12个区，辖111个乡。是年年底，县区分设，县辖滥坝、比德、南开、大河、玉舍、发耳、龙场、杨梅、米箩、蟠龙10个区98个乡。1992年实行建镇、并乡、撤区后，县辖滥坝镇和阿戛、盐井、蟠龙3个乡，比德、化乐、陡箐、董地、南开、保华、青林、金盆、木果、发箐、双戛、玉舍、勺米、坪寨、纸厂、杨梅、新街、野钟、果布戛、发耳、都格、鸡场、龙场、营盘、顺场、花戛、米箩、猴场、红岩29个民族乡，1个社区557个村3201个村民组。2008年，全县有33个乡（镇）313个村1个社区，县党政机关95%驻双水。

1982年全国第三次人口普查时，特区人口数为796614人。1987年，县区分设后，县人口数为147349户，618339人。1990年全国第四次人口普查时，县人口数为622751人；2000年全国第五次人口普查时，县人口数为678228人。2008年县人口数为73.09万人。

县区分设前，特区居住人口中有民族成分37个，其中世居民族有汉族、苗族、彝族、布依族、白族、水族、回族、仡佬族，其他民族人口不多，多为“三线建设”开始后由全国各地零星迁入。1982年全国第三次人口普查时，特区少数民族有235282人，其中彝族67655人、苗族49053人、布依族29301人、水族7939人、回族3647人、仡佬族1552人、白族48人。1983年后经民族识别，原湖广人归属苗族，南京人归属白族，苗族、白族人口数发生大的变动。1990年全国第四次人口普查时，县有民族成分26个（含待识别的穿青人、蔡家人），少数民族人口数为275666人，其中苗族93588人、彝族66774人、布依族36006人、白族6711人、水族4211人、回族3076人、仡佬族1861人。2000年第五次人口普查时，县有少数民族274114人，其中苗族126319人、彝族79339人、布依族21789人、白族14244人、回族4245人、水族3875人。少数民族少部分单独居住，多部分互相杂居。

水城境内汉语方言（水城话），属北方话中的西南官话区黔西北片黔中小片方言。20世纪60年代“三线建设”时期迁入外地人群增多，带来东北、华北、华东等地的方言。为方便交流，加上国家提倡，普通话日渐普及。

三

1978年中共十一届三中全会后，县（特区）进入改革开放的新时期，经济发展速度加快。农村先后实行的第一轮（15年）和第二轮（50年）土地联产承包责任制，充分调动农民的生产积极性，同时产业结构得到调整，科技含量不断提高，农林牧业长足发展。

1987年全特区粮食总产量13463.4万千克，比1978年的12622.44万千克增产6.7%；2008年，全县粮食总产量26481.4万千克，是1988年11191.7万千克的2.4倍。生姜一度成为种植业的支柱，原发耳区龙井乡烘烤的干姜片，曾列为国家出口免检产品。发耳等乡的蔬菜，增加农民收入，又补充城镇市场需求。全县烤烟产量1978年为32.96万千克，1987年为135万千克，2008年增至606.3万千克（是1988年175.1万千克的3.5倍）。通过植树造林、封山育林和退耕还林，实行用材林与经果林并重发展林业。2008年，全县森林覆盖率36.63%，有茶场1000公顷，年产茶叶15.8万千克；有柑、橘、桃、李、杏、梨等水果基地和核桃、板栗等干果基地。“水城春”富硒茶享誉全国；“黔宏”牌红心猕猴桃成为“2008北京奥运推荐果品”。畜牧业加大良种繁育、疫病防治、饲料改良方面工作力度，生猪存栏数大幅提升；1978年特区生猪存栏194864头，1987年增至269915头，2008年县生猪存栏340393头（比1988年的212949头增长59.8%）。水利、水保等部门采取多种方式修建人畜饮水工程和防洪排涝工程，实施长江防护林工程和珠江防护林工程，强化退耕还林还草，使巴浪河、俄脚河等小流域的生态环境得到强有力治理。1991—2007年全县累计完成石坎坡改梯16326.7公顷，基本农田建设取得较好成绩。

1978年六盘水建市后，特区较大的企业多数划归市管。1986年特区确定为国家级重点扶持贫困县。1987年县区分设前，特区工业总产值为46383万元。是年，特区多数工业企业划归钟山区，县几乎成为纯农业县。1988年县工业总产值仅3410万元。县委县政府带领各有关部门，大力发展以非公有制经济为主体的工业。水城朝阳锌业集团、六盘水双牌双元铝业有限责任公司、奔牛食品有限公司等企业陆续落户水城。煤炭产业是水城的经济支柱和主要财源。玉舍煤矿、发耳煤矿等大型股份制企业于21世纪初落户水城，给县域经济注入新的活力。1978年特区生产原煤31.6亿千克、焦炭3.6亿千克、洗精煤10亿千克，1987年特区生产原煤49.3亿千克、焦炭7.4亿千克、洗精煤8.2亿千克。2008年县生产原煤469490万千克（是1988年63000万千克的7.5倍），生产焦炭45520万千克（是1988年9000万千克的5.1倍），生产洗精煤6.34亿千克（1988年为0），煤炭行业税收17554万元（为全县地方财政总收入33903万元的51.8%）；全县工业总产值623296万元，比1988年增长181.78倍。

县区分设后，县积极争取国家投资，千方百计引进资金建设基础设施，建设部门加强规划和工程管理，城乡面貌焕然一新。位于双水的新县城兴建大量办公楼、商业用房和居民住宅，逐步具备“山水园林城市”的功能。南开、都格、发耳、玉舍等小城镇建设和各乡（镇）新农村建设均取得显著成果。株（洲）六（盘水）复线、水（城）柏（果）铁路、内（江）昆（明）铁路修通，铁路运力增强，推动水城经济的发展。交通部门持续加大公路建设力度，城乡交通明显改善。水电、移民等部门加大招商引资力度，先后建成加开营、玉舍等水库和加开营、乌都河、出水洞、响水（一期）、金狮子（二级）等水电站，其中响水电站（一期）总投资53776万元、装机容量10万千瓦。开工建设毛家河、乌图河（一级）、泥猪河等水电站。发耳火电厂（4×60万千瓦）1号2号机组分别于2008年6月21日和11月26日投入商业运营。供电部门加强电网建设和改造，2008年全县实现村村通电。2001—2008年，全县建成农村沼气池18780口。文化等部门和电信、移动、联通企业开展文化与通讯设施建设。截至2008年，全县所有乡（镇）都建成文化站，开通闭路电视、程控电话和移动电话，手机普及到每个自然村寨；部分乡（镇）还开通互联网，电脑普及到多数城镇和部分农村。

县旅游业起步于20世纪90年代。经过各级政府和旅游部门的规划建设，2008年，玉舍国家级森林公园、啰咪期生态旅游度假区、天生湖奇锦生态旅游区、百车河现代高效农业生态园、前进村农业旅游示范点等旅游景点初具规模，全县接待游客525200人次（其中海外游客100人），旅游综合收入9585.48万元。南开苗族跳花节和海坪彝族火把节均展现独特的民族风情。

1978年特区财政总收入为1899万元，财政总支出为1138万元。1987年特区财政总收入为1528万元，比1978年少371万元（国有企业税收归市），财政总支出为2901万元，是1978年的2.5倍。2008年县财政总收入为64144万元（是1988年526万元的121.9倍），财政总支出为106906万元（是1988年2814万元的38倍），全县社会固定资产投资为573932万元（是1988年1113万元的515.7倍），本地生产总值为515060万元（是1988年20108万元的25.6倍）。

县国土资源部门精心制定土地与矿产利用规划，既保护土地与矿产，又合理安排国家建设用地和矿产开采。环保部门进行环境监测和污染治理，依法关闭污染严重企业。审计部门开展各种审计和审计调查，使各项资金充分发挥效益。工商部门加强企业、个体工商户、市场、商标、广告、合同管理，维护经济发展秩序。质量技术监督部门对产品质量、计量、标准化进行监督，开展质量技术检测和特种设备、食品安全巡查，没收销毁假冒伪劣商品。物价部门开展价格监测和检查，尽力稳定物价。统计部门进行各种统计，为领导决策提供数据。

四

1978年，特区党政领导机关分别为中国共产党水城特区委员会（简称特区党委）和水城特区革命委员会（简称特区革委）。1980年12月29日，特区第二届人民代表大会（第一届召开于1971年，时称“补台大会”）召开，选举产生特区地方国家权力机关——特区人大常委会和地方行政机关——特区人民政府。翌日，特区爱国统一战线组织——中国人民政治协商会议水城特区委员会（简称特区政协）恢复重建。自此，特区四大班子配齐，开始形成在特区党委的统一领导下，特区人大常委会、特区政府、特区政协各自按照宪法、法律赋予的职权和相关章程开展工作的政治格局。

1978—1987年，特区党委经历3届，特区人大常委会、特区政府分别经历4届，特区政协经历3届。1988—2008年，中国共产党水城县委员会（简称县委）经历5届，县人大常委会、县政府和中国人民政治协商会议水城县委员会（简称县政协）分别经历6届。

1978年，特区有区（镇）党委11个，乡党委121个，部门党委2个，党组7个，党总支部2个，党支部835个，党员10661名。1987年，特区有区（镇）党委13个，乡党委111个，部门党委6个，党组10个，党总支部5个，党支部1004个，党员13326名。2008年，全县有乡（镇）党委33个，部门党委（工委）5个，党组40个，党总支部22个，党支部683个，党员17725人。基层党组织和党员成为水城经济和社会建设的中坚力量。

全县各级政府在施政实践中重视制度建设和作风建设，使政府工作逐步法制化、规范化、制度化。政府贯彻执行同级党委的决议，接受同级人民代表大会及其常委会的法律监督和工作监督，接受同级政协的民主监督。20世纪90年代以后，县政府职能转移到经济调节、市场监管、社会管理和公共服务上；行政审批事项逐年减少，审批程序逐步简化；政务公开逐渐推行，接受群众监督的程度不断加深。1997年，全县行政机关和党群部门实行公务员制度。2008年，全县有在岗职工1.35万人（为1988年0.91万人的1.5倍），职工年平均工资34045元（为1988年1583元的21.5倍）。

中国人民解放军水城特区人民武装部（简称特区人武部）或中国人民解放军水城县人民武装部（简称县人武部）认真开展民兵预备役工作并不断取得成绩；武警、消防官兵和民兵在抢险救灾、维护社会治安中发挥重要作用。通过完成4个“县（特区）普及法律常识五年规划”，启动实施“五五”普法，干部职工法制观念和法律意识不断增强。公、检、法、司通力合作，打击违法犯罪。1978年特区审结刑事案件80件，审结民事案件115件；1987年特区审结刑事案件300件，审结民事案件750件，审结经济案件132件。2008年县审结刑事案件289件，比1988年的152件上升90.13%；审结民事与经济案件1446件，比1988年的742件上升94.88%。

五

县（特区）优先发展教育，不断加大教育投入，教育事业成绩斐然。1978年特区有普通中学29所，中学教师732人，在校中学生20738人，本科录取89人，大专录取39人；有小学1327所，小学教师4213人，在校小学生114538人。1987年特区有普通中学65所，中学教师1569人，在校中学生31363人，本科录取277人，大专录取194人；有小学503所，小学教师4313人，在校小学生131031人。2008年，县有普通中学54所（是1988年13所的4.2倍），中学教师1894人（是1988年310人的6.1倍），在校中学生42012人（是1988年11809人的3.6倍），本科录取489人（是1988年54人的9.1倍），大专录取259人（是1988年25人的10.4倍）；有小学335所（比1988年减少34所），小学教师4172人（比1988年的3112人增长34.1%），在校小学生108470人（比1988年的78256人增长38.6%），适龄儿童入学率99.4%（比1988年的72.5%高26.9个百分点）。

《水城特区报》《水城报》在宣传水城等方面发挥较好的作用。《水城县（特区）志》在全国志书评奖中获二等奖。《中国民间文学三套集成水城卷》记录各世居民族的民间传说故事、歌谣、谚语。水城农民画1983—1990年获国家级一等奖1个、二等奖2个，省级一等奖4个、二等奖4个、三等奖8个；水城因此于1988年2月被文化部命名为中国现代民间绘画画乡；2005年、2007年又获得多个奖项；2008年，县再次被文化部命名为中国民间文化艺术之乡。水城苗族蜡染、布依族刺绣等民间工艺和民族音乐舞蹈、布依族服饰和唢呐曲等以其浓郁的民族特色被列为非物质文化遗产，受到保护，得以传承。截至2008年，县有猴子厂冶炼锌矿遗址等12处古遗址，黄金印墓等4处古墓、碑刻，高家渡铁索桥、钱家印楼等6处近现代代表性建筑和双鱼纹铜铣等2件传世文物；其中被列为省级文物保护单位1处，市级文物保护单位3处，县级文物保护单位14处。

1978年大河矿、老鹰山矿分别建成小功率电视差转台，占水城片区电视总覆盖率的10.7%。1979年建成老城至场坝、老城至黄土坡有线广播专线约9千米。1980年特区电视总覆盖率为22.1%。1990年后，因管理和广播发展进步等原因，县有线广播逐渐消失。1991年7月1日，县调频广播电台正式播音。2008年，全县电视总覆盖率为100%。

县（特区）多次举办球类、田径等运动会。1985年，特区代表队参加全省体育比赛，获金牌4枚、银牌4枚、铜牌5枚。民族民间体育活动活跃，逢年过节开展打秋千、打陀螺、斗牛、摔跤等传统体育项目。

卫生防疫部门大力开展爱国卫生活动，进行环境、饮水、食品方面的宣传教育与监督，加强药品监管与妇幼保健，坚持中西医结合治疗疾病。特区卫生技术人员，1978年有2316人，1987年增至3250人（增长40.3%）；2008年县有卫生机构37个（比1988年的122个少85个），有病床622张（比1988年的1642张少1020张），有卫生工作人员746人（比1988年的549人增长35.9%）。县（特区）计划生育（简称计生）工作曾以不同的方式几度掀起高潮，均收到显著效果。

科技部门组织科技人员充当科技兴县的尖兵，推广杂交良种、分带轮作、地膜覆盖、育苗移栽、平衡配套施肥等农业适用技术，使农业快速发展。档案部门整理和保存档案，既传承史料，也为解决历史遗留问题提供依据。

六

1981—2008年，县（特区）招录大量机关和事业单位工作人员，招收工人2933人，农民外出务工224807人次。1997年后，县职工养老保险、工伤保险、失业保险、城乡居民最低生活保障、职工医疗保险和生育保险、城镇居民基本医疗保险、新型农村合作医疗和农村医疗救助等制度逐步建立和完善，社会保障能力不断提高。劳动就业制度和人事管理制度经过多次改革，逐步完善；县（特区）机关、事业单位参与全国第二次、第三次、第四次工资制度改革，职工收入逐渐增加。安全部门加强安全检查与监督，保障人民生命安全。

民政部门开展优抚、救灾救济、婚姻登记和老龄等工作。1979—2008年县（特区）有30人成为烈士，3人立一等功、15人立二等功（烈士立功除外），发放救灾救济款8852.96万元、救济粮5191.3万千克。1980—2008年县（特区）婚姻登记68939对。

水城境内佛教信徒分散，曾有1个活动点；道教仅在民间活动；伊斯兰教为回族奉信，有6个活动点；天主教信徒较少；基督教苗族信徒较多，有74个活动点和39个教堂。

民族宗教部门开展民族识别、民族教育、少数民族干部培养使用、宗教管理与服务等工作，促进各民族共同繁荣，促使各宗教健康发展；1978—2008年，县（特区）下拨民族经费1826.89万元，为少数民族解决实际问题。

1978—2008 年，县（特区）人民衣、食、住、行和文化生活均发生翻天覆地的变化。2008 年县农村居民人均纯收入 2538.7 元（是 1988 年 157 元的 16.2 倍），社会消费品零售总额 56708 万元（是 1988 年 6650 万元的 8.5 倍）。

水城县自 1988 年县区分设以后，经济和各项社会事业高速发展。但由于经济总量小、底子薄、起点低，与先进发达地区相比还有较大差距。进入 21 世纪后，经过实施西部大开发战略，基础设施建设取得巨大成就，办学条件极大改善，生态环境逐步变好，扶贫力度逐年加大，各项事业欣欣向荣。

大事记

1978 年

12 月 18 日 国务院批准六盘水地区改为六盘水市，仍辖六枝、盘县、水城 3 个特区，市革命委员会（简称“市革委”）驻水城。

1979 年

2 月 20 日 根据上级制定的政策，特区党委部署“四类分子”（地主、富农、反革命分子、坏分子）摘帽工作。评审后，特区给 6337 的名“四类分子”摘帽，占总数 6496 名的 97.55%，剩余 159 人于 1982 年前全部摘帽。

2 月 23 日 特区党委作出《关于董照玉等 5 人“右派反党集团”复查改正的决定》（5 人为原县委副书记董照玉，原县委委员、县法院院长牛印起，原县检察院检察长齐昌山，水城铁厂原副厂长马宜堂，毕节地委农工部合作科原副科长孙清堂）和《关于对张呈跃等 5 人“右派集团”复查改正的决定》（5 人为原县供销社主任张呈跃，原县供销社业务科科长李祥达，原县供销社财会科科长曾宪栋，原县供销社会计保兴芝，城关供销社原主任张崇龙）。

是月 特区增设大湾区（辖二塘、三合 2 个公社），全特区有 12 个区，111 个公社，574 个大队，3176 个生产队。

3 月 12 日 大河区艺奇公社艺奇大队煤窑发生瓦斯爆炸事故，死 17 人、重伤 11 人，轻伤 1 人，经济损失 4.7 万元。

5 月 25 日 全特区开始土壤普查工作（普查成果获 1987 年省农业系统科技成果二等奖）。

是月 由特区有关单位和解放军 35216 部队、文山军分区人员组成对越自卫还击战牺牲烈士慰问团，分别在烈士家乡区、公社、大队干部的配合下，慰问 14 户烈士家属。

8 月 经中国共产党六盘水市委员会（简称市委）批准，成立中国共产党水城特区委员会纪律检查委员会（简称特区党委纪委）。

9 月 22 日 经市、特区两级有关部门调查核实，水城发电厂 1973 年投产后烟气对双戛、艺奇两个公社造成严重污染，市革委决定由水城发电厂赔偿两个公社损失费 30 万元。

9 月 27 日 特区党委成立落实“起义投诚人员”政策领导小组及办公室（“办公室”简称“办”）；随后，为原国民党县、团级以上特赦人员蒋义名、黄敬之、谭家荣、李伯平、马功武、罗兴文、翟士宪、陆铸亚等安排工作，对原国民党起义投诚人员落实相关政策并进行妥善安置。

10 月 24 日 邹璜任特区党委书记。

是年 发耳区龙井公社被对外经济贸易部列为贵州外贸干姜出口基地。

1980 年

3 月 13 日 加开营水库工地发生雷管被盗案件，公安机关追回雷管 7014 发。

3 月 21 日 中共贵州省委（简称省委）组织部对市委《关于中国人民解放军滇桂黔边区纵队 6 支队边防大队 3 中队调查结论报告》进行批复（该中队又称水城游击队），特区党委随即对被错误处理的原水城游击队人员进行平反。

10 月 28 日 中共中央总书记胡耀邦到水城视察，听取市委、水城矿务局党委、水钢及水城煤矿设计院的工作汇报，并作重要讲话，省委第一书记池必卿等陪同。

11 月 11 日 特区党委发出《关于认真组织传达中发〔1980〕75 号文件〈进一步加强和完善农业生产责任制的几个问题的通知〉的通知》，实行“包产到户”为主的农村改革。

12 月 16 日 特区成立地名普查领导小组，办公室设在特区民政局，开展地名普查工作，并将普查结果汇编成《六盘市地名录》（下册，水城特区部分）。

12 月 29 日 中国人民政治协商会议水城特区第一届委员会第一次会议（简称政协特区一届一次会议，“中国人民政治协商会议水城特区第×届委员会第×次会议”简称“政协特区×届×次会议”）召开，至次年 1 月 6 日闭幕。

是日 水城特区第二届人民代表大会第一次会议（简称特区二届人大一次会议，“水城特区第×届人民代表大会第×次会议”简称“特区×届人大×次会议”）召开，至次年 1 月 8 日闭幕。

是月 根据上级决定，水城特区革命委员会改称水城特区人民政府，各区革命委员会改称区公所。

是年 特区执行“划分收支、分级包干”财政体制，各种工商税作为地方调剂收入，实行分级管理；因钢铁、煤炭、电力、建材系统及市级企业税收全部划归市财政，特区财政收入由上年的 2005.3 万元下降为是年的 895.7 万元。

1981 年

3 月 11 日 市革委开会研究五届全国人大三次会议 982 号提案《彻底解决水城钢铁厂严重染污水城特区 10 万居民生活用水案》，决定对水城片区进行全面水质普查。

6 月 8 日 特区建立人民武装委员会。

7 月 7 日 特区在玉舍区玉舍公社召开林业“三定”（定山林权、定自留山、定林业生产责任制）会议，开展林业“三定”工作试点。

8 月 11 日 大河煤矿南井区发生冒顶事故，死亡 10 人，轻伤 2 人，损失 57 万元。

1982 年

1 月 23 日 副省长王振江率团慰问水城矿务局职工。

2 月 28 日 中国共产党水城特区第二次代表大会召开，至 3 月 6 日闭幕，选出特区党委和特区党委纪委；在 3 月 6 日的中国共产党水城特区第二届委员会第一次全体会议上，邹璜当选第一书记，阎昭冉当选第二书记。

3 月 11—15 日 特区二届人大二次会议和政协特区一届二次会议召开。

5 月 15 日 特区政府发出《关于大力开展灭鼠工作的意见》，在全特区统一开展灭鼠工作。

7 月 15 日 经上级批准，恢复城关区，城关镇易名水城镇。

8 月 17 日 胡洪明等人在大河区纳福公社开办的小煤窑发生瓦斯爆炸事故，死亡 10 人。

9 月 15 日 经上级批准，建立大河镇、汪家寨镇、大湾镇、观音山镇、老鹰山镇。

10 月 20 日 煤炭部副部长李奎生到水城矿务局参加西南煤炭开发可行性研究落实会议。

10 月 24 日 美国伊利诺大学菲利普斯教授、中国矿业学院王洁、田宝琳副教授到汪家寨煤矿考察、采样。

11 月 18 日 西班牙、法国、西德、比利时的专家一行 15 人，到水城矿区参观考察。

是年 特区列为“西南 3 省 11 县草山草坡开发试点县”，由国家、省、市、特区配套投资建设；首次飞播牧草 666.67 公顷（1985 年通过部级验收），投资 10.9 万元。

1983 年

3 月 20 日 水城矿务局木冲沟煤矿发生瓦斯爆炸事故，死亡 84 人，煤炭工业部副部长于洪恩、副省长罗尚才等到现场指挥抢险、善后处置和事故调查处理。

3 月 25—30 日 政协特区一届三次会议召开。

3 月 26—30 日 特区二届人大三次会议召开。

4 月 16 日 按上级决定，全特区的公社改为乡，生产大队改为村，生产队改为村民组。

5 月 23 日 汪家寨煤矿青年矿工安兴华当选全国人大代表。

7 月 4 日 大河区纳福乡煤厂发生瓦斯爆炸事故，死亡 14 人、伤 6 人。

8 月 9 日 汪家寨煤矿平硐发生瓦斯爆炸事故，死亡 12 人。

是月 特区按中共中央《关于严厉打击刑事犯罪活动的决定》开展“严打”工作（“严厉打击刑事犯罪活动”简称“严打”）。

10 月 25 日 水城矿务局中心医院成功将死者骨骼移植于受术者体内。

是月 水城水泥厂普通 525 早强型水泥获中国名优产品称号。

11 月 18 日 倪裔昌任特区党委书记。

12 月 省政府、省军区通报表彰 1982—1983 年度全省拥军优属先进集体和先进个人，城关镇、倮摩乡被表彰为先进集体，周绍武等7名军属或退伍军人被表彰为先进个人。

是年 市委、市政府将特区百货公司、纺织品公司、五交化公司、石油公司、糖烟酒公司、蔬菜公司、食品公司、饮食服务公司、医药公司上调为市级公司（1986年特区180名市人民代表联名在市人代会上提出议案后，市将百货大楼和民贸商店管理权划归特区）；9个公司自有资金共858.4万元，固定资产1186.3万元，正式职工1800余人，有冷库、商业生产厂4个、矿区商店6个、百货大楼1幢、大小门市部250余个，还有粮食局下属的全部城镇粮店及1个转运站、9个供应站、2个加工厂、1个车队。

△ 发耳区龙井乡生产的干姜获对外经济贸易部颁发品质优良证书。

△ 特区轮胎翻新厂被省政府评为先进单位。

1984年

2月 特区党委纪委升格为中国共产党水城特区纪律检查委员会（简称特区纪委）。

4月3—10日 特区三届人大一次会议和政协特区二届一次会议召开。

4月9日 经上级批准，撤销城关镇，建立水城镇；撤销滥坝区、老鹰山镇和观音山镇，建立滥坝镇；撤销大河区和汪家寨镇，建立大河镇；撤销大湾区和原大湾镇，建立大湾镇；新建杨柳镇；各镇所辖乡改为管理区，各管理区设管理委员会。

8月13日 观音山铁矿炸药库发生爆炸事故，42790千克炸药、4万发雷管爆炸，死亡2人、伤223人，经济损失43万元。

9月4日 经省政府批准，特区建立47个民族乡。

10月30日 中国水利经济研究会副理事长王平与中国国土经济研究会副理事长耿一凡一行5人，到水钢考察。

是月 管彦鹤任特区党委书记。

11月 陈文荣任特区党委书记（列管彦鹤之后，同一时期有书记2人）。

12月1日 特区列为南方14个重点畜牧基地县之一。

12月30日 中国共产党水城特区第三次代表大会召开，至次年1月4日闭幕，选出特区党委和特区纪委；在中国共产党水城特区第三届委员会第一次全体会议上，管彦鹤、陈文荣当选书记（由管彦鹤主持工作）。

是年 特区按市委招聘人才会议精神，引进专业技术干部151名，技术工人178名，90%的人员充实到基层。

1985年

1月1日 《水城特区报》创刊。

1月8日 特区各部门在区（镇）的下属单位管理权下放，划归区（镇）统一管理。

3月18—22日 特区三届人大二次会议和政协特区二届二次会议召开。

3月25日 特区和贵阳市云岩区结成姊妹区。

5月22—24日 《光明日报》等全国25家报社组成采访团，采访水钢等5个厂矿。

8月9日 特区开展整党工作（1987年7月23日全特区整党结束并经市委验收合格）。

是月 省委书记胡锦涛到特区调研。

9月 陈文荣主持特区党委工作。

11月6日 国家畜牧基地建设项目专家组组长、草原生态学专家任继周到特区考察。

11月8日 印度克利思蒂恩医生和美国捷布森医生到特区考察，参观特区皮肤病防治站，考察麻风病联合化疗情况。

11月27日 解放军英模汇报团五分团李作成、李正芳、靳建疆等英模到特区举行报告会，次日，3位英模为《水城特区报》题词。

12月2日 米箩区西北的盐井、箐口、倮么一带发生5.4级地震，震中位于北纬26度25分、东经105度，震源深度10公里，震中烈度6度，面积160平方公里，震塌房屋234间，损坏房屋294间，无人畜伤亡。

12月17日 贵（阳）昆（明）电气化铁路贵阳至水城西站段开通。

1986年

1月7日 特区中医院（全市第一家中医院）开诊，设内科、骨科、妇科、儿科、皮肤科、针灸科、五官科、老年科，设病床100张。

2月3日 特区党委在发耳区召开大会，为在“文化大革命”中被打成“土匪武装”的原水城游击队平反，给80名游击队员和15名游击队地下工作者颁发荣誉证书。

3月12日 以坪井洋文为团长的日本国立历史民俗博物馆访问考察团一行6人，到马坝村考察苗族习俗和民情。

3月17—24日 特区三届人大三次会议和政协特区二届三次会议召开。

4月5日 特区党委召开党员代表会议，114名代表出席，选举出中国共产党六盘水市第一次代表大会代表79名。

5月5日 中国科学院贵州分院李永康教授到特区考察，在玉舍区舍戛乡老林沟发现国家一类保护植物光叶珙桐，国家二类保护植物水青树、西康玉兰，珍贵树种黄杉等。

5月5—6日 特区召开房屋普查总结表彰大会，表彰工作成绩突出的单位和个人；经普查，全特区城镇房屋总面积318万平方米，人均使用面积9平方米，人均居住面积5.4平方米。

是月特区人武部被成都军区评为军民共建文明单位。

6月1日 中国人民解放军水城特区人民武装部更名为水城特区人民武装部，改为地方建制，为副县级机构，受地方同级党委、政府和军分区双重领导，原工作职能不变。

是日 荷兰草种咨询协会牧草生产管理专家维恩斯塔应邀到玉舍、凤凰山、德坞草场和奶牛场考察，省畜牧局局长王志轩和牧草专家陈绍萍陪同。

6月18日 滥坝镇个体小煤窑发生瓦斯爆炸事故，死亡10人。

7月14日 市师专实习考察队，在杨梅区新街乡购回黑叶猴尸体1具，因此发现特区境内有国家一级保护动物黑叶猴。

8月8日 世界卫生组织西太平洋地区慢性病顾问高尔维茨和卫生部热带病研究所教授李恒英到特区皮肤病防治站考察，对特区麻风病防治工作取得的成绩充分肯定。

9月1日 大河镇纳福管理区小煤窑发生瓦斯爆炸事故，死亡31人，重伤1人。

10月1日 市区人民路（东起场坝，西至94工程处大门，全长9.28公里，宽24米）扩建工程竣工通车。

12月27日 水钢废水处理工程投入使用，处理水质达国家排放标准，该工程投资907万元，日处理废水能力7680万千克。

是年 特区民族事务委员会（“民族事务委员会”简称“民委”）开展抢救濒临失传古籍工作，收集到彝文和布依文古书1300余册，拓印古彝文碑帖5件。

△ 水城水泥厂的普通525早强型水泥获国家银质奖，被新加坡、泰国列为免检商品。

△ 历时7年的特区落实知识分子政策工作结束，共平反知识分子冤假错案258人，补发14人“文化大革命”中被扣（停）发工资4.1万元，发展知识分子342人加入中共组织，选拔138人担任科级以上领导职务，解决家属子女就业422人、夫妻两地分居162对、农转非164户（795人），给2391人补发技术津贴和学习费。

△ 特区被确定为国家级重点扶持贫困县。

1987年

4月17—24日 特区四届人大一次会议召开。

4月19—24日 政协特区三届一次会议召开。

5月8日 汪家寨小煤窑挖出2亿年前古植物鳞木化石。

6月9日 水城钢铁厂更名为水城钢铁公司（简称水钢）。

6月25日 六盘水黑叶猴自然保护区在杨梅区野钟乡划定，范围自干沟河竹竿桥到石垭口以下大箐头，全长14公里，总面积13.62平方公里，共立界桩95处。

10月18日 中英联合岩溶考察队英国岩溶学家迪克、威尼斯等人对蟠龙、玉舍、德坞、梅花山等喀斯特地区的岩溶、地貌、水文、地穴、环境进行考察。

11月30日 特区被评为全国麻风病防治先进单位。

12月15日 国务院批准撤销水城特区，设立水城县和六盘水市钟山区；中国共产党水城特区委员会更名为中国共产党水城县委员会，水城特区第四届人民代表大会议定为水城县第一届人民代表大会，水城特区人民政府更名为水城县人民政府，中国人民政治协商会议水城特区委员会更名为中国人民政治协商会议水城县委员会，水城特区人民武装部更名为水城县人民武装部，中国共产党水城特区纪律检查委员会更名为中国共产党水城县纪律检查委员会（简称县纪委），水城特区人民法院更名为水城县人民法院（“人民法院”简称“法院”），水城特区人民检察院更名为水城县人民检察院（“人民检察院”简称“检察院”）。

是年 建立玉舍区舍戛乡老林沟自然保护区，占地17.67公顷，保护区内有国家一类保护植物光叶珙桐，二类保护植物水青树和西康玉兰，珍稀树种黄杉、七叶树、山椒树、云南花椒等。

1988年

2月9日 水城被文化部社会文化局命名为中国现代民间绘画画乡。

3月12日 县供销社副主任文权友当选第七届全国人大代表。

3月16日 县机关调出164名干部到钟山区工作。

6月23—28日 中国人民政治协商会议水城县第一届委员会第一次会议（简称政协县一届一次会议，“中国人民政治协商会议水城县第×届委员会第×次会议”简称“政协县×届×次会议”）召开。

6月24—28日 水城县第一届人民代表大会第二次会议（简称县一届人大二次会议，“水城县第×届人民代表大会第×次会议”简称“县×届人大×次会议”）召开。

9月5日 县拨款3万元维修高家渡铁索桥（该桥于清朝光绪33年建成）。

11月19—24日 中国共产党水城县第一次代表大会召开，选出县委和县纪委；在中国共产党水城县第一届委员会第一次全体会议上，陈月枢当选书记。

是月 《中国民间文学三套集成水城卷》出版，内容包括民间故事、民间歌谣、民间谚语，共120万字。

12月 水城列为全国41个重点产煤县之一。

是年 因县区分设，县财政收入为526.7万元，比1987年全特区财政收入少1000.1万元。

△ 县食盐凭票供应，农业人口每人每月供应0.6千克，非农业人口每人每月供应0.5千克。

1989年

3月27日至4月1日 政协县一届二次会议召开。

3月28日至4月1日 县一届人大三次会议召开。

5月15日 全国政协副主席钱正英和民革中央常委孙伯秋到大河区双戛乡马戛村考察。

5月21日 水城汽车运输公司一辆大客车从盘县开往水城途中，于杨梅区台沙乡石关口发生交通事故，客车翻下30多米高的悬崖，死亡16人，重伤26人。

6月3日 县政府公布22个县级文物保护单位（铅锌矿遗址3处，铅锌冶炼厂遗址3处，楼宅8处，古战场、古驿道、墓、碑等8处），上报相关文物资料4处（后来省公布县内文物保护单位1处，市公布县内文物保护单位3处）。

10月10日 副省长龚贤永到县调研。

12月29日12时 贵（阳）昆（明）线电气化铁路水城至宣威段开通。

1990年

1月12日 蟠龙区法那乡仓脚村陈启峰等4人的无证煤窑发生瓦斯爆炸事故，死亡10人。

2月2日 玉舍区俄脚河小河流域水土保持综合治理，列为珠江流域水土保持小流域治理试点，总面积86.5平方公里。

3月22—29日 政协县一届三次会议召开。

3月23—29日 县二届人大一次会议召开。

3月25日 水城汽车制造厂生产的首批20辆荷城牌农用轻型载重汽车出厂。

4月19日 国务院扶贫开发领导小组副组长杨雍哲到玉舍区、杨梅区调研扶贫开发情况。

8月2日 县被林业部列为长江中上游防护林体系建设启动县之一。

9月2日 第十一届亚洲运动会火炬传递经过水城，县1万余人参加游行。

是年 县人武部被成都军区表彰为刊授政治思想教育先进单位，团县委被团中央、国家税务局评为全国个体工商户税法宣传普及教育合格单位。

1991年

1月3日 县从玉舍区的俄脚、甘塘、海坪3乡抽调248名民兵组成民兵营，助力俄脚河小流域综合治理工程。

1月25日 县召开第四次全国人口普查工作总结表彰会，72个先进集体（其中省级42个、市级19个），608名先进个人（其中国家级8人）受到表彰。

3月10日 大河区委区公所、滥坝区委区公所、青林乡计生协会、米箩乡计生协会、马场乡计生协会被省政府评为全省1990年计生工作先进集体。

3月18—24日 政协县二届一次会议召开。

3月19—23日 县二届人大二次会议召开。

3月28日 中国民间美术理论研讨会在县召开，4月1日结束；文化部文管局局长焦勇夫，中国民间美术学会常务副会长、中央美术学院教授梅先让，省文化厅厅长何霞辉和几十名全国各地的专家学者参加研讨会。

4月2日 省委书记刘正威到玉舍区调研，对绿化、科技兴农、脱贫致富等作出指示。

6月13日 全国政协常委、科技委员会副主任鲍奕珊一行7人，到县考察科技兴农工作。

6月20日 省人大常委会副主任乔学珩率农业科技检查团到县检查温饱工程和俄脚河小流域综合治理情况。

7月3日 县域遭受百年不遇特大洪涝灾害，三岔河水位超过历史最高警界线4米，清朝道光年间修建的下扒瓦石拱桥（市级文物保护单位）被冲毁。

7月10日 中国人民解放军35014部队（驻滇某集团军舟桥部队）100余名官兵，到南开区下扒瓦抗洪抢险，3天搭成钢铁浮桥40余米，使交通中断9天的水城至南开公路通车。

7月11—13日 省军区副司令员钟理明到南开区下扒瓦慰问抗洪抢险官兵，并到南开区其他地方看望受灾群众。

7月29日 县被水利部和国家计委列为水土流失重点防治县，获拨水土保持款70万元。

是月 孔令忠任县委书记。

9月14日 由省交通厅出资，六枝矿务局65工程处二工区承建的南开区下扒瓦新大桥建成通车，桥长47米、宽9.5米、高16.6米、净跨35米。

10月10日 水（城）盘（县）东线公路开工，2.6万民兵参加施工。

10月29日 省政协副主席宋树功率团到南开区调研。

12月5—9日 中国共产党水城县第二次代表大会召开，选出县委和县纪委；在中国共产党水城县第二届委员会第一次全体会议上，孔令忠当选书记。

12月31日 米箩区仲河乡田坝村杨湾湾个体小煤窑发生瓦斯爆炸事故，死亡15人。

1992年

3月19—25日 政协县二届二次会议召开。

3月20—29日 县二届人大三次会议召开。

3—4月 全县进行建镇、并乡、撤区工作。

4月1日 省委副书记梁明德到县检查俄脚河小流域治理工程。

4月13—14日 县二届人大四次会议召开，补选12名市第三届人大代表。

5月 县铁路护路民兵连被总参谋部、总政治部表彰为民兵预备役基层工作先进单位。

是月 中共中央政治局常委宋平到县视察，省委书记刘正威、省长王朝文等陪同。

7月10日 木果乡二号井发生瓦斯爆炸事故，死亡19人。

10月 县人武部被省委、省政府、省军区表彰为拥政爱民先进单位。

1993年

2月3日 副省长龚贤永到市调研，并召集会议解决云贵响水电站工程建设资金等问题。

3月19—25日 政协县三届一次会议召开。

3月20—26日 县三届人大一次会议召开。

是月 云贵响水电站在都格乡龙井村举行开工典礼，副省长龚贤永等领导到场。

5月18日 财政部监察司司长顾超滨一行，到县检查财政工作。

8月29日 副省长龚贤永到木果乡调研。

9月28日 县收审所发生在押人员24人越墙脱逃事件（后来全部抓回）。

10月28日 交通部副部长郑光迪到县调研兴建水（城）黄（果树）公路问题。

是年 滥坝民兵装卸连被省委、省政府表彰为“以劳养武十佳单位”。

△ 省文化厅命名南开乡为苗族芦笙艺术之乡。

1994年

2月23日 铁二院、西南交大专家踏勘水城至小云尚铁路部分地段。

是月 县委副书记杨宇生到龙场区检查工作，在鸡（场）龙（场）公路遭遇车祸身亡。

3月13—18日 政协县三届二次会议召开。

3月14—18日 县三届人大二次会议召开。

5月27日 国家开发办副主任张铭羽到金盆乡调研。

7月8日 省人大常委会副主任禄文斌到县调研。

8月8日 省政协主席龙志毅到玉舍乡为海坪彝族火把节纪念碑揭幕。

8月19日 意大利洞穴专家考察团对玉舍乡至果布戛乡洞系进行考察。

8月27日 美国渐进计划专家杰布·巴曾，鹤类基金会专家杨思文到县扶贫，赠给项目实施农户每户100美元。

8月28日 由铁道部、铁二院、省计委专家组成的考察论证组，到市踏勘论证六（盘水）红（果）铁路（原称水城至小云尚铁路）。

8月31日 蟠龙乡发那煤矿发生瓦斯爆炸事故，死亡16人。

10月12日 水利部等单位专家组对玉舍水库供水工程进行现场勘察和技术论证。

是月 县铁路护路民兵连被省政府、省军区表彰为基层建设先进连队。

12月 王贤周任县委书记。

是年 县人武部被总参谋部表彰为民兵工作先进基层单位。

1995年

1月5日 水（城）盘（县）东线公路法德大桥合龙，桥长215.5米，宽9米，高115米，主跨150米。

2月21日 水利部专家组到县检查响水电站施工情况。

3月17日 国家气象局副局长李黄到县气象局检查工作。

3月21—28日 政协县三届三次会议召开。

3月23—28日 县三届人大三次会议召开。

5月21—24日 中国共产党水城县第三次代表大会召开，选出县委和县纪委；在中国共产党水城县第三届委员会第一次全体会议上，王贤周当选书记。

6月3日 水（城）盘（县）东线公路竣工通车。

6月23日 县组织100多人协助公安部门取缔邪教组织“门徒会”，收审其骨干4人。

8月11日 省政协副主席程天斌到县调研非公有制经济政策落实情况。

8月18日 县反贪污贿赂局（简称反贪局）在县检察院成立。

9月28日 《水城县（特区）志》首发式在市迎宾馆举行。

10月24—26日 省政协副主席蒙素芬到县出席滇黔2省13县（市、特区、区）政协北盘江流域治理开发协作会第5次年会，并作大会发言。

11月20日 斯洛文尼亚洞穴专家到县考察。

是年 县农业局的“在高海拔地区推广杂交水稻增产栽培技术”获省农业丰收三等奖。

1996年

2月29日 县成立双水开发区管理委员会（副县级机构），主任由县政府分管领导兼任。

3月24—29日 政协县三届四次会议召开。

3月25—30日 县三届人大四次会议召开。

4月1日 水城县人民武装部改归军队建制，称中国人民解放军贵州省水城县人民武装部，恢复为正团级单位。

4月4日 由中国科学院地质研究所主办，市政府承办的亚洲首届国际洞穴单绳技术比赛在金盆乡天生桥举行，有印度尼西亚等近10个国家的选手参加。

4月12日 全国人大民委主任王朝文到南开乡参加苗族跳花节。

5月8日 市、县、乡三级主要领导干部赴广西玉林地区考察，历时12天。

7月12日 水利部珠江水利委员会将俄脚河小流域治理，列为珠江流域南北盘江中上游水土流失综合治理防治试点工程。

8月2—3日 省委常委李万禄到县调研。

10月20日 省委副书记、代省长吴亦侠到玉舍乡银沟村、杨梅乡光明村检查工作。

10月26日 中共中央总书记、国家主席、中央军委主席江泽民到市视察，中央军委、中共中央办公厅、国家计委、铁道部、民政部、林业部、国务院扶贫办等单位的负责人随同，成都军区司令员廖锡龙和代省长吴亦侠等陪同；26日下午与市、县、乡、村干部及企业领导座谈。

10月27日上午 江泽民总书记一行到杨梅乡光明村和玉舍乡银沟村看望贫困户高毛翠、李学明、王吉俊，27日下午视察水城矿务局汪家寨煤矸石发电厂、水钢第三焦化厂和第二轧钢厂。

11月29日 鸡场乡共青团员严碧美，为在大火中抢救他人生命财产，不幸遇难，享年22岁，县委决定在全县开展向严碧美学习活动。

是年 县人武部被总参谋部、总政治部、铁道部和国家综治委联合评为民兵护路先进单位。

1997 年

2 月 21 日 县统计局被国家统计局和人事部授予全国统计系统先进集体称号。

3 月 9—14 日 政协县三届五次会议召开。

3 月 10—16 日 县三届人大五次会议召开。

5 月 9 日 水利部珠江水利委员会副主任邓德云一行，到响水电站调研。

5 月 28 日 玉舍乡煤窑发生瓦斯爆炸事故，死亡 19 人，伤 1 人。

6 月 18 日 县南部电网首期工程开工。

9 月 盛作才任县委书记。

11 月 21 日 省军区司令员陈庆云少将到杨梅乡光明村八一希望小学慰问师生。

12 月 1 日 水（城）柏（果）铁路开工典礼在钟山开发区举行，国务院副总理邹家华到场下达开工令。

1998 年

1 月 16 日 玉舍乡月亮坡发生一起大客车翻车事故，死亡 16 人，伤 39 人。

2 月 14—20 日 政协县四届一次会议召开。

2 月 15—23 日 县四届人大一次会议召开。

6 月 29 日 根据中央、省、市规定，全县耕地承包期再延长 50 年（1994—2043 年），非耕地资源开发承包期再延长 60 年（1994—2053 年）。

8 月 6 日 副省长龙超云到县检查计生工作。

9 月 23 日 县农业银行营业室团支部被团中央等单位评选为“青年文明号”。

10 月 20 日 省人大常委会副主任龚贤永到县调研义务教育工作。

12 月 县人武部被省委、省政府表彰为文明单位。

是年 杨梅乡光明村（县人武部挂钩扶贫点）被省政府表彰为军民共建文明单位。

△ 铁道部部长傅志寰听取水（城）柏（果）铁路修建情况汇报。

1999 年

1 月 6—7 日 全国人大农业与农村工作委员会委员杨雍哲、省人大常委会副主任步智信，到县调研农业与农村工作。

3 月 4—9 日 政协县四届二次会议召开。

3 月 5—9 日 县四届人大二次会议召开。

4月21日 董地乡星明煤矿发生瓦斯爆炸事故，死亡13人，经济损失11万元。

6月5日 中国农科院党组书记高历生到发耳乡蔬菜基地和杨梅乡高科技示范茶场调研。

是日 中国扶贫调查团到玉舍乡光荣村和纸厂乡新隆村考察马铃薯基地情况。

9月8日 国家计委批准“水城县生态环境建设重点项目”为全国第三批重点地区生态环境建设综合治理工程之一，总投资1230万元（中央825万元，省105万元，市100万元，县200万元）；工程在纸厂、玉舍、勺米、滥坝等乡（镇）实施。

9月17日 日本驻华使馆本雄二等人，在贵阳与省领导签署无偿援助玉舍乡饮水项目协议。

9月27日 《中国水城农民画册》出版发行。

11月18日 县出水洞电站投入运营。

是月 云贵响水电站1号机组建成发电。

2000 年

2月4日 中央电视台记者到江泽民总书记看望过的高毛翠、李明学、王吉俊3家采访。

3月2—7日 政协县四届三次会议召开。

3月4—8日 县四届人大三次会议召开。

4月13日 省政协副主席程天赋到杨梅乡光明村、锅铲村和杨梅茶场调研。

4月18日 国务院扶贫领导小组副组长相富国到县检查扶贫工作。

4月19日 省人大常委会副主任龚贤永到县检查计生工作。

5月19日 县被国家教育部认定为第三批基本普及义务教育县。

7月23日 省委常委、省委秘书长庹文升到玉舍乡银钩村调研。

7月28日 县委、县人大、县政府、县政协、县纪委、县委组织部、县委宣传部、县检察院、县法院、县公安局10个领导班子、领导干部开展“讲学习，讲政治，讲正气”集中教育活动（至9月26日结束，历时3个月）。

8月1日 省军区政委谌宏昌少将到杨梅乡光明村调研扶贫工作。

11月9日 省委常委、组织部长刘也强到县调研党建工作。

12月15日 县长热线电话开通。

是年 省委书记钱运录到水（城）柏（果）铁路建设工地调研。

2001 年

1月15日 县委下发《关于在县部门、乡镇领导班子和基层干部中开展“三个代表”重要思想学习教育活动的实施方案》，在全县开展“三个代表”学习教育活动，历时1年。

1月19—20日 省委书记钱运录、省总工会副主席林明达，到县和市其他地方慰问贫困户。

1月20日 水（城）柏（果）铁路北盘江大桥合拢。

2 月 22 日 副省长顾庆金到县指导“三个代表”重要思想学习教育活动。

3 月 3 日 省委常委、省纪委书记夏国华到县调研。

3 月 7 日 省政协副主席李元栋一行 4 人到县调研。

3 月 11—17 日 政协县四届四次会议召开。

3 月 13—18 日 县四届人大四次会议召开。

3 月 30 日 省人大常委会副主任徐敬原到县调研。

4 月 4 日 副省长顾庆金到玉舍乡调研扶贫工作。

是日 世界银行农业发展处处长伏格尔到县考察北盘江流域水土流失和综合治理情况。

4 月 7 日 省人大常委会副主任杨谨华率省人大视察团到水（城）柏（果）铁路工地视察。

4 月 18 日 省电力公司等 4 家专家组对发耳火电厂 4 个初选厂址进行考察比选，建议卢家寨为首选厂址，并对大荒地灰场提出梯级设计方案。

5 月 9 日 副省长顾庆金到水城姜业公司调研。

6 月 10 日 国家电力公司总工程师冉莹一行，考察发耳电厂筹建情况。

7 月 31 日 省长助理禄智明一行 3 人，到杨梅乡等地调研。

8 月 30 日 《发耳电厂新建工程初步可行性研究报告》在贵阳审查通过。

10 月 9—13 日 省政协副主席李元栋带视察团到县和市内其他地方视察。

10 月 26—29 日 中国共产党水城县第四次代表大会召开，选出县委和县纪委；在中国共产党水城县第四届委员会第一次全体会议上，盛作才当选书记。

11 月 11 日 株（洲）六（盘水）复线贵州段全线贯通。

11 月 26—28 日 以省委副书记孙淦为组长的省“三个代表”重要思想学习教育活动领导小组一行，到县和市内其他地方调研。

12 月 16 日 水（城）柏（果）铁路全线接轨。

是年 省长石秀诗到阿勒河景区调研。

△ 铁道部部长傅志寰、铁道部副部长蔡庆华、省长石秀诗、省人大常委会副主任杨谨华等到水（城）柏（果）铁路建设工地调研。

2002 年

1 月 11 日 副省长马文骏到县一小、陡箐乡卫生院调研。

1 月 16 日 西南电力设计院副总工程师谢永宁带领专家组，对发耳电厂建厂条件、煤炭资源、生产工艺及水源、灰场、公路、厂址等进行调研。

2 月 5 日 杨明达任县委书记。

3 月 12—17 日 政协县四届五次会议召开。

3 月 13—19 日 县四届人大五次会议召开。

6 月 19—20 日 省政协副主席程天赋率省政协委员视察县双水广场、会议中心、政府办公区、商贸区建设及县茶叶发展有限公司。

是月　县人武部被全国农村“三个代表”重要思想学习教育活动领导小组、中共中央组织部表彰为全国农村“三个代表”重要思想学习教育活动先进集体。

7月24日19时左右　玉舍乡一无证煤窑发生瓦斯爆炸，死亡22人，重伤1人，轻伤6人，直接经济损失80万元。

8月5日　省委书记钱运录到双水新区和正在筹建的发耳电厂调研，到发耳乡看望新光村贫困户赵官云和马口村老退伍军人陆成贵。

9月26日　水（城）柏（果）铁路通车庆典举行，省委书记钱运录、铁道部副部长蔡庆华、常务副省长王正福、省人大常委会副主任杨谨华和徐敬原、副省长陈大卫、省政协副主席袁荣贵、国家开发银行行长助理高琪平等出席庆典仪式。

11月4—5日　省彝学研究会三届一次年会在县召开；全国政协委员、省政协主席、省彝学研究会名誉会长龙志毅，全国人大代表、省彝学研究会会长禄文斌，省长助理、省彝学研究会名誉副会长禄智明等领导出席会议。

11月28日　云贵响水电站贵州方并网协议签字仪式举行。

2003年

3月8—14日　政协县五届一次会议召开。

3月9—16日　县五届人大一次会议召开。

4月13日　县安排抗“非典”（非典型肺炎，类似发热型感冒，传染性和死亡率均很高，从广东省首次爆发并向各省蔓延，当时无有效防治药，引起全世界关注，全国高度进行防范，死亡数百人后控制住，未传入贵州省）工作。

4月26日　省委常委、省总工会主席龙超云到双水新区调研。

5月16日　省政协副主席李金顺到县调研政协工作。

5月18—19日　副省长吴嘉甫到县检查计生工作。

5月20日　民政部批准水城县政府驻地迁移滥坝镇双水。

6月1日　省水利厅对玉舍水库工程进行验收，总库容为3380万立方米，正常库容3320万立方米，年可供水3650万立方米，是年8月下旬可达正常蓄水位。

6月14—15日　省委书记钱运录、副省长陈大卫到水（城）黄（果树）公路建设工地调研。

是月　团县委被团中央表彰为2002年保护母亲河行动先进集体。

8月1日　发耳电厂工程可行性研究报告通过国家电力规划总院预审查，确定厂址为卢家寨，建设规模为4×60万千瓦，煤源以年产80亿千克的发耳煤矿为主。

8月14—15日　由国家水电水利规划总院、贵阳勘测设计院组成的专家组，对北盘江善泥坡水电站进行现场踏勘。

8月15日　《水城民间歌曲集成》《水城歌声》出版。

8 月 30 日 国务院国家安全监察专员贺黎光一行到县检查煤矿安全工作。

是月 县人武部被省委、省政府表彰为 1999—2002 年文明单位。

9 月 12 日 省政协副主席相小青到县调研。

10 月 28 日 县政府驻地由黄土坡搬迁双水庆典在双水举行，1 万余人参加，煤矿文工团表演了精彩的文艺节目。

10 月 29—31 日 珠江水利委员会主任薛建枫一行，到县调研北盘江上游水电开发、水土保持、云贵响水电站等事宜。

10 月 30 日 在省名特优农产品展销会上，县“春意牌”白芸豆、“水城春”天然富硒茶被评为名牌农产品。

11 月 8 日 水（城）柏（果）铁路通过国家环保部验收。

12 月 17 日 比德乡岔河（抵母河）金狮子水电站动工，总投资 1.47 亿元。

12 月 28 日 水（城）黄（果树）公路全线开通。

是年 南开乡被省政府批准为省级风景名胜区。

2004 年

2 月 7 日 7 时 30 分 县董地乡董地村马家营境内 307 省道 264KM + 100M 处发生交通事故，一辆由水城开往大方的大客车因路面积冰打滑翻下 49.2 米高坡，造成 7 人死亡，13 人受伤。

2 月 17—19 日 水（城）柏（果）铁路项目通过验收。

2 月 29 日至 3 月 7 日 政协县五届二次会议召开。

3 月 2—7 日 县五届人大二次会议召开。

3 月 10—12 日 副省长禄智明到花戛乡调研农村扶贫开发工作。

5 月 10 日 15 时 50 分 县青林乡发生大面积冰雹灾害，造成一家 5 人死亡。

5 月 30 日 3 时 20 分 金盆乡鱼岭组发生山体自然滑坡，垮塌面积约 1200 平方米，塌方量 6000 余立方米，11 人死亡，5 人受伤，40 余头牲畜被掩埋，直接经济损失 10 余万元。

7 月 31 日至 8 月 1 日 全国汽车拉力锦标赛“贵州移动通信杯”六盘水拉力赛举行（2005—2007 年继续举行），县内有法那至蟠龙、百车河至下马坝 2 个赛道，沿线民众踊跃观看。

8 月 20 日 县金盆乡遭受狂风和冰雹袭击，造成雷电击死 1 人，冰雹击伤 1 人，农作物受灾严重，直接经济损失达上百万元。

9 月 21—22 日 副省长刘鸿庥到县和六枝特区调研农村卫生工作。

是月 “第七届中国艺术节全国现代民间绘画画乡建设成果展暨第二届贵州·中国农民画艺术节”在浙江举办，县有 12 件作品参展，县文化馆副馆长董成被命名为“中国现代民间绘画优秀画家”。

10 月 杨龙政任县委书记。

12 月 22 日 县筹资 823 万元（其中多数为干部职工集资）支持发耳电厂前期建设。

是年　玉舍森林公园经国家林业局批准为国家级森林公园。

2005 年

1月21日　县委下发《关于在全县开展以实践“三个代表”重要思想为主要内容的保持共产党员先进性教育活动的实施意见》，分3批开展保持共产党员先进性教育活动（历时1年半）。

是月　县获“国家贫困地区义务教育工程”特优奖。

3月7—13日　政协县五届三次会议召开。

3月8—14日　县五届人大三次会议召开。

3月11日　副省长包克辛到县调研。

是月　玉舍供水工程向市中心城区正式供水。

4月21日　省军区政委蒋崇安到县人武部检查工作。

4月25—26日　国家林业局科技处处长王琦等到玉舍等地调研石漠化治理。

5月16日　副省长禄智明到市召集会议，研究花戛乡扶贫工作等事项。

5月17日　省委副书记王富玉到县调研。

5月23日　装机容量为3×6万千瓦的毛家河水电站预可行性研究报告通过。

是日　省委常委、省政法委书记、省公安厅厅长姜延虎一行到县公安局调研。

6月17日　县检察院反贪局立集体一等功。

7月27日　联合国亲善大使、国际著名影星成龙到玉舍乡小河小学捐款30万元建“龙子心希望小学”，并参加奠基仪式。

8月8日　发耳乡湾子煤矿发生瓦斯爆炸事故，死亡17人，伤6人，直接损失400万元。

8月9日　省委副书记、省纪委书记曹洪兴到纸厂乡前进村调研农业产业结构调整工作。

8月11日　县政府公布非物质文化遗产名录18处。

8月20日至9月30日　贵州电视台《星期四大挑战》栏目在玉舍森林公园拍摄节目。

9月13日　世界卫生组织顾问、丹麦籍专家彼特尔，美国籍专家艾彼尔，中国疾控中心主任医师孙小东和省卫生厅应急办主任童一兵到县检查免疫接种工作。

10月　金盆乡天生桥名列“中国六大洞穴之最”。

11月18日　蟠龙乡沙沟煤矿发生瓦斯爆炸事故，死亡16人，直接经济损失约457万元。

是月　县“两基”（基本普及九年义务教育、基本扫除青壮年文盲）工作经省验收合格。

12月2日6时　阿戛乡仲河煤矿发生瓦斯爆炸事故，死亡16人，直接经济损失569万元。

12月9日　位于蟠龙等乡的县现代农业科技园经省专家组认定为省级农业科技园区。

12月15日　蟠龙乡百车河片区被省确认为无公害蔬菜产地。

12月28日　联合国亲善大使、国际著名影星成龙捐资90万元在县一小建“龙子心教学楼”。

是年　县被全国老龄工作委员会授予全国老龄工作先进县称号。

△　县检察院被最高人民检察院表彰为全国先进检察院。

△ 全县取消除烤烟特产税外的所有农业税。

2006 年

2 月 12 日 省委书记石宗源到百车河调研，慰问农村贫困户，观看了水城农民画。

3 月 20—25 日 政协县五届四次会议召开。

3 月 21—25 日 县五届人大四次会议召开。

3 月 30 日 农业部副部长牛盾率调研组到纸厂乡前进村调研新农村建设情况。

是月 蟠龙乡沙坡村和纸厂乡前进村列入省级新农村建设试点示范村。

5 月 23 日 县一小语文教研组获全国“三八红旗集体”称号。

7 月 21 日 国家档案局副局长王岚到县调研。

8 月 6 日 法国专家普林特博士到纸厂乡前进村查看“ICT 教学点”建设情况。

8 月 19—27 日 中央电视台“走遍中国”栏目组，到县拍摄《走进死亡峡谷》《神秘的黑叶猴》《笙王争霸》等系列专题片。

8 月 29 日 省政协副主席相小青到县调研政协工作。

8 月 30 日 发耳乡农业服务中心为农业大户发放 30 台微型耕耘机（后来微型耕耘机在全县逐步取代耕牛）。

8 月 31 日 省委副书记、省长林树森到县调研新农村建设等工作。

9 月 15 日 副省长禄智明到挂钩扶贫联系点花戛乡指导扶贫工作。

10 月 16 日 18 时 55 分 玉舍乡玉林煤矿发生煤与瓦斯突出事故，死亡 6 人、伤 3 人。

10 月 29 日至 11 月 1 日 中国共产党水城县第五次代表大会召开，选出县委和县纪委；在中国共产党水城县第五届委员会第一次全体会议上，杨龙政当选书记。

是月 猴场乡红星村被评为全国敬老模范村。

11 月 1 日 《国家地理》杂志社记者刘睿、摄影师李贵云一行，到县对乌蒙山国家地质公园“喀斯特王国”核心区北盘江大峡谷（县境内长 79 公里，以营盘大峡谷、野钟大峡谷和九归大峡谷最为壮观）进行拍摄。

11 月 28 日至 12 月 3 日 政协县六届一次会议召开。

11 月 29 日至 12 月 5 日 县六届人大一次会议召开。

是月 县域西葫芦、菜豆、茄子、辣椒获农业部无公害农产品证书。

12 月 14 日 省委常委、省军区政委蒋崇安到县人武部调研。

是月 《中国共产党水城县（特区）历史》（第一卷）出版。

是年 县城被省评为“双拥模范城”。

△ 顺场乡米箩坡村被全国计生协会评为先进单位。

2007 年

1 月 23 日 在北京举行的“新农村、新发展、新机遇”为主题的建设社会主义新农村论坛上，县被授予“新农村特色县”称号。

4 月 3—4 日 省人大常委会副主任姜延虎率省人大代表到县视察“整脏治乱”工作。

4 月 9—10 日 省人大常委会副主任林明达率省执法检查组到县检查《义务教育法》落实情况。

4 月 13 日 县委出台《关于在全县开展作风教育整顿活动的实施意见》，在全县开展作风教育整顿活动（至 12 月 30 日结束）。

4 月 17—18 日 副省长刘鸿庥到县检查文教卫生等工作。

是月 中央电视台第五套“奥运城市行”之“走进六盘水”，到金盆乡天生桥、玉舍国家级森林公园等地拍摄。

6 月 13 日 省人大常委会副主任龚贤永到县调研节能减排工作。

6 月 28 日 县苗族芦笙舞被省政府列为省级非物质文化遗产名录。

7 月 31 日 省政协副主席相小青到县调研改善投资环境情况。

8 月 9 日 省人大常委会副主任司徒桂美到县调研新型农村合作医疗工作。

是日 省政协副主席李金顺到县调研政协委员提案办理落实情况。

8 月 14—15 日 省人大常委会副主任杨序顺一行到县调研。

8 月 22 日 副省长吴嘉甫到双戛乡调研远程教育等工作。

是日 黔西北 5 县（特区、区）苗族芦笙王争霸赛在南开乡穿洞村举行，中央电视台《走遍中国》栏目组到场采访。

8 月 30 日 县地方煤矿瓦斯远程联网监测监控系统投入使用。

8 月 30—31 日 副省长禄智明到玉舍水库、明硐水库和花戛乡调研。

9 月 4 日 县被确认为国家食品安全示范县。

9 月 17 日 六盘水支线机场选址于董地乡和钟山区月照乡结合部花竹林。

11 月 10—13 日 中国《新旅行》杂志摄影师黄庆军、编辑马明一行，到县对北盘江大峡谷、天生桥景区、猴儿关苗族风情及农民画进行采访。

12 月 11 日 公安部交管局局长杨钧率工作组到水（城）黄（果树）公路调研。

是年 县被省委、省政府、省军区命名为全省“双拥”模范县。

△ 县法院被最高人民法院评为全国法院指导人民调解工作先进集体。

△ 县检察院反渎职侵权局被最高人民检察院表彰为全国检察机关集中查办破坏社会主义市场经济秩序渎职犯罪专项工作先进集体。

△ 纸厂乡前进村计生协会被全国计生协会表彰为先进单位。

△ 省委、省政府将县列为南方种草养畜基地示范县。

2008 年

1—2 月 县境遭到50年未遇的特大雪凝灾害，17.33万户（66.65万人）受灾，作物受灾27843公顷（其中绝收1013公顷），大牲畜死亡894头（匹），猪死亡7488头，羊死亡13202只，家禽死亡44663羽，损坏树木400余万棵，水利设施受损878处，倒塌电杆515棵、输电线路中断11.88万米、损坏变压器37台，房屋倒塌84户（254间）、损坏702户（2106间），因灾经济损失72312万元。

2 月 4 日 国家发改委能源局局长赵小平率工作组对发耳电厂建设情况进行调研。

2 月 29 日 县检察院控告申诉科举报接待室被最高人民检察院表彰为全国文明接待室。

3 月 16—20 日 政协县六届二次会议召开。

3 月 17—21 日 县六届人大二次会议召开。

4 月 1 日 县被列为国家岩溶地区石漠化综合治理试点县，国家拨给治理费3000万元。

4 月 20 日 美国《国家地理》杂志社记者王睿元和“世界地质公园”专家对发箐乡喀斯特地貌、青林乡海发村小花苗风情和陡箐乡猴儿关歪梳苗风情及农民画进行采访。

5 月 10 日 木果乡党委、政府因抗凝救灾立集体一等功。

5 月 16 日 全县干部职工、企业法人和民众向四川汶川地震灾区捐款共计240.25万元。

6 月 6 日 全县9000余名中共党员为四川汶川地震灾区交纳“特殊党费”729649.9元。

6 月 19 日 县赴四川地震灾区防疫医疗队抵达四川省彭州市瓷峰镇并展开工作。

6 月 21 日 发耳电厂1号机组投入商业运营。

7 月 县被农业部农产品质量中心列为全国无公害农产品标志推广与监管示范县。

8 月 2 日 中央信访工作督导组副组长、国家信访局正局级督察员郑志晓到县督查“县委书记大接访”工作。

10 月 24 日 15 时 40 分 一辆贵阳至威宁的大客车行至水（城）黄（果树）公路75公里+900米处（猴场乡大湾子）时，从右侧撞坏波形防护栏冲下57.2米的高坎，死亡11人，伤12人。

11 月 26 日 发耳电厂2号机组投入商业运营。

12 月 县法院被省委、省政府表彰为精神文明建设工作先进集体。

是年 县检察院被最高人民检察院授予全国先进基层检察院称号。

△ 县被文化部命名为中国民间文化艺术之乡。

第一篇　自然环境

第一章　地质地貌与矿藏

第一节　地　质

一、地层

水城全境在漫长的地质年代中，经历一系列构造运动和海陆变迁，褶皱、断裂发育，出露地层自泥盆系至第四系。以二叠系、石炭系和三叠系发育最好，分布最广。泥盆系、侏罗系和下三系呈零星块状分布。第四系发育最差，分布极为零散。缺失白垩系和上第三系。泥盆系：分布于西南隅之花戛乡，出露面积 18.21 平方千米，占幅员面积的 0.5%。石炭系：分布在布坑底、猴子场、箐外头、格所、果礼、老林沟、大海坝等背斜构造地带和哈箐底穹窿，出露面积 671.92 平方千米，占幅员面积的 18.45%。二叠系：较集中分布在玉舍、米箩、发耳、杨梅、龙场等片区，其余各区呈条状出露，面积 2263.34 平方千米，占幅员面积的 62.15%。三叠系：分布在滥坝、比德、南开、玉舍、发耳、米箩、蟠龙等片区，面积 651.86 平方千米，占幅员面积的 17.9%。侏罗系：分布在格目底、白腻、滥坝核部，面积 36.44 平方千米，占幅员面积的 1%。

二、地质构造

境内地质构造复杂，褶皱、断裂以北西向构造占主导地位，占据西北部至东南部。西南部为发耳旋卷构造，局部有南北向构造。中北部为法子冲涡轮构造。东北隅为北东向（华夏式）、北东向（新华夏系）和黔西山字型前孤西翼构造。东南为普安联合构造。东西向构造南部和北部均有分布，但较隐蔽、断续。

北西向构造　从县域西北向东南呈条状展布，由一系列走向大致北西之平行斜列线状褶皱及走向冲断层组成，为境内最发育构造带。威水背斜自威宁延入境内，向东南伸展至白马洞附近倾没。其东北侧有偏坡寨、水杉背斜。往东南有滥坝向斜、堕脚背斜和比德向斜，并延入六枝。往西南有格目底向斜。水城枢纽断层，系由若干平行断层组成之北西向断裂带，两盘地层有强烈挤压、破碎，为一条以压性为主兼具扭性（右行）结面群。

发耳旋卷构造　位于县域西南，围绕都格、杨梅、顺场、兰花箐、老屋基、鸡场的外侧，形成一系列放射状弧形褶皱和冲断层，聚成巨大旋卷构造，中心地带为一漩涡—发耳盆地。围绕发耳构造盆地之弧形褶曲断层有：宣威鲁雅背斜和摩戛逆断层，均呈西北凸弧形。断层东端起自鸡场、纸厂，经宣威摩戛、二台坡到大松树消失，长61千米，为一条压性为主兼扭性（左行）冲断层；西南盘县坪地背斜、红岩向斜向东南延伸与普安山字型构造的西翼斜接；东南猴子场背斜至大坪地向斜、箐外头背斜，均斜跨普安山字型构造的脊柱呈反衔接；北侧舍戛逆断层、布坑底背斜、得着向斜及阿都戛背斜，均为冲断层和弧形褶皱。

法子冲涡轮构造　位于县域中北部，涡轮中心在法子冲豺狗山和七家寨附近，四周展布一系列弧形弯曲褶皱和压扭性断裂，山地被溶蚀而支离破碎，山岭和水系仍围绕涡轮中心呈弯曲辐射状。涡轮构造主要组成部分：许居倮向斜、土地垭向斜、毛家屯向斜、沙拉戛向斜、戛拉戛背斜、神仙坡向斜、西牛塘背斜、母鲁块向斜、扒谷寨背斜、张家寨向斜。除褶曲外，还有较多弧形断层，主要有西牛塘逆断层、阿期米逆断层、放马坝枢纽断层和三块田断层等。

华夏式和新华夏系构造　华夏式构造分布在南开、德梅箐，有南开向斜、德梅箐背斜和索桥河断层。新华夏系构造分布在许家寨和舍戛，有许家寨背斜、野鸡坪断层、老林沟背斜。

普安联合构造成分和山字形前弧构造　普安联合构造，实为普安山字形构造和发耳旋卷构造形成的共同体。主要有格所背斜、加开向斜、古牛河背斜、王家寨向斜和与褶曲轴向大致平行走向冲断层。黔西山字前弧掠过县域东北隅，为一荒坝向斜，东段呈北西向，平行于银厂沟背斜，以西转为北东向，平面上呈向北凸弧形。

东西向构造和南北向构造　东西向构造在境内不发育，自北到南有金盆向斜、宝山东西向构造带。宝山东西向构造带，在宝山—鸡场—常明一线，是一隐蔽构造带，延入境内南端为近东西向普古枢纽断层，所过地带常为槽谷地貌。南北向构造分布在县域西南隅，由清水河向斜和老屋基断层组成。清水河向斜北端交于纸厂断层之上。

三、地质奇观

天门山天坑　位于花戛乡天门村与大水沟村之间，为发育于中上石炭纪碳酸岩溶斗。略呈椭圆形，顶部直径960米，底部直径520米，面积约3.55万平方米，深度为170米，底部海拔高度1225米。中科院地质所及法国洞穴学家对其进行考察，认定其有较大开发利用价值。

乌蒙大地缝　位于营盘乡西北面。呈西南向东北走向，南起牛棚梁子北麓石槽，向北在陶家寨附近伸入北盘江，总长约15千米，缝底平缓，最窄处2米，最宽处10米，多地段为4米。缝壁峭若刀削，最深处600米，最浅处200米，多地段为400米。缝中有洞，幽深莫测；天生桥群，变幻万千。分上中下3段，上段和下段曾有人通过，中断最险峻，尚无人通过。

舍戛地下暗河　地面入水口位于玉舍乡大坪村，海拔1850米；出水口位于果布戛乡雾座村牯牛河西岸，海拔880米；主干流长36千米，支流（3条）长9千米，总长45千米。平均坡降2.69%。汇水面积300平方千米。暗河上游，在玉舍北面有4条地表溪水汇集，枯水季节流量不足每秒250升，最大一条溪水为舍戛大田的地表水，由高25米、上宽6米、下宽2米一洞穴流入，枯水季节流量每秒176.9升。暗河形成的3个主要条件：一是地下水顺岩层走向裂隙溶蚀、冲蚀作用；二是布坑底、大海坝两背斜北东翼砂页岩隔水层存在，限制了暗河深度；三是栖霞、茅口溶岩分布、产状格局决定了暗河上、中、下游层层跌落。此暗河为全市最大暗河，是省长度大于40千米的五大暗河之一，在全国特大暗河中排列第20位。

另有北盘江大峡谷、双戛天生湖、金盆天生桥等地质奇观（详见“旅游章”）。

第二节　地　貌

一、地势和山脉

（一）地势

县域地理环境自西北向东南呈梯级下降，总趋势为西北高东南低。

境内西北向构造带，自西北部入境，斜贯全境到东南部出境，成为地势骨架，并在西南分布出北西向之侧脉，向东南延伸；在县界南北边缘，地势又趋抬升，形成县域从南到北“三高两低”格局。县域东北部、西北部切割较浅，相对高差多在200～500米之间，地势较为开阔；西南部、东南部割切较深，相对高差多在300～700米之间，局部地区超过千米。西南部发耳、龙场、杨梅片区地势开阔；东南部米箩、蟠龙片区则山峦层叠，谷岭相间，山高、坡陡、谷深。

特区海拔最高处为韭菜坪主峰（全省第一高峰），海拔2900.3米。县海拔最高处为营盘乡的牛棚梁子主峰（全省第二高峰），海拔2865.2米。县（特区）海拔最低处均为猴场乡北盘江出境处，海拔635米。境内大部分土地分布在海拔1400～1900米之间。

（二）山脉

境内延伸最长，对自然地理影响最大山脉为乌蒙山脉东北段东南坡分支的一条山脉（简称主脉）。走向大致为北西向，自梅花山向东南延伸，进入纸厂，经钟山区德坞、凤凰山转向东北延伸，经双水、以朵、尖山、茨冲，又折向东南延伸，经陡箐、冷坝到落邦出境，延伸到六枝堕脚。此山脉为县域长江水系三岔河与珠江水系北盘江分水岭。

主脉西南侧分支出一条一级山脉，对农业气候影响较大；走向大致为北西向，在纸厂乡分支，向南延伸经玉舍、舍戛，转向东南延伸经海坪、甘塘，再转向南偏东延伸，经台沙到常明，成为北盘江及其上游支流可渡河与果礼河分水岭。主脉侧翼再分出一条二级支脉向东偏南延伸，经海坪、玉舍、鱼塘、勺米、箐口到盐井乡，折向南延伸经阿戛、布寨到肖坪，为牯牛河及其上游巴浪（朗）河与月亮河及其上游巴都河分水岭。主脉西南侧分支出另一条一级支脉，走向大致为北西向；在尖山分支，向南偏东延伸，经法那、阿佐、木城到塘上，为花地河与法那、木城河分水岭。主脉东北侧分支出一条一级支脉，走向大致为东西向；在纸厂乡分支延伸到双戛乡，向东偏南延伸，经钟山区德乌、麒麟、校场到月照，成为水城河与大河分水岭。

县域南部边缘一条山脉，是乌蒙山脉西南段东南坡分支，走向大致为西东向；主要山脊为牛棚梁子，从西南缘哈青起，由西向东延伸，经兰花、麻窝到搓播娘娘山，成为北盘江与盘县拖长江、格所河支流分水岭。县域西北部有一条山脉，走向为北西向；自钟山区韭菜坪向东南延伸，经赫章境后进入水城盘雄，转向东偏南延伸到蒿枝，再转向东南延伸经木果、土角、连山到保华乡，成为连山河与阿勒河分水岭；其支脉在盘雄分支走向北西向，在盘雄向南偏东延伸到钟山区纳福，再折向东偏南延伸到钟山区以德进入连山，成为大河与连山河分水岭。

特区境内多高山，海拔高度2000米以上的山峰有1500多座。县境海拔高度2500米以上的山峰有10座：营盘乡的牛棚梁子、甘山屋基大山（海拔2856米）、小槽梁子（海拔2748.8米）、哈青山（海拔2608.5米）、母猪箐垭口（海拔2502米），纸厂乡的轿顶山（海拔2581米），坪寨乡的易都木戛（海拔2550米）、安大屯（海拔2520.2米），米箩乡的公鸡山（海拔2508.2米），杨梅乡的关关大山（海拔2502米）。

二、地貌特征

地貌与地层岩性相关程度较高。灰岩、白云质灰岩，多发育成岩溶峰丛山地。白云岩多发育成溶丘丘原洼地。玄武岩浆喷溢区，多为桌状山地。凝灰岩、砂岩、砂页岩、紫红色黏土岩等碎屑岩类，多发育成侵蚀、剥蚀常态地貌。在碳酸岩类分布区，岩溶发育，形成岩溶盆地、丛峰槽谷、峰林洼地和溶蚀残丘等岩溶地貌。同时，发育有孤峰、天生桥、穿洞、溶洞、石芽、坡立谷、竖井、干沟、盲谷和落水洞等个体形态，构成奇特溶洞景观。岩溶地貌与常态地貌交错分布，岩溶地貌多分布在中部；北部多为泥灰岩、白云岩、紫色砂页岩中切割山地、丘陵和谷地；西部多为玄武岩、灰岩深切割中山、山地；南部多为灰岩、砂页岩深切割平行中山、河谷；东北多为灰岩、白云质灰岩深切割平行中山、沟谷。地貌以山地为多。在山地中，分布有小型河谷盆地和岩溶盆地，成为典型高原山区。

三、地貌类型

地貌类型分为山地、丘陵、谷地、盆地（坝子）、台地和山原。山地：山岭明显，起伏较大，坡度较陡，全县各乡（镇）均有分布；相对高差大于200米地块，面积2522.2平方千米，占幅员面积69.26%。丘陵：山头浑圆平缓而无山脊，山坡不陡，主要分布在龙场、发耳、南开、滥坝、杨梅、木果、玉舍等片区；相对高差在30~200米之间地块，面积630.12平方千米，占17.3%。谷地：沟谷底部包括缓坡宽度大于50米，长度大于30米，有坡降、不封闭地块，主要分布在发耳、南开、龙场、滥坝、杨梅、蟠龙、玉舍片区；面积170.43平方千米，占4.68%。盆地：周围封闭，盆内基本平坦，主要分布在野钟、花戛、龙场、杨梅、南开、滥坝、蟠龙等片区；盆地包括缓坡的宽度在200米，长度在500米以上地块，面积90.32平方千米，占2.48%。台地：台面平缓，四周坡陡，主要分布在玉舍、龙场、发耳、米箩等片区；台坡高度在30米以上地块，面积117.26平方千米，占3.22%。山原：山岭顶部起伏不大，坡度平缓，主要分布在杨梅、滥坝、玉舍等片区；面积在2平方千米以上地块，面积111.44平方千米，占3.06%。

第三节　矿　藏

铁矿　县（特区）是贵州主要铁矿产地之一，探明铁矿工业储量约3124700万千克。热液菱铁矿主要分布在水杉背斜部，矿化带沿水杉背斜轴部展布，向东南至双水井，向北西出境。沉积铁矿产于上二叠系龙潭组底部和峨眉山玄武岩组接触处，分布在神仙坡、俄布口、银矿洞和野鸡坪。风化残积铁矿分布在燕子岩、猴子场、白龙山王家寨、偏坡寨、赵家寨、齐家寨等处。

铅锌矿　县（特区）是贵州主要铅锌矿产地之一，已探明铅锌储量分别1.2亿千克和4.3亿千

克。主要分布在水杉背斜、威水背斜、猴子场背斜和布坑底背斜的核部和倾没端，以及次一级断裂带、层间破碎带中。经过大规模开采，已探明铅锌矿剩余不多。

铜矿　砂岩型铜矿分布在樊家寨、长海子、吴家寨等处；矿体厚 20 厘米，含 2.49%。玄武岩铜矿分布在铜厂，呈脉状，长 10 米，厚度 20～60 厘米，含 0.2%～1.15%。

钴矿　储量 10.84 金属吨，分布在倪粗开、营盘山和新路垭口。倪粗开矿点矿体厚度 2.2～2.5 米，面积 4 公顷左右；含矿率 1.55～1.93 千克/立方米，含钴率 2.85%～3.03%；储量 3.04 金属吨。营盘山矿点有 3 个矿体，含矿率分别为每立方米 1.26、2.19、10.1 千克；含钴率分别为 1.48%、2%、0.5%，总储量 4.8 金属吨。新路垭口矿点有 2 个矿带，长 30～300 米，宽 50 米，厚 3.2～4 米；含矿率 1.2 千克/立方米，含钴率 1.2%～1.9%；储量 3 金属吨。

锰矿　公鸡山至不鲁模为含锰硅质灰岩分布区；不鲁模北 800 米处，有 50 平方米范围产蜂窝状及角砾状锰矿，含锰率 55.86%。1990 年 9 月，贵州有色地质勘查局二总队对玉舍老鸹营锰矿进行地质勘查评价，于 1990 年 12 月结束；完成 1/10000 地质填图 13.87 平方千米，1/2000 地形地质图草测 1.41 平方千米，1/1000 地形地质图草测 0.41 平方千米，槽探 8 条、611.19 立方米，浅井 28 个、418 米，化学样 121 件、组合样 6 件、光谱样 11 件、岩矿鉴定样 20 件；编写提交《贵州水城县玉舍老鸹营锰矿普查地质报告》，计算氧化锰储量 66385310 千克，远景储量 455845390 千克；矿石主要为软锰矿、菱锰矿、钙菱锰矿、黑锰矿、褐锰矿，以软锰矿为主，品位 20%，属贫锰矿，经手选、洗选后可提高品位；当地具有煤、水有利条件，可就地进行洗选和焙烧，提高锰矿品位供冶金工业利用。

稀土元素　马场垭口，出露厚度 0.25 米，含量 0.25%。百打农场，出露厚度 0.3 米，含量 0.15%～0.28%。稀土金属找矿潜力大，各向斜区域有大面积玄武岩，大量稀土金属产于其中。

铀、镍、硒　分布在格所河背斜果礼河断层，出露地层为下二叠系茅口组。矿化带分布范围小，长度 140 米，厚度 1.7 米，成分有矾钙铀矿、沥青铀矿、硫铁镍矿、辉镍矿等。含量：铀 0.04%～1.04%，镍 0.02%～0.38%，硒 0.04%左右。

煤　特区时探明储量 69220 亿千克，2008 年全县保有储量 49156.62 亿千克，（详见“煤炭篇”）。

油页岩　地质储量约 1755 亿千克，焦油储量 44.4 亿千克。产于格目底向斜侏罗系地层中，呈层状产出，延西北向东延伸约 9 千米，含矿面积约 13 平方千米。矿床比较稳定连续，厚度 2.6～8.55 米，无夹矸层，仅见有少量顺层产出饼状或透镜状含油泥岩及含钙质粉砂泥岩夹矸，矸石比例 2%～3%，矸石含油率 1%左右。矿石呈黑色、褐黑色，皱纹纸状。具玻璃油脂光泽，锤击显淡黄白色油迹，火烧冒浓烟臭沥青味，比重 2.2～2.5，在地表易于氧化，变为褐色、灰白色黏土状碎片泥土，或失油硬化后呈块状，为无油黑色页岩及土黄色黏土岩。铝甄试验低温干馏结果：含油率 1%～2.8%，一般 2%～2.5%，样品分析平均含油 2.35%。

白云岩　堰塘白云岩矿：储量 339.5 亿千克，品味氧化镁 19%～22%、氧化钙 30%～32%、二氧化硅 1.12%，属中型矿床。两峡岩白云岩矿：储量 32.4 亿千克，品味氧化镁 20.8%、氧化钙 30.8%，属小型矿床。

大理石　分布在倮么、台沙、董地、中坝等地，储量 76 万立方米。晶墨玉：分布在中寨以南 300 米鼻状山山腰，南北长 380 米，东西宽 300 米，厚 80.16 米，矿层变化小。芝麻灰：产于晶墨玉大理石之下，为层状矿体，矿层稳定，单层厚度 60～250 厘米，矿层平稳，节理裂隙不发育。白玉：产于芝麻灰之下，矿体为层状，单层厚度大于 50 厘米，产状平稳，裂隙不发育。

第二章　气　候

第一节　气候特征

水城全境地处中亚热带季风气候区，为高原季风气候。地势高峻，切割强烈，高低悬殊，日照、气温、降水量等再分配，气候地域差异显著，垂直差异突出，山地立体农业气候明显。大部分地区冬无严寒，春秋相连，四季不明显。

雨水充沛，干湿季节分明，雨热同季，暖湿共节。年降水量在940～1450毫米之间，各乡（镇）中，蟠龙乡年降水量最多，为1446.1毫米，木果乡降水量最少，为942毫米。据实测资料分析：从10月下旬至次年5月上旬，共202天，降水量为231.4毫米，占全年降水量的19%，为旱季；5月中旬至10月中旬，共163天，降水量为991.5毫米，占全年降水量的81%，为湿季。冬春连干，且干季较长，夏秋湿润，且湿季较短，形成干湿季节界限分明，春干夏湿气候。6—8月降水量651.5毫米，占全年降水量的54%，同期平均气温为17℃，是四季中最高气温，形成典型雨热同季气候。

山地立体气候明显，按省划分气候带指标，境内可分为3个气候带。

中亚热带（俗称温热河谷区）包括发耳、都格、鸡场、营盘、花戛、阿戛、新街、蟠龙、红岩等乡以及海拔在1400米以下的北盘江河谷地带，土地面积占全县的17.9%。年平均气温15～18℃，1月平均气温6～8℃，无霜期在270天以上。农作物以水稻、玉米、小麦为主，还有西瓜、甘蔗、甜橙等，多为稻麦一年连作两熟。

北亚热带（俗称温凉山区）包括海拔在1400～1900米之间的全部地区，土地面积占全县的52.7%。年平均气温12～14℃，一月平均气温3～4℃，无霜期250天左右。农作物以玉米、马铃薯为主，还有水稻、小麦、烤烟、油菜等，多为一年套作两熟。

暖温带（俗称高寒山区）包括双戛、发箐、纸厂等乡海拔在1900米以上地区，土地面积占全县的29.4%。年平均气温10～12℃，一月平均气温不足3℃，无霜期不足220天。农作物以玉米、马铃薯为主，还有荞麦、燕麦等，多为一年一熟。

大部分地区四季不很明显，据观测资料，年平均气温12.3℃，一月平均气温3.2℃，7月平均气温19.8℃。按气候学划分季节指标，全县33个乡（镇），除发耳、都格、鸡场、新街、营盘、花戛、蟠龙、红岩、阿戛、米箩等乡有夏季外，其余各乡（镇）均无夏季。

在高海拔地区的金盆乡，冬季长约5个月，为冬长无夏，春秋相连气候环境；在低海拔的都格乡，夏季长3个多月，而冬季仅1个月，为冬短夏长，四季分明气候环境；在海拔较低、温热河谷地区的发耳乡，夏季有1个月，春季4个多月，为夏短春长，四季分明气候环境；其余大部分地区，则基本无夏，春秋相连的气候环境。

第二节　气　温

一、年平均气温及年总积温

各乡（镇）年平均气温在11～17℃之间，总趋势按地势从低到高递减。南部低海拔河谷地区的花戛乡和都格乡，年平均气温在17℃左右；米箩乡—蟠龙乡—猴场乡一带次之，在15～16℃之间；北部和西部高海拔地区的金盆、纸厂和台沙一带，年平均气温在11℃左右；其余大部分地区在12～14℃之间。

年总积温，北盘江河谷地带和东南部低海拔温热地区，为5600～6200℃。西部、北部高海拔地区，不足4200℃。其余大部分地区，在4400～4800℃之间。

二、季平均气温变化

冬季，1月为最冷月，1月平均气温，北盘江河谷地带为6～8℃，金盆乡、纸厂乡→杨梅乡一带不足2℃，其余大部分地区，在3～4℃之间。

春季，4月气温回升较快，4月平均气温，在低海拔河谷地带，可达16～18℃，高海拔地区，不足13℃，其余大部分地区为14～15℃。春季平均气温逐月递增3℃左右。

夏季，7月进入盛夏，在都格乡、花戛乡2个高温中心，7月平均气温可达24℃以上，夏季长达3个月左右，为境内夏季最长地区。其余大部分地区在19～22℃之间。

秋季，10月气温明显下降，除高温中心仍有17～18℃外，北部、西部高寒山区，大多降到12℃左右，其余大部分地区，降到13～14℃之间。秋季平均气温逐月递减约4℃。

三、月平均气温变化

部分乡（镇）各月平均气温分布情况见表1－2－1。

部分乡（镇）各月平均气温分布表

表1－2－1　　单位：摄氏度

乡镇	年均	1	2	3	4	5	6	7	8	9	10	11	12
双水	12.2	3.4	5	8.9	13.7	16	18.5	19.6	19.2	17	12.3	9	4.4
滥坝	12	2.6	4.2	9.7	13.6	16.2	17.8	19.7	19	16.4	12.6	8.2	4.5
比德	13.8	3	5.4	9.4	15.2	17.9	20.3	21.5	21	18.9	14.9	11	6.5
南开	11.3	2.7	4.7	7.9	12.5	14.5	17.4	18.6	18.2	16	11.2	8.4	3.7
玉舍	12.2	2.9	4.7	10.1	13.9	16.2	17.7	19.5	18.8	16.3	12.7	8.4	4.8
发耳	15.5	6.3	7.8	13.6	17.3	19.6	21.	22.6	22.1	19.6	16	11.8	8.2
龙场	13.8	4.7	6.3	11.9	15.7	18	19.3	20.8	20.3	17.9	14.3	10.2	6.6
杨梅	12.8	3.6	5.4	9.9	14.7	17	18.5	20.1	19.6	17.1	13.3	9.1	5.4
米箩	13.9	4.5	6.2	12	15.5	18.1	19.6	21.3	20.7	18.2	14.4	10.1	6.4
蟠龙	15.1	3.1	4.9	10.2	14	16.4	18.	20.1	19.2	16.7	13.1	8.5	4.9

四、农业界限温度

大部分地区，稳定通过0℃和10℃的天数，分别为280天和190天左右，积温分别4000～5000℃和3000～4000℃。在都格乡、花戛乡高值区，积温分别在5700℃以上和5000～5300℃之间；在金盆乡、纸厂乡—杨梅乡低值区，积温分别在3700～3900℃和2700～3000℃之间。高值区与低值区积温相差2000～2300℃，持续天数相差2～3个月。稳定通过20℃天数，在北盘江河谷地区为80～130天，在比德及东部温热地区为40～60天，积温分别在1200～3000℃和830～1290℃之间；在海拔1800米以上地区，出现日数只有几天或基本不出现。

五、最高和最低气温

极端最高气温38℃，在低海拔温热河谷地区，等于或大于35℃高温天气，出现日数极少，其余地区则不出现。夏季气温对农作物生长不存在杀伤性高温，也无“无效积温”，对农业生产有利。极端最低气温高寒山区为－13℃，低海拔温热河谷地区－5℃左右，其余地区－10℃左右。

据气象历年观测资料，极端最高气温32.9℃，出现在1991年1月，极端最低气温－12.6℃，出现在1999年1月。

六、无霜期

无霜期为210～350天。低海拔温热河谷地区，在290～350天左右，高寒山区不足220天，其余地区在220～290天之间。最长在花戛乡（为349天），最短在纸厂乡（为208天），两地相差141天。据气象观测，初霜期平均为11月9日，最早为9月21日（1986年），最晚为12月21日（2006年）。终霜期平均为3月20日，最早为1月14日（1984年），最晚为5月27日（1980年）。无霜期最长292天（2006年），最短176天（1986年）。

第三节 降水与日照

一、年降水量

大部分地区，降水量在1100～1300毫米之间。偏少地区，在西北部木果乡一带，不足1000毫米；偏多地区，在东南部蟠龙乡一带，有1300～1400毫米。降水量趋势为西北往东南递增。雨水充沛，但季节分配不均。冬春最少，仅占年降水量四分之一；夏季最多，占年降水量的50%以上；6月为最多月份，除偏少地区不足200毫米外，其余地区在220毫米以上，蟠龙乡接近300毫米，占全年降水量五分之一左右。

二、降水日数和强度

据气象历年观测资料，年平均降水日为215天，最多年份286天（1985年），最少206天（1987年）。各月平均雨日6月份最多（达21.6天），3月份最少（有13.6天），其余各月均在15天以上。各月平均连续降水日数7月最长（达11.6天），4月最短（仅6.5天），其余各月在9天左右。秋季时有连续15天以上绵雨，影响大季作物收成和小季作物播种。

降水强度，夏大冬小。年平均降水强度为5.7毫米/日，略高于威宁（4.9毫米/日）和毕节（4.6毫米/日），低于省内其他地区。夏季降水强度最大，在10毫米/日以上，冬季最小，为1～5毫米/日。雨季（5～10月），年平均出现中雨日数25天左右，大雨日数10天左右，暴雨日数2天左右。1978—2008年，出现大暴雨3次（1981年、1993年、2004年）。时段最大降水量10分钟为21.8毫米，1小时、6小时、24小时分别为60.9毫米、154.6毫米和171.6毫米。

三、农作物生长季节水分条件

境内大季作物生育期约4～9个月，同期降水量大部分地区在730～1150毫米之间，最多为蟠龙乡（1132.7毫米），最少为木果乡（742毫米）。水稻和玉米全生育期需水量分别为700～850毫米和410～640毫米，境内都可以满足，但大部分“望天田”到5月下旬或6月上旬才能栽插。

小季作物生育期10月至次年5月，同期降水量大部分地区在300～400毫米之间，最多地区可达430毫米，最少为木果乡（仅252毫米）。同期降水量处于油菜需水量下限，对小麦则有所欠缺，普遍偏少40%左右，在西北部和南部低热河谷地区更为明显。部分乡（镇）各月平均降水量分布情况见表1－2－2。

部分乡（镇）各月平均降水量分布表

表1－2－2　　单位：毫米

乡镇	1	2	3	4	5	6	7	8	9	10	11	12
双　水	5.7	21.2	26.2	60.4	131.2	204.7	207.6	174.3	142.5	91.2	29.9	9.43
果布戛	2.13	29.2	53.9	58.6	100.7	359.9	310.1	283.2	210	116.4	38.1	34.9
比　德	14.5	15	21.1	75.5	155.6	227.7	196.3	177.1	132.5	88.7	39.4	14.5
南　开	16.8	16.6	20.9	68.8	139.3	211.7	186.8	178.8	145	83.5	38.3	17.7
玉　舍	15.3	15.8	19.2	71.1	168	291.1	230.8	202	183.1	115	44.4	23.3
发　耳	12.5	15.5	17.9	62.5	155.7	251.6	221.4	184	164.5	101	35.1	16.4
龙　场	17.8	14.4	17.7	71.1	172.7	311.6	191.6	179.6	175.8	118.3	28	16.5
杨　梅	8.6	11.8	17.3	61.3	162.9	241.4	165.4	163.2	149.9	97.4	28.1	9.8
米　箩	18.2	19.5	23.3	65.8	161.2	241.1	230.1	185.8	147.5	96.6	40.7	19.5
蟠　龙	14.9	16.1	21.9	74.3	180.9	287.8	251.6	228.1	220	99	33	16.5

四、日照

据气象观测，年平均日照时数1430.7小时。与省内各县相比，多于东部的铜仁（1171.4小时）和北部的遵义（1160.5小时），属省内日照较多地区之一。

年日照时数和日照百分率。境内各地年日照时数时空分布差异较大。最多在金盆乡（1586小时），占年可照时数的36%，最少在营盘乡（1171小时），占年可照时数的27%。两地相差415小时，日照百分率相差9%。杨梅乡、龙场乡年日照时数为1500小时左右，占年可照时数的35%；其余地区的年日照时数1300～1500小时，占年可照时数的33%左右。各月分布以7月份最多，在160小时以上；秋冬季节，阴雨天较多，各月日照时数不足100小时，春季各月日照时数处于中间值，多在140小时左右。

稳定通过10℃期间日照时数。大部分地区，此期间日照时数800～1100小时。由于境内各地海拔高度不同，导致此期间日照时数的地域差异。以南部低海拔温热河谷地区都格乡与北部高海拔开阔地区金盆乡相比，年日照时数，都格1369.9小时，金盆乡1586小时，金盆乡比都格乡多216.1小时；气温稳定通过10℃期间日照时数，都格乡1179.5小时，金盆乡798.1小时，都格乡反而比金盆乡多381.4小时。

第三章　水　文

第一节　水文特征

一、河流多属雨源性

境内河流除北部干流三岔河、南部干流北盘江有客水过境外，其余支流和溪沟多属雨源性河流。雨季，在降水量大的地区，地表水径流剧增，山溪水流暴涨，雨过迅速降落；旱季，山溪水流靠地下水补给，集水面积小，地下水储量少的溪流极易枯竭，成为季节溪流。部分溪流积水面积大，在植被条件好的陡坡地段可见小股水溪，但因水土流失，开阔平缓地段沟床被泥沙淤积，小股水流即潜入底部。地表径流源于天然降水，径流量呈自西北向东南递增趋势。

二、水资源利用率低

全境地处云南高原夷平面东侧斜坡，河流多居深槽峡谷中，流经乡村不少，但水低田（土）高，能用于农田灌溉的河水不多。河流两岸的斜坡耕地，除山塘、水库储水和小支沟引水灌溉外，多数农田仍靠“望天雨”耕作。

三、水能资源丰富

碳酸盐岩分布广泛，与玄武岩、砂岩、页岩等岩层水平交叉或垂直分布，岩溶地貌与侵蚀、剥蚀常态地貌同时发育，地表河流与地下伏流相间衔接。在碳酸盐岩集中分布区，啸缝、裂隙、落水洞、地下河等岩溶形态发育，地下水埋藏深，伏流长。一些地区消水洞堵塞或泄水不畅，形成小面积山塘或季节性水淹地。

大部分地区河流落差大，百米、数百米甚至千米以上不在少数。如龙场河、顺场河、白牛河、果礼河、月亮河等自然落差均在千米以上，蕴藏了丰富的水能资源。

四、泉眼出水季节变化明显

境内断层、裂隙发育，天然降水除流入溪沟、山塘外，经断层、裂隙进入地下，补给地下水，地下水运行到地下隔水层，又沿层面顺坡流到地表出露，形成泉水。坡面中部以上地段出露的泉水，流经地表后，有的又渗入地下，再次补给地下水，有的直接流入溪沟，注入干流，形成地表水与地下水反复补给。总体上，地下水埋藏较深，出露低矮，多数泉眼需进入雨季一个月后才开始涌泉，旱季又陆续枯竭，形成间歇泉。

五、水土流失减少与污染加重

境内山高坡陡，坡耕地多，雨季水土流失普遍发生。由于20世纪人口增长过快，产业结构单一，人们把手伸向荒山草地，导致森林减少，植被受到严重破坏，水土流失加剧，河水含沙量增加。从20世纪90年代开始，国家采取重大措施，将25度以上的坡耕地退耕还林育草，给予退耕农户适当的钱粮补助，加上改革开放不断深入，产业结构调整，使得农民不仅仅依靠土地而生存，植被增加，水土减少流失，河水含沙量开始呈下降趋势。

随着经济快速发展，工业企业不断增多，工业排放快速增加，河水水质受到严重污染。如境内三岔河和北盘江，河水变成灰黑色，鱼虾根本无法生存。人口基数本来就大，加上城镇化快速提高，人口聚居率快速增长，过去分散居住排放的生活污物，可以靠自然吸收而净化，现在集中居住，集中排放，自然吸收不了，净化处理设备又很有限，只好排放到河流沟溪。许多河流溪沟刚出露就受到污染，变成大粪水、臭水沟，让人无法靠近。

第二节　河　流

一、流域水系

境域地处长江和珠江两大水系上游分水岭地带，北部干流三岔河，流经乌江汇入长江注入东海；南部干流北盘江，流经红水河汇入珠江注入南海。北部三岔河流域面积1047.52平方千米，占幅员面积28.76%。南部北盘江流域面积2594.25平方千米，占幅员面积的71.24%。

二、干流和支流

北部干流三岔河，发源于威宁县盐仓花鱼洞，在双戛入境，经木果、发箐、保华、南开、青林、董地，于比德立火出境入纳雍，再转到比德，于化乐吹聋出境流入六枝。境内河长33.7千米，多年平均径流量6.2亿立方米，平均流量15立方米/秒，最枯流量5.4立方米/秒。

三岔河各支流情况见表1－3－1。

三岔河各支流情况表

表1－3－1

名　称	流域面积（平方千米）	年平均流量（立方米/秒）	境内河长（千米）	天然落差（米）	发源地	流经境内乡（镇）
万全河	73.3	1.5	15.01	160	滥坝镇	董地
连山河	336	5	19.5	565	赫章县	木果、保华
阿勒河	523	8.4	40.5	440	赫章县	金盆、南开、保华
懒龙桥河	229.5	4.2	19.8	390	陡箐乡	化乐

南部干流北盘江，发源于云南曲靖马雄山西北坡。自清水河与可渡河汇合处起算，流经都格、龙井、妥倮、湾子、鸡场、营街、哈青、新街、营盘，到龙场转向东北，经九归、炭山、法德，到野钟又转向东南，经者卡、发射、花戛，再转向东北，经罗盘转向东偏南，经肖坪出境流入六枝、普安。境内河长79千米。多年平均径流量15.8亿立方米，平均流量114.4立方米/秒，最枯流量19.7立方米/秒。

北盘江各支流情况见表 1－3－2。

北盘江各支流情况表

表 1－3－2　　单位：千瓦

名称	流域面积（平方千米）	年平均流量（立方米/秒）	境内河长（千米）	天然落差（米）	发源地	流经境内乡
清水河	4602	76.5	76.5	340	云南曲靖	鸡场、都格
可渡河	3244	36.9	22.5	354	云南宣威	坪寨、都格
发耳河	104	1.9	14.5	1070	杨梅乡	杨梅、发耳
龙场河	155.1	2.6	13.5	1000	娘娘山	龙场、营盘
顺场河	69.8	1.3	11.5	1040	娘娘山	顺场、龙场
白牛河	41.26	0.8	11.5	1050	杨梅乡	杨梅
乌都河	1997	39.5	8.5	1111	盘县	花戛
乌图河	472.2	9.4	12	1013	盘县	花戛
月亮河	886.8	21.1	18.5	1186	陡箐乡	蟠龙、猴场、红岩
花地河	205.15	5.47	30	1031	滥坝镇	陡箐、红岩、蟠龙
巴都河	589.9	13.5	41.5	400	玉舍乡	纸厂、勺米、盐井、阿戛、蟠龙
牯牛河	611.11	4.3	55.5	1100	玉舍乡	勺米、米箩、蟠龙、果布戛、猴场
玉舍河	48.7	1.1	12.1	430	纸厂乡	纸厂、玉舍
舍戛河	100.62	1.7	20	220	纸厂乡	玉舍
通仲河	24.3	5.47	40.25	840	纸厂乡	玉舍、蟠龙

说明：清水河、可渡河为界河，流域面积包括县界外面积

境内河流总长 536.36 千米，河网密度 14.7 千米/百平方千米。

河网平面结构，以树枝状最为发育，部分地区有两侧支沟短小羽状水系，还有辐射状水系。多种河网结构形式，对河流水情变化，尤其暴雨造成洪水影响很大，往往在较多支流汇水点（如山口等地形部位）汛期洪峰特别高，易造成洪患。

三、河流水能资源

境内河流多年平均径流量 18.61 亿立方米，过境客水 55.86 亿立方米，加上河流落差大，水能资源丰富。水能蕴藏量为 88.48 万千瓦，可利用水能资源量为 64.71 万千瓦。其中，三岔河及其支流水能资源理论蕴藏量 10.91 万千瓦，技术可开发量 5.39 万千瓦；北盘江及其支流水能资源理论蕴藏量为 77.57 万千瓦，技术可开发量 59.32 万千瓦。水能技术可开发量占理论蕴藏量的 73.14%。

县各河流水能资源蕴藏量见表 1－3－3。

水城县各河流水能资源蕴藏量统计表

表1－3－3　　单位：千瓦

河流名称	理论水能蕴藏量	可利用水能蕴藏量	河流名称	理论水能蕴藏量	可利用水能蕴藏量
三岔河	64600	46000	乌图河	38700	35500
连山河	13280	2420	六车河	6250	3040
阿勒河	22500	4000	月亮河	35600	21660
懒龙桥河	8700	1500	花地河	5880	2310
北盘江	382600	340000	巴都河	99160	55000
可渡河	91000	84750	牯牛河	18060	9520
发耳河	10700	1900	舍戛河	800	300
龙场河	17790	6400	通仲河	32470	25020
顺场河	4420	2500	玉舍河	1000	400
白牛河	6600	4000	其他河	24660	930
总　计	884770	647150			

第三节　地表水与地下水

一、地表水

地表水资源总量　多年平均径流深519毫米，年平均降水总量41.637亿立方米。

地表水资源分布　境内地表水资源总的趋势是由西北向东南递增。多年平均地表水资源总量为18.61亿立方米，其中长江流域地表水资源量为6.46亿立方米，占总量的34.71%，珠江流域地表水资源量为12.15亿立方米，占总量的65.29%。

不同保证率降水量　境内不同保证率下的降水量值分别为：P＝50%时降水量为1155.8毫米，P＝75%时降水量为1085.9毫米，P＝95%时降水量为945.8毫米。

地表水资源丰枯变化　境内地表水资源年际间变化较大，丰水年组和枯水年组交替出现。丰水年（P＝20%）地表水资源量22.08亿立方米，枯水年（P＝75%）地表水资源量为15.57亿立方米；长江流域丰水年地表水资源量为7.71亿立方米，枯水年地表水资源量为5.34亿立方米；珠江流域丰水年地表水资源量为14.51亿立方米，枯水年地表水资源量为10.07亿立方米。

年出入境水量　年入境水量为16.61亿立方米，年产水量为18.61亿立方米，年出境水量为35.22亿立方米。长江流域年入境水量为6.34亿立方米，年产水量为6.46亿立方米，年出境水量为12.8亿立方米；珠江流域年入境水量为10.27亿立方米，年产水量为12.15亿立方米，年出境水量为22.42亿立方米。

天然山塘　境内天然山塘数量少，蓄水量小。较大的有双戛乡天生湖、玉舍乡木柯湖和勺米乡小清塘。

农业生产耗水指标　境内土地每公顷年耗水量：水田5100立方米/公顷，旱地900立方米/公顷，烤烟375立方米/公顷，园地1050立方米/，林地1950立方米/公顷，草地1050立方米/公顷。各类土地年总耗水量4.52亿立方米。

农业生产平衡结果　境内地表水资源总量18.61亿立方米，农业生产耗水总量为4.52亿立方米，表面上看富余额很大，农业生产用水不成问题，但实际情况恰恰相反。由于降水时空分布不均，山高坡陡，土层较薄，河流比降大，岩溶地貌发育，岩溶面积分布广，地表水渗漏严重。地下暗河畅通，保水能力差。水利基础设施薄弱，蓄水能力差，水资源无法得到有效的使用，缺水严重，旱灾频繁。

二、地下水

赋存条件　境内地下水按出露地层和含水介质组合特征，可分为碳酸盐岩溶水、基岩裂隙水和松散岩类孔隙水3类，以碳酸盐岩溶水为主；主要补给源为大气降水，其次为农田灌溉水及地表水的渗漏补给；地下水接受补给量的多少则与岩性、地形、地貌等条件密切相关；由于珠江与长江水系的分割，形成南、北两大地下水径流系统，比德、董地、发箐、双戛一线以北，地下水总体径流方向为自南向北运动，以南地下水总体径流方向则相反。境内地下水的区域排泄基准面为两大部分：北盘江排泄基准面和三岔河排泄基准面，其支流则构成流域小单元排泄基准面；根据地层、构造、地形、地貌和水文网展布格局等条件，流域地下水排泄主要有褶皱断裂深切峡谷排泄型、向斜谷地汇流排泄型和背斜山分流排泄型、断裂排泄型。

流量与利用率　境内地下水不同保证率年份补给量分别为10.85亿立方米（P=50%）、10.2亿立方米（P=75%）和8.88亿立方米（P=95%），允许取水量为3.41亿立方米。目前已开发利用的地下水资源总量为0.47亿立方米，约占允许年开采量的14%，仍有较大开采潜力。

温泉　境内已查明2处，一处位于野钟乡西面约7.5千米北盘江峡谷左岸红岩脚，海拔高程780米，平水期泉口高出河水面约1米，丰水期泉口被淹没，只见小股温水从岩石裂隙流出，伴有大量热气逸出。流量每秒约0.1立方米，水温31℃。枯测流量0.015立方米/秒，水温29℃。另一处（“凉都温泉”）位于阿戛乡马场村，深度为2100米。

暗河　境内碳酸盐岩分布广泛，岩溶发育，地下暗河多处可见。暗河多沿断裂带发育，长度5千米以上暗河主要有德梅箐暗河、土地垭暗河、舍戛暗河，以舍戛暗河最著名。

第四章　土地与土壤

第一节　土　地

一、海拔分布

县（特区）地面由起伏不平的山脉构成，最高点与最低点相对高差特区为2265.3米，县为2230.2米。土地以山地为主，从山顶至山脚呈坡状分布；山与山之间有部分平地，有些地方形成盆状凹地（俗称麻窝）。山地一般比较贫瘠，平地相对肥沃，麻窝地最肥沃。由于山高坡陡，地下多缝隙（存不住水），水土流失特别严重；部分山顶岩石裸露，泥土流失，逐步石漠化；少数低凹地带则因流石堆积沙漠化。高海拔地区的土地基本为旱地，适合种植马铃薯等作物；中等海拔地区的土地旱地占多数，有少量水田，以种植玉米为主；低海拔地区的土地旱地和水田兼有，主要种植水稻和玉米。

1988年县土地海拔分布情况见表1－4－1。

1988年水城县土地海拔分布情况表

表1－4－1

海拔高程组（米）	面积（平方千米）	比重（%）	海拔高程组（米）	面积（平方千米）	比重（%）
800以下	17.33	0.48	1700～1900	1168.35	32.08
800～1100	181.72	4.99	1900～2200	731.31	20.08
1100～1400	530.02	14.55	2200以上	237.03	6.51
1400～1700	776.01	21.31	合计	3641.77	100

二、利用状况

1978—1987年，由于农村经济结构单一，农业的科技含量较低，农民吃饭基本依靠种植粮食作物，全特区满山遍野都种植粮食；雨季每年都发生大面积水土流失，使原本发生的石漠化更加严重。1988—2000年，县逐年实施封山育林、退耕还林、坡改梯、石漠化综合治理等工程，水土流失逐步减少。2001—2008年，由于农业劳动力大量外出务工，县的农民吃饭基本不靠土地，退耕还林速度加快，土地利用逐渐合理。

2008年，全县土地利用情况见表1－4－2。

2008 年水城县土地利用情况表

表 1－4－2

用地类型		面积（公顷）	占土地总面积的%
土地总面积（公顷）		358408.2	100
农用地	合　计	299536.9	83.57
	耕　地	103273.72	28.81
	园　地	2716.47	0.76
	林　地	131344.94	36.65
	牧草地	31235.16	8.71
	其他农用地	30966.6	8.64
建设用地	合　计	10745.99	3
	居民点及工矿用地	8106.86	2.26
	交通运输用地	2212.43	0.62
	水利设施用地	426.7	0.12
未利用土地	合　计	48125.33	13.43
	未利用土地	44982.79	12.55
	其他土地	3142.54	0.88

第二节　土　壤

一、地带性和非地带性土壤

地带性土壤，为凝灰岩、玄武岩、砂岩、砂页岩、砾岩、黏土岩风化碎屑坡残积物母质发育而成的黄壤。由于地势高低悬殊，从高到低形成 3 种热量带和相应植被类型，分别发育成垂直地带性山地黄棕壤和山地黄壤。海拔 1200 米以下温热河谷地带发育成红黄壤，但因地势陡峻和开垦较早，水土流失严重，土壤多处于粗骨幼年发育阶段。

非地带性土壤，既有石灰土和紫色土等岩成土，又有长期耕作种植水稻形成的水稻土。

出露在斜坡地面的紫色沙岩土、紫色砂页岩，岩性松软，矿物营养元素丰富，在湿热气候条件下，物理风化速度较快，这类成土母质肥力较高，多已开垦成农耕地，加之顺坡耕作，水土流失十分严重，导致成土时间较短，土壤长期处于幼年发育阶段，形成土体薄而质地粗的紫色粗骨土。

局部地区由小地形、小气候和相应植被类型综合影响，形成小面积土壤。地势高而开阔平缓、阴冷潮湿、风高雾大、雪凝多、植被好的地区，发育成山地灌丛草甸土。在沼泽地区，泥炭堆积，经沼泽化发育过程成沼泽土。在槽谷、河谷阶地，由冲积物堆积的母质发育成淤土等。

二、土壤类型

全县土壤面积 227240.23 公顷，分为山地灌丛草甸土、山地黄棕壤、黄壤、石灰土、紫色土、灌淤土、沼泽土和水稻土 8 个土类。

县各类土壤面积见表 1－4－3。

水城县各类土壤面积统计表

表 1－4－3　　单位：公顷

土壤类型	合计	自然土	比重（%）	耕作土	比重（%）
总　计	227240.23	38204.3	16.81	189035.93	83.19
灌丛草甸土	183.1	183.1	100	—	—
黄棕土	78402.54	13916.47	17.75	64486.07	82.25
黄　壤	108900.4	19329.8	17.75	89570.6	82.25
石灰土	7435.47	1319.8	17.75	6115.67	82.25
紫色土	19465.66	3455.13	17.75	16010.53	82.25
潮　土	846.53	—	—	846.53	100
沼泽土	114.4	—	—	114.4	100
水稻土	11892.13	—	—	11892.13	100

三、土地生产能力

根据土壤生产能力，水稻土分为 1～4 级；旱作土分 2～5 级；自然土分 5～7 级。

水稻土面积 11892.13 公顷。其中旱涝保收一级土 151 公顷，占 1.27%；二级土 1779.06 公顷，占 14.96%；三级土 7509.87 公顷，占 63.15%；四级土 2452.2 公顷，占 20.62%。

旱作土面积 177143.8 公顷。其中二级土 7138.87 公顷，占 4.03%；三级土 68519.27 公顷，占 38.68%；四级土 86552.46 公顷，占 48.86%；五级土 14933.2 公顷，占 8.43%。

自然土面积 38204.3 公顷。其中五级土 1451.74 公顷，占 3.8%；六级土 7106.08 公顷，占 18.6%；七级土 29646.48 公顷，占 77.6%。

四、耕地土壤肥力

上等肥力耕地面积 25425.33 公顷，占 13.45%；其中水田 2667.4 公顷，旱地 22757.93 公顷。中等肥力耕地面积 111682.4 公顷，占 59.08%；其中水田 8188.4 公顷，旱地 103464 公顷。下等肥力耕地面积 51928.2 公顷，占 27.47%；其中水田 1036.33 公顷、旱地 50891.87 公顷。

第五章　自然植被与野生动植物

第一节　自然植被

一、植被

植被起源　水城境域在古生代晚期的二叠系地层，发现大羽羊齿、栉羊齿植物群，中生代早期的三叠系地层，发现蕨类、裸子植物群。但从侏罗纪到新生代的早第三纪，由于多次造山运动和气候炎热干燥，不利植被发展。到第三纪晚期，植物群由松、杉和壳斗栎属、水青㭎属、栲属以及樟科、无患子科栾树属等植物组成，古植物种类变得丰富，并具有南亚热带植物群植被景观。到中新世以后，植被组成有蕨类石松属、卷柏属、凤尾蕨属、裸子植物松属、油杉属、杉木属、被子植物柳属、杨梅属、桤木属、桦木属、鹅耳枥属、栗属和木兰科、禾本科等，组成植被植物与现代植物相似。特别是第四纪冰期，冰川对境内直接破坏作用较小，北方植物逐渐向境内迁移，当冰川北退，北盘江温热河谷地带成为热带植物“栖息地”；既有桦木属、槭属、胡桃属等源于温带植物成分，又有木棉属、榕属等源于热带植物成分，还有古热带孑遗植物，如银杏、光叶珙桐、蓝果树、水青树等古老植物成分。裸子植物银杏，是有名的“活化石”。

植物区系　东西方向：境内西南部植被组成多为喜马拉雅山森林植被区系树种，如云南松、云南油杉、滇青㭎、云南樟、矮杨梅、西南山茶、云南杜鹃、马樱杜鹃等；东北部，多为华中森林植物区系树种，如杉木、西南木荷、猴樟、青㭎栎、包石栎、棉槠石栎、石灰花楸等。南北方向：除具有中亚热带区系成分外，还杂有南亚热带和暖温带区系成分，其中，又以青㭎栎属、石栎属、木莲属、樟属、木荷属树种占优势。次生草本植物群落，则以蕨类、禾本科草本植物为主，尤以蕨、铁芒萁、扭黄茅、芒草占优势。温热河谷地带，有南亚热带区系成分，如无患子科伞花木、木棉科攀枝花、桑科榕树、大戟科余甘子等。高寒山区，有暖温带区系成分，如槭树科的五裂槭、木兰科的西康玉兰、胡桃科的野胡桃等。

地带性与非地带性植被　地带性植被为中亚热带常绿阔叶林植被带。境域东部较西部湿润，其分界大致在纸厂—玉舍—杨梅—野钟一线，以东发育成贵州高原湿润性常绿阔叶林，以西发育成云贵高原半湿润性常绿阔叶林。半湿润常绿林，树种以滇锥栗、滇黄栎、滇青㭎、尖叶栲、滇白栎为多；针叶树以云南松为主，林内常有大叶青㭎、旱冬瓜混生。云南油杉等有少量分布，形态结构为硬叶有毛类型。

北盘江河谷山地发育走廊式河谷山地季雨林　在地带性植被中，嵌入非地带性植被。因开垦较早，目前残存树种主要有：桑科大果榕、无患子科复羽叶栾树和热带稀树草坡类型次生树种，如木棉科攀枝花、豆科楹树、大戟科余甘子等。

在碳酸盐岩地区发育成岩溶植被（石灰岩植被）　常绿阔叶林地段的石灰岩植被，主要树种有青枫栎、细叶青枫、黄杞、朴树、女贞等，组成石灰岩常绿阔叶林，林下有十大功劳、盐肤木、山胡椒、云南旌节花等。破坏后，多形成以火再棘、悬钩子、小果蔷薇、野花椒、马桑等为主的藤刺灌丛。在土层较深厚地段，则以白栎、槲栎为主的栎类灌丛或化香、盐肤木灌丛，或为蕨、野古草为主的草被。在常绿、落叶混交林地段，主要树种有包石栎、水青枫等，还有鹅耳枥、灯台树、五裂槭等，林下灌木为箭竹、柃木、映山红、三颗针、十大功劳等。

二、植被类型

常绿阔叶林　为境内主要地带性植被，大致分布在海拔 1000 ~ 1800 米地段。天然常绿阔叶林，早已被农业植被所更替，仅在村寨附近有零星残存林。其组成树种主要有壳斗科棉槠石栎、粗穗石栎、麻栎、栓皮栎、滇青枫、茅栗、板栗、峨眉栲、白栎、槲栎，樟科猴樟、云南樟、香樟、檫木、香叶树、山胡椒、木姜子、乌药，木兰科木莲、厚朴，山茶科西南木荷、西南山茶、油茶、茶、细齿柃木、厚皮香，漆树科酸枣、黄连木，杜鹃花科云南白珠树、小果南烛、马樱花、映山红，野茉莉科白花树、大花野茉莉，鼠李科枳椇、长叶冻绿，芸香科吴茱、花椒，紫金牛科百两金、朱砂根，木樨科女贞、桂花，金缕梅科枫香，棕榈科棕榈，竹亚科刚竹、慈竹等。碳酸盐岩地段有蔷薇科火棘、枸子，榛科宝兴鹅耳枥、岩生鹅耳枥，山茱科灯台树，胡桃科化香树。

常绿落叶阔叶混交林　为第二位植被类型，属垂直地带性植被。大致分布在海拔 1800 ~ 2400 米地段。绝大部分已被次生灌丛或草丛和农业植被更替，仅舍戛乡老林沟还保存约 2 平方千米原生植被，其余地区，偶见零星残林。其组成树种主要有壳斗科光叶高山栎、灰背高山栎、栓皮栎、包石栎、高山栲、丝栗栲，木兰科西康玉兰，蔷薇科湖北花楸、小叶子、细叶细圆齿火棘，山茶科西南木荷、西南山茶，槭树科纳雍槭、扇叶槭，珙桐科光叶珙桐，冬青科刺叶冬青，桦木科旱冬瓜、川滇桤木、光皮桦，猕猴桃科猕猴桃，忍冬科红荚，木通科猫儿屎，杜鹃科大白杜鹃、马樱杜鹃、云南杜鹃、羊踯躅，黄杨科野扇花，竹亚科箭竹。

河谷山地季雨林　为高原山区在低海拔温热河谷发育的非地带性植被。大致分布在海拔 1100 米以下河谷山地。由于开垦较早，现只见残留散生木。树种主要有木棉科攀枝花，桑科大果榕，无患子科复羽叶栾树，漆树科清香木，大戟科余甘子，竹亚科龙竹等南来热带树种。

灌木林　多在海拔 2200 米以上山脊、孤峰发育。由于气温低、风大、土层浅薄、水肥条件差等原因，即是乔木树种，也只能长成灌木。树种主要有壳斗科刺叶栎，杜鹃科大白杜鹃，竹亚科箭竹等。

三、植被状况

天然林　是现在森林植被主体部分。以云南松林为主，成片分布；次为栎类林，块状分布；其他有云南油杉、葵花松、光皮桦、滇山杨、西南木荷、冬瓜等小块纯林。其组成成分及其演替大致有：

云南松林　组成树种乔木以云南松占绝对优势。林下有矮杨梅、毛杨梅、马樱杜鹃、映山红、小果南烛、云南白珠树、乌饭树、大花野茉莉、牛奶子等。草木地被：土壤瘠薄地段，多见蕨类石松、卷柏和禾本科牛毛草等；土壤深厚肥沃地段，可见姜科良姜，野牡丹科展毛野牡丹，蕨类中华里白等。稀疏松林下，以旱生或中生的禾科草类为主，有刺芒、野古草、白健杆、芸香草、扭黄茅、白茅，还有蕨类芒萁等。这类林木被破坏后，在土壤深厚肥沃地段演替为灌木丛，部分地段演替为草丛。

松栎混交林　组成树种乔木有云南松、云南油杉、棉槠石栎、槲栎、麻栎、栓皮栎、云南樟、黄连木、檫木、光皮桦等，以松栎占优势。林下有矮杨梅、毛杨梅、细齿柃、细枝柃、西南山茶、金丝桃、牛奶子、百两金、马桑等。草本植被有禾本科、莎草科、毛茛科、龙胆科等；蕨类有中华里白、乌蕨等。

阔叶林　大致分布在碳酸盐地段或沟谷陡坡及村寨附近，多为保存时间较长的小块林木。半湿润阔叶林组成树种乔木主要有滇青桐、滇石栎、灰背高山栎、元江拷、麻栎、酸枣、苦楝、黄连木、云南樟、伞花木等，以栎类占优势；林下有矮杨梅、毛杨梅、西南山茶、小果南烛、马樱杜鹃、映山红、滇榛、岩生鹅耳枥等，草本植物有禾本科、沙草科、菊科等草类和蕨类盲萁等；这类林木被破坏后，演替为以细圆齿火、三花悬钩子、毛叶蔷薇、马桑等为主的藤刺灌丛。湿润性阔叶林组成树种乔木主要有青桐栎、包石栎、棉槠石栎、百栎、槲栎、猴樟、枫香、刺楸、泡桐、楸树等，以栎类占优势；林下木有乌饭树、小果南烛、繁花杜鹃、露珠杜鹃、云南厚皮香、野扇花、矮陀陀、栒子、箭竹等；草本植被有禾本科、莎草科、菊科、凤仙花科；这类林木被破坏后，演替成荨栎林灌丛。

天然草丛　多为次生草丛，常见草本种类有禾本科芸香草、画眉草、荩草、马唐、雀麦、雀稗、鼠尾粟、狗芽草、牛筋草、鹅观草、野燕麦、金茅、鸭茅、刺芒野古草、野青茅、羊茅、狼尾草、五节芒、蔗茅、弗子茅、白茅、白健杆、莠竹、四脉金茅、芦芒、扭黄茅、芭茅，莎草科牛毛毡、香附子、三棱草、猪毛草、细杆鹿草、三棱杆鹿草、扁穗莎草、红鳞扁莎、飘弗草、水蜈蚣、二型珍珠茅、十字苔草、少穗苔草、亚柄苔草、沙坪苔草，豆科百脉根、白三叶、野豌豆、云南米口袋、鸡眼草、山蚂蟥，菊科白蒿、青蒿、鼠曲草、蓟、蒲公英、鬼针草，蔷薇科地榆、草莓、西南萎陵菜。

第二节　野生动植物

一、野生植物

水城有高等植物900多种，国家一级保护野生植物4种，国家二级保护野生植物有9种。

国家一级保护野生植物　（1）珙桐科有光叶珙桐，主要分布在玉舍乡的老林沟、中寨和玉舍林场的公鸡山工区，面积约533.33公顷，是珙桐保护点，蟠龙乡、金盆乡也有零星分布。（2）红豆杉科有云南穗花杉和南方红豆杉，云南穗花杉主要分布在野钟黑叶猴自然保护区，南方红豆杉主要分布在勺米乡、玉舍乡和玉舍林场。（3）银杏科主要是银杏，零星分布于龙场乡箐脚村。

国家二级保护野生植物　（1）樟科有樟树和楠木，樟树在野钟乡有成片分布，其他乡有零星分布，楠木较少，在营盘乡有零星分布。（2）木兰科有鹅掌楸、厚朴和西康玉兰，西康玉兰在玉舍林场、营盘乡有成片分布，鹅掌楸在鸡场乡上营村有小块状分布，厚朴在勺米乡红布村有零星分布。（3）水青树科主要是水青树，在玉舍林场、米箩乡有零星分布。（4）蓝果树科主要有喜树，在比德乡和化乐乡有零星分布。（5）榆科的榉树零星分布于木果乡。（6）十萼花科的十齿花，在玉舍林场有成片分布。

常见植物　云南松、华山松、葵花松、滇柏、香椿、梓木、线楸、桑树、构树、油桐、泡桐、棕榈、梧桐、杉木、滇杨、白杨、柳树、猴樟、香樟、枫香、沙棠、桦木、紫荆、麻栎、白栎岩青树、桤木、丁木、白檀、香桂、榕树、云南油杉、木姜子、檫木、马辣树、刺楸、柳杉、侧柏、皂角、冬青、吴茱萸、乌桕、盐肤木、栀子、小果南烛、矮杨梅、十大功劳、苦楝、酸枣、鹅耳枥、杜鹃、乌木（清香木），芦竹、苦竹、慈竹、水竹、茨竹（刺竹）、金竹、鸡爪竹（龙竹）、劲竹、天竹、紫竹、斑竹、黑竹、钓鱼竹、邛竹，沙参、葶精子、益母草、党参、何首乌、车前草、小茴香、薄荷、艾、蓼、紫苏、小藿香、半夏、前胡、薏苡、青箱子、火麻仁、木通、芍药、通草、苍耳、山楂、龙胆草、白芨、仙人掌、土三七、石菖蒲、黄柏、金银花、天麻、地苦胆、石斛、茯苓、土茯苓、血藤、牛膝、郁李子、瓜蒌、明镜草、葛、青皮、五加皮、八角莲、一支箭、一枝蒿、紫花地丁（俗称鱼鳅串）、马蹄草（马蹄金）、青蒿、蜘蛛香、水灯芯、麻黄、菊花、旱莲草、蒲公英、草乌、商陆、常山、黎芦、王不留行、黄花根、桔梗、地骨皮、淫羊藿、复盆、辛夷、桑寄生、丹参、地榆、天南星、苦参、鸦弹子（鸦肚子）、红花、香附子、槐角、防己、旋复、柴胡、钩藤、牛蒡子、荜茇、巫药（乌药）、独活、扁蓄、瞿麦、秦艽、骨碎补、续断、百合、麦门冬、天门冬、摘耳根（蕺菜、鱼腥草）、马齿苋、白蘚皮、白薇、葶草、木瓜、蘘荷、老鹳草、马鞭梢、茜草（俗称锯锯藤）、升麻、楮实、山茱萸、白茅根、大茅香、夏枯草、贝母、密蒙（俗称酒药花）、茵陈蒿、白药、黄精。

药用植物　境内有野生药用植物390多种。常见种类有：金发藓（土马鬃）、石松（伸筋草）、卷柏、问荆、瓶尔小草（一支箭）、一朵云、海金沙、贯众、槲蕨（骨碎补）、石韦、白果、云南松（黄松）、侧柏、蕺菜、及已（四块瓦）、响叶杨、核桃、枫杨、构树、何首乌、扁蓄、虎杖、水蓼、王不留行、乌头、升麻、黄连、威灵仙、淫羊藿、阔叶十大功劳、南天竹、三颗针、山乌龟、青牛胆、五味子、厚朴、木莲、西康玉兰、乌药、木姜子、云南樟、猴樟、三叶木通、荠菜、土三七、虎耳草、驳骨丹、岩白菜、山楂、地榆、芽龙草（仙鹤草）、委陵菜（天青地白）、水杨梅、野葛、密花豆（鸡血藤）、川鄂爬山虎，吴茱萸、臭常山、苦楝、瓜子金、野扇花、盐肤夫、刺五加、常春藤、茴香、女贞、龙胆草、徐长卿（对叶连）、白薇、牵牛、菟丝子、马蹄金、紫草、紫珠、马鞭草、紫苏、夏枯草、枸杞、龙葵、钩藤、白花蛇舌草、栀子、茜草、金银花、栝楼、小果南烛、云南白珠树（透骨香）、余甘子、矮杨梅、桔梗、羊乳、金钱豹、野菊花、旋覆花、大蓟、小蓟、苍耳、细叶鼠曲草、千里光、蒲公英、石胡荽、鬼针草、淡竹叶、白茅、香附子、水蜈蚣、石菖蒲、天南星、圆珠半夏、麦冬、百合、黄精、七叶一枝花、天门冬、石斛、白芨、石仙桃（果上叶）。

名贵药材　有天麻、黄连、石斛和担子菌纲的菌灵芝。

芳香油植物　主要有山苍子和小果蔷薇。山苍子，为多年生落叶小乔木；多分布于沟谷林缘、开荒地或撂荒地；待熟前的果皮内，含油量4%～6%，叶含油较少。小果蔷薇，为多年生攀援带刺灌木；分布于路旁、林缘向阳坡；鲜蕾浸膏率5%～6%，浸膏精油率55%，浸膏挥发物13%；小果蔷薇浸膏为棕黄色粘稠物，具清香、药香、玫瑰甜香气息。

野生山菜、果品植物　野生山菜主要有竹笋、蕨苔（蕨幼茎、叶）；蕨分布于荒山。野生果品植物主要有：矮杨梅、毛叶蔷薇（沙糖果）、刺梨、猕猴桃、余甘子、拐枣、山楂、川梨、树莓、草

莓、野葡萄、茅栗、毛杨梅等。据化验，杨梅百克鲜果果肉含维生素 C15.7 毫克，总糖 4.24 毫克，总酸 3.54 毫克，还原糖 2.57 毫克；刺梨百克鲜果维生素含量 1600～2600 毫克，比柑橘类水果高出 50～100 倍，是果品中维生素 C 含量最高者。

纤维、淀粉植物　纤维植物有构树、荨麻、野桐等，淀粉植物有蕨根、青㭎子、火棘（救军粮）、魔芋等。

珍贵硬木树种、园林花卉植物　榉树、白檀、楠木、木莲、西康玉兰、樟树、重瓣棣棠花、细圆齿火棘、小果蔷薇、小果蜡瓣、西南山茶、细齿柃木、秀雅杜鹃、马缨杜鹃、皱叶杜鹃、岩生杜鹃、云南杜鹃、胡秃子、南天竹、阔叶十大功劳、裂叶秋海棠、山梅花、刺叶冬青、野扇花、五裂槭、百两金、女贞、金丝桃、亮叶鼠李、野八角、枸杞、川鄂爬山虎、金银花、野鸦椿、迎春花、华钩藤、棕榈、棕竹、安息香、鹿蹄草、麦冬、兰花、黄金凤、龙胆草、矮杨梅等。

食用、药用真菌　野生食用真菌主要有：鸡枞（独鸡枞）、三踏菌（群鸡枞）、竹荪、白鬼笔、香菇、木耳、银耳等。鸡枞和三踏菌主要分布在玉舍、杨梅、发耳、米箩、蟠龙等地海拔 1200～1800 米地带。野生药用真菌主要有：香菇、茯苓、木耳、菌灵芝、竹荪、密环菌等。

二、野生动物

水城境内有脊椎野生动物 130 种，其中国家一级保护陆生野生动物黑叶猴，在野钟乡建有市级黑叶猴保护区；国家二级保护陆生野生动物 19 种，分别是猕猴、赤麂、林麝、金猫、大灵猫、小灵猫、丛林猫、岩羊、斑林狸、巨松鼠、红腹锦鸡、白腹锦鸡、白冠长尾雉、姬田鸡、花田鸡、穿山甲、普通鵟、红隼、草鸮；省重点保护野生动物 6 种，分别是戴胜、大山雀、昭觉林蛙、黑斑蛙、赤链蛇、八线腹链蛇。一般常见野生动物：山蝠、大棕蝠、云南兔、霜背大鼯鼠、赤腹松鼠、隐纹花松鼠、褐家鼠、社鼠、小家鼠、屋顶鼠、黄鼬、雉鸡、山斑鸠、大杜鹃、灰头麦鸡、矶鹬、针尾沙锥、白腰雨燕、普通翠鸟、蓝翡翠、小云雀、家燕、树鹨、灰鹡鸰、白鹡鸰、长尾山椒鸟、黄臀鹎、褐头鹪莺、褐胁雀鹛、黑喉石䳭、鹊鸲、乌鸫、灰腹绣眼、斑文鸟、树麻雀、山麻雀、红头白尾山雀、普通朱雀、小鹀、灰眉岩鹀、灰头鹀、黑头金翅雀、风头鹀、蛇、华西蟾蜍、华西雨蛙、黑斑蛙、半叶趾虎、云南龙蜥。

经济用途动物　猴、兔、鼠，常用于科学实验。药用动物主要有：贵州鲵螈、穿山甲、猕猴、蟾蜍、蝙蝠、野兔、黄鼬、林麝、蛇。皮毛动物主要有：灰尾兔、草兔、黄鼬、赤狐、猪獾、水獭、长吻松鼠。肉用动物主要有：野兔、野鸡等。

第六章　自然灾害

第一节　气象灾害

一、气象灾害种类

暴雨　年内最早出现暴雨的日期是4月2日（2000年），最晚暴雨终止日期是10月7日（1976年），24小时最大降雨量为138.6毫米（2004年6月）。

倒春寒　倒春寒是指3月中旬至4月中旬，在连续晴天之后转为持续3天以上日均温度低于或等于10℃的低温阴雨天气，常导致烂秧烂种。据气象资料统计，年平均日数12.2天，次数2.4次，连续时段最长12.6天。平均日数、次数和强度都接近全省极值，属全省烂秧严重区之一。除低热河谷地区外，都受到倒春寒天气危害，而纸厂、玉舍的海坪、杨梅的台沙、金盆的干河等高海拔地区较为严重。

秋风　指夏末低温天气，对水稻抽穗扬花产生较大危害，影响水稻和玉米正常授粉和灌浆结实。县（特区）秋风主要危害海拔1700米以上的水稻，而海拔1350米以下的水稻则不受秋风危害，其余地区为一般受灾区。年平均累积日数20天，最多的年份28天，最少的年份有3天；年平均次数2.6次，出现秋风严重的年份频率为28%；最严重的年份是1974年（出现3次），一次最长持续日数14天，最低气温降到10.6℃，造成水稻比常年产量减少31%。据气象观测资料，水稻空秕率一般年份为15%～20%，严重年份高达65%。

凝冻　凝冻有雨凇和雾凇2种，县（特区）主要是雨凇，俗称“桐油凝”“冻雨”，是冬季常见的危害较严重的灾害性天气。据气象观测资料记载：县（特区）凝冻平均初日为12月20日，平均终日为2月23日；出现频率分别为12月60%，1月100%，2月88%，3月32%；最早初日出现在11月16日，最晚终日出现在3月23日；持续日数最长31天（2008年），最短2天；凝冻最大厚度38毫米，1米导线层重723克；年平均凝冻日数20天，属省凝冻严重区之一。各地凝冻日数多少、强度大小，随地形地势而异；海拔1800米以上地区，年平均日数在20天以上，干河、台沙、纸厂等高海拔地区在30天以上；海拔1400～1800米地区，年平均日数10～19天；海拔1260～1400米地区，年平均日数在10天以下；海拔1260米以下地区一般无凝冻。

冰雹　境内每年都有冰雹出现，年平均降雹日数6.6天，为省多雹区之一。据气象站实测资料：一年中冰雹出现以春季最多，占全年雹日的70%左右，而且成灾率最高；夏、秋、冬季虽有出现，但比例小、成灾率低；平均初日在4月中旬，终日在10月初，主要集中在6—8月；一天中以下午傍晚出现的可能性最大，春季以4月出现的频率最高，达68%。冰雹强度：雹粒一般有豌豆、蚕豆大，最大冰雹粒直径35毫米，重量0.84千克；降雹时间短的一至数分钟，长的达数十分钟，最长35分钟；密度稀的仅见数粒，密的积雹几十厘米厚。降雹具有“雹打一条线”的规律；在主要降雹路径上，几乎年年都有出现，只是轻重不同。进入县（特区）的冰雹路径多有分支的特点，形成5个重雹区：一是青林、金盆、南开一线，二是木果、双戛一线，三是董地、比德、化乐一线，四是滥坝、陡箐一线，五是米箩、野钟一线。

春旱　主要发生在3—4月，水城5月上旬才能进入雨季，3—4月降雨量占全年降雨量的7%左右，每年春季均有干旱出现。

雷电　主要发生在5—8月，年平均雷电日68天左右，偶有雷击死人的情况。

大风　水城年平均最大风速为16～26米／秒，瞬时最大风速为24～40米/秒，每年出现大风天气10天左右。

二、灾害发生情况

1979年春始，水城久旱，至5月初，大部分地区未下雨，3300公顷农作物非枯即萎。1979年5月23日，全特区43个公社遭暴雨、大风和冰雹灾害；雷击死亡4人、洪水淹死4人、损坏房屋26幢、冲垮水库5座。

1980年8月24日晚，滥坝、南开、大河、玉舍、龙场、米箩、蟠龙等区降暴雨，4182.27公顷农作物受水灾，减产粮食约350万千克，冲毁民房138间，畜圈9间，死16亡人，死牛5头、猪6头、羊26只。其中龙场区兰花公社干沟生产队雨水最大，死亡14人；社员何小明一家8口，4个大人被洪水冲走，留下4个孤儿；青年农民廖福清及妻、儿3人，均罹水患。玉舍区俄脚公社8千米长的发窝大沟，投工2.7万个，投资万余元，修成尚未受益即被洪水冲毁。

1981年5月31日，水城遭受暴雨灾害；全特区46个公社、1525个生产队的4933.33公顷包谷、2133.33公顷杂粮、43.33公顷水稻受灾，损失粮食240万千克，死亡2人，死牛6头、马2匹、猪16头、羊189只、家禽1432只，损坏房屋299间。1981年9月9日，水城暴雨成灾，城关交通堵塞，4个蔬菜队菜地被淹没；水钢水电厂厂区淹水2.19米深，官厅段公路淹水0.6米，汪家寨大河水位上涨1米，城关新河道水位上涨1.55米，校场一带河水翻越路桥。米箩区河塘沟渠水满为患，马场乡加开营水库渠道施工民工数人被洪水冲走，死亡3人。

1982年2月8—14日，水城降下观测记录史上最大的1次雪，2月9日雪深23厘米，积雪持续9天，其中4天影响交通和通讯。1982年4月3—4日，特区北部高寒地区遭受霜灾，继之持续霜冻；4月份平均温度10.1℃，最低温度－0.8℃；地面平均温度12.3℃，最低温度－3.7℃；气温和地面温度均为水城有气象记载（25年）的最低值；冻坏马铃薯等夏粮作物8666.67公顷，冻坏早玉米和稻秧733.33公顷。1982年5月31日，特区暴雨成灾；64个公社、1525个生产队的9333.33公顷作物受灾，损失产量243.5万千克，死亡2人（被水冲和雷击各死亡1人），损失大牲畜8头（匹）、猪羊205头（头、只）。1982年6月，特区2个农村电站发生雷击，兰花电站（无避雷设备）雷击7人、死亡2人，化乐电站站长被雷击身亡。1982年6月19日统计，4月21日—6月16日：全特区发生雹灾、洪灾、风灾12次；69个公社、2470个生产队受灾2～3次，33个公社、1216个生产队受灾4～6次；作物受灾26666.67公顷（其中水打沙壅田土2113.33公顷），因灾死亡21人、受伤50人，倒塌损坏房屋1249间，牲畜被砸死或冲走723头，冲毁桥梁35座、水轮泵机2台，毁树3.5万株，刮断电线杆114棵。

1983年5月21日，特区遭受特大暴雨灾害；全特区受灾面积31322.13公顷，有1858.67公顷绝收，是年不能恢复耕种，损失产量2406万千克；民房冲毁804间，倒塌1920间，损坏7305间；冲断公路8条，桥梁2座，多处交通中断，通讯受阻；冲走溺死和房屋倒塌压死101人（其中法德公社死45人），雷击致死8人，重伤267人；死耕牛122头、马42匹、猪923头、羊819只、家禽5627只；冲走家具1250余件、农具24084件、粮食25.75万千克、现金11427元。1983年5—6月，特区发生冰雹、洪水灾害共18次，108个乡、3864个组受灾；死亡113人、伤83人，牲畜、家禽死亡7530头（匹、只），秋粮作物受灾19306.67公顷，毁坏房屋3538幢、树木9.28万棵，公路冲毁26处、塌方326处，冲毁桥梁8座、涵洞78处、水库1座。1983年6月19日，顺场乡下暴雨，该乡黄昏箐水库溢洪道被堵，洪水冲毁大坝36米（长），冲走土方8000多立方米，毁坏农田13.33公顷、公路桥1座、人行桥4座。

1984年1月，特区许多地方凌冻26天，冻死牛1100头、马760匹、羊3997只、猪5000头，冻坏蔬菜300公顷，损失树木8000万棵；大部分工矿停电停水，水钢损失116.3万元。1984年7月18日至8月9日，蟠龙、米箩、杨梅、龙场等区53个乡连续23天无雨，阿地河，巴浪河水位下降20厘米以下，稻田泥土翻卷，水稻干萎不出穗，包谷枯黄不灌浆，豆类早花不结荚，花生不插针；全特区农作物重旱2652公顷，绝收906.67公顷。1984年8月23日，南开、大河、滥坝、发耳、大湾等地遭受雹灾，低洼处积冰雹0.3米；秋粮受灾4866.67公顷，损失粮食448.8万千克；特区拨款10万元、粮食27.5万千克救济灾民。

1985年6月21日至7月6日，连续降雨15天，城区降雨446.4毫米，汪家寨降雨500多毫米，农作物受灾16686.67公顷，绝收8566.67公顷，数年不能恢复的耕地1053.33公顷。省管公路有多处不能通车，农村交通、通讯大多中断，水城矿务局汪家寨斜井、小河煤矿被淹停产，直接经济损失2500多万元。水钢因灾损失300多万元。距贵昆铁路茨冲3号隧道口5米处，山洪冲下泥沙800多立方米，使军列受阻。

1986年6月1—19日，特区暴雨成灾，夏粮损失1160公顷，房屋损坏2599间，死亡20人、伤7人；水城至米箩、蟠龙公路中断；米箩区巴浪河两岸100多公顷良田变为沙坝。

1987年5月9—16日，发耳、龙场、杨梅、玉舍4区21乡74村遭受雹灾，死亡6人，打坏房屋11530间，损失牲畜508头，粮食作物受灾3986.67公顷，经济作物受灾383.33公顷，树木受损7.17万棵。

1990年8月上、中旬，境内旱情严重，中旬平均气温21.2℃，气温、雨量均分别突破历年同期最高最小值。

1991年3月25日19时左右，市中心区风力达到10级，一些阳台上的花钵被吹落，部分房屋和设施受损，县政府大院1棵直径40厘米的大树被连根拔起。1991年4月6日，南开、保华、金盆、青林等乡的68个村、415个组、19650户遭受特大雹灾，冰雹最大颗粒重0.6千克；4月7日17时30分，又降暴雨80分钟，降冰雹15分钟，重灾区雹厚27厘米，冰雹最大颗粒重0.7千克；8545厢烤烟苗遭灾，1283厢烤烟苗被毁，损害烟苗700多万株、烘房215栋，死亡1人，伤多人。1991年7月1日零时三岔河上游的白泥河向阳水文站水位起涨，7月3日7时40分洪峰比警戒水位高4.23米，相应流量1660立方米/秒，水位变幅5.76米，洪水过程历时7天，比历史最高水位（1913年）高2.22米，为近200年最大值；全县10个区遭受洪涝灾害，建于清朝年间的下扒瓦大桥被洪水冲毁，水城至南开公路中断9天；贵昆铁路梅花山隧道被淹2000米，公路损毁121处；损毁水利基础设施277处，渠道21.1千米；农作物受灾14333.33公顷，成灾5466.67公顷，绝收37.33公顷，倒塌民房540间；少数厂矿被淹没，出现上百处坡滑，有数十人伤亡；大河、南开、滥坝、比德、蟠龙、米箩等区受灾严重。

1992年4月5—7日，县遭受大风冰雹灾害，死亡2人，伤5人，死羊3只、猪16头、鸡165只，粮食作物受灾10280.87公顷（预计减产450万千克），经济作物受灾2897公顷（预计减产44万千克），民房倒塌35间、损坏5751间，损坏校舍31所、烤烟烘房215栋、树木14.8万棵，洪水冲垮坡改梯工程25处（875米）、冲走磷肥3.2万千克、冲毁田土273.33公顷。1992年6月13—15日，全县暴雨成灾；25个乡（镇）、640村、12.5万人受灾；农作物受灾800公顷，成灾133.33公顷，绝收13.33公顷；倒塌房屋25间，交通多处中断，防洪沟堤12处（计4100米）损毁，直接经济损失3500万元。

1994年4月26日，红岩乡10个村遭受雹灾，394栋民房和8100多棵经济林木受损。1994年8月6日，发耳、都格、营盘3乡遭受风雹灾，476.93公顷农作物和10000多株竹木受损，死亡1人，倒塌民房14间，损坏民房80间。

1995年6月2日，南开乡龙井村11组发生雷击灾害，村民邵济德、王瑞荣夫妇等6人死亡，另重伤6人、轻伤7人。1995年9月15日，县遭受洪灾，粮食作物受灾3705.97公顷、损失产量144.6万千克，毁坏民房575间、沟渠215条，冲倒树木5万余棵，死亡16人，伤43人，死亡大牲畜55头（匹），紧急搬迁村民49户；水城至盘县公路冲坏多处（交通中断），都格乡铜厂村彭永贵等5户村民的16间住房及房内全部财产被山洪卷走。

1996年4月18日下午4时，南开乡遭受风雹灾，粮食产量损失226000千克，雹伤50人。

1997年4月21日至5月8日，县连遭9次特大冰雹或暴雨灾害，25个乡（镇）、286个村、1216个组、41744公顷、57630户、236283人受灾，死46头大牲畜、13头猪、120只羊、650只家禽，64人受伤，228间民房、146间烟房倒塌，13210间房屋、584间畜圈损坏，231公顷坡改梯工程、140余处公路被冲毁，142家（582人）被迫搬迁，经济损失达8000万元。

1998年8月2日，米箩乡光明村营盘村妇女吴小燕、陆坤芬被暴雨形成的山洪卷走身亡。

1999年6月21日晚9时至次日下午4时，县连降暴雨，蟠龙乡木城公路河堤和百车河河堤损坏8处；米箩乡亮河村、倮摩村、马安村67公顷良田被淹，巴浪河河堤垮塌300余米，将10公顷稻田夷为沙砾地，不能恢复耕种；全县受灾作物10000公顷，毁损耕地800公顷，减产粮食1048.5千克，减产烤烟15.5万千克；死亡大牲畜39头，倒塌民房171间，损坏民房285间；冲毁桥涵91个，损坏公路23千米、沟渠82.5千米、人畜饮水工程14千米、小煤窑5个、经果林木10.5万珠、用材林木3万珠；全县直接经济损失3265万元。1999年7月31日下午4时，盐井乡和南开乡遭受特大冰雹灾，400公顷烤烟绝收，300公顷烤烟毁损，直接经济损失1216万元。

2001年6月16—17日，水城降雨102.3毫米，双水河严家寨河道洪水漫堤，双水商贸区及滥坝镇的严家寨村遭受严重洪涝灾害，水深至1米，淹没城区1平方千米，淹没水（城）镇（宁）高等级公路0.5千米，农作物受灾117.7公顷，损坏房屋33间，直接经济损失150万元。

2002年6月27日下午至28日凌晨，营盘、花戛、阿戛、鸡场、米箩等乡遭受洪灾，直接经济损失1109.4万元。2002年7月17日，米箩乡遭受冰雹灾，直接经济损失30万元。2002年6月27日下午至28日凌晨，花戛乡者卡大岩方圆16千米范围内连续8小时降大雨，导致山梁两则153处山体滑坡，13条巨大泥石流袭击8个村的20个组，直接经济损失166.7万元。

2003年5月26日10时，董地乡遭受阵点式特大暴雨袭击，降雨量335毫米，文阁、双巢、董地、穆家寨等村的2570人受灾；其余13个乡（镇）遭受不同程度危害，倒塌房屋12间，直接经济损失1295.5万元。2003年7月5日，南开等乡遭受洪灾，3118人受灾，死亡3人，直接经济损失19.4万元。2003年7月30日，29个乡（镇）、319个村、1569个组、61453户、263035人受水灾，直接经济损失5891万元（其中农业直接经济损失4922.7万元）。

2004年，县境遭受暴雨袭击4次，23个乡（镇）的10.14万人受灾，死亡20人，损毁房屋109栋，防洪设施损毁严重，农作物受灾760公顷，直接经济损失7881.4万元。2004年5月10日15时50分，青林乡发生大面积冰雹灾害，造成一家5人死亡。2004年5月29—30日，金盆、南开、比德、化乐、猴场、营盘等13个乡（镇）的3.7万人受水灾，暴雨诱发地质灾害，11人死亡，4人重伤，倒塌房屋63栋，死亡大牲畜9头。2004年8月20日，金盆乡遭受风雹灾，雷电击死1人，冰雹击伤1人，直接损失上百万元。

2005年6月26日16—19时，鸡场、杨梅、野钟、坪寨4个乡的37个村遭受大风袭击。农作物受灾434公顷，绝收46公顷，因灾减产粮食130.8万千克，倒塌房屋3间，损坏房屋13间，吹断大树300棵，直接经济损失300.75万元。

2008年1—2月，县境遭到50年未遇的特大雪凝灾害，17.33万户（66.65万人）受灾，经济损失72312万元。其中：作物受灾27843公顷，绝收1013公顷，损失6503万元；大牲畜死亡894头（匹），猪死亡7488头，羊死亡13202只，家禽死亡44663羽，经济损失3353万元；林地受灾9000公顷，损坏树木400余万棵，经济损失约4362万元；水利设施受损878处，10.8万人饮水困难，经济损失1723万元；倒塌电杆515棵，输电线路中断11.88万米，损坏变压器37台，经济损失1435万元；24个乡断电、断水，因灾造成损失3158万元；房屋倒塌84户（254间），损坏702户（2106间），毁坏圈舍17间，紧急转移安置291人，救助14256户（46522人）。

第二节　地质与生物灾害

一、灾害及防治

地质灾害有滑坡、塌陷、地震等，生物灾害有病虫和鸟兽灾等（其中畜禽病害在“畜牧章”记述）。县（特区）地形和地质条件复杂，断裂构造发育，降水时空分布不均，矿山开采业飞速发展以及不合理的工程活动，地质环境越来越差，地质灾害时有发生。地震极少发生，花戛乡补母为地震敏感地带（震中在境外），离水城较近的地震敏感地带有云南省宣威县（市）宝山的摩戛、威宁县的金钟。1990年，对全县地质灾害进行普查，查清地质灾害的位置、类型、规模及易发区域和危险区域，以及地质条件和发展趋势，可能造成的人员伤亡和经济损失；编制 1：50 万的地质灾害分布图和防治规划；制定防范措施和群防群治责任制；在危险区和易发区设立监测预报点，设立灾害点—村—乡（镇）—县预备体系和群防群治网络；对群众进行科普宣传，提高防灾减灾意识。1990—2008 年，全县投入资金 3740 万多元，对 78 处地质灾害点进行治理或搬迁避让，受益群众 7000 多人。1996 年，县成立地质灾害防治工作领导小组，各乡（镇）同时建立相应机构，完善地质灾害防治工作体系。截止 2008 年，全县共有多类地质灾害点 305 处，其中崩塌、危岩体 24 处，滑坡 185 处，泥石流 35 处，不稳定斜坡 22 处，地裂缝 35 处，地面沉降、塌陷 4 处，约有 7419 户、30986 人、5382 万元财产安全受到威胁。

二、灾害发生情况

1982—1985 年，全特区（甚至全市、全省）鼠害十分严重，白天老鼠随处可见，晚上多数农户家中老鼠活动不停；老鼠成群结队危害粮食和禾苗，少数地方麦苗被老鼠吃光、树皮被老鼠大量啃咬，甚至有猪、牛被老鼠咬伤。1982 年 5 月 15 日，特区政府发出《关于大力开展灭鼠工作的意见》，拨款 5000 元购买灭鼠药物，在全特区统一开展灭鼠工作。1983 年后，特区政府连续几年下文统一灭鼠；虽然毒死大量老鼠，使鼠害得到控制，但猫、狗、鹰、乌鸦等因误食有毒死鼠大量死亡，几乎达到灭绝边缘，十几年后才逐步恢复。

1982 年 6 月，特区 12 个区（镇）发生玉米粘虫、钻心虫和水稻螟虫、负泥虫等危害，64 个公社的 3633.33 公顷玉米和水稻受灾，以比德、大河、杨梅、蟠龙 4 个区最为严重。

1985 年 7 月 2 日 1 时 20 分，大河镇以德管理区小场村发生宽 200 米的山体滑坡，形成泥石流 10 余万立方米，6 栋房屋和 4 部机动车被埋，死亡 8 人；水城至汪家寨公路中断 10 天。1985 年 7 月 29 日，由昆明开往贵阳方向的 9118 次军列在茨冲 3 号隧道出口处突遇山体滑坡，列车被泥石流冲为 2 段，第 6、7 节车厢被埋堵在泥石流和隧道中，无人员伤亡。1985 年 12 月 2 日，米箩区西北的盐井、箐口、倮么一带发生 5.4 级地震，震中位于北纬 26 度 25 分、东经 105 度，震源深度 10 千米，震中烈度 6 度，面积 160 平方千米，震塌房屋 234 间，损坏房屋 294 间，无人畜伤亡。

1992 年 3 月 17 日 16 时左右，玉舍区玉舍乡玉舍村小营组支都岩发生大面积山体坍塌，损毁田土 8.67 公顷，危及 35 户、132 人的房屋。

2004 年 5 月 30 日 3 时 20 分，金盆乡鱼岭组发生山体自然滑坡，垮塌面积约 1200 平方米，塌方量 6000 余立方米，11 人死亡，5 人受伤，40 余头牲畜被掩埋，直接经济损失 10 余万元。

2007 年 8 月 26 日 10 时 40 分，玉舍乡玉舍村小营组云盘山发生大面积山体滑坡，死亡 1 人，伤1 人。

第二篇　建　置

第一章　政区变更

第一节　辖区调整

一、区乡镇调整

1979 年 2 月，按省政府批复，增设大湾区，辖二塘、三合 2 个公社、13 个大队、74 个生产队；全特区有 12 个区（镇）、121 个公社，574 个大队，3176 个生产队。

1980 年 12 月，根据上级决定，水城特区革命委员会改称水城特区人民政府，各区革命委员会改称区公所，各公社革命委员会改称公社管理委员会。

1982 年 7 月 15 日，根据上级批准，恢复城关区，城关镇易名水城镇。1982 年 9 月 15 日，根据上级批准，划煤厂公社裕民、白岩脚等 8 个村建立大河镇；划艺奇公社的艺奇、新塘等 21 个村建立汪家寨镇；划大湾区二塘、三合 2 个公社的新寨、海开等 14 个村建立大湾镇；划滥坝区茨冲、滥坝 2 个公社的观音山、人和洞、杉树林等村建立观音山镇；划万全公社的大树、大桥、尖山、陆家坝、中坡、幸福等村建立老鹰山镇；全特区设 12 个区，6 个镇（区级），110 个公社，658 个大队，5576 个生产队。

1983 年 4 月 16 日，根据上级决定，全特区的人民公社更名为乡、设乡人民政府，生产大队更名为村、设村民委员会，生产队更名为村民组。

1984 年，经省政府批准，全特区设立 47 个民族乡，城关区并入水城镇；划城关乡的场坝、官厅、钟山、新生、菜园 5 个村，麒麟乡的双坝、三块田、杨柳 3 个村，水城镇的校场乡和滥坝区月照乡的月照村、滥坝区双水乡的双水村等建立杨柳镇；以滥坝区为基础设置滥坝镇，撤销观音山镇和老鹰山镇；以大河区为基础设置大河镇，撤销原大河镇和汪家寨镇；以大湾区为基础设置大湾镇，撤销原大湾镇。各镇所辖乡（除民族乡外）改为管理区。全特区共有 5 个镇，8 个区，89 个乡（含民族乡 47 个），23 个管理区。

1987 年初，根据上级批准，杨柳镇改为城关区，大湾镇改为大湾区，滥坝镇改为滥坝区，大河镇改为大河区，原各镇设置的管理区改为乡；全特区共有 1 个镇，12 个区，111 个乡。

二、县区分设

1987 年 12 月 15 日，国函〔1987〕199 号文件《国务院关于贵州省撤销水城特区设立六盘水市钟山区和水城县的批复》批准县区分设。将水城镇，城关区的城关、校场、麒麟、凤凰、德坞，大湾区的三合、二塘，滥坝区的白腻、月照，大河区的煤厂、以德、艺奇、纳福共14个乡（镇）划为钟山区行政区域。滥坝、比德、南开、大河、玉舍、发耳、龙场、杨梅、米箩、蟠龙10个区及下辖的98个乡（含47个民族乡）划为水城县行政区域。

1987年12月31日，召开机关干部大会，市委秘书长徐亲贤传达国务院关于县区分设的“批复”和市委、市政府召开特区党委、人大、政府、政协4个班子座谈会“纪要”，市委书记夏国华、市长管彦鹤分别讲话。大会提出6点要求：一是在县区机构未建立前，特区的机构继续开展工作；二是特区领导班子要做好区、乡干部的思想工作，稳定干部队伍；三是冻结干部任免和人事调动，停止正在进行的特区党代表选举工作；四是加强资金和财产管理，严禁非正常开支和私分钱物；五是能结束的工作要抓紧结束，尽量减少后遗症；六是领导干部和共产党员要发挥带头作用，干好工作，服从分配。

1988年3月正式实施县区分设。钟山区管辖范围为市中心城区及城郊乡（镇），水城县管辖范围为其余区乡。1988年底，水城县总人口为605861人，其中农业人口594783人，农业人口占总人口的98.17%，比上年特区的80.01%上升18.16个百分点；工业总产值为3410万元，仅为上年全特区46383万元的7.35%。

1988年3月8日，特区召开三级干部会议，市委副书记黄美贤到会。会议传达《中共贵州省委对中共六盘水市委〈关于设立钟山区和水城县有关问题的请示〉的批复》、市委《关于将中共水城和中共水城特区纪委更称中共水城县委和中共水城县纪委》的通知、市政府《关于撤销水城特区设立六盘水市钟山区和水城县的实施方案》，同时宣布市委、市政府《关于成立钟山区筹建组的通知》。会议标志水城县和钟山区正式分设。

新成立的水城县辖10个区，98个乡（含47个民族乡）；各区所辖乡情况见表2－1－1。

1988年3月8日水城县各区所辖乡情况表

表2－1－1　　　　单位：个

区	乡				
	乡　名	乡数	民族乡名	民族乡数	合计
滥坝	尖山乡、以朵乡、双水乡、中坝乡、万全乡、阿佐乡、冷坝乡	7	董地苗族乡、陡箐苗族乡、茨冲苗族乡	3	10
比德	比德乡、牛场乡、立火乡、化乐乡、猫场乡、吹聋乡	6	—	—	6
大河	木果乡、平坝乡	2	盘雄彝族苗族乡、发箐苗族彝族乡、双戛彝族乡	3	5
南开	南开乡、坞铅乡、保华乡、田坝乡、金盆乡、连山乡	6	双营苗族彝族乡、土角苗族乡、青林苗族乡、干河苗族彝族乡、义忠苗族乡、蒿枝苗族乡	6	12
玉舍	玉舍乡、木柯乡、俄脚乡、坪寨乡、箐马乡、勺米乡、鱼塘乡、笔架乡	8	舍戛彝族乡、海坪彝族乡、甘塘彝族乡、纸厂彝族乡、夹沟彝族乡	5	13

续表 2－1－1

区	乡				
	乡　名	乡数	民族乡名	民族乡数	合计
发耳	发耳乡、梓椅乡、龙井乡、马龙乡、安居乡	5	垭口彝族布依族乡、湾子布依族乡、营街布依族彝族乡、都格布依族乡、鸡场布依族彝族乡、妥倮布依族乡	6	11
龙场	哈青乡、兰花乡、麻窝乡、发堤乡	4	龙场苗族彝族乡、营盘彝族乡、顺场苗族乡、九归苗族乡、法德苗族布依族乡、花戛布依族苗族乡、磋播苗族乡、者卡苗族乡	8	12
杨梅	杨梅乡、炭山乡、野钟乡	3	台沙彝族回族乡、白牛苗族乡、新街布依族彝族乡、常明彝族苗族乡、发射布依族乡、永姑彝族乡、罗盘苗族布依族乡、高石彝族苗族乡	8	11
米箩	阿戛乡、马场乡、仲河乡、盐井乡、箐口乡	5	米箩布依族苗族乡、倮摩布依族乡、俄戛布依族乡、铜厂彝族乡	4	9
蟠龙	蟠龙乡、塘上乡、木城乡、法那乡、布寨乡	5	猴场苗族布依族乡、肖坪苗族乡、红岩布依族彝族乡、落邦苗族乡	4	9
合计	—	51	—	47	98

第二节　建镇并乡撤区与并村

一、建镇并乡撤区

1992 年 3 月 30 日，根据黔府通〔1992〕69 号文件对市政府《关于水城县建镇并乡撤区行政区域变更的请示》的批复，撤销滥坝区、比德区、南开区、大河区、玉舍区、发耳区、龙场区、杨梅区、米箩区、蟠龙区建置，将 98 个乡，合并为 1 个镇、32 个乡（其中民族乡 29 个），乡（镇）升为科局级。全县有 1 个居委会、557 个村，3201 个村民组，147349 户，618339 人；其中非农业人口 10422 人，占 1.69%；少数民族人口 233048 人，占 37.69%。具体情况为：

（一）撤销尖山乡、以朵乡、双水乡，合并建立滥坝镇，镇政府驻滥坝（后来迁驻新县城的诚信路）。辖原尖山乡滥坝居委会和尖山、发齐、白腻、法都、木房 5 个村；原以朵乡以朵、住武、傅家营、一字河、滴水岩 5 个村；原双水乡双水、明硐、红山、新河、白泥 5 个村。

（二）撤销阿戛乡、马场乡、仲河乡，合并建立阿戛乡，乡政府驻阿戛。辖原阿戛乡阿戛、刘家寨、松绿、高中、电光 5 个村；原马场亮岩、石桥、台沙坝、独店子 4 个村；原仲河乡田坝头、徐纳盖、瓦厂、新寨子、新化、通寨、苏田、门山 8 个村。

（三）撤销盐井乡、箐口乡，合并建立盐井乡，乡政府驻盐井。辖原盐井乡新店子、桦槁林、朵塘、茶树、盐井、木房、布戛、屯口 8 个村；原箐口乡龙华、箐口、庆丰、白水、发明、群福、灯光7个村。

（四）撤销蟠龙乡、塘上乡、木城乡、法那乡、布寨乡，合并建立蟠龙乡，乡政府驻蟠龙。辖原蟠龙乡蟠龙、店子、闸塘、李家寨4个村；原塘上乡院坝、庆丰、店盘箐、金龙、塘上、庆祝、小寨、二道岩8个村；原木城乡木城、大田头、坝子、黄草坪4个村；原法那乡法那、官寨、发贡、仓脚、沙坡、白车河6个村；原布寨乡营发、明光、布寨、高仲4个村。

（五）撤销坪寨乡、箐马乡，合并建立坪寨彝族乡，乡政府驻播落（后来迁驻普联村）。辖原坪寨乡荣营、拖车、余家寨、得座、普联、鸭戛、播落、野鸡坪8个村；原箐马乡河边、布联、马戛、白木楷4个村。

（六）撤销勺米乡、鱼塘乡、笔架乡，合并建立勺米彝族苗族乡，乡政府驻老滥坝。辖原勺米乡范家寨、坡脚、梭沙、红布、果泥普5个村；原鱼塘乡保卫、马尾河、小箐、鱼塘4个村；原笔架乡龙井边、海坝、营田、金河、关门山5个村；原玉舍乡滥坝村。

（七）撤销比德乡、牛场乡、立火乡，合并建立比德苗族彝族乡，乡政府驻比德。辖原比德乡比德、大寨、庙脚、青山、落泥屯、齐心6个村；原牛场乡牛场、瓦厂、沙塘、官寨、黄草坝、沙沟6个村；原立火乡立火、小岔河、红姑、布拱、拉坝、中心、肖家寨7个村。

（八）撤销化乐乡、猫场乡、吹聋乡，合并建立化乐苗族彝族乡，乡政府驻化乐。辖原化乐乡化乐、何家寨、五星、湾寨、雁俄、丼井、迷达、赵家河、赵家寨、猪场、杉林10个村；原猫场乡猫场、麻窝头、龙头山、化启、杨家营、滑石板、寨根底7个村；原吹聋乡吹聋、夺泥、垭口上、茅草坪4个村。

（九）撤销陡箐苗族乡、茨冲苗族乡、冷坝乡、阿佐乡，合并建立陡箐苗族彝族乡，乡政府驻陡箐。辖原陡箐苗族乡陡箐、艾家坪、夹岩、小黑舍、沙坝5个村；原茨冲苗族乡新龙、新营、麻窝、坪箐4个村；原冷坝乡冷坝、朝阳、土发、胜利4个村；原阿佐乡阿佐、石头寨、木果、土坡4个村。

（十）撤销董地苗族乡、中坝乡、万全乡，合并建立董地苗族彝族乡，乡政府驻大营。辖原董地苗族乡董地、双龙、明新、坪兴、穆家寨5个村；原中坝乡三锅庄、中坝、大窑3个村；原万全乡大营边、双槽、双河3个村。

（十一）撤销南开乡、坞铅乡、土角苗族乡，合并建立南开苗族彝族乡，乡政府驻南开。辖原南开乡穿洞、合心、双山、横塘、窄鸡戛、凹仲、包包、犀牛塘8个村；原坞铅乡坞铅、玉兰、凉山、新发、倮海、小龙场、发仲7个村；原土角苗族乡土角、自乐、偏坡、新寨、大岩、毛屯、沙拉、后坝田、倮梭、小河10个村。

（十二）撤销保华乡、双营苗族彝族乡，合并建立保华苗族彝族乡，乡政府驻加河。辖原保华乡二道坪、垭口、新光、加营、东升、民生、加河、阿勒、双桥、大麻窝10个村；原双营苗族彝族乡双营、阿期戛、发路、大河、奢戛仲、黄家屯6个村。

（十三）撤销青林苗族彝族乡、田坝乡，合并建立青林苗族彝族乡，乡政府驻青林。辖原青林苗族彝族乡青林、老鹰岩、二寨、海发、龙发、全新、中营7个村；原田坝乡田坝、大土、幺岩、木戛、灰衣楷5个村。

（十四）撤销金盆乡、干河苗族彝族乡、义忠苗族乡，合并建立金盆苗族彝族乡，乡政府驻金盆。辖原干河苗族彝族乡发硝、发林、双塘、营发、银河、六林、七林7个村；原金盆乡金盆、哈期、新益、倮潘章4个村；原义忠苗族乡波箩箐、义忠、发营、永和、落木冲5个村。

（十五）撤销木果乡、连山乡、盘雄彝族苗族乡、蒿枝苗族乡，合并建立木果彝族苗族乡，乡政府驻木果。辖原木果乡双河、营脚、杨家寨、石厂4个村；原连山乡新丰、磨石窝、陶家营、猪场坝、新桥、新场、新建、王家坝8个村；原盘雄彝族苗族乡银桥、登亨、先锋、岩脚、海秋、三家寨6个村；原蒿枝苗族乡蒿枝、红星、朵落仲、发期、牛场坝、罩子沟6个村。

（十六）撤销发箐苗族彝族乡、平坝乡，合并建立发箐苗族彝族乡，乡政府驻清塘。辖原发箐苗族彝族乡发箐、清塘、麻柳湾、发戛4个村；原坪坝乡海螺塘、大坡2个村。

（十七）撤销玉舍乡、木柯乡、俄脚乡、舍戛彝族乡、海坪彝族乡、甘塘彝族乡，合并建立玉舍彝族苗族乡，乡政府驻玉舍。辖原玉舍乡营松、中寨、玉舍、上寨、发达、凉山、前龙、青松、新河、德格10个村；原木柯乡中发、红发、光荣、元箐4个村；原俄脚乡发窝、转山、大平3个村；原舍戛彝族乡群益、大田、老营、田发、石板箐、玉新6个村；原海坪彝族乡噜鸣、海坪、石头寨、海姑塘4个村；原甘塘彝族乡格丘、甘塘、树林、阿泥克4个村。

（十八）撤销纸厂彝族乡、夹沟彝族乡，合并建立纸厂彝族乡，乡政府驻干水塘。辖原纸厂彝族乡干水塘、前进、和平、纸厂、高炉、发荣、蛇场坝、龙家店8个村；原夹沟彝族乡河坝、新中、铧口寨、啰咪期4个村。

（十九）双戛彝族乡其行政区域不变，乡政府驻大河边。辖落飞戛、中箐、抵母落、河沟、马戛5个村。

（二十）撤销杨梅乡、台沙彝族回族乡、白牛苗族乡，合并建立杨梅彝族苗族回族乡，乡政府驻杨梅。辖原杨梅乡杨梅、龙场坡、小木城、坪子、全心、杉林、苏鸡戛、陈家梁子、群联9个村；原台沙彝族回族乡彭家寨、台沙、锅厂坪、光明、新马场、小龙潭、打菜冲、布戛、吊马洞9个村；原白牛苗族乡火多戛、摆呢戛、全和3个村。

（二十一）撤销新街布依族彝族乡、炭山乡，合并建立新街彝族苗族布依族乡，乡政府驻新街。辖原新街布依族彝族乡新街、姜坡、二台坡、杜母姑、陶家寨、者戛6个村；原炭山乡发吉、大元、松林、万营、马路营5个村。

（二十二）撤销野钟乡、常明彝族苗族乡、发射布依族乡，合并建立野钟苗族彝族布依族乡，乡政府驻野钟。辖原野钟乡野钟、木营、燎原、射仲、锌铅5个村；原常明彝族苗族乡长箐、八一、红旗、响石、规贵坪、泥窝多6个村；原发射苗族布依族乡石垭口、富营、大坝、群力、猫扎、合营6个村。

（二十三）撤销永姑彝族乡、罗盘苗族布依族乡、高石彝族苗族乡，合并建立果布戛彝族苗族布依族乡，乡政府驻果布戛。辖原永姑彝族乡场坝、综合、大仲、白果、向阳5个村；原罗盘苗族布依族乡罗盘、雾座、大箐3个村；原高石彝族苗族乡大水井、以落座、高石坎、阿家开、王家寨、灯塔6个村，原常明彝族苗族乡巳落、兴隆2个村。

（二十四）撤销发耳乡、梓椅乡、垭口彝族布依族乡、湾子布依族乡、营街布依族彝族乡，合并建立发耳布依族苗族彝族乡，乡政府驻发耳。辖原发耳乡街上、草皮、营仓、酒店子、拖坡、发耳、湾河、江西坡、猪场、马口10个村；原梓椅乡梓椅、木角寨、鸡场坪、双井、马鞍营5个村；原湾子布依族乡包包寨、新联、新坪、新龙、新光、发启、先进、新民8个村；原营街布依族彝族乡民主、山脚、元寨、新河、跃进5个村；原垭口彝族布依族乡河坝、杨家屯、白岩脚3个村。

（二十五）撤销都格布依族乡、龙井乡、马龙乡，合并建立都格布依族苗族彝族乡，乡政府驻都格。辖原都格布依族乡以翁、长树林、黄泥坡、坪寨、都格5个村；原垭口彝族布依族乡垭口、营盘、小营3个村；原龙井乡铜厂、龙井、新盘3个村；原马龙乡马龙、发海、大沟、大山4个村。

（二十六）撤销鸡场布依族彝族乡、妥倮布依族乡、安居乡，合并建立鸡场布依族彝族苗族乡，乡政府驻鸡场。辖原鸡场布依族彝族乡联民、青龙、大冲、上营、鸡场、坪地、屯上7个村；原妥倮布依族乡妥倮、安全、高坡、高潮、旗帜、红光6个村；原安居乡安居科、明子山、小坝沽、大坝沽、箐牛塘5个村。

（二十七）撤销龙场苗族彝族乡、麻窝乡、发堤乡，合并建立龙场苗族白族彝族乡，乡政府驻龙场。辖原龙场苗族彝族乡龙场、期戛、挖营、箐脚、碗厂、娱乐6个村；原麻窝乡水碾、鱼塘边、地麻窝、毛草地、瓦房5个村；原发堤乡雨落、发堤坎、锅波3个村。

（二十八）撤销营盘彝族乡、哈青乡、兰花乡，合并建立营盘苗族彝族白族乡，乡政府驻营盘。辖原营盘彝族乡高峰、锣戛、雨洒、锣多4个村；原哈青乡哈青、风岩、石包、红德、德俄5个村；原兰花乡兰花、干沟、鸡系坪、石槽4个村。

（二十九）撤销顺场苗族乡、九归苗族乡、法德苗族布依族乡，合并建立顺场苗族彝族布依族乡，乡政府驻顺场。辖原顺场苗族乡顺场、黎箐、大洼、洗脚沟、高笕槽5个村；原九归苗族乡红岩、戛泥、盖坪、滑竹箐、炭山、米箩坡6个村；原法德苗族布依族乡水塘、望乡台、法德、红院、大发、白瓦6个村。

（三十）撤销花戛布依族苗族乡，磋播苗族乡、者卡苗族乡，合并建立花戛苗族布依族彝族乡，乡政府驻花戛。辖原花戛布依族苗族乡都匀、大水沟、天门、花水、花营、欧场、天星7个村；原磋播苗族乡磋播、高坡、磨石坡、连山、水井、高坎6个村；原者卡苗族乡白岩、海子、者卡、底母、吴王山5个村。

（三十一）撤销米箩布依族苗族乡、倮摩布依族乡、俄戛布依族乡、铜厂彝族乡，合并建立米箩布依族苗族彝族乡，乡政府驻簸箕寨。辖原米箩布依族苗族乡米箩、垭口寨、光明、簸箕、跑马、沙坝、半坡7个村；原倮摩布依族乡偏坡寨、草果冲、倮摩、马鞍、亮河5个村；原俄戛布依族乡明星、俄戛、治安、民裕、新岭5个村；原铜厂彝族乡山营、青树、青龙、兴和4个村。

（三十二）撤销猴场苗族布依族乡、肖坪苗族乡，合并建立猴场苗族布依族乡，乡政府驻猴场。辖原猴场苗族布依族乡猴场、长寨、补那、红星、打把、小田坝6个村；原肖坪苗族乡双贡、肖家坪、黄果树、麻地、格支、杉明、仙鹅7个村；原布寨乡幸路、松发、火把3个村。

（三十三）撤销红岩布依族彝族乡、落邦苗族乡，合并建立红岩布依族彝族苗族乡，乡政府驻老红岩。辖原红岩布依族彝族乡花地、龙头寨、阿倮、以那、发科、新寨、花戛、波浪8个村；原落邦苗族乡梅子关、苏家寨、落邦、小马场、窑上5个村。

二、并村

1992年建镇、并乡、撤区时，村级建置未同步调整，全县还是原有的557个村、1个居委会。并乡建镇后，村级组织由原来只承担小乡安排的工作，变为既要完成乡（镇）下达的任务，又要办理乡（镇）10多个股室的业务，工作量大幅增加。村干部报酬仍是县财政每人每月10元的标准，再根据村提留的情况适当补助。村干部工作和待遇被戏称为："一天三角三，跑得脚腿弯。"能力强的村民均不愿任村干部，在职村干部工作也很被动，严重影响农村经济发展。

时任都格乡党委书记的李正龙，经过思考提出，"将小村并为大村，减少人员、增加报酬"，以提高村干部地位和工作积极性。

自1993年8月起，都格乡党委多次向县委提交"并村报告"，无果后于1998年3月15日，将15个村并为6个村。全乡村干部由90人减少为36人。村干部报酬（用县财政定额补贴和村提留支付）为：党支部书记每月200元，村妇代会主任（只按章程完成本职业务，不参与其他工作）每月20元，村委主任、统计员等4人每人每月180元。

并村后，由于村的地盘增大、人口增多，村干部地位相应提高，加上报酬增加，村干部工作积极性大大提高。同时也扩大了村干部选择面，许多优秀农村青年进入村干部队伍，各村干部均能独立完成包括计划生育在内的所有村级工作。但个别离任村干部却反映都格乡的并村是不合法行为，要求上级追究李正龙的责任。县政府对此高度重视，立即安排县民政局调查。1998年8月10日，县民政局向县政府报送《关于水城县都格布依族苗族彝族乡并村情况调查报告》，肯定都格乡的做法。县政府于1998年9月9日，以水府发〔1998〕86号文件，批准都格乡并村"方案"，使都格乡并村合法化并向全县推广。

都格乡并村取得成效后，各乡相继效仿，至2008年，全县村级建置减少为314个，精简43.73%。2008年，各乡（镇）管辖村（社区）情况见表2－1－2。

2008年水城县各乡（镇）管辖村（社区）情况表

表2－1－2

乡（镇）	村（社区）数	村（社区）名
滥　坝	16	发其村、滴水岩村、法都村、白腻村、以朵村、尖山村、付家营村、白泥村、红山村、严家寨村、木房村、双水村、明硐村、住武村、一字河村、小山社区
陡　箐	9	阿佐村、陡箐村、夹岩村、冷坝村、木果村、沙坝村、石头寨村、土发村、茨冲村
董　地	9	董地村、穆家寨村、中坝村、明星村、大窑村、大营村、山锅庄村、双巢村、文阁村
比　德	7	比德村、大寨村、黄草坝村、布拱村、齐心村、水库村、中心村

续表 2－1－2

乡（镇）	村（社区）数	村（社区）名
化　乐	10	泵井村、夺泥村、滑石村、化启村、茅草坪村、迷达村、五星村、化乐村、猪场村、猫场村
南　开	14	双山村、犀牛村、新发村、凉山村、穿洞村、倮梭村、自乐村、浑塘村、大岩村、合兴村、兴寨村、发仲村、沙拉村、后坝田村
金　盆	9	营盘村、麻窝村、金钟村、棋林村、大寨村、和平村、双塘村、营发村、永和村
青　林	7	二寨村、海发村、灰衣村、龙发村、木戛村、青林村、田坝村
保　华	11	民生村、大河村、大陆村、阿勒村、岔河村、二道坪村、黄屯村、加河村、奢旮村、双桥村、双营村
木　果	12	双河村、营脚村、杨家寨村、新民村、新场村、新建村、新丰村、蒿枝村、发期村、牛场村、登亨村、岩脚村
发　箐	5	发箐村、清塘村、发戛村、大坡村、海螺村
双　戛	5	河沟村、马戛村、落飞戛村、中箐村、底母落村
纸　厂	5	前进村、兴隆村、新发村、新中村、高炉村
玉　舍	11	红发村、上寨村、格老湾村、大田村、元箐村、石板箐村、海坪村、青松村、甘塘村、俄脚村、玉舍村
勺　米	8	海坝村、营田村、鱼塘村、果立普村、红布村、坡脚村、梭沙村、范家寨村
坪　寨	4	普联村、箐马村、坪寨村、播落村
杨　梅	13	白牛村、布戛村、光明村、姬关营村、慕尼克村、彭寨村、全和村、台沙村、小龙村、五星村、木城村、群联村、沙沟村
新　街	5	马路村、二台村、大元村、新街村、杜母姑村
野　钟	7	发射村、锌铅村、常明村、野钟村、归贵坪村、响石村、新发村
果布戛	5	高石坎村、兴隆村、大寨村、罗盘村、枫香村
发　耳	15	大寨村、发耳村、马口村、新联村、木角寨村、营昌村、新光村、先进村、新龙村、民主村、河坝村、双井村、跃进村、店子村、白岩脚村
都　格	6	都格村、黄泥村、龙井村、马龙村、新盘村、垭口村
鸡　场	8	坪地村、箐头村、上营村、安全村、旗帜村、凹子村、大坝古村、小坝古村
营　盘	6	哈青村、红德村、鸡戏坪村、兰花村、罗多村、高峰村
龙　场	14	龙场村、期戛村、挖营村、箐脚村、碗厂村、娱乐村、鱼塘村、麻窝村、茅草地村、瓦房村、水碾村、戈波村、发提坎村、雨落村
顺　场	11	顺场村、梨箐村、高枧槽村、洗脚沟村、红岩村、滑竹箐村、戛坭村、米落坡村、水塘村、法德村、大发村
花　戛	18	都匀村、天星村、天门村、新发村、吴王村、底母村、者卡村、白岩村、海子村、联山村、磨石村、磋播村、高坡村、高坎村、水井村、欧场村、花水村、花营村
阿　戛	11	阿戛村、刘家寨村、马场村、台沙村、高中村、松绿村、通寨村、电光村、独店子村、仲河村、新寨村
盐　井	11	布戛村、灯光村、发明村、亮河村、龙华村、木房村、齐心村、箐口村、树林村、盐井村、中坝村

续表 2－1－2

乡（镇）	村（社区）数	村（社区）名
米　箩	5	草果村、俄戛村、倮么村、米箩村、铜厂村
蟠　龙	18	沙坡村、官寨村、木城村、蟠龙村、闹塘村、法那村、李家寨村、高仲村、布寨村、营发村、坝子村、大田村、发贡村、店盘村、金龙村、庆祝村、二道岩村、院坝村
猴　场	11	补那村、猴场村、小田坝村、长寨村、打把村、红星村、格支村、黄果树村、火把村、双贡村、幸路村
红　岩	8	花地村、阿倮村、以那村、新发村、苏家寨村、马场村、窑上村、波浪村
合　计	314	313 个村和 1 个社区，共计 314 个村级建置

第二章　区乡（镇）简介

第一节　区

1987年12月15日县区分设后，水城县辖10个区，各区简况如下：

一、滥坝区

滥坝境内原有一土坝，据记载，“土坝”长5千米，宽0.5千米，久雨时泥滑路滥，整体为一块滥泥坝，因此得名滥坝。

滥坝区位于县东部，东连比德区和六枝特区，南接蟠龙区、米箩区，西邻钟山区、大河区，北毗南开区，区公所驻滥坝。1991年，辖尖山乡、中坝乡、万全乡、双水乡、以朵乡、阿佐乡、冷坝乡、董地苗族乡、茨冲苗族乡、陡箐苗族乡，43个村，292个组，12338户（其中非农业户663户）、55486人（其中非农业人口2777人），有少数民族3129户、15288人；全区总面积377.7平方千米，有耕地3255.07公顷，其中水田375.87公顷。

乌蒙山东北段东南坡一条支脉自梅花山过德坞、凤凰山入区境，经双水、以朵、尖山、茨冲、陡箐、冷坝去蟠龙区，成为三岔河和北盘江的分水岭；在尖山乡分出一条支脉向东南延伸，经观音山、杉树林、阿佐去蟠龙区。境内40%以上地区海拔高度在1800米以上，海拔2000米以上山峰有59座（其中椒子屯大山海拔2293米，大麻窝大山海拔2247.8米，鱼塘梁子大山海拔2125米，白岩冲大山海拔2057米，傅家坟大山海拔2019米）；海拔1400～1800米地区约占全区总面积的50%，多分布在尖山、双水、以朵、茨冲、冷坝和万全等乡，山中多小盆地、小谷地和缓丘，是耕地比较集中的地区；撮箕口和阿佐河谷地势最低，但海拔也在1100米以上，所占面积很小。全区气温，年均12.5℃，最高33.7℃（在阿佐河谷一带），最低－12℃（在中坝一带）；年降水1139～1290毫米；无霜期227～253天。贵昆铁路和安（顺）水（城）公路自东南而西北，经过冷坝、阿佐、陡箐、茨冲、尖山、双水6个乡，水（城）纳（雍）公路经万全、中坝、董地等乡，茨冲乡猴儿关垭口有公路过阿佐去蟠龙。农作物有玉米、稻谷、马铃薯、荞子、燕麦等；经济作物有茶叶、生姜、辣椒、烤烟等；矿产资源有煤、铁、铅、锌和白云石等。境内有水城水泥厂、老鹰山煤矿、小河煤矿、老鹰山选煤厂、观音山铁矿、杉树林铅锌矿、滥坝油库等企业。乡镇企业发展在县（特区）长期处于领先地位，主要有采煤、采矿、冶炼、运输、制砖、加工等行业；大营煤矿曾是县（特区）发展历史最长的地方骨干矿井，也是县（特区）最早使用机械化操作的乡镇矿井；双水、茨冲2乡曾建有铅锌冶炼厂和硫磺厂，污染严重。教育起步较早，尖山中学是县建立最早的农村中学之一；计划生育工作曾取得显著成绩，长期为全特区先进典型。

以朵乡一字河滴水岩瀑布高40米，气势磅礴、声震山谷。县委书记陈月枢曾赋诗：“荷城东去景清幽，十里雪涛一字流。毕竟白云拴不住，飞身直下送行舟。”区内有市级文物保护单位人和洞铅锌矿遗址和福集厂冶锌遗址。1935年4月19日，红九军团长征时曾在茨冲街上开仓放粮，惩暴除恶，赈济百姓。

二、比德区

比德区位于县东部，东、南、西3面依序接纳雍、六枝和滥坝区，北连南开区，区公所驻比德街上。辖比德、立火、牛场、吹聋、猫场、化乐6个乡。1987年，全区下设46个村、392个组，居民10510户、48005人。比德，原名“比底”，据传是因比德坝子低凹如“比”字而得名；清光绪年间，有乡绅将“比底”改作“比德”，有倡导美德之意。

1987年，区境总面积182.5平方千米，耕地2163.47公顷，林地243.47公顷，区境地势西高东低。立火乡西部有少量高山，最高峰刨刀梁子海拔2000米。立火、吹聋2乡山势较低，海拔多在1600~1800米之间。立火乡石漠化、水土流失较为严重。吹聋乡少水多高谷，土地贫瘠。比德、猫场、牛场、化乐海拔多在1600米以下。全区气温，年均14.3℃，最高36.6℃（在比德乡），最低-9.3℃（在立火乡）；年降水1157~1298毫米；无霜期263~281天。全区主要农作物有玉米、稻谷、小麦、马铃薯、油菜、花生、辣椒、烤烟、荞子、燕麦等，有漆树等经济林木。比德大坝、牛场坝子、化乐坝子和猫场冲子是县主要粮食产区之一。比德大米“五里香”远近闻名，但因产量低，近年很少种植。矿产资源以煤为主，比德、化乐2乡有煤窑小量开采。水纳公路从立火乡经过，立火有支线通向牛场、比德、猫场和吹聋等乡政府驻地。三岔河流经区境东北部边界，由于河床低，很少用于灌溉。化乐小黑箐赵家河建有小水电站1座。比德坝子马枧槽小河及两大堰塘灌溉面积27公顷以上。教育历史悠久并有成果。

三、南开区

南开区位于县境北部，东接纳雍，南西两面依序连接比德、滥坝区和钟山区，北毗赫章县，区公所驻南开街上。辖南开乡、金盆乡、坞铅乡、保华乡、连山乡、田坝乡、义忠乡、土角乡、蒿枝苗族乡、干河乡、双营乡、青林苗族彝族乡。1987年，全区下设83个村、1014个组，居民20912户，95793人。南开，旧名“喃口北（音bai）”，彝语意为“牧马之地”；1946年，有乡绅以其南西地势开阔，利用谐音更名为“南开”。

1987年，区境总面积457.6平方千米，耕地6440.13公顷，林地1499.13公顷。区境西北有乌蒙山支脉从韭菜坪梁子向东延伸进入盘雄乡、蒿枝乡，再转向东南经土角、连山到保华，山势高峻，成为连山河和阿勒河的分水岭；北部盘雄、金盆、干河、坞铅和南部双营等乡多高山。较著名的山峰有保华乡的圆箐梁子（海拔2174米），双营乡的德梅箐大山（海拔2233.5米），南开乡的马宗岭大山（海拔2146米），干河乡的摩鼻梁子（海拔2193米）、倮布大山（海拔2325米），义忠乡的波罗箐大山（海拔2184米），连山乡的马龙大山（海拔2031米），土角乡的乌鲁大山（海拔2083米）和坞铅乡的凉山，金盆乡的马鞍大山，蒿枝乡的罐子岩大山等。连山河、阿勒河、三岔河河谷以及南开、坞铅等坝子地势较平缓，海拔多在1600~1800米之间。全区气温，年均12.6℃，最高33.9℃

（田坝乡），最低 -13.4℃（干河乡）；年降水 1101 ~1133 毫米；无霜期 211 ~259 天，干河乡霜期最长（达 5 个月）。农作物主要有玉米、马铃薯、小麦、稻谷、荞子、燕麦、芸豆、蚕豆、花生、白大蒜、油菜、烤烟等，其中芸豆、蚕豆最为著名；有漆树、核桃等经济林木。南开、金盆、义忠、坞铅、土角、双营、保华、连山、青林、田坝等乡烤烟量大质优，是全县主要产烟区域之一。

区内矿藏以煤炭为主，主要分布在保华、双营、南开、蒿枝、连山等乡。保华乡建有保华煤厂、保华机焦厂和洗选厂；连山乡建有连山煤厂、公鸡岭煤厂和联营煤厂。义忠、青林、坞铅 3 乡产无烟煤，有小煤窑进行开采。交通比较便利，有县道公路向北贯通保华、南开、坞铅、金盆、干河 5 乡，并有支线到达双营、田坝、青林、义忠、蒿枝、土角、连山 7 乡。坞铅有县道东连纳雍县龙场镇。三岔河流经连山、保华、双营、田坝 4 乡；其支流连山河、阿勒河等流域面积广，水能资源丰富。连山河建有连山电站，三岔河建有出水洞电站。

区内有金盆天生桥（原称干河天生桥）旅游景点和南开跳花场（原称三口塘跳花场）。

四、大河区

大河区位于县境西北，因坐落在大河（三岔河上游）南岸而得名。辖发箐、坪坝、木果、盘雄、双戛 5 个乡，区公所驻大河街上。全区 5 个乡被钟山区分割成 3 块互不相连的飞地。其中发箐、坪坝 2 乡组成东南飞地；木果、盘雄 2 乡组成北飞地；双戛乡自成西南飞地。1991 年，全区总面积 189.8 平方千米，下设 21 个村，243 个组，居民 5813 户，26754 人；有耕地 1569.53 公顷，林地 616.67 公顷（其中盘雄乡林地 292.2 公顷，占全区林地的 47.4%）。北部地区有 1 条乌蒙山一级支脉由韭菜坪梁子向东南延伸进入盘雄乡境，然后向南经纳福、以德到达连山乡，成为连山河与大河的分水岭。西南部也有 1 条乌蒙山一级支脉，由玉舍区纸厂乡向东北延伸进入双戛乡再折转东南经德坞羊场坡、麒麟三块田进入发箐、坪坝 2 乡，成为水城河与大河的分水岭。两条山脉多高山，群山中又多高峰，著名高峰有盘雄乡的祭山梁子（海拔 2439 米）、海秋梁子（海拔 2357 米），发箐乡的老鹰山（海拔 2158 米）和双戛乡的尖山营（海拔 2132 米）等。木果乡盆地、坪坝乡王家坝子、冷水河河谷和大河两岸是耕地较为集中地带。全区气温，年均 12.2℃，最高 32.6℃（坪坝乡），最低 -12.8℃（盘雄乡）；年降水 942 ~1161 毫米；无霜期 180 ~236 天。双戛乡因高寒，有近半年时间不宜作物生长。境内主要农作物有玉米、稻谷、小麦、马铃薯、大豆、荞子、燕麦、烤烟、蔬菜等。盘雄乡产沙参、黄连、天麻、龙胆草等中药材。

境内交通比较方便。贵昆铁路从双戛乡经过，设有马戛火车站。县道公路连通各乡政府驻地。双戛乡建有市金盾锌厂和县天生湖铁合金厂。双戛乡中箐村天生湖是县（特区）主要旅游景点。

五、玉舍区

玉舍区位于县西部，东邻米箩区，南连杨梅、发耳区，西与威宁县、云南省宣威县相毗，北接大河区，区公所驻玉舍街上，离市中心区 25 千米。辖玉舍乡、纸厂乡、木柯乡、舍戛彝族乡、海坪彝族乡、俄脚乡、甘塘彝族乡、箐马乡、坪寨乡、夹沟彝族乡、鱼塘乡、勺米乡、笔架乡。1987 年，全区下设 70 个村、404 个组，居民 12934 户、61161 人。玉舍，旧称“彝奢”，为彝语名，意为两条小浑河汇流之地，是彝族先民聚居区；后有汉人融入，彝汉杂居，“彝奢”逐渐音混为“玉舍”。

1987 年，全区总面积 476.4 平方千米，有耕地 2485.4 公顷，林地 1072.07 公顷。乌蒙山有 1 条一级山脉在纸厂乡分南、北两岔，南岔走舍戛、箐马，再折转东南经玉舍、海坪、甘塘、台沙、野钟到发射，成为北盘江及其支流可渡河与果礼河的分水岭。这条山脉，海拔 2000～2581 米，气势磅礴，走势宽广，逶迤二百余里，以玉舍区为中心，在县西南部形成一片广阔的小高原。仅 2200 米以上山峰就有数百座，其中海拔 2300～2400 米的有 6 座，2400～2499 米的有 8 座，2500 米以上的有 3 座。纸厂乡轿顶山海拔 2581 米，为群峰之望。这一区域，地势高寒，山多地少。其他地区如木柯坝子、可渡河东岸谷地、巴浪河与巴都河上游河谷以及玉舍、舍戛、纸厂、俄脚、甘塘槽子等地海拔高程多在 1600～1800 米之间，其间多盆地、谷地，80% 以上耕地都集中在这些地方。全区气温，年均 12.34℃，最高 34.5℃（在勺米乡），最低 -13℃（在纸厂乡）；年降水 1055～1379 毫米；无霜期 217～265 天。主要农作物有玉米、马铃薯、荞子、燕麦，有生漆、核桃和中药材。少数地势低凹地区产稻谷、油桐、油菜、生姜、花生、茶叶和烤烟。俄脚乡、甘塘乡、舍戛乡的核桃，个大、壳薄、肉厚、味美。玉舍乡、纸厂乡、舍戛乡是全县主要生漆主产地之一。矿产资源以煤为主，主要分布在玉舍、纸厂、夹沟、鱼塘、勺米 5 乡；玉舍乡建有煤厂，其他乡有小煤窑零星开采。海坪乡有茶园 26.67 公顷，是县最早的茶场，曾建简易茶叶加工车间；后来因茶山老化，加工设备落后，茶叶质量下降。水（城）盘（县）公路经过纸厂、玉舍、海坪、俄脚、甘塘 5 乡。其他各乡有支线公路通往乡政府，大部分村寨交通不便。

玉舍林场在勺米乡境内，总面积 3342 公顷；园内兼有原始森林、天然林和人工林，林相整齐，树形优美，被誉为“煤都翡翠”，是最好的游览胜地。舍戛乡老林沟原始森林，是县自然生态环境保护单位，内有国家一类保护植物光叶珙桐（鸽子树）、二类保护植物水青树、西康玉兰等珍贵树种，原始面貌保存完好。玉舍街上有钱家印楼。

六、发耳区

发耳区位于县西南部，东接杨梅区，南连杨梅、龙场区，西毗盘县特区和云南省宣威县，北抵玉舍区，区公所驻发耳街上。辖发耳乡、都格布依族乡、马龙乡、龙井乡、妥倮布依族乡、湾子布依族乡、安居乡、鸡场布依族彝族乡、垭口彝族布依族乡、梓椅乡、营街布依族彝族乡。1987 年，全区下设 71 个村、614 个组，居民 15319 户、71533 人。发耳区境，原称“龟集”，其名来由：一说是马龙、妥倮、棋盘 3 个屯由巨龟化成，像 3 只乌龟聚集在一起；二说为该地北盘江与支流连接处涨水时曾有众龟聚集（因涨水时北盘江水混，支流水清）。清光绪二年（1876 年）编纂的《水城厅采访册》《厅境全图》中将“龟集”写作“归集”，1955 年改用当地尖山营下方的小地名“发耳”为区名。

1987 年，全区总面积 290.7 平方千米，有耕地 3331.93 公顷，林地 330.73 公顷。区境四面被乌蒙山 2 条一级支脉包围，北盘江穿流其间，总体形成盆地，但盆地被马龙、妥倮、棋盘 3 屯（台地）分割成发耳、都格、鸡场 3 块，每块海拔约在 1400 米以下（北盘江出境处海拔 870 米），地势比较低凹，是县主要粮食产区和经济作物出产地之一；而 3 屯平均比低凹地带高出 500 米左右。盆地北部边缘垭口、梓椅 2 乡的独木箐、高家坟、大偏坡和盆地南部边缘安居、鸡场 2 乡的明子山、大坝古、老布橙、箐口、上纸厂、大冲以及盆地东部边缘营街乡的叶家坡、轿子山等地，海拔都在 1800 米以上，山峰多；垭口乡独木箐海拔 2482. 4 米，安居乡白龙洞梁子海拔 2446 米、蚊子山海拔 2400 米，营街乡轿子山海拔 1941 米。全区气温，年均 12℃，最高 37. 4℃（妥倮），最低 -12. 1℃（安居）；年降水 1088 ~ 1246 毫米；无霜期 231 ~ 300 天，都格乡无霜期达 300 天，湾子乡很少有雪凝霜冻。全区大部分土壤肥沃，气候温和，一年两熟，主产水稻、玉米、马铃薯、小麦、红薯、油桐、甘蔗、生姜、黄果、西瓜、花生、烤烟、核桃、荞子、燕麦等。安居乡畜牧业较发达，农户多饲养生猪、黄牛、黑山羊。发耳、都格、鸡场、湾子 4 乡煤炭储量丰富，开采量不大。北盘江及其支流清水河和可渡河落差较大，水能资源丰富；但因河床低，基本不能灌溉农田。营街乡泥着落水库和发耳乡马场水库可灌溉良田 86. 67 公顷。区境交通便利，水（城）盘（县）公路贯通发耳、湾子、鸡场 3 乡，发耳乡有汽车站，有支线公路到各乡政府驻地。

1935 年 4 月，红九军团长征过水城，为迷惑敌人，掩护主力从野钟虎跳石过北盘江，有一支 300 人的红军分队到达营街乡，做出要从湾子强渡大渡口的态势，待主力顺利过江后，这支分队偃旗息鼓，从大渡口下游过江去盘县。1945—1949 年，水城游击队在发耳区范围活动，多次攻克发贵（鸡场）、应忠（发耳）、马龙（都格）伪乡公所，建立欧布村（属鸡场乡）政权，在马龙屯歼灭国民党 19 兵团青年军 1 个营（营建制，实际兵力只相当于 1 个加强连）。

七、龙场区

龙场原名百打（党）龙场，因旧历辰（龙）日赶集而得名。龙场区位于县南端，东接普安县，南西连接盘县，北与发耳、杨梅 2 区隔江相望，区公所驻龙场街上。辖龙场苗族彝族乡、法德苗族布依族乡、九归苗族乡、顺场苗族乡、麻窝乡、搓播苗族乡、哈青乡、营盘彝族乡、兰花乡、发堤乡、者卡苗族乡、花戛布依族苗族乡。1987 年，全区总面积 490 平方千米，有耕地 2918. 4 公顷，林地 1313. 8 公顷；下设 66 个村、523 个组，居民 11806 户、64199 人。

区境西有 1 条乌蒙山一级支脉，沿南部边缘地带向东延伸，成为北盘江与拖长江（清水河上游）的分水岭，其巨大的山脊起有牛棚梁子（海拔 2865. 2 米）、甘山屋基大山（海拔 2856 米）、小槽梁子（海拔 2748. 8 米）、哈青山（海拔 2608. 5 米）、母猪箐垭口（海拔 2502 米）、马路梁子（海拔 2253 米）、普古垭口大山（海拔 2174 米）、箐脚大山（海拔 2237 米）、大岩山（海拔 2318 米）、白泥垴包（海拔 2189 米）、老包箐（海拔 2397 米）、九归乡米箩坡大山（海拔 2439 米）等山峰。全区大部分地方，海拔 1400 ~ 1800 米，多盆地（坝子）、河谷（冲子）、丘陵（山包）和台地（屯），集中了全区 60% 以上耕地；高山地区，气温低，无霜期短，草原广阔，但土地瘦薄。花戛乡大部分地区海拔在 1400 米以下，乡境北盘江和乌都河河谷海拔在 1000 米左右（北盘江出境处海拔只有 685 米）。当地人称龙场乡为“三面临水，一面背山”，谓法德乡为“一冲两岭一面坡”，谓麻窝乡为“八匹梁子围一窝”，谓者卡乡为“九条梁子一高峰，五冲两谷两道屯”，谓兰花乡为“一坡八槽”，谓搓播乡为“两山夹一冲”，这些说法就是当地地形地貌的真实写照。全区气温，年均 14. 4℃，最高 34℃，最低 -8. 3℃；年均降水 1143 ~ 1334 毫米；无霜期 243 ~ 349 天，哈青乡、发堤乡无霜期仅 8 个月，花戛乡无霜期有 11 个月以上，其他各乡无霜期约 9 个月。全区主产稻谷、玉米、小麦、马铃薯、花生、生姜、黄果、甘蔗、油桐、油菜籽、兰花籽、芝麻、辣椒、药材等。顺场、麻窝、花戛是全县主要产粮区之一。麻窝的核桃、搓播的油菜籽、花戛的经济作物也很有名。龙场乡有煤炭，未大量开采，多为民用。水利资源丰富，建有装机容量 74 千瓦水电站 1 座，另有小规模茶场和一些加工小作坊等。

花戛乡地貌奇特，四面山峦凸起，幽谷纵横，悬崖峭壁直落千丈。天门村，三面临河，一面背山，峰高 2000 余米，峭壁上有石道通往者卡乡，路险难如登天，人称“南天门”。从吴王山下乌都河，落差 1100 米，人畜难行，乌都河口海拔不足 700 米。民国以前，天花、伤寒、沙眼、痢疾、疟疾流行，有谚语说“九甲穷山恶水，做客无命还家，有儿不去花戛，有女不嫁九甲。”20 世纪 50 年代人民政府建医院、学校、商店、粮站，流行病基本消灭。

1935 年 4 月，红九军团长征过水城，主力在顺场一带宿营后去盘县。

八、杨梅区

杨梅区位于县南部，东邻蟠龙区，南连普安县，西抵发耳区，北接玉舍、米箩区，区公所驻杨梅街上。辖杨梅乡、台沙彝族回族乡、白牛苗族乡、新街布依族彝族乡、炭山乡、常明彝族苗族乡、野钟乡、高石彝族苗族乡、永姑彝族乡、罗盘苗族布依族乡、发射布依族乡。1987 年，全区下设 166 个村、450 个组，居民 12812 户、57560 人。杨梅地名因盛产杨梅而得名。

1987 年，全区总面积 479.6 平方千米，耕地 3733.47 公顷，林地 666.67 公顷。乌蒙山有 1 条一级山脉自玉舍区海坪、甘塘进入台沙乡境，主脉延伸至常明、野钟后，余脉分东西 2 股，东边一股向永姑、罗盘、发射延展，西边一股向白牛、杨梅、炭山、新街延展，成为北盘江和牯牛河（又名果礼河）的分水岭。台沙乡全境，常明乡以西，野钟乡以北，地势偏高，海拔 2000～2502 米，海拔 2000 米以上山峰有 60 多座，著名高峰依次有关关大山（海拔 2502 米）、黑箐梁子（海拔 2446 米）、长冲大山（海拔 2440 米）、岩坡大山（海拔 2346 米）、磨盘山（海拔 2345 米）、何家大山（海拔 2268 米）、大垭口大山（海拔 2153.9 米）等。台沙乡山多地少，人称“八分岩石二分地”，全乡仅有稻田 1.2 公顷。区境东南部常明、野钟、高石、永姑、罗盘、发射等乡和西南部杨梅、白牛、炭山、新街等乡地势稍低，海拔 1400～1800 米地区占 80% 以上。牯牛河、北盘江河谷地势低凹，大部分海拔 1200 米以下，牯牛河和北盘江会流处最低，海拔仅 646.3 米。全区立体气候明显，年均 13℃，最高 35℃（在发射乡），最低 －13℃（在台沙乡）；年降水 1117～1274 毫米；无霜期 219～338 天。台沙乡作物正常生长期仅 7 个多月，发射乡无霜期高达 11 个月。地势偏高地区主产玉米、马铃薯、荞子、燕麦、核桃、生漆；地势偏低地区主产玉米、稻谷、马铃薯、油菜、烤烟、茶叶、花生、竹子、核桃、生漆、土烟、药材等；河谷地带还产油桐、柑橘、甘蔗和红薯；发射乡是全区粮食和经济作物主产地。全区乡乡通公路，水盘路经台沙、杨梅去发耳；姬关营有支线公路通炭山、新街 2 乡；杨梅有支线公路通白牛、野钟、发射、常明、永姑、罗盘和高石等乡。国有杨梅林场在杨梅乡姬关营。北盘江野钟段“U”型大峡谷垂直落差 1300 米，长 14 千米，两岸岩陡山高，古木参天，亚热带植物如海芋、棕竹、独活、清香木（乌木）等举目皆是。省黑叶猴保护站在野钟乡射仲村，有国家一级保护陆生动物黑叶猴，国家二级保护陆生动物猕猴、小灵猫、林麝、白腹锦鸡、红隼和藏酋猴、斑羚、鸢、雀鹰、雕鸮、贵州疣螈等。野钟乡锌铅矿藏丰富，明清时期，官府曾大量开采，尚有遗址大猴洞、二猴洞、三猴洞、藤桥洞和采矿栈道、大楼（岩）梯、爬坡炉、马槽炉等，遗址面积长 12 千米，宽 400 米，当时称“猴子厂”。

1935 年 4 月，红九军团长征过水城，经常明、野钟乡境从虎跳石渡北盘江去龙场。

九、米箩区

米箩原名“米洛”，清朝年间“米洛”繁荣为集镇，素有“小金州”之称，1949 年改为米箩。米箩区地处县中部，东毗蟠龙区，南接杨梅区，西连玉舍区，北交滥坝区，区公所驻阿戛街上。辖阿戛乡、仲河乡、盐井乡、箐口乡、保摩布依族乡、米箩布依族苗族乡、铜厂彝族乡、俄戛布依族乡、马场乡。1987 年，全区总面积 299.2 平方千米，有耕地 3587.73 公顷，林地 165.2 公顷，森林覆盖率不到 20%；辖 48 个村、290 个组，居民 15012 户、66604 人。

乌蒙山 1 条一级支脉由玉舍派生出 1 条二级支脉向东偏南延伸到箐口乡、盐井乡、阿戛乡，成为巴浪河与巴都河的分水岭。盐井屯顶，俄戛、铜厂 2 乡西南部和通仲河南北两厢山势高耸，群峰列立，海拔多在 2000 米以上，最高峰公鸡山海拔 2508.2 米，其余依次有野猪窝大箐（海拔 2441.2 米）、磨盘大山（海拔 2345 米）、晏家大山（海拔 2124 米）、雷打岩大山（海拔 2120 米）、老鸦坡大山（海拔 2103 米）等，山中岩多土薄耕地少。其余地区，山势趋缓，海拔多在 1400～1800 米之间，山中分布若干大小不等的坝子、冲子、槽子和丘陵，土层较厚，耕地比较集中。巴浪河两岸地带，河谷低凹，海拔小于 1200 米，多稻田。全区气温，年均 14.1℃，最高 36.8℃（保摩），最低 -10℃（铜厂和盐井）；年降水 1241～1310 毫米；无霜期 244～296 天。主产玉米、稻谷、小麦、马铃薯、红薯、油菜、花生、油桐、甘蔗、黄果、烤烟、生漆、生姜、核桃、茶叶等。巴浪河两岸是全县粮食主要产区之一，铜厂乡核桃久享盛名。

区境有县道公路通向仲河、马场、阿戛、米箩、铜厂等乡；仲河有支线公路通向盐井、箐口乡；阿戛有支线公路通向保摩、俄戛乡。仲河、马场、保摩、俄戛 4 乡煤炭和水能资源丰富，仲河乡建有仲河煤厂，马场乡建有马场煤厂和八家寨煤厂。加开营水库和通仲河分别建有装机容量 640 千瓦和 20 千瓦水电站。

1935 年 4 月 19 日，红九军团长征曾在阿戛、米箩一带宿营。

十、蟠龙区

蟠龙区位于县东南部，东毗六枝特区，南接普安县，西连杨梅区、米箩区，北抵滥坝区，区公所驻蟠龙街上。辖蟠龙乡、法那乡、木城乡、肖坪苗族乡、猴场苗族布依族乡、布寨乡、塘上乡、红岩布依族彝族乡、落邦苗族乡。1987 年，全区总面积 386.5 平方千米，有耕地 2961.4 公顷，林地 417.07 公顷，森林覆盖率低；辖 59 个村、361 个组，居民 12433 户、59605 人。蟠龙，清代叫“老婆场”，那时该地无人户，只有几棵古树，是人们赶场的必经之地。有几个老年妇女常在树下设摊卖酒卖粑粑之类，后来那里成了集市，因称“老婆场”。民国后，因“老婆场”名称不雅，即以该处地形山脉走势蜿蜒曲折如龙而改称“蟠龙”。

蟠龙区地形地貌由乌蒙山 3 条延伸至境内的支脉所决定：一条是自玉舍乡分出的二级支脉，向东南经鱼塘、勺米、箐口至盐井再转南延伸至阿戛进入区境布寨、肖坪 2 乡，成为果礼河和补那河的分水岭；另一条是自尖山乡分出的二级支脉，经观音山、杉树林进入区境法那、阿佐、木城至塘上，成为法那河、木城河和木果河、花地河（补那河上游）的分水岭；第三条是一条一级支脉自陡箐、冷坝进入区境落邦、红岩去六枝堕脚。蟠龙区地形大致分为高中山、中中山、低中山和低山 4 种地貌：

高中山多分布在落邦、布寨、肖坪、法那、木城、蟠龙、塘上等乡的高山地带，海拔大于1800米，约占全区总面积10%，其上多高峰，其中海拔较高的有潘家箐大山（海拔2141米）、偏箐梁子（海拔2002米）、白岩冲大山（海拔2167米）、马脚岩大山（海拔2017米）、二道岩大山（海拔2037.8米）等；中中山各乡分布较多，约占全区总面积60%，海拔在1400～1800米之间，其间多坝子、冲子和丘陵，耕地多；低中山约占全区总面积的30%，海拔800～1400米，分布在北盘江、果礼河、木城河、法那河和补那河两岸，稻田多；低山面积不多，主要分布在补那河下游补那和北盘江两岸格支、麻地等村，不足66.67公顷，以水田为主；其海拔小于800米，北盘江出境处海拔635米，是全县海拔最低的地方。全区气温，年均14.4℃，最高36.1℃（猴场），最低－7.9℃（布寨）；年均降水1320毫米，最高1446毫米（蟠龙），最低1230毫米（红岩）；无霜期271～331天，布寨乡最短，猴场乡最长。全区主产玉米、稻谷、小麦、马铃薯、荞麦、花生、蚕豆、生姜、大豆、豌豆、茶叶、甘蔗、油桐、烤烟、黄果等，木城茶清代曾作为贡品。北盘江、木城河、法那河和补那河河谷是县主要粮产区之一。法那、木城2乡煤炭资源丰富，有煤窑小规模开采。落邦乡有林区166.67公顷，是县林业基地之一。除布寨、肖坪2乡尚无公路外，其他各乡均有公路通达。贵昆铁路从落邦、塘上2乡经过，建有梅子关、二道岩火车站。北盘江两岸格支、麻地2村自古是喇叭苗族聚居地，其古老的民族语言、服饰和习俗保留完好，号称“喇叭苗语言岛”。格支村被北盘江阻隔在两岸，人称“小台湾”；20世纪70年代，特区政府拨款修铁索桥1座，长88米，宽3米，坚实牢固，方便两岸人畜往来。县委书记陈月枢曾赋诗：“国泰民安事事欢，今朝喜到“小台湾”。千峰鞭石入霄汉，一水扬波压海南。永忆桃红仙世界，难为风厚古衣冠。酒酣不觉春潮涌，从此桥头无露寒。”

第二节　乡（镇）

1992年3月30日，水城县撤销“区”的建置，1992年4月至2008年12月，水城县辖1个镇、3个乡、29个民族乡，各乡镇简况如下：

一、滥坝镇

滥坝镇由原滥坝区的尖山、以朵、双水3乡于1992年4月合并建立；位于县东部，地处北纬26度32分，东经104度58分；东邻陡箐乡，西接钟山区凤凰乡（街道），南抵阿戛乡，北与钟山区月照乡相邻；距市中心城区15千米，镇政府原驻白腻村鱼塘组。1992年，总面积为98.23平方千米，辖15个村、103个组、4248户、22583人（其中非农业人口3097人），有农村劳动力7926人、耕地1288.27公顷，其中水田307公顷。1993年，在镇内建立双水工业小区。1996年，县双水工业小区改为市双水工业开发区。1999年，镇政府迁驻新县城诚信路（街道名为后来命名）。2003年，水城县政府迁驻滥坝镇。2003年11月，市双水工业开发区改为县双水新区。

境内山峦起伏，喀斯特地貌明显，最高海拔2200米，最低海拔1300米，平均海拔1800米；冬无严寒，夏无酷暑，雨量充沛；平均气温12.5℃，年均日照1657小时，年均降水1354毫米，年均无霜期248天。主要河流有一字河、双水小河；水利工程有以朵水库（库容5万立方米，是双水新区的主要饮用水源）和明硐水库（库容7万立方米）。有铅锌矿、硫铁矿、硅石、白云石、方解石等矿藏。大烟公路、水纳公路、水黄高等级公路过境，有滥坝、双水2个火车站；境内新县城初步形成“山水园林”城市，城郊型农业和旅游业前景广阔；法都林场、以朵林场、发克水库、滴水岩风景点、一字河生态旅游区等有待开发；有汉、彝、苗等民族，少数民族占总人口的15%，民族民间文化底蕴丰富。

2008年，有15个村、1个社区、106个组、24485人，常用耕地1053公顷。粮食总产量694.1万千克，人均粮食287千克，农民人均纯收入3198.7元。牛存栏1350头，生猪存栏9032头，羊存栏845只，肉类产量184万千克。农业总产值4449万元，工业总产值126724万元。规模以上企业有铝厂1家，洗煤厂11家，机焦厂4家。财政总收入11958.32万元，财政一般预算收入4831.67万元。全镇有中学3所、教师94人、在校生1595人，小学11所、教师160人、在校生3230人，适龄儿童入学率99.1%。有乡卫生院1所，村（社区）卫生室10个。

二、阿戛乡

阿戛地名源于境内山名阿嘎屯。

阿戛乡包括原米箩区的仲河、马场、阿戛3个乡，位于县东南部；地处北纬26度20分至26度32分之间，东经104度53分至105度5分之间；东接蟠龙乡，南邻果布戛乡和米箩乡，西抵盐井乡和勺米乡，北与滥坝镇及钟山区石龙毗邻；总面积93.2平方千米。乡政府驻阿戛村，距县城29千米。最高海拔2131.8米（阿戛村幺岩），最低海拔970米（松绿村四组）。年平均气温14℃，年日照1396小时，年降水1300毫米，无霜期250天。主要河流有通仲河、巴浪河，境内总长12.9千米；建有加开营水库。主要农作物为玉米、马铃薯。主要矿藏为煤，储量5600亿千克，可采量4500亿千克；有企业30家，其中煤井16对，焦化厂1家，选煤厂3家，砖厂2家，水泥砖厂5家，免烧砖厂1家；是县主要煤焦产地之一。水黄公路、水盘东线公路过境；有至盐井、米箩、玉舍等公路。红九军团长征曾在该乡宿营，红军王福才由于负伤生病留在该乡台沙村小寨组余永和家，去世后由余家安葬。

2008年，全乡辖11个村，85个组，居住汉、苗、彝、布依、仡佬、水等民族8437户，30687人；其中少数民族4654人，占15.17%。有耕地1121公顷，森林覆盖率24%，粮食总产量879.8万千克，人均粮食288千克，农业总产值4065万元，工业总产值45987.37万元，国民生产总值52300万元，农民人均纯收入2836元，财政总收入1638.97万元。全乡有小学8所，点校1所，在校生1800人；中学2所，在校生1141人。有乡卫生院1所，村卫生室11个，新农合参合率89.86%。

三、蟠龙乡

该乡包括原蟠龙区的蟠龙、塘上、木城、法那、布寨5个乡，位于县东南部牯牛河东岸、花地河西岸；地处北纬26度17分至26度28分之间，东经105度3分至105度8分之间；东与红岩乡相连，南与猴场乡相依，西邻果布戛乡、阿戛乡，北与滥坝镇相接；总面积145.45平方千米，乡政府驻蟠龙村（原区公所驻地），距县城32千米。最高海拔2160米（法那村撮箕口峰），最低海拔740米（蟠龙村落水洞冷饭河）；年平均气温15.2℃，年日照1290小时，年降水1340毫米，无霜期300天。

主要河流有百车河、木城河、雾龙河、冷饭河、牯牛河；建有加开营电站、雾龙河电站、星河电站、牯牛河电站。主要农作物为玉米、水稻、生姜；有茶叶、果树等经济林木，柑橘年产约100万千克，木城茶清朝曾作为贡品（年产约1000千克）；是县粮食和水果主要产地之一。主要矿藏为煤，储量7200亿千克；有煤井4对，设计能力8.4亿千克/年。贵昆铁路和株六复线铁路过境；水黄公路穿境而过，玉马公路连接阿戛乡，另有连接红岩、猴场、陡箐等乡的公路。

2008年，全乡辖18个村，127个组，居住汉、苗、布依等民族10906户，37722人；其中少数民族8154人，占21.6%。有耕地1520公顷，粮食总产量1382.4万千克，人均粮食366千克，农业总产值6539万元，工业总产值7789.66万元，国民生产总值45700万元，农民人均纯收入6780元，财政总收入734.7万元。全乡有初中1所，在校生1590人；小学10所，88个班，在校生3100人，适龄儿童入学率99.8%。有乡卫生院1所，村卫生室18个，新农合参合率95%以上。

四、盐井乡

盐井因清朝咸丰年间和民国中后期境内2次凿井探盐而得名。

盐井乡包括原米箩区的盐井、箐口2个乡，位于县东南部；地处北纬26度27分，东经104度58分；东邻阿戛乡、南靠米箩乡，西面和北面均接勺米乡；总面积84.9平方千米，乡政府驻盐井组，距县城31千米。盐井乡居于阿嘎屯上，是水城境内最大屯；最高海拔2183.1米，最低海拔1550米；年平均气温14℃，年日照1500小时，年降水1200毫米，无霜期235天。主要农作物为玉米、马铃薯、烤烟，有果树等经济林木；种烤烟历史在全县最长，烤烟面积较多，烟叶质量较好，是县主要产烟乡之一。有连通阿戛乡和勺米乡的公路。

2008年，全乡辖5个村，65个组，5197户，20867人，汉族占总人口的97%。有耕地1171公顷，马存栏2050匹，牛存栏12000头，农业总产值5025万元，工业总产值50万元，农民人均纯收入4021万元，财政总收入550.71万元。全乡有完小6所，适龄儿童入学率98.8%。有乡卫生院1所，村卫生室5个。

五、陡箐苗族彝族乡

陡箐因旧时四周山高林密多猛兽而得名。

陡箐乡包括原滥坝区的茨冲、陡箐、冷坝、阿佐4个乡，位于县东部；地处北纬26度26分，东经105度35分；东临六枝特区新场乡，西接老鹰山镇和滥坝镇，南依红岩乡、蟠龙乡，北与化乐、比德、董地乡接壤；乡政府驻陡箐街上，距县城23千米；总面积146.36平方千米。最高海拔2060米，最低海拔1300米。年平均气温12℃，年降水1185毫米。主要农作物为玉米、马铃薯；主要矿藏为煤，全乡有规模企业24家，其中煤井4对，砂石厂4家；其他企业16家。大烟公路贯穿全乡。

2008年，全乡辖9个村，100个组，6129户，22481人；其中少数民族7688人，占34.2%。耕地面积1161公顷；牛存栏2573头，生猪存栏1.1万头，羊存栏1819只；粮食总产量885.8万千克，人均粮食394千克，农业总产值4016万元，工业总产值53800万元，财政总收入429.28万元。全乡有小学10所，在校生2626人；中学1所，在校生979人；双语教学点1个，在校生86人。有乡卫生院1所，卫生室9个，新农合参合率96%。有基督教堂5座，信徒306人。

六、董地苗族彝族乡

董地因清代纳雍维新董地一姓安土目家迁入而得名。

董地乡包括原滥坝区董地、中坝2个乡和万全乡的双巢、大营边、双河3个村，位于县东北部，三岔河南岸；地处北纬26度36分，东经105度3分；东邻比德乡，西接保华乡和钟山区月照乡，北与青林乡和纳雍县新房乡隔三岔河相望，南抵陡箐乡、滥坝镇和钟山区老鹰山镇；乡政府驻大营村岔河组，距县城30千米；总面积94.6平方千米。最高海拔2293米，最低海拔1460米。年平均气温12.5℃，年降水1174毫米，无霜期245天。三岔河流经5千米，拟建金狮子一级电站，总库容754万立方米，装机2.2万千瓦；中部双巢河流经11千米。主要农作物为玉米、马铃薯；主要矿藏为煤，有煤井2对，设计能力8000万千克/年。该乡有较好的区位优势，拟建的月照机场部分在境内，贵昆铁路、株六复线、大烟公路均过境。

2008年，全乡辖9个村，93个组，4975户，20009人；其中少数民族7600人，占37.98%。常用耕地723公顷，森林覆盖率62%。牛存栏1304头，生猪存栏5174头，羊存栏732只。粮食总产量498.82万千克，人均粮食249千克，农业生产总值2268万元，工业生产总值7048.3万元，农民人均纯收入2517元，财政总收入1541.79万元。全乡有完小8所，59个班，在校生2349人，适龄儿童入学率99.3%；初中2所，15个班，在校生684人，入学率101.25%。

七、比德苗族彝族乡

该乡包括原比德区的比德、牛场、立火3个乡；位于县东部，三岔河西岸；地处北纬26度33分55秒，东经105度10分9秒；东与纳雍县百兴镇、曙光乡隔河相望，南与化乐乡、陡箐乡相连，西与董地乡接壤，北与纳雍县阳场镇、新房乡毗邻；乡政府驻比德村，距县城50千米；总面积94平方千米。平均海拔1516米，年平均气温16.7℃，年日照1750小时，年降水1150毫米，无霜期245天。主要河流为三岔河，境内有金狮子二级水电站（装机2万千瓦），大塘水库和拉坝水库。主要农作物为玉米、水稻、马铃薯，是县主要产粮区之一，稻谷“五里香”为该乡特产，属珍稀物种。主要矿藏为煤，储量4000亿千克，锰矿储量2000万金属吨；有煤矿矿井3对，设计能力6亿千克/年；铝厂2家。水纳公路过境，另有比德到化乐、陡箐等公路。

2008年，全乡辖7个村，121个组，居住汉、苗、彝、布依、蒙古等民族8541户，28471人；其中少数民族12500人，占43.9%。耕地面积998公顷，牛存栏2163头，生猪存栏1.5万头，羊存栏1462只。粮食总产量828.7万千克，人均粮食291千克，农业总产值3533万元，工业总产值13064.36万元，国民生产总值24400万元，农民人均纯收入3583元，财政总收入892.68万元。全乡有完小8所，适龄儿童入学率99.8%；中学2所，在校生1357人。有卫生院1所，医护12人；乡卫生室7个，卫生员7名；新农合参合率97%。

八、化乐苗族彝族乡

化乐古时是彝族集居区，明朝前夕，一名叫安发乐的彝族驻守官员将其行署定名发乐行署，并定逢午（旧历马日）天为群众赶集日，因而得名“发乐马场”，后来逐渐演变为“化乐马场”。

化乐乡包括原比德区的吹聋、猫场、化乐3个乡，位于县东部，三岔河西岸，东与六枝特区牛场乡接壤，南与六枝特区新场乡相连，西与陡箐乡、比德乡毗邻，北与纳雍县百兴镇隔河相望；乡政府驻五星村，距县城55千米，总面积86.94平方千米。最高海拔1850米（滑石凤凰山），最低海拔900米（泵井三岔河）；年平均气温16℃，年降水1239毫米，无霜期280天。主要农作物为玉米、水稻；主要矿藏为煤，储量15000亿千克，有矿井2对，设计能力30亿千克/年。有县际公路2条，乡际公路2条，连村公路11条（段），建有汽车站1个。文化遗产有泵井碉楼，小花苗"晒月亮"习俗。

2008年，全乡辖10个村，132个组，居住汉、苗、彝、布依等民族8539户，29534人；其中少数民族16740人，占56.7%。有耕地1111公顷（其中水田223公顷），林地2321公顷，森林覆盖率26.7%。牛存栏1964头，生猪存栏1.1万头，羊存栏1754只；持有《绿色农业证书》的农户1010家。粮食总产1150万千克，人均粮食389千克，农业总产值4990万元，工业总产值10714.5万元，财政总收入530.69万元。全乡有中学1所，教师57人，在校生1303人，初中入学率96.93%；小学10所，教师121人，在校生2654人，适龄儿童入学率99.9%。乡卫生院1所，医护10名，病床15张，有卫生室10个。

九、南开苗族彝族乡

该乡包括原南开区的土角、钨铅、南开3个乡，位于县北部的阿勒河上游；地处北纬26度42分至26度49分之间，东经104度53分至105度之间；东接青林乡，南邻保华乡，西伴木果乡、金盆乡，北抵纳雍县猪场乡；乡政府驻双山村（原区公所驻地），距县城42千米。总面积136.7平方千米，阿勒河流经乡境，有20公顷以上的坝子35个。最高海拔2300米，最低海拔1560米；年平均气温12.2℃，年降水1124毫米，无霜期245天。主要农作物为玉米、马铃薯、烤烟，是县重点烤烟乡之一；主要矿藏为煤炭，有煤井1对，设计能力1.5亿千克/年。公路通新县城、金盆、青林和纳雍维新、以角等地。南开苗族花场被省政府列为首批非物质文化遗产；小花苗芦笙舞2次获省"苗岭之声"汇演二等奖，多次参加国家和国际演出。凉山村、穿洞村、兴寨村的几个组有基督教信徒，1992年300余人，1998年220余人，2008年103人。

2008年，全乡辖14个村，165个组，居住汉、苗、彝、水等民族和穿青人11072户，44171人；其中少数民族22553人，占51.1%。有耕地2003公顷，林地3316.7公顷，草地399公顷，裸石4191公顷；丘陵、山地占88%，谷地、盆地占12%，石漠化比较严重。牛存栏2651头，生猪存栏1.7万头，羊存栏1693只；肉类产量122.5万千克，禽蛋5万千克，是县肉类供应基地之一；粮食总产量1580万千克，人均粮食358千克；工业总产值1769.55万元，农业总产值6793万元，国民生产总值2.42亿元，农民人均纯收入4525元，财政收入286.19万元。全乡有中学3所（其中2所为九年制学校），教师79人，在校生1776人；小学19所，教师206人，在校生5793人，适龄儿童入学率99.2%。有乡卫生院1所，村卫生室14个。

十、金盆苗族彝族乡

金盆因辖区内有一片洼地，人称"洼盆底"，洼地内有一座土丘，象倒置着的脸盆，1954年建乡时，乡党支部书记谢德明因地形而取乡名为金盆乡。

金盆乡包括原南开区的金盆、干河、义忠3个乡，位于县东北部阿勒河上游；地处北纬26度49分39秒，东经104度54分20秒；东与纳雍县左呢戛乡接壤，西与赫章县松林坡乡和木果乡相连，南抵南开乡，北与纳雍县锅圈岩乡毗邻；总面积107.14平方千米，乡政府驻金盆村，距县城65千米。最高海拔2325米（营发村猫鼻梁子），最低海拔1592米（棋林村天生桥）；年平均气温12.1摄氏度，年日照1550小时，年降水1200毫米，无霜期233天。营盘小河境内长10千米，流域面积12平方千米；义忠小河境内长25千米，流域面积25平方千米。主要农作物为玉米、马铃薯、烤烟，是县重点烤烟乡之一；有生漆等经济林木。主要矿藏为煤，储量1400亿千克；铅锌储量11亿千克，重晶石储量8亿千克。有公路接通南开乡、赫章县松林坡乡、纳雍县锅圈岩乡。境内天生桥是全国闻名的自然景观。

2008年，全乡辖9个村，106个组，居住汉、苗、彝等民族5997户，24127人；其中少数民族14987人，占62%。常用耕地1543公顷，烟叶产量36.5万千克，牛存栏2737头，生猪存栏11727头，羊存栏1463只，粮食总产量1017万千克，人均粮食421.5千克，农业总产值4520万元，工业总产值239.3万元，财政总收入136万元。全乡有中学1所，完小6所，点校4所，教师186人；小学在校生4559人，适龄儿童入学率98.8%；初中在校生967人，初中入学率99.9%。有乡卫生院1所（大连援建），卫生室9个。

十一、青林苗族彝族乡

青林原名青㭎林（一作“青杠林”），因该地原青㭎树丛生而得名；1955年5月因青杠林乡改称青林乡而称青林。

青林乡包括原南开区的青林、田坝2个乡，位于县东北部三岔河北岸；地处北纬26度41分51秒，东经105度54秒；东同纳雍县的猪场乡、新房乡接壤，南与董地乡毗邻，西与保华乡交界，北与南开乡相邻；总面积64.46平方千米，乡政府驻青林村三组，距县城43千米。最高海拔2051米（轿子山），最低海拔1400米（索桥）；年平均气温12.4℃，年日照1528.8小时，年降水1106毫米。境内灰依河，东起牙海，在索桥入三岔河，流长5.5千米；太阳河东起青林村，流经中营在保华境汇入三岔河，流经边界，建有金狮子二级水电站（装机2万千瓦），北岸淹没区主要在乡境内。主要农作物为玉米、马铃薯、烤烟；矿藏为煤，储量4290亿千克。有公路接通南开乡。该乡是苗族芦笙王张文友的故乡，苗族芦笙舞别具特色。

2008年，全乡辖7个村，66个组，居住汉、苗、彝等民族4334户，17747人；其中少数民族6913人，占39%。有耕地1040公顷，有人工造林1820公顷（含2个林场）、天然林585.33公顷、退耕林588.53公顷，森林覆盖率31%。牛存栏1980头，生猪存栏4764头，羊存栏2026只，粮食总产量455.9万千克，人均粮食257千克，农业总产值2275万元，工业总产值77.9万元，国民生产总值4451.77万元，农民人均纯收入2853元，财政收入123.25万元。全乡有完小7所（含2所九年制学校），中学1所，中小学教师136人，适龄儿童入学率99.6%。有乡卫生院1所，卫生室7个，新农合参合率95%以上。

十二、保华苗族彝族乡

保华原名“抛瓦”，相传古时候土目家建造府邸，然而拟建地不产砖瓦，于是土目就召集数千人从数里之外将瓦片传递过来。到该地时，左后右三面悬崖，前面临河，瓦片不能传递，遂改为抛掷，“抛瓦”因此而得名。保华是“抛瓦”的谐音。

该乡包括原南开区保华、双营2个乡，位于县北部，地处北纬26度40分27秒，东经104度58分45秒；东邻青林乡、董地乡，南抵发箐乡、钟山区月照乡，西接木果乡，北接南开乡；总面积83.34平方千米，乡政府驻嘉禾村，距县城22千米。最高海拔2233米（奢旮村三角架），最低海拔1540米（奢旮村出水洞）。年平均气温14.3℃，年日照1555.6小时，年降水1102毫米，无霜期227.4天。阿勒河从南开凹仲村入境，由北向南贯穿该乡中部，境内流长16千米，在出水洞入阿大河，使该乡形成“山”型；大河（原名阿大河）从木果乡连山入境，境内段叫抛瓦河，流长25千米，在下抛瓦出镜。建有出水洞电站，库容340万立方米，装机8000千瓦。主要农作物为玉米、马铃薯、蔬菜。主要矿藏为煤，储量4300亿千克，是县主要煤焦产地之一；有矿井7对，设计能力16.5亿千克/年。水（城）南（开）公路贯穿全乡。

2008年，全乡辖11个村，92个组，居住汉、苗、彝、回、水等民族和穿青人6400户，24860人；其中少数民族5742人，占23.1%。有耕地1239公顷，牛存栏1450头，生猪存栏1.2万头，羊存栏940只，粮食总产量869.4万千克，人均粮食350千克，农业总产值3525万元，工业总产值5537.82万元，国民生产总值27824万元，农民人均纯收入4522元，财政收入904.01万元。全乡有小学8所，初中1所，乡卫生院1所，村卫生室11个。

十三、木果彝族苗族乡

1949年前，木果、纳福统称拉夫冲子，也称拉夫坝子，纳福称上拉夫、木果称下拉夫。其缘由：这一带土地广阔，人烟稀少，男性少、女性多；许多外籍男人为了躲避战乱或因饥荒来到此地皆被挽留，最终安居乐业，为此而称“拉夫”。上拉夫显锅底形，下拉夫显锅柄形，宛如一只长手托起一口锅，下拉夫故名“摩锅底”，解放后人们沿用“摩锅底”的谐音称“木果”。

木果乡包括原大河区的木果、盘雄2个乡和原南开区的连山、蒿枝2个乡。位于县西北部连山河上游；地处北纬26度45分，东经104度50分；东抵保华乡，南与钟山区汪家寨镇和大河镇接壤，西连赫章县雉街乡，北接金盆乡。总面积161.14平方千米，乡政府驻木果村，距县城33千米。最高海拔2439米（祭山梁子），最低海拔1600米（王家坝）；年平均气温12.7℃，年日照1462.7小时，年降水1107毫米，无霜期225天。境内有登亨河、冷水河、七股水3条河流，过境总长46千米。主要农作物为玉米、马铃薯，有桃、梨、核桃、板栗、樱桃等经济林木。主要矿藏为煤，储量3600亿千克；有矿井10对，设计能力20亿千克/年。水城至赫章公路过境，有木果到金盆公路和木果到钟山区汪家寨镇、大河镇等公路。

2008年，全乡辖12个村，98个组，居住汉、彝、苗等民族8754户，33694人；其中少数民族13911人，占41.29%。常有耕地1725公顷，粮食总产1210.5万千克，人均粮食359千克，农业总产值5016万元，工业总产值11838万元，农民人均纯收入2443元，财政总收入729.06万元。

十四、发箐苗族彝族乡

发箐因境内有发戛、箐口两地，各取一字组名为发箐。

发箐乡包括原大河区的发箐、平坝2个乡，位于水城北部，阿大河西岸；地处北纬26度31分1秒，东经104度55分40秒；东与钟山区月照乡接壤，西与钟山区大河镇毗邻，南连钟山区荷城街道，北与木果、保华2乡隔河相望。总面积44.9平方千米，乡政府驻清塘村，距县城14千米。最高海拔2060米，最低海拔1530米；年平均气温11.5℃，年日照2000小时，年降水1161.1毫米，无霜期222天，阿大河在境内长9.8千米。主要农作物为玉米、马铃薯、蔬菜，是市中心区的主要蔬菜供应地之一；境内有一定的煤炭储量，有煤矿1对（年产1.5亿千克），有洗煤厂1家。由于贴近市中心区，交通比较方便。

2008年，全乡有5个村，37个组，居住汉、苗、彝等民族2474户，9678人；其中少数民族3147人，占总人口32.5%。有常用耕地590公顷，林地590公顷，草地653公顷，牛存栏1467头，生猪存栏7785头，羊存栏1237只，粮食总产量353.1万千克，人均粮食369千克，农业总产值2052万元，工业总产值5403.3万元，国民生产总值18000万元，农民人均纯收入2791元，财政总收入201.13万元。全乡有完小5所，中学1所；其中有北京市朝阳区教育局捐建的清塘小学，香港慈善协会捐建的发戛慕贞小学，中科院院士屠光炽捐建的海螺村光炽小学，日本驻华使馆捐建的发箐中学。有乡卫生院1所，村卫生室5个。

十五、双戛彝族乡

双戛境内有落飞戛、马戛，两地相距4千米，故取名双戛。

双戛彝族乡位于县西北部，距市中心区6千米，全乡总面积55.3平方千米。全乡村村通公路（硬化率96.7%），主要农作物为玉米、马铃薯；境内资源丰富，有煤、铁、白云石和石灰石等矿产；有令人赏心悦目的天生湖（市“十大风景区”之一），神奇险峻的天源洞等旅游景点。

2009年，全乡辖5个村，24个组，2310户，9718人，其中农业人口9184人（占总人口94.5%），少数民族人口3285人（占总人口33.8%）。有耕地388.72公顷，农村合作经济组织5个，种养殖小区（场）7个；地方生产总值3.8亿元，财政总收入2142万元，农民人均纯收入3298元，农民人均占有粮食528千克，工业产值29501万元，工业营业收入29704万元，森林覆盖率52%。有初中1所，校舍面积2276平方米，在校学生251人；有小学5所，校舍面积5862平方米，在校学生1394人，适龄儿童入学率99.1%。有乡卫生院1所，村卫生室5个，新农合参合率93%。

十六、玉舍彝族苗族乡

该乡包括原玉舍区的玉舍、木柯、舍戛、海坪、俄脚、甘塘6个乡，位于县西南部；地处北纬26度28分，东经104度44分；东接勺米乡，南抵都格乡、发耳乡、杨梅乡，西邻平寨乡，北靠威宁县和纸厂乡；总面积217.67平方千米，乡政府驻中寨村（原区公所驻地），距市中心区25千米。最高海拔2499米，最低海拔1640米；年平均气温11.5℃，年日照1200小时，年降水1666.6毫米，无霜期227天。有玉舍小河，舍戛地下暗河；玉舍水库库容3380万立方米，是市中心区供水水源。主要农作物为玉米、马铃薯。主要矿藏为煤，是县主要产煤乡之一。水（城）盘（县）贯穿全境；有玉舍至勺米、坪寨、都格公路，设有汽车站1个；拟建的水盘高速和杭瑞高速在俄脚交汇，拟设出入口。境内有玉舍国家级森林公园和钱家印楼。

2008年，全乡辖11个村，居住汉、彝、苗等民族8705户，33784人。有耕地1047公顷，粮食总产量1262.4万千克，人均粮食373.7千克，农业总产值5958万元，工业总产值14592万元，国民生产总值23910万元，农民人均纯收入2702元，财政总收入1424.24万元。全乡有中学1所，九年制学校2所，初中在校生2002人；有小学14所，在校生5324人，适龄儿童入学率97.9%；有幼儿园1所。有乡卫生院1所，设有2个门诊，医护21人；村卫生室11个，卫生员19人。

十七、纸厂彝族乡

纸厂原名构木底（彝名为欧木底），意为白鹤起飞的地方。因清朝期间造纸（生产纸张曾销往威宁、宣威、赫章等地，今有造纸遗迹）而更名纸厂。

纸厂乡包括原玉舍区的夹沟、纸厂2个乡，位于县西南部；地处北纬26度33分7秒，东经104度47分34秒；东至勺米乡，西连威宁县新发乡，南临玉舍乡，北接双戛乡和钟山区德坞、凤凰、石龙；面积76.17平方千米，乡政府驻新发村，距市中心区23千米。最高海拔2581米，最低海拔1777.6米；年日照1500小时，年降水1300毫米，年平均气温13℃，无霜期230天。主要农作物为玉米、马铃薯、烤烟，是市中心区的肉类和蔬菜主要供应地之一。主要矿藏为煤，有煤井4对，选煤厂2家。该乡前进村是省新农村建设试点之一，2006年被国家旅游总局命名为“全国农业观光示范点”。

2008年，全乡辖5个村，26个组，居住汉、彝、苗、回等民族3085户，12141人，其中少数民族4326人，占35.6%。常用耕地433公顷，牛存栏1037头，猪肉产量120万千克，牛肉产量54万千克，羊肉产量3万千克，粮食总产量613.1万千克，人均粮食505千克，农业总产值2716万元，工业总产值17702.47万元，农民人均纯收入5001元，财政总收入4481.03万元。全乡有完小5所，在校生820人，适龄儿童入学率99%；中学1所，在校生602人，初中入学率86.74%。有乡卫生院1所，村卫生室5个，新农合参合率96%。

十八、勺米彝族苗族乡

勺米之名有二说：一说为彝意“荞麦地”；二说为因产少量大米，而得名勺米。

该乡包括原玉舍区的勺米、鱼塘、笔架3个乡和玉舍乡的滥坝村，位于县南部；地处北纬26度27分8秒，东经104度52分21秒；东邻米箩乡、盐井乡，南抵杨梅乡，西接玉舍乡，北接钟山区石龙；总面积115.92平方千米，乡政府驻范家寨村，距市中心区28千米。最高海拔2422米（黑箐梁子），最低海拔850米（沙沟王家寨）；年平均气温12℃，年日照1497.5小时，年降水1200毫米，无霜期250天。境内巴浪河、巴渡河总长21.5千米，流域面积0.9平方千米，年平均径流总量76万立方米。主要农作物为玉米、马铃薯。主要矿藏为煤，储量4200亿千克；有地方煤井7对，设计生产能力16.5亿千克/年，有选煤厂72家，是县主要产煤乡之一。水柏铁路过境，设有勺米火车站；8个村和79个组通公路。

2008年，全乡辖8个村，81个组，居住汉、彝、苗、布依、蒙、回、水等民族5276户，20653人；其中少数民族8220人，占39.8%。有耕地777公顷，牛存栏2642头，生猪存栏9721头，羊存栏1248只，粮食总产量705.6万千克，人均粮食341.6千克，农业总产值3260万元，工业总产值

12197.91 万元，财政总收入 1257.39 万元，农民人均纯收入 4300 元。全乡有初中 3 所（含九年制学校 2 所），在校生 1236 人，小升初升学率 100%；有小学 12 所，在校生 2504 人，适龄儿童入学率 99.8%。有乡卫生院 1 所，医护 9 人；村卫生室 8 个，卫生员 8 名；新农合参合率 97.4%。95% 以上农户用上电；有文化服务中心 1 个，村活动室和农家书屋 8 个，藏书 7 万册。

十九、坪寨彝族乡

坪寨之名是因村寨前可渡河岸边有一块坪地，约 26.67 公顷，故名坪寨。

坪寨乡包括原玉舍区的坪寨、箐马 2 个乡，位于县西部可渡河东岸；地处北纬 26 度 29 分，东经 104 度 38 分；东与玉舍乡交界，南与都格乡接壤，西与云南省宣威县（市）的普立、文兴 2 乡隔河相望，北与威宁县新发乡毗邻；总面积 96.64 平方千米，乡政府驻普联村（原驻播落），距市中心区 46 千米。最高海拔 2550 米，最低海拔 960 米；年平均气温 13.2℃，年日照 1680 小时，年降水 1191 毫米，无霜期 285 天。可渡河是该乡与云南省宣威县（市）的界河，流经 26 千米，流域境内面积 79 平方千米；乡内有阿都河电站和泥猪河（即可渡河）电站。主要农作物为玉米、马铃薯、烤烟。火腿为该乡特产，是宣威火腿的主要货源地之一，每年供货约 20 万千克。有公路到玉舍乡，2005 年建成木通河大桥，公路可通宣威。彝族聚居为该乡最大特点，生态保护良好，民族文化得到较好传承。

2008 年，全乡辖 4 个村，56 个组，居住汉、彝等民族 2690 户，10508 人；其中少数民族 3174 人，占 30.21%。有耕地 319 公顷，林地、草地、荒地约 6667 公顷，森林覆盖率 36%，牛存栏 1163 头，生猪存栏 4766 头，羊存栏 1683 只，粮食总产 282.1 万千克，人均粮食 268 千克，农业总产值 1596 万元，工业总产值 51.66 万元，农民人均纯收入 2267.2 元，财政总收入 11.67 万元。全乡有初中 1 所，8 个班，在校生 433 名，入学率 99.6%；完小 4 所，点校 2 所，在校生 1140 名，适龄儿童入学率 98.7%。有乡卫生院 1 所，医护 6 名；村卫生室 4 个，卫生员 8 名。新农村建设比较成功，历年新建、改扩建农房 2000 多栋，74% 的农户受益，村容村貌全面改观。

二十、发耳布依族苗族彝族乡

该乡包括原发耳区的发耳、梓椅、湾子、营街 4 个乡和垭口乡的杨家屯、白岩脚、河坝 3 个村，位于县西南部北盘江东岸；地处北纬 26 度 18 分，东经 104 度 45 分；东接杨梅乡，南抵新街乡并与营盘乡隔江相望，西隔江与鸡场乡相邻，北连都格乡、玉舍乡；总面积 104 平方千米，乡政府驻大寨村，距市中心区 72 千米。平均海拔 1260 米，年平均气温 15.8℃，年降水 1150 毫米，无霜期 280 天。主要河流有北盘江、发耳河（又名湾河）、新龙河；水利工程有长征水库、泥着落水库、马场水库。主要农作物为水稻、玉米、生姜、西瓜、蔬菜等，主要经济林有水果、杨梅等；是县主要产粮区之一和瓜果之乡；年产蔬菜约 1500 万千克、水果约 1480 万千克。主要矿藏有煤、铁、黏土，煤储量 19000 亿千克；发耳煤矿设计能力 36 亿千克/年，新龙煤矿设计能力 3 亿千克/年，发耳电厂装机 4×60 万千瓦；是县主要煤电基地。水柏铁路过境，设有发耳火车站（在杨梅乡境内）；水（城）盘（县）过境，设有汽车站 1 个；有通往各村的公路。小城镇规模在全县各乡前列，2008 年常住人口 11200 人。全乡农民的整体科技能力和富裕程度均处于全县领先位置。

2008 年，全乡辖 15 个村，154 个组，居住汉、布依、苗、彝族等民族 8980 户，38052 人；其中少数民族18493人，占48.6%。有耕地1414公顷，荒山、荒坡800公顷，林地753公顷，森林覆盖率48%，粮食总产量1080万千克，人均粮食283.8千克，农业总产值6547元，工业总产值15996万元，财政总收入3913.27万元。全乡有中学1所，完小7所，教师331人，在校生8259人，适龄儿童入学率99.6%；发耳中学在全县农村中学中学生数较多、教学质量较高。有乡卫生院1所，医护27名；村卫生室15个。全乡有机动车8216辆。

二十一、都格布依族苗族彝族乡

都格别名小金州，地名来历是因该地三面环水，出行被江与河“堵隔”。清朝前期，官方在其江对岸开办铜厂，大量人口流入，该地住户曾达500户，加之该地是水城厅（水城县）与普安州（盘县）往来的渡口之一和水城厅与云南往来的通道之一，曾特别繁荣，因此被称为小金州。

都格乡包括原发耳区的都格、龙井、马龙3个乡和埡口乡的埡口、营盘、小营3个村，位于县西部北盘江起点（清水河与可渡河在该地交汇后称北盘江）；地处北纬26度21分59秒，东经104度41分55秒；东邻发耳乡，南抵鸡场乡，西与云南省宣威县（市）普立乡隔河相望，北与坪寨乡、玉舍乡、杨梅乡相邻；总面积70.21平方千米，乡政府驻都格村，距市中心区50千米。最高海拔2482.4米（埡口村独木箐），最低海拔900米（都格村仙人桥）；年平均气温17.2℃，年降水1088毫米，无霜期300天。主要河流有北盘江、清水河、可渡河、都格河；响水电站一期装机10万千瓦、二期（在建）装机13万千瓦，泥猪河电站（在建）装机10.2万千瓦，是县主要水能基地。主要农作物为玉米、水稻、生姜；堪称全县生姜第一乡，该乡生姜不仅面积广，而且品质优，原龙井小乡烘烤的干姜曾被国家外经贸部列为出口免检产品；黄果和橘子曾在全县有名。主要矿藏有煤、铁、锌、铜、铅等；恒普煤业发耳二矿（国营）设计生产能力30亿千克/年，保兴煤矿设计生产能力6亿千克/年，河边煤矿设计生产能力3亿千克/年；是县的主要产煤乡之一。水柏铁路过境，设有都格火车站；水城至都格公路通往云南省宣威县（市），有客运车辆通行；有公路连接发耳和鸡场等乡，乡内村村通公路，在建的水盘高速和杭瑞高速过境，出口在玉舍乡俄脚（距乡政府18千米）。境内马龙屯清朝至民国时因经济和文化繁荣，曾在县境很出名，又是水城游击队取得辉煌战果的地方，其上有开发价值的溶洞很多；可渡河有美丽的“一线天”景观，响水电站大坝和都格大桥也颇为壮观。都格小城镇建设在各乡中成型较早，有常住人口6000人。

2008年，全乡辖6个村，96个组，居住汉、布依、苗、彝等民族7999户，28812人；其中少数民族13178人，占45.7%。有耕地1053公顷，产生姜500多万千克、水果800多万千克，粮食总产量1050万千克（人均364千克），农业总产值4734万元，工业总产值5360.33万元，国民生产总值2.6亿元，农民人均纯收入2366元，财政总收入768.07万元。全乡有中学1所，完小6所，点校5所；都格中学教学质量较好。有乡卫生院1所，村卫生室6个，新农合参合率95.4%。

二十二、鸡场布依族彝族苗族乡

鸡场原名发贵，以清朝振威将军杨发贵（从军前住今鸡场屯上）的名字命名；后因该地逢旧历酉（鸡）日赶集，故改名鸡场。

鸡场乡包括原发耳区的鸡场、㑩倮、安居3个乡，位于县西南部北盘江西岸；地处北纬26度

17 分，东经 104 度 39 分；东与发耳乡隔江相邻，西接盘县，南抵营盘乡，北与都格乡相连和与云南省宣威县（市）隔河相望；总面积 117.4 平方千米，乡政府驻鸡场街上，距市中心区 80 千米。最高海拔 2446 米（安居白龙洞梁子），最低海拔 900 米（大渡口）；年平均气温 13.2℃，年日照 1528 小时，年降水 1238 毫米，无霜期 275 天。北盘江流经东界，清水河流经西北界；拟建毛家河（清水河一段）水电站装机 18 万千瓦。主要农作物为玉米、水稻、生姜，有果树等经济林木。主要矿藏为煤，储量 7000 亿千克；有煤井 4 对，设计生产能力 13.5 亿千克/年。水（城）盘（县）过境 18 千米，有至龙场的公路和连村组公路 28 条（段）。小岩脚是水城游击队起义战斗地点，水城游击队曾在佞倮大洞与国民党军战斗 3 昼夜，曾在欧布建立全县第一个人民政权。

2008 年，全乡辖 8 个村，93 个组。居住汉、布依、彝、苗等民族 6961 户，27017 人；其中少数民族 11182 人，占 41.4%。常用耕地 1038 公顷，产生姜 800 万千克、四月桃 200 万千克，牛存栏 2943 头，生猪存栏 1 万头，羊存栏 1979 只，有 1080 人持《绿色农业证书》，粮食总产量 877.1 万千克（人均 325 千克）。农业总产值 3660 万元，工业总产值 9787.57 万元，财政总收入 667.49 万元。全乡有中学 1 所，22 个班，在校生 1450 人；完小 9 所，72 个班，在校生 3439 人，适龄儿童入学率 99.6%。有乡卫生院 1 所（大连市援建），村卫生室 8 个（卫生员 15 名）。

二十三、龙场苗族白族彝族乡

该乡包括原龙场区的龙场、麻窝、发堤 3 个乡，位于县南部北盘江南岸；地处北纬 26 度 7 分，东经 104 度 45 分；东邻顺场乡，西接营盘乡，南抵盘县普古乡和坪地乡，北与新街乡隔江相望；总面积 101.36 平方千米，乡政府驻龙场村，距市中心区 98 千米。最高海拔 2250 米，最低海拔 800 米。年平均气温 15.3℃，年日照 1235 小时，年降水 1200 毫米，无霜期 270 天，北盘江流经北面边界，八一水库风景迷人。主要农作物为玉米、生姜、烤烟，有茶叶、果树等经济林木。水盘东线公路过境，有龙场至普安、鸡场、顺场等公路。红九军团长征时曾过乡境，有碗厂红军烈士墓。

2008 年，全乡辖 14 个村，99 个组，5899 户，21820 人。常用耕地 684 公顷，林地 4680 公顷，森林覆盖率 46.17%，粮食总产量 802.9 万千克，人均粮食 368 千克，农业总产值 3426 万元，工业总产值 1249.6 万元，财政总收入 68.16 万元。全乡有中学 1 所，小学 6 所。有乡卫生院 1 所，村卫生室 14 个，新农合参合率 97%。历年改扩建农房 2200 余栋。

二十四、营盘苗族彝族白族乡

营盘因清朝时期一钱姓土司于境内修建一大型营盘并屯兵，故名营盘。

营盘乡包括原龙场区的营盘、兰花、哈青 3 个乡，位于县南部牛棚梁子北麓、北盘江南岸；地处北纬 26 度 8 分，东经 104 度 42 分；东与新街乡隔江相望，南连龙场乡，西抵盘县四格乡和坪地乡，北接鸡场乡；总面积 114.1 平方千米，距市中心区 130 千米。最高海拔 2865.2 米（牛棚梁子主峰），最低海拔 840 米（北盘江面）；年平均气温 14℃，年日照 1500 小时，年降水 1300 毫米，无霜期 295 天。主要河流为北盘江；主要农作物为玉米、生姜，有果树等经济林木。水柏铁路境内长 34.3 千米，设有茅草坪和三家寨 2 个火车站。鸡场至龙场公路横穿乡境，另有通村公路；在建的水盘高速公路境内长 18.2 千米，设有出入口。有牛棚梁子、乌蒙大地缝、峰岩石林、北盘江铁路大桥等景观；红九军团长征曾过乡境。

2008年，全乡辖6个村，113个组，居住汉、苗、彝、白等民族5177户，18563人；其中少数民族10065人，占54.2%。有耕地688公顷，林地和荒山555公顷，裸石2715公顷，粮食总产量847.7万千克，人均粮食456.7千克，农业总产值1935万元，工业总产值197.97万元，国民生产总值2023.72万元，农民人均纯收入1532.9元，财政总收入29.61万元。全乡有初中1所，12个班，在校生809人；完小6所，适龄儿童入学率99.84%。有乡卫生院1所，村卫生室6个，新农合参合率92%。

二十五、顺场苗族彝族布依族乡

顺场原名蛇场，因以旧历巳（蛇）日赶集而得名；因生意人忌言“蛇”字，认为“蛇”即“折”，于明朝初改名为顺场。

顺场乡包括原农场区的顺场、九归、法德3个乡；位于县南部北盘江南岸；地处北纬26度11分，东经104度50分；东与花戛乡接壤，南与龙场乡、盘县普古乡相连、西与新街乡隔江相望、北与野钟乡隔江相对；总面积119.4平方千米，乡政府驻顺场村，距县城132千米。最高海拔2433.2米（米箩坡大山），最低海拔700.7米（水塘村）；年平均气温13.8℃，年降水1200毫米。北盘江流经边界，水利工程有二河水库。主要农作物为玉米、水稻、马铃薯、生姜，有茶叶、果树等经济林木。水盘东线公路过境，另有顺场至龙场、九归、法德等公路。法德单拱公路大桥颇为壮观，红九军团长征曾在乡境宿营。

2008年，全乡辖11个村，83个组，居住苗、彝、布依、汉等民族5847户，21889人；其中少数民族20589人，占94.1%。有耕地806公顷，林地3786.82公顷，粮食总产量741.8万千克，人均粮食339千克，农业总产值3255万元，工业总产值9625万元，财政总收入48.7万元。全乡有民族中学1所，完小5所，点校4所。有敬老院1所；乡卫生院1所，村卫生室11个，新农合参合率98%。

二十六、花戛苗族布依族彝族乡

“花戛”，彝语意为人们站在村庄门口，瞭望河水，看见浪花飞舞，该村庄故名花戛。

花戛乡包括原龙场区的者卡、搓播、花戛3个乡，位于县南部北盘江西岸；地处北纬26度4分36秒，东经104度55分17秒；东邻普安县龙吟镇，南接盘县保基乡，西靠顺场乡和盘县普古乡，北与野钟乡隔江相望；总面积160.48平方千米，乡政府驻都匀村，距县城148千米。最高海拔2318米，最低海拔685米。年平均气温16.8℃，无霜期300天。主要河流有北盘江、毛虫河、乌图河，建有7500千瓦和2.5万千瓦水电站各1座。主要农作物为水稻、玉米、生姜，有果树等经济林木。有天门山天坑、补母千年银杏等风景名胜，毛虫河竹竿桥遗址。水盘东线公路横贯全乡；另有花戛至盘县舍亭、普安县龙吟、普安县河阳等公路。该乡是省一类重点扶贫乡。从2004年开始，由副省长禄智明带队，省发改委、省扶贫办、省国土厅、省水利厅、省农业厅、省电网公司等单位驻乡扶贫；重点帮扶农牧、水利、交通、教育、卫生等行业；促使该乡基础设施大有改善，经济快速发展。

2008年，全乡辖18个村，93个组，居住汉、苗、彝、布依等民族4531户，17413人；其中少数民族13250人，占76.1%。退耕还林533.33公顷，有荒山、荒坡4666.67公顷，粮食总产量564.3

万千克，人均粮食324千克，农业总产值2675万元，工业总产值820.57万元，财政总收入87.29万元。全乡有小学6所，点校5所，初中1所，教职工131人；适龄儿童入学率99.8%，初中入学率98.4%。有乡卫生院1所，村卫生室18个，新农合参合率92%。

二十七、杨梅彝族苗族回族乡

该乡包括原杨梅区的杨梅、台沙、白牛3个乡，位于县中南部；地处北纬26度13分，东经104度45分；东至米箩乡、野钟乡，南抵顺场乡、新街乡，西连发耳乡、都格乡，北接玉舍乡、勺米乡；总面积160.3平方千米，乡政府驻五星村，距市中心区56千米。境内最高海拔2502米，最低海拔780米。年平均气温13℃，年日照1700小时，年降水1500毫米，无霜期在240天以上。主产玉米、小麦、马铃薯、荞子等粮食作物和茶叶、土烟、生姜、辣椒、杨梅、核桃、板栗、杜仲、生漆等经济作物或林木；其中野生杨梅、白牛土烟、富硒茶（是水城的茶叶基地，年产约5万千克）、钻心乌洋芋、鸡枞（年产约5000千克）等特产享誉四方。杨梅林场（水城最大的林场，森林面积2733.33公顷，国防储备活立木材3.88万立方米）在该乡境内。矿藏有煤（储量12500亿千克）、铁、锰、大理石等。水柏铁路过境，发耳火车站实际在该乡群联村内；水（城）盘（县）、水（城）盘（县）公路过境；2003年乡通油路，2005年村村通公路。

2008年，全乡辖13个村，116个组，居住汉、彝、苗、回等民族6259户，26617人；其中少数民族13122人，占49.3%。常用耕地1166公顷，荒山、荒坡3733公顷，森林覆盖率45%，牛存栏3600头，生猪存栏1.3万头，羊存栏1879只，粮食总产量893.1万千克，人均粮食335.5千克，农业总产值4559万元，工业总产值140.1万元，国民生产总值6559万元，农民人均纯收入2582元，财政总收入65.34万元。全乡有完中1所，16个班，教师55人，在校生1056人，小学升初中入学率97.1%；完小8所，点校6所，88个班，教师129人，在校生2785人，入学率99.1%；有幼儿园1所；杨梅中学是县内开办较早的农村中学，曾培养出不少人才。有乡卫生院1所，村卫生室13个，新农合参合率94.1%。

二十八、新街彝族苗族布依族乡

新街原名皮匠湾，因居住皮匠而得名，20世纪60年代改名新街。

新街乡包括原杨梅区的新街、炭山2个乡，位于县南部北盘江北岸；地处北纬26度13分，东经104度46分；东与野钟乡接壤，南与顺场乡、龙场乡、营盘乡隔江相望，西与发耳乡毗邻，北连杨梅乡交界；总面积52.48平方千米，乡政府驻新街村，距市中心区96千米。境内山高坡陡，地形崎岖，最高海拔1940米（大荒地山），最低海拔808.6米（北盘江江面）；年平均气温16.4℃，年降水1300毫米。北盘江流经13千米；该乡是全县水利建设最好的乡之一，有小（2）型水库3座，总库容40.6万立方米；蓄水山塘9口，总库容56.66万立方米，而且干渠等配套设施齐全，但有4口山塘年久失修而无法蓄水，损失库容24.38万立方米。主产玉米、水稻、生姜、水果、茶叶，是全县著名的黄果之乡。水柏铁路过境，但无车站；水（城）盘（县）中线公路贯穿全乡，境内长19千米；大元、杜母姑等村新修通村或通组公路。该乡和营盘乡之间的北盘江上，有高家渡铁索桥（省级文物保护单位）和水柏铁路北盘江大桥。

2008年，全乡辖5个村，93个组，居住汉、彝、苗、布依等民族3435户，13001人；其中少数民族5776人，占44.4%。常用耕地506公顷（其中水田233公顷），天然林891公顷，封山育林309公顷，退耕还林129公顷，森林覆盖率46%，产生姜600多万千克，水果300多万千克，茶叶3850千克，土烟15万千克，牛存栏2537头，生猪存栏7517头，羊存栏855只，粮食总产量472.6万千克，人均粮食363.5千克，农业总产值2883万元，工业产值900万元，财政总收入17.8万元。全乡有完小4所，在校生1741人；初中1所，在校生550人；乡卫生院1所，村卫生室5个。

二十九、野钟苗族彝族布依族乡

野钟之名是因村西矗立1座山，山上有个洞，洞中有一钟乳石形象如钟，每逢天气变化或遇重大事件，乃作“嗡嗡”鸣响，其声若钟，振越十里；它既不是谁铸造，也不属谁所有，而是一口“野钟”，野钟因而得名。

野钟乡包括原杨梅区的野钟、发射2个乡和常明乡的长箐、八一、红旗、响石、规贵坪、泥窝多6个村，位于县东南部北盘江北岸；地处北纬26度15分26秒，东经104度55分48秒；东与果布戛乡毗邻，南与顺场乡隔江相望，西与杨梅乡相交，北与米箩乡接壤；总面积141.99平方千米；乡政府驻野钟村，距县城82千米。高海拔2300米（何家大山），最低海拔668米（笋壳田），北盘江流经南面边界；年平均气温13.5℃，年降水1239毫米，无霜期257天。主产玉米、水稻、马铃薯、生姜、水果。主要矿藏为铅锌。水盘东线公路贯穿腹地，有连接新街乡、杨梅乡、阿戛乡、果布戛乡、顺场乡等公路。待开发旅游资源堪称全县之冠，有北盘江大峡谷、省级黑叶猴自然保护区、红岩温泉、虎跳石（红九军团长征过北盘江处）、多个铅锌矿遗址、原始森林和法德大桥等。

2008年，全乡辖7个村，79个组，居住汉、苗、彝、布依、仡佬、白等民族5002户，19608人；其中少数民族17510人，占89.3%。有耕地1078公顷（其中水田173公顷），牛存栏2584头，生猪存栏8574头，羊存栏1506只，粮食总产量639.8万千克，人均粮食326千克，农业总产值3399万元，工业总产值374.46万元，农民人均纯收入2150元，财政总收入258.8万元。全乡有初中1所，在校生720名；完小8所，点校2所，教师112人，在校生2828人，适龄儿童入学率99.9%。有乡卫生院1所，村卫生室8个，新农合参合率98%以上。

三十、果布戛彝族苗族布依族乡

果布戛地名因清朝嘉庆年间该地仅有一家彝族居住，称“官爷爷”，彝语叫“我补啊”，后用谐音得名果布戛。

果布戛乡包括原杨梅区的永姑、高石、罗盘3个乡和常明乡的兴隆、已落2个村，位于县东南部北盘江北岸、果礼河西岸；地处北纬26度13分，东经105度；东临蟠龙乡、猴场乡，南接普安县龙吟镇，西抵野钟乡，北与米箩乡、阿戛乡为邻；总面积106.5平方千米，乡政府驻兴隆村，距县城87千米。最高海拔2198米，最低海拔664米。年平均气温13℃，年日照1700小时，年降水1500毫米，无霜期241天。北盘江流经南界，果礼河流经东界。主要农作物为玉米、水稻、马铃薯、烤烟、生姜，主要经济林为茶叶。有至杨梅乡、阿戛乡、野钟乡公路和7条连村公路，总里程128千米。

2008年，全乡辖5个村，34个组，居住汉、彝、苗、布依等民族4310户，17181人；其中少数民族7557人，占44%。有耕地929公顷（其中水田111公顷），森林5961公顷，森林覆盖率55.97%，产烤烟120万千克（产值2100万元），牛存栏2741头，生猪存栏9464头，羊存栏1030只，粮食总产625.7万千克（人均364千克），农业总产值2836万元，工业总产值178.65万元，财政总收入121.22万元。全乡有初中1所，完小5所，点校4所。乡卫生院1所，村卫生室5个。

三十一、米箩布依族苗族彝族乡

该乡包括原米箩区的米箩、倮么、俄戛、铜厂4个乡，位于县东南部；地处北纬26度20分57秒至26度24分2秒之间，东经104度19分34秒至104度20分24秒之间；东邻阿戛乡，西接勺米乡，南连果布戛乡，北与盐井乡毗邻；总面积137.41平方千米，乡政府驻米箩村簸箕组，距县城41千米。最高海拔2508.2米，最低海拔880米；年平均气温17.8℃，年降水1225毫米，无霜期300天。主要河流为巴浪河，境内长24千米。主要农作物为玉米、水稻、烤烟、生姜，是县主要产粮区之一；有果树等经济林木。主要矿藏为煤，储量5600亿千克；有煤井1对，设计能力12亿千克/年。水盘东线公路过境，有乡际公路、乡村公路、村组公路共26条，总长220千米。红九军团长征曾过乡境。

2008年，全乡辖5个村，98个组，7353户，29012人；其中少数民族15944人，占54.96%。有耕地1355公顷，森林覆盖率25.3%，牛存栏3774头，生猪存栏1.12万头，羊存栏1033只，粮食总产量1120万千克，人均粮食386千克，农业总产值4921万元，工业总产值281.16万元，财政总收入388.04万元。全乡有初中1所，小学11所，点校1所，幼儿园1所；适龄儿童入学率99.6%。有乡卫生院1所，村卫生室5个，新农合参合率97%。

三十二、猴场苗族布依族乡

猴场因其集市逢旧历申（猴）日赶场而得名。

猴场乡包括原蟠龙区的猴场、肖坪2个乡和布寨乡的幸路、松发、火把3个村，位于县东南部北盘江北岸、牯牛河东岸、月亮河西岸；地处北纬26度13分54秒，东经105度7分25秒；东与六枝特区中寨乡接壤，南与黔西南州的晴隆县长流乡、普安县的龙吟镇交界，西与果布戛乡隔河相望，北与蟠龙乡、红岩乡毗邻；总面积154.91平方千米，乡政府驻猴场村，距县城57千米。最高海拔2080米，最低海拔640米。年平均气温16.7℃，年日照1367.5小时，年降水1304.4毫米，无霜期290天。主要河流有北盘江（建有小码头1座，可通小型客货轮），牯牛河和月亮河；有小水电站1座，装机960千瓦。主要农作物为玉米、水稻、生姜，有茶叶、果树等林木，在全县首先大面积种植猕猴桃29公顷（2000年）；是县粮食主产地之一和瓜果之乡。主要矿藏为煤，储量323.5亿千克；有煤井5对，设计生产能力5.1亿千克/年。水黄公路过境，有至蟠龙乡的公路，村村通公路。格支村人称“小台湾”，风景秀美，民风古朴，喇叭苗文化、生活习惯保存完好。

2008年，全乡辖11个村，109个组，居住苗、布依、汉等民族4525户，19451人；其中少数民族4168户，16564人、占总人口的85.2%。有耕地904.47公顷（其中水田227.4公顷），粮食总产量702.3万千克，人均粮食361千克，农业总产值3448万元，工业总产值4685.53万元，农民人均纯收入2389元，财政总收入330.54万元。全乡有中学1所，小学7所。有敬老院1所，乡卫生院1所，村卫生室11个，新农合参合率97%。

三十三、红岩布依族彝族苗族乡

红岩因境内有红色岩石而得名。

该乡包括原蟠龙区的红岩、落邦2个乡，位于县东南部月亮河东岸；地处北纬26度13分22秒至26度16分58秒之间，东经105度13分18秒至105度16分25秒之间；东邻六枝特区箐口、新场、堕却3个乡，南与六枝特区中寨乡接壤，西与猴场乡相连，北靠蟠龙乡；总面积93.41平方千米，乡政府驻红岩村，距县城55千米。平均海拔1200米，年平均气温16℃，年降水1482.3毫米，无霜期300天。主要河流有花地河和波浪河。主要农作物为玉米、水稻、生姜，有果树等经济林木。主要矿藏为煤，储量640亿千克；有矿井2对。贵昆铁路和株六复线铁路过境，设有梅子关和关寨2个火车站；有大烟公路过境，另有公路至蟠龙乡。

2008年，全乡辖8个村，居住汉、布依、彝、苗、回、水等民族4571户，17041人；其中少数民族9830人，占57.7%。有耕地703公顷（其中水田300公顷），林地1633公顷，草地567公顷，粮食总产量631.1万千克，人均粮食370千克，农业总产值3117万元，工业总产值2133.92万元，财政总收入169.2万元。全乡有初中1所，完小8所，九年制学校1所；有乡卫生院1所，村卫生室8个；有8个村地面卫星接收站。

（说明：由于测量误差等原因，本“章”记载10个区的面积之和为3630平方千米，加“三角区”面积0.44平方千米后为3630.44平方千米，比全县总面积3641.77平方千米少11.33平方千米；本“章”记载33个乡或镇的面积之和为3637.01平方千米，加“三角区”面积0.44平方千米后为3637.45平方千米，比全县总面积3641.77平方千米少4.32平方千米。）

第三篇 人口 民族

第一章 人 口

第一节 人口结构

一、总人口及总户数构成

1982 年第三次全国人口普查时，特区男性人口占总人口的 52.6%，女性人口占总人口的 47.4%；家庭户占总户数的 99.7%，集体户占总户数的 0.3%。1990 年第四次全国人口普查时，县男性人口占总人口的 51.8%，女性人口占总人口的 48.2%；家庭户占总户数的 99.9%，集体户占总户数的 0.1%。2000 年第五次全国人口普查时，县男性人口占总人口的 53.5%，女性人口占总人口的 46.5%；家庭户占总户数的 99.6%，集体户占总户数的 0.4%。县（特区）总人口及总户数构成情况见表 3－1－1。

水城县（特区）人口普查总户数及总人口构成表

表 3－1－1

次 别	总人口数（人）			总户数（户）		
	合 计	男	女	合 计	家庭户	集体户
第三次	796614	419033	377581	150723	150277	446
第四次	622751	322402	300349	134840	134677	163
第五次	678228	363125	315103	167744	167113	631

二、年龄构成

1982 年第三次、1990 年第四次和 2000 年第五次全国人口普查时，县（特区）人口年龄构成情况见表 3－1－2。

水城县（特区）人口年龄构成表

表 3－1－2

人口普查次别	总人口（人）	学龄前人口（0～6 岁）	少年儿童人口（7～15 岁）	劳动年龄人口（16～59）	老年人口（60 岁以上）
第三次	796614	156303	213241	383578	43492
第四次	622751	101553	150745	329600	40853
第五次	678228	99241	127118	395370	56499

三、人口自然增长

1990 年第四次和 2000 年第五次全国人口普查时，县人口自然增长情况见表 3－1－3。

水城县人口普查时人口自然增长情况表

表 3－1－3

次　别	出生人口（人）	出生率（‰）	死亡人口（人）	死亡率（‰）	自然增长率（‰）
第四次	25218	40.64	7110	11.46	29.18
第五次	16773	25.01	6088	9.08	15.93

四、职业

县 2000 年第五次全国人口普查时：15 岁及 15 岁以上人口中，在业人口比例为 86.66%，第一产业占 94.57%，第二产业占 1.88%，第三产业占 3.55%；与 1990 年第四次全国人口普查时相比，在业人口比例上升 0.79 个百分点，从事第一产业的人口比例下降 2.6 个百分点，从事第三产业的人口比例上升 1.03 个百分点。15 岁及 15 岁以上人口中，不在业人口比例为 13.34%，与 1990 年第四次全国人口普查时相比，下降 0.79 个百分点。不在业人口中，在校学生比例为 29.35%，料理家务人口比例为 21.78%，离退休人口比例为 3.53%，丧失工作能力人口比例为 40.62%，从未工作正在寻找工作人口比例为 1.47%，失去工作正在寻找工作人口比例为 0.2%，其他不在业人口比例为 3.05%。

五、行业

县 2000 年第五次全国人口普查时：在业人口占国民经济行业门类的比例为农、林、牧、渔业 94.57%，批发、零售、贸易、餐饮业 0.99%，教育、文化、艺术、广播、电影、电视业 0.98%，制造业 0.75%，国家机关、党政机关和社会团体 0.74%，采掘业 0.66%，建筑业 0.43%，交通运输、仓储及邮电通信业 0.43%，卫生、体育 0.2%，社会服务业 0.09%，电力、煤气和水的生产及供应业 0.04%，科学研究和综合技术服务业 0.04%，地勘业、水利管理业 0.03%，金融、保险业 0.01%，其他行业 0.04%。在业人口职业比例为农、林、牧、渔、水利业生产人员 94.47%，生产、运输设备操作及有关人员 1.97%，专业技术人员 1.45%，商业、服务业人员 1.15%，国家机关、党群组织、企事业单位负责人 0.6%，办事人员及有关人员 0.35%，不便分类的其他劳动者 0.01%。

六、文化构成

1982 年第三次、1990 年第四次和 2000 年第五次全国人口普查时，县（特区）人口文化构成情况见表 3－1－4。

水城县（特区）人口文化构成表

表 3－1－4

文化程度	1982 年第三次人口普查		1990 年第四次人口普查		2000 年第五次人口普查	
	人数	占总人口%	人数	占总人口%	人数	占总人口%
大学及以上（含在校生）	2843	0.36	239	0.04	1500	0.22
高中（含中专）	18249	2.29	4990	0.8	9500	1.4
初　中	68748	8.63	37341	6	75400	11.12
高小（小学）	152678	19.17	140369	22.54	310800	45.83
6 岁以上文盲、半文盲	425224	53.38	—	—	—	—
15 岁以上文盲、半文盲	—	—	350358	56.26	114400	16.87

七、婚姻状况

1990 年第四次和 2000 年第五次全国人口普查时，县人口婚姻状况见表 3－1－5。

水城县人口婚姻状况表

表 3－1－5

<table>
<tr><th rowspan="2">年龄分组</th><th colspan="4">1990 年人口普查</th><th colspan="4">2000 年人口普查</th></tr>
<tr><th>未婚人数</th><th>有配偶人数</th><th>丧偶人数</th><th>离婚人数</th><th>未婚人数</th><th>有配偶人数</th><th>丧偶人数</th><th>离婚人数</th></tr>
<tr><td>15～19 岁</td><td>74999</td><td>6149</td><td>16</td><td>48</td><td rowspan="4">144191</td><td rowspan="4">278652</td><td rowspan="4">5425</td><td rowspan="4">37302</td></tr>
<tr><td>20～29 岁</td><td>25928</td><td>73379</td><td>309</td><td>635</td></tr>
<tr><td>30～59 岁</td><td>3416</td><td>146017</td><td>6594</td><td>1143</td></tr>
<tr><td>60 岁以上</td><td>130</td><td>25167</td><td>15384</td><td>172</td></tr>
</table>

附：2010 年第六次全国人口普查时水城县主要人口数据

第六次全国人口普查时登记的常住人口，为 2010 年 11 月 1 日零时在登记地居住半年以上的人口和户口在登记地但离开登记地不满半年的人口，与户籍人口数差异较大，全县相同时间的户籍人口为 812187 人，人口普查登记的常住人口只有 704495 人。常住人口主要数据如下：

全县常住人口　总人口 704495 人，全县人口密度为每平方千米 196.29 人；男性人口 375292 人，占 53.27%；女性人口 329203 人，占 46.73%；人口性别比（以女性为 100，男性对女性的比例）为 114。共有家庭户 181443 户，家庭户人口为 694477 人，平均每个家庭户的人口 3.83 人。汉族人口 399473 人，占 56.7%；各少数民族人口 305022 人，占 43.3%。居住在城镇的人口 14889 人，占 2.11%；居住在乡村的人口 689606 人，占 97.89%。

人口自然变动　2009 年 11 月 1 日至 2010 年 10 月 31 日：出生人口 9063 人，出生率 12.86‰；死亡人口 4982 人，死亡率 7.07‰；自然增长人口 4081 人，自然增长率 5.79‰。

年龄构成　0～14 岁人口 185474 人，占 26.33%；15～64 岁人口 467336 人，占 66.33%；65 岁

及以上人口51685人，占7.34%。

文化构成　各种文化程度的人（包括各类学校的毕业生、肄业生和在校生）为：具有大学（指大专以上）文化程度的人口9445人，具有高中（含中专）文化程度的人口20426人，具有初中文化程度的人口155489人，具有小学文化程度人口330142人。文盲（15岁及以上不识字）人口93268人。

各乡（镇）常住人口　滥坝镇46956人、董地乡18754人、陡箐乡19559人、比德乡24789人、化乐乡24425人、南开乡39387人、青林乡14803人、保华乡21832人、金盆乡25001人、木果乡32550人、发箐乡8680人、双戛乡10158人、玉舍乡33783人、勺米乡22684人、纸厂乡10876人、坪寨乡8195人、发耳乡37725人、都格乡23310人、鸡场乡23307人、龙场乡16714人、营盘乡17329人、顺场乡16765人、花戛乡13340人、杨梅乡23023人、新街乡10181人、野钟乡16011人、果布戛乡12396人、米箩乡23449人、阿戛乡28608人、盐井乡18992人、蟠龙乡32959人、猴场乡15524人、红岩乡12430人。

第二节　人口控制机构

1973年3月，成立特区计生委，下设办公室，有工作人员13人。1978年，各区（镇）相继建立计生办，各公社设计生专职人员（半脱产），特区计生办归口特区党委宣传部领导。1979年，撤销特区计生委办公室，成立特区计生委（正科级行政单位）。1979年5月，各区（镇）设计生办，各公社配备计生专职干部，共有120人。1987年12月，特区计生委更名县计生委。1990年，全县有区计生工作人员20人，乡计生工作人员98人；成立县计生宣传技术指导站，定编15人。1992年，各乡（镇）设计生股和计生服务站。1993年，县计生委更名县计生局。1996年，成立县机关片区流动人口管理办公室；县计生局增设县机关计生办公室，为股级事业单位，定编3人。2001年，增设县计生督查室（执法队）、县和乡流动人口管理办公室，共增加编制217名。2003年起，村计生专干报酬每月不少于150元，育龄妇女小组长报酬每月不少于10元，列入县财政预算。2004年6月，县计生局更名县人口和计生局，内设办公室、统计股、宣传教育股、政策法规信访股，下辖县人口和计生督查室（执法队）、县计生宣传技术指导站、县流动人口管理办公室、县机关计生办公室4个事业单位，其中督查室（执法队）为副科级事业单位。2006年，县人口和计生局成立科技和出生缺陷干预办公室。2007年，县计生宣传技术指导站升格为副科级事业单位。2008年6月，成立县综合治理出生人口性别比办公室，与县人口和计生督查室（执法队）合署办公，定事业编制18名（管理人员14名，专业技术人员4名）。2008年，各乡（镇）计生股更名人口和计生办，计生服务站更名人口和计生技术服务站。

1979年，只有特区一些医院的技术骨干才能做结扎手术，技术骨干在传授技术的同时，自己也不断提高；如县中医院医师秦恳作男扎手术的速度，从每例8分钟缩短到3分钟，其对女性使用切口黏合术的效果也较好；各区医院通过派人外出培训和实际工作锻炼等方式，很快学会计生的各种手术。1993年后，各乡（镇）虽有计生服务站，但结扎手术主要靠乡（镇）卫生院实施。2000年后，各乡（镇）计生服务站逐步能独立完成各种计生手术。

2008 年 12 月：全县共有人口和计生管理机构 35 个（县人口计生局、县人口计生督查室、33 个乡或镇计生办），在职工作人员 155 人；共有计生技术服务机构 347 个（县计生宣传技术指导站 1 个，乡或镇计生技术服务站 33 个，村计生服务室 313 个），共有技术服务人员 203 人；全县计生干部中，大专及以上文化占 44.13%。县计生宣传技术指导站有业务用房 2413 平方米，配置化验设备、B 超机、半自动生化分析仪、输卵管通液仪、数码电子阴道镜、多功能红外光治疗仪、细胞分析仪、万能手术床、胎儿监护仪、数字计生工作平台等设备；各乡（镇）计生服务站业务用房分别在 600 平方米左右，均建立计生工作平台，配置 B 超机、多功能微波治疗仪、化验设备；各村计生服务室面积都在 30 平方米以上。

第三节　人口控制

一、特区时期

1979 年，水城掀起第一次计生工作高潮。执行省委 1975 年 8 月作出的《关于全面迅速开展计划生育工作的决定》和省革委 1979 年制定的《贵州省计划生育暂行办法》等政策。对生育一个孩子后采取节育措施并办独生子女证的国家职工，一次性奖励 100 元；按月发独生子女保健费 4 元，至子女满 14 周岁止；子女入托、入学、住院及单位分房等均优先照顾。凡自愿做计生手术者，职工由单位给予一定假期，农民在休息期内计工分，并适当发给营养补助。对超计划生育二孩、三孩者，从超怀期间算起，按月计算罚款，分别罚至孩子满 7 周岁和 14 周岁止。采取一孩上环，二孩及二孩以上结扎的技术措施。要求领导干部、党团员带头接受计生手术。特区抽调干部下到区和公社，再到大队和生产队开展工作。从县医院、县妇幼保健站、水钢医院、水城矿务局医院、铁路医院等卫生部门抽调技术骨干，组成多个技术服务小分队，下区和公社负责做计生手术，并向各区医院的医师传授结扎技术。当时的计生对象，均害怕计生手术，但一般不躲避，向工作人员提出各种理由和要求，当所提理由和要求得到解释或满足后，则以子女数为序（多者先，少者后）接受计生手术。由于思想工作到位，加之对接受手术者，采取先作手术，再分口粮等措施，特区计生工作由全省挂末跃为全省先进。

1979—1987 年，计生工作一直是特区、区、乡（公社）的主要工作。每年 7—9 月（农闲时间），特区一般都要组织大批干部到各区协助突击计生工作。由于受“多子多福”等传统观念的影响，计生工作被称为“天下第一难事”。计生对象，由见面不跑发展到见面就跑，后来变为一有机会就跑，再后来干脆不在自己屋里住。工作方法被迫改变，由白天改为夜间，由经常性改为突击性。好不容易才遇到计生对象，但带回作手术时却很费力。一些边远乡村的计生对象，乡干部十几次甚至几十次才能遇到，要将其带到 30 千米外的区医院才能作手术，经常在中途跑掉。后来采取经济措施，在短期内收到一定效果。

1983 年，特区政府制定水政发〔1983〕8 号文件《关于计划生育工作的几项规定》，规定“一对夫妇一个孩，严格控制二孩，坚决杜绝三孩”的生育政策。对超计划生育二孩者，干部职工停止夫妇一方工作7年、注销夫妇一方粮油供应证7年，农村夫妇罚款800元；对超计划生育多孩（三孩及以上）者，干部职工停止夫妇一方工作14年、注销夫妇一方粮油供应证14年，农村夫妇每超生1孩罚款1200元。水政发〔1983〕8号文件，在全市有一定的影响，许多条款后来被市政府制定的〔1986〕20号文件采用。特区政府还制订《水城特区计划生育工作奖惩办法》，组建计生工作队到各区（公社）突击抓计生手术，使计生工作向前迈进了一大步。

1986年，特区加大计生工作力度，各项指标完成较好。滥坝区因工作成绩突出，出席全国计生“双先会”，获奖金11700元。

1987年7月，《贵州省计划生育试行条例》颁布（1988年1月1日施行），省计生委于1987年12月下发《关于〈贵州省计划生育试行条例〉涉及的具体问题的实施意见》。是年，市政府制定市府〔1988〕14号文件《关于贯彻执行〈贵州省计划生育试行条例〉的实施办法》。《条例》及相关文件的颁布，标志计生工作向法治转变。

二、县区分设后

1988—1989年，以区为主开展计生工作，县派干部参与。

1990年，水城掀起第二次计生工作高潮，成立2个工作队，在全县10个区依次开展工作。以“清假”（清理假手术和假手术证）、“清超”（清理超计划生育）及“妇检”（对育龄妇女进行孕情检查）推动计生工作。由于思路对，措施有力，取得水城计生工作的历史最好成绩。

1991年3月10日，大河区委区公所、滥坝区委区公所、青林乡计生协会、米箩乡计生协会、马场乡计生协会被省政府评为1990年计生先进集体，县委书记陈月枢、县计生委主任李久流、发耳区计生专干朱二合、玉舍区计生专干朱勋海被省政府评为1990年计生优秀工作者。

1992年后，执行《贵州省计划生育试行条例》，中共中央、国务院《关于加强计划生育工作严格控制人口增长的决定》，省《计划生育证管理办法》《贵州省流动人口计划生育管理细则》，市政府《关于印发实施〈贵州省计划生育试行条例〉细则的通知》等，干部职工计划外生育二孩及多孩者一律开除工作籍，对农民超生子女的处罚力度也相应加大。逐步推行“三为主”（宣传教育为主、避孕为主、经常性工作为主）和“三结合”（计划生育与发展经济相结合、与帮助群众勤劳致富奔小康相结合、与建设文明幸福家庭相结合），对自觉实行计生的贫困户，特别是农村“两户”（独生子女户、二女结扎户），在小额扶贫贷款、项目资金等方面给予重点倾斜和帮扶，并要求对计生工作逐步实行常规管理。由于农民外出打工者逐渐增多，有些外出时只有一孩，几年回家时已有多孩，计生工作的难度再次加大。

1998年，水城掀起第三次计生工作高潮，成立4个工作队分别到各乡（镇）开展工作，工作措施与1990年相似，取得的成绩次于1990年和1979年。

1999—2000年，由县计生局组织计生工作督查队，对乡（镇）的计生工作进行督促、检查、指导和帮助，取得较好效果。

三、21世纪初

2001—2008年，随着《中华人民共和国人口与计划生育法》《贵州省人口与计划生育条例》的实施，省、市有关部门陆续制定各种规范性文件，县相继制定《关于对党政领导及计生干部实行人口和计划生育“一票否决”的规定》《水城县计划生育利益导向工作的实施方案》等文件。县计生工作进入人口控制与人口素质提高相结合和优质服务与依法治理相结合的新时期。计生工作推行“村为主”“村（居）民自治”。实施计生奖励扶助和“少生快富”等工程，开始从处罚多生向奖励少生的历史性转变。2004 年起，县每年从地方财政总收入中提取 0.5%、从中央财政转移支付中提取 2%、从征收的社会抚养中提取 10% 作为奖励扶助金，对农村“两户”等进行奖励或扶持。通过县、乡（镇）、村干部的共同努力，县的计生工作进入常规化管理的轨道。

第四节　计生成果

经过 30 年努力，水城计生工作取得显著成果：

一是婚育观念发生变化，计生逐渐成为自觉行为。传统的早婚早育、多子多福、重男轻女等封建陈腐观念逐步被晚婚晚育、少生优生、生男生女都一样等科学、文明、进步的新型婚育观念所取代。越来越多的人认识到生育子女的数量和质量，不仅关系到家庭幸福，而且关系到国家昌盛和民族繁荣，计生自觉性逐步提高。

二是人口数量得到有效控制，人口质量不断提高。完成各个年度的计生工作任务，使人口数量控制在上级要求的范围内；由于少生、优生和优育，不断提高了人口质量。

三是形成党政一把手亲自抓、负总责，层层落实人口目标责任制等计生工作机制。

四是利益导向机制初步发挥作用。奖励扶助等利益导向机制逐步建立和完善，让计生家庭优先分享改革开放和经济发展成果，初步发挥激励和引导群众自觉实行计生的作用。

五是计生工作队伍不断壮大。计生管理人员和技术服务人员不断增加，通过培养和锻炼，素质逐渐提高，完全适应计生工作的需要。

六是优质服务，依法管理。按照优质服务的标准和数字化的要求，配备人口计生技术服务设施，开展出生缺陷干预、生殖道感染干预等技术服务，群众满意程度越来越高。进入 21 世纪后，严格执行计生法律法规，坚持依法行政。

计生工作存在的主要问题：

一、政策不统一、工作时紧时松，造成一些不公平现象。

二、有时采取一些过激的措施，伤害了部分农民和少数干部。

三、法律不配套，计生工作部门对违法者的财产没有执行权，有执行权的法院因人力不足，不可能执行大量的计生案件，因此不能依法对计生违法者进行经济制裁。

四、计生统计数据与真实情况有一定误差。如下列的“1979—2008 年水城县（特区）人口自然变动统计表”中，2002—2006 年的人口数与真实情况有较大误差，而且明显不符合规律。

1979—2008 年，县（特区）人口自然变动见表 3－1－6。

1979—2008年水城县（特区）人口自然变动统计表

表3－1－6　　　　单位：人

年度	年末总人口	出生人口		死亡人口		自然增长	
		人数	出生率（‰）	人数	死亡率（‰）	人数	自然增长率（‰）
1979	747409	21948	29.4	5055	6.8	16893	22.6
1980	765966	22441	29.3	5433	7.1	17008	22.2
1981	781788	21335	27.3	6746	8.6	14589	18.7
1982	801063	21588	26.9	6429	8	15159	18.9
1983	809672	17322	21.4	6296	7.8	11026	13.6
1984	833001	15436	18.5	5378	6.5	10058	12
1985	855667	12526	14.6	4984	5.8	7542	8.8
1986	867478	12386	14.3	5167	6	7219	8.3
1987	886967	14014	15.8	5532	6.2	8482	9.6
1988	605861	10018	16.5	3550	5.9	6468	10.6
1989	618261	11162	18.1	3674	5.9	7488	12.2
1990	628179	13399	21.3	4787	7.6	8612	13.7
1991	632224	8795	13.91	4302	6.8	4493	7.11
1992	634681	8321	13.1	4025	6.34	4296	6.76
1993	638152	9487	14.87	4172	6.54	5315	8.33
1994	642154	12468	19.42	4659	7.26	7809	12.16
1995	648558	13289	20.49	4438	6.84	8851	13.65
1996	657253	13650	20.77	4379	6.66	9271	14.11
1997	665318	13879	20.86	4114	6.18	9765	14.68
1998	668920	14074	21.04	4340	6.49	9734	14.55
1999	674178	13108	19.44	4185	6.21	8923	13.23
2000	672865	12479	18.55	4302	6.39	8177	12.16
2001	678775	12162	17.92	4595	6.77	7567	11.15
2002	668242	10837	16.22	4553	6.81	6284	9.41
2003	669383	10173	15.2	4938	7.38	5235	7.82
2004	669504	7177	10.72	4761	7.11	2416	3.61
2005	668147	5915	8.85	4702	7.04	1213	1.81
2006	654915	5546	8.47	4572	6.98	974	1.49
2007	724752	4475	6.17	4102	5.66	373	0.51
2008	734453	4375	5.96	3922	5.34	453	0.62

说明：本表数据来源于1979—2008年人口计生统计年报

第五节 计生协会

一、机构变化

1991年7月3日，成立县计生协会和县优生优育协会，为社会团体，但无专职工作人员；县计生协会第一届会员代表大会，选出理事会理事41名、常务理事20名、会长1名、副会长3名、秘书长1名、副秘书长6名，聘请名誉会长1名。1991年12月前，10个区先后成立计生协会。1993年7月，县计生协会有兼职工作人员3名，33个乡（镇）建有县计生协会分会，556个村成立村计生协会，有会员9388人。1994年，县计生协会召开第二届会员代表大会时，县计生协会和县优生优育协会合并为县计生协会；选举理事、常务理事，选出会长1名、副会长3名、秘书长1名；乡（镇）分会改为乡（镇）计生协会。2001年，县计生协会召开第三届会员代表大会；确定机构和编制，明确专职副会长。2002年7月，县计生协会挂靠县人口和计生局，为正科级参照公务员制度管理事业单位，定事业编制3名。2004年，县计生协会配备工作用车，活动经费按全县人口每人0.1元列入财政预算。2004年5月，县计生协会第四届会员代表大会召开，选举理事130名、常务理事31名、会长1名、常务副会长2名、专职副会长1名、副会长4名、秘书长1名。2007年，省委组织部批准县计生协会列入参照公务员法管理范围，县委组织部任免33个乡（镇）计生协会专职副会长。2007年12月，县计生协会召开第五次会员代表大会，聘请名誉会长1名，选举理事101名、常务理事35名、会长1名、常务副会长2名、专职副会长1名、秘书长1名。2008年2月，县计生协会编制增加为5名，秘书长升格为副科级，内设办公室和综合部，有干部职工5名；县计生协会不列入社会团体，挂靠县人口和计生局；县计生协会辖33个乡（镇）计生协会、313个村计生协会，有会员8万多人。

二、协会工作

县计生协会认真宣传计生法律、法规，开展“关爱女孩”“7·11世界人口日”宣传等活动，参与普及计生知识和村（居）民自治等工作，维护会员和群众的计生合法权益，倡导科学文明的婚育新风，引导群众自觉实行计生政策，实施“少生快富”扶贫和计生奖励扶助、计生特别扶助等利益导向项目。2004—2008年，全县奖励扶助投入资金141.06万元，惠及1680人；省、市、县三级“少生快富”帮扶工程投入资金191.6万元，惠及农户3613户；特别扶助投入资金13.32万元，惠及111人；特殊困难救助投入资金28.15万元，扶助169户农村“两户”困难家庭；女孩教育奖一次性奖励6名考入本科院校的“两户”女孩考生，共计3万元；春节慰问农村“两户”12899户，慰问金65.86万元；一次性奖励计生“两户”1357户，共117.75万元；项目帮扶出资40多万元，帮扶蟠龙等乡部分农村“两户”发展种、养殖项目；为农村“两户”49277人次，代缴参加新型农村合作医疗保险费61.88万元；茅草屋改造工程出资53.6万元，惠及农村“两户”448户；关爱女孩行动、关怀基层计生干部等出资10万余元。由于落实各项优惠政策，有231户放弃二孩生育，农村办理《独生子女父母光荣证》585户。

全县计生协会获得多项荣誉。2003年，滥坝镇白腻村被省计生协会评为先进单位；2005年，双戛乡计生协会被全国计生协会评为先进单位；2006 年，顺场乡米箩坡村被全国计生协会评为先进单位；2006 年 5 月，猴场乡和顺场乡计生协会分别被评为全市先进计生协会，滥坝镇法都村、双戛乡河沟村、猴场乡猴场村、营盘乡罗多村、龙场乡碗厂村 5 个村计生协会被评为全市先进计生协会，谢开亮、罗明生、杨廷尧、左旭、张树华被评为全市计生协会先进工作者；2007 年，纸厂乡前进村计生协会被全国计生协会评为先进单位，县计生协会专职副会长罗明生被全国计生协会评为先进工作者，乡（镇）工作人员龙春江、邓献发分别被全国计生协会授予先进志愿者称号；2008 年 3 月，县计生协会获全省“生育关怀行动奖”。

第二章　民　族

第一节　民族工作机构与民族特色

一、工作机构

1980 年，成立特区民族事务委员会。1984 年，特区民族事务委员会与特区宗教事务所合并为特区民族宗教事务委员会。1985 年 3 月，撤销特区民族宗教事务委员会，恢复特区民族事务委员会。1987 年 12 月，特区民族事务委员会改称县民族事务委员会。1993 年 7 月，县民族事务委员会和县宗教事务办公室合并为县民族宗教事务局，下设古籍整理股、宗教股、办公室。2002 年 10 月，县民族宗教事务局内设综合股、古籍整理股、宗教股，定行政编制 6 人；辖经济建设中心，定事业编制 3 人，参照公务员制度管理。

二、民族概况

水城境内居住汉、苗、彝、布依等 26 个民族。1982 年全国第三次人口普查时，全特区有 796614 人（汉族 561332 人、少数民族 235282 人），少数民族中有彝族 67655 人、苗族 49053 人、布依族 29301 人、水族 7939 人、回族 3647 人、白族 48 人、其他少数民族 77639 人。由于落实民族政策，许多先人为喇叭苗的汉族更改为苗族，部分穿青人（待识别民族）改为黎族或彝族，部分南京人（待识别民族）改为白族，部分汉族更改为少数民族，县少数民族人口大幅提升。1990 年全国第四次人口普查时，全县有 622751 人（汉族 347085 人、少数民族 275666 人），少数民族中有苗族 93588 人、彝族 66774 人、布依族 36006 人、白族 6711 人、水族 4211 人、回族 3076 人、其他少数民族 65300 人。2000 年全国第五次人口普查时，全县有 678228 人（汉族 404114 人、少数民族 274114 人），少数民族中有苗族 126319 人、彝族 79339 人、布依族 21789 人、白族 14244 人、回族 4245 人、水族 3875 人、其他少数民族 24303 人。

县（特区）少数民族大部分与汉族杂居，少部分单独居住；也有几种少数民族杂居一地的情况。苗族主要分布在南开、青林、保华、金盆、陡箐、米箩等乡的深山区、石山区、半凉山地区，彝族主要分布在玉舍、勺米、坪寨、双戛、杨梅、野钟、龙场、顺场、花戛等乡的半凉山区，布依族主要分布在花戛、发耳、猴场、新街、都格、鸡场、野钟、米箩、红岩等乡的河谷地带。县（特区）原有的少数民族，均有各具特色的服饰和风俗习惯，多数有自己的语言；后来更改的少数民族只是身份为少数民族，语言、服饰和风俗习惯均与汉族一样。20 世纪 80 年代，境内少数民族与外族结婚者极少，后来逐步增多。进入 21 世纪后，少数民族逐渐与外族通婚，青年少数民族多数平时不穿少数民族服饰；因工艺复杂，成本高，少数女青年不会或不愿制作本民族服饰。

第二节　苗　族

一、概况

苗族的祖先于尧舜时期迁往南方定居，被称为“南蛮”，唐宋以后，苗族才从若干少数民族混称的“蛮”中脱离出来，作为单一的民族名称。县境苗族最早在唐末迁入，居住今发耳、南开等地。大部分由明初“调北征南”期间迁入，居住今野钟、顺场、猴场等地。县境苗族分为小花、歪梳、大花、白、喇叭5个支系。语言有川黔滇方言、湘西方言、川黔滇次方言、滇东北次方言，50%的语言互通。住房多数为木草房、土墙草房，后来有少数木瓦房或水泥平房；“姑娘房”为婚恋特殊建筑。节日有春节、采花节、跳花节、祭山节、端午节、老人节、丰收节等。歌谣有古歌、祭祀歌、情歌、酒歌等；乐器有芦笙、唢呐、口弦等；舞蹈有芦笙舞和庆坛舞等；传统工艺有蜡染、挑花、刺绣等；传统体育有武术、摔跤、赛马、斗牛、射弩等。

二、服饰

滇东北次方言区服饰　男装，戴白色羊毛线编织帽，穿白色麻布无领襟衫，普通白色毛线织大图案披肩；图案为方形和圆形，方形沿吊十多条长边腰彩珠和古钱串；腰系细花纹图案彩带，穿白色毡袜，毡袜下部饰有细花纹图案彩带；平时着素净便服。女装，穿五色毛线织大花纹图案无领叉襟短衫，腰系细花纹图案彩带，穿蜡染山水图案短罗裙；冬天或节日，小腿着白色毡袜，毡袜下端饰细花纹图案彩带；未婚女子，头部用黑色细毛线与头发缠成包头式；已婚女子，将头发挽成圆锥于头顶。

川黔滇方言、次方言，第一土语区服饰　男装，穿白色麻布叉襟或左大襟衫，披绣、织穿插细花纹几何图案披肩，穿白色麻布长裤，腰系两端细花纹白麻布长带，头饰蓝布长巾；冬天或节日，小腿着蓝色毡袜，毡袜下部饰细花纹图案小带；平时着朴实便装。女装，穿白色叉襟短衫，披绣、织、蜡染交错细花纹图案披肩，腰系两端有细花纹图案白色长带；未婚女子，穿蜡染花纹图案“三节裙”，头用红黄绿毛线与头发挽成包头式，两端汇集于后；已婚女子，裙脚上接一段蓝布，为“四节裙”，挽发于前额顶，呈圆锥形。

川黔滇方言、次方言，第二土语区服饰　男装，服饰与汉族接近。女装，上穿和服，饰有刺绣和蜡染点缀细长纹图案，短右上襟圆脚衣；穿双层长筒裙，左右皱褶，中上部饰有刺绣或蜡染点缀花纹图案，胸前佩带刺绣和蜡染花纹图案围腰，着白色绑脚；未婚女子，头部用蓝线与头发挽成帽式；已婚女子，用红头绳和头发挽成包头式，偏于右侧；此外，部分苗族妇女用白布长巾包头，穿白色对襟短衫，白色短裙，着白色绑腿。

湘西方言、西部土语语区服饰　男装，披发辫，着无领长衫，宽领口，系腰带；穿朝鞋、敞口鞋、纹子鞋，鞋帮为青蓝布，用手工在帮上制作若干条线路。女装，为衣裤制，色尚青蓝；里层为窄袖紧身内衣，外层为宽大右衽长衣，矮立领，衣长过膝，袖口长至肘部，宽1尺2寸；半鞍形右襟边和衣袖中部有花带修饰，腰间以青布或黑布作束带，结束后右垂；包蓝白黑帽，已婚者包成锥形，未婚者包成平顶；穿绣有各种图案虎头鞋、夹尖鞋和布耳草鞋；戴银铜耳环、手镯和戒指。

三、婚姻

“歪梳苗”婚姻　男青年看上某女青年时，晚上到其家房前后吹口琴、箫、笛，引女青年外出相会；如女方有意，双方父母约定时间、地点相亲和合“八字”，如八字合，双方均同意就请媒人提亲和订婚，然后择时结婚。“大花苗”婚姻。曾以父母意见为主（后来逐步改变），男方先请媒人到女方家提亲，如女方家同意，男孩就背1只羊（杀后洗净）、1对鸡、1袋炒面（炒面里放10个鸡蛋）到女方家作信礼；一年后男家带“三半肉”（两半猪，一半羊）等彩礼接新娘。

“喇叭苗”婚姻　男孩1岁左右订娃娃亲（后来逐步取消），双方“八字”必须相合；双方10～12岁时认亲；结婚前1年，男孩送彩礼到女方家；结婚时男方家用花轿抬新娘到家举行婚礼；婚后除丧偶外不会分手。

“小花苗”婚姻　村寨旁修有“姑娘房”（简便的茅草房），平时供全村姑娘挑花刺绣，串月期间（每年农历正月、八月和冬月上旬）成为外村寨男青年寻找姑娘谈情说爱的地方；男女青年以对歌方式谈情说爱，选择中意对象求婚；婚礼前一天，男方家要请2人带接亲礼物（1把长刀、1床羊毛披毡等）去女方家；婚礼当天，女方家组织9男1女送亲，先把新娘送到其干娘（新娘父母在男方邻居中找的1户信赖人家，为新娘权益维护人）家吃饭再到男方家举行婚礼；当晚喝咂酒和唱“婚礼歌”，新娘不进洞房，只脱1件衣服交给婆家为依据（表示自己永远是婆家的人）；第二天举行收彩礼仪式，第三天回亲；回亲后7～10天，新郎把新娘接回家开始夫妻生活。

四、丧葬

“喇叭苗”丧葬　请道士先生给亡者办理丧事，一般人家“请水办灵”（3天3夜），富裕人家“应七”（5天5夜）或“做斋”（7天7夜），贫寒人家“开路办夜”（1天1夜）；亡者棺装土葬。

“歪梳苗”丧葬　一般办3天丧事，第一天宰鸡、羊祭祀亡人；第二天请鬼师主持祭祀，吹芦笙、牛角号，放丧炮，孝子先绕棺3次9转，再拉着牛绕房前房后3次9转，把牛打死煮肉祭祀；第三天将棺抬到墓地，然后进行土葬。

第三节　彝　族

一、概况

彝族是县境历史最悠久的少数民族，历史上曾长期居统治地位（有大大小小的“官家”），1982年前是特区人口最多的少数民族。彝族先民源于古代氐羌族群昆明支系，最早活动于今甘、青、川、陕交界处及滇西地区；贵州境内彝族始祖希毋遮31世孙笃慕俄生史慕雅枯、慕雅怯、慕雅赛、慕雅卧、慕克克、慕齐齐6子（称“六祖”），其子孙分别为武系、乍系、糯系、恒系、布系、默系；县境彝族主要为布、默2系后代。县境彝语分盘县次方言和黔西北次方言，盘县次方言北盘江土语分布于北盘江以南地区，黔西北次方言水城次土语分布于北盘江以北地区。文字简称彝文，史称“爨文”或“韪书”，系表意音节方块文字，有部首、笔画、笔顺，造字方法有象形、指事、会意、通假。县境保留有相当数量的彝文典籍和彝文碑刻。民间文学艺术有神话传说、故事、歌谣、谚语、舞蹈等；舞蹈有“跳脚舞”“搓蛆舞”“铃铛舞”“海马舞”“唢呐花鼓舞”“撒麻舞”等；体育有打秋千、转转秋、架子秋、拔河、摔跤、打鸡毛毽、踢毽、老虎抱蛋等。节日有火把节（农历六月二十四日、二十五日）、彝族年（农历十月初一）等。县境彝族曾使用十月太阳历，36 日为 1 月，10 个月加 5 日（“过年日”）为 1 年，每隔 3 年多加 1 天；大年为夏至日（过 3 天），小年为冬至日（过 2 天）。彝族房屋多为 3 间或 5 间，正中 1 间为堂屋，用于设神龛供祖宗灵位和宴客；两侧为卧室，但左侧设伙房（称火塘）。彝族多以玉米、大米为主食，荞、燕麦为特色食品；以“砣砣肉”（肥多瘦少，切成长方条），“盖碗肉”（片大而得名）待客，平时喜饮咂酒，逢亲遇友时用大碗（或瓶）盛酒依次传饮（称“转转酒”）。彝族咂酒醇香、味浓、酒精度低，既解渴又解暑；太平天国翼王石达开饮后曾赋诗“万颗明珠一瓮收，君王到此亦低头，双手抱住擎天柱，喝得长江水倒流”。

二、服饰

男装曾穿上对襟短衣，外加无袖短褂，胸前有 2 颗 1 组的布结纽扣，下着八幅大裙裤（亦称灯笼裤），脚穿布鞋、皮钉鞋或草鞋；中老年人头戴羊毛制作的毡帽，青年头包青或白帕。女装曾上穿领口、袖口、肩、臂、胸部镶刺绣等花纹图案的短衣，下穿三接式五接头的百褶长裙；头包额交叉为“人”字形布帕，脚穿鞋袜相连的超尖绣花鞋。后来，中老年男子头包青丝帕或青布帕，上穿长衫，下穿宽裤，腰系青、白布或羊毛腰带，脚穿布底鞋或皮鞋；男青年上穿长衫、系白腰带、下穿窄裤脚；中老年女子上穿青、蓝长衫（一般无图案），下穿脚边镶 4、5 寸宽的白底挑花裤，腰系青布带，脚穿无花布鞋；女青年头包青丝帕，上穿肩、领、袖、胸镶有彩色布条和自绣花边、前后摆绣有“月亮形”（白底，黑布条滚绣）图案的青蓝长衫，下穿镶花边裤脚的宽裤或窄裤，腰系白布带和白围腰（两条绣花飘带于后打结并下垂）。随着社会发展，平时仅有部分彝族聚居村寨的彝族妇女着民族服装，多数地方的彝族均着汉装；婚丧喜庆日或重大节日活动时彝族男女青年穿戴传统民族服装。

三、婚姻

彝族传统婚姻以父母包办为主，讲究门当户对，非同辈不婚，非本民族不婚，同宗族不婚，但同姓不同宗可通婚，近亲结婚较多。男家看中某家姑娘便请媒人到女家提亲；征得女家同意后男家择定吉日，背礼物（一般好酒 2 瓶，中档酒 10～15 千克，猪火腿 1 只，猪 1 半，衣服 1 件，现钞 28.6 元或 12.6 元）到女家订婚；然后男家请媒人到女家讨生辰八字。新娘出嫁前 3 天晚上梳辫子，前 2 天晚上邀请女伴唱酒令歌、跳酒令舞。新娘出嫁前 1 天接待宾客，女伴用盆、桶等盛水于寨前路口，待男家接亲人来时舀水泼之，有些地方还兴“打亲”（用细竹枝抽打接亲人，无论轻重，不能还手）；彩礼一般为 1 斗 2 升米、7 只鸡；晚餐毕举行供饭仪式后，唱婚仪古歌，跳“酒令舞”“撒麻舞”“送新娘舞”，通宵达旦。新娘出嫁日，由接、送亲队伍簇拥骑马到新郎家门口，请毕摩（彝族先生）退车马（退喜神）后从竹、草搭成的桥下进入新房（有些地方拜堂后进新房），同辈男性青年闹新房，新娘不与新郎同宿。次日新娘回门，5～7 天后，新郎接回新娘过夫妻生活。彝族现代婚姻以自由恋爱为主，一夫一妻、遵守《中华人民共和国婚姻法》。

四、丧葬

清朝乾隆以前彝族皆行火葬，以后实行土葬；转场（转嘎）是最隆重的追悼仪式，死时现“转”

称热丧（热嘎），死后一段时间再“转”称冷丧（冷嘎）。转场头一天称“开丧”，用青棡树、茅草搭3间长方形灵堂，左为灵房，右为马厩，中间放灵柩；请毕摩念招魂经《喜鱼朵书》、制作亡者灵筒（灵位），向灵筒供饭献酒；土炮、唢呐、鼓、镲齐奏，毕摩念经告诫亡灵。次日毕摩带灵筒，众人抬灵柩、扛纸马和纸伞等物，孝男扛泣杖，孝媳孝女哀伤哭啼，进入转场坝；毕摩念《请神经》、做法事，孝男孝女齐吼三声后将灵柩移进灵堂，纸马、纸伞等放置周围；毕摩着法衣法帽吟诵《解冤经》等，晚上转场开始，孝男孝女和吊丧亲戚，围绕灵堂按顺时针、反时针各转三周；歌师唱“搓蛆”寻药调，跳“采药舞”“海马舞”“铃铛舞”；唢呐、炮声齐鸣。第三日毕摩念《指路经》《祭灵经》，做净场等法事；焚烧纸马、灵房等物，把灵筒放入神龛上方瓦与檐之间的篾篓里，“转场”仪式结束。出殡时，一人持打狗棍领路，将灵柩抬到墓地，毕摩念《扫坑经》后下葬，所有送葬者须先到丧家“打醋炭”（用水淋燃烧的炭火）后方能返家。

第四节　布依族

一、概况

布依族源自古代越人，秦汉时期部分入贵州境，居住在贵州南部被称为“骆越”的一支发展成为布依族（又称“仲家”）。布依语属汉藏语系壮侗语族壮傣语支，有自己的语音系统、基本词汇、语法结构，文字为国家民委制定的以拉丁字母为基础的布依文，县境流通的布依语声母有28个、韵母有45个。布依族文化有故事传说、叙事歌等；乐器有铜鼓（视为神物）、唢呐、姊妹箫、木叶等；舞蹈有“转场舞”“铜鼓舞”“花包舞”“插秧舞”“撒麻舞”等；传统工艺有蜡染、刺绣和织锦；传统体育有拍鸡毛毽、打糠包等。节日有大年节、小年节、二月二、三月三、立夏节、五月寅申节、六月六、吃新节、收获节（十月初一）等。布依族主食为大米，肉食无特殊禁忌但酷嗜狗肉；特色食品有“油团粑”（用糯米与黄豆或“红薯片”一起浸泡，第二天用碓舂成面，捏成鸡蛋大小用油炒熟），“糯米香肠”（猪小肠装糯米、新鲜猪血及佐料蒸熟炕干）。布依族有抽晒晾烟的习惯，除男性普遍抽外，妇女抽晒晾烟的人数曾很多（1980年前，布依族妇女抽晒晾烟的人数约占成年女性的80%，姑娘嫁妆中均有铜制烟盒），后来人数迅速减少。

二、服饰

布依族传统服饰尚黑，蓝色、白色在部分地区也受到喜爱。男性服饰差异不大，主要为对襟衣和右衽长袍，包头巾，系青布腰带；妇女平时改裙易裤者渐多，上衣和头饰变化不大；节日礼仪场合着传统服饰，因地域不同各有差异。花戛一带布依族妇女服饰：上衣领右衽、窄袖、紧身、平摆、左开肋叉，长恰覆脐，袖口、襟的边缘饰以精致的挑花，领饰宽幅挑花，两叉边缘宽4寸许挑花；裙束于衣内，裙头恰挂于胯骨之上；头帕用青、蓝、白3色布6折而成。发耳一带布依族妇女服饰：上衣蓝、绿色为底色，袖口、肘、腕部用黑色，低交领，窄袖紧身，右衽斜叉深1尺许，摆稍成弧形，领口、袖口、襟边饰挑花；衣外罩深色有肩无袖无扣对襟短背心，其摆缘喜抽去纬线，将经线结成若干排列整齐的缨子；系黑色或蓝色方形围裳，长齐膝，腰带刺绣工艺精美；下装为布裙或深裆大裤（亦有着百褶裙者），中老年妇女系一小裙于臀后；头帕为外青内白的挑花制品，用乳钉银勒固定于脑后，精美的刺绣花朵位于面颊两边，额顶搭几层条带状淡彩色织品。蟠龙一带布依族妇女服饰：完整保存传统服饰，大致分为5个等次；特等装为亡故老人“做嘎”场合穿，上衣8件为一套，大裙由裙筒和裙脚缝合而成，右腰系七色绸带，裙外围裳系在腰部打结再垂至脚后跟；头饰高髻，上顶紫黑丝帕，插凤冠银花，耳坠竹节银环，颈挂螺旋形银项圈，胸前佩2串银牌，手携蜡染长帕，脚趿粉底绣花云勾满帮直鼻夹尖鞋，姑娘额上戴乳钉银勒；一等装略简单一些，新娘出嫁时或伴娘送亲时穿，平时不穿；二等装、三等装、四等装依次简化，至末等已是布裙、布耳鞋，发髻上顶黑头帕，铜（铝）环骨镯，平头方形布围腰上饰以简单的挑花。

三、婚姻

县境布依族为一夫一妻制，严禁同姓通婚，曾有姑表开亲；过去不与其他民族通婚，20世纪90年代后与其他民族通婚者增多。布依族青年男女以歌为媒，情投意合互赠信物；双方定情后禀告父母，由男方请媒人到女家求亲缔结婚约，须经“请行媒”“请座媒酒”“讨八字”3道礼仪。迎亲时男方家请歌郎和接亲婆到女方家与女家陪客通宵达旦对唱布依盘歌，发亲时新娘由同辈兄长背出大门上轿，新娘到男方家时男方父母暂时回避，男女双方不同房。3天后回门，新娘不住夫家，仅在农忙、节日或有其他特殊情况时才转夫家住几天，经多次往返后方常住。过去曾有结早婚（新娘12岁左右）习惯，婚后新娘多数时间住在女方家，农忙、节日或有其他特殊情况时才到男方家，几年后才在男方家常住；20世纪90年代后逐步执行法定婚龄。

四、丧葬

布依族老人去世后，打开左屋脚门板壁处（谓开“南天门”），放地炮，将碎银塞入亡者口中（谓“含口钱”），亡者新衣用香火烙洞（谓打“记号”）。丧事一般3天，称“转场”（转嘎）；头天起法事，第二天接客，第三天结尾；主要程序有礼宾、招魂和立幡杆、“唱孝歌”、“赶鬼场”、宰杀“替身牛”（不能让牛有叫声）、“抹鬼脸”“送花饭”。礼宾时老后家（死者后家）优先。马郎（女婿）拉猪、羊，扛“纸火”（纸做狮马鹿象等），吹唢呐、敲鼓钗，放鞭炮进场行祭礼，其中大马郎（大女婿）拉牛（替身牛）上祭。由布依族“先生”做法事，杀鸡、猪、牛祭祀，最后将“纸火”焚烧。出丧时将装亡人的棺材抬到坟地，择时土葬。

第五节　其他人口较多的少数民族

一、白族

白族先民史称“滇僰”“僰氏”，为“西白蛮”一支。由于历史原因，县境白族过去多申报为汉族，经民族识别后改为白族。语言史称僰语，已很少使用，通用汉语。服饰清代后期即与汉族无异，惟妇女不裹足，喜穿白色，系花围裙，顶头巾。民居一般为3间，多数坐北朝南或坐东北朝西南，中间设堂屋，两边配厢房；大户人家住四合院。传统节日有三月街和六月二十四等。婚俗为一夫一妻制，与汉族大体相同；过去以父母包办为主，讲究“门当户对”，同宗同姓禁止通婚（违者将受家法惩处），婚礼比较繁琐；后来包办婚姻逐步被自由恋爱婚姻取代，婚礼也逐渐简化。白族元明时期盛行火葬，后来采用“椽葬”（用石头、石板或石灰浆砌墓穴，内盛亡者，盖上石板，再用土垒成坟包），再后来盛行棺葬。

二、回族

清朝咸丰至同治年间回民起义失败后，部分由云南省或威宁县逃到水城，分布在今杨梅乡台沙、纸厂乡高炉、红岩乡落帮、保华乡群星等地。语言以汉语为主，含少量阿拉伯语和波斯词汇。服饰除男子头戴白色六角尖顶（或平顶）帽，女子用白布包头外，基本与汉族相同。饮食有许多讲究，除粮食（大米、玉米、马铃薯等）、菜蔬外，牲畜中只吃牛、羊，家禽只吃自养的鸡、鸭、鹅，水中动物只吃鱼，病死、冻死、压砸而死、自死动物一律不吃；善腌牛肉，喜食“油香”（用麦面或玉米面、糯米面经发酵后搓成圆饼加糖放在清油中炸成）。婚俗有“说亲”“订亲”“谢亲”“接亲”等程序。丧俗从俭（不用棺材，不用贵重器物陪葬），从速（不超过3天）。传统体育有摔跤、掰手腕、扭扁担、羽毛球等。传统节日有开斋节、古尔邦节、圣纪节、姑太节等。信仰伊斯兰教，禁养猪，禁食猪，其他生活习惯与汉族略同。

三、仡佬族

仡佬族为县境最古老民族之一，濮人为仡佬族先民，战国时形成的夜郎国濮人为主体民族。语言属汉藏语系，不同地域语言差别很大，甚至有些地方村寨之间亦难通话，后来多使用汉语或其他少数民族语言，无民族文字。多数居住在大山深处，以木草房或木瓦房为主。以水稻、玉米为主食，以豆、麦为副食，肉食以猪肉为主，偶食牛、羊肉。有许多民族故事或传说；传统舞蹈有“跳花舞”“铃铛舞”等。婚俗尚简，礼金不重，一般分说亲与接亲阶段。丧俗古有“棺置岩穴间，高者绝地千尺，或临大河，不施蔽盖”之说，后来丧俗逐渐汉化。传统体育有打“花口”、打“篾鸡蛋”、逗抛抛、打鸡毛、踢毽、打秋千等。传统节日有大年节、送年节、了年节、祭山节、端午节、吃新节、酿造节、牛王节、小年节等。民族信仰主要崇拜祖宗与自然。

四、水族

水族由历史上“百越”族群中的“骆越”一支发展而来，相传水族先民原居广西、广东交界地，后经邕虽山一带逆柳江而上，最后落脚贵州三都、荔波等地，县境水族何时迁入尚未定论。语言属汉藏语系壮侗语族侗水语支，据传水族原有文字（“水书”），迁徙中失传。村落多依山而建，传统住房为“干栏”式建筑，一般3间2层。服饰男性头包黑巾帕，着立领对襟窄袖平摆白上衣（袖口襟缘镶花），束黑腰带，穿布鞋；女性头巾内黑外白，上装为青蓝布交领衣，前短后长，领缘襟缘镶花边，下装为黑色百褶裙，长齐踝，环镶花边3～5条。以大米为主食，玉米、小麦次之；特色食品有清明节的染黄米饭（用野生染饭花熬成黄色染饭液，将温水浸泡的糯米滤干后倒入染饭液泡一夜，次日将糯米滤干蒸熟而成）和六月六的粽子。民族故事传说有《铜鼓的来历》《海马的传说》《染黄米饭的传说》等。歌谣有《开天辟地歌》《射日歌》《小乖乖》等。乐器有铜鼓、唢呐、胡琴及镲、铙钹等。民族舞蹈有“铜鼓舞”“海马舞”等。传统体育有夹板秋、把把毽、棉布球等。传统节日有三月三、六月六、六月二十四等。民族信仰为崇拜山神、石神、树神、井神等，崇敬以男性为核心的祖先。

五、待识别或待更改民族

穿青人　较早称“土人”“里民”“里民人”，县境穿青人于明朝由江西迁入。服饰尚青蓝；男性着长衫，头包帕子；女性不缠足，穿绣花宽袖长衣，系花围裙，穿细耳草鞋或钩鼻绣花连袜半统布鞋；未婚女性梳独辫，已婚女性梳“三把头”；后来多数人服饰同汉族。早期只与同民族婚配，清末始有与外民族通婚者；现代婚配比较自由，但仍保留一些风俗，程序有认亲、披露水衣、送亲、回门等。穿青人喜唱山歌、摆故事、猜谜语。传统体育有磨磨秋、高索秋、滚龙秋等。节庆活动有迎“山魈”、祭“五显”等。丧葬程序有烧倒头钱、报丧、沐浴、垫枕、送葬、照墓等；若亡者系匠人，道士须用竹竿捅开房瓦，用布一丈二尺，从死者脚前牵搭至门外做法事的斗台前，称“开天门”。信奉“五显”“山魈”。

蔡家人　过去自称“门你”“蔡家”，文献称“蔡家子”“擀毡蔡家”等。原属春秋时期蔡国人，与楚国交战兵败逃至柳州西阳，后到贵阳，部分迁入水城。无文字，有语言，因长期与其他民族杂居，较少使用该民族语言，后来通用汉语。服饰书载“男子结髻，衣青，著草履，行则披毡衣；妇人短衣长裙，青布裹脚”；后来服饰同汉装。婚俗有闹婚、扫邪、禁忌等。丧俗随居住地不同而异，杂居汉族中随汉礼，杂居彝族中随彝俗。民族信仰为家神、山神、财神。

南京人　史载南京人系明朝时逃难至贵州，投靠贵州彝族列阿乌家，与彝族相互杂居的后裔；初以黑阳大箐（贵阳）为基地，后逐渐扩散至全省各境。服饰男服为满襟，垂至脚背，袖宽 7～8 寸，长 2 尺许，青蓝色；男青年上装长过膝，大镶大滚，式样与老年人同，限白色；女服托肩下方和排领，饰花栏杆，袖宽 6 寸左右，长不足 2 尺，下装与男子相仿（惟裤脚饰丝栏杆）。民族信仰为除夕祭祖。

第六节　民族事务

一、民族事务

扶持少数民族聚集地发展经济　1982 年，特区民族经费投入蟠龙区猴场公社和发耳区湾子公社种植柑橘 2 万元，义忠、青林、蟠龙、肖坪、兰花、冷坝等土地改良工程共 16 万元。1984 年，上级民族经费用于特区畜牧业 2 万元，发展生产 9.4 万元，民族花炮厂 10 万元（修建作坊 1000 多平方米）；特区投入 3.5 万元有偿无息周转金创办米箩区仲河乡民族石膏厂。1985 年，特区投入 28830 元购买漆树苗 1241500 棵，发给水城镇、蟠龙区、滥坝镇、玉舍区少数民族种植。1986 年，特区民族经费投入民族橡胶厂 5000 元、马坝鱼苗孵化 2000 元、杨梅区养鱼 1000 元、南开乡养牛 3000 元、蟠龙区落帮苗族乡农副产品加工 1 万元，补助杨柳镇种植草莓 33.33 公顷；有偿资金投入民族橡胶厂 6.5 万元，滥坝镇陡箐乡野果加工 2 万元，大河镇纳福管理区炼焦煤 8000 元，蟠龙区猴场乡水果育苗 1 万元。1997 年，县民族经费投入双戛乡配套改革 2 万元，陡箐乡田湾煤矿 2 万元。2000 年，省市下达民族扶贫资金 3.2 万元。2001 年，县在民族乡实施 16 个少数民族发展项目，共投入 45.7 万元。2001—2005 年，县实施民族经费种植项目 3 个，投入 7 万元，支持 2 个乡的 2 个村种植经济作物，60 余户受益；养殖项目 6 个，投入 10 万元，支持 6 个乡（镇）的 6 个村修建圈舍 2000 平方米，购种畜（牛、羊、猪）128 头（只）。2004 年，县民族经费养殖项目投入杨梅乡光明村养牛 2 万元，发箐乡养鸡 1 万元。2005—2007 年，县实施民族经费种植项目 7 个，投入 28 万元；养殖项目 5 个，投入 15 万元；农贸市场建设项目 1 个，投入 35 万元；电脑农业项目 1 个，投入 35 万元，种植蔬菜 13.33 公顷，建大棚 10 个（180 平方米），80 户受益。2008 年，县实施民族经费种植项目 1 个，投入 4 万元，种植科技石榴 4 公顷，20 户、80 人受益；养殖基地 1 个，投入 4 万元，修建圈舍 200 平方米，购种羊 40 只，4 户、16 人受益；电脑农业示范推广项目 1 个，投入 15 万元，种植蔬菜 33.33 公顷，购置电脑 4 台；猕猴桃种植基地项目 1 个，投入 10 万元，种植猕猴桃 33.33 公顷，120 户、450 人受益。

少数民族聚集地基础设施建设 1982 年，蟠龙区猴场、肖坪修公路 37 千米，共投入各级民族经费 50 万元。1985 年，特区用上级民族经费 17 万元进行交通建设。1986 年，特区补助发耳区鸡场乡民族经费 6000 元，维修公路 2000 米。1991 年，县投入民族经费 1 万元支持发耳区发启村修公路。1994 年，县实施民族经费基础设施建设项目 10 个，共投入 4.64 万元。1997 年，县民族经费投入坪寨乡河边公路 0.3 万元，新街乡坪寨村公路 0.3 万元，营盘乡石槽村公路 0.2 万元，双戛乡天生湖民族旅游建设 1 万元，纸厂乡高炉村输电工程 0.2 万元，杨梅乡全兴村活动室 0.2 万元，花戛乡修建涵洞 0.8 万元。1998 年，县下达基础设施建设民族经费 11.5 万元。2001—2005 年，县实施民族经费公路建设项目 24 个，投入 55 万元，涉及 19 个乡（镇）的 25 个村，修建、维修公路 1680 千米，建成涵洞 40 个、小桥 6 座，5400 余人受益；输电工程 5 个，投入 12 万元，涉及 5 个村的 1000 余户，建成输电线路 9 千米，3150 余人受益。2003 年，县实施民族经费公路项目 2 个，投入 16.2 万元，建设 7.3 千米，其中新建 4.5 千米；输电项目 1 个，安装变压器 2 台，建成输电线路 4000 米，解决 2300 人的用电问题；灌溉项目 1 个，修建 38 立方米和 16 立方米蓄水池各 1 个，建成输水管道 1500 米，解决 6.67 公顷杨梅基地灌溉用水。2004 年，县实施民族经费公路项目 5 个，维修、新建公路共 23 千米，总投入 9.5 万元，2321 人受益。2005 年，县投入民族经费 5 万元，为鸡场乡箐头村建沼气池 50 口，368 户、1316 人受益。2005—2007 年，县实施民族经费公路项目 13 个，投入 31 万元，涉及 11 个乡（镇）的 14 个村，修建、维修公路 500 千米，建成涵洞 15 个，小桥 3 座，4000 余人受益；输电工程 3 个，投入 9 万元，涉及 3 个村的 1000 余户，建成输电线路 9 千米，3150 人受益；村活动室和文化活动中心建设项目 5 个，投入 12 万元；道路硬化项目 3 个，投入 22 万元，3 个村、12 个组、788 户、2823 人受益；米箩乡修建河堤项目 1 个，投入 2 万元。2008 年，县实施民族经费公路改造项目 1 个，投入 4 万，维护公路 2.5 千米，150 户受益；输电项目 1 个，投入 5 万元，建成输电线路 2500 米，120 户、480 人受益；道路硬化项目 4 个，投入 21 万元，硬化道路 8000 平方米，415 户、1650 人受益。

少数民族聚集地人畜饮水工程 1982 年，特区民族经费投入玉舍区箐马公社人畜饮水工程 4 万元，解决 390 人、280 头（匹）大牲畜饮水困难；玉舍区坪寨公社人畜饮水工程 2 万元，解决 450 人、360 头（匹）大牲畜饮水困难；发耳区鸡场公社大冲大队人畜饮水工程 2 万元，解决 500 多人、450 头（匹）大牲畜饮水困难；龙场区哈青公社红德大队人畜饮水工程 2 万元，解决 135 人、200 头

5块；补助民族民间文化培训500元，培训20人；补助南开三口塘苗族芦笙培训300元，培训20人；补助民族体育运动37200元。1989年，县民委配合县政协文史委编辑出版《水城文史资料·少数民族专辑》（40.4万字）。1991年，实施南开区三口塘苗族跳花场建设，扩建南开至花场公路4.9千米，修建花台1座、公厕1所，立《花场简介》石碑1座（省长王朝文题字《南开花场》），绿化13.33公顷，种果树6.67公顷；县政府将三口塘花场改名水城南开花场（是年参加苗族跳花节活动6万余人，省长王朝文、省人大常委会副主任李仁山参加）。1991年3月25日至4月1日，在南开乡举行少数民族民间绘画及民族服饰展。1992年，县民族经费投入0.2万元修建龙场乡广播站，投入0.2万元修建法德竹干桥。1994年，县用民族经费1000元支持《荷城歌声》专辑出版。1997年，县组织2名布依族歌手、2名彝族歌手、2名苗族芦笙舞者参加全国第七届少数民族研讨会表演，组织青林乡海发村芦笙队13人参加贵阳举办的“苗年”活动；组织南开苗族跳花节和海坪彝族火把节活动；投入民族经费0.2万元建设南开乡文化站。1997年4月11日至5月10日，县9个拍摄点的275人参加彝族风情拍摄，参与服装、民歌、舞蹈、音乐、纺麻、采茶、咂酒、绘画等11个项目拍摄。2001年，县搜集彝族风情2篇，苗族风情2篇，布依族风情2篇，各类民族故事5篇。2003年，投入县城乔迁庆典民族方队及篝火晚会13万元，彝族火把节1万元，苗族跳花节1万元。2004年，县组织彝族唢呐队60人参加省彝族民间文化节，组织苗族芦笙队20人参加中国汽车接力赛双水颁奖晚会，投入民族经费5万元为2个村校购买乐器。2005年，南开苗族跳花节、海坪彝族火把节、布依族“六月六”节日各投入民族经费1万元。2006年，南开乡举办5县区“芦笙王争霸赛”（王龙获男子第一名，祝金燕获女子第一名）。2008年，县投入4万元民族文化专项资金，修建南开乡文化活动中心200平方米。

民宗工作　1981—2008年，县（特区）开展民族问题调研72次，提出建议326条。1983年后，县（特区）开展民族识别工作，原湖广人归属苗族，南京人归属白族，部分人改变民族成分，少数民族人口数增加。1992年，县收集29个民族乡基本情况报市民委编辑资料。1993年，全县党政召开会议38次（县1次、乡37次），学习《民族乡工作条例》。1994年，县民族宗教事务局到29个民族乡调研《民族乡工作条例》实施情况，召开座谈会46次（参会165人次）。1997年，县开展蔡家人识别工作，对化乐、比德、南开、保华、青林、金盆、木果、蟠龙、陡箐、鸡场10个乡的640户、2351人进行调研。1998年，县开展散杂居少数民族基本情况调查。2001年5月8日，召开全县民族宗教工作会议，县委、县政府出台《关于进一步做好全县民族宗教工作的意见》。

二、下拨民族经费

1978—2008年，县（特区）下拨民族经费1826.89万元；为少数民族4165户（16785人）建房或改造危房共201428平方米；维修农村学校105所（736间）、21755平方米；为民族乡建文化站（电影院）18所、卫生院12所，解决病床276张；维修民族乡公路152千米，解决人畜饮水困难38个村、102个组；架设输电线路86千米，帮助28个村、121个组通电。各年度下拨民族经费情况见表3－2－1。

1978—2008 年水城县（特区）下拨民族经费统计表

表 3－2－1　　单位：万元

年　度	1978	1979	1980	1981	1982	1983	1984	1985	1986	1987	1988
民族经费	12	11	25	27.6	14.5	25.6	32	32.2	7.4	18.5	10.7
教育经费	4.7	4.7	4.7	4.7	4.7	4.7	4.7	4.7	4.7	4.7	4.7
民族建房	7	8	7	7.5	6	5	8	2.5	5	10	11
扶持经费	2	3	13	2.4	4.3	3.1	2.2	—	—	9.2	13
年　度	1989	1990	1991	1992	1993	1994	1995	1996	1997	1998	1999
民族经费	20.2	5.25	10.1	7.3	7.3	5	8.9	16.7	7.5	77.5	64.8
教育经费	4.7	4.7	4.7	4.7	19.8	5.8	7.8	13.1	5.8	24.6	10.8
民族建房	8.75	17.8	19.5	10	10.8	7.5	7	7	8.6	8	7
扶持经费	—	—	0.9	—	—	—	—	—	8	60	—
年　度	2000	2001	2002	2003	2004	2005	2006	2007	2008	—	—
民族经费	14.4	42	49	49	56	68.2	131	35	7.5	—	—
教育经费	10.3	5	8.8	4	9.43	14.4	18.36	40	26.2	—	—
民族建房	7	11	—	—	10	—	7	—	15	—	—
扶持经费	28	3	10	—	—	5	—	111	116	—	—

第七节　民族学会与开发研究促进会

一、民族学会

县苗学会　2006 年 10 月 13 日，县苗学会第一次会员代表大会在双水举行；应到会员代表 212 人，实到 198 人；选举理事 95 人，常务理事 55 人，会长 1 人，副会长 5 人，秘书长 1 人（兼）；聘任顾问 6 人，副秘书长 8 人；设文史研究部、经济社会调查部、文艺宣传部、办公室。2007 年，县苗学会撰写论文 4 篇，参加南开花场活动，配合有关部门举办芦笙王张文友赴苏演出 50 周年纪念活动，开展调研 2 次。2008 年，县苗学会撰写论文 3 篇，开展调研 2 次，参加南开花场活动、资助 2000 元，参加首届青林海发芦笙艺术节活动、资助 2000 元。

县彝学会　2000 年 3 月 9 日，成立县彝学会。2008 年，县彝学会有会员 300 余人，理事 200 余人，常务理事 65 人。县彝学会多次参加省、市组办的各类学术会，会员发表论文 20 余篇，在民族地区社会经济发展中发挥促进作用。

县布依学会　2006 年 4 月 23 日，县布依学会第一次代表大会在县会议中心举行，选举名誉会长 4 人，会长 1 人，副会长 7 人，秘书长 1 人，副秘书长 9 人，常务理事 54 人，理事 525 人。县布依学会多次邀请中央民族学院周国炎教授对米箩乡、猴场乡、发耳乡等地民族文化、语言文字、民风民俗进行调研；组队参加 2007 年“中国·黄果树布依六月六文化节”唢呐比赛并获全省第二名；申报省级非物质文化遗产，猴场乡、红岩乡一带的布依族服饰（“五等装”）和野钟乡一带布依族传统音乐——“唢呐”列入省政府 2009 年 9 月公布的第三批非物质文化遗产。

二、县开发研究促进会

2003年8月8日，县开发研究促进会第一届会员代表大会在双水举行；选举成员单位37个，理事110人，常务理事34人；会长朱德安，常务副会长李荣顺、曹文举，副会长陆清恩、聂庆明、王葆钧、陈乃洪，秘书长陈乃洪（兼）；聘任顾问6人，名誉会长5人，副秘书长4人；内设农业活动组、商务活动组、基础设施活动组、科教活动组、能源活动组、办公室。2007年9月8日，县开发研究促进会第二届会员代表大会在双水举行；选举成员单位40个，理事117人，常务理事39人；会长赵顺洪，常务副会长曹文举，副会长陆清恩、聂庆明、廖顺贤、杜永奎、吴俸禄、陈乃洪、范存义，秘书长陈乃洪（兼）；聘任名誉会长8人，副秘书长6人；内设农村工作活动组、经贸工企与环保工作活动组、基础设施建设与民族宗教工作活动组、科教文卫工作活动组、社会治安与安全工作活动组、办公室。

2003—2008年，县开发研究促进会组织调研18次，提出建议86条；引进“六盘水黔晋绿保肥业有限责任公司”到董地乡文阁村开办腐殖酸肥厂，为维修米箩硝洞大沟引灌工程争取资金48万元，为鸡场乡坪地村兴寨组修建沼气池50口、硬化村寨水泥路50米。2007年11月，县开发研究促进会组队考察贵阳市乌当区新农村建设。2007年11月，县开发研究促进会参加中国村社发展促进会在江西南昌举办的第七届全国“村长论坛”。2008年12月，县开发研究促进会组队赴遵义市学习考察社会主义新农村建设。

第四篇　党派　群团

第一章　中国共产党水城县（特区）委员会

第一节　代表大会和第一次全委会

1982年2月28日至3月6日，中国共产党水城特区第二次代表大会在特区黄土坡举行，应到代表368人，实到代表327人。阎昭冉作《代表资格审查报告》，张立新致开幕词，邹璜作《中国共产党水城特区委员会工作报告》，王心现作《中国共产党水城特区委员会纪律检查委员会工作报告》。3月4日，大会以无记名投票和差额选举方式，选举马槐安（回族）、王心现、王庆珉、王清沛、邓永策、石明全（彝族）、龙明海（彝族）、古清华、田德胜、汤公宇、匡元柱、刘国文、刘彩云（女）、邹璜、李国良、杨明显、何照云、何儒明、张立新、张国良、张前兴、周忠诚、柯观、胡学良、赵振福（白族）、徐先刚、班邦英（布依族）、阎昭冉、黄光文、彭强、熊光初（苗族）为中国共产党水城特区第二届委员会委员，马武贤（回族）、左权文、刘根显、孙连峰、齐敦元、陆清恩（布依族）、黄韵秀（女）、舒志挥为中国共产党水城特区第二届委员会候补委员，王清沛、牛印起、刘根显、李贺、李廷选、李国良、张九忠、徐松树、阎昭冉为中国共产党水城特区第二届委员会纪律检查委员会委员。中国共产党水城特区第二届委员会第一次全体会议，选举马槐安（回族）、王心现、石明全（彝族）、匡元柱、刘彩云（女）、邹璜、杨明显、何照云、张立新、胡学良、赵振福（白族）、班邦英（布依族）、阎昭冉、彭强、熊光初（苗族）为中国共产党水城特区第二届委员会常务委员会委员，邹璜为第一书记，阎昭冉为第二书记，班邦英（布依族）、张立新、彭强、杨明显、熊光初（苗族）为副书记。

1984年12月30日至1985年1月4日，中国共产党水城特区第三次代表大会在特区黄土坡举行，应到代表295人，实到代表272人。孙松作《代表资格审查报告》，陈文荣致开幕词，管彦鹤作《中国共产党水城特区委员会工作报告》，田万昌作《中国共产党水城特区纪律检查委员会工作报告》。1月3日，大会以无记名投票和差额选举方式，选举马武贤（回族）、马槐安（回族）、王永琼（女）、王荣陛、王铸金、邓永策、叶大川、田万昌（彝族）、左权文、石明全（彝族）、孙松、汤公宇、陈文荣、陈必敬（彝族）、陈贵平、李兰忠、杨明显、杨载诚、陆清恩（布依族）、郑怀林、张国良、罗运灿、侯贵玉、赵顺洪（布依族）、钟桂芳（女）、班邦英（布依族）、黄明露、蒋万科、曾玉章、熊光初（苗族）、管彦鹤（布依族）、潘学文（苗族）为中国共产党水城特区第三届委员会委员，马列、韦玉琨（壮族）、田万昌（彝族）、刘光敏（女）、李廷选、李国良、杨兴周、杨兴隆、邵常生、张九忠、张育灿、张祥文、段素芬（女）、徐明德、詹琴（女）为中国共产党水城特区第三届纪律检查委员会委员，汤公宇致闭幕词。中国共产党水城特区第三届委员会第一次全体会议，选举王荣陞、田万昌（彝族）、石明全（彝族）、孙松、汤公宇、陈文荣、张国良、钟桂芳（女）、黄明露、管彦鹤（布依族）为中国共产党水城特区第三届委员会常务委员会委员，管彦鹤（布依族）、陈文荣为书记，汤公宇、孙松为副书记。

1988年11月19—24日，中国共产党水城县第一次代表大会在县黄土坡举行，应到代表251人，实到代表233人。石明全作《代表资格审查报告》，田万昌致开幕词，陈月枢作《解放思想，励精图治，加快脱贫步伐，迎接水城九十年代的新发展》的县委工作报告，张九忠作《中国共产党水城县纪律检查委员会工作报告》。11月24日，大会以无记名投票和差额选举方式，选举马列、王铸金、邓永策、田万昌（彝族）、石明全（彝族）、朱元文（苗族）、朱辉礼、孙坤荣、杜永奎、李文达（彝族）、李孝举（水族）、李伯根、何炳寿、陈月枢、陈必敬（彝族）、张九忠、陆正芳（布依族）、罗恒昌、郑怀林、贺宗俊（苗族）、荣义财、侯贵玉、赵顺洪（布依族）、夏永礼、班邦英（布依族）、黄运邦、黄建中、盛作才、舒志挥、韩德君、曾凡书（女）、曾维礼、熊光初（苗族）为中国共产党水城县第一届委员会委员，龙远达（彝族）、陈绍光（彝族）、熊光阳（苗族）、吕盛安为中国共产党水城县第一届委员会候补委员，马本先、王宗荣、刘光敏（女）、李含俊（穿青人）、李廷选、李崇辉、杨秀明、吴俸禄（苗族）、张九忠、张金荣（女）、段素芬（女）、洪善标、荣光有、夏国民、喻崇俊（侗族）为中国共产党水城县第一届纪律检查委员会委员，贺宗俊致闭幕词。中国共产党水城县第一届委员会第一次全体会议，选举马列、田万昌（彝族）、石明全（彝族）、陈月枢、张九忠、贺宗俊（苗族）、侯贵玉、韩德君、曾维礼为中国共产党水城县第一届委员会常务委员会委员，陈月枢为书记，田万昌（彝族）、贺宗俊（苗族）、石明全（彝族）为副书记。

1991年12月6—9日，中国共产党水城县第二次代表大会在县黄土坡举行，应到代表250人，实到代表243人。荣光有作《代表资格审查报告》，孔令忠作《坚定信念、团结一致、艰苦创业、扎实工作，为实现我县“八五”计划而努力奋斗》的县委工作报告，张培荣作《中国共产党水城县纪律检查委员会工作报告》。12月9日，大会以无记名投票和差额选举方式，选举王庆珉、孔令忠、田万昌（彝族）、龙远达（彝族）、石明全（彝族）、吕盛安、朱辉礼、朱德安、刘德彬、李孝举（水族）、李恒万、陈必敬（彝族）、陈绍光（彝族）、陈德贵（苗族）、严明轩、邹盛荣、张祖新、张培荣、陆正芳（布依族）、武肇尧、罗恒昌、郑怀林、贺宗俊（苗族）、荣光有、侯贵玉、赵天学（布依族）、赵顺洪（布依族）、黄运邦、黄建中、章观龙、龚永华、盛作才、曾维礼为中国共产党水城县第二届委员会委员，戴丹辉（女）、邓星贵（苗族）、熊光阳（苗族）、张舜礼（苗族）为中国共产党水城县第二届委员会候补委员，马培琼（女，回族）、王正科（彝族）、王宗荣、冯静海、申开祥、刘仕璋、李含俊（穿青人）、杨秀明、吴俸禄（苗族）、张金荣（女）、张培荣、周子明（壮族）、胡光汝（白族）、夏国民、喻崇俊（侗族）为中国共产党水城县第二届纪律检查委员会委员，田万昌致闭幕词。中国共产党水城县第二届委员会第一次全体会议，选举孔令忠、田万昌（彝族）、石明全（彝族）、张祖新、张培荣、贺宗俊（苗族）、荣光有、侯贵玉、黄建中、曾维礼为中国共产党水城县第二届委员会常务委员会委员，孔令忠为书记，田万昌（彝族）、贺宗俊（苗族）、石明全

（彝族）、曾维礼为副书记。

1995年5月21—24日，中国共产党水城县第三次代表大会在县黄土坡举行，应到代表263人，实到代表258人。刘剑作《代表资格审查报告》，王贤周作《中国共产党水城县委员会工作报告》，张培荣作《中国共产党水城县纪律检查委员会工作报告》。5月24日，大会以无记名投票和差额选举方式，选举王贤周（苗族）、尹广亮、石明全（彝族）、石德华、朱辉礼、刘剑、刘德彬、杜永奎、李文达（彝族）、李占扬、李含俊（穿青人）、杨秀明、杨喜书（布依族）、严明轩、肖敏、陈文彬（苗族）、陈光明、张九忠、张国田（彝族）、张祖新、张培荣、张锡钢（苗族）、罗恒昌、郑怀林、周红明（苗族）、胡光汝（白族）、侯贵玉、赵顺洪（布依族）、祝远学（苗族）、袁志玺、钱世荣、龚永华、盛作才、谢朝碧（女，布依族）、熊光阳（苗族）为中国共产党水城县第三届委员会委员，赵天学（布依族）、孔毅（彝族）、邹建忠、谢凤飞（彝族）、刘德英（女）、吴朝蓉（女）为中国共产党水城县第三届委员会候补委员，马显忠（回族）、王正科（彝族）、王宗荣、文开品（彝族）、冯静海、吉永华、杜永奎、李隆文、杨胜武（布依族）、吴俸禄（苗族）、张金荣（女）、张培荣、张善周（彝族）、陆国柱（布依族）、熊伟为中国共产党水城县第三届纪律检查委员会委员，石明全致闭幕词。中国共产党水城县第三届委员会第一次全体会议，选举王贤周（苗族）、尹广亮、石明全（彝族）、朱辉礼、刘剑、陈光明、张祖新、张培荣、胡光汝（白族）、赵顺洪（布依族）、盛作才为中国共产党水城县第三届委员会常务委员会委员，王贤周（苗族）为书记，石明全（彝族）、赵顺洪（布依族）、陈光明为副书记。

2001年10月26—29日，中国共产党水城县第四次代表大会在县黄土坡召开，应到代表280人，实到代表277人；盛作才作县委工作报告，郭收年作县纪委工作报告。大会以无记名投票和差额选举方式，分别选出县委委员、县委候补委员和县纪委委员正式候选人。10月28日，大会以无记名投票和等额选举方式，选举盛作才、杨明达（彝族）、杨龙政（白族）、颜昌友、刘剑、朱辉礼、傅亚频、吕学锋、郭收年、刘德彬、邓志宏（苗族）、侯贵玉、赵顺洪（布依族）、尹广亮、赵庆周（白族）、李明、范存文、张锡钢（苗族）、肖敏、樊章学、李寿贤、李勇（水族）、陈怀美（女）、杨华、吴道贤、陈大顺、孔俊、王庆明（穿青人）、李明（穿青人）、龚申雄（苗族）、陈依良、蒋先中（苗族）、冯伟、杨喜书（布依族）、谢开亮（白族）为中国共产党水城县第四届委员会委员，马明安（回族）、龙元声、贺家华、万新碧（女）、李吉康（彝族）、严金光为中国共产党水城县第四届委员会候补委员，郭收年、张善周（彝族）、杨昌显（苗族）、王元琴（女）、刘祖均、田应华、郭振东（女、穿青人）、鲁玉龙、马显忠（回族）、李姿云、马永相（回族）、周光学、齐强华、吴儒舒（女）、龙永智（苗族）为中国共产党水城县第四届纪律检查委员会委员。10月29日，举行中国共产党水城县第四届委员会第一次全体会议，选举盛作才、杨明达（彝族）、杨龙政（白族）、颜昌友、刘剑、朱辉礼、傅亚频、吕学锋、郭收年、邓志宏（苗族）为中国共产党水城县第四届委员会常务委员会委员，盛作才为书记，杨明达（彝族）、杨龙政（白族）、颜昌友为副书记。

2006年10月29日至11月1日，中国共产党水城县第五次代表大会在县双水召开，应到代表277人，实到代表271人。刘纯致开幕词，杨龙政作《全面落实科学发展观，强力推进水城经济社会发展的历史性跨越》的县委工作报告，王亚军作《以科学发展观为指导，全面履行党章赋予的职责，不断开创党风廉政建设和反腐败工作新局面》的县纪委工作报告。大会以无记名投票和差额选举方式，分别选出县委委员、县委候补委员和县纪委委员正式候选人。11 月 1 日，大会以无记名投票和等额选举方式，选举丁廷权（回族）、马永相（回族）、马明安（回族）、王鹏（彝族）、王亚军、王国宏、邓志宏（苗族）、包崇刚、刘纯（水族）、刘睿（女）、刘渡凯（苗族）、闫秀春（女）、严金光、李刚（苗族）、李勇（副县长）、李勇（水族、蟠龙乡党委书记）、杨龙政（白族）、杨昌显（苗族）、肖明（彝族）、何希考（白族）、张苗（苗族）、张霖（穿青人）、陈声学、陈国庆、陈依良、陈祖琼（女、彝族）、陈泰斌、赵庆周（白族）、徐永俊、龚申雄（苗族）、梁军锋、彭康、蒋云丽（女）、韩贵安、谢开亮（白族）、蔡盛周、廖明芳、樊章学、颜昌友为中国共产党水城县第五届委员会委员，齐强华、马玉勇（彝族）、何明军、王永生、张渝、黎得学（彝族）、陈雪梅（女）为中国共产党水城县第五届委员会候补委员，马永荣、王元琴（女）、王亚军、王泰文、王彬达、邓刚森（苗族）、刘祖均、孙亭、李庆春、李成培、杨进（彝族）、吴儒舒（女）、何隽荭（女）、陈芳（女）、陈放鸣、陈学翔、林泽方、周睿（女）、赵泽郢、郭萌（女、白族）、廖金辉（女）为中国共产党水城县第五届纪律检查委员会委员。11 月 1 日，举行中国共产党水城县第五届委员会第一次全体会议，选举王亚军、邓志宏（苗族）、包崇刚、刘纯（水族）、刘睿（女）、闫秀春（女）、杨龙政（白族）、杨昌显（苗族）、徐永俊、龚申雄（苗族）、彭康为中国共产党水城县第五届委员会常务委员会委员，杨龙政（白族）为书记，刘睿（女）、刘纯（水族）为副书记。

第二节　县委（特区党委）全会和常委会

一、县委（特区党委）全会

县委（特区党委）全体会议一般每年召开 1～2 次，委员和候补委员全体（特殊情况请假者除外）出席会议。除每届第一次全体会议选举常务委员会和书记、副书记外，其他全体会议经常以扩大会议（参会人员一般扩大到下级党委、政府和机关单位党员负责人）的形式举行，安排或总结全局性工作、讨论决定重大问题。

二、县委（特区党委）常委会

县委（特区党委）常委会一般 7～10 天召开一次，常务委员全体（特殊情况请假者除外）出席会议，县（特区）人大常委会主任、政协主席和有关人员列席会议，讨论决定工作中遇到的绝大多数重大问题。1981—2008 年，县委（特区党委）常委会简况选录见表 4－1－1。

1981—2008 年县委（特区党委）常委会简况选录表

表 4－1－1　　　　单位：人

时　间	出席	列席	主要内容
1981. 01. 10	9	—	研究建立健全特区党委、人大、政府、政协班子，对常委进行分工，决定党委办和政府办分开办公
1981. 03. 14	6	—	传达市落实政策检查验收会精神
1981. 05. 23	8	—	决定干部任免

续表 4－1－1　　单位：人

时　间	出席	列席	主要内容
1981. 07. 03	8	5	听取市委政法委紧急会议精神汇报、传达市关于综合治理的意见，研究夏季粮油征购、违纪案件，决定人事调动及干部任免
1981. 09. 04	7	—	传达省财贸工作会议精神，研究粮食议购等问题
1981. 11. 24	6	—	传达省计生会议精神，研究西站贸易货城投机倒把问题
1982. 02. 19	8	—	研究党代会筹备工作
1982. 04. 05	7	—	研究反腐倡廉和社会治安综合治理，确定市人民代表、市政协委员候选人，决定特区人民防空委员会和政协党组成员
1982. 06. 11	8	—	研究人事、住房、公安案件等
1982. 08. 23	8	—	研究组织整顿试点、特区政协机构设置和人员安排报告
1982. 10. 04	4	—	听取化肥厂工作汇报
1982. 12. 04	11	—	研究人事、经费、调资、补助事项，决定召开特区党委全委会
1983. 01. 16	7	3	听取工作汇报，研究省人代会代表人选
1983. 03. 03	11	4	研究化肥厂工作，听取离职、离休、顶替办理汇报，安排文明礼貌月工作，决定干部任免，学习中央 6 号、〔83〕黔府 44 号文件精神
1983. 05. 09	10	3	听取安全工作、调资问题汇报，传达省委电话会议、市委组织工作会议精神，研究国企干部任免
1983. 07. 06	9	2	传达省计生工作会议精神，讨论机构改革前干部考核工作
1983. 09. 23	9	9	讨论财政和征兵工作
1983. 12. 13	7	5	研究招工事项，讨论常委分工，传达市计生紧急会议精神
1984. 02. 11	7	—	确定党政分开，安排统计各乡少数民族比例（以便建立民族乡）
1984. 04. 30	4	—	传达市城镇工作会议、市政法工作会议精神，研究迎接市检查团事项
1984. 05. 02	9	—	研究小城镇建设、救灾工作
1984. 07. 14	7	—	决定 7 个部门建党组
1984. 08. 17	7	—	研究 1985 发展规划
1984. 12. 02	8	—	研究特区与区（镇）签责任状
1985. 02. 15	7	—	研究《水城特区报》社的人员、经费
1985. 05. 19	10	—	研究政法和综治、生活安排、扶贫、财政税收、机构改革等工作，决定向省民委汇报水城民族生产、生活情况和旱灾、粮食减产情况
1985. 06. 21	6	—	传达省会议精神，研究二中门市等事项
1985. 08. 18	9	—	传达省政法会议精神，研究人大、政协、政法工作，学习讨论《若干历史问题的决议》
1985. 11. 22	8	—	听取整党汇报，研究整党工作
1985. 12. 30	12	—	进行常委民主生活会
1986. 01. 26	8	—	研究机关工作作风整顿
1986. 03. 22	7	—	研究精神文明表彰、农村工作
1986. 06. 02	7	—	听取到毕节参观烤烟生产汇报，研究发展烤烟生产
1986. 07. 12	9	—	决定干部任免
1986. 09. 26	7	—	研究征兵工作、退伍军人安置、招聘干部增资

续表 4－1－1 单位：人

时 间	出席	列席	主要内容
1986. 12. 17	6	10	传达外出考察情况、省林业会议精神等，研究农技推广、烤烟销售
1987. 01. 12	7	—	传达中央〔87〕1 号、省委〔87〕1 号文件和省委书记胡锦涛讲话，决定奖励马武贤、王锦祥各晋升一级工资
1987. 04. 07	8	—	传达中央〔87〕8 号文件，研究从严治党、制止不正之风措施
1987. 05. 17	8	—	传达省文联会议精神，研究文联工作、抗旱救灾、人事工作
1987. 07. 05	7	—	决定成人大中专毕业生回原单位工作
1987. 10. 05	7	—	研究财政工作、烤烟和煤焦生产
1987. 12. 28	10	—	决定召开经济发展战略研讨会、抓住机遇发展烤烟
1988. 01. 09	9	2	研究烤烟工作
1988. 03. 21	8	2	通报县区分设情况及人事调动，通过 1988 年县委工作安排意见
1988. 05. 13	9	1	通过县委扩大会议事项，决定人员调动，研究纪检工作
1988. 07. 11	8	16	研究粮食购销工作，听取煤焦、史志、烤烟等工作汇报
1988. 09. 02	8	15	传达明传电报、省党代会精神，研究 4 个扶贫贷款项目、食品站问题、行政单位压缩编制、干部人事工作
1988. 11. 12	9	9	听取赴毕节考察烤烟工作、党代会筹备、复烤厂情况汇报
1989. 02. 04	8	3	研究干部考核
1989. 04. 24	6	2	传达省委统战部关于工商联问题的指示
1989. 06. 24	5	5	听取粮食局关于省市指示开展清仓查库的汇报
1989. 07. 07	7	15	听取煤炭开发汇报，传达省烤烟工作会议精神
1989. 08. 02	7	11	听取王安顺与养护工区地基纠纷问题的调查汇报
1989. 09. 25	5	4	听取统战部关于工商联工作汇报
1990. 01. 03	7	2	研究农田基本建设，传达省委组织工作会议精神
1990. 03. 08	7	3	学习中央关于东欧局势问题的密电，研究人大、政协人事问题
1990. 05. 25	7	1	研究机关干部下乡挂职
1990. 07. 09	4	3	传达县人武部党委组成通知，研究烤烟工作、职数配备和干部任免
1990. 09. 05	10	2	研究干部任免
1990. 11. 08	4	2	研究对部分局领导的考核，决定成立保密局
1991. 04. 29	8	—	传达省社会治安综合治理会议精神，制定县社会治安综合治理措施
1991. 05. 09	8	—	为常委扩大会议。研究计生工作
1991. 07. 08	6	—	研究抗洪抢险
1991. 08. 24	7	—	决定干部任免和招聘人才
1991. 10. 03	9	—	研究党代表、县委委员、县委候补委员、县纪委委员、县委常委名额
1991. 12. 30	8	—	县委常委进行分工
1992. 01. 04	9	7	研究县乡换届工作、评议干部、人大机关建设
1992. 03. 23	8	—	讨论县二届三次人代会要求罢免黄运邦检察长职务议案
1992. 04. 02	9	—	听取考察情况汇报，决定任命 33 个乡（镇）党政一把手

续表 4-1-1　　单位：人

时　间	出席	列席	主要内容
1992. 07. 04	7	5	传达省会议精神，批准建立县直机关纪检组织，研究党校、老干部工作，决定干部任免
1992. 10. 24	9	2	学习中共十四大精神，研究干部调整、人大和政协换届、资金补贴问题，听取新老结合智囊团政论报告
1992. 12. 11	8	3	讨论煤炭局、建委违规建房等问题
1993. 01. 11	8	3	讨论纠正李扬明错案的决定和恢复谢洪文工作籍的决定
1993. 02. 23	8	3	讨论实施职工住房公积金意见、补发年终奖相关问题
1993. 08. 31	10	1	决定部分单位建立党组、部分单位归口及隶属关系，进行人事分工
1994. 06. 01—02	8	3	研究机关车辆和煤焦税费管理、水盘东线善后工作、出水洞电站更换工程队、税制改革、粮食局部分干部超标建住宅、劳动保险局资金外流等事项，决定给保华煤矿解决资金
1994. 12. 05—07	7	4	传达全省烤烟工作会议精神，听取财政税收、县政协工作、盐井乡人代会有关情况调查汇报，研究组织人事等工作
1996. 03. 14	11	4	研究县人武部收归军队工作，决定人事问题
1996. 06. 06	12	6	研究杨华、李邦济等人集资建住宅等问题，成立县农业综合开发办
1996. 06. 25	13	5	传达全市清房工作会议精神，听取公安局关于几个乡（镇）案件调查处理的汇报，决定成立乡（镇）政法委等机构
1996. 08. 30	10	—	研究治安、户籍管理等工作
1997. 03. 17	9	2	听取人大、政协会议筹备情况汇报，成立人代会临时党委，传达全市领导干部会议和市纪委全会精神，决定人事调动
1997. 03. 27	9	2	成立县果树办、县经济林办、县杜仲办、县生姜魔芋办，讨论人大、政协机构改革，调整县委领导分工，传达市禁毒工作会议精神，成立县禁毒委员会，批准公安局用专款作“样款”
1997. 08. 11	12	4	调整县信访工作领导小组，成立县精神文明建设指导委员会，研究住房工作，批准民政局建立农村社会养老保险管理所
1997. 10. 16	11	2	传达全省换届工作会议精神，决定将电影公司转为事业单位
1998. 03. 23	10	1	传达市纪委全会、全市政法工作会、西南经济区联席会、市投资洽谈筹备会等会议精神，通报人大、政协班子分工，研究纪检、政法工作
1998. 04. 05	11	7	听取老干、扶贫、计生工作汇报，研究相关工作
1998. 04. 05	11	7	听取老干、扶贫、计生工作汇报，研究相关工作
1998. 07. 28	11	20	听取农业、烤烟、计生、财政税收等工作汇报
1998. 10. 05	6	4	听取康学志在计生摸底工作中遇害的情况汇报
1998. 10. 27	6	7	研究乡（镇）人大换届、非公有制经济、干部考察、人事变动等工作
1998. 12. 22	9	5	听取违纪人员调查处理汇报，研究人事变动、县委全委扩大会事宜
1999. 01. 19	—	—	决定干部任免
1999. 01. 21	—	—	研究 33 个乡（镇）人大主席团主席和副主席、乡长和副乡长候选人
1999. 01. 26	—	—	决定干部任免
2000. 01. 06	—	—	研究出台小城镇建、宣传思想政治工作、精神文明建设 3 个文件

续表 4－1－1　　　　单位：人

时　间	出席	列席	主要内容
2000. 01. 12	—	—	成立县西部大开发协调领导小组
2000. 03. 27	—	—	研究成立县退耕还林还草试点工程领导小组等工作
2000. 06. 02	—	—	研究成立县“三讲”集中学习教育办公室等工作
2000. 12. 28	—	—	研究印发《水城县计划生育“标准”工作实施方案》等工作
2000. 12. 30	—	—	研究实施千村万户生态小康工程等工作
2001. 01. 01	10	—	决定炸封无证煤矿，停业整顿有证煤矿，研究安全生产
2001. 02. 08	11	—	研究“三讲”教育回头看、计生工作，决定烤烟生产任务 800 万千克
2001. 03. 01	11	—	决定计生工作目标奖，成立农村税费改革领导小组
2001. 04. 30	9	—	决定表彰“严打”工作中表现突出的谢盛良等人
2001. 05. 21	11	—	听取计生、财政、农业、烤烟、煤炭、安全、党建、扶贫汇报
2001. 07. 23	11	—	通过机构改革方案，决定县机关 8 月开始搬迁双水
2002. 01. 14	10	—	讨论 2002 年工作安排，研究农业、扶贫、计生等工作
2002. 03. 08	8	2	决定干部任免
2002. 04. 03	11	2	研究机构设置、县直机构领导班子
2002. 07. 09	7	12	研究机构、干部任免等事项，通过县委全委扩大会议工作报告稿
2002. 06. 10	8	2	研究人事问题、开展庆祝建党八十周年活动，决定召开有关会议
2002. 09. 11	7	—	决定选派 200 人到村任职、举行县城搬迁庆典，计划全县修建 60 个村级多功能活动室和计生服务室，研究双水开发区建设
2002. 11. 12	8	11	研究县公安局机构改革、农村税改中央财政转移支付资金分配
2003. 02. 14	9	2	听取公安工作汇报，决定干部任免
2003. 04. 11	8	9	研究计生工作、村干部报酬、在职研究生学费补助，批准表彰先进
2003. 06. 25	10	1	决定干部任免，议定常委分工
2003. 08. 25	11	11	制定乡（镇）目标责任书、县城搬迁庆典方案，听取安全生产汇报
2003. 10. 09	10	3	研究损坏村民财产问题、干部经济问题、预防“非典”事宜
2003. 12. 03	11	33	传达学习会议精神，研究报社、文工团、工商联、计生、团委、统战工作，批准选派大学生村官
2004. 01. 12	10	3	听取对县委扩大会议文件的修改意见、“十件实事”情况、县人代会筹备情况汇报，通过 2003 年非公有制经济先进推荐名单
2004. 03. 27	10	3	研究干部人事、推荐先进、《黔中英才》人选、报社和双水新区建设
2004. 05. 27	10	5	研究扶贫、双水新区建设、拍卖资金使用、贷款、统战和公安工作
2004. 07. 16	11	2	研究干部违纪问题、干部人事工作，评选人大工作先进单位、个人
2004. 09. 20	10	5	听取述职述廉报告反馈意见，研究老年工作

续表 4－1－1　　单位：人

时　间	出席	列席	主要内容
2004. 11. 25	12	26	讨论领导讲话稿，研究机构、党建扶贫、“三满意”创建、反邪教、处理信访和群体性事件、干部人事、驻军干部家属就业、退伍军人安置、医保事项、烟叶复烤厂关闭、融资问题、国库管理制度改革试点、办公楼资产置换、表彰先进
2005. 02. 25	11	6	审核市级表彰名单，研究集中处理信访突出问题及群体性事件、“三农”工作、干部人事，传达市纪委全会精神，学习文件和领导讲话，听取县纪委通报 1 名干部涉嫌经济问题情况汇报
2005. 03. 25	11	8	讨论保持党员先进性教育事宜和开发促进会、机要、党校工作
2005. 04. 11	10	5	研究捐资助学、安全生产、扶贫、目标考核、先进集体和个人评选、处置荷城酒楼资产事项
2005. 06. 27	10	9	研究生活补贴、表彰先进、禁毒、普法、“两基”、干部人事等事项
2005. 07. 29	10	5	研究发改、科协、妇联、工会工作
2005. 08. 15	8	6	听取人大常委会述职，决定干部任免
2006. 01. 04	10	13	研究县委 2006 年工作要点、“十件实事”、安全生产等
2008. 02. 23	9	5	研究抗灾救灾工作
2006. 03. 28	9	19	听取 5 个乡（镇）党委书记作党管武装述职，研究国防后备力量建设。
2008. 04. 30	9	—	研究野钟乡办公楼资金缺口、公安工作
2006. 05. 23	7	4	传达全省科学技术大会精神，常委进行分工，研究离休人员住房增量补贴、安全生产、部分工作领导小组调整、表彰事项、干部人事
2008. 06. 16	9	—	进行常委述职述廉，研究 8 个问题
2006. 07. 10	7	—	研究煤矿整顿关闭
2006. 09. 30	8	2	研究干部人事、党代表和人大代表选举
2006. 11. 13	8	7	研究县“两会”筹备工作、干部违纪问题、干部人事
2007. 02. 07	10	—	常委进行分工，研究违纪人员处分、廉政承诺等
2007. 04. 13	7	—	讨论召开安全生产、党风廉政、党建扶贫、组织建设等会议
2007. 06. 24	8	—	专题议军会
2007. 08. 28	11	—	决定实施农村最低生活保障制度，命名街道，研究“双拥”、老龄、统战、房管、民宗、安全生产、计生、公路等工作
2007. 10. 10	8	—	研究安全生产
2007. 12. 06	11	—	研究马场验票点违规问题、公路资金、县委全会、统战、老干工作
2008. 01. 12	9	—	研究党风廉政责任制、“十件实事”
2008. 03. 10	10	41	讨论政府工作报告稿
2008. 04. 30	9	—	研究野钟乡办公楼资金缺口、公安工作
2008. 06. 11	10	—	研究规范县乡机关津补贴等 9 个问题
2008. 07. 13	9	—	研究打击非法盗采煤炭等问题
2008. 08. 18	10	—	研究维稳工作等 3 个问题

第三节 组织机构

一、县委（特区党委）

1971年12月31日，建立中国共产党水城特区委员会；至1987年共经历3届。1987年12月15日，中国共产党水城特区委员会改称中国共产党水城县委员会；至2008年共经历5届。

1978年12月至2008年12月，县委（特区党委）书记、副书记、常委名录见表4－1－2。

1978—2008年中共水城县（特区）委员会书记、副书记、常委名录

表4－1－2

届　次	职　务	姓　名	任职时间	附　注
一届特区党委（1978.12后）	书　记	张作圣	1978.12—1979.10	—
		邹　璜	1979.10—1982.03	—
	第二书记	阎昭冉	1981.12—1982.03	—
	副书记	邹　璜	1978.12—1979.10	—
		方守全	1978.12—1980.08	—
		班邦英	1978.12—1982.03	布依族
		董照玉	1979.01—1980.04	—
		杨明显	1980.11—1982.03	—
		张立新	1981.01—1982.03	—
		彭　强	1981.12—1982.03	—
		熊光初	1982.01—1982.03	苗族
	常　委	王心现	1978.12—1982.03	—
		花如松	1978.12—1981.02	—
		周忠诚	1978.12—1980.08	—
		张立新	1978.12—1981.01	—
		赵振福	1978.12—1982.03	白族
		陈爱邦	1980.03—1982.03	—
		杨明显	1980.05—1980.11	—
		熊光初	1980.10—1982.01	苗族
		刘彩云	1980.10—1982.03	女
		胡学良	1981.08—1982.03	—
		马槐安	1981.08—1982.03	回族
		雷宗璐	1981.08—1981.11	满族

续表 4－1－2

届　次	职　务	姓　名	任职时间	附　注
二届特区党委	第一书记	邹　璜	1982. 03—1983. 11	—
	书　记	阎昭冉	1982. 03—1983. 11	—
		倪裔昌	1983. 11—1984. 10	—
		管彦鹤	1984. 10—1985. 01	布依族（主持工作）
		陈文荣	1984. 11—1985. 01	—
	副书记	班邦英	1982. 03—1983. 12	布依族
		张立新	1982. 03—1983. 12	—
		彭　强	1982. 03—1983. 12	—
		杨明显	1982. 03—1984. 11	—
		熊光初	1982. 03—1983. 12	苗族
		陈文荣	1984. 01—1984. 11	—
		汤公宇	1984. 11—1985. 01	—
		孙　松	1984. 11—1985. 01	—
	常　委	马槐安	1982. 03—1983. 12	回族
		王心现	1982. 03—1983. 12	—
		石明全	1982. 03—1983. 12	彝族
		匡元柱	1982. 03—1984. 11	—
		刘彩云	1982. 03—1983. 07	女
		何照云	1982. 03—1983. 12	—
		胡学良	1982. 03—1984. 10	—
		赵振福	1982. 03—1983. 12	白族
		汤公宇	1983. 12—1984. 11	—
		黄明露	1983. 12—1985. 01	—
		刘扬正	1983. 12—1984. 11	—
		张前兴	1983. 12—1984. 11	—
		张国良	1984. 01—1985. 01	—
		王荣陛	1984. 11—1985. 01	—
		田万昌	1984. 11—1985. 01	彝族
		钟桂芳	1984. 11—1985. 01	女
三届特区党委	书　记	管彦鹤	1985. 01—1985. 09	布依族
		陈文荣	1985. 01—1987. 12	—
	副书记	汤公宇	1985. 01—1985. 09	—
		孙　松	1985. 01—1987. 03	—
		田万昌	1985. 09—1987. 12	彝族
		李兰忠	1985. 09—1987. 12	—
		陈廷升	1986. 03—1987. 02	挂职
		秦涧溪	1987. 02—1987. 12	挂职

续表4－1－2

届　次	职　务	姓　名	任职时间	附　注
三届特区党委	常　委	石明全	1985. 01—1986. 09	彝族
		田万昌	1985. 01—1985. 09	彝族
		黄明露	1985. 01—1985. 12	—
		钟桂芳	1985. 01—1986. 03	女
		王荣陞	1985. 01—1987. 12	—
		张国良	1985. 01—1985. 10	—
		张九忠	1985. 09—1987. 12	—
		韩德君	1986. 02—1987. 12	
		何儒明	1986. 03—1987. 12	—
		曾维礼	1986. 07—1987. 12	—
		侯贵玉	1987. 08—1987. 12	
		官仁林	1987. 08—1987. 12	—
一届县委	书　记	陈月枢	1988. 03—1991. 07	—
		孔令忠	1991. 07—1991. 12	—
	副书记	李兰忠	1987. 12—1988. 03	—
		田万昌	1987. 12—1991. 12	彝族
		贺忠俊	1988. 03—1991. 12	苗族
		石明全	1988. 08—1991. 12	彝族
		曾维礼	1991. 07—1991. 12	—
		程洪林	1991. 11—1991. 12	挂职
	常　委	张九忠	1987. 12—1990. 10	—
		侯贵玉	1987. 12—1991. 12	—
		王荣陞	1987. 12—1988. 03	—
		马　列	1988. 03—1991. 06	—
		韩德君	1987. 12—1991. 12	—
		曾维礼	1987. 12—1991. 07	—
		官仁林	1987. 12—1988. 04	—
		荣光有	1990. 10—1991. 12	—
		张培荣	1991. 07—1991. 12	—
二届县委	书　记	孔令忠	1991. 12—1994. 12	—
		王贤周	1994. 12—1995. 5	苗族
	副书记	田万昌	1991. 12—1992. 12	彝族
		贺忠俊	1991. 12—1993. 12	苗族
		石明全	1991. 12—1995. 05	彝族
		曾维礼	1991. 12—1992. 07	—
		侯贵玉	1992. 08—1993. 08	—
		杨宇生	1993. 02—1994. 02	—

续表4-1-2

届　次	职　务	姓　名	任职时间	附　注
二届县委	副书记	赵顺洪	1993.02—1995.05	布依族
		陈光明	1994.12—1995.05	—
		程洪林	1991.12—1993.12	挂职
	常　委	张培荣	1991.12—1995.05	—
		荣光有	1991.12—1994.12	—
		张祖新	1991.12—1995.05	—
		黄建中	1991.12—1992.12	—
		盛作才	1992.08—1995.05	—
		刘　剑	1994.12—1995.05	—
		胡建湘	1995.03—1995.05	挂职
三届县委	书　记	王贤周	1995.05—1997.09	苗族
		盛作才	1997.09—2001.10	—
	副书记	石明全	1995.05—1996.11	彝族
		赵顺洪	1995.05—1998.09	布依族
		陈光明	1995.05—1998.09	—
		杨明达	1995.12—2001.10	彝族
		盛作才	1996.11—1997.09	—
		杨龙政	1998.02—2001.10	白族
		颜昌友	1999.12—2001.10	—
		熊廷松	1996.03—1997.03	挂职
		陶谋立	1996.03—1998.03	挂职
		李玉师	1996.06—1996.12	挂职
		庞志谦	1997.03—1998.03	挂职
		穆春跃	1997.03—1998.03	挂职
		孙京龙	1997.03—1998.03	挂职
		黄太启	1997.05—1998.05	挂职
		姚胜范	1998.03—1999.03	挂职
		谢家谊	1998.04—1999.04	挂职
	常　委	盛作才	1995.05—1996.11	—
		张培荣	1995.05—2001.10	—
		张祖新	1995.05—1998.08	—
		刘　剑	1995.05—2001.10	—
		朱辉礼	1995.05—2001.10	—
		尹广亮	1995.05—1998.05	—
		胡光汝	1995.05—1998.05	白族
		傅亚频	1998.02—2001.10	—
		刘德彬	1998.05—2001.10	—

续表4-1-2

届　次	职　务	姓　名	任职时间	附　注
三届县委	常　委	颜昌友	1998.08—1999.12	—
		吕学锋	1998.08—2001.10	—
		张锡钢	1998.09—1999.12	苗族
		郭收年	1999.12—2001.10	—
		高荣光	1999.12—2001.10	—
		胡建湘	1995.05—1997.12	挂职
		吴沿友	1996.07—1998.07	挂职
		张克堂	1998.03—1999.03	挂职
四届县委	书　记	盛作才	2001.10—2002.02	—
		杨明达	2002.02—2004.10	彝族
		杨龙政	2004.10—2006.10	白族
	副书记	杨明达	2001.10—2002.02	彝族
		杨龙政	2001.10—2004.10	白族
		颜昌友	2001.10—2006.10	—
		郑建华	2002.06—2006.08	—
		周　兆	2002.07—2006.05	—
		刘　睿	2006.05—2006.10	女
		傅亚频	2001.10—2006.10	—
		刘　纯	2006.08—2006.10	水族
	常　委	朱辉礼	2001.10—2003.02	—
		吕学峰	2001.10—2002.04	—
		郭收年	2001.10—2002.05	—
		邓志宏	2001.10—2006.10	苗族
		吕玉顺	2002.04—2005.04	—
		王建光	2002.06—2006.08	—
		樊章学	2002.12—2006.10	—
		徐永俊	2002.12—2006.10	—
		张跃东	2003.02—2006.08	—
		彭　康	2005.04—2006.10	—
		王亚军	2006.08—2006.10	—
		包崇刚	2006.08—2006.10	—
		闫秀春	2006.09—2006.10	女
五届县委	书　记	杨龙政	2006.11—	白族
	副书记	刘　睿	2006.11—	女
		刘　纯	2006.11—	水族
	常　委	王亚军	2006.11—	—
		邓志宏	2006.11—	苗族

续表 4－1－2

届　次	职　务	姓　名	任职时间	附　注
五届县委	常　委	包崇刚	2006. 11—	—
		杨昌显	2006. 11—	苗族
		闫秀春	2006. 11—	女
		徐永俊	2006. 11—	—
		龚申雄	2006. 11—	苗族
		彭　康	2006. 11—2007. 08	—
		张士现	2007. 08—	—

二、县委（特区党委）工作部门

办公室　1981 年 1 月，特区党委办公室、特区政府办公室分设，1987 年 12 月，特区党委办公室改称县委办公室。2002 年 6 月 21 日，县委办公室设置秘书股、文书股、行政股、信息股。

组织部　1978 年 12 月，特区党委组织部设办公室、组织股、干部股、干部监督股、知识分子工作办公室、干部教育股、电教室；特区党委离退休干部工作局、特区关心下一代委员会办公室、特区党委组织员办公室归口特区党委组织部。1987 年 12 月，特区党委组织部改称县委组织部。2005 年 1 月，成立农村党员干部现代远程教育办公室。2007 年 3 月，知识分子工作办公室改为人才工作办公室；2007 年 4 月，成立公务员管理股；2007 年 12 月，在农村党员干部远程教育办公室加挂信息股牌子。

宣传部　1977 年，特区党委宣传部内设机构有宣传科、通讯报道科、理论教育科、人秘科、统战科。1980 年，特区党委宣传部内设机构改为宣传通讯科、人秘科、理论教育科。1985 年，特区党委宣传部内设机构改为人秘科、理论科、通讯科等。1986 年，成立水城特区精神文明建设委员会，下设办公室在特区党委宣传部。1987 年 12 月，特区党委宣传部改称县委宣传部。1989 年，县委宣传部内设机构为宣传通讯科、人秘科、理论教育科。1990 年，成立水城县精神文明建设委员会，办公室设在县委宣传部。2002 年，县委宣传部内设机构改为办公室、理论教育股、宣传通讯股，县精神文明办和六盘水电视台驻县记者站设在县委宣传部。2004 年，县委、县政府对外宣传办公室设在县委宣传部。2005 年，在县委宣传部宣传通讯科设立县委对外宣传办公室和县政府新闻办公室。

统战部　1980 年 6 月前，在特区党委宣传部设统战科。1980 年 6 月，成立特区党委统战部。1981 年 2 月，特区党委统战部下设统战科和秘书科。1984 年 8 月，特区党委统战部撤销统战科和秘书科，改设办公室。1987 年 12 月，特区党委统战部改称县委统战部。2003 年，县委统战部增设业务股。

政法委员会　1987 年 9 月前，有特区党委政法委员会，但不是专职机构。1987 年 9 月，成立特区党委政法委员会和特区社会治安综合治理委员会办公室并合署办公，内设办公室、政工股。1987 年 12 月，特区党委政法委员会改称县委政法委员会（简称县政法委），特区社会治安综合治理委员会办公室改称县社会治安综合治理委员会办公室（简称县综治办）。2000 年 6 月 20 日，在县政法委成立县维护社会稳定领导小组办公室（简称县维稳办）。2001 年 1 月 22 日，在县政法委成立县委“6·21”领导小组办公室，后更名为县委“610”办公室。2002 年，县委“610”办公室的职能并入县维稳办，设立铁路护路联防办公室（股级）。2008 年，县政法委内设政工科、办公室（研究室），执法监督科，社会治安综合治理科，维护稳定工作科（防范和处理邪教工作科）。

机构编制委员会　1981 年，成立特区机构编制委员会，挂靠特区人事局。1985 年 3 月，成立特区机构编制委员会办公室，挂靠特区人事局，由特区人事局局长兼任主任，列入政府机构。1987 年 12 月，特区机构编制委员会办公室改称县机构编制委员会办公室（简称县编办）。2000 年，成立县事业单位登记管理局，与县编办合署办公，由县编办领导兼任局长。2000 年 6 月，县编办增设业务股。2002 年，县编办单独设立，为县机构编制委员会的常设办事机构，既是党委工作部门，又是政府工作部门；内设综合股、业务股。2005 年，明确县事业单位登记管理局为隶属于县编办的副科级事业机构。2007 年 2 月，将县事业单位登记管理局原定事业编制划转为行政编制，机构性质改为行政。

离休退休干部工作局　1982 年，特区党委组织部设老干部服务科。1984 年 2 月，成立特区党委老干部局。1987 年 12 月，特区党委老干部局改称县委老干部局。1993 年 4 月，县委老干部局并入县委组织部，设老干部工作室。1994 年 6 月，组建县委离休退休干部管理局，下设办公室、离休干部股、退休干部股、离退休干部服务所。2002 年 6 月，县委离休退休干部管理局改称县委离休退休干部工作局，归口县委组织部。2004 年，增设离退休干部工作管理所，与老干部活动中心实行一套班子。

县委（特区党委）党校　党校始建于 1959 年 7 月。为直属于县委（特区党委）领导的培训轮训党员干部机构，也是县（特区）政府的公务员（工作人员）培训机构，内设 4 科 3 室 1 办。

政策研究室　1985 年，恢复政策研究室。1992 年，县政策研究室与县体制改革委员会合署办公，以政策研究室工作为主。1995 年 12 月，县体制改革委员会撤销，部分职能归县政策研究室。1998 年，县政策研究室撤销，其职能一部分归县委办，一部分归县经贸局。2005 年，成立县委政策研究室，为正科级事业单位，下设综合调研股和编辑室。

信访办（局）　1978 年，成立特区党委办信访科。1981 年，特区党委办信访科和特区政府办信访科合并为特区党委办信访科。1986 年 6 月，成立特区党委办和特区政府办联合接待室并轮流值班室。1986 年 12 月，特区党委办信访科改为特区党委来信来访办公室，归口特区党委办。1987 年 12 月，特区党委来信来访办公室改称县委来信来访办公室。2004 年，县委来信来访办公室改为县信访局，下设综合股、信访股和信访预测中心，为正科级行政建制。2007 年，县、乡（镇）、村 3 级信访网络建成。

督查室　2002 年 6 月 21 日，成立县委、县政府督查室，挂靠县委办，为正科级行政机构；内设综合股、决策督查股、专项督查股。

机要局　1984 年 6 月，成立特区党委办机要科（副科级）。1985 年 12 月，特区党委办机要科改为特区党委机要室。1987 年 12 月，特区党委机要室改为县委机要室（股级）。1993 年，撤销县委机要室，其工作职能并入县委办。2003 年 8 月，成立县委机要局。

保密局　1988 年，成立县保密局。1993 年 4 月 20 日，撤销县保密局独立建制，改为县委办内设工作机构。1998 年，县保密局更名县国家保密局。

机关党委　1971 年，建立中共水城特区直属机关委员会。1987 年 12 月，更名为中共水城县直属机关委员会，后来下设纪委、办公室、组织宣传室、县直目标管理办公室。

关心下一代委员会　1989 年，成立县关心下一代协会，办公室设在县老干局。1990 年 6 月，县关心下一代协会更名县关心下一代工作委员会（简称县关工委），下设办公室。2007 年，县关工委办公室定行政编制 1 名，工勤编制 2 名。

史志办　1983 年 6 月 30 日，成立特区党史资料征集办公室。1986 年 4 月，成立特区地方志办公室。1986 年 6 月，特区党史资料征集办公室与特区地方志办公室合并为特区史志办公室。1987 年 12 月，特区史志办公室改称县史志办公室。1990 年，县史志办公室更名中共水城县党史办公室水城县地方志办公室（简称县史志办），一套人员，两块牌子，属正科级机构。1992 年 3 月 25 日，县史志办内设党史、地方志、秘书 3 个科；1999 年 10 月 22 日，市委组织部批准县史志办列入参照国家公务员制度管理范围。2003 年 12 月 3 日，县史志办改设综合、党史、地方志 3 个股。2008 年 12 月 19 日，省人事厅批准县地方志办公室列入参照国家公务员法管理范围。

三、县（特区）党组织

1978—1991 年，县委（特区党委）在县（特区）机关设立几个党委，在部分政府工作部门或人民团体中设立党组；县（特区）机关单位一般设立党支部，个别党员人数较多的单位设立党总支部；各区（镇）设立党委，各区（镇）机关单位一般设立党支部，个别党员人数较多的单位设立党总支部；乡（管理区）设立党委，各乡（管理区）机关和各村（大队）一般设立党支部，个别党员人数较多的单位设立党总支部。1992—2008 年，县委在县机关设立几个党委，在部分政府工作部门或人民团体中设立党组；县机关单位一般设立党支部，个别党员人数较多的单位设立党总支部；各乡（镇）设立党委，各乡（镇）机关和各村一般设立党支部，个别党员人数较多的单位设立党总支部。1998 年开始，各乡（镇）陆续并村，村党支部逐渐减少。

1978—2008 年，县（特区）党组织及党员情况见表 4－1－3 和表 4－1－4。

1978—1991 年水城县（特区）党组织及党员统计表

表 4－1－3

年度	区（镇）党委（个）	部门党委（个）	党组（个）	乡（镇）党委（个）	党总支部（个）	党支部（个）	党员（人）
1978	11	2	7	121	2	835	10661
1979	12	2	7	121	3	831	11001
1980	12	2	11	121	3	856	11348
1981	12	2	—	121	3	948	—
1982	18	2	13	110	7	972	11555
1983	15	2	—	111	9	968	11545
1984	13	2	11	112	6	952	11896

续表 4-1-3

年度	区（镇）党委（个）	部门党委（个）	党组（个）	乡（镇）党委（个）	党总支部（个）	党支部（个）	党员（人）
1985	13	6	10	112	5	955	12553
1986	13	6	11	112	5	941	12919
1987	13	6	10	111	5	1004	13326
1988	10	4	10	98	8	853	11156
1989	10	4	11	98	—	872	10994
1990	10	4	6	98	10	870	10840
1991	10	4	—	98	11	877	10890

1992—2008 年水城县党组织及党员统计表

表 4-1-4

年度	乡（镇）党委（个）	部门党委（个）	党组（个）	党总支部（个）	党支部（个）	党员（人）	发展党员（人）
1992	33	3	—	13	845	11071	—
1993	33	3	—	8	850	11443	—
1994	33	—	—	11	867	11838	—
1995	33	—	—	22	869	12308	—
1996	33	—	—	23	868	12760	—
1997	33	—	—	23	884	—	—
1998	33	—	—	29	889	13434	—
1999	33	—	—	11	681	—	—
2000	33	—	—	11	681	—	—
2001	33	3	—	17	627	14552	504
2002	33	3	—	54	892	14706	514
2003	33	3	—	—	—	15351	905
2004	33	3	—	—	—	15859	956
2005	33	3	—	25	718	16101	678
2006	33	3	37	—	—	16749	712
2007	33	3	40	24	687	17164	624
2008	33	5	40	22	683	17725	648

第四节　重大决策

1979 年 2 月 20 日，特区党委部署“四类分子”（地主、富农、反革命分子、坏分子）摘帽工作；全特区有四类分子 6496 人，评审后摘帽 6337 人，占 97.55%（剩余 159 人于 1982 年前全部摘帽）。

1980 年 7 月 20 日，特区党委发出《关于贯彻执行省、市委放宽农业政策的指示和意见的通知》；1980 年 11 月 11 日，特区党委发出《关于认真组织传达中发〔1980〕75 号文件〈进一步加强和完善农业生产责任制的几个问题的通知〉的通知》，实行“包产到户”为主的农村改革。

1985 年 1 月 8 日，特区改革条块管理体制，简政放权，特区各系统、各部门在区（镇）的单位，由区（镇）统一领导管理；各乡（镇）书记和区（镇）机关单位领导等股级干部由区（镇）任免后报县有关部门备案；1986 年 1 月 1 日权力上收，恢复 1985 年 1 月 8 日前的状况。

1986 年，特区党委决定把烤烟作为一个产业发展。曾在毕节地区任职的特区党委书记陈文荣，对烤烟生产比较熟悉，组织有关人员对水城的土壤和气候进行研究，得出水城适宜大面积种植烤烟的结论。1986 年 5 月，由特区党委书记陈文荣带队，组织 26 人赴毕节地区考察烤烟生产，先后考察参观毕节地区卷烟厂、毕节县复烤厂、大方县复烤厂和毕节、大方、黔西、金沙、织金 5 县重点烤烟乡，为特区发展烤烟提供借鉴。1986 年 6 月，特区成立烤烟办公室。1986 年 7 月 17 日，特区党委制定《关于抓紧发展烤烟生产的安排意见》，把发展烤烟列为水城的重要工作。通过一系列的措施，特区烤烟种植和烘烤均形成一定的规模。

1988 年 9 月 2 日，县委决定兴建出水洞电站、保华机焦厂、华夏造纸厂、石桥煤矿。

1990 年，县委决定采取有力措施推动计生工作。陈月枢任县委书记时水城计生工作处于低潮，农民对计生政策抵触情绪很大；陈任职的前 1 年，乡党委书记吴大平在计生工作中被杀害；陈任职的后 1 年，乡党委书记何选书在计生工作中被炸身亡。陈月枢深入基层进行调研，发现农民抵触计生政策的原因，一是“多子多福”的传统生育观念，二是少数区、乡干部超生子女转移给别人抚养，三是少数有钱人作假计生手术。县委统一县几个班子的思想后，决定采取有力措施打击超生子女者和作假计生手术者，成立 2 支工作队，由副县长赵顺洪和盛作才分别带领，到全县 10 个区逐个开展计生工作；对违反计生政策的干部和农民从重处罚，形成空前的政策压力，绝大多数转移超生子女的干部不得不交代违反计生政策的事实；陈月枢又带领县几个班子分管计生工作的领导和有关部门干部分别到各区召开现场办公会，处分违反计生政策的干部。由于计生工作队的信息来源主要是无名举报，工作中走了一些弯路，对少数干部和农民采取过错误的措施；急速处分大批干部，难免出现少数偏差；但计生工作成果堪称水城历史之最，90% 以上的计生手术对象均作计生手术；查出假手术者 1999 人、为别人作假手术或卖假证明的工作人员 272 人、超生的干部职工 724 人，分别按政策严肃处理。

1991 年，县委决定组建民兵团修建水盘东线公路。县争取到以工代赈的水盘东线公路项目，上级要求 6 个月内完成。由于投资不足，需要投入大量劳力，县委决定组建民兵团施工，民兵团有 17535 名民兵，施工机械仅为 31 台凿岩机，不到半年就修通 68.3 千米公路。

1996年，县委决定大力发展烤烟。王贤周任县委书记后，认为烤烟既能增加农民收入，又能增加财政税收，县委决定大力发展烤烟。把烤烟种植面积和烤烟特产税作为任务，分配到适宜种植烤烟的乡（镇），各有关乡（镇）按县的要求，把完成烤烟工作与职工工资挂钩。由于措施有力，极大推动全县烤烟发展，使烤烟成为水城的支柱产业之一。

2000年，县委决定县城搬迁双水。县、区分设后，有县无城既使水城经济受到一定限制，也造成许多矛盾。杨明达任县长后提出县城搬迁双水的建议，县委采纳杨的建议并作了大量工作，在得到上级有关部门默许的前提下，县委决定县城搬迁双水。2000年10月起在双水建设新县城，2002年县机关单位陆续搬迁双水办公，2003年民政部批准县政府驻地迁移双水。

2002年，县委决定全力支持发耳电厂建设。发耳电厂是国家"西电东送"重点项目，对全县经济发展有重大影响。2001年8月30日《发耳电厂新建工程初步可行性研究报告》在贵阳审查通过；2002年10月25日，成立县委书记杨明达为组长，代理县长周兆、县委副书记颜昌友、常务副县长王建光、副县长何枢为副组长的发耳电厂前期筹备工作领导小组，开展发耳电厂前期工作；2003年4月8日成立县长周兆为组长的发耳电厂和发耳煤矿建设征地拆迁工作领导小组；2003年9月25日成立县长周兆为组长的发耳煤电建设协调服务领导小组；2004年12月22日，县筹资823万元支持发耳电厂前期建设（其中多数为干部职工捐款）。由于全县大力支持，发耳电厂建设顺利进行。

2004—2008年，县委实施"人才兴县"战略。下发《关于实施"人才兴县"战略，加强人才队伍建设的意见》。其中2年内，全县招收500多名本科生到县机关及各乡（镇）工作，充实和改善干部队伍。

第五节 纪检监察

一、机构与人员

1978年12月，组建中国共产党水城特区委员会纪律检查委员会，胡锡安任书记。1979年8月，经市委批准，成立中国共产党水城特区委员会纪律检查委员会，为特区党委的工作机构，下设秘书、纪检、案件审理3个科。1984年2月，中国共产党水城特区委员会纪律检查委员会升格为中国共产党水城特区纪律检查委员会，受中国共产党水城特区委员会和中国共产党六盘水市纪律检查委员会双重领导。1987年12月，中国共产党水城特区纪律检查委员会易名为中国共产党水城县纪律检查委员会。1988年8月，成立水城县监察局。1993年3月，县纪委和县监察局合署办公，实行1套工作机构，2个机关名称的体制，履行党的纪律检查和行政监察2项职能，对县委全面负责；县监察局属于县政府系列，接受县政府的领导。2002年6月24日，县纪委增加企业工作委员会的职能；县纪委与县监察局机关设办公室、监察综合室、宣传教育干部室、党风廉政建设室（县委党风廉政建设领导小组办公室）、执法监察室（县政府纠正部门和行业不正之风办公室、非公有制经济组织和个人投诉中心）、信访室（县监察局举报中心）、纪检监察一室、纪检监察二室、纪检监察三室和案件审理室10个副科级职能室（其中纪检监察一、二、三室由原纪检监察室分设而成）；县纪委与县监察局核定行政编制41名（其中纪律检查组组长16名），设书记1名，副书记3名（其中1人兼任监察局局长），监察局副局长2名，各室正副主任13名（其中副科级主任职数10名），副科级纪检监察员5名，主任科员或副主任科员1名，工勤人员3名；双水开发区设纪律检查工作委员会（简称纪工委）书记1名。2007年3月28日，将执法监察室分设为执法监察室和纠风监察室（县政府纠正部门和行业不正之风领导小组办公室），撤销纪检监察三室。2008年，县纪委与县监察局机关有办公室、监察综合室、宣传教育干部室、党风廉政建设室（县委党风廉政建设领导小组办公室）、执法监察室、纠风监察室（县政府纠正部门和行业不正之风领导小组办公室）、信访室（县监察局举报中心）、纪检监察一室、纪检监察二室和案件审理室10个副科级职能室。

1986年，成立水城镇、杨柳镇、滥坝镇、大河镇、比德区、玉舍区、发耳区、杨梅区、龙场区、蟠龙区、米箩区、县公安局、县法院、县粮食局14个纪律检查组（简称纪检组），每个纪检组编制3人，由所在单位党委或党组副书记兼任组长，配备专职纪检干部33人。1992年建镇、并乡、撤区后：全县33个乡（镇）均设立纪律检查委员会，设书记（副科级）编制1人；建立县直属机关纪工委和县公安局纪律检查委员会；配备专职纪检干部72人。1995年4月18日至5月10日，全县33个乡（镇）相继召开第一次党代会，分别选举产生各乡（镇）第一届纪律检查委员会；后来，各乡（镇）纪委均与党委同步换届。2006年8月1日，各乡（镇）增设纪委副书记（股级）、党政办副主任，由同一人担任。

县纪委与县监察局一贯重视纪检监察队伍建设，组织干部参加上级和本级的业务培训，支持干部参加学历教育，逐步提高干部的素质，推荐优秀纪检监察干部到其他部门担任领导职务，对违纪违法的纪检监察干部严惩不贷。

1978—2008年，县（特区）纪律检查委员会书记名录见表4－1－5。

1978—2008年中共水城县（特区）纪律检查委员会书记名录

表4－1－5

姓名	任职时间	附注	姓名	任职时间	附注
胡锡安	1978.12—1979.08	—	荣光有	1990.10—1991.07	—
王心现	1980.12—1982.02	—	张培荣	1991.07—1998.08	—
阎昭冉	1982.02—1983.10	特区党委副书记	颜昌友	1998.08—1999.12	—
胡学良	1983.10—1984.11	—	郭收年	1999.12—2002.06	—
田万昌	1984.11—1985.09	彝族	郑建华	2002.06—2006.08	县委副书记
张九忠	1985.09—1990.10	—	王亚军	2006.08—	—

二、换届选举

1982年3月4日，中国共产党水城特区第二次代表大会选举特区党委纪委委员9人。特区党委纪委二届一次全会选举阎昭冉为书记，李国良、张九忠、刘根显为副书记。

1985年1月3日，中国共产党水城特区第三次代表大会选举特区纪委委员15人。特区纪委三届一次全会选举田万昌、李国良、张九忠、张祥文、刘光敏为常务委员会委员，田万昌为书记，李国良、张九忠为副书记。

1988年11月24日，中国共产党水城县第一次代表大会选举县纪委委员15人。县纪委一届一次全会选举张九忠、荣光有、李廷选、王宗荣、洪善标为常务委员会委员，张九忠为书记，荣光有、李廷选为副书记。

1991 年 12 月 9 日，中国共产党水城县第二次代表大会选举县纪委委员 15 人。县纪委二届一次全会选举张培荣、王宗荣、王正科、张金荣为常务委员会委员，张培荣为书记，王宗荣为副书记。

1995 年 5 月 24 日，中国共产党水城县第三次代表大会选举县纪委委员 15 人。县纪委三届一次全会选举张培荣、杜永奎、王宗荣、王正科、吉永华、李隆文、张善周为常务委员会委员，张培荣为书记，杜永奎、王宗荣、王正科、吉永华为副书记。

2001 年 10 月 28 日，中国共产党水城县第四次代表大会选举县纪委委员 15 人。县纪委四届一次全会选举郭收年、张善周、杨昌显、王元琴、刘祖均、田应华为常务委员会委员，郭收年为书记，张善周、杨昌显为副书记。

2006 年 11 月 1 日，中国共产党水城县第五次代表大会选举县纪委委员 21 人。县纪委五届一次全会选举王亚军、马永荣、李庆春、刘祖均、廖金辉、何隽茳、赵泽郢为常务委员会委员，王亚军为书记，马永荣、李庆春为副书记。

三、党风廉政

1978—1992 年，组织党员和干部学习党的基本路线、《党章》、党纪处分《条例》和国家的法律，进行党纪政纪教育；开展党风检查，发现和纠正存在的问题，推动党风廉政建设；清理和纠正党政机关和干部以权经商、倒买倒卖国家控购物资、乱发钱物、用公款旅游、请客送礼、违规购买小汽车等不正之风；对乱收费、乱摊派、乱罚款和计生工作中“瞒、假、超”等不正之风进行检查纠正；参与税收、财务、物价大检查，对化肥和煤油等重要生产生活物资分配、扶贫救灾粮款发放、招工招干等“热点”问题进行监督检查。

1993—2000 年，对党员和干部开展理想信念、从政道德、党纪国法、警示和各种专题教育，提高其拒腐防变能力；召开领导干部专题民主生活会，开展领导干部廉洁自律工作；建立纠正部门和行业不正之风责任制，开展减轻农民和企业负担、清理预算外资金和“小金库”、打击假冒伪劣商品等工作；推行社会服务承诺和民主评议行风等制度；对重特大事故进行调查处理，对重要工程项目和群众反映强烈的“热点”“难点”问题进行监察；对中小学乱收费、农用物资供应和农产品收购、各种招考等进行监督检查。

2001—2008 年，年初县委、县政府与各单位签订党风廉政建设目标责任书，年终进行考核奖惩；县纪委每年召开一次全会，总结上年和部署下年党风廉政建设和反腐败工作；通过党风廉政培训、组织廉政演出与竞赛、开展警示活动、发送廉政短信等措施，对党员和干部进行党风廉政教育；开展纠风治乱和专项监察；对 30 个部门和乡（镇）“一把手”进行述职述廉评议，在 3 个村进行支书、主任述职述廉评议试点；对 99 名干部进行任前廉政谈话，对 117 名干部进行诫勉谈话；对 751 名科级干部的婚姻状况、收入和财产等 9 个方面的情况进行收集汇总；领导干部主动上交礼金 95.56 万元、美金 2200 元、笔记本电脑 1 台。

四、案件查处

1979—1984 年，受理来信来访 1660 人次，查处党员违纪 55 人（开除党籍 19 人，留党察看 6 人，撤销党内职务 6 人、严重警告 10 人，警告 6 人、其他处分 8 人）；清退干部职工拖欠公款 3.18 万元；参与平反冤、假、错案，平反 137 人的“右派”错案，落实干部政策 369 人，复查党员的错案 30 件。

1985—1988 年，接收来信 983 件，接待来访 496 人次，查处信访案件 51 件，做到件件有结果；查处各类违纪案件 99 起，处分党员 71 人（开除党籍 34 人、留党察看 13 人、撤销党内职务 6 人、严重警告 9 人、警告 9 人）。

1989—1991 年，受理来信来访 1471 件次，县纪委被市评为信访工作先进单位；查处违纪案件 241 件，处分党员 203 人（开除党籍 126 人、留党察看 49 人、撤销党内职务 2 人、严重警告 19 人、警告 7 人，科级干部 11 人、股级干部 63 人、一般党员 129 人），同时受政纪处分的 39 人，受法律处罚的 5 人；复查复议党员申诉案件 10 件（维持原处分决定 2 人，改变原处分决定 8 人）；清查干部职工“三违”（违章、违规、违法）建私房 298 户（副科级以上干部 17 户、股级干部 48 户、一般干部或职工 233 户），其中党员 90 户，没收和罚款共 65.3 万元。

1992—1993 年，受理来信来访 693 件次，查处违纪案件 122 件，涉及 122 人（科级干部 10 人、股级干部 15 人、一般干部 21 人、一般党员 76 人），处分 116 人（开除党籍 40 人、留党察看 20 人、撤销党内职务 3 人、党内严重警告 22 人、党内警告 24 人、行政记大过 1 人、行政记过 4 人、行政警告 2 人）。

1996—2000 年，以党政机关、行政执法机关、司法机关、经济管理部门和副科级以上领导干部为重点查办案件，立案 313 件（其中大案要案 63 件）、330 人，涉及违纪金额 1000 万余元，党纪处分 145 人（开除党籍 47 人，留党察看 42 人，撤销党内职务 9 人，严重警告 29 人，警告 18 人），政纪处分 135 人（开除工作籍 88 人，其他各种行政处分 47 人）；清理出机关领导干部公费安装私人住宅电话 89 部，按规定核定副县级以上干部的 29 部使用费实报实销，正科级干部的 21 部限定每月报销 50 元，取消副科级以下干部的 39 部电话使用费报销；协同县减负办对木果乡营脚村收“储金粮”问题进行核实，督促该村将 1995 年秋征时多收 304 户（979 人）的 4950 千克粮食退还给农民。

2001—2008 年，受理来信来访和电话举报 1266 件次，立案查处各类违纪违法案件 373 件，处分 523 人（其中副科级以上干部 162 人），收缴各类违纪款 315.98 万元，为国家和集体挽回直接和间接经济损失 2747 万余元；查处教育乱收费 6 件，清退 51.49 万元；组织有关部门取缔无证医疗机构 11 家，销毁价值 2.2 万元的伪劣或过期药品等；督促发放农民工工资 214 万余元，清退非法收取的劳动押金 10.21 万元；清退工作人员借用和拖欠公款 173 万余元；清理 5 名国家工作人员或国有企业负责人违规入股煤矿，收缴入股收益金 5 万元；对安全生产事故的 98 名责任人进行追究；对违反劳动纪律的 35 名公职人员进行全县通报批评。

第六节　党　务

一、组织

（一）干部队伍建设

干部选拔任用　1979 年后，按照“四化”（革命化、年轻化、知识化、专业化）标准选拔任用干部，干部结构逐步合理化。1985 年，全特区 5984 名干部中，大中专文化 3650 人，25 岁以下 1257 人。1990 年，全县 5745 名干部中，25 岁以下占 23%，26～46 岁占 52%，中专以上文化程度占 60%，党员占 35%；提拔干部 730 名，其中副县级 5 名、正副区（科局）级 172 名、正副乡（股）级 514 名（含选举正副乡长 265 名）；选拔 13 名优秀中青年干部到基层挂职锻炼；评定科员 175 名，办事员 85 名。2008 年，全县 10758 名干部中：研究生及以上学历 32 名，本科学历 1926 名，大专学历 5292 名，中专以下学历 3508 名；35 岁以下 4493 名，36～40 岁 2296 名，41～45 岁 1525 名，46～50 岁 1057 名，51～55 岁 720 名，56 岁以上 487 名。1978—2008 年，县（特区）干部情况见表 4－1－6。

1978—2008 年水城县（特区）干部统计表

表 4－1－6　　　　单位：人

年度	总数	年度	总数	年度	总数	年度	总数	年度	总数
1978	4941	1982	5341	1984	6121	1986	6595	1990	5745
1979	5224	1983	5294	1985	5984	1987	6923	1992	5787
1993	5812	1995	6207	1997	6903	2005	11783	—	—
1994	6123	1996	6869	1998	7448				
年度	总数	其中正副科级		其中正副县级		其中少数民族		其中妇女	
2008	10758	753		40		4936		3184	

招聘干部　从 1988 年开始，县多次对外公开招聘干部，共招聘 538 人，其中研究生学历 17 人，本科学历 497 人，专科学历 24 人。

教育培训　1978—1979 年，组织全特区大队支书和大队长以上干部培训 2 次。1979—1982 年，共培训干部 2090 人次。1979—2008 年，党校培训干部 5000 多人次，其中学历培训 400 多人次；与中科院、上海经济学院、清华大学、浙江大学、革命教育基地等联合培训干部 2000 多人次；选送干部到省党校、市党校、西南民院、贵州民院、省农院学习培训 23 批（次）1500 多人次。1983—1987 年，对特区机关干部普遍培训；方法是先向干部发放马列主义政治经济学、商品经济理论、真理标准讨论、中央和地方领导有关讲话等读物，特区党委领导、组织部、宣传部、干教办干部巡回辅导，3 个月后集中考试，不及格和缺考者补考过关，考 95 分以上者予以奖励，全特区 8000 多人次参加学习，1000 多人获奖，170 多人补考过关。1992 年，全县培训干部 5670 人。1994 年，组织全县村支书、村委主任以上干部 1300 多人培训 1 星期。

落实干部政策（干部监督工作）　1978 年 12 月，成立特区党委落实政策领导小组，办公室设在特区党委组织部，配备专职人员，纠正、平反"文化大革命"时期和历次政治运动中造成的冤、假、错案及遗留问题；至 1988 年 7 月，共复查案件 1056 件，涉及 955 人；其中全错全纠 774 人、798 件，部分错部分纠 123 人、173 件，维持原结论 58 人、85 件；在得到落实政策的人员中，有 4 名地下党员、83 名游击队员；83 名游击队员中，有 24 人牺牲、13 人病故、28 人务农、4 人在职工作、余者为中途脱离队伍者；在得到落实政策的游击队员中，有 28 人得到每月补助 30 元、其余的给予一次性补助；对冤假错案株连的 329 人给予一次性困难补助 39120 元；对 35 人补发工资。1988—1990 年，共受理来信来访 115 人次，疑难案件结案 40 件，维持原结论 10 件，补发工资 75 人，调升工资 1 人。

2007 年，县任命 61 人为干部工作义务监督员。2008 年，干部工作义务监督员增加到 145 人；接待来信来访 49 人次，办理各类举报 25 件（旧案 3 件、新案 22 件）。

（二）党员队伍建设

党员发展　县（特区）党员发展始终坚持标准、保证质量；陆续推广公推制、票决制、预审制、季报制、通报制、公示制、责任追究制等制度。通过层层把关，使党员队伍不断壮大，结构逐渐趋于合理。1980 年后，党员发展对象重点为知识分子、带领农民致富的先进分子和在改革开放中作出突出贡献的先进者。1995 年开始把私营企业中的先进分子作为发展对象。2008 年，全县党员总数 17725 名，其中少数民族 6808 名，研究生 17 名，本科文化 1019 名，大专文化 2485 名，中专、中技、高中文化 2761 名。

党员经常性教育培训　1979—1980 年，全特区轮训党员干部 853 人次；培训公社党员 2733 名。1981 年，举办 300 名党员参与的学习班，学习中共中央《关于建国以来若干历史问题的决议》（简称《决议》）。1982 年，特区党委组织党员干部学习王震等领导关于提高党员素质的 5 篇文章。1983 年，特区党委组织党员骨干训练班，以新党章为重点，学习《关于党内政治生活若干准则》《决议》。1984 年，在全特区 10000 名党员中进行勤劳致富教育。1987 年，组织党员学习《邓小平文选》《坚持四项基本原则、反对资产阶级自由化》等文章。1988 年，培训区、局级以上干部 257 名，并集中全县 85% 以上党员学习中共十三大文件精神，学习社会主义初级阶段基本理论，认识联产承包责任制就是社会主义初级阶段新型农村经济管理形式。1989 年，组织全县党员学习邓小平、杨尚昆、李鹏讲话，要求党员在思想上、政治上、行动上同党中央保持一致。1990 年，培训农村党支部书记 556 人次，购发《马克思主义哲学基本知识》《党的基本知识》400 本。1995 年，组织全县党员学习新华社通讯报道《领导干部的楷模——孔繁森》《人民日报》社论《向孔繁森同志学习》以及有关评论和报道，并组织座谈讨论。1995—1997 年，全县党员开展“双学”（学习中国特色社会主义理论和党章知识活动）活动，组织全体党员重点学习《邓小平文选》一、二、三卷，中共十四大报告，以及《建设有中国特色社会主义理论学习纲要》、省委党校编著的《建设有中国特色社会主义理论》等。2003 年，为全县党员订购新《党章》2 万册；投入经费 6 万余元，为党员干部订购《“三个代表”重要思想学习纲要》、胡锦涛“七一”讲话资料等 1200 册。2003—2007 年，全县农村党员现代远程教育接收站点（播放点）发展到 499 个，覆盖全县 313 个村；每年利用远程教育培训党员干部 3 万人次以上。2008 年，制定《水城县党员党性定期分析评议办法（试行）》，选择 20 个基层党组织开展党员党性定期分析评议试点，进一步增强党员的身份意识和党性观念。

（三）党员教育活动

整党　1985 年 8 月至 1986 年 9 月，特区、区（镇）、乡共 131 个党委、13 个党组、5 个党总支部、941 个党支部、12566 名党员（其中预备党员 746 名），按上级党组织的统一安排，分 3 批进行整党；第一批为特区机关（1985 年 8 月 9 日至 1986 年 1 月），第二批为区（镇）、乡机关（1985 年 12 月至 1986 年 5 月），第三批为村级党支部（1986 年 7—9 月）；参加整党的 11820 正式党员中，予以登记 11576 名，不予登记 103 名，缓期登记或缓期讨论登记 141 名；整党中受党纪处分的党员 62 名（开除党籍 28 名，留党察看 10 名，撤销党内职务 10 名，严重警告 7 名，警告 7 名），发展党员

612名。

“三讲”集中教育活动　2000年7月28日至9月26日，县委、县人大、县政府、县政协、县纪委、县委组织部、县委宣传部、县检察院、县法院、县公安局10家领导班子、领导干部，在市巡视组的指导下，按上级要求分4个阶段开展“三讲”（讲学习、讲政治、讲正气）集中教育活动。第一阶段，学习中发〔1998〕17号和省发〔1998〕35号文件及中央规定的必读材料，各个班子领导干部共写读书笔记139万字（人均2.2万字，最多者5.1万字），撰写128篇学习心得，共征求到群众对各个领导班子和领导干部的意见或建议8000余条。第二阶段，领导班子和领导干部认真查找存在的问题，分别撰写班子和个人的剖析材料，238名干部或群众对各个领导班子和领导干部进行民主测评，满意率大多在90%以上。第三阶段，各单位主要领导与班子成员之间进行谈心活动后，在市巡视组人员的指导下分别召开民主生活会，共提出批评和自我批评意见1231条。第四阶段，各单位决定整改的问题共有96个，能及时整改的立即整改，需要时间才能整改的，制定整改措施限期整改，共健全制度162个，最后对活动进行总结。

“三个代表”学习教育活动　2001—2002年，县按上级要求开展“三个代表”（中国共产党代表先进生产力发展的要求、代表先进文化的前进方向、代表最广大人民的根本利益）学习教育活动，全县县直机关、乡（镇）、村全体党员参加学习教育活动；过程和内容与“三讲”相似。

保持共产党员先进性教育活动　2005年1月至2006年6月，县按上级要求分3个批次开展以学习实践“三个代表”重要思想为主要内容的保持共产党员先进性教育活动，全县应参加教育活动的党员为15973名，实际参加15972名。第一批教育活动于2005年1月24日启动，2005年6月30日结束，共有县机关65个单位的10个党总支部、110个党支部、2051名党员参加；第二批教育活动于2005年7月6日启动，2005年12月10日结束，涉及33个乡（镇）党委、10个县直企事业单位、1个党组织关系在县的非公有制企业党组织、县工商局派驻乡（镇）单位的9个党支部，共有182个党支部、2913名党员参加；第三批教育活动于2005年11月29日启动（农村党组织于2005年12月12日启动），2006年6月30日结束，涉及4个党政机关、33个乡（镇）、423个党支部，应参加教育活动的党员11009人，1人未联系上，实际参加11008人。每个批次教育活动又分为学习动员、分析评议和整改提高3个阶段。第一阶段，分别召开动员大会，组织学习中发〔2004〕20号、黔党发〔2005〕3号、市发〔2005〕3号等文件，学习中央、省、市领导讲话和《保持共产党员先进性教育读本》等规定内容；各单位集中学习均在36小时以上（最多84小时），县、乡（镇）机关在职党员读书笔记均在8000字以上（最多12.5万字），有6785名农村党员写读书笔记（最多2.5万字），共写学习心得10864篇（最多者1人写10篇，无书写能力的农村党员未写）。第二阶段，在广泛征求意见的基础上开展谈心活动，各单位领导之间、领导与二级机构领导之间进行思想交流；领导班子和领导干部分别撰写党性分析材料，找出存在的问题及其根源，召开专题组织生活会，认真开展批评和自我批评；全县共征求到意见和建议20467条，11866名党员撰写党性分析材料（无书写能力的农村党员未写），第一批和第二批的组织生活会共提出批评意见5673条，第三批的组织生活会查找出问题3242个（明确整改其中1455个）。第三阶段，领导班子制定整改方案，领导干部制定整改措施；全县共整改（或限期整改）问题3773个，向群众说明暂时不能整改的问题580个。第三阶段结束后用一段时间进行“回头看”，对各阶段的工作进行查缺补漏。在教育活动中，省派巡回检查组到县检

查指导，市派督导组驻县督促指导、派巡回检查组到县检查指导，县派督导组到各单位进行督促指导、派巡回检查组和驻村指导组对农村的教育活动进行检查指导；各单位结合实际开展教育活动，坚持教育活动与各项工作两不误，并互相促进；注重建立长效机制，使党员“长期受教育，永葆先进性”。通过保持共产党员先进性教育活动，全县党员素质有新提高，基层党组织得到新加强，理论建设和制度建设有新成果，社会各项事业有新发展。

（四）农村基层组织建设

建立健全党支部　由于“文化大革命”的干扰，农村部分党支部处于瘫痪、半瘫痪状态，个别村没有党支部。原因有三：一是村里党员严重老化，二是个别村党员成为空白，三是一些村无人干党支部书记工作。县（特区）党委采取三条措施：一是“借种子、掺沙子”，从邻近村借调党员到空白村任党支部书记；二是包片干部包党建，乡（镇）派到片区工作的党员干部就任空白村的党支部书记；三是挂钩扶贫，县委每年都派扶贫工作队下乡，乡里把这些工作队直接安排到村，并任命扶贫队队长（均为党员）为所到村的党支部第一书记。因扶贫工作队既抓扶贫又抓党建，后来就叫“党建扶贫工作队”。县委规定，不建立健全党支部、不脱贫，扶贫工作队就不脱钩。经过几年努力，全县各村均发展新党员，建立健全党支部。各村逐步建立活动室，制定村党支部、村委会目标责任制，村级党组织逐渐建立健全各项规章制度，战斗力迅速增强。

基层组织创建活动　1997 年，开展农村党的建设“三级联创”活动。2003 年起，全县开展“五个好”（领导班子好、党员队伍好、工作机制好、工作业绩好、群众反映好）基层党组织创建活动和“双培双带”（将致富能手培养为党员、把党员致富能手培养为村干部和带头致富、带领群众共同致富）活动。2006 年，“双培双带”活动改为“四培三带”（将致富能手培养为党员，把党员培养为致富能手，把党员致富能手培养为村干部，把党员村干部培养为农村小康带头人，带头致富、带领群众共同致富、带动农村经济社会全面进步）创建活动；按省委的部署，全县开展以“上下联创、示范带创、城乡共创”“强基础、强素质、强机制”为主要内容的“三创三强”活动。2007 年，按省委要求，全县实施党的基层组织先进性建设工程，巩固和扩大保持共产党员先进性教育活动成果；在 25 个村实行支书、主任“一肩挑”，在部分村推行村干部异地交流任职。2007 年 4 月，召开全县基层组织建设研讨会，编印《乡镇党委书记谈农村基层组织建设工作》一书，共收集理论文章 34 篇。2007 年 7 月，全县 313 个村、1 个社区均建有村级组织活动场所；所有村党支部基本工作制度健全，悬挂相关牌匾。2008 年，按省委、市委的部署，全县集中开展党的基层组织建设年活动，基层党组织的凝聚力、战斗力和创造力进一步增强；全县有 58 个基层党组织获县级“五好”基层党组织命名，22 个基层党组织获市级“五好”基层党组织命名表彰，5 个基层党组织（玉舍乡党委、双戛乡党委、蟠龙乡闹塘村党支部、县法院党总支部、木果乡营脚村党支部）获省级“五好”基层党组织命名表彰。

组织部门获奖　2007 年，县委组织部被评为全省精神文明建设工作先进单位、全省春晖行动贡献奖，被县委评为农村远程教育工作先进集体、机关作风教育整顿活动先进集体、农村党建扶贫工作先进集体。2008 年，县委组织部被评为全省远程教育工作先进集体，被市评为关心下一代工作先进集体、离退休干部工作先进集体、老龄工作先进集体，县委组织部党支部分别被评为市级和县级

“五好”基层党组织。

二、宣传

（一）理论学习与研讨

县委（特区党委）宣传部发挥党委和政府的“喉舌”作用，围绕党的思想路线和方针政策，加强中国特色社会主义理论体系宣传教育，着力提升各级干部的政治素质和引领发展的能力。

1978年中共十一届三中全会以后，重点学习、宣传中共十一届三中全会制定的路线、方针、政策。1979—1984年，全特区开展“实践是检验真理的唯一标准”大讨论、大宣传活动；特区党委、特区人大、特区政府、特区政协4个班子主要成员80人学习《邓小平文选》《陈云文选》《关于建国以来党的若干历史问题的决议》，并进行测验；组织学习《关于党内政治生活若干准则》。1985年，召开理论学习研讨会；成立理论函授教育班，分为甲、乙、丙三级，甲级学习《马克思主义哲学》《政治经济学》《科学社会主义》，乙级学习《马克思主义概论》《中国革命与建设的基本问题》，丙级学习《辩证唯物主义常识》《政治经济学》。1986年，组织特区直属机关干部参加省马列主义理论函授学习。1987年，组织学习《邓小平文选》《坚持四项基本原则、反对资产阶级自由化》等文章；组织干部参加政治经济学函授学习。

1988年，组织学习中共十三大精神，干部参加全省《社会主义商品经济理论》统考；召开“重新认识水城，探索水城经济发展前景，加快水城脱贫致富步伐”理论研讨会。1989年，组织学习邓小平、杨尚昆、李鹏讲话和社会主义初级阶段理论、党的基本路线。1990—1992年，组织学习《马克思主义基本知识》《党的基本知识》《中共中央加强党同人民群众联系的决定》《马克思主义哲学纲要》《关于社会主义若干问题学习纲要》、中共十四大精神、江泽民在庆祝中国共产党成立70周年大会上的讲话，学习邓小平在武昌、深圳、珠海、上海等地谈话精神；举办“党建理论学习”班1期，“马克思主义党的建设理论纲要”骨干培训班1期，“马克思主义理论”培训班1期，《中共党史纲要》理论骨干培训1期。1993年，举办毛泽东思想、邓小平理论座谈会；各级党委成立中心学习组，发挥学习带头作用；《水城报》开办理论学习专栏，县4个班子领导带头在《水城报》上发表学习指导性文章；组织全县“解放思想、实事求是、抓住机遇、加快发展”大讨论。1994年，组织学习《邓小平文选》（第三卷）、中共十四届四中全会精神。1995年，组织学习《邓小平同志建设有中国特色社会主义理论学习纲要》，制定《〈爱国主义教育实施纲要〉实施细则》，落实全县爱国主义教育工作。1996年，组织全县干部学习中共十四届五中、六中全会精神；《水城报》刊登江泽民《领导干部一定要讲政治》《中共中央关于加强社会主义精神文明建设若干重要问题的决议》。1997年，举办“庆七一迎回归”理论座谈会；市委讲师团马忠善副教授给县副处级以上领导作“经济改革发展与战略”专题辅导。1998年，全县38个党委中心组坚持学习制度，学习中共十五大精神等。1999年，在副县级以上领导干部中开展读书征文活动；国庆期间，组织理论研讨会、座谈会等活动18项。2000年，举办“迎接西部大开发，水城怎么办?”理论研讨会，收到论文47篇。

2001年，编印《水城县干部职工理论学习资料》，发放近万册。2002年，组织学习邓小平理论有关文章、“三个代表”重要思想、江泽民5·13讲话、省第九次党代会精神、《马克思主义发展史》等，集中学习《江泽民论有中国特色社会主义》（专题摘编）；举行“水城县学习、贯彻‘十六大’，实践‘三个代表’为主题的理论研讨会”。2003 年，编发《十六大报告学习资料》等材料近万册，召开全县各级党委中心组理论学习交流会，表彰县委中心组和纸厂、滥坝、金盆、勺米等乡中心组。2004 年，举行“非公经济与六盘水发展”理论研讨会；学习中共十六届三中、四中全会精神。2005 年，组织学习总书记胡锦涛视察贵州结束时的讲话和十六届五中全会精神；举行反法西斯暨抗日战争胜利 60 周年纪念讲座。2006 年，组织学习《江泽民文选》《科学发展观学习读本》《2006 理论热点面对面》。2007 年，组织学习省第十次党代会精神、《十七大报告辅导学习读本》《新党章学习读本》《2007 理论热点面对面》《2007 年政治理论学习辅导资料》等。2008 年，组织宣讲中共十七届三中全会、省委十四届四次全会精神；组织学习《学习活页文选》《2008 理论热点面对面》《2008 年政治理论学习辅导资料》《党章》、中央四个长效机制文件和省委“1 +9”文件及市委 1 号文件精神、《干部选拔任用条例》等；组织“纪念改革开放 30 周年”征文活动，全县各学校开展中国特色社会主义理论体系和社会主义荣辱观“进课堂、进头脑”活动，全县干部职工进行 2 次政治理论学习考试。

（二）对内宣传

1978—1983 年，宣传中共十一届三中全会后的路线、方针、政策。1982—1985 年，在农村广泛宣传中共中央〔1982〕1 号、〔1983〕1 号、〔1984〕1 号和〔1985〕1 号文件，向广大农民进行家庭联产承包责任制、发展商品生产、调整产业结构、对内搞活、对外开放、繁荣农村经济、走勤劳致富道路等宣传。1985 年，创办《水城特区报》。1986 年，组织文艺宣传队到区乡宣传劳动致富。1987 年，宣传四项基本原则、反对资产阶级自由化，开办 4 期辅导班。

1988 年，宣传“整顿经济秩序，治理经济环境”，举办 3 期骨干培训班；《水城特区报》更名为《水城报》。1989 年，宣传中共中央、国务院《关于夺取明年农业丰收的决定》；向群众进行形势教育和分清是非教育。1990 年，宣传江泽民《国庆讲话》和改革 12 年巨大成就及水城的变化。1991 年，开展纪念建党 70 周年活动，举行“老共产党员讲历史，话传统座谈会”，举行歌咏比赛，观看大型纪录片《我们贵州人》等；观看重大革命历史题材影片《开天辟地》上下集、《毛泽东和他的儿子》。1992 年，开展农村社会主义思想教育，宣传“社教”工作。1993—1994 年，宣传党在农村的各项方针政策；宣传报道烤烟生产、计划生育、出水洞电站、水盘东线工程、姬龙公路建设等；开展“学雷锋”“学赖宁”活动。1995 年，全县开展向孔繁森学习活动。1996 年，宣传中共十四届五中、六中全会精神和减轻农民负担政策。1997 年，开展迎香港回归大型庆典活动。1998 年，宣传“抗洪救灾”精神。1999 年，开展迎澳门回归大型庆典活动，宣传农村脱贫致富典型。2000 年，《水城报》刊登“西部大开发”大讨论稿件近 100 篇，发表讴歌先进集体和先进人物事迹的通讯。

2001—2003 年，宣传“三个代表”学教活动，《水城报》转载《“三个代表”的忠诚实践者——郭秀明》，为全县基层党支部提供学习典范。2003 年底，按照中央要求撤销《水城报》社。2004 年，宣传中共十六届三中、四中全会精神，作《十六届三中、四中全会精神解读》专题讲座。2005 年，进行保持共产党员先进性教育宣传，作《怎样保持共产党员先进性》专题讲座；创办新闻内刊《水城通讯》。2006 年，以贯彻落实科学发展观、构建和谐社会、保持党员先进性教育为主题开展各类宣传。2007 年，宣传中共十七大精神，宣讲省第十次党代会精神。2008 年，宣传中共十七大、十七届三中全会精神，作《尽情享受创新理论的理性之美》专题讲座。

（三）对外宣传

1985—2008年，全县外宣工作围绕县委、县政府的各项中心工作进行，宣传水城，推介水城，展示水城形象，努力提升水城美誉度。中央、省、市宣传媒体共播发、刊载宣传水城的稿件5000余篇（条）、图片400余张。组织参加全国、省农民画画展，37幅作品获奖。组织参加全国、省、市新闻好作品评选、征文大赛、知识竞赛、演讲比赛，41人次获奖。

1986—1990年，出版《山青青水长流》《维护基本国策的烈士吴大平》等专辑和画册，《森林》等14件水城农民画被中国民间美术博物馆收藏。1996年，总书记江泽民视察水城，《水城报》发表通讯《指引我们向前进——江泽民到我县视察纪实》，并配发社论《巨大的关怀，殷切的希望》。1999年，出版《中国水城农民画》《水城县民间歌曲集》。2000年，编印《西部大开发学习资料汇编》；中央一套新闻联播播出稿件《向总书记报喜》，新华社刊载稿件《总书记放心，我们脱贫了》，省电视台播发《水城大搞生态建设》《水城招商引资发展乡企》等。

2001—2002年，编印《身边的楷模》一书2000册。2003年，中央电视台7套节目制作并播出《梦圆新水城》《挑战石漠化》《水城天生桥》《小花苗芦笙舞》4个专题节目；举办纪念水城设立行政建置270周年书画展；为庆祝县政府驻地搬迁双水，举办全省围棋邀请赛，邀请中国煤矿文工团到县演出、由瞿弦和（中国十大著名播音家）及金铭（著名影星）主持节目；彝族青年李贵荣的作品《中国的脚步》获全国主旋律歌曲大赛作曲二等奖；与新华通讯社贵州分社建立水城网站，开设“报道水城”“党政在线”等栏目。2004年，创办文学刊物《双水》，汤保华、徐成森、王蔚华等文学名家担任顾问。2005年，贵州电视台《发现贵州》栏目播出宣传水城的专题《彝族挑花》《高家渡铁索桥》《发耳乌木烟杆》等；县文联采写并出版文学报告集《凌云笔》，真实反映县“两基攻坚”的艰辛和成就；杨梅中学教师李贵荣的作品《世纪的恋歌》获文化部“西部之歌”青年民歌大赛词曲创作一等奖。

2006年，CCTV—4《走遍中国》栏目到县采访，制作并播放《野钟黑叶猴》《死亡大峡谷》《芦笙王争霸赛》等节目。组织“多彩贵州旅游形象大使”选拔赛，878名选手参加海选，其中30名进入市级赛，4名进入省级赛。组织“2006‘开磷杯’多彩贵州旅游商品设计暨旅游商品能工巧匠选拔大赛”；评出25名选手，52件作品参加全市评选，3名选手获二等奖、1名选手获优秀奖，1件作品获二等奖、3件作品获三等奖、3件作品获优秀奖；参加全省大赛时，2名选手获三等奖，2名选手获优秀奖，2件作品获二等奖，3件作品获优秀奖。

2007年，组织“多彩贵州”舞蹈大赛水城赛区的选拔赛。2008年，举行“改革开放暨建市30周年、县区分设20周年”庆祝活动，制作电视专题片《沧桑巨变——水城改革开放经济发展》，出版画册《峻奇水城》和报告文学集《崛起的大山》；组织玉舍海坪彝族火把节等节庆活动和县首届“桃花艺术节”，杨梅中学教师李贵荣的作品《跟你到永久》获“2009‘中国杯’共和国60周年优秀词曲展示大赛”金奖。

（四）精神文明建设

1983—1984年，全特区以共产主义思想教育为核心，开展“五讲、四美、三热爱、三优、一学

（讲文明、讲礼貌、讲卫生、讲秩序、讲道德，心灵美、语言美、行为美、环境美，热爱祖国、热爱人民、热爱社会主义，优质服务、优良秩序、优美环境，学雷锋）”活动；文艺宣传队深入城乡、厂矿宣传“维护妇女儿童权益”共31次，观众21万人次；张贴宣传标语3.5万张。1985年，接待中国人民解放军35208部队英模报告团，县直机关千余人聆听报告，李作成、李正芳、靳建疆3位英模为《水城特区报》题词。1986年，进行形势、理想、纪律教育，宣传劳动致富。1987年，宣传陡箐乡党委书记吴大平维护计生基本国策英勇献身的事迹。

1991年，开展纪念“9·18”事变60周年活动，进行爱国主义教育。1991年5月25日，下发《中共水城县委水城县人民政府关于进一步加强社会主义精神文明建设的意见》。1993—1994年，开展纪念毛泽东诞辰100周年等活动。1995年，举办纪念世界反法西斯战争暨中国抗日战争胜利50周年歌咏比赛，修建发箐乡农村精神文明活动中心。1996—1997年，组织全县精神文明建设理论考试；举行“三下乡”活动，演出15场，赠书5万余册；成立县精神文明指导委员会，下设办公室，由县委宣传部抽调2人到文明办工作。1998年，全县各中小学广泛开展“手拉手，献爱心”“讲文明，树新风”活动；有598人参加全省“万村书库”农民读书活动知识竞赛，获一等奖12名、二等奖3名、三等奖5名；有省级文明单位3个，市级文明单位23个。1998—1999年，在全县33个乡（镇）的123个村（全县共有547个村）开展“星级文明户”创建活动，共评选出星级文明户5400余户（十星级文明户984户、九星级文明户1247户、八星级文明户1859户、其余为五星至七星级文明户）。1998—2002年，上报的5个省级文明单位、1个省级文明村获省文明办批准；落实中央《西部助学工程》。1999年，组织“三下乡”活动，发放资料1.7万册（本），挂图8015幅。1999年12月，全县有发箐、滥坝、木果、董地4个农村精神文明活动中心。2000年，举办“崇尚科学文明，反对迷信愚昧”大型图片展，展出挂图129幅；继续开展“星级文明户”创建活动。2000年1月6日，下发《中共水城县委关于2000年精神文明建设工作的意见》。2000年11月6日，县委表彰1998—2000年县级文明单位、文明乡镇和文明村，授予县财政局等19个单位“文明单位”称号、顺场乡等6个乡（镇）“文明乡镇”称号、顺场乡顺场村等20个村“文明村”称号。

2001年，配齐“千乡万村书库”丛书，组织捐献有益图书2.3万余册；县宣传文化中心主体完工。2002年，举行落实《公民道德建设实施纲要》宣誓活动。2003年，组织抗击“非典”为主题的宣传活动16次，发放宣传资料6万多份；机关干部和在校学生参加“珍爱六盘水，争做文明人”活动。2004年，机关干部和在校学生参加以“卫生与秩序”为主题的爱国卫生活动；开展以“手拉手，献爱心”为主题的向贫苦农民职工捐助活动。2005年，举办“安康杯”拔河比赛、篮球赛和摄影展；组织首届“黄果树杯·多彩贵州”歌唱大赛水城赛区选拔赛和“重走长征路”活动。2006年，组织“三下乡”大型活动3场、小型活动45场。2007年，以“迎奥运、讲文明、树新风”活动为中心，结合“公民道德宣传月”，开展大型“三下乡”活动；组织各乡（镇）举办“文明村民培训班”；卫生系统以“全民动手，整脏治乱，共建和谐卫生环境”为主题，开展“环境卫生达标月”活动；全县开展“大手拉小手，整脏治乱一起走”志愿者活动。2008年，鼓励企业投资130万元兴建水城农民画画院1座（蟠龙乡白车河村）；推进公民道德建设工程——“满意在水城”工作；进一步开展整脏治乱工作，加强和改进未成年人思想道德建设；累计建成县宣传文化中心1个，乡（镇）精神文明活动中心16个，文明示范村15个，农民文化家园12个，农家书屋3家，评选省级文明单位5个。

三、统战

落实统战政策 1992年10月，县委统战部到陡箐乡猴儿关调解基督教猴儿关教堂“大跃进”时被生产队占做公房，“文化大革命”时期又被一无房户占住，长期不还问题；决定由县民族与宗教局代占房户申办宅基地100平方米，县委统战部补助占房户建房款1000元，第二天便将教堂归还基督教组织。1993年，复查去台人员王德政位于市区场坝钟山路27号房私产被占一事，县政府以〔1993〕水通字第48号文件将其产权落实给王德政的财产继承人朱启英。1996年，县政府批准修复并开放观音阁为佛教活动点。

“三胞两属”（台湾同胞、港澳同胞、海外侨胞，侨属、台属）工作 1980年11月，成立特区党委对台工作领导小组。1987年，海峡两岸实现三通（通邮、通航、通商），台胞大批返大陆探亲、旅游。1987—1995年，共协助10户台属找到在台亲人58人，协助两岸同胞通邮、通汇50余户，代台湾同胞转递资金5.98万元，台胞资助水城亲友人民币100多万元，通话221次，代转信函241件，接待台胞154人次，协助两地亲人异地探亲26人次；接待层次最高的是国民党海军第二防区退役司令宋炯先生；水城有归侨4人，有侨胞28人，侨属24户；侨胞中有商人10人，教授、工程师、经理、科技工作者、公务员各2人，侨领1人，闲居7人，主要分布在美国、加拿大，日本、新加坡等13个国家。1988年9月，县委对台工作办公室与县委统战部合署办公，侨务工作主要由政府侨务办公室负责。1989年4月，县委对台工作办公室加挂县政府台湾事务办公室牌子，实行一套人员两块牌子。1990年，核实县共有台胞66户、228人，台属66户、317人；台胞中有退役老兵43人，商人6人，教师4人，教授、医生各2人，工程师、记者、公务员、工人各1人，少将、上校、少校各1人，闲居2人。1991年，水城遭受百年未遇的洪涝灾害，世界鲜明会和香港乐施会的同胞立即伸出援助之手，先后来水城实施11个赈灾项目，捐赠人民币124.5万元，大米9500千克；鲜明会赵爱萍、夏仲邦和乐施会陈美龄不辞辛劳，多次到水城了解灾情，视察捐建项目，指导赈灾工作。

四、政法

平安建设 抓住影响社会稳定和人民群众反映强烈的突出治安问题，开展“雷霆行动”暨“打盗抢、保民安”专项行动，坚持打防并举，强化社会治安控制，最大限度地屯警街面。强化城区巡逻防控，坚持24小时巡逻防范，加大对易发案路段、人员密集场所等重点部位的治安巡逻防范，加强盘查力度，及时发现和打击违法犯罪分子。强化单位内部防范能力和公共安全管理，有效防止单位内部盗窃及安全事故的发生。切实把禁毒、社会治安综合治理、重点人群管理等纳入村（居）民自治内容，不断完善各项措施。推进群防群治体系建设，整合专职保安、专职联防和群防群治队伍，加强对治安联防互助组的管理和指导力度，使其真正“防起来、管起来、守起来”，真正达到群众“自我教育、自我管理、自我监督、自我服务”的目的。开展“平安和谐四区”（矿区、库区、工区、社区）创建活动，推动各类项目建设顺利进行。有针对性开展整治，有效震慑犯罪，坚决维护全县治安大局持续平稳。

社会管理创新 根据县一些村（社区）矛盾纠纷日趋凸现的实际，把化解各类矛盾纠纷作为加强和创新社会管理的突破口，推行社会管理服务工作进村居、进社区、进企业、进新经济组织的“勺米社会管理新模式”，加强矛盾纠纷调处室、综治工作室、警务室、社区矫正工作室“四室合一”

等建设，充分依靠行业管理组织、群众自治组织和人民团体在化解矛盾纠纷中的积极作用，抓好矛盾纠纷排查调处和社会治安巡逻防控，优化经济社会发展环境。在村（居）民自治中侧重解决“群众关心、社会热点、历史欠账”等方面的问题。实施“为民服务全程代理制”，建立乡、村、组为民服务全程代理点，根据群众需要将生育审批、户口迁移、民用煤票、救灾救济款物、身份证办理、宅基地审批等40余项服务项目作为代理内容，全程代理，一次办结。建立健全交友制度、联席会议制度和定期走访制度，定期召开村老、寨老和人大代表、政协委员座谈会，并将收集整理到的相关建议、意见明确责任部门或个人抓落实。严肃责任追究，真正取信于民，建立密不可间的鱼水情关系。推行社区“网格化”管理模式，在中心城区以每300户作为一个“网格”，按每个“网格”2～3名专职工作人员、4个“网格”1名民警进行配置，切实把“网格化”管理打造成加强基层治安管理、调处矛盾纠纷、联系服务群众的平台；有条件的乡（镇）结合实际，在治安比较复杂、社会矛盾比较突出的村（社区）推行“网格化”管理。坚持把重点领域和重点人群的管理作为社会管理的重点，增强社会管理工作的针对性，提高社会管理工作的整体水平；加大对旅馆、出租房、网吧、歌舞厅、洗浴、按摩、发廊等重点场所的整治管理，组织力量对重点领域进行全面排查和整治。不断创新流动人口、重点人口、特殊人群服务管理体制，建立健全人口综合信息管理平台，逐步实现“以证管人”“以房管人”“以业管人”，实现发案率逐步下降。推行网吧“户籍制”“实名制”，健全网络舆情监测导控机制，最大限度降低虚拟社会对现实社会的负面影响。

五、机构编制

（一）编制管理

事业单位登记　2002年对符合条件的390家事业单位进行登记；2003年注销登记17家；2004年初始登记28家；2005年初始登记17家，注销登记18家；2006年初始登记17家，注销登记16家；2007年初始登记7家，注销登记98家；2008年初始登记46家。截至2008年12月31日，全县共登记事业单位505家，注销登记149家，实有356家。

域名注册管理工作　截止2012年，全县共有1020家行政事业单位注册。

机构编制　1981年，特区机关有行政人员753人，区（镇）、乡有行政人员847人，特区直属事业单位及所属事业单位有人员4131人。1984年机构改革，全特区行政事业单位共有人员6121人。1988年，县、区、乡行政、事业人员减少为5770人，比1987年减少1144人。

职能职责的核定及其他业务工作　1992年，完成新建33个乡（镇）党政机关机构及事业单位人员编制核定工作。1993年8月，开始在全县行政、事业单位推广使用《机构编制管理证》工作。1993—1995年，完成县直党政群机关“定职责任务、定内部机构、定人员编制、定领导职数”的“四定”及县直事业单位“定机构、定职责、定编制、定经费渠道”的“四定”工作。1997年，完成33个乡（镇）党政群机关“定主要职责、定内设机构、定人员编制”的“三定”工作。1998年1月，在全县行政、事业单位实施控编补员制度，实施《人员编制年度使用计划表》《编制使用审批表》，使人员编制工作制度化、规范化。2002年，完成全县党政群机关“定职能、定机构、定编制”的“三定”及33个乡（镇）党政机关及事业单位机构改革方案审核工作。2007年12月，完成全县33个乡（镇）机构改革试点工作，对乡（镇）主要职责进行重新核定，对乡（镇）事业站所进行整合并重新明确宗旨和业务范围。

1989—2008 年，全县机构编制情况见表 4 －1 －7。

1989—2008 年水城县机构编制统计表

表 4 －1 －7　　　　单位：人

年　度	行政机构			事业机构		
	机构数（个）	编制数	实有人员	机构数（个）	编制数	实有人员
1989	186	2049	2189	276	3148	4143
1990	210	2186	2291	321	4458	3921
1991	200	2178	2228	375	4558	4029
1992	152	2150	2424	694	5074	4119
1993	122	2230	2389	732	5341	4476
1994	135	2228	2372	761	7512	4870
1995	134	2216	2468	742	7813	5184
1996	134	2375	2625	704	7632	5441
1997	136	2142	2360	684	8106	5455
1998	134	2116	2474	647	8101	6038
1999	133	2108	2396	617	8120	6199
2000	167	2108	2527	647	8130	6882
2001	167	2108	2596	647	8135	6892
2002	156	1740	2793	774	8346	6919
2003	156	1756	2743	839	8580	6998
2004	158	1756	2694	889	8773	8066
2005	158	1764	2604	1011	9533	8903
2006	156	1934	2509	1035	9958	9108
2007	156	1962	2025	995	9958	9108
2008	156	1960	2010	961	9956	9797

（二）机构改革

1984 年机构改革　党委工作机构设置：特区党委办公室、组织部、宣传部、统战部、农村工作部、经济工作部、政法委、老干局。特区政府工作机构设置：政府办公室、计划委员会、科学技术委员会与科学技术协会合署办公、计划生育委员会、体育运动委员会、民族宗教事务委员会、统计局、物价局、劳动局、交通局、农业局、畜牧局、林业局、水利电力局、财政局、税务局、商业局、工商行政管理局、粮食局、审计局、教育局、卫生局、公安局、司法局、民政局、人事局、文化广播局、城乡建设环境保护局、人民防空战备支前办公室。撤销特区党委政策研究室、特区财贸办公室、特区农林办公室。

1993 年机构改革　县委工作部门设置：县委办公室、组织部、宣传部、统战部、政法委。县政府工作部门设置：政府办公室、经济贸易局、农业局（由农村经济委员会更名）、林业局、水利水电局、教育科技局、计划统计局、工商行政管理局、民政局、审计局、人事劳动局、国土建设局、矿产资源管理局（由矿产资源管理委员会办公室更名）、交通局、财政局、卫生局、文体广播电视局、乡镇企业管理局、民族宗教事务局、公安局、司法局、税务局。

2002年机构改革　县委机构设置：县委办公室、纪律检查委员会、宣传部、统一战线工作部、县委政法委、组织部、机构编制委员会办公室、直属机关党委。县政府机构设置：保留机构有政府办公室、财政局、民政局、公安局、林业局、卫生局、计划生育局、农业局、教育局、审计局、统计局、民族宗教事务局、科学技术局、交通局、粮食局、建设局、司法局、物价局；变动更名机构有计划局更名发展和计划局、贸易局更名经济贸易局、人事劳动局更名人事劳动和社会保障局、煤炭工业局更名煤炭管理局、水利水电局更名水利局；人民防空战备办公室更名人民防空办公室、老龄委员会更名老龄工作委员会；合并组建机构有国土局与地质矿产局合并组建国土资源局，体育局与文化广播电视局合并组建文体广播电视局，外事办公室与侨务办公室合并组建外事侨务办公室。撤销机构：撤销爱卫办，职能并入卫生局；撤销水保办，职能并入水利局；撤销经济体制改革办公室，其行政职能并入经济贸易局和政府办；撤销工业局、贸易局、乡镇企业局、物资公司等部门和行政性公司，行政职能并入经济贸易局；撤销预算外资金管理局，其行政职能并入财政局；撤销轻工总会，其行政职能并入经济贸易局；撤销招商引资局，其行政职能由发展和计划局承担；撤销旅游局，其职能并入政府办；撤销农机局，其行政职能并入农业局。

六、离退休干部工作

1982—1983年，对全特区老干部进行登记，建档，对老干部情况调查研究；有关部门做好离休干部的管理服务；具体服务为供应粮、油、面、肉食、水果、烟、酒、煤、老干部生病住院车辆接送及“两项待遇”落实等；办理离休干部的相关手续；建老干部宿舍3幢，46户，面积约3980平方米，资金由特区财政拨付。1984年3月，特区体委，老干部局联合筹建特区老年人体育协会；11月23日召开成立大会，同时开展田径、棋类、篮球等比赛。1987年9月，召开特区第一届离退休干部、职工运动会；参会人员250人，其中离休干部130余人。

1992年8月，学习广西玉林经验，成立县委干休所矿产经营公司。1993年10月，县企业离休干部由企业单位转入行政主管部门管理（为全省首家）。1994年起，县退休人员每年享受30元冬季取暖费。1997年9月，为方便家居农村离休干部就近就医，由各乡（镇）每人每年拨发1000元门诊医疗费（包干），住院实报实销。1998年4月，由12个单位和部门（粮食局、卫生局、工商局、环保局、建设局、农业局、民政局、交通局、公安局、林业局、煤炭局、水电局）负责对本单位离休干部医疗费进行审核、垫付、报销；其余单位离休干部医疗费统一由县委离退局负责核销，经费由县财政核拨。1998—1999年，老年节期间，开展花卉、花鸟、老年摄影、图片展和斗鸟活动；举办老年门球、老年击剑、扇舞、健身球、象棋、扑克、垂钓、羽毛球、网球、乒乓球、跳棋等体育活动。1999年，离休干部医疗费统一在县离退局核销；县财政拨款修建县老年活动中心，建筑面积1480平方米，2000年6月投入使用；设备及器材有乒乓球桌、麻将、象棋、围棋、康乐棋、乒乓球、羽毛球、台球、阅览室、健身房等。

2002年4月，县离休干部信息管理系统建库工作启动；2003年通过省、市老干局检查组验收。2004年，县组织部、县人事劳动局、县离退局联合对建国初期参加革命工作的人员进行查档、摸底、建卡，符合条件的上报落实相关待遇；县离退局收集、整理自成立后的档案资料，11月通过档案局检查、验收，获省档案管理二级合格证。2005年9月，县离退局组织抗日战争时期参加革命工作的老干部举行纪念抗日战争暨世界反法西斯战争胜利60周年座谈会。2006年，撤建县老年活动中心办公楼，县离退局暂迁另地办公。2008年，全县有离休干部89人，享受副县级及以上待遇的退休干部28人。

七、党校工作

1979—2008年，县（特区）党校办培训党员、干部22个班（期）、3076人；办函授大专、本科57个班、3837人，毕业48个班、3282人；函授中专4个班、161人，均毕业；共评优秀学员1160余人。1979—2012年，县（特区）党校被县级以上组织评为先进集体10多次，20多人次被县级以上组织评为先进个人；在各级报刊发表论文60多篇，获优秀论文奖14次。

1979—2008年，县（特区）党校培训班情况见表4－1－8。

1979—2008年水城县（特区）党校培训班统计表

表4－1－8　　　　单位：人

时　　间	名　称	学员构成	总人数	少数民族
1979.08.07—1979.08.30	理论班	大队支书及公社副书记	291	—
1980.09.10—1980.10.10	党训班	特区机关及企业单位党员干部	566	—
1981.09.07—1981.10.26	轮训班	机关党员	265	26
1982.09—1982.10	干训班	社干及脱产干部	237	20
1983.04.06—1983.04.26	读书班	区（镇）社领导干部	280	45
1984.9.06—1984.10.06	干训班	区（镇）社领导干部	260	43
1985.3.06—1985.07.10	理论班	乡镇领导干部	99	37
1986.12—1987.07	培训班	乡镇干部	45	26
1987.08.17—1987.11.25	培训班	乡镇干部	82	47
1988.08.09—1988.08.22	培训班	贫困村支书、主任	120	49
1989.11.03—1989.12.30	理论班	乡（镇）长、书记	33	16
1990.05.25—1990.06.23	短训班	机关入党积极分子	149	—
1999.03.19—1999.03.25	培训班	乡（镇）党员干部、村支书	66	30
2004.05.09—2004.05.12	干训班	新任科级干部	45	—
2005.01.28—2005.12.09	农业技能培训班	—	16	13
2005	培训班	新录用公务员	56	—
2007	培训班	党外干部	40	11
2008	培训班	科级后备干部	80	—
2008	十七大精神培训	正科级干部	200	—
2008	培训班	新录用公务员	45	—
2008	干训班	新任副科级干部	91	—
2008	培训班	党外干部	10	9
合　计			3076	372

八、政策研究

课题调研　1987，完成《水城特区区情初探》，对农、林、渔、牧、副等行业基本情况进行调查。2005 年，完成《都格乡人口计生工作解读》调研课题。2006 年，完成《水城县新农村建设的调研》课题。

经验总结、规范和推广　1987 年，创办《调查与研究》。1988 年，总结廉政建设“两公开一监督”（政务公开、办事公开、群众监督）制度执行经验、完善内容；用解剖麻雀的方法，调查分析个别国营企业盈利的经验；调查发耳鲜姜销售困难的原因并提出建议。2005 年创办、出版《水城通讯》刊物后，共发送 150 期，发表新闻通讯 5000 余篇，刊发调研报告 130 余篇。2007 年，完成《水城县新型农村合作医疗》调查总结。

热点问题探析　2008 年，完成《水城县茶叶产业调查报告》，对县茶叶产业进行全面总结，上报省政府；完成《探索农村土地流转，促进产业规模经营——米箩乡引进华荣农业发展有限公司发展猕猴桃产业的思考》调查报告。

九、信访工作

1978 年，特区党委领导和办公室主任分别批示来信来访 978 件，其中特区党委书记张作圣批转来信 300 余件，特区党委组织力量，查处信访案件 35 起，其中大案要案 19 起；这一时期来信来访内容以“一打三反”，政治、经济、刑事犯罪、揭发帮派骨干为主；收到来信 165 件，接待群众来访 1158 人次。1979 年，建立常委接待日，并下发《关于加强领导，切实做好信访工作的意见》《关于认真做好人民群众来信来访工作的通知》，受理来信来访 4268 人次，其中要求落实政策 2690 人次，要求解决粮户 810 人次，特区党委领导亲自阅批来信 496 件，接待来信来访群众 470 人次；中央、省立案 85 件，处理结案 40 件。1980—1982 年，特区党委、特区革委建立领导班子成员轮流值班接待来访群众制度和领导干部接待日制度；下发《关于归口接待和处理人民来信来访的意见》，把信访工作列入班子重要议事日程；各区（镇）、公社党委建立健全信访工作值日制度，党政一把手于赶集天挂牌亲自接待、当面处理群众来访提出的问题；强调处理信访案件“要坚持分级负责，归口处理”的原则；3 年共受理人民来信来访 5114 件；特区党委领导阅批来信 80 余件。

1983—1990 年，县（特区）6 次调整信访工作领导小组，受理群众来信 5201 件，接待群众来访 1892 人次，其中中央、省、市批转的 242 件，立案 340 件，结案 297 件。1988 年 11 月，县信访办被省委、省人大、省政府办公厅评为贵州省信访工作先进单位。1989 年 1 月，县信访办被市委、市政府评为 1988 年度信访案件查办先进单位。1991 年，受理群众来信 1479 件、来访 221 人次；立案 76 件，查结 76 件；县信访办党支部被评为市直机关先进党支部和文明单位。1997 年，建立《县领导接待来访群众工作制度》《水城县信访工作目标管理实施办法》《水城县信访工作定期检查制度》；接待上访群众 650 人次，处理群众来信 386 件。

2003 年，受理群众来信 193 件，来访 128 批次、492 人次，来访中集体访 21 批次、317 人次；办理信访案件 31 件（其中省交办案件 1 件，市交办信访案件 8 件）；县信访办获省政府颁发的“信访文明接待室”称号。2004 年，受理群众来信 243 件，来访 203 批次、820 人次，来访中集体访 25 批次、510 人次，重访 32 批次、114 人次；办理信访案件 64 件（其中国家、省信访局交办 7 件，市交办案件 15 件），排查分析信访热点难点问题 73 条。2005 年，完善县领导信访预约接待日制度，10 位党、政领导共接待来访者 60 批、189 人次，处理群众诉求案 70 件，批阅来信 77 件，包案处理信访事项125件，处理结案120件；9月，全县建成信访“绿色通道”，10月出台《水城县信访局办理群众来信工作规则》《水城县信访局督查督办规则》《水城县信访局接待群众来访工作规则》，信访局、公安局发布《关于维护信访秩序的通告》。

2006年，县信访局开展“创学习型机关，建高素质队伍”活动，在33个乡（镇）和36个联席会议成员单位建成三级信访网络机制；收到群众来信227件，办理160件；接待群众来访320批次、715人次，其中集体访18批次、193人次，办理并答复信访人311批次；全年共排查各种重疑难信访事项194件，结案182件；中央、省、市立案转交办案件32件，办结30件；县领导阅批交办案件24件，办结24件；县信访局被评为贵州省信访工作先进集体并获省委、省政府表彰。2007年，出台《水城县信访局变群众上访为信访干部下访便民服务实施方案》，领导带头下访；逢赶集日，利用宣传车宣传国家和省的《信访条例》，散发《条例》4000余份，接待群众来访23批次，转交办群众来访事项23批次，排查处理各类矛盾纠纷135件，就地化解96件；召开处理个案信访联席会议8次，处理突出问题8件，调处个案25件次。2008年，出台《水城县群体性上访事件应急预案》《水城县信访工作责任追究办法（试行)》，开展“县委书记大接访”活动；全县28位副县级以上领导干部共接待来访群众703批、2214人次（其中县委书记、县长接待192批、491人次），现场处结84批、147人次，转有关部门、乡（镇）办理570批；在“县委书记大接访”活动中，“大接访”办公室先后在《贵州日报》《六盘水日报》《凉都晚报》、六盘水电视台发表新闻报道30余篇（条），张贴标语10000条、挂红标几十幅、出简报30期、发接访通报108份、编发接访回复情况通报108期；通过“县委书记大接访”活动办结了蟠龙乡二道岩村尹金贤进京上访反映其子尹波、其女尹菲被本乡店盘村一村民杀死案和县及钟山区残疾人串联进京集访要求归还被没收的电三轮案等一批疑难典型信访案件；全年共收到来信145件，来访874批、2538人，大部分处理结案。

1978—1988年，信访工作的重点为落实政策；通过各级部门的努力，诉求基本得到解决。1989—2000年，信访问题多数是在新老体制交替中发生的纠纷，通过各级各部门认真调解，矛盾得到化解。2001—2008年，信访问题多数是揭发、检举贪污腐败，通过反腐倡廉、打击犯罪，反映问题逐步得以解决。

1978—2008年，县（特区）信访案件办理情况见表4－1－9。

1978—2008年县（特区）信访案件办理统计表

表4－1－9　　单位：批次、件、人

年　度	受理总数	立案总数	办结件数	办理情况					
				回复	息信息访	调解	化解	转移办结	领导包办
1978	2037	2014	1902	189	141	203	301	851	212
1979	3814	2809	3684	537	205	201	414	931	360
1980—1982	4233	3184	2925	617	430	315	301	1071	191
1983—1990	5084	4061	3901	686	708	614	273	1310	110
1991	1293	723	668	78	57	43	36	351	175
1992	234	265	245	25	21	16	35	103	43

续表 4－1－9

年　度	受理总数	立案总数	办结件数	办理情况					
				回复	息信息访	调解	化解	转移办结	领导包办
1993	315	247	231	31	43	18	27	116	5
1994	297	218	310	25	27	15	31	107	5
1995	304	212	201	31	45	5	21	97	2
1996	331	307	293	58	31	7	11	183	3
1997	454	275	239	63	45	11	8	109	3
1998	285	281	239	58	48	12	13	103	5
1999	450	460	425	95	27	82	15	213	53
2000	461	401	301	87	31	28	16	205	10
2001	703	644	644	105	63	21	19	353	89
2002	294	189	82	31	18	51	13	61	81
2003	405	243	232	54	21	16	11	83	47
2004	514	305	308	86	31	53	9	105	21
2005	368	361	361	41	—	—	—	195	125
2006	942	800	800	311	290	155	103	96	—
2007	744	689	677	—	—	338	192	115	32
2008	2497	2357	2357	183	101	87	116	1653	215

十、督查工作

督查文件精神贯彻落实　围绕历年省、市、县相继召开的经济工作会议及党委全会等会议出台的一系列方针、政策和具体工作实施意见开展督查，明确工作承办责任单位、承办责任人及协办单位、协办责任人。采取电话督查、实地督查、下发督办和整改通知等方式，对全县实施的重大项目和工程，省、市、县“民生实事”“十大工程”“地企共建”等工作开展督查，及时向省、市、县反映工作中存在的问题和提出解决问题的建议，为各级领导提供决策依据。

督查全县中心工作　围绕全县经济社会发展、党建工作、新阶段扶贫、普法、社会治安综合治理、安全生产、民爆物品管理、计划生育、新农村建设、春耕生产、“三秋”生产、县乡机关作风整顿、创建文明卫生城市等重点工作，按照制定的工作方案，进行专项督查。

督查群众关心的问题　对农村民用煤供应、民用煤补助资金、地质灾害等群众反映强烈的问题进行专项督查，及时发现和纠正工作中存在的问题，帮助群众解决一些实际困难和问题。

督查各级督办问题　对各级督办批示进行督查，保证“批必查、查必清、清必办、办必果”。

督查工作目标　2004 年全县开始目标考核管理工作，目标管理领导小组办公室设在县督查室，负责全县机关单位和乡（镇）目标管理；从 2007 年开始，县直机关单位的目标管理工作由县直机关党委负责，县督查室只负责乡（镇）目标管理。县督查室制定和修改《目标管理办法》，年初制定目标管理责任书，年底组织人员对部门和乡（镇）目标执行情况进行考核。

十一、机要与保密

县机要局负责传统通信任务、密码管理、信息化密码保障、信息化建设、电子文件管理等工作。2005 年，组建县乡计算机通信网，建成并在全县 33 个乡（镇）推广使用以替换传真通信，使用一段时间后被商密通信网所取代。2006 年 12 月，着手全县电子政务内网建设。县保密局按《保密法》开展工作，对全县各单位的保密工作进行指导和监督。

十二、机关党务

党代表选举　1991 年 10 月 15 日，在县直机关党组织中选举产生 93 名县第二次党代会代表。1995 年 4 月 27 日，在县直机关党组织中选举产生 99 名县第三次党代会代表。2001 年 10 月 13 日，在县直机关党组织中选举产生 97 名县第四次党代会代表。2006 年 10 月，在县直机关党组织中选举产生 80 名县第五次党代会代表。

机关党建座谈会　1997 年，在县粮食局会议室召开县直机关党建工作经验座谈会，各党支部（党总支部）书记及组织委员 90 余人参加。2007 年 6 月，在县发改局召开县直机关党建工作经验交流座谈会，各党支部（党总支部）书记及组织委员 130 人参加。

入党积极分子培训　1991—2008 年，共举办入党积极分子培训班 18 期，培训学员 1988 名；每期 5 天以上，培训结束均进行考试。

党费收缴　1978—2008 年，按有关规定收缴党费并及时全额上缴上级组织部门。

目标管理　2007 年开始，负责县直机关单位的目标管理工作，年初制定各单位年度“目标管理”责任书供县领导与各单位负责人签订；年终汇总各单位目标考核结果供县委决定奖惩。

1978—2008 年，县（特区）直属机关党组织情况见表 4－1－10。

1978—2008 年水城县（特区）直属机关党组织统计表

表 4－1－10

年　度	党员总数（人）	发展党员（人）	转正党员（人）	党总支部（个）	党支部（个）
1978	131	3	2	9	9
1987	937	38	28	5	74
1988	1141	37	66	8	93
1989	1153	25	48	8	97
1990	1248	53	40	8	100
1991	1241	17	44	11	103
1992	1313	61	48	11	109
1993	1355	40	58	8	99
1994	1368	47	59	7	111
1995	1411	62	42	11	104
1996	1466	63	50	12	104
1997	1573	82	95	11	112
1998	1718	44	85	11	112

续表 4－1－10

年　度	党员总数（人）	发展党员（人）	转正党员（人）	党总支部（个）	党支部（个）
1999	1805	53	48	11	118
2000	1881	52	14	11	119
2001	1879	42	71	11	119
2002	1880	35	31	11	119
2003	2104	68	25	9	119
2004	2201	58	49	9	119
2005	2181	51	67	10	124
2006	2243	46	84	10	125
2007	2384	48	35	13	132
2008	2444	58	54	13	127

十三、关心下一代工作

1993—1996 年，排查全县各乡（镇）“三无两有”（无辍学、无犯罪、无不孝子女，少年有文化、青年有技术）情况；对不落实或落实不好的乡（镇）给予批评，对落实好的发耳、蟠龙、杨梅、纸厂、顺场、木果、玉舍等 14 个乡挂“三无两有”先进牌。

1997—2004 年，帮助 54 名失学儿童筹集学费。帮助发箐乡办春雷班，并赠送学校乒乓球桌一台。向社会青少年作好三好教育，培育造就四有新人。县四小、钟山小学、县二中及发耳乡、金盆乡、木果乡等学校连续 8 年进行爱国主义教育，共有 8 万人次接受教育。

2005—2007 年，检查各乡关心下一代工作。对新街乡、发耳乡等 14 个乡，前进村、马路村等 159 个村，1283 个组挂“三无两有”先进牌。关心下一代工作获市、县二级验收。

2008 年，县、乡党委及村党支部落实关工委工作，全县各中学均成立关心下一代工作委员会，县关工委常年值班，成立“水城县关工委老专家服务团”；慰问因汶川地震到滥坝投靠亲友的 6 名小朋友，到滥坝镇、保华乡、米箩乡、红岩乡、蟠龙乡、南开乡、野钟乡、发箐乡等乡（镇）作“三无两有”活动开展情况调研工作。

十四、史志工作

党史资料编辑　1984 年 12 月，编印水城第一辑党史资料《水城游击队专题汇辑》，范子纲、张少清、李建成、王占元、张关友、唐光华等提供亲身经历史实。1987 年 8 月，编印水城第二辑党史资料《红军长征过水城》。1990 年 12 月，编印水城第三辑党史资料《回顾水城解放》。1991 年 6 月，县史志办与县民政局，联合编印水城第四辑党史资料《水城英烈》。1993 年 7 月，编印水城第五辑党史资料《中国共产党水城县（特区）历史大事记》。2000 年，对全县离休干部进行普查，走访 200 多个家庭，查阅上千份档案，填写老干部基本情况上报省委组织部；2001 年省委组织部出版《贵州省离休干部名录》。

编写《中国共产党水城县（特区）历史》（第一卷）　2004 年 2 月开始，2006 年 12 月出版发行，全书共 7 章，39 万字。在查阅大量档案资料的基础上，有 19 人为该书编写提供文字资料，14 人提供图片资料。有历任县（特区）领导代表、省市史志部门领导、县党史编写领导小组成员等62人参与审稿，8易其稿，最终成书。在全市4个县（区）的党史正本编写中最先出版。《中国共产党水城县（特区）历史》（第一卷），客观地记述1935—1978年，党在水城的活动与党领导水城人民进行社会主义革命和建设的历史，总结党在水城执政中的经验和教训。2007年4月，县史志办被市委党史研究室评为全市党史系统先进集体。

党史业务　凡是上级党史部门安排的业务，县史志办均按时保质保量地完成。市委党史研究室每年都要安排党史研究课题，县史志办按照要求收集、编写相关资料，参与课题研究，均取得应有的成绩。县史志办结合县安排的中心工作，开展党史宣传教育，尽量发挥党史资政育人的作用。1997年，编报水城申报革命老区的材料，1998年水城县被划定为革命老区，享受相关优惠政策。2000年4月，史志办供稿的《革命老区——水城》专题片在贵州电视台播放。

1986年8月县（特区）地方志办公室与县（特区）党史办公室合并为史志办公室，1套人员2块牌子。

旧志点校　1987年，特区地方志办公室将搜集到的《水城厅采访册》《水城县志稿》《水城县志草稿》《水城县事杂述》《水城县行政区域志资料调查表》5种旧志（或资料）进行点校，于11月编印成《水城县志稿》，共18万字。

第一轮修志　1988年7月启动县第一轮修志后，有106个单位的558人参与资料稿的编写或审查，共搜集资料1200余万字；修志工作得到党委和政府的大力支持，各机关单位、社会各界和社会名流为修志捐款9万余元；《水城县（特区）志》于1994年12月出版，全书共135万字，上限因事而异追溯，下限至1990年，对部分单位领导任职时间延至1992年底，对中共水城县委员会、届次及少部分乡镇企业记述延至1994年。《水城县（特区）志》本着贯通古今的方针，既简明列举水城两千年间的重大历史事件和人物，又重点记述当代水城的巨大变革，反映新兴工矿特区取得的成就，突出煤炭、冶金、电力、建材等工业对国家的贡献；在描绘农村经济体制改革后出现的美好图景时，也直书遭受挫折和所走的弯路；在民族、文化、煤炭、科学技术等篇中，反映水城苗、彝、布依等少数民族与汉族共同形成具有水西特点的文化与民族风情；突出反映水城当代经济建设和科学、教育战线取得的成就。《水城县（特区）志》既保持志书的体例和规范，又具有鲜明的地方特色，得到社会各界的高度赞誉，1997年8月在全国志书评奖中获二等奖。2001年12月，县史志办被省地方志编纂委员会和省人事厅评为修志先进单位。

部门志审核　2008年，县地方志办公室参与《水城县军事志》审核工作。

年鉴工作　自2000年《六盘水年鉴》创刊以来，水城县史志办县地方志办公室，按年度编辑水城县篇共计百万余字，同时，按年度完成《贵州年鉴》水城县篇的供稿工作。

第二章 民主党派与工商联

第一节 民主党派

一、中国民主同盟水城县总支部

1987 年 1—3 月，水城二中 4 人加入中国民主同盟（简称民盟），编入市直小组。1987 年 4 月，水城二中 4 名盟员划入市机关、市三中、水城二中联合小组。1987 年 8 月，成立民盟水城二中小组，王永增任组长。1993 年 2 月，民盟水城二中小组更名为民盟水城县小组，有盟员 10 人。1993 年 7 月，胡中民任民盟水城县小组副组长。1997 年 11 月 22 日，成立民盟水城县支部委员会，胡中民任主委、吴雪（女）任副主委。2000 年 12 月，民盟水城县支部换届选举，吴雪（女）任主委、孙慧琴（女）任副主委。2003 年 12 月，成立民盟水城县总支部委员会，冉霞（女）任主委、吴雪（女）、孙慧琴（女）任副主委。2005 年，增补李斌为民盟水城县总支部副主委。2008 年 7 月，民盟水城县总支部换届选举，李斌任主委、裴瑶芳（女）、赵贵仙（女）任副主委。县内民盟机构组织盟员参政议政和进行社会活动，尽力为水城经济和社会发展出力。

二、中国民主建国会水城支部

组织建设　2001 年 6 月 15 日，中国民主建国会（简称民建）水城片区第一次会员大会召开，选举民建水城支部委员会，李德俊任支部主任委员，罗雨龙任副主任委员，李利原任委员，有会员 12 名。2005 年 5 月，民建水城支部有 21 名会员，其中有市人大代表 1 名、市政协委员 2 名、县政协委员 1 名、县行风监督员 1 名。2005 年 5 月 16 日，民建水城支部第二次会员大会召开，选举第二届支部委员会，王友梅任支部主任委员，罗雨龙任支部副主任委员，李利原、卢启波、辛抄霖任支部委员。2008 年 12 月，民建水城支部有会员 25 名，其中市人大代表 1 名、市政协委员 2 名、县人大代表 1 名、县政协委员 6 名，支部主委王友梅任县政协副主席。

思想建设　民建水城支部将《邓小平新时期统一战线理论》、“三个代表”重要思想、胡锦涛就作好党派工作的讲话、《中国民主建国会会史》《中国民主建国会会章》等，作为支部长期反复学习的重要资料。多次组织会员学习江泽民在中共十六大上的报告、江泽民在庆祝中国共产党建党八十周年大会上的讲话、胡锦涛在中共十七大上的报告、《反分裂国家法》《公民道德教育实施细则》《中共六盘水市委关于加强统一战线工作的意见》、民建省委主委武鸿麟《在民建贵州省委深入开展政治交接学习教育活动动员大会上的讲话》《深入开展科学发展观活动》等，并结合社会事、党派事、身边事进行认真讨论。

参政议政　民建水城支部经常组织会员进行社会调查研究，将会员反馈的调查情况梳理成意见建议，作为会议发言或提案、议案。至2008年，共向县政协会议提交《关于加强市中心城区卫生管理的建议》《关于吸收民营企业参加社会医疗保险的建议》《建议尽快解决市中心区青少年文艺活动场地》等党派提案40余件，联合提案10余件。

社会服务　1994年，民建水城支部赞助2万元支持《水城县（特区）志》编纂出版。1994—2008年，民建水城支部会员中的企业主，支助市三中4名贫困生，每年每人1000元，让其修完高中学业；支助百车河小学、沙坡小学、法那小学、陡箐小学19名贫困生，每人每月200元，直至其读完初中；赞助野钟小学课桌100套，价值1万元；支助纸厂乡学校6万元，篮球架1付；为县72所学校捐献盆栽鲜花1.26万盆，并安排23辆大卡车直接送到各学校；为县校园花园式建设和"两基"建设奉献爱心价值达12万元；为发箐小学、依多小学、县幼儿园等8所学校义务绿化，价值1万余元；参与县消防大队军民共建活动，免费为营区绿化环境并长期管护；支助纸厂乡夹沟村、新发村通电工程24万元；出资30万元参与县政府治理百车河流域工程；出资13万元参与县交通局修建百车河段的通村公路；2008年春，为县老年象棋邀请赛提供全面服务及赞助，价值3.5万余元。2002年12月，民建水城支部争取到南京爱德基金会支助，让发箐乡40名辍学儿童重返校园；协调县二中支援米箩乡学校桌椅90套。2007年，协调全国汽车拉力赛捐赠鸡场乡安箐小学（民办）课桌51套及总价值1.2万元的体育、学习用品等。2008年5月，民建水城支部全体会员向四川汶川地震灾区捐款近4万元。

三、中国民主促进会水城支部

1987年12月8日，特区有中国民主促进会（简称民进）成员2人。1988年4月，县有民进成员9人。1991年7月，水城县遭受特大洪涝灾害，民进会员游建刚带领县职中预备役班学生前往灾区抢险救灾，被市政府表彰为抗洪抢险先进集体。1992年7月，民进会员杨琤被评为全省政协工作先进个人。1996年12月，张建生任民进水城小组组长。1998年洪灾期间，民进会员张建生组织一支抗洪义演工作队奔赴六枝特区、南开乡进行义演，发动民进会员向灾区捐款。1999年9月9日，民进六盘水市委员会水城支部成立，选举张建生为支部主任，罗亚婴、陈国华（女）为支部副主任。1999年9月17日，民进省委授予民进水城支部先进集体称号，授予罗亚婴先进个人称号。2002年10月26日，民进水城支部换届，罗亚婴任支部主任，赵庆文、张庆云（女）、刘章跃任支部委员。2004年12月，民进贵州省委授予民进水城支部先进基层组织奖牌。民进水城县小组和支部组织成员积极参加水城经济和社会建设。

四、九三学社水城支社

组织建设　1986年10月，九三学社水城小组成立，聂庆明任组长，谢信彰任副组长，有社员12人。1998年12月22日，九三学社水城支社召开第一次社员大会，选举第一届支委会；主任委员聂庆明，副主任委员蒋国钧，委员田文秀（女）、杨溢、胡高林，有社员13人。2002年12月24日，九三学社水城支社召开第二次社员大会，选举第二届支委会；主任委员蒋国钧，副主任委员李虹（女）、胡高林，委员刘世强、孙春艳，有社员18人。2007年12月20日，九三学社水城支社召开第三次社员大会，选举第三届支委会；主任委员陶用红，副主任委员孙春艳（女）、李虹（女），委员刘世强、田世堂，有社员20人。水城支社社员在九三学社六盘水市委任职情况：聂庆明任九三学社市委第二、第三届委员会副主任；蒋国钧任九三学社市委第四届委员会副主委；程友福任九三学社市委第一届委员会委员；陶用红任九三学社市委第五届委员会委员。九三学社水城支社社员在市县人大、政协和其他部门任职情况：程友福任县政协第一、第二、第三届委员会副主席，任市政协第二届委员会常委；聂庆明任县政协第二、第三届委员会副主席；蒋国钧任县政协第四、第五届委员会副主席，任市政协第三、第四届委员会委员；谢信彰任县政协第一届委员会委员，县人大第一届代表，市政协第三届委会委员；颜绍禹任县政协第一、第二、第三届委员会常委；陶用红任市政协第五届委员会委员，县政协第五届委员会常委；孙春艳任县政协第四、第五届委员会委员、市第五届人大代表；李虹任县政协第四、第五届委员会常委；胡高林任县政协第四、第五届委员会委员；王杨敏任市政协第五届委员会委员；王吉林任县政协第四届委员会常委。

思想建设及学术研究　九三学社水城支社每月过一次组织生活，学习中国共产党和国家方针政策，组织社员参加九三学社市委及支社各种政治活动，选派社员到省、市社会主义学院培训，通过系统学习中国特色社会主义理论及中国共产党多党合作理论，提高社员政治素质和修养，增强社员接受中国共产党领导的自觉性和坚定性，增强参政党责任感和使命感，提高社员参政议政能力。支社社员在各自工作岗位上踏实工作，拼搏奉献，涌现出一批先进工作者。社员聂庆明、谢信彰分别获省部级科技进步奖各2项，聂庆明获市级科技进步奖2项；社员在国内外及省级以上刊物发表论文30多篇（其中田世堂6篇，江涛7篇）；胡高林的书法作品多次在国家、省、市展览中获奖，曾参加中日书画交流展并被日方收藏，其作品被收入《当代书法家精品集》，其简历被收入《当代著名书画家辞典》《当代艺术家名录》；程友福的书法作品曾2次获全国书法大赛优秀奖，其先后受邀赴美国、印尼等国参加学术交流，被收入《中国专家人名辞典》，1994年获省政府特殊津贴。在九三学社成立65周年大会上，孙春艳，张峻岭被评为优秀社员。张峻岭在学校被评为优秀班主任，田世堂在市中医院被评为先进工作者，蔡新亮在水矿一中被评为优秀班主任、优秀年级主任、文明标兵，胡高林在学校3次被评为优秀园丁。

参政议政　九三学社水城支社社员中的市县政协委员、人大代表，在历次市、县“两会”上共提提案、议案35件，其中13件被市、县有关部门采纳并得到市、县领导好评；《关于落实中共六盘水市委人才强市战略，稳定水城县人才队伍的建议》《关于防治紫茎泽兰入侵我县土地的建议》《关于城市发展中应保留菜市场建设用地的建议》《关于实行医药分家的建议》《关于把乡镇机关职工纳入医疗保险范围的建议》5件被评为优秀提案。九三学社水城支社与民盟水城总支部、民进水城支部联合所提《关于加快明硐水库项目建设》提案，受到县政府的高度重视，2003年4月明硐水库立项开工。九三学社水城支社《关于合作共谋发展茶叶支柱产业的调研报告》，得到九三学社市委、县委和县政府高度重视，委托九三学社水城支社作可行性报告，促进了水城茶叶产业发展。九三学社水城支社参加市委、市政府组织的“社会主义初级阶段理论”、市政建设、经济发展战略问题等座谈会，调查拟写《发展烤烟生产的可行性报告》。社员刘世强被聘为市政府法律顾问，程友福、聂庆明被市监察局特邀为监察员，聂庆明被市法院聘任为陪审员，程友福、聂庆明退休后被县委组织部选任为水城县开发研究促进会副主任、水城县关心下一代工作委员会副主任，程友福任水城县诗书画研究会副会长。

社会服务　九三学社水城支社参加市、县（特区）的“温饱工程”“菜篮子工程”技术指导。

与有关单位引进优良种牛2头、三穗麻鸡300支，在水城边远地区花戛、顺场繁殖；参加水城智力支边办公室在杨梅、龙场、发耳3个区、77个点进行“水稻旱作”推广试验，种植面积从0.33公顷发展到40多公顷，每公顷产3750～4500千克，比当地种植玉米增产一倍以上，受益农民400余户；参与杨梅、炭山、新街、白牛等地实施茶园建设，成型茶园20公顷；帮助龙场乡建设苗圃2公顷，育苗20多万株；帮助区乡培训农业技术人员达千人；开展农业技术、法律咨询、医疗卫生服务，组织人员赴纸厂、常明、果布戛、陡箐、米箩等乡送科技20余次；协调赠送卫生院常用药品价值数万元，发放各种宣传资料8000余份，免费培训1000余人次。社员共为社会赈灾济困捐款1.7万余元。社员谢信彰自编畜牧、兽医教材及有关养殖业教材，多次给农村培训班上课。社员程友福、孙春艳被县关工委邀请给纸厂乡主办的“水城县青年技术培训班”讲课，深受农村基层卫生人员欢迎。孙春艳先后从沈阳202医院和盘县中医院请小针刀专家来水城讲课，交流经验，使小针刀疗法在六盘水得到推广；为群众开展义诊和小针刀治疗210余人次，受到农民群众高度赞扬。社员王杨敏（县卫生局副局长）曾多次组织或参加送科技、送医药下乡活动，热心为老百姓服务，受到农民群众的好评。

第二节　工商业联合会（商会）

一、机构

1971年，成立特区工商业联合会。1978—1987年，特区工商业联合会有3名专干，但工作处于半瘫痪状态。1987年12月，特区工商业联合会改名县工商业联合会（简称县工商联），1990年9月17日正式挂牌恢复运行。1996年，成立县商会，与县工商联1套人员，2块牌子。1997年后，县工商联有机关人员4～7人，执委30～60人（非公有制经济人士占55%以上），非公有制经济人士担任兼职副会长从1名发展到若干名；每年新建1～2个乡（镇）或行业分会，发展新会员40～80个。2002年，县工商联行政编制4名、工勤编制1名，内设办公室。2008年，县工商联机关有办公室4间，干部、职工7人（公务员5人、工勤人员2人），离退休人员4人；有基层分会15个（都格、发耳、杨梅、纸厂、阿戛、双戛、滥坝、保华、勺米、蟠龙、董地11个乡镇分会，保华煤炭分会、双水餐饮分会、野钟果蔬分会、百车河畔果蔬分会4个行业分会），有企业会员155个（其中原工商业者11个），个人会员1011人，会员资产共130452.9万元；有执委55人（其中非公有制经济人士34人）；有领导班子12人（专职党组书记1名，专职会长1名，专职副会长1名，兼职副会长9名）。

二、政务

各项工作　1980年7—11月，对特区原工商业者与小商、小贩、小手工业者进行区分调查，明确79人为原工商业者。1985—1990年，3名专干配合有关部门动员集体会员（豆腐店、理发店、糖烟酒店等）职工加入县工会。1990年，安排1名专干到盐井乡参加全国第4次人口普查。1996—1997年，先后派专干颜亨凤、胡洪到省社会主义学院培训15天。1998年起，长期坚持每周一上午半天的政治、业务学习讨论制度，参加全县性的政治理论学习考试和“四五”“五五”普法学习考试。1997年，工商联专干李珍富挂任野钟乡木营村主任助理扶贫，县工商联2年帮扶贫困户2540元。

1999 年，李珍富挂任野钟乡燎原村主任助理扶贫，落实帮扶资金 3310 元，协助乡抓计生工作。1999—2000 年，对原工商业者和小商、小贩再次进行摸底调查，区分出原工商业者 36 人，纳为工商联老会员。2002 年，配合县经贸局推荐 11 家企业会员作为县委、县政府领导的联系点。2002 年后，县工商联先后与六枝特区、盘县、钟山区、贵阳市白云区、黔东南苗族侗族自治州黎平县工商联建为友好工商联。2002—2007 年，县工商联先后在野钟乡的野钟村、新发村开展党建扶贫，副会长顾泽良先后挂任村党支部第一书记，李珍富先后挂任村委主任助理，职工长期结对帮扶 10 户贫困农户，春节共送慰问金 6000 元；协调资金 2 万元，帮助修通村公路 1.6 千米、硬化学校场地 200 平方米、购置课桌凳 100 套、文件柜 2 个、办公桌 3 套。2007 年，建立会长会议制度，每半年召开一次会长会议。2008 年 5 月起，挂钩扶贫玉舍乡大田村。

参与政治活动　2000 年，县工商联机关 7 名干部职工参加县的“三个代表”学习教育活动。2001 年，秘书长顾泽良任县“三个代表”学习教育活动督导组成员，到盐井乡开展乡、村两级“三个代表”学习教育活动督导工作。2002—2003 年，副会长邓辉、顾泽良到野钟乡进村入户宣讲中共十六大精神。2005 年，5 名党员参加统战部工商联党支部开展的“保持共产党员先进性”教育活动，党组书记史洪滔任县机关保持共产党员先进性教育活动第五督导组组长。2006 年，副会长顾泽良任县第二、第三批先进性教育活动第四督导组组长，负责 4 个乡督导工作；党组书记史洪滔作为县乡（镇）换届工作指导组成员，负责指导 2 个乡换届工作。

宣传报道　2004—2008 年，在《双水》《水城通讯》开设“水城县民营企业家风采录”“走进水城非公经济”专栏，共刊发报告文学 4 篇，通讯报道 19 篇；向《六盘水商会》报送稿件 870 篇，刊发 855 篇。

帮助企业解决问题县工商联经常深入企业走访、调研，与非公经济人士交朋友，协调解决各类问题 10 多个，撰写调研报告 3 篇。2002 年，对原工商业者调查摸底，向民政部门申报落实 10 户、17 人为城市居民最低生活保障对象。2004 年，帮助原工商业者办理低保 21 户、27 人；2008 年，帮助原工商业者办理低保 10 户、13 人。

推荐非公有制经济人士担任各种社会职务　1998—2008 年，共推荐 104 名非公有制经济人士担任各种社会职务。1998 年，推荐市工商联执委 1 名。1999 年，推荐县政协委员 1 名，市工商联常委 3 名。2006 年，推荐 2 人担任县人大代表，10 人担任县政协委员，1 人担任市工商联常委、12 人担任市工商联执委。2008 年，推荐共青团六盘水市委、市青年联合会代表 1 名、市人民对外友好协会理事 4 名、县工商联副会长候选人 3 名、执委 10 名。

非公有制企业回报社会　1995 年，罗雨林、罗雨龙兄弟二人出资支助纸厂乡 11 名家庭困难学生返校就读。1997 年，六盘水干鲜姜有限公司董事长吴洪昌出资 20 万元在都格乡修建一所完小，取名“宏昌小学”。1999 年，吴洪昌出资 50 多万元维修龙井至鸡场公路。2001 年起，双牌铝业有限公司支助南开乡 40 名少数民族学生读完小学。2004 年 7 月，8 家非公有制企业集资 6000 元为野钟小学硬化操场。2006 年，县攀枝花煤矿法人代表代华远出资 400 多万元，在双戛乡底母落村修建 1 所完小，取名“华远春晖小学”，在该村修建 3 千米柏油路。2007 年 1 月，工商联发出倡议，组织非公有制经济人士为全县农民参加农村新型合作医疗保险捐款 84 万元。2007 年 4 月，水城新发锌铅冶炼厂、水城正鑫锌业有限公司出资 1 万元为野钟小学购置课桌凳 100 套。2007 年 6 月，县工商联组织保华实业煤矿、丰盛煤矿、影子之声艺术学校等非公有制企业在双水广场举办以“安全生产和禁毒”为主题的大型文艺活动，近万人观看表演。2007 年 10 月，县工商联组织非公有制企业举办以尊老敬老为主题的“双水映夕阳”文艺演出。2008 年，县举行抗雪凝灾害、抗震（四川汶川地震）救灾捐款活动；全县近百家非公有制企业捐款均在 1 万元以上，保兴煤矿捐款 6 万元，大营煤矿捐款 2 万元；罗雨龙除参加抗震救灾捐款外，还捐资 4000 元支助玉舍乡大田村和新街乡马路村 4 名家庭困难学生返校就读，并签订协议出资帮助该 4 名学生完成高中学业；陶海元、田成河、蒋嵩、李华敏等参与企业进军营“双拥”活动，共出资 5000 元慰问县消防大队官兵。2008 年 7 月，县工商联组织县鱼塘煤矿、黔源煤矿、保兴煤矿、保华实业煤矿、县姜业公司、县新发锌铅冶炼厂、六盘水虎跃煤业公司、双水新区百姓餐馆参与承办海坪彝族火把节。

三、会务

1988—2008 年，先后召开 5 次会员代表大会，按章程规定，每年召开 1 次执委会。历届会员代表大会情况如下：

第一届会员代表大会　于 1988 年 7 月 4—6 日召开，79 人出席，总结筹备工作，选举第一届执委（筹委）31 人。一届一次执委会（筹委会）选举领导班子为：主任委员杨琤（兼），副主任委员颜怀锦（主持工作）、郭兴隆、周友贵（兼）、罗雨林（兼），秘书长颜怀锦（兼）。有企业会员 7 个，个人会员 86 人，未设分会。

第二届会员代表大会　于 1992 年 12 月 10—11 日召开，102 人出席，第一届执委会报告工作，选举第二届执委 38 人。二届一次执委会选举领导班子为：名誉主任委员杨琤，主任委员周光学，副主任委员郭兴隆、周友贵（兼）、罗雨林（兼），秘书长周光学（兼）。有企业会员 13 个，个人会员 198 人，未设分会。

第三届会员代表大会　于 1997 年 3 月 30 日召开，101 人出席，总结第二届执委会工作，提出工作思路，选举第三届执委 45 人。三届一次执委会选举领导班子为：会长李显华，副会长李德俊、罗雨林（兼）、龙升武（兼）、周友贵（兼）、吴洪昌（兼），秘书长马培琪。在三届二次执委会上，周亚利当选副会长（兼）。有企业会员 45 个，个人会员 227 人，设分会 2 个。

第四届会员代表大会　于 2001 年 8 月 28 日召开，118 人出席，学习中共十六大精神，第三届执委会报告工作，讨论会费收取办法，选举第四届执委 50 人。四届一次执委会选举领导班子为：会长李显华，专职副会长邓辉，兼职副会长龙升武、谢国学、吴洪昌、周友贵、罗雨龙、陈振造，秘书长顾泽良。在四届二次执委会上，顾泽良、刘志军（兼）、王国黔（兼）当选副会长。在四届三次执委会上，史洪滔当选会长。有企业会员 69 个，个人会员 313 人，设分会 5 个。

第五届会员代表大会　于 2006 年 8 月 11 日召开，101 人出席，学习新章程，总结四届工作，提出五届工作思路，选举第五届执委 53 人。五届一次执委会选举领导班子为：会长邓辉，专职副会长顾泽良，兼职副会长吴洪昌、罗雨龙、陈振造、刘志军、王国黔、夏虎标、段林志、陶海元、邓昭伟，秘书长顾泽良（兼）。有企业会员 63 个，个人会员 928 人，设分会 14 个。

四、商务

创办经济实体　1990 年，成立县工商联供销经营部，试采合格锰矿石 14 万千克；开采猴场长寨铅锌矿、比德萤石矿等。1993 年 4 月，成立县爱华矿产品公司，自负盈亏。1996 年，成立县工商联富锰渣矿业有限责任公司，由于经营不善等因素，没有收到效果。2004 年，成立贵州神骏保险代理公司县工商联联络点，为会员代理财产保险业务 80 多桩，投保金额 46. 2 万元。

商务活动 1984 年，由专干颜亨凤带领集体会员代表共 46 人分 3 期到云南昆明参加商务活动。1996 年，专干颜亨凤到凯里参加商贸洽谈会。2002 年，2 名专干赴湖南娄底市、长沙市，对幼儿智力开发项目（“世纪宝宝”）进行考察。2005 年，组织企业会员代表陈振造、田成河到重庆市参加重庆市工商联举办的农产品展销会。2006 年，副会长邓辉、陶海元（县宝华实业煤矿代表）到云南昭通进行矿产资源考察。2007 年，党组书记史洪滔、会长邓辉赴宁夏银川、西藏拉萨工商联学习考察。2008 年 9 月，副会长顾泽良、刘志军（县鱼塘煤矿法人代表）到四川宜宾参加西南 5 省区工商联工作协作会，并到四川省泸州市工商联考察学习。

第三章　群团组织

第一节　工　会

一、机构

1971年，建立特区总工会。1980年，全特区有基层工会155个，会员6137人。1985年，全特区有基层工会129个，会员8018人。1987年12月，特区总工会改称县总工会。1988年，县总工会机关设2个职能部室、下设1个俱乐部，行政编制6人，事业编制3人，工勤编制1人。2001年，33个乡（镇）均建立工会，由同级副职兼任工会主席；新建企业工会11个。2002年，新建企业工会26个，新增会员1052人。2002年6月，启动县总工会办公大楼的置换工作。2003年，全县新建工会19个，新增会员1366人；共有基层工会458个，会员18147人。2003年8月，县总工会搬迁至双水办公。2006年，全县新建企业工会246个，新增会员17483人；共有488个基层工会，会员31991人。2008年，全县有基层工会654个。

二、工会会员代表大会

1980年，召开特区第二次工会代表大会，选举委员17人，主任1人，副主任2人。1985年，召开特区第三次工会代表大会，选举委员17人，主席1人，副主席1人。1989年，召开县第一次工会代表大会，选举委员17人，主席1人，副主席2人。1995年，召开县第二次工会代表大会，选举第二届县总工会委员会、经费审查委员会，选出主席1人，副主席2人。2000年，召开县第三次工会代表大会，选举第三届县总工会委员会、经费审查委员会。2002年4月，县总工会三届二次全委会选举主席1人、常委1人。2005年，召开县第四次工会代表大会，选举第四届县总工会委员会、经费审查委员会，选出主席1人，副主席3人。

三、工会工作

1985—1987年，特区各级基层工会培训干部3074人（结业1764人），工人981人（结业491人）。1990年，县总工会采取“以会代训”方式对工会干部进行培训，学习中央12号文件和江泽民国庆讲话。1997—1999年，县总工会为龙场乡发堤坎村发堕组修建平桥1座，投入资金5000余元，解决学生上学困难。1999年，全县各级基层工会全面启动厂务公开工作。2000年，县总工会投入资金6万余元组团参加全市职工运动会，在羽毛球、篮球等比赛项目上获得优异成绩。2001年，县总工会“三八”节组织县直机关女职工开展篮球比赛；“五一”节配合有关部门组织体育代表团参加市第二届职工体育运动会，取得3个第一名、3个第二名、4个第三名；“七一”组织职工参加大型歌咏比赛。2002年2月，县总工会与有关单位组织代表团参加市春节大拜年活动。2002年4月，县总工会对70余个基层工会主席进行业务培训。2003年，县总工会选派10名工会干部参加省、市工会业务培训。2004年，县总工会筹集3000元为龙场乡发提坎村进行厕所改造和新建公厕7所；筹集资金1万元为龙场小学修建围墙和硬化球场600平方米；与有关单位组团参加市第二届职工运动会，获优秀组织奖，团体总分第二名，象棋团体第一名，乒乓球男团第一名，羽毛球团体第三名，女子团体第二名；主办市（县、区）新建企业工会工作经验交流会；组织500名职工参加市2004年贵州亚高原半程马拉松六盘水公开赛5千米健身比赛；8次选派63名乡（镇）工会干部到省总工会干校培训；牵头组织"百万职工五月温暖"行动，9576名职工参加，募捐资金22.9万元，县总工会受到市总工会的表彰，有2名非公有制企业业主受到省总工会表彰。2006年，成立县总工会法律援助工作站；县总工会与县煤炭局、县安全监督局、县经贸局、县监察局、县国土资源局等单位组成4个煤矿安全生产巡查组，分4个片区对全县煤矿进行70次安全生产检查，共查出安全生产隐患1302条，落实整改1004条；4月10—12日，在玉舍、勺米、阿戛等产煤大乡举办煤矿工会工作及煤矿职工安全知识培训班，各煤矿工会主席、群众安全监督员及部分乡工会干部共254人参加培训，邀请省总工会干校副校长吴亚西、省总工会经济技术部杨中华和魏武授课；5—6月举办"安康杯竞赛"活动和"安全生产月"活动，筹集资金3万余元，印发传资料万余份，到各产煤乡（镇）和煤矿粘贴各类宣传标语400余条，制作大型安全广告牌36块。2006年4月30日，举办"五一"职工文艺汇演，参加演出的200名演员全部由一线职工组成。2007年，全县企业工会经费收缴由税务代收；县总工会举办职工"建功立业大竞赛"活动，万余人次参加活动；发动职工开展提合理化建议活动，共收到建议1380条，被采纳841条；选派25人参加市总工会举办的煤矿工会主席培训；抽派鸡场乡、比德乡工会主席到省总工会干校参加轮训班；组织33个乡（镇）工会主席和部分企业工会主席共56人到息烽参加新形势下工会工作培训班（为期4天）；组织阿戛、米箩、比德等乡（镇）机关工会干部职工学习《工会法》《工会条例》249人次；举办3期、291名一线职工和农民工参加的安全生产培训班。2007年4月，县总工会与有关部门组团参加市第三届职工运动会，获成年男子蛙泳接力赛二等奖、乒乓球团体比赛第二名、篮球比赛第三名、羽毛球比赛第二名。2008年，开展"温暖万家大帮扶""情系职工大维权"活动；建立困难职工电子档案，对县国有林场职工基本情况进行详细调查。

四、评选先进

1984年，市总工会表彰特区基层工会5个，工会先进工作者4人，先进工会积极分子33人。1985年，特区总工会评选先进集体43个，先进班组26个，先进工作者567人。1986年，全特区职工参加全国法律知识竞赛，获全国组织奖。1987年，特区总工会被评为全特区文明单位。1989年，县总工会被表彰为市文明单位；叶文兴、钟荣华、袁明江、尹德应、马书全、赵明义、许正学、郑开亮、赵音泰、陈聪云、熊玉敬、罗庆华、张秀春、袁景跃、陈海、王葆均、景奉俭被评选为市劳动模范。1990年，叶文兴、刘家驹、任广云、黄占宇、薛建飞被评选为省劳动模范。1996年，县总工会表彰先进基层工会15个，工会优秀积极分子10名；工会先进工作者10名。2002年，在全县范围开展国家级、省部级、市级劳动模范和先进工作者调查摸底工作，建劳动模范档卡41名；开展新建企业工会评优工作，全县评选1名出席市表彰会的优秀企业厂长，2名优秀职工；5人获全市新建企业工会组建工作先进个人。2004 年，县总工会获市先进单位称号。2005 年 3 月，何明军、陈传英、肖俊美、杨常美、胡寿涛、夏朝举、叶景学、马凤碧、周应兰、陈祥忠、李德顺、罗发珍、杨剑、杨兴德、罗弟安、蹇清卯、王永生、段林志、李亚洲、张力明、杨黔珍、陈振造、蔡贤举、袁祖明、谢黔华被评为市劳动模范；曾康、唐伟节、张朝荣被评为市先进工作者。2006 年 5 月，县总工会获市“五一”职工文艺汇演优秀组织奖。2007 年，县总工会获全市构建和谐企业先进单位称号和省总工会 2006 年度煤矿群众安全生产工作专项考核二等奖。2008 年 4 月，县总工会被市总工会表彰为先进单位、先进职工之家、煤矿安全生产专项竞赛二等奖。

五、职工之家建设

1985—1990 年，县（特区）共建“职工之家”90 个。2003 年，县建“职工之家”37 个（机关 6 个，国有企业 2 个，新建企业 29 个）。2004 年，全县验收合格“职工之家”60 个。2005 年，全县建成市级先进“职工之家”6 个。2006 年，全县有 60 家基层工会建立“职工之家”，其中市级验收合格“职工之家”10 个，省级验收合格“职工之家”1 个。2007 年，全县建立县级验收合格“职工之家”89 个，市级先进“职工之家”8 个，省级模范“职工之家”1 个。2008 年，全县建成市级先进“职工之家”11 个。

六、维护职工权益和关心职工生活

1980 年 10 月，特区教育工会在城关 4 所学校试点教工代表大会制度，制定“六好学校”“六好职工”条例，为 25 年以上教龄的教师颁发纪念品，参与处理殴打教师事件，为教师伸张正义，维护教师合法权益；特区教育工会获全省工会“五讲四美”及“为人师表振兴中华”读书活动先进集体。1985—1987 年，特区总工会为职工报考中专、成人高校服务，举办青工补习班 4 个，645 人次参加学习。1985—1990 年，县（特区）总工会有工人俱乐部、工会招待所、餐厅等，建立互助储金协会 21 个，参加职工 1690 人，储金 1.3 万元；基层工会补助困难职工 2118 人次，补助金额 4.5 万元；基层工会建有托儿所 9 所，入托儿童 345 人。2001—2006 年，全县工会慰问困难职工 245 户，慰问金 4.38 万元；共建立 1005 名困难职工的档案登记卡；“六一”期间县总工会到扶贫点慰问教师及儿童，送去 500 余元的学习用品及体育用品；慰问 7 户单亲女职工家庭，发放慰问金 1400 元；向受灾群众捐赠资金 2400 元。2003 年，县总工会先后 3 次介绍 16 人到企业就业，帮助解决 28 名困难职工再就业。2003 年 8 月，县总工会配合玉舍乡工会，解决玉舍乡窑子沟煤矿拖欠 19 名农民工工资。2004 年，县总工会介绍就业 30 人，配合县人事劳动和社会保障局举办下岗职工技能培训班 2 期、125 人次。2004—2008 年，对全县困难职工和农民工开展“两节”送温暖活动，慰问金 800021 元；为 72 户困难职工子女提供助学救助资金 4.4 万元。2007 年，县总工会成立困难职工帮扶中心；开展“捐资助农、送温暖、献爱心”主题活动，筹集资金 59 万余元；为农民工放电影 6 场；县总工会与县人事劳动和社会保障局联合举办就业培训班，协助下岗职工、农民工 17 人与用人单位达成用工意向，实现相对稳定就业 4 人；联合县人事劳动和社会保障局、县煤炭局等部门解决兴化煤矿拖欠 60 余名农民工工资 10 万余元。2008 年，为 219 名返乡农民工实现再就业。

第二节　共青团

一、机构

1978年，成立中国共产主义青年团水城特区委员会。1987年12月，中国共产主义青年团水城特区委员会改名中国共产主义青年团水城县委员会（简称团县委），内设办公室、组织部、宣传部、青农部、学少部，下辖10个团区委、98个团乡委、676个团支部，共有团干部147人，团员1.38万人。1989年，成立县未成年人保护委员会。1992年，成立中国少年先锋队县工作委员会和县希望工程实施办公室（由团县委负责）；全县33个乡（镇）成立团乡（镇）委，部分中学成立团委。2002年，团县委组织部、宣传部、青农部、学少部合并成综合部，县少先队工作、未成年人保护工作、希望工程工作并入综合部；团县委行政编制从12人减少到5人。2005年8月，团县委增设县青年就业创业服务中心，加挂"水城县青年志愿者行动指导中心"牌子，增加事业编制2名。2008年，全县共有314个村（社区）团支部。

二、历届团员代表大会

1981年8月，召开特区第三次团员代表大会，参会代表350人。会议审议通过《为振兴伟大的中华民族贡献青春》的工作报告；选出委员37人，常委9人，书记1人。

1985年5月，召开特区第四次团员代表大会，到会代表276名。会议总结上届工作及制定下届工作任务；选出委员33名，常委9名，书记、副书记各1人。

1990年9月，召开县第一次团员代表大会，到会代表195名。会议审议通过《用火红的青春谱写振兴水城的新篇章》的工作报告；选出委员20人。

1995年8月，召开县第二次团员代表大会，到会代表149名。会议审议通过《全县团员青年紧密团结起来，为实现水城经济又快又好发展作贡献》的工作报告；选出委员25名，候补委员10名，常委7名。

2000年5月，召开县第三次团员代表大会，参会代表148名。审议通过《充分发挥共青团的组织优势，团结带领全县团员青年在实施西部大开发和富民兴县的伟业中建功立业》的工作报告；选出委员25名，候补委员9名，常委7名。

2005年6月，召开县第四次团员代表大会，参会代表180名。审议通过《努力实践"三个代表"牢固树立科学发展观、团结带领团员青年为水城经济社会发展实现历史性跨越而努力奋斗》的工作报告；选出委员24名，候补委员10名，常委7名。

三、主要活动

1989年，在团省委、省经贸委等7个部门联合组织的"火炬——100"活动中，大河区木果乡青年杨昌华带头承包荒山，造林166.67公顷，先后被表彰为全省青年绿化祖国突击手和全国农村青年星火带头人；坪寨乡普联村团支部书记曹兴发被表彰为全省青年绿化祖国突击手；玉舍乡长防林工程队被表彰为全省青少年绿化祖国突击队；南开区横塘村团支部获全省"火炬——100"活动先进团支部二等奖；大河区木果乡双河村团支部被表彰为全省农村“火炬团支部”；玉舍区木柯乡元箐村青年马全书被表彰为全省农村青年星火带头人。

1990年，在长江流域防护林工程、农田水利基本建设、小流域综合治理、扫盲等活动中，全县14万名青年、团员参加植树30余万株，兴修水沟、公路530条（处），完成坡改梯、瘦改肥1666.67公顷；组织开办扫盲夜校（点）426个，参加扫盲青年、团员8210人；团县委组织全县495名青年、团员参加税法宣传、学习、考试，13人获省一、二、三等奖，团县委被团省委授予优胜组织奖，被团中央、国家税务局评为全国个体工商户税法宣传普及教育合格单位。

1991年，建成县内第一家村级青年文化活动中心——木果乡双河村青年文化活动中心，该活动中心业务用房由村团支书杨昌华、团员杨昌辉和代义桥3人集资8000元，村团支部组织团员青年义务投工投劳建成。

1992年，中国青少年发展基金会在玉舍乡俄脚小学扶助50名失学儿童重返校园；12月29日，由北京市朝阳区教育局捐资13.81万元、中国青少年发展基金会下拨1万元、省青少年发展基金会下拨1.4万元、市烟厂捐赠8000元援建县第一所希望小学——清塘希望小学；团中央副书记袁纯清、省长陈仕能以及市、县有关领导参加奠基仪式，校园占地6113.33平方米，教学楼547平方米，厕所136平方米，水泥操场741平方米。

1993年，木果乡双河村团支部书记杨昌华、比德乡中学教师袁大恩被市委宣传部、团市委等5家单位联合评选为首届“六盘水市十大杰出青年”。

1995年，清塘希望小学代课教师肖霞获团省委、省青少年发展基金会颁发希望工程建设奖。

1996年，团县委挂钩坪寨乡抓烤烟工作，在烤烟育苗、移栽、田间管理、烘烤、分级扎把、收购等环节为全乡烟农作技术指导和政策宣传；使该乡烤烟生产实现历史性跨越，全乡烟农烤烟收入近300万元，乡财政烤烟税收近30万元，团县委获县政府烤烟工作奖励1.5万元。

1997年，团县委协助建成希望小学10所，其中投入使用8所；办希望班3个，资助586名辍学儿童重返校园。1997年4月，团县委青农部负责人王瑞丰获团省委、省青少年发展基金会颁发1996年度希望工程建设奖。

1998年6月，南开乡穿洞村青年彭永才被团市委、市青联、市日报社、市广播电视局评选为第三届“六盘水市十大杰出青年”。1998年7月，保华乡民政股工作人员李平被团省委、省科委表彰为全省青年星火带头人。1998年8月至10月26日，团县委首次招募希望工程志愿者237名，向全县募款5.45万元上交省青少年发展基金会，再由省青少年发展基金会返回县用于教育事业；县招商引资局副局长杨厚勇将招商引资获得的3.5万元奖金捐给县希望工程，用于资助双水小学贫困学生就学。1998年9月23日，县农业银行营业室团支部被团中央、中国人民银行、建设部等11个中央部办委联合评选为国家级“青年文明号”。1998年10月，县四小校长袁景曜被团省委、省少工委表彰为少先队事业热心支持者。

1999年2月，团省委、省青少年发展基金会给团县委劝募工作站颁发98贵州希望工程志愿者劝募行动攻坚奖，给县委副书记颜昌友颁发希望工程贡献奖。1999年5月，团县委书记李勇被团省委表彰为全省优秀共青团员。1999年6月，县四小被中国少年先锋队贵州省工作委员会评为中国少年雏鹰行动试点学校。1999年7月，水城二中团委被团省委确定为首批省“五四红旗”团委创建单位。

1999 年 11 月，保华乡东兴煤矿矿长王国黔、滥坝镇滴水岩村团支部书记徐虎被团省委、省科委表彰为 1999 年度全省杰出青年星火带头人。

2000 年 4 月，团县委书记李勇被团省委表彰为全省优秀共青团干部。2000 年 6 月，团县委在县直单位招募 10 名女青年，成立县首支志愿者礼仪服务队；经培训合格后，为阿勒河旅游风景区作导游，免费为县大型会议作礼仪服务；弘扬了志愿者精神，扩大团组织为水城经济社会发展作贡献的影响面，获得县委、县政府的好评。

2001 年，县各级团组织抢抓西部大开发机遇，带动团员青年在脱贫致富奔小康的伟大征程中建功立业。2001 年 2 月，共青团保华乡委被团省委表彰为全省“五四红旗”团委。2001 年 4 月，共青团滥坝镇委被团省委表彰为全省先进团组织。2001 年 7 月，团县委获团省委、省青少年发展基金会全省希望工程建设奖。2001 年 10 月，团县委向县水保办争取资金 6 万元，组织发箐乡海螺村 100 多名团员青年种植“青年林”166.67 公顷（花椒 16.67 公顷，柳杉 150 公顷）；县财政局副局长龙永智、县扶贫局股长肖雯稹等 10 名青年被评选为县“十大杰出青年”。

2002 年 5 月，团县委被团省委表彰为全省先进团组织，县二中高二学生蒋宏波被团省委表彰为全省优秀共青团员。2002 年 10 月，保华乡东兴煤矿法人代表王国黔被团省委、省经贸委、省乡企局、省青联授予全省优秀青年民营企业家称号。

2003 年 5 月，团省委表彰县为全省团建先进县，共青团玉舍乡委为全省先进团组织，双水工业开发区团支部为全省“五四红旗”团支部，团县委副书记王龙为全省优秀团干部，县二中高中学生陈帆（女）为全省优秀共青团员。2003 年 7 月，团县委公开招募 90 名支教志愿者到 23 个乡（镇）村级小学任教。2003 年 9 月，团县委联系福建省晋江市内坑镇贵发服装有限贸易公司给县一小捐赠价值 15 万元的中国少年先锋队新型队服 1340 套。2003 年 10 月，团省委联系 2 位 80 多岁的日本老人到蟠龙乡和南开乡的银发、铁厂、李家寨、百车河、沙坡、凉山和合新小学看望贫困学生，捐款共 1.8 万元；在县政府搬迁双水庆典中，团县委组织 60 名青年志愿者参加服务。

2004 年 4 月，团省委表彰水城二中团委为全省先进团组织，团县委副书记赵传钢为全省优秀团干部，县二中学生胡萍为全省优秀共青团员。2004 年 5 月，钟山区和县的 10 家企业共赞助团县委 2 万元举办纪念“五四”运动大型文艺汇演。2004 年 12 月，县四小团支部被团省委表彰为全省“五四红旗”团支部。

2005 年 4 月，省少工委表彰钟山小学大拇指中队为全省优秀少先队中队，县一小少先大队为全省红旗大队，钟山小学教师田芳为全省优秀少先中队辅导员。2005 年 5 月，钟山小学被团省委、省少工委表彰为全省少先队特色活动先进集体。2005 年 7 月，团中央安排 50 名“西部计划”志愿者到县从事支农、支医、支教、法律服务。

2006 年 4 月，团县委在全县开展团员意识主题教育；通过“举团旗、学团章、交团费、唱团歌、戴团徽、过团日”等教育活动，增强团员先进意识、团性观念、团组织凝聚力和战斗力。2006 年 10 月，团县委举办首届县“红领巾舞蹈大赛”，33 个乡（镇）学校和县直小学组队参加。

2007 年 5 月，团县委科员邓集素被团省委、省青少年发展基金会表彰为全省希望工程先进个人。2007 年 8 月，团县委向社会募集资金 8 万元，资助 40 名农村贫困大学生顺利进入大学校园，每个贫困大学生获资助 2000 元。

2008 年 3 月，华远春晖小学在双戛乡底母落村投入使用；教学楼 1600 平方米，教师宿舍楼 1000 平方米（为县第一所建有专门教师宿舍的村级小学），操场 3000 平方米，厕所 100 平方米，还建有学生用水池等附属设施；该小学由春晖使者代华远捐款修建。2008 年 12 月，代华远被团省委、省春晖行动指导中心授予全省优秀春晖使者称号。

1978—2008 年，县（特区）共青团组织情况见表 4 -3 -1。

1978—2008 年水城县（特区）共青团组织情况统计表

表 4 -3 -1　　单位：人、个

年度	基层团委	团总支部	团支部	团员数				发展新团员	超龄团员离团	团员推优入党	培训团干
				总数	农村团员	少数民族	女团员				
1979	142	5	702	12947	9987	3923	4014	3156	1012	56	465
1980	155	1	658	12266	11657	4797	3723	2100	650	42	387
1981	121	3	688	12493	11856	4603	4112	1953	407	51	342
1982	118	4	725	13674	11469	2899	4397	1251	285	60	476
1983	117	2	802	14043	13085	3105	3902	600	1703	12	382
1984	130	5	808	12801	11200	2943	3557	1594	2107	181	1164
1985	135	9	806	13607	11347	2960	4210	2383	1470	175	746
1986	125	8	794	11405	11439	2943	4320	1767	1082	62	342
1987	134	18	798	15256	11239	3194	3381	1850	1659	335	261
1988	111	6	637	11017	7595	4233	4894	1957	538	27	436
1989	111	12	653	10243	6294	5071	4984	1230	842	16	335
1990	111	13	676	13836	10084	6032	5844	2333	2011	27	693
1991	111	11	660	12568	12560	6250	5963	2163	1896	45	420
1992	111	10	532	14230	13100	5632	6890	2980	2312	65	563
1993	40	26	486	13465	12120	4896	5982	2863	2965	76	482
1994	40	23	475	14650	13200	6420	6542	3250	2893	86	325
1995	40	23	471	14130	13102	5962	6230	2654	3102	65	265
1996	41	19	462	13642	12610	5120	5980	1986	2865	54	285
1997	41	18	469	12980	11856	4653	5100	2310	1965	46	198
1998	40	14	472	16836	15123	7865	7658	3900	2653	39	286
1999	40	15	459	17120	16121	6980	7120	3865	2132	47	345
2000	40	15	465	18960	15210	7125	8210	5210	2564	75	387
2001	40	14	471	17635	14630	6245	6750	4980	1986	86	342
2002	38	12	432	17982	14350	7560	8230	4652	2214	65	250
2003	38	12	432	18632	14320	7893	8563	3960	2142	72	235
2004	37	11	421	19635	16120	8635	8962	4213	2563	95	352

续表 4－3－1　　单位：人、个

年度	基层团委	团总支部	团支部	团员数				发展新团员	超龄团员离团	团员推优入党	培训团干
				总数	农村团员	少数民族	女团员				
2005	37	8	380	20240	17230	8630	9360	4890	2850	120	265
2006	37	8	382	21230	18360	9650	9530	5620	3520	98	289
2007	37	6	379	22130	18960	9865	9823	5860	3452	89	310
2008	37	6	385	23506	19652	9986	9654	5623	3520	96	321

第三节　妇女联合会

机构　1973 年 9 月，成立特区妇女联合会。1987 年 12 月，特区妇女联合会改称县妇女联合会（简称县妇联）。1996 年 4 月，县妇联内设办公室。2002 年 10 月，县妇联内设办公室和综合部。2008 年 9 月，县妇联所属妇女儿童工作委员会定 2 名参照公务员法管理事业编制。

农村妇女工作　1978 年，组织妇女参加农田基本建设 6.24 万人次。1991 年，制订《水城县“三八”绿色工程五年计划和十年规划》，举办各类实用技术培训 505 期、妇女参训 8.51 万人次，妇女参与实施温饱工程 10200 公顷。1992 年，培训项目由种养殖业发展到多种经营，受训妇女 12 万多人次，农村妇女培训面达 95% 以上，妇女参与实施温饱工程 103333.33 公顷、坡改梯 2000 公顷，营造“三八”林 21 个、263 公顷、20 多万株。1994 年，完善“三八绿色工程”管护措施，协调有关单位对 2.6 万妇女进行扫盲培训、3.8 万妇女接受烤烟技术培训，指导金盆乡完成 233.33 公顷烤烟移栽任务。2000 年，举办农业科技实用技术培训班 1529 期，培训妇女 14 万多人次，全县 16 万名女劳动力中掌握 3 门以上适用技术妇女有 6.39 万人；办绿色证书培训班 23 个，培训 510 人，获证妇女 294 人；参加粮食丰产工程的妇女 12 万人，参与种植烤烟的妇女 2.5 万人，参与养殖业的妇女 14.5 万人，参与植树造林的妇女 14.52 万人，新建“三八”绿色工作点 5 个、100 公顷，在双水种植 0.33 公顷“中华妇女世纪林”，县妇联职工捐款 4000 元在陡箐乡高炉村扶持饲养黑山羊 27 只。2001 年，以“巾帼科技致富工程”为重点，在发耳乡建立科普协会，组织各类技术培训班 1617 期，受训妇女 15.3 万人；办绿证培训班 16 期，参训妇女 1332 人，获证 330 人；新建“三八”绿色工程点 23 个。2002 年，举办各类实用技术培训班 1582 期，参训妇女 8.8 万人，组织 74 名妇女到外地参观培训大棚蔬菜种植。2003 年，争取资金 1.5 万元，举办 4 期以村妇代会主任为主的“绿证”培训班，培训 220 人，获证 200 人；3.5 万名妇女参加义务植树，造林 5333.33 公顷；把蟠龙乡的杨梅基地作为科技示范基地、双戛乡马戛村作为“美德在农家”示范点。2004 年，县妇联争取培训经费 1.2 万元，举办实用技术培训班 1769 期，参训妇女 12.7 万人次；在 3 个乡（镇）举办绿证培训班，培训妇女 150 人，140 名获得证书；与县农业局、县农广校到玉舍乡树林村、陡箐乡陡箐村、新街乡马路村成立妇女技术学校并挂牌。2004 年 4 月 9 日，县妇联召开“双学双比”（学文化、学技术，比成绩、比贡献）表彰大会，表彰女能手 32 名、先进单位 1 个、先进工作者 2 名。2005 年，“双学双比”内容调整为“学文化、学科技、比发展、比贡献”；县妇联将猴场乡生姜种植大户蒙祥碧、陡箐乡养殖大户颜昌琼作为联系户，定期对其指导，并将经验在全县推广；对2004年在玉舍乡、双戛乡开展的“美德在农家”活动进行验收，对4户先进户进行表彰，在全县全面铺开“美德在农家”活动。2006年，利用“阳光工程”“远程教育”“人口学校”等开展多样化培训，农村妇女适用技术培训3380人，劳动力转移培训268人，劳务输出230人，“绿证”培训50人；在纸厂乡前进村、蟠龙乡沙坡村创建2个集科技、文化、教育、卫生、环保为一体的“巾帼示范村”试点；蟠龙乡沙坡村远程教育学校站女农民学校对150名农村妇女进行技能培训，对50名农村妇女进行劳动力转移就业培训。2007年，县“双学双比”协调办公室培训妇女600人，绿证培训妇女52人，劳务输出妇女516人、劳动力转移培训妇女378人；滥坝镇以朵村、滴水岩村，双戛乡底母落村创建为“巾帼科技示范工程”示范村；创建2个“妇字号”基地（陡箐乡坪箐村竹林基地、猴场乡红星村蟠桃基地）；在木果乡双河村、红岩乡红岩村建立2个“岗村联动村”。2008年，县妇联协同各成员单位在双戛、龙场、蟠龙等乡举办科学实用技术培训班11期，培训妇女710人，发放宣传资料1000多份；新增2个“巾帼示范村”（龙场乡发缇坎村、双戛乡马戛村）、2个“妇字号”基地（顺场乡顺场村梅花鹿基地、蟠龙乡沙坡村经果林基地）、2个“岗村联动”示范点（县医院—鸡场乡旗帜村、县一小—双戛乡河沟村）。

巾帼建功　1994年，在县机关开展“岗位建功”“岗位成才”“优质服务”等工作。2000年，创建县二中、县机关幼儿园、钟山小学、县百货大楼的“巾帼文明岗”，以点带面，激发广大女职工的工作热情。2001年，县计生指导站“巾帼文明示范岗”通过验收。2003年，对获国家级“巾帼文明示范岗”称号的县四小语文教研组进行回访。2005年，对县一小语文教研组、县四小数学和综合教研组“巾帼文明示范岗”进行验收并授牌。

家庭教育　1990年，县妇联配合学校动员6.08万适龄儿童入学。1991年，对县儿童少年协调委员会进行调整，由23个成员单位组成；建立教师、保健医生等6人组成的“家教讲师团”，在玉舍区小学首创第一所农村家长学校。1999年，县乡妇联创办10所家长学校，共举办培训班72期，受教育家长4888人次。2000年，完成《家教“九五”计划》终期监测评估工作。2001年，建成家庭文化建设示范户2户（滥坝镇双水村陈燕和百腻村孙顺芬）。2002年8月8日，举办第二届中国家庭文化艺术节县点活动，有220人参加，内容包括根雕、书法、绘画、民族服装展和各种文艺节目。2003年3月31日，在县一小举行“水城县小公民道德建设计划活动”启动仪式，向县财政争取资金1.7万元，制作“合格小公民”太阳帽1000个，编印小公民道德行为规范手册5000本，协调县环保局制作垃圾桶20个。2003年9月25日，在县一小新办1所示范性家长学校。2003年10月，在玉舍小学举办120名家长参加的亲子苑培训班；动员12～14周岁的40名女学生参加“绿证”培训班，全部考试合格获得证书。2006年，开展“家庭宣传月”活动，在家长和儿童中宣传“八荣八耻”荣辱观；在玉舍乡俄脚小学创建示范性家长学校，培训家长80人。2007年，以县直学校和各乡（镇）小学为中心，围绕“亲子携手、强健体魄，保护环境、共建和谐”主题开展家庭教育宣传实践活动；开展“我做合格小公民”征文活动；县乡妇联对全县的留守儿童进行摸底调查，建立留守儿童基本情况档案，拟写调研报告，向县委、县政府提出可行性建议；全县有留守儿童3285人，流动儿童1181人。2008年，协调有关单位完成县“十一五”家庭教育规划中期评估，在玉舍乡中心小学、木果乡中学家长学校举办2期家庭教育和食品卫生安全讲座，共有300余名家长到场听课。

比赛活动 1991 年，在市妇联举办的征文比赛中，县获一等奖 2 名、二等奖 4 名、三等奖 6 名，县妇联获组织奖。1994 年，组织 2 名“春蕾”老师参加省妇联举办的“春蕾”女童班师生演讲赛，获二等奖。2003 年“六一”期间，15 名学生被市小公民道德建设计划领导小组授予市“五好”小公民称号。2006 年，开展“我做合格小公民”征文活动，全县万余名学生参加，收到征文 140 篇，上报省市妇联儿童部 2 篇。2008 年，参加省第六届“我做合格小公民道德建设”征文活动，收到征文 70 余篇，精选 2 篇上报省市妇联儿童部。2008 年 5 月 24 日，开展“迎奥运、讲文明、树新风”为主题的青少年爱国主义读书教育活动。2008 年 7 月 29 日，县妇联与县文明办、县教育局、县关工委等单位联合在双水广场举行“学英雄少年、为奥运添彩、做有道德的人”签名仪式，600 余人参加。

关爱慰问 1994 年，组织 15 名失学、辍学女少年参加市缝纫技术培训班。1996 年 3 月，发出劝募书 300 余份，共为全县失学、辍学女童募集捐款 4.2 万元，资助 127 名女童完成学业。1996 年 9 月，在金盆乡干河小学、发箐乡希望小学创办“春蕾计划”女童班 2 个。1997 年，利用捐款为 45 名失学或面临失学女童完成小学学业。1999 年，成员单位与 454 户结对帮扶，捐献物资折款 1.46 万元，资助 167 名儿童读书。2000 年，为木果乡女童班升初中的女童协调 5000 元。2001 年，争取上级妇联资助 40 名儿童并开展“手拉手、心连心”活动。2002 年，1 名儿童获国家儿童基金会资助，11 名儿童获市妇联救助；县妇联配合省电视台到木果乡拍摄“春蕾”女童班专题片，于 4 月 11 日在省电视台播出；县妇联职工捐款 270 元，帮助双戛乡 9 名女童就读；推荐 1 名优秀“春蕾”女童参加全国妇联和儿童基金会组织的“西部女童去北京”活动。2003 年，县妇联协调社会各界爱心人士帮助 200 名贫困女童重返课堂，在青林乡建立 1 个 50 人的“春蕾”女童班；职工捐款 240 元资助 10 名女童入学；6 月 1 日，为猴场乡包包小学送去价值 1800 元的体育用品和印有“做合格小公民”的太阳帽以及小公民规范手册等礼物。2005 年，县妇联联系省科协资助 100 名失学女童重返校园，开展“慈善义买活动”、共筹资 3000 元；通过省妇联争取到上海爱心人士陈占美出资 140 万元修建双戛乡中箐小学等 4 所小学。2006 年，县妇联到蟠龙乡沙坡村对留守妇女儿童存在问题进行调研；争取陈占美捐资在陡箐乡坪箐村修建“春蕾学校”1 所；“六一”期间，各成员单位结合扶贫工作，深入乡村开展慰问活动，共为小朋友送去 1.77 万元的文体用品；县残联利用康复资金救助 1 名贫困聋儿，帮助 13 名残疾儿童就近入学，为 83 名妇女、4 名儿童实施白内障手术。2007 年，争取中国儿童基金会为 2 所学校（玉舍乡俄脚春蕾学校和双戛乡马戛春蕾学校）图书室配置 3200 元和 2000 册图书。2008 年，发放资助经费帮助失学女童 87 人上学，联系西南计算机学校为就读该校的 35 名学生免除学费。

儿童发展规划 1998 年，制定《水城县 1998—2000 年儿童发展规划》；2001 年，县妇联配合有关部门完成终期“两纲”（妇女发展纲要和儿童发展纲要）监测评估，上报评估数据并协助县政府拟制《2001—2010 年妇女儿童发展纲要》。2003 年，制定《水城县妇女儿童发展规划 2001—2010 年分年度实施计划》，对 2003 年“两纲”各项指标作出监测评估。

普法教育 1985 年，特区妇联举办普法训练班，356 人参加学习。1986—1987 年，特区举办普法学习班 16 期，2180 名妇女参加学习。1991 年，县妇联举办 5 期法律知识培训班，组织社会治安综合治理宣传月现场会 5 场，咨询达 25 万人次。2002 年，县妇联进行“一法一办法”实施检查。2006 年，利用“三八”维权周、法制宣传日、“不让毒品进我家”等活动，大造妇女儿童权益宣传声势；利用“148”法律服务热线，为妇女儿童服务。2008 年 3 月 13 日，县妇联开展《中华人民共和国婚

姻法》《中华人民共和国妇女权益保护法》知识有奖问答及歌唱比赛，16个单位、300人参加。

来信来访处理　1984年，特区妇联接待妇女上访36人次，收到群众来信836件，自行查处174件，参与法院查处残害儿童案件3起。1988—1990年，县妇联配合县打击拐卖妇女儿童办公室解救被拐卖妇女23人。1991年，县妇联收到来信41件，接待来访21批、170人次，处理32件、转办30件。1992年，县妇联接待来访82件、收到来信56件，解救妇女儿童21名。1996年，建立星期一主席接待日制度，共接待来信来访188件、441人次，处理114件，转政法部门48件，进行综合案例分析2次。1999年，县妇联收到来信53件，接待来访183批、402人，其中离婚22件、重婚4件、第三者插足3件、强奸10件、伤害1件、拐卖27件、其他155件，均予查处或转办。2001年，县妇联接待来信来访255件、463人次，处理195件，转办53件；协调董地乡文阁村龙道兰被派出所民警打伤一事，受害人获8000元赔偿。2003年，县乡两级妇联共接待来信来访310件，自办165件，转办140件。2005年，县妇联接待来信来访48件，自办46件，转办2件；与县公安局一起对江苏省沐阳县人周业华反映其弟媳曹某被杨梅乡同村安某扣留20余天等情况进行调查，2天内曹某获解救。2006年，县妇联共接待婚姻家庭、财产权益各类案件124件，处理率为98%。2007年，县妇联接待来信来访98件，自办94件，转办4件。2008年，县妇联接待来信来访39件，处理率100%。

计生三结合及卫生保健　1978年，全特区妇女上环4.64万人，结扎2113人。1982年，特区各级妇联配合动员妇女作结扎886例。1991年，在全国卫生知识竞赛活动中，县培训120余人，发出及收回试卷3000张。1992年，县妇联组织“三优”咨询小分队到边远山区开展咨询服务，受教育万余人。2000年，县“巾帼扶贫行动”帮扶计生“三结合”户686户。2005年，开展“关注妇女健康”活动，以“母亲健康快车”等方式为纸厂乡、发耳乡、猴场乡等乡（镇）500余名妇女义诊，发放价值7000余元的药品和6000余套专用卫生脸盆、毛巾、健康小册子等，推动当地改变妇女卫生习惯。2006年，利用“母亲健康快车”到果布戛乡、南开乡、陡箐乡、纸厂乡咨询468人，妇检68人，发放4800余元的药品和宣传资料2540份；县乡妇联完成计生帮扶508户，为6户独生子女户、二女节扎户送去大米和油，利用受到省表彰的“少生快富文明户”（王景美家）事迹宣传计生政策；利用“三下乡”活动宣传妇女生殖健康等知识，发放宣传资料6500余份，宣传画2000张，受益2万余人。2007年，县妇联协调县医院开展“母亲健康快车”项目，为3443名农民进行义诊，发放7602元的常用药品和7.4万份宣传资料，免费接送蟠龙乡1名妇女到县医院分娩；与有关单位联合下发《水城县2007年降低孕产妇死亡率和消除新生儿破伤风项目管理方案》。2008年，“母亲健康快车”项目围绕“提高农村妇女儿童健康”主题，为436名农村妇女义诊，发放价值1608元的常用药品和4300份宣传资料；雪凝灾害期间，帮助10名孕妇脱离危险；实施计生“三结合”项目304个，帮扶贫困户436户，投入资金28万元，县妇联干部职工为受雪凝灾害的10户送种子款1100元。

评先选优　1979年，杨梅区高石公社妇联主任陈怀美被全国妇联授予“三八红旗手”称号。1983年，大河区陈忠秀被全国妇联授予“三八红旗手”称号。1979—1984年，特区评选先进集体112个，先进个人1308人（其中“五好”家庭951户，先进妇女工作者48人）；获省表彰“三八红旗集体”13个，“三八红旗手”121人，“五好”家庭19户，先进妇女工作者24人。1989年，县百货公司吴朝蓉被表彰为全国“三八红旗手”。1990年，县妇联戴丹辉被表彰为省“三八红旗手”。1991年，县妇联获市文艺汇演三等奖。1993年，县召开“三八”座谈会，表彰“三八红旗集体”

14个、“三八红旗手”53名、“五好家庭”53户。2000年3月，县表彰10名“三八红旗手”、2个“三八红旗集体”、1户“五好文明家庭”。2001年，金盆乡妇联主席被评为市“十大杰出青年”；县妇联被县政府评为“八七”扶贫攻坚先进集体；县妇联表彰女能手24名、先进个人2人、先进集体1个。2002年，县妇联表彰“三八红旗手”20名，“三八红旗集体”2个，“五好文明家庭”5个。2003年，县二中女教师肖兰参加中央电视台举办的全国音乐家庭大赛获三等奖。2004年，玉舍乡光荣村穆顺芬被表彰为全国“三八植树造林”女能手；县妇女儿童工委办公室、2个成员单位和3名个人被市政府表彰为市实施妇女儿童发展规划先进集体或先进个人。2008年，县妇联表彰“三八红旗手”10人，“三八红旗集体”2个，优秀军嫂2人，“双学双比”先进协调单位4个，女能手5人，先进工作者4人，优质“三八绿色工程”1个。

参政议政　1975—1979年，特区妇女干部中有公社书记4人，区委委员22人，科长、经理14人，区干部15人，大队干部567人，生产队干部421人；有998名妇女入党、3729名妇女入团。1990年，县政协有女副主席1人，女常委1人，乡有女副书记5人、女乡长1人，女副乡长22人，县人大常委有妇女4人，县政府部门副科级以上干部中有妇女29人。1992年，有28个乡（镇）领导班子配备妇女各1名。1993年，从1990年招聘的21名妇女干部中通过考试、政审、体检后正式录取9人。1996年，全县共有乡级女干部26人，其中乡长1名、副乡长14名、乡人大副主席2名。2000年，33个乡（镇）中25个乡（镇）有女领导干部。2002年，全县干部中有女干部4128人，占总人数的25%；县级领导班子中有女干部3名，乡（镇）党政领导班子中配备女干部43名，全县有副科级以上女干部110人；县人大有女代表66人，占总数的25.37%；政协有女委员54人，占总数的29.8%。

1978—2008年，县（特区）妇代会简况见表4－3－2。

1978—2008年水城县（特区）妇代会情况简表

表4－3－2　　单位：人

届次	召开时间	地点	出席人			大会主要议程	选举结果			
			代表	列席	特邀		主席（任）	副主席（任）	执委	常委
特区二届	1979.8	招待所	296	—	—	审议工作报告，选举特区妇联班子	1	2	49	15
特区三届	1985.5	招待所	280	10	10	审议工作报告，选举特区妇联班子及出席市一届妇代会代表	1	2	31	9
县一届	1990.7	县委五楼	181	10	7	审议工作报告，选举县妇联班子及出席市二届妇代会代表29名	1	1	23	9
县二届	1995.9	县委五楼	123	10	7	审议工作报告，选举县妇联班子及出席市三届妇代会代表32名	1	1	25	9

续表 4－3－2　　　　单位：人

届次	召开时间	地点	出席人			大会主要议程	选举结果			
			代表	列席	特邀		主席（任）	副主席（任）	执委	常委
县三届	2000.9	县委五楼	155	9	8	审议工作报告，选举县妇联班子及出席市四届妇代会代表32名	1	2	25	7
县四届	2005.8	双水会展中心	170	10	4	审议工作报告，选举县妇联班子及出席市五届妇代会代表50名	1	2	25	7

第四节　残疾人联合会

一、机构

1984年，建立特区盲人聋哑人协会。1990年11月，成立县残疾人联合会（简称县残联），为科级事业团体，经费纳入财政预算，内设1股1室；编制7名，其中理事长1名（正科级）、副理事长1名（副科级）、办公室3名、群工股2名，挂靠县民政局。1994年8月19日，县残联与县民政局分开，县残联定编制8名（不含工勤人员），其中理事长或副理事长1名，办公室主任1名。1997年，成立县残疾人工作协调委员会，下设办公室在县残联；33个乡（镇）组建残疾人联合会。2002年，县残联定事业编制6名，列入参照国家公务员制度管理范围，理事长1名，正副部长（主任）3名，工勤人员1名；内设办公室（县残疾人工作协调委员会办公室）、维权部、康复部。2007年，根据中残联〔2007〕11号和市残联通字〔2007〕17号文件精神，制定县、乡、村三级残疾人组织换届（组建）实施方案，各村成立残疾人协会，各乡（镇）成立残疾人联合会并分别召开第一次代表大会。

二、协会工作

盲人聋哑人协会对残疾人进行法制和共产主义品德教育，做耐心细致的说服教育工作，鼓励残疾人身残志坚、残而不废，多做对社会有益的工作；对测字、算命的盲人进行劝阻；对努力拼搏、勇于进取，对社会做出贡献的残疾人给予表扬和鼓励。由于县（特区）政府重视，社会各界大力支持，县（特区）先后办2个福利院、1个敬老院，收养安置10余名丧失劳动能力的残疾人；兴办塑料编织袋厂、铅锌冶炼厂、皮鞋加工厂等一批社会福利企业，安置残疾人30余人就业。协调相关部门减免税费，鼓励残疾人从事个体经营，使残疾人在各自的岗位上发挥聪明才智，与正常人一样为社会作贡献。组织残疾人参加全省残疾人运动会，县残疾人获得盲人铁饼第一、铅球第二的成绩。1990年6月，结合人口普查，在肖坪苗族乡首次对残疾人进行抽样调查，根据结果推测，全县有各类残疾人29856人（视力残疾4478人，听力语言残疾10748人，肢体残疾8957人，智力残疾及精神病等综合残疾5673人）。通过抽样调查，推测全县残疾人基本状况，为残疾人事业发展提供依据。

三、会议

县残联第一次代表大会和一届执行理事会　1990年12月24日，县残疾人联合会第一次代表大会召开，70人参加大会，其中正式代表65名（各区32名、县直机关26名、县属事业单位7名，有残疾人代表、智力残疾和精神病人亲友35名、占总数的53.8%，少数民族代表17名、占总数的26%）；李之达作《坚持改革、团结奋斗、开创我县残疾人事业新局面》的工作报告，回顾县残疾人事业发展状况，明确后来5年县残疾人事业发展主要任务；大会选举县残疾人联合会第一届主席团成员29名。1990年12月25日，召开县残疾人联合会第一届主席团第一次会议，选举赵顺洪为主席（兼），石兴忠（兼）、李之达（兼）、胡家明、李德才为副主席；大会通过李之达为县残疾人联合会第一届执行理事会理事长（兼），胡家明为县残疾人联合会第一届执行理事会副理事长（主持工作）。

县残疾人联合会成立后，在人员紧缺，经费紧张情况下，积极开展工作。一是在全县范围开展1元钱捐赠活动，既宣传残疾人事业，又为残疾人事业发展筹集资金；二是在全县范围开展残疾人普查工作，为制定残疾人事业发展规划提供科学依据；三是开展康复工作，为县小儿麻痹患者和白内障患者实施免费手术。

县残联第二次代表大会和二届执行理事会　1995年9月5日，召开县残疾人联合会第二次代表大会，共有代表61名（其中残疾人代表37名，占总数的61%）。李之达作《面对现实、开拓进取、发展水城县残疾人事业》的工作报告。大会选举县残疾人联合会第二届主席团成员15名。同日召开县残疾人联合会第二届主席团第一次会议，选举周红明为主席（兼），陈太斌（兼）、王鹏华、郭东为副主席，通过陈太斌兼任县残疾人联合会第二届执行理事会理事长，王鹏华任县残疾人联合会第二届执行理事会副理事长（主持工作），郭东、李昌隆为县残疾人联合会第二届执行理事会理事。

县残疾人联合会第二届执行理事会，制定《水城县残疾人事业九五计划》并组织实施，加大康复工作力度，以白内障复明手术和小儿麻痹矫治为重点，以“视觉第一，中国行动”为主题，在全县范围组织8次康复手术，请省内专家到县为1000多名白内障患者和小儿麻痹患者实施手术。1995年，县被列为全省第一批残疾人危房改造县后，有70户残疾人受益。1997年，根据《贵州省分散按比例安排残疾人就业实施办法》（省政府第十八号令），制定《水城县分散按比例安排残疾人就业实施细则》，成立残疾人就业服务指导站，开展残疾人就业、扶贫解困、残疾人就业保障金征收和盲人按摩等工作。县政府制定并落实《水城县扶助残疾人若干规定》，全县形成扶助残疾人的体制，残疾人生活环境得到一定程度改善。

县残联第三次代表大会和三届执行理事会　2003年5月13日，县残疾人联合会第三次代表大会在双水召开，100名代表参加大会，其中残疾人代表51名；王鹏华作《与时俱进、开拓创新、为实现残疾人事业可持续发展而奋斗》的工作报告；大会选举县残疾人联合会第三届主席团成员，通过出席市残联第三次代表大会代表和出任市残联第三届主席团成员候选人。2003年5月14日，召开县残疾人联合会第三届主席团第一次会议，选举肖敏为主席（兼），王鹏华、王天喜（兼）、李德才为副主席，通过王鹏华为县残疾人联合会第三届执行理事会理事长，吴萍、朱桂花、唐伶俐、阮远林为县残疾人联合会第三届执行理事会理事。

县残疾人联合会第三届执行理事会成立后，加大康复工作力度，以“视觉第一、中国行动”“健康快车”为主题，请省外专家帮助县白内障患者实施复明手术。开展残疾人辅助用具配发，依托“长江新旅程”计划、彩票公益金和台湾曹氏基金会资助，向残疾人配发辅助用具。开展扶贫残疾人工作，将残疾人脱贫致富纳入县扶贫大盘子；以仙劲、振鑫、兴发为代表的多家残疾人福利企业为县200多名残疾人解决就业。2004年，全省残疾人危房改造工作现场会在县召开，省残联党组书记、理事长国万泉，副理事长杨晓东，副市长、县委书记杨明达，县长周兆出席会议。在2006年的“健康快车”行动中，加大白内障患者筛查力度；按县不漏乡、乡不漏村、村不漏组、组不漏人的要求，县内白内障患者基本得到救治。

县残联第四次代表大会和四届执行理事会　2007年11月9日，召开县残疾人联合会第四次代表大会，参会正式代表93名（其中残疾人48名，占51.6%），残疾人代表中包含5类残疾人（肢残、聋哑、视力、精神病人亲友、智力残疾人亲友），大会有列席人员和特邀代表20名；王鹏华作《以人为本、构建和谐，为促进我县残疾人事业可持续发展而努力奋斗》的工作报告；大会选举县残疾人联合会第四届主席团成员25名。同日召开县残疾人联合会第四届主席团第一次会议，选举蒋云丽为主席（兼），杨豪（兼）、王鹏华、陈绍光（兼）、郭东、王祥林为副主席；大会通过王鹏华任县残疾人联合会第四届执行理事会理事长，吴萍任县残疾人联合会第四届执行理事会副理事长，朱桂花、唐伶俐、曾水源任县残疾人联合会第四届执行理事会理事的决定；通过出任市残联第四届主席团成员候选人。县残联各专门协会选举结果为：肢残人协会主席王祥林，副主席崔庆高，委员陈仕祥、李长元；聋哑人协会主席刘期运，委员李莉；盲人协会主席陈健巍，副主席郑黎明，委员毛海海；智力残疾及精神病人亲友协会主席梁大洪，委员朱勇光、邵休林。

第五篇　人大　政府　政协

第一章　县（特区）人大

第一节　人民代表大会

一、特区第二届人民代表大会

特区第二届人民代表大会第一次会议　1980年12月29日至1981年1月8日，特区第二届人民代表大会第一次会议在特区礼堂召开，到会代表418人。会议听取和审议特区革委副主任班邦英作的《水城特区革命委员会工作报告》，计委主任赵振福作的《1980年国民经济计划执行情况和1981年安排意见的报告》，财政局长陈友生作的《1979年财政决算、1980年财政预算安排和1981年财政概算的报告》，法院院长徐先刚作的《水城特区人民法院工作报告》，检察院代理检察长颜剑辉作的《水城特区人民检察院工作报告》；通过5个报告的决议。选举张立新为特区人大常委会主任，田德胜、周忠诚、汤存瑞、吴成芝、金清河、杨举清为特区人大常委会副主任，吴维邦、牛印起、孙华义、赵明秀、李贺、赵锡跃、王庭忠、王永书、李国京、魏耀胜为特区人大常委会委员，班邦英为特区政府区长，赵振福、王庆珉、龙明海、刘彩云、汤公宇、吕燮阳为特区政府副区长，徐先刚为特区法院院长，刘根显为特区检察院检察长，选举出席市一届人代会代表125名。会议收到代表提案285件（办理278件，办结率97.5%）。

特区第二届人民代表大会第二次会议　1982年3月11—15日，特区第二届人民代表大会第二次会议在特区礼堂召开，到会代表301人。会议听取和审议副区长赵振福作的《水城特区人民政府工作报告》，计委副主任郝国元作的《1981年国民经济计划执行情况和1982年安排意见的报告》，财政局副局长袁玉昆作的《1981财政决算和1982年财政预算的报告》，人大主任张立新作的《水城特区人大常委会工作报告》，法院院长徐先刚作的《水城特区人民法院工作报告》，检察院检察长刘根显作的《水城特区人民检察院工作报告》；通过6个报告的决议。会议通过周忠诚辞去特区人大常委会副主任职务的决定；补选王心现为特区人大常委会副主任。会议收到代表提案253件（办理242件，办结率95.65%）。

特区第二届人民代表大会第三次会议　1983年3月26—30日，特区第二届人民代表大会第三次会议在黄土坡召开，到会代表289人。会议听取和审议特区区长班邦英作的政府工作报告，计委主任郝国元作的1982年国民经济计划执行情况和1983年安排意见的报告，财政局长夏永礼作的1982年财政决算和1983年财政预算安排的报告，人大常委会主任张立新作的人大常委会工作报告，法院院长徐先刚作的法院工作报告，检察院检察长刘根显作的检察院工作报告，特区人大常委会《关于特区第三届人民代表大会代表和乡镇人民代表大会代表选举问题的意见》；通过7个报告或《意见》的决议。会议收到代表提案178件（办理159件，办结率89.3%）。

二、特区第三届人民代表大会

特区第三届人民代表大会第一次会议　1984年4月3—10日，特区第三届人民代表大会第一次会议在黄土坡召开，到会代表424人。会议听取和审议特区代理区长汤公宇作的政府工作报告，计委主任王荣陞作的1983年国民经济计划执行情况和1984年安排意见的报告，财政局长夏永礼作的1983财政决算和1984年财政预算安排的报告，人大常委会主任张立新作的人大常委会工作报告，法院院长徐先刚作的法院工作报告，检察院检察长刘根显作的检察院工作报告；通过6个报告的决议。选举班邦英为特区人大常委会主任，赵振福、龙明海、金清河、吴成芝、杨举清、陈友生为特区人大常委会副主任，马武贤、王心现、王永书、包培珠、刘国忠、李贺、李嗣奇、杨文学、杨翠桥、吴维邦、陈贵平、陈景雄、张本莲、张国良、张黎犁、赵明秀、郝国元、顾绍业、蔡思平为特区人大常委会委员，汤公宇为特区政府区长，石明全、王铸金、邓永策、王永琼为特区政府副区长，钟桂芳为特区法院院长，匡元柱为特区检察院检察长。会议收到议案、建议281件（办理答复253件，办结答复率90%）。

特区第三届人民代表大会第二次会议　1985年3月18—22日，特区第三届人民代表大会第二次会议在黄土坡召开，到会代表295人。会议听取和审议特区区长汤公宇作的政府工作报告，计委主任郑怀林作的1984年国民经济计划执行情况和1985年安排意见的报告，财政局长夏永礼作的1984财政决算和1985年财政预算安排的报告，人大常委会副主任赵振福作的人大常委会工作报告，法院院长钟桂芳作的法院工作报告，检察院检察长蒋万科作的检察院工作报告；通过6个报告的决议。会议收到议案、建议142件，列为议案5件（办结5件）。

特区第三届人民代表大会第三次会议　1986年3月17—24日，特区第三届人民代表大会第三次会议召开，到会代表285人。听取和审议特区代理区长孙松作的政府工作报告，计委主任郑怀林作的1986—1990年国民经济第七个五年计划的报告，财政局长夏永礼作的1985年国民经济计划执行情况和1986年安排意见的报告、1985年财政决算和1986年财政预算安排的报告，人大常委会主任班邦英作的人大常委会工作报告，法院院长钟桂芳作的法院工作报告，检察院检察长蒋万科作的检察院工作报告；通过7个报告的决议。会议通过法院院长钟桂芳、检察院检察长蒋万科辞去职务的决议；补选王庆珉为特区人大常委会副主任，孙松为特区政府区长，黄建中为特区法院院长，黄运邦为特区检察院检察长。会议收到议案、建议240件，列为议案5件（办结5件）。

三、县第一届人民代表大会

特区第四届人民代表大会第一次（县第一届人民代表大会第一次）会议　1987年4月17—24日，特区第四届人民代表大会第一次会议在黄土坡召开，到会代表331人。会议听取和审议特区代理区长李兰忠作的政府工作报告，计委主任郑怀林作的1986年国民经济计划执行情况和1987年安排意见的报告，财政局长夏永礼作的1986年财政决算和1987年财政预算安排的报告，人大常委会主任班邦英作的人大常委会工作报告，法院院长黄建中作的法院工作报告，检察院检察长黄运邦作的检察院工作报告；通过6个报告的决议。选举班邦英为特区人大常委会主任，王庆珉、龙明海、李国良、李荣顺、陆清恩、赵振福为特区人大常委会副主任，龙兴复、冉隆平、何传忠、张本莲、张秀春、张选进、陈友模、陈必敬、陈贵平、陈景雄、吴维邦、杨兴隆、罗运灿、罗惠芝、袁志玺、顾绍业、彭世杰、潘学文为特区人大常委会委员，李兰忠为特区政府区长，王永琼、王铸金、邓永策、侯贵玉、赵顺洪为特区政府副区长，黄建中为特区法院院长，黄运邦为特区检察院检察长，选举出席市二届人民代表大会代表108名。会议收到议案、建议340件，列为议案3件（办结3件）。

县第一届人民代表大会第二次会议　1988年6月24—28日，县第一届人民代表大会第二次会议在黄土坡召开，到会代表187人。会议听取和审议副县长侯贵玉作的政府工作报告，计委主任郑怀林作的1987年国民经济计划执行情况和1988年安排意见的报告，财政局长赵敏作的1987年财政决算和1988年财政预算安排的报告，人大常委会主任班邦英作的人大常委会工作报告，法院院长黄建中作的法院工作报告，检察院检察长黄运邦作的检察院工作报告；通过6个报告的决议。选举吴维邦为县人大常委会副主任，田万昌为县长，侯贵玉、邓永策、王铸金、赵顺洪、荣义财为副县长。会议收到议案、建议71件，列为议案5件（办结5件）。

县第一届人民代表大会第三次会议　1989年3月28日至4月1日，县第一届人民代表大会第三次会议召开，到会代表217人。会议听取和审议县长田万昌作的政府工作报告，计委主任郑怀林作的1988年国民经济计划执行情况和1989年安排意见的报告，财政局长赵敏作的1988年财政决算和1989年财政预算安排的报告，人大常委会主任班邦英作的人大常委会工作报告，法院院长黄建中作的法院工作报告，检察院检察长黄运邦作的检察院工作报告；通过6个报告的决议。补选贺宗俊为市二届人大代表。会议收到议案、建议44件，列为议案6件（办结6件）。

四、县第二届人民代表大会

县第二届人民代表大会第一次会议　1990年3月23—29日，县第二届人民代表大会第一次会议在黄土坡召开，到会代表271人。会议听取和审议各项工作报告并通过有关决议。选举王庆珉为县人大常委会主任，张九忠、李国良、李荣顺、陆清思、潘学文、袁志玺为县人大常委会副主任，韦玉琨、龙兴复、田军、冉隆屏、刘金菊、吉永华、杨兴隆、张秀春、陆秀薇、陈必敬、陈景雄、洪善标、聂庆明、曹文举、彭世杰、喻崇俊、廖顺贤、戴丹辉为县人大常委会委员，田万昌为县长，侯贵玉、赵顺洪、荣义财、盛作才、钟洪庆为副县长，黄建中为县法院院长，黄运邦为县检察院检察长。会议收到议案、建议247件，列为议案13件（办结13件）。

县第二届人民代表大会第二次会议　1991年3月19—23日，县第二届人民代表大会第二次会议在黄土坡召开，到会代表254人。会议听取和审议县长田万昌作的政府工作报告，计委主任郑怀林作的1990年国民经济计划执行情况和1991年国民经济和社会发展计划的报告，财政局长刘光敏作的1990年财政决算和1991年财政预算的报告，人大常委会主任王庆珉作的人大常委会工作报告，法院院长黄建中作的法院工作报告，检察院检察长黄运邦作的检察院工作报告；通过6个报告的决议。会议收到议案、建议132件，列为议案4件（办结4件）。

县第二届人民代表大会第三次会议　1992 年 3 月 20—29 日，县第二届人民代表大会第三次会议在黄土坡召开，到会代表 256 名。会议听取和审议县长田万昌作的政府工作报告，副县长盛作才作的国民经济和社会发展十年规划和第八个五年计划纲要报告，计委主任龙远达作的 1991 年国民经济社会发展计划执行情况和 1992 年计划草案报告，财政局长刘光敏作的 1991 年财政决算和 1992 年财政预算草案报告，人大常委会主任王庆珉作的人大常委会工作报告，法院院长黄建中作的法院工作报告，检察院检察长黄运邦作的检察院工作报告；通过 7 个报告的决议。选举 47 名出席市第三届人民代表大会代表。会上，有 60 名代表联名提出《罢免黄运邦县检察院检察长职务案》，大会主席团提交全体会议投票表决，赞成罢免的 118 票，未超过应到会代表 256 名的半数，罢免未获通过。会议收到议案、建议 65 件，列为议案 4 件（办结 4 件）。

县第二届人民代表大会第四次会议　1992 年 4 月 13—14 日，县第二届人民代表大会第四次会议在黄土坡召开，到会代表 195 名。会议议程为补选 12 名出席市第三届人民代表大会代表。

五、县第三届人民代表大会

县第三届人民代表大会第一次会议　1993 年 3 月 20—26 日，县第三届人民代表大会第一次会议在水城召开，到会代表 256 名。会议听取和审议县长田万昌作的政府工作报告，计委主任龙远达作的 1992 年国民经济和社会发展计划执行情况及 1993 年计划（草案）报告，财政局长刘光敏作的 1992 年财政决算和 1993 年财政预算草案的报告，人大常委会主任王庆珉作的人大常委会工作报告，法院院长黄建中作的法院工作报告，检察院检察长黄运邦作的检察院工作报告，通过 6 个报告的决议。选举张九忠为县人大常委会主任，袁志玺、陆清恩、陈必敬、潘学文、喻崇俊、吴兆英为县人大常委会副主任，荣光有、洪善标、文全友、王泰文、吉永华、尹广亮、王学明、冉隆屏、万新碧、陈怀美、孔毅、张群艳、罗宏庄、张育刚、陈景雄、王永生、周光学、彭世杰为县人大常委会委员，石明全为县长，盛作才、钟洪庆、罗恒昌、郑怀林为副县长，李含俊为县法院院长、杨秀明为县检察院检察长。会议收到议案、建议 201 件，列为议案 4 件（办结 4 件）。

县第三届人民代表大会第二次会议　1994 年 3 月 14—18 日，县第三届人民代表大会第二次会议召开，到会代表 248 人。会议听取和审议县长石明全作的政府工作报告，计划与经济局长罗定邦作的 1993 年国民经济和社会发展计划执行情况及 1994 年国民经济和社会发展计划报告，财政局长谢朝碧作的 1993 年财政预算执行情况和 1994 年财政预算报告，人大常委会主任张九忠作的人大常委会工作报告，法院院长李含俊作的法院工作报告，检察院检察长杨秀明作的检察院工作报告，通过 6 个报告的决议。会议收到议案 43 件，建议和意见 33 件，列为议案 1 件。

县第三届人民代表大会第三次会议　1995 年 3 月 23—28 日，县第三届人民代表大会第三次会议在黄土坡召开，到会代表 249 人。会议听取和审议县长石明全作的政府工作报告，计划与经济局长廖良胜作的 1994 年国民经济社会发展计划执行情况和 1995 年计划草案的报告，财政局长谢朝碧作的 1994 年财政决算和 1995 年财政预算草案的报告，人大常委会主任张九忠作的人大常委会工作报告，法院院长李含俊作的法院工作报告，检察院检察长杨秀明作的县检察院工作报告，通过 6 个报告的决议。补选刘剑、袁荣林、詹高为县人大常委会委员。会议收到议案、建议 75 件，列为议案 1 件（办结 1 件）。

县第三届人民代表大会第四次会议　1996年3月25—30日，县第三届人民代表大会第四次会议在黄土坡召开，到会代表254人。会议听取和审议县长石明全作的县国民经济和社会发展“九五”计划及2010年远景目标规划的报告，计划与经济局长廖良胜作的1995年国民经济和社会发展计划执行情况及1996年计划草案报告，财政局长谢朝碧作的1995年财政预算执行情况和1996年财政预算（草案）报告，人大常委会主任张九忠作的人大常委会工作报告，法院院长李含俊作的法院工作报告，检察院检察长杨秀明作的检察院工作报告，通过6个报告的决议。会议接受张九忠辞去县人大常委会主任职务，补选王贤周为县人大常委会主任。会议收到议案、建议和意见57件，列为议案1件（办结1件）；建议和意见办结6件、办复50件。

县第三届人民代表大会第五次会议　1997年3月10—16日，县第三届人民代表大会第五次会议在黄土坡召开，到会代表257名。会议听取和审议副县长盛作才作的政府工作报告，计划与经济局长廖良胜作的1996年国民经济和社会发展计划执行情况及1997年计划（草案）报告，财政局长谢朝碧作的1996年财政预算执行情况和1997年财政预算（草案）报告，人大常委会副主任袁志玺作的人大常委会工作报告，法院院长李含俊作的法院工作报告，检察院检察长杨秀明作的检察院工作报告，通过6个报告的决议。补选盛作才为县长，选举70名出席市第四届人民代表大会代表。会议收到议案32件，建议和意见30件，列为议案4件。

六、县第四届人民代表大会

县第四届人民代表大会第一次会议　1998年2月15—23日，县第四届人民代表大会第一次会议在黄土坡召开，到会代表258名。会议听取和审议县长盛作才作的政府工作报告，计划局长廖良胜作的1997年国民经济和社会发展计划执行情况及1998计划草案报告，财政局长谢朝碧作的1997年财政预算执行情况和1998年财政预算（草案）报告，人大常委会代主任袁志玺作的人大常委会工作报告，法院代院长陈大顺作的法院工作报告，检察院代检察长吴道贤作的检察院工作报告；通过6个报告的决议。选举侯贵玉为县人大常委会主任，罗恒昌、张国田、王学明、廖良胜、陆秀薇、杜永奎为县人大常委会副主任，王泰文、万新碧、陈怀美、张育刚、孔毅、陈依良、苏知贤、李军、袁荣林、陈德贵、李勇、王永生、罗宏庄、邹建忠、黎方华为县人大常委会委员，杨明达为县长，刘剑、赵庆周、李明、谢朝碧、范存文为副县长，陈大顺为县法院院长，吴道贤为县检察院检察长。收到议案、建议67件，列为议案1件（办结1件）。

县第四届人民代表大会第二次会议　1999年3月5—9日，县第四届人民代表大会第二次会议在黄土坡召开，到会代表254名。会议听取和审议县长杨明达作的政府工作报告，计划局长龙元声作的1998年国民经济和社会发展计划执行情况及1999年计划草案报告，财政局长严金光作的1998年财政预算执行情况和1999年财政预算（草案）报告，人大常委会主任侯贵玉作的人大常委会工作报告，法院院长陈大顺作的法院工作报告，检察院检察长吴道贤作的检察院工作报告；通过6个报告的决议。补选傅亚频为县人大常委会委员。会议收到议案49件、建议和意见11件，均转为建议（办结率100%）。

县第四届人民代表大会第三次会议　2000年3月4—8日，县第四届人民代表大会第三次会议在黄土坡召开，到会代表253名。会议听取和审议县长杨明达作的政府工作报告，计划局长龙元声作的

1999 年国民经济和社会发展计划执行情况及 2000 年计划草案报告，财政局长严金光作的 1999 年财政预算执行情况和 2000 年财政预算草案报告，人大常委会主任侯贵玉作的人大常委会工作报告，法院院长陈大顺作的法院工作报告，检察院检察长吴道贤作的检察院工作报告；通过 6 个报告的决议。补选郭收年、高荣光为县人大常委会委员，同意陈依良辞去县四届人大常委会委员职务。会议收到议案 42 件，建议和意见 20 件，均转为建议（办结率 100%）。

县第四届人民代表大会第四次会议　2001 年 3 月 13—18 日，县第四届人民代表大会第四次会议在双水召开，到会代表 252 名。会议听取和审议县长杨明达作的国民经济和社会发展第十个五年计划纲要的报告，计划局长龙元声作的 2000 年国民经济和社会发展计划执行情况及 2001 年国民经济和社会发展计划草案报告，财政局长严金光作的 2000 财政预算执行情况和 2001 年财政预算草案报告，人大常委会主任侯贵玉作的人大常委会工作报告，法院院长陈大顺作的法院工作报告，检察院检察长吴道贤作的检察院工作报告；通过 6 个报告的决议。补选朱书文、余盛龙为县人大常委会委员。会议收到议案 46 件，建议和意见 8 件，均转为建议（办结率 100%）。

县第四届人民代表大会第五次会议　2002 年 3 月 13—19 日，县第四届人民代表大会第五次会议在双水召开，到会代表 252 名。会议听取和审议县长杨明达作的政府工作报告，计划局长龙元声作的 2001 年国民经济和社会发展计划执行情况及 2002 年国民经济和社会发展计划草案报告，财政局长严金光作的 2001 年财政预算执行情况和 2002 年财政预算草案报告，人大常委会主任侯贵玉作的人大常委会工作报告，法院副院长李姿云作的法院工作报告，检察院检察长吴道贤作的检察院工作报告；通过 6 个报告的决议。选举 70 名市第五届人民代表大会代表；补选李姿云为县法院院长。会议收到议案 44 件，建议和意见 23 件，列为议案 1 件（办结 1 件）。

七、县第五届人民代表大会

县第五届人民代表大会第一次会议　2003 年 3 月 9—16 日，县第五届人民代表大会第一次会议在双水召开，到会代表 258 名。会议听取和审议代理县长周兆作的政府工作报告，发展计划局长龙元声作的 2002 年国民经济和社会发展计划执行情况及 2003 年国民经济和社会发展计划草案报告，财政局长严金光作的 2002 年财政预算执行情况和 2003 年财政预算草案报告，人大常委会主任侯贵玉作的人大常委会工作报告，法院代理院长郝克作的法院工作报告，检察院代理检察长韩贵安作的检察院工作报告；通过 6 个报告的决议。选举侯贵玉为县人大常委会主任，张国田、胡光汝、王学明、冉霞、张善周、王庆明为县人大常委会副主任，马兰、邓志宏、孔议、朱书文、杨礼建、余盛龙、张雷、张泰智、张艳燕、陈怀美、陈祖琼、明汉阳、徐永俊、徐永新、蔡贤举为县人大常委会委员，周兆为县长，王建光、赵庆周、范存文、何枢、张锡钢、肖敏为副县长，郝克为县法院院长，韩贵安为县检察院检察长。会议收到议案 95 件，建议和意见 73 件，均转为建议（办结率 100%）。

县第五届人民代表大会第二次会议　2004 年 3 月 2—7 日，县第五届人民代表大会第二次会议双水召开，到会代表 256 名。听取和审议县长周兆作的政府工作报告，发展计划局长龙元声作的 2003 年国民经济和社会发展计划执行情况及 2004 年国民经济和社会发展计划草案报告，财政局长严金光作的 2003 年财政预算执行情况和 2004 年财政预算草案报告，人大常委会主任侯贵玉作的人大常委会工作报告，法院院长郝克作的法院工作报告，检察院检察长韩贵安作的检察院工作报告；通过 6 个报告的决议。收到议案68件、建议60件，均转为建议（办结率100%）。

县第五届人民代表大会第三次会议　2005年3月8—14日，县第五届人民代表大会第三次会议在双水召开，到会代表245名。会议听取和审议县长周兆作的政府工作报告，常务副县长王建光作的2004年国民经济和社会发展计划执行情况及2005年国民经济和社会发展计划草案报告，财政局长严金光作的2004年财政预算执行情况和2005年财政预算（草案）报告，人大常委会主任侯贵玉作的人大常委会工作报告，法院副院长孙亭作的法院工作报告，检察院检察长韩贵安作的检察院工作报告；通过6个报告的决议。补选马永相为县法院院长，李刚、席立新为县人大常委会委员。会议收到议案62件、建议和意见48件，列为议案1件（办结1件）。

县第五届人民代表大会第四次会议　2006年3月21—25日，县第五届人民代表大会第四次会议在双水召开，到会代表237名。会议听取和审议常务副县长王建光作的国民经济和社会发展第十个五年计划执行情况和第十一个五年规划纲要的报告，人大常委会主任侯贵玉作的人大常委会工作报告，法院副院长孙亭作的法院工作报告，检察院检察长韩贵安作的检察院工作报告；2005年国民经济和社会发展计划执行情况及2006年国民经济和社会发展计划草案报告，2005年财政预算执行情况和2006年财政预算草案报告印发给代表审议；会议通过6个报告的决议。会议收到议案77件、建议和意见43件，均转为建议（办结率100%）。

八、县第六届人民代表大会

县第六届人民代表大会第一次会议　2006年11月29日至12月5日，县第六届人民代表大会第一次会议在双水召开，到会代表260名。会议听取和审议代理县长刘睿作的政府工作报告、人大常委会主任侯贵玉作的人大常委会工作报告、法院院长马永相作的法院工作报告、检察院检察长韩贵安作的检察院工作报告；2006年国民经济和社会发展计划执行情况及2007年国民经济和社会发展计划草案报告，2006年财政预算执行情况及2007年财政预算草案报告印发给代表审议；会议通过6个报告的决议。选举赵庆周为县人大常委会主任，张国田、樊章学、王学明、张善周、王庆明、徐青青为县人大常委会副主任，马兰、王双、朱书文、闫秀春、李刚、杨淑琴、吴洪义、邱程远、张泰智、陈祖琼、林立得、明汉阳、段荣明、班国昭、徐永俊、席立新、唐鹏翔、辜曦娴、曾灵、蔡贤举为县人大常委会委员，刘睿为县长，邓志宏、杨昌显、陈依良、蒋云丽、李勇、张宁为副县长，马永相为县法院院长，韩贵安为县检察院检察长；选举70名市人大代表。会议收到议案55件、建议和意见78件，列为议案1件（办结1件）。

县第六届人民代表大会第二次会议　2008年3月17—21日，县第六届人民代表大会第二次会议在双水召开，到会代表254名。会议听取和审议县长刘睿作的政府工作报告，人大常委会主任赵庆周作的人大常委会工作报告，法院院长马永相作的法院工作报告，检察院检察长韩贵安作的检察院工作报告；2007年国民经济和社会发展计划执行情况及2008年国民经济和社会发展计划草案报告，2007年财政预算执行情况及2008年财政预算草案报告印发给代表审议；会议通过6个报告的决议。补选刘宗敏为县人大常委会委员。会议收到议案50件、建议和意见66件，均转为建议（办结率100%）。

第二节 人大常委会议

1981年1月至2008年12月，县（特区）人大共召开常委会214次（特区二届人大22次，特区三届人大22次，特区四届人大6次，县一届人大15次，县二届人大23次，县三届人大36次，县四届人大44次，县五届人大33次，县六届人大13次），历次会议简况见表5-1-1。

1981—2008年水城县（特区）历次人大常委会议简况表

表5-1-1　　　　单位：人

届	次	开会时间	出席	主要内容
特区二届	2	1981.02.04	16	传达中央领导关于人大工作的讲话
	3	1981.03.11	12	传达中央8、9号文件精神，补选张为梓为市人大代表
	4	1981.03.20	10	审议经济、财政报告
	5	1981.05.25	15	学习中央〔81〕57号文件、省〔81〕7号文件
	6	1981.07.22	16	审议上半年经济和财政报告，任命40名政府工作人员
	7	1981.09.25	15	审议议案、工业、治安报告，任命邓永策为副区长
	8	1981.11.12	14	审议教育、卫生、文化报告，选张今诺、周光辉为市人大代表
	9	1981.12.28	15	任命古清华为副区长、任命25名政府工作人员
	10	1982.02.26	15	研究下次人代会筹备工作
	11	1982.03.16	13	补选朱广臣、刘献浦、刘俊义为市人大代表
	12	1982.05.20	13	学习关于《宪法》的决议，任命7名政府工作人员
	13	1982.06.11	13	学习《宪法》，任命1名审判员
	—	1982.08.28	12	同意逮捕贪污犯何庆海（注：该次常委会为临时会议）
	14	1982.09.08	14	审议上半年财政预算执行等报告，任免15名政府工作人员
	15	1982.12.23	13	审议计生议案执行情况，任免4名政府工作人员
	16	1983.03.04	11	决定召开二届三次人代会，任免13名政府工作人员
	17	1983.03.11	12	撤销李华成市代表资格
	18	1983.04.22	13	通过选举委员会组成名单，任命3名政府工作人员
	19	1983.06.17	13	通过各公社（镇）选举委员会名单
	20	1983.10.12	12	审议经济、财政、“严打”工作，通过代表资格委员会名单
	21	1984.03.16	13	班邦英辞区长；任命汤公宇代区长，王永琼、王铸金为副区长，免王庆珉、龙明海、赵振福副区长；补选6名市人大代表
	22	1984.03.27	12	任免40名政府工作人员

续表 5－1－1　　单位：人

届	次	开会时间	出席	主要内容
特区第三届	1	1984.04.11	27	撤销邓朝安特区人大代表资格并同意对其逮捕
	2	1984.05.09	19	任免35名国家机关工作人员
	3	1984.06.12	23	审议治安、公安工作，任免18名政府工作人员
	4	1984.07.27	23	审议上半年经济、财政情况，任免2名政府工作人员
	5	1984.10.09	20	审议计生、卫生、教育工作，同意成立杨柳镇
	6	1984.12.04	19	审议工业、交通、城建工作，任免8名政府工作人员
	7	1985.01.15	22	任免10名政府工作人员
	8	1985.03.01	16	任免6名政府工作人员
	9	1985.03.23	16	补选汤公宇为市人大代表，任免11名政府工作人员
	10	1985.05.28	15	审议体制改革，听取救灾汇报
	11	1985.07.29	17	审议经济、财政、普法、治安、严打工作
	12	1985.09.26	16	审议议案、教改、贯彻食药法工作
	13	1985.11.26	21	审议工业、财政、民族工作，汤公宇辞去区长，任免10干部
	14	1986.01.21	17	审议计量、物价工作，任免17名政府工作人员
	15	1986.03.04	17	任免4名政府工作人员
	16	1986.05.05	18	审议粮食工作，成立特区、乡选举委员会，任免12名干部
	17	1986.05.22	14	撤销李在圆市人民代表资格
	18	1986.07.15	23	听取上半年工农业汇报，任免3名政府工作人员
	19	1986.09.15	19	听取议案、卫生等汇报，批准逮捕杨志洪，任免14名干部
	20	1986.11.01	16	审议国民经济社会发展计划和财政预算
	21	1987.01.13	15	任命49名政府工作人员
	22	1987.03.26	21	审议议案，孙松辞去区长，李兰忠代理区长
特区第四届	1	1987.05.05	22	任免46名政府工作人员
	2	1987.07.07	24	审议经济、社会、工业、农业、财贸，任免29名政府干部
	3	1987.08.18	13	任免12名政府工作人员
	4	1987.09.15	22	审议治安、法制、教育、卫生、民族等工作，任免11名干部
	5	1987.10.20	18	补选2名市人大代表
	6	1987.11.17	22	审议财政、粮食、供销、民政等工作，任免13名政府干部
县第一届	7	1988.03.25	22	李兰忠辞去县长、龙明海辞去县人大副主任
	8	1988.04.29	21	陈贵平辞去县人大常委，任免16名政府工作人员
	9	1988.05.25	18	免去王永琼副县长职务，张选进辞去县人大常委
	10	1988.07.21	18	审议企业承包，任免40名干部
	11	1988.09.20	20	审议工商、煤焦、烤烟、税务，任免22名干部
	12	1988.11.08	18	审议财政、林业、供销、民族、文教、卫生工作
	13	1988.12.26	20	听取治安、普法、房产、广电等工作情况，任免2名干部
	14	1989.02.22	18	听取科技、体育等汇报
	15	1989.04.19	21	听取农、林、牧、农机、土管、扶贫等汇报，任免7名干部

续表 5－1－1　　　　单位：人

届	次	开会时间	出席	主要内容
县第一届	16	1989.06.27	21	听取计生、物价、烤烟、煤焦、人事汇报，任免 6 名干部
	17	1989.08.28	19	听取计划、税务、粮食汇报；免王铸金副县长，任命 1 名干部
	18	1989.10.17	21	听取财、教、卫等工作汇报；盛作才任副县长，任免 2 名干部
	19	1989.11.07	21	撤销李扬明县粮食局长职务
	20	1989.12.13	21	听取计量、乡企、环保、城建等工作汇报，任免 10 名干部
	21	1990.02.21	17	审议议案、建议办理，通过代表资格审查
县第二届	1	1990.05.21	24	听取议案办理等报告，任免 49 名干部、撤销 1 名干部职务
	2	1990.07.17	22	听取财政、税务、煤炭、企业、教育等汇报，任免 41 名干部
	3	1990.09.25	23	听取教育、司法、治安、交通、烤烟工作汇报，任免 5 名干部
	4	1990.10.27	19	听取水电、乡企、科技、计生、民族工作汇报，免去 1 人职务
	5	1990.12.04	20	许可县法院对吕明学依法进行审判
	6	1990.12.25	25	听取工商、行政监督、反贪汇报，任免 10 名干部
	7	1991.02.25	25	免去 2 名干部职务
	8	1991.03.31	19	审议代表变化情况
	9	1991.04.26	22	听取春耕生产、烤烟、地方志等工作汇报，免去 1 人职务
	10	1991.05.27	25	听取计生、法制、教育汇报，任免 4 名干部
	11	1991.07.23	24	听取企业、反贪汇报，评议干部，任免 6 名干部
	12	1991.09.25	24	听取经济、民族、烤烟等汇报，曹文举、聂庆明辞去人大常委
	13	1991.11.21	20	听取有关工作汇报，任免 4 名干部
	14	1992.01.08	16	听取救济、救灾、优抚工作汇报，任免 2 名干部
	15	1992.03.03	22	听取绿色工程、执法汇报，任免 3 名干部
	16	1992.04.10	14	决定召开二届四次人代会
	17	1992.05.05	21	听取有关汇报，考评干部，免去杨宇生副县长职务
	18	1992.07.06	21	听取治安、普法汇报，任免 26 名干部
	19	1992.09.12	19	听取人事、司法、民族工作汇报，任免 6 名干部
	20	1992.10.12	22	决定换届时间，侯贵玉辞去副县长，撤销毛昌奎水电局长职务
	21	1992.11.12	17	审议议案办理，成立各乡（镇）选举委员会
	22	1993.01.15	17	撤销县 1 届 19 次人大常委会议关于撤销李扬明县粮食局长职务的决定
	23	1993.03.03	17	听取代表资格审查报告
县第三届	1	1993.05.11	18	听取机构改革、农田建设报告，任免 14 名干部
	2	1993.06.16	17	听取煤焦、税收、国营企业汇报，任免 9 名干部
	3	1993.08.25	18	听取交通、扶贫、民族、普法工作汇报，任免 23 名干部
	4	1993.10.20	24	听取治安、反贪汇报，审议评议干部办法，免去 1 名干部职务
	5	1993.12.13	25	听取水电、林业、民政工作汇报，任免 3 名干部
	6	1994.01.24	25	决定召开三届二次人代会
	7	1994.03.03	23	审议群众生活安排、代表变动情况

续表 5－1－1　　单位：人

届	次	开会时间	出席	主要内容
县第三届	8	1994. 05. 06	22	审议执行企业法规情况，任免 11 名干部
	9	1994. 06. 06	24	任免 20 名干部
	10	1994. 07. 26	23	听取消费者法、民族工作条例执行情况，任免 14 名干部
	11	1994. 09. 26	22	审议县政府职能，免去 1 名干部职务
	12	1994. 11. 08	21	学习税法，免去 1 名干部职务
	13	1994. 12. 20	23	学习几个法规，任命陈庆福为副县长
	14	1995. 02. 21	19	听取春耕生产、普法等汇报，任命周红明、吴朝荣为副县长
	15	1995. 04. 27	24	审议土管、环保议案办理，任命胡建湘为副县长
	16	1995. 06. 21	24	审议《中华人民共和国村委会组织法》《中华人民共和国审计法》执行情况，任免 28 名干部
	17	1995. 08. 22	24	听取议案办理情况和交通、公安、文体广播电视工作汇报
	18	1995. 10. 17	24	学习《中华人民共和国教育法》，审议财政预决算
	19	1995. 11. 14	24	决定乡（镇）人民代表总数和乡（镇）换届选举委员会
	20	1995. 12. 07	19	审议劳动法贯彻情况，任命 1 名干部
	21	1996. 01. 16	19	听取春耕生产、烤烟工作汇报
	22	1996. 02. 28	19	听取财政预决算汇报
	23	1996. 05. 02	19	听取计生、检察院工作汇报，任免 6 名干部
	24	1996. 07. 24	19	听取玉林经验、科技工作汇报，任免 19 名干部
	25	1996. 09. 24	19	审议三五普法规划
	26	1996. 10. 23	19	石明全辞去县长，任命盛作才为代理县长，杨明达为副县长
	27	1996. 11. 26	19	听取代表议案、建议、意见办理，任免 4 名政府工作人员
	28	1997. 01. 27	19	听取有关工作报告，免去钟洪庆副县长职务，任免 9 名干部
	29	1997. 02. 17	19	听取代表变动汇报
	30	1997. 02. 28	19	免去 1 名干部职务
	31	1997. 05. 28	19	王贤周辞县人大主任，袁志玺代县人大主任，任免 15 名干部
	32	1997. 07. 02	19	听取扶贫、计生、公安工作汇报，任免 20 名干部
	33	1997. 09. 22	19	听取反贪等工作汇报，吴兆英辞去人大副主任，任免 3 名干部
	34	1997. 10. 13	18	任命县选举委员会
	35	1997. 11. 24	18	听取税务等工作情况和议案、建议、批评和意见办理情况汇报
	36	1998. 01. 13	16	审议财政预决算，代表资格审查
县第四届	1	1998. 04. 30	20	审议议案，评议司法，任庞志谦、吴沿友、张志堂为副县长
	2	1998. 05. 28	20	听取水利、民族工作汇报，任免 24 名干部
	3	1998. 07. 28	20	听取平安工程、三五普法工作汇报
	4	1998. 09. 28	20	听取国地税、工商工作汇报
	5	1998. 10. 27	20	听取 9 件实事办理情况，免去 1 名干部职务
	6	1998. 11. 16	20	审议代表名额补缺，任命乡（镇）选举委员会
	7	1998. 11. 27	20	评议司法工作

续表 5－1－1　　单位：人

届	次	开会时间	出席	主要内容
县第四届	8	1998.12.28	20	听取农业综合开发工作汇报，任免23名干部
	9	1999.01.15	20	代表资格审查和补选市人大代表，任命何枢为副县长
	10	1999.02.11	20	审议经济规划、财政预决算
	11	1999.04.28	20	审议农田基建、计生、“两基”工作
	12	1999.05.25	20	审议12项工作，任免12名干部
	13	1999.07.21	20	听取公、检、法工作汇报，谢朝碧辞去副县长
	14	1999.09.08	20	听取“十件实事”汇报
	15	1999.11.16	20	审议6项工作、议案办理情况
	16	1999.12.30	20	任命肖敏、张锡钢为副县长
	17	2000.01.17	20	审议14项工作及代表工作，陈依良、邹建忠辞去县人大常委
	18	2000.02.21	20	代表资格审查、审议财政预决算
	19	2000.03.28	20	审议农业等5部门工作，朱显顺辞去代表职务
	20	2000.05.29	19	听取9项工作汇报，补选市人大代表，任免3名干部
	21	2000.07.25	18	审议“三农”，邀请公民听会
	22	2000.09.24	19	听取《中华人民共和国村民委员会组织法》实施和“十件实事”情况汇报
	23	2000.11.28	17	审议13项工作
	24	2001.01.11	18	教育、计生、水电述职，任免2名公务员
	25	2001.02.12	16	听取教育、计生、水电评议整改，任免6名干部
	26	2001.03.27	17	审议农田建设、救灾、文广工作
	27	2001.05.29	18	审议计生、煤焦税费、“两基”工作
	28	2001.07.25	21	审议经济、林木、机关搬迁，任命马昌为县科技局副局长
	29	2001.09.25	18	审议“严打”等5项工作
	30	2001.11.27	15	审议经济、财政预决算、税务工作，任命张福生为副县长
	31	2002.01.29	19	审议财政预决算报告，高荣光辞县人大常委
	32	2002.02.21	19	终止罗恒昌代表资格
	33	2002.03.26	14	审议春耕生产、水利和2部法规执行情况
	34	2002.04.16	17	任免21名干部
	35	2002.05.28	17	审议计生条例、森林法执行情况，任免13名干部
	36	2002.06.17	16	任命王建光为副县长，免去刘剑副县长职务
	37	2002.07.10	17	任命周兆代县长，杨明达辞去县长职务
	38	2002.07.29	17	审议发耳电站前期工作
	39	2002.09.29	16	审议7项工作报告，任免3名干部
	40	2002.11.20	15	审议矿产法执行情况，成立县选举委员会
	41	2002.12.06	18	任免39名干部
	42	2002.12.18	16	任命郝克为法院代理院长，李明、李姿云、吴道贤辞职
	43	2003.01.21	18	审议税收、矿管执法、低保、下岗再就业工作
	44	2003.02.12	17	决定召开五届一次人代会时间

续表 5－1－1 单位：人

届	次	开会时间	出席	主要内容
县第五届	1	2003. 03. 27	22	代表资格审查，任免 7 名干部
	2	2003. 05. 15	22	审议春耕生产、烤烟、义务教育，任免 27 名干部
	3	2003. 06. 17	20	许可刑事拘留李贵书，免去赵庆周副县长职务
	4	2003. 07. 21	19	听取绿化双水等 16 个报告，任免 3 名干部
	5	2003. 09. 23	17	审议政银合作项目，任免 10 名干部
	6	2003. 11. 10	16	审议办理低保再就业等 10 件事
	7	2003. 12. 17	17	审议矿产法执行情况，任免 4 名干部
	8	2004. 02. 02	19	任免 2 名干部
	9	2004. 02. 27	20	任命白元平为副县长
	10	2004. 04. 15	20	学习《中华人民共和国宪法修正案》
	11	2004. 05. 25	18	听取“一府两院”述职
	12	2004. 07. 26	19	审议卫生、保健规划，听取 6 人述职，许可对郝克刑事拘留
	13	2004. 09. 20	18	审议招商引资工作和 6 人整改报告，许可逮捕郝克
	14	2004. 11. 22	18	听取常委述职、审议议事规则，任免 2 名干部
	15	2005. 01. 14	18	听取煤炭产业结构调整、化工汇报，冉霞辞去县人大副主任
	16	2005. 01. 24	18	审议建议办理，补选张永忠、王晓琼为市人大代表
	17	2005. 03. 04	19	同意县政府融资 2 亿元，撤程升普局长，贺家华停止代表职务
	18	2005. 04. 23	17	任命 10 名法院审判员
	19	2005. 05. 17	18	听取“两基”攻坚、旅游工作汇报，任免 8 名干部
	21	2005. 06. 30	18	讨论发箐、保华等乡建置变更
	22	2005. 07. 18	19	审议财政预决算等 7 项工作
	23	2005. 09. 26	18	听取医保汇报，评议 3 名领导工作，任免 21 名干部
	24	2005. 11. 22	16	审议反贪、贷款、建设，补选陈永红为市五届人大代表
	25	2005. 12. 27	19	审议“十件实事”，对杨昌显、马明安、毛毅进行述职评议
	26	2006. 01. 19	19	审议财政预算、人大述职评议报告，任免 3 名干部
	27	2006. 03. 09	17	审议第十一个五年规划纲要等，任命 1 名干部
	28	2006. 05. 15	21	周兆辞去县长，任命刘睿代理县长，免去王建光、何枢副县长职务，任免 2 名干部
	29	2006. 05. 24	16	审议农业、水利、烤烟、新农合等工作，决议推广防氟灶
	30	2006. 07. 19	19	审议财政预决算、人口、环保、公安工作，任免 4 名干部
	31	2006. 08. 11	21	成立乡（镇）选举委员会，任命邓志宏为副县长，胡光汝辞去县人大副主任，免去范存文、张锡钢副县长职务
	32	2006. 09. 28	18	决定召开六届一次人代会时间，听取工作汇报，任免 3 名干部
	33	2006. 11. 13	15	审议“十件实事”、法院、检察院等工作，进行代表资格审查

续表 5－1－1　　单位：人

届	次	开会时间	出席	主要内容
县第六届	1	2006.12.25	23	审议法制宣传教育、任命代表资格审查委员会
	2	2007.01.30	25	任免 48 名干部
	3	2007.03.26	24	听取农、林、水、公安工作汇报，任命县人大各工作委员会
	4	2007.05.29	24	听取人口法执行、政银资金使用汇报，任免 6 名干部
	5	2007.07.25	26	审议财政预决算、“两基”建校资金贷款，任免 3 名干部
	6	2007.09.25	26	听取扶贫、环保、新农合等工作汇报，任免 12 名干部
	7	2007.11.22	25	听取综治、“一府两院”述职
	8	2008.01.29	25	2 人辞人大常委职务，任免 6 名干部，补选金开流为市代表
	9	2008.03.06	24	听取议案办理、春耕生产和代表变动情况汇报
	10	2008.05.26	21	听取林权改革、公安、禁毒工作汇报，任免 15 名干部
	11	2008.07.29	24	听取财政收支、新农合、资源整合汇报
	12	2008.09.25	25	听取环保、矿产秩序、通乡油路、通村公路工作汇报
	13	2008.11.25	25	审议法院、检察院等工作，撤销张宁副县长，任免 2 名干部

第三节　机构与人大代表选举

一、人大常委会

1978—1980 年，特区人民代表大会无常设机构，人代会闭会期间工作由特区革委办理。1980 年 12 月 29 日至 1981 年 1 月 8 日，特区第二届人民代表大会选举产生特区人民代表大会常务委员会（常设机构）。1981—2008 年，特区人大经历 2 届，县人大经历 6 届（1987 年 4 月召开的特区第四届人民代表大会第一次会议被议定为县第一届人民代表大会第一次会议），历届人大常委会主任、副主任名录见表 5－1－2。

1981—2008 年水城县（特区）历届人大常委会主任、副主任名录

表 5－1－2

届　次	职　务	姓　名	任职时间	附　注
特区二届人大常委会	主　任	张立新	1981.01—1984.10	—
	副主任	田德胜	1981.01—1984.10	—
		周忠诚	1981.01—1982.03	—
		汤存瑞	1981.01—1984.04	—
		吴成芝	1981.01—1984.04	布依族
		金清河	1981.01—1984.04	—
		杨举清	1981.01—1984.04	苗族
		王心现	1982.03—1984.04	—

续表 5－1－2

届　次	职　务	姓　名	任职时间	附　注
特区三届人大常委会	主　任	班邦英	1984. 04—1987. 04	布依族
	副主任	赵振福	1984. 04—1987. 04	白族
		汤存瑞	1984. 04—1985. 02	—
		龙明海	1984. 04—1987. 04	彝族
		金清河	1984. 04—1987. 04	—
		吴成芝	1984. 04—1987. 04	布依族
		杨举清	1984. 04—1987. 04	苗族
		费国荣	1984. 04—1987. 04	女
		陈友生	1984. 04—1987. 04	—
		王庆琨	1986. 03—1987. 04	—
县一届人大常委会	主　任	班邦英	1987. 04—1990. 03	布依族
	副主任	赵振福	1987. 04—1990. 03	白族
		龙明海	1987. 04—1988. 03	彝族
		王庆琨	1987. 04—1990. 03	—
		李国良	1987. 04—1990. 03	—
		李荣顺	1987. 04—1990. 03	—
		陆清恩	1987. 04—1990. 03	布依族
		吴维邦	1988. 06—1990. 03	—
县二届人大常委会	主　任	王庆琨	1990. 03—1993. 03	—
	副主任	张九忠	1990. 03—1993. 03	—
		李国良	1990. 03—1993. 03	—
		李荣顺	1990. 03—1993. 03	—
		陆清恩	1990. 03—1993. 03	布依族
		潘学文	1990. 03—1993. 03	苗族
		袁志玺	1990. 03—1993. 03	—
县三届人大常委会	主　任	张九忠	1993. 03—1996. 03	—
		王贤周	1996. 03—1997. 05	苗族
	代主任	袁志玺	1997. 05—1998. 02	—
	副主任	袁志玺	1993. 03—1997. 05	—
		陆清恩	1993. 03—1998. 02	布依族
		陈必敬	1993. 03—1998. 02	彝族
		潘学文	1993. 03—1998. 02	苗族
		喻崇俊	1993. 03—1998. 02	侗族
		吴兆英	1993. 03—1997. 09	女

续表 5－1－2

届　次	职　务	姓　名	任职时间	附　注
县四届人大常委会	主　任	侯贵玉	1998.02—2003.03	—
	副主任	罗恒昌	1998.02—2002.03	—
		张国田	1998.02—2003.03	彝族
		王学明	1998.02—2003.03	苗族
		廖良胜	1998.02—2003.03	—
		陆秀薇	1998.02—2003.03	女
		杜永奎	1998.02—2003.03	穿青人
县五届人大常委会	主　任	侯贵玉	2003.03—2006.12	—
	副主任	张国田	2003.03—2006.12	彝族
		胡光汝	2003.03—2006.08	白族
		王学明	2003.03—2006.12	—
		冉　霞	2003.03—2005.01	女、苗族
		张善周	2003.03—2006.12	彝族
		王庆明	2003.03—2006.12	穿青人
县六届人大常委会	主　任	赵庆周	2006.12—	白族
	副主任	张国田	2006.12—	彝族
		樊章学	2006.12—	—
		王学明	2006.12—	苗族
		张善周	2006.12—	彝族
		王庆明	2006.12—	穿青人
		徐青青	2006.12—	女

二、县（特区）人大工作机构

1981 年 1 月，建立特区人大办公室，同年 3 月，特区人大办下设秘书科、信访科、行政科和代表联络科，有职工 14 人。1982 年 8 月，特区人大办撤销信访科，设立法制科。1984 年，特区人大增设民族、法律、财经和教科文卫 4 个工作委员会（后来民族工作委员会改为民族宗教事务委员会，法律工作委员会改为法制工作委员会），撤销特区人大办法制科、代表联络科。1987 年 5 月，特区人大增设代表工作委员会。1989 年 7 月，县人大恢复信访科。1995 年，县人大撤销信访科，县人大办下设信访办公室。1998 年 3 月，县人大增设信访办公室，撤销县人大办信访办公室。2003 年 3 月，县人大代表工作委员会更名选举任免联络工作委员会。2008 年 1 月，县人大增设环境资源保护工作委员会。2008 年 12 月，县人大下设办公室、信访办公室、选举任免联络工作委员会、环境资源保护工作委员会、民族宗教事务委员会、法制工作委员会、财经委员会、科教文卫工作委员会；有职工 43 人。

三、基层人大机构

1985—1986 年，各区（镇）设人大工作兼职联络员，由特区人大常委会任命。1987 年 1 月 14 日至1990年6月，各区（镇）建立人大工作联络组，设组长和副组长。1990年6月至1992年3月，各区（镇）人大工作联络组改为人大工作委员会，为县人大派出机构，设主任和副主任各1人、秘书1人；各乡人大主席团推选常务主席和副主席，其中少数人为专职。1992年4月至2008年12月，各乡（镇）人大主席团由5~7人组成，其中设专职主席、副主席和秘书。

四、人大代表选举情况

1980—2008年，县和乡（镇）人民代表大会代表由各选区选民直接选举产生，按每一选区选举1~3名代表划分选区，实行差选举，用无记名投票方式进行选举，选区必须过半数选民参加选举，候选人获得参选人数过半数选票才能当选。县（特区）历届乡（镇）人大代表选举情况见表5－1－3，历届县（特区）人大代表选举情况见表5－1－4。

1980—2008年水城县（特区）历届乡（镇）人大代表选举情况统计表

表5－1－3

单位：人

县（特区）	选举时间	届次	当选代表数	其中				代表组成			
				妇女	中共党员	非党人士	少数民族	工人	农民	干部	知识分子
特区	1980	2	4306	551	2156	2150	1509	25	3677	604	—
	1983	3	4128	478	2069	2059	1363	12	3445	574	97
	1987	4	3776	417	1939	1837	1202	12	3127	530	107
县	1990	2	3308	656	1425	1883	1311	1	2709	598	—
	1993	3	1379	270	827	552	604	3	872	380	124
	1999	5	1755	390	1497	258	67	172	1395	86	102
	1996	4	1713	326	1139	574	718	—	—	—	—
	2002	6	1745	364	1154	591	721	—	—	—	—
	2006	7	1762	392	1155	607	859	—	—	—	—

1980—2008年历届水城县（特区）人大代表选举情况统计表

表5－1－4

单位：人

县（特区）	选举时间	有选举权选民	参加选举选民	参选率%	届次	当选代表数	其中			
							妇女	中共党员	非党人士	少数民族
特区	1980	359744	328603	91.34	2	471	86	355	116	150
	1983	398065	338847	85.12	3	424	70	318	106	99
	1987	462776	377710	81.62	4	344	27	312	32	100
县	1990	328364	283853	86.44	2	273	70	180	93	139
	1993	370790	316767	85.43	3	277	62	199	78	135
	1998	392057	358537	91.45	4	258	67	172	86	102
	2003	424997	381237	89.7	5	262	67	166	96	106
	2006	504190	367560	72.9	6	262	66	168	94	130

第四节　人大工作

一、依法行使重大事项决定权

1982—1995年，县（特区）人大常委会每年都审议县（特区）财政预算调整情况，作出对财政预算进行部分调整的决定。1985年，特区三届人大常委会第11次会议通过《关于在全特区公民中普及法律常识的五年规划决议》后，每5年人大常委会都要审议县（特区）新的普法五年计划并作出决议。特区二届人大常委会作出关于组织全特区各族人民讨论《中华人民共和国宪法修改草案》的决议，并对经济、财政、“严打”、社会治安综合治理、计生等工作分别作出决议。特区三届人大常委会作出关于深入开展严厉打击刑事犯罪活动等决议。县一届人大常委会作出关于进一步抓好计生工作等决定。县二届人大常委会作出县1991—2000年绿色工程开发项目规划综合报告的决议、关于开展评议县人大常委会任命的国家机关干部等决定。县三届人大常委会作出县烤烟发展规划等决议。县四届人大常委会作出关于将滥坝镇双水建成县城、关于依法治县、县“十五”期间教育发展规划、关于邀请公民旁听人大常委会会议等决议。县五届人大常委会作出关于县与开阳县缔结为友好合作县和关于认真执行城市绿化条例加强双水新城区绿化工作的决定、关于县2001—2010年初级卫生保健规划、关于向全县推广使用防氟节能灶等决议；为支持县政府融资加大基础设施建设，县五届人大常委会作出关于教育基础设施建设项目还贷资金纳入财政预算、关于县政府实施政银合作有关项目资金纳入财政预算管理、关于将明硐水库建设贷款纳入本级财政预算、关于同意县政府融资2亿元、关于向国家开发银行省分行贷款用于水城大道等4个项目建设改造的还贷资金纳入财政预算等决定。县六届人大常委会作出关于2007年暂不开展对“一府两院”工作人员述职评议等决定。

二、依法行使人事任免权

特区人大常委会设立之初，人事任免工作在起步中摸索。2000年11月30日，县四届人大常委会第23次会议通过县人大常委会人事任免办法，使人大常委会人事任免工作初步有章可循。2003年3月27日，县五届人大常委会第一次会议修正县人大常委会人事任免办法，对人事任免范围、任免案的提请及要求、任免种类、表决、颁发任命书、公布等环节作出具体规定，使常委会人事任免工作步入法制化、规范化轨道。

县（特区）各届人大常委会任免人大与“一府两院”机关工作人员的情况为：特区二届124人（任职109人、免职15人），特区三届198人（任职167人、免职31人），特区四届108人（任职84人、免职24人），县一届289人（任职210人、免职76人、撤职3人），县二届193人（任职159人、免职33人、接受辞职1人），县三届224人（任职182人、免职34人、接受辞职8人），县四届293人（任职193人、免职91人、接受辞职7人、撤职2人），县五届97人（任职73人、免职21人、撤职1人、罢免2人代表职务），县六届249人（任职160人、免职80人、接受9人辞职）。

三、依法行使监督权

县（特区）人大及其常委会依法行使监督权，主要是检查法律法规在本行政区域的执行情况，审议工作报告，视察、检查、调研、评议工作，对特定问题进行调查、质询，审议撤销职务案，受理人民群众的申诉和意见等。县（特区）人大常委会对同宪法、法律、行政法规和省地方性法规相抵触的县（特区）政府规章、决定、命令和行政措施，县（特区）法院、检察院的判决、裁决、决定和其他司法文件，县（特区）政府、法院和检察院行政、司法行为进行监督。县（特区）人大常委会对县（特区）政府、法院和检察院的下列工作进行监督：宪法、法律、行政法规和省地方性法规的执行，全国、省、市、县人大及其常委会决议、决定的执行，辖区内政治、经济、教育、科技、文化、卫生、民政、民族等工作重大事项的处理，国民经济和社会发展计划、财政预算执行，改革发展和经济建设的重大事项，县（特区）人大代表提出的议案、建议、批评和意见的办理，人民群众普遍关注和迫切要求解决的重大问题的办理。

（一）审议工作报告

1980—2008 年，共召开县（特区）人民代表大会 29 次。每次大会都听取和审议县（特区）政府工作报告、上年度国民经济和社会发展计划执行情况和本年度国民经济和社会发展计划草案报告、上年度财政预算执行情况和本年度财政预算草案报告、人大常委会工作报告、法院工作报告、检察院工作报告。经过审议，分别作出相应决议。

1981 年 1 月至 2008 年 12 月，县（特区）人大常委会，共听取“一府两院”工作报告 459 个。特区第二届人民代表大会常务委员会，听取和审议特区政府关于调整国民经济计划和财政预算执行情况、落实农村各种经济责任制以及工业、财贸、文教、卫生、民政、计生、社会治安工作和支援不发达地区经费使用情况等报告，特区公安局、检察院、法院、司法局等部门关于严厉打击刑事犯罪活动情况的报告，并作出相应的决议。特区第三届人民代表大会常务委员会听取和审议特区政府关于工农业生产、政法工作、财政经济、教育、卫生、商业、物价、扶贫、民族、交通安全、议案办理、民族、民政工作等报告。特区第四届人民代表大会常务委员会听取并审议 1987 年上半年国民经济社会发展计划执行情况和下半年工作安排情况的汇报，特区公安局、教育局、供销社等 12 个单位工作情况的汇报。县第一届人民代表大会常务委员会先后 76 次听取和审议“一府两院”45 个方面的工作汇报。县第二届人民代表大会常务委员会听取“一府两院”关于经济、打击拐卖妇女儿童、社会治安综合治理工作等情况报告 69 个。县第三届人民代表大会常务委员会听取和审议“一府两院”的执法和工作报告 107 次。县第四届人民代表大会常务委员会听取和审议县政府关于国民经济和社会发展执行情况、财政预算执行情况、工业、农业、林业、工商、税务、民族、民政、城建、土管、环保、扶贫、教育、科技、卫生、计生、社会治安综合治理等 168 个专题工作报告及县法院审判工作、县检察院反贪工作等 8 个方面的情况报告。县第五届人民代表大会常务委员会听取和审议县政府关于工业、农业、林业、工商、税务、民族宗教、民政、城建、国土、环保、扶贫、教育、卫生、科技、人口与计生、公安、社会治安综合治理、普法、依法治理等 68 个专题工作报告和县法院关于刑事审判、民事审判、执行工作，县检察院关于刑事检察、反贪污贿赂等工作报告。县第六届人民代表大会常务委员会，听取和审议“一府两院”专项工作报告 41 个。对听取和审议的工作报告、汇报，县（特区）人大常委会都有针对性地提出意见和建议，以书面形式要求“一府两院”负责办理落实，并报告整改落实情况，还对重要事项进行跟踪督办。

为了增强人大常委会审议“一府两院”工作报告的规范性、严肃性、程序性，1989 年 2 月 23 日，县一届人大常委会第 14 次会议通过县人民代表大会常务委员会议事规则，把听取和审议“一府两院”工作报告作为人大常委会主要的议事内容。2000 年 11 月 30 日，县四届人大常委会第 23 次会议通过县人大常委会监督办法（试行），从制度上规范县人大常委会的监督行为。县人大常委会听取和审议“一府两院”专项工作报告，都要组织常委会组成人员和部分人大代表进行会前调研，对调研中发现的问题形成书面意见，转“一府两院”研究处理，常委会会议结束后，将审议意见综合整理转“一府两院”办理。2004 年 11 月 26 日，县五届人大常委会第 14 次会议第四次修正《水城县人大常委会议事规则》后，县人大常委会实行对“一府两院”提交审议的工作报告进行票决制度，由常委会全体组成人员的过半数通过；工作报告未获通过的，责成报告部门进行整改，并在指定时间重新报告；两次报告未获通过的，常委会依法启动相关程序。在 2004 年 11 月 26 日举行的县第五届人民代表大会常务委员会第 14 次会议上，县政府关于县五届人大二次会议代表建议办理情况报告未获通过；县政府经过认真整改，在 2005 年 1 月 24—27 日举行的第 16 次会议上重新报告，票决获得通过。

（二）视察调研

县（特区）人大常委会高度重视调研工作，每年都要组织驻县（特区）境内的省、市人大代表和县（特区）人大代表进行视察调研 1 ~ 2 次。特区二届人大常委会组织驻特区境内的市、特区 2 级人大代表就农村稳定和完善农业生产责任制情况、城镇工业生产、蔬菜生产、饮食服务业、城市卫生及政法方面的情况开展调研视察；特区三届人大常委会组织省、市、特区 3 级人大代表和特区人大常委会内设的委室负责人围绕财政经济、工农业生产、经济体制改革、政法公安、教育卫生、民族民政、议案办理和自然灾害等 18 个方面的情况进行视察和调研；特区四届人大常委会组织市、特区部分人大代表、特区人大常委会内设委室负责人和政府有关部门负责人围绕中小学危房改造维修、蟠猴公路修建情况、二塘农中办学情况开展调研视察；县一届人大常委会组织省、市、县人大代表，人大常委会“五委一室”和政府有关部门负责人有择重点地对国营乡镇企业、水土流失、煤焦生产经营管理、财政经济、社会治安、民族经费使用等方面的情况进行视察调研；县二届人大常委会组织省、市、县人大代表对义务教育法贯彻实施、烤烟生产、工业企业管理、供销工作、议案办理、公路建设等 20 个方面的工作进行视察督查；县三届人大常委会组织县人大代表多次深入县公安局、县综治办、滥坝镇、保华乡、朝阳化工厂等单位对禁毒、综治、减轻农民负担、计生、乡镇企业、烤烟生产等工作情况进行调研视察；县四届人大常委会组织常委会组成人员和人大代表对财政、民政、城建、土管、扶贫、教育、科技、法院、检察院等工作进行专题调研和视察；县五届人大常委会组织常委会组成人员和人大代表对城建、环保、扶贫、教育、科技等工作进行专题调研视察；县六届人大常委会组织省、市、县人大代表对农业产业结构调整、新阶段扶贫开发、生态建设、退耕还林、乡村公路建设、水库防渗、人畜饮水工程等进行调研视察。从特区二届人大常委会到县六届人大常委会，人大常委会组织驻境内的省、市、县（特区）3 级人大代表视察 80 次，调研 45 次，会前调研 288 次。视察、调研后均形成调研报告转“一府两院”研究办理。

（三）执法检查

执法检查是县级以上各级人大常委会行使监督职权的重要形式。县（特区）人大常委会每年都要安排2～5部法律法规的执法检查。所选法律法规涉及的问题均紧贴党和国家的工作大局，关系广大人民群众普遍关注的大事，着眼于改革发展的中心任务、促进经济社会全面发展的需要、对法律法规的推动实施。1981—2008年，共开展《中华人民共和国农业法》《中华人民共和国科学技术进步法》《中华人民共和国刑事诉讼法》《中华人民共和国民事诉讼法》《中华人民共和国民族乡行政工作条例》《中华人民共和国行政许可法》《中华人民共和国农业技术推广法》《中华人民共和国义务教育法》《中华人民共和国食品安全法》《中华人民共和国人口与计划生育法》等法律法规执法检查139次。

（四）评议工作

开展评议工作是人大监督的一种有效形式，1988年开始在乡（镇）开展评议工作，由各乡（镇）人大主席团组织人大代表评议政府工作。1995年，县三届人大常委会组织部分县人大代表对县工商局、县农业局、县民政局局长进行述职评议。1998年6—8月，组织部分人大代表对县法院1997年的刑事审判工作进行司法评议。1999年10月，县人大常委会对任命的县审计局长、县农业局长、县民政局长、县乡镇企业局长、县扶贫开发局长进行述职评议；评议围绕执行相关法律法规及人大常委会决议、决定，办理代表议案建议，履行职务，廉洁自律等内容进行。2003年后，县人大常委会决定政府职能局长，办公室主任，法院副院长、庭长、副庭长，检察院副检察长每年向常委会送交书面述职述廉报告。通过评议，促使“一府两院”工作人员增强责任感、法制观念和公仆意识。

（五）信访工作

受理和接待人民群众来信来访一直是人大常委会的一项重要工作。人大常委会对群众反映的问题进行分析和梳理，按照属地管理、分级负责、依法、及时、就地解决问题与教育疏导相结合的原则办理，督促“一府两院”及其有关部门对信访事项进行办理和落实。人大常委会制定领导和各委室主任接待日、信访约见等信访工作制度，人大机关信访工作逐步规范化和制度化。1981—2008年，共受理群众来信3889件，接待上访群众4875人次，县人大常委会信访机构按规定及时进行转办、交办、督办，一些带有建设性的意见和建议得到采纳。

（六）办理议案建议

每次会议议案（特区二届人代会称为代表提案）、建议办理完后，人大常委会办公室及时将办理情况书面答复代表。1978—2008年，县（特区）人代会议案、建议办理情况见表5－1－5。

1978—2008年水城县（特区）人代会议案、建议办理统计表

表5－1－5

届　次	提案（件）	列为议案（件）	办理（件）	办结率	转为建议（件）	办复率
特区二届	716	—	679	94.83%	—	—
特区三届	663	10	10	100%	653	100%
特区四届	340	3	3	100%	337	100%
县一届	115	11	11	100%	104	100%
县二届	444	21	21	100%	423	100%

续表 5－1－5

届　次	提案（件）	列为议案（件）	办理（件）	办结率	转为建议（件）	办复率
县三届	471	11	11	100%	460	100%
县四届	310	2	2	100%	308	100%
县五届	526	1	1	100%	525	100%
县六届	249	1	1	100%	248	100%

第二章 县（特区）政府

第一节 机 构

一、历届政府

1976—1980 年的水城特区革命委员会被认定为水城特区第一届人民政府。1980 年 12 月，水城特区革命委员会更名水城特区人民政府。1981 年 1 月，特区第二届人民代表大会第一次会议选举特区第二届政府。1984 年 4 月，特区第三届人民代表大会第一次会议选举特区第三届政府。1987 年 4 月，特区第四届人民代表大会第一次会议选举特区第四届政府。1987 年 12 月，特区第四届政府被认定为县第一届政府。1988 年 6 月，县第一届人民代表大会第二次会议重新选举县第一届政府。1990 年 3 月，县第二届人民代表大会第一次会议选举县第二届政府。1993 年 3 月，县第三届人民代表大会第一次会议选举县第三届政府。1998 年 2 月，县第四届人民代表大会第一次会议选举县第四届政府。2003 年 3 月，县第五届人民代表大会第一次会议选举县第五届政府。2006 年 12 月，县第六届人民代表大会第一次会议选举县第六届政府。

1978 年 12 月至 2008 年 12 月，县（特区）历届政府县（区）长（主任）、副县（区）长（副主任）名录见表 5－2－1。

表 5－2－1　　1978—2008 年水城县（特区）政府县（区）长（主任）、副县（区）长（副主任）名录

届　次	职　务	姓　名	任职时间	附　注
特区革命委员会（特区一届政府）	主　任	张作圣	1978. 12—1979. 10	特区党委书记
	副主任	班邦英	1979. 11—1980. 12	布依族、主持工作
		班邦英	1978. 12—1979. 10	布依族
		赵振福	1980. 05—1980. 12	白族
		张立新	1980. 05—1980. 12	—
		杨明显	1980. 05—1980. 12	—
		李衍信	1980. 05—1980. 07	—
		彭攸学	1980. 05—1980. 12	—
		吕夔阳	1980. 05—1980. 12	—
		刘彩云	1980. 10—1980. 12	女
		熊光初	1980. 10—1980. 12	苗族
		龙明海	1980. 10—1980. 12	彝族

续表5-2-1

届　次	职　务	姓　名	任职时间	附　注
特区二届政府	区　长	班邦英	1981.01—1984.04	布依族
	副区长	赵振福	1981.01—1984.04	白族
		王庆珉	1981.01—1984.04	—
		刘彩云	1981.01—1983.07	女
		汤公宇	1981.01—1984.04	—
		吕燮阳	1981.01—1981.03	—
		龙明海	1981.01—1984.04	彝族
		邓永策	1981.09—1984.04	—
		古清华	1981.12—1984.04	—
特区三届政府	区　长	汤公宇	1984.04—1985.09	—
		孙　松	1986.03—1987.03	—
		李兰忠	1987.03—1987.04	—
	代理区长	孙　松	1985.09—1986.03	—
	副区长	石明全	1984.04—1986.09	彝族
		王铸金	1984.04—1987.04	—
		邓永策	1984.04—1987.04	—
		王永琼	1984.04—1987.04	女
		李兰忠	1986.09—1987.03	—
		韩良荣	1986.03—1987.02	挂职
		陈辅平	1987.02—1987.04	挂职
		何孔亮	1987.03—1987.04	挂职
特区四届政府	区　长	李兰忠	1987.04—1987.12	—
	副区长	王永琼	1987.04—1987.12	女
		王铸金	1987.04—1987.12	—
		邓永策	1987.04—1987.12	—
		候贵玉	1987.04—1987.12	—
		赵顺洪	1987.04—1987.12	布依族
		陈辅平	1987.04—1987.12	挂职

续表 5-2-1

届　次	职　务	姓　名	任职时间	附　注
县一届政府	县　长	李兰忠	1987.12—1988.03	—
		田万昌	1988.06—1990.03	彝族
	副县长	侯贵玉	1987.12—1990.03	—
		邓永策	1987.12—1990.03	—
		赵顺洪	1987.12—1990.03	布依族
		荣义财	1987.12—1990.03	—
		王铸金	1987.12—1989.08	—
		王永琼	1987.12—1988.05	女
		盛作才	1989.09—1990.03	—
县二届政府	县　长	田万昌	1990.03—1992.07	彝族
	代理县长	贺宗俊	1992.07—1993.03	苗族
	副县长	侯贵玉	1990.03—1992.10	—
		赵顺洪	1990.03—1993.02	布依族
		盛作才	1990.03—1993.03	—
		荣义财	1990.03—1991.09	—
		钟洪庆	1990.03—1993.03	—
		郑怀林	1991.09—1993.03	—
		罗恒昌	1992.10—1993.03	—
		杨宇生	1990.05—1992.05	挂职
县三届政府	县　长	石明全	1993.03—1996.10	彝族
		盛作才	1997.03—1998.02	—
	代理县长	盛作才	1996.10—1997.03	—
	副县长	盛作才	1993.03—1996.10	—
		郑怀林	1993.03—1998.02	—
		罗恒昌	1993.03—1998.02	—
		钟洪庆	1993.03—1997.01	—
		周红明	1995.02—1998.02	苗族
		吴朝蓉	1995.02—1996.07	女
		杨龙政	1996.07—1998.02	白族
		杨明达	1996.10—1998.02	彝族
		陈庆福	1994.12—1997.03	挂职
		胡建湘	1995.03—1998.02	挂职
		吴沿友	1996.07—1998.02	挂职
		庞志谦	1997.03—1998.02	挂职
	县长助理	杨龙政	1994.02—1996.07	白族

续表5-2-1

届　次	职　务	姓　名	任职时间	附　注
县四届政府	县　长	杨明达	1998.02—2002.07	彝族
	代理县长	周　兆	2002.07—2003.03	—
	副县长	刘　剑	1998.02—2002.06	—
		王建光	2002.06—2003.03	—
		赵庆周	1998.02—2003.03	白族
		谢朝碧	1998.02—1999.07	女、布依族
		李　明	1998.02—2002.12	—
		范存文	1998.02—2003.03	—
		何　枢	1999.01—2003.03	—
		张锡刚	1999.12—2003.03	苗族
		肖　敏	1999.12—2003.03	彝族
		吴沿友	1998.02—1998.07	挂职
		庞志谦	1998.02—1999.03	挂职
		张克堂	1998.05—2000.05	挂职
		马昌和	2001.07—2003.03	挂职
		张福生	2001.11—2003.03	挂职
县五届政府	县　长	周　兆	2003.03—2006.05	—
	代理县长	刘　睿	2006.05—2006.12	女
	副县长	王建光	2003.03—2006.05	—
		邓志宏	2006.08—2006.12	苗族
		赵庆周	2003.03—2003.06	白族
		范存文	2003.03—2006.08	—
		何　枢	2003.03—2006.05	—
		张锡刚	2003.03—2006.08	苗族
		肖　敏	2003.03—2005.11	彝族
		杨昌显	2003.12—2006.12	苗族
		陈依良	2005.06—2006.12	—
		蒋云丽	2005.06—2006.12	女
		白元平	2004.02—2005.02	挂职

续表 5－2－1

届　次	职　务	姓　名	任职时间	附　注
县六届政府	县　长	刘　睿	2006.12—	女
	副县长	邓志宏	2006.12—	苗族
		杨昌显	2006.12—	苗族
		陈依良	2006.12—	—
		蒋云丽	2006.12—	女
		李　勇	2006.12—	—
		张　宁	2006.12—2008.11	—
		罗天明	2007.07—	挂职

二、工作机构

1978 年特区革委机关工作机构　革委办公室、劳动局、公安局、民政局、计划委员会、教育局、卫生局、财政局、税务局、财贸办公室、工商局、交通局、公交办公室、邮电局、计划生育委员会办公室、体育运动委员会、科学技术委员会、文教办公室、水电局、农林办公室、农林局、农机局、商业局、粮食局、物资局、供销社、工业局、轻工局、基本建设局、中国人民银行特区支行、中国建设银行特区支行、知识青年上山下乡安置办公室、复退军人安置办公室、社队企业局、人民防空办公室、交通战备支前办公室、副食品局、蔬菜水产局。

1987 年特区政府机关工作机构　政府办公室、编制委员会办公室、人事局、劳动工资局、公安局、司法局、民政局、民族事务委员会、宗教事务办公室、统计局、审计局、计划委员会、经济委员会、文化局、教育局、卫生局、财政局、税务局、财贸工作委员会、物价局、工商行政管理局、标准计量管理局、土地管理局、交通局、人民防空战备办公室、计划生育委员会、体育运动委员会、广播电视局、科学技术委员会、水利电力局、农业局、林业局、畜牧局、农业机械管理局、农业区划办公室、烤烟生产办公室、水土保持办公室、商业局、粮食局、物资局、供销合作社、手工业生产合作社、轻工业局、乡镇企业管理局、煤炭工业管理局、城乡建设委员会、城市建设局、环境保护局、房地产管理局、档案局、地方志办公室、中国人民银行特区支行、中国建设银行特区支行、中国农业银行特区支行、中国工商银行特区支行。

1988 年县政府机关工作机构　政府办公室、编制委员会办公室、人事局、劳动工资局、公安局、司法局、民政局、民族事务委员会、宗教事务办公室、统计局、审计局、计划委员会、经济委员会、文化局、教育局、卫生局、财政局、税务局、财贸工作委员会、物价局、工商行政管理局、标准计量管理局、土地管理局、交通局、人民防空战备办公室、计划生育委员会、体育运动委员会、广播电视局、科学技术委员会、水利电力局、农业局、林业局、畜牧局、农业机械管理局、农业区划办公室、烤烟生产办公室、水土保持办公室、商业局、粮食局、物资局、供销合作社、轻工业局、乡镇企业管理局、煤炭工业管理局、城乡建设委员会、城市建设局、环境保护局、房地产管理局、档案局、史志办、气象站。

1998 年县政府机关工作机构　政府办公室、人事劳动局、社会保险事业局、公安局、司法局、民政局、勘界办公室、民族与宗教事务局、统计局、审计局、计划局、工业局、以工代赈办公室、文化广播电视局、体育事业局、卫生局、财政局（国有资产管理局）、国税局、地税局、物价局、工商局、技术监督局、教育局、科技局、贸易局、交通局、人民防空战备办公室、国土局、地质矿产管理局、环境保护局、计划生育局、农业办公室、农业局、畜牧中心、农业机械管理局、农业区划办公室、水土保持办公室、林业局、水利电力局、烤烟生产办公室、供销合作社、轻工总会、乡镇企业管理局、煤炭工业局、建设局、房改办公室、档案局、史志办、监察局、爱卫办、体改局、双水开发区管理委员会、招商引资局（对外经济协作办公室）、农业综合开发办公室（非耕地资源开发办公室）、扶贫开发办公室、公路运输管理所、政府督察室、生姜魔芋生产办公室、经济林生产办公室、果树生产办公室、杜仲生产办公室、商业贸易总公司、粮食局（粮食贸易总公司）、物资贸易总公司、中国农业银行县支行、中国农业发展银行县支行、气象局。

2008年县政府机关工作机构　政府办公室、人事劳动和社会保障局、公安局、司法局、民政局、勘界办公室、民族宗教事务局、统计局、审计局、发展和改革局、文体广播电视局（新闻出版局、版权局）、卫生局、食品药品监督管理局、财政局、国税局、地税局、物价局、工商局、技术监督局、教育局、科学技术局、经济贸易局（乡镇企业局、非公有制经济发展局）、交通局、人民防空办公室、国土资源局、环境保护局、人口和计生局、农业办公室、农业局、畜牧事业局、农业机械服务中心、林业局、水利局、烤烟生产办公室、供销合作社、煤炭管理局、建设局（城管局）、房产管理局（住房制度改革领导小组办公室）、双水新区办公室、档案局、地方志办公室、监察局、扶贫开发办公室、公路运输管理所、政府督察室、粮食局、老龄委员会、外事侨务办公室、安全生产监督管理局、气象局、水电工程移民办、中国农业银行县支行、中国农业发展银行县支行、县信用联社、邮政局、电信局、机关服务中心（宣传文化中心）。

三、下级行政机构

1978年，特区革委辖11个区革委、121个公社革委。1982年，特区政府辖12个区公所、6个镇政府、110个公社管理委员会。1984年，特区政府辖8个区公所、5个镇政府、89个乡政府、23个管理区委员会。1987年，特区政府辖12个区公所、1个镇政府、111个乡政府。1988年，县政府辖10个区公所、98个乡（其中47个民族乡）政府。1992—2008年，县政府辖1个镇政府、32个乡（其中29个民族乡）政府。

附：县机关服务中心（县宣传文化中心）

县机关服务中心（县宣传文化中心）　成立于2002年4月3日，实行一套人员、两块牌子，为正科级事业单位，内设办公室、总务股，定事业编制20人（其中主任1名，副主任1名）。

会务管理　每年均主办县委、县人大、县政府、县政协交办的各种大型会务，协办县直各单位的各种会务、文艺演出、展览等。7年共协办会议或活动200余次，每次会议或活动均制定有效措施，细化每个人的责任，使各项工作落到实处，使会议或活动取得圆满成功。

水电和环境卫生　负责县党政办公楼、党政综合楼和机关服务中心等环境卫生与绿化，承担水电及公共设施的维修、改造和管理。每天上班，职工根据安排，对县党政办公楼、党政综合楼和会议中心的水电、卫生设施进行全面检查，发现故障，及时派人处理。该单位没有专职水电工，若下水管道堵塞、闸阀损坏等，职工均不怕脏、不怕累，克服种种困难，妥善处理好各种问题。在环境卫生方面，该单位对所管辖的公共区域，要求当值人员随时保持清洁，同时对花草、树木进行管理和维护。采取督促、处罚等措施，落实“整脏治乱”工作，使县党政办公楼、党政综合楼、会议中心周边，经常保持良好的卫生环境。

车辆管理　中心有4辆县机关职工通勤大客车，驾驶员按要求保持车容整洁，准时接送。建立健全并认真执行车辆管理制度，同时要求驾驶员认真学习和严格遵守交通法律法规，经常对车辆进行维护，严禁车辆带病行驶，保证行车安全。

安全保卫　承担县委、县人大、县政府、县政协和会议中心的保卫与消防工作。成立消防安全领导小组，制定每日一次检查，每月一次大检查的消防安全管理制度，并认真落实。组织全体职工和保安人员，认真学习安全与消防法律法规，不断提高全体人员的安全意识。对安全部件认真做好检查，及时排除发现的问题，确保安全。

第二节　政府常务会议

县（特区）政府常务会议由县长（区长）、副县长（副区长）出席（1998年后县长助理、县政府办主任列为出席人员），有关人员列席，研究决定政府工作中的重大问题。1987—2004年，县（特区）部分政府常务会议简况见表5-2-2。

1987—2004年水城县（特区）部分政府常务会议简况表

表5-2-2　单位：人

时　间	出席	列席	主要内容
1987.06.25	4	2	特区区长、副区长进行分工
1987.07.11	4	6	研究特区党校中专毕业生待遇、奖金发放、房产收入管理、街道命名
1987.07.22	3	8	专题研究大中专毕业生分配
1987.08.25	4	5	研究煤焦发票借用、白酒销售补贴、车辆购买与使用、招聘乡专职统计员、卫生所奖金、商品房安排、消防检查费和红岩乡政府维修费等
1987.09.07	5	2	研究煤焦经营、蟠龙至红岩乡公路修筑、肉食供应、集资购买化肥等
1987.09.29—30	4	8	研究水钢至保华公路扩建、玉舍区海坪乡发生的炭疽病防治、老城片区自来水消毒、黄土坡拐角大楼问题等事项
1987.11.04	3	10	研究特区二中教学楼修建，批准特区物资局自费购买吉普车
1987.11.14	7	1	研究组织纪律整顿、大中专毕业生分配、水城至南开公路投资等事项
1988.02.11	6	4	研究唐再祺落实政策、欧阳湘庭和高志才转正
1988.03.26	4	6	研究土地清查遗留问题、粮食工作改革、复退军人安置、扶贫款使用
1988.03.30	4	9	研究人代会事项，传达省粮食工作会议、市政府全体扩大会议精神
1988.04.18	4	10	传达省安全工作会议精神，研究计生、水电管理、审计、招待所工作
1988.06.02	3	6	研究教师调资、机关托儿所更名、县监察局人员和办公地点问题

续表 5－2－2　　单位：人

时　间	出席	列席	主要内容
1988.07.02	5	4	县长、副县长和政府办主任、副主任进行分工，调整县编制委和县安委成员，研究杨梅乡卫生院计生手术问题，决定唐再祺作一次性抚恤
1988.07.30	5	3	研究房产纠纷、商品房移交、企业和社会团体登记、公路集资、民转公、大中专毕业生分配、复烤厂仓库质量问题等，决定2人恢复户籍和粮油供应、特区环保站和自来水厂移交钟山区、开发办为政府机构
1988.08.06	5	6	研究农业、税收、财政收支和国库券任务分配、乡公安员招聘等
1988.10.15	4	14	研究“三秋”生产、复烤厂承包等
1988.12.07	4	—	研究建委改建设局、塔山纸厂扰民问题、陈大荣强占老城门市部问题、砂石厂1名病故职工抚恤、酒厂税收核定、制定煤焦产品管理办法实施细则、招聘计生员、修建县计生指导站办公楼、烤烟奖、地基纠纷
1988.12.23	3	4	研究酒厂税收、轧钢厂欠款、出水洞电站引资、烤烟生产物资等
1989.01.06	3	4	研究“温饱工程”、各区食品站职工安置、春节期间工作
1989.02.02	6	3	听取1988年财政决算汇报，研究煤焦经营管理、“温饱工程”、轧钢厂还贷等事项，成立保华煤矿筹建指挥部
1989.03.01	6	4	调整县长、副县长分工，研究征兵工作、轧钢厂遗留问题、煤焦管理，决定将市发的5000元奖金捐给县机关托儿所
1989.03.27	5	—	研究保华焦化公司事项、地基划拨、大湾和城关食品站问题
1989.06.03	4	7	研究酿造厂和天湖合金厂建设、财税工作、工商联和保华煤矿筹建
1989.07.12	6	9	研究大中专毕业生分配、财税工作、军供站经费、车辆控购与划拨、民政助理员配备、塔山纸厂职工调出、大营煤矿事故处理、住房分配
1989.09.01	4	1	调整副县长分工，研究汽车制造厂事项、部门建设问题
1989.09.30	5		研究水土保持、中医院事项、计生、煤矿、公司整顿、陡化公路建设
1989.11.09	5	9	研究修建灯光球场等体育设施、机关幼儿园危房改造、商业贸易、民政局与交通局办公楼产权，决定各区建立工商所
1990.04.02	7	2	县长、副县长进行分工，研究部门建设、煤焦管理、区域规划、酒厂资金、企业内部审计、烤烟生产、编制、煤矿事故，通过人事任免
1990.04.27	5	7	研究人口普查、退伍军人安置、教育、科技兴农、财政、税收、离休干部和司法助理员经费管理、部分单位编制和人员等
1990.06.01	5	5	研究发展目标、酒厂税费、百货大楼危房改造、商业局通道、农资公司仓库、成立经济开发公司、招聘乡民政助理员、调整安委和绿化委
1990.07.13	5	3	研究救灾、煤焦项目、人事任免，成立教委、煤炭公司、村镇建设站
1990.09.06	6	4	调整编制委，通过人事任免，研究召开农业会议、验收水城至南开公路、教育、军供站和民贸公司修建、招聘人员、调整工商和统计机构
1990.09.26	7	4	研究人大交办事项、农业综合开发、铁路民兵连经费、职中征地、公路收费，成立环保、教育、煤焦、残联机构
1990.11.24	6	4	通过人事任免，研究粮食生产、商业、“以工代赈”、财政收入、教育、电站建设、安全生产、杨梅农业综合开发区建设、3个单位机构变动
1998.03.24	8	1	研究财政预算、长海子林场问题、姬龙公路续建、安居工程4～7号楼搬迁补偿资金、煤矿安全生产、老干医药费
1998.05.06	7	5	研究玉舍林场职工工资及林场发展

续表 5-2-2　　单位：人

时　间	出席	列席	主要内容
1998. 10. 27	8	1	研究退伍军人安置、村委换届、征兵经费，成立茶叶公司和食品公司
1998. 11. 30	8	1	研究教育局和招待所搬迁相关工作
1999. 01. 04	8	—	研究支铁办人员和经费、政府办集资建房，成立县行政学校
1999. 07. 12	8	7	研究县俱兴选煤厂（原马场选煤厂）事项
1999. 08. 16	7	8	研究计生工作
1999. 09. 06	8	15	研究白马洞水库建设、县供水公司工作、粮食机构改革、国庆篮球赛
1999. 10. 09	8	7	研究上访问题、7 号楼出售、粮食公司董事长，成立县机关事务中心
1999. 10. 29	7	4	研究出水洞电站过水试验事项
1999. 11. 22	6	9	研究铸造厂职工生活补助、2 名职工工资、乡（镇）财政管理办法
1999. 12. 21	8	5	研究煤焦税费相关事项
2000. 03. 25	7	18	研究首批搬迁双水的 16 个单位办公楼和县政府招待所修建
2000. 04. 08	9	11	研究违反计生政策人员处理、中医院和二中修建、民族、社保、个别人员工资、烤烟、赈款使用、政务公开、企业征地，成立县蓖麻办
2000. 04. 28	8	—	研究黄土坡大转盘土地转让、人大议案办理和公路、水保、煤矿工作
2000. 05. 27	9	8	研究乡镇企业局与乡镇企业公司资产争议解决办法
2000. 07. 27	8	3	研究退耕还林、杨梅林场引资、教育、工业开发区和生姜加工厂建设
2000. 10. 09	8	6	研究“三角区”整治、计生户优惠、煤焦税费，设立县长热线电话
2000. 10. 31	7	5	研究信贷扶贫资金安排、县长热线电话办理、政府驻贵阳办事处管理
2000. 11. 20	8	13	研究开发区建设、举办省彝学会事项、扶贫资金分配、农业开发还贷、大中专毕业生安排、公路修建、供水价格、事业单位离休干部养老金
2000. 12. 09	8	7	研究汽车制造厂改革和畜牧、茶叶、水利、烤烟、计生工作
2002. 01. 22	8	14	研究烤烟、解决国营企业职工困难、沼气池建设、医保、财税奖励
2002. 02. 28	10	9	研究老城资产处置、在双水修建医院、安全生产、维简费使用、滥坝镇退耕还林、人代会和政协会事项、粮食局办公楼竞卖、交通费用提取、退伍军人安置、人武部搬迁、招待所资产置换、煤矿和烤烟等
2002. 04. 04	11	—	研究表彰先进、煤矿安全、公路建设、招待所资产处置、肉品检疫
2002. 04. 06	9	8	研究农村税费改革、部分人员处分、县供水公司擅自停水问题处理
2002. 07. 16	9	17	研究县机关搬迁经费、鸡龙公路遗留问题、烤烟用煤、煤矿安全、国有公司经理任免、消防大队办公楼修建、供销系统偿还债务
2002. 07. 29	8	12	研究骨干矿井扶持办法和煤炭、烤烟、公安、民政、双牌铝厂事项
2002. 08. 16	12	27	研究煤炭、危房改造、城镇和沼气池建设、教育、职工医保等
2002. 09. 23	7	14	研究项目前期费用、“三角区”党政办公楼拍卖、人武部危房改造及双水办公楼修建资金、取缔无证煤窑
2002. 10. 08	7	—	调整 2 名外出学习副县长的分工
2002. 10. 25	6	15	研究汽车制造厂事项、红岩乡欠款、大中专毕业生分配、老城片区和“三角区”房产、新县城规划、“收支两条线”、上访，批准职工辞职
2002. 10. 28	8	—	调整副县长分工
2002. 11. 07	9	33	研究安全生产、维护社会稳定等事项

续表 5－2－2　　　　单位：人

时　间	出席	列席	主要内容
2002.12.07	8	23	研究教育、煤矿事故责任、资金及管理、计生、林业生态建设等事项
2002.12.27	7	14	研究地矿局长离任审计、复烤厂事项、退伍军人安置、设置县政府督学、防疫与卫生监督事项、发耳乡办公楼修建、项目前期费用
2003.03.26	11	26	研究玉舍乡大田村村干挪用公款问题、村民阻止玉舍水库施工问题
2003.03.28	10	11	研究老龄规划、交通、评选先进、可渡河开发、财政与畜牧事项、政府采购、议案办理、小城镇建设、“十件实事”，成立发耳征地小组
2003.04.07	9	19	研究明硐水库建设事项
2003.05.09	11	5	研究烟草体制改革、文化事项、粮食公司审计
2003.05.15	11	17	研究地质灾害防治、机关搬迁双水、建设事项、教育、卫生、计生、煤炭、部门支出预算、汽车制造厂改制、企业管理、“非典”预防
2003.06.10	9	22	研究春耕生产、扶贫、畜牧、玉舍水库拆迁、青林片区治安整治、烤烟、“非典”预防、计生、安全生产、水黄公路拆迁、二中调入教师
2003.06.13	13	14	研究企业人事、卫生、煤炭、复烤厂问题、农药管理、县长讲话稿
2003.06.26	—	—	研究土地出让、煤焦税费、国债项目、教育贷款、卫生、文化等事项
2003.07.04	9	10	研究计生、烟叶、财政、税务等事项
2003.07.08	10	15	研究烟叶、人事、水电事项
2003.08.21	7	21	研究廉政、财政、粮食、人防、市场管理、退伍军人安置等事项
2003.09.18	—	—	研究审计、农业、社保、交通等方面工作
2003.10.15	6	13	研究民政、计生、煤炭、社保等方面工作
2003.10.20	7	11	研究双水新区街道命名、篮球邀请赛事项
2003.10.31	9	18	研究煤炭加工规划、高校毕业生就业、学校用地等事项
2003.11.05	8	20	研究发耳电厂、发耳煤矿服务，决定成立国土资源筹备交易中心
2003.11.25	8	24	研究县招待所建设、花戛乡扶贫、煤焦税费、煤电征地、烤烟等事项
2003.12.11	8	11	研究计划、高校毕业生就业、市场整顿、司法局办公楼修建、文物保护、发耳小城镇规划、事故处理、财税与金融、双水新区夜间巡逻
2003.12.30	10	28	研究政府工作、拖欠农民工工资问题、议案办理，调整副县长分工
2004.01.04	9	17	研究双水新区建设事项、马铃薯加工厂建设
2004.01.19	11	17	研究钟山路双水扩建拆迁、招商引资“一站式”办公
2004.02.24	12	37	讨论人代会政府3个报告稿
2004.03.10	9	17	研究无纸化办公、招商引资、城乡建设、乡财政“零户统管”、煤炭、社保、安全生产、计生、人事、民兵工作、行政区划调整方案
2004.04.06	10	18	研究行政许可、议案和提案办理、政务公开、建设、防灾、体育等
2004.04.14	9	15	传达省会议精神，研究租用房、教育、人事、扶贫、服务企业等事项
2004.05.10	9	17	研究征地拆迁、煤焦税费、种畜场、易地移民、房改等事项
2004.05.26	6	15	研究科技、教育、法制、编制、农业、畜牧事项
2004.07.02	7	20	传达市通知，研究征地拆迁、资产事项、财政、教育、科技、畜牧

续表5-2-2 单位：人

时　间	出席	列席	主要内容
2004.07.22	9	17	传达领导讲话，研究农业、教育、卫生、人事、经济、并村等事项
2004.07.27	6	20	研究土地市场治理，讨论县政府半年工作总结
2004.08.04	8	8	研究土地市场治理、土地纠纷，决定成立公益性担保中心
2004.08.11	7	5	研究完善水城大道事项
2004.08.27	9	13	研究人事、粮食、综合办公楼建设、融资、烤烟事项
2004.09.16	—	—	研究融资、安全生产、建设、畜牧、公安、保密等事项
2004.09.29	9	12	研究村委换届、人事、煤炭、公路、高校毕业生就业、职工津补贴等
2004.10.12	6	9	研究烤烟事项
2004.10.18	6	12	研究复烤厂事项、企业军转干部困难、荷城酒楼拍卖、基本农田保护
2004.11.16	9	19	研究复烤厂关闭方案、钟山区境内房地产拍卖、退伍军人安置、人事、公安工作、群众生活、住房分配货币化、财务改革、融资、社保
2004.12.10	10	29	研究教育、复烤厂破产、发耳电厂生活基地、畜牧、文物维修、办公区绿化、粮食供应、煤炭价格管理、2名职工辞职、政府工作总结稿

第三节　历届政府工作概要

一、特区革委

特区革委（1976.10—1980.12）在完成各项任务的同时，重点抓了2项工作。一是落实政策，平反冤假错案。5年间共受理来信来访3000多件，视具体情况进行办理，件件有交代、有落实。将错抓、错捕、错押者释放出狱，被错划者摘去“帽子”、撤销管制，为被开除公职、停职、停薪、降级者恢复工作、恢复级别、恢复薪金，补发工资，退还、赔偿被抄家产和被没收财物，对在冤假错案中受株连、被迫害者予以补偿，对因冤假错案造成生活困难者发放钱粮补助。二是追责和打击犯罪。对在历次政治运动中打击报复，制造冤假错案首恶者，在“文化大革命”中迫害干部群众以及“打、砸、抢”者，构成刑事或经济犯罪的绳之以法。

二、特区第二届政府

特区第二届政府（1981.1—1984.4）按时完成各项工作中突出两个重点。一是在农村实行以土地为主的家庭联产承包责任制，在企业实行以车间班组为主的生产责任制。将农村数万公顷耕地和耕牛承包给10多万户农民，并与其签订承包合同，调动了农民的生产积极性，仅3年时间就基本解决吃粮问题。1983年粮食总产2亿多千克，人均300多千克。企业实行生产责任制后，劳动生产率提高，国家、集体和个人均充分受益。二是整顿社会秩序，严厉打击各种犯罪。十年动乱，砸烂了公检法，教育被荒废，滋生了犯罪；社会秩序遭受严重破坏，人民生命财产受到严重危害。按照全国人大决定，1983年特区开展“严打”斗争，出动警力3000多人次，批捕各种违法犯罪人员700多人，侦破各种刑事案件300余件（其中重大案件100多件），摧毁各类犯罪团伙40多个（成员200多人）。经核实罪证，对严重破坏社会治安，危害人民生命财产的杀人、抢劫、纵火、盗窃、强奸、贩毒、拐卖妇女儿童等犯罪嫌疑人，依法逮捕400多人，处决10多人；实现社会治安根本好转，社会秩序基本稳定。

三、特区第三届政府

特区第三届政府（1984.4—1987.4）完成的各项任务中，整顿经济秩序，治理经济环境最有特色。随着改革开放不断深入，经济体制改革不断推进，经济建设加速，人民收入和消费水平提高。在计划经济体制和市场经济体制双轨并行的条件下，部分商品计划价和市场价难免出现较大差异。

一些不法分子（当时称“倒爷”）利用手中的权力或关系，倒卖计划物资，非法牟利。有些人买空卖空，凭一张批条一夜暴富。这些现象不但造成经济秩序混乱，也造成思想混乱。严重挫伤工人、农民的积极性，破坏了经济环境，扰乱了经济秩序。

特区政府针对出现的情况，开展整顿经济秩序，治理经济环境工作。首先组织调运基本生产和生活物资，扩大供给，平抑物价。其次是清理市场，取缔非法经营，打击犯罪。从查验市场经营证照和经营商品入手，查出非法经营和倒卖者立即取缔、没收或罚款。顺藤摸瓜，追查到底，查出“倒爷”，依法严惩。对物资审批、调运、保管、供应等环节实行严查；对批准进入黑市、中途截留倒运、保管监守自盗、供应部门门市非法大批出货等，追回物资、赔偿损失。通过几年努力，理顺了经济秩序，清洁了经济环境。

四、县第一届政府

县第一届政府（1987.4—1990.3）克服重重困难，推动经济和各项社会事业向前发展。县区分设后，水城成为纯农业县、国家级贫困县，财政十分困难，农村贫困面大、贫困程度深，县政府发扬艰苦奋斗的精神，尽力完成各项工作。1989年，全县实施4万公顷温饱工程，增产粮食530.3万千克；收购烤烟2067150千克，税收152.3万元，比1987年增长50%；畜牧业产值2366万元，比1987年增长1.67%；造林1237.8公顷，成活率达国家标准；税收597万元，完成计生手术任务2969例，侦破各类刑事案件248件。1990年，全县乡镇企业发展到3712个，年产值5000万元；投资152万元新建或改建教学楼23栋（10376平方米），适龄儿童入学率67.7%；为少数民族双缺户建房314栋（16600平方米），解决1627人的住房困难，发放扶贫款2.3万元。

五、县第二届政府

县第二届政府（1990.3—1993.3）较好地完成全县国民经济和社会发展各项任务。该届政府任期内：投入支农资金1416.4万元，新增灌溉面积258.27公顷，解决47500人、27100头牲畜饮水，恢复受灾田土1507.6公顷；安排扶贫项目34个，兴办扶贫经济实体14个，总投资4702.9万元；完成计生“四术”75753例；投入教育基建款494.4万元，完成基建项目76个；破获各类刑事案件1057起（其中重特大案件16起），摧毁各类犯罪团伙220个。1990年，以“清假”“清超”为突破口，掀起计生工作高潮，取得水城计生工作历史最好成绩。1991年，组织2万多民兵，仅用5个月时间，高质量修建国家以工代赈的水盘东线公路一期工程77.3千米。

六、县第三届政府

县第三届政府（1993.3—1998.2）在完成常规任务的同时大力调整产业结构，把种植烤烟作为县乡（镇）重要任务，县组织50多支扶贫工作队、3000多名干部带着烤烟任务指标直接住乡村，县领导包片区巡查督促，发现问题及时解决。大面积发展生姜、魔芋、半夏、党参、杜仲、梨、桃、苹果等经济作物或林木，让农民融入市场经济大潮，普遍享受改革开放带来的实惠。制定优惠政策，大力发展铅锌开采和冶炼企业。

七、县第四届政府

县第四届政府（1998.2—2003.3）抢抓西部大开发机遇，调整产业结构，大力发展非公有制经济。第一、二、三产业占国内生产总值的比重由1997年的54:28:19变为2002年的42:37:21；全县国内生产总值由1997年的6.53亿元增加到2002年10.63亿元，年均增长10.24%；农业总产值年均增长3.17%，2002年为6.3亿元；粮食总产量年均增长8.33%，2002年为21560万千克；2002年的科技经费投入是1997年的26倍；全县农村总体越过温饱线，基本实现“八七扶贫攻坚计划”目标；农民人均纯收入由1997年的1072元增加到2002年的1323元，年均增长5%以上；农民人均占有粮食年均增长7.15%，2002年为315千克；2002年工业总产值11.9亿元，是1997年的3倍，年均增长24.36%；2002年乡镇企业总产值14.79亿元，营业收入14.78亿元，税金3497万元，年均分别增长19.73%、20.39%和21.96%；2002年全社会固定资产投资4.44亿元，是1997年的2.9倍，年均增长28.32%；2002年财政总收入10804万元，比1997年增长1.2倍，年均增长14.68%；地方财政收入由1997年的3496万元增加到2002年的6886万元，年均增长14.52%；投入资金3957.8万元新建中小学146所（共9.92万平方米），2002年适龄儿童入学率比1997年提高6.6个百分点；新建乡（镇）卫生院4个，村卫生室89个，全县基本实现人人享有初级卫生保健的目标；新建农村精神文明活动室248个，完成“三五”普法规划，实施“四五”普法规划。该届政府的最大亮点是建成新县城，结束水城有县无城的历史。

八、县第五届政府

县第五届政府（2003.3—2006.12）充分发挥煤炭资源优势，引进技术和资金，大力发展煤电产业，推动全县经济和社会快速发展。2006年：本地生产总值346185万元，是2002年128771万元的2.7倍；粮食总产量25050万千克，比2002年21560万千克增长16.2%；农业产值59458万元，比2002年43596万元增长36.4%；工业总产值411393万元，是2002年119029万元的3.5倍；社会消费品零售总额42074万元，是2002年15987万元的2.6倍；社会固定资产投资434450万元，是2002年44372万元的9.8倍；地方财政收入19784万元，是2002年6886万元的2.9倍；地方财政支出58616万元，是2002年24316万元的2.4倍；农村居民人均纯收入1847元，比2002年1323元增加524元；学龄儿童入学率99%，比2002年的96.01%增加2.99个百分点。

九、县第六届政府

县第六届政府（2006.12—2011）的战略思想是：乘势发展、关注民生、促进和谐。经过2年工作，经济和社会建设取得较大成绩，为后续发展奠定良好的基础。

第三章　政协县（特区）委员会

第一节　委员会议

一、政协特区一届委员会议

政协特区一届一次会议　1980年12月29日至1981年1月6日举行，应到委员83名，实到78名，会议听取班邦英作的特区政府工作报告和其他报告；以无记名投票方式选举熊光初（苗族）为特区政协主席，齐敦元、袁玉昆、文瑞珍（彝族）、陈干为特区政协副主席，齐敦元为特区政协秘书长（兼），王军（女）、王学渊（布依族）、王世恂、田寿邦（彝族）、安宗昌（彝族）、余挂勋、陈范生、张本莲（女）、张新根、欧阳团生、钟洪庆、梁庆华、卿忠相、熊国民为特区政协常务委员会委员。

政协特区一届二次会议　1982年3月11—15日在水城召开，会议审议齐敦元作的《政协水城特区第一届常务委员会工作报告》和王军作的《关于一届一次会议以来提案处理情况的报告》；与会人员列席特区二届二次人代会，听取并讨论特区政府工作报告和其他报告；因熊光初工作变动，文瑞珍病故，补选周忠诚为特区政协主席，陈友生为特区政协副主席。

政协特区一届三次会议　1983年3月25—30日在水城召开，会议听取并审议陈友生作的《政协水城特区第一届常务委员会工作报告》、王军作的《一届二次会议以来提案工作情况报告》；与会人员列席特区二届三次人代会，听取并讨论特区政府工作报告和其他报告，对特区1983年经济建设、社会发展等工作进行协商。

二、政协特区二届委员会议

政协特区二届一次会议　1984年4月3—10日在水城召开，应到委员159名，实到106名；会议听取并审议齐敦元作的特区政协常委会工作报告和政协提案处理情况报告；与会人员列席特区三届一次人代会，听取并讨论政府工作报告和其他报告；选举熊光初（苗族）为特区政协主席，袁玉昆、马槐安（回族）、邹习鼎（仡佬族）、齐敦元、杨琤、陈干为特区政协副主席，马槐安（回族）为特区政协秘书长（兼），王仁杰、王葆钧、王清沛、田庆珍（女）、刘国栋、余挂勋、孙连峰、李兴华（回族）、李建成、陈志兴（蒙古族）、陈谟铮、罗庆华、罗宏庄（女）、范天隆、钟洪庆、胡廷翼、欧阳团生、袁凤珠（女）、梁庆华、唐建华、谭荣芬（女）、熊光宗、颜绍禹、戴长胜为特区政协常务委员会委员。

政协特区二届二次会议　1985年3月18—22日在水城召开，会议听取并审议齐敦元作的《政协水城特区第二届常务委员会工作报告》、邹习鼎作的《关于二届一次会议以来提案工作情况报告》；

与会人员列席特区三届二次人代会，听取并讨论特区政府工作报告和其他报告；会议增补朱德安、黄定邦为特区政协常务委员会委员。

政协特区二届三次会议 1986年3月17—24日在水城召开，到会委员158名；会议听取并审议袁玉昆作的《政协水城特区第二届常务委员会工作报告》、邹习鼎作的《关于二届二次会议以来提案工作情况报告》；与会人员列席特区三届三次人代会，听取并讨论特区政府工作报告和其他报告；会议接受齐敦元副主席、陈志兴常委的辞职请求（均因年龄关系），补选钟洪庆为特区政协副主席。

三、政协特区三届委员会议

政协特区三届一次会议 1987年4月17—24日在水城召开，应到委员184人，实到151人；会议听取并审议袁玉昆作的《政协工作报告》和邹习鼎作的《二届三次会议以来提案工作情况报告》；与会人员列席特区四届一次人代会，听取并讨论区长李兰忠作的《政府工作报告》和其他报告，对特区政府工作进行审议；选举熊光初（苗族）为特区政协主席，袁玉昆、马槐安（回族）、钟洪庆、舒志挥、邹习鼎（仡佬族）、杨琤为特区政协副主席，卢崇键为特区政协秘书长，王仁杰、王葆钧、刘国栋、朱德安、宋熹、肖义华、李兴华（回族）、李建成、李沸苏（女）、张仁玉、张建生、张惠敏（女）、陈皓、陈谟铮、罗庆华、周玲（女）、赵永琴（女、布依族）、胡廷翼、袁凤珠（女）、唐建华、梁庆华、黄定邦、熊光宗、谭荣芬（女）、颜绍禹为特区政协常务委员会委员。

四、政协县一届委员会议

政协县一届一次会议 1988年6月23—28日在水城召开，应到委员149人，实到149人，列席19人；会议听取并审议舒志挥作的《为开创我县政协工作新局面而努力》的报告和提案委作的《一届一次会议提案审查情况报告》；与会人员列席县一届二次人代会，听取和讨论县政府工作报告和其他报告；选举熊光初（苗族）为特区政协主席，袁玉昆、舒志挥、钟洪庆、朱德安、杨琤、程友福为特区政协副主席，史贵良为特区政协秘书长，丁世银、王葆钧、刘来林、刘国栋、朱麟义、陆秀薇（女）、宋熹、肖义华、邹建忠、张发鹏、张建生、张惠敏（女）、陈谟铮、罗宏庄（女）、赵永琴（女、布依族）、胡昌禄、胡廷翼、袁凤珠（女）、唐建华、曹文举（彝族）、梁汉斌、梁庆华、鄢儒统、谭荣芬（女）、黎兴华、熊家常、颜绍禹为特区政协常务委员会委员。

政协县一届二次会议 1989年3月27日至4月1日在水城召开；到会委员133人；会议听取并审议袁玉昆作的《政协工作报告》和刘国栋作的《提案工作报告》；与会人员列席县一届三次人代会，听取并讨论县政府工作报告和其他报告。

政协县一届三次会议 1990年3月22—29日在水城黄土坡举行，会议听取并审议袁玉昆作的《政协常务委员会工作报告》和李文秀作的《关于一届二次会议以来提案工作情况报告》；与会人员列席县二届一次人代会，听取并讨论县政府工作报告和其他报告；因工作变动，接受钟洪庆辞去县政协副主席职务，补选余约兰（女）为县政协副主席。

五、政协县二届委员会议

政协县二届一次会议 1991年3月18—24日在水城黄土坡举行，应到151人，实到145人，列席40人；会议学习《中国人民政治协商会议章程》，审议并通过杨琤作的《政协工作报告》、李文秀作的《提案工作报告》；与会人员列席县二届二次人代会，听取并讨论县政府工作报告和其他报告；选举朱德安为县政协主席，杨琤、熊光阳（苗族）、程友福、曹文举（彝族）、余约兰（女）、聂庆明为县政协副主席，段于长为县政协秘书长，宋熹、赵永琴（女、布依族）、王葆钧、邹建忠、陈谟铮、郭兴隆、廖明芳、颜绍禹、丁世银、唐建华、鄢儒统、陈怀美（女）、张建生、陆超仁（布依族）、熊家常、黎兴华、王恩秀（女）、刘正智、周东廷、罗宏庄（女）为县政协常务委员会委员；审议通过政协县第二届委员会第一次会议决议。

政协县二届二次会议　1992 年 3 月 19—25 日在水城黄土坡举行，出席 150 人，列席 32 人；会议审议并通过杨琤作的《政协水城县第二届委员会常务委员会工作报告》、丁世银作的《提案工作情况报告》；与会人员列席县二届三次人代会，听取并讨论县长田万昌作的政府工作报告和其他报告；会议期间收到委员提案 36 件。

六、政协县三届委员会议

政协县三届一次会议　1993 年 3 月 19—25 日在水城黄土坡举行，出席 158 人，列席 68 人；会议审议并通过杨琤作的《政协工作报告》和丁世银作的《提案工作报告》，通过会议决议；与会人员列席县三届一次人代会，听取并讨论代县长贺宗俊作的县政府工作报告和其他报告；选举侯贵玉为县政协主席，杨琤、程友福、熊光阳（苗族）、曹文举（彝族）、聂庆明为县政协副主席，刘载明为县政协秘书长，王敏睿（女）、王葆钧、龙升武、刘德彬、宋熹、邹建忠、张建生、余文海、周兰芬（女）、周东廷、赵永琴（女，布依族）、唐建华、曹兴文（彝族）、鄢儒统、廖玉姗（女）、廖顺贤、熊家常、黎兴华、颜亨全、颜绍禹、陈谟铮为县政协常务委员会委员。

政协县三届二次会议　1994 年 3 月 13—18 日在水城黄土坡举行，出席 151 人，列席 72 人；会议审议并通过杨琤作的《政协水城县第三届委员会常务委员会工作报告》和聂庆明作的《关于三届一次会议以来提案工作情况报告》，审议通过会议决议；与会人员列席县三届二次人代会，听取并讨论县长石明全作的政府工作报告和其他报告；因工作变动，免去刘德彬、周兰芬（女）、廖玉姗（女）、刘载明的县政协常务委员会委员职务，补选严明轩、罗雨林、唐雪萍（女）、杨诗超（布依族）为县政协常务委员会委员。

政协县三届三次会议　1995 年 3 月 22—28 日在水城黄土坡举行，出席 156 人，列席 76 人；会议审议并通过杨琤作的《政协水城县第三届委员会常务委员会工作报告》和聂庆明作的《关于三届二次会议以来提案工作情况报告》，通过会议决议；与会人员列席县三届三次人代会，听取并讨论县长石明全作的政府工作报告和其他报告。

政协县三届四次会议　1996 年 3 月 24—29 日在水城黄土坡举行，出席 161 人，列席 73 人；会议审议并通过杨琤作的《政协工作报告》和聂庆明作的《提案工作报告》，通过会议决议；与会人员列席县三届四次人代会，听取并讨论县长石明全作的《水城县国民经济和社会发展“九五”计划和“2010 年远景目标”规划报告》和其他报告；补选徐青青为县政协副主席，严明轩为县政协秘书长，还补选 2 名县政协常务委员会委员。

政协县三届五次会议　1997 年 3 月 9—14 日在水城黄土坡举行，出席 158 人，列席 71 人；会议审议并通过杨琤作的《政协水城县第三届委员会工作报告》和聂庆明作的《关于三届四次会议以来提案工作情况报告》，通过会议决议；与会人员列席县三届五次人代会，听取并讨论代县长盛作才作的政府工作报告和其他报告。

七、政协县四届委员会议

政协县四届一次会议　1998年2月14—20日在水城黄土坡举行，出席165人，列席67人；会议审议并通过熊光阳作的《政协工作报告》和严明轩作的《提案工作报告》，通过会议决议；与会人员列席县四届一次人代会，听取并讨论县长盛作才作的政府工作报告和其他报告；选举赵顺洪（布依族）为县政协主席，尹广亮、胡光汝（白族）、徐青青（女）、王大亮、廖顺贤、蒋国钧为县政协副主席，严明轩为县政协秘书长，王吉林（女）、王敏睿（女）、王葆钧、龙升武、龙迎洪（女、苗族）、杨瑞国、杨淑琴（女）、李虹（女）、李斌（苗族）、李德俊、肖建华（回族）、肖德祥、余文海、谷兴发（白族）、邹克怡、沈建黔、张建生、张群艳（女、彝族）、罗华明（苗族）、罗亚婴、俞桂娥（女）、黄训武、赖志伟、熊家常、谭小婷（女、壮族）为县政协常务委员会委员。

政协县四届二次会议　1999年3月4—9日在水城黄土坡举行，出席153人，列席68人；会议审议并通过胡光汝作的《政协工作报告》和徐青青作的《关于四届一次会议以来提案工作情况报告》，通过会议决议；与会人员列席县四届二次人代会，听取并讨论县长杨明达作的《政府工作报告》以及其他报告。

政协县四届三次会议　2000年3月2—7日在水城黄土坡举行，出席156人，列席66人；会议审议并通过徐青青作的《政协工作报告》和周兰芬作的《关于四届二次会议以来提案办理情况报告》，通过会议决议；与会人员列席县四届三次人代会，听取并讨论县长杨明达作的政府工作报告和其他报告；因王大亮申请辞职，免去其县政协副主席职务；撤销杨瑞国（涉嫌经济问题）、罗华明（涉嫌代售黄色书刊）县政协常委职务；补选陈德贵（苗族）为县政协副主席，狄春波（女、蒙古族）、马永斌（回族）为县政协常务委员会委员。

政协县四届四次会议　2001年3月11—17日在水城黄土坡举行，出席153人，列席68人；会议审议并通过廖顺贤作的《政协工作报告》和周兰芬作的《关于四届三次会议以来提案办理情况报告》，通过会议决议；与会人员列席县四届四次人代会，听取并讨论县长杨明达作的《水城县国民经济和社会发展第十个五年计划纲要报告》和其他报告。

政协县四届五次会议　2002年3月12—17日在水城黄土坡举行，出席154人，列席67人；会议审议并通过陈德贵作的《政协工作报告》和胡光汝作的《关于四届四次会议以来提案办理情况报告》，通过会议决议；与会人员列席县四届五次人代会，讨论县长杨明达作的政府工作报告和其他报告。

八、政协县五届委员会议

政协县五届一次会议　2003年3月8—14日在双水新区举行，出席165人，列席88人；会议审议并通过蒋国钧作的《政协工作报告》和陈德贵作的《提案工作情况报告》，通过会议决议；与会人员列席县五届一次人代会，听取并讨论代县长周兆作的政府工作报告和其他报告；选举颜昌友为县政协主席，尹广亮、徐青青（女）、蒋国钧、陈德贵（苗族）、张建生为县政协副主席，狄春波（女、蒙古族）、周训荣、罗亚婴、戴兴赋、吴雪（女）、杨华、赵传纲（白族）、刘光琴（女）、李显华

（女）、刘昆华、班国昭（布依族）、张群艳（女、彝族）、李虹（女）、孙惠琴（女）、欧阳利忠、赵庆文、蒙绪端（女）、张宁、陶用红、李斌（苗族）、谭小婷（女、壮族）、王敏睿（女）、王亚琴（女）、卓英雨、韩德坤、刘志军、罗华明（苗族）、马永斌（回族）为县政协常务委员会委员。

政协县五届二次会议　2004 年 3 月 1—7 日在双水新区举行，出席 167 人，列席 73 人；会议审议并通过陈德贵作的《政协工作报告》和徐青青作的《关于五届一次会议以来提案办理情况报告》，通过会议决议；与会人员列席县五届二次人代会，听取并讨论县长周兆作的政府工作报告和其他报告；会议选举狄春波（女、蒙古族）为县政协秘书长，史洪滔、杨淑琴（女）、辜曦娴（女）为县政协常务委员会委员。

政协县五届三次会议　2005 年 3 月 7—13 日在双水新区举行，出席 164 人，列席 71 人；会议审议并通过陈德贵作的《政协工作报告》和徐青青作的《关于五届二次会议以来提案办理情况报告》，通过会议决议；与会人员列席县五届三次人代会，听取并讨论县长周兆作的政府工作报告和其他报告。

政协县五届四次会议　2006 年 3 月 20—25 日在双水举行，出席 165 人，列席 74 人；会议审议并通过徐青青作的《政协工作报告》和狄春波作的《关于五届三次会议以来提案办理情况报告》，通过会议决议；与会人员列席县五届四次人代会，听取并讨论常务副县长王建光作的《水城县国民经济与社会发展第十个五年计划执行情况和第十一个五年规划纲要报告》和其他报告。

九、政协县六届委员会议

政协县六届一次会议　2006 年 11 月 28 日至 12 月 3 日在双水会议中心召开，会议审议并通过颜昌友作的《政协工作报告》和提案委员会负责人作的《政协水城县第五届委员会关于提案工作情况的报告》，通过会议决议；与会人员列席县六届一次人代会，听取并讨论代理县长刘睿作的政府工作报告和其他报告；选举颜昌友为县政协主席，蒋国钧、张建生、王友梅（女）、陈泰斌、杨喜书（布依族）、蒋先中（苗族）为县政协副主席，狄春波（女、蒙古族）为县政协秘书长，马永斌（回族）、王节祥、王国辉、毛祖荣、邓辉、冯伟、孙春艳（女）、余天志（蒙古族）、李雪梅（女、苗族）、李虹（女）、吴雪（女）、吴敏（侗族）、陈振造、张群艳（女、彝族）、张弛（女）、郑治、周训荣、周丕昌、罗亚婴、罗华明（苗族）、金春雨（彝族）、卓英雨、陶用红、符号、黄佑学、蒋明华、韩玉珍（女）、辜永龙、蒙绪端（女）、简正隆、欧阳利忠为县政协常务委员会委员。

政协县六届二次会议　2008 年 3 月 16—20 日在双水会议中心召开，会议审并议通过陈泰斌作的《政协工作报告》和张建生作的《关于六届一次会议以来提案工作情况的报告》，通过会议决议；与会人员列席县六届二次人代会，听取并讨论县长刘睿作的政府工作报告和其他报告。

第二节　常委会议

一、特区政协常委会议

1981—1988 年，特区政协常委会议概况见表 5－3－1。

1981—1988 年水城特区政协常委会议概况表

表 5－3－1

年　度	会议概况
1981	政协特区第一届委员会共举行 6 次常委会议：通报主席、副主席、秘书长分工；审议通过特区政协 1981 年工作提要；通过一届一次会议后党政部门办复的 15 件委员提案；学习《中共中央关于落实居住在祖国大陆台湾同胞政策的请示》《中共中央办公厅关于转发〈中央领导同志在国内侨务工作座谈会上的讲话要点〉》《中共贵州省委批转〈全省宗教会议纪要〉的通知》《中共贵州省委关于进一步加强对台工作的意见》等文件精神
1982	政协特区第一届委员会共举行 6 次常委会议：协商决定一届二次会议日程、议程、列席人员和其他事项及《政协特区一届常委会工作报告》（草案）、《提案办理情况报告》（草案）；审议通过特区政协 1982 年工作要点；特区政协主席、副主席、秘书长进行分工；学习《中国人民政治协商会议章程修改草案》《政协全国五届常委会工作报告》《政协全国委员会工作组组长联席会议纪要》等文件；学习特区党委《关于充分发挥人民政协作用的通知》
1983	政协特区第一届委员会共举行 8 次常委会议，通过特区政协 1983 年工作要点；传达学习中央、省委重要会议和文件精神，学习《邓小平文选》等
1984	政协特区第一届委员会举行 1 次常委会议，研究决定政协水城特区二届委员会一次会议召开时间、议程、列席人员及其他有关事项；审议《政协一届常委会工作报告》（草案）、《政协一届委员会提案办理情况报告》（草案）。政协特区第二届委员会共举行 5 次常委会议：学习省政协五届二次会议、市政协一届三次会议、省政协第二次工作座谈会议精神，学习《中共中央体制改革的决定》、关于中英两国政府草签的香港问题的《联合声明》；任命袁玉昆兼任学习委员会主任委员，陈干、胡廷翼为学习委员会副主任委员，杨琤兼任文史资料研究委员会主任委员，李建成、吴声昭、李兰忠为文史资料研究委员会副主任委员，马槐安兼任工作组委员会主任委员，王清沛、陈志兴为工作组委员会副主任委员，邹习鼎兼任提案委员会主任委员，钟洪庆、梁庆华为提案委副主任委员，齐敦元兼任落实政策领导小组组长，孙连峰、刘国栋为落实政策领导小组副组长，钟洪庆、朱德安为副秘书长；工作组委员会下设侨台、妇女、民族宗教、农林水、法制等 9 个工作组，分别由陈介侯、张玉兰、潘学文、管仕品、陈谟铮、彭毅、吴连龙、侯贵玉、何儒明担任组长；协商宋熹为办公室副主任、章继龙为办公室行政科副科长；听取并讨论齐敦元关于统战工作中落实政策问题的汇报、袁玉昆关于政协委员学习问题的汇报和马槐安关于特区政协机关向特区党委签订责任状的情况汇报
1985	政协特区第二届委员会共举行 7 次常委会议：学习《中共中央国务院关于进一步活跃农村经济的十项政策》及中纪委〔1985〕7 号等文件和领导讲话；审议召开特区政协二届二次会议有关事项；听取政协考察学习组外出参观考察情况汇报，通过人事任免；通过协商，对特区政协委员学习、工作组活动、文史资料工作问题等作出有关决定
1986	政协特区第二届委员会共举行 6 次常委会议：审议通过《政协二届常委会工作报告》（草案）、《政协二届二次会议以来提案办理情况报告》（草案）和二届三次会议日程、议程等事项，学习上级文件和领导讲话精神，原则通过特区政协《关于学习〈中共中央关于社会主义精神文明建设指导方针的决议〉的意见》；审议通过《政协水城特区委员会 1986 年工作报告》
1987	政协特区第二届委员会共举行 2 次常委会议：学习上级文件，协商决定特区政协三届一次会议召开时间、议程及有关事项并通过《政协二届常委会工作报告》（草案）、《政协二届会议期间提案办理情况报告》（草案）。政协特区第三届委员会共举行 3 次常委会议：制定特区政协 1987 年工作提要，通过副秘书长名单和各专门委员会、各工作组组成人员名单，学习上级文件和领导讲话精神，听取和讨论特区政府关于 1987 年上半年工作情况和下半年工作安排意见的通报
1988	政协特区第三届委员会共举行 2 次常委会议：学习上级文件，讨论并同意组建水城县、钟山区政协，将原政协水城特区第三届委员会委员按区域分别列入县政协、钟山区政协第一届委员人选

二、县政协常委会议

1988—2008 年，县政协常委会议概况见表 5 – 3 – 2。

1988—2008 年水城县政协常委会议概况表

表 5 – 3 – 2

届次	会议概况
一届	政协县第一届委员会共举行 16 次常委会议：一届一次常委会于 1988 年 8 月 18—19 日举行，学习《政协全国委员会常务委员会工作规则》等文件，决定县政协机构设置和组成人员名单，原则通过县政协工作安排；一届二次常委会于 1988 年 11 月 3—5 日举行，县委副书记石明全传达县委工作会议精神，县长田万昌通报县经济工作情况；一届三次常委会于 1989 年 1 月 16—17 日举行，审议并通过《政协水城县委员会常务委员会工作规则》（讨论稿）及 4 个专门委员会“工作规则（草案）”，决定 1989 年春节联欢会等事宜；一届四次常委会于 1989 年 3 月 10—11 日举行，决定增补县政协委员，同意胡廷翼辞去学习委员会主任职务，审议《政协水城县第一届委员会常务委员会工作报告》（草案）、《提案工作情况报告》（草案），决定召开一届二次会议的有关事项；一届五次常委会于 1989 年 3 月 30 日举行，听取一届二次会议各讨论组汇报；一届六次常委会于 1989 年 5 月 22 日举行，接受刘国栋辞去提案委员会主任委员职务，任命梁庆华为学习委员会主任委员，邹学桂为提案委员会副主任委员，梁晓渝为文史委员会副主任委员；一届七次常委会于 1989 年 6 月 16 日举行，学习中央领导讲话等；一届八次常委会于 1989 年 8 月 25—26 日举行，通过《水城县政协 1989 年上半年工作小结》《政协水城县委员会关于政治协商、民主监督暂行规定》；一届九次常委会于 1989 年 10 月 19 日举行，学习中央领导讲话等；一届十次常委会于 1989 年 12 月 25 日举行，决定政协县第一届委员会于 1991 年任期满；一届十一次常委会于 1990 年 2 月 20—21 日举行，讨论《县政协常务委员会工作报告》（草案）、《县政协提案工作报告》（草案）；一届十二次常委会于 1990 年 3 月 13 日举行，决定政协县一届三次会议有关事项；一届十三次常委会于 1990 年 3 月 20 日举行，决定增补余约兰（女）为县政协委员，听取县委书记陈月枢讲话；一届十四次常委会于 1990 年 3 月 28 日举行，通过一届三次《会议决议》（草案）和一届三次会议提案审查情况报告（草案），同意钟洪庆辞去县政协副主席职务；一届十五次常委会于 1990 年 8 月 10—11 日举行，听取副县长盛作才通报县国民经济发展情况；一届十六次常委会于 1990 年 12 月 29 日举行，决定召开政协县二届一次会议有关事项，县委副书记石明全传达县委关于政协换届的意见
二届	政协县第二届委员会共举行 10 次常委会议：二届一次常委会于 1991 年 5 月 7—8 日举行，决定政协工作机构，任命副秘书长和专门委员会负责人；二届二次常委会于 1991 年 8 月 12 日举行，县委副书记石明全到会通报县工作情况；二届三次常委会于 1991 年 11 月 8 日举行，讨论县第二次党代会报告（征求意见稿）；二届四次常委会于 1992 年 1 月 10—11 日举行；二届五次常委会于 1992 年 3 月 18 日举行，通过县政协二届二次会议有关事项，决定取消吴应辉政协委员资格（因道德败坏）；二届六次常委会于 1992 年 3 月 23 日举行；二届七次常委会于 1992 年 7 月 10 日举行；二届八次常委会于 1992 年 10 月 7 日举行，副县长郑怀林通报县乡镇企业发展情况，决定黄毕忠任县政协文史委员会副主任委员；二届九次常委会于 1993 年 1 月 10 日举行；二届十次常委会于 1993 年 2 月 12 日举行，决定换届有关事项，同意余约兰辞去县政协副主席职务

续表5－3－2

届次	会议概况
三届	政协县第三届委员会共举行21次常委会议：三届一次常委会于1993年4月15—16日举行，通过县政协1993年工作要点和县政协工作机构设置，决定各委室负责人和副秘书长；三届二次常委会于1993年7月27—28日举行；三届三次常委会于1993年12月14—17日举行，听取县建设局、县公安局、县政法委工作通报，讨论县委、县政府1994年工作安排意见，增补何昭明为县政协副秘书长，罗雨林为县政协常委；三届四次常委会于1994年2月22—23日举行；三届五次常委会于1994年6月14—17日举行；三届六次常委会于1994年9月22—24日举行；三届十三次常委会于1996年3月15—16日举行；三届十四次常委会于1996年6月18—21日举行；三届十五次常委会于1996年10月14—17日举行；三届十七次常委会于1997年2月24—25日举行，讨论《政协三届常委会工作报告》（草案）、《政协三届四次会议以来提案办理情况报告》（草案）和《县政府工作报告》（草案），审议通过三届五次会议有关事项，通过人事任免；三届十八次常委会于1997年6月2—4日举行；三届十九次常委会于1997年10月8—10日举行，县长盛作才通报全县工作情况，通过人事任免，组织与会人员观看反腐倡廉录像片；三届二十次常委会于1998年1月6—9日举行，审议《政协第三届常委会工作报告》（征求意见稿）、《提案委员会关于五年来工作报告》（征求意见稿）；三届二十一次常委会于1998年2月10日举行，成立政协水城县第四届委员会第一次会议主席团，听取县政协四届一次会议筹备工作情况汇报
四届	政协县第四届委员会共举行22次常委会议：四届一次常委会于1998年4月16—17日举行，学习《政协章程》等文件，审议通过《1998年县政协工作计划》，通报县政协主席、副主席、秘书长分工；四届二次常委会于1998年6月1日举行，决定周兰芬任提案委员会主任委员，何昭明任经济委员会主任委员，罗亚婴任社会法治委员会主任委员，梁晓渝任学习与文史委员会主任委员，狄春波任副秘书长（办公室副主任），吴雪任学习与文史委员会副主任委员，陈世德任经济委员会副主任委员，樊银先任社会法治委员会副主任委员，免去何昭明、肖建华副秘书长职务，通过各专委会组成人员；四届三次常委会于1998年9月15—16日举行，听取县政府通报财政收支、计划生育、煤焦生产工作情况，通过人事任免；四届四次常委会于1998年12月18—22日举行，总结县政协1998年工作并对1999年工作进行安排，听取县政府及有关部门对全县经济工作、烤烟生产、扶贫工作、非公有制经济发展、教育工作情况通报；四届五次常委会于1999年2月24日举行；四届六次常委会于1999年3月8日举行；四届七次常委会于1999年6月22—24日举行；四届八次常委会于1999年9月14日举行；四届九次常委会于1999年12月22—24日举行；四届十次常委会于2000年2月18日举行；四届十一次常委会于2000年2月29日举行，讨论修改《政府工作报告》（草案），协商增补陈德贵（苗族）为县政协副主席，提请四届三次全会选举；四届十五次常委会于2000年6月12—13日举行；四届十六次常委会于2000年12月27—29日举行；四届十七次常委会于2001年2月28日举行；四届十八次常委会于2001年9月20—21日举行；四届二十次常委会于2002年8月2—3日举行；四届二十一次常委会于2003年1月14日举行；四届二十二次常委会于2003年2月18—19日举行

续表 5-3-2

届次	会议概况
五届	政协县第五届委员会共举行 13 次常委会议：五届一次常委会于 2003 年 7 月 17—18 日举行，通过《县政协 2003 年工作要点及 2003 年上半年工作总结》，协商任命狄春波、刘昆华、周训荣、戴兴赋、罗亚婴、吴雪、陈世德职务，通过各专委会组成人员；五届二次常委会于 2003 年 12 月 18—19 日举行，听取县政府通报全县财政收支、重大项目建设、普及九年义务教育工作；五届三次常委会于 2004 年 2 月 12—13 日举行，听取县政府通报 2003 年提案办理情况，讨论五届二次会议有关事项；五届五次常委会于 2004 年 5 月 13—14 日举行，听取县政府通报发耳电厂前期筹备工作、全县再就业、扶贫工作情况；五届六次常委会于 2004 年 7 月 6 日举行，听取《县政协 2004 年上半年工作总结》，协商尹广亮辞去县政协副主席职务；五届七次常委会于 2004 年 12 月 27—28 日举行，总结县政协 2004 年工作，县委副书记刘睿、常务副县长王建光到会通报工作；五届八次常委会于 2005 年 2 月 25 日举行，审议《县政协五届常委会工作报告》（草案）、《五届二次会议以来提案办理情况报告》（草案）和五届三次会议有关事项，讨论《政府工作报告》（草案）；五届九次常委会于 2005 年 7 月 29 日举行，听取副县长杨昌显通报上半年全县经济运行情况；五届十次常委会于 2005 年 12 月 28 日举行，听取常务副县长王建光通报全县 2005 年经济社会发展情况，总结县政协 2005 年工作；五届十一次常委会于 2006 年 3 月 15 日举行，听取副县长张锡刚通报《水城县“十一五”规划纲要说明》，审议《县政协五届常委会工作报告》（草案）、《五届三次会议以来提案办理情况报告》（草案）和五届四次全委会有关事项，协商罗亚婴、欧阳利忠、王林鹏、刘昆华的职务任免；五届十二次常委会于 2006 年 9 月 15 日举行，听取常务副县长邓志宏通报全县 2006 年上半年经济运行情况，通过县政协 2006 年上半年工作总结；五届十三次常委会于 2006 年 11 月 16—17 日举行，听取常务副县长邓志宏说明《政府工作报告》起草情况，审议《县政协五届常委会工作报告》（草案）、《县政协提案工作报告》（草案）和六届一次全委会有关事项，听取县委组织部副部长陈芳通报政协水城县第六届委员会主席、副主席、秘书长、常委的安排情况，听取县委统战部副部长周光学通报协商政协水城县第六届委员会委员情况，决定郑治任县政协办公室主任
六届	政协县第六届委员会共举行 7 次常委会议（至 2008 年）：六届一次常委会于 2007 年 3 月 29 日召开，学习中纪委七次全会和全国政协十届五次会议精神；六届二次常委会于 2007 年 5 月 24 日召开，协商通过有关人事任免事项；六届三次常委会于 2007 年 7 月 18—19 日召开，审议全县 2007 年上半年经济社会运行情况和 2007 年上半年县政协工作情况，通过有关人事任免；六届四次常委会于 2007 年 11 月 20—21 日召开，审议县政协六届一次会议提案办理情况；六届五次常委会于 2008 年 3 月 3 日召开，讨论通过县政协六届二次会议有关文件；六届六次常委会于 2008 年 8 月 11—12 日召开，对全县财政税收情况进行讨论；六届七次常委会于 2008 年 12 月 29 日召开，对县政协委员意见和建议办理情况进行协商

第三节　委员构成与机构

一、政协委员构成

1980—2008 年，政协县（特区）委员会委员构成情况见表 5-3-3。

1980—2008 年政协水城县（特区）委员会委员构成情况表

表 5－3－3　　单位：人、%

届次	委员总人数	其中非中共人员		其中少数民族		其中妇女	
		人数	占总数百分比	人数	占总数百分比	人数	占总数百分比
特区一届	83	48	57.8	29	34.9	10	12
特区二届	159	93	58.5	35	22	14	8.8
特区三届	184	117	63.6	44	23.9	18	9.8
县一届	149	94	63.1	55	36.9	16	10.7
县二届	151	98	64.9	59	39.1	26	17.2
县三届	169	95	56.2	64	37.9	25	14.8
县四届	176	102	58	72	40.9	38	21.6
县五届	173	103	59.5	71	41	51	29.5
县六届	179	108	60.3	74	41.3	61	34.1

二、领导机构

1980 年 12 月 29 日至 1981 年 1 月 6 日，召开中国人民政治协商会议第一届水城特区委员会第一次会议，选出政协水城特区领导机构。1981 年 1 月至 1988 年 6 月，特区政协经历 3 届。1988 年 6 月 23—28 日，召开中国人民政治协商会议第一届水城县委员会第一次会议，选出政协水城县领导机构。1988 年 6 月至 2008 年 12 月，县政协经历 6 届。

1981—2008 年，县（特区）政协历届主席、副主席名录见表 5－3－4。

1981—2008 年县（特区）政协历届主席、副主席名录

表 5－3－4

届　次	职　务	姓　名	任职时间	附　注
特区一届	主　席	熊光初	1981.01—1982.03	苗族
		周忠诚	1982.03—1984.04	—
	副主席	齐敦元	1981.01—1984.04	—
		袁玉昆	1981.01—1984.04	—
		文瑞珍	1981.01—1981.01	彝族，当月去世
		陈　干	1981.01—1984.04	—
		陈友生	1982.03—1984.04	—
特区二届	主　席	熊光初	1984.04—1987.04	苗族
	副主席	袁玉昆	1984.04—1987.04	—
		马槐安	1984.04—1987.04	回族
		邹习鼎	1984.04—1987.04	仡佬族
		齐敦元	1984.04—1986.03	—
		杨　琤	1984.04—1987.04	—
		陈　干	1984.04—1987.04	—
		钟洪庆	1986.03—1987.04	—

续表 5－3－4

届　次	职　务	姓　名	任职时间	附　注
特区三届	主　席	熊光初	1987. 04—1988. 06	苗族
	副主席	袁玉昆	1987. 04—1988. 06	—
		马槐安	1987. 04—1988. 06	回族
		钟洪庆	1987. 04—1988. 06	—
		舒志挥	1987. 04—1988. 06	—
		邹习鼎	1987. 04—1988. 06	仡佬族
		杨　琤	1987. 04—1988. 06	—
县一届	主　席	熊光初	1988. 06—1991. 03	苗族
	副主席	袁玉昆	1988. 06—1991. 03	—
		舒志挥	1988. 06—1991. 03	—
		钟洪庆	1988. 06—1990. 03	—
		朱德安	1988. 06—1991. 03	—
		杨　琤	1988. 06—1991. 03	—
		程友福	1988. 06—1991. 03	—
		余约兰	1990. 03—1991. 03	女
县二届	主　席	朱德安	1991. 03—1993. 03	—
	副主席	杨　琤	1991. 03—1993. 03	—
		熊光阳	1991. 03—1993. 03	苗族
		程友福	1991. 03—1993. 03	—
		曹文举	1991. 03—1993. 03	彝族
		余约兰	1991. 03—1993. 03	女
		聂庆明	1991. 03—1993. 03	—
县三届	主　席	侯贵玉	1993. 03—1998. 02	—
	副主席	杨　琤	1993. 03—1998. 02	—
		熊光阳	1993. 03—1998. 02	苗族
		程友福	1993. 03—1998. 02	—
		曹文举	1993. 03—1998. 02	彝族
		聂庆明	1993. 03—1998. 02	—
		徐青青	1996. 03—1998. 02	—

续表5-3-4

届　次	职　务	姓　名	任职时间	附　注
县四届	主　席	赵顺洪	1998. 02—2003. 03	布依族
	副主席	尹广亮	1998. 02—2003. 03	—
		胡光汝	1998. 02—2003. 03	白族
		徐青青	1998. 02—2003. 03	女
		王大亮	1998. 02—2000. 03	—
		廖顺贤	1998. 02—2003. 03	—
		蒋国钧	1998. 02—2003. 03	—
		陈德贵	2000. 03—2003. 03	苗族
县五届	主　席	颜昌友	2003. 03—2006. 12	—
	副主席	尹广亮	2003. 03—2004. 07	—
		徐青青	2003. 03—2006. 12	女
		蒋国钧	2003. 03—2006. 12	—
		陈德贵	2003. 03—2006. 12	苗族
		张建生	2003. 03—2006. 12	—
县六届	主　席	颜昌友	2006. 12—	—
	副主席	蒋国钧	2006. 12—	—
		张建生	2006. 12—	—
		王友梅	2006. 12—	女
		陈泰斌	2006. 12—	—
		杨喜书	2006. 12—	布依族
		蒋先中	2006. 12—	苗族

三、工作机构

1981年1月，特区政协下设学习组。1984年4月，特区政协下设办公室、学习委员会、工作组委员会、文史资料研究委员会、提案委员会，特区智力支边和咨询服务联系小组办公室设在特区政协。1988年6月，特区政协工作机构改为县政协工作机构。1993年3月，县政协增设经济委员会，县政协办公室增设秘书科、行政科和离退休干部工作科。1998年2月，县政协撤销工作组委员会，增设社会法制委员会，学习委员会和文史资料研究委员会合并为学习与文史委员会。2003年3月，县政协撤销学习与文史委员会，改设科教文卫委员会。2008年，县政协下设办公室、提案委员会、经济委员会、社会法制委员会、科教文卫委员会、县智力支边办公室（副科级）县政协办公室内设秘书科、行政科、离退休干部工作科。

第四节　政协工作

一、参政议政

1980—1987 年，特区政协协同特区统战部，通过协商和监督，促进特区党委、政府为政协委员、各界人士落实统战政策，纠正“极左路线”造成的冤假错案。特区政协曾 5 次抽调人员深入杨梅、玉舍、比德、滥坝、南开、蟠龙等地，协助区乡落实特区党委、特区政府部署的任务，19 次参加特区党委、人大、政府关于财税、农业、工业、计生、法制建设、教育发展、巴浪河治理、县区分设人事安排等一系列重大问题讨论。

1988—1990 年，县政协 3 次组织政协委员 120 人次讨论县一届一次党代会报告（草案）、县委 1990 年工作安排及计生工作；在县委常委会上，县政协主席参与县人大常委会正、副主任，正、副县长人选协商；对政府工作报告、国民经济发展计划、财政预决算等重大问题，县政协写出有关材料，分送党政有关部门参考；为推动农业发展，县政协多次到米箩区盐井乡蹲点，摸索出发展烤烟生产经验，提出的产、购一条路建议被采纳。1991—1992 年，县政协参与“建并撤”、公路建设、电站建设、计划生育、“温饱工程”、改善教育、烤烟生产等重要事务的协商，提出合理化建议和意见。组织政协委员对南开、米箩等乡有关抗洪救灾物资落实情况提出建议，受到区、乡党政重视。县政协牵头召开有关部门负责人座谈会，商讨对北盘江流域水城段综合治理开发考察事宜，商议理顺滥坝镇沙冲联营煤矿 6 个方面的关系，提出在 7 个方面给予县民族铅锌选矿厂优惠政策待遇。

1993—1999 年，县政协召开市粮食加工厂联营砖厂清产核资会议，解决该厂资产不清的矛盾纠纷；召开有县工商局、县税务局、县物价局、县民政局负责人参加的会议，将县残疾人开发贸易公司水钢办事处改为独立核算单位，促进该企业照章纳税（或照章免税）；成立县政协科技咨询服务所，发挥中级以上职称政协委员和离退休科技工作者的作用；召开县乡企局、县环保局、县煤炭局等部门负责人会议，对董地乡建大营焦化厂《可行性研究报告》进行初审；县政协、县人大班子成员召开联席会议，双方就人大代表、政协委员协调视察调研形成共识，明确野钟乡发射片区桉树基地归属事宜。

2000—2002 年，县政协对县“西部大开发，关键在人才”专题展开讨论并提出建议；对做好拥军优属安置工作和离退休老干部工作坦诚建言献策。

2003—2008 年，县政协对县政府《关于水城县调整并乡建镇近期规划方案》进行协商讨论，并针对各乡（镇）人口、交通、能源等方面因素，提出 4 个方面建议；县政协主席召集县农业部门负责人会议，协商扑灭米箩乡马鞍村水稻病虫害，使该村水稻病虫害得到控制；县政协召开全县非公有制经济人士代表座谈会，对全县投资软硬环境建设及非公有制企业面临的困难和解决问题的办法等进行座谈协商；县政协就群众反映问题与有关乡党委、政府协商解决。

二、提案处理

政协特区第一届委员会共收到委员提案 160 件，立案 160 件。王世恂委员就教育方面提出的 2 个提案和周少光委员提出的对周德顺的“反革命”一案进行重审的提案，得到有关部门重视，解决教育方面存在的紧迫问题，平反周德顺错案。

政协特区第二届委员会共收到委员提案217件，立案216件。梁汉彰等3委员《关于要求改善老城和场坝的居住环境，建议在老城东、南、西、北门等处建公厕》的2份提案，引起特区建委的高度重视，在短期内给老城、场坝2个大居民区修建5个公厕，还修1000米下水沟，基本解决污水遍街流的问题；特区机关办理肖天全等3委员提案，使杨守进的老刑事案件得到平反；1985年3月，陈谟铮、罗庆华等38位委员提出的“集资办学，积才办学”的提案，引起特区党委、特区政府高度重视，面向社会集资数万元筹建特区第一所职业技术学校。

政协特区第三届委员会共收到提案127件，立案127件，引起党政领导重视。

政协县第一届委员会共收到提案215件，立案213件。提请拨款修复3座铁索桥的提案被县政府采纳，于1989年1月9日拨出专款25000元修复3座铁索桥；关于蟠龙区塘上小学基建停工的提案，使该基建工程很快恢复。

政协县第二届委员会共收到提案73件，立案73件。廖明芳、车绳武、邹建中等16位委员联名提出的《关于请县委、县政府加强机关清房工作的提案》，县委决定由1名副书记任清房领导小组组长，推动该项工作实施；邓星贵等6位委员提出《要求哈青小学楼竣工使用》的提案，县政府决定由水建二司负责，于1993年底前交付使用；马永斌委员提出《关于解决保华黄屯村清真寺一部古兰经经费》的提案，县财政局拨款250元作购买“古兰经”费用。

政协县第三届委员会共收到委员提案245件，立案236件。蒋先中委员提出的《要求尽快完善杨梅慕尼克新村卫生院、敬老院设施》的提案，县民政局及时拨款6171.2元给县卫生局作为卫生院内部设施费用，解决敬老院木床10张，棉被15床，并从1993年5月起给每位五保老人补助10元钱生活费；罗雨林等委员提出的《根据我县实际情况尽快实行新税制，发展乡镇企业》的提案，县委、县政府采取“减税、让利、保税”的措施；杨瑞国委员提出的《加强出水洞电站资金筹措工作，力争电站早日投产》的提案，县委、县政府及时调整出水洞电站领导小组和工程指挥长，组织视察组视察，市政府听取视察情况汇报后，决定配套150万元资金。

政协县第四届委员会共收到委员提案282件，立案271件。王大亮、熊家常、严明轩、肖建华、尹广亮、周兰芬6位委员提出的《关于我县拐角大楼建设的建议》的提案，陆凤奎、尹广亮、罗国盛3位委员提出的《建议县人民政府做好协商工作，使发耳农贸市场尽快交付使用》的提案，梁晓渝委员提出的《请求县几大班子领导督促米箩草果冲引灌工程中分段承包人，强制修复不合格沟渠》的提案，廖顺贤委员提出的《关于加快县汽车制造厂改革的建议》的提案，李德俊、李显华2委员关于《四大班子领导应建立对骨干非公有制经济先进表彰会的建议》的提案，李显华委员关于《实行领导干部联系企业制度要落实到实处》的提案，王葆钧委员关于《为选准今后五至十年我县发展果树品种、减少各乡在发展果树生产时的盲目性和随意性，建议县政府牵头召开一次有关部门参加的研讨会》的提案均得到县委、县政府的高度重视。

政协县第五届委员会共收到委员提案254件，立案247件，县政协主席会议坚持重要提案督办制度。民进水城支部、九三学社水城支社、民盟水城支部联合提出的《关于加快建设明硐水库项目》的提案，县政府决定将明硐水库开发建设过程中产生有关地方性税费，除上缴国家部分外，将县财政享有总额的60%作为县级对建设明硐水库项目的资金投入，由县财政局给明硐公司担保贷款300万元并负责贴息，保证工程按时启动；黄兴国等委员提出的《关于加大卫生执法力度，规范行政执法行为》的提案，县卫生局为刚组建的县卫生监督所解决车辆及协调借用县疾控中心老办公楼给该单位办公，采取县卫生监督所执法人员按人均筹资1500元、个人出资300元的措施购买行业制服；郭斌等委员提出的《请各级政府协助解决人民群众生活用煤》的提案，县委、县政府下发《关于做好农村家庭冬季取暖生活用煤工作》的通知，按原煤每1000千克低于成本价60元、泥煤每1000千克低于成本价30元解决农民取暖生活用煤问题；民进水城支部提出的《增加双水新区人口入住量》的提案，双水新区办采取编制《加快双水物流市场建设发展思路与对策研究》等举措。

政协县第六届委员会截止2008年12月共收到各类提案162件，立案160件。列入主席会议督办提案的《关于巩固“两基”攻坚成果，迎接国家复查验收的建议》引起县委、县政府高度重视，实行政府和教育系统“双线承包制度”；《推进新型农村合作医疗》的提案和政协调研形成的5条建议，县政府全部落实；县工商联提出的《关于加快红山轻工业集中区建设步伐及营运模式的建议》，县委、县政府督促红山轻工业集中区建设办公室认真办理落实，向金融部门贷款4500万元作为红山一号主干道建设资金，启动红山轻工业集中区的开发建设；杨朝海等委员提出的《切实解决老百姓看病贵问题》的提案，县卫生局决定执行全市合作医疗报销标准，大幅度提高报销比例，在很大程度上解决老百姓看病贵的问题。

1981—2008年，政协县（特区）委员会提案办理情况见表5－3－5。

1981—2008年政协水城县（特区）委员会提案办理情况表

表5－3－5

届次	全会（次）	提提案人次	收到提案（件）	立案（件）	办复提案（件）	办复率（%）
特区一届	1	—	69	69	—	—
	2	53	45	45	38	84.4
	3	—	46	46	—	—
特区二届	1	—	102	101	99	98
	2	—	31	31	30	96.8
	3	175	84	84	—	—
特区三届	1	301	127	127	—	—
县一届	1	—	89	89	86	96.6
	2	116	65	65	—	—
	3	—	61	59	—	—
县二届	1	95	34	34	—	—
	2	95	39	39	—	—

续表 5－3－5

届次	全会（次）	提提案人次	收到提案（件）	立案（件）	办复提案（件）	办复率（%）
县三届	1	156	91	91	91	100
	2	111	32	32	—	—
	3	—	41	37	36	97.3
	4	193	37	37	—	—
	5	156	44	39	—	—
县四届	1	138	52	47	47	100
	2	110	57	55	55	100
	3	—	61	60	60	100
	4	—	72	69	69	100
	5	—	40	40	40	100
县五届	1	—	80	80	80	100
	2	160	49	49	49	100
	3	—	60	57	57	100
	4	—	65	61	61	100
县六届	1	—	79	77	—	—
	2	—	83	83	83	100

三、视察与调研

1981—1988 年，政协特区第一、第二、第三届委员会共开展 5 次视察、12 次调研；均形成有事实、有论据、有分析、有可行性建议的专题报告，引起特区政府及有关部门的重视和采纳。1988—1991 年，政协县第一届委员会共开展 10 次视察、3 次调研；政协委员到发耳区猪场村、县文化馆、卫生防疫站、酿造厂、汽车制造厂及农村、城镇、学校等单位视察，写出视察报告 10 份，提出建议 50 余条，受到县政府和有关部门重视；政协工作组委员会民族宗教工作组、农林组及有关政协委员到大河区盘雄乡、米箩区盐井乡、玉舍区舍戛乡等地调研，写出调研报告 3 份，引起新闻媒体和相关部门关注。1991—1993 年，政协县第二届委员会共开展 1 次视察、4 次调研；政协委员视察米箩区箐口乡烤烟生产和坡改梯工程，提出 10 条建议，被有关部门采纳；政协委员到米箩区、杨梅区杨梅乡、大河区发箐乡等单位视察，写出《关于防止和治理米箩区驻地阿戛村街上山体滑坡可行办法建议的请示》《关于帮助农村团支部发动组织农村青年积极投入科技兴农》等书面建议，引起县政府和有关部门重视。1993—1998 年，政协县第三届委员会共开展 10 次视察、11 次调研；政协委员到新发冶炼厂、久益实业总公司、出水洞电站、花戛乡、南开乡等 20 个单位和县戒毒所、缉毒大队视察，写出《红火、冷清总有因》《水城县人民医院出路初探》等视察报告 10 份，引起市、县党政重视；政协委员到民营企业、保华乡、滥坝镇等 14 个单位调研，提出《大开山门招人才，抓住机遇求发展》等建议，得到有关部门采纳；政协部分经济界委员与县工商局企业管理股人员，经过 3 个多月调查登记，整理出约 10 万字的《水城县各类企业基本情况》资料。1998—2003 年，政协县第四届委员会共开展 16 次视察、13 次调研；驻县市政协委员到县运输公司、玉舍林场、县计生局、县教育局及滥坝镇等 16 个单位视察，写出《万亩林场话未来》等视察报告 20 余份，被县政府和有关部门采纳；县政协委员到顺场、米箩、青林等15个乡和县委组织部、县人事劳动局等14个部门及6个文物保护单位和水城古城遗址等调研，写出调研报告13份，提出的建议大部分被县政府和有关部门采纳。2003—2006年，政协县第五届委员会共开展18次视察、22次调研；政协委员到县“非典”办、化乐乡、盐井乡、发耳电厂等23个单位视察，形成视察报告18份，提出意见、建议100余条，均引起县委、县政府重视；政协委员到县一中、县禁毒大队、县煤炭局、县农业局、县卫生局、米箩乡、阿戛乡等21个单位调研，写出调研报告22份，提出建议120余条，均得到县政府及相关部门采纳。2006—2008年，政协县第六届委员会共开展5次视察、19次调研；共形成视察报告5篇，调研报告19篇，视察调研中提出意见、建议111条，引起县委、县政府高度重视，均予采纳。

四、智力支边与扶贫

智力支边　县（特区）智力支边办公室，以智力科技服务为主题，开展智力支边工作。1984—2008年，县（特区）智力支边办配合有关部门先后开展旱稻高产栽培技术、烤烟新技术、营养袋玉米育苗移栽、脱毒马铃薯栽培、旱地分带轮作、水稻旱育浅植、宽窄行插秧技术、经果林种植、种植漆树、直杆楠桉打坑育苗、油沙豆种植、养鱼技术、科学养殖畜禽、食用菌栽培、人工栽培天麻、皮肤病诊断治疗、肛癌诊断治疗、教师业务、“绿色证书”、提高劳动者素质等培训和中医就诊等服务。

定点扶贫　1988—1992年，县政协在盐井乡定点扶贫，由副主席分别带队蹲点，提出“粮烟并举、以烟促粮”发展农林经济的思路，帮助推广地膜覆盖，营养袋育苗移栽等农业实用技术。1993—1994年，县政协在阿戛乡定点扶贫，由副主席带队蹲点，对高中村男女劳动力进行实用技术培训，开展科技扶贫。1995—1996年，县政协在盐井、阿戛、米箩3乡定点扶贫，采取由主席、副主席、机关工作人员连续不断下乡村检查督促、视察、调研和派员长期蹲点等措施，主要帮助发展烤烟生产。1997—1998年，县政协在野钟乡发射片区定点扶贫，采取“项目带扶贫，公司加农户”的形式实施直杆楠桉项目；修通村公路，架设电线，抓烤烟和温饱工程，捐赠柴油发动机等；为发射片区1150户贫困农户发放3425套救济衣物，政协职工捐资为20户极贫户买化肥。1999年，县政协在野钟乡野钟村扶贫，为扶贫点解决照明电和极贫户危房维修款，为村委会解决办公用品，联系解决20万元小额贷款、10万元计生扶贫款，协调县农行、县扶贫局在全乡发放扶贫贷款60万元。2000—2001年，县政协在野钟乡长箐村定点扶贫；政协机关干部职工与13户极贫户结对帮扶，捐献大米650千克，化肥500千克；为全村贫困户捐资3750元，捐献衣物540余件套、棉被20床；协调县民政局发放救济粮4000千克，协调解决资金3万元帮助无房、危房户修建、维修房屋12栋；协调资金8万元修建100平方米村综合活动室；协调县交通局解决火工材料，群众投工投劳，修通村级公路9.5千米；协调县水利局安装管道7千米，建小水窖8个，解决全村755人、500余头（匹）大牲畜饮水问题。2002—2008年，县政协在米箩乡定点扶贫，出资2000元在半坡村维修改造村级公路4.8千米；政协机关干部职工与25户极贫户结对帮扶，捐资1250元，捐献衣物300余件（套），棉被20床；协调市、县相关部门在该乡引种晚熟桃，投放硝洞大沟维修款、巴浪河塘泥片区河堤维修款、阿德寨滑坡搬迁户建房维修款，种植金银花，试种食用仙人掌，出资为中学购置设备、硬化球场、捐赠图书，恢复良田好土，饲养黄牛、建设黑山羊基地；县政协赠送光河村、亮河村价值5800元村党支部办公设备各1套，县政协机关干部职工开展送温暖活动、捐资2500元、捐衣物229件

（套），救助失学儿童和特困户；协调米箩乡倮么村道路硬化资金10万元，组织政协机关干部职工为该村受雪凝灾害捐款6700元，协调市政协为米箩中学发放衣物325件（套），县政协领导在该乡发放春节慰问金17000元，协调香港慈恩基金会帮助4名贫困大学生每年解决3000元辅助费用到大学毕业，全单位干部职工在倮么村结对帮扶捐资3900元，协调县交通局出资3万元修建亮河村阿德寨组通村公路2千米。

五、文史研究

1984年出版《水城文史资料》（第一辑），共4.4万字，印刷2500册，主要内容为清末至民国水城部分史料。1985年出版《水城文史资料》第二辑，共9.4万字，印刷2500册，主要记述清朝、民国时期水城人文杂事。1989年出版《水城文史资料》（《少数民族专辑》第三、四辑），全书85篇42万字，印刷3500册，主要记述水城境内苗、彝、布依、回、仡佬族等少数民族有关政治、经济、文化、史源、变迁、民俗民情、抗暴斗争、工艺文物、人物传记等。1991—1994年，完成《水城文史资料·政协专辑》（第五辑），收集资料40万字，审定15万字；撰写《彝族祭山节》等4篇文章，获贵州省首届彝族学科研讨论文优秀奖。2004—2006年，为贵州《文史旅游丛书》征集水城地名文史稿件15篇，《名人故居博览》稿件8篇，照片2幅；与县民族宗教事务局共同征集《苗族百年实录》《布依族百年实录》《仡佬族百年实录》《水城百年实录》稿件20余篇。2007年4月至2010年12月，编修《水城县（特区）政协志（1950—2006）》，分11章、30节，约320千字。

六、其他工作

北盘江流域治理开发协作会　1990年，由北盘江流域安顺地区的镇宁县、关岭县，六盘水市的六枝特区、盘县特区、水城县、钟山区，黔西南布依族苗族自治州的晴隆县、普安县、兴仁县、贞丰县组成贵州省北盘江流域10县（特区、区）政协工作协作会，后来协作单位增加；轮流召开年会，县政协每次均派代表出席年会。1995年4月28—29日，协作会第5次年会预备会在水城召开。1995年10月24—26日，协作会第5次年会在水城举行；省政协副主席蒙素芬应邀到会指导，省、市及县30个单位领导及专家应邀出席会议；会议听取四次年会主席方晴隆县政协主席彭德洪作《关于四次年会以来工作报告》，讨论修改《北盘江流域水土流失状况与治理开发总体规划》（征求意见稿），交流开发治理成果、经验。

政协秘书长联席会　2003年2月，经县政协主席颜昌友提议，建立水城、六枝、盘县、钟山政协秘书长联席会议，轮流在4县（特区、区）举行。2005年7月22—23日，政协秘书长联席会议在水城举行；县政协秘书长狄春波作《努力学习提高素质，做一名称职政协秘书长》的发言，与会人员参观天生湖、玉舍森林公园。

节日座谈会　县（特区）政协除召开一年一度的中秋茶话会、迎春茶话会外，还实时召开各类专题座谈会、讨论会。

第六篇　军事　国防

第一章　军　事

第一节　县（特区）人武部

一、机构

1977 年，特区人武部设部长、政委、副部长、副政委、秘书、司机、炊事员各 1 人，下设军事科（编制 7 人），政工科（编制 5 人），后勤科（编制 9 人）；是年 5 月，特区人武部机关迁驻黄土坡建设路。1983 年，特区人武部军事科改称组训科。1986 年 5 月，根据中央军委裁军命令，中国人民解放军水城特区人民武装部改归地方建制（6 月 1 日正式施行），称贵州省水城特区人民武装部，降为副县级单位，由上级军事机关和地方党委、政府双重领导，工作任务不变；下设办公室、军事科、政工科，编制共 26 人（干部 18 人，职工 8 人）。1987 年 12 月 15 日，贵州省水城特区人民武装部改称贵州省水城县人民武装部。1990 年，县人武部编制减少 1 名。1996 年 4 月 1 日，贵州省水城县人民武装部改归军队建制，称中国人民解放军贵州省水城县人民武装部（于 3 月 26 日举行交接仪式），恢复为正团级单位；干部定编 12 人，设部长、政委、副部长各 1 人，下设军事科、政工科、后勤科；职工定编 6 人（为民兵武器仓库职工）。1997 年 7 月，县人武部招收职工 2 人，共有职工 7 人。1998 年 10 月，县人武部招收职工 3 人，共有职工 10 人。2004 年 3 月，县人武部撤销副部长编制。2004 年 11 月，县人武部设副部长兼军事科科长；编制为部长、政委、副部长兼军事科科长，政工科科长、后勤科科长、参谋、干事各 1 人、现役士兵保管员 1 人，职工 10 人。2006 年，县人武部有部长 1 人，政委 1 人，副部长兼军事科科长 1 人，政工科科长 1 人，后勤科科长 1 人，参谋 2 人，干事 1 人，职工 10 人。2008 年，县人武部有干部 9 人（团职 3 人、营职 5 人、连职 1 人），职工 10 人。

1978 年 12 月至 2008 年 12 月，县（特区）人武部正副团职干部名录见表 6－1－1。

1978—2008 年水城县（特区）人武装部正副团职干部名录

表 6－1－1

职务	姓名	任职时间	职务	姓名	任职时间
部　长	赵锡跃	1978.12—1981.05	部　长	石兴忠	1990.12—1996.04
	张国良	1981.05—1985.06		刘勇坤	1996.04—2005.02
	曾维礼	1985.07—1990.12		骆科用	2005.02—2006.04
	张士现	2006.04—		徐　祥	1996.04—1996.06
政　委	陈爱邦	1978.12—1982.02	副部长	刘定兴	1996.06—2000.04
	陈筑生	1984.03—1986.10		贺建华	2000.04—2001.05
	张选进	1986.10—1988.06		陈　林	2001.05—2002.04
	张祖新	1988.06—1998.08		李银泉	2002.04—2003.03
	吕学锋	1998.08—2002.04		吴　林	2003.03—2004.11
	吕玉顺	2002.04—2005.04		刘时光	2004.11—2006.04
	彭　康	2005.04—2007.08		梁洪波	2006.04—
	彭福生	2007.08—2008.04		裴成仁	1978.12—1979.12
	尹俊辉	2008.04—		何照云	1978.12—1983.05
副部长	韩绪贵	1978.12—1981.05	副政委	郑存生	1979.06—1981.05
	赵金旺	1978.12—1979.08		赵金旺	1979.08—1981.05
	张国良	1980.07—1981.05		陶永模	1980.11—1983.05
	周协新	1980.11—1983.05		王士富	1981.01—1981.05
	周淼生	1982.01—1984.01		张选进	1986.04—1986.05
	冉启祥	1983.05—1984.01		郭加雄	1992.06—1996.04
	张甫根	1984.01—1985.10		—	—

二、党管武装制度

第一书记（书记、第一政委）制度　1978 年至 1985 年 6 月，书记兼任特区人武部第一政委。1986 年 6 月至 1996 年 4 月，县委（特区党委）书记兼任特区人武部党委书记。1996 年 4 月至 2008 年 12 月，县委书记兼任县人武部党委第一书记。1978—2008 年，县（特区）人武部兼职第一书记（书记、第一政委）情况见表 6－1－2。

1978—2008 年水城县（特区）人武部兼职第一书记（书记、第一政委）名录

表 6－1－2

姓　名	任职时间	姓　名	任职时间
张作圣	1979.08—1979.10	孔令忠	1991.07—1994.12
邹　璜	1979.10—1983.11	王贤周	1994.12—1997.09
倪裔昌	1983.11—1984.10	盛作才	1997.09—2002.02
管彦鹤	1984.10—1985.09	杨明达	2002.02—2004.10
陈文荣	1985.09—1987.12	杨龙政	2004.10—
陈月枢	1988.03—1991.07	—	—

人武部主官任地方党委常委、参加政府常务会制度　中发〔1995〕12号文件《中共中央、国务院、中央军委关于县（市、区）人民武装部收归军队建制的通知》和省委、省政府、省军区关于《贯彻中共中央、国务院、中央军委关于县（市、区）人民武装部收归军队建制的通知》的通知均规定，“要保证人武部1名主官参加同级地方党委常委会，1名主官参加同级人民政府常务办公会议”。县人武部的2名主官分别进入同级地方党委常委会和参加同级政府常务办公会议。1996年，县人武部政委张祖新任县委常委，部长刘永坤参加县政府常务办公会议。之后，县人武部政委吕学锋、吕玉顺、彭康和部长张士现先后任县委常委，部长骆科用、张士现先后参加县政府常务办公会议。

地方党委议军制度　根据中发〔1995〕12号文件《中共中央、国务院、中央军委关于县（市、区）人民武装部收归军队建制的通知》，1995年开始，县委、县政府采取专题召开议军会议或将武装工作纳入县委常委会议题之一的形式，研究解决民兵预备役建设中的重大问题；县委通过召开议军会议，了解民兵预备役工作的总体情况，把握民兵建设的方向，保证党委对民兵工作的正确领导。1996年3月，县委召开议军会议，研究解决人武部收归部队建制的相关问题，解决县人武部以劳养武原办企业贷款50万元债务和52.5万元的债权、民兵集训楼的建设等问题，对人武部收归部队建制后的各项工作提出明确要求。2003年，县议军会议在听取县人武部几年民兵预备役工作情况汇报的基础上，研究解决县人武部双水新营区建设、民兵应急分队装备配备、民兵经费保障等问题。2006年3月28日，县委书记、县人武部党委第一书记杨龙政，在县会议中心第一会议室主持召开2006年第8次县委常委会议，研究国防后备力量和民兵预备役工作；会议听取县人武部对全县民兵预备役工作汇报和滥坝、发耳、阿戛、保华、猴场5个乡（镇）党委书记作党管武装工作述职报告；认为县人武部的工作卓有成效，全县民兵预备役工作健康发展，滥坝、发耳、阿戛、保华、猴场5个乡（镇）为县落实党管武装工作做出了表率；会议要求全县各级党委、政府，特别是领导干部必须切实提高对党管武装工作重要性的认识，抓好国防后备力量建设；会议解决的问题，一是解决县民兵训练综合楼建设资金50万元，二是成立县直属民兵应急分队（即滥坝镇民兵应急分队，所需资金10万元由县政府和滥坝镇各出5万元），三是各乡（镇）要加强基层武装部正规化建设（在配齐配强专武干部的同时，解决人武部的办公用房和微机等办公设施，抓好应急分队建设），四是由县政府解决20万元资金为县人武部购置民兵应急指挥车1辆，五是县人武部和县政府办公室共同抓好县人武部电视电话会议室建设。2007—2008年，县均按规定召开议军会议，解决民兵建设的有关问题。

人民武装委员会制度　1981年6月18日，成立人民武装委员会，书记邹璜任主任，副书记、特区区长班帮英，副书记、特区人大主任张立新，特区人武部部长张国良任副主任；后来根据人员变动不断进行调整。1996—2008年，成立县国防动员委员会，与县人民武装委员会实行一个机构、两块牌子，第一主任由县委书记担任，主任由县长担任。

三、县（特区）人武部建设

政治教育　1979年，进行中共十一届三中全会确立的路线、方针和政策教育，开展真理标准问题的讨论；以总政治部宣传部印发的《政治常识》《马克思主义常识》为教材，系统学习马克思主义哲学、政治经济学和科学社会主义。1981年，学习《关于建国以来党的若干历史问题的决议》，加深对中国共产党几十年所取得的伟大成就和经验教训的认识，统一对毛泽东思想和毛泽东历史地位的认识。1982年，学习贯彻中共十二大精神，坚定建设有中国特色社会主义的信心。1983年以后，组

织干部、战士、职工学习《周恩来文选》《邓小平文选》《陈云文选》，按照新党章的要求，进行整党整风学习。1987年，组织学习邓小平关于《党和国家领导制度的改革》《建设有中国特色的社会主义》，学习中共十三次全国代表大会精神，使全体干部正确认识党的“一个中心，两个基本点”的基本路线。1989年，进行坚定社会主义信念教育，引导干部、战士、职工认清苏联和东欧一些社会主义国家政局发生急剧变化的性质和原因，认清国际反动势力对社会主义国家推行的“和平演变”战略，国内资产阶级自由化分子诋毁社会主义的实质和危害；进一步加深对人民军队的职能、地位和作用的认识。1990年，按照“学习、团结、廉洁、求实”的要求，加强党委班子建设，抓党委成员的学习教育；学习中共十三届五中、六中全会精神，引导干部正确认识经济建设形势，弄清治理整顿和深化改革的关系，稳定局势和经济建设的关系，国防后备力量建设同发展经济的关系。1992年，以邓小平视察南方谈话和江泽民视察贵州时的重要指示为主要内容，分5个专题进行学习教育；把解放思想、更新观念、化解疑虑，提高贯彻执行党的基本路线的自觉性，作为学习的着眼点和落脚点。1993年，学习《中国共产党章程》和中共十四大报告。1994年10月，学习中共十四届四中全会决定和邓小平新时期党建理论，加深干部职工对中共十四届四中全会精神的理解。1995年，学习中宣部编发的《建设有中国特色社会主义理论学习纲要》，加深对建设有中国特色社会主义理论的形成、发展及主要内容的理解，用建设有中国特色社会主义理论武装官兵头脑。1996年，在干部、职工中开展“革命人生观”“艰苦奋斗”“爱国奉献”“尊干爱兵”4个专题教育。1997年，组织干部、职工学习中共十四届六中全会精神和中共十五大精神；围绕民兵工作“三落实”（组织落实、政治落实、军事落实）35周年，建军70周年，中共十五大召开，狠抓以“爱党、爱国、爱军”为主要内容的爱国奉献和优良传统教育，同时进行作风纪律整顿。1999—2000年，根据上级的统一安排，组织开展以“讲学习、讲政治、讲正气”为主要内容的党性党风教育。2001年，开展“三个代表”重要思想学习教育活动，通过学习教育，党委的战斗力、凝聚力明显增强，党员的先进性意识明显提高。2002年，开展“自重、自省、自警、自励”教育，通过学习教育，提高党员、干部的整体素质。2003年，根据上级要求开展践行“三个代表”等教育活动和学习中共十六大报告。2004年，开展新军事变革、党员先进性、党委工作条例3项教育，引导干部、职工积极投身到有中国特色军事变革活动中去，确保部队的稳定和高度集中统一。2005年，开展以学习实践“三个代表”重要思想为主要内容的保持共产党员先进性教育活动；将先进性教育与“提高打赢能力”教育，与党风廉政建设和作风纪律教育相结合，注重教育质量，着力解决实际问题，党员的政治与业务素质明显增强。2006年，学习《贵州省县（市、区）人民武装部全面建设要则》《军队基层建设纲要》；采取集中辅导、领导提示、个人自学、专题讲解等办法对干部职工进行军队使命、党章、战斗精神、作风纪律和“八荣八耻”教育。2007年，开展全心全意为人民服务宗旨教育，制作知识卡片和刻录光盘辅助学习。2008年，开展“坚定中国特色社会主义信念，全面履行我军历史使命”主题教育，进行“讲党性、重品行、做表率”专题教育活动，组织干部、职工收看“拉萨事件”“汶川地震”等新闻，及时进行专题教育。

军事训练　1978年，遵照中央军委《关于加强部队训练教育的决定》，恢复经常性军事训练，重点学习毛泽东主席的军事著作和人民战争思想，学习民兵业务，训练组织指挥能力，进行手枪第一、二练习实弹射击等。1980年，干部训练主要是学习对越自卫还击作战经验，结合实际，加强机关业务培训，主要内容有《热带山岳丛林地特点及其对军队战斗行动的影响》《军事地形学》《炮兵的运用原则》及手枪第一练习实弹射击等。1981 年，开展队列和战术作业训练，突出步兵班战术演习、防步兵地雷的埋设与排除、丛林地射击、山地仰角射击、单兵抵近射击等。1984 年，遵照邓小平关于军队要把教育训练提高到战略地位的指示，训练力度进一步加大，主要进行“三大条令”的学习教育和队列、战术作业、射击训练，干部参训率达 95%。1986 年以后，特区人武部改归地方建制，由于主要精力用于配合地方中心工作，干部军事训练有所松懈；组织一些基本战术、技术、参谋业务教学和指挥方面的训练。1990 年以后，加大军事训练力度，每年安排 40 天时间，集中进行队列、轻武器射击和指挥员、司令部、政治部、后勤部专业训练。1995 年，主要开展体能训练和参谋“新六会”训练。2000 年，响应“科技练兵”的指示，开展计算机网上作业、室内战术作业演练和各类应急预案实兵演练等训练。2002 年后，落实新大纲，进行新老“六会”参谋训练，突出使命性课题和“体能、智能、技能”科目训练，并充分利用网络平台，训练的信息化含量明显增加，针对性明显增强。2007 年，成立部长为组长，军事、政工、后勤科长为成员的军事训练领导小组，建立以现役干部、民兵教练员为主体的训练责任制，把现役干部训练与民兵军事训练有机结合在一起。2008 年，县人武部克服人少事多的实际困难，干部突出抓“技能、智能、体能”训练，参谋“六会”（读、记、算、写、画、传六项技能）新技能学习，并按照《军人体能标准》的相关要求抓体能训练。

正规化建设及行政管理　1978—1996 年，受各种条件限制，正规化建设与管理水平不高。1996 年后，逐年加大正规化建设与管理力度；作风纪律建设上，每年一季度集中一周，每月安排半天进行条令的教育训练，培养令行禁止的作风，增强干部职工遵章守纪的自觉性；针对干部、职工表现出的现实性、倾向性问题，适时开展教育整顿，培养干部职工良好的纪律观念和落实意识，确保无违纪问题发生；制定《人武部正规化管理实施细则》，规范战备、训练、工作、生活秩序。1997—2006 年，面对减人不减任务的新形势，县人武部加大培训力度，多途径、多形式选送干部入校深造、参加计算机知识培训、新闻骨干培训及其他业务培训，采取压担子、传帮带、任务牵引等方法，紧贴工作实际培养干部、锻炼干部，努力培养复合型人才；通过岗位练兵、实践摔打，提高机关干部对民兵预备役工作的组织指挥能力，从而加强正规化建设。2007 年，以“学法规、用法规、守法规”活动为契机，集中教育整顿，严肃作风纪律。2008 年，以条令条例为依据从严治军，干部职工对照条令条例进行自我对照检查和整顿。

安全稳定工作　县（特区）人武部，坚持把安全稳定作为经常性、基础性工作；坚持每季度分析安全稳定工作形势，安排部署安全稳定工作任务，敏感时期和重大节日专题研究部署；严格落实领导分工责任制，进行对口管理，制定对口管理网络图，一级对一级负责，层层抓落实；加大安全设施投入，对作战室、保密室、财务室等重点目标安装防盗锁和防盗门窗。加强车辆管理，明确车辆使用规定，严格派车手续，按出车千米数核给油料，实行定人定车，驾驶员定期或不定期检查保养车辆，使车辆保持良好的状态，杜绝车辆事故。突出人员管理重点，常教育、常讲评、常督查，并随时掌握其思想状况；关心爱护干部职工，为其解决实际困难，在春节期间走访慰问本部离、退休老干部、生活有困难的干部家属；掌握重点对象人员情况，与西藏复员干部张忠诚面谈，并发给慰问金；安排人员到正安县了解从西藏复员干部何兴明的情况，并及时做好工作，严防人员上访。2003—2005 年，协助地方做好复退军人的思想工作；与县公安局、县民政局、县人事局、县信访办、县维稳办等单位保持联系，随时掌握本县复退军人的情况，对安置在企业的转业干部进行走访；兑现国家有关优抚规定，对个别复退在乡老战士反映的住房难、医疗难、生活难等问题，协调民政局给予解决。2006 年 9 月 1—8 日，按照上级要求、开展以整治军车严重违章违纪问题为主要内容，以驾驶员、车管干部、团以上领导干部为整治对象的教育整顿活动。2007 年，安全稳定坚持“在安全的时候抓安全”的指导思想，修订县人武部机关《行政管理规定》，用制度管人。2008 年，调整武器装备管理领导小组，完成武器装备普查，加强武器维护，武器弹药时刻处于良好的技术状态。

经费保障　1978—1985 年，特区人武部经费来源主要是国防费、民兵事业费和生产经营收入。1986 年改归地方建制，干部职工工资和办公经费、职工医疗费等转由地方财政支付，实行单位包干，结余归己，超支不补；征兵和民兵工作经费另外拨付，建设经费根据地方财力情况，经政府批准后由财政部门划拨，财务上与水城军分区后勤部脱钩。1996 年后，县人武部干部工资由国防经费支出，按军队系统拨付，职工工资由地方财政负担；公务事业费由水城军分区按计划拨付，其他经费由地方财政拨付。2002 年以前，农村民兵训练经费由地方财政支出，2002 年后由中央财政转移支付，以每人每天 40 元的标准，由省军区逐级下拨；民兵整组、征兵经费由地方财政划拨给县人武部；建设经费由军队、地方视财力而定，由上级军事机关和县政府分别负担。2008 年，开办集体食堂，搞好伙食保障。

营区建设　1977 年 5 月，特区人武部机关迁驻黄土坡建设路后，特区人武部的土地征用按特区革委〔1978〕27 号文件（关于人武部征用土地的报告）和六盘水地区革命委员会〔1979〕47 号文件（关于人武部征用土地的批复）划拨；黄土坡建设路营区面积 6250 平方米，营房建筑面积 3539.31 平方米（办公楼 1447.91 平方米、家属楼 1489.03 平方米、武器库 200 平方米、弹药库 188.57 平方米、车库 183.4 平方米、厕所 30.4 平方米）。1980 年，投资 15.5 万元，修建职工宿舍 1 栋，建筑面积 1400 平方米。1994 年，修建职工经济适用住房 1 栋（24 套），建筑面积 2400 平方米。1998 年，在建设路修建干部、职工经济适用住房 1 栋（26 套），建筑面积 3000 余平方米；动工修建 4200 平方米综合楼。2002 年 3 月 18 日，县政府同意县人武部对建设路临街旧家属楼进行危房改造，收入用于搬迁建设。2003 年 6 月 30 日，县政府同意县人武部对老办公楼进行资产置换，收入资金用于搬迁建设；按照县政府的统一规划，开展县人武部机关整体搬迁双水新区工作；土地置换获得资金 400 余万元，县政府追加建设款 50 万元、征地款 15 万元，省军区支持 30 万元。2004 年 3 月，县人武部机关整体搬迁到双水新区办公；新营区位于双水新区拥军路，占地 1 公顷；建有办公楼 1 栋（2000 平方米），民兵训练基地 1 栋（2300 平方米）。2006 年，向省军区申请解决 30 万元营区建设资金，县委、县政府解决 50 万元，民兵训练综合楼于 4 月竣工，修建围墙、平整院坝、实施营区绿化。

第二节　基层武装工作

基层武装组织　1978—1991 年，县（特区）人武部下辖的区（镇）、公社（乡）二级人民武装部（简称武装部）为地方编制；区（镇）武装部设部长（副科级）1 人，干事 1 人，个别区（镇）武装部设副部长或干事，公社（乡）武装部设部长（副股级）1 人。1992—2008 年，县人武部下辖的 33 个乡（镇）武装部为地方编制，设部长（副科级）1 人，副部长和干事根据各乡（镇）编制情况配备。

专职武装干部选配　1978年，特区人武部下设11个区（镇）武装部和111个公社武装部，区（镇）和公社武装部均设部长。1983年，全特区的公社武装部部长改称乡武装部部长，并对专职武装干部（简称专武干部）进行调整。1987年，对基层专武干部进行调整。1990年以后，基层专武干部主要从优秀退伍军人、省人民武装学校毕业生中选拔任用。1999年，按中办、国办有关文件精神，规范专武干部的任命程序和相关待遇；乡（镇）武装部部长、副部长的任免由所在乡（镇）党委提名，县委组织部、县人武部共同考察，报县委审批后，以县人武部部长、政委的名义任命，并报上级军事机关备案，其他专武干部的任免由县人武部与所在乡（镇）党委共同协商，乡（镇）党委审批，以县人武部部长、政委名义任命，报县委组织部备案；专武干部享受国家公务员待遇，乡（镇）武装部部长参加同级党委，为副乡（镇）长级职务；专武干部的工资、福利、公务费、定级、提级等问题，按照同级党政干部的有关规定执行。2005年，全县共有专武干部43人；33个乡（镇）的武装部部长均进入同级党委，享受副乡（镇）长级待遇。2006年，结合乡（镇）换届配齐配强33个乡（镇）的专武干部，有基层工作经验的年轻干部加入武装工作行列。2008年，33个乡（镇）武装部有部长33人、干事18人。

政治思想教育　1978—1985年，特区人武部组织专武干部学习时事政治、中共十一届三中全会精神、四项基本原则、《毛泽东选集》第五卷、党的基本路线等。1986年后，组织专武干部参加刊授教育，学习各方面的政治理论知识；县（特区）人武部统一为专武干部订《西南民兵》《中国国防》《两用人才报》等报刊，要求其自学。1990年，组织专武干部学习《邓小平文选》《陈云文选》。1992年，组织专武干部学习邓小平“南巡讲话”及中央1号文件，教育专武干部坚持党的基本路线和四项基本原则，积极投身经济建设主战场。1993年，组织专武干部学习中共十四大、全国人大八届一次会议和中央军委扩大会议精神。1995年，组织专武干部学习邓小平建设有中国特色社会主义理论、江泽民新时期国防和军队建设思想。1996—2000年，基层专武干部统一参加地方党政干部政治理论教育，学习《中国共产党章程》《社会主义政治经济概论》《邓小平文选》第三卷、《哲学基础知识》《党政干部政治理论读本》等。2001年，组织专武干部参加“三个代表”重要思想学习教育活动，引导专武干部正确处理改革开放后的各种利益关系，树立全心全意为人民服务的思想。2005年，全县专武干部参加县委组织的保持共产党员先进性教育活动。2008年，由于专武干部调整较大，对专武干部进行1周培训，强化专武干部的军队和军人意识，使专武干部掌握武装工作的基本内容和方法。

军事业务培训　1979年，组织专武干部集中训练7天，主要进行射击、战术等训练；对专武干部进行考核，参加32人，优秀8人，良好19人，及格5人。1980—1985年，选送10余名专武干部到省军区集训；特区人武部组织专武干部培训6次，200余人次参加。1986年，针对特区人武部改归地方建制后，一部分基层专武干部出现思想波动，作风涣散，纪律观念不强等问题，特区人武部进行政治思想教育和军事训练；训练内容主要有民兵工作业务、单兵战术、班（排、连）进攻及防御等。1990—1996年，县人武部采取集中训练和以会代训方式对专武干部进行业务培训，共训练专武干部260余人次。1992年5月，县人武部对建并撤后新配备的武装部部长、副部长58人集训6天，主要内容是新的民兵工作条例。1997—2003年，共训练专武干部200余人次，训练内容主要有教学法、射击、班（排）队列、单兵战术、班（排）战术、识图用图、地形方位判定、野外按图行进、计算机基础理论、办公系统操作使用等；选送10余名专武干部到省人武学校学习。2004年3月，县人武部组织全县33个乡（镇）专武干部33人进行集训，主要对公文写作、动员业务、队列、射击、计算机操作、网络资源利用等6个科目进行培训；经过考核，有9人优秀，18人良好，6人及格。2007年3月和7月，组织2期专武干部业务、军事技能培训，按照“缺什么，补什么”的原则，学习民兵预备役基础理论、国防动员常识、队列、怎样做一名合格的专武干部等内容。

正规化建设　1978—1997年，有很长一段时期，基层武装部建设滞后，专武干部年龄老化，35岁以下干部只占40%左右，基层武装部基础设施较差，办公经费紧缺，干部兼职较多，工作任务重，专武干部不专武的现象普遍存在。1999年，按照中办发〔1999〕24号文件《加强基层武装部建设的通知》要求，县委、县政府、县人武部进一步明确和规范基层武装部的职能、任务、机构设置、人员编制、干部选拔配备、管理培训以及对基层武装部建设的领导等事项。2002—2004年，按照“抓好基本教育，建好基本队伍，落实基本制度，完善基本设施”的要求，在全县基层武装部开展达标创优活动。2005年，贯彻全省“安顺会议”精神，按照《贵州省民兵预备役部队基层建设细则》要求，进行基层武装部建设。2006年，以县委、县政府名义下发《基层武装部全面建设达标活动的通知》《基层武装部全面建设达标细则》，将民兵预备役工作纳入乡（镇）年度目标考核，70%的乡（镇）武装部有微机、有独立的办公室和必备办公设施，在滥坝镇进行武装部正规化建设试点。2008年，指导发耳、猴场等乡武装部进行正规化建设，90%以上的乡（镇）武装部有独立的办公室、微机和资料柜等必要的办公设施。

第三节　兵　役

一、兵役

征兵机构　1978—2008年，县（特区）在人武部设征兵办公室，具体承办征兵业务，由各职能部门抽调人员组成；下设综合、宣传、纪检、政审、体检、保障、优抚等小组。区（镇）、乡（镇、公社）分别成立征兵领导小组和征兵办公室。

兵役制度　1978年11月2日，中央军委下发〔1978〕38号文件《关于部分义务兵改为志愿兵的实施办法》后，现役士兵分为义务兵和志愿兵。1984年5月，颁布新的兵役法，规定实行以义务兵役制度为主体的义务兵与志愿兵相结合，民兵与预备役相结合的兵役制。1984年5月31日修改公布的《中华人民共和国兵役法》（简称兵役法）规定，对超期服役满5年，成为部队专业技术骨干的义务兵，按部队需要和本人志愿改为志愿兵，一般再在部队服役8～12年，甚至更长时间；志愿兵主要从事技术性、专业性较强的工作，其待遇根据级别分别享受副排、正排、副连、正连等干部待遇。1998年12月29日，颁布重新修订的《兵役法》，规定实行义务兵与志愿兵相结合、民兵与预备役相结合的兵役制度；中华人民共和国公民不分民族、种族、职业、家庭出身、宗教信仰和教育程度，都有服兵役的义务，兵役分为现役和预备役，18～22岁的男性公民按规定应服现役，女性公民根据军队需要也可被征集服现役；义务兵服现役的期限为2年，服现役期满，转入预备役，士兵预备役的年龄为18～35岁；战时遇有特殊情况，36～45岁的男性公民也可被征集服现役。1999年，义务兵服役时间由3～4年改为2年，开始实行士官制，同时废除志愿兵制度；义务兵服役2年期满，根据部队需要和本人自愿，改选士官；士兵的军衔按等级分为高级士官、中级士官、初级士官、兵4等8级；高级士官包括六级士官、五级士官，中级士官包括四级士官、三级士官，初级士官包括二级士官、一级士官，兵包括上等兵、列兵；士兵军衔的授予与晋升，以本人所任职务，德、才表现和服现役年限为依据；高级士官由军级单位主官批准，中级士官由师级单位主官批准，初级士官由团（旅）级单位主官批准，兵的军衔由连或相当于连的单位主官批准；服现役第一年的列兵担任班长职务，晋升为上等兵军衔的，由营级单位主官批准；中国人民解放军、中国人民武装警察部队现役人员由干部（军官和文职）、士官、义务兵3类人员组成。

兵员征集　征兵的程序分为任务分配、宣传教育、体格检查、政治审查、定兵与交接。1978—1989年，每年的征兵工作，都是全县（特区）的一项政治任务，都集中人力物力认真完成。1990年11月10日，县政府颁布《水城县征兵工作实施细则》，使县的征兵工作制度化。1995年，征兵政审采取“村（社区）、乡（镇）、县逐级推荐送审和谁政审、谁签字、谁负责制度，确保兵员政治合格；成立征兵纪律巡查小组等进行巡查，设立举报电话和举报信箱，确保廉洁征兵。1996年，重点做好兵役登记工作，明确兵役登记的时间，登记站的设立，登记的对象，登记的范围，登记的办法，预征对象的确定和宣传教育等工作，保证预征工作有效落实。1997年，加大对《中华人民共和国国防法》《中华人民共和国兵役法》《中华人民共和国征兵工作条例》等法律、法规的宣传工作，营造征兵工作的浓厚氛围，严格落实征兵政策规定。1998年之后，体检改为“一县一站”封闭式体检，提高体检工作质量；由于认真落实“一县一站”封闭式体检和“三级政审”“区域联审”和谁政审、谁签字、谁负责等征兵工作制度，圆满完成上级赋予的征集任务。

二、预备役登记

士兵预备役　士兵预备役分为第一类和第二类。第一类为经过登记服士兵预备役的35岁以下的退出现役的士兵，经过登记服士兵预备役的35岁以下的地方与军事专业对口的技术人员，其他编入预备役部队和预编到现役部队的28岁以下的预备役士兵。第二类为除服第一类士兵预备役外编入民兵组织的人员，经过登记服士兵预备役的35岁以下的男性公民，编入预备役部队和预编到现役部队的28岁以上的预役士兵。预备役士兵年满35岁，即退出服役。按照《兵役法》的规定，每年退出现役的军士和士兵，以及符合条件而未被征集服现役的应征公民要进行预备役登记，并建立档案卡片，颁发《兵役证》。1978年11月3日，总参谋部下文恢复转业、复员、退伍战士登记与统计，预备役登记工作恢复。1980年，国务院、中央军委颁布《退伍军人预备役登记统计暂行规定》；10月，总参谋部召开预备役登记、统计工作会议；11月，省军区采取以会代训的方法，对军分区、县（市、区）人武部负责预备役登记统计的参谋人员进行集中培训，军分区和各人武部随即对符合预备役条件的退伍军人进行登记；是年11月至次年4月，全特区登记退伍军人服预备役650人。1984年，根据新《兵役法》，进一步完善预备役制度；对退伍军人预备役登记统计的参谋进行业务培训，是年全特区登记退伍军人符合预备役条件的3800余人。1998年新的《兵役法》颁布后，预备役制度臻于完善；按照新《兵役法》的规定，18～35岁的退伍军人、编入民兵组织和经过预备役登记的人员，都要服预备役；是年全县登记退伍军人符合服预备役条件的3073人（第一类预备役2211人，第二类预备役862人）。2000年，总参谋部下发《退伍军人预备役管理系统》，对退伍军人预备役的登记统计实行计算机管理。2005年后，预备役登记统计工作逐步进入规范化、制度化轨道。

军官预备役　预备役军官的登记主要是对转业、复员的现役干部的登记。预备役军官包括退出现役转入预备役的军官、确定服军官预备役的退出现役的士兵、确定服军官预备役的高等院校毕业生、确定服军官预备役的专职武装干部和民兵干部、确定服军官预备役的非军事部门的干部和专业技术人员。确定服军官预备役的人员，要在到达工作单位或居住地后的30天内到当地兵役机关进行登记。预备役军官在服役期间，要进行3~6个月的军事训练。必要时候，所有预备役人员还要进行应急训练，随时准备应召服现役。

第四节　民　兵

一、组织

发展变化　1979年，全特区有民兵营177个，连953个；有武装基干营3个，连50个，独立排33个；有铁路护路民兵连1个。1979年12月15日，特区按上级要求执行铁路、公路交通要道战备维修、抢修、运输方案，铁路沿线组建25个民兵连，1个民兵抢修大队；公路干线组建13个民兵连；明确备战运输汽车、马车。1981年3月，贯彻中共中央、国务院、中央军委批转总参谋部、总政治部《关于调整民兵组织的请示报告》，调整民兵组织；制定1981—1985年民兵建设发展规划。1982年，全特区组织46个工作组，2137名干部深入基层，宣传和指导民兵组织调整工作；取消特区民兵师、团、营建制；民兵年龄由16~45周岁调整为18~35周岁；调整前有168个民兵营，985个民兵连，4370个民兵排；调整后有基干民兵连130个，普通民兵连698个。1985年，组建特区民兵应急分队3个排、9个班。1990年，县有基干民兵连99个，普通民兵连556个。1994年6月16日，成立滥坝民兵警消队，担负滥坝油库的警卫消防任务。1994年7月，县人武部组建专门承包荒山植树造林，开展以劳养武的“水城县绿色工程木果民兵连”。1996年，全县有基干民兵连35个。1999年3月18日，民兵铁路护路工作移交铁路部门，县民兵铁路护路连撤销。1999年，全县民兵组织调整为18个连，81个排，260个班；民兵应急分队有2个连、6个排、18个班。2000—2005年，按“减少数量、合理布局、突出重点、分类建设”原则，适当压缩基干民兵规模，重点组建民兵应急分队、专业技术分队。2001年，全县有基干民兵18个连、78个排、258个班，民兵应急分队2个连、6个排、18个班。2005年，全县民兵调整为24个连、81个排、260个班；民兵应急分队有7个连、21个排、63个班。2006年1月16日，成立县森林防火民兵应急指挥中心，由县人武部部长任指挥长、县林业局局长任副指挥长。随后，各乡（镇）分别组建森林防火民兵应急分队。2006年7月，因滥坝油库体制改革，滥坝民兵警卫消防队撤销。

民兵整组　为加强民兵预备役组织建设，每年开展一次民兵组织整顿（简称民兵整组），并将民兵整组、兵役登记和复退军人预备役登记核对结合起来，称为民兵“三项工作”。具体做法，一是培训骨干，组织区（镇）、公社、乡（镇）和厂矿、企事业单位的干部和民兵骨干集中学习有关文件，明确民兵整组的重要意义，掌握整组的程序、方法等；二是分片区实施，县（特区）、区（镇）、乡

（镇）抽调人力，组成若干个工作小组，在村干部协助下，走村串寨，逐人逐户对退伍军人、预征青年、基干民兵、普通民兵等进行核对登记，调整和配备民兵干部，按规定填写各类表册；三是编组点验，基干民兵编组后，以乡（镇）或行政村为单位集中进行点验，宣布民兵建制、预训和出、入、转队人员名单，介绍新任民兵干部，修改和完善各项规章制度等，普通民兵采取广播、张榜或下发通知书等方式公布。每年民兵整组工作由县（特区）政府、县（特区）人武部联合下文统一安排布置，各区（镇）、公社、乡（镇）人武部组织实施。

二、教育管理

政治教育　1979 年，号召民兵带头脱贫致富，对民兵进行社会主义精神文明教育，发动民兵参加“建设文明单位、文明村组和争当精神文明模范”活动。1980—1984 年，以总政治部编写的《民兵政治读本》为教材，组织每月一堂政治课。1985 年，民兵政治教育改为一季度进行 1 次；主要学习中共中央、国务院和上级的文件，学习《兵役法》以及其他法律常识。1986 年，在民兵中普遍进行坚持四项基本原则、反对资产阶级自由化教育。1987 年，民兵训练期间请科技人员讲授致富知识课；有组织地学习农业科普知识。1988 年，民兵政治教育，主要进行学雷锋和刊授教育，充分发挥《中国民兵》《西南民兵》《六盘水民兵刊授》等报刊的作用；米箩区武装部在马场乡进行民兵刊授教育试点，摸索出“培养一批骨干，形成一个刊授教育网”的新经验。1992 年，滥坝民兵装卸连被成都军区表彰为刊授教育先进基层单位。1994 年，组织民兵开展学“《邓小平文选》见行动”“致富帮带”“我为国防增添光彩”等活动。1996 年，以《邓小平文选》、民兵杂志和上级的文件为教材，采取自学与分片集中辅导的办法。1996 年 11 月 29 日，县铁路护路民兵连民兵杨永在茨冲站清除铁路道心货物保障列车畅通时，被行驶的 79 次特快旅客列车碾过壮烈牺牲；杨永舍身护列车的英雄事迹在《中国国防报》《战旗报》《西南民兵》《贵州日报》《六盘水日报》先后报道，县人武部在民兵中掀起向杨永学习的活动。1997 年，在民兵中开展“双争”（争先创优、争创文明单位）活动和“奉献社会，服务人民”“岗位建功立业”为主要内容的军民共建活动。1998 年，在民兵中开展“顾大局、讲奉献、守纪律”教育活动。1999 年，针对以美国为首的北约轰炸中国驻南联盟大使馆的野蛮行动，对民兵进行爱国主义教育。2000 年，围绕拥护和支持改革开放，坚持不懈地用党的基本理论、基本路线、基本纲领教育民兵预备役人员；按新时期军事战略方针做好民兵政治工作。2001 年，县人武部深入民兵基层单位，采取多种形式揭批邪教“法轮功”，使全体民兵进一步认清“法轮功”的反动本质。2005 年 3 月，县人武部和国教办组织部分民兵预备役人员，进行《反国家分裂法》学习教育。2006—2008 年，对民兵进行战备教育，突出理想信念、爱国奉献、岗位职责教育。

军事训练　民兵训练对象由以步兵分队为主转向以专业技术分队为主；训练方法从小型、分散转向以公社（乡）、区为单位集中训练，并逐步过渡到县人武部集中施训；训练时间由每年 15 天改为 30 天，训练人数逐步减少；训练内容为基本常识和专业技能应用。1982 年，采取培训民兵军事辅导员（210 人）的形式组织民兵军事训练。1983 年，培训民兵军事辅导员 210 人，政治辅导员 479 人。1985 年，民兵军事训练由以区为单位集中训练，改为统一到特区人武部集中住训，训练内容重点突出专业技术训练。1986 年，特区人武部改归地方建制后，民兵军事训练任务没有大的改变；上级赋予全特区组织民兵守路、护路，看守隧道、桥梁的任务，训练主要采取以工代训或利用执勤间隙完成。1996 年，按任务集中训练民兵 280 名，其中民兵应急分队 100 名（滥坝民兵装卸连 30 名，国防军校 40 名，木果绿色工程民兵连 30 名），铁路护路连民兵 100 名，重点目标守护 50 名（滥坝油库警消队 30 名，三十七收审所民兵 11 名，石油公司加油站民兵 9 名），侦察兵 30 名。1997 年，按任务训练民兵 305 名（新训 205 名，应急分队复训 100 名）。1998 年，按任务训练民兵 275 名（步兵 95 名，重机枪兵 30 名，侦察兵 50 名，民兵应急分队复训 100 名）。1999 年，采取分片设点形式展开全县民兵军事训练，设 14 个训练点，完成民兵训练任务 428 名（其中应急分队复训 240 名）。2000 年，按照《民兵军事训练大纲》要求，结合农村民兵工作的实际，突出“三打三防”训练和“处突维稳”应急训练，完成民兵训练任务 398 名（其中民兵教练员 20 名，民兵应急分队复训 280 名，民兵干部 29 名，专武干部 9 名）。2001 年，完成 318 名应急分队民兵训练任务；金盆等 10 个乡（镇）采取复训、补训的方式，完成 300 名基干民兵的训练。2002 年，完成 318 名民兵训练任务。2003 年，以防备连锁反应背景下的军事斗争准备为牵引，突出专业技术和使命性课题的训练，采取集中训练方式，完成280 人的训练任务，坪寨乡、陡箐乡、双戛乡各自完成30 人的复训、补训任务。2004 年，完成 459 名民兵训练任务。2005 年，县森林防火民兵应急指挥中心组织一期 100 人参加的民兵骨干集训，主要内容为防火救灾常识、风力灭火机的使用、灭火救灾的组织等；各乡（镇）分别组织民兵森林防火分队训练，受训 1000 余人，超额完成训练任务。2006 年，组织民兵 512 人参加年度军事训练，完成任务的 166%；集中 40 个训练日进行队列、军体拳、擒拿拳、盾牌操等课目训练。2007 年，组织民兵进行“爱军精武”训练，挑选精兵经过近 2 个月的强化训练，在水城军分区组织的民兵比武中，县民兵预备役人员取得轻武器射击团体第一名，民兵干部骨干编组作业第二名，手枪射击个人第一名、第二名、第三名，冲锋枪射击个人第三名；1 名民兵在水城军分区和省军区组建的参加上级对抗射击比武竞赛中均取得名次，荣立三等功。2008 年，完成工兵专业分队和其他分队共 485 人的民兵训练；在水城军分区组织的民兵“军事三项”比武中，县代表队取得团体总分第二名，5 千米武装越野单项团体第一名，5 千米武装越野个人第一名，个人全能第二名、第五名，手榴弹投掷个人第一名，冲锋枪实弹射击个人第三名。

武器装备管理　1979 年以前，民兵武器装备主要存放在农村武器存放点。1983 年，减少武器存放点，将农村武器集中到 12 个区（镇）保管。1986 年后，大部分武器集中到特区武装部保管，重点目标和地区仍保留少量枪支。1996 年以后，县人武部按上级有关要求，对民兵武器装备的数量和质量进行全面普查登记，对报废弹药进行集中处理，逐级签订《武器装备管理责任书》，明确各级的管理职责，并定期开展武器装备管理安全无事故竞赛活动。2004—2008 年，主要抓责任制的巩固、完善和提高，细化仓库主任、保管员的职责，规范枪弹出入库的程序，增添装备仓库的报警、除湿等安全设施，有效促进民兵武器装备仓库的安全。

三、工作

抢险救灾　1986 年，全特区民兵抢险救灾 8500 人次。1988 年 1 月 24 日凌晨 1 时 35 分，昆明至上海 80 次特快列车，在云南省宣威县境内邓家村发生颠覆事故（据统计，死亡 88 人，重伤 66 人）；县人武部组织滥坝民兵装卸连和铁路护路民兵连共 300 多人就地就近看守停站列车，守护隧道桥梁。1996 年，县人武部组织民兵 6736 人次参与防洪救灾。1997 年，全县出动民兵 2450 人次投入抗洪救灾，抢救物资价值35万余元。1996年6月29日至7月2日，县人武部组织干部、职工和滥坝民兵装卸连参加出水洞抢险救灾，帮助恢复照明和交通。1998年，全县民兵参加抗洪救灾316人次。1998年10月24日，一辆中巴车在杨梅乡光明村发生车祸，正在光明村蹲点扶贫的县人武部副部长刘定兴、政工科长彭康等闻讯后，立即赶赴现场组织抢救伤员。1999年6月26日，因连续暴雨，出水洞电站发生山体滑坡，进站公路堵塞，县人武部组织滥坝民兵装卸连、滥坝油库警消队，双戛乡民兵应急分队，保华乡民兵，当地老百姓共200余人经过4天奋战，清除路障淤泥500米，装填搬运沙袋4000多个，搬运石块20多立方米。1999年9月20日，响水电站遭遇洪灾，县人武部组织民兵200余人进行抢险。2000年6月，都格乡龙井村发生山体滑坡，乡武装部组织民兵63人次参与抢险；新街乡二台村发生山体滑坡，乡武装部组织民兵排险。2001年6月，金盆乡遭遇冰雹袭击，乡武装部组织民兵自救恢复生产。2001年7月，玉舍乡炸封小煤窑时因工作不慎，4名民工被困煤井内，县人武部组织滥坝民兵装卸连21人协助玉舍乡70名民兵紧急施救，经过13小时努力，被困民工获救。2004年5月30日，金盆乡营盘村鱼岭组发生山体滑坡，6000余立方米泥石流将3户村民房屋及20人掩埋，县人武部迅速组织南开、青林、滥坝、董地、保华、纸厂等乡（镇）的260名民兵参与抢险，在水城军分区杨治岑参谋长的指挥下，经过36小时奋战，抢救灾民9名，挖出遇难者遗体11具。2006年，全县民兵参加扑救山火98次（出动5949人次），参加其他抢险救灾6次（出动710人）。2006年4月3日，县人武部值班室接到猴场乡火把村发生森林火灾的报告，部领导命令蟠龙乡武装部组织该乡森林防火民兵应急分队赶往现场灭火；经过民兵应急分队和普通民兵350余人约8小时扑救，扑灭了森林火灾，挽回经济损失约10万元。2006年4月3日16时，双水新区县医院后山，因村民上坟烧纸引发山林火灾（据统计，造成0.33公顷天然林过火，直接经济损失约5万元），县人武部立即与县林业局联合启动县森林防火民兵应急指挥中心相关预案，县直属和滥坝镇森林防火民兵应急分队共50余人迅速赶到火灾点灭火，动用车辆6台、风力灭火机10台及其他灭火器材，经民兵和滥坝镇干部、职工约1小时奋战，扑灭了山火。2008年，水城遭受50年未遇的雪凝灾害，全县共出动民兵30000余人次，出动车辆1000余台次，在“保煤电、保民生、保畅通、保发展”专项行动中奋战1个多月，发挥民兵的应急作用；水城军分区司令员孔健、政委叶佩率县人武部干部职工和滥坝镇、蟠龙乡民兵应急分队队员共150余人到水黄公路沿线破冰保畅。2008年6月，化乐乡猫场村发生严重山体滑坡，乡武装部组织民兵对当地村民进行疏散，避免了人员伤亡。

其他工作　1979年，蟠龙区、滥坝区、城关区、大河区的25个民兵连守护过境铁路。1980年，全特区出动民兵25万人次护厂、护路，配合公安机关侦破案件52起，抓捕人犯101人。1986年，民兵配合公安机关维护社会治安5.4万人次，设执勤点49个，协助破案47起，追捕罪犯11人，收缴赃物价值14.8万元。1989年后，县人武部组织铁路护路连145名民兵，承包守护境内52.93千米铁路、51座桥梁、45条隧道、77个涵洞，多次获得表彰。1993年，县人武部组织民兵修建云贵响水电站进站公路5千米。1996年，在“严打”中，全县出动专武干部59人，民兵1667人，参与行动214次，抓获犯罪嫌疑人158人，追缴物件113件、牲畜72头。1996年10月15日，木果乡组建民兵营修建木（果）连（山）公路，全长12.84千米，总投资91万元，次年2月15日竣工。1997年，全县动用民兵310人次协助公安机关破案，抓获犯罪嫌疑人77人，追缴赃物、赃款共5.6万元。1998年，全县出动民兵856人次协助公安部门维护治安，抓获犯罪嫌疑人21人，追回被盗耕牛11头。

1998年3月15日，省军区副司令员刘世果视察县铁路护路民兵连。1998年6月26日，铁道部部长傅志寰视察县铁路护路民兵连。2000年，县人武部组织民兵完成双水开发区33.33公顷以工代赈植树造林，组织民兵1000余人次投入“313”国防光缆施工、16.5万人次修筑（维护）乡、村公路321千米、河堤与水渠470米，修建小水窖1310个，架设输电线路71.3千米；全县民兵协助公安部门破案18起，参与追逃犯、打流窜30余起，抓获犯罪嫌疑人21人。2001年，县人武部组织民兵1000余人次参加基础设施建设，共修筑（维护）乡、村公路43.6千米；出动民兵420余人次配合公安机关开展“严打”，破案22起，抓获犯罪嫌疑人37人，收缴自制火药枪2支，炸药60千克，雷管70枚，管制工具27把。2002年，县人武部组织民兵4000余人次协助公安部门进行“严打”整治斗争，抓获犯罪嫌疑人30余人。2002年8月，县人武部组织民兵协助公安部门维护发耳乡水盘铁路通车典礼秩序。2002年12月，县人武部调集民兵100人参与县彝族火把节执勤。2003年4月，县人武部组织民兵10000余人次，完成退耕还林2133.33公顷，荒山造林333.33公顷。2004年7—8月，在“凉都六盘水消夏文化节”活动中，县人武部组织蟠龙、滥坝、猴场等乡（镇）民兵570人次，参与海坪彝族火把节和汽车拉力赛执勤。2005年6月10日，县人武部组织民兵80人参加维护陡箐乡“多彩陡箐苗族对歌会”秩序。2005年7—8月，在“凉都六盘水消夏文化节”活动中，县人武部组织蟠龙、滥坝、猴场等乡（镇）民兵2038人次，配合公安部门进行海坪彝族火把节和汽车拉力赛执勤。2006年，县人武部组织民兵500人次，参加凉都彝族火把节执勤，组织蟠龙乡民兵400余人次参加汽车拉力赛执勤，组织陡箐乡民兵应急分队参加“冷坝八一爱民小学”开工、竣工仪式执勤。2007年，县人武部组织民兵承建纸厂、陡箐等8个乡（镇）14条共90余千米通村公路；陡箐乡武装部组织民兵应急分队30人种草66.67公顷，养羊1000多只，修建公路5.6千米。2008年，县人武部组织民兵30人参与南开乡打黑除恶专项治理；奥运会期间，组织22名民兵配合县地电公司对玉舍、勺米等乡变电站进行守护，历时60天；组织400名民兵参与彝族火把节执勤；组织100名民兵参与建市30周年及改革开放30周年庆祝活动执勤。

四、滥坝民兵装卸连

1984年8月1日，特区人武部响应中央军委“以劳养武，富民强兵”号召，组建滥坝民兵装卸连。全连150人，3个排，9个班，党员6人，团员48人，隶属特区人武部，连部设在滥坝火车站。连队成立后，县（特区）人武部干部长期蹲点，把文明生产作为政治教育的一堂主课，建章立制、强化军训，通过长期深入细致的工作，该连成为组织纪律性强的民兵连。装卸连的民兵大都是车站20千米内的青年农民，既不懂技术，又没有太高的文化知识，多数是贫困户。装卸连把以劳养武和民兵脱贫致富有机地结合起来，1994年，全连全部脱贫，还有86户申请改房或建房。

为了让装卸连成为拉得出、用得上的精兵，县（特区）人武部每年都对连队进行整顿和军训，强化制度管理。1988年经过考核后，装卸连以严格的组织纪律和较强的战斗能力被指定为县民兵应急分队，先后10多次出色地完成急难险重任务。1991年夏，县遭受严重的洪涝灾害；7月4日，县人武部接受参加抢救大河区粮站的任务，政委张祖新立即赶到滥坝装卸连，简短动员后，一支34人的抢险小分队组成，立即冒雨开赴现场；大河粮站的仓库被洪水浸没过后，70余万千克粮食有部分逐渐变质，库内温度高达38℃，气味熏人，库外泥浆深齐腿肚；小分队分为3个组，平均25分钟抢装粮食6000千克，2天抢运粮食10多万千克。1991年7月9日，装卸连应急分队奉命到保华乡下扒瓦，为恢复交通铺设便道公路；小分队早出晚回，有的民兵每天施工20小时以上，连续7天苦战，搬运石块200余立方米、铺路270多米。1992年7月，钟山区青山矿发生严重塌陷事故，装卸连应急分队被调到现场，小分队进入矿井，奋战3天3夜。抬出伤员和死者；1994年4月，滥坝石油公司发生火灾，在上级没有命令的情况下，滥坝民兵装卸连立即组织20人赶赴火灾地点，配合石油公司职工和群众及时扑灭大火。

1984—1994年，滥坝民兵装卸连共装卸铁路物资1600亿千克，创产值900多万元，上缴各种税费30余万元，提取民兵以劳养武经费11余万元；连队先后13次被表彰为先进；有20多人次受表彰，其中2人荣立三等功、1人被铁道部授予先进个人、“装卸标兵”称号。2000年后，由于滥坝车站的装卸逐步实现机械化，需要装卸工人的数量越来越少，滥坝民兵装卸连退出历史舞台。

第五节 拥政爱民

一、扶贫济困

杨梅乡光明村是县人武部的定点扶贫村，县人武部成立扶贫帮困小组，长期驻村扶贫。该村是集石山区、高寒山区和少数民族聚居区为一体的典型贫困村。1996年，全村有178户、823人，其中贫困户108户、极贫户59户，适龄儿童入学率42%，年人均粮食202千克，年人均收入不足360元。

1996年，县人武部指导光明村制定脱贫致富规划，帮助群众坚定脱贫致富的信心，以科技兴农为突破口，促进增产增收，抓基础设施建设，改变脏、乱、差现象。1997年5月25日，省军区政委喻忠桂少将到光明村指导扶贫工作。1997年9月，县人武部协调水城军分区投资10万元，修建光明村八一希望小学，协调资金3万元修建教师宿舍，协调县教委争取2名中专生到学校任教，县人武部干部、职工个人捐款资助27名家庭困难的适龄儿童入学，使光明村适龄儿童入学率达100%。1997年11月14日，省军区司令员陈庆云少将率工作组到光明村检查指导扶贫工作。1998—2002年，县人武部争取省专项扶贫资金60万元，改善光明村农业发展条件，协调民政部门投资16万元改造77户危房，完成20户贫困户的庭院改造；争取文化部门安装“地卫站”，配备电视、VCD等文化设施；协调县供电局投资20万元完成输电工程，覆盖161户；协调水电局投资10万元，将水从13千米外的白龙山引至该村，解决人畜饮水困难；自筹资金4万余元，修建村委会多功能活动室和村卫生室，改善村委会办公条件和村医疗环境；组织群众种植杜仲7万株、漆树4万株、华山松18万株、花椒10.8万株、核桃13.33公顷、刺槐21.33公顷，实施退耕还林110公顷，绿化荒山200余公顷。2000年8月12日，省军区政委谌宏昌少将到光明村检查指导扶贫工作。2003年，县人武部争取省扶贫专项资金13万元，修建肥牛养殖场和沼气池，购买30头成年牛给农户饲养；协调交通局投资4000元，修筑从锅厂村到顺德小学的道路；自筹资金为光明村八一希望小学修建篮球场，捐款1150元慰问贫困户。2004年，县人武部帮助光明村推广科技种植，继续抓好品改牛试点的跟踪管理，完成15口沼气池、15个小水窖的修建；县人武部干部职工20人和20名贫困学生结成帮扶对子，每年每人出资100元资助贫困学生上学；协调民政部门完成12户移民搬迁；春节期间和水城军分区共同走访贫困群众，县人武部购买大米、食用油、猪肉等物品，捐赠衣服等，价值1500余元。2005年，县人武部干部与8户特困户结成帮扶对子，春节期间与水城军分区一道走访慰问贫困户，购买2000余元的大米、肉、油等食品，赠送衣服300余件。2005年4月，光明村受冰雹灾害，县人武部干部职工迅速为灾民捐款1300元。2005年底，光明村初步摆脱贫困，县人武部也获得“光明使者送光明”的美誉。2006年，县人武部党委成员多次到光明村调研，派出1名干部和1名职工驻村扶贫，拨出2000元经费实施地膜覆盖示范点2.67公顷，扶贫队员主动资助4名儿童上学；县人武部向省军区争取到60万元修建陡箐乡“冷坝八一爱民小学”教学楼，并负责承建。2006年6月14日，省军区政治部主任朱新民少将到现场参加“冷坝八一爱民小学”奠基仪式。2006年9月7日，县人武部干部、职工为灾区捐款4900元。2006年10月，省军区副政委何洪江参加陡箐乡“冷坝八一爱民小学”教学楼落成典礼。2007年，县人武部扶贫点调整到杨梅乡小龙村。2008年，县人武部干部职工向四川汶川地震灾区捐款7750元。

二、保华乡下扒瓦大桥抢险

1991年7月，水城发生百年不遇的特大洪涝灾害，省军区副司令员钟理明到市并与市委、市政府和水城军分区领导一起组成“抗洪抢险前线指挥部”。由于南开区下扒瓦石拱桥被冲毁，中国人民解放军驻滇某工兵团舟桥连在团参谋长罗章华、营长王顺权的率领下，奉命开赴水城县灾区抗洪抢险；部队昼夜风雨兼程，于7月10日15时抵达水城。7月11—12日，部队推挖土石2万立方米，铺石、砂1万多立方米，筑便道270多米；12日16时15分，架通10米宽、52.5米长、承重5万千克的下扒瓦浮桥，使中断9天的水城至南开公路恢复通车。随后，该部配合六枝矿务局65工程处新建下扒瓦大桥，开挖土石6000多立方米；经过部队官兵和施工队伍的共同努力，一座长47米、宽9.5米、高16.6米、净跨35米的新大桥仅用45天就抢修竣工。

该部驻境期间，出动车辆100多台（次），排除公路坍塌土石5000多立方米，维修被洪水冲垮的房屋12栋，整修被洪水冲淹的农田几公顷；为灾区捐款200多元、粮票10多千克，为灾民看病治病1500多人次，义务理发600多人，为困难户挑水、整地、拉煤1000多件次；涌现出许多先进模范人物，中央电视台、《解放军报》等新闻媒体曾作报道。

1991年7月21日，省委书记刘正威，省军区司令员朱启，省委常委、秘书长王思齐慰问该部。1991年8月20日，市召开抗洪救灾表彰大会，市委书记夏国华授予该部“抗洪救灾先进单位”锦旗一面，王顺权、鲁安清、张建设、胡华杰被表彰为先进个人。1991年10月4日，水城军分区党委给该部第10连第1排、3班、6班各记集体三等功1次，给该部陈正华、徐成忠各记二等功1次，王顺权、莫文陆、张建设、朱天国、何必太、王佑云、胡华杰、向华、李明清、刘延祥、李明、冯少强、赵洪康、杨国强各记三等功1次。1991年10月10日该部离开县境。

三、水盘东线公路施工

水盘东线公路是国家计委、交通部立项修建的以工代赈项目，全程223千米，县境内153千米，其中第一期工程77.3千米，上级要求6个月内完成。县人武部建议组建水盘东线公路建设民兵团，以区建营、以乡建连，成建制投入公路施工。县委、县政府采纳县人武部建议，成立县委副书记曾维礼任总指挥兼民兵团团长，2名副县长、县人武部军事科副科长陈泰斌任副团长的民兵团，于1991

年9月29日召开专题会议安排部署。会后，各民兵营领导纷纷到实地踏勘，作会战准备；比德、哈青等区、乡，由于报名人数太多，营、连只得采用目测、政审等办法取舍上路民兵。10月20日至11月11日，全县17535名民兵进入施工现场。

水盘东线第一期工程新建68.3千米，改建9千米，新建每千米投资8万元，改建每千米投资6万元；而国家兴建同类公路每千米需要40万元，所欠经费就由民兵的劳力弥补。按规定，1名技术人员管路不能超过3千米，但真正上路的技术员只有4名，每人管路接近20千米。全线只有31台凿岩机，远远不能满足施工需要，民兵用手锤、钢钎，打砂机不够用，法德乡党委书记、民兵连指导员王德礼，便组织3000人上路，每人用手锤打1立方米石砂，硬是铺完该连承建的1.68千米路面。

在水盘东线建设中，共投劳523600个，挖填土石方1608557立方米。民兵创造了“东线速度”“东线精神”，不到半年就完成任务。水盘东线的建成，对开发沿线丰富的煤、铅、锌等矿产资源和北盘江流域的水利资源，发展北盘江低热河谷经济作物，促进水城脱贫致富具有极大的意义；水盘东线建设速度快，质量高，在整个贵州的公路建设史上也是少见的；正如时任副省长的龚贤永说的那样：如果说45天修好下扒瓦大桥创造了全省公路建桥史的第一个奇迹，那么，水盘东线又是水城人民在全省公路建设史中创造的第二个奇迹。

四、军民共建

1981年3月，特区人武部干部职工和民兵预备役人员，参加“全民文明礼貌月”活动，义务为群众理发，修理家电和自行车，打扫城市街道卫生，绿化荒山荒坡。1983年6月，特区人武部组织民兵开展争创文明村寨、文明单位活动；全特区建文明点48个，学雷锋小组734个，义务服务小组105个，做好事8400余件。1984年，特区人武部指导场坝等片区开展“文明一条街”竞赛活动。1986年，全特区民兵开展争先创优、争创文明单位活动，组织学雷锋小组23个，办“民兵之家”31个，“军民共建文明点”52个，参加便民服务2730人次；全特区有20个文明单位，21个文明村，13户文明户。

1988—1998年，县人武部开展以扶贫帮困为主的军民共建活动。2003年，县人武部组织机关职工和民兵140余人次，到市中心城区打扫街道卫生。2004年4月28日，县委、县政府、县人武部制定《关于开展创建双拥模范城（县）活动的实施意见》，把争创全省双拥模范城摆上党委、政府和军事机关的重要议事日程；投入经费23万元在双水新区，县内省道及乡（镇）所在地设置80块图文并茂的永久性“双拥”宣传标牌；驻县部队开展“为民服务周”“拥政爱民月”“奉献爱心行动”，不断探索新形势下拥政爱民新途径。2005年，县人武部、武警水城县中队、县公安消防大队，联合制定《水城县驻军拥政爱民要则》。2006年，县人武部3次组织干部、职工和民兵共70余人次在市中心区和双水城区打扫卫生，开展“整脏治乱”活动。

第六节　武装工作单位及人员受表彰情况

1982年，艺奇公社民兵连副连长赵玉德、龙场公社民兵连副连长顾正芳、玉舍公社武装部长周光俊、水城矿务局老鹰山煤矿基干民兵班班长李国恩等12人，在两个文明建设中做出显著成绩，各荣立三等功1次；另有20名民兵受通报表扬，25人受通令嘉奖。1983年，特区人武部组织民兵开展军民共建精神文明活动，70名先进个人出席水城军分区民兵建设社会主义精神文明、民兵工作三落实表彰大会。1983年12月，城关镇、保摩乡被省政府、省军区表彰为拥军优属先进集体，周绍武等7名军属或退伍军人被省政府、省军区表彰为拥军优属先进个人。1986年5月，特区人武部被成都军区表彰为军民共建精神文明先进单位。

1988年，县人武部被《中国民兵》杂志社表彰为全国订刊、用刊先进单位。1990年7月27日，省整顿铁路治安秩序领导小组第一次表彰铁路护路联防承包工作先进集体和个人，县铁路护路民兵连被表彰为先进集体，县人武部部长曾维礼、县公安局副局长李占扬、县护路联防办副主任仵保友、县人武部军事科参谋李家学、滥坝区武装部长代显华、蟠龙区塘上乡武装部长朱启华和护路民兵赵荣、金碧华、陈永贵、陈忠良被表彰为先进个人。1990—1993年，因民兵刊授教育成绩突出，县人武部连续4年被成都军区表彰为刊授政治思想教育先进单位。1991年7月27日，省整顿铁路治安秩序领导小组第二次表彰铁路护路联防承包工作先进集体和个人，县政府、县铁路护路民兵连被表彰为先进集体，侯贵玉、曾维礼、罗恒昌、李占扬、仵保友、李家学被表彰为先进个人。1992年5月，县铁路护路民兵连被总参谋部、总政治部表彰为民兵预备役基层工作先进单位。1992年7月29日，省整顿铁路治安秩序领导小组第三次表彰铁路护路承包工作先进单位、先进集体和先进个人，县政府被表彰为先进单位，县护路民兵连被表彰为先进集体，侯贵玉、李占扬、仵保友、李家学被表彰为先进个人。1992年10月，县人武部被省委、省政府、省军区表彰为拥政爱民先进单位。1993年，县被省铁路护路领导小组表彰为铁路护路先进县，滥坝民兵装卸连被省委、省政府表彰为“以劳养武十佳单位”。1994年，县人武部被总参谋部表彰为民兵先进基层单位，县人武部党委被省军区党委表彰为先进党委。1994年7月27日，省整顿铁路治安秩序领导小组第四次表彰铁路护路承包工作先进单位、先进集体和先进个人，县政府被表彰为先进单位，县整顿铁路治安秩序领导小组办公室被表彰为先进集体。1994年10月，县铁路护路民兵连被省政府、省军区表彰为基层建设先进连队。1995年，县人武部党委被市委表彰为先进党委。1996年，县人武部被总参谋部、总政治部、国家铁道部和国家综治委联合表彰为民兵护路先进单位。1997年8月，县铁路护路民兵连被省军区表彰为先进基干民兵连队，县人武部被省委宣传部、省军区政治部表彰为贵州省军（警）民共建精神文明单位。1998年，县人武部部长刘勇坤被省军区表彰为优秀团级主官，县人武部挂钩扶贫点杨梅乡光明村被省政府表彰为军民共建文明单位。1998年6月，县人武部被市委、市政府表彰为1995—1997年度市级文明单位，县人武部挂钩扶贫点杨梅乡光明村被市委、市政府表彰为1995—1997年度市级文明村。1998年12月，县人武部被省军区表彰为军级卫生单位，被省委、省政府表彰为1995—1998年度文明单位。1999年12月，县人武部被省军区表彰为全面建设先进单位。2000年，县人武部被省精神文明建设指导委员会表彰为1998—2000年度精神文明先进单位。2000年7月，县人武部党委被省军区党委表彰为先进党委。2000年12月，县人武部被省军区表彰为“八七”扶贫攻坚先进单位。

2001年，县人武部部长刘勇坤被省军区党委表彰为优秀共产党员。2001年6月，县人武部党委被省军区党委表彰为先进团级党委。2002年6月，县人武部被全国农村“三个代表”重要思想学习教育活动联系会议领导小组、中共中央组织部表彰为全国农村“三个代表”重要思想学习教育活动先进集体。2003年，县人武部部长刘勇坤家庭被成都军区表彰为“五好家庭”，县民政局被市委、市政府、水城军分区表彰为拥军优属先进单位。2003 年 8 月，县人武部被省委、省政府表彰为 1999—2002 年度文明单位。2003 年 12 月，县人武部被省军区表彰为装备管理责任制先进单位。2004 年，县民政局被市双拥工作领导小组表彰为双拥工作目标考核先进单位。2004 年 10 月，县征兵办公室先后被市政府征兵办和成都军区征兵办表彰为 2003 年度征兵工作先进单位。2004 年 12 月，县人武部被水城军分区政治部表彰为 2004 年度新闻报道先进单位。2005 年，鸡场乡武装部部长陶学义被省政府和省军区表彰为民兵预备役基层建设先进个人。2005 年 4 月，县人武部被市委、市政府表彰为 2004 年度农村党建扶贫先进工作队。2005 年 9 月，县人武部被省军区政治部表彰为 2005 年度民兵预备役部队刊授教育先进单位。2006 年，县城被省评为“双拥模范城”，县人武部被省军区表彰为人才培养先进单位，滥坝镇武装部、保华乡武装部、杨梅乡武装部被水城军分区表彰为基层全面建设先进武装部，木果乡武装部、鸡场乡武装部被水城军分区表彰为军事训练先进单位，发耳乡武装部部长谢祥刚、营盘乡武装部部长王志、坪寨乡武装部副部长陆林被水城军分区表彰为优秀专武干部，县人武部政委彭康被省军区党委表彰为优秀共产党员，木果乡民兵左诚、费宏被市政法委表彰为见义勇为青年。2006 年 3 月，县人武部被省军区表彰为 2000—2005 年参加和支援西部大开发先进单位。2006 年 8 月，县征兵办公室被成都军区表彰为 2005 年度征兵工作先进单位。2006 年 12 月，县人武部被省军区表彰为基层全面建设先进单位，被水城军分区表彰为新闻工作先进单位。2007 年，县被省委、省政府、省军区命名为省级双拥模范县，县人武部被省军区表彰为军事训练先进单位、被水城军分区表彰为安全稳定工作先进单位，县人武部政委彭康被成都军区政治部表彰为民兵预备役政治工作先进个人，县人武部部长张士现被省军区表彰为优秀团级单位主官。2008 年，县人武部被省军区表彰为基层全面建设先进单位、军事训练先进单位、保密工作先进单位、抗凝救灾先进单位，被水城军分区表彰为安全稳定工作先进单位，滥坝镇武装部、玉舍乡武装部、勺米乡武装部被水城军分区表彰为先进基层武装部，县人武部政委彭福生被成都军区表彰为抗雪凝先进个人，赵宣等 3 人被水城军分区表彰为优秀专武干部。

第二章 国 防

第一节 国防教育

一、机构建设

1992年以前，县（特区）全民国防教育由县（特区）人武部负责。1992年3月，县委以县通字〔1992〕4号文件批准成立县全民国防教育领导小组；下设办公室在县人武部，为常设股级单位，归县委宣传部管理，日常工作、行政、后勤由县人武部负责，地方给编制2人，列编在县委宣传部；办公室主任由县人武部一名正营职人员兼任。1996年6月28日，县委办公室、县政府办公室以县办发〔1996〕34号文件，将县国防教育领导小组更名县全民国防教育委员会。1997年，县国防教育委员会副主任张祖新被省国防教育委员会表彰为全民国防教育工作先进个人。2002年4月9日，县全民国防教育办公室（简称县国教办）明确为正科级行政单位，编制3名，领导职数1正1副，设在县政府办。2002年4月，县在全国国防教育法知识竞赛活动中获三等奖。2003年5月，县国教办设在县人武部。2004年12月，县国教办主任李寿贤被省国防教育委员会表彰为先进个人。2006年7月，调整县全民国防教育委员会组成人员。2006年7月，出台《水城县全民国防教育委员会成员单位工作职责》。

二、国防教育

干部教育　1992—1993年，根据《贵州省全民国防教育三年规划》，县委、县政府把国防教育纳入重要议事日程；国防教育主要学习邓小平视察南方谈话，中共十四大和全军政治工作会议精神，以及总政群工部编发的《国防知识教育》《民兵政治教育课本》。1996年3月，县委、县政府和县人武部召开全县民兵工作会议和国防教育工作会议；要求进一步完善国防教育工作机制，切实把国防教育纳入党委、政府工作日程和社会发展规划，纳入各级领导的任期目标和职能部门的工作职责，形成“领导抓、抓领导”的国防教育新格局。1997—1999年，县举办4期学习邓小平理论读书班，均邀请县人武部领导进行国防知识讲座，受教育者达500人次。2002年9月，县委举办以“国家安全是全社会共同责任”为主题的国防形势报告会。2003年，领导为全县专武干部作国际国内形势报告。2004—2005年，县人武部4次组织县4个班子领导和相关部门领导过军事日，体验军营生活。2005年3月，县人武部和县国教办组织人武部机关干部职工认真学习《中华人民共和国反国家分裂法》。2005年7月，全县33个乡（镇）武装部部长参加市举办的国防教育骨干培训。2007年5月，县委、县人武部邀请水城军分区司令员孔健为县直机关干部职工、乡（镇）党委书记、民兵预备役人员、武警官兵、消防战士、学生、村民共1000余人作题为“和平崛起中的国家安全”的形势报告。2006 年 7 月 11 日，县人事局开展国防教育知识讲座，全县各乡（镇）和县直机关 70 余名干部参加。2006 年 9 月，对全县 33 个乡（镇）专武干部进行国防知识培训。2007 年 7 月 26 日至 10 月 26 日，县国教办参与国防潜力调查工作，收集、调查、审查、核实数据，并录入数据库，完成政治动员调查任务。2007 年 7 月 28 日，县国教办与县人武部共同组织县领导、县全民国防教育委员会成员单位负责人等共 40 多人过军事日，参加人员既体验军事生活，又增强国防观念。2007 年 7 月 29 日，全县举办大型文体晚会，纪念建军 80 周年。2008 年 7 月，县委组织部、县人武部、县委政法委联合举办乡（镇）武装部部长（政法委书记）培训班，专门安排国防教育知识讲座。

群众教育　1999 年 5 月，县人武部与县报社联办“建设国防、爱我中华”为题的国防教育征文活动。2002 年，在第二个“全民国防教育日”活动中，县通过报刊、电视、电台等新闻媒体，大力宣传《中华人民共和国国防教育法》《中华人民共和国国防法》。2002 年 9 月 21 日，县国教办在市中心城区设立国防教育宣传点，向过往群众进行国防法规咨询、宣传，散发国防知识宣传资料 1500 多份。2003 年 9 月，县人武部组织干部职工上街宣传《国防法》《国防教育法》《征兵工作条例》。2004 年，县人武部组织人员到市中心城区进行国防法规宣传，放映国防宣传影片、发放宣传资料；各乡（镇）武装部采取灵活多样形式进行国防法规宣传，让国防法规进村到户。2004 年 9 月 18 日，县举行形势报告会，有干部职工、学生 2500 人参加，同时举行纪念“九一八”事变和第四个国防教育日签名活动；在全县各交通要道树立永久性宣传牌 62 块，于双水县政府所在地竖立永久性宣传牌 17 块。2005 年，县人武部组织滥坝镇干部职工在双水进行国防法规宣传，放映影片，发放宣传资料 2000 余份；各乡（镇）在征兵期间，进行国防知识宣传，以激发适龄青年报名参军的热情。2006 年 4 月 29 日，县人武部、县双拥办、县国教办在市中心城区设点宣传国防教育等知识。2007 年 6 月，县国教办配合县妇联开展国防教育进家庭系列活动。2006 年 10 月，完成《水城县全民国防教育十一五规划》并下发各单位和乡（镇）；出台《水城县全民国防教育实施意见》。2006—2008 年，采取上街宣传、知识讲座、形势报告会等多种形式，对县干部职工、民兵预备役人员、学生、村民等不同群体进行国防教育。2008 年 5 月 22 日，县委宣传部、县文明办、县教育局、团县委及县妇联共同主办“讲文明、迎奥运、爱家乡、促和谐——水城县青少年爱国主义读书教育活动”。2008 年 6 月 6 日，在传统端午佳节之际，为了纪念伟大的爱国主义诗人屈原，县委宣传部组织县直机关、学校共 28 个单位的 100 多人开展诗歌朗诵比赛。

学生教育　从 1992 年开始，县各中学逐步把国防教育列入教学计划。1994 年，县各中学要求教师按照统编教材灵活实施国防教育。1995 年，县一中、县二中、杨梅中学、县职业技术学校采用电视、录像、幻灯等教学手段，向学生进行国防教育。2000 年 5 月 22 日，组织学生参加全市“我与新世纪国防”演讲选拔赛，县二中学生邹媛媛、陈帆分别获第一名、第三名。2001 年 9 月中旬，组织县二中、县四小学生到市中心广场参加第一个国防教育日万人签名活动。2002 年 8 月，县国教办、县教育局联合下发关于在中、小学认真贯彻落实《国防教育法》的通知；全县各中、小学，新生入学时，均开展军事训练和进行国防法规学习。2004 年，在县一中、县二中、县一小、县四小等学校开展“爱中华、奔小康、强国防”征文活动，收到文稿共 20 多篇。2004 年 8 月 14 日，县二中学生进行军训时，县人武部部长刘永坤作国防知识讲座。2006 年 4 月 13 日，县国教办、县人武部政工科、县双拥办、县一小共同组织县一小师生 80 多人参观县双拥展。2008 年 7 月 31 日，县委、县政府

举行庆祝建军81周年座谈会；县人武部、县双拥办、县国教办在双水广场组织县一中、县三中学生参观国防教育展。

民兵及预备役人员教育　1994年5月，县人武部组织全县民兵参加由总参动员部和中央电视台等60多家单位举办的全国国防知识竞赛。1997年，县人武部与县铁路护路民兵连共同开展“乐在深山伴铁轨、志在铁路建奇功”的专题国防教育活动。1998年5月，县人武部组织基干民兵开展中华人民共和国国防法知识竞赛活动。2004年5月，县人武部部长刘永坤在全县民兵军事训练动员大会上作国防知识讲座。2006年6月，在全县开展民兵军事训练时，对参训民兵480人进行国防知识教育。

第二节　人民防空

一、机构

1978年2月，特区人民防空办公室、特区交通战备支前办公室分开办公。1984年6月10日，特区人民防空办公室、特区交通战备支前办公室合并为特区人防战备办公室，定编15人，内设秘书股、人防工程股、交通支前股，下辖水城军供站、编制27人。1987年12月，特区人防战备办公室改称县人防战备办公室。1996年，水城军供站划归市民政局。2002年，县人防战备办公室改称县人民防空（交通战备）办公室，为参照公务员制度管理正科级事业单位，定编制11人（其中主任1名，副主任1名）；内设综合股、人防业务股、交通战备股，隶属县政府办公室。2007年2月，县人民防空（交通战备）办公室定行政编制8名，隶属县政府办公室。

二、设施与利用

1977年，特区人防工程建成毛洞8400平方米，成洞6600平方米（均为混凝土浆砌块石）。1978年，根据全国第三次人防会议确定的“全面规划，突出重点，平战结合，质量第一”方针，从南开、大河、玉舍抽调民兵120人组成专业施工队，后又从水钢、水城矿务局等单位抽调部分技术骨干参加，重点建设特区机关、钟山、水钢机关人防工程。1986年4月，续建水城酿造厂人防工程。1987年，全特区建成人防工事19个，使用面积1.83万平方米，能容1.67万人。1987年12月后，县管理人防工事2个，其中县机关人防工事（1984年竣工），按照“平战结合方针”曾作舞厅、娱乐室、放相馆、茶社或单位会议室使用，后来出租给单位或个人开设商店、种植食用菌。1988—2005年，县两个人防工事共收取“平战结合”经费24.89万元。

三、防空袭预案

1986年4月，特区政府成立防空袭预案编写领导小组，组织人员编写防空袭预案。1987年1月8日，特区防空袭预案由特区人防战备委员会审议通过。特区防空袭预案包括黄土坡、六盘水火车站、水钢、杨柳镇、水城镇5个片区；预案由基本方案、保障计划和图组成。基本方案含片区基本情况、任务和决心，组织指挥系统和相关保障。保障计划含人口疏散、人员隐蔽、抢险抢修、医疗救护、治安消防、政治工作计划；图包括行政区划图、防空袭部署图、防空袭人口疏散图、防空袭人员隐蔽图等。特区防空袭预案有早期疏散对象、疏散方法、人员隐蔽等内容。早期疏散对象为老、幼、病、残和在校师生及专业单位和科技人员，占总人数的36%，6天内完成；当进入临战状态时，实施备战疏散，主要是机关、厂矿和企事业单位职工及其他不需要留城的人员，占总人数的24%，2天内完成早期疏散。疏散方法一是集体疏散与分散疏散结合，以集体疏散为主；二是条块结合，以块为主，凡属单位需要疏散的人员，由单位组织，其余人员由街道组织；三是乘车与步行相结合，疏散原则主要是以平时组织机构为基础，对疏散人员和车辆统一进行编组，尽量不打乱行政建制。根据1985年9月《六盘水市水城防空袭人员隐蔽图》的要求，当接到空袭预警报信号后，留城人员就地就近迅速隐蔽。

1990—2002年，根据高技术局部战争防空袭的新特点，对原预案进行修订完善，主要修订完善《人员疏散与接收安置方案》《人员隐蔽防护方案》《抢险抢修方案》《消除空袭后果方案》等。2002—2005年，根据县委、县政府和县机关各部门搬迁双水新区办公，双牌铝业、发耳电厂等重点企业相继开工建设，增补《双水新区防空袭预案》《重点目标防空袭预案》。2005年，县防空袭预案体系基本完成，形成“基本案与保障案相配套，战法与保障法相配套，县防空袭预案与乡（镇）、企业防空袭预案相配套”的预案体系。

四、人防工作

电动音响警报器设置　1978年，特区人防战备办公室在特区政府大楼顶安装电动音响警报器1台，并规定信号。1985年，特区政府大楼扩建，警报器拆除。从2008年起，县每年都开展“九一八”防空警报试鸣活动。2008—2012年，县人民防空（交通战备）办公室安装电动音响警报器3台，覆盖双水县城区域。

防空袭专业队伍　1979年3月2日，水城运输公司、水钢汽运厂、水城建设公司、水城矿务局、特区车队共同组建3个战备汽车连和2个独立排，人员、车辆均由单位配齐，并组织战备训练。1980年3月，将贵昆和水大铁路沿线由11571名民兵组成的应急抢修队伍调整为29个连，6230人。1997年，县政府和县人武部结合民兵整组，在水城运输公司、水城建设公司组建60人的人防专业队伍。2001年，县人防专业队伍扩大至205人。1997—2005年，县人防专业队伍按县人武部的安排组织20余次战备训练。

野战医疗队　1982年2月，特区战备办将战地救护队扩编为5个野战医疗所，分布在特区医院，水城矿务局中心医院和水钢医院、铁路医院、水城水泥厂医院；各所定编77人，其中医护人员57人，管理人员8人，后勤人员12人。1987年12月，县战地救护队改编为2个野战医疗所，分布在县医院（列编11人）和县中医院（列编18人），其中医护人员19人，管理人员6人，后勤人员4人。2005年，县2个野战医疗所列编人员增加到60人。

主要活动　1984年10月9日，水钢战备汽车连单独组织战备操练。1984年10月至1988年10月，水钢和水城汽车运输公司在昆明、纳雍等地组织6次操练演习，参加人员480人次，车辆251辆次。1995年6月29日凌晨5点30分，由昆明开往贵阳方向的9117次军列（主要承担运输云南老山作战部队归建，运输代号“703”），行驶到茨冲山与隧道出口，突遇山体滑坡，泥石流将列车8节车厢一分为二；闻讯不到20分钟，新营、新街2村民兵115人就赶赴现场，在县战备办、县“703”领导小组的指挥下，当地群众积极参加抢险，在最短时间内恢复通车。

人防教育　县（特区）利用出墙报、办专刊、展出“三防”（防原子、防化学、防细菌武器）知识图片和放专题电影等形式进行“三防”教育。1987 年初，在特区二中开设“三防”知识教育课，至 1988 年底，共有 440 名学生学习“三防”基本知识。1995 年后，把“三防”知识的集中教育对象固定为初一学生，从而实现普及初中学生“三防”知识教育。2000 年后，把新“三防”（防精确打击，防电子干扰，防侦察监视）知识列入教育内容。

五、交通战备

县（特区）按照“平时能应战”的要求，建好护路联防队伍，制定护路联防计划、措施，确保护路联防各项具体工作落到实处。1981 年 1 月，制定发耳区大渡口大桥保障方案。1999 年 4 月，县人防战备办制定《防汛抢险交通保障方案》。1988—2005 年，组织各种专业队进行模拟演练 63 次，5900 人次参加，出动车辆 3425 台次。2000—2005 年，相继制定水（城）黄（果树）高等级公路、贵（阳）烟（堆山）公路、煤（炭包）兴（义）公路、艾（家坪）大（湾）公路、德（坞）姚（姚家营）公路、清（镇）水（城）公路、玉（舍）马（场桥）公路抢修及交通应急保障方案。2008 年，县境内公路、铁路、水路数据录入国防数据网。

六、军供支前

1978—1979 年，水城军供站接待对越自卫还击作战过往军列 244 列次，就餐 9 万余人次。1984 年 7—8 月，水城军供站承担接待调防云南前线作战部队接待任务，组成宣传、后勤、卫生、保卫小组，接待过往军列 28 列次，就餐 7000 余人次。水城军供站建立至 1988 年 12 月，共接待过往军列 3500 余列次，就餐 120 万人次；其中运送新兵军列 1566 列，60 万人次。

第七篇　公安　检察院　法院　司法

第一章　公　安

第一节　机构和队伍

一、机构

1973 年 4 月，成立特区公安局。1979 年 7 月，特区公安局建立刑侦队（后称刑侦科），刑侦干警增加到 26 人。1981 年，特区公安局下设 7 个科室、17 个所队，有干警、工勤 183 人。1982 年，建立龙场、蟠龙、米箩、比德、玉舍 5 个派出所。1986 年，增设水电公安派出所，定事业编制 5 人。1986 年 12 月，成立特区公安局交通警察队，分别在滥坝、南开、大湾、大河、玉舍、米箩成立公安交通稽查站，负责公路交通安全管理。1987 年，特区公安局二塘派出所改称大湾派出所，红卫山派出所改称观音山派出所。1987 年 12 月，特区公安局改称县公安局。1988 年，特区公安局交通警察队改为县公安局交通警察大队。1988 年 6 月，县公安局辖玉舍、杨梅、发耳、龙场、大河、蟠龙、米箩、比德、南开、滥坝 10 个派出所。1990 年，县公安局成立党组，增设户口证件管理科、法规科。1994 年，县公安局成立巡警大队和公安指挥中心（室）。1994 年 6 月，县公安局在全市率先成立缉毒队。1994 年 8 月，组建双水工业开发区公安办公室；县公安局内设科室增至 14 个，辖 34 个派出所，有干警 347 人（其中局领导 8 人，科、室负责人 61 人）。1996 年 6 月 27 日，县公安局增设综合科、通讯科。1998 年，县公安局增加行政编制 16 名，用于充实禁毒、缉毒警力；共有行政编制 262 名（含交警 29 名），事业编制 113 名（巡警 15 名，驻乡民警 98 名）。2003 年，派出所升格为副科级；对连续在派出所工作 15 年，经组织考察符合干部提拔条件的派出所民警，在职数范围内任命为副科级侦察员。2005 年，县公安局取消副政委编制，增加 1 名副局长编制；领导职数为局长 1 名，政委 1 名，副局长 5 名，政治处主任 1 名（副科级），纪委书记 1 名（副科级）；禁毒工作大队增加禁毒民警事业编制 3 名。2006 年，县公安局增加非领导职数 35 名，增加禁毒民警编制 1 名。2008 年，县公安局内设执法勤务机构和综合管理机构有政治处（副科级）、纪委监察室、警务督察大队、指挥中心、科技通讯科、国内安全保卫大队、经济犯罪侦察大队、治安警察大队、刑事侦察大队、交通警察大队（副科级）、禁毒工作大队、防暴巡逻警察大队、法制科、装备财务科，监管场所有行政拘留所、看守所（副科级），辖33个派出所；定行政编制358名（其中派出所180名）；领导职数为局长1名、政委1名、副局长5名、政工监督主任1名、纪委书记1名。

二、队伍建设

组织、作风建设　县（特区）公安局始终坚持“政治建警、依法治警、从严治警”方针，加强队伍建设。1981年，对工作多年、表现好的59人分批转干。1984年，贯彻第五次全国公安政治工作会议精神，加强公安队伍组织建设、思想建设及业务建设，完成各科、所机构改革和新老班子交替工作；全局12个科、室、所和20个区（镇）派出所，除玉舍区派出所未明确负责人外，其余按照干部“四化”要求，配备负责人。1985年，根据特区整党工作指导小组安排，开展4个月的整党工作。1986年，在公安干警中开展学法、守法、严格依法办事教育；建立8个党支部。1991年，组织全县干警分批集中学习《关于治理三乱、纠正行业不正之风的工作安排意见》，调查处理群众检举、控告事件（行为）23件，处理9人（停止工作7年的1人，解聘1人，降一级工资并记大过4人，记过3人），通过学习整顿，全县公安队伍违法违纪现象大幅下降。1997—2008年，县公安局共受理信访17973件，立案办理665件。1997年8月10日至9月30日，县公安局集中开展第二次教育整顿、整训活动。1998年，根据中央办公厅关于军队、武装警察部队、政法机关不准经商办企业的规定，对县公安局“福安公司”“黔峰寄卖行”进行清理，注销营业执照。1999年，县公安局开展创建“人民满意派出所”“全市十佳民警”“十佳派出所”“青年文明号”竞赛活动；按照公安部和省、市公安机关部署，开展对刑讯逼供、滥用枪支、滥用强制措施的“三禁”教育，提高干警执法意识。2001年，县公安局开展“三项教育”3个月，对二级班子进行调整和充实，对中层领导15人进行轮岗培训和交流，免去不称职中层领导5人的职务。2003年，县公安局落实“1·22”“7·31”电视电话会议精神，针对上下班纪律松弛、执法不规范等问题，查处违反“五条禁令”3件、5人（行政警告4人、辞退1人）。2004年，县公安局对副科级以上干部进行全面考核和推荐，提拔副科级干部33人，交流民警7人，处理违法违纪干警1人，清理不合适做公安工作人员10人。2006年，33个乡（镇）派出所党组织关系划归公安局党委管理，机关党支部由11个调整为15个；县公安局制定《领导干部重大事项报告和经济责任审计制度》《领导干部任前廉政谈话，诫勉谈话制度》等，填报《党政机关副科级以上干部收入申报表》《廉洁自律自查表》，加强党风廉政教育。2008年，县公安局贯彻《中共中央关于进一步加强和改进公安工作的决定》，落实全国政法工作会议、全国公安厅局长会议精神；开展公安队伍集中教育整顿、“大学习、大讨论”等活动；民警签订遵纪守法承诺书307份、“五条禁令”责任状371份，向县委组织部、县纪委报送述职报告35份。

立功、表彰　1983年，特区公安局1人立二等功。1985年，特区公安局党委被表彰为全特区党风明显好转先进单位。1988年，县公安局有2人立二等功，32人立三等功，82人受到嘉奖。1995年，县公安局有1个单位获省政法委记集体三等功、1人获省政法委记三等功、1人获省公安厅记三等功、1人被市政府评为劳动模范、1个单位和10名个人获市级表彰。1996年，县公安局有3个派出所获省公安厅表彰，1人获优秀民警称号，3人立三等功。2001年，县公安局1人立一等功。2003年，县公安局1人被中央政法委评为“严打”先进个人并获省政府记一等功。2004年1月，县公安局1人被公安部评为优秀警察。2007年，县公安局有2人获省级表彰、13人获市级表彰、32人获县级表彰。2008 年，县公安局有 2 个单位被省表彰为先进集体、5 人被省表彰为先进个人，4 个单位被市表彰为先进集体、11 人被市表彰为先进个人，6 人立三等功。

授衔　1992 年，县公安局干警首次授衔 179 人（一级警督 5 人，二级警督 11 人，三级警督 21 人，一级警司 35 人，二级警司 67 人，三级警司 11 人，一级警员 22 人，二级警员 7 人）。

1988—2008 年，县公安局副县级及以上干部名录见表 7 - 1 - 1。

1988—2008 年水城县公安局副县级及以上干部名录

表 7 - 1 - 1

姓名	职务	任职起止时间	附注	姓名	职务	任职起止时间	附注
梁兆国	干警	1987. 11—2008. 5	副县级	管　维	局长	2004. 1—2006. 5	布依族
吴俸禄	政委	1988. 9—2006. 2	苗族	陈国庆	局长	2006. 5—	—

第二节　刑侦与禁毒

一、刑侦

1978 年，特区共发生各类刑事案件 156 件、破案 78 件，其中重大案件 47 件，破案 36 件，逮捕 77 人，刑事拘留 36 人；开展 3 次搜捕逃犯、清理流窜犯统一行动，收容审查各类人员 398 人、劳动教养 17 人。1980—1982 年，特区摧毁犯罪团伙 117 个（成员 728 人）；打掉杨庆伦为首的抢劫、盗窃犯罪团伙，该团伙 80 余人，作案 140 余件。1984 年，特区侦破“白阳道”“戊己归根道”等案件；破获“3·26”反动会道复辟案件，抓获骨干成员 15 人，投案自首 34 人；开展严厉打击拐卖妇女儿童犯罪行动，干警先后到河南、河北、山东、上海、浙江、江苏等地调查取证，抓获犯罪嫌疑人 57 人，摧毁拐卖团伙 9 个、39 人，解救妇女 27 人、儿童 4 人。

1980—2008 年，县（特区）公安局侦破刑事案件情况见表 7 - 1 - 2；1994—2004 年，县部分重（特）大案件简况见表 7 - 1 - 3。

1980—2008 年水城县（特区）公安局侦破刑事案件统计表

表 7 - 1 - 2

年度	立案数（件）	破案数（件）	逮捕（人）	刑事拘留（人）	起诉（人）	其中重（特）大案件		
						立案	破案	破案率%
1980	648	273	187	—	—	169	109	64. 5
1981	488	221	—	—	—	—	—	—
1982	338	191	111	16	—	—	—	—
1983	310	188	—	—	—	82	52	63. 4
1984	222	164	—	—	—	—	—	—
1985	222	181	235	—	185	122	—	—

续表 7－1－2

年度	立案数（件）	破案数（件）	逮捕（人）	刑事拘留（人）	起诉（人）	其中重（特）大案件		
						立案	破案	破案率%
1986	297	232	—	—	—	—	—	—
1987	—	101	89	—	—	—	—	—
1988	—	105	—	—	—	—	—	—
1990	519	285	—	—	—	—	—	—
1991	730	436	—	—	—	—	—	—
1992	541	336	—	—	—	20	4	20
1993	513	360	—	—	—	—	—	—
1994	509	396	—	—	—	277	230	83.03
1995	460	386	—	—	—	256	218	85.2
1996	428	—	—	—	—	219	—	—
1997	395	345	—	—	—	18	18	100
1998	548	462	—	—	—	234	190	81.2
1999	515	437	168	—	—	18	15	83.3
2000	757	413	—	—	—	—	—	—
2001	1191	721	—	—	—	—	—	—
2002	503	276	—	—	—	—	—	—
2003	990	512	192	312	—	—	—	—
2004	270	83	37	58	—	—	—	—
2005	763	530	—	—	—	—	—	—
2006	755	509	—	—	—	20	18	90
2007	719	462	—	—	—	—	—	—
2008	774	442	—	—	—	—	—	—

1994—2004 年水城县部分重（特）大案件简况选录表

表 7－1－3

年度	内　　容
1994	1 月 24 日，在梅花山执行夜巡的干警与车匪路霸发生遭遇战，击伤匪徒 3 人。8 月 21 日，陡箐乡发生万元现金被盗案，刑侦干警将案犯周某某抓获，追回被盗现金 13160 元。9 月 5 日，金盆乡农民杨德俊住房被爆炸，女儿杨刚美被当场被炸死；11 小时后，抓获犯罪嫌疑人李某某
1996	9 月 9 日，1 名台胞在列车上被歹徒麻醉抢劫美金 5300 元、台币 40000 元，县公安局迅速采取措施，案件成功告破
1997	8 月 1 日在俄都公路击毙车匪孔某某。9 月 12 日抓获抢劫大客车、大货车的车匪团伙成员李某某、许某，收缴现金 10 万元

续表 7－1－3

年度	内　　容
1998	追回干警被盗五四式手枪 1 支
1999	侦破县干警五四手枪被盗案
2000	侦破野钟乡“1·9”张某某等 6 人抢劫杀人案，纸厂乡“1·20”人大代表被杀案，董地乡“5·8”杀人碎尸案（纳雍县公安局新发乡派出所民警被杀案）
2001	7 月 21 日，抓获在市中心区连续奸污幼女 8 起的案犯彭某，连续发生的系列奸污幼女案告破。9 月 12 日，刑侦大队抓获车匪路霸杀人犯罪团伙主犯张某某及其同伙 10 人，获省公安厅通电嘉奖
2002	2 月，原缉毒大队长、缉毒先进人物周某脱变为贩毒分子，全局工作受到重大影响
2004	原公安局副局长李某某，干警余某某、崔某某、张某某等 4 人因集体贪污被判刑

二、禁毒

1993 年，破获建国后水城最大的贩毒案，缴获海洛因 6.38 千克，毒资 2 万多元，抓获贩毒分子胡某某。1996 年，在市区南门口看守所内成立戒毒所，归县公安局缉毒队管理。1997 年，破获全省首例冰毒案，缴获冰毒 800 片，抓获毒犯王某某、陈某某。2003 年，开展创建“无毒社区”活动和禁毒专项斗争，全县 33 个乡（镇）、22 个县直单位签订 106 份责任书。2006 年，全县有“无毒村寨”179 个、“无毒校园”189 个、“无毒单位”397 个、“无毒企业”136 个、“无毒先进村”6 个。

1991—2008 年，县禁毒情况见表 7－1－4。

1991—2008 年水城县禁毒情况统计表

表 7－1－4

年度	立案（件）	侦破案件（件）	抓获犯罪嫌疑人（人）	缴获海洛因（千克）	缴获鸦片（千克）	缴获冰毒（片）	铲除罂粟（株）	强制戒毒（人）	复吸送劳教（人）
1991	11	11	—	—	—	—	—	67	—
1993	—	—	—	6.38	—	—	—	—	—
1994	2	2	3	0.439	—	—	—	—	—
1995	—	34	48	1.058	6.4	—	1412	—	—
1996	65	—	79	1.554	0.1	—	32648	93	—
1997	60	—	65	3.1983	5.895	—	951	—	—
1998	56	—	72	18.5516	5.7875	800	3400	—	—
1999	—	—	369	16.384	2.68	2304	11164	30	5
2000	—	7	12	0.62	—	—	—	—	—
2001	72	—	83	0.244	2.115	—	195	72	18
2002	—	22	—	0.2247	—	—	—	—	—
2003	—	33	—	18.307	0.2245	—	—	26	6
2004	—	13	14	0.118	—	—	136	27	5
2005	—	19	24	1.33585	—	—	—	53	8
2006	—	30	33	0.1582	—	—	—	54	22
2007	—	31	—	1	—	—	1356	100	35
2008	40	40	48	0.3873	0.375	—	1112	41	—

第三节　严厉打击刑事犯罪活动

1983 年 8 月至 1987 年 2 月，特区执行中共中央《关于严厉打击刑事犯罪活动的决定》，开展“严打”工作。针对刑事案件不断上升，流窜作案增多，重大案件、恶性案件、团伙案件突出等特点，按照“从重从快、一网打尽”方针，集中力量，统一行动，严厉打击各种犯罪分子的破坏活动。全特区统一组织 3 次战役、9 场战斗；组织 10546 人次统一行动，共抓捕各类刑事犯罪嫌疑人 2567 名、逮捕 1445 名、少年管教 18 名、劳动教养 92 名；摧毁犯罪团伙 140 个、737 人，缴获火管枪或气枪 56 支、凶器 278 件，追缴赃款和赃物折价共计 22.27 万元，侦破各种案件 1144 起（其中重大案件 331 起）。

1983 年 8 月至 1984 年 8 月，为“严打”第一战役，特区公安系统工作突出，“8・31”侦破组、特区挖余组、青树林派出所、预审科均获省公安厅表彰，立集体三等功；张启伦、王大钧立个人二等功，王家礼立个人三等功。1984 年 8 月，“严打”第二战役开始第一仗，以城镇、厂矿、铁路沿线为重点，集中打击流窜犯。1985 年 1 月，“严打”第二战役开始第二仗，重点扫“死角”，深挖隐藏较深的犯罪人员；挖出水钢“飞家帮”盗窃团伙（青少年 16 人组成）和二塘转运站流氓团伙（驾驶员强奸搭车的女学生、女教师）。1986 年，进行“严打”第二战役第四仗和第三战役第一、二仗，共抓捕各类违法犯罪嫌疑人 271 人；依法逮捕 176 人（含抓获批捕在逃犯 14 名），抓获“两劳”在逃犯 6 名，送劳教 11 人，少管 4 人，收审 74 人；挖出和摧毁各类犯罪团伙 25 个、成员 141 人（杀人团伙 2 个、11 人，抢劫团伙 6 个、49 人，盗窃团伙 15 个、67 人，流氓团伙 2 个、14 人）；缴获赃款和赃物折价共 32000 元，炸药 527 千克、雷管 209 枚和各种凶器 63 件。

1988—2008 年，县“严打”工作概况见表 7－1－5。

1988—2008 年水城县“严打”工作概况表

表 7－1－5

年度	工作情况
1988	开展反盗窃专项行动，县公安局与钟山区公安局联合召开公捕退赃大会；公捕王某某等 13 人，追缴赃物彩电 9 台，黑白电视机 7 台，收录机 11 台，放像机 2 台，照相机 2 部，自行车 40 辆，洗衣机 1 台和衣服数百件，全部退还失主。顾家义立二等功
1990	重点打击恶性刑事犯罪，9 月 30 日，县公安局与市法院联合在杨梅区召开公捕公判大会，审判犯罪嫌疑人 17 人；其中判处对抗计划生育，爆炸发射乡政府的罪犯叶某喜、叶某贵，抢劫杀人犯李某某，轮奸妇女犯祝某某 4 人死刑
1991	开展打击车匪路霸的反盗窃专项行动。5 月 28 日起，开展“严打”斗争，参战人员共 1300 余人次，破各类案件 109 件，逮捕各种犯罪嫌疑人 152 人，深入发案较多的米箩、杨梅、南开、滥坝、比德等地召开公捕公判大会 6 次
1992	由公安、检察、法院、司法等单位联合成立领导小组，开展“追逃犯，打流窜”专项行动。上半年，抓获“三逃”犯 213 人。由于宣传工作到位，震慑了违法犯罪人员，投案自首的罪犯有 35 人，是 1982 年后 10 年间共投案自首人数的 5 倍多

续表 7－1－5

年度	工作情况
1993	开展“追逃犯，打流窜”专项行动2个多月，抓获违法犯罪人员142人（其中负案在逃犯108人，批捕在逃犯3人，现行案犯17人），击毙1人，犯罪人员投案自首13人；摧毁犯罪团伙23个（成员111人），破获各种刑事案件113件（其中重大案件35件）
1994	开展抓捕三逃犯和打击拐卖妇女儿童犯罪“严打”行动，集中整治农村社会治安。抓获三逃犯112人（其中批捕在逃30人、负案在逃54人），摧毁拐卖妇女儿童团伙9个，抓获案犯57人，解救妇女27人、儿童2人。抽调42名机关干警，深入乡、村开展集中整治农村社会治安专项工作，对“大案不犯，小案不断”的村霸、乡霸、地痞流氓恶势力予以狠狠打击；抓获各类违法人员84人，摧毁犯罪团伙10个（34人），取缔地下帮会“斧头帮”，破获各类案件59件（其中重大案件29件）
1995	开展春秋“严打”行动，抓获拐卖妇女儿童团伙案犯37人，解救妇女儿童40人
1996	进行夏季“严打”行动，开展“4・26”“5・10”“6・9”等大规模的追逃打流专项治理工作，批捕在逃、负案在逃的杀人、放火、爆炸、抢劫、拐卖人口的案犯纷纷落入法网。协助外地公安机关抓获各类违法犯罪人员348人
1997	开展春夏秋三季“严打”专项行动。盗窃耕牛犯罪案件立案85件，缴获被盗耕牛80头，挽回耕牛损失10万元。车匪路霸犯罪案件立案55件，摧毁犯罪团伙8个、36人，击毙车匪路霸1人
1998	开展“追逃犯，打流窜”专项行动。抓获批捕在逃嫌疑人190名。破获车匪路霸案件67件，击毙车匪路霸1人、击伤3人，缴获自制手雷、杀猪刀等一批凶器，挽回经济损失11万多元。拐卖妇女儿童立案34件，破案34件，解救妇女12人、儿童3人
1999	开展90天扫毒大行动。查获涉毒人员369人（贩毒人员38名、涉毒282人、非法种植罂粟49人），强戒30人、劳教5人
2000	开展创建平安大道、严厉打击车匪路霸专项工作和打击拐卖妇女儿童犯罪“严打”行动。在小田坝、背阴坡、华竹林、水草坝设立报警点和武装巡逻，抓获车匪路霸16人，击毙1人、伤2人，特别是“3・23”的侦破，有力的遏制车匪路霸案件上升的势头。破获以王全山为首的拐卖妇女儿童团伙，侦破案件40余起
2001	开展“打黑除恶”等专项“严打”行动，侦破金盆乡文吉为首的以兄弟、亲戚、邻居组成的24人黑恶势力团伙犯罪。对“三逃”犯进行严厉打击，全年抓获“三逃”犯562人（其中批捕在逃111人、负案在逃437人）。加强打击经济犯罪活动，全年立案5件，破案4件，为外辖区破获诈骗案6件；抓获犯罪嫌疑人9人、刑拘9人、批捕7人，缴获现金和物资折款共14万元
2002	重点打击恶性刑事犯罪，侦破“12・3”比德乡投毒杀人案、“3・31”营盘乡特大投毒杀人案，“12・7”县森林警察被杀案，双水“6・12”爆炸案。摧毁犯罪团伙12个，抓获犯罪嫌疑人40人
2003	重点打击恶性刑事犯罪，侦破省公安厅厅长姜延虎督办的阿戛乡张某某、黄某某入室抢劫55700余元特大案件，侦破金盆乡乡长被江某写恐吓信勒索现金10000元的案件，侦破化乐乡大田煤矿财务科保险柜被盗案件；侦破勺米乡入室抢劫现金20万元、杀伤2人的特大案件，市县公安联手抓获犯罪嫌疑人李某某
2004	重点打击恶性刑事犯罪，侦破“12・31”车匪路霸杀人案、“1・22”杨梅乡杀死2人案、“4・26”营盘乡校园抢劫、“6・26”玉舍乡恶性杀人抛尸案

续表7-1-5

年度	工作情况
2006	重点打击恶性刑事犯罪。捣毁盗窃团伙28个、156人，批捕148人、起诉149人；捣毁作案88起的抢劫团伙9个、43人
2007	开展打击破坏盗窃电力、电信、广播电视设施专项行动，在发耳、营盘、玉舍、保华等乡（镇）破获破坏盗窃电力、电信、广播电视设施案件36起，摧毁犯罪团伙5个、13人，涉案金额68万元
2008	开展打击恶势力犯罪行动，打掉化乐乡李某某等为首的家族式恶势力，比德乡颜某某、肖某为首的恶势力犯罪，蟠龙乡以颜某某、刘某某、张某某等人为首的恶势力犯罪。打掉以张某某、王某等为首的系列抢劫团伙15个和以刘某某、刘某某、范某某、范某某、范某某为首的盗窃、抢劫团伙23个

第四节　治安管理

1978—1979年，健全治保会，对全特区513个治保会的人员进行专业训练；共处理违反治安管理案件169件，行政拘留155人；取缔赌博场所29处，算命摊子8个，烧毁封建迷信及反动淫秽书刊2500本、赌具10件，收缴赃款1300元。1981—1983年，共查处治安案件491起，处罚907人；贯彻《关于处理逃跑或重新犯罪的劳改人员的决定》，通过有线广播、宣传册、墙报等载体进行宣传，有力地震慑犯罪分子，3年共有11名犯罪分子到公安机关投案自首，由其父母、兄弟送公安机关投案的犯罪分子4人；依法管理境内特种行业123户（旅店64户、旧货业4户、印铸刻字业4户、修理业49户、鞭炮制造1户、无证铸刻1户），556人（旅店290人、旧货业50人、印铸刻字业81人、修理业102人、鞭炮制造32人、无证铸刻1人）。

1991年，立各类治安案件756起，查处662起；针对水盘东线、水盘中线公路开工和大量坡改梯需使用炸药的情况，加强民爆物品管理，共批炸药451004千克，雷管989268发，导火绳818660米，分批培训爆破员1071人；建立治保组11个，治保会311个。1993年，统一全县治安联防队的服装，成立护院队、护村（寨）队，形成初具规模的治安安全防范网络。1995年，调解重大纠纷27起，收缴管制刀具114把、民用枪8支、炸药128节、雷管76发，治安罚款3983元；审批有关单位购买、运输炸药、雷管、导火绳。1996年，全县成立治安联防队226个、822人，护村队1265个、8082人，护厂（校）队117个、558人，集贸市场联防队29个、76人，治安办45个、92人，治保会475个、3050人。

1996—1997年，审批单位购买、运输炸药、雷管、导火绳；收缴炸药200.9万千克、雷管6893万发、导火绳168万米。1998年，受理治安案件381起，查处违法人员603人（其中刑拘36人，拘留171人）；收缴炸药5811.4千克、雷管9678发、导火绳2566.4米、管制刀具303把。

1999—2001年，收缴炸药6021.2千克、雷管11838发、导火绳9292米、管制刀具612把、自制火枪81支，销毁土鞭炮158万多头、半成品1521千克；审批炸药1128.32千克、雷管173.4万发，导火绳182.7万米。

2002 年，取缔烟花爆竹非法生产点 7 个、非法经营点 4 个，销毁土鞭炮 148250 头，收缴炸药 1585 千克，雷管 1094 发、火药枪 69 支，对 12 个单位下发整改通知。

2003 年，对“黄、赌、毒”进行严厉打击，取缔滥坝、蟠龙、玉舍等地赌博窝点，没收赌资 2 万余元，治安拘留赌徒 4 名；对全县民爆物品使用、储存、运输环节进行检查，对违反民爆物品管理规定的 48 个单位下发整改意见书，处罚负责人 26 人，收缴非法储存的炸药 1200 千克、雷管 3119 发、导火绳 1250 米；销毁烟花爆竹土作坊 7 个、制作工具 7 套，收缴土鞭炮 5600 头、半成品 4700 头，原材料 120 千克；协助相关部门打击无证、非法开采小煤窑 17 个，行政拘留 17 人；收缴“敌鼠强”“粉状毒鼠盐碱”346 包（袋）。2004 年上半年，受理治安案件 359 起，查处 319 起、365 人，收缴炸药 242. 1 千克、雷管 1000 发，管制刀具 12 把。2005 年，收缴炸药 6041. 5 千克、雷管 7846 发、导火绳 107 米，管制刀具 21 把、非法自制枪支 2 支，销毁土鞭炮 30 余万头，取缔非法生产土制火炮小作坊 9 家，协助取缔非法开采砂石厂 23 家。

2006 年，收缴炸药 1138. 5 千克、雷管 4768 发、导火绳 4396 米，取缔土火炮作坊 32 个、收缴黑火药 40. 3 千克、硫磺 75. 9 千克、氯酸钾 85 千克、银粉 30 千克、纸筒 4 万头、引线 33 千克、半成品 310 千克，销毁土鞭炮 16. 1 万枚，收缴火药枪 34 支、管制刀具 484 把。2007 年，受理治安案件 923 起，查处 915 起、1075 人。

2008 年，滇黔桂 3 省（区）8 县（市）治安联防协作第 21 次会议在县召开；办理民爆物品准购和准运证 6467 份、炸药 3336220 千克、雷管 513. 7 万发；开展农村土制火炮作坊专项治理 2 次，安全大检查 4 次，检查涉爆单位 182 个、478 次，查获治安案件 5 件，行政拘留 1 人，对 4 个单位进行罚款；检查非法生产土火炮作坊 5 个，收缴土火炮 12 万枚、引线 3. 07 万米、铝银粉 25 千克、黑火药 2. 2 千克、土制火炮工具 3 套；查处安全隐患 166 处，涉及 66 个单位，下发整改通知书 56 份；收缴炸药 2198 千克、雷管 7552 发，现场销毁雷管 23 发、导火绳 20 米；群众主动上交炸药 9 千克、雷管 67 发。

第五节　户籍管理

1978—1991 年，县（特区）非农业人口户籍由各派出所管理；农业人口户籍由各乡（镇）管理，各区派出所负责业务指导。1992—2008 年，县户籍管理由县公安局户政科和各乡（镇）派出所负责。1993 年，全县总户数 149785 户，总人口 640125 人（农村人口 629520 人，非农村人口 10605 人）。2008 年，采集录入全县人口 777802 人、暂住人口 11573 人。

1978—2008 年，县（特区）户籍管理概况见表 7 – 1 – 6。

1978—2008 年水城县（特区）户籍管理概况表

表 7－1－6

年度	工作简况
1978	加强户口管理工作，对无粮无户人员进行全面摸底，换发红卫山、汪家寨、老鹰山、小河、大河 5 个片区的户口本
1980	对无粮无户人口进行排查，查实无粮无户人员 1430 户、5000 余人，配合民政部门对 1970 年遣送到农村的 53 户进行调查，对错遣、错划的 19 户、53 人给予纠正。为 55 户、175 人办理农业人口转为非农业人口（简称农转非）
1981	进行户口整顿，整顿前全特区常住人口 756128 人，人户不符的人口共 51689 人（有户口无人的 6514 人、有人无户口的 13105 人、超生无户口小孩 18175 人、其他无户口人员 13121 人、滞留人口 774 人），占常住户口总人数 6.84%
1982	特区公安局发出《加强户口管理的通告》，规定在本特区居住的无户口人员，滞留人员，集体或个体雇佣的施工队人员，均应履行登记
1983	依照《中华人民共和国户口管理条例》，加强户政管理。全年发出户口通报 6 份，注销非法办理农转非 3 户、11 人，注销本地户口 16 人。侦破伪造粮户关系诈骗案 2 起。发出暂住户口登记证 7000 余份，登记管理 10000 多人。年末全特区总计 156601 户，总人口 809672 人（非农业人口 141051 人、农业人口 668621 人）
1987	根据《中华人民共和国居民身份证条例》，特区成立颁证领导小组，下设颁证办公室在特区公安局；全特区组织颁证工作人员 1424 人
1990	全县总人口 628179 人，其中 16 周岁以上公民 369117 人。制定使用查验居民身份证的实施办法
1991	继续开展居民身份证颁发，接交各区居民户口；掌握重点人口 1576 人，二层次 436 人，三层次 528 人；培训人口年报工作统计人员
1992	全县 33 个乡（镇）派出所全部接管农村人口户籍管理工作，发放农村户口 95655 户，409318
1992	人，占全县总人口的 65%。办理身份证 18528 人，临时身份证 187 人。办理农转非 63 人。将 120000 人的身份证底卡裁切按汉语拼音拟出音序和列出类型，排装入柜，对 33 个新建派出所户籍管理工作者进行业务培训
1993	各乡（镇）派出所完成发放农村小户口本工作。县公安局户政科办理农转非 173 人，办理边境通行证 229 人；身份证排装口卡 280000 人，送省办证 12492 人；办理临时身份证 160 人
1994	加强证件管理，办理居民身份证 10752 人、临时身份证 204 人、入境证 202 人，农转非 128 户、136 人，民办教师转为公办教师农转非 67 人；列管重点人口 1490 人，帮教人员 762 人。在暂住人口管理中，破获刑事案件 9 起，查处治安案件 22 起。1994 年 12 月 31 日，全县总户数 153619 户，总人口 645342 人（农业人口 634845 人、非农业人口 10497 人），平均每户人口 4.2 人；人口密度为每平方千米 139.02 人
1995	办理居民身份证 16840 人，党政干部农转非 265 户、265 人
1996	办理居民身份证 9246 人，其中 16 岁的 6733 人（占年任务的 88.6%），办临时身份证 377 人、边境证 136 人。办农转非 232 人（其中农转警 63 人），列管重点人口 1156 人
1997	办理户口迁入手续 116 户、159 人，农转非户口 199 人，小城镇户口落户 421 人，暂住人口 3175 名。办理居民身份证 17659 人（其中 16 岁的 5314 人），换证 9704 人，补证 2741 人，办临时身份证 576 人，办边境证 80 人；重点人口列管 1244 人、撤管 80 人；建立帮教小组 497 个，列帮 1316 人、改好 1209 人
1998	办理居民身份证 4895 人、临时身份证 412 人，查验居民身份证 8290 人，办边境证 125 人；重点人口列管 728 人、改好 537 人；农转非 182 户、191 人，暂住人口 2046 人
1999	全县全面开展流动人口清理整顿，遣返三无流动人口，办理临时身份证 1251 人

续表 7-1-6

年度	工作简况
2000	重点人口列管 1167 人、撤管 142 人；制发身份证 5729 份，发边境证 32 份；办理正常户口迁移 201 户，办理小城镇户口 213 户
2001	列管重点人口 1215 人，提供打击对象 42 人、侦查线索 32 起，从中破刑事案件 10 起
2002	加强对常住人口、流动人口、重点人口的管理，列管重点人口 1218 人、违法青少年 679 人，开展流动人口清理整顿 16 次，办边境证 41 人
2003	清理暂住人口 9738 人、外出打工 37653 人、出租房屋 2486 户、旅馆业 19 家、娱乐场所 20 家、建筑工地 266 处，处罚整改场所 16 家，办理暂住证 890 人
2004	审批农转非 369 户、1476 人，办理户口迁移 697 户、1398 人，办临时身份证 4700 人，清理暂住人口 4896 人、外流人口 26989 人
2006	完成第二代居民身份证 82160 个，传输第二代居民身份证信息 100270 个，网上审批户口项目 3897 项，网上审查高考学生户籍档案 469 人
2008	做好窗口特种服务工作。采集录入人口 777802 人、暂住人口 11573 人；审核签发第二代居民身份证 149416 个，办理临时身份证 3002 个；办理户口迁移手续 600 户、752 人，办理农转非 129 户、347 人。网上审批各类户口项目 819 项，配合教育部门完成 1901 人的户籍档案审查。为高考学生开通办理身份证绿色通道

第六节　交通与监所管理

一、交通管理

特区公安局交通警察队或县公安局交通警察大队，负责公路交通安全管理和车辆、交通秩序管理等工作。每逢重大节日或有上级领导视察时，交警部门均安排警力维护交通秩序，必要时对部分路段进行交通管制，以保证群众或领导活动顺利进行。

1987 年 2 月 26 日，特区政府批转特区公安局《关于加强交通管理、整顿交通秩序的请示报告》，在全特区开展交通管理和整顿交通秩序行动。1987 年 4 月 8 日，特区召开交通安全大宣传、大检查活动动员大会，700 人参会，逮捕无证驾驶造成重大交通事故的陆某某。1987 年 12 月 15 日，特区交通警察队破获台沙、海平 2 个趴车盗窃团伙，抓获陈某某、陶某某等罪犯 14 人，缴获炸药 4 箱，汽车篷布 8 床，轮胎 2 个和大米等赃物。1991 年，县交警大队与车属单位、个体车户等签订交通安全责任状 294 份，查车 26125 台次，纠正违章 10440 台次，罚款 112250 元；县交警大队立集体三等功 1 次，1 人立三等功。1992 年，县交通管理采取静态与动态管理相结合，重点加强客运车辆管理，县交警大队与车属单位、个体车户等签订责任状 285 份，纠正违章 17736 台次，罚款 24.57 万元，吊扣驾驶证 9 人，扣车 15 台次，交通事故 4 项指标全面下降。1993 年，县增强动态管理，加强安全宣传教育工作；县交警大队纠正违章 21958 人次，组织 1162 名驾驶员参加交通法规学习，侦破交通肇事逃逸案件 5 起，交通管理达到“安全、畅通、低公害”目标。1993—2000 年，县境梅花山、小田坝、红花岭、立火干、俄脚和水草坝等路段曾发生车匪路霸抢劫过往车辆的案件，交警部门参与专项斗争，采取调查跟踪、跟车抓现行，在险要路段设卡守候等多种手段打击车匪路霸。1994 年，县交警大队纠正违章30165起，举办驾驶员学习班2期。2001—2002年，县开展“平安大道”“畅通工程”创建，设立“交通安全村”3个、“交通安全学校”3个，增设警示标志牌26个；在大烟线、两水线设立报警点5个；组织驾驶员安全教育20次、903人。2003—2005年，全县交通安全行政拘留103人，刑事处罚36人。2006年，县交警大队查处违法违章行为84659次、记分68712人次、收扣假证15个，暂扣违章车辆996辆、行政拘留167人。

交警部门采取各种有效措施，尽量减少交通事故，但因县（特区）山高、坡陡和路况较差，交通事故时有发生。1984年8月17日，发耳区鸡场乡农民金某某用拖拉机搞客运，在牛场垭口（属盘特区）翻车，死亡8人，伤20人。1989年5月21日，水城汽车运输公司1辆大客车从盘县开往水城途中，于杨梅区台沙乡石关口翻下30多米高的悬崖，死亡16人，重伤26人。1993年9月27日，县内发生一起交通事故，死亡23人，伤13人。1998年1月16日，玉舍乡月亮坡发生一起大客车翻车事故，死亡16人，伤39人。2004年2月7日7时30分，董地乡董地村马家营307省道264千米+100米处，一辆由水城开往大方的大客车因路面积冰打滑翻下49.2米高坡，死亡7人，受伤13人。2007年10月19日，毕节汽车运输公司1辆大客车，从钟山区行驶至307省道县境内248千米+50米处时，冲破护栏坠入55米高的山谷，死亡8人，伤22人。2008年10月24日15时40分，1辆贵阳至威宁的大客车行至水黄高等级公路75千米+900米处（猴场乡大湾子）时，撞坏防护栏冲下57.2米的高坎，死亡11人，伤12人。

1982—2008年，县（特区）交通事故见表7-1-7。

1982—2008年水城县（特区）交通事故统计表

表7-1-7

年度	次数（起）	死亡（人）	受伤（人）	经济损失（万元）	年度	次数（起）	死亡（人）	受伤（人）	经济损失（万元）
1982	155	22	122	6.41	1998	11	43	61	—
1987	217	44	120	26.92	1999	13	19	5	—
1988	77	24	46	10.98	2000	154	12	128	—
1991	93	40	6	5.15	2003	242	22	83	107.94
1992	15	7	6	3.11	2004	53	13	54	42.6
1993	9	9	6	1.6	2005	111	18	123	46
1994	19	9	8	—	2006	54	13	87	39.94
1995	20	8	3	11.21	2007	24	36	80	15.01
1997	16	10	8	—	2008	31	13	78	11.68

二、监所管理

1978年，特区看守所位于老城南门外，紧靠环城河，四周有围墙，面积520平方米，有男号房12间、女号房2间，另有办公室、医务室、执勤干警宿舍、放风场地等；特区收容审查所设在老城东门（由市和特区共同管理使用）。1982年，特区看守所迁至市中心区黄土坡；特区政府拨款和水钢赔款（抽水导致监所陷裂）共40万元，征地1.33公顷，新建监所楼房4185平方米；建成标准化监所，有看守所、值班室、预审科、职工宿舍楼、武警中队营房、食堂、办公室、医务室、警卫室、放风场地等，自来水、浴池、卫生等设施齐备；特区收容审查所迁至老城南门外原特区看守所处。1984年5月，增设特区行政拘留所，所址设在老城南门外特区收容审查所内。1987年12月，特区看守所改称县看守所，特区收容审查所改称县收容审查所。

1988年后，县看守所承担关押县属人犯和市公安局、钟山区公安分局寄押人犯任务；监所关押人犯最多年份达720人。1991年，为把监所改造成特殊校园，县看守所举办法律攻读班、扫盲班各23个。1997年，撤销县收容审查所。1998年，县看守所通过验收，达到二级看守所标准。1999年，县看守所再次通过省市二级看守所达标验收。

1992—2007年，县监所关押人犯情况见表7－1－8。

1992—2007年水城县监所关押人犯统计表

表7－1－8

年度	关押人犯（人）	附　注
1992	133	经过对人犯的教育改造，人犯检举揭发案件增多，向看守所检举的有42人，被检举的51人，检举案件47件（其中重大案件12件）
1993	1069	2所均发生重大事故（看守所逃跑1人，收审所发生逃跑事件4起，逃跑人员20人，抓获4人）
1994	591	收审所收审481人
1995	607	收审所收审各类违法犯罪人员502人
1996	392	收审所收审132人
1997	728	消化处理362人
1998	458	县看守所达到二级看守所标准
1999	369	县看守再次通过省市二级看守所达标验收
2006	288	未决犯237人，已决犯51人
2007	362	无超期羁押现象，向市公安局提请行政复议9件、9人，维持9件、9人，向县法制办提请行政复议1件、1人，维持1件、1人

第七节　消　防

一、机构

1979年7月，建立特区公安局消防科，驻市区老城。1982年12月1日，特区公安局消防科干警全部转为现役武警，行政上隶属武警市支队消防科，业务上仍属特区公安局，实行双重领导；配备干警28人，消防车4辆。1986年10月，武警市支队消防科改为市公安局消防大队，武警特区消防科改为特区公安局消防科。1987年12月，特区公安局消防科改称县公安局消防科。1995年，县公安局消防科迁驻市区文化北路。1997 年 8 月，县公安局消防科升格为贵州省水城县公安消防大队（为正营级三类大队，简称县消防大队）。2001 年 7 月，县政府划拨双水开发区的 0.75 公顷土地给县消防大队作营房基建用地。2002 年 7 月，县消防大队新营区开工建设，于 2003 年 9 月竣工，建筑面积 2111.97 平方米，工程总投资近 200 万元。2003 年 9 月，县消防大队升格为二类大队，下辖水城中队，迁驻滥坝镇双水。

二、消防工作

1981—1988 年，县（特区）消防科干警巡回城乡，组织各种形式的宣传 1200 多次，进行消防安全检查（包括每年的元旦、春节、五一、国庆等重大节日前后的大检查）8630 人次，发现火灾隐患及时督促整改，要求各单位采取措施加强防火安全。1984 年，特区开展以防火为中心的安全大检查，消除隐患；督促各片区、各派出所和各单位加强易燃易爆物品管理，特别注重烟花爆竹生产、运输、销售过程的安全管理；进行值班巡逻，搞好公共娱乐场所防火安全。1985 年，特区开展民办消防群众运动，建立健全特区、区、乡 3 级消防监督指导机构。1986 年，特区坚持“预防为主、消防结合”的方针；利用有线广播、电视录像、图片展览、典型案例分析等形式进行防火安全宣传；用 32 天深入厂矿企业、区、乡开展防火宣传 67 场次，受教群众约 60 万人次；为各单位新配备灭火器 1000 余件；查处火灾事故 24 起。1987 年，首次召开特区消防工作表彰大会，7 次深入重点单位检查；举办 2 期油库工作人员和警卫人员培训班，75 人取得合格证。1991 年，县开展防火安全检查 55 次，查处隐患 540 次（其中重大隐患 87 次），帮助整改 380 次，发出火险通知书 50 份，没收易燃易爆物品 95 千克；对 53 个一、二级防火重点单位和 50 户以上大村寨实行挂牌管理，对油类、酒类企业实行专项管理；县公安局被市政府表彰为防火安全先进单位。1992 年，县配合市检查组对辖区城镇 185 个重点单位及农村 50 户以上的 55 个村寨进行安全检查，督促整改火灾隐患 60 余处，验收重点单位 8 个；成立县森林防火队，对 36 名队员进行为期 13 天的专业培训。1993 年，县进行宣传、教育、检查、灭火、救灾等工作。1994 年，县抓群众性的防火安全工作，开展 50 户以上大村寨和机关单位防火知识宣传。1999 年，县对 13 个重点防火单位进行检查，下发整改通知并监督整顿 6 处。2008 年 1—2 月，县境遭到 50 年未遇的特大雪凝灾害，县消防官兵用灭火车拉水解决居民用水。

三、火灾

县（特区）各年发生火灾情况为：1980—1988 年 135 起；1983 年 18 起；1984 年 12 起；1986 年 25 起，烧毁粮食 36400 千克，死亡 4 人，伤 3 人，直接经济损失 30.5 万元；1987 年 13 起，烧伤 11 人，直接经济损失 31453 元；1991 年 5 起，伤 3 人，烧毁粮食 2500 千克，直接经济损失 19168 元；1992 年 6 起，无人员伤亡，烧毁粮食 3600 千克，直接经济损失 10950 元；1993 年 2 起，烧毁粮食 350 千克，直接经济损失 7020 元；1994 年 3 起，直接经济损失 56261.49 元；1995 年 3 起，无人员伤亡，直接经济损失 69580 元；1996 年 3 起，无人员伤亡，直接经济损失 1110 元；1997 年 6 起，无人员伤亡，直接经济损失 1150667 元；1998 年 13 起，死亡 3 人，伤 5 人，直接经济损失 20.5 万元；1999 年 10 起，无人员伤亡，直接经济损失 28 万元；2000 年 8 起，无人员伤亡，直接经济损失 35 万元；2001 年 12 起，死 7 人，伤 3 人，直接经济损失 166518.9 元；2002 年 9 起，死 1 人，直接经济损失 65642 元；2003 年 7 起，伤 1 人，直接经济损失 10 万元；2005 年 4 起，死 1 人，直接经济损失 20

万元；2007 年 7 起，无人员伤亡，直接经济损失 9040 元；2008 年 5 起，死 3 人，伤 1 人，直接经济损失 24300 元。

第八节　武　警

一、机构

1978 年，特区公安局人民武装警察中队隶属市公安局人民武装警察科，干部战士实行现役制。1982 年 6 月 9 日，中共中央文件决定，人民解放军担负的地区内卫任务及其执勤部队交给公安部门，与公安部门实行义务兵役制的人民武装警察和消防部队统一组建为中国人民武装警察部队（简称武警），部队属公安部门的一个组成部分，执行人民解放军条令条例，享受解放军的同等待遇。1982 年 12 月 1 日，特区公安局人民武装警察中队改为武警水城特区中队，由刚成立的武警六盘水市支队和特区公安局双重领导。1987 年 12 月，武警特区中队改称武警县中队。

二、军事训练

1978—1982 年，特区公安局人民武装警察中队军事训练内容主要包括军事技术、公安业务、和共同科目。军事技术训练：新战士完成实弹射击科目 1、2 练习，老战士完成 2 ~ 3 练习；刺杀完成基本动作，突刺和防刺；投弹主要练助跑，投远投准，每人投实弹 1 枚；战术训练主要是单兵和班防御战术。公安业务训练：主要学习公安工作路线、方针、政策和擒敌技术、看押勤务知识，结合看守所的实际修订战备方案。共同科目训练：包括单个军人动作与班动作，以及军体中的单、双杠 1 ~ 2 练习。

1984 年，武警特区中队训练完成单兵到班队列，擒敌技术全部内容，单双杠 1 ~ 2 练习和木马 1、2 练习，刺杀预备用枪到防刺打击训练；实施基本射击 1、2、3 练习，应用射击 1 练习实弹射击；进行投弹、越野、战术、勤务训练。1984 年 5 月 15—18 日，在武警六盘水市支队组织的军事比赛中，武警特区中队获总评第一名。1985 年，武警特区中队考取特等射手 2 名、投弹能手 9 名、执勤能手 2 名。1998 年，武警县中队修建训练棚和障碍训练场，添置拉力器、臂力棒、举重器材等辅助器材，自制沙袋、千层纸、千斤棒等训练器材。1998 年 10 月，在武警六盘水市支队的军事训练考核中，武警县中队获总评优秀。1999 年 10 月，在武警贵州省总队组织的比武中，武警县中队获第二名。2000 年，在武警六盘水市支队组织的军事比赛中，武警县中队获第二名。2001—2008 年，武警县中队重点抓防暴术、擒敌、射击、“三班四哨”训练。

三、工作

武警县（特区）中队的主要任务是负责县（特区）看守所看守。1982 年 1 月 27 日，特区看守所部分在押人员闹监，秩序混乱，武警特区中队配合公安管教干部进行清理整治，未造成严重后果。1986 年，武警特区中队在黄土坡、六十四处进行巡逻，全年共抓获犯罪嫌疑人 53 名，收缴管制刀具 3 把，赌具 2 副。1992—2000 年，武警县中队实现 9 年看守目标无职责范围内在押人员脱逃等事故，为县社会稳定和经济建设作出贡献。1992 年 5 月 23 日，根据掌握的社情得知，关押在县看守所 2 名人犯的亲友500多人准备冲击钟山区政府和市政府，到监狱劫夺人犯；武警县中队在武警六盘水市支队支持下，加强防范措施，确保目标安全。1995年，武警县中队对看守执勤方案重新修订，规范勤务值班室。1996年，武警县中队与目标单位协商，撤下长期由武警担任的监所大门哨。1999年，县看守所进一步完善执勤目标的照明、报警、通信基础设施，目标外围控制系统达到80%以上，建立对角哨岗楼。1999年4月，武警县中队开展1次勤务专项治理整顿，强化“三班四哨”，确保目标万无一失。2004年，武警官兵在金盆乡营盘村鱼岭组山体滑坡抢险中配合其他人员挖出尸体7具。

第二章　检察院

第一节　机构与人员

1978 年 11 月，重建特区检察院，内设刑事检察科、法纪检察科、办公室，有 11 人。1981 年，特区检察院增设经济检察科。1985 年，特区检察院将信访工作从办公室分出，成立控告申诉科。1987 年 12 月，特区检察院改称县检察院，内设刑事检察科、经济检察科、法纪检察科、监所检察科、控告申诉检察科、政工科、办公室，有 50 人。

1989 年，县检察院刑事检察科分为一科和二科，一科负责审查批捕，二科负责审查起诉，成立县国家工作人员职务犯罪案件举报站（中心）、与控告申诉科合署办公。1990 年，县检察院经济检察科更名贪污贿赂检察科，增设刑事技术科、民事行政检察科，县国家工作人员职务犯罪案件举报中心改属贪污贿赂检察科管理，全院 54 人。

1991 年 6 月，县国家工作人员职务犯罪案件举报中复归控告申诉检察科管理。1992 年，县检察院撤销贪污贿赂检察科，成立贪污贿赂侦查工作局。

1995 年 8 月，县检察院贪污贿赂侦查工作局更名反贪污贿赂局。1998 年，县检察院刑事检察一科改为审查批捕科，刑事检察二科改为审查起诉科；全院共设政工科、审查批捕科、审查起诉科、反贪污贿赂局、法纪检察科、监所检察科、民事行政检察科、控告申诉检察科、检察技术科、法警大队、办公室和法律政策研究室，共有 71 人。

2002 年，县检察院审查批捕科更名侦查监督科，审查起诉科更名公诉科，法纪检察科更名渎职侵权检察科。2003 年 4 月，县检察院反贪局侦查科长李昌富，因工作成绩突出被市政府批准立二等功。

2005 年，县检察院被最高人民检察院表彰为全国先进检察院。2005 年 6 月 17 日，县检察院反贪局立集体一等功，县检察院检察长韩贵安立二等功。2006 年，县检察院渎职侵权检察科更名反渎职侵权局。

2007 年，县检察院反渎职侵权局被最高人民检察院表彰为全国检察机关集中查办破坏社会主义市场经济秩序渎职犯罪专项工作先进集体。2008 年，县检察院被最高人民检察院授予全国先进基层检察院称号。2008 年 2 月 29 日，县检察院控告申诉科举报接待室被最高人民检察院表彰为全国文明接待室。2008 年 12 月，县检察院干警总数为 78 人；中共党员 55 人，占干警总数的 70.5%；具有大专以上学历干警 63 人，占 80.8%；女干警 20 人，占 25.6%；少数民族干警 15 人，占 19.2%。

1978—2008 年，县（特区）检察院历任检察长名录见表 7－2－1。

1978—2008 年水城县（特区）检察院历任检察长名录

表 7－2－1

姓　名	性　别	民　族	职　务	任职起止时间	附注
颜剑辉	男	汉	代检察长	1978. 11—1980. 12	副县级
刘根显	男	汉	检察长	1981. 1—1984. 4	—
匡元柱	男	汉	检察长	1984. 4—1984. 8	—
蒋万科	男	汉	检察长	1984. 8—1986. 3	—
黄运邦	男	汉	检察长	1986. 3—1993. 3	—
杨秀明	男	汉	检察长	1993. 3—1997. 10	—
吴道贤	男	汉	检察长	1997. 10—2003. 1	—
韩贵安	男	汉	检察长	2003. 1—	—

第二节　刑事检察

一、批捕和起诉

1979 年，开始批捕和起诉工作。1979 年秋季，开展整顿社会治安，打击严重刑事犯罪活动，执行依法“从重从快”打击杀人、抢劫、放火、强奸、聚众斗殴等严重破坏社会秩序“五类”（后增加“爆炸罪”为“六类”）现行刑事犯罪分子方针，把刑事检察列为检察工作首要任务。1979—1982 年，特区检察院共受理公安机关提请批捕案件 461 件、888 人，批准逮捕 364 件、722 人，不批准逮捕 32 件、69 人，退回公安机关补充侦查 15 件次，在批捕人犯中“六类”案犯占 72. 8%；受理公安机关移送审查起诉 415 件、913 人，审查起诉 325 件、604 人，免予起诉 17 件、41 人，不予起诉 3 件、5 人，移送市检察院审查起诉 13 件、31 人，退回公安机关补充侦查 40 件、61 人，自行补充侦查 54 件、95 人，撤回起诉 1 件、3 人。1980 年后，团伙案件突出，青少年犯罪增多，特区检察院批捕案件中，团伙犯罪案件占 22. 3%，团伙犯罪人数占 44%。1981 年，特区犯罪团伙平均每案 5 人，作案次数平均 4 次。1981—1982 年，特区青少年犯占批捕人犯的 57. 3%，“六类”犯罪分子占 69%。

1983 年 7 月 8 日，张某等 10 余人在水城东门桥头无端寻衅，1 小时内殴打 4 人，其中纳雍来水城的彭某被当场打死；公安机关提请批捕该案案犯 7 人，经审查发现遗漏甚多，特区检察院配合公安机关进一步补充侦查，侦查范围也从本地区扩大到六枝、安顺、毕节、贵阳、黔西、盘县等地；经 2 个多月补充侦察，查清该团伙分 7 个小团伙，有 58 人（其中有 10 多名干部子弟）作案百余次，横行城关一带，拦路抢劫，先后致伤群众 10 余名；经常追逐市一中女生，乘放学之机挟持女学生强奸、轮奸，多次持凶器洗劫学生宿舍，致使该校学生纷纷转学、停学；特区检察院配合公安机关将该犯罪团伙一网打尽，案件起诉后，判处死刑 6 人，死刑缓期执行 3 人，无期徒刑 5 人，其余均判处有期徒刑。1983—1986 年，特区检察院共批准逮捕各类刑事案犯 1490 名，其中“七类”案犯（流氓集团、杀人、放火、强奸、抢劫、拐卖人口、重大盗窃案犯）占 50. 68%；起诉 778 件、1393 人，其中“七类”案犯占 55. 4%，有罪判决率为 98. 8%；对重大现行案件提前介入，配合公安机关勘验现场

119 次。1984—1985 年，特区出现一些流氓犯罪团伙，几人、10 多人不等，集体奸宿，有的还卖淫，严重败坏社会风气，特区检察院配合公安、法院严厉打击后，该类犯罪大为减少。1987 年，特区检察院配合公安机关 3 次到水钢现场办公，共批捕各类刑事案犯 75 人，占全年批捕数的 20%，扭转水钢刑事发案率一度居高不下状况。1987—1988 年，县（特区）检察院受理公安机关提请批捕案犯 707 人，批准逮捕 593 人，不批准逮捕 76 人，退回公安补充侦查 108 人次；受理公安机关移送审查起诉案件 299 件、500 人，起诉 271 件、453 人，免予起诉 20 件、35 人，不予起诉 2 件、2 人。

1989 年，县检察院受理提请批捕犯罪嫌疑人 412 人（公安机关提请批准逮捕 368 人，自侦移送决定逮捕 44 人），决定逮捕和批准逮捕 288 人（含追捕 17 人），其中公安机关提请批捕 234 人，自侦移送批捕 34 人，不批准逮捕 31 人，退回公安机关补充侦查 90 人；受理审查起诉案件 136 件、237 人，起诉 110 件、197 人，免予起诉 18 件、24 人，退回公安机关补充侦查 2 件、3 人。1990 年，县检察院受理公安机关和自侦移送审查起诉案件 251 件、435 人，起诉 147 件、250 人，报送市检察院审查起诉 21 件、48 人，撤案 1 件、1 人，退回公安补充侦查 51 件、91 人，免予起诉 31 件、45 人。1991 年，县农村突发性刑事案件大幅增加，县检察院参与公安机关勘查重大案件现场，对拐卖人口、杀人、盗窃案犯，只要基本事实清楚，大多数都在一周内批准逮捕；共受理审查批捕案件 166 件、355 人，批准逮捕 138 件、251 人，不批准逮捕 5 件、24 人，退回补查 23 件、80 人；受理审查起诉案件 189 件、312 人，起诉 130 件、221 人，不起诉 3 件、5 人，报送市检察院审查起诉 10 件、14 人，免予起诉 25 件、36 人。1992—1993 年，县检察院共受理审查批捕案件 354 件、725 人，批准逮捕 299 件、581 人，不批准逮捕 10 件、46 人，退回补查 43 件、95 人；公安机关提请批捕的案件中，有“七类”犯罪案犯 274 人（其中重特大案犯 112 人），25 岁以下青少年案犯 275 人。1994—1995 年，县检察院共受理审查批捕案件 429 件、842 人，批准逮捕 353 件、620 人。1995 年，县毒死、盗窃耕牛的现象较严重，仅 6 月，县检察院就审结提请批捕毒死、盗窃耕牛案件 13 件、33 人；公安机关提请批捕杜向文毒死耕牛一案，仅用 2 天时间就批捕。

1996—1997 年，县检察院共受理审查批捕案件 452 件、870 人，批准逮捕 376 件、693 人，不批准逮捕 43 件、106 人；受理审查起诉案件 457 件、681 人，起诉 334 件、506 人，报送市检察院审查起诉 44 件、79 人。1996 年 6 月，县俄（脚）都（格）公路发生一起影响较大的杜某某、尹某某、尹某某等团伙重大抢劫案；一段时间内，由于犯罪分子猖獗，严重影响云贵响水电站建设和沿线群众的商贸往来，案发后，县检察院干警提前介入，协助公安侦查，在公安将案件移送检察院后，仅用 4 小时就作出批准逮捕决定，及时打击了犯罪分子的嚣张气焰。1997 年 4 月，县检察院提前介入以刘某某为首的 28 人重大团伙盗窃案；因该案影响大，涉及面广，犯罪嫌疑人作案次数多，县检察院派出工作组到发案地玉舍片区综合治理 20 余天，在公安机关移送该案时，已有 26 名犯罪嫌疑人被拘留，县检察院用 1 天时间突审 26 名犯罪嫌疑人，决定批准逮捕 20 人，不批准逮捕 6 人（其中 2 人报捕前已死亡）。1998—2000 年，县检察院严格执行新颁布的《中华人民共和国刑法》《中华人民共和国刑事诉讼法》，围绕“办一个案件，教育一片群众，抓一个典型，震慑一批犯罪分子”的指导思想开展工作；共受理审查批捕案件 760 件、1271 人，批准逮捕 601 件、899 人；受理审查起诉案件 857 件、1211 人，提起公诉 560、件 750 人，不起诉 4 件、6 人，报送市检察院审查起诉 86 件、121 人。

2001—2003年，中共中央、国务院提出在全国范围开展为期两年的“严打”整治斗争，县检察院拟订《“严打”整治斗争行动方案》，重点打击危害国家安全的犯罪，“法轮功”邪教组织骨干分子、顽固分子的犯罪，杀人、抢劫、爆炸、重大盗窃、拐卖妇女儿童、制贩毒品等犯罪，黑恶势力、车匪路霸的犯罪，破坏市场经济秩序、金融诈骗、制假贩假等犯罪，聚众哄抢、盗窃重大项目和基础设施建设物资、危害西部大开发的犯罪6类案件，要求做到“稳、准、狠”；县检察院共受理审查批捕案件1022件、1678人，批准逮捕869件、1333人，不批准逮捕78件、216人，退回公安机关补充侦查172件、130人；受理审查起诉案件1240件、1829人，起诉779件、1046人，不起诉7件、7人，报送市检察院审查起诉148件、248人，退回公安机关补充侦查287件次；在“严打”整治斗争中，县检察院对重特大案件及时提前介入，快捕快诉，创下1天批捕24人、起诉23件的记录。2001年7月，县检察院办理彭某特大奸淫幼女案（奸淫7名幼女）时，派员提前介入，于公安部门将该案提请审查批准逮捕的当天，就依法批准逮捕犯罪嫌疑人彭某。2002—2003年，县检察院发现侦查机关应当立案侦查而未立案侦查的案件11件、25人，按照立案监督程序办理。2004年后，县检察院开展“规范执法行为、促进执法公正”专项整治活动。

2004—2006年，县检察院共受理审查逮捕案件846件、1502人，批准逮捕661件、1169人，不批准逮捕92件、212人；受理审查起诉案件1001件、1741人，起诉633件、1001人，退回公安补充侦查247件、545人，报送市检察院审查起诉119件、198人。2005年9月13日，县检察院受理公安机关提请批准逮捕的盗窃罪一案；犯罪嫌疑人为在校学生，作案时不满17岁，系初犯、偶犯，归案后能主动带公安人员将赃物找回返还失主，盗窃物品经物价部门鉴定，价值500元（达到立案标准）；鉴于案件的特殊，决定对该案试行听证会制度，邀请县团委、县法院少年审判庭、县公安局法制科、县教育局及犯罪嫌疑人就读学校人员参加听证会，犯罪嫌疑人的父母也以监护人身份参加听证会，经听证会论证，作出不批准逮捕决定，建议公安机关作其他处理；《检察日报》《六盘水日报》对该案进行报道；县检察院随后制定《未成年人犯罪案件听证会制度（试行）》。2007—2008年，县检察院参加禁毒、打黑除恶、“两抢一盗”专项整治工作，参与创建“青少年维权岗”活动；共受理审查逮捕案件605件、991人，批准逮捕486件、787人，不批准逮捕87件、141人；受理移送审查起诉案件859件、1339人（含退查重报177件、320人），提起公诉558件、831人，不起诉4件、8人，退回补充侦查240件、414人，报上级检察院审查起诉51件、76人。2008年7月，检察长带头办理付某抢劫案，陆某某、谢某某、文某某等6人盗窃案及杨某某、尚某某等2人盗窃及掩饰、隐藏犯罪所得案。

二、公诉和监督

1979—1988年，县（特区）检察院出庭支持公诉1202次；通过实际观摩、庭后总结等方法，不断改进工作，积累经验，提高公诉水平。1987年，特区检察院开展评选优秀公诉人活动。1980—1990年，县（特区）检察院口头或书面对公安机关办案中的违法行为提出纠正意见75次；在履行侦查监督和审判监督职能方面，共拟写检察建议28份，口头建议117次。1982年起，特区检察院对一审法院量刑畸轻畸重判决依法提起抗诉；“严打”中抗诉14件、24人，抗诉准确率达96%。1983年，对一强奸案，一审法院认为被告人不构成犯罪，开庭后一年多才下判决，特区检察院依法提出抗诉，二审法院以强奸罪判处该案主犯死刑。1987—1988 年，县（特区）检察院抗诉 11 件，二审法院改判 6 件。

1991 年，县检察院出庭支持公诉 100 件次，提起抗诉 2 件、3 人。1996 年，县检察院出庭支持公诉 192 件次，提起抗诉 4 件、5 人（二审均改判），向公安机关发出追诉漏犯检察建议 8 份，提出口头建议 40 余次。1997 年，县检察院出庭支持公诉 122 件次，发表公诉意见 122 篇，共提起抗诉 5 件、6 人，向公安、法院提出口头纠正建议 30 余次，书面建议 9 篇，发出追诉漏犯漏罪检察建议 9 份；对 6 起有案不立，有罪不究案件依法监督公安机关立案；对 2 个监督中发现的问题，依法提出口头和书面建议 130 余次；有一起重大盗窃团伙案件，一审法院对其中 2 名共犯以销赃罪判处免予刑事处分，县检察院依法提出抗诉，二审法院对 2 名共犯分别判处有期徒刑 6 年和 5 年。1998—2002 年，县检察院共提起抗诉 11 件、12 人，二审改判 3 件、3 人，维持原判 3 件、3 人，市检察院不支持抗诉 3 件、3 人；袁贵富故意伤害、抢劫一案，一审法院只认定袁贵富抢劫罪，判处其有期徒刑 4 年，未认定故意伤害罪；抗诉后，二审法院除维持一审法院所认定抢劫罪判决外，认定袁还犯故意伤害罪，判处有期徒刑 3 年，决定执行有期徒刑 6 年。2003 年，县检察院实施《关于适用普通程序简易审“被告人认罪案件”的若干意见（试行）》《关于适用简易程序审理公诉案件的若干意见》，提高办案效率。2003—2005 年，县检察院共出庭支持公诉 356 件次，提请抗诉案件 10 件、10 人。2004 年，邓某某、邓某某涉嫌诈骗一案，公诉承办人审阅相关证据后认为邓某某、邓某某的行为不构成诈骗罪，依法对公安机关提出检察建议，并要求公安机关将 2 名犯罪嫌疑人释放。

第三节 反贪污贿赂

反贪污贿赂，20 纪 90 年代之前一般统称经济检察，其任务是通过对国家工作人员及公民经济犯罪案件侦破处理、维护国家机关为政清廉、保护公共财产和公民个人合法财产不受侵犯，维护国家经济政策和社会主义市场经济秩序，保卫和促进社会主义现代化建设顺利进行；经济检察是检察机关一项专门职能和主要任务。

1981—1985 年，特区检察院受理经济案件 158 件（其中贪污 16 件、20 人，受贿 1 件、1 人，投机倒把 1 件、1 人，诈骗 2 件、3 人，盗伐林木 8 件、12 人），立案侦查 64 件，办结 59 件；起诉 38 件、50 人，免予起诉 19 件、20 人（贪污 16 件、17 人，受贿 2 件、2 人，诈骗 1 件、1 人），撤销案件 1 件、2 人，报送市检察院审查起诉 1 件、1 人，逮捕人犯 75 人；出庭支持公诉 32 次，抗诉 3 件（改判 2 件）；为国家挽回经济损失 33.1 万元。1982 年，遵照中共中央、国务院、全国人大常委会《关于打击经济领域中严重违法犯罪活动的决定》及全国人大常委会《关于严惩破坏经济犯罪的决定》，特区检察院在有关部门配合下，查处 2 起万元以上贪污案。1983 年，查处万元以上大案 4 起，涉及县级以上干部的受贿案 1 件；在一起贪污案中，被告人贪污公款万余元及诈骗公款 1.7 万多元。1984 年，特区检察院结合企业整顿开展经济检察；先后清查大湾、大河、龙场、发耳等区镇的供销、粮食等单位，初步掌握一批案件线索，其中万元以上者 21 起。1985 年，在特区供销社建立检察室，查出供销系统内犯罪嫌疑人共贪污、短款 60 余万元；特区检察院会同特区打击经济犯罪办公室，查出龙场区供销社贪污、短款 16.1 万元，查处 4 起贪污案，追回短欠款和挽回经济损失 15.3 万元。

1986 年，经济犯罪出现高峰期，特区检察院集中全院主要力量予以重点打击，经济检察工作出现 4 个突破：办案数量有较大突破，立案侦查案件为 1985 年的 3.5 倍，相当于前 4 年的总和，办结案件 38 件、54 人，决定逮捕人犯 36 人，起诉 17 件、25 人，免予起诉 21 件、29 人，出庭支持公诉 16 次，抗诉 2 件（改判 1 件）；处理大要案有较大突破，办结案件中有大要案 14 件、22 人；查处党员、特别是党员干部经济犯罪案件有较大突破，全年查处该类案件 15 件、16 人；追赃和为国家、集体挽回经济损失有较大突破，实行办案和追赃同步进行，全年挽回经济损失 50 万元，为 1985 年的 3.4 倍，有 30 件案件追回全部赃款。1987 年，经济犯罪活动突出表现为利用合同进行诈骗，制造销售假冒伪劣商品，贪污、行贿、受贿，犯罪手段和方式更狡猾、隐蔽；特区检察院受理经济案件 42 件，立案办结 20 件、24 人；起诉 11 件、12 人（贪污 6 件、6 人，贿赂 1 件、1 人，诈骗 4 件、5 人）；免予起诉 9 件、12 人（贪污 5 件、5 人，贿赂 2 件、3 人，投机倒把 2 件、3 人，诈骗 1 人）；逮捕人犯 16 人，出庭支持公诉 9 次，抗诉 1 件，挽回经济损失 37.5 万元；查处县级干部 1 人、科级干部 2 人、股级干部 5 人；抽出 6 人参加财政、税务、物价大检查，追回偷欠税款 8 万余元。

1988 年，县检察院把打击贪污犯罪作为首要任务，重点查处社会危害性大、腐蚀性大、社会影响大的重大案件；全年立案办结 13 件、13 人；起诉 10 件、10 人（贪污 6 件、6 人，贿赂 1 件、1 人，诈骗 3 件、3 人）；免予起诉 3 件、3 人（贪污 2 件、2 人，挪用公款 1 件、1 人）；逮捕 4 人，出庭 33 次，抗诉 4 件，共追回赃款 123 万余元，协助有关单位追回流失资金 28 万余元；县检察院与税务部门共同查处一批偷税案件，其中查出一个体户偷税 1.3 万元案，为县检察院重建后查处的第一起偷税大案。1988 年 4 月 30 日，一天就为河南省驻马店水电粮管所追回被骗贷款 13 万元。1989 年，县检察院查处各类经济犯罪案件 41 件、52 人（贪污 24 件、30 人，受贿 6 件、7 人，挪用公款 5 件、6 人，偷税 4 件、5 人，其他经济犯罪 2 件、4 人），办结 36 件、40 人；起诉 24 件、24 人，免予起诉 16 件、16 人；为国家和集体挽回经济损失 26 万元，协助有关单位挽回经济损失 93 万元。1989 年 9 月，县检察院连破供销系统化肥经营中贪污、受贿大案 8 件，追回赃款近 20 万元。1989 年 8 月，最高人民检察院、最高人民法院联合发布《关于贪污、受贿、投机倒把犯罪分子必须在限期内自首坦白的通告》（简称《通告》），将反贪污、贿赂工作列为检察工作重点；县检察院及时调整部署，掀起打击经济犯罪斗争，检察长、分管经济检察工作的副检察长带队办案；办案中所总结“三快”（决策快、搜查快、审讯快）侦破方法，在全省检察机关侦查工作会议上作为经验推广；在《通告》规定的时限内立案查处各类经济犯罪案件 17 件、23 人；有 5 名经济犯罪分子慑于法律威力，主动携款投案自首；根据《通告》精神，对其间查处的经济犯罪分子，分情况从重、加重、从轻、减轻或免除处罚，宽严相济，兑现政策。

1990—1991 年，县检察院查处经济犯罪案件 100 件（其中贪污、贿赂案件共 80 件）、125 人，为国家、集体挽回经济损失 81.7 万元；在办理水城土特产公司龙某某贪污、行贿案中，带出县水利电力局局长毛某某受贿大案，又从毛某某案中挖出县水利电力局会计毕某某贪污案，出纳员曾某贪污案，所长谢某某贪污案等一系列案件。1992 年，县检察院办理终结各类案件 16 件、17 人（起诉 8 件、9 人，免诉 4 件、4 人，撤销案件 4 件、4 人），积存案件 10 件、10 人（其中案犯在逃的 7 件、7 人）；挽回直接经济损失 14 万余元，间接经济损失 5 万余元。1993 年，县检察院受理各类案件线索

35件、41人，初查31件、37人，立案侦查14件、18人（贪污5件、5人，挪用公款8件、8人，假冒商标1件、5人）；侦查终结13件、18人，起诉8件、13人，撤销案件3件、3人；积存11件、12人；全年为工厂、金融、供销等部门挽回直接经济损失24万余元，间接经济损失近9万元；在办理保华焦化厂副厂长孟某、工作员陈某合伙挪用公款11万余元案件时，为防止赃款被挥霍，办案人员及时赶往贵阳，奋战5昼夜，控制赃款近8万元；在侦查果布戛信用社出纳员程某某贪污、挪用公款4万元案时，得知程某某有可能行凶报复，连夜加班审查，5名干警驱车百余千米，将程某某拘捕归案；搜查时，在其家中发现2个已装上雷管、导火线的炸药包和准备逃跑时带走的衣服。

1994—2000年，县检察院受理案件线索330件，立案侦查102件、112人（贪污40件、44人，行贿2件、2人，受贿1件、1人，挪用公款58件、61人，投机倒把1件、4人，其中大案16件、18人），侦查终结102件、112人，起诉87件、96人，为国家和集体挽回经济损失600.52万元；在抓新案的同时不放老案，如1993年立案侦查的蒋某某贪污一案，因案犯在逃，一直未结，1995年10月，4名反贪干警冒雨驱车赶往滥坝、老鹰山、小河等地搜捕在逃犯蒋某某，终于将在逃2年的犯罪嫌疑人蒋某某逮捕归案。2001年，县检察院受理案件线索18件、19人，初查18件、19人，立案侦查11件、12人（贪污3件、4人，受贿2件、2人，挪用公款6件、6人，其中大案5件、5人），侦查终结11件、12人；起诉10件、11人，不起诉1件、1人，共为国家挽回经济损失144万余元。2003年，县检察院受理案件线索26件，初查26件，立案侦查23件（其中大案9件）、31人（贪污15件、23人，受贿5件、5人，行贿1件、1人，挪用公款2件、2人），起诉23件、31人（其中科级干部涉嫌贪贿案件9件、9人），为国家挽回经济损失160余万元。

2004年，县检察院受理案件线索22件、38人，初查22件、38人，立案侦查22件、38人（贪污16件、27人，受贿5件、10人，挪用公款1件、1人），起诉22件、38人；其中大案19件、35人，查处科级干部6人，为国家挽回经济损失200余万元；在对县妇幼保健站站长、会计、出纳员共同贪污案侦查中发现蛛丝马迹，牵出为李某某（县公安局副局长、县煤焦执行室主任）等截留煤焦税费的张某、姜某、陈某某等人，从这些人又查出勺米煤焦验票处多人贪污煤焦税费行为；在侦查煤焦系统案件中，又发现部分煤焦运销人员通过给县公安局交警大队二中队马落箐岗点干警行贿后，得到岗点交警不罚或少罚违章超载款的线索，立案侦查该中队队长刘某及交警李某某等5人和分管该中队的大队教导员张某某，并将事实查明。2005年，县检察院把依法查办贪污贿赂大案，查办发生在“三机关一部门”（党政机关、行政执法机关、司法机关和经济管理部门）和领导干部中的犯罪案件，查办重大工程项目建设、金融、土地管理等领域中的贪污贿赂案件，查办为谋取不正当利益拉拢腐蚀干部，危害严重的行贿案件作为重点；受理案件线索20件，初查后立案侦查16件、24人（贪污3件、5人，受贿7件、8人，行贿3件、3人，挪用公款2件、5人，私分国有资产1件、3人）；查办贪污贿赂5万元以上、挪用公款10万元以上、行贿10万元以上大案13件、17人，查处科级干部10人；为国家挽回经济损失300余万元；提起公诉40人（含上年29人），收到法院判决35人（均为有罪）；县粮食局副局长、县粮食购销公司董事长、法定代表人李某某等4人涉嫌挪用公款120万元案，为检察院查办的首个犯罪数额超过百万元的挪用公款案；查处县首例私分国有资产案（县铁路建设办公室主任陆某某、副主任兼会计朱某某、出纳员俞某某等人私分国有资产案）。2006年，县检察院受理案件线索20件，初查20件，立案侦查20件、25人（贪污9件、14人，受贿7

件、7人，行贿3件、3人，挪用公款1件、1人），其中大案16人，要案1件、1人，查办科级以上干部6人（其中县级干部1人）；侦查终结19件、24人，起诉18件、23人，撤销案件1件、1人，收到判决14件、19人（其中3件、7人为上年起诉），均为有罪判决，为国家挽回经济损失400余万元。2007年，县检察院受理案件线索24件、30人，初查24件，立案侦查20件、23人（贪污4件、5人，受贿10件、10人，行贿4件、5人，挪用公款2件、3人）；其中大案14件，要案2件，查办科级以上干部12人（其中正县级干部1人，副县级干部1人）；侦查终结20件、23人（含上年积存1件、1人），为国家挽回经济损失300余万元；查办邮政局储汇部主任王某贪污800万余元的特大案件，追回赃款300余万元。2008年，县检察院到有关单位、部门开展法制宣传8次，警示教育8次，专项预防1次；受理案件线索13件，初查13件，立案侦查9件、22人（有1件、2人属于再立案）；其中大案8件，科级以上干部4人（其中正县级1人）；起诉11件、12人（均为有罪判决），不起诉3件、4人；挽回经济损失400余万元。

第四节　反渎职侵权

一、案件管辖范围

1980年，最高人民法院、最高人民检察院、公安部联合下发《关于执行刑事诉讼法规定的案件管辖范围的通知》，规定法纪检察部门直接受理14类刑事案件：刑讯逼供案，诬告陷害案，破坏选举案，非法拘禁案，非法管制、搜查案，报复陷害案，非法剥夺宗教信仰自由案，伪造陷害、隐匿罪证案，侵犯通讯自由案，泄露国家机密案，枉法追诉、包庇、裁判案，玩忽职守案，重大责任事故案，私放罪犯案。

二、案件查处

1979—1989年，特区检察院主要处理“文化大革命”中遗留的严重违法乱纪、致死人命法纪案件，被告人大多是国家工作人员，有的是领导干部；龙场区者卡乡党委副书记邓某，荷枪实弹对3名被害人施行假枪毙，非法拘禁，致人伤残，被依法追究刑事责任。

1991年，因经济文化落后，农村法制观念淡薄，侵权现象十分突出；小煤窑分布广泛，违章违法开采现象普遍；县检察院将工作重点放在对侵权及重大责任事故、玩忽职守案件查处上；全年受理法纪案件58件，立案24件、36人（重大责任事故6件、9人，非法拘禁17件、26人，刑讯逼供1件、1人），办结22件、34人，起诉13件、20人，免予起诉8件、13人；盐井乡公安人员非法拘禁一案，鉴于被告方主动认错并赔礼道歉，取得被害方谅解，县检察院对该案作调解处理，建议对该公安人员作党政纪律处分。1992年，县检察院参与出勘事故现场11次，为煤矿安全技术培训班进行为期10天的法制知识培训；受理法纪案件46件，初查17件、19人，立案6件、7人（重大责任事故4件、5人，伪证1件、1人，刑讯逼供1件、1人）。1994年11月4日，滥坝镇副书记和副镇长等7人到该镇住武村督促收缴农业税时，以村民王景贤、李龙远拖欠农业税为由，对2人非法拘禁5小时，并罚跪、罚蹲。1994年11月7日上午，陈某某、胡某某等5人用手铐将王景贤、刘德武拷起，挂黑牌游村示众2天，拘禁1夜；该案引起中央、省、市有关部门高度重视；由于部分基层干部认为只是执行公务中的过度行为，县检察院在办案中遇到阻力，最后在县委、县人大和市检察院支持和协调下，克服重重困难，反复多次深入发案现场调查取证，最终查清被告人犯罪事实，侦查终结后起诉。1995年，县检察院配合有关部门进行法制宣传6次，配合公安机关出勘现场7次；受理法纪案62件，初查22件，立案13件、17人（非法拘禁4件、5人，重大责任事故6件、6人，刑讯逼供3件、6人），起诉13件、17人，免诉3件、3人；查处“三机关一部门”人员违法案8件，立案4件、7人。

2000—2001年，县检察院开展法制宣传5次，向有关单位发送检察建议6次，口头建议20余次，协助外地检察机关办案1次，配合公安机关出勘现场3次；2年共受理各类法纪案件线索14件，初查14件，立案3件、3人，侦查终结3件、3人，起诉3件、3人。2001年，重点查办4类案件：国家机关工作人员滥用职权、玩忽职守的渎职犯罪案件，司法工作人员贪赃枉法、徇私舞弊、刑讯逼供、非法拘禁等犯罪案件，基层组织中群众反映强烈的职务犯罪案件，国家机关工作人员渎职侵权犯罪中的新罪名案件。2003—2004年，县检察院进行法制宣传2次，到相关单位开展预防职务犯罪工作2次；协助湖南省娄底市检察院渎职侵权侦查局抓获重大经济案件犯罪嫌疑人胡某某，湖南娄底市检察院送锦旗1面，市电视台作专题新闻报道；受理渎职侵权案件线索13件、18人，初查后立案侦查7件、12人，报送市检察院1件、1人；侦查终结7件、12人，起诉7件、12人。2005—2006年，县检察院开展法制宣传4次，到有关单位上法制课2次；投入警力20余人次同步介入重大责任事故调查5起，投入警力60余人次协助市检察院反渎职侵权局办案2件；受理渎职侵权案件线索7件、15人，初查7件、15人，立案侦查4件、9人（其中非法拘禁1件、1人，玩忽职守1件、5人）；法院对非法拘禁1件、1人作有罪判决。2006年8月19日10时20分，勺米乡范家寨煤矿发生一起井下瓦斯爆炸事故，造成2人死亡，5人受伤；县检察院及时派员介入调查，掌握时任勺米乡煤管站副站长胡某、驻矿督查员王某存在玩忽职守行为，对胡某和王某立案侦查，法院对胡某、王某作有罪判决。

2007年，县检察院同步介入重大安全生产事故调查4起，投入警力13人次，车辆4台次；到有关单位上反渎职侵权法制课4次，召开反渎职侵权座谈会1次；上街宣传2次，发放宣传资料800余份，接受群众咨询50余人次，制作宣传挂图10副、宣传牌1块；受理渎职侵权案件线索5件、9人，初查5件、9人，立案侦查2件、6人，不立案3件、3人（含上年1件、1人），侦查终结2件、4人。2008年，县检察院到税务、土管等部门开展预防渎职侵权犯罪讲座4次，开展法制宣传2次，同步介入事故调查6次；受理渎职侵权案件线索5件、5人，经初查立案侦查1件、1人。2008年3月中旬，市检察院向县检察院交办原县公安局蟠龙乡派出所负责人刘某玩忽职守案件线索，经过艰苦细致的调查取证，查清刘某涉嫌玩忽职守的犯罪事实。

第五节　监所检察

一、刑事判决、裁定检察

1984年，特区检察院纠正被免予起诉而未释放1起。1986年，特区检察院监督将未按期投入劳改的犯罪人员 67 人执行劳改，纠正 1 起判决刑期和执行刑期不一致差错。

1989 年，县检察院在杨梅区、发耳区、龙场区的 11 个乡，回访考察 5 种监外执行的犯罪人员 11 人，与有关部门制定监督帮教措施，协助解决犯罪人员生活、劳动、福利问题。1990 年，县检察院回访考察发耳、滥坝、玉舍、比德及城关 5 个片区 5 种犯罪人员 17 名。1991—1992 年，县检察院配合公安机关对基层派出所及基层组织对监外执行罪犯的监督管理措施进行检查，对检察院免予起诉人员进行考察，防止安全事故发生，受外地监所检察部门委托考察监外执行罪犯 6 名。1996 年，县检察院查办 4 起看守所违法事件，办理 1 件私放罪犯案件；对县武警中队新兵殴打服刑人员提出纠正意见 1 次，立即得到纠正。1998 年，县检察院对县公安局超侦查期发出纠正违法通知书 71 人次，报上级检察院提出纠正省法院超期羁押 2 人次，通过催办，使县看守所超期羁押的数量有所下降。

2000 年，县检察院同法院、公安加强联系，订立情况通报制度；对办案单位即将到期案件实行提前 7 日告知催办制度，共发出案件提示通知书 24 份、51 人次，口头提出催办 64 次；对即将到期的案件进行跟踪监督，避免超期羁押发生。2002—2003 年，县检察院开展纠正超期羁押专项行动，成立工作小组，设立并向社会公布超期羁押举报电话，主动与公安、法院沟通，对办案单位发出纠正违法通知书 142 份，案件时限提示通知书 26 份，使全县超期羁押严重现象得到有效控制。2004 年，县检察院对发生在监管场所内违法行为提出口头纠正建议 21 次，建立纠正超期羁押长效监督机制，对办案单位即将到期案件共发出提示通知书 24 份、51 人次，口头提出催办 64 次，使县看守所连续 11 个月无超期羁押；县检察院驻县看守所检察室被市检察院表彰为 2003—2004 年度清理纠正超期羁押工作先进集体。2006 年，县检察院共发出催办案件通知书 8 份、11 人次，电话催办案件 41 件、78 人，继续保持全县零超期羁押纪录。2007 年，县检察院驻县看守所检察室配合县看守所进行安全大检查 12 次，与县看守所召开联系会 12 次，被高检院评定为二级规范化检察室。

二、监所执法检察

1979 年，特区检察院清理久押不决和册上无名而关押的“黑犯”并予以纠正。1980 年，特区检察院纠正干警违法 6 起，查出并纠正 1974—1979 年违法拘捕的 20 人，对超法定时限拘留、批捕、起诉、审判的 24 件、68 人予以纠正；对值班人员失职致使人犯逃跑、越狱的两起事故和看守人员擅自批假，向公安机关提出纠正意见。1981—1988 年，县（特区）检察院配合公安机关对县看守所进行 302 次检查。1982 年，特区检察院检查县看守所 94 次，对两起武警违法作口头纠正（其中一起造成人犯控告和轰监闹事，责任人和有关领导作检查）。1982 年 10 月，特区检察院实行驻县看守所检察制度。1984 年，特区检察院对取保候审的 13 名未决犯进行调查、访问，对应收监者监督公安机关及时收监。1985 年，特区检察院除驻所检察外，还进行其他检查 5 次，抽查 7 次，纠正干警违法 2 件、3 人，纠正人犯超期羁押 2 件、2 人，超法定时限 12 件、12 人。1986 年，特区一人提审人犯达 65% 以上，特区检察院要求纠正后大幅度减少。

1989 年，县检察院纠正公安机关超时限关押人犯 43 人。1990 年，县检察院纠正公检法超时限关押人犯及其他违法情况 20 余次。1991 年，县检察院协助县看守所整顿关押秩序，解决混管混押现象，专设 2 个少年号，对“牢头狱霸”进行惩治；对提供案件线索有立功表现的罪犯予以减刑。1992 年，县检察院加强对在押人员的法制教育，促使犯罪嫌疑人认罪服法，缩短诉讼时间，减缓由于人满为患给县看守所带来的压力。1993 年，县检察院加强对重刑人员管理，防止安全事故发生，对 8 名有严重疾病的在押人员建议有关部门变更强制措施。1994 年，县检察院保持每月安全检查 1 次，了解监室安全、在押人员饮食、卫生等情况；对经济犯罪案件在办案、关押、取保候审、减刑、假释、交付环节情况进行专项检察。1995 年，县检察院建立健全“一志八表”登记制度，保障监管正常秩序。1996 年，县检察院审查减刑、保外就医材料 10 件、10 人，未发现违法现象；进行安全大检查 13 次，发现安全隐患提出纠正意见 13 次。1997 年，县检察院对监外执行罪犯进行回访考察 12 人，召开禁毒法制教育大会 1 次。1998 年，县检察院对在押人员进行集体教育 112 人次，通过帮教，在押人员写悔过书、学习心得 1000 篇。1999 年，县检察院与县看守所配合，严格监督提审制度，严禁一人提审，确保安全和执法规范。2000 年，为有效防止检察环节的超期羁押问题，县检察院制定《关于实行案件羁押期限登记、防止超期羁押的实施办法》，并同法院、公安加强联系，严格换押制度。

2004 年，县检察院每个季度派员同县公安局开一次联席会议，配合县看守所进行安全防范大检查 10 次，查出违禁品 3 件，发现安全隐患 1 起；针对发现问题对在押人员进行集中教育 10 次、受教育面 1700 余人次，个别谈话教育 64 人次，专门给未成年在押人员和女在押人员上 3 次法制教育课；接待在押人员家属来访 14 次，满足家属所提合法要求。2005 年，县检察院配合县看守所开展“加强监管执法、加强法律监督、保障刑事诉讼顺利进行、保障在押人员合法权益示范单位”创建活动。2006 年，县检察院对诉讼活动中侵犯诉讼参与人诉讼权利等违法情况提出书面和口头纠正意见 26 件次；在刑罚执行和监管活动监督中，对不依法交付执行，违法减刑、假释、保外就医以及体罚虐待被监管人员等情况依法进行监督，配合市检察院查办发生在县看守所的罪犯假立功案件 1 件、1 人。2008 年，县检察院配合县看守所进行安全大检查 10 次，与县看守所召开联系会 10 次，对在押人员进行集体法制教育 2 次，个别谈话教育 63 人次，接待在押人员家属 11 次，对发生在监管场所内的违法行为提出口头纠正 6 次。2008 年 3 月，协同县看守所处理在押人员李某某因病送医院抢救无效死亡善后工作。2008 年 5 月 21 日，依法督促县看守所向县法院提请对患有法律规定疾病的罪犯吴某某暂予监外执行。2008 年 6 月，对县看守所呈报的 1 人假释和 1 人减刑案件，因呈报材料不符合法律规定，县检察院提出不同意呈报意见，后市检察院监所处依法对县看守所重新呈报材料进行审查，又参加市法院听证会后，法院对 2 人作出减刑裁定。

三、受理“两劳”人员及家属控告申诉案件

1978—1988 年，县（特区）检察院受理“两劳人员”（劳动改造人员和劳动教养人员）及家属控告申诉案件 242 件，转有关单位复查 207 件，直接查处 16 件；法院改判 4 件、4 人，撤销原判 1 件、1 人，平反 1 人。

1989 年，县检察院办理犯罪人员脱逃案 1 件、1 人。1991 年，县检察院审查处理“两劳人员”及家属申诉及检举材料 10 余份。1992 年，县检察院审查转办“两劳人员”及家属申诉及检举材料 20 余份。1993 年，县检察院审查转办“两劳人员”及家属申诉及检举材料 20 余份。1995 年，县检察院对 9 名在押人员申诉材料逐一进行审查，转有关部门办理。1996 年，县检察院收到在押人员检举材料 5 份，转交有关部门查实 2 件。1997—1999 年，县检察院共审查转办“两劳人员”及家属申诉及

检举材料 74 份。2000—2001 年，县检察院收到在押人员提供案件线索 15 条，均转交有关部门处理。2002 年，县检察院审查转办“两劳”人员及家属申诉及检举材料36 份。2003 年，县检察院审查转办“两劳”人员及家属申诉及检举材料 20 余份；在履行法律监督过程中，由于措施有力，有效保障当事人的合法权益。

第六节　控告申诉检察

控告申诉检察主要任务是接收群众来信，接待群众来访；承办有关控告、申诉案件，受理检察院负有赔偿义务的刑事赔偿案件；结合办理案件宣传法制，提供法律咨询，预防犯罪；分析控告申诉情况，提供案件线索；通过办理来信来访案件，纠正冤假错案，打击犯罪。

1979—1981 年，特区检察院集中力量纠正“文化大革命”中造成的冤假错案，受理来信来访 2361 件次，其中不服各种刑事处罚申诉 689 件。1982—1988 年，县（特区）检察院受理来信来访 5424 件次，其中控告经济犯罪212 件，不服各种刑事处罚申诉131 件，检举侵犯公民人身权利、民主权利、渎职犯罪以及其他刑事犯罪 1783 件，检举一般违法 1459 件。1982—1984 年，特区检察院向公安、法院等部门提供犯罪线索 546 件，自行查办 64 件，直接答复 54 件。1985 年，特区检察院办理控申案件 15 件，起诉 l 件、1 人，免诉 l 件、2 人，配合有关单位查处 6 件、6 人，把处理“告急”案件、防止矛盾激化作为综合治理的一项措施。

1988 年，县检察院重点办理“告急”案和告状无门、久拖不决案件；处理来信来访 770 件次，转有关部门 685 件，转其他检察院 11 件，转业务部门 23 件，提供案件线索 27 件；一双目失明、瘫痪卧床的织金县居民陈绍荣来信申诉，其 1966 年按合同规定替汪家寨供销社加工棉絮，原水城县打击投机倒把办公室于 1968 年以“雇工剥削、投机倒把”为由，没收其弹花机 1 台、现金 330. 49 元；陈自 1969 年起多次向有关单位申诉未得解决，要求检察院给予处理；由于水城县（特区）打击投机倒把办公室早已撤销，案件调查困难，经办案人员多方调查核实后予以纠正；当办案人员将没收现金送到陈绍荣家中时，陈含泪感激不已。1989 年，县检察院接受群众对国家机关工作人员违法犯罪举报材料 113 件，受理控申案件 409 件，接待来访 67 人次；其中控告经济犯罪 66 件、其他刑事犯罪 321 件、一般违法 41 件、不服各种处罚 12 件、其他 118 件。1992—1994 年，县检察院处理来信来访 1016 件（其中检察长接待来信来访 132 件次、受理案件 14 件），提供案件线索 143 件（贪污贿赂类 56 件，法纪类 87 件）；下乡巡回法律咨询宣传 4 次。1993 年 8 月 23 日，县检察院举报中心接到县供销社转来的米箩供销社举报材料，反映该社门市部营业员汪某在 1991 年 8 月至 1992 年 8 月期间，挪用公款近万元的线索，县检察院随即组织力量初查，查明汪某涉嫌挪用公款 9898 元，县检察院对汪某立案侦查。1995—1996 年，县检察院处理来信来访 479 件，其中检察长接待来信来访 77 件次。1997 年，县检察院受理来信来访 252 件次（控申信访 165 件，举报信访 87 件）。1997 年 4 月，金盆乡义忠村 404 名村民联名举报村支书和主任有贪污贿赂行为和加重农民负担问题后，对市、县减负办和纪检部门的调查结果不服，多次到上级纪检信访部门上访，直至找到高检院和人民日报内参，后来到县检察院怒称，若不重新复查处理就要组织村民到省、市政府请愿；1997 年 6 月，县检察院组织干警对该案重新调查，并及时将结果告诉举报人，消除可能对社会造成的不良影响。1999 年，纳雍县左鸠戛乡刘荣光申诉1998 年10 月南开乡村民许某、叶某等人无证开设煤井造成17 人死亡，4 人重伤的重大责任事故一案，县检察院进行了解后，向县公安局发出通知立案书，县公安局展开侦查后立案。1999—2000 年，县检察院受理来信来访462 件次。

2001 年，县检察院受理来信来访198 件次（其中检察长接待42 件次），开展法制宣传4 次；县检察院控申科接待原县针织厂职工集体上访案件，及时将控告材料转县轻工总会并督促调查处理，平息一桩集体上访案件。2004 年，县检察院受理来信来访102 件。2005 年，县检察院受理来信来访94 件。2006 年，县检察院受理来信来访83 件。2006 年4 月14 日，化乐乡8 名群众到县检察院找检察长反映该乡乡长李某某在河后村承包荒山造林制造假合同，领取造林经费约45000 元左右，非法收受矿主贿赂共计59000 元，检察长接待后，及时将材料转反贪局处理。2007 年，县检察院开展举报、法制宣传、警示教育10 次；受理来信来访81 件次，其中检察长接待来信来访34 件、87 人。2008 年，县检察院开展举报、法制宣传、警示教育5 次，发放宣传资料万余份；受理来信来访81 件（来信44 件，来访37 件），其中检察长接待来信来访37 件、50 人，批办案件36 件；收到各类举报线索39 件（贪污贿赂案件27 件，渎职侵权类案件12 件）；受理民事控告、申诉类案件39 件，办理7 件，转公安机关29 件，直接答复2 件，转其他机关1 件；受理刑事申诉类案件3 件；县人大、县信访局、县政法委、县委书记大接访共交办10 件案件，每一件都按规定时限回复交办机关。

第七节　民事行政检察

民事行政检察是法律赋予检察机关的一项重要职责，是检察院依法对民事行政诉讼实行法律监督的专项工作。检察机关通过审查法院民事、行政裁判的合法性，对民事审判活动和行政诉讼活动进行监督，维护司法公正。

1998 年，县检察院开展诉前服务1 次，出庭再审2 次，参加法院组织的下乡（镇）法制宣传、法律咨询4 次，向法院提出检察建议1 次并得到及时纠正；受理不服法院生效判决的申诉案件7 件，立案侦查2 件，息诉3 件，转钟山区检察院1 件，办结2 件，其中1 件获法院改判；申诉人何兴瑜与被申诉人陈凤英人身伤害赔偿一案，县检察院调查取证认为，陈的轻微伤虽系何的行为所致，但陈对引发纠纷也有一定的责任，陈在受伤后提供假诊断证明，原判将其作为定案依据实属不当，提请市检察院即时向市法院抗诉，市法院裁定县法院另行组成合议庭再审，分管副检察长陈放鸣到法庭旁听，在庭审过程中程序违法，出庭再审的检察员提出纠正意见并得到及时纠正，县法院以〔1998〕水民再初字第4 号民事判决作出改判。1999 年，县检察院严格执行《人民检察院办理民事行政抗诉案件公开审查程序试行规则》，把办案工作摆在突出位置；受理不服法院生效判决的申诉案件8 件（含上年积存1 件），立案审查4 件，抗诉2 件，建议提请抗诉1 件，法院决定再审而终止审查1 件，息诉4 件；申诉人杜艾林不服市法院〔1996〕六中民终字第379 号民事判决一案，查明该二审判决认定的主要事实确有错误，县检察院向市检察院建议提请抗诉后，市检察院向省检察院提请抗诉。

2005 年，县检察院受理不服法院民事行政生效判决的申诉案件15 件（土地承包经营权纠纷3 件，土地使用权、山林侵权、自然资源使用权、宅基地纠纷和财产损害赔偿各1件，人身伤害赔偿4件，借款合同、购销合同、买卖合同纠纷各1件），立案12件，不立案3件，提请抗诉4件，市检察院采纳抗诉建议3件，终止审查8件；在审查起诉被告人祝某某破坏电力设备一案时，发现祝某某的犯罪行为给电力公司造成直接经济损失7210.19元，但电力公司没有提起附带民事诉讼，县检察院在对被告人提起公诉的同时提起附带民事诉讼，县法院判处祝某某有期徒刑7年，赔偿损失7210.19元。2008年，县检察院查办职务犯罪线索1件，下乡参加法制宣传1次，办理刑事附带民事诉讼案件1件；向全县33个乡（镇）发放民事行政检察征求意见函，并聘请各乡（镇）政法委书记和司法所长为县检察院民事行政检察工作联络员；受理不服法院民事行政生效判决申诉案件9件（一审案件5件，二审案件4件），立案审查4件（提请抗诉1件，向县法院提请再审检察建议3件），不立案5件。

第三章　法　院

第一节　机构与队伍

一、机构

1978 年，特区法院有刑事审判庭、民事审判庭、信访接待室、公证室、办公室。1981 年 4 月，特区法院增设经济审判庭。1984 年 5 月，特区法院增设执行科。1986 年 5 月，特区法院增设政工科及刑事审判第二庭，原刑事审判庭改为刑事审判第一庭，执行科改为执行室。1986 年 11 月，特区法院增设行政审判庭。1987 年 12 月，特区法院改称县法院。1988 年 8 月，县法院撤销刑事审判第二庭，设立告诉申诉审判庭。1991 年 7 月，县法院在刑事审判庭内设少年审判法庭。1992 年 4 月，县法院增设调研室。1996 年，县法院成立法警队。1997 年，县法院撤销告诉申诉庭，设立审判监督庭、立案庭。1999 年，县法院法警队升格为司法警察大队，为副科级机构，有大队长 1 名，副大队长 1 名，政治教导员 1 名，正式干警 3 名。2000 年，县法院执行室改为执行工作局。2002 年，县法院内设政工科、监察室、研究室、办公室、刑事审判庭、民事审判一庭、民事审判二庭、行政审判庭、立案庭、执行局（庭）、审判监督庭、书记官室、司法警察大队。2008 年，县法院内设刑事审判庭、立案庭、民事审判一庭、民事审判二庭、行政审判庭、审判监督庭、研究室、监察室、办公室、政工科、司法警察大队，办公室下设财务室、档案室、对外委托办公室、打字室。

1978—2007 年，县（特区）法院建立党支部。2008 年 1 月，县法院成立党总支部，下辖 9 个党支部。2008 年 2 月，县法院党总支部被省委党建领导小组授予“五好基层党组织”称号。

1978 年，特区法院辖大河、滥坝、南开、龙场、城关、玉舍、发耳、杨梅、米箩、蟠龙、德坞、青㭎林、大湾法庭。1986 年 11 月，特区法院设立黄土坡法庭。1988 年 7 月，县法院辖比德、滥坝、南开、蟠龙、米箩、龙场、发耳、杨梅、玉舍、大河 10 个法庭，仍然实行 1 区 1 庭制。2000 年 10 月，大河法庭更名双戛法庭。2005 年 1 月，比德、滥坝 2 个法庭合并为董地法庭。2005 年 6 月，杨梅法庭并入发耳法庭；全县有派出法庭 8 个。

二、队伍建设

1979—2008 年，县（特区）法院受到最高人民法院表彰 3 人，省高院表彰 9 人，市级表彰 23 人，县委、县政府表彰 25 人；立二等功 2 人，立三等功 11 人。1983 年起，助理审判员由法院自行任免。1992 年，县法院有干警 90 人；本科文化 4 人，大专文化 15 人，中专和高中文化 49 人，初中及以下文化 22 人；法律专业毕业 8 人。1992—1998 年，龙场乡法庭干警龙石虎连续 6 年被评为法院先进工作者，连续 4 年被评为办案能手。1992—2008 年，经院长提请县人大任命审判员 53 名。1993—

2008 年，县法院拒礼、拒贿 3350 余人次，小到 1 瓶酒，1 条烟，大到万余元。1996 年以前，县法院司法警察由办公室管理，多数法警兼驾驶员。1996—2008 年，县法院司法警察大队（法警队）共执行死刑 58 人次，押解人犯出庭受审 4358 人次，参加社会治安综合治理行动 400 余次，协助执行案件 485 件，执行司法拘留 38 人次，收监 25 人次；立三等功 2 人次。1997 年，龙石虎被市中级人民法院记三等功 1 次。2001 年 8 月，龙石虎被省高级人民法院表彰为省“十大杰出青年卫士”，记二等功 1 次。2001 年 12 月，龙石虎被评为全国“十大杰出青年卫士”。2006—2008 年度，县法院被市委、市政府表彰的人民满意政法机关。2007 年，县法院被评为全国法院指导人民调解工作先进集体，全省优秀人民法院，全省勤政廉政先进集体，全市勤政廉政先进集体，被市中级人民法院记集体三等功 1 次。2008 年，县法院有干警 96 人；法学硕士 1 人，本科文化 65 人，大专文化 17 人，中专和高中文化 12 人，初中文化 1 人；法律专业毕业 60 人（经过法院业大和成人高考、自考等途径获取法律专科文凭 7 人，法律本科 52 人，法学硕士 1 人）；少数民族干警 39 人，占干警总数的 40.62%，女干警 19 人，占干警总数的 19.79%；有四级高级法官 13 人，一级法官 17 人，二级法官 24 人。2008 年 1 月，县法院被省高级人民法院授予优秀人民法院称号。2008 年 12 月，县法院被省委、省政府表彰为精神文明建设工作先进集体。

1978—2008 年，县（特区）法院院长名录见表 7－3－1。

1978—2008 年水城县（特区）法院历任院长名录

表 7－3－1

姓名	任职时间	附　注	姓名	任职时间	附　注
徐先刚	1978.08—1984.04	—	陈大顺	1998.02—2000.12	—
钟桂芳	1984.04—1986.03	女	李姿云	2002.03—2002.12	—
黄建中	1986.03—1992.12	—	郝　克	2003.03—2004.06	—
李含俊	1993.03—1997.12	穿青人	马永相	2005.03—	回族

第二节　刑事审判

1979 年 7 月 1 日后，特区法院实行刑事案件公开审判程序。1981—1990 年，县（特区）法院贯彻全国人大常委会《关于打击经济领域中严重犯罪活动的决定》，加强经济犯罪案件审判，共受理经济犯罪案件 642 件，审结 632 件，结案标的金额 830 万余元。1983 年起，特区法院对流氓集团、杀人、放火、强奸、抢劫、拐卖人口、重大盗窃七个方面的严重刑事犯罪分子，依法“从重从快”严厉打击。1986—1990 年，县（特区）法院继续开展严厉打击严重刑事犯罪分子的斗争，依法“从重从快”“稳准狠”严惩刑事犯罪分子（特别严惩流窜犯罪分子和团伙犯罪分子）。1997 年 3 月 14 日第八届全国人民代表大会第五次会议修订《中华人民共和国刑法》《中华人民共和国刑事诉讼法》后；县法院依照《中华人民共和国刑事诉讼法》规定的任务，根据不同时期社会治安形势变化，突出打击车匪路霸、重大盗窃、抢劫杀人、拐卖妇女儿童、贩毒、持枪抢劫和顶风作案等犯罪活动；通过开庭审理查明犯罪事实，正确应用法律，惩罚犯罪分子，保护公民的人身权利、财产权利、民主权利和其他权利，保障县（特区）各项建设事业顺利进行。

1979—2008 年，县（特区）法院审结刑事案件 5956 件，除 1980 年审结的 177 件外，其余 29 年审结的 5779 件中，有流氓案件 78 件、杀人案件 140 件、抢劫案件 694 件、强奸案件 313 件、伤害案件 873 件、拐卖人口案件 206 件、纵火案件 49 件、重婚案件 211 件、责任事故案件 89 件、交通肇事案件 220 件、贪污案件 310 件、盗窃案件 1173 件、贩毒案件 280 件、妨碍公务案件 18 件、盗伐林木案件 12 件、其他刑事案件 1113 件；具体情况见表 7－3－2。

1979—2008 年水城县（特区）刑事案件审结统计表

表 7－3－2　　　　单位：件

年度	合计	流氓	杀人	抢劫	强奸	伤害	拐卖人口	纵火	重婚	重大责任事故	交通肇事	贪污	盗窃	贩毒	妨碍公务	盗伐林木	其他
1979	107	—	4	3	8	2	—	—	5	—	—	6	18	—	—	—	61
1980	177	—	—	—	—	—	—	—	—	—	—	—	—	—	—	—	—
1981	176	2	4	26	13	17	—	—	21	—	—	3	13	1	—	—	76
1982	182	1	7	18	16	21	2	—	15	—	—	1	19	2	—	—	80
1983	191	5	3	32	19	32	—	—	8	4	2	2	30	1	—	—	53
1984	299	28	1	35	34	22	9	1	11	—	2	3	81		—	—	72
1985	186	2	6	14	25	26	5	—	21	—	4	5	53	2	—	—	23
1986	213	9	—	13	17	35	1	—	6	2	3	13	28	2	—	—	84
1987	300	23	5	26	35	50	—	2	13	7	6	2	56	2	—	—	73
1988	152	6	6	21	12	27	2	3	20	6	—	8	31	2	—	—	8
1989	125	1	6	7	2	18	17	1	20	—	—	5	25	1	—	—	22
1990	192	—	6	30	2	24	14	1	23	7	—	16	28	1	—	—	40
1991	159	1	6	25	6	23	13	2	17	4	—	15	21		—	—	26
1992	145	—	3	16	4	18	24	—	16	4	1	10	23		—	—	26
1993	142	—	4	15	3	30	11	1	3	2	1	11	21	5	—	—	35
1994	130	—	5	21	8	21	12	—	2	—	1	8	25	6	—	—	21
1995	136	—	4	19	5	27	15	2	1	3	1	11	29	8	—	—	11
1996	156	—	6	21	9	30	19	1	—	5	2	17	29	10	—	—	7
1997	140	—	2	19	4	29	6	2	1	3	4	18	27	12	—	—	13
1998	167	—	4	29	7	32	5	1	—	4	2	23	41	13	—	—	6
1999	253	—	6	37	8	43	7	2	1	5	6	15	58	28	—	—	37
2000	206	—	3	28	6	31	4	1	—	6	19	11	42	13	2	2	38
2001	363	—	12	57	10	70	12	3	2	11	17	19	65	27	3	4	51
2002	235	—	4	21	8	49	7	1	1	—	9	7	61	34		2	31
2003	231	—	5	24	10	34	7	10	3	3	12	16	53	13		1	40

续表 7－3－2　　单位：件

年度	合计	流氓	杀人	抢劫	强奸	伤害	拐卖人口	纵火	重婚	重大责任事故	交通肇事	贪污	盗窃	贩毒	妨碍公务	盗伐林木	其他
2004	179	—	3	28	3	17	3	3	—	1	10	11	45	21	3	—	31
2005	230	—	11	21	10	32	1	2	1	4	31	11	59	15	1	—	31
2006	232	—	4	30	10	33	5	1	—	2	15	19	56	8	2	—	47
2007	263	—	5	34	6	36	3	3	—	1	38	11	59	15	7	3	42
2008	289	—	5	24	13	44	2	6	—	5	34	13	77	38	—	—	28

附案例：

1. 刘某某挪用公款案　1999 年 1 月至 2003 年 11 月，刘某某任县邮政局龙场支局代办员，其安排投递员在投递汇款单时，将收款人身份证号码在汇款单上填写好后带回报账，或者直接索取收款人身份证号码填写在汇款单上报账，并将其所填写汇款单留在收款人处作为取款依据，截留邮政汇款 180 笔，共计 204615.5 元，其中挪用 171937.64 元。刘某某犯挪用公款罪，被判处有期徒刑 13 年，剥夺政治权利 3 年。

2. 王某某犯拐卖妇女罪案　2000 年 2 月 21 日，王某某伙同赵某某（已判刑）、王某某（已判刑）、甘某某（另案处理）、叶某某（另案处理）以外出打工为名，将本乡女青年岳某某拐骗到山东省，以 13000 元的价格将岳某某卖给当地村民吴某某为妻，得赃款 8000 元后 5 人共同分赃。王某某构成拐卖妇女罪，判处有期徒刑 5 年，并处罚金 1000 元。

3. 常某某犯盗窃罪案　2000 年 12 月 18 日，常某某伙同陈某某（已判刑）盗走阿戛乡阿戛村向中伍家 1 仔母牛（价值 1300 元），同月 23 日，2 人将牛拉往六枝销赃途中被抓获，2 头牛被失主领回。常某某构成盗窃罪，被判处有期徒刑 2 年，并处罚金 1000 元。

4. 崔某某、余某某重大责任事故罪、非法采矿罪，赵某某玩忽职守罪、妨害作证罪，胡某、陈某、谢某某、傅某某、蒋某某伪证罪，龙某某非法采矿罪案　2002 年 7 月 4 日，崔某某、余某某、崔某某（已死亡）合伙接转玉舍乡陶家湾张某某的无证煤窑进行开采，按协议 3 人继续使用张某某原来接好的用电设施。2002 年 7 月下旬，龙某某向该井收取 500 余元电费。2002 年 7 月 24 日下午，该井发生瓦斯爆炸，造成 22 人死亡，7 人受伤，直接损失 51 万余元。玉舍乡副乡长赵某某分管煤炭生产、乡镇企业期间，分别于 2002 年 6 月 4 日、6 月 25 日组织人员对该煤窑进行炸封。2002 年 7 月 9 日，赵某某带人检查时发现该煤窑仍在开采，赵等人没收几个矿灯，烧毁几个背箩；于夜间寻找矿主未果后，放任该煤窑继续开采。该煤窑发生瓦斯爆炸后，赵某某指使胡某补上 7 月 3 日、7 月 12 日 2 次炸封该煤窑的假指令书。胡某按赵某某指使安排陈某填写上述 2 份炸封假指令书，谢某某在假指令书上加盖土管所印章，胡某、谢某某、傅某某、蒋某某分别按赵某某要求，向公安机关作了虚假证词。案发后余某某、蒋某某有投案自首情节。法院判决：崔某某犯重大责任事故罪，判处有期徒刑 5 年；犯非法采矿罪，判处有期徒刑 2 年，并处罚金 1 万元；决定执行有期徒刑 6 年，并处罚金 1 万元。余某某犯重大责任事故罪，判处有期徒刑 4 年；犯非法采矿罪，判处有期徒刑 2 年，并处罚金 1 万元；决定执行有期徒刑 5 年，并处罚金 1 万元。赵某某犯妨害作证罪，判处有期徒刑 2 年，缓刑

3 年；犯玩忽职守罪，判处有期徒刑 1 年，缓刑 1 年；决定执行有期徒刑 2 年，缓刑 3 年。胡某犯伪证罪，判处有期徒刑 1 年，缓刑 2 年。陈某犯伪证罪，判处有期徒刑 1 年，缓刑 2 年。谢某某犯伪证罪，判处有期徒刑 1 年，缓刑 2 年。傅某某犯伪证罪，判处有期徒刑 1 年，缓刑 2 年。龙某某犯非法采矿罪，判处有期徒刑 1 年，缓刑 1 年。蒋某某犯伪证罪，免予刑事处分。

5. 姜某某绑架案　2003 年 5 月 31 日 14 时许，都格乡副乡长岑某某带领计生干部到马龙村监办计生工作，将计生对象姜某某之妻彭某某带到水城做人流手术。姜某某得知该消息后，于当日 19 时许到岑某某家将其 5 岁女儿挟持在都格大桥上，威胁岑某某将其妻彭某某放回，否则将岑某某女儿从桥上摔到河里，约 2 小时左右，被旁人从姜某某手中把岑某某女儿夺回，姜某某趁乱逃脱。姜某某的行为构成绑架罪，被判处有期徒刑 11 年，剥夺政治权利 2 年。

6. 王某某、严某某、陈某某、陈某、石某某、廖某某重大责任事故罪案　2005 年 12 月 2 日 6 时 58 分，县仲河煤矿因瓦斯积聚发生特大瓦斯爆炸事故，造成 16 人死亡，直接经济损失 569 万元。王某某，系该矿采掘区区长，当班矿值班人员，在无措施的情况下，擅自开掘 2011 采面；违章指挥，是事故主要责任者。严某某，系该矿通风区区长，具体负责矿井“一通三防”管理工作；事故发生前井下 2011 采面瓦斯超限频繁，特别是炮后长时间瓦斯超限，未认真组织查找原因，对瓦斯巡查员履行职责情况未进行监督，工作严重失职，是事故主要责任者。陈某某，系该煤矿矿长兼总工程师，安全生产第一责任者，负责全矿行政管理和技术管理工作；未认真履行职责，对该煤矿安全生产责任制度落实不到位，安全生产管理、技术管理混乱，2011 采面 2#补小眼和 2011 采面 3#补小眼掘进头无规程措施施工，发现后未及时制止，特殊工种人员数量不足，违章指挥，冒险蛮干，劳动组织管理混乱，以包代管，对该煤矿“一通三防”管理不力，未能有效解决通风和瓦斯治理方面所存在安全隐患，特别是在炮后瓦斯长期超限未采取任何针对性措施予以解决，未按有关规定对从业人员进行安全教育和培训，对事故发生负有主要责任。陈某，系该煤矿生产副矿长，负责安全生产管理工作，对 2011 采面 3#补小眼和 2011 采面 2#补小眼掘进头在无规程措施的情况下擅自开工不予制止，现场管理混乱，是事故主要责任者。石某某，系该煤矿采掘区副区长，负责 2011 采面领导，工作落实不到位，是事故主要责任者。廖某某，系该矿的调度员兼瓦斯监控员，未认真履行工作职责，是事故主要责任者。法院判决：王某某犯重大责任事故罪，判处有期徒刑 4 年。严某某犯重大责任事故罪，判处有期徒刑 3 年。陈某某犯重大责任事故罪，判处有期徒刑 3 年，缓刑 4 年。陈某犯重大责任事故罪，判处有期徒刑 3 年，缓刑 4 年。石某某犯重大责任事故罪，判处有期徒刑 3 年，缓刑 3 年。廖某某犯重大责任事故罪，判处有期徒刑 3 年，缓刑 3 年。

7. 张某某和晋某某贩卖毒品、夏某某运输毒品案　2007 年 12 月 24 日 12 时许，吸毒人员陈某打电话给晋某某，要购买 30 克毒品海洛因，晋某某说只有 20 克，双方讲定价格为每克 180 元。2007 年 12 月 25 日 14 时许，晋某某在市区老客车站搬迁二街一民房三楼与陈某交易毒品时被县公安局干警抓获，缴获海洛因 2 包，共计 20 克。2008 年 2 月 21 日晚，张某某、彭某租用夏某某车辆从成都运输毒品 K 粉 307.5 克到安岳县给曾某（另案处理），到安岳后张某某与曾某约定，K 粉卖出后曾某拿 7500 元给张某某。2008 年 2 月 28 日，张某某、彭某租用夏某某车辆从成都运输毒品 K 粉 999.5 克到市贩卖。运输途中张某某告诉夏某某其和彭是去贩卖毒品 K 粉，3 人到市区梅花山钟山区交警报警点时被公安机关查获。张某某构成贩卖毒品罪，判处有期徒刑 15 年，剥夺政治权利 3 年，并处没收个人全部财产。晋某某构成贩卖毒品罪，判处有期徒刑12年，剥夺政治权利3年，并处罚金3000元。夏某某构成运输毒品罪，判处有期徒刑8年，并处罚金2000元。没收夏某某运输毒品长安SC7130型轿车1辆，手机1部。

8. 王某某犯抢劫罪案　2008年1月12日凌晨3时17分许，王某某窜至杨碧高在杨梅乡慕尼克村湾腰树新建房屋处，伙同他人欲秘密窃取杨某某1辆价值4259元的二轮摩托车时，被杨某某发现，王某某当场使用暴力，将摩托车抢走。后被当地群众在距被抢地3500米的公路上将摩托车追回。王某某在杨梅丫口王某开的面包车上被抓获。王某某犯抢劫罪，被判处有期徒刑8年，并处罚金3000元。

9. 毛某某犯故意杀人罪案　2008年6月29日14时许，野钟乡响石村丫口组村民刘某某（又名何某某）到毛某某家玩，两人在一起喝酒，因为口角发生纠纷，毛某某打了刘某某一耳光，于是两人扭打起来；在扭打中，毛某某用家中的一把薅刀将刘某某打倒在地，后又将刘某某拖到自家房侧猪圈旁，用一根舂炭棒猛打刘某某，将刘某某打死后，毛某某将刘某某的尸体拖到距家50余米的一竹林沟中藏匿。经法医鉴定：刘某某系被他人用钝器打击左顶骨引起顶骨骨折，致颅脑损伤而死亡。毛某某犯故意杀人罪，判处有期徒刑15年，剥夺政治权利3年。

10. 龙某某非法行医案　龙某某，女，生于1950年9月12日，系贵阳市花溪区马林乡马林村水坝组农民。龙某某与其丈夫卢某某未取得职业医生资格，未经医疗卫生主管部门许可，一直从事非法行医。2007年6月，2人到市区向阳南路36号租房暂住，先后在市区明湖路及周边乡（镇）赶乡场摆摊设点为人诊疗，以此为生。2008年7月25日至8月15日，龙某某及卢某某先后4次到纸厂乡前进村新寨组村民王某家给其非法医治后，王某于2008年8月20日死亡。龙某某犯非法行医罪，被判处有期徒刑10年，剥夺政治权利2年，并处罚金3000元。

第三节　民事审判

中共十一届三中全会后，县（特区）各项改革逐渐深入，房产、宅基、林木、债务等财产权益案件逐步增加。县（特区）法院依照《中华人民共和国民事诉讼法》《中华人民共和国民法通则》《中华人民共和国婚姻法》以及其他民事法律、法规，加强民事审判工作；除正常受理民事案件外，还深入农户家中、田间地头，巡回办案，在查清案件事实、分清责任的基础上，就地审理民事案件。1979—2008年，县（特区）法院共审结各类民事案件19766件（婚姻案件11402件、劳资案件48件、债务案件1405件、土地案件186件、房屋案件370件、抚养案件296件、赡养案件75件、赔偿案件2278件、继承案件80件、宅基案件204件、其他民事案件3422件），具体情况见表7－3－3。

1979—2008年水城县（特区）民事案件审理统计表

表7－3－3　　　　　　　　　　　　　　　　　　　　单位：件

年度	收案	结案	其中										
			婚姻	劳资	债务	土地	房屋	抚养	赡养	赔偿	继承	宅基	其他
1979	—	113	95	—	—	—	5	—	—	—	—	—	13
1980	674	622	373	—	3	2	12	—	4	—	4	6	218
1981	746	664	389	—	—	3	4	1	—	1	2	2	262
1982	684	513	308	—	—	—	10	4	—	3	5	—	183
1983	715	660	396	—	—	1	5	3	—	2	—	2	251
1984	705	597	340	—	—	9	38	5	5	35	5	18	142
1985	537	493	304	—	51	16	41	11	2	20	3	17	28
1986	531	487	353	—	17	—	34	6	13	20	—	10	34
1987	750	728	530	—	53	32	48	—	—	42	4	—	19
1988	660	658	406	—	—	27	35	—	—	58	—	—	132
1989	377	368	184	2	44	6	8	2	3	53	—	3	63
1990	371	366	173	1	49	5	9	3	—	57	1	1	67
1991	408	406	214	6	74	3	—	—	1	56	2	—	50
1992	443	431	217	16	56	6	3	4	3	97	2	2	25
1993	415	408	219	3	17	3	1	1	1	—	5	7	151
1994	481	463	236	4	22	12	3	2	1	20	3	6	154
1995	586	575	307	1	34	—	5	3	2	39	2	7	175
1996	832	809	475	4	76	3	9	3	4	67	5	10	153
1997	891	885	493	5	104	4	10	6	2	107	3	12	139
1998	1147	1128	537	6	101	5	56	9	1	107	7	19	280
1999	1350	1350	653	—	222	16	27	13	6	207	3	20	183
2000	1082	1081	604	—	307	18	3	7	4	104	2	9	23
2001	1105	1100	580	—	175	15	4	8	3	137	5	7	166
2002	805	795	455	—	—	—	—	2	5	195	3	8	127
2003	631	622	387	—	—	—	—	1	2	145	1	4	82
2004	567	565	369	—	—	—	—	10	1	115	1	13	56
2005	673	672	424	—	—	—	—	24	3	141	4	6	70
2006	703	700	436	—	—	—	—	39	4	147	3	3	68
2007	725	719	467	—	—	—	—	64	3	129	3	7	46
2008	791	788	478	—	—	—	—	65	2	174	2	5	62

附案例：

1. 周某某诉与赵某某欠款纠纷案　周某某与赵某某合伙做干鱼生意，结账后赵某某应补周某某3800元，便写了欠条1张，之后赵又付现金100元给周，实际欠3700元。在庭审中调解后双方达成协议：赵某某订于2001年9月中旬一次性付给周某某人民币3700元，案件受理费158元由赵某某承担。

2. *李某某诉与赵某某离婚纠纷案* 李某某与赵某某经自由恋爱，于1999年10月8日按农村习惯结婚。2000年3月11日补办结婚证，同年7月9日生一女孩。李某某个人财产价值1018元，双方无共同债权债务。李某某于2002年3月向县法院起诉与赵某某离婚，法院审理认为李某某与赵某某夫妻感情确已破裂，根据婚姻法规定判决：准许李某某与赵某某离婚；双方所生孩子由赵某某抚养，李某某的个人财产折抵孩子抚养费归赵某某所有；案件受理费50元，实际支出费用100元，合计150元，由李某某负担。

3. *龙某某诉与东兴矿、东升矿财产损害赔偿纠纷案* 东兴矿、东升矿分别于1992年11月和1996年建矿后，由于采煤致使龙某某房屋开裂和地基下沉。2002年1月10日，龙某某与东兴矿协商后签订一份协议，内容为：龙某某住房坐落于东兴矿井田范围内，由于采煤影响，造成房屋受损，双方协商解决赔偿问题，且依保党发〔1992〕03号文件执行。后来双方多次协商未果诉至法院。法院于2003年6月6日，委托县物价局对龙某某等人房屋受损程度进行价格评估，结论为：龙某某房屋损失为18553元。法院判决：由东兴矿赔偿龙某某房屋损失费18553元，限判决生效后7日内付清；驳回龙某某对东升矿其他诉讼请求；案件受理费767元、实际支出费900元，二项合计1667元，由东兴矿负担。

4. *郭某某诉与颜某某、李某某名誉权纠纷案* 2003年10月11日，颜某某在保华卖牛，得款1700元，在其回家途中被抢，误认为系郭某某所为。2004年1月23日（农历正月初二），颜某某、李某某在双桥抓住游人郭某某；颜某某、李某某在众多人群中说：郭某某抢了颜某某卖牛钱，并将其扭至保华派出所，经保华派出所调查认定郭某某抢劫事实不存在。在庭审中，郭某某称颜某某、李某某在大庭广众之下对其横加辱骂，拳打脚踢，被颜某某、李某某二人打伤住院，以及颜某某诬告其抢劫和强奸，要求赔偿医药费、营养费、误工费、车费及精神损失费，但未向法庭提供其被打伤住院证据。法院判决：颜某某、李某某向郭某某赔礼道歉，消除影响，恢复名誉，并给予郭某某1000元钱作为赔偿；案件受理费416元和实际支出费用520元，共计936元，由颜某某、李某某承担。

第四节 经济审判

1981年前，特区经济审判属民事审判范畴。1981年起，特区法院开展经济审判工作。随着商品经济不断发展，经济交往逐步增加，经济纠纷案件逐渐增多；县（特区）法院切实开展经济审判工作，依法维护当事人的合法权益，在县（特区）经济活动中主持公道，伸张正义，在促进县（特区）经济发展中发挥重要作用。

1981—2008年，县（特区）法院受理经济案件8087件，结案7993件（购销案件1486件、借款案件4775件、建筑安装案件197件、联营案件116件、运输案件73件、加工案件9件、其他经济案件1337件），结案率98.84%；具体情况见表7-3-4。

1981—2008 年水城县（特区）经济纠纷案件审理统计表

表 7－3－4　　单位：件

年度	收案	结案	其中						
			购销	借款	建筑安装	联营	运输	加工	其它
1981	7	3	3	—	—	—	—	—	—
1982	7	9	6	1	1	—	1	—	—
1983	21	16	10	—	3	—	1	—	2
1984	16	17	12	1	—	—	3	—	1
1985	46	50	31	1	7	—	1	—	10
1986	55	51	26	1	10	—	4	1	9
1987	132	126	56	11	10	—	3	—	46
1988	82	91	30	20	5	4	—	6	26
1989	139	138	4	112	5	1	—	—	16
1990	126	129	5	101	3	1	—	—	19
1991	80	79	10	49	4	—	—	—	16
1992	43	41	9	17	4	3	—	—	8
1993	107	107	27	45	4	4	—	1	26
1994	44	43	11	14	2	1	1	—	14
1995	136	131	20	47	9	3	4	1	47
1996	436	431	76	198	10	5	3	—	139
1997	423	422	120	234	11	6	3	—	48
1998	521	509	174	201	6	5	7	—	116
1999	325	325	98	112	11	4	3	—	97
2000	275	273	80	106	7	2	2	—	76
2001	542	537	101	277	11	3	7	—	138
2002	591	565	96	351	3	9	—	—	106
2003	849	843	52	708	9	8	6	—	60
2004	659	649	40	539	5	10	—	—	55
2005	633	627	87	453	7	16	3	—	61
2006	585	580	79	413	11	5	3	—	69
2007	552	551	111	355	22	7	10	—	46
2008	655	650	112	408	17	19	8	—	86

附案例：

1．都格乡诉与高某某、贵州利达医药保健贸易公司（简称利达公司）购销桔梗种子质量纠纷案

高某某于 1991 年 1 月 30 日与利达公司签订协议书，利达公司为甲方，高某某为乙方，协议拟在乙方所在地县区开辟桔梗等中药材基地。高某某以甲方名义于 1991 年 3 月 26 日与马龙乡（后并入都格乡）书记夏某某、副乡长罗某某商议在马龙乡发展种植桔梗事宜。双方商定后，1991 年 4 月 10 日马龙乡向马龙乡信用社贷款 17850 元购种。1991 年 4 月 19 日，利达公司给高某某运来桔梗种子，由高

出售给马龙乡政府178.5千克，每千克单价100元，种子款共计17850元。1991年4月21日，利达公司法定代表人谭某某亲笔给罗某某写信认可合同并承诺回收产品。马龙乡将所购178.5千克桔梗种子落实给256户农民栽种，安排专人按利达公司提供的技术资料和规范进行栽种管理，每公顷用种11.25千克，共占用土地15.87公顷，均为中上等地。种子种入土中，出土率为零；由于按要求种植桔梗不能套种包谷，造成15.87公顷中上等土地全年颗粒无收，按每公顷产3750千克计算，损失玉米59500千克，按每千克0.76元折价45220元。是年有的种植户因此而外出逃荒，引起该乡众多人大代表就此事提案，农户呼声强烈。在都格乡要求索赔下，利达公司同意赔偿种子款的一半（8925元），下欠种子款及其他损失赔偿未达成协议；但直到1992年4月8日，利达公司才通过高某某兑现。本案出售之桔梗种子，从农户种植月份前后气象资料表明：在是年降水、日照、气温条件下，若系正常种子，栽种是能出土的，而客观上出土率则为零。据县种子站对当时所栽种种子进行发芽试验，检验结果发芽率为零，证实该种子有问题。法院判决：利达公司赔偿都格乡下欠种子款8925元，银行利息5822.99元（该款占用期间的银行利息4479.22元，逾期加罚利息1343.77元），土地荒废损失45220元，因索赔而造成的差旅费和误工费等1600元。

2. 贵州省六盘水市造纸厂申请破产案　贵州省六盘水市造纸厂因严重亏损，无力清偿到期债务，1997年8月向县法院申请宣布破产还债。经审查认为，贵州省六盘水市造纸厂申请所述的事实存在，即贵州省六盘水市造纸厂自1991年后因经营不善，连年亏损，外欠款逐年递增；截止1991年7月30日，资产总额294.2万元，外欠款总额433.3万元，无款可付。因此，申请人之申请，理由正当，准许其破产。

3. 县烟叶复烤厂申请破产案　县烟叶复烤厂因严重亏损，无力清偿到期债务，2005年4月向县法院申请宣布破产还债。经审查认为，县烟叶复烤厂资产总额8766万元，负债总额15307万元，其申请破产还债理由成立，宣告县烟叶复烤厂破产还债。

4. 邓某某诉与帅某某等18户拆迁纠纷案　1997年，县法院依法宣告市造纸厂破产。1998年3月30日，邓某某以128万元取得市造纸厂的土地使用权及厂房、职工宿舍所有权。但市造纸厂内所居住的18户职工住房未得到妥善安置，那18户下岗职工又没有经济能力自行解决住房困难，不得不一直居住在造纸厂内。1998年4月后，邓某某欲将受让的市造纸厂厂房、职工宿舍楼拆除用以进行房地产开发，后经市供销社、市信访局、市政府有关领导解决未果，双方多次产生纠纷，矛盾激化，相互斗殴，市造纸厂原副厂长秦某被打成重伤，犯罪分子被判刑6年，有10多名职工被打成轻微伤，医药费未得解决，家中财产被砸坏未得到赔偿，有几个职工住房被砸坏，造纸厂职工使用的自来水管道多次被破坏，职工生活用水困难。2006年春节期间，造纸厂职工上访到市政府，市政府曾派员加班加点抢修自来水管道，以保证职工春节期间生活用水。2006年5月9日，邓某某提起诉讼，请求裁判18户职工迁出造纸厂，经市中级人民法院指定，由县法院管辖审理该案。2006年6月8日，经县法院民二庭主持调解，邓某某与帅某某等18户下岗职工达成协议：（1）邓某某补助每户55000元搬迁费，首期每户预付5000元，作搬迁及房租费，每户余款50000元全部划到县法院账户上，待所有职工搬迁结束后统一发放；（2）18户职工在2006年7月8日前搬迁结束；（3）预领5000元搬迁费后，不能上访，邓某某答应付给每户的55000元搬迁补助费不能作为翻悔后的诉讼索赔依据。调解协议成立之日，原被打伤的职工及其被打坏家具，通过案外调解，每个人领取2000元赔偿费，邓某某与18户职工在协议之日还分别向法院书写承诺书。2006年6月30日，造纸厂18户职工搬迁完毕。2006年7月7日上午，18户下岗职工到县法院分别领取第二期搬迁补助费5万元。18户下岗职工向县法院民二庭赠送“司法为民，春暖人心”锦旗。

第五节　行政审判

1987年，特区法院开始办理行政案件。1989年4月4日第七届全国人民代表大会第二次会议通过《中华人民共和国行政诉讼法》后，县法院审理行政案件的力度逐步加大。受传统思想影响，个人或企业对行政诉讼曾信心不足，担心法院偏向被诉讼的行政单位，不轻易参与行政诉讼；被诉讼的行政单位负责人也曾因当被告感到难受，尽量设法影响审判活动。经过多年司法实践，县行政审判逐步被各方面接受，个人或企业对行政诉讼不再有顾忌，行政单位负责人不但认为行政审判是正常的司法活动，而且经常思考自己的行政行为能否在行政诉讼中胜诉，因此提高依法行政的自觉性。

1987—2008年，县（特区）审结行政案件情况见表7－3－5。

1987—2008年水城县（特区）审结行政案件统计表

表7－3－5　　单位：件

年度	结案	年度	结案	年度	结案	年度	结案	年度	结案	年度	结案	年度	结案
1987	1	1991	8	1994	3	1997	14	2000	14	2003	6	2006	12
1988	2	1992	6	1995	11	1998	8	2001	7	2004	7	2007	10
1990	12	1993	3	1996	6	1999	7	2002	15	2005	11	2008	19

附案例：

1. *龙场区供销社李某某不服县土地管理局拆除房屋及罚款处罚案*　1987年8月18日，龙场区供销社将已征用土地110平方米转让给李某某建房，由李按每平方米3.6元付土地款给供销社，龙场区公所在转让批复上签章认可，李便向供销社付款360元。李某某实际占地面积为139.15平方米，建房面积为130.7平方米。县土地管理局1990年7月10日以水土法监字〔90〕第0003号行政处罚决定书对李某某作出拆除房屋及罚款处罚。法院判决：维持水土法监字第〔90〕第0003号行政处罚决定书第一条，即拆除李某某130.7平方米建筑；水土法监字第〔90〕第0003号行政处罚决定书第三条改为李某某违法占地139.15平方米，按每平方米罚款1.5元。

2. *胡某某不服县公安局治安处罚案*　1991年12月20日中午，胡某某与王某、杨某将小偷张某等2人扭送向阳北路派出所，向当班干警李某反映被窃经过，要求处理小偷，并要把小偷赔偿的100元拿走。当班干警向其释明待案件处理后才能退还钱。胡不听劝说，当班干警通知所长郭某来处理。郭某来所后仍然向胡解释，胡不但不听解释，反而擅自把桌上的钱拿起就走，郭某见状上前拦住胡，并责令其将钱放回原处。胡伸手抓郭某衣领，并将其毛背心撕破。干警陈某上前隔开，又被胡抓落领徽，郭某用力挣脱胡抓扯时，胡因身体失衡，倒在地上碰破前额，形成青肿伤痕。县公安局作出〔1991〕第117号治安处罚裁决书，对胡某某行政拘留15日。法院审理后判决，维持县公安局作出的

〔1991〕第117号治安处罚裁决书。

3．何某某不服发耳乡政府林地使用权处理案　何某某与徐某某争议之地为草皮村小寨组大秧田背后（原集体桐子林）荒山。1981年3月小寨组将全组所有桐子树分到户管理时将该荒山分给何某某之父管理；当时组里意见是只分树不分地，但后来桐子林被砍伐光，由于该荒山位于何某某与徐某某两家土地之间，双方各自向该荒山挖种。1994年7月，两家为荒山地中间桦果树产生纠纷，草皮村委调解意见为以荒山地里中间栽种的一棚金竹为界，但何某某不同意，遂于1994年12月27日将荒山地里自然生长的13棵桦果树砍走。1995年1月4日，徐某某向发耳乡政府提出申请，发耳乡政府于1995年4月23日作出处理决定，东边与何某某家土地相近，划归何某某家；何某某家界限的西面属徐某某家所有；徐某某家土地上被何某某家砍走的13棵树，由何某某家全部归还给徐某某家；何某某家已种在徐某某家土地里的桃树全部移出。何某某诉至法院，法院判决：维持发耳乡政府1995年4月23日作出的处理决定。

4．姜某某不服鸡场乡政府土地确权处理案　姜某某与张某某争议土地位于安全村丫口组白龙包包（原妥倮道班厕所地基）侧边，约40平方米；实行土地承包责任制时，由于姜某某、洗某某3家分得的土地贫瘠，于1981年2月经群众讨论，由村民组长带领3家将空闲地白龙包包补给3家，但无承包证。1994年3月，安全村李家寨组村民张某某因房屋倒塌，向丫口组申请原妥倮道班厕所旁土地建房，村组同意批30平方米给张某某，但其私自更改批准面积，后报乡政府、县国土局批准，取得100平方米的《宅基地使用证》，在原妥倮道班厕所地基旁（占少部分厕所地基）修建约40平方米住房时，与姜某某发生土地使用权纠纷。鸡场乡政府于1995年6月7日对纠纷作出处理，认定张某某的宅基地使用权手续合法。姜某某不服，诉至法院。法院审理后判决：撤销鸡场乡政府1997年6月12日作出的《关于张某某与姜某某土地纠纷一案的处理决定》中的第一条，由鸡场乡政府在判决生效后3个月内重新作出具体行政行为；案件受理费100元，其他诉讼费用50元，由鸡场乡政府承担。

5．付某某诉与县卫生和食品药品监督管理局行政合同纠纷案　1998年8月22日，付某某向县卫生局（后来更名县卫生和食品药品监督管理局）申请定向招生、定点分配，经县卫生局和用人单位野钟乡卫生院同意后，付某某及其家长与县卫生局于1998年8月26日签订《水城县卫生局IV项目中等卫生专业学校定向分配合同书》。合同约定：付某某已考取六盘水卫校妇幼（或其他）专业，毕业后自愿服从县卫生局分配到野钟乡卫生院工作，若不服从分配，取消分配资格，愿一次赔偿在校期间费用；本合同经县卫生局，考生及考生家长，定向乡（镇）有关单位签章，县公证处公证后生效。该合同于1998年9月2日经县公证处公证。付某某按合同的约定自1998年9月至2001年6月在市卫校学习，于2001年6月取得《贵州省普通中等专业学校毕业证书》。2001年8月付某某持《报到证》到合同约定的单位报到上班，但县卫生局以国家政策调整为由未予安排，致使付某某诉至法院，请求确认定向分配合同有效。法院判决：确认付某某与县卫生和食品药品监督管理局1998年8月26日签订的《水城县卫生局Ⅳ项目中等卫生专业学校定向分配合同书》有效。

6．何某某不服县工商行政管理局向夏某某颁证纠纷案　1992年5月，何某某之夫赵某某（于2004年4月去世）等人经有关部门批准，开办县阿戛牛场煤矿。2001年3月19日，甲方赵某某与乙方夏某某签订转让协议，该煤矿转让给夏某某。2001年9月11日，夏某某持有关证件到县工商行政管理局办理个人独资企业营业执照，县工商行政管理局对夏某某提交的书面材料进行审查核实后，向其颁发个人独资企业营业执照（注册号5202212900651）。何某某以县工商行政管理局未依法审查夏某某提交的申请材料为其颁发个人独资企业营业执照，致使其合法权益受到侵害为由向法院提起行政诉讼，请求判决撤销颁发的县阿戛牛场煤矿注册号为5202212900651的《个人独资企业营业执照》，承担案件诉讼费用。法院审理查明事实认为，县工商行政管理局向夏某某颁发个人独资企业营业执照（注册号5202212900651）程序合法。法院判决：维持县工商行政管理局于2001年9月11日为夏某某颁发的《个人独自企业营业执照》（注册号5202212900651），驳回何某某诉讼请求。

7. 朱某某不服县国土资源局向代某某、刘某某颁发宅基地使用证案　代某某、刘某某分别用自己的承包地于1980年、1981年与朱姓村民2人口头协议调换蟠龙乡大田村五组炎家包包、小地脚土地修建住房，并于1983年建好住房。1997年4月，县国土资源局依据村、乡、土管所的审批意见给代某某、刘某某补办宅基地使用证。朱某某认为代某某、刘某某在其承包地（地名石旮旯）修房（1989年曾阻止过），于2006年向乡政府反映，经乡政府调查处理未果诉至法院。法院审理查明事实认为，该争议土地经蟠龙乡政府和大田村、土管所调查，终因双方证据不足，无力说明土地权属而处理未果；朱某某主张其承包的0.07公顷土地地名叫石旮旯，代某某、刘某某分别与朱姓村民2人调换建房的土地地名叫炎家包包和小地脚，是否争议之地朱某某不能提供有力的证据。法院判决：维持县国土资源局颁发水土（310627）、（310602）号宅基地使用证的具体行政行为。

8. 周某某诉勺米乡政府不履行法定职责案　周某某系勺米乡范家寨村民，周某某以与欧某某有土地纠纷申请，长期未得到解决。勺米乡政府于2006年12月8日证明，该土地纠纷乡政府组织工作组正在进行调查，尚未得出结论。周某某于2007年2月6日起诉勺米乡政府不履行法定职责。法院审理后判决：由勺米乡政府履行法定职责。

9. 穆某某诉与县人事劳动和社会保障局及阿戛乡杨家寨煤矿不服工伤认定纠纷案　2006年6月1日8时左右，穆某某等在杨家寨煤矿井下抗坑木；曹某抗的坑木从肩上滑落到地上，坑木沿巷道下滑，曹某往前走了约20多米，看见穆某某坐在地上呻吟，说其头昏。2006年6月5日，杨家寨煤矿将穆某某送到市医院作X光片，《六盘水市人民医院放射科诊断报告单》意见为：一是L1椎体压缩性骨折（陈旧性）；二是腰椎退化。2006年6月16日，杨家寨煤矿又将穆某某送到市医院作X光片，市医院作出《诊断证明书》，临床诊断为L1椎体压缩性骨折（陈旧性）。2007年6月13日，县劳动争议仲裁委员会作出水劳仲案字〔2007〕第19号调解书，确认事实劳动关系。2007年6月25日，穆某某向县人事劳动和社会保障局申请工伤认定，提交的是县中医院2006年10月30日作出的《疾病证明书》。2007年8月20日，县人事劳动和社会保障局作出NO:〔2007〕水劳工伤认定第75号工伤认定决定书，不予认定为工伤。穆某某不服该决定书，向县政府提出行政复议，县政府认为该工伤认定未适用法律条款，以水行复决字〔2007〕第7号（《水城县人民政府行政复议决定书》）撤销该工伤认定，并责令重新作出具体行政行为。2007年11月12日，县人事劳动和社会保障局作出NO:〔2007〕水劳工伤认定第87号《工伤认定决定书》，不予认定为工伤，穆某某不服工伤认定，向县政府申请行政复议。县政府于2008年1月16日作出水行复决字〔2008〕第2号行政复议决定书，维持县人事劳动和社会保障局作出的NO:〔2007〕水劳工伤认定第87号《工伤认定决定书》，穆某某不服，向法院提起诉讼。法院判决：维持县人事劳动和社会保障局2007年11月12日作出之

NO:〔2007〕水劳工伤认定第87号工伤认定决定书；案件受理费50元，由穆某某负担。

第六节　执行案件

执行案件一直是法院工作的难点，曾出现审判多、执行少的倾向。为确保当事人合法权益，维护法律尊严，县（特区）法院把执行工作纳入公正与效率重要组成部分，制订、完善《执行案件流程管理规定》《执行听证规定》《执行款管理规定》等规章制度，加强队伍建设，不断提高执行能力；建立优先执行通道，优先执行涉及工资、工伤的劳动争议案件，道路交通事故损害赔偿案件，追偿赡养费、抚养费、抚育费、医疗费的案件，尽最大努力保证弱势群体的合法权益；建立司法救助制度，在被执行人确无履行能力时，对因此陷入困境的申请执行人及时予以经济救济，彰显司法的人文关怀。

1984—2008年，县（特区）法院共立执行案件6012件，结案5721件，执行总金额16669.74万元，具体情况见表7-3-6。

1984—2008年水城县（特区）执行案件统计表

表7-3-6　　单位：件

年度	立案	结案	执行总金额（万元）	年度	立案	结案	执行总金额（万元）
1984	24	14	0.04	1997	382	354	259
1985	32	28	3.54	1998	416	345	473.75
1986	38	36	21.22	1999	402	393	412.92
1987	42	40	11.9	2000	446	446	587.13
1988	60	57	14	2001	370	369	886.84
1989	64	61	27.1	2002	653	633	2918.25
1990	129	127	26.6	2003	422	417	208.27
1991	143	141	25.44	2004	380	373	296.34
1992	131	114	70.41	2005	332	326	1665.26
1993	158	138	43.68	2006	295	290	1721.19
1994	120	103	40.84	2007	352	344	2561.86
1995	203	184	172.17	2008	367	363	4087.21
1996	311	261	212.58	合计	6012	5721	16669.74

附案例：

1. 彭某某拒不执行判决、裁定案　因张某某诉彭某某财产损害赔偿一案，县法院应张某某提出财产保全申请，作出〔1996〕水民初字第382号附1号民事裁定，裁定书送达后，彭某某未提出复议，县法院执行人员于1996年8月21日第一次执行时，彭某某表示同意法院执行人员将车（执行标的物）开走，但拒不到执行现场交车，指使其子到现场横加干涉，执行被迫中止。1996年8月27

日，执行人员第二次执行时，彭仍拒绝到现场交车，其家属对执行人员进行辱骂、威胁，阻拦执行人员执行，彭也不进行劝阻，执行工作被迫再次中止。执行人员再次对彭作思想工作，彭不但不听，反而出口大骂执行人员，对其几个儿子喊道“打死他们”，说完便带领几个儿子冲向执行人员，为避免事态扩大，执行人员主动撤回。1996 年 9 月 6 日，执行人员第三次执行时，彭拒不到执行现场，县法院正欲将执行标的物贵 B－20013 号汽车拖离执行现场，彭的儿媳岳某某等人赶到执行现场辱骂执行人员，阻碍执行，执行人员只得采取强制措施将其控制后，才将标的物拖离现场，在执行返回途中（距执行现场约 300 米处），彭某某领着其子及 20 余人坐一辆红星拖拉机，堵住在前开道的警车，并喊“就是他们，打死他们”。说完，便围攻执行人员，并抱住执行人员抢手枪，执行人员只得鸣枪警告。当其他执行人员赶到时，彭某某已跑到公路边山上指手画脚大骂执行人员，在对彭某某的儿子等 5 人采取强制措施后，才将贵 B－20013 号汽车执行。法院审理后认为；彭某某的行为构成拒不执行判决、裁定罪，但未造成严重后果，判决免于刑事处分，作案工具贵 B－20141 号红星拖拉机予以没收。

2. 钟山区其鑫商贸有限责任公司执行案　依据已经发生法律效力的〔2005〕黔水民初字第 252 号民事判决书，法院于 2005 年 6 月 28 日向六盘水其鑫房地产开发有限公司和钟山区其鑫商贸有限责任公司送达执行通知书，责令二被执行人在规定的期限内履行义务，但二被执行人未履行，根据法律规定，将被执行人钟山区其鑫商贸有限责任公司位于钟山区富康路 9 号一层 12 个门面和六号门面及二楼，总面积 891. 95 平方米，产权证号为市房权证字市中心区字第 00014175 号进行评估，11 号、12 号门面为 50. 2 平方米，评估价为每平方米 6243 元，共计 313960. 47 元，法院依法变卖给买受人蔡某某。

3. 水城润达洗煤厂拖欠张某、苏某某、蒋某某等 22 名民工工资执行案　张某、苏某某、蒋某某等 22 名民工从 2005 年开始在水城润达洗煤厂打工，到 2006 年 9 月都没领到工资。遂向劳动部门申请劳动仲裁，劳动部门仲裁润达洗煤厂拖欠张某等 22 人工资 88205 元；仲裁生效后，张某等 22 名民工申请县法院强制执行。2006 年 7 月 22 日，执行局干警到润达洗煤厂现场兑现张某等 22 名民工工资和看厂费用 153223 元，将该厂交接给了债权人。

4. 张某某行政处罚执行案　法院受理申请执行人县国土资源局与被执行人张某某行政处罚决定纠纷一案后，于 2008 年 4 月 3 日向被执行人发出执行通知书，限其在 4 日内自行拆除县国土资源局作出的〔2007〕水国资土资执法罚字第 8 号行政处罚决定书处罚的违法占地 237. 07 平方米上修建的建筑物，但被执行人未自动履行义务，县法院于 2008 年 4 月 8 日，在被执行人的建筑物上张贴强制执行公告后，被执行人于 2008 年 4 月 21 日前自行拆除违法建筑物。

5. 陈某某、李某某等 38 户违法建筑执行案　2007 年，勺米乡土管所征用范家寨村小屋基组土地给水矿集团格木底煤矿修建货场。陈某某、李某某等 38 户农户得知信息后，迅速在征用土地上抢修搭建房屋，欲获得高额赔款。抢修搭建房屋事件发生后，当地党委、政府及土管所虽然及时制止，但收效甚微，违法建筑户不但不拆除违法建筑，反而互相效仿，乱搭乱建，拖延水矿集团格木底煤矿进场时间，严重影响企业建设。县国土局于 2007 年 9 月 5 日，下发执法行政处罚决定书，李某某等 38 户村民均未在限定时间内自动拆除违法建筑。2008 年 4 月 1 日，县国土资源局向县法院申请强制执行。县法院审查立案后，由于案件涉及群众切身利益，群众对抗情绪强烈，在当地社会影响较大，县法院党组本着“达民情、顺民愿、解民困、保民生”的执法理念，对执行工作局提出3条意见：一是完善程序、依法执行，保护当事人合法权益；二是和谐执行，多方协调，千方百计作好群众思想工作，让群众自行拆除；三是制订强有力的执行方案，在多方协调做工作未果的前提下，组织力量强制执行，彰显司法权威。执行工作局在乡村干部配合下，采取集中座谈、逐户座谈和个别访谈等形式，与被执行人面对面谈心，摆事实、讲道理。当了解到被执行人拆除违法建房存在一定困难后，召集乡政府、村委会、格木底煤矿等几家单位开协调会，协调格木底煤矿修通到拆除房屋地的公路，并用挖掘机帮助被执行人拆除违法建房，切实减轻被执行人负担。在执行人员监督下，县国土资源局申请拆除的陈某某、李某某等38户违法建筑于2008年4月21日全部自行拆除。

第七节　巡回审判与审判监督

一、巡回审判

2005年，县法院在非法庭驻地设立23个巡回审判点，法庭干警定期到巡回审判点接待群众，就地审理案件；法庭干警在巡回审判点接待办案时要用当地电话向分管领导报告。2005—2008年，各巡回审判点共接待群众12258人次，立案4547件，就地审结2857件。县法院开展“司法为民进万家”活动，投资6.5万元制作集诉讼指导、法制宣传、方便群众联系为一体的《诉讼便民手册》6万余册，便民联系卡19万张；采取进村入户，召开村民会议等方式，免费发放到群众手中；让群众明明白白打官司，法官清清白白断是非，共同营造和谐诉讼环境。

二、审判监督

审判监督法庭　1986年前，刑事复查工作一直由刑庭承担。1986年6月，设立刑事审判第二庭专司刑事复查工作。1988年6月，设立告诉申诉庭承担申诉复查工作。1997年，撤销告诉申诉庭，设立审判监督庭，负责刑事案件的申诉复查工作。

复查案件　1978年10月至1979年底，特区法院共复查案件829件、1026人；其中反革命案件97件、113人，平反25人，减刑15人。1979—2005年，县（特区）法院共复查案件35件、43人，改判14件、17人。截止1987年7月，特区法院全部复查起义投诚人员、台胞台属、宗教人士等刑事申诉方面的案件。1997—2008年，县法院共立案再审案件72件，维持原判8件，改判30件，裁定撤诉5件，裁定终结2件，裁定其他23件，调解4件。2008年，修订和完善《水城县人民法院案件流程管理办法》《水城县人民法院案件评查办法》等规章制度，定期对发回重审案件进行剖析通报，对承办法官作出相应处罚，对审理案件进行质量评查。2008年4月1日起，审判监督主要负责审理发回重审案件和进行案件质量评查工作。

1979—1991年，县（特区）刑事申诉复查案件情况见表7－3－7。

1979—1991 年水城县（特区）刑事申诉复查案件统计表

表 7－3－7　　单位：人

年度	复查案件（件）	复查人数	免刑	无罪	减刑	维持原判	其他处理
1979	911	1226	20	85	21	728	372
1980	153	204	11	60	19	114	—
1981	242	320	31	44	67	178	—
1982	122	165	—	50	19	96	—
1983	100	149	3	12	9	125	—
1984	15	25	—	4	3	18	—
1985	161	208	5	14	4	77	108
1986	137	141	—	42	14	73	12
1987	488	511	10	47	6	394	54
1988	14	14	—	—	—	11	3
1989	2	2	—	—	—	2	—
1990	3	3	—	—	—	3	—
1991	2	2	—	—	—	2	—
合计	2350	2970	80	358	162	1821	549

第八节　指导调解

1978—1981 年，特区的人民调解工作，由特区法院主管。1981 年以后，人民调解工作由司法部门统一管理，法院进行业务指导；县（特区）法院审理民事案件时，凡适用调解的均进行调解，使部分案件和平解决。2005—2008 年，矿群纠纷、土地征用、房屋拆迁、劳资纠纷、损害赔偿等较为突出；法院在抓好案件调处的同时，主动发挥指导人民调解工作的职能，开展送法进乡村、进校园，到案发地开庭审理案件，以案释法，宣传法治，指导乡（镇）、村人民调解委员会依法调处社会各类矛盾纠纷；33 个乡（镇）和村人民调解委员会妥善调处纠纷 6587 件，县法院指导辖区内人民调解组织调处案件 2356 件，把大量矛盾纠纷化解在基层。

1979—2008 年，县（特区）民事案件调解结案情况见表 7－3－8。

1979—2008 年水城县（特区）民事案件调解结案统计表

表 7－3－8　　单位：件

年度	收案数	结案数	调解		年度	收案数	结案数	调解	
			件数	占审结数（%）				件数	占审结数（%）
1979	149	113	62	54.87	1980	674	622	355	57.07
1981	746	664	334	50.3	1995	586	575	285	49.57

续表7－3－8

年度	收案数	结案数	调解		年度	收案数	结案数	调解	
			件数	占审结数（%）				件数	占审结数（%）
1982	684	513	215	41.91	1996	832	809	412	50.93
1983	715	660	307	46.52	1997	891	885	403	45.54
1984	705	595	328	55.13	1998	1147	1128	525	46.54
1985	537	493	287	58.22	1999	1350	1350	598	44.3
1986	531	487	322	66.12	2000	1082	1081	412	38.11
1987	750	728	473	64.97	2001	1105	1100	476	43.27
1988	660	658	396	60.18	2002	1396	1360	518	38.09
1989	377	368	217	58.97	2003	1480	1467	724	49.35
1990	371	366	214	58.47	2004	1226	1214	606	49.92
1991	408	406	202	49.75	2005	1306	1299	649	49.96
1992	443	431	205	47.56	2006	1289	1280	712	55.63
1993	415	408	211	51.72	2007	1277	1270	762	60
1994	481	463	224	48.38	2008	1446	1438	963	66.97

第四章　司法行政

第一节　法制教育

一、法制宣传

1978—1983年，随着改革开放深入和经济社会发展，国家加快民主法制建设步伐；各种法律、法规不断出台，丰富法制宣传内容。特区司法行政机关运用各种宣传载体开展法制宣传，重点宣传“两法”（《中华人民共和国刑法》《中华人民共和国刑事诉讼法》）和“三个法律文件”（《关于加强法律解释工作的决议》《关于死刑案件核准问题的决议》《关于处理逃跑或者重新犯罪的劳改犯和劳教人员的决定》）。

二、普法

“一五”普法　1984年6月，司法部在本溪市召开全国法制宣传工作现场会，提出向全体公民普及法律常识任务。1985年7月31日，特区三届人大常委会第11次会议审议通过《关于在全特区公民中基本普及法律常识的五年规划》，作出《关于在全特区公民中基本普及法律常识的五年规划的决议》。1987年3月，开展法制宣传月活动，重点宣传全国人大常委会《关于加强法制教育，维护安定团结的决定》；参加宣传月活动的县团级以上单位（包括中央、省属工矿企业）65个，特区直属部门84个，区（镇）13个，乡、街道115个，基层党支部1207个，受教育75万人次。1989年，县进行普法查漏补缺；对县复烤厂等工作季节性强的单位，在工闲时举办普法培训班；对杨梅乡、县职中、县煤炭局、县皮防站等单位进行查漏补课。1990年，县公检法开展“严打”斗争，出动宣传车进行宣传，配合市和钟山区公检法在米箩、发耳、杨梅、滥坝、南开召开公捕公判大会，现场播放“严打”宣传录像；在南开乡多次宣传“两封信”，犯罪嫌疑人投案自首5人。“一五”普法期间，县（特区）举办领导干部培训班4期，培训县级干部24人，培训县（特区）直属机关和区（镇）主要领导228人（占总数的97.9%）；举办一般干部培训班59期（包括部分乡办培训班），培训干部、教师1462人；区（镇）先后举办培训班15期，培训干部273人（占总数的85%），培训半脱产干部和村组农民法制宣传员4948人；中央、省、市驻水城厂矿、企事业单位举办干部培训班10期，培训干部10522人（其中地专级干部28人，县团级干部528人）。

“二五”普法　“二五”普法期间（1991—1995年），共印发普法宣传资料5万余份，组织全县普法考试4次，合格率均达到100%。全县各中小学均配备法制副校长。县举办领导干部培训班5期，培训县级干部30人，培训县直部门及乡（镇）主要领导250人（占总数的98%）；举办一般干部培训班66期（包括部分乡办培训班），培训干部、教师2000人；举办普法骨干培训班90期，培训

4000人次。乡（镇）举办培训班33期，培训乡干部350人（占总数的90%）；举办农村基层法律知识培训班20期，培训农村基层干部500余人，培训半脱产干部和村组农民法制宣传员6000人。举办企业经营管理人员法律培训班2期，培训60余人次。“二五”普法末期，盛作才（副县长）、安平（陡箐乡党委副书记）被市表彰为“二五”普法先进个人。

“三五”普法 1996年6月，县三届人大第25次常委会审议通过《关于在全县公民中开展法制教育的决议》。“三五”普法期间，成立普法依法治理机构680个，配备专兼职普法人员4818人；培训普法骨干324期、12312人次；推广典型6个，办宣传专栏3880期；县普法依法治理领导小组编印《水城县普法依法治理资料汇编》4000余册，征订各类普法书籍7种、30200册，分发到各部门、乡（镇）；在全县各村聘请法制宣讲员，解决农村普法工作人员不足；举办法制讲座总课时3432小时，听课137280人次；开展法律咨询4376人次，受教育68947人；播放录像310场，受教育42680人次；组织法制演讲25场次，受教育1740人；组织法制文艺演出2场次、干部学法讲师团演讲43场次。“三五”普法期间，县财政共投入工作经费33万余元；县直机关各部门投入经费76万余元，乡（镇）投入经费39万余元。

“四五”普法 2001年6月4日，县人大常委会第27次会议审议通过《水城县关于第四个五年普法依法治理工作的决议》。全县共建立普法机构602个，配备普法专兼职人员3015名，配备253名法制副校长；举办农村基层法律知识培训班36期，培训农村基层干部1860人；举办普法骨干培训班405期，培训23104人次；举办企业经营管理人员法律培训班2期，培训130余人次；全县共组织4次普法考试，每次参考人数均在1万人以上。“四五”普法期间，按照年人均0.1元的要求，将普法经费列入财政预算，全县各级财政共投入普法经费1107835元（乡或镇共投入411005元，县直各部门投入696830元）。2003年，集中整治青林片区偷牛盗马犯罪活动，印发敦促犯罪分子投案自首通告1500份、《中华人民共和国治安管理处罚条例》和《中华人民共和国刑法》2万余份，灌制录音带20余盒。2005年，县普法领导小组召开“四五”普法验收动员大会；组织12个督查组，检查21个部门、33个乡（镇）普法工作。

“五五”普法 2006年，制定《水城县“五五”普法依法治理规划》。“五五”普法期间，普法工作纳入县目标管理，每年各普法单位均签订《“五五”普法和依法治理目标责任书》。全县共举办普法骨干培训班274期，培训14720人次；县委中心组每年集中学习法制知识6次以上。举办法制讲座9期；干部任前法制知识培训116人。每年均组织干部职工学法用法考试；全县公务员和机关工作人员法律普及率达100%。依托远程教育等渠道开展法制教育8000余场次，制作永久性法制宣传标牌2000余快，充实“农家书屋”法律书籍1万余册。接受群众法律咨询4996人次，订购学习资料40068册，编印学习资料40616册，印发普法简报433期、8270份，出黑板报584期，宣传栏723期，出动宣传车辆1423场次，张贴标语43756条、横幅6989幅。以加强煤矿技改为契机，采取灵活多样的形式深入91对煤矿开展《中华人民共和国安全生产法》《中华人民共和国矿产资源管理法》《中华人民共和国土地承包法》等法律法规的宣传教育1000余场次，累计投入经费148万元。全县403个中小学落实法制教育计划，采取“国旗下讲话”、法制文艺演出、主题班会课、思想品德课、政治课、专题黑板报、万人禁毒签名活动等形式开展法制宣传教育。从公安、司法、团委、妇联等部门挑选224名业务精湛的人员担任各中小学法制副校长；5年中上法制课1543课时；组织编写《法制副

校长工作指南》1500册，编印《中小学生法律知识读本》（全县11.2万名学生人手1册）。全县313个村开展“民主法治示范村”创建活动，260个村创建合格。

三、安置帮教工作

1999年，县启动安置帮教工作。至2008年，共接收“两劳”释放人员124人、刑满释放人员1131人，帮教1144人，安置1077人。

第二节　司法工作

一、司法机构

1981年2月，成立特区司法局，办公地点在特区政府办公楼。1984年7月，特区司法局内设人事秘书股、人民调解股、法制宣传股；各区（镇）设司法助理员。1987年12月，特区司法局改称县司法局。1993年10月，县司法局定编制28人，各乡（镇）有司法助理员。2002年7月17日，县司法局内设机构调整为政工股、法制宣传教育股（县依法治理办公室）、律师公证工作管理股、基层工作股、法律援助工作管理股（法律援助中心）、办公室（计划装备股），下辖33个乡（镇）司法所。

二、律师事务

法律顾问　1981—2008年，县（特区）法律顾问处受聘担任69个部门法律顾问；拟写、审查合同239件，清查债务190万元，代理各种诉讼活动10件，收回资金32万元。1981年7月，设立特区法律顾问处。1985年，特区法律顾问处受聘担任水城铁厂法律顾问，抽查合同281件，帮助制定《经济合同管理办法》，维护厂方经济利益。1987年12月，特区法律顾问处改称县法律顾问处。1990年，县煤炭工业公司因法人代表多次变更，导致大量货款不能及时回笼，外欠债180万元；顾问律师提出向法院起诉的意见（标的60万元），维护了该公司权益。

刑事辩护　1981—1990年，县（特区）内律师代理刑事案件390件。1984年，律师在特区出庭辩护中，提出事实不清、证据不足3件，用法不当21件，漏诉3件，均被法院采纳。1985年，特区内律师出庭辩护刑事案件19件，法院采纳辩护意见14件，从轻判决8件，改变罪名判决3件，改变部分事实判决2件，数罪改作一罪判决1件。1987年，特区内律师作无罪辩护刑事案件4件，均被法院采纳。1988年，县内律师作无罪辩护刑事案件1件，法院予以采纳。1990—2008年，县内律师代理刑事案件831件。

民事代理　1981—1990年，县（特区）内律师代理民事诉讼133件，其中经济案件94件；有效维护委托人的合法权益。1990—2008年，县内律师代理民事案件1353件，为委托人挽回损失249万余元，避免损失27万余元。

法律文书　1981—2008年，县（特区）内律师代写诉讼状、答辩状、申诉状、委托书、声明书、遗嘱书、合同、契约等共1573件。

法律咨询　县（特区）内律师对人民群众日常生活中遇到的婚姻、虐待、家庭纠纷、继承、债务、房屋买卖、租赁和典当等法律问题进行分析和解答，支持其正当要求，说服放弃无理要求、制

止违法行为，以息讼争。1981—2008年，咨询服务12631人次。

非诉讼案件代理　县（特区）内律师接受非诉讼案件当事人委托，提供法律帮助或担任代理人参加调解、仲裁，把已发生的争议、未诉讼到法院的事件解决在萌芽中。1981—2008年，办理非诉讼案件代理2067件。

法律援助与服务　1997—2008年，县法律援助中心开展法律援助宣传52场次，发放宣传资料30000余份，解答法律援助咨询6487人次，承办法律援助案件461件（刑事辩护223件，民事辩护236件，行政代理2件），代写法律援助文书643件，代理诉讼案件140件，代理非诉讼案件56件，担任法律顾问5家，挽回经济损失168.54万元。

三、公证

机构　1981年7月，设立特区公证处。1987年，特区公证处从国家机关、企事业单位以及各区司法助理员中确定公证联络员20人。1987年12月，特区公证处改称县公证处。

公证　公证机关对法人、公民申请办理公证，审查当事人身份、提供的相关材料、当事人行使职权和履行义务能力、公证事项是否真实与合法；符合要求者，立即办理公证，不真实、不合法的事项拒绝公证。1981—1990年，县（特区）办理各类经济合同公证657件，劳务合同公证2043件（其中在水城矿务局下属煤矿办理劳工合同公证2000件以上），农村购销合同公证819件；拒绝不合法公证344件，避免当事人经济损失66.2万元。1983年，办理发耳区龙井公社、安居公社农民与供销社签订干姜购销合同234件。1984年，在农村开展公证宣讲，就地为供销社办理与农民签订的农副产品购销合同公证99件。1985年，在米箩区给马场、盐井、箐口3个乡烤烟专业户提供法律服务，帮助双方修改签订合同，办理公证；共办烤烟合同公证458件，购销烤烟664050千克，金额1062万元。1990—2008年，县办理各类公证26979件；拒绝不合法公证2000多件，避免当事人经济损失1000多万元。

公证回访　1985年下半年，对水城矿务局下属7个矿与水城农村签订农民轮换工合同进行回访、检查，按照国务院的规定重新签订合同；对9个区（镇）、42个乡，2237人签订108件劳动合同，全部给予公证。1987年，对工矿、农村回访检查96人次；发现执行合同中出现的新问题，主动召集双方当事人进行修正、补充或调解；在杨梅区回访中了解到杨梅供销社与炭山乡农民签订的农副产品购销合同，因遭受自然灾害，履行合同确实存在困难，农民担心受罚，供销社担心完不成任务，回访人主动召集双方协商，提出合理解决办法，做到双方均满意。

四、调解

调解组织　1980年，各公社、镇、居委会和所属厂矿企业共建立调解委员会580个，有调解人员980人。1981年10月，特区司法局对城关区麒麟调解组织进行重点整顿。1982年12月，全特区111个公社、4个街道建立人民调解委员会115个，有调解员789人；659个生产大队建立调解小组，有调解员1900人。1986年，对调解组织进行“四落实”（组织、制度、工作、报酬落实）；区（镇）建立调解委员会8个，有调解员40人；厂矿企业设调解办公室35个，配备专职干部60人；另在百人以上的企事业单位建立调解委员会4个，有调解员17人。2008年，全县有人民调解委员会346个，调解员1631人。

人员培训　1982 年，特区集中培训调解员 72 人，各区培训调解员 428 人，厂矿、企事业培训调解员 50 人。1988 年，全县 2 次培训调解员 3588 人，占调解员总数的 80%。1999—2008 年，对乡、村、组 3 级调解员进行培训，每年培训调解员 2000 余人，占调解员总数的 98% 以上。

调解工作　1982 年，特区 840 个调解组织实行“分片包干，任务到人，各负其责”，制定登记、统计、回访等制度；规定乡规民约一律报特区司法局备案，杜绝出现乡规民约违反国家法律、法规的现象。1982 年 4 月，特区司法局与法院联合召开调解工作会议，贯彻全国第一次调解工作会议精神；各区（镇）和驻水城各厂矿企业分管调解工作的领导、法庭干部共 83 人参会；会后各区（镇）相继召开公社干部、调解委员会主任会议。1983 年，特区有 48 个公社、289 个大队制定乡（村）规民约。1981—1990 年，县（特区）调解各类纠纷 26354 件，调解率 90.17%。1986 年，特区司法局贯彻全国第二次人民调解工作会议精神，到 13 个区（镇）和部分乡、村调研。1991—2008 年，全县调解各类纠纷 37601 件（婚姻家庭纠纷 3981 件，合同纠纷 1155 件，其他 32465 件），调解成功35471 件。

第八篇　建设　交通与通信　环保

第一章　城乡建设

第一节　新县城建设

1987年12月县区分设后，县政府驻钟山区黄土坡原水城特区政府驻地，仅有0.44平方千米的三角形地块（时称“三角区”）归县管理，县机关职工大多数落户在钟山区，形成有县无城的格局。县大部分职工及家属居住、生活消费在钟山区，增加县的工作和行政成本，给县的工作造成诸多不便，经济发展受到一定制约。1993年，创建水城县双水工业小区，占地2平方千米。1994年，县双水工业小区被农业部明确为“全国中西部农业示范区”。1995年，县双水工业小区有35个不同规模的企业入驻，企业产值3500万元，利税315万元。1996年5月14日，县双水工业小区改为市双水工业开发区，享受钟山、红果2个省级经济开发区的同等待遇，规划面积6.2平方千米。1997年，市第二轮城市规划修编时，将市双水工业开发区纳入市中心区规划建设范围，定为“双水组团”。1998年，县委、县政府拟将县政府迁驻双水，对双水建设进行合理规划。

2000年10月，新县城建设正式启动；按“高起点规划、高品位设计、高质量建设、高速度发展”的总体建设思路，明确将新县城建设为绿化率40%以上的“山水园林城市”。2003年5月20日，民政部批准水城县政府驻地迁移滥坝镇双水。2003年8月起，县委、县政府、县人大、县政协、民政、交通、国土、财政、计生、林业、公安、检察、法院、建设、开发区管委会等50多个单位办公楼先后投入使用；县委、县政府及县直各单位相继搬入双水办公。2003年11月，撤销双水开发区管理委员会，原开发区管辖区域改为双水新区。2003年12月，新县城建成道路35条（段）、25.53千米，办公用房14162平方米，广场2个，河道1.6千米，桥梁8座，人工湖1个；不到3年就实施项目171个，完成总投资17821万元，拉动固定资产投资近10亿元，新县城初具规模；工业区国家粮食储备库、雨田化工厂、桥梁厂、塔山锌厂、福田钢铁公司等中小企业61家相继投产；商贸区兴建商住楼100多栋，供水、供电、通讯、排污等基础设施日趋完善；学校、医院、农贸市场等设施逐步配套；提前实现“两年基本建成、三年基本完善、五年基本繁荣”的目标。

2004年，市中心城区钟山大道延伸至双水。2005年，双水新区办按县委、政府安排，对原开发区出让土地及原施工工程进行清理和审计，共清理各类用地641宗，审计原施工项目176个，审计金额12600万元。2005年3月，为繁荣双水，启动“五场一站”（六盘水农产品综合批发市场、六盘水粮油批发市场、六盘水机动车交易市场、六盘水建材综合批发市场、六盘水机电交易市场，六盘水东城区客运站）建设。

2005年4月，六盘水蔬菜水果批发市场建成开业，是年销售额近2亿元。2006年，市一中双水校区、县职业技术学校在双水动工，市电视大学选址双水。2006—2007年，市中心城区凉都大道、人民路相继延伸到双水。2006年3月，启动世纪佳苑、世纪雅苑、东方锦绣名门、卡达凯斯·山水城、水之宛二期、栖凤苑二期、碧辉·祥和人家、新加坡花园、康馨园小区、山田安置小区、阳光花园等10多个小区建设，上报规划面积近200万平方米。2007年，市中心城区凉都大道、人民路相继延伸到双水新区。2007年3月，县三中、县二小动工修建（是年9月均投入使用）。2007年12月，六盘水新三轮城市修编通过，双水新区面积拓展至25平方千米，规划人口18万人，含双水、以朵、严家寨、明硐4个片区及红山轻工业集中区，功能定位为行政办公、居住、物流、教育、专业市场、休闲度假为主的城市综合体。2008年初，双水小学在营盘东路动工建设。2008年12月，新县城初具规模，县机关95%以上单位搬迁至双水办公。

第二节　小城镇与新农村建设

一、小城镇建设

1978—1991年，县（特区）小城镇建设以区为中心进行，各区向上级争取资金建设；其中南开区与龙场区成效较好，南开区建成1条水泥长街，龙场区把街道修直。1992—2008年，各乡（镇）以政府所在地为中心开展小城镇建设；其中都格乡起步较早、整齐规范，发耳乡借助企业优势、成果较大，玉舍乡得益于区位优势、效果较好。据2008年抽样调查统计测算，全县完成小城镇建设总面积154.3平方千米，总投资62469.75万元；建成街道96条（总长度116.05千米），农贸市场32个，固定商铺2172家，简易商铺6582个，旅店125家（床位1702张），餐饮店611家，供水系统32个（日供水2667.5万千克）；小城镇入住居民20048户、87392人。

2008年，县小城镇建设抽样调查情况见表8－1－1和表8－1－2。

2008年水城县小城镇建设抽样调查统计表（一）

表8－1－1

乡名	规划建设面积（平方米）	投资总额（万元）	街道		交易场所（个）			食宿服务			交通邮政通信			
			条	总长（米）	农贸市场	固定商铺	简易商铺	餐馆（家）	住宿 店（家）	住宿 床位（个）	客运站（个）	电话基站（个）	电话普及（%）	邮递网点（个）
玉舍	14.17	17787	5	9.9	1	98	114	48	6	62	1	1	96	2
鸡场	5	1500	3	5	1	30	231	8	5	60	1	2	100	2
都格	7.5	1600	4	3	1	41	261	11	3	78	1	2	100	2
青林	0.64	1500	1	1.5	1	52	100	5	1	11	1	1	100	1
纸厂	2.8	1700	2	3	1	40	66	23	3	32	1	1	98	1
杨梅	3	1200	4	2.6	1	126	400	37	5	62	1	1	98	1
新街	3.6	1000	1	1	1	21	60	6	2	13	1	1	98	1
龙场	5.3	2830	8	2.6	1	126	260	25	5	110	1	1	98	1

续表 8-1-1

乡名	规划建设面积（平方米）	投资总额（万元）	街道		交易场所（个）			食宿服务			交通邮政通信			
			条	总长（米）	农贸市场	固定商铺	简易商铺	餐馆（家）	住宿		客运站（个）	电话基站（个）	电话普及（%）	邮递网点（个）
									店（家）	床位（个）				
顺场	7	1400	1	8.5	2	90	310	12	4	80	1	2	100	1
野钟	4.6	2600	2	1.6	1	53	360	15	5	50	1	2	98	1
果布戛	2	1280	1	2	1	13	180	21	7	99	1	1	80	1
猴场	0.5	1300	3	1.5	1	100	50	11	3	24	1	2	100	1
合计	56.11	35679	35	42.2	13	790	2392	222	49	619	11	17	1166	15

2008 年水城县小城镇建设抽样调查统计表（二）

表 8-1-2

乡名	医卫系统			金融网点	水电系统				安保系统		入住人口		
	病床（张）	诊所（个）	药店（个）		供水系统（个）	日供水量（立方米）	输变电站（个）	用电比例（%）	治安网点	配置警员	常住户	人口	城镇化率（%）
玉舍	33	1	3	2	1	2000	1	100	2	5	2100	9000	18.63
鸡场	23	1	1	1	1	420	2	100	1	2	600	2412	8.15
都格	36	3	2	2	1	2000	1	100	1	3	890	3735	12.62
青林	12	1	1	1	1	300	1	100	1	3	175	788	3.78
纸厂	27	2	2	2	—	1200	1	100	1	2	403	1692	11.61
杨梅	20	1	4	1	1	600	1	100	1	3	400	1810	6
新街	15	1	1	1	—	230	1	100	1	2	500	2000	8
龙场	40	3	4	2	1	500	2	100	1	3	650	2795	7.99
顺场	20	3	3	2	1	1500	2	100	1	3	500	2150	8.4
野钟	31	1	2	2	1	400	1	100	1	3	500	2500	8.7
果布戛	17	—	2	1	1	200	1	100	1	3	300	1290	5.6
猴场	13	—	2	2	1	350	1	100	1	2	500	2600	6.1
合计	287	17	27	19	11	9700	15	100	12	34	7518	32772	—

二、新农村建设

2005 年 10 月，中共十六届五中全会通过的《十一五规划纲要建议》，提出按照“生产发展、生活宽裕、乡风文明、村容整洁、管理民主”的要求，扎实推进社会主义新农村建设，全县按上级要求开展新农村建设，其中纸厂乡前进村和蟠龙乡沙坡村很快取得成效。据 2008 年抽样调查统计测算，全县 75264 户农户有水泥路入户，占总数的 43.64%；76558 户农户庭院用水泥硬化，占总数的 44.44%；有 3882 户无房户建房、1924 户扶贫搬迁异地建房、20386 户进行危房改造、27507 户农户屋顶翻盖琉璃瓦并作外装饰，政府向23871户农户发放建房补贴20387.35万元，有11460户农户改造厕所、18330户农户建沼气池并改灶、10912户农户改造畜圈。

2008年，县新农村建设抽样调查情况见表8－1－3。

2008年水城县新农村建设抽样调查统计表

表8－1－3

乡（镇）	村	硬化		房屋建设（户）					建房补助		“三改”户		
		入户道路（米）	庭院（平方米）	建房	工程拆迁建房	扶贫异地建房	危房改造	美化农户家园	户数	资金（万元）	改厕	改灶	改圈
滥坝	发其	300	90	—	—	—	8	—	—	—	—	—	—
	法都	200	80	—	—	—	3	—	—	—	—	—	—
	白腻	400	400	—	—	—	21	—	21	16	—	400	750
	尖山	400	300	—	—	—	5	—	—	—	—	—	—
比德	比德	1000	—	23	—	1	80	450	600	370	50	120	—
	大寨	500	—	—	—	—	315	365	680	594	—	—	—
	黄草坝	500	—	—	—	28	260	35	327	290	—	700	—
	布拱	400	—	2	—	23	433	680	571	524	—	1086	—
	齐心	300	110		—	3	306	—	306	260	—	—	—
	水库	450	—	—	—	89	669	3745	1132	906	—	1086	—
	中心	500	—	1	—	79	644	—	723	800	—	—	—
化乐	泵井	400	—	—	—	28	3	—	—	—	—	—	—
	夺泥	160	220	—	—	40	312	—	—	—	—	—	—
	滑石	500	—	—	—	21	301	24	21	417	—	—	—
	化启	—	—	—	—	6	10	500	10	10	—	—	—
	茅草坪	—	—	—	—	42	178	52	12	216	—	—	—
	迷达	50	—	—	—	10	50	35	1	0.6	—	—	—
	五星	60	300	—	—	—	8	2	8	10	—	—	—
	化乐	60	60	20	14	32	3	—	—	—	—	—	—
	猪场	20	60	—	—	15	100	86	1	0.6	—	—	—
	猫场	400	—	—	6	38	9	242	9	10	80	80	—
青林	二寨	411	320	—	—	31	182	410	182	130	500	483	560
	海发	259	250	—	—	40	139	730	139	114	480	500	480
	灰衣	700	200	—	—	29	155	400	155	207	480	465	480
	田坝	360	150	—	—	11	178	420	172	178	465	500	460

续表 8－1－3

乡（镇）	村	硬化		房屋建设（户）					建房补助		“三改”户		
		入户道路（米）	庭院（平方米）	建房	工程拆迁建房	扶贫异地建房	危房改造	美化农户家园	户数	资金（万元）	改厕	改灶	改圈
木果	双河	—	700	—	—	—	30	500	800	560	—	—	—
	营脚	420	400	—	—	—	25	100	100	70	—	—	—
	杨家寨	180	—	3	—	—	—	—	8	12	—	—	—
	新民	160	80	—	—	—	1	—	19	5.7	—	—	—
	新场	—	100	—	—	—	—	—	19	5.7	—	—	—
	新丰	250	50	—	—	—	6	—	6	1.8	—	—	—
	蒿枝	50	—	—	—	—	60	—	60	90	—	—	—
	发期	—	—	—	—	—	60	7	57	57	—	—	—
	牛场	—	—	—	—	—	20	7	27	27	—	—	—
	登亨	—	—	—	—	—	130	—	130	130	—	—	—
	岩脚	—	—	—	—	—	150	—	150	45	—	—	—
纸厂	前进	192	313	19	—	—	17	110	127	79.5	—	—	—
	兴隆	—	126	83	—	—	30	37	6	56.7	—	—	—
	新发	411	475	17	28	—	22	93	143	108	—	—	—
	新中	259	235	12	—	—	14	77	91	59.7	—	—	—
	高炉	—	119	39	—	—	3	8	11	8.3	—	—	—
玉舍	石板箐	120	200	69	—	—	9	57	66	36.9	—	—	—
	海坪	100	170	23	67	—	—	105	172	86.7	—	—	—
	青松	120	210	38	41	—	8	45	94	78.6	—	—	—
	甘塘	78	232	62	—	—	8	—	8	2.4	—	—	—
	俄脚	139	589	39	46	—	—	—	46	55.2	—	—	—
	玉舍	488	537	—	81	—	—	7	88	101	—	—	—
	红发	—	101	61	—	—	—	—	—	—	—	—	—
	上寨	146	322	40	51	—	—	79	130	108	—	—	—
	格老弯	—	79	71	—	—	—	—	—	—	—	—	—
	大田	113	369	136	—	—	—	—	51	30.6	—	—	—
	丈箐	—	91	70	—	—	—	51	—	—	—	—	—

续表 8－1－3

乡（镇）	村	硬化		房屋建设（户）					建房补助		“三改”户		
		入户道路（米）	庭院（平方米）	建房	工程拆迁建房	扶贫异地建房	危房改造	美化农户家园	户数	资金（万元）	改厕	改灶	改圈
杨梅	白牛	—	250	—	—	26	99	—	—	—	—	—	—
	布戛	300	400	—	—	3	23	—	—	—	—	—	—
	光明	—	400	—	—	50	121	—	—	—	—	—	—
	姬官营	821	821	84	—	6	146	—	—	—	967	360	540
	慕尼克	581	500	—	—	2	24	500	—	—	—	—	—
	彭寨	292	250	28	—	3	75	30	—	—	135	156	312
	全和	421	281	86	—	3	72	—	—	—	—	—	—
	台沙	590	480	45	3	16	84	354	56	78	300	300	150
	小龙	343	480	35	2	12	56	351	386	564	300	300	100
	五星	500	280	30	—	—	150	410	60	60	500	500	500
	木城	540	300	65	3	—	52	14	52	49.4	376	76	680
	群联	200	430	50	2	3	50	350	50	35	156	156	—
	沙沟	300	—	96	—	10	187	—	—	—	—	—	—
新街	二台	139	280	6	—	—	8	82	8	7.84	—	—	—
	大元	488	500	—	—	—	180	14	48	31.2	—	—	—
	新街	292	780	—	—	—	105	207	74	44.2	—	—	—
	杜姆姑	110	430	—	—	—	287	—	287	187	—	—	—
都格	都格	1000	1000	—	25	—	198	470	198	256	—	—	—
	黄泥	1190	750	—	21	—	207	83	207	204	—	—	—
	龙井	1110	1000	—	89	—	180	91	180	220	—	—	—
	马龙	600	560	—	—	—	215	184	215	269	—	—	—
	新盘	600	1100	—	81	—	263	197	263	246	—	—	—
	垭口	600	450	—	23	—	315	207	315	399	—	—	—
鸡场	坪地	570	1050	—	—	—	4	—	4	6.4	—	—	—
	箐头	391	—	—	—	54	490	270	760	456	50	130	50
	上营	50	210	—	—	9	49	210	—	—	—	—	—
	安全	378	240	—	—	53	34	386	—	—	—	—	—
	旗帜	320	470	—	—	—	14	98	14	12.2	—	—	—
	安居科	378	378	—	—	—	54	—	—	—	—	—	—

续表 8－1－3

乡（镇）	村	硬化		房屋建设（户）					建房补助		“三改”户		
		入户道路（米）	庭院（平方米）	建房	工程拆迁建房	扶贫异地建房	危房改造	美化农户家园	户数	资金（万元）	改厕	改灶	改圈
龙场	期戛	700	240	6	—	—	20	34	12	4.8	—	—	—
	挖银	460	350	15	—	11	21	12	33	9.9	14	14	14
	箐脚	420	30	46	—	65	231	2	305	150	—	—	—
	碗厂	600	600	30	—	—	32	500	32	19.2	175	175	175
	娱乐	370	500	78	—	60	31	15	132	60	124	124	124
	鱼塘	350	330	5	—	6	11	3	14	10	46	121	121
	麻窝	300	420	21	1	—	6	53	6	3	121	—	100
	茅草地	350	220	20	1	—	8	62	8	56	54	54	54
	瓦房	300	170	23	—	—	16	23	24	12	5	6	6
	水碾	350	150	15	—	—	21	46	32	16	6	6	6
	戈波	550	320	21	—	—	12	—	14	7	—	—	—
	发堤坝	100	120	18	—	—	30	80	3	1.23	300	300	350
	西落	50	100	15	—	—	20	60	3	1.23	200	200	150
	梨箐	10	150	80	501	—	—	—	—	—	250	250	—
	高枧槽	110	110	—	—	—	20	160	—	—	—	—	—
	洗脚沟	100	—	—	—	—	—	—	—	—	—	—	—
	红岩	300	—	1	—	—	19	—	1	0.35	—	—	—
	滑竹箐	100	—	9	—	—	24	—	9	4	—	—	—
	戛泥	20	—	—	—	—	—	—	—	—	—	—	—
盐井	布戛	30	450	—	—	—	36	90	—	—	—	—	—
	灯光	50	450	—	—	—	22	80	—	—	—	—	—
	发明	90	300	—	—	—	21	80	—	—	—	—	—
	亮河	86	550	—	—	—	42	98	—	—	—	—	—
	龙华	28	400	—	—	—	25	67	—	—	—	—	—
	木房	50	850	—	—	—	56	120	—	—	—	—	—
	齐心	12	150	—	—	—	19	46	—	—	—	—	—
	箐口	42	400	—	—	1	13	120	18	20	—	—	—
	树林	150	230	—	—	—	25	85	—	—	—	—	—
	盐井	500	300	—	—	—	29	98	—	—	—	—	—
	中坝	400	800	—	—	1	356	212	212	47	388	30	—

续表 8－1－3

乡（镇）	村	硬化		房屋建设（户）					建房补助		“三改”户		
		入户道路（米）	庭院（平方米）	建房	工程拆迁建房	扶贫异地建房	危房改造	美化农户家园	户数	资金（万元）	改厕	改灶	改圈
阿戛	刘家寨	450	540	—	—	—	50	18	—	—	—	—	—
	马场	500	1100	—	—	—	30	65	—	—	—	—	—
	台沙	1200	1000	—	—	—	25	60	—	—	—	—	—
	高中	648	550	10	—	2	40		—	—	—	—	—
	松绿	1250	900	—	—	4	26	90	—	—	—	—	—
	通寨	200	300	—	—	—	4	65	—	—	—	—	78
	电光	800	850	—	—	4	13	150	—	—	—	—	—
	独应子	200	700	—	—	—	36	85	—	—	—	—	—
	仲河	200	800	—	—	—	36	85	—	—	—	—	—
	新寨	300	200	—	—	—	13	49	—	—	—	52	—

三、部分乡小城镇和新农村建设

董地乡　1997 年，在大营村实施小城镇建设。在扶贫单位（市房产局）的帮助下，规划董地小城镇占地 1 平方千米，筹集 50 万元资金修建政府办公楼，随后各股室站所办公用房相继建成，市场、个体工商户房屋和设施不断完善。

陡箐乡　小城镇建设以陡箐村街上组为规划建设点，投入 230 万元对陡箐大街进行硬化，投入 93 万元改建小城镇房屋 155 栋，人畜安全饮水基本得以解决。把陡箐村坪箐 6 个自然村寨纳入新农村建设示范点，改造危房 120 栋（投入 92 万元），其他新农村建设投入 1066 万元，改善农民的居住环境，改变农村脏乱差陋习。

比德乡　建成综合市场 2 个（共 2500 平方米），600 平方米蔬菜专业市场 1 个；政府驻地设垃圾池 3 个，垃圾箱 18 个，30000 立方米垃圾处理场正在建设中；政府驻地及街道硬化达 100%，交通、电力、给水、邮政、通信、广播电视等设施完善。

化乐乡　乡政府驻地各单位办公用房、教育和医疗卫生基础设施、市场、民房及民营商用房相继建设，公共服务设施不断完善，小城镇建设初具规模。2005 年，对全乡新农村建设作出总体规划，确定猫场村为全乡新农村建设试点村，该村集贸市场基本建成，基础设施建设进度加快，村容村貌进一步改善，农业产业化建设成效明显。

金盆乡　小城镇建设坚持多方筹资、分步实施。1992 年，全县首家申请实行小城镇户籍管理，鼓励农民近街沿路建住房。1994 年，发动金盆片区农民义务修填金盆东大街（长 500 米，宽 50 米），挖填土石方 10 万立方米，初步奠定小城镇雏形。2001 年，请县建设局实地规划，制定城镇建设的主体框架。2008 年，有农村集贸市场 3 个；硬化金盆东大街 1 千米，东、西、南、北各延伸 1000 米（宽 30 米）的街道总体框架形成，成为赫章、纳雍、水城 3 县交界商品交易市场和物流集散地。

发箐乡　1992 年前，全乡砖混房不到 100 幢。1992 年后，政府不断发放农村危房建设补助资金，砖混水泥房逐步增多。2004 年，硬化乡政府驻地街面。2005 年，在清塘村试点新农村建设。2008 年，全乡基本消除茅草房，有砖混水泥房1500余幢；新农村建设硬化道路等1.5万平方米，用水、用电、出行、厕所、燃料等设施极大改善。

纸厂乡　2006年，纸厂乡前进村被省委、省政府列入社会主义新农村建设试点村，该村党支部和村委会带领3000多村民真抓实干，促进全村经济进一步发展，基础设施逐渐完善，村容村貌逐步改观；种植华山松66.67公顷，四川方竹6.67公顷，花椒33.87公顷，板栗26.67公顷，中华寿桃和艳红桃13.33公顷，冬桃12公顷，建立蔬菜基地26.67公顷、杂交玉米基地100公顷、脱毒马铃薯高产基地166.67公顷，引进大型养殖场5家，养殖野猪、野鸡、爬山鸡、娃娃鱼、虾等，很快成为全市小有名气的先进村。2007年，全村农业总产值1230万元，人均纯收入3120元，人均占有粮食840千克，该村被国家旅游总局认定为全国农业旅游观光示范点。2008年，该村引进“慢点长”生态农庄1家，集休闲、餐饮为一体的农家乐5家，其中七里香休闲山庄、贵龙农家乐以价格实惠，味道鲜美、地道而闻名，每逢周末接待游客数百人次；开展“平安村寨”“文明村寨”“星级文明户”等创建活动，全村有“星级文明户”150余户，“五好家庭”50户，“社会治安模范户”40户；成立由298人组成的群防群治巡逻队，负责夜间巡逻，实行5户联保，轮流值班，全村无偷盗事件，3年未发刑事案件，获全省基层治安保卫先进集体称号；倡导文明新风，红、白喜事不大操大办，杜绝“黄、赌、毒”和封建迷信，把每月农历十五、每年端午、春节定为民族民间对歌节，成功举办15期歌会，近20万人次到场观赏。

玉舍乡　2001年，小城镇规划东西长8千米，南北宽0.12～1.2千米，面积4.4平方千米，人口规模3万人；小城镇性质为市中心南部能源原材料、交通节点，度假、休闲城郊型综合服务的重要卫星城镇。2003年，建成党政办公大楼（占地4200平方米，建筑面积3007平方米，投资270万元）。2005年，建立玉舍供水站（规划3万人用水、日供水量9937立方米，水源由玉舍水库月亮坡渡槽分支进入，供水工程投资178万元，供水管道长22千米；2006年开始供水，日供水量3000立方米）。2006年，建成和硬化玉舍新区中心大街主干道（长1402米，宽24米）和连接中心大街与两水线的次干道（长150米，宽16米）。2007年，玉舍客车站（占地2400平方米，建筑面积12197.56平方米，投资210万元）与玉舍农贸市场（占地2750平方米，建筑面积2177.56平方米，投资240万元，内设摊位300个，商业用房7栋、20万平方米）及小城镇规划区内改建的玉舍中学（占地2.67公顷，总投资197万元）投入使用。

杨梅乡　1992—2008年，相继新建和改扩建乡卫生院、财政所、国土所、派出所、司法所、计生服务站、敬老院、国防储备粮基地、综合文化站、精神文明活动中心、村活动室、村计生室、村卫生室、村农家书屋、村级兽医室。通过危房改造、茅草屋改造、“四在农家”等方式新建和改建3000余栋房屋，通过改水改厕改路、地氟病改灶、生态小康村建设、移民搬迁等方式，村容村貌得到极大改观。

新街乡　1992年后，在乡政府驻地沿姬龙公路逐渐修建房屋。2008年前，全乡唯一的街道属于泥土路面，路况极差，路面凹凸不平。2008年，乡政府向各级争取资金硬化街道，建设排水沟，并安装路灯（长度为586米）；建立水厂1座，街上居民饮用水困难的问题得到解决，形成初具规模的小城镇。

野钟乡　投入35万元，修建农业综合服务中心；投入98.5万元，完成计生楼的扩建和装修；投入30万元，修建野钟乡邮政所；投入10余万元，完成敬老院院坝的硬化。投入637万元，实施国家地质公园北盘江大峡谷野钟景区旅游接待站修建。

果布戛乡　1992年后，修建政府办公楼和大街，街道长1000米、街宽12米，跨越果布戛村场坝、猓狃2个组。

发耳乡　发耳小城镇规划面积5.7平方千米，实施2.5平方千米，居住在小城镇的人口达11200人，小城镇起点高，繁华程度居全县前列。

都格乡　1994年，请县建设局技术人员测绘规划图后报经县政府批准实施小城镇建设，9条街道分别命名为北盘江中路、迎春路、金州南路、金州北路、望江路、沿江路、水电路、云贵路、都发路；主街道长800余米、宽30米。2008年，所有街道全部硬化，两侧均建有住房，常住人口达6000人，小城镇建设整齐、规范并初具规模。

鸡场乡　1992年后，乡政府驻地修建办公用房，进行教育、医疗卫生基础设施、市场和民用房建设，形成一定规模。2004年，争取上级异地移民搬迁项目，实施移民搬迁77户。2005年，对全乡新农村建设进行总体规划，确定坪地村为试点村；攀枝花煤矿捐资20万元，省民宗委每年投资30万元（连续5年），用于坪地村新农村建设，建成村级集贸市场，村容村貌进一步改善。2005—2008年，村寨道路硬化24千米，改造茅草屋180户。2006年，启动小城镇建设规划，占地1.5平方千米。

营盘乡　1999年2月，新集镇大街建成，全长600米，设计规范，规划合理。2000—2005年，全乡6个村均建有多功能活动室。2007年，投入7万余元，对660米大街进行绿化；对乡政府、财政所、派出所、计生办、卫生院等办公楼进行改扩建或维修；建设文明村寨15个，硬化道路20余千米。

花戛乡　作为省一类重点扶贫乡，2004年后副省长禄智明挂点扶贫花戛，组织省有关部门及市县扶贫单位，在教育、卫生、公路建设、人饮工程、土地整治、小城镇建设、种养业等方面投入各类扶贫资金3000余万元。硬化村寨道路10500平方米，基础设施不断完善。

盐井乡　老街道长1.5千米、街宽5米。2006年，修建与老街连接的新街，长2千米、宽12米，小城镇占地1.12平方千米，街道居民700人。2008年12月，乡政府迁至新街道旁。

米箩乡　1993年，新建政府办公楼，面积600平方米。1994—2008年，新建或改造乡财政所、派出所、土管所、卫生院、农业三站、计生办、计生服务站等办公楼和各村活动室。1996年，在乡政府驻地新修街道1条，建立农贸市场。2007年7月，米箩被县政府列为全县乡村旅游示范乡建设后，请省旅游规划设计中心对全乡旅游发展进行全面规划。

阿戛乡　有乡集贸市场1个，村集贸市场3个，乡级集贸市场在阿戛村，占地约6000平方米；马场村集贸市场在马场村石梯组，占地4500平方米；仲河村集贸市场位于仲河村仲河组，占地4000平方米；松绿村集贸市场位于松绿村二祖，占地400平方米。

蟠龙乡　2005年，对全乡新农村建设进行总体规划。2006年，沙坡村和法那村分别列为省和县的新农村建设示范村。至2008年，全乡共完成美好家园建设2060户，建设连户道路45.6千米，庭院硬化29857平方米，改圈2110个，改厕2450个，改水3650户，改灶3139户，修建花池24870米，庭院经济果树种植4650棵，河道清理1800米，维修沟渠4986米，美好家园民居外观补漆18050平方米，村内空闲地绿化1.73公顷。沙坡村位于蟠龙乡西北部，距乡政府15千米，紧临水黄高等级公路；2006年全村有9个村民组，524户，2080人，劳动力965人，总面积3.77平方千米，耕地274.13公顷；被选为省级社会主义新农村建设示范村后，开展村容村貌整治工作，有120户粉糊外墙4500余平方米，外墙刷漆8000余平方米，安装琉璃瓦650平方米，硬化全部通村公路和8千米联户道路、2.2千米进桃树林道路；修建蔬菜大棚25个，种植各类蔬菜46.67公顷、集中连片经果林200余公顷（其中艳红桃和新川中岛桃166.67公顷）。

第三节 建筑业

一、管理机构

1981年7月，特区基本建设局改称特区城市建设局。1981年9月，成立特区基本建设委员会。1984年1月，特区基本建设委员会、特区城市建设局、特区环境保护局、特区房地产管理局合并为特区城乡建设环境保护局，下设人教科、财会科、城建科、环保科、规划设计室。1984年3月，特区城乡建设环境保护局建立建筑管理站，成立房地产开发公司。1984年7月，特区城乡建设环境保护局改称特区城乡建设环境保护委员会。1986年7月，特区城乡建设环境保护委员会分设为特区城乡建设委员会、特区城市建设局、特区环境保护局、特区房地产管理局，3个局均归口特区城乡建设委员会。1987年12月，特区城乡建设委员会改称县城乡建设委员会、特区城市建设局改称县城市建设局。1989年1月，县城乡建设委员会、县城市建设局和县房地产管理局合并为县城乡建设委员会。1993年9月，县城乡建设委员会改为县建设局。1996年9月，成立县住房制度改革领导小组办公室，挂靠县建设局。1998年3月，县住房制度改革领导小组办公室不再挂靠县建设局。

二、建筑业发展

1980—1998年，县（特区）建筑业发展情况见表8－1－4。

1980—1998年水城县（特区）建筑业发展情况统计表

表8－1－4

年度	企业数（个）	企业人数	总产值（万元）	总收入（万元）	年度	企业数（个）	企业人数	总产值（万元）	总收入（万元）
1980	29	544	103	103	1990	21	256	166	139
1981	26	1341	133	133	1991	21	309	199	139
1982	38	1440	170	170	1992	13	276	197	223
1983	145	1710	164	164	1993	23	301	287	227
1984	72	3942	1051	333	1994	19	296	663	—
1985	65	2188	553	225	1995	44	212	609	—
1986	238	5452	1220	731	1996	25	109	1204	1204
1987	55	3113	1772	1043	1997	26	66	3198	—
1988	21	462	255	196	1998	36	59	3392	—
1989	16	385	420	205					

三、特区境内建筑企业

市建筑安装工程公司　1980年建立，为国营企业，位于市区钟山西路，占地6万平方米，曾有职工1035人，固定资产430万元，为二级建筑施工企业。主要设备有1.5万千克以上履带式起重机1台、0.5万千克汽车式起重机1台、8/M万千克及以上塔式起重机3台、0.55万千克载重汽车6台、

0.5万千克翻斗车5台、1.8万千克卷扬机14台、0.4万千克金属切割机床4台和其他建筑施工设备。承建主要工程有钟山西路12层大楼、市啤酒厂、市体育馆和游泳馆、水城客运站、冷库、市自来水公司及各种水塔、市卷烟厂、市面粉厂、明湖路工程及市职工住宅小区等。

特区建筑公司　由1956年成立的县手工业联合社发展而成，位于市区黄土坡。1988年改为县建筑公司，为三级建筑施工企业。1990年有固定资产200万元，占地2公顷，有职工420人。主要设备有搅拌机、振动器、打沙机、汽车、木工机械、提升设备等，价值150万元，年平均产值约500万元。承建主要工程有黄土坡县委办公大楼、市实验小学教学楼、市经济管理学校教学楼、县农业培训中心办公大楼、县民贸商场、钟山区五中教学楼、钟山小学教学楼、市师范学校教学楼（含图书馆）、县商品住宅楼等。

城关建筑公司　由1964年成立的城关建筑社发展而成，位于市区场坝，属集体企业，占地0.35公顷，曾有职工420人，固定资产150万元，年产值约220万元，为三级建筑施工企业。主要设备有搅拌机、提升机、振动器、吊塔等。1976—1990年，创利税100万元。承建主要工程有县烟叶复烤厂、水钢水泥灌库工程、水城发电厂大楼、市区建设路和钟山西路街道、水钢第一中学教学楼等。

市第二建筑公司　属集体企业，位于市区人民西路，曾有职工385人，总投资86万元，年产值约200万元。主要设备有提升机、搅拌机、振动器等。

县第二建筑公司　1987年从特区建筑公司中抽调管理人员组建，位于市区建设路，总投资35万元，占地140平方米。主要设备有提升机、搅拌机、振动器、打沙机等，年产值约120万元，年利税约4万元。

1987年，特区资产3万元以上建筑队见表8－1－5。

1987年水城特区资产3万元以上建筑队统计表

表8－1－5　　单位：人

名称	地址	职工人数	管理人员	技术人员	名称	地址	职工人数	管理人员	技术人员
九归建筑队	龙场区九归乡	12	1	1	大湾建筑队	大湾区二塘乡	25	2	3
比德建筑队	比德区	30	2	5	凤凰建筑队	城关区凤凰乡	45	3	5
合兴建筑队	滥坝镇木桥村	10	1	1	三合乡建筑队	大湾区三合乡	10	1	2
木桥建筑队	滥坝镇木桥村	10	1	5	大河建筑队	大河区艺奇乡	115	8	6
上石洞建筑队	滥坝镇上石洞	5	1	1	杨梅建筑队	杨梅区	25	2	5
玉舍建筑队	玉舍区	30	5	2					

四、城乡建设项目

县内单位建房和房地产开发等项目，从项目开工到竣工的工程中，建设部门均要派人到现场检查验收。1999—2008年，县部分城乡建设项目简况见表8－1－6。

1999—2008 年水城县部分城乡建设项目简况统计表

表 8－1－6

项目名称	投资（万元）	开工时间	建筑面积（平方米）	楼层	竣工时间
县民政局住宅楼	70	1999.4.20	1700	7	1999.11
市天羿房开公司综合楼	—	2000.2.22	300	1	2002
麒麟路宾馆楼	300	2000.5.20	645	8	2001.5.24
县经济适用住房 1 号楼	—	2000.9	3700	8	2001.7.20
县供销合作社	—	2000.10.10	4250	7	2001.8.28
县运输综合 1 号楼	—	2000.11.17	948.6	7	2002.3.21
县糖酒公司综合楼	—	2000.12.28	6134.25	7	2002.3.28
顺场派出所	—	2001.1.1	3122.2	1	2001.8.31
县矿管局建设楼	—	2001.3.16	1772.8	6	2002.7.30
双水明硐住宅 1 号楼	—	2001.5.25	1936	6	2002.3.25
毕节转给盐仓	—	2001.7.15	368.65	2	2001.11.2
县人大办公楼	—	2001.9.20	1823	4	2002.8.15
县轻工综合楼	148	2001.10.30	4336	6	2003.3.27
县建设局职工综合楼	—	2002.1.20	3200	5	2002.10.8
明硐小区二期工程 12、13、14、15、5、6 号楼	—	2002.6	—	6	2003.8
茨冲小学	—	2002.7.15	800	3	2002.11.15
杨梅中学	—	2002.7.16	1922.64	4	2002.11.26
鑫丰农贸市场	550	2002.7.20	—	—	2003.8.10
南开中学教学楼	—	2002.8.6	2160	4	2002.12.16
诚信房开农贸市场	118	2003.2.23	2212	2	2003.9.23
双水新区职工合资建房楼	140.16	2003.5.10	4288	6	2004.8.10
花戛乡中学 2 栋学生宿舍	21.15	2003.6.10	618.54	3	2003.10.30
明硐小区 7 号、8 号楼	—	2003.8	5500	6	2004.10
县农业办公室	—	2003.10.20	2777	—	2004.11.1
县检察院	177.33	2004.2	3398.75	5	2005.7.25
县人事劳动局综合办公楼	483.99	2004.2.25	7515.41	6	2005.12.31
发耳搬迁小区移民东路	35	2004.3.16	1092	—	2005.11.16
天羿 A 栋	199	2004.4.10	3790	6＋1	2005.5.16
发耳煤电拆迁安置区（钢型路面）	264.75	2004.4.15	9186.23	—	2005.12.4
县疾控中心	140	2004.5.26	2185	4	2005.5.20
新华书店双水综合楼	138	2004.9.8	2270.54	4	2005.5.18
县司法局办公楼	—	2004.10	1156.8	5	2007.6
县法院	400	2004.10.1	7753	6	2005.9.30
纸厂乡黄泥坡小学	11.08	2005.4	260.68	2	2005.7

续表 8－1－6

项目名称	投资（万元）	开工时间	建筑面积（平方米）	楼层	竣工时间
保华东升小学	12.6	2005.4.5	288.5	2	2005.10
天羿栖风苑 7 号	—	2005.4.15	6358	6	2006.9.18
花戛乡中学 1 栋学生宿舍	25.73	2005.4.25	618.54	3	2006.4.18
保华中学学生食堂	—	2005.5	472.3	1	2005.11.2
玉舍俄脚云华赞美学校教学楼	—	2005.5	1267	4	2005.11.5
米箩中学宿舍楼	—	2005.5	1595.97	3	2005.11.5
米箩中学食堂	—	2005.5	365	1	2005.11.5
米箩中学教学楼	—	2005.5	2178	4	2005.10.5
青林乡中学教学楼	68.3	2005.5.1	1595.24	3	2005.8.25
鸡场乡中学学生宿舍楼	28.78	2005.5.1	654.2	4	2005.11.10
红岩乡中学教学楼	90.92	2005.5.10	2009	4	2005.12.30
阿戛中学学生宿舍楼	64.39	2005.5.18	1487.13	3	2005.10.15
野钟乡中学学生宿舍楼	57.17	2005.5.19	1338.83	3	2006.10.30
发耳乡中学综合楼	—	2005.5.22	3359.42	4	2005.11.30
花戛乡中学综合楼	55.08	2005.5.24	1234.89	4	2006.4.18
比德立火小学	18.38	2005.6.10	437.56	2	2005.10.28
保华乡大河小学教学楼	—	2005.6.10	839.32	3	2005.10.10
木果乡牛场小学教学楼	19.6	2005.6.16	437.56	2	2005.8.30
木果中心小学教学楼	19.6	2005.6.16	437.56	2	2005.8.30
营盘乡哈青小学教学楼	36.93	2005.6.20	839.32	3	2006.1.29
鸡场乡洼子小学教学楼	11.73	2005.6.23	260.68	2	2006.1.25
鸡场乡清子小学教学楼	11.73	2005.6.23	260.68	2	2006.1.25
鸡场乡屯上小学教学楼	15.31	2005.6.25	340.26	2	2005.12.10
都格乡发海小学教学楼	14.80	2005.7.3	340.25	2	2006.8.10
阿戛乡松绿小学	14.63	2005.7.20	340.25	2	2006.8.12
野钟乡常明小学教学楼	18.82	2005.7.23	437.56	2	2005.12.28
鸡场乡小学教学楼	15.84	2005.7.30	360	2	2005.12.25
董地乡董地中学	65	2005.8.10	1410.85	4	2006.4.30
双戛乡中学教学楼	47	2005.8.10	1300	4	2006.4.25
诚信 17 号综合楼	—	2005.8.18	6510	6	2006.10.25
双戛乡中箐小学教学楼	34	2005.8.18	839	3	2005.12.28
杨梅乡中学食堂	—	2005.8.24	366.64	1	2005.10.8
阿戛中学学生食堂	18.14	2005.8.25	274.8	1	2005.11.20

续表8－1－6

项目名称	投资（万元）	开工时间	建筑面积（平方米）	楼层	竣工时间
龙场乡中学食堂	31.17	2005.8.25	472.3	1	2006.6.20
营盘乡中学学生食堂	24.89	2005.8.25	360.75	1	2006.1.25
蟠龙乡中学宿舍	78.87	2005.8.30	1842.74	5	2006.4.30
鸡场乡中学学生食堂	24.89	2005.8.30	360.75	1	2006.1.10
顺场乡中学教学楼	29.3	2005.9.1	432	1	2005.10.15
野钟乡中学学生食堂	24.53	2005.9.5	360.7	1	2005.12.30
木果乡中学学生食堂	24.46	2005.9.10	360.75	1	2005.10.25
花戛乡中学食堂	24.96	2005.9.12	353.55	1	2006.3.5
红岩乡中学学生宿舍	23.56	2005.9.14	528.26	3	2006.6.15
红岩乡中学学生食堂	18.85	2005.9.14	274.8	1	2006.6.20
青林乡中学学生食堂	22.2	2005.9.20	504.8	3	2005.11.15
发耳乡中学食堂	—	2005.10.5	517.84	1	2006.3.10
保华乡中学学生宿舍	—	2005.11	1756.73	4	2006.11
蟠龙乡中学食堂	20.06	2005.11.1	274.28	1	2006.4.30
双戛乡中学学生宿舍	30	2005.11.18	680	2	2006.5.16
阿戛乡计生服务站	—	2005.12	1462	3	2006.8
天羿栖风苑E3号楼	—	2005.12.1	8300	6F＋1	2006.2.9
钟祥汽贸综合展厅（钢结构）	—	2005.12.19	2448	—	2006.8.23
木果乡客车站	49	2006.3.1	524.04	3	2006.9.24
南开乡汽车站	38.8	2006.3.16	320.24	2	2006.7.14
地税局发耳征收分局办公楼	67.85	2006.4	1420	4	2007.11
龙子心希望小学	146.78	2006.4.1	2584.2	4	2006.7.1
花戛电网海子希望小学教学楼	35.21	2006.5.16	707	3	2006.10.10
县拆迁安置区	163.89	2006.6.1	2879.11	8	2006.8.30
发耳乡老街改造工程（路面）	138.98	2006.6.25	10930	—	2007
县废水物资公司旧房改住宅楼	49.5	2006.7.6	960	5	2007
县钟山小学	63.26	2006.8.8	1000.1	4	2008
天羿栖风苑E2号楼	—	2006.10.1	11000	6F＋1	2007.10.31
滥坝镇敬老院	58.7	2006.10.30	1479.8	4	2007.7.10
卡达凯斯山水城商铺	200	2006.11.25	1080.88	－1＋2	2008.6.10
卡达凯斯山水城C栋	2230	2006.11.25	17206.44	－1＋6＋1F	2008.6.10
阳关花园	—	2007.1.12	14000	－1＋6	2007.12.3
天羿栖风苑B区3号续建	580	2007.3.1	13076	6F＋1	2008.6.25

续表 8－1－6

项目名称	投资（万元）	开工时间	建筑面积（平方米）	楼层	竣工时间
天羿栖风苑凤来园 3 号	565	2007. 3. 1	9120	6＋1F	2008. 5. 25
天羿栖风苑 B 区 1 栋	686	2007. 3. 8	13000	—	2008. 8. 25
发耳法庭综合楼	—	2007. 5	950	3	2008. 10
玉舍法庭综合楼	—	2007. 5	800	3	2008. 1
陡箐乡阿佐小学教学楼	57. 76	2007. 9. 8	1035. 66	3	2008. 2. 8
碧辉祥和人家 26 号、27 号	—	2007. 10	4474	6F＋1	2008. 8
碧辉祥和人家 42、43、44 号	—	2007. 10	5396	6F＋1	2008. 8
碧辉祥和人家 38、39、40、41	—	2007. 10	6825	6F＋1	2008. 8
碧辉祥和人家 14、15、16 号	—	2007. 10	6587	6F＋1	2008. 8
国税局办公楼装修工程	79. 46	2007. 10. 8	1800	6	2008. 10. 20
凤竹苑	—	2007. 11. 20	9360. 4	7	2008. 9. 20
陡箐乡阿佐学校教学楼	47. 93	2008. 1. 25	785. 75	3	2008. 6. 25
县气象局改扩建业务用房	62. 98	2008. 7. 5	604. 2	2	2008. 10. 5
县农综办综合楼	340	—	3260. 8	—	2005. 12
县体育彩票综合健身馆	148. 18	—	1118	—	2008. 7. 4

第四节　住房制度改革

一、机构

1981 年 9 月，成立特区房地产管理局。1984 年 1 月，特区房地产管理局并入特区城乡建设环境保护局。1984 年 7 月，特区城乡建设环境保护局改称特区城乡建设环境保护委员会。1986 年 7 月，特区城乡建设环境保护委员会分设为特区城乡建设委员会、特区城市建设局、特区环境保护局、特区房地产管理局，3 个局均归口特区城乡建设委员会。1987 年 12 月，特区房地产管理局改称县房地产管理局。1989 年 1 月，县房地产管理局并入县城乡建设委员会。1993 年 9 月，县城乡建设委员会改为县建设局。1996 年 9 月，成立县住房制度改革领导小组办公室，挂靠县建设局。1999 年 3 月，成立县房产管理局，属正科级事业单位，与县住房制度改革领导小组办公室合署办公；下设办公室、计划财务股、房产管理所、房产交易所、政策法规股、住宅建设与开发管理股（县安居中心、属自收自支事业单位）。

二、住房制度改革

1990 年前，县（特区）职工住房实行实物分配，单位将公有住房分配给职工居住后，由房管部门与职工签订房屋租赁契约；县级以上干部住 90 平方米及以上住房，科级干部住房面积为 70～90 平方米，一般干部和职工住房面积在 70 平方米以下；职工住房情况因单位条件不同差异较大，部分单位只有少数干部和职工分配到住房，少数单位全部职工均无分配的住房。

1991 年 1 月，县进行住房制度改革，根据上级制定的相关政策，把公有住房大部分售给原分配到住房的职工，新房每平方米 210 元，旧房每平方米 194 元；按照 1 户职工家庭只能购买 1 套房改住房和购房职工占已购公有住房 75% 的产权、产权单位占 25% 的产权的原则，实行分期付款，但首次付款不得少于应付款总额 30%，新房余款可分 10 年付清、旧房余款可分 7 年付清。至 1999 年 6 月 30 日，全县共出售房改房 2200 余套。房改期间，市中心城区按每月每平方米 0.35 元的标准收取住房租金，由职工所在单位按其月标准工资或离退休费 2% 的比例对职工逐月发放住房补贴；各单位所收取的住房款和住房租金由产权单位统一存入建设银行房地产信贷部租金专户，专项用于购买债券和住房建设。

1993—1998 年，对 1992 年底在册达到分房条件而未分到住房的职工，以及住房困难户和居住危破房住户，采取“个人集资、单位资助、国家扶持”“先集资、后建房、定向分配”等办法，参加集资（合作）建房。1995 年后，县机关企事业单位以利用自有土地组织职工集资建房为主的方式实施安居工程，解决部分职工住房困难。1999 年 7 月 1 日起，停止住房实物分配，全面实行住房分配货币化，给予职工存量和增量 2 种住房补贴；存量补贴是对职工过去工资构成中住房消费含量不足的补偿，根据工龄和职级给予职工一次性补贴，全县仅给离休干部兑现；增量补贴是将国家和单位每年用于职工住房建设投资的各种隐形支出补贴给职工，纳入职工工资中。2004 年后，县按上级要求建立和完善城镇廉租住房制度，给城市低保家庭发放廉租住房补贴。2007 年后，将廉租住房补贴对象从城市最低收入家庭扩大到城市低收入家庭。

三、住房公积金

1995 年 1 月起，县实行住房公积金制度，职工按月标准工资的 5% 缴交住房公积金，规定单位按职工缴交金额的 1～5 倍配缴；由于财政困难，单位没有配缴，很多单位职工没有缴交住房公积金。1995 年 1 月至 2005 年 5 月，住房公积金收缴由县房改办代办；2005 年 6 月后，住房公积金由市住房公积金管理中心收缴管理。2005 年 10 月后，县财政按职工缴交住房公积金的同等金额配缴住房公积金到职工个人账户，全县所有单位职工迅速参与住房公积金缴交。职工购房或装修住房时，可按规定提取个人账户中的住房公积金。职工退休后，不缴交住房公积金，也没有配套补助，但可提取个人账户中的全部住房公积金。

第五节　房地产开发

一、县房地产开发

2000 年以前，县（特区）与市及钟山区共处一城，县（特区）的房地产业只是政府及各部门为解决单位职工基本住宿条件修建的政策性房改房及职工利用单位空闲土地集资修建的家属楼，未进行商品房开发。2000 年 10 月后，县在双水建新县城，房地产业有了开发的空间，先后有 15 家企业在县从事房地产开发。2001—2008 年，县房地产开发情况见表 8－1－7。

2001—2008 年水城县房地产开发统计表

表 8-1-7

年度	投资额（万元）	开发面积（平方米）	年度	投资额（万元）	开发面积（平方米）	年度	投资额（万元）	开发面积（平方米）
2001	630	6999	2004	2568	23347.51	2007	37992	223484.72
2002	1000	11000	2005	15272	131649.4	2008	57794	240810.77
2003	1320	12000.2	2006	26912	168194.6	合计	143488	817486.2

二、县境房地产开发企业

县诚信房地产开发有限公司　属国营企业，成立初期有职工 35 人，肆级资质；注册资金 800 万元；先后开发汽车交易市场 4 栋，农产品综合批发市场 8 栋，诚信 1、2 号楼，诚信 A、B、C、D、E、F 栋及 16 号楼，共有建筑面积 66869.9 平方米；销售 52969.9 平方米，尚有 13900 平方米未销售。由于公司运行过程中不断出现问题、法人代表不断更换，开发的许多房屋没有交纳完土地出让金及城市基础设施配套费，规划手续无法完善，导致房屋产权手续办不下来；于 2008 年与明硐房地产开发有限公司合并，但还是无法解决不断出现的问题，引起的上访户很多，后来被政府勒令停止从事房地产开发业务，等待关闭。

县康居房地产开发有限公司　县房产管理局下属企业，属两块牌子 1 套人员，只有 1 名职工，肆级资质，注册资金 800 万元；开发明硐小区 16 栋楼及农贸菜场 1 个，共有建筑面积 49161.28 平方米；所开发的房屋全部销售并办理完产权手续；由于没有新的土地进行开发，后来处于停业状态。

水城汇麒房地产开发有限公司　公司成立初期有职工 12 人，肆级资质，注册资金 800 万元；开发汇麒小商品批发市场共 5 栋，建筑面积 23589.76 平方米；所开发的房屋全部销售并办理产权证。后来公司搬往市中心城区，不在县开发。

六盘水天羿房地产开发有限公司　全公司有职工 25 人，肆级资质，注册资金 800 万元；开发天羿栖凤苑小区 16 栋，共有建筑面积 161032.35 平方米，基本销售完毕，并全部办理产权证。

六盘水华飞房地产开发有限公司　公司属贰级资质，注册资金 5000 万元；在县开发水之宛一、二期和芙蓉阁、腾龙阁，共有建筑面积 52988.21 平方米，销售完毕；该公司在县还有明硐湖水库旁的 4.67 公顷土地待规划审批后开发。

贵州新世纪集团房地产开发有限公司　公司属叁级资质，注册资金 1200 万元；在县开发世纪佳苑、世纪雅苑 2 个楼盘 5 栋楼，共有建筑面积 135906.99 平方米，销售 94322.46 平方米，待销售 41584.53 平方米；世纪佳苑陆续办理产权证，世纪雅苑 3、4、5 号楼未办理竣工验收手续，尚不能办产权证。因该公司资金运转一直存在困难，市政府专门成立新世纪监管组对该公司的日常业务进行监管，力争解决存在的不良贷款及产权办理等问题。

六盘水宏洋房地产开发有限公司　全公司有职工 12 人，肆级资质，注册资金 800 万元；在县开发凤竹苑 1 个楼盘，建筑面积 7050.45 平方米，销售完毕并办理产权证。

六盘水康馨园房地产开发有限公司　全公司有职工 6 人，肆级资质，注册资金 800 万元；在县开发康馨园小区 5 栋楼，共有建筑面积 22731.25 平方米，销售完毕并办理产权证。该公司在双水新区还有0.93公顷土地，但因水矿集团的高压线无力拆迁，暂时未开发。

六盘水汇盛房地产开发有限公司　总公司在市中心城区，在县开发祥和园小区6栋楼，共有建筑面积13984.83平方米，销售完毕并办理产权证。

县明硐房地产开发有限公司　属国营企业，系原县水利局下属房地产开发企业，公司成立初期有职工12人，肆级资质，注册资金500万元；开发明硐1、2号楼，共有建筑面积7305.36平方米，销售完毕并办理产权证。后来该公司关闭。

六盘水东方房地产开发有限公司　全公司有职工8人，肆级资质，注册资金800万元；开发锦绣名门小区16栋楼和阳光花园35栋楼，共有建筑面积137939.64平方米，2个楼盘的商品房均销售完毕，尚有部分房屋正在办理规划手续及竣工验收备案资料。因涉及水矿集团高压线及拆迁户安置问题，锦绣名门项目还有4栋楼未动工建设。

六盘水腾庆房地产开发有限公司　公司肆级资质，注册资金800万元；在县开发卡达凯斯山水城5栋，共有建筑面积56545.58平方米，除E栋尚有部分房屋未售完外，其余住房均已出售并办理产权证。该项目二期D、F、G、A栋已取得规划审批手续，准备开发。

六盘水华威天宇房地产开发有限公司　全公司有职工6人，肆级资质，注册资金800万元；在县开发新加坡花园小区5栋楼，共有建筑面积39619.21平方米；除17、18号楼在建外，其余3栋房屋均完工，但因公司资金周转困难及涉及上访户，所建住房基本售完但未办理产权证。

六盘水泰华房地产开发有限公司　总公司在市中心城区，在县开发河滨综合楼2栋，共有建筑面积5315.86平方米，售完并办理产权证。

贵州碧辉房地产开发有限公司　有职工8人，肆级资质，注册资金800万元；在县开发祥和人家小区，建成的4栋（建筑面积28065.63平方米）均已售完并办理产权证；另有9栋（约7.2万平方米）在建设中。

第二章　交通与通信

第一节　铁　路

一、铁路建设

1978年前建成的铁路　“三线建设”时期，水城进行大规模铁路建设，先后建成贵昆铁路、水（城）大（湾）支线和铁路专线，使铁路成为水城经济发展的大动脉。贵昆铁路原名滇黔铁路，1966年7月1日正式通车；东起贵阳南站北端，西至昆明站西端，全长643.3千米；经过水城境64.3千米，从六枝特区入境，经二道岩、小冲头、茨冲、滥坝、双水、水城、水城西（后改名六盘水）、马戛8个站后入威宁县境；20世纪80年代后，改造为国家一级电气化铁路。水大支线从六盘水站至大湾站，全长40.23千米，途经裕民、大河、野马寨、下藤桥、二塘5个站。水城境内水钢、汪家寨煤矿、老鹰山煤矿、观音山铁矿、滥坝油库等厂矿建有铁路专线18条，总长75.95千米，为全省铁路专线最多的地区。

株（洲）六（盘水）复线　株六复线为国家一级双线电气化铁路；由湘黔线和贵昆线的贵阳至六盘水段组成，东起湖南株洲，西止六盘水，全长1141千米。贵州段东自大龙车站，西止六盘水枢纽，总长617千米。到贵阳站后，顺贵昆铁路沿线，加修一条并行线至六盘水而形成复线；其中，六盘水段从黄桶车站至六盘水枢纽，全长120千米；经过县境路段长40千米。1998年5月动工修筑，由中铁集团公司11、18、19局，成铁一公司等单位承建，2002年5月竣工。

内（江）昆（明）铁路　内昆铁路为国家一级单线电气化铁路。北起内江，南止昆明，总长879千米。经六盘水正线5千米，枢纽引入线18千米。其中水城境内4千米，经双戛乡境的马戛站而入威宁境内梅花山站前往昆明。1956年开工兴建，1962年全线停工。1998年5月复工兴建，由中铁集团19局承建，2002年5月竣工，全线通车。

水柏铁路　水柏铁路后来改称水（城）红（果）铁路，系省第一条合资修建的地方铁路，为国家一级电气化单线铁路。北起贵昆线上六盘水站，南止盘西支线柏果站，全长119千米，设车站11个，后又延至红果站。水城境内有84千米，经纸厂、玉舍、勺米、都格、杨梅、发耳、新街、营盘乡入盘县境。水城境设有夹沟、玉舍、白鸡坡、都格、发耳、营街、茅草坪、渡船寨、三家寨9个站。由中铁集团公司1、2、4、5、11、12、14、15、18、19、20局，成铁3个公司和隧道局、大桥局等单位承建。1996年，经省政府、铁道部、原煤炭部批复成立贵州水柏铁路有限责任公司。1997年12月动工兴建，2002年9月建成。水柏铁路建成，纵向从北到南，将成渝、内昆、贵昆、南昆等几条铁路干线连成铁路网络，成为西南出海通道；北上与宝成铁路连接，大大缩短西北出海的距离。

六（盘水）沾（益）复线　2007年11月开工建设，经县政府驻地双水及滥坝等乡（镇）。

二、支援铁路建设

支铁机构　1997年9月，成立县重点工程建设协调领导小组，由县委副书记、县长杨明达任组长，副县长赵庆周、范存文任副组长，县政府办、县计划局、县建设局、县国土局、县环保局、县水保办、县交通局、县公安局等19个部门负责人任成员；下设的县铁路建设办公室，开初由县国土局等9个部门的13人组成，后来由县委办、县政府办、县国土局、县物价局、县交通局、县妇联6个部门的8人组成，陆国柱任主任，朱小平任副主任；在水柏铁路沿线纸厂、玉舍、勺米、都格、杨梅、发耳、新街、营盘8个乡建立支援铁路建设机构，分别由各乡党政领导和国土所人员组成。县铁路建设办公室为县政府派出机构，代表县政府行使有关职权，组织水柏铁路沿线各乡支铁人员对水柏铁路征地、拆迁等进行协调服务；执行省、市、县政府有关铁路建设优惠政策及支援铁路建设的有关规定；下设征地拆迁一组（主要负责株六复线、内昆线）、征地拆迁二组（主要负责水柏线）、资料组、财务组、治安组。

支铁工作　县内株六复线共征地122.66公顷，拆迁6170.69平方米；内昆线共征地7.81公顷，拆迁1812.85平方米；水柏线共征地407.6公顷，拆迁32577.03平方米。在“三线一站”（株六复线、内昆线、水柏线及六盘水编组站）建设中，县采取有力支援措施：提前组织发展蔬菜、生猪等生产，保障施工队伍肉食和副食品供应，严格控制物价上涨，满足铁路建设职工需要；铁路建设施工中，作好供水、供电、通讯、交通畅通等工作；对铁路施工企业自办砂石场（厂），规定任何人不得干扰；安排施工单位白天储水用水，当地百姓晚上储水用水，保证施工正常进行；被征地后拥有土地不足0.01公顷者，除办理农转非户口手续外，帮助发展第二、第三产业，组织劳务输出，解决其生活来源，确保社会稳定。

第二节　公　路

一、境内公路概况

高等级公路　镇（宁）水（城）公路，亦称水黄公路，起于镇宁黄果树贵黄公路K134+85米处，至双水水黄公路入口处，全长124千米，其中县境内54千米。黄果树至双水段，于2003年12月28日竣工通车；其延伸段（双水至德坞）21.9千米，于2000年5月通车。

省级公路　2008年，县境有省级公路5条，共长249.9千米。贵烟线（贵阳—威宁烟堆山）起于黔滇公路124千米处大山哨（属镇宁县），经县境陡箐至双水收费站，穿越市中心城区，经梅花山至烟堆山，全长139千米，县境内47.9千米（小田坝至双水收费站35.1千米，梅花山至烟堆山12.8千米）；水城至威宁段1952年8月25日动工，参加筑路民工达5000人，完成土石方82万立方米，投资33.9亿元（旧币），1953年3月通车，城乡群众首次喜见汽车开入水城；水城至镇宁段1957年9月施工，投入民工1.2万人，完成土石方41万立方米，1958年5月通车，1987年铺沥青路面。煤兴线（云南昭通煤炭包—兴义）境内长156.3千米，往南称两水线，经纸厂、玉舍、杨梅、发耳、鸡场5乡入盘县，1957年7月动工，1964年水城至杨梅段建成，1966年由交通部第三工程局第五工程处修建杨梅至盘县地段，1971 年 5 月全线通车，是贵州“三线建设”重点公路之一，1987 年在水城境铺沥青路面 55 千米；往西北称水煤线（主要在钟山区境内）经煤厂、大河、汪家寨、姚家营、下腾桥、大湾、木冲沟，翻越红花岭进入赫章县，至黔、滇交界处的煤炭包入云南省镇雄境，1956 年动工，1984 年赫章县境内竣工后该路才真正全线贯通。艾大线（艾家坪—大湾）为水煤线和贵烟线的连接线，长 3 千米。德姚线（德坞—姚家营）连接水煤线，长 13.1 千米。清水线（清镇—水城）境内长 29.6 千米（又称毕水线），经滥坝、小河边、立火入纳雍县；滥坝至小河边 11 千米 1955 年由水城铁厂率先修建；小河至纳雍县盖木河段投入民工 4100 多人，完成土石方 25 万立方米，1960 年竣工。

县级公路　2008 年，全县 69% 以上乡通油路，由县乡公路养护工区养护的县级公路共长 775.3 千米；随着马场桥经蟠龙至猴场公路、玉舍至坪寨公路、鸡场至龙场公路、陡箐至化乐公路、大河至木果公路、立火经比德至化乐公路等大批中央新增投资项目和通乡油路及市级运煤公路陆续立项、开工，县公路建设进入又一高潮期。

县乡公路　1956 年建成水（城）杉（树林）公路（水城第一条地方公路）。1964—1978 年，县（特区）境内大部分地方公路建成。1978—1985 年，主要改造、完善公路。1985 年开始，通过以工代赈等形式大量修筑公路，2000 年，实现全县所有乡（镇）通公路目标。

乡村公路　2008 年，由县乡公路养护工区养护的乡公路 643.5 千米，有通村公路 365 条、共 2534.5 千米；建成大沙地至大荒地、干水塘至夹沟、梅花山至高炉村、法那至沙坡、南开至花场、陡箐至坪箐、红布至格秋 7 条通村油路（水泥路），总长 50 千米；县交通局组织技术人员完成乡与乡油路联络线及通村油路初步规划。

二、主要县乡公路

水（城）盘（盘县大坪地）东线公路　系国家以工代赈重点工程，起于水城，经阿戛、米箩、野钟、顺场、花戛入盘县，全长 221.5 千米，县境内 143.5 千米。于 1991 年 10 月 20 日动工，第一期工程（野钟乡常明至花戛乡与盘县边界的界牌）县组建民兵团修建，二期工程（水城段）43 千米于 1993 年 2 月 22 日开工，1995 年 6 月 4 日全线通车；1999 年 12 月，该公路水城入口段（原水倮线 K1 ~K4）2 千米改线工程完工。

姬（官营）鸡（场坪）公路（水盘中线）　起于杨梅乡姬官营，经龙场、盘县普古，止于盘县鸡场坪，全长 104.1 千米。姬官营至龙场段，为市“八七扶贫攻坚计划”的第一个公路项目，长 39.3 千米，1994 年底开工，1998 年 5 月验收交付使用。该路建成，水城至龙场缩短 32 千米。

鸡（场）龙（场）公路　起于鸡场乡境内两水公路，止于龙场乡，全长 48 千米。1981 年 3 月动工，1983 年通车，共完成土石方 84.4 万立方米。

马（场）红（岩）公路　起于红岩乡小马场，止于红岩乡政府，全长 14.5 千米。1998 年 4 月 18 日动工，2000 年 4 月竣工通车。该路建成，县（也是市）实现所有乡（镇）通公路。

三、桥梁

全县（特区）省道有桥梁 23 座，以钢筋混凝土板桥居多；县道、乡道、通村公路和重要运煤公路有桥梁 118 座，以石拱桥居多。20 世纪 90 年代后所建大中型桥梁，逐步为双曲拱桥（下扒瓦桥、高家渡大桥），桁架拱桥（法德大桥）等新型拱桥。水盘东线上的法德大桥，当时为全省地方公路第一大桥，全长215.5米，主跨150米，桥面宽9米，行车道7米，桥高115米。水煤路的格扭桥，跨度80米。水盘路的发耳大桥，高出水面15米。保华桥，原名扒瓦石桥，清道光二十一年（1841年）修建，长6.9丈，宽1.5丈，为水城至南开公路必经之地；1991年7月3日被百年罕见洪水冲毁，1991年7月成都军区14集团军舟桥部队架通舟桥；1991年由六枝矿务局65工程处施工，1991年9月14日建成钢筋混凝土拱桥，桥长47米，宽9.5米，高16.6米，净跨35米。2008年，县境（煤兴线含钟山区境）内省道桥梁简况见表8－2－1。

2008年水城县境（煤兴线含钟山区境）内省道桥梁简况表

表8－2－1

线　别	桥梁名称	桥位桩号	结　构	分　类	技术状况
S102贵烟线	茨冲1#桥	K233.55	石拱桥	小桥	1
	茨冲2#桥	K234.35	石拱桥	小桥	1
	茨冲3#桥	K234.87	石拱桥	小桥	1
	黄家寨桥	K237.05	石拱桥	小桥	4
S212煤兴线	木冲沟1#桥	K103.86	石拱桥	小桥	1
	木冲沟2#桥	K103.9	实心板桥	小桥	1
	二塘桥	K107.4	实心板桥	小桥	2
	芭蕉坎桥	K109.06	石拱桥	小桥	2
	新合桥	K111.65	T型梁桥	小桥	1
	格扭桥	K112.66	石拱桥	中桥	3
	下倮么桥	K118.51	石拱桥	小桥	4
	猴场桥	K119.86	石拱桥	小桥	2
	王家大沟桥	K126.07	实心板桥	小桥	2
	红卫桥	K134.34	T型梁桥	小桥	3
	红旗桥	K137.1	T型梁桥	中桥	2
	大河桥	K141.52	石拱桥	小桥	1
	纸厂桥	K168.13	空心板桥	小桥	1
S212煤兴线	长海子桥	K169.71	空心板桥	小桥	1
	月亮坡桥	K173.93	空心板桥	小桥	1
	玉舍桥	K175.94	空心板桥	小桥	1
	发耳桥	K234.05	双曲拱桥	中桥	2
S307清水线	小白岩桥	K263.2	实心板桥	小桥	1
	小河桥	K233.8	实心板桥	小桥	1

四、管护

路政管理　由市交通局路政科与县路政队（所）分级管理省道（201千米）和县道路政。

公路养护　县（特区）县乡公路养护工区管养境内的县乡公路1418.8千米（县公路775.3千米、乡公路643.5千米），无正式道班。市及以上公路养护部门管养县境（水煤线含钟山区境）内省道，派驻道班情况见表 8－2－2。

水城县境（水煤线含钟山区境）内省道道班情况表

表 8－2－2

线路名称	道班名称及驻地桩号	管养起止桩号	管养里程（千米）	技术等级	行车密度（辆/日）	附注
S102 贵烟线	冷坝 K224.3	K218～K228	10	三	—	—
	陡箐 K233.1	K228～K238	10		—	—
	滥坝 K244.8	K238～K249	11		—	—
	双水 K255	K249～K261.6	12.6		8557	法都
	车子湾 K285.9	K281～K290	9		2223	—
S307 毕水线	红姑 K147.8	K141～K152	11	三	—	—
	龙滩口 K158	K152～K160	8		—	—
	老鹰山 K165.3	K160～K170.6	10.6		9262	—
X025 艾大线	大湾	K12.8～K15.8	3	二	—	—
Y001 德姚线	马戛 K2	K0～K13.19	13.19	二	—	—
S212 水煤线	白岩脚 K5.6	K0～K9	9	二	—	—
	大河边 K12.2	K9～K20	11		6050	—
	下藤桥 K31	K20～K41	21	三	—	—
	大湾 K48.9	K41～K53	12	二	7056	铺渣海
	木冲沟 K53.7	K53～K61	8		—	—
S212 两水线	鸡场 K88.8	K83～K92	9	三	—	—
	妥裸 K94.1	K92～K101	9		—	—
	湾子 K105.2	K101～K109	8		—	—
	土桥 K114.8	K109～K118	9		3658	—
	杨梅 K124.3	K118～K127	9		—	—
	小丫口 K131	K127～K133	6		—	—
	锅铲坪 K138.9	K133～K145	12		—	—
	俄脚 K150.4	K145～K153	8		—	—
	玉舍 K161.1	K153～K163	10	二	—	—
	长海子 K168.1	K163～K171	8		5199	纸厂
	窑上 K177.1	K171～K179.8	8.8		—	—

五、管理机构

县（特区）交通局　1981 年，特区革委交通局改为特区交通局。1987 年 1 月，特区道路交通安全工作移交特区公安机关管理。1987 年 12 月，特区交通局改称县交通局，内设办公室、财审股、安全法规股、计划建设股、工程管理所，有职工 40 人；领导职数为局长兼党组书记 1 名，副局长 3 名，纪检组长 1 名，总工程师 1 名。2008 年，县交通局下属副科级单位有县地方海事处、县县乡公路养护工区、县公路运输管理所和县公路路政管理大队。

县（特区）县乡公路养护工区　1980 年成立特区县乡公路养护工区，1987 年 12 月改称县县乡公路养护工区，副科级事业单位。2008 年有在职人员 33 名，下设办公室、技术室、法规室。

县地方海事处　为参照公务员法管理副科级单位，编制 7 名，设处长 1 名。

县公路路政管理大队　1994 年 9 月，成立县路政管理中队。2006 年 7 月，县路政管理中队更名县路政管理所。2007 年 12 月，县路政管理所更名县公路路政管理大队，为财政全额预算管理的副科级事业单位，人员编制 16 名。

第三节　运　输

一、铁路运输

1979—1990 年，县（特区）铁路运输情况见表 8－2－3。

1979—1990 年县（特区）铁路运输统计表

表 8－2－3

年度	货物运输（亿千克）	货运收入（万元）	客运（万人次）	客运收入（万元）	年度	货物运输（亿千克）	货运收入（万元）	客运（万人次）	客运收入（万元）
1979	43.6	3671	99	248	1985	53.2	5089	165	445
1980	39.5	4055	111	281	1986	60.7	5237	164	531
1981	41.1	3709	101	259	1987	55.4	5219	161	600
1982	46.1	3896	109	283	1988	52.2	6566	158	625
1983	48.5	4416	118	310	1989	—	6272	163	677
1984	52.1	4690	131	350	1990	75.2	12151	153	617

二、公路运输

县公路运输管理所　1978 年，特区公路运输管理由特区交通运输管理总站负责。1988 年，特区交通运输管理总站改为县公路运输管理所。1996 年，县公路运输管理所升格为副科级事业单位，定编制 48 名，内设综合办公室、稽查队，下设公路运输管理站。2008 年 5 月，县公路运输管理所职工向四川汶川地震灾区捐款 2 万元。县公路运输管理所坚持运输安全检查和安全隐患排查；后期运用 GPS 技术，建设道路运营客车和危险品运输车辆安全与运营监控系统，对危险货物运输车辆实施可视化、格式化管理，监督车辆安全运行；依法征收税费。1994—2008 年，县公路运输管理所税费征稽情况见表 8－2－4。

1994—2008 年水城县公路运输管理所税费征稽情况表

表 8－2－4

年度	公路运输管理费	客货运附加费	年度	公路运输管理费	客货运附加费	代征汽车运输营业税
1994	401607	1211377	2002	1073135	2835561	1752262
1995	718329	1255400	2003	1319423	3218967	2046690
1996	811847	1335883	2004	1417933	3411773	3196767

续表 8－2－4

年度	公路运输管理费	客货运附加费	年度	公路运输管理费	客货运附加费	代征汽车运输营业税
1997	1118107	2002181	2005	1810980	4014249	3963443
1998	889779	2256033	2006	1736342	3693627	4077365
1999	809511	2312963	2007	1980000	3900801	4609881
2000	759534	2500646	2008	2128670	2903104	4766638
2001	912304	2301721				

县（特区）汽车运输公司　建于1970年，原名特区车队，位于市区黄土坡，占地1.1万平方米。1986年，被省政府评为“四化建设标兵”“运输安全标兵”“五一奖章”获得者。1990年，有东风牌货车24辆（国家投资45万元，自筹资金400多万元）；年运货量0.5亿千克，周转量28亿千克千米；营业收入554万元，上缴利税72万元，纯利润54万元。1979—1990年，累计利润198.1万元。1979—2007年，上缴税金131万元，创造县国有企业连续28年无亏损的佳绩。

公路运力和运输　2008年，全县有客运车辆303辆，客运线路37条；其中省内跨其他地区客运线路4条（水城—纳雍、水城—大方、水城—毕节、水城—威宁），日发车11班；水城—盘县客运线路1条，日发车1班；县至乡（镇）客运线路32条、日发车约600班；乡（镇）通班车率100%，行政村通班车率69%；市中心城区通往县城的公交线路有3条（梅花山收费站—双水的1路公交、双水—市三中的2路公交、康乐南路口—双水的3路公交）。在2008年初的抗凝冻救灾中，县道路运输管理所组织车辆550台次，抢运电煤0.25亿千克。1979—2008年，县（特区）公路运力和运输概况见表8－2－5、表8－2－6、表8－2－7。

2000—2008年水城县民用汽车数量统计表

表8－2－5　　单位：辆

年度	合计	大型汽车			小型汽车			
		总数	货车	客车	总数	货车	客车	其他车辆
2000	1032	778	609	169	254	124	30	100
2001	1039	785	615	170	254	124	30	100
2002	1067	810	639	171	257	122	30	105
2003	1244	837	656	181	407	157	40	210
2004	1582	1065	880	185	517	248	40	229
2005	1557	1035	888	147	522	255	38	229
2006	1662	1068	929	139	594	259	35	300
2007	1886	785	639	146	1101	729	40	332
2008	2492	1073	882	191	1419	999	70	350

1984—2008 年水城县（特区）公路客运情况统计表

表 8－2－6

年度	车辆数	客运量（万人次）	年度	车辆数	客运量（万人次）	年度	车辆数	客运量（万人次）
1984	105	497	1993	92	233	2001	91	42
1985	108	500	1994	81	130	2002	98	48
1986	117	506	1995	82	131	2003	108	82
1987	116	625	1996	89	120	2004	178	136
1988	120	555	1997	84	81	2005	213	136
1989	105	492	1998	80	37	2006	218	171
1990	100	260	1999	64	36	2007	261	170
1991	98	230	2000	81	38	2008	303	208
1992	102	279						

1979—1995 年水城县（特区）汽车货运情况统计表

表 8－2－7

年度	车辆数	货运量（亿千克）	年度	车辆数	货运量（亿千克）	年度	车辆数	货运量（亿千克）
1979	140	1.2	1985	170	1.6	1991	148	0.63
1980	151	1.29	1986	157	1.6	1992	156	0.7
1981	159	1.48	1987	156	1.1	1993	152	0.4
1982	163	1.5	1988	154	1.1	1994	143	0.3
1983	168	1.65	1989	140	0.95	1995	131	0.34
1984	173	1.7	1990	161	1			

第四节　邮政与通信

一、机构

1978—2001 年，县（特区）未设立邮电与电信机构，邮电与电信事务由市邮电局农村邮电科管理。2002 年 1 月，成立县邮政局，内设综合办公室、农村营业部、城市营业部；农村营业部主要负责县及钟山区乡（镇）网点邮政服务；下设龙场、蟠龙、米箩（后为阿戛）、南开、发耳、杨梅、玉舍、小河、大河、大湾、滥坝、双水 12 个邮政代办所。2003 年，设立广场邮政储蓄所。2003 年 5 月 16 日，在双水成立县电信局。2004 年，设立大湾邮政储蓄所、发耳邮政储蓄所。2007 年，发耳储蓄所搬到双水营业。2007 年 1 月，县邮政局增设运营经营部、储汇部、函件部、代理业务部、片区中心局（分为双水中心局、发耳中心局、大湾中心局、滥坝中心局）。2007 年 7 月，县邮政局设置综合办公室、市场经营部、客户服务部、储汇部、营业投递部、农邮发展部；农村邮政网点全部改为代办邮政所，有顺场、新街、营盘、猴场、金盆、盐井、花戛、勺米、都格、鸡场、常明、陡箐、木果、发其 14 个代办邮政所。2008 年，县邮政局内设机构调整为综合办公室、市场部、代理业务部、函件部、集邮部、营业投递一部、营业投递二部。

二、邮电业务

网点业务　2002年，龙场、蟠龙、米箩、南开、发耳、杨梅、玉舍、小河、大河、大湾、滥坝、双水12个点采取定时定点服务，其余乡（镇）采取流动服务方式；主要开展邮件寄递、服务送款等业务。2003年，在广场开展储蓄业务。2004年，分别在大湾、发耳开展储蓄业务。2007年7月，开办邮政速递专营业务。

邮路　2002—2007年主要邮路有8条：玉舍发耳线，由市邮政局水城至盘县邮运汽车运输至玉舍、杨梅、发耳，再由委办邮运汽车分别运输至都格、勺米、常明、新街、顺场、营盘、鸡场；滥坝线，由市邮政局纳雍线邮运车运至滥坝，途经响水河，再由县邮政局委办邮运车延伸服务至红卫山、老鹰山、小河、比德；双水至蟠龙、米箩、常明线；双水至盐井线；市邮政局至南开、金盆线；双水至化乐线；那罗矿至木果线；市邮政局至大湾线。2008年，整合邮路资源，邮路改为：发耳线（市邮政局转运科—勺米—玉舍—杨梅—发耳—鸡场—都格—坪寨）；龙场线（市邮政局转运科—玉舍—杨梅—新街—龙场—顺场—营盘）；南开线（市邮政局转运科—发箐—保华—南开—金盆—青林）；大湾线（市邮政局转运科—大河白岩脚—汪家寨—木果—二塘—大湾—双戛）；化乐线（双水—红卫山—比德—陡箐—化乐—红岩）；蟠龙线（双水—蟠龙—猴场—阿戛—米箩—野钟—果布戛—盐井）；花戛线（双水—花戛）。

业务总量　2002年114万元，2003年200万元，2004年260万元，2005年407万元，2006年437万元，2007年356万元，2008年510万元。

三、通信业务

县电信局成立前，县（特区）内电信业务由市电信部门办理。县电信局成立后，县内固定电话和宽带业务由县电信局办理，移动电话业务由市、县电信部门共同办理，用户多数选择市级移动、联通、电信企业，县电信局移动电话业务市场份额较小。

1978年，特区机关、企事业单位、区（镇）、公社均有固定电话；各区邮电所可发电报。1985年，市邮电局开通3JDD－4A无线电话机（每套对端为三路，输出功率4瓦）。1992年4月30日，市邮电局126人工无线寻呼台正式开通。1994年10月11日，市邮电局127自动寻呼系统开通。1995年，市邮电局开通模拟移动电话（俗称大哥大），共有用户524户。1996年，全市长途电缆长度160.5皮长千米，进局中继中间电缆12.8皮长千米，全市形成以水城为中心的全部小同轴电缆长途通信网；全市有省内二级报路9路（电传6路、无线人工3路）；全市农村电话交换机总容量4066门（自动式2296门），有电话机1296部（自动式622部）；全县有长途电话交换机140门；玉舍邮电支局开通程控电话。1999年8月，全市共有GSM移动基站9个，移动用户5000余户，网络覆盖到市区及县城区。1999年11月26日，全县实现乡乡通程控电话。2000年，互联网采取普通电话163拨号方式上网，但费用较高、速度较慢。2000年4月19日，全县开通短消息业务。2002年10月11日，全县实现乡乡通光缆。2004年，新型宽带接入方式LAN小区在城区应用，通过网线接入用户桌面，可轻松实现信息高速传输和视频服务。2006年9月30日，全县行政村实现移动网络覆盖。2008年，全县每个乡（镇）都开通移动电话，每个自然村寨都有村民使用手机；部分乡（镇）开通互联网。

第三章　环境保护

第一节　环保状况

一、机构

1981 年 9 月，成立特区环保局。1982 年 3 月，特区环保局增设环境监测站。1984 年 1 月，特区基本建设委员会、特区城市建设局、特区环境保护局、特区房地产管理局合并为特区城乡建设环境保护局，内设环保科负责环境保护工作。1984 年 7 月，特区城乡建设环境保护局改称特区城乡建设环境保护委员会。1986 年 3 月，特区环保局增设排污收费和环境监测站。1986 年 7 月，特区城乡建设环境保护委员会分设为特区城乡建设委员会、特区城市建设局、特区环境保护局、特区房地产管理局，3 个局均归口特区城乡建设委员会。1987 年 12 月，特区环保局改称县环保局。1991 年，县环保局增设环境监理站。1993 年，县环保局、县土管局、县矿产资源办合并为县国土资源管理局。1994 年，恢复县环保局，内设办公室、环境监测站、环境监理站。2002 年 7 月，县环保局内设办公室、综合股。2003 年 11 月，县环保局环境监理站改称环境监察大队。2008 年 6 月，成立县政府污染减排办公室，办事机构设在县环保局。

2008 年前，县环境监测站无专业环境监测分析化验仪器和实验场所，未通过计量认证，工作人员未取得环境监测分析化验资质，不具备向社会出具有证明作用的数据及结果的资质，未开展相关监测业务工作。

二、环境污染

1990—1994 年，全县废水排放总量从 16180 万千克增加到 30000 万千克，废水日处理量达到 32 万千克；废气排放总量从 12434. 34 万标立方米增加到 20840 万标立方米，二氧化硫排放从 616. 2 千克增加到 913 千克，工业烟尘从 277410 千克增加到 223. 6 万千克；工业固体废物产生量从 2457. 8 万千克增加到 11000 万千克，综合利用量从 14 万千克增加到 9000 万千克，排放量从 2440 万千克减少到 2000 万千克。

1994 年，县建设项目增加到 44 个。工业企业迅速增多，污染治理的配套设施没有及时跟进，导致环境问题日趋严重，企业存在重发展轻环保的现象，国家对环境保护的法律法规以及地方性的部门规章没有完善，导致环境监管环节有一定缺失。

1995—1999 年，由于县工业企业污染防治设施不断跟进，有效遏制了废水污染严重的现象；随着工业的兴起，工业固体废物随之增多，但在循环经济的促进下，固体废物进行再利用，有效限制其排放；辖区内燃煤锅炉的使用，土法锌业的增加以及烟草复烤的存在，增加废气的产生量，由于很多企业安装除尘设施，很大程度上减少了烟尘排放，环境状况有一定改善。废水排放总量从40543.2亿千克减少到25215.4亿千克，废气排放总量从57277万标立方米增加到183762万标立方米，二氧化硫排放从391970千克减少到4322.3千克，工业烟尘从102958.6万千克减少到626.88万千克；工业固体废物产生量从22000万千克增加到40480万千克，综合利用量从15000万千克增加到33580万千克，排放量从5000万千克增加到6910万千克。

2000—2004年，县废水排放总量从66810万千克增加到322000万千克，废气排放总量从140577万标立方米增加到219207万标立方米，二氧化硫排放从269040千克增加到4002800千克，工业烟尘从649400千克增加到1742900千克；工业固体废物产生量从24480万千克增加到87880万千克，综合利用量从14780万千克增加到87880万千克，排放量从9700万千克减少到零排放。

2005—2008年，县废水排放总量从287710万千克增加到345750万千克，废气排放总量从81262万标立方米减少到15209万标立方米，二氧化硫排放从809740千克减少到204350千克；工业固体废物产生量从65060万千克减少到44810万千克，综合利用量从9650万千克增加到42890万千克，排放量从57550万千克减少到2.4万千克。

三、水质状况

1990—1995年，县工业企业增多，水质受污染逐渐加剧，北盘江、通仲河、阿勒河、三岔河呈Ⅳ类、Ⅴ类水质。1995—2000年，县工业企业仍继续增加，由于工业废水得到一定的治理，水质状况有很大的改善，北盘江、通仲河、阿勒河、三岔河水质呈Ⅲ类水质。2001—2008年，县工业企业的环保设施逐渐完善，废水治理得到有效控制，达标排放率逐渐提高，北盘江、通仲河、阿勒河、三岔河呈Ⅲ类水质。

四、污染源调查

1990年，县启动环境统计年报工作。1990—1994年，统计范围是工业“三废”排放及处理情况。1995—2008年，县环境统计工作范围、内容、对象不断更新和完善。

1990—2008年，污染物排放及处理情况见表8-3-1。

1990—2008年水城县污染物排放及处理情况统计表

表8-3-1

统计年度	纳入统计企业	污染物排放情况			附注
		废水排放	废气排放	固体废物排放	
1990	22	16180万千克	排放12434.34万标立方米，二氧化硫616.2千克，烟尘277410千克	产生2457.8万千克，排放2443.8万千克	—
1994	23	3亿千克	排放20840万标立方米，二氧化硫913千克，烟尘223.6万千克	产生1.1亿千克，排放0.2亿千克	—
1999	33	25220万千克	排放183762万标立方米，二氧化硫排放4322.3千克，烟尘626.88万千克	产生40480万千克，排放6910万千克	土法炼锌造成废气排放量大幅度增加

续表 8 -3 -1

统计年度	纳入统计企业	污染物排放情况			附注
		废水排放	废气排放	固体废物排放	
2004	73	3.2亿千克	排放 219207 万标立方米，二氧化硫排放 400.28 万千克，烟尘 174.29 万千克	产生 87880 万千克，排放 0	土法炼锌、炼焦等行业崛起，造成废气排放量大幅度增加
2008	115	345750万千克	排放 15209 万标立方米，二氧化硫排放 204350 千克	产生 44810 万千克，排放 24000 千克	大批土法炼锌企业被取缔，废气排放量得到控制

第二节　污染治理

一、水污染治理

1981 年 3 月 11 日，市革委开会研究五届全国人大三次会议 982 号提案《彻底解决水城钢铁厂严重染污水城特区 10 万居民生活用水案》，决定对水城片区进行全面水质普查。1981 年 4—5 月，省环保科研所对特区城关、大河边、老鹰山 3 个片区 18 个污染源、32 个地面水段面和 18 个地下水点进行全面监测，取得 2390 个数据，为办理全国人大 982 号提案提供科学依据。1986 年 12 月 27 日，水钢废水处理工程（投资 907 万元，日处理废水能力 7680 万千克）投入使用，处理水质达国家排放标准。1990 年，县投入废水治理资金 0.2 万元，治理 22 个单位。1999 年，县对 10 家企业下达限期治理通知，规范 14 家企业的排污口设置。1999—2000 年，县对水城生化厂进行限期治理。2001 年，对县“三角区”的木工家具制作业进行甲醛整顿。2004 年，县关闭取缔企业 23 家（“两土”16 家，洗煤厂 4 家，不能完成限期治理的 3 家），对 18 家洗煤厂下达限期治理通知，对 28 家煤矿进行治理，所有洗煤厂要求做到废水全闭路循环，无废水外排。2005 年，县对 63 家洗煤厂、16 家煤矿进行治理，关闭洗煤厂 5 家，关闭煤矿 1 家。2006 年，县开展“整治违法排污企业保障群众健康”环保专项行动，对滥坝、董地一线，猴场、蟠龙、阿戛通仲河一线，保华、发箐阿勒河一线，鸡场、发耳、都格北盘江一线，纸厂及玉舍引用水源地，双戛、木果三岔河一线 90 家企业进行整治，完成“一江两河”（拖长江、水城河和三岔河）限期治理项目 14 对；开展大型企业污染源治理，共投入污染治理资金约 700 万元，完成发耳煤业 1 号井、玉舍煤业污水治理、县兴龙精淀粉有限公司污水治理工程，六盘水金六硅业有限公司安装水膜除尘装置，县奔牛食品有限公司安装废水处理设施等。2007 年，县对 224 家煤炭企业进行治理，关闭 72 家煤矿，取缔双水片区 11 家小洗煤厂和 7 家配煤厂。

二、废气治理

1979 年 9 月 22 日，经市、特两级有关部门调查核实，水城发电厂 1973 年投产后烟气污染严重，导致双戛、艺奇两个公社粮食减产 65 万千克，树木枯死 170 万株，牲畜不正常死亡 357 头，6 户社员被迫搬迁；市革委决定，由水城发电厂赔偿两个公社损失费30万元。1998年，县进行老污染源治理，投入治理资金15万元，对金盾锌厂、塔山锌厂、化工厂、新发冶炼厂进行废气治理，加强“两土”取缔工作，拆除土法炼锌炉280只，关停土焦炉500只，建成土焦改造炉4座。1999年，执行国家关于取缔“十五小”政策，县成立“两土”改造办公室，负责全县土锌技术改造工作，审查登记43家、515只炉作为技改试验炉，投入资金2480.38万元，年产粗锌达0.3亿千克。2003年，双牌铝厂投入资金3200万元对电解铝车间和碳素分厂的废气进行治理，塔山锌厂投资7万元改造烟囱，仙劲锌业投资2.8万元改造烟囱，正鑫锌业投资2.8万元改造烟囱，华夏造纸厂投资4万元对锅炉污染进行治理；多家排气企业使用脱硫设施，有效遏制了二氧化硫排放。2004年，县取缔燃煤锅炉5家，2家技改为清洁能源，取缔、关停“十五小”“新五小”企业38家。2005年，县开展“毁炉、拆棚、平场、炸毁烟囱”工作，共取缔技改土锌炉、土法土锌炉、土法焙烧炉46家、300只，拆除工棚39家（1660平方米），炸毁烟囱27根，完成辖区内土锌炉取缔工作。2007年，县开展2亿千克以上焦化厂的污染治理，督促双牌铝厂、国贸焦化厂安装在线监控系统，取缔20家改良焦炉灶，取缔13家制砖作坊。2008年，县2亿千克以下机焦厂全部取缔，有效防止土锌炉反弹；取缔3家2000千克以上工业锅炉。

三、其他治理

1984年6月18日，特区内市限期治理污染的单位（省新闻发布会公布）为：水城发电厂、老鹰山选煤厂、水城水泥厂、杉树林铅锌矿。1986年6月20日，水钢焦化厂N－503型溶剂脱酚环保工程竣工。2006—2008年，县开展“整脏治乱”专项行动，取缔城区燃煤锅炉，对玉舍水库、白马洞水库、明硐水库进行污染防治，对公路沿线进行环境综合治理，对饮食业油烟、废水污染进行治理，对城市娱乐噪声和旅游景区、城镇乡村环境进行整治。

第九篇　农业　农村

第一章　农　业

第一节　基本农田建设

一、机构

1976 年 10 月，成立特区革委农林办公室。1983 年 12 月，撤销特区农林办公室，改建特区党委农村工作部。1985 年 2 月，特区党委农村工作部改为特区农村工作委员会。1987 年 12 月，特区农村工作委员会改称县农村经济委员会。1993 年，县农村经济委员会改为县农业局，下设农业，畜牧，农机 3 个服务中心。1994 年 6 月，设立县农村工作委员会。1996 年，县农村工作委员会更名县农业办公室。

二、建设情况

以坡改梯为主的基本农田建设，由县农业办公室牵头实施。1991—2007 年，国家投入以工代赈资金、财政扶贫资金、土地出让金、退耕还林地区基本口粮田建设资金等进行以坡改梯为主的基本农田建设；全县通过干砌石埂进行坡改梯、炸除地中卧牛石、浆砌河堤、恢复水打沙压田土、生物护埂和修建排水（洪）沟、引灌渠、田间便道等工程实施基本农田建设 24116. 36 公顷，不仅使全县基本农田数量增加，也使基本农田质量提高、抵抗水土流失的能力增强，巩固农业生产的根基，为发展种植业，提高粮食产量创造有利条件。在建成的基本农田中，土壤虽然保住，但水分和养分未得到有效改善和提高，大部分田土仍属中低等肥力的酸性土壤，PH 值在 5. 5 ~6. 5 之间，有机质含量低，有效钾严重缺乏，抵抗自然灾害的能力十分脆弱，需要实施石灰改良、绿肥种植、小水池工程等，才能成为旱涝保收的基本农田。由于坡改梯工程曾作为县、乡的工作任务，有些虽然质量差，也勉强验收；有些乡、村为了完成任务和得到补助，将上年验收过的工程再次上报，验收人员曾被蒙骗。2007 年，全县农用地总数为 29. 86 万公顷（耕地 10. 26 万公顷，园地 0. 28 万公顷，林地 13. 13 万公顷，牧草地 3. 1 万公顷，其他农用地 3. 09 万公顷）；耕地坡度小于 2 度的 0. 38 万公顷（占总数的 3. 7%），2 ~6 度的 1. 24 万公顷（占总数的 12. 1%），6 ~ 15 度的 3. 78 万公顷（占总数的 36. 9%），15 ~ 25 度的 3. 4 万公顷（占总数的 33. 1%），大于 25 度的 1. 46 万公顷（占总数的 14. 2%）。

1991—2007 年，县基本农田建设情况见表 9 – 1 – 1 和表 9 – 1 – 2。

1991—2007 年水城县基本农田建设统计表（一）

表 9－1－1

年度	工程点（个）	完成面积（公顷）	其中					新增加和恢复有效耕地（亩）
			以工代赈			省级土地出让金用于基本农田建设（公顷）	退耕还林地区基本口粮田建设（公顷）	
			石坎坡改梯（公顷）	水毁治理（公顷）	生物护埂（公顷）			
1991	323	1680. 99	1680. 99	—	—	—	—	50. 67
1992	415	1839. 95	1839. 95	—	—	—	—	51. 31
1993	518	1894	1894	—	—	—	—	13. 63
1994	508	2057. 86	2057. 86	—	—	—	—	14. 73
1995	550	2406. 78	1736. 71	596. 73	73. 34	—	—	118. 3
1996	239	1343. 87	850. 54	360	133. 33	—	—	76. 67
1997	283	1598. 67	1066. 67	532		—	—	127. 88
1998	166	1776. 53	871. 2	830. 67	74. 66	—	—	152. 22
1999	182	1867. 43	957. 76	709. 67	200	—	—	114. 66
2000	172	1866. 73	1236. 33	513. 73	116. 67	—	—	11. 8
2001	77	1060. 2	575. 98	430. 89	53. 33	—	—	73. 67
2002	56	1044. 04	433. 91	432. 8	177. 33	—	—	64. 35
2003	30	1022. 33	311. 47	564	146. 86	—	—	37. 23
2004	30	980	473. 33	310	196. 67	—	—	63. 25
2005	19	733. 33	340	310	83. 33	—	—	38. 8
2006	16	538. 35	—	133. 33	—	34. 35	370. 67	16. 75
2007	9	405. 3	—	—	—	35. 3	370	1. 96
合计	3593	24116. 36	16326. 7	5723. 82	1255. 52	69. 65	740. 67	1027. 88

1991—2007 年水城县基本农田建设统计表（二）

表 9－1－2

年度	完成土方（万立方米）	完成石方		修建排洪沟渠（米/条）	修建田间便道（米/条）	群众投工投劳（万个）
		干砌（万立方米）	浆砌（万立方米）			
1991	38. 73	66. 92	—	73250. 7/422	70831. 23/335	218. 2
1992	42. 78	65. 27	—	141529. 1/390	80727. 52/425	161. 94
1993	23. 34	63. 72	—	52436/438	71061/386	141. 8
1994	30. 37	130. 91	—	38932/247	57793. 25/381	162. 08
1995	56. 25	156. 86	—	41392/368	61793. 4/493	170. 38
1996	30	90. 8	—	26400/82	31000/157	115. 18

续表 9－1－2

年度	完成土方（万立方米）	完成石方		修建排洪沟渠（米/条）	修建田间便道（米/条）	群众投工投劳（万个）
		干砌（万立方米）	浆砌（万立方米）			
1997	27.9	80.9	2.9	33400/102	21000/108	178
1998	27.5	78.2	2.95	38210/82	23200/81	189.8
1999	34	56.7	2.0745	20010/73	18115/57	117.3
2000	37.1	84.5	1.4225	18004.5/56	5702/32	114.6
2001	18.43	47.36	2.6	42082/57	12700/48	62.2
2002	20.4	13.9	2.8	18061.1/26	13412.5/52	62.4
2003	22.57	6.3	3.1736	9055/19	5071/20	13
2004	20.21	6.58	2.39	1776/4	9526/27	22.12
2005	13.667	5.2028	3.7338	4519.7/6	7233/20	24.5
2006	2.5962	1.90605	1.468	12695/14	2500/4	53.2
2007	4.2398	1.17	0.3308	7656/7	1030/7	51
合计	450.083	957.19885	25.8432	579409.1/2393	492695.9/2633	1857.7

第二节　农业综合开发

一、机构

1996 年 6 月，成立县农业综合开发办公室（简称县农综办），挂县非耕地资源开发办公室牌子，属财政全额预算管理的正科级事业单位，定编 3～5 人，实有 3 人。1997 年，县农综办有工作人员 6 人。2002 年 4 月，县农综办与县茶业生产办公室合署办公，实行 1 套人员，3 块牌子。2005 年 7 月，县农综办定编 10 人，内设综合、业务、资金管理 3 个股。2007 年 3 月，县农综办有 12 人，迁至双水新县城办公。2008 年，县农综办（县茶业办）有在职人员 16 人（专业技术人员 7 人，管理人员 5 人，技术工人 3 人，普通工人 1 人），退休人员 1 人；本科学历 8 人，大专学历 7 人，中专学历 1 人，初中学历 1 人。

二、开发情况

县农业综合开发，按“围绕产业扶龙头，围绕龙头建基地”的思路，以“田成方、林成片、渠相连、路相通、旱能灌、涝能排、洪能防”为开发建设目标，整合国家财政资金、金融信贷资金、群众和企业自筹资金，集中连片实施，使有限的资金发挥最大的效益。1996 年，县列为国家农业综合开发县。1996—2007 年，共投入建设资金 6622.6 万元，在 6 个乡实施项目，平均每个项目连续实施 2～3 年；共扶持龙头企业 3 个，实施土地治理项目 11 个、产业化经营项目 6 个；共改造中低产田（土）10853.33 公顷，新增林地 560 公顷。通过实施农业综合开发项目，有效带动金融资本和民间资本对农业的投入，改善农业生产条件和生态环境，促进农业产业结构调整，提高项目区农业综合生产能力，增强农业发展后劲。县农业综合开发也遇到农业生产自然条件恶劣、项目建设资金过低、项目建后管护措施落实不力和项目有偿资金偿还困难等问题。

三、土地治理项目

县土地治理项目以改造中低产田（土）为主，项目跨年度实施，建设期限2～3年；项目在气候温和、雨量充沛、农业生产条件优越，但基础设施薄弱的米箩、玉舍、龙场、顺场、蟠龙、猴场6个乡实施，项目总投资4426.35万元（财政资金3054万元，群众自筹资金1235万元，政府扶持资金137.35万元），项目实施后，提高了土壤肥力，农民的科技意识普遍增强，为粮食增产、农业增效、农民增收打下坚实基础。

1998年实施坡改梯66.67公顷；2004年建机耕道5.82千米，排灌站1座；2006年新建人行步道2.52千米。埋设管道78.09千米（2005年37.64千米，2006年40.45千米）；优质良种推广561.74公顷（2003年239.5公顷，2004年320.9公顷，2006年1.34公顷）；新建和改建灌溉工程188.8千米（1996年13.5千米，1997年17.5千米，1998年54.3千米，1999年10.14千米，2000年13.1千米，2001年20.12千米，2002年15.2千米，2003年29.92千米，2004年11.71千米，2006年3.31千米）；新建拦河坝2座（2004年、2005年各建1座）；建蓄水池183口（2004年50口，2005年58口，2006年75口）；营造水土保持林3340公顷（1996年673.33公顷，1997年400公顷，1998年666.67公顷，1999年666.67公顷，2000年400公顷，2001年333.33公顷，2003年200公顷）；土壤改良6733.34公顷（1996年1200公顷，1997年666.67公顷，1998年666.67公顷，1999年733.33公顷，2000年800公顷，2001年733.33公顷，2002年800公顷，2003年666.67公顷，2004年466.67公顷）；蔬菜推广种植501666.68公顷（2003年203666.67公顷，2004年164666.67公顷，2005年66666.67公顷，2006年66666.67公顷）；购置仪器设备46台/套（1996年3台/套，1997年10台/套，2003年15台/套，2004年3台/套，2005年15台/套）；农民农业实用技术培训84403人次（1996年10251人次，1997年12000人次，1998年10000人次，1999年11100人次，2000年10050人次，2001年11000人次，2002年10700人次，2003年5177人次，2004年3025人次，2005年500人次，2006年600人次）。

四、产业化经营项目

产业化经营项目大体分为三类：一是林果、蔬菜、花卉及特种经济作物等种植业；二是畜、禽、水产等养殖业；三是农副产品加工、储藏保鲜、产地批发市场等。农业产业化经营以市场为导向，依靠各类龙头企业和组织带动基地、农户，实行一体化经营。

1996—2005年，共实施产业化经营项目6个，总投资2196.25万元。1998年，实施名优茶基地建设及加工项目，投资200万元（财政资金130万元，自筹资金70万元），建茶叶基地133.33公顷。2000年，实施名优茶叶加工项目，投资150万元（财政资金120万元，自筹资金30万元），建茶叶加工厂1个。2001年，实施顺场乡核桃板栗种植基地项目，投资194万元（财政资金150万元，自筹资金44万元），规范化种植核桃133.33公顷、板栗133.33公顷。2003年，实施双水农贸市场新建项目，投资342.55万元（财政资金220万元，自筹资金122.55万元），总建筑面积5119.12平方米，门面113个。2005年，实施姜油萃取项目，投资390.18万元（财政资金160万元，自筹资金168.04

万元，银行贷款62.14万元），建设年处理鲜姜500万千克的加工项目1个，建设年产50万千克干姜片生产线1条；实施富硒茶产业化建设项目，投资919.52万元（财政资金510万元，自筹资金409.52万元），建设主厂房2532平方米和给（排）水、供电、通信工程及辅助生产设施，购设备77台（套）等。

第三节　种植业

一、机构

1979年2月，撤销特区农林局，建立特区农业局。1987年12月，特区农业局改称县农业局。1993年6月，县农村经济委员会、县农业局、县畜牧局、县农业机械管理局合并为县农业局，内设有县农业技术开发服务中心。1994年5月，县农业局分设为县农村工作委员会、县农业局（由县农业技术开发服务中心改建）、县畜牧中心、县农业机械管理局。

二、粮食作物

（一）种植面积和产量

1979年，特区粮食作物面积89886.67公顷，总产量12390万千克。1979—1987年，特区粮食作物种植面积占农作物面积的比重，从1979年95.52%，降到1987年84.28%，粮食总产量仍从12390万千克上升到13460万千克。1980—1987年，特区粮食种植面积稳定在60000～64000公顷，总产量13100～16000万千克。1983年，特区遭罕见暴雨、狂风、冰雹灾害，粮食产量比上年下降0.34%。1984年，特区粮食总产量16020万千克，创历史最高记录。1985年，特区部分地区遭洪灾，粮食总产量陡降到12520万千克。

1988—1990年，县粮食种植面积53713.33～54500公顷，总产量11190～11980万千克。1989—2000年，全县粮食作物总产量年均递增5.8%，平均单产从144.8千克上升到244.6千克。1990年，虽遭受春旱、倒春寒、秋风雨、病虫害，但由于在较大范围推广旱地分带轮作多熟制、玉米地膜覆盖栽培、杂交玉米等新技术和良种，粮食总产量仍比1989年增长1.74%。

2001年，县粮食总产量22450万千克。2001—2008年，县广泛开展农作物平衡配套（测土配方）施肥、病虫害综合防治，粮食产量逐年稳步提升。2002年，春旱持续时间长，造成马铃薯缺窝断行较多，小麦条锈病大面积发生，玉米、水稻播种期推迟；7—8月全县范围低温阴雨，8月中旬至9月下旬又干旱，严重影响玉米、水稻的扬花、授粉和灌浆结实，粮食总产量21560万千克，比上年减少3.96%，单产从上年的247.87千克降到239.7千克。2003—2008年，全县粮食总产量从22060万千克稳步增到26480万千克。

（二）主要品种

玉米　玉米是县（特区）的主要粮食作物之一，种植历史悠久，具有适应性强、宜种性广等特点，从低热河谷到高海拔的凉山地区广泛种植，其产量的高低对粮食总产量起着举足轻重的作用。1979年，特区种植玉米27967.31公顷，产量67787050千克。1988年后，随着新品种、新技术的不断引进和推广，传统品种逐步被杂交玉米种替代；引进推广品种主要有盘玉系列、西山系列、黔单系列、临奥系列、遵玉系列、贵毕系列等，虽然全县玉米种植面积稳定在22000公顷左右，但单产从1991年的215.18千克上升到2008年的474千克，总产量从1991年的6430.8万千克增长到2008年的15709.5万千克。2008年，县玉米总产量占全年粮食总产量的59.32%。

水稻　水稻主要在县（特区）海拔1400米以下的低热河谷地带种植。1979年，特区水稻种植6549.94公顷，总产量19623150千克。1988年后，全县水稻播种面积稳定在4000公顷左右，总产量从1993年的1458.8万千克增加到2008年3052.5万千克，单产从1993年的214.88千克增加到2008年的581.26千克。2003—2008年，由于部分水田缺水，加之经济作物面积不断扩大，部分地区水田改旱作面积不断增加（如蟠龙乡百车河、沙坡和阿戛乡的马场等村均改种蔬菜），还有工矿企业（如发耳电厂等企业）、小城镇建设、公路建设等征占用，全县水稻面积从2003年的4135.4公顷，逐步减少到2008年的3502公顷。

马铃薯　1979年，特区马铃薯播种13453.32公顷，总产量（折粮）1675.49万千克。1993年，县马铃薯种植15033.51公顷，总产量（折粮）1159.3万千克。1998年后，引进和推广脱毒马铃薯品种，面积从1998年的33.33公顷上升到2008年的14113.72公顷；鲜薯单产从每公顷不足12000千克提高到17250千克。2008年，全县马铃薯种植18142.4公顷，总产量（折粮）5095.7万千克。

小麦　1979年，特区种植小麦14253.79公顷，总产量9395150千克。1994年，县种植小麦8104.05公顷，总产量9810万千克。2008年，县种植小麦8057.36公顷，总产量1053.9万千克。县小麦推广品种有川幅3号、毕麦10号、兴育7号、丰优2号、毕麦16号等。小麦面积和产量在全县粮食作物中虽占有一定比重，但平均单产不高，随着种植结构不断调整，小麦种植面积有所下滑。

大豆　大豆是县（特区）主要副食之一，种植历史较长，分布也很广泛，但由于常与玉米间（套）种，加之气候、土壤条件、田间管理等因素，平均单产较低，效益不高，未能形成主要产业，常年播种面积2500～2900公顷之间。1979年，特区播种大豆2676.07公顷，总产量2990450千克。1993年，县播种大豆2577.29公顷，总产量309.1万千克。2008年，县播种大豆2844.42公顷，总产量546.4万千克。

杂粮　杂粮分夏杂粮和秋杂粮，县（特区）夏杂粮主要有大麦、荞麦、燕麦、蚕豆、豌豆等，秋杂粮主要有小米、荞麦、小豆及其他豆类。县（特区）杂粮分布零星分散，从低热河谷到高寒山区均有种植。1979年，特区种植杂粮5337.73公顷，总产量374.72万千克。1991年，县种植杂粮2153.54公顷，总产量268.9万千克。2008年，县种植杂粮2216.11公顷，总产量223.5万千克。由于全县马铃薯等作物种植面积不断增加，杂粮种植面积逐年减少。

三、经济作物

油料作物　县（特区）油料作物主要有油菜、花生、芝麻、向日葵等。1979年，特区油料作物种植1153.51公顷，产量287400千克。1993年，县种植油料作物391公顷，总产量34.5万千克。随着种植结构的不断调整，油料作物种植面积逐渐减少，但单产水平大幅提高。2008年，县种植油料作物285公顷，总产量59万千克。

糖料作物　县（特区）糖料作物主要是甘蔗，分布于发耳乡、蟠龙乡、猴场乡、米箩乡、新街乡、都格乡、鸡场乡、花戛乡等低热河谷地带。1979 年，特区甘蔗种植面积仅 14.67 公顷，产量 102150 千克。1993 年，县甘蔗种植 96 公顷，总产量 124.6 万千克。随着高产、优质果蔗品种的不断引进和推广，种植面积和产量逐步提高。2008 年，县甘蔗种植 199 公顷，总产量 710.4 万千克。

生姜　县（特区）盛产生姜，主要分布在都格、发耳、鸡场、龙场、顺场、花戛等乡，种植历史悠久。原只当佐料和入药，仅在园边地角少量种植，产量低。1978 年后，开发干姜产品出口（见“外贸节”），生姜种植面积迅速扩大，成为县（特区）的支柱产业之一。1999 年，成立水城姜业发展有限公司（见“轻工业节”），成为县生姜生产龙头企业。

蔬菜　1979 年，特区蔬菜种植 1194.13 公顷，产量 1750 万千克。1993 年，县蔬菜种植 3523.76 公顷，产量 7504 万千克。随着城市道路、工矿建设不断进行，市区内一线蔬菜基地被占用，县根据自然、气候、交通等条件，于 20 世纪 90 年代在发耳建立和发展蔬菜基地 400 公顷。2003 年，在白车河片区建蔬菜基地 373.52 公顷。2008 年，县蔬菜种植 6519.26 公顷，产量 15099 万千克，蔬菜基地发展到 3335 公顷。县蔬菜品种，白菜类有春健王、春皇、高抗王、晋菜 3 号、早熟 5 号、早熟 6 号、金黄白等 30 余个品种，瓜果类有黄瓜、番茄、辣椒、西葫芦、茄子、冬瓜、南瓜、苦瓜、丝瓜等 15 个品种，豆类有棒豆、毛豆、胡豆、豌豆、刀豆等，甘蓝类有莲花白、牛心甘、丕蓝、大头菜、花菜等 10 余种。县蔬菜育苗从露地育苗发展到小拱棚育苗、大棚育苗、漂浮育苗、工厂化育苗。县蔬菜栽培技术从露地栽培发展到地膜栽培、大棚栽培；自 2000 年在发耳初建 20 个蔬菜大棚后，到 2008 年，全县蔬菜大棚发展到 800 余个，主要分布在蟠龙、发耳、纸厂、果布戛、野钟、玉舍、阿戛等乡，每个大棚蔬菜年收入在 15000 元以上，每公顷大棚蔬菜年收入 75 万元以上。由于县的蔬菜不能全面占领市场，只能作为市场的补充，有些蔬菜出售时价格很低。

四、农技推广

推广措施　1978—1990 年，县（特区）开展各项科技兴农工作。1991—2000 年，县以实施温饱工程、丰产工程、粮食丰收工程为载体，大力推广良种、良法配套的农业适用技术，把科技兴农的项目、面积、范围、增产指标纳入生产计划，落实到村、组、农户和地块；在旱地上，以杂交良种为龙头、分带轮作为基础、地膜覆盖为手段、种植绿肥为保证、育苗移栽为突破口，配套各项农业适用技术；在水田中，推行杂交水稻两段育秧或旱育稀植宽窄行栽插。2000 年后，县推广“6 普及 3 提高”（普及杂交水稻、杂交玉米、杂交油菜和麦类优良品种，普及水稻两段育秧和旱育稀植技术，普及玉米营养块育苗移栽和地膜、秸秆覆盖栽培技术，普及旱地分带轮作栽培技术，普及平衡施肥配套技术，普及粮食、油料、烟草等作物主要病虫害防治技术；提高种子、水和肥料的利用效率，提高复种指数，提高单产）为主的农业实用技术；县每年进行农业实用技术培训均在 10 万人次以上；编写农业适用技术手册 1.5 万册发放给农户，开通“12316”农技咨询服务热线，及时帮助农户解决农业生产中遇到的技术难题。2004—2008 年，阳光工程培训 9117 人，绿证培训 20021 人。2007—2008 年，新型农民培训 3669 人。

推广面积和品种　1978 年，特区引进杂交玉米（黔单 2 号、黔单 4 号）进行试验示范种植。1985 年后，县（特区）推广旱地分带轮作、玉米地膜覆盖栽培、玉米营养袋（坨）育苗移栽、绿肥聚垄栽培、玉米隔行去雄等农业技术。1990 年，县推广杂交玉米（黔西 4 号、黔西 3 号、贵毕 303

等）3333.33公顷，玉米地面覆盖3666.67公顷，推广杂交水稻（桂朝2号、汕优63、威优481等）2000公顷，推广良种小麦（贵农10号、毕麦5号、阿波等）2000公顷。1998年，县调进脱毒马铃薯合作88、脱毒米拉、威芋3号、会-2号、费乌瑞它、大西洋、中薯3号、中薯5号等微型薯原种800余万粒，分别在纸厂、玉舍、龙场、坪寨等乡建设扩繁基地93.33公顷，共生产原种140余万千克。1998—2008年，全县建设脱毒马铃薯良种扩繁基地1000公顷，年均生产优质种薯1800万千克以上，除满足县内需要外，年均向县外调出优质种薯20万千克以上；累计大田推广脱毒马铃薯种植133333.33公顷；境内脱毒马铃薯单产一般情况下比当地常规品种高300~500千克，每公顷均增收2250元以上。2000年，县种植杂交玉米9533.33公顷（推广品种11个），杂交水稻2800公顷（推广品种9个），良种小麦5800公顷（推广良种6个）；杂交玉米育苗定向移栽技术推广5200公顷，旱地分带轮作2133.33公顷；杂交水稻旱育稀植宽窄行栽培2333.33公顷，小麦宽厢分带种植2533.33公顷，绿肥聚垄免耕栽培17333.33公顷。2006年，县被评为全国粮食生产先进县之一。2007年，县杂交玉米种植21530.76公顷，优质玉米种植15094.21公顷，推广品种36个；杂交水稻种植4002公顷（其中优质水稻种植3001.5公顷），推广品种22个；良种小麦种植6469.9公顷，推广品种8个；杂交玉米育苗定向移栽1万公顷，绿肥聚垄免耕栽培3万公顷，旱地分带轮作30188.42公顷，农作物病虫害综合防治30481.9公顷，平衡配套施肥30048.35公顷，稻茬油菜免耕200公顷，旱地宽厢宽带栽培2861公顷，地膜覆盖5736公顷（含蔬菜）。2008年，县杂交玉米种植25133公顷（其中优质及特用玉米16808公顷），杂交玉米育苗移栽10020公顷；杂交水稻种植3500公顷（其中优质稻3466.67公顷），水稻旱育稀植3502公顷；平衡配套施肥32083公顷，测土配方施肥25013公顷，病虫害综合防治31509.08公顷，旱地分带轮作31589.12公顷，旱地宽厢宽带栽培示范2861公顷。

第四节　农　机

一、机构

1975年5月，建立特区农业机械管理局。1984年2月，特区农业机械管理局改为特区农业机械管理服务公司。1985年1月，特区农业机械管理服务公司改为特区农业机械管理局。1987年12月，特区农业机械管理局改称县农业机械管理局。1993年6月，县农业机械管理局并入县农业局，改为县农机技术开发服务中心。1994年5月，县农机技术开发服务中心从县农业局分出，并恢复为县农业机械管理局。2002年，县农业机械管理局改为县农业机械服务中心。

二、农业机械

耕作机械　1978—1989年，县（特区）多数拖拉机用于运输，少数拖拉机农忙时用于耕作，机耕面积逐渐减少（1989年全县机耕面积仅为8.67公顷）。1990—1999年，县小型拖拉机发展较快，配套农具也有所增加，机耕面积增加较快；全县机耕面积1990年为166.82公顷，1992年为798.53公顷，1999年为1407.2公顷。2000—2004年，县小型拖拉机逐渐减少（2004年全县仅有298台），机耕面积受到一定影响。2005年后，微耕机迅速用于机耕作业（有取代耕牛的趋势），机耕面积快速增加。2008 年，县投入机耕作业的微耕机 370 台，机耕面积 6253 公顷。

农业运输机械　1979 年后，私人大量购买拖拉机主要用于运输，特区农机拥有量不断增加。2000 年前后，“农用车”“变型拖拉机”用于农业生产运输，拖拉机逐渐减少。2004 年 5 月 1 日，《中华人民共和国道路交通安全法》实施后，农用车转入车管所管理，县农机部门只给发动机型号在 4102 以下，整机长 6350 毫米、宽 2200 毫米、高 2500 毫米以内变型拖拉机核发牌证。2005 年国家实行购机补贴后，拖拉机逐渐增加。2008 年，全县有小型拖拉机 825 台。

农副产品加工机械　1981 年，特区有粮食加工机械设备 2699 台。1985 年，特区农副产品加工机械总动力为 19384 千瓦。1990 年，县农副产品加工机械发展到 3035 台（其中柴油机 1662 台、电动机 232 台），用于打米、磨面、压面条、打粑粑、打浆、制粉条、粉碎饲料、烘干、榨油、榨糖等。2000 年，县农副产品加工机械总动力为 77503 千瓦，粮食加工机械为 4664 台。2003 年后，由于电在农村普遍使用，柴油机逐渐减少，电动机迅速增加。2004 年，县有粉碎机 119 台。2008 年，县农副产品加工机械总动力为 53637 千瓦（柴油机动力 1985 千瓦、电动机动力 51652 千瓦），有粉碎机 16550 台。

三、农机经营

1978 年，特区农机公司有固定资产 7.3 万元，流动资金 15 万元，销售额 36 万元。1989 年，县农机公司有固定资产 7.2 万元，流动资金 9.2 万元，销售额 7 万元；由于主要经营计划内农业机械及配件，无市场竞争能力，加之管理不善，效益不佳，基本处于倒闭状态。2005 年，购机补贴政策实施后，农业机械及配件由个体私营企业经营，个体私营企业经营购机补贴产品，需先出具相关资料，到农机部门备案登记。

四、农机购置补贴

2005 年，根据中央对农业实行“两减免、三补贴”的政策，各级财政加大对农业机械的投入，全县投入农业机械购置补贴资金 35 万元（省级 25 万元，市级 5 万元，县级配套 5 万元），补贴农户购买微耕机 67 台，拖拉机 17 台。2006 年，全县投入购机补贴资金 40 万元（省级 25 万元，市级 5 万元，县级配套 10 万元），补贴农户购买微耕机 82 台，拖拉机 6 台，马铃薯挖掘机 11 台，马铃薯播种机 2 台，犁 2 部，旋耕机 1 台。2007 年，全县投入购机补贴资金 36 万元（省级 20 万元，市级 6 万元，县级配套 10 万元），补贴农户购买微耕机 101 台，拖拉机 6 台，马铃薯挖掘机 15 台，犁 3 部。2008 年，全县投入购机补贴资金 146.5 万元（中央部级 90 万元，省级 21.5 万元，市级 25 万元，县级配套 10 万元），补贴农户购买微耕机 120 台，拖拉机 135 台，犁 1 部，茶叶修剪机 10 台，喷雾器 1 套，茶叶包装机 1 套，茶叶生产成套设备 1 套。

五、农机管理

常规管理　1977 年，成立特区农机管理站，负责农业机械管理、农机操作人员培训、农机供油等工作。1985 年，特区培训拖拉机手和内燃机手 436 名。1990 年，县培训拖拉机手，内燃机手和修理工 1331 名。2000 年，县培训农机技术人员、农机管理人员、农机操作人员共 1787 人次。2004 年 5 月 1 日起，拖拉机驾驶培训学校、驾驶培训班由农机主管部门实行资格管理。

安全监管　1985年4月，成立特区农机安全监理站，负责农业机械年检审验、核发牌证和道路检查等工作。1985年后，为使农机安全管理工作向区（镇）、乡（镇）延伸，各区（镇）、乡（镇）先后成立农机管理服务站；各农机管理服务站均成立农机安全组，对驾驶员和机主进行农机安全宣传教育，组织驾驶员及机主学习党和国家有关安全生产的方针政策和法律法规，对本辖区的农机事故进行统计上报，协助县级农机监理部门搞好拖拉机及驾驶员的年检审验工作，督促无证驾驶人员参加驾驶操作培训和无牌拖拉机进行登记入户。2004年5月1日后，农机监理部门依法行使农业机械安全管理职能，负责农业机械牌证管理，驾驶操作人员考试、考核，安全检查和道路外作业发生的农业机械事故处理。

六、农机事故

1985年，特区发生农机事故6次，死亡5人，经济损失3.5万元。1990年，县发生农机事故1次，死亡1人，经济损失0.45万元。2000年，县发生农机事故1起，死亡12人。

第五节　其他农业工作

一、农业区划

1981年，成立特区农业区划办公室，归口特区计划委员会。1983年，完成特区综合农业区划（粗线条），组织农业、林业、畜牧、水利、气象等部门开展农业资源调查，先后完成特区农业各行业（种植业、畜牧业、林业、水利、气象、乡镇企业、农业经济等）专业区划。1985年，完成特区综合农业区划（细线条）。1986年，根据省、市农业区划办公室的安排，对特区综合农业区划进行修改完善。1987年12月，特区农业区划办公室改称县农业区划办公室。1989年，省综合农业区划丛书《水城特区综合农业区划》由贵州人民出版社出版发行。1990年后，根据农业发展需要，先后开展和完成县综合农业规划、县非耕地资源调查及规划、县农业后备资源调查及规划、县农业资源地理信息遥感等工作。2002年，撤销县农业区划办公室，其职能和人员并入县农业局。

二、产业结构调整

农业结构调整　1978年前，特区主要种植玉米、水稻、小麦等粮食作物，油料、糖料、麻类等经济作物种植很少。1979年，粮食作物与经济作物面积比为95∶5。1981年3月，中央提出“决不放松粮食生产，积极开展多种经营”的方针，特区在抓粮食生产的同时，重视多种经营，经济作物面积有所增加。1992年，《国务院关于发展高产优质高效农业的决定》出台后，县以市场为导向，不断调整和优化农业生产结构，把扩大优质产品的生产放在突出地位，并作为结构调整的重点。1993年后，县各种经济作物面积不断扩大，粮食作物与经济作物面积比达到90∶10。2004年，党中央和国务院在《关于促进农民增加收入若干政策的意见》中，强调“继续推进农业结构调整”；县围绕“大力发展优质、高产、高效、生态、安全农业，提高农产品质量和竞争力，推进优势农产品产业带建设，促进农业产业化经营”的发展思路，狠抓农业结构调整。2007年后，县按照“建设现代农业，必须注重开发农业的多种功能，向农业的广度和深度进军，促进农业结构不断优化升级”的要求发展现代农业，大力扩大经济作物种植面积，名、特、优、新农产品从无到有，从小到大；全县粮食作物与经济作物面积比达到80∶20，经济作物面积比1993年翻了一倍以上。2008年，投入支农专项资金1907万元（比上年的1658万元增长15%），主要用于粮食生产、农业基础设施建设、农业产业结构调整、新农村建设。

基地建设　水黄线（水城至黄果树公路沿线）绿色经济产业带初具规模，有373.52公顷无公害蔬菜基地（户均年收入4000元以上）、373.52公顷猕猴桃基地、667公顷优质桃和科技杨梅为主的水果基地；百车河被省科技厅批准为贵州（水城）矿区无公害蔬菜农业科技园。两水线绿色经济产业带，规划建设1334公顷蔬菜基地、1001公顷以科技杨梅为主的水果基地；发耳乡马口、店子、新龙、草皮等村种植各种蔬菜466.9公顷（5000余户农户蔬菜户均年收入在2500元以上）。市中心城区城郊圈，规划建设纸厂、双戛、滥坝、发箐等乡（镇）蔬菜基地。围绕北盘江、三岔河流域发展烤烟、生姜、红香蒜等经济作物；新街乡姜坡村、都格乡龙井村户均种植生姜0.27公顷，户均年收入1.7万元以上；保华乡黄屯村和双桥村、南开乡发仲和犀牛村种植红香蒜，每公顷产值1.8～2.25万元。

特色产业　2008年，全县生姜种植3468.4公顷，有商品蔬菜基地7310.32公顷（其中新增667公顷）；新增果树787.06公顷，优质桃、李、猕猴桃、科技杨梅基地分别达1067.2公顷、580公顷、373.52公顷、767.05公顷，新街乡二台村的106.72公顷柑橘、甘蔗成为400余户农户收入的主要来源；有中药材（半夏、柴胡、党参等）106.72公顷，保华乡二道坪村种植半夏等中药材20多公顷，每公顷产值高达15万元；有茶叶1334公顷（按加工茶叶2.5万千克计算，产值达800万元），杨梅乡姬官营、木城2村茶叶面积分别为333.5公顷，成为“水城春”茶叶系列产品的主要原料基地；龙场乡发提坎村，纸厂乡前进村、顺场乡高潮村实施宽厢宽带种植模式，既增粮又增钱。

龙头企业与农业团体　2008年，全县有农业产业化企业24个（其中投资规模500万元以上的有9个），销售额10112万元，共上缴税金100余万元；龙头企业订单农业带动8180户，初步形成以农产品加工企业为龙头，基地为载体，龙头带基地，基地连农户的“公司+基地+农户”的产业化经营模式，带动农业相关产业发展，促进农民增收。全县有农业专业技术协会52个（种植业协会21个，养殖业协会31个）；发耳果蔬协会（2005年列为省级试点）有会员2590人（92%以上为农民会员），带动农户4326户，协会资产总额474.5万元（流动资产140.9万元，固定资产333.6万元）。县农民专业合作组织起步发展，发耳四季鲜果蔬专业合作社、水城丰禾种养业专业合作社共有会员175人，带动农户321户。

三、农业普查

第一次农业普查　1996—1999年，县参加第一次全国农业普查。通过各有关部门和各乡（镇）、村3000余名普查员2年的共同努力，全面完成普查任务，汇总35个表种，42张表样，8000多个指标，数据编码近5亿个。

第二次农业普查　2007年，县参加第二次全国农业普查。普查对象为全县农村住户、城镇农业生产经营户、农业生产经营单位、村民委员会和乡（镇）政府。普查内容主要包括农业生产条件、农业生产经营活动、农业土地利用、农村劳动力及就业、农村基础设施、农村社会服务、农村居民生活以及乡（镇）、村和社区环境等情况。全县普查结果（2006 年 12 月 31 日情况）：有 32 个乡、1 个镇，372 个村（丘陵村 2 个、山区村 370 个，其中少数民族聚居村 248 个），总户数 160664 户（集体户 350 户，家庭户 160314 户，其中常住户 160106 户），农村人口 587491 人（集体户人口 4428 人，家庭户人口 583063 人，其中常住户人口 582739 人）；全家外出户 29284 户、93476 人；住户农业从业人员 306343 人（从事农作物种植业 279992 人，林业 309 人，畜牧业 25928 人，渔业 53 人，农林牧渔服务业 61 人），单位农业从业人员 1146 人；猪年末存栏 331720 头，牛年末存栏 94944 头（其中奶牛 154 头、肉牛 16686 头），羊年末存栏 44732 只（山羊 42261 只、绵羊 2471 只）；通公路的村 369 个、通公路的自然村 2758 个、主要道路有路灯的村 2 个；通电的村 371 个、通电话的村 368 个、通电的自然村 3381 个、通电话的自然村 3108 个；有幼儿园、托儿所的村 5 个，有体育健身场所的村 9 个，有图书室、文化站的村 12 个，能够接收电视节目的村 353 个，安装有线电视的村 26 个，有农民业余文化组织的村 12 个，能接收电视节目的自然村 3051 个，安装有线电视的自然村 141 个；有卫生室的村 156 个，有行医资格证书医生的村 140 个，有行医资格证书接生员的村 58 个；正常年景下用水有保障的村 163 个，有能够使用的灌溉用水塘和水库的村 13 个，有排灌的村 3 个；总劳动力 391232 个（整劳动力 326252 个、半劳动力 64980 个，男劳动力 210493 个、女劳动力 180739 个）。

四、农业行政执法

农业执法　2004 年，成立县农业执法大队，定事业编制 13 名（其中大队长 1 名，副大队长 2 名），人员列入参照国家公务员制度管理范围。2004—2008 年，县农业执法大队办理案件 7 件，共没收违法所得 497 元，罚款 7000 元。

畜牧执法　2004 年，成立县畜牧执法大队，定事业编制 11 名（其中大队长 1 名，副大队长 2 名），人员列入参照国家公务员制度管理范围。2004—2008 年，县畜牧执法大队受理案件 76 件（简易案件 61 件，一般案件 15 件），结案 75 件，移交市畜牧局处理 1 件；共没收并销毁假劣饲料 11300 千克、兽药 500 千克，没收违法所得 15340 元，罚款 37027. 8 元。

第二章　烤　烟

第一节　烤烟种植

一、管理机构

1986年6月，成立特区烤烟办公室，编制8人。1987年12月，特区烤烟办公室改称县烤烟办公室（简称县烟办）。1998年，县烟办设主任、副主任、会计、出纳、保管员、技术员、驾驶员等岗位，有24人。2003年，成立县烟草专卖局。2008年，县烟办有工作人员17人，副主任2人（其中1人临时主持工作），主任科员1人，股（室）负责人3人，一般干部5人，工勤人员6人。

各种烟区、乡（镇）根据工作需要成立烤烟办公室或烤烟生产指导站。

二、种植

1975年前，水城种植少量烤烟，不形成规模，曾几度中断种植。

1975年，盐井乡从纳雍县引进种子、技术，在兴隆生产队种植烤烟0.4公顷，总产640千克。后来特区烤烟逐渐发展，主要分布在米箩、南开、大河、龙场等地。1978—1986年，水城烤烟有一定发展（其中1982年种植374.79公顷，占烟草种植面积的42.96%）。1987年，特区烤烟发展到1774.4公顷，占烟草面积的71.59%，占经济作物面积的38.69%，平均单产50千克以上。1988年，县委、县政府制定扶持烤烟生产的优惠政策，将烤烟产品税的90%返回给种烟的区、乡，其中60%用于发展烤烟生产；促进了烤烟发展，全县烤烟总产175.1万千克，比上年增长29.7%；是年与浙江省烟草公司达成协议，水城作为浙江省烟草公司的优质烟叶生产基地。1990年，县51个乡、192个村、10516户农户种烤烟，面积为2136.94公顷，共交售烤烟200.09万千克，总收入375.66万元；烟农收入500元以下的有8127户，500~1000元的有1678户，1000元以上的有703户，4000元以上的有8户。1992—1997年，县、乡（镇）党政领导高度重视发展烤烟，烟草战线职工努力工作，有关部门大力支持，发展烤烟的组织保证、扶持政策、技术措施等都得以落实，烤烟种植面积、质量和经济效益均提高。1997年，县烤烟产量950.1万千克，产值6693.73万元，创历史最高水平。1998—1999年，由于烤烟市场供大于求，国家实行宏观调控，县烤烟实行“计划种植、合同收购”等措施，烤烟种植面积和收购量大幅下降，面积分别为4000公顷和5063公顷，产值分别为5391.4万元和4256.1万元。2000—2003年，县烤烟产值分别为4816万元、4771万元、7703万元、1197万元；2004年后，烤烟逐步恢复正常生产，但销售由市烟草公司经营，县只有烟叶税收入。2004—2007年，县烤烟产值分别为2902万元、3604万元、4604万元、4212万元。2008年，全县种植烤烟3422.64公顷，收购烟叶577.66万千克，产值7784万元，烟叶税1712.4万元，烤烟成为烟农的主要经济来源和县的支柱产业之一。

1978—2008 年，县（特区）烤烟面积、产量情况见表 9－2－1。

1978—2008 年水城县（特区）烤烟面积、产量统计表

表 9－2－1

年　度	面积（公顷）	产量（千克）	年　度	面积（公顷）	产量（千克）
1978	417.48	329600	1994	2154.94	2571450
1979	457.56	325400	1995	2686.48	2989950
1980	161.61	111350	1996	5517.42	7334000
1981	144.61	191950	1997	8937.8	9501000
1982	374.79	704600	1998	4002	5500000
1983	284.34	377000	1999	5063	6741800
1984	279.07	376150	2000	5336	6729300
1985	739.64	649600	2001	4669	5739050
1986	766.05	786200	2002	5013.11	8999950
1987	1775.29	1350000	2003	2594.76	2322700
1988	1544.11	1751000	2004	2929.2	4039650
1989	2021.34	2025750	2005	3335	4375800
1990	2136.93	2000900	2006	3201.6	4746850
1991	2495.11	1400200	2007	2876.5	4512300
1992	2521.73	2478800	2008	2422.64	5776600
1993	3434.72	3987400			

第二节　烤烟品种

县（特区）烤烟品种　1975 年特区引进良种红花大金元，1987 年特区引进 G－28（基－28），1988 年县引进 NG－82（北卡－82），1990 年县引进 K－326（柯－326）。1990－2003 年，县内栽培的主要品种有 5 个：K－326，约占全县烤烟面积 80%；G－28，占全县烤烟面积 10%左右；NG－82，占全县烤烟面积 6%左右；红花大金元，占全县烤烟面积 3%～5%。2004 年后，云烟 87 占全县烤烟面积 90%左右；其余为 V2、云烟 85、GT11A、遵义 1～2 号、K346、K358 等。

水城烤烟主栽品种的特征特性　（1）云烟 87。从云南省引进，株高 90 厘米，茎围 8 厘米，节距 3.4 厘米，叶长椭圆，叶面较皱，有效叶 18～20 片，腰叶长 62 厘米左右，宽 25 厘米左右；花冠深红色，大田生育期 120 天左右，抗病能力较强；烤后烟叶橘黄色，油分多，结构疏松，总糖 20%左右，烟碱 1.5%～3.5%；清香型，香气量足、质好；适宜地势平坦、水肥条件较好的地块种植，每公顷种 1.5～1.8 万株；该品种成熟落黄一致，易烘烤，变黄快，每公顷产 2250 千克左右，中上等

烟比例85%～95%。（2）K－326。为优质高产、抗逆性强的良种，株塔形，高100～120厘米，有效叶20～23片，叶窄长稍厚，面皱，花粉红色，大田生育期110～130天；耐肥耐热，抗病能力强，上等地每公顷产3000千克左右；易烘烤，色金黄、橘黄居多，光泽度好、油润丰满，含烟梗率低，烟碱含量1%～2.7%，香气量足、质好，劲头适中，上等烟比例高。（3）G－28。株塔形，株型较紧凑，高110～120厘米，节距稍密，叶宽椭圆形，色绿，有效叶20～22片，花冠淡红色，大田生育期100～120天；耐旱、耐肥、耐热，成熟集中，抗病能力强；主脉细，叶肉组织细致，易烘烤、变色期短，色泽金黄鲜亮，出丝率高；烟碱含量2%左右，香气量足，为优质稳产清香型风味良种；宜在海拔1800米以下、肥力中等以上与肥水条件较好的地块种植。（4）NG－82。株筒型，高110～120厘米，叶长椭圆形、色绿、叶片厚实、有效叶18～22片，大田生育期110天左右；抗病虫能力较强，耐肥耐热，易烘烤，烤后金黄或正黄、油润丰满、组织细致，烟碱含量2%以上，香气足，吃味纯正；抗逆性稍差，不耐旱、瘠，苗期对低温敏感，须农膜覆盖，适宜种植于肥力较高的地块。（5）红花大金元。株塔形，高120～140厘米，茎干粗壮，叶长椭圆形、色深绿、叶片较厚，有效叶18片左右，花冠淡红色，大田生育期110～130天；较耐旱、耐寒、耐热，抗逆性强、适应性广；烤后色金黄、橘黄居多，油润丰满、低糖、香气足、香质好，为典型云南风味清香型烟；不耐肥、晚熟，叶少产低，含水量高，主脉粗不易烘烤（尤其上部叶片更难烤），烤后青筋多，不抗黑胫病（但抗气候斑点病）。

第三节　设施与资金

一、设施

烤房　1987年开始，县从大方县引进新式QD－1型火管平走式烤房技术，共建火管平走式烤房958幢。1990年后，全县烤房基本按每0.27～0.33公顷烟建1幢；但随着烤烟生产的较快发展，烤房新建速度加快，烤房设施不合理之处也逐渐增多，如升温不灵，排湿不畅，倒烟、偏火等，县投入较大人力和财力改造老烤房，组织技术人员到种烟乡（镇）向烟农传授老烤房改造技术，对实施房改老烤房改造的烟农给以一定补助，并制定出适合本地区烤房建筑要求的规格；县烟草局成立后，投入大量资金改造烤房，通过几年的改造，烤房设施多数达到合格要求，促进烟叶质量提高。2004年，新建烤房216栋，改造烤房859栋。2005年，投入22.9万元改建密集烤房20栋。2006年，投入102.6万元改造密集烤房340栋。2007年，投入364.4万元改造密集烤房1168栋。2008年，投入1099.2万元改造密集烤房1724栋。

烟水配套工程　2005年，投入资金31.2万元在野钟乡响石村开始实施烟水配套工程，修建小水窖100口。2006年，投入资金400万元在12个种烟乡修建小水窖2484口。2007年，在13个种烟乡修建小水窖2065口，共投入资金1520.3万元（其中盐井乡1011.05万元，其他12个乡509.25万元）。

基础设施建设　2005年4月7日在双水开工建设县烟草局办公大楼，于2006年3月17日完工，共投入资金538万元。2008年，决定投入4800万元修建第一批烟叶站、点（盐井烟叶站投入900万

元，米箩烟叶站投入900万元，野钟烟叶站投入900万元，坪寨烟叶收购点投入700万元，青林烟叶收购点投入700万元，金盆烟叶收购点投入700万元）。

二、资金

烤烟生产资金分为有偿和无偿资金，用于购买化肥和育苗、移栽等阶段所需物资的费用。1992—1994年，烤烟生产所需资金，主要由烟草部门投入到乡（镇）。1999—2004年，由于国家宏观调控，烤烟市场供大于求，生产资金投入以借债为主。2005年后烤烟资金投入，由县烟草公司负责。县各年度生产资金投入为：1988年148万元，1989年70万元，1990年114万元，1991年210万元，1995年300万元，1996年500万元，1997年1250万元，1998年1170万元，2005年913.79万元，2006年1945.62万元，2007年1466.86万元，2008年1155.86万元。

第四节　烟叶经营

一、烟叶质量

香型　在较长时间内，市场上卷烟销售量最大者为清香型至中间香型卷烟。水城烤烟以清香型为主，部分为中间香型与中偏清香型，开发潜力很大。

外观与物理特征　根据1986年《贵州烤烟质量普查报告》和省内外厂家与省质量普查评价，水城烤烟主要特点有：颜色较深（橘黄、金黄），与云南烟叶（畅销全国，在国外市场也具有极高名气）极为相似；烟叶光泽油润，组织疏松；叶片大张，单叶较重（20世纪90年代初单叶重4~6克居多）；主脉比率较小，出丝率高。

评吸与评价　根据1986年省烤烟质量普查鉴定以及一些烟草专家、厂家考查论证，对水城烟叶质量的总体评价是：吃味好、醇和无杂气（或极轻），香气属清香或偏中间香型，似云南烟风味，但不像云南那样清淡，也不像河南烟那样辛辣；烟叶色深（橘黄、金黄），油润弹性好，成熟度好；化学成分绝大多数达到优质烟要求，各成分含量协调，燃烧性强（含钾量高），油碱比值小、安全性好。

化验分析　烟叶内在主要成分含量与各含量之间的相互关系，是评定烟叶品质优劣的重要指标。水城烤烟化验主要成分含量见表9-2-2。

水城烤烟化验主要成分含量表

表9-2-2

化验单位	样品产地	品种	部位等级	化验时间（年）	化验项目数据（%）				比　值		
					总氮	蛋白质	总糖	烟碱	氮碱比	糖碱比	糖蛋白比
国家烟草质量监督检验中心	盐井	K326	K3	1995	1.98	10.95	12.39	1.32	1.5	9.39	1.13
	南开	K326	K3	1995	1.71	9.24	24.19	1.34	1.3	18.05	2.62
	米箩	K326	K3	1995	1.49	8.2	20.28	1.08	1.38	18.78	2.47

二、烟叶经营

收购组织　1978年以前，水城烤烟经营规模很小，烟叶收购由基层供销社负责，实行“约时定点，到队收购”等方式。特区烟草公司成立后，由于烟草站（点）未同时延伸到区（镇）、乡，烤烟收购仍委托基层供销社负责（收购手续费7.3%左右，调拨费2.5%左右），后来由逐步建立的基层烟叶收购站（点）负责收购。

分级标准　1980年以前，国家对烤烟没有统一的分级标准；贵州实行以“庄”称呼的6个庄口收购，即：提庄、上庄、上中庄、中庄、中下庄、下庄，规定中下庄以上（5个级）烟把中不能混入青黄烟片（青筋黄片在外），下庄可混入同等质量的青黄烟（青黄色各半）。1980年6月，省烤烟收购执行15级制标准，以中下部黄烟4级为标准级。1986年，国家对烤烟收购15级标准进行修改，严格区分青烟与黄烟界限和烟叶部位等级，中部烟叶各等级增加橘黄色，去掉土黄色，适当放宽对烟叶油分、叶片大小结构、光泽等品质因素要求，增加对叶片长度要求，对青烟增加部位要求。1996年，开始执行“烤烟40级标准”；比15级分级简单易行，实际上每炕烤出的烟只有2、3个级，缩小等级间差率，减少收购时争级争价，与15级收购价比，烟农收入提高10%～30%。

调拨　1987年以前，水城烤烟调到毕节农产站驻水城办事处。1987年，省将烤烟调拨权下放到各地、州、市烟草公司，水城的初烟调到水城复烤厂复烤后，分别调往贵阳调拨站、杭州烟厂、宁波烟厂、铜乡烟厂、湖北省当阳烟厂、贵阳烟厂和六盘水烟厂。1991年起，因水城不再作为浙江省烟草公司的烟叶生产基地，停止对浙江省调拨烤烟。

储藏　1995年以后，由于县烤烟发展较快，烟叶仓库新增面积很大，加之县内烤烟收购季节气候变化大，空气湿度、光线、有害气体、烤烟堆码压力等对烤烟质量会产生不利影响。因此，在改善包装与干燥通风条件的同时，配备库内温（湿）度计和防潮、防火、灭虫等设施，并指定懂养护技术的人员负责管理，成立防烟叶霉变小组，随时检查、监测烤烟质量变化情况，认真落实防雨、防潮、防霉变、防火、防病虫侵害等措施，确保了烟叶质量，减少了损失。

第五节　烟叶复烤厂

一、建厂

1987年，由特区政府拨款78万元，银行贷款50万元，在市区场坝茶叶林筹建特区烟叶复烤厂；主体工程于1987年8月底完工，总建筑面积为3540平方米（厂房1400平方米，仓库1440平方米，晒烟房100平方米，锅炉房200平方米，职工食堂150平方米，3个消防水池共250平方米）；购烟叶复烤机1台，锅炉1台，液压打包机2台，消防泵1台，供电、供水设备各1套，并完成围墙、进厂道路等附属工程。1987年9月第一次试机就成功开烤，是年创产值194.8万元，获利润58.75万元，上缴国家税金48.39万元。1987年12月，特区烟叶复烤厂改称县烟叶复烤厂（简称县复烤厂），为全民所有制地方国营企业。1996年，扩建厂房827平方米，增加一条复烤生产线，改建配电房和供电系统、复烤机仪器操作室共50平方米，改造晾烟房920平方米。1998年，县复烤厂有各种用房39863平方米（厂房3080平方米，仓库29514平方米，挑选车间1300平方米，晾烟房920平方米，锅炉房490平方米，职工宿舍4200平方米，食堂254平方米，洗澡塘105平方米）；主要设备有DK

-86-3E 型挂杆式烟叶复烤机 2 台（套），4000 千克与 8000 千克卧式蒸汽锅炉各 1 台（套），1000 千克电子地磅秤 4 台、3000 千克普通地磅秤 1 台，液压打包机 4 台，微机 7 台，专用供电系统 2 套（200 千伏安变压器、400 千伏安变压器各 1 套），消防水泵 1 台与消防设施 1 套，消防蓄水池 4300 平方米，大小汽车 7 辆（其中货车 4 辆）；固定资产为 2100 万元，是 1987 年 150 万元的 14 倍，年复烤加工烟叶能力 2000~2500 万千克。

县复烤厂投产初期，复烤技师均从毕节、贵定、金沙等复烤厂高薪聘请，1987 年共聘用技师 15 人。采取边生产、边培训的方法，经 2 年时间，培训出一批掌握全套复烤加工技术的人员。1991 年，县复烤厂有职工 92 人，设厂办公室、清欠办公室、生产车间、财务科、烟叶科、保卫科、工会等机构；负责县生产的初烟复烤加工及六枝特区、钟山区生产的部分初烟加工，并受市烟草分公司委托，负责本厂生产的机烟调拨与经营业务。1998 年，人员精简为 63 人（其中本科 1 人、大专 7 人、中专 13 人、高中以上 14 人，具有初、中级职称的专业技术人员 23 人）。

二、技术改造

县复烤厂建厂初期，由于安装时间紧，投产后发现烤烟运行轨道平衡失控，输送烟叶的链条有倾斜现象。1989 年 4 月，对烤机进行全面检修，降低了碎烟率。1989 年 8 月，市消防支队到县复烤厂进行安全检查，认定锅炉房与车间和仓库距离不符合安全要求，必须改建。1990 年 4 月，投资 18 万元对锅炉房进行大修，将锅炉房修建成可安装 2 台蒸汽锅炉的结构，并加高烟囱高度，改善供水系统和重新调整供电系统等。1990—1991 年的生产证明，锅炉运行良好，各项技术指标均符合要求，煤耗从未改进前 1000 千克烟耗煤 300 千克，降低到 1000 千克烟耗煤 146 千克，达到烟叶复烤省级标准，也减少了环境污染。

1996 年，县烤烟种植面积达到 5514.67 公顷，产量 7334000 千克，县复烤厂的仓库、加工设备不能满足需要，县复烤厂自筹资金 1000 余万元，改造复烤加工设备和征购土地扩建仓库；完成仓库主体 5145 平方米，减少外租仓库租金 3.09 万元/月；增设电子计量设施，使烤烟计量更精确；将复烤机起动装置改为电子操作，减少工人的劳动强度，提高工作效率和安全系数；增加微机操作，使各方面工作效率更加提高；增加一台 400 千伏安变压器，使生产用电得以保证。1997 年，县复烤厂建成仓库主体 4884 平方米，减少仓库租金 2.93 万元/月。1998 年，县复烤厂建成仓库主体 13848 平方米，减少仓库租金 8.3 万元/月，结束建厂后一直外租仓库的历史。

三、企业管理

水城复烤厂建厂初期，先后派出各科负责人到金沙、威宁、毕节等复烤厂考察、学习。1988 年初，又由厂长带队，组织生产、财务管理干部到河南许昌卷烟厂学习 1 个月。通过学习外地先进管理经验，结合实际逐步制定和完善各项管理制度。

1996 年，实行全员劳动合同制改革和优化组合上岗制度，使各项规章制度更加健全，经营管理更加完善。

1996 年后，县复烤厂组织职工进行珠算、微机、消防等技术学习，使全厂职工技能进一步提高。1997 年，将以件数为准的初烤烟出库挑选改为重新过磅计量，从挑选车间进入生产车间复烤再过磅等措施，使烟叶损失降到建厂后的最低值，再加强烟叶挑选纯度和机烟包装质量管理，使机烟纯度和包装质量大大提高，受到买方好评；成立“金叶发展有限公司”，开展服务、包装、建材、农产品、矿产品、烤烟用化肥、薄膜、糖烟酒和绿色产业加工等第三产业。1998 年，推行减员增效体制改革。

1999 年以后，县复烤厂因采用的挂杆式烟叶复烤工艺被淘汰而停厂，只有仓库继续使用。2004 年，县复烤厂破产。

1987—1998 年，水城复烤厂产值与效益见表 9－2－3。

1987—1998 年水城烟叶复烤厂产值与效益表

表 9－2－3

年　度	收购数（千克）	加工数（千克）	销售（千克）	产值（万元）	税金（万元）	利润（万元）
1987	1168550	1165000	469050	194. 8	48. 39	58. 75
1988	1757850	1650000	2345450	862. 97	118. 74	183. 80
1989	2307700	2000000	1168900	508. 97	201. 42	－48. 34
1990	2029300	1750000	2546050	734	168. 90	59. 31
1991	1415250	1185000	886100	498. 68	161. 57	14. 11
1992	2343900	2073100	1783450	892. 57	185. 01	21. 09
1993	3771300	3528700	3156700	1353. 2	241. 05	19. 71
1994	2507600	2396050	2608300	827. 97	346. 14	117. 60
1995	3341000	2881600	1896750	2857. 37	976. 84	515. 49
1996	7334050	6200000	4983200	7632. 51	2274. 50	669. 13
1997	8843250	7209450	9240000	6693. 73	2199. 83	673. 64
1998	4621600	3952300	1550000	5391. 40	1713. 99	－1496. 28

附：晒晾烟

晒晾烟，系晒与晾兼用，以晒为主调制成的烟，俗称“旱烟”“叶子烟”“土烟”等。由于水城人长期有吸晒晾烟的习惯（1949 年以前，水城成年男人和成年布依族妇女 80% 左右吸晒晾烟，其他民族妇女吸晒晾烟者则在 1% 以内），因此晒晾烟种植历史长、分布广。1949 年以前，水城晒晾烟除自产自吸外，外销量约占总产的 1/3，多数由商贩销往云南曲靖、昆明与兴义、安顺以及广西等地。20 世纪 60—70 年代，供销社按省土产公司下达的计划与规定的等级价格收购晒晾烟。1978 年后，水城晒晾烟属于自产、自吸、自销产品。1991—2008 年，由于吸晒晾烟的人逐渐减少，种植面积也呈下降趋势。

1978—1990 年部分年份，县（特区）晒晾烟种植面积与产量见表 9－2－4。

1978—1990 年部分年份水城县（特区）晒晾烟种植面积与产量统计表

表 9-2-4

年　度	面积（公顷）	占烟草面积（%）	占经济作物面积（%）	总产（千克）
1978	153.33	26.87	7.9	127170
1981	333.93	69.79	21.7	279500
1984	638.73	69.6	23.8	738700
1985	828.47	52.8	23.2	747950
1987	704.13	28.4	15.4	628000
1990	447.67	17.3	10.4	422750

水城晒晾烟有 10 多个品种。如“白花烟”（分大白花烟与二白花烟 2 种），茎秆青色，晒晾调制后叶带青色，又称“青秆烟”。“大黑烟”，叶大叶薄，节稀，需肥水大，要求肥沃土地种植，单产高，分布面积最广。“二黑烟”，又称“小黑烟”，叶片小厚，节密，需肥量不大，适宜中下等地种植，面积接近大黑烟。“柳叶烟”（分大柳叶烟与小柳叶烟 2 种），叶条形似柳叶，肥瘦地均适种，单产低，但香味浓，劲头大。另外，还有“巴铃烟”“瓢把烟”“冬烟”“黑吊把”“大红花”“黄帚把”“陇会烟”等品种。

晒晾烟的栽培与烤烟大致相同，但不使用化肥，用草木灰做肥料最好（因增加钾的含量能提高燃烧性）。晒晾烟成熟时，收割整株，用菜刀将叶片带茎（编成串时起固定作用）切下，再用稻草绳将烟叶编成串进行晒晾，晒晾完成后卷捆成柄。必须由懂得晒晾技术的人负责晒晾，否则会影响烟叶质量，甚至使烟叶成为废品。烟叶质量除品种和晒晾技术外，还与种植的地块有关，杨梅乡摆呢戛的晒晾烟就远近闻名。

过去吸食者携带晒晾烟，有专制的烟盒，将烟叶折叠放在盒内。烟盒一般用牛皮制作，与香皂盒相似（大一些），但以圆形居多，表面用土漆涂抹，也有铜制烟盒，表面有花纹（主要由布依族妇女使用）。后来烟盒基本被塑料袋（盒）代替。吸食晒晾烟，要用专制的烟杆，一般用有花纹的乌木制作，中间为烟管，一端为烟斗（自然连接烟管，增大为头状，在与烟管垂直的方向开 1 厘米左右的大孔做“火门”，作为安放燃烧烟叶的装置，要用铜皮包制，一般有花纹），另一端为烟嘴（用铜制作，与烟管连接）。烟管连接烟斗一端稍大（吸食者常用菜油涂抹，使木纹更加鲜明），连接烟嘴一端稍小（一般用有花纹的铜皮包制，与烟嘴连成一体）。烟杆大小不等，小者长约 10 厘米、重约 50 克，大者长约 1 米、重约 1 千克。大烟杆别称“帽儿斗”，在刀具管制严格的年代，曾用作打架的武器。另外，还有镔铁烟杆（烟斗和烟嘴用镔铁制作，烟管一般用竹制作）和蒿枝烟杆（由整株蒿枝制作，只对“火门”稍作处理）等。烟杆和烟盒均为民间工艺品，但随着吸食晒晾烟者的减少而减少。

第三章　林　业

第一节　森林资源

一、面积

2005年森林资源规划设计调查（二类调查）成果显示，县林业用地202187.74公顷，占全县总面积35.89万公顷的56.33%。其中：有林地76378.7公顷（竹林地488.42公顷），占林业用地的37.78%；疏林地466.2公顷，占林业用地的0.23%；灌木林地63000.42公顷，占林业用地的31.16%；未成林地20015.16公顷，占林业用地的9.899%；苗圃地7.81公顷，占林业用地的0.004%；宜林地39695.02公顷，占林业用地的19.63%；无立木林地2579.69公顷，占林业用地的1.28%；林业辅助生产用地12.74公顷，占林业用地的0.006%；四旁树占地面积32公顷（按1650株/公顷折算），占林业用地的0.02%。

按所有权分　国有林用地6713.96公顷，占全县林业用地的3.32%，其中有林地4278.7公顷（竹林地0.64公顷），灌木林地2100.42公顷（国家特别规定灌木林地649.77公顷），未成林地15.16公顷，无立木林地5.51公顷，宜林地295.02公顷，林业辅助生产用地12.74公顷，苗圃地6.41公顷。集体、个人和其他林地共195473.78公顷，占全县林业用地的96.68%，其中有林地72100公顷（竹林487.78公顷），疏林地466.2公顷，灌木林地60900公顷（国家特别规定灌木林地54447.53公顷），未成林地20000公顷，苗圃地1.4公顷，无立木林地2574.18公顷，宜林地39400公顷（宜林荒山荒地32600公顷），四旁树32公顷。

按使用权分　国有林地6713.96公顷，占全县林业用地的3.32%；集体林地94969.88公顷，占全县林业用地的46.97%；个人林地100500公顷，占全县林业用地的49.69%，其他林地3.9公顷，占全县林业用地的0.02%。

按林种分　用材林8267.98公顷，占有林地的10.82%；防护林52937.92公顷，占有林地的69.31%；薪炭林22.9公顷，占有林地的0.03%；特种用途林13200公顷，占有林地的17.28%；经济林1949.9公顷，占有林地的2.56%。

各树种面积比重　杉木7794.9公顷，占有林地的10.21%；柳杉13900公顷，占有林地的18.2%；华山松7812.82公顷，占有林地的10.23%；栎类12600公顷，占有林地的16.5%；桦木8190.91公顷，占有林地的10.72%；阔叶混交林4971.12公顷，占有林地的6.51%；其他软阔类3711.13公顷，占有林地的4.86%；经济林果木类1905.85公顷，占有林地的2.49%；针阔混交林2490.01公顷，占有林地的3.26%；针叶混交林1013.69公顷，占有林地的1.33%；其他树种11988.27公顷，占有林地的15.69%。

全县森林面积131476公顷（有林地76378.7公顷，国家特别规定灌木林地55097.3公顷），森林覆盖率为36.63%。

二、活立木蓄积

据2005年森林资源规划设计调查，全县活立木总蓄积184.69万立方米。其中：森林蓄积183.58万立方米，占99.4%；其他蓄积1.11万立方米（疏林地蓄积0.58万立方米，四旁树蓄积0.13万立方米，散生木蓄积0.4万立方米），占0.6%。

按使用权蓄积　国有林19.67万立方米，占10.65%；集体林42.99万立方米，占23.28%；个人林122.03万立方米，占66.07%。

林种蓄积　用材林26.3万立方米，占14.24%；防护林105.68万立方米，占57.23%；薪炭林0.57万立方米，占0.31%；特种用途林51.5万立方米，占27.88%；经济林0.64万立方米，占0.34%。

各树种蓄积　杉木39.43万立方米，占21.35%；柳杉51.89万立方米，占28.1%；华山松24.89万立方米，占13.48%；栎类14.52万立方米，占7.86%；软阔类15.75万立方米，占8.53%；其他38.21万立方米，占20.68%。

各龄组蓄积　幼龄林75.86万立方米，占41.07%；中龄林81.34万立方米，占44.04%；近熟林18.89万立方米，占10.23%；成熟林6.67万立方米，占3.61%；过熟林1.93万立方米，占1.05%。

三、特点

一是纯林面积占全县有林地的81.73%，混交林面积占全县有林地的18.27%，比例不合理；二是用材林只占全县有林地的10.83%，经济林只占全县有林地的2.56%，薪炭林只占全县有林地的0.03%，用材林、经济林、薪炭林比重均过小；三是森林面积分布不均匀，主要分布在南部，北部极少；四是有林地中，竹林、混交林所占比重过小；五是幼龄林比重过大，近熟林、成熟林、过熟林比重过小；六是单位面积蓄积量很低，平均每公顷只有24.15立方米。

四、森林资源动态变化

根据1985年、1995年、2005年3次森林资源规划设计调查成果显示，1985年全县林业用地为11.26万公顷（其中有林地9013.8公顷），1995年上升到11.47万公顷（其中有林地2.5万公顷）；通过实施天然林保护工程、退耕还林工程，2005年为20.22万公顷（其中有林地7.63万公顷）。灌木林地1985年为2.8万公顷、1995年为3.65万公顷、2005年为6.3万公顷；未成林造林地1985年为1185.13公顷、1995年为3492.8公顷、2005年为2万公顷；森林蓄积1985年为46.67万立方米、1995年为72.89万立方米、2005年为184.69万立方米；森林覆盖率1985年为10.32%、1995年为17.14%、2005年为36.63%，林木绿化率为38.83%。

县（特区）不同时期森林资源概况见表9－3－1。

水城县（特区）不同时期森林资源概况统计表

表 9－3－1　　　　　　　　　　　　　　　　　　　　　　　　　　单位：公顷

项　　目				1985 年	1995 年	2005 年
总　面　积				407100	358910	358910
林业用地面积	林业用地面积			112636.2	114668.1	202187.74
	有林地	有林地面积		9013.8	25040.7	76378.7
		按林种分	用材林地	8133.93	21336	8267.98
			防护林地	136.7	1864.7	52937.92
			经济林地	532.2	1471.8	1949.9
			薪炭林	—	—	22.9
			特种用途林	—	—	13200
	疏林地			2359.6	743.7	466.2
	灌木林地			28040.53	36473.8	63000.42
	未成林地			1185.13	3492.8	20015.16
	无立木林地			72224.2	49218.3	2579.69
	苗圃地			23.87	67	7.81
	宜林地			—	—	39695.02
	林业辅助生产用地			—	—	12.74
	四旁树占地			—	—	32
森林覆盖率				10.32	17.14	36.63%
林木绿化率				—	—	38.83%
活立木总蓄积（立方米）				466684	728867	1846900

第二节　植树造林

一、种苗

国营育苗　1978—1990 年，杨梅林场（国营）、玉舍林场（国营）共培育松、杉、柳杉等各种树苗 166.75 公顷，产苗 15000 万株，解决 2 场造林需要和支援部分乡、村造林。1985 年前，以朵苗圃场（国营）所育树苗，少量出售，绝大部分支援区乡和城镇绿化；以后县（特区）政府对苗圃实行定额补助，树苗实行定价供应或议购议销。1991—2008 年，县国营林场和苗圃场共育苗 96.67 公顷，为天保工程、退耕还林工程造林提供合格苗木 1500 万株。

社队育苗　1975—1979 年，在用材基地林建设中，社队办林场育苗 184.4 公顷。1976—1990 年，县（特区）共育苗 458.63 公顷，其中社队育苗占总育苗面积的 40.2%。1983 年前，社队育苗，国家补助种子、化肥；1983 年以后，实行签订育苗合同，国家给予适当补助（除种子外，每公顷补助 1050 元）。1985 年各区设林业站后，采取责任到站挂钩育苗责任制。1990 年后，由于林业体制改革，社队育苗基本不存在。

个体户育苗　由于天保工程、退耕还林工程的实施及林业体制改革不断深入，苗木实行商品化。1984—1989年，县（特区）林业专业户、承包大户兴起，育苗260.8公顷。1991—2008年，全县个体户育苗800.6公顷。

1976—2008年，县（特区）育苗情况见表9-3-2。

1976—2008年水城县（特区）育苗统计表

表9-3-2

时段（年）	育苗			
	面积（公顷）	其中国营面积（公顷）	产苗量（万株）	其中国营产苗（万株）
1976—1980	238.85	56.7	19255	4200
1981—1985	217.18	18.34	16280	1375
1986—1990	215.78	47.1	16175	3530
1991—1995	255.19	26.68	19130	2000
1996—2000	286.94	30	21510	2250
2001—2008	355.18	40	26625	3000

二、营造林

营造林　1978年后，国营造林和集体造林主要采用承包方法进行。1990年开始，造林按施工设计进行，先整地后造林。2005年“二类调查”成果表明，县人工造林成林面积44740公顷，占造林面积的37.7%。1978—2008年，县（特区）营造林情况见表9-3-3。

1978—2008年水城县（特区）营造林统计表

表9-3-3　　单位：公顷

年　度	造林面积	封山育林	年　度	造林面积	封山育林
1978	2027.68	—	1994	2339.97	5577
1979	1941.5	—	1995	2005.94	4660
1980	1663.7	24.13	1996	2364.05	3402.93
1981	381.52	266.67	1997	5024.31	6713.33
1982	1018.91	—	1998	5696.18	4153.33
1983	1841.25	486.67	1999	6046.36	4810
1984	9082.67	2666.67	2000	9271.3	4052.67
1985	7526.03	—	2001	7063.93	4920.27
1986	2563.95	822	2002	9671.5	800
1987	1327.13	818.53	2003	11005.5	3333.33
1988	1491.55	1560	2004	3468.4	1133.33
1989	954.88	646.67	2005	6236.45	666.67
1990	1494.68	1220	2006	3968.65	2826.67
1991	2035.42	1220	2007	1394.03	2666.67
1992	4545.07	6000	2008	333.5	3333.33
1993	2826.48	5358	—		

说明：1978—1986年为实际造林面积，1987年后为成活率85%以上的面积

用材林基地造林　1975—1981 年，共营造用材基地林 933.8 公顷，主要分布在比德社办林场、化乐长海子社办林场和勺米和平大队队办林场，由于管理不善，保存面积仅 300 公顷。

引资造林　1984 年后，承包荒山造林大户增多，特区林业局引资、货款、自筹 130 万余元，营造基地林 2267.8 公顷（其中含 32 户造林专业户、4 名科技人员承包荒山造林），成活率、保存率均达林业部标准。

长防工程造林　1990 年，县列为长江中上游防护林体系建设启动县，造林 1200.6 公顷；后又列为长江中上游防护林体系建设试点示范县，封山育林主要分布在鸡场、肖坪、木果、干河、笔架等 23 个乡。

三、天然林保护工程

1998 年起，县开展天然林保护工作。2000 年，编制县天然林保护实施方案；由国家财政和地方财政投资，对全县森林资源实行全面保护，既管理森林，又加强重点公益林建设。

天然林管护　2002—2008 年，全县实施天然林管护 97548.75 公顷，累计落实护林人员 4657 人次（其中临时护林员 810 人次），签订护林合同 3847 份，树立碑牌 398 块，建立望台 5 个，书写护林标语 5000 条，共投资管护费 1587.55 万元（中央财政投资 1480.26 万元，地方配套 107.29 万元）。县天然林各年管护投资见表 9－3－4。

2002—2008 年水城县天然林管护投资统计表

表 9－3－4

年　度	投资（万元）	年度	投资（万元）	年度	投资（万元）
2002	226.95	2005	218.5	2007	302.1
2003	215	2006	215	2008	191
2004	219				

说明：每年管护面积均是 97500 公顷

公益林建设　1998—2008 年，全县共实施公益林建设 18489.24 公顷（人工造林 4200 公顷、每公顷国家财政投资 750 元、共计投资 315 万元，封山育林 14287 公顷、每公顷国家财政投资 840 元、共计投资 1199.97 万元）。县各年度公益林建设实施面积与投资见表 9－3－5。

1998—2008 年县公益林建设实施面积与投资统计表

表 9－3－5

年　度	荒山造林		封山育林		年度	荒山造林		封山育林	
	面积（公顷）	投资（万元）	面积（公顷）	投资（万元）		面积（公顷）	投资（万元）	面积（公顷）	投资（万元）
1998	1667.5	125	333.5	28	2005	667	50	667	56
1999	—	—	346.84	29.57	2006	—	—	2334.5	196
2002	667	50	800.4	67.2	2007	—	—	2668	224
2003	1000.5	75	3335	280	2008	—	—	2668	224
2004	200	15	1133.9	95.2					

四、退耕还林

退耕还林　2000年，县列为全国10个退耕还林试点示范县之一，全县应退耕还林总面积8万公顷。2000—2008年，县退耕还林工程造林37765.54公顷（退耕地造林12039.35公顷、荒山造林25726.19公顷），生态林面积36378.18公顷、经济林1387.36公顷，分布在33个乡（镇）；生态林造林树种主要有柳杉、杉木、华山松、旱莲、线楸、檫木、漆树、黄桅子等，经济林造林树种主要有核桃、板栗等；退耕还林1公顷一次性补助种苗款750元，每年补助粮食150千克、困难补助20元（生态林补助8年，经济林补助5年，还草补助3年）。2003年，全县共核发退耕还林林权证42300个，面积共10938.8公顷。2006年，验收县第一轮补助期满的退耕地造林373.65公顷，涉及7个乡，21个村，2591户农户。2007年，国务院又出台政策，生态林补助再延期8年、经济林补助再延期5年、还草补助再延期3年。县退耕还林工程造林情况见表9-3-6。

2000—2008年水城县退耕还林工程造林情况统计表

表9-3-6　　单位：公顷

年　度	退耕造林	荒山造林（含封山育林）	年　度	退耕造林	荒山造林（含封山育林）
2000	1334	667	2005	767.05	4669
2001	1000.5	3668.5	2006	333.5	2001
2002	3335	4669	2007	—	1047.19
2003	4669	5336	2008	—	1000.5
2004	600.3	2668			

世行项目造林　1999—2002年，县实施世界银行贷款贫困地区林业发展项目，造林3446.67公顷（顺场乡846.67公顷、花戛乡826.67公顷、野钟乡833.33公顷、果布戛乡940公顷）；用材林3162.3公顷，树种以柳杉、桉树、华山松为主；经济林281.1公顷（核桃112.93公顷，板栗168.17公顷）。总投资1073.13万元，世行贷款588.09万元，地方配套159万元（省财政46万元，市财政89万元，县财政24万元），实施单位自筹资金326.04万元（其中劳务折抵186.15万元）。该项目于2006年通过国家世行办竣工验收。详细情况见表9-3-7。

1999—2020年水城县世行项目造林统计表

表9-3-7　　单位：公顷

实施年度	用材林	经济林	实施年度	用材林	经济林
1999	582.49	83.54	2001	742.57	—
2000	815.11	197.7	2002	1023.71	—

速生丰产林　2003年，县实施省级速生丰产用材林基地487.3公顷（杨梅国有林场222.73公顷，野钟乡209.07公顷，猴场乡55.5公顷），每公顷投资7950元，总投资387.21万元。

环城绿化造林　2006年，县开展环城绿化造林工作，造林100公顷（退耕地造林33.35公顷，困难地段造林66.7公顷），成活率90%以上；管护环城林1500.75公顷，聘用护林人员14人，修护林防火隔离带5370米。实行先整地后造林，造林用苗标准为高1.5米、根径1厘米以上；树种主要为柳杉、香樟、女贞。

石漠化治理造林 2003年，县被定为全国石漠化治理试点县，在玉舍乡实施66.7公顷、杨梅乡实施66.7公顷。2005—2006年，在营盘乡、鸡场乡、杨梅乡、玉舍乡共实施石漠化治理333.5公顷，共投资64万元。

第三节　经济林木

经济林木营造 县（特区）内经济树种较多，人工栽培历史久远；主要有食用油料、工业油料与涂料、干果、水果、药材等树种。1981—2003年，县（特区）营造经济林22350.57公顷（核桃3857.06公顷、板栗4159.75公顷、油桐628.98公顷、油茶2公顷、漆树4676.8公顷、杜仲1140.33公顷，其他7881.12公顷）。分年度情况见表9-3-8。

1981—2003年水城县（特区）营造经济林木情况统计表

表9-3-8　　单位：公顷

年度	核桃	板栗	杜仲	漆树	油桐	油茶	其他	合计
1981	1.33	—	—	—	—	—	27.55	28.88
1982	—	—	—	134.2	31.08	—	13.34	178.62
1983	—	—	—	337.04	26.08	—	225.05	588.17
1984	—	—	—	—	—	—	3995.86	3995.86
1985	—	—	—	2856.1	214.71	—	29.75	3100.56
1986	5.8	0.13	—	462.83	225.97	2	2915.79	3612.52
1987	—	—	—	—	10	—	61	71
1988	—	—	—	—	—	—	236.72	236.72
1989	—	0.4	—	—	—	—	—	0.4
1991	—	100.52	—	30.68	2.54	—	122	255.74
1992	—	—	—	246.99	100	—	257.93	604.92
1994	—	—	—	144	18.54	—	—	162.54
1995	28	68.97	—	—	—	—	—	96.97
1996	—	115.79	393.53	272	—	—	—	781.32
1997	51	134	444	54	—	—	—	683
1998	193	48	303	136.74	—	—	—	680.74
1999	3002	3002	—	—	—	—	—	6004
2000	360	558	—	—	—	—	—	918
2001	44	67	—	—	—	—	—	111
2002	169	38	—	—	—	—	—	207
2003	3	27	—	—	—	—	—	30
合计	3857.13	4159.81	1140.53	4674.58	628.92	2	7884.99	22347.96

说明：1987年及以前为实际造林面积，1987年后为成活率85%以上的造林面积

干果类　1981—2003 年，县（特区）共营造干果林 8017.34 公顷（核桃 3855.26 公顷，板栗 4162.08 公顷）；由于多方面原因，2005 年“二类调查”显示，保存面积仅有 865.92 公顷。其中核桃 408.06 公顷，共 24.62 万株，主要分布在顺场乡、龙场乡、坪寨乡、阿戛乡、杨梅乡、玉舍乡，平均年产核桃 273250 千克；板栗 457.86 公顷，共计 48.92 万株，主要分布在顺场乡、龙场乡、勺米乡、纸厂乡、木果乡、杨梅乡、南开乡，平均年产板栗 30770 千克。

水果类　县（特区）水果类树种有梨、桃、柑橘、猕猴桃、杨梅、李、杏、苹果、柿子等。2000 年，猴场乡种植猕猴桃 29 公顷（品质很好），杨梅乡种植金秋梨 6.67 公顷（每公顷产量高达 2.7 万千克），蟠龙乡沙坡村发展桃子 333.33 公顷。2006 年，杨梅乡种植中华冬桃 6.67 公顷。2007 年，双戛乡发展中华冬桃 10 公顷，米箩乡发展猕猴桃 133.33 公顷。2008 年，全县有水果基地 1117.33 公顷（桃 350 公顷，梨 69 公顷，柑橘 213 公顷，猕猴桃 162.33 公顷，杨梅 323 公顷）。

中药材林　全县有黄栀子 222.63 公顷，分布在顺场、龙场、坪寨、花戛、营盘等乡；有杜仲 104.11 公顷、厚朴 10.52 公顷、黄柏 11.87 公顷，分布在杨梅林场、勺米乡、玉舍乡、顺场乡。

化工原料林　油桐和漆树是全国特有的两大工业原料树种，所产桐油和生漆质量居世界首位。县（特区）营造油桐 628.98 公顷，漆树 4676.8 公顷。由于各种原因，油桐和漆树损失严重；2005 年“二类调查”结果显示，县只有油桐 13.82 公顷，主要分布在蟠龙、鸡场等乡；有漆树 71.35 公顷，主要分布在金盆乡、玉舍乡、杨梅乡、比德乡。1978—2008 年，县（特区）共产生漆 71.85 万千克，桐子 159.23 万千克。

第四节　林业改革与林业实业

一、林业管理机构

1979 年 2 月，撤销特区农林局，建立特区林业局。1987 年 12 月，特区林业局改称县林业局。2008 年，县林业局共有职工 77 人（局机关行政在编 10 人，林业站事业在编 9 人，林政资源站事业在编 4 人，森林检疫站事业在编 6 人，林业科技推广站事业在编 4 人，天然林保护工程管理中心事业在编 3 人，退耕还林管理中心事业在编 3 人，林业综合行政执法队事业在编 16 人，森林警察大队行政在编 18 人、工勤人员 4 人）；下辖 33 个乡（镇）林业站，玉舍林场、杨梅林场、以朵苗圃场，全县林业系统共有职工 312 人；县境内另有玉舍森林公园管理处（副县级单位）、野钟黑叶猴自然保护区（正科级单位）。

二、林业体制改革

1980—2008 年，县（特区）林业承包户发展到 196 户。1981 年，特区党委、政府进行林业“三定”（稳定山林权、划定自留山、确定林业生产责任制）工作。1982 年，全特区完成林业“三定”的生产队 3038 个，占应完成数的 72.8%；划定自留山的生产队 2871 个，定产 3.49 万户，面积 7200 公顷；初步落实集体山林管理责任制和国有林定权定界工作。1984 年春，特区组织 12 个工作队赴各区继续稳定和完善家庭联产承包责任制，延长土地承包期，颁发《土地联产承包责任制合同使用证》

《荒山承包合同》。1987 年、1989 年，经招标、投标、答辩，木材公司、玉舍林场与中标者签订《经营承包责任合同》。2000—2008 年，县林业承包户共承包荒山造林 32949. 8 公顷、封山育林 15287. 64 公顷。

2008 年，全县开展集体林权制度改革工作，明晰林业产权，确立经营主体，让老百姓得到实惠；全县应参加林权改革面积 131399 公顷，需确权面积 125976. 29 公顷，完成勘界确权面积 121920 公顷，未确权面积 3995. 33 公顷（有关部门进行调解，尽快完成勘界确权）。

三、林业实业

（一）国营林场

杨梅林场 建于 1958 年 3 月，分新街、红鸡寨、马场、木瓜树、场部 5 个工区。林场总面积 2551. 46 公顷（有林地面积 2052. 13 公顷，灌木林 447. 57 公顷，未成林造林地 15. 16 公顷，宜林荒山荒地 36. 6 公顷）；森林覆盖率 90. 94%。有林地中有乔木林 2051. 98 公顷（幼龄林 1751 公顷，中龄林 224. 54 公顷，近熟林 70. 6 公顷，成熟林 5. 84 公顷），活立木总蓄积 68629. 1 立方米（幼龄林蓄积 47200 立方米，中龄林蓄积 14000 立方米，近熟林蓄积 6875. 57 立方米，成熟林蓄积 553. 53 立方米）。有经济林 203. 56 公顷（板栗 81. 44 公顷，核桃 31. 27 公顷，苹果和梨等果树 11. 67 公顷，杜仲 28. 38 公顷，其他经济树种 50. 8 公顷）。1979 年，引进 62 个县杉木种子，进行杉木地理源试验 1. 33 公顷，生长良好。1981 年，建立职工子弟学校。1990 年，在贵州农学院、市林科所支持下，开展板栗优化品种试验栽培。1990—2008 年，林场共造林 2000 公顷，育苗 40 公顷，幼林抚育 2000 公顷。1993 年，建立茶叶基地 240 公顷，每年可生产茶叶 1. 5 万千克，年销售额可达 60 万元。2001 年，职工子弟学校收归地方管理。2003 年，新建乌蒙山庄 1 个，建筑面积 752 平方米，年收入可达 8 万元。2008 年，林场有职工 55 人。

玉舍林场 建于 1958 年 3 月，有场部、毛担坪、公鸡山和磨盘山 4 个工区。林地面积 3562 公顷（有林地 2071. 32 公顷，灌木林地 1271. 4 公顷，宜林地 95. 17 公顷，无立木林地 6. 39 公顷，辅助生产用地 12. 74 公顷，苗圃地 5. 01 公顷，其他林地 99. 97 公顷）；森林覆盖率 58. 15%。有林地（幼龄林 927. 84 公顷，中龄林 353. 48 公顷，近熟林 631 公顷，成熟林 159 公顷）活立木蓄积 122531. 66 立方米（幼龄林蓄积 8331. 66 立方米，中龄林蓄积 30900 立方米，近熟林蓄积 60300 立方米，成熟林蓄积 23000 立方米）。1979 年以后，造林 2086. 67 公顷，育苗 43. 73 公顷，幼林抚育 1280 公顷，成林抚育 631 公顷。1989 年 10 月，开展经营采伐试验 6. 47 公顷，蓄积木材 340 立方米，及时进行迹地更新。2002 年 12 月，林场内建立国家级森林公园，组建森林公园管理处（副县级）。2002—2008 年，修建海坪至森林公园油路 2. 5 千米，修建夜郎王宫，电视剧《夜郎王》主要情节在公园内拍摄；公园门票费收入 200 多万元。2008 年，林场有职工 44 人。

以朵苗圃场 1956 年建立；1981 年 4 月设场部于土桥，下设土桥、以朵工区。1982—1990 年，育苗 10. 2 公顷。1991—2008 年，育苗 60 公顷，为县长防工程、天然林保护工程、退耕还林工程、环城绿化工程提供柳杉、华山松、杉木等合格苗木 420 万株。2000—2008 年，经济收入 20 万元。2001 年，国家投资 80 万元修建办公楼 560 平方米，瞭望台 1 个。2003 年 12 月，因对麒麟洞进行开发，将土桥工区划拨给钟山区，带走职工 31 人。2008 年，有职工 13 人，经营林地 104 公顷，育树苗 70. 2

公顷。

（二）乡村林场

县（特区）乡村林场多数于20世纪60—70年代建立。2008年，全县有乡村林场48个，各乡村林场名单见表9－3－9。

2008年水城县乡村林场一览表

表9－3－9

乡（小乡）	林场名称	乡（小乡）	林场名称	乡（小乡）	林场名称
蒿枝	蒿枝乡林场	峡沟	峡沟乡林场	勺米	果泥普林场
金盆	金盆乡林场	尖山	尖山乡林场	勺米	杉木林场
盘雄	盘雄乡林场	比德	凤凰山林场	盐井	盐井乡林场
义忠	义忠乡林场	牛场	沙沟村林场	箐马	箐马乡林场
坞铅	坞铅乡林场	猫场	杨家营林场	俄脚	俄脚乡林场
木果	木果乡林场	吹聋	吹聋村林场	妥倮	旗帜村林场
南开	南开乡林场	吹聋	茅草坪村林场	倮摩	倮摩乡林场
青林	青林乡林场	猫场	寨根底村林场	铜厂	铜厂乡林场
双戛	双戛乡林场	猫场	青㭎村林场	落邦	小马村林场
田坝	田坝乡林场	吹聋	垭口上村林场	落邦	落邦乡林场
纸厂	纸厂乡林场	猫场	滑石板村林场	安居	安居乡林场
坪寨	荣营乡林场	猫场	猫场村林场	九归	九归乡林场
坪寨	坪寨乡林场	吹聋	吹聋乡林场	永姑	永姑乡林场
舍戛	舍戛乡林场	猫场	化启村林场	肖坪	双河村林场
玉舍	长海子林场	猫场	龙头山林场	化乐	长海子林场
笔架	笔架乡林场	海坪	海坪乡林场	妥倮	红光村林场

（三）个体林业

县森泰资源开发有限公司　位于市区明湖路，有固定资产360万元，职工98人。1994年6月创办，主营种植、养殖、花木盆景、木材加工及经销。1999年，产值178万元，上缴税金11万元。2001年，企业停止运营。

水城百花苑凉都绿业有限公司　其前身为水城百花苑园林绿化中心，建立于2001年7月。2005年8月组建为水城百花苑凉都绿业有限公司，位于双水新区，注册资金100万元，法人代表田成河；是一家集景观园林绿化工程设计、施工，花卉、苗木培植，绿化带物业管理，园林园艺器械销售，装饰装修工程施工，赏石、盆栽、根雕艺术开发展示，农业综合开发经营，乡村农业观光、休闲、度假、旅游等为一体的综合性多功能民营科技实体企业。2003—2007年连续5年被市委、市政府授予六盘水市非公经济农业产业化（农产品加工）先进单位，2005年被省工商局和省私营企业协会授予贵州50强“省级诚信私营企业”“省级守合同重信用先进单位”。2006年9月，该公司进驻贵州（水城）现代农业科技园区，投入资金1650万元实施《百车河现代高效农业生态园项目》建设（该项目计划总投资4882.95万元，建设期3年）。2008年3月29日，该公司与县旅游发展领导小组举办

“水城县首届旅游产业发展大会”“百车河畔桃花艺术节”，5 天接待游客 3 万余人次。2008 年，该公司销售收入 1048.9 万元。

（四）木材公司

1965 年 12 月建立县木材公司，1971 年改称特区木材公司，1987 年 12 月又改称县木材公司；属国营企业，注册资金 67.5 万元，公司位于市中心城区人民中路 153 号，主要经营木材。1984 年前，特区木材公司木材经营实行统购统销。1985 年后，特区木材公司木材经营实行议价销售；林木凭证采伐、凭证运输，林木生产为指导性生产。1998 年，国务院《关于保护森林资源制止毁林开垦和乱占林地的通知》出台后，县全面停止对天然林的商品性采伐，县木材公司由原来经营木材转向出租场地收入发放职工工资。后来由于各种原因，县木材公司名存实亡。2008 年，县木材公司有职工 33 人。

（五）木材加工店

随着城市建设和市场经济快速发展，木材市场逐渐繁荣，木材加工业发展较快。2008 年 12 月，全县共有木材经营加工店 52 个，分布在 33 个乡（镇）。

第五节　林业管理

森林防火　20 世纪 80 年代，县（特区）发生森林火灾 69 起，受灾面积 1334 公顷。1988 年，县国营林场和林业承包户共投保森林幼林火灾保险 5382.69 公顷，交纳保险金 3.9 万元。1989 年，县成立护林防火指挥部及其办公室，2 个国营林场、苗圃场及 98 个乡护林防火人员共 241 人；在护林防火中，贯彻“预防为主、积极消灭”方针，在林区开辟防火线，设置瞭望台，选配巡山护林人员，广泛发动群众制订护林防火乡规民约。1990—2008 年，森林防火工作由政府负责；县成立森林防火指挥部，负责指挥全县森林防火工作；33 个乡（镇）、国营林场、苗圃场均成立森林防火指挥领导小组，组长由单位主要领导兼任，各乡、村都有森林防火民兵应急分队。

病虫害及防治　1979—1990 年，由于人工森林面积扩大，病虫害发生面积相应增加，因防检力量薄弱，难以完成较大面积防治任务；县（特区）森林病虫害发生面积 9264.63 公顷，防治面积为 1967.65 公顷。1979—2008 年，县（特区）发生森林病虫害 16981.82 公顷，由于人力物力等原因，治理面积为 9658.16 公顷。1981 年，杨梅林场、玉舍林场设病虫害观测点，进行预报。据 1982 年全省森林病虫害调查，特区森林病害有马尾松赤枯病、落叶病、根腐病，云南松赤枯病、根腐病，杉木炭疽病、叶枯病、黄化病，油茶炭疽病，油桐角斑病、枯萎病，核桃褐斑病，漆树缩叶病等；特区森林虫害有松绵介壳虫、松梢螟、松褐天牛、松球果小卷蛾、杉梢小卷蛾、双条杉天牛、泡桐龟甲、尺蠖、毒蛾、金花虫等；特区苗圃病害主要有立枯病、猝倒病，苗圃虫害主要有地老虎等。1986 年后，开展林木（包括种子、苗木、木材）检疫，防止危险性病虫害流入或流出。2004—2008 年，对全县松林资源设置固定样地进行常年监测，防止松材线虫病传入，并使用挂放引诱器防治松褐天牛。2005—2006 年，在纸厂乡前进村发生栎黄枯叶蛾，面积 333.5 公顷，危害比较严重，通过药物防治，有效控制虫灾蔓延。2007—2008 年，投入资金 3 万元，在玉舍乡挂放引诱器 150 个，防治松褐天牛

1334公顷；玉舍乡、木果乡、双戛乡等11个乡（镇）、国有林场、森林公园发生纵坑切梢小蠹虫危害，面积466.9公顷，共投入资金15万元，在玉舍乡、木果乡、双戛乡对纵坑切梢小蠹虫进行防治（方法为设置饵木引诱，化学防治，人工清理虫害木），有效控制危害。2008年，在玉舍森林公园发现拟松材线虫病，受害面积62.3公顷，通过人工清理病害木烧毁，有效防止拟松材线虫病的扩散蔓延；因雪凝灾害，在双戛乡梅花山柳杉幼林发生鼠害危害柳杉树茎，面积580.29公顷，林木死亡率达22%，投入资金2万元，采用人工安放鼠挟捕杀进行防治，降低鼠害种群密度，使受害林木逐步恢复生机。

林业行政许可　1984年《森林法》出台后，林木采伐必须办理林木采伐许可证，经营加工木材须办理木材经营加工许可证，运输木材须办理木材运输证，使用林地须办理使用林地手续。2006年县成立政务服务分中心，办理林业行政许可事项62起；2007年办理林业行政许可事项85起；2008年办理林业许可事项194起（行政许可事项192起，非行政许可事项2起）。

林业案件查处　1978—1984年，林业案件由特区政府牵头管理。1985年5月，盗伐滥伐森林案件改由公安机关管辖。1986年9月，成立特区林业公安派出所。1986—1990年，县（特区）发生乱砍滥伐、偷砍盗伐林木案件86起，立案79起，查处77起，处理75人（收审8人、拘留6人、逮捕9人、其他处理52人），收缴款4132元（其中罚款2911元）；林政管理处理案件43起，没收违法收购木材143立方米、圆木2万多根、架子木400多根，收交各种款项22.91万元。1997—2008年，县办理林业案件718起（刑事案件55起、批捕43人，治安案件46起、治安处罚46人，林业行政案件617起、行政处罚836人）。1998—2008年，县没收野生动物673条（只），活体548条（只），其中国家二级保护野生动物猴面鹰4只、巨松鼠1只、猕猴7只、蜂猴1只、红腹锦鸡1只、白腹锦鸡1只、丛林猫3只、花姬蛙40只、果子狸8只，其他国家具有重要研究价值的野生动物482条（只），全部放归大自然，死体125条（只），其中国家二级保护野生动物岩羊1只；没收违法木材1425立方米、罚没款126.9万元，为国家和集体挽回经济损失213.4万元。1997—2008年，县林业案件处理见表9-3-10。

1997—2008年水城县林业案件处理一览表

表9-3-10

年度	总起数	刑事案件		治安案件		行政案件		罚没财物			挽回经济损失（万元）
		刑事案件（起）	批捕（人）	治安案件（起）	治安处罚（人）	行政案件（起）	行政处罚（人）	没收木材（立方米）	没收野生动物（条、只）	罚没款（万元）	
1997	15	—	—	—	—	15	15	—	—	2.8	—
1998	31	3	—	1	1	27	46	116.3	75	2.1	—
1999	72	2	—	5	5	65	93	151.8	61	4.1	7
2000	82	3	—	6	6	73	92	220.3	117	9	5.3
2001	72	5	5	5	5	62	142	106.1	7	3.5	5.2
2002	36	5	2	4	4	27	60	4.6	—	0.1	7
2003	66	14	14	10	10	42	48	66.1	165	1.8	2.2

续表 9－3－10

年度	总起数	刑事案件		治安案件		行政案件		罚没财物			挽回经济损失（万元）
		刑事案件（起）	批捕（人）	治安案件（起）	治安处罚（人）	行政案件（起）	行政处罚（人）	没收木材（立方米）	没收野生动物（条、只）	罚没款（万元）	
2004	29	2	1	1	1	26	40	52.4	—	1.9	33.8
2005	113	5	—	2	2	106	121	149.9	26	50.5	9.2
2006	76	3	1	2	2	71	76	251.9	9	13.9	9.7
2007	59	4	6	3	3	52	44	120.5	—	8.3	6.5
2008	67	9	14	7	7	51	59	185.1	213	28.9	127.5
合计	718	55	43	46	46	617	836	1425	673	126.9	213.4

森林资源调查　1981—2008 年，县（特区）进行 6 次森林资源连续清查，3 次森林资源二类调查。1985 年用 1∶1.5 万地形图为工作底图，用罗盘仪引线定位进行第一次森林资源二类调查工作，于 1986 年底完成；1995 年，采用 1∶1 万地形图为工作底图区划图班，用罗盘仪引线定位，进行第二次森林资源二类调查工作；2005 年，利用卫星影相图片野外进行图班区划，用卫星定位仪对样地点进行定位，进行第三次森林资源二类调查工作。

第六节　茶　叶

一、茶林营造

县（特区）地处滇东高原向黔中山原过渡地带，为茶树原生地之一。清朝乾隆年间，水城木城茶曾作为贡品。民国时期，玉舍、木城、杨梅、发耳等地茶叶，在省内外颇具名气；木城、米箩 2 茶区种茶面积 3.34 公顷（其中山地种茶 2 公顷，平地种茶 1.34 公顷），常年产茶 6250 千克。中华人民共和国成立后，水城茶叶为出口产品之一，茶叶种植、加工、销售，逐步向产业化发展。

水城县多数乡（镇）具有茶树生长得天独厚的条件。

气候条件　水城为亚热带高原季风气候，年平均气温 14℃左右，对茶树基本不会造成冻害和热害。年降雨 1200～1300 毫米，对茶树所需水分供应良好。全年日照时数 1200～1400 小时，光照条件优越。所生长的茶叶具有纤维含量低，氨基酸等有效成分含量高，叶片肥厚柔软，香郁味浓，自然品质优异等特色。加之茶叶生产区域森林覆盖率高，自然生态优越，小气候特征非常适宜名优茶生长。早春季节气温回升快，春茶开采早，抢先上市，比浙江茶早 20 天左右；秋季处于温和季节，气温适度，昼夜温差大，利于茶树养分积累，秋茶品质亦相当优越。

土壤条件　水城地处“江南煤海”区内，已种茶树区域和规划发展区域，土壤多为发育于富含煤层的黄色砂质土壤，以黄壤和棕壤为主，土壤均为酸性，土层深厚，且多为富硒土质，为天然富硒茶生长提供特有的土壤条件，所产茶叶，含硒量达 1.5ppm。

土地资源　水城除大面积可改种茶树的平整耕地外，全县宜茶非耕地和宜茶坡耕地在 13333 公顷以上（其中 3333 公顷以上分布在茶叶生长优势区域）。

20世纪70年代，由特区政府拨出专款，特区供销、农业等部门，从福建、浙江等省调进大量茶种，以玉舍区为重点推广种植，请省茶叶科学研究所专家到玉舍开办训练班，指导密植免耕种茶，兴建茶园。同时兴建茶叶加工厂，推广机械加工作业，购进制茶机6台（套），年加工绿茶达3万千克。由于茶叶品质优良和制茶工艺改进，“玉舍茶”曾一举成名。1974年1月，六盘水地区外贸、供销等部门在玉舍区召开种茶现场会，随后在玉舍、杨梅、发耳、蟠龙、南开、勺米、米箩等地兴办茶场。1979年，全特区有公社办的茶场24个，茶园发展666.67公顷。后来由于经济改制和经营管理不善等原因，茶场逐步解体，茶园也随之衰退、荒芜，多数无法改造恢复。

20世纪末，随着扶贫开发，水土保持以及以工代赈等项目实施，促进了茶叶发展。其中，茶树作为珠江上游水土保持工程树种之一和山地坡改梯工程护梗作物之一，在多个乡（镇）均有栽培，面积逐步扩大。1991—1992年，市科学技术委员会与杨梅林场合作，在杨梅林场范围内建科技实验茶场86.71公顷。1998年，县委、县政府决定把茶叶作为绿色支柱产业之一进行重点开发。2000年，杨梅科技实验茶场与天津市瑞璋生物有限公司达成协议，成立津黔茶叶科技有限公司；天津方出资470万元控股，占51%股份，市科学技术委员会和杨梅林场各占24.5%股份，按股份制企业管理经营茶园。

进入21世纪，县茶叶生产进入较快发展时期。2008年，全县有933.8公顷茶园，主要分布于杨梅、新街、勺米、米箩、蟠龙、玉舍6个乡和杨梅林场，种植品种有迎霜系列、乌牛早、龙井43、福鼎大白茶、福云6号、云南大叶等，均属国家级优良品种。其中杨梅乡和杨梅林场茶园比较集中连片，共有茶园433.55公顷（木城村53.36公顷，坪子村133.34公顷，新村100.05公顷，杨梅林场科技实验茶场86.71公顷，市林业局建茶园33.35公顷，县林业局建茶园13.34公顷，县茶叶公司实验茶园6.67公顷，林果示范茶园3.335公顷，杨梅林场职工等个体经营茶园3.335公顷）。杨梅茶场四周丛林密茂，遍山尽绿。一排排柳杉，隔起一块块茶园，茶树分带顺山势延展，浇灌水池和管道星罗棋布，水泥道路纵横交织，形成引人入胜的景观。另外，新街乡有茶园93.38公顷，米箩乡有茶园66.7公顷，勺米乡有茶园66.7公顷，蟠龙乡、玉舍乡有一些零星分散茶园，加上其他一些地梗茶和部分土地条件差的茶树面积约273.47公顷。随着茶林营造面积逐步扩大，茶业成了水城特色产业之一。茶叶初采面积约53.36公顷，年产茶叶约15万千克（其中名优茶约1万千克），茶业年产值500余万元。

二、茶叶加工

米箩、勺米、玉舍3个茶叶加工厂，均系1979年修建的初级加工厂，设备简陋陈旧，年加工能力各1万千克左右。玉舍茶厂因多年未加工茶叶，设备老化不全。米箩茶厂后来添置新设备，其中包括名优茶机等。

1993年建成的科技实验茶厂，占地5600平方米，加工机械设备齐全配套。设计年加工茶叶能力10万千克（名优茶加工能力1万千克）。

1999年建成的县茶叶公司茶厂，占地面积6000余平方米，有茶机90多台（套），加工设备较齐全；设计年加工精制茶叶能力15万千克（其名优茶机当时在省内处于领先地位，具备年加工多类名优茶5万千克以上能力），加工微茶粉能力10万千克。主要设备有袋泡茶茶机1台，手工茶电炒锅

20多口，多用微波设备2台，年精制茶叶15万千克精制设备1套，年生产能力10万千克超微茶粉生产线1条，茶叶袋装、罐装设备各1套，中型检测化验设备1套。

2008年，全县有大小茶叶加工厂5个，精加工车间2个，茶粉加工车间1个，各种加工设备500多台（套）。其中，名优茶机35台，杀青机，揉捻机，烘炒干燥机等常规茶机120多台，手工茶电炒锅350多口。年干茶加工能力28万千克左右（其中名优茶年加工能力6万千克左右），烘、炒青绿茶加工能力25万千克左右，微茶粉加工能力10万千克左右。

三、著名品牌

经过茶叶加工，生产出诸多著名茶叶品牌。水城有春意牌“水城春”系列茶、津黔牌“乌蒙春”系列茶、“勺米富硒春”“米箩春”4个品牌茶。“水城春”系列品牌，为市茶叶上品之一，六盘水名优茶叶品牌中，水城“倚天剑”（因茶叶泡开后，叶尖在水中一致向上而得名）与六枝“乌蒙剑”和盘县“碧云剑”，同被誉为富硒名茶“三剑客”。“乌蒙春”系列茶的“乌蒙硒毫”，1997年获贵州省星火计划示范奖，1999年又获“中茶杯”全国名优茶评比一等奖和国际茶叶博览会名茶“证书”。“乌蒙春”三字，系著名科学家卢嘉锡亲笔所书，其茶叶产品2002年获绿色食品“证书”，2004年通过有机茶认证。春意牌“水城春”系列的“凤羽”茶，获2000年“中茶杯”全国名优茶评比优质茶“证书”，2001年获二等奖和贵州省优质农产品一等奖。2006年，“春意”商标被评为贵州省知名商标。

水城茶叶产品种类有扁形茶、条形茶、卷曲形茶、针形茶和袋泡茶等。清明前名优茶（倚天剑、凤羽）及部分高档茶（神州香）销往浙江、天津、大连、内蒙古等地，也有浙江、江苏等省外茶商前来收购清明前茶青，经就地粗加工后运回当地，再加工后抢早市牟高利。水城高档茶本地市场销量不大，部分作为礼品茶销售。大宗炒青茶产量少，市场份额很小，产品供不应求，开发潜力大。

四、饮茶技艺

由于水城茶叶品质优良，饮用品位高，随之创出具有水城独特风韵的饮茶技艺，使饮者享受高雅茶文化风味。其中，极品“水城春”的6道茶艺，堪称一绝。

第一道　先将沸水倒入精美透明长高杯中，旋荡数转，晶明透亮泉水在杯中回旋起小漩涡，使杯洁净预热。称为“圣水沐尽凡尘事，一片冰心在玉壶。”

第二道　先在杯中倒入占杯高三分的二沸水，再将三克左右茶叶放入其中。继而作“凤凰三点头”姿势，分作3次倒水翻冲茶叶，至水离杯口2厘米处停冲，茶叶在杯中飘然起舞。称为“仙女飘然瑶池中，绿裳起舞三点头。”

第三道　经三点头冲击，开汤30秒左右，隔杯壁透观杯内，秀雅舞动的茶叶片，在杯中浮动如嬉戏。茶叶芳香物开始挥发，香气四溢，使品赏者陶醉在一种兰花盛开的清香境界中。称为“沐露玉叶隔帘戏，天香溢出醉痴人。”

第四道　茶开汤5分钟左右，近一半茶叶吸水下沉，一半尚漂浮在上，部分下沉茶叶又向上回浮。不管下沉或回浮，茶叶芽尖始终向上，茶汤清澈翠绿。称为“嫦娥思凡偷下界，天命难违又奔月”。

第五道　十分钟左右，杯中芽叶完全下沉，竖立杯底，形如众剑倚天，又像一片绿色珊瑚林，景似春回大地，万物复苏。称为“玉皇赏赐‘倚天剑’，唤来民间一片春”。

第六道　经品茶数次，茶叶融来浓郁春意，饮茶宾客犹如仙会，慢斟细品，心静意宁，边饮边叙，互勉互励，陶冶高尚情怀。当水温下降至70℃左右，水溶物部分渗出，茶汤入口如浆似液，散发一股粟香味，回甜爽口，生津止渴，令人产生一种超凡脱俗之感。从而享受到一种极富特色的茶文化意味。称为“细品琼液静陶性，净心忘却名与利”。

五、经营发展

1990年以后，累计筹集退耕还林、农业综合开发、财政扶贫等资金1200余万元，投入茶叶生产和加工项目，茶叶发展初具产业化规模。20世纪末，县利用国家珠江上游水土保持和以工代赈坡改梯等工程投入资金，以生态建设为主要目的，在多个乡（镇）营造茶林。

1998年，成立县茶叶生产办公室，将茶叶产业列入农业产业化经营和绿色支柱产业之一进行开发，县政府分管领导和业务主管部门领导，到中国农业科学院茶叶研究所和浙江省新昌县等地考察，与省茶科所建立技术协作关系，派技术人员到中国茶叶研究所系统学习茶叶生产、加工技术，聘用龙井茶炒制师傅到茶厂现场传授技艺，提高茶业科技含量和经济效益。

1998年10月，成立县茶叶发展有限公司，属自负盈亏企业，除搞好本公司生产、加工、营销外，对全县茶叶生产进行技术服务和指导等工作。1999年起，县茶叶公司在杨梅乡木城、慕尼克等村建设茶叶生产基地133.4公顷，承包经营杨梅片区大部分茶园，在研制新产品，创品牌，开拓营销市场，推进产业化经营等方面取得较好成绩；县茶叶公司在全县宜茶乡村，大力扶持个体承包户或新建茶园，不断扩大茶业经营规模，2005年被评为市农业龙头企业。2008年，县茶叶公司总资产1182万元，注册资金170万元，有管理和专业技术人员35名；县列入全省20个重点茶叶生产县之一。

第四章　畜牧与水产

第一节　畜牧业发展

一、管理机构

1981年4月22日，建立特区畜牧局，原特区畜牧兽医站改为特区畜牧局兽防站。1981年9月，特区畜牧局建立品改站，原特区种畜场归特区畜牧局领导。1983年，特区畜牧局建立牧工商公司。1984年，特区畜牧局建立草地站和人事秘书股。1985年，特区畜牧局建立水产站。1987年12月，特区畜牧局更名县畜牧局，下辖10个区畜牧兽医站。1992年，县畜牧局人事秘书股改为办公室，增设药检所，33个乡（镇）建立畜牧兽医站。1993年6月，县畜牧局并入县农业局，更名县畜牧中心，内设办公室、兽防站、品改站、草地站、水产站、兽药饲料监察所，下辖种畜场、牧工商联合公司、各乡（镇）畜牧兽医站。1994年5月，县畜牧中心从县农业局中分出。1997年，县畜牧中心共有职工111人（退休人员17人，中心办公室5人，兽防站9人，品改站8人，草地站7人，水产站5人，兽医卫生监督检验所7人，牧工商公司10人，种畜场43人）；县畜牧中心下属兽医防治检疫站和兽医卫生监督检验所实行一套人员，两块牌子。2008年，县畜牧系统共有技术干部113人（县机关11人、乡镇102人），其中本科学历4人、大专学历22人、中专学历47人，高级职称1人、中级职称21人、初级职称65人、技术人员8人；全县有村级兽医防疫员449人。

二、发展状况

1978—1980年，特区本着“宜牧则牧”的原则，兴办饲料加工业，推广科学养猪；引进良种，改良本地畜禽品种；开发利用原有草场，培植人工牧草，发展草食家畜；坚持春秋预防注射，控制疫病流行。1981—1995年，特区除马存栏数基本持平外，其他牲畜年递增分别为：猪7%，羊6.6%，牛4.39%。1981年8月5日至1982年11月15日，特区进行草场资源普查，43人（包括公社兽医27人）参与普查，全特区草场69132.42公顷，占总面积的16.92%，其中20公顷以上连片草场84片，共44884.23公顷。1982年10月20日，特区对6个区、14个公社、43个生产队山羊进行调查，共有山羊1073只，基本摸清水城山羊的分布、产区、外貌特征和生活习性等情况。1986—1989年，县（特区）牛出栏在6619～12194头之间，羊出栏在20939～28819只之间，5年累计收入2408.47万元。1990年，县肉类总产量10077580千克，人均吃肉15.9千克，其中猪肉占90.2%、牛羊肉占4.1%。1991年，县奶产量3.7万千克。1991—2008年，县牛出栏在3118～20159头之间，羊出栏在20264～36071只之间，猪出栏在99980～244420头之间，家禽出栏在410080～1413695羽之间；肉类总产量在1028.3～2666.8万千克之间，禽蛋产量在856760～930000千克之间。2007年，县奶产量23万千克。2008 年，县肉类总产量 2666.8 万千克。

1991—2008 年，县主要牲畜存栏情况见表 9－4－1。

1991—2008 年水城县主要牲畜存栏统计表

表 9－4－1

年度	大牲畜						生猪（头）	羊（只）
	黄牛（头）	水牛（头）	奶牛（头）	马（匹）	骡（匹）	驴（匹）		
1991	—	—	—	—	—	—	233325	101444
1992	—	—	—	23983	—	—	234509	80707
1993	95803	18313	45	24407	565	1	232453	76266
1994	90359	17966	68	24384	687	1	236809	74822
1995	90635	17990	48	24907	712	3	242056	77948
1996	90179	18299	34	24818	674	1	244833	72310
1997	—	—	—	24169	—	—	244559	72531
1998	90209	17721	42	24506	843	2	253055	81164
1999	91246	17461	35	24970	831	1	277847	89038
2000	92660	15745	27	24945	749	—	304306	92084
2001	92152	16480	30	24751	769	2	305805	89543
2002	104112	27343	35	23429	855	4	321523	84630
2003	107903	27387	30	20361	858	6	334746	97198
2004	107906	13805	32	18011	755	—	365474	94754
2005	109550	14255	93	16008	763	—	397985	100441
2006	69478	8848	90	14047	778	—	328332	39688
2007	70424	9054	81	15530	819	—	309448	38905
2008	84177	—	11605	566	—	—	449999	67509

第二节　畜禽养殖

一、猪

本地猪　亦称乌蒙猪，肉脂兼用，黑毛多，黄毛少，有的黑白间夹。体躯前稍低后稍高，腰平直，耳下垂，腹大不着地。瘦肉率 35%，脂肪 49%。母猪多采用双月龄以上公猪、少许采用种公猪配种，平均每窝产仔猪 7.7 头，成活率 95%。

改良猪　1970 年后，特区先后引进巴克夏、长白、苏白、约克、杜洛克等猪种，均获得成功。1981 年，特区农民购买仔猪、种公猪的特多，形成饲养良种猪热。1988 年，全县有民营猪改点 66 个，良种公猪 71 头，本地母猪 2130 头，本地猪基本被杂交猪取代。1990 年，县对 20 个村民组调查：生猪存栏 1631 头，本地猪 286 头，占 17.54%，杂交猪 1345 头，占 82.46%。1994 年，县从北京引进迪卡猪26头在县种畜场饲养、又从贵阳洛湾引进大约克。1995年，在勺米乡梭沙村、滥坝镇堰塘村建立村级猪人工授精示范点。2000年后，先后在勺米、发耳、木果等乡建立村级仔猪繁殖基地。2005年，一些私营企业引进商品代野猪、托佩克等种源进行繁殖饲养，后因市场关系逐步淘汰。2008年，龙场乡猪牛人工授精站，蟠龙金大地养殖场开展猪的人工授精工作，辐射周边地区。长白、苏白与本地母猪杂交一代生长发育比较见表9-4-2。

长白、苏白与本地母猪杂交一代生长发育比较表

表9-4-2　　单位：厘米、千克

品　种	调查头数	日（月）龄	体　长	体　高	胸　围	平均体重
本　地	9	11~30天	27.33	12.89	25.33	1.19
长白一代	5	11~30天	38.38	17.86	27.38	2.04
苏白一代	15	11~30天	28.29	20.71	30.07	3.17
本　地	49	31~60天	39.45	21.93	34.45	4.22
长白一代	5	31~60天	59.94	30.5	52	11.75
苏白一代	8	31~60天	46.88	25.04	42	8.33
本　地	22	61天~4月	64.4	35.79	53.19	13.08
长白一代	5	61天~4月	77.5	34.9	59	17.35
苏白一代	8	61天~4月	62.7	34.78	53.82	12.79
本　地	20	5~8月	91.8	41.07	77.63	48.03
长白一代	8	5~8月	107.31	52.81	92.86	64.88
苏白一代	6	5~8月	79.5	53.28	81.58	51.69

猪饲养　传统方法多用青饲料（即猪草）切短，精料磨粉，混合煮，日喂2~3次（有些放牧的猪只喂1次）；畜舍多采用挖坑垫草，圈湿后再加草；肥猪一般采用“阶段育肥法”，分3个阶段，第一阶段适当喂精料，第二阶段以喂青饲料为主（喂架子猪）；第三阶段以玉米、马铃薯、大麦等精料为主催肥。80年代后，城郊、工矿区和养殖专业户，采用“直线育肥法”，即从仔猪到屠宰、均以精料为主饲养，周期短、出栏率高。1990—2008年，实行“两推五改”（推行良种良法、推行杂交优势和综合防治，改深圈为平圈、改熟喂为生喂、改吊架子为直线育肥、改传统饲养为科学饲养、改单一饲料为混合饲料）。2000年后，养殖母猪每头国家补助100元，母猪参加保险，个人出保险费12元，县、市、省共同出保险费36元，母猪死亡后由保险公司赔偿1000元；政府给予养殖小区一定的补助，促进生猪迅速发展，养殖专业户、养殖小区、养殖有限公司纷纷出现，养殖规模化、专业化、产业化、商品化逐步形成体系；蟠龙金大地养殖场年出栏生猪10000头以上，发耳大发养殖场年出栏生猪3000头以上。黔发农经〔2007〕1628号文批复，纸厂乡前进生猪养殖小区、市三足鼎农牧产业有限公司、南开乡伍仁养殖场、南开乡玉兰仔猪繁殖场、滥坝镇龙井养殖场、县种畜场列为生猪标准化规模养殖场（小区）建设项目；总投资148.1万元（中央投资90万元，养殖户自筹54.1万元，地方配套项目管理费4万元）；项目建设内容为猪舍标准化改造4000平方米，兽医防疫室改造120平方米，新建沼气池220立方米，新建化粪池2000立方米，新建排污沟800米。

二、牛

本地牛　水牛系华南沼泽型，役用，背腰平直，四肢粗壮，肌肉丰满，性情温顺，毛铁青、灰黑色；母牛3～4岁开始配种，繁殖年龄至19岁，发情周期22天，发情持续期2～3天，最长7天；夏末秋初发情，孕期330天左右；平均每小时耕田0.04公顷；主要分布在田多地少的发耳、龙场、米箩等地。黄牛役肉兼用，役用为主；公牛前高后低，母牛前低后高；以黄色、草黄色居多，有的为黑色、黑白花色；母牛3～4岁开始配种，孕期280～285天，13～15岁失去繁殖能力；平均每小时耕地0.024公顷；主要分布在地多田少的玉舍、南开、滥坝、杨梅等地。

改良牛　1980年，特区引进黑白花公牛10头，投放在大湾、茨冲、玉舍、月照等乡的农户喂养，除1头配种生杂交小牛10余头外，其余因配种困难，配种率甚微。1984年，水城列入南方3省11县种草养畜基地，引进黑白花（荷斯坦）奶牛在特区种畜场饲养，生产鲜奶供应市中心区，为便于奶牛配种，同时引进黑白花牛、辛地红牛、西门搭尔牛、摩拉水牛的冷冻精液配种；先后在特区种畜场、德坞、纸厂、陡箐、玉舍开展牛的人工输配种工作。1989年，县进行牛杂交改良效果普查，实测杂交牛74头，本地牛27头，血缘结构分析88头，证实1987年止，全县牛冷冻精液输配1637头，产犊438头，产犊率26.8%；改良后的杂交牛体格增大，成为役用兼乳用牛。黑白花牛与本地牛杂交一代效果比较见表9－4－3。

黑白花牛与本地牛杂交一代效果比较表

表9－4－3　　单位：厘米、千克

调查头数	年　龄	品　种	体　高	体　长	胸　围	管　围	体　重
1	初生	本　地	53	47	55	8	11.55
1	初生	黑白一代	68	57	66	10	23
82	1岁	本　地	90	93	118	12.3	119
12	1岁	黑白一代	104	111	128	14	168
73	2岁	本　地	99	106	129	13.3	163
18	2岁	黑白一代	107	116	142	14	213
56	3岁	本　地	104	109	137	14	189
12	3岁	黑白一代	113	124	144	15	238

牛饲养　县（特区）牛饲养多为零星放牧，主要采食天然草料与人工牧草，进入使役期，适当增加精料；农民，尤其是苗族农民，有“料力、草膘、水精神”的经验；养牛适当补充精料，冬天用盐水、人尿浇草，提高草料适口性。2003—2004年，县实施畜牧“强村”建设，向30个畜牧“强村”投入1049.5万元（省级投入支农资金175.5万元，县财政投入385.8万元，小额贷款71万元，农户自筹417.2万元）。2005年，在南开乡穿洞、合兴、倮海3个村实施省财政扶贫资金科技养牛项目（续建），投入140万元（财政投入100万元，农户自筹40万元），扶持农户200户；在该地进行安格斯种牛胚胎移植58头，移植妊娠率19%，产犊成活率64%。2005—2008年，全县建立牛人工冷配种点12个；省、市、县三级投资257万元在发箐乡清塘村、滥坝镇法都村建设县奶源基地，从云南邓川引进黑白花奶牛80头，建成挤奶平台，消毒设施及草地配套工程。2008年，市级投资700余

万元，在陡箐乡冷坝片区建设万头优质肉牛基地。

三、马

本地马　亦称黔西马，属西南山地小型马，宋朝文献《天马》有“西南白昔出良马”之称，明朝和清朝水城马曾作为贡品；进入21世纪后，水城人绝大多数不知本地马曾是水城特产。水城本地马属西南山地小型马，个体小，背腰短，四肢强健，能驮善挽，步子轻快灵活，擅走山路，耐力强，奔跑速度快；驮运时速4千米，驮运量可达其体重的70%；拉车时速56.4千米，双马可拉1500千克；成年马体高115.6厘米，体长114.5厘米，胸围132厘米，管围15.5厘米，体重191千克。2008年，本地马主要分布在交通闭塞的乡，山高路陡地区，马成为主要运输工具。

改良马　1956—1970年，县相继引进阿蒙、佩蒙、古粗卡巴金等种马9匹。由于种马高大，配种困难。少数交配生的马驹，草腹及“X”肢势居多，效果不佳。

马饲养　县（特区）马半放牧式饲养居多，全圈饲养甚少；圈舍与其他牲畜合圈居多，单独分圈饲养甚少。精料以玉米为主，拌于干草中喂养。每晚添草加料1~2次，保证饮水。

四、羊

本地羊　山羊：短毛型，多为黑色，少数褐色、黑白间夹；体质结实，背腰平直，四肢健壮，善于攀登，抗病耐粗料，肉质细嫩，板皮优质；母羊初配年龄7~12个月，妊娠期150天左右，单羔约占80%，双羔约占18.9%，三羔约占1.1%；主要分布在海拔1800米以上的凉山地区，中心产区有台沙、冷坝、木果、纸厂、布寨、兰花等地。绵羊：属藏系山谷型粗毛羊，善于爬山，耐粗料，毛纤维长，平均每只公羊年产粗毛1.39千克、母羊年产粗毛0.72千克；平均体重公羊36.67千克、母羊33.35千克；6—10月为配种季节，妊娠期148~152天；主要分布在海拔1880米以上的高寒山区，产区有台沙、甘塘、纸厂、麻窝、兰花、盘雄、海坪、蒿枝、舍戛、俄脚、干河、玉舍、垭口、双营、义忠、金盆、滥坝、青林、双戛等地。

改良羊　1975年，省派畜牧专家陈永泽、副教授李云龙到台沙考察，组织培训班，对全公社绵羊分类鉴定，证实改良羊达94%。1980年，特区先后引进考力代半细毛羊、新疆细毛羊、美利奴细毛羊282只，杂交改良绵羊4612只，占全县绵羊总数的20%；台沙公社存栏绵羊2398只（占全特区总数的10.4%），羊毛总产7120千克（由于绵羊改良增产羊毛5321千克），国家收购羊毛5562千克，收入羊毛款21803元。1983年，特区引进萨能白山羊80余只，由于管理不善，患寄生虫病等相继死亡。1989年，县在进行面上绵羊改良的同时，对龙场区哈青乡1044只绵羊进行分类鉴定，杂交羊857只（其中一类羊187只、二类羊252只、三类羊181只、四类羊36只），本地羊68只；其中能繁母羊占鉴定数的44.5%。1990年，对哈青乡1244只绵羊进行分类鉴定，杂交羊占91.6%，本地羊占6.7%，纯种半细毛羊占1.7%；杂交羊中有一类羊363只、二类羊265只、三类羊461只、四类羊50只。

羊饲养　2000—2008年，羊饲养发展迅速；南开乡曹阳养羊场，年出栏800~1000只；比德乡博金种养业农民专业合作社自筹资金200万元，国家投资200万元建种羊场；陡箐乡翁记养殖专业合作社自筹350万元，国家投资350万元建养羊场。2007年，县草地畜牧中心在陡箐乡实施肉羊基地，逐步发展到红岩、蟠龙、猴场、南开、比德、玉舍、营盘、龙场等乡。

五、鸡

本地鸡　母鸡多为麻黄色、麻褐色和麻花色，间有白色、黑色及杂色，年平均产蛋91枚，蛋重49.5克，赖抱性强，每次平均26天，平均体重1.82千克；公鸡多为红色，平均体重2.19千克。本地高中鸡，又名高脚鸡或大种鸡；母鸡多为黑褐色或灰色，平均体重2.37千克，年平均产蛋64枚，蛋重52.8克，就巢性强，平均每次24天；公鸡为黑色、红色，羽毛稀疏，个体高大，平均体重3.4千克，肉质细嫩；主要分布在阿戛乡高中村、杨梅乡白牛村等地。

鸡引进　1970年，群众自发引进白洛克、斗鸡、九斤黄、贵农黄、AA鸡、火鸡等，尤以九斤黄、贵农黄、白洛克深受欢迎，城乡普遍饲养。

鸡饲养　农户饲养为白天敞放，自由觅食，补料1～2次，晚上入笼；采用传统的孵化法，2—4月孵化称“早春鸡”“清明鸡”，10月育雏称“谷桩鸡”；专业户多采用圈养，每天喂食3～4次，加喂青饲料。1982年10月，市政府组成“两户”（重点户、专业户）工作组，在城关镇、大河镇帮助17户养鸡专业户养殖；经过1年多的工作，为社会提供肉鸡1.6万只、产值8万元；有4户育雏，鸡苗由市养鸡场供应，育雏5000只，成活率91.2%；有13户饲养中鸡，多为三层笼养，少数屋内养育，共养16000只。2008年，滥坝镇兴隆养殖场年出栏肉鸡20万只，住武村肉鸡示范养殖场年出栏肉鸡10万余只；玉舍乡、纸厂乡、都格乡、金盆乡、陡箐乡、新街乡、鸡场乡、阿戛乡、米箩乡、保华乡、发箐乡等引进黑羽绿壳蛋鸡实行生态饲养，玉舍乡、纸厂乡、龙场乡、陡箐乡、阿戛乡部分家庭进行商品代红腹锦饲养。

六、鸭

本地鸭　耐寒，耐粗食，抗病力强。公鸭头颈上部羽、尾羽、性羽系墨绿色且发光，绿头多，平均体重1.67千克。母鸭黄褐色、黑色，有的为黑白间夹花鸭，平均体重1.71千克；春夏秋产蛋，以秋季为主，年平均产蛋160枚，蛋重62.51克。

鸭引进　1986年，特区品改站引进樱桃谷雏鸭2478只，分别投放在特区种畜场及德坞、钨沿、野鸡坪、米箩饲养，生长快，个体大，产蛋多；据德坞乡一农户测定，饲养4月后，体重平均2.85千克；群体产蛋170～195枚，蛋重76～80克；种蛋受精率70%～80%。同时，还引进康贝尔蛋鸭，投放于米箩农家喂养，未形成种群。

鸭饲养　县（特区）山区养旱鸭居多，与鸡鹅一起喂养。2008年7月，县优质家禽基地建设及良种推广项目由县济源农业科技有限公司在蟠龙乡沙坡村与法那村实施，项目养鸭农户140户，培训301人次，发放鸭苗22万羽，改建鸭棚30个（6600平方米），新建兽医室2间（20平方米）；巢舍设在屋檐下，用竹木编织或石砌成；早晨将鸭群赶至溪沟或水田，傍晚赶回，或自动早出晚归；水稻出穗时，关在院内饲养。

七、鹅

灰鹅　属平坝灰鹅型，适应性强，性成熟期晚。公鹅头粗大，额瘤突出，脚粗壮有力，平均体重4.58千克。母鹅头较小，颈细长，腹大下垂，平均体重4.75千克，年产蛋20～30枚。

白鹅　属川鹅型，耐粗料、抗病力强。公鹅额瘤不突出，背短平，体形紧凑，平均体重4.39千克。母鹅头细，颈长，腹大松软，平均体重4.02千克，年产蛋40～50枚，蛋重121.45克。南开、比德、大河等地饲养较多；部分少数民族成对饲养，视为吉祥动物，甚至喂“长寿鹅”。

鹅饲养　多利用田边、地角、荒坡放牧，或赶到收割后的田地里啄食遗粒；离河沟近的地方利用水面牧放。2008年，市农委投资在发箐乡105户人家饲养7500羽青鹅，长势良好。

八、兔

本地兔　皮肉兼用，以肉为主。毛多为白色，少数青灰色、紫灰色和黄色，毛短体小，每年繁殖3～4胎，平均每胎产仔6只，平均体重成年公兔1.9千克、母兔2.1千克。

引进兔　1977年、1978年、1985年，特区分别引进青紫兰兔500只、日本大耳兔20余只、西德长毛兔57只，因病和管理不善，又无销路，最终被淘汰。

九、蜂

本地蜂　属东方蜜蜂类，体小翅长，飞行迅速，采集勤奋，抗寒耐热，对蜜源、气候、环境有较强的适应性，但爱分群、盗蜜，怕光怕惊，易螯人，喜欢黑暗安静；9月重阳一次性取蜜，每群年产蜜约2千克。1980年，特区共有2238群，发耳、龙场、杨梅、米箩等地饲养较多。

引进蜂　1968年，兴义县来发耳放蜂采蜜，传来意大利蜂群，每年每群产蜜15～40千克。1984年，特区产蜜43130千克，其中发耳区产蜜32750千克，占总产量的75.9%。后来，养蜂户减少，但养蜂户的蜂群增加，蜂蜜产量相应提高。

十、家畜管理

1981年后，特区实行联产承包责任制，耕牛折价到户或联户饲养；折价到户的，牛权归户所有，无牛户借用时，除供给当天草料外，还付给适当耕地费；折价到联户的牛，由联户按人口平均分摊折价款，牛权归联户所有，固定饲养户，草料由联户供给，以草换肥，用牛不给租金，以现金或粮食付给饲养户报酬；母牛产仔，饲养户和联户对半分成；牛非正常死亡，由造成者赔偿；牛正常死亡，由联户承担。后来鼓励农户自养牲畜，各种牲畜存栏数逐步上升。

1990—2008年，专业养猪户、养殖小区、种养殖合作社、养殖股份有限公司相继出现。圈舍以深圈改平舍，消毒设施、污粪处理多数采用沼气处理返还农田，改善了清洁卫生，寄生虫病、传染病得到有效控制，牲畜死亡率降低。养牛户的耕牛从借用逐渐转变为有偿使用。

第三节　水产养殖

一、水域和生物资源

县（特区）境内河流流域面积3641.77平方千米，有水库13座、山塘36座；可开发利用养殖水域面积约1500公顷，利用养殖水域面积40.17公顷，占总水域面积的2.68%；已利用水域面积按类型分为池塘（35.64公顷），水库（1.38公顷），稻田（3.15公顷）。

县雨水充沛，浮游生物资源丰富，常见的浮游植物有兰藻门、胶球藻、微襄藻、腔球藻、新月鼓藻、水绵、硅藻门、星杆藻、舟形藻等；常见的浮游动物有变形虫、砂壳虫、斜管虫、旋毛虫、喇叭虫、弹跳虫、钟形虫等；常见的低栖动物有河蚌、田螺、水蚯蚓、牙虫及幼虫、沼虾、新米虾、溪蟹等，具有相当可观的天然饵料。但县属工业大县，工矿区排放的废气、废渣、废水对水质有一定的影响，对渔业生产发展不利；由于海拔高，温度较低，温差变化大，致使鱼类生长缓慢，养殖周期过长，特种鱼类越冬困难。

二、水产养殖

滇黔铁路开通后，草鱼、鲢鱼、鳙鱼等各种经济鱼苗、鱼种逐渐进入，使水城的养鱼从单一饲养逐渐向混养过度。县以池塘养殖和稻田养殖为主，网箱养殖还有待开展，池塘养殖主要分布在滥坝镇、米箩乡、纸厂乡、南开乡，稻田养殖主要分布在红岩乡、蟠龙乡。2008 年，全县有 46 户持有水域滩涂养殖许可证。1988—2008 年，县部分年份水产养殖简况见表 9 –4 –4。

1988—2008 年水城县部分年份水产养殖简况统计表

表 9 –4 –4

年度	渔业产量（千克）	养殖面积（公顷）	年度	渔业产量（千克）	养殖面积（公顷）
1988	21400	—	2005	47000	40.84
1990	12000	30.55	2006	60000	41.62
1997	54600	—	2007	70000	41.63
1998	82300	42	2008	75000	40.38
2004	45000	37.74			

三、鱼病防治

县池塘养鱼发病较多，山塘、水库、稻田养鱼发病较少。县发生的细菌性鱼病有烂鳃病、赤皮病、肠炎病、打印病、竖鳞病、白皮病等，寄生虫引起的鱼病有锚头蚤病、小瓜虫病、车轮虫病等，真菌性鱼病有水霉病、鳃霉病等，病毒性鱼病有草鱼出血病等。

县鱼病防治坚持“预防为主、治疗为辅”的原则。鱼病防治各地不尽相同，滥坝镇严家寨村的池塘养殖户采用生石灰及漂白粉相交替的消毒方式，取得良好的效果。1995 年，保华乡农户陈正华的 0.17 公顷池塘养鱼发生烂鳃病，采用叶子烟、五倍子、生姜捣碎全池泼洒，连续 3 天，有效治疗了鱼病。县防治鱼病还有民间中草药资源，有乌柏、地棉草、艾蒿、车前草、枫杨树、凤尾草、火炭母、马鞭草等。

第四节　饲料开发

一、饲草

草坡普查　1981 年 8—11 月，特区组织 6 个分队、42 名技术人员，在 12 个区（镇）对 84 片荒山草坡进行普查，量算面积 44882.43 公顷，考察记录各类草场样地 177 个、样方 1780 个、田坎草样方 11 个；采集野生牧草标本，对其特性与现状访问调查；对南部猴场和北部南开零星草场、农作物秸秆、熟地草、绿肥作物、田地坎饲草资源调查和记载。

天然草场　1981年，特区可利用的各类天然草场共60897.1公顷，理论载畜量6.44万黄牛单位；其中成片草场可利用面积38165.74公顷、理论载畜量3.98万黄牛单位，零星草地可利用面积12439.55公顷、理论载畜量1.42万黄牛单位，田地坎草地可利用面积6609.97公顷、理论载畜量8172黄牛单位，疏林草地可利用面积3683.44公顷、理论载畜量2260黄牛单位；成片草场为84片20公顷以上草场（其中667公顷以上有16片，每公顷产7500千克以上鲜草的有54片），一等草场13片、可利用面积4682公顷、理论载畜量4077黄牛单位，二等草场51片、可利用面积23418.37公顷、理论载畜量24232黄牛单位，三等草场20片、可利用面积10065公顷、理论载畜量1.15万黄牛单位；西北和中南部山原高山草场，长期缺乏改良与建设，人畜践踏，道路纵横，有些成"光板地"，面积逐年缩小。1982年，特区有牧草场30片，面积13299.98公顷；牧草主要有5科、102种（禾本科64种，常见有芸香草、画眉草、金茅、荩草、狗尾草、野古草等；豆科8种，常见有野豌豆、白三叶、鸡眼草、百脉根等；莎草科17种，常见有香附子、牛毛毡、猪毛草、三棱草等；菊科6种，常见有白蒿、青蒿、蒲公英、鬼针草等；其他科7种，常见有小果蔷薇、金桃子、地榆、红子等）；禾本科牧草覆盖度和产量均占优势，但夹杂有五节芒、扭黄茅等，含粗蛋白低、粗纤维高，仅在2—5月嫩草阶段易放牧。

人工草场　1978—2008年，县（特区）共种牧草22205.59公顷（一年生黑麦草11098.88公顷，多年生黑麦草6422.64公顷，紫花苜蓿1787.56公顷，白三叶1635.88公顷，皇竹草1260.63公顷）。2006年12月，成立县草地畜牧业发展中心，实施国家科技扶贫种草养羊项目，每年种草667公顷。2008年，在陡箐、红岩2乡实施天然草场改良围栏项目，改良草地667公顷。

飞播草场　1983年，在玉舍区五里坪首次飞播牧草667公顷，总投资10.9万元；据调查数据计算，有效面积533.6公顷，有苗面积454.63公顷，每公顷有苗59.85万株（豆科20.55万株、禾本科39.3万株）。按全年总产鲜草计算，理论载畜量883黄牛单位。由于草场边沿牲畜践踏，破坏围栏时有发生，后来制定草场管理规则。

草地建设　1983年9月，水城列为贵州、湖南、湖北3省11县开展南方草山建设与发展畜牧业项目试点县之一，基地范围包括城关镇的凤凰乡、德坞乡，玉舍区的纸厂乡、玉舍乡，滥坝镇的岭坝乡、陡箐乡、茨冲乡和特区种畜场；由农业部与省财政投资，建立威宁、水城、惠水、花溪4县（区、特区）种草养畜基地，坚持草地建设、科学养畜、畜产品加工三结合，生产、科研、培训三结合，产、供、销三结合的方针，形成不同类型的种草养畜模式。1983—1986年，特区种草养畜基地建设投资257.17万元（农牧渔业部投资87.4万元，省投资86.4万元，地方自筹83.37万元）；有草种繁殖基333.5公顷，人工草地1640.82公顷（实有保留面积94.11公顷），围栏100公顷；养奶牛75头、改良牛563头、本地黄牛249头，杂交绵羊784只、猪259头、西德长毛兔55只，共计1110.6个黄牛单位；有车辆4辆、种畜场、拖拉机和扎草机械设备，有奶牛舍4栋、牛奶消毒冷藏室、人工输配点、奶牛运动场、水沟、围墙、兽医室综合房、饲料加工等配套设施。1984—1986年，特区种草养畜基地产鲜草5380万千克、产值151.13万元，收各种种子1.08万千克、产值61046.39元，生产鲜奶18.25万千克、产值12.41万元，产牛犊264头、产值12.03万元，产羊羔237只、产值4740元，产羊毛1850千克、产值1.29万元，产商品肥猪235头、产值2.35万元，产商品仔猪120头、产值4800元。

二、饲料

饲料粮类　以玉米、马铃薯为主，大麦、荞麦和豆类比重极小，县每年用于畜禽饲料粮4610万千克。块根类饲料主要有白萝卜、佛手瓜、南瓜、红薯、芭蕉芋等，县年产88.6万千克。副产品类饲料主要有玉米皮、麦麸、米糠、酒糟、豆渣等，县年产1420万千克；发耳、米箩等水稻产区将米糠作精饲料。秸秆类饲料有玉米秆、小麦秆、豆秆、稻草等，作牲畜越冬主要饲料，县年产秸秆15356.6万千克。青绿饲料及菜类饲料县年产4161.9万千克。

混合饲料　1978年，特区种畜场在杨家岩脚修建青贮窖10个，每个可容饲草7.5万千克，牲口喜吃，效果良好。1984年，特区种畜场投资2.5万元，购置加工设备；1986—1988年，生产混合、配合饲料30万千克。1988年，县种畜场把夏秋两季余下的牧草利用青贮壕、青贮池制作青贮饲料2万千克。1994—1997年，县推广秸秆氨化628.6万千克。2002年后，县推广袋装青贮饲料，每年生产青贮饲料约1820万千克。2008年，县种畜场制作青贮饲料12万千克。

第五节　疫病防治

一、畜禽疫病

1978年，特区进行疫病普查，发现畜禽疫病有113种（人畜共患传染病29种、中毒病5种、寄生虫病61种、普通病18种）。

猪病　有34种（其中传染病11种，寄生虫病12种，普通病7种），常发病有猪瘟、猪肺疫、猪丹毒。1978年，猪瘟发病率10.2%，猪肺疫发病率4.1%，猪丹毒发病率3.54%；仔猪白痢及副伤寒病死亡1774头，食物中毒（主要是亚硝酸盐中毒）死猪795头，胃肠炎、感冒、肾炎、便秘、风瘫、湿疹、脓肿等普通病死猪813头；全特区猪病死3万头，占存栏数的15.37%，其中传染病死猪2.93头，占病死总数的97.67%。

牛病　有30种（传染病5种，寄生虫病16种，中毒3种，普通病6种）。1978年，全特区病死牛1506头（牛出败发病1646头，死牛777头；牛气肿疽发病1576头，死牛561头；青㭎叶、农药等食物中毒死牛84头；臌胀、百叶干、腹泻等普通病死牛84头），占存栏数的1.61%。

马病　有15种（传染病3种，寄生虫病7种，中毒1种，普通病4种），常发病有马鼻疽、马腺疫。1978年，全特区死马533匹（马鼻疽发病568匹、死马140匹，马腺疫发病680匹、死马130匹，普通病死马263匹），占存栏数的1.6%。

羊病　有传染病炭疽、气肿疽、快疫、传染性口疮、羊疽等6种。1978年，全特区羊发病701只，死羊352只，占发病数的50.2%。

鸡病　1978年，全特区鸡瘟发病4.17万只，死鸡3.97万只；鸡霍乱发病3341只，死鸡2908只；仔鸡白痢与农药中毒等死鸡9258只。

二、各种疫病

口蹄疫（五号病、W病）　发生初期传播迅速、发病率高、流行面广、疫点多，猪、牛、羊偶蹄动物同时患病对人畜健康影响极大。1998—2007 年，全县口蹄疫共发病 2100 头（只），其中猪 1060 头、牛 940 头、羊 100 只，扑杀牲畜 4300 头（只）。1998 年 8 月，双戛乡双戛村发现 6 头猪以蹄部、嘴唇出现水泡为特征的传染病；省、市有关专家到场调查，并采集病料到省厅实验室确诊，结果定性为 O 型口蹄疫。1999 年 9 月，县有 6 个乡、18 个村发生口蹄疫。2000—2002 年，口蹄疫蔓延到全县 33 个乡（镇）。2008 年，县口蹄疫得到有效控制。

猪高致病性蓝耳病　2007 年 8 月，滥坝镇以朵村发生猪高致病性蓝耳病。2007 年 9 月，蟠龙乡大面积爆发猪高致病性蓝耳病，蔓延至 7 个村、24 个组，猪发病 1470 头，死猪 960 头。2008 年，龙场乡、顺场乡、营盘乡、发耳乡、新街乡发生猪高致病性蓝耳病，猪感染 8648 头，死猪 6474 头；县政府和畜牧主管单位组织各乡防疫人员对受威胁区易感动物进行紧急免疫注射，共注射猪 3.65 万头，用去消毒药品 140 件。

炭疽　是由炭疽杆菌引起的一种人畜共患病，有明显的季节性，以多雨季节为甚，老疫区易发。1978—2007 年，县（特区）有 17 个乡（镇）、24 个村发生过炭疽病，龙场片区、米箩片区最为严重，牲畜共发病 860 头（匹、只），感染 24 人，牲畜死亡 810 头（匹、只）。

狂犬病　俗称疯狗病，又称恐水病。20 世纪 80 年代，县（特区）有 8 个区、54 个乡发生过狂犬病。20 世纪 90 年代末，狂犬病又在县大部分乡（镇）发生，犬发病 120 只、牛发病 16 头、人感染 36 人（死亡 2 人），各乡（镇）对辖区家犬进行狂犬疫苗注射和拴养。

猪瘟　1978—2007 年，县（特区）猪瘟发病 4680 头，死猪 4590 头。

猪肺疫（猪巴氏杆菌病）　县（特区）各地均有零星发生，发病率 0.5%左右，死亡率约 20%，治愈率较高。经过多年的预防注射，该病得到有效控制。

猪丹毒　低海拔地区易发病。1978—2007 年，发耳、都格、米箩、蟠龙、猴场、红岩等乡多发，共发病 2460 头，死猪 460 头；该病治愈率较高，症状明显易发现。

仔猪副伤寒　发病面积大、死亡率较高。县（特区）各地均有发生，勺米、发耳等地发病率较高。1978—2007 年，县（特区）共发病 1.84 万头，死仔猪 9680 头。

霉形体病（猪喘气病）　县（特区）一些地区偶有发生，但危害程度较小，未进行统计。

仔猪白痢养仔猪地区均有发生，对仔猪危害较大，各地均采取中西药治疗，效果显著。1978—2008 年，县（特区）共发病 2.16 万头，死仔猪 8780 头。

牛出败　呈零星散发状态。1978—2008 年，县（特区）发生 1600 头，死牛 800 头。随着农户对耕牛的重视，牛发病率和死亡率均呈下降趋势。

牛气肿疽　时有发生，但呈零星散发，治愈率高，对牛未发生大的威胁。

羊痘　在陡箐乡、红岩乡、青林乡、南开乡发生过。2007 年，该病在陡箐乡的冷坝村、红岩乡窑上村呈流行趋势，共发病 768 只，死羊 610 只。

羊疥癣　县（特区）黑山羊项目区曾发生传染，共发病 360 只。

羊腐蹄病　县（特区）黑山羊项目区曾发生。

鸡新城疫　县（特区）大部分地区曾发生，但通过长期预防后呈下降趋势。

禽霍乱　县（特区）各地均曾发生，但呈下降趋势。2008 年，该病在法那村谢芳养鸭场暴发，死鸭 4600 羽。

鸡白痢　县（特区）各地均曾发生。

三、疫病防治

1988 年，全县各区兽医站、乡兽医站采用中西医结合防治疫病，乡兽医站采用中草药居多。诊治家畜 4172 例（猪病 3571 例，牛病 410 例，马病 191 例），治愈 2563 例（猪病 2185 例，牛病 256 例，马病 122 例）。

1990 年，县组织 1452 人参加牲畜防疫，注射畜禽 41.54 万头（匹、只）；其中猪瘟注射密度 52.7%，牛注射密度 16.9%。在 23 个集市开展检疫和防疫补针工作，检疫畜禽 8150 头（匹、只），检出病猪 1768 头、病牛 112 头、病马 9 匹，防疫补针 4.09 万头（匹、只）。在 20 个市场开展肉食品卫生检疫，检验猪肉 3638 案、牛肉 202 案、羊肉 56 案，检出带病不能食用 271 案（猪肉 269 案、牛肉 2 案）。高温处理猪肉 243 案、牛肉 39 案。全县 10 个兽医门诊，诊治病猪 6882 头，治愈 4481 头；诊治病牛 803 头，治愈 594 头；诊治病马 330 匹，治愈 243 匹；诊治病羊 430 只，治愈 279 只。

四、民间兽医

20 世纪 80 年代，县（特区）有乡办兽医 333 人；利用全县盛产的中草药，自制散、酊、汤剂；大河、高石、俄脚、塘上等兽医站，加工中草药针剂使用，自制有黄连、鱼腥草、皂角、千里光注射剂，疗效好，受欢迎。农村生产体制改革后，民间兽医多为个体行医。1981 年 12 月，特区畜牧局技术干部下到区、公社，采访经验丰富老兽医，召开座谈会，搜集整理牲畜常见疾病处方 206 个，为中草药治畜病作参考验证。

第六节　畜牧实业

一、种畜场

1972 年，特区在凤凰公社杨家岩脚筹建畜禽良种繁殖场，引进良种，对外配种，种植粮食、蔬菜，养鱼，酿酒等。1972—1988 年，特区畜禽良种繁殖场（特区种畜场）为农户配猪 1.13 万头次，提供仔猪 1938 头。1976 年，特区畜禽良种繁殖场征地 46.67 公顷，有职工 39 名。1979 年，特区畜禽良种繁殖场更名特区种畜场。1983—1988 年，县（特区）种畜场共产犊牛 108 头，产鲜奶 25.2 万千克。1983 年 7 月，特区种畜场列为重点项目之一，投入资金 79.89 万元。1984 年，特区种畜场购进奶牛 53 头、长白猪 23 头，有种猪 79 头，土地增到 106.67 公顷，职工增到 51 人；荷兰、新西兰 3 名专家到基地参观考察。1987 年 12 月，特区种畜场改称县种畜场。1988 年 8 月，县种畜场奶牛队由良种场迁至杨家岩脚，存栏奶牛 41 头（其中挤奶牛 6 头）。1989 年，县种畜场推行经济承包责任制。1990 年，县种畜场饲养奶牛 51 头，产鲜奶 9.25 万千克；产仔猪 288 头，育肥猪 238 头，向社会提供种猪 61 头，对外配种母猪 471 次；产犊牛 16 头，育肥牛 51 头；生产牧草 99 万余千克，青贮玉米 36 万千克，加工混合饲料 50 多万千克。1991 年，县种畜场获市农牧局、省农业厅先进奖。1993 年，县种畜场由财政全额拨款转为差额拨款，政策性投入大幅减少，经济效益下滑。1996—2004 年，县种畜场奶牛场对外承包，由于经营不善，效益不佳。2004—2007 年，县种畜场负责实施县奶源基地项目，组建水城荷城乳业公司。2005 年，水城荷城乳业公司被市政府评为优秀龙头企业。2007 年 7 月，水城荷城乳业公司停止运转。

二、牧工商联合公司

1986 年，成立特区牧工商联合公司，与特区畜牧局两块牌子，一套人员，为财政全额拨款事业单位。1987 年，特区牧工商联合公司实行独立核算、自收自支、自主经营、企业管理。1987 年 12 月，特区牧工商联合公司改称县牧工商联合公司。1993 年 10 月，县牧工商联合公司编制 10 人，经费自筹，有职工 10 人，其中在职 7 人（五级职员 3 人、畜牧师 1 人、高级工 1 人、中级工 2 人），退休 3 人。

三、县奔牛食品有限公司

2003 年，成立县奔牛食品有限公司，位于双水开发区塔山北路，占地 0.8 公顷，有员工 30 人，固定资产投资 1300 万元；主营业务为牛、羊活畜屠宰及熟食品加工，建成牛、羊屠宰车间和熟食品加工车间；屠宰车间设计能力为日屠宰活牛 100～150 头、活羊 150～300 只，熟食品加工车间设计能力为年产牛肉干 200 万千克，另建有库储量 100 万千克的冷藏库；产品质量达到国内同行业技术指标要求，主要销往上海、天津等地。2004 年，公司产品获上海市农畜产品准入资格，并录入市场管理微机网；公司在南开乡建立肉牛养殖基地，有人工草场 66.67 公顷；公司先后被评为市重点调度企业、市农业产业化经营重点龙头企业。2008 年，公司销售收入 113 万元，利润 3 万元，上缴税金 1 万元。

第五章　水　利

第一节　蓄水与引水

一、蓄水

2008 年，全县有中型水库1 座，小（一）型水库2 座，小（二）型水库12 座，小（二）型以下蓄水工程36 座。玉舍水库（中型）位于玉舍乡舍戛村舍戛河，2003 年建成；砌石双曲拱坝，坝高78.4 米，库容3380 万立方米，集雨面积90 平方千米，主要为市区供水，每日供水量为10 万立方米。加开营水库（小一型）位于阿戛乡通仲河，1983 年建成，2007 年技改；单曲砌石重力拱坝，坝高86 米（非溢流部分坝高45 米，溢流部分坝高41 米），总库容687 万立方米，集雨面积168.2 平方千米；主要用于灌溉，引水干渠11.8 千米，灌溉面积153.41 公顷；坝后建有引水式水电站1 座，装机容量3×920 千瓦。明硐水库（小一型）位于双水明硐村，2007 年建成；堆石坝，坝高19.7 米，库容240 万立方米，集雨面积4 平方千米；主要为工业生产用水，日供水量为8548 立方米。小（二）型水库及小（二）型以下蓄水工程简况见表9－5－1 和表9－5－2。

小（二）型水库简况表

表9－5－1

水库名称	所在地	集水面积（平方千米）	坝型	坝高（米）	建成日期	总库容（万立方米）	灌溉面积（公顷）	解决饮水（人）
泥着落水库	发耳乡	0.98	土坝	31	1987	63.6	140	—
马场水库	发耳乡	1.63	土坝	28.1	1980	31	125.33	—
长征水库	发耳乡	0.91	土坝	21.5	1983	12.2	26.67	9000
二河水库	顺场乡	3.41	土坝	23.9	1983	59.6	96.67	1500
王家垭口水库	新街乡	1	土坝	17.94	1975	19.3	43.33	—
达桥沟水库	新街乡	2.68	土坝	16	1981	17.8	16.93	—
小河沟水库	新街乡	1.2	土坝	12.74	1975	16.5	216.67	—
八一水库	龙场乡	1.48	土坝	17	1983	31	96.67	3000
深沟水库	龙场乡	1.58	土坝	15.2	1987	27	73.33	—
挖营水库	龙场乡	0.68	土坝	15	1958	16	22.47	—
盐井水库	盐井乡	0.78	土坝	9	1959	14	46.8	1000
水沟坪水库	米箩乡	1.8	土坝	20.1	1978	18.4	68.8	—

小（二）型以下蓄水工程简况表

表9－5－2

蓄水工程名称	所在地	集水面积（平方千米）	坝 型	总库容（万立方米）	兴利库容（万立方米）	供水能力（万立方米）
官寨山塘	比德乡	1.28	均质土坝	8.5	5.95	6.38
青山山塘	比德乡	1.25	均质土坝	5	3.5	3.75
刘家湾山塘	比德乡	0.94	均质土坝	5	3.5	3.75
垃坝山塘	比德乡	0.92	均质土坝	5	3.5	3.75
石板沟山塘	发耳乡	0.9	均质土坝	6	4.2	4.5
三岔沟山塘	发耳乡	0.96	均质土坝	5	3.5	3.75
店子山塘	发耳乡	0.28	均质土坝	2	1.4	1.5
小猪场山塘	发耳乡	0.95	均质土坝	5	3.5	3.75
发耳山塘	发耳乡	0.63	均质土坝	4	2.8	3
鸡场小山塘	鸡场乡	1.08	均质土坝	9.49	6.46	7.12
湘子箐小山塘	龙场乡	0.45	均质土坝	3	2.1	2.25
黑羊箐小山塘	龙场乡	0.32	均质土坝	2	1.4	1.5
方家沟小山塘	顺场乡	1.2	均质土坝	8.5	5.95	6.38
黄昏箐小山塘	顺场乡	0.82	均质土坝	7	4.9	5.25
白牛小山塘	顺场乡	0.7	均质土坝	4	2.8	3
马场小山塘	顺场乡	1	均质土坝	5	3.5	3.75
天门小山塘	花戛乡	0.12	均质土坝	0.5	0.35	0.38
坪子山塘	杨梅乡	0.25	均质土坝	1.7	1.19	1.28
麻窝地山塘	杨梅乡	0.25	均质土坝	0.7	0.49	0.53
沙沟山塘	杨梅乡	0.25	均质土坝	1.6	1.12	1.2
杨梅水库	杨梅乡	0.78	均质土坝	5	3.5	3.75
长地小山塘	杨梅乡	0.25	均质土坝	0.5	0.35	—
细米箩水库	新街乡	2.1	均质土坝	9.6	8.8	7.2
滥坝山塘	新街乡	1.1	均质土坝	6	4.2	4.5
小岩乡山塘	新街乡	0.8	均质土坝	5	3.5	3.75
耐治沟山塘	新街乡	1	均质土坝	5.6	3.92	4.2
高炉山塘	新街乡	0.8	均质土坝	4	2.8	3
张家沟山塘	新街乡	2	均质土坝	8	5.6	6
池塘边山塘	新街乡	1	均质土坝	9	6.3	6.75
黑土坡山塘	米箩乡	0.75	均质土坝	5	3.5	3.75
大鱼塘山塘	米箩乡	0.87	均质土坝	6	4.2	—
水井湾山塘	盐井乡	0.5	均质土坝	3	2.1	—
横塘山塘	南开乡	0.25	均质土坝	2	1.7	1.75
吹聋山塘	化乐乡	0.15	均质土坝	0.4	0.3	0.3
中坝山塘	盐井乡	0.3	均质土坝	0.2	0.18	0.15
官屋基山塘	米箩乡	0.4	均质土坝	0.8	0.5	0.2

二、引水

境内一些区域地下水出露位置较高，有利于引水灌溉工程。县引水灌溉工程见表9－5－3。

水城县引水灌溉工程统计表

表9－5－3

工　程 名　称	工程所在地	干　渠		灌溉面积 （公顷）	完工时间
		长（千米）	引用流量 （立方米/秒）		
草果冲大沟	米箩乡	12	0.25	213.33	2004
赵家河大沟	化乐乡	11	0.18	103.2	1990
水落洞大沟	化乐乡	5.64	0.1	43.33	1955
和平大沟	坪寨乡	7.45	0.08	45.13	1966
荣云大沟	坪寨乡	3	0.06	42.87	1954
硝洞大沟	米箩乡	2.5	0.06	23.33	1973
黑鱼洞大沟	米箩乡	2	0.03	15.33	1977
洒野大沟	果布戛乡	2.5	0.05	30	1995

第二节　人畜饮水与防洪排涝

一、人畜饮水

县（特区）山高坡陡，水资源分布不均，形成部分区域人畜饮水十分困难；又因人口增长大量陡坡开荒，造成严重水土流失和水源枯减，加剧山区缺水。国家采取退耕还林重大举措后，植被逐步恢复，水土流失得到有效控制。为了解决人畜饮水困难，国家不断加大资金投入，大量实施人畜饮水工程，县（特区）人畜饮水条件逐渐改善。工程项目有人畜饮水工程、“渴望”工程、“解困”工程、饮水安全工程、乡镇供水工程、城市供水工程等；兴建之初以蓄水池为主，由于管理不善，水流运行途中经常漏水，加之水质变坏等情况；后来改为以引水为主，蓄引结合；引水管道开初以金属管为主，由于成本高，严重制约引水业发展，只好推广塑料管，两种管材视实际而使用。缺乏水源的地方采用小水窖解决人畜饮水问题。

1980年，特区贯彻《全国农村人畜饮水工作规划要点（草案）》《关于农村人畜饮水工作的暂行规定（草案）》，人畜饮水工程列为水利建设重点项目；完成人畜饮水工程23处，解决1.95万人、1.17万头牲畜饮水困难。1980—2008年，县（特区）农村饮水工程各级财政投入10178.86万元，解决33乡（镇），415村，680006人，266700头牲畜饮水；城乡供水工程各级财政投入2077.4万元，日供水13700立方米，受益111800人；具体情况见表9－5－4和表9－5－5。

1980—2008 年水城县（特区）农村饮水工程统计表

表 9－5－4

建设年度	解决		资金（万元）	建设年度	解决		资金（万元）
	人（万人）	牲畜（万头）			人（万人）	牲畜（万头）	
1980	1.95	1.17	117.19	1995	2.05	0.46	246
1981	1.1	0.86	66	1996	2.36	0.52	283.2
1982	2.03	0.45	121.8	1997	2.58	1.17	309.6
1983	1.75	0.39	105	1998	2.08	0.98	250
1984	1.58	0.35	126.4	1999	1.47	0.86	223.8
1985	1.87	0.42	149.6	2000	1.97	0.84	169.5
1986	1.53	0.34	122.4	2001	2.47	0.77	296
1987	1.74	1.1	139.2	2002	5	3.62	600
1988	1.45	0.54	174	2003	5.48	2.31	657.6
1989	1.31	0.51	157.2	2004	2.79	1.32	334.8
1990	2.45	0.54	294	2005	1	0.8	366.67
1991	2.56	0.79	307.2	2006	2.2077	0.66	850.87
1992	2.84	0.63	340.8	2007	4.5329	1.18	1777.62
1993	2.58	0.57	309.6	2008	2.55	1.92	956.41
1994	2.72	0.6	326.4	合计	68.0006	26.67	10178.86

1999—2008 年水城县城乡供水工程统计表

表 9－5－5

工程名称	所在位置	时间	供水量立方米/日	受益人口（万人）	投资金额（万元）
白马洞供水工程	双水	1999—2000 年	8000	5	998
玉舍乡供水工程	玉舍乡滥坝村	2005—2008 年	4000	4.17	703.67
发耳乡供水工程	发耳街上和大寨村	2008 年	1500	1.31	339.73
龙场乡供水工程	龙场、区戛、碗厂、箐脚	2001 年	200	0.7	36

二、防洪排涝

1980—1989 年，县（特区）完成防洪面积 596.97 公顷，易涝受害面积逐步得到控制。1990—2008 年，随着农田水利基本建设力度加大，涉农部门加大对防洪排涝工程的投入，防洪工程、水毁防洪工程不断开工，良田好土得到有效保护。18 年共投资 3950.56 万元，建成防洪排涝沟堤 117981.5 米，保护耕地 7204.84 公顷。县（特区）主要堤防工程基本情况见表 9－5－6。

水城县（特区）主要堤防工程基本情况表

表 9－5－6

堤防名称	堤防长度（米）	断面形式	河道设计洪水标准	堤顶高程（米）	警戒水位（米）
双水防洪堤	2850	矩形梯形	二十年一遇	1786.7～1794.4	1786.2～1793.9
阿勒河保华段防洪堤	1325	矩形	—	1383.4～1415.2	1382.8～1414.6
阿勒河义忠段防洪堤	1000	矩形	十年一遇	1664.5～1688.5	1663.9～1687.9
青林乡青林防洪堤	2240	矩形	十年一遇	1703.7～1757.5	1703.4～1757.2
连山河木果段防洪堤	1500	矩形	十年一遇	1645.3～1676.8	1644.8～1676.3
蟠龙百车河防洪堤	460	矩形	十年一遇	1231.5～1243	1231.2～1242.7
玉舍乡玉舍防洪堤	2560	矩形	十年一遇	1732.6～1781.2	1732.3～1780.9
玉舍乡鹅脚防洪堤	3500	矩形	十年一遇	1678.6～1773.1	1678.4～1772.9
米箩乡巴浪河防洪堤	3500	矩形	十年一遇	1141.3～1221.8	1141.1～1221.6
都格乡都格河防洪堤	1500	矩形	十年一遇	1011.3～1047.3	1011.1～1047.1
南开乡发仲河防洪堤	3697	梯形	十年一遇	1655～1681.3	1654.8～1681.1
南开乡玉兰河防洪堤	2100	矩形	十年一遇	1719.7～1770.1	1719.5～1769.9

第三节　水土保持与水政管理

一、水土保持

机构　1983 年，成立特区水土保持办公室。1987 年 12 月，特区水土保持办公室更名县水土保持办公室。1993 年，成立县水土保持监督站，与县水土保持办公室所属的预防监督股合署办公。1999 年，成立县水土保持生态环境监督中队并与县水土保持监督站合署办公，定编 8 人，列为参照公务员制度管理单位。2002 年，县水土保持办公室并入县水利局。2008 年，全县有水土保持监督执法人员 49 人，村级水土保持生态环境监督管护人员 263 名。

水土流失　2000 年，全国应用遥感技术调查统计，县幅员面积 3641.77 平方千米，水土流失面积为 2110 平方千米，占总面积的 57.94%。轻度流失面积 759.75 平方千米，占幅员面积的 20.86%；中度流失面积 908.82 平方千米，占幅员面积的 24.96%；强度流失面积 356.97 平方千米，占幅员面积的 9.8%；极强度流失面积 84.46 平方千米，占幅员面积的 2.32%。年土壤侵蚀总量 857880 万千克，侵蚀模数为每年每平方千米 239 万千克。全县水土流失呈长江流域比珠江流域严重，北部地区比南部地区严重的现状。境内长江流域面积 1047.52 平方千米，水土流失面积为 716.87 平方千米，占流域面积的 68.43%；珠江流域面积 2594.25 平方千米，水土流失面积为 1393.13 平方千米，占流域面积的 53.7%。

治理　国务院出台《中华人民共和国水土保持条例》后，省、市相继制定贯彻《条例》的实施细则，县立即制定工作规划，实施一系列工程项目。工程之初由于缺乏经验，加上资金有限，展开面广；头年的工程，第二年洪水一来，几乎荡然无存。总结经验后，采取集约化治理的方针，收缩工程面，集中人力、物力、财力，找准突破口，以小流域为治理单元，各个击破，从根本上开始治理，先将陡坡开荒地退耕还林、还草。县政府共制定实施4个规范性文件，发布3个公告，拟定制度及规定、规范9个；15年中投入工作经费40余万元，发表县领导电视讲话3次、报刊宣传文章20篇，播放水土保持新闻报道28条，散发宣传资料5万余份，书写永久性标语318条，悬挂大幅标语715条，张贴宣传画3450余幅，接受宣传102万余人次；审批水土保持方案586个，征收水土保持补偿费8.6万元，查处违法案件83起，收缴罚款8万余元。1982—2008年，县（特区）共投入资金2088.55万元，投工407.16万个（折合资金2859.11万元）；治理了15条小流域，治理面积700.51平方千米；经过治理，杜绝工程性造成的水土流失，初步控制水土流失现象。1993年，县列为全国第一批水土保持监督执法试点县。1995年，县顺利通过水土保持监督执法试点县验收。2005年6月，县获全市水土保持监督执法二等奖。

二、水政管理

机构　1998年3月18日，成立县水政监察大队，为股级事业单位，定编5名（大队长1名，副大队长1名，水政监察员3名）。2001年12月29日，成立县河道管理站，为副科级事业单位（领导职数1人，工作人员2人），与县水政监察大队合署办公。2002年10月23日，县水政监察大队列为参照公务员制度管理范围。2005年11月23日，再次明确县水政监察大队（河道管理站）为参照公务员制度管理事业单位，定编8名（大队长或站长1名，副大队长或副站长1名，水政监察员4名，专业技术人员2名）。

管理　对300多个取水单位、个人进行登记，230余个新建、改建、扩建项目的取水申请进行审核。为有取水资格的200个申请单位发放取“水许可证”，经水政批准的取水量占全县用水量的80%。处理河道案件20多起、水工程案件5起，调解水事纠纷50余起。全县水资源补偿费征收从1999年的5.6万元增加到2007年的100余万元；水能资源出让金征收从2007年的12.3万元增加到2008年的80.13万元。落实“建设项目水资源论证制度”“河道管理范围内建设项目管理的有关规定”，凡在县行政区域的建设项目，均编制“水资源论证报告书”，申请办理“取水许可证”；依法取水用水形成制度，成为人们的自觉行为。

第六章　农　村

第一节　农村经济体制改革

1978 年 11 月，《贵州日报》刊登关岭县顶云公社定产到组的报道，水城很多生产队学习顶云公社做法，定产到组。1980 年 10 月，特区党委贯彻中共中央《关于进一步加强和完善农村生产责任制的几个问题的通知》，组织 12 个工作队赴各区，在将全特区 571 个生产大队和 3118 个生产队分别调整为 574 个和 3228 个的同时，推行农村生产承包责任制，其中包产到组、联产到户计酬的生产队有 1712 个。由于联产承包责任制推行，促进农业和多种经营发展；1980 年全特区粮食产量 13090.7 万千克，比上年增产 701.8 万千克；社队企业产值 1300 万元，比上年增长 20%。1981 年，农业生产责任制进一步完善，全特区农村基本推行以家庭联产承包为主的责任制。

1984 年春，继续完善家庭联产承包责任制，延长土地承包期，向农民填发《土地联产承包责任制合同使用证》；支持专业户、重点户发展生产，全特区农村专业户发展到 5284 户。

1988 年 5—12 月，县委贯彻省委《关于深化农村改革的意见》，成立县深化改革领导小组，抽调区乡干部 66 人，在南开区保华乡进行试点。实施省委制定的《家庭联产承包责任制的规定》，健全县土地承包管理的各项制度。试点中规定：联产承包责任制长期不变，坚持土地所有权属国家，在承包期内，增人不增地，减人不减地；荒山承包造林 50 年不变、子女有继承权，中幼林允许有偿转让，林业收益大部分归承包者；严禁毁林开荒、陡坡开荒，35 度以上坡耕地限期退耕还林、还草，谁退耕谁受益等。

1989 年，全县进一步完善耕地承包制度，填发《土地联产承包责任制承包合同》122612 户、537995 人，承包耕地 30219.2 公顷（旱地 24801.2 公顷，水田 5418 公顷）。实行耕地有偿承包，规定按承包时的等级，每年每公顷承包方向发包方交耕地承包费 15 ~ 75 元，承包费主要用于耕地投入和农田水利基本建设，但后来基本未收耕地承包费。

1998 年，县委、县政府落实中央、省、市关于耕地承包期再延长 50 年，非耕地资源开发承包期再延长 60 年的政策，填发《土地承包经营权证书》146329 户、642068 人，承包耕地 30158.53 公顷（建设用地、自然灾害等因素减少 60.67 公顷），其中旱地 25590.33 公顷、水田 4568.2 公顷（部分水田改为旱地）；登记非耕地资源 7798.6 公顷。进一步确定土地权属关系，具体明确双方权利与义务，调动了农民的积极性，有利于农民按照市场需求加快农业产业结构调整的步伐。

2002 年，按照中央、省、市部署，进行农村税费改革。取消按农民上年人均纯收入一定比例征收的乡村办学经费、计划生育费、优抚费、民兵训练费、乡村道路建设费；取消农村教育集资等专门面向农民征收的行政事业性收费和政府性基金、集资；停止征收生产环节和收购环节的屠宰税；

逐步取消劳动积累工和义务工；合理确定农业税税率，全县农业税税率最高不超过7%，农业税附加比例最高不超过改革后农业税的20%；调整农业特产税政策。改革后全县农民减少负担1522.62万元，减负59.02%，人均减负22.17元。

2004年，按照省、市要求对全县农业税下调一个百分点，其中一类贫困乡（花戛乡）全部免征，全县累计调减农业税及附加税144万元。

2005年，按照省、市要求，全县取消除烤烟特产税外的农业税、农业特产税及其附加（结束境内2000年征收农业税的历史）。

第二节　沼气开发利用

沼气既可作为燃料，又可用于照明，沼液是优质农家肥。1978—2000年，县（特区）有农户自建沼气池，但不成规模。2001年，县开始大规模建设沼气池，采取政府补助资金，农民投工的形式进行。2008年，共建成农村户用沼气池18780口，全县农户拥有率为8.95%，建成生态农业示范点11个，沼液种植玉米1666.67公顷、蔬菜2400公顷。通过沼肥利用，减少因施用化肥产生的地面污染源，改良土壤结构，提高土壤肥力和农作物产量及品质，逐步改变农村农户庭院脏、乱、差的状况。

2001—2008年，县农村沼气池建设情况见表9-6-1。

2001—2008 年水城县农村沼气池建设情况统计表

表 9－6－1　　单位：口

乡（镇）	2001 年	2002 年	2003 年	2004 年	2005 年	2006 年	2007 年	2008 年	合计
滥 坝	80	20	100	100	132	150	150	200	932
阿 戛	100	50	50	100	—	—	50	200	550
坪 寨	—	20	40	100	100	150	200	100	710
勺 米	50	—	—	—	120	—	100	100	370
比 德	—	30	—	—	50	—	—	—	80
化 乐	—	30	100	—	100	150	20	—	400
陡 箐	—	58	—	—	23	—	—	100	181
南 开	100	50	46	—	—	122	200	200	718
保 华	—	20	—	150	100	78	—	50	398
青 林	—	20	—	—	—	—	20	—	40
金 盆	—	20	24	—	—	—	50	50	144
木 果	100	100	—	40	50	100	100	100	590
发 箐	50	—	110	100	100	50	80	50	540
双 戛	50	—	90	50	100	—	200	—	490
蟠 龙	35	72	18	—	—	223	400	450	1198
玉 舍	50	—	60	—	15	50	50	50	275
纸 厂	—	—	100	—	70	80	—	100	350
杨 梅	50	100	—	50	—	—	—	100	300
新 街	50	—	—	—	—	31	30	50	161
野 钟	70	100	—	—	100	—	—	—	270
果布戛	50	—	—	—	—	50	—	200	300
发 耳	54	110	150	—	—	100	—	—	414
都 格	50	30	100	200	250	220	300	300	1450
鸡 场	—	40	92	400	1050	650	400	50	2682
龙 场	50	100	50	—	100	200	200	100	800
顺 场	100	—	70	70	100	—	100	100	540
米 箩	150	110	—	—	—	100	200	—	560
猴 场	50	—	50	50	140	19	50	100	459
营 盘	50	20	50	—	200	200	—	—	520
红 岩	—	41	—	—	—	—	—	50	91
花 戛	50	—	—	300	200	400	400	400	1750
盐 井	—	—	—	50	100	100	50	—	300
董 地	—	—	—	40	100	27	50	—	217
合 计	1389	1141	1300	1800	3300	3250	3400	3200	18780

第七章　扶贫攻坚

第一节　扶贫开发

由于历史、自然等原因，水城贫困面大、贫困人口多、贫困程度深。1978—1993年，县（特区）的扶贫方式由救济式扶贫向开发式扶贫转变；共实施426个扶贫项目，各类扶贫投资近亿元；贫困人口（农民人均纯收入200元以下，人均占有粮食200千克以下）从1978年特区的46.3万人降到1993年县的37.2万人。

1978—1985年，特区民政部门对五保户、双缺（缺粮、缺钱）户发放救济粮和救济款；全特区共帮助贫困农户建新房1294间、维修房屋5731间；实施“丰收工程”“温饱工程”等扶贫项目，对贫困地区进行分类指导，对集中连片贫困地区采取“减轻负担，增加投入，科技扶贫，部门承包，配套服务”等措施。1984年，中共中央、国务院发出《关于帮助贫困地区尽快改变面貌的通知》后，特区组织千名干部深入农村访贫问苦，采取“以工代赈”等形式，修建和改造农村公路，促进农村经济发展。1985年，特区农民人均纯收入131.64元，比1978年的38.4元增长2.4倍。

1986年特区被认定为国家级重点扶持贫困县后，上级逐年增加财政扶贫资金和信贷扶贫资金的投入；县（特区）在大力发展粮食生产的基础上使用国家扶贫资金发展多种经营，建设支柱产业，为农民增收提供经济来源；按照中共中央、国务院关于实施有组织、有计划、大规模的开发式扶贫战略部署，坚持以增加贫困农民收入为核心，以减少农村贫困人口为目标，以落实开发式扶贫为动力，以专项扶贫贴息贷款为支撑，以实施“温饱工程”“丰收工程”“星火计划”“绿色工程”等扶贫开发项目为载体，大力实施粮食增产项目和建设烤烟、茶叶、花生、蚕桑、油桐、中药材等适应当地资源优势的商品经济基地，发展壮大乡镇企业，推动农村富余劳动力向非农产业转移。1988年，成立县农村经济开发中心，从事农村扶贫开发。1988—1993年，县委、县政府始终把扶贫开发工作列为振兴水城经济的一项重要工作，充分发挥各种资源优势，用好扶贫开发的各项优惠政策；全县实施扶贫项目93个（种养业项目42个、乡镇企业项目36个、其他项目15个），投入扶贫专项贴息贷款6207.6万元（种养业项目2149.6万元、乡镇企业项目3907万元、其他项目151万元），兴办一批煤炭、矿产品开发、建材、化工、农副产品加工等扶贫企业，使11261户、47131人脱贫；连续5年实施“温饱工程”，大幅度增加粮食产量，解决贫困人口的吃饭问题；通过以工代赈扶持，修通一批乡村公路，解决部分人畜饮水困难，完成坡改梯3466.67公顷，初步改善农村生产和生活条件。1993年，全县农民人均纯收入248元，比1988年的157元增长57.96%。

第二节　“八七”扶贫攻坚

1994年，国家实施《八七扶贫攻坚计划》（用7年时间解决8000万贫困人口的温饱问题），县被确定为全国592个“八七”扶贫攻坚重点县，县农村经济开发中心改为县扶贫开发局。制定《水城县1994—2000年农村稳定奔小康扶贫规划》，全县打响“八七”扶贫攻坚战。

1994—2000年，县成立并不断调整由县长任组长，县委、县人大、县政府、县政协分管农业的副职任副组长，县直有关单位负责人为成员的扶贫开发领导小组，并明确1名副县级领导具体分管扶贫工作，领导小组不定期召开会议，研究解决扶贫工作中存在的困难和问题，将县扶贫办（局）列为县政府工作部门，解决编制和人员；各乡（镇）成立扶贫工作机构，明确分管领导，抽调政治素质好、业务能力强的1～2名干部专门从事扶贫开发工作；建立健全扶贫工作责任制，落实项目申报和资金管理等制度。全县各部门充分发挥各自的优势，同心协力，齐抓共管，把扶贫工作列入重要任务。各乡（镇）、村、组按照扶贫先扶志、“造血”为主、“输血”为辅的理念编制详细扶贫规划，坚持“四到村、四进户”（扶贫规划到村、扶贫项目到村、扶贫资金到村、跟踪管理到村，政策扶持进户、技术服务进户、产业培植进户、干部帮扶进户）工作机制，形成“五种扶贫模式”（区域性连片开发模式、产业化扶贫模式、劳务经济带动扶贫开发模式、非农产业助推扶贫开发模式、科技扶贫开发模式）。

1996年10月，中共中央总书记江泽民视察杨梅乡光明村和玉舍乡银沟村后，增强了县扶贫攻坚的紧迫感和责任感；县委、县政府发出“举全县之力，打好扶贫攻坚战，确保全县农村人口整体解决温饱目标的实现”的号召，安排县直机关各部门对全县贫困人口进行摸底调查，对扶贫对象建档立卡；按“整体推进，突出重点，集中力量打歼灭战”的工作思路开展扶贫攻坚；强化“扶真贫、真扶贫”的观念，落实“三动”（动感情、动脑筋、动真格）、“三苦”（领导苦抓、部门苦帮、群众苦干）和“四个一”（配强一个领导班子，选好一个支部书记，找到一条致富路子，制定一套好的制度）等工作措施，开展“四帮”（帮规划、帮项目、帮组织、帮班子）和“机关帮穷村、干部结穷亲”等活动。1996年后，辽宁省大连市旅顺口区对口帮扶水城县，共投入2000余万元（含2000年后投入），取得显著经济和社会效益；省、市、县挂钩扶贫单位均派工作队驻村扶贫，为挂钩村办了许多实事；全县所有干部职工均参加“一帮一”结对子帮扶，除为帮扶户出脱贫“点子”外，每年必须捐款100元以上为所结对子户解决实际困难，并实行不脱贫不脱钩的责任制。1998年，县扶贫开发局改为县扶贫开发办公室。

“八七”扶贫攻坚阶段，全县累计投入各类扶贫资金33905.4万元（其中信贷资金21716万元、财政扶贫资金1811万元、以工代赈资金8997.4万元、社会帮扶资金200万元）；全县整体越过温饱线（农民人均纯收入650元，人均占有粮食325千克），通过国家“八七”扶贫攻坚验收；全县农民人均纯收入从248元增加到1212元，农民人均占有粮食从184千克增加到325.6千克，贫困人口从37.2万人降至26.79万人（按农民人均纯收入650元，人均占有粮食325千克的贫困标准统计），农民人均纯收入在325元以下的极贫村从556个减少到326个。

第三节　新阶段扶贫

2001 年，县再次被确定为全国 592 个新阶段扶贫开发重点县；全县被省列为扶贫开发重点的乡有 26 个（一类乡 1 个、二类乡 17 个、三类乡 8 个），列为扶贫开发重点的村有 326 个（一类村 117 个、二类村 185 个、三类村 24 个）。

《中国农村扶贫开发纲要（2001—2010）》实施后，县开展新阶段扶贫工作。按照“政府主导、社会参与、自力更生、开发扶贫”的方针，把扶贫开发作为全县最大的民生工程，以解决贫困人口温饱为中心，以有劳动能力的贫困人口为重点扶持对象，以一类贫困乡、村为工作重点，开展整村推进、产业化扶贫和农村劳动力转移培训等扶贫工作。全县建立健全扶贫项目库，对所选项目进行可行性论证，申报项目时充分听取群众意见；项目实施后加大监管力度，做到事前、事中、事后督促检查；在检查中如发现存在问题，县扶贫开发领导小组下达书面整改意见，限期整改。连片实施畜牧、蔬菜、水果、茶叶等种养业项目，大面积覆盖贫困农户，在投入财政扶贫资金的同时，对贫困农户大量投入小额扶贫贷款，在短期内发挥效益，使贫困农户增加经济收入，改善生产生活条件，提高生活质量。发挥集团帮扶优势，花戛乡（一类重点乡）、杨梅乡和玉舍乡通过省主要领导和省直机关的集团帮扶，实现村村通油路、农村饮水安全和农村电网改造“三个覆盖”，全面消除农村危房，所有学校均进行改建或新建，实现村村有活动场所，有计生室、卫生室、农家书屋和文化广场，解决群众收看电视、收听广播难等问题；市、县扶贫团队也在其他乡（镇）充分发挥作用；全县企业也按政府号召捐款参与扶贫。扶贫资金按《扶贫资金管理办法》《财政扶贫资金报账制管理办法》实行专户、专账、专人管理，坚持报账制、公示制、审计制、责任追究制，充分发挥扶贫资金的使用效益；项目资金使用均在全县和项目区内进行公示，接受群众监督；2003 年起，项目资金进行一年一审计，并出具审计报告。2003 年，副省长禄智明带领省扶贫工作队进驻花戛乡进行帮扶后，加快了全县扶贫开发的步伐。

2001—2010 年，全县共投入财政扶贫资金 20766. 62 万元，以工代赈资金 9952 万元，社会帮扶资金 2167 万元；改造农村茅草房 2. 48 万户、危房 4. 94 万户，解决 16. 3 万人、8. 4 万头（匹）大牲畜的饮水问题，农村人均有效灌溉面积从 0. 01 公顷提高到 0. 03 公顷；全县农民人均纯收入从 1212 元增加到3273. 7 元；人均占有粮食从325. 6 千克增加到357 千克，贫困人口从26. 79 万人降为12. 49 万人（按农民人均纯收入 1196 元的标准统计）。

第十篇　工业　乡镇企业

第一章　工　业

第一节　工业发展

一、机构

1971年4月，建立特区工业局。1974年5月，建立特区轻工业局。1981年，特区工业局与特区工交办合并为特区经济委员会。1984年，特区轻工业局改为特区手工业联合社。1987年12月，特区经济委员会更名县经济委员会，特区手工业联合社更名县手工业联合社。1992年3月，县手工业联合社更名县轻纺工业局。1993年6月，县计划委员会和县经济委员会合并为县计划与经济局，县轻纺工业局改为县轻工业总会。1994年6月，县计划与经济局分设为县计划局和县工业局。2002年6月，县工业局，县轻工业总会、县乡镇企业局、县经济体制改革办公室、县贸易局合并为县经济贸易局，内设办公室、国有资产监督管理和服务股、乡镇企业及非公有制经济发展股（县乡镇企业减负领导小组办公室）、商务股、经济运行股、技术进步与服务股、安全环保管理站、工矿闲置设备信息中心、中小企业服务中心，有职工47人。2008年，县经济贸易局有职工42人。

二、体制改革

1979—1986年，特区企业产权不明晰，政府参与企业经营管理，经济发展按计划进行。1984年，特区工业实行“利改税”。1988年起，县工业企业逐步深化改革和机制创新，通过改组、联合、兼并、租赁、承包经营和股份合作制、出售、组建企业集团等形式，使企业真正成为自主生产经营、独立核算、自负盈亏的经营实体。1999年12月，根据《中共中央关于国有企业改革和发展若干重大问题的决定》和省委、省政府《关于进一步放开放活国有小企业的若干决定》，对县酒厂等企业实行股份合作制改革，县百货大楼经股份合作制改造为县百货大楼有限责任公司。2000年，对水城汽车制造厂实行引资嫁接的股份合作制改革。2001年后，县工业企业基本实现从计划经济向市场经济转化。

三、发展情况

1979—2008年，县（特区）全民和集体工业企业逐渐减少，产品和产值也逐渐下降；私营企业从无到有，不断发展壮大，产品和产值也不断上升。工业企业发展总况见表10－1－1、表10－1－2和表10－1－3。

1979—2008 年水城县（特区）工业企业统计表

表 10－1－1　　单位：个

年度	国营企业		集体企业	年度	国营企业		集体企业	私营企业
	小计	其中县级企业			小计	其中县级企业		
1979	25	19	84	1989	11	6	7683	—
1980	23	17	341	1990	10	10	9525	—
1981	22	16	231	2001	14	—	29	139
1982	22	15	775	2002	6	—	12	90
1983	22	15	1112	2003	17	—	14	94
1984	29	17	2901	2004	17	—	14	44
1985	40	18	235	2005	17	—	12	174
1986	37	19	8177	2006	16	—	11	229
1987	32	13	6449	2007	17	—	9	283
1988	11	11	7566	2008	18	—	7	383

1979—2008 年水城县（特区）主要工业及建材产品统计表

表 10－1－2

年度	铁矿石（万千克）	生铁（万千克）	钢（万千克）	发电量（万千瓦小时）	水泥（万千克）	砖（万块）	沙石（万千克）	木材（立方米）
1979	37530	38620	110	343	48000	1360	118000	1342
1980	34090	41480	120	309	48000	1400	196000	3300
1981	30090	37190	100	329	49000	946	43000	2457
1982	38090	43510	170	368	50000	970	31000	405
1983	45810	47250	220	364	50000	1127	56000	600
1984	42610	52680	3890	444	53000	1410	259000	1323
1985	35000	52900	10500	443	53000	3897	1752000	—
1986	34000	61310	10500	443	52000	4496	2709000	—
1987	35570	65720	10270	494	52000	5584	752000	—
1988	—	310	—	63	—	2567	1073000	—
1992	920	—	160	174. 84	—	1986	—	—
1993	4100	82	—	100	—	2000	13000	—
1994	5460	—	—	174	—	2430. 45	20000	—
1995	2000	—	—	271	—	1681	24000	—
1996	1530	—	74	296. 5	—	1521. 2	20000	—
1997	1114	—	—	359	—	1920	18000	—

续表 10－1－2

年度	铁矿石（万千克）	生铁（万千克）	钢（万千克）	发电量（万千瓦小时）	水泥（万千克）	砖（万块）	沙石（万千克）	木材（立方米）
1998	—	64	150	259.2	—	3284.12	22000	—
1999	100	30	—	381.15	—	5104.95	158900	—
2000	—	—	—	348.56	—	5501.75	—	—
2001	30	30	—	4929.21	—	7893.4	410610	—
2002	—	—	—	5136.48	—	6765.5	115450	—
2003	—	—	—	5438.12	—	7701.08	—	—
2004	—	—	—	33675.88	—	6722.6	89930	—
2005	—	—	—	72134.51	—	6189.8	65710	—
2006	—	—	—	71376	—	7025.4	184720	—
2007	—	—	—	75671.95	—	7483.51	55800	—
2008	—	—	—	319432.3	—	5114.02	64420	—

1979—2008 年水城县（特区）工业总产值统计表

表 10－1－3　　单位：万元

年度	产值	年度	产值	年度	产值	年度	产值	年度	产值
1979	29913	1985	42538	1991	5128	1997	39969	2003	168015
1980	29033	1986	46973	1992	8794	1998	44611	2004	255900
1981	28427	1987	46383	1993	13127	1999	58619	2005	293355.3
1982	29875	1988	3410	1994	15442	2000	64175	2006	411392.9
1983	33271	1989	2815	1995	17980	2001	93904	2007	446302.07
1984	42237	1990	3611	1996	37241.56	2002	119029	2008	623296.4

说明：表中 1979—1987 年统计数字包括中央、省、市、特区各级企业产值，1988—2008 年只统计县属企业（包括私营企业）产值

第二节　制造业

一、县（特区）境内企业

（一）水钢

水钢位于市区东北郊三块田地区，占地 14.5 平方千米。始建于 1966 年，1979 年 1 月 1 日，2 号高炉正式出铁。1987 年，水钢改为水城钢铁公司。2008 年，水钢具备年产 28 亿千克生铁、30 亿千克钢、30 亿千克钢材生产能力，是以钢铁制造业为主，集采矿、煤焦化、机械加工、建筑安装、汽车运输、水泥、进出口贸易等多种配套产业为辅的国有大型钢铁联合企业，在中国制造业 500 强中排

名244位。2008年12月，首钢对水钢注入7亿元资金，实现对水钢的控制，水钢改名为首钢水城钢铁（集团）有限责任公司。水钢产品有螺纹钢、棒材、高速线材、普通线材、水泥、焦炭及焦化副产品等20余种；螺纹钢获国家免检产品质量证书，高速线材获全国冶金产品实物质量金杯奖，炼钢生铁、铸造生铁、普通线材、水泥获省名牌产品称号，工业萘、改制沥青获省优质产品称号；水钢产品不仅畅销国内各省、市、自治区，而且远销日本、韩国、澳大利亚、印度、新加坡、美国、泰国、中国香港、中国台湾等。水钢曾多次被表彰为全国先进集体，其职工曾有多人次被表彰为全国先进个人。

（二）水城水泥厂

水城水泥厂位于原滥坝区月照公社响水河畔的牯牛山麓，总建筑面积76459平方米，国家总投资6646万元。1966年8月开工建设，1970年12月26日第一条生产线投产，1972年12月完成设计要求的全部工程。1994年，内部组建水城水泥股份有限公司，扩建第三条生产线。1997年，整体改制为国有独资的贵州乌蒙山发展有限公司，将核心生产部分注入水城水泥股份有限公司。2005年建成日产200万千克熟料干法生产线后，年生产能力18亿千克，为省最大水泥生产企业。2005年5月，贵州乌蒙山发展有限公司、贵州水城水泥股份有限公司用日产200万千克熟料干法生产线与香港新模式投资有限公司合资组建水城瑞安水泥有限公司，合资后的公司又租赁原三条湿法生产线。2005年9月，与世界500强之一的拉法基集团再度合资，成为拉法基瑞安水泥水城工厂。2006年10月，3条湿法生产线以3177.9万元出让给水城瑞安水泥有限公司。2008年1月，按国家产业政策强制关闭3条湿法生产线，只剩1条干法生产线，年生产能力降为10亿千克，公司与444名职工解除劳动合同关系后，有在岗员工597人。

水城水泥厂多次通过产品质量认证和ISO9000质量体系认证，为获得质量管理双认证企业。1992年起，连续多年被国家统计局评为行业百强企业，1994年位列全国500家最佳经济效益工业企业非金属矿物制品业第55位；1998年9月，在第六次全国水泥化学分析大对比中获国家水泥质检中心颁发的全合格单位称号；2000年，被省政府授予1998—2000年有突出贡献国有企业（全省共21家），被中国设备管理协会评为第五届全国设备管理优秀单位（后来每3年1次均获该荣誉）；2002年被中国工商银行贵州省分行评为2001年度AAA级信用企业。从建厂到2005年5月，水城水泥厂累计生产水泥150亿千克，上缴利税5亿多元。2008年，水城瑞安水泥有限公司生产水泥86390万千克；销售水泥87278.6万千克，工业总产值34090.39万元。

水城水泥厂主导产品“乌蒙山”P. O525R水泥，于1983年10月获中国名优产品称号，1986年12月获国家银质奖，1995年被中国科协、中国硅酸盐协会、国家建材局推选为中华水泥精品和建筑优选推广产品，2000年5月再获中国名优产品称号和亚洲产品金棕奖（在马来西亚获得），2003年获国家质监总局颁发的《产品质量免检证书》。水城水泥厂产品曾用于天生桥电站、长城维修、北京中日友好医院、乌江电站、南昆铁路、内昆铁路、水柏铁路、溪洛渡电站、向家坝电站、坝陵河大桥等国家重点工程，远销国外和港澳地区。

二、县（特区）所属企业

（一）机械制造

县（特区）机械制造业，起步于20世纪50年代，以煤炭、冶金机械为主，冶金机械制造有一定优势。由于设备老化、生产工艺落后、融资困难、生产成本高、产品销路不畅，在 20 世纪 80、90 年代的改革浪潮中纷纷倒闭、破产或转产。主要企业有：

县（特区）铸造厂　1958 年建厂，位于董地乡。建厂初，该厂生产的铁锅质量良好，曾远销云南、四川等省；因质量改进不大，生产经营不善等因素，1979 年出现亏损。1980 年，资产总额 15.7 万元（固定资产 6.2 万元，流动资产 9.5 万元），有职工 117 人，年生产能力为铁锅 15 万口。后来省投资 30 万元扩建拉管生产线，经济效益曾得到改善。1998 破产。

县（特区）农机修理制造厂　建于 1958 年，位于市区荷泉路。1980 年，资金总额 78.3 万元，有机械设备 40 台、职工 184 人，主要经营农机修理及制造；因产品竞争力不强，亏损 10 万元。后改为县汽车制造厂，主营汽车制造和汽车、拖拉机修理，经济效益曾经良好。2000 年，改制为股份有限责任公司，后因多方面因素停产。

（二）建材工业

20 世纪 80 年代，县（特区）境内建设一批制砖厂、水泥制品厂。随着改革开放深入，县（特区）建材工业曾快速发展。主要企业有：

特区水泥厂　原属小河铁厂，1976 年迁建到红岩脚，有职工 50 人，年生产能力为 400 号水泥 300 万千克。1979 年，生产水泥 171 万千克，产值 19.42 万元，亏损 3.42 万元。1980 年，资金总额 57.6 万元，固定资产 48.4 万元。1987 年，划归钟山区。

玉江砂砖厂　位于玉舍区纸厂乡，由特区、玉舍区公所、四川綦江县登嬴乡工商所联办，总投资 117 万元，设计年生产能力为 1000 万块。1985 年 10 月投产，有职工 94 人。1987 年，进行经营承包。1991 年，工业产值 97 万元，上缴税金 6 万元。1993 年，产值 167 万元，上缴税金 5 万元。2003 年，转租给县兴隆精淀粉厂。

县双戛玮鑫建材有限公司　位于双戛乡河沟村，占地 0.87 公顷。2005 年 12 月筹建，总投资 500 余万元，设计年生产能力为 3 万立方米建筑用石料。2008 年，从业人员 23 人，生产石料 8842 立方米，销售收入 22.1 万元，上缴税金 2 万元。

县明鑫矸石砖厂　位于阿戛乡台沙村，生产设备为四菱砖机，生产原料为全矸石。建于 2006 年，总投资 280 万元，有职工 32 人。2008 年，生产砖 800 万块，销售收入 180 万元。

县建城环保砖厂　位于双戛乡马戛村。2006 年 12 月筹建，2007 年 5 月试产，总投资 230 万元，设计年生产能力为免烧砖 3000 万块，原材料为水砂与粉煤灰。2007 年，销售收入 20 余万元。2008 年，生产砖 140 万块，销售收入 32 万元。

市宝树铸钢厂　位于双水新区，占地 0.53 公顷，由县金属回收公司于 1993 年 6 月筹建，总投资 500 万元，轧钢、炼钢生产线分期建设，初建时叫县金属回收公司塔山轧钢厂，为国有企业。1995 年 8 月投产，有职工 140 人，产品有圆钢、螺纹钢，至 1996 年 7 月共生产钢材 280 万千克。由于缺流动资金和管理体制不适应，生产一直不正常，1997 年停产。1998 年 2 月，对外承包，改名市宝树铸钢厂，纳入乡镇企业，是年生产钢材 35 万千克，产值 79.6 万元，营业收入 78.7 万元，增加值 13.3 万元，上缴税金 4.2 万元。

第三节　采矿业

一、县（特区）境内企业

观音山铁矿　位于原滥坝区尖山乡境内，占地5.2平方千米。于民国18年（1929年）开办，1955年划归水城铁厂，1966年划归水钢。1985年有8个车间、37个科（室）。2000年，有在册职工1433人（管理人员57人，工人1165人，技术人员211人），离退休职工1032人；总资产8917.89万元，固定资产6297.38万元。1966—2000年，采掘总量2486060万千克，原矿产量1212170万千克，成品矿产量787770万千克，为水钢主要自产铁矿石基地之一。

杉树林铅锌矿　位于原滥坝区茨冲乡境内，占地1.4平方千米。1966年初开始兴建，1968年出矿，1970年7月1日选矿厂运行，是年出产铅精矿471.8金属吨、锌精矿1844.6金属吨，总产值31.64万元。1981年5月20日更名为赫章铅锌矿杉树林分矿。1988年独立为杉树林铅锌矿，属贵阳公司管理的县处级企业。2000年被国家列为关闭破产的末期矿山之一。

二、县（特区）所属企业

水城民族铅锌选矿厂　位于陡箐乡茨冲，为县集体骨干企业；总投资405万元，设计年生产能力为锌精矿200万千克。1992年4月动工，同年12月投产。1995年，产值572万元，营业收入647万元，工业增加值36万元。2002年，生产锌精矿37.5万千克，产值435万元，销售收入415万元，上缴税金20万元。2003年停产。

县（特区）朝阳铅锌矿　位于双水新区，为县集体乡镇骨干企业，探明储量约1亿千克，因受地面和地下水影响，每年只能在旱季生产。1986年3月动工，同年11月投产，总投资270万元，固定资产263万元，设计生产能力为年产铅锌矿石2000万千克。1987年，生产铅锌矿石1077.8万千克，产值496万元，营业收入485万元。1995年，投资和引资200余万元，对矿山的排水等工程进行技术改造。1997年，产值501万元，营业收入504万元，工业增加值201万元，利润175万元，上缴税金45万元。1999年，生产矿石1139.1万千克，产值683.5万元。2000年，生产矿石704.7万千克，产值239.3万元。2002年停产。

县朝阳铅锌洗选厂　位于双水新区，是县乡镇企业供销公司与六盘水经济开发公司联办的股份合作制企业。1991年4月动工，1992年3月建成运行，总投资250万元，固定资产原值249万元，设计生产能力为年产精锌粉200万千克，职工90人。建成时采用碱性浮选法生产，选矿回收率较低，1997年改用酸性环境浮选，回收率从50%上升到80%左右。1995年，生产含锌量为49.5%的精锌粉180.6万千克，产值650万元，营业收入637万元，工业增加值150万元，利税总额109万元，利润36万元。1997年，生产精锌粉266.7万千克，产值和营业收入均为960万元，工业增加值110万元，上缴税金45万元。1999年，产铅锌精粉335.2万千克，产值1430.6万元。2000年，产铅锌精粉135.47万千克，产值352.9万元。

第四节　冶炼业

1978—2008年，县（特区）铅锌、铁、铝、硅冶炼（部分原料来自县外）主要企业有：

县塔山锌厂　位于双水新区，总投资250万元，固定资产247万元，设计年生产能力为精锌600万千克。1993年3月动工，同年9月投产，有职工98人。1995年，生产精锌200万千克，产值2109万元，营业收入1060万元，利税51万元。1997年，生产精锌500万千克，产值4875万元，营业收入4579万元，利润128万元，上缴税金60万元。2006年，生产精锌923.5万千克，营业收入24147万元，增加值4946万元，上缴税金4087万元。2006年6月停产。

县新发铅锌冶炼厂　位于纸厂乡新发村，总投资990万元，固定资产384万元，设计年生产能力为精锌1.2亿千克，实际生产能力为900万千克。1989年11月投产，有职工116人。1990年，生产精锌86.2万千克，产值560万元，营业收入431万元，利润19.18万元，上缴税金15.1万元。1999年，生产精锌1390万千克，总收入12747万元，产值12485万元，上缴税金278万元。2007年，生产锌粉4000万千克，产值12791万金，营业收入11079万元，上缴税金1229万元。2008年，产值7883万元，营业收入5262万元，上缴税金57万元。

贵州仙劲锌业有限公司　位于陡箐乡新营村，2004年4月成立，注册资金2000万元，固定资产551万元，设计年生产能力为锌锭0.5亿千克。2005年，从业人员185人，生产精锌2800万千克，产值35587万元，营业收入34768万元，上缴税金3869万元。2006年，生产精锌2490万千克，产值59811万元，营业收入58077万元，上缴税金8809万元。2008年停产。

水城正鑫锌业有限公司　位于陡箐乡新营村，注册资金1860万元，占地4.93公顷，设计能力为年产锌焙砂1.5万金属吨、硫酸2500千克，从业人员100余人。2000年3月筹建，同年11月投产。2003年至2007年6月，上缴各种税费1610万元。2008年，生产锌焙砂350万千克，产值14396万元，营业收入14596万元，上缴税金559万元。

市金盾锌厂　位于双戛乡中箐村，为天津市劳改局投资400万元建设的集体乡镇企业。1994年5月动工，1995年8月投产，设计生产能力为年产精锌400万千克，实际生产能力为年产精锌200万千克，固定资产原值132万元，职工40人。1995年，产值558万元，营业收入543万元，利润19万元。1997年，生产精锌200万千克，产值2101万元，营业收入2102万元，工业增加值156万元，利润100万元，上缴税金64万元。

县发箐锌品有限公司　位于发箐乡发箐村，总资产3257万元（其中固定资产72万元），生产设备为塔盘式锌精馏炉，设计年生产能力为锌1000万千克。2004—2006年，利润166万元，上缴税金5180万元。2006年，生产精锌767.8万千克。2007年6月停产。

天湖铁合金厂　位于双戛乡，为股份合作制企业，水城电厂出资340万元，县乡镇企业局出资40万元，设计年生产能力为硅铁240万千克，1988年投产。1989—1997年，生产硅铁800万千克，销售收入1600余万元。1998年，产值344万元，营业收入226万元，上缴税金12万元。2005年，生产硅铁60万千克，营业收入260万元，上缴税金10万元。2007年停产。

县（特区）规模炼铁企业　县茨冲铁厂，1985年3月修建，投资50万元，设计年生产能力50万千克，从业人员80人；县滥坝铁厂，1985年10月修建，投资400万元，设计年生产能力600万千克，从业人员300人；县天生桥铁厂，1994年2月修建，投资100万元，设计年生产能力300万千克，从业人员65人；县银矿包铁厂，1994年7月修建，投资80万元，设计年生产能力400万千克，从业人员100人。

省六盘水双牌、双元铝业有限责任公司　位于滥坝镇尖山村，系湖南省民营企业集团（曾氏集团）投资兴建的民营企业，一期工程年产1亿千克电解铝，主要产品为GB1196－93标准铝锭，从业人员1100余人。2001年，产值7204万元，上缴税金100万元。2006年，投资13亿元建设二期工程（于2008年1月投产），一、二期工程年总生产能力为2亿余千克电解铝。2007年，产值139721万元，营业收入137437万元，利润4191万元，上缴税金4161万元。2008年，生产铝材1.4亿千克，产值232145.1万元，上缴税金1660万元。

金六硅业有限责任公司　位于双戛乡中箐村，2004年12月成立，注册资金840万元，设计年生产能力为金属硅432万千克。2005年，生产金属硅78万千克，销售收入580万元，上缴税金30万元。2006年，生产金属硅270万千克，销售收入1800万元，上缴税金40余万元。2008年，生产硅103.4万千克，营业收入1146万元，上缴税金57万元。

第五节　化工企业

一、滥坝油库

油库建设　1967年12月29日开工建设，占地33.42公顷。1971年11月17日地区石油公司在该建设工地成立并管理该工程。1972年3月1日，第一期工程竣工；共建成油罐17个，管线3500米，地面建筑4700平方米，铁路专线0.8千米，公路便道6千米，输油线路2千米，总开挖石方508000立方米，总投资493.6万元；分甲、乙两区，甲区为油罐区，有油罐9个，总容量为27000立方米；乙区为操作区，设有8个60立方米的卧式油罐作为中转罐，总容量480立方米；另有润滑油卧式油罐60个，总容量120立方米；还有润滑油仓库、收发油车间、办公室等。第二期工程停建，但修建办公楼、职工食堂、会议室、卡拉OK厅、职工住宅（108套）；库区种植鲜花绿草，并建有凉亭。1992年投资1200万元进行技术改造，1994年成立劳动服务公司和新建1座加油站。1994—2000年，年平均吞吐量1亿千克，发1车油只要15分钟；承担全市用油和云南省昭通地区及毕节地区的纳雍、赫章、威宁等地的石油中转调拨。

机构　1972年油库有12名消防队员、18名警卫人员。1985年，油库设有人事股、保卫股、财会股、行政股、储运股、工务股、消防队；储运股下设开泵、计量、流量、机油、化验班组；工务股下设电工、修理班；行政股下设食堂、医务室。1985—1987年，由武警消防人员负责油库警卫。1992年增设办公室、经理部。1994年实行警卫与消防合一，由县人武部代招民兵30人组成警卫消防队。1999年有职工135人（行政管理32人、生产人员74人、离退休29人）。

二、县属企业

县通达化工厂　位于市区土桥大营坡。1990 年动工修建，总投资 89 万元，固定资产原值 88 万元，设计年生产能力为 500 万千克，实际生产能力为年产 300 万千克，同年 11 月投产；是年生产浓硫酸（浓度 95%）111.7 万千克，磷肥 86 万千克。产品质量为四级一等，在市内各地销售，还销往云南省昭通地区和毕节地区等。

六盘水雨田化工厂　该厂为总投资 2800 万元（其中浙江引资 350 万元、银行贷款 500 万元、扶贫贷款 1500 万元）的私营乡镇企业，设计年生产邻苯二甲酸酐 500 万千克；科技含量高，曾填补贵州邻苯二甲酸酐产品空白。1996 年 7 月动工，1998 年 10 月投产。2002 年产值 1770 万元。2003 年，生产苯二甲酸酐 304.5 万千克，产值 2396 万元。2004 年 4 月停产。

水城双水生化厂　位于双水新区，由福建私营企业主陈金文与市科协共同投资 50 万元兴办，为股份合作制乡镇企业，设计生产能力为年产蛋白胨、骨粉 50 万千克，固定资产 45 万元。1994 年 6 月动工，1995 年 4 月投产。1997 年生产蛋白胨 5 万千克、骨粉 18 万千克，产值 58 万元，营业收入 52 万元；产品远销北京、河南等地。1998 年停产。

县朝阳化工厂　位于双水新区，是县乡镇企业供销公司、六盘水经济开发公司、社会法人共同参股建设的股份合作制乡镇企业，总投资 680 万元（财政扶持款 250 万元、银行贷款 100 万元、引进资金 50 万元、自筹 280 万元），为市内首家采用沸腾焙烧工艺生产锌焙烧砂及硫酸的企业，建有沸腾炉 1 座、制酸系统 1 套，设计生产规模为年产硫酸 500 万千克、锌焙烧砂 300 万千克。1996 年动工，1997 年 4 月投产，有职工 60 人，采用 3 班制连续生产。1998 年生产锌焙烧砂 181.3 万千克、硫酸 229.8 万千克，产值 736 万元，营业收入 796 万元，工业增加值 31 万元。1999 年生产锌焙烧砂 292.9 万千克、硫酸 283 万千克，产值 1549 万元。2000 年生产锌焙烧砂 325.9 万千克、硫酸 354.8 万千克，产值 1735.9 万元。2002 年停产。

水城净水剂厂　位于双水新区，省环境监测中心（出技术）与滥坝镇（区）乡镇企业供销公司联办的集体乡镇企业，总投资 49.57 万元，设计年生产能力为 150 万千克。1989 年投产，1990 年生产净水剂 1288910 千克，产值 57 万元，营业收入 56.4 万元，上缴税金 3 万元，实现利润 6.1 万元。因资金不足及市场因素，1994 年 6 月后停产。1998 年 7 月转让给六盘水雨田化工厂。

县鸿基化工有限责任公司　属引资建设的股份合作制企业，总投资 1503 万元，设计年生产规模为木糖 50 万千克。1998 年投产，生产木糖 5 万千克，产值 80 万元。

第六节　轻工业

一、特区境内国有或集体企业

市面粉厂　位于市区黄土坡，由 1966 年建立的县粮食局黄土坡面粉加工厂发展而成，建厂时有职工 26 人，日加工大米 3 万千克、面粉 0.8 万千克。1984 年改为市面粉厂，占地 3.2 公顷，总投资 690 万元；有 200 型磨粉机 4 台，日处理小麦能力 15 万千克；有等级车间 1 座，能生产标准粉、精粉及各种等级面粉；有标准车间1座，MR8液压磨粉机10台；有面条生产车间1座，每班压面条3500千克。1990年产值855万元，有职工122人。2008年，固定资产920万元，流动资金545万元，职工140人，占地6654平方米，日处理面粉15万千克，年产大米1250万千克、面条240万千克。

市酱菜厂　位于市区钟山脚，由1958年建立的县商业局酱油厂发展而成。1984年隶属市商业局，占地3000平方米，有职工44人，总投资约60万元；有卧式锅炉2台，800平方米自动化酱油生产线1条；产品有酱油、醋、豆瓣酱、咸菜等；年产量135万千克，产值94万元。2008年，酱油、醋均为全粮食酿造而成，质量达到国家GB18186－2000、GB18187－2000标准，注册商标为“钟环”牌，产酱油150万千克、醋80万千克。

市食品总厂　原位于六盘水火车站侧，由1953年建立的县供销社糕点厂发展而成，占地0.73公顷，曾有职工95人，总投资180万元；有摇摆式饼干生产线1条，葡萄糖生产线1条，硬、软质糖生产线各1条，饮料生产线1条；产品有各类糖果、饼干、糕点、饮料、葡萄糖、小食品等；所产天麻糖1984年获省优质旅游食品奖，棉花糖1985年被省命名为名特产品。1995年，搬迁至市区明湖路，生产“天使牌”风味土豆片；“天使牌”风味土豆片通过ISO9001－2000国际质量体系认证和HACCP国际食品安全保证体系认证，畅销省内各地及云南、辽宁、山东、河南、四川等地；企业先后获全国食品行业质量效益型先进企业（中国食品工业协会授予）、省食品工业优秀企业、省农业产业化经营重点龙头企业、市国有工业“十强企业”等称号。2005年生产土豆片111.5万千克，工业总产值2294万元，工业增加值774万元，上缴税金210万元，利润128万元。2006年通过技术改造后增加1条土豆片生产线。2008年，拥有美国、日本制造的土豆片生产加工先进设备，生产能力为150万千克。

市肉类联合加工厂　位于市区黄土坡，由1972年投产的特区冷冻厂发展而成，占地2公顷，固定资产400万元，有冷库1座（冷藏量100万千克），年可宰杀加工牛、羊、猪肉100万千克。1981年，HS－J型废水净化器装置试验成功，受到省政府表扬。1989年，改为宰杀牛、羊，分割、包装、冷藏后销往湖南、浙江、山东、安徽、辽宁、北京等地；新建1个饮料车间，年产150万千克。后来投资10万元改造牛、羊肉加工车间，经营蛋、禽、饮料、水产等。

市印刷厂　1966年建于六枝，1967年迁至特区朝阳村。后来迁至市区八一路，占地1万平方米，投资300万元，有职工105人；有对开机3台，米粒机1台，四开机1台，八开立式全自动机2台，铸字机4台，铸条机1台，照相制版系统设备1套，圆盘烫金机、磨切机7台，切纸机3台，订书机6台；年产值约85万元，年上缴税金约17万元。改制后停产。

二、县（特区）所属国有或集体企业

县（特区）酿造厂　位于市区黄土坡，占地6.7万平方米，1970年投产，总投资357万元；主要设备有电热恒温水溶锅、干燥器、培养箱、凉槽机、初馏塔、精馏塔、酒母罐、废酒料排除器、立式钻床、牛头刨床、锥式蒸煮锅、糖化锅、搅拌机、干饲料粉碎机及饮料机、汽车和生产设备；产品有双钟牌窖酒、水城窖酒、水城大曲、双钟大曲、特曲、低度白酒、酱油、醋、汽酒、汽水、酒精等。1973—1990年，共生产饮料酒907.8万千克，酱油994.4万千克，醋90.6万千克，汽酒1.1万瓶，汽水9.9万瓶，酒精126.3万千克，窖酒21.4万千克，瓶酒4137瓶。1985年，双钟牌酱油在全省酱油评比中获“群众喜爱的贵州产品”第一名。1986 年 12 月 31 日，双钟牌窖酒获首届中国酒文化专用品证书及省第四届名酒称号。后来长期停产。

县（特区）酒厂 位于市区土桥，占地 8600 平方米，固定资产 41 万元，有白酒及饮料车间各 1 个；主要产品为荷泉瓶酒及散酒，所产白酒无色透明，纯正可口，度高性平不晕头，深受欢迎，曾远销山东、河南、河北。1965—1990 年生产饮料 777.6 万千克，荷泉酒 46.56 万千克，产值 1141 万元。1989 年投产鸡尾酒，巧克力香槟、刺梨香槟、鸡尾可乐、蜜橘香槟，麦精汽酒、鲜橙汁。2000 年改制为县荷泉酒业有限公司后处于停产状态，仅靠房租等微薄收入维持公司经营。2004—2008 年，公司以土地入股形式与六盘水鹏程房开公司合作进行房地产开发，建成六盘水荷泉综合批发市场，停止酒类生产。

县（特区）服装工业公司 由 1965 年在汪家寨筹建的支煤重建缝纫小组发展而成。1972 年迁往市区 73 处，建为特区被服厂。1972—1990 年，产值共 917 万元，销售额 617 万元，上缴税金 23 万元，利润 20 万元；名优产品有“上海式工作服”“多用夹克衫”。1981 年，被表彰为省轻纺工业系统先进单位。1985 年，迁入市区人民中路，有职工 120 人，固定资产 37 万元，占地 3000 多平方米；主要设备有电动缝纫机 40 台，钉扣机一台，原料机 2 台，锁边机 5 台，电剪 4 台；产值 70 万元，销售额 65 万元，上缴税金 2.1 万元。1990 年，被表彰为省轻纺工业系统先进单位。1996 年停产，职工仅靠公司出租面门收入维持生计。

县（特区）皮鞋厂 由 1956 年在老城筹建的县制鞋生产合作社发展而成，后在市区葡萄井建制鞋厂；有固定资产 18 万元，主要设备有皮鞋粘胶配底流水线 1 条，双头削边机 3 台，单头削边机 2 台，气泵 1 台，片料机 4 台，擦跟机 1 台，均匀机 1 台，上鞋机 1 台，电动机 25 台；主要产品有反帮皮鞋、“牛真皮三接头”皮鞋、男女青年皮鞋、粘胶皮鞋、男女布鞋、童鞋。1990 年，生产各式皮鞋 4896 双，布鞋 3.1 万双，产值 18 万元，销售收入 22 万元。1994 年停产。

县（特区）印刷厂 1951 年在老城筹建，占地 1317 平方米，固定资产 33 万元，曾有各种印刷设备 44 台。1965—1990 年，产值共 293 万元。1996 年停产。

县（特区）残疾人印刷厂 位于市区黄土坡，1987 年建厂，资金 96 万元，职工 32 人。1987—1990 年，产值共 148 万元，利税 55 万元。

县（特区）包装厂 位于市区土桥，1987 年建立，主要生产水泥包装袋，主要设备有双功能制装生产线 1 条，包装机 4 台。年生产水泥袋 1040 万个，产值 1200 多万元，年纳税 36 万元，安排就业 11 人。

县（特区）铸管厂 位于滥坝镇白腻，原名小河铁锅厂，占地 8100 平方米，固定资产 107 万元，曾有职工 117 人；主要设备有每小时 1000 千克、1500 千克、2000 千克冲天化铁炉 6 座，每平方厘米 45 千克水压冲气试验机，气压式铸锅机、切管机、切削机、连续式铸管机共 28 台；主要产品为铁锅、铸管。1984 年，生产回风炉、花圃栏板、道路围墙板、下水道盖板。1985 年，铸管质量达到国家 GB3422－8213 标准，销往省内及湖南、广东、广西、河南等地。2008 年，生产铸管 150 万千克，铸件 100 万千克。

县塑料制品厂 1989 年，将市区葡萄井县木器厂改为县塑料制品厂，设备有拉丝机、吹膜机、造粒机、卷丝机、封边机共 12 台，职工 73 人，固定资产 73 万元，年产值约 38 万元，年利润约 3.8

万元。产品有引水排灌塑料管、农用薄膜、烤烟薄膜、塑料编织袋等。

县（特区）轮胎翻新厂　1956年，在市区场坝大水井建立；有厂房54间、2200平方米，固定资产52万元，曾有职工92人；主要设备有2000千克锅炉2台及开放式炼胶机、油压磨胎机、轮胎内磨机、农用磨胎机、衬垫磨毛机、轮胎外装机、胎面压合机、空气压缩机、平板硫化机、橡胶磨耗机、电充分析天平、橡胶强力试验机及大中小各型轮胎硫化模具40多台，可翻新650～1100各型汽车、拖拉机轮胎。1969—1990年，累计翻新轮胎4.5万条，工业产值468万元，税金20万元。1983年被省政府表彰为先进单位。2000年停产。

特区五金厂　位于市区老城，由1956年建立的县五金生产合作社发展而成。产品有黑白铁皮加工的水桶、烟管、水箱、盆、小五金杂件等数十种，兼营刊刻、制镜、自行车和钟表修理，有门市部20多个，固定资产4.3万元，曾有职工92人。曾年产2万件，产值25万元，利税2万元。1988年停产。

三、私营企业

县华夏造纸厂　位于市区官厅，1988年3月动工，1989年投产；设计年生产能力为90万千克，主要产品有民用卫生纸和包装纸等，从业人员85人。1991年，产值128万元，营业收入66万元，上缴税金2万元。2000年关闭。

水城荷源食品厂　2002年11月成立，位于双水新区，以面条加工为主，有2条面条生产线，日生产能力为4万千克，年生产能力为1400万千克；注册资金5万元，有职工80余人；产品销往市中心城区各片区、盘县、六枝、威宁、赫章、纳雍和云南省昭通、镇雄等地。2008年，销售收入2800万元，总资产600万元。

县白马饮业有限公司　2006年8月由县水利局招商引资成立，为开发生产健康饮用水为主业，集高档水产养殖、花卉、苗圃种植、休闲垂钓、娱乐为一体的民营企业，生产基地位于滥坝镇以朵村白马洞水库旁。一期投资600万元建设的“冰雨”山泉水厂于2007年1月18日投产，在市中心城区及周边地区占有相当市场。二期投资300万元建设的“白马生态园”于2008年4月基本建成，金鳞、虹鱼尊和鲸鱼等冷流水孵化试养获得成功，鱼塘（供垂钓和大规模饲养）、花卉、道路硬化等基础设施基本完善。2008年，公司与重庆必扬集团公司联营，生产桶装及小瓶装“冰点水”和高附加值饮用水系列产品。

六盘水永恒粮油贸易有限公司　位于市区南环路，主营粮食贸易和加工。1999年1月成立，注册资金300万元，资产近3000万元，有职工80人。2001年，新建1条日加工8万千克大米生产线；与中央储备粮六盘水直属库建立长期包购包销业务，注册“永恒”商标。2002年，公司获QS认证。2005年8月，公司被市乡镇企业局评定为粮油加工骨干企业。2006年3月，公司被市乡镇企业局确定为市级农业产业化龙头企业。2008年，销售及加工粮食495万千克，销售收入990万元，利润120万元，上缴税金20.6万元。

六盘水爱好度酒业有限公司　1998年5月成立，为从事白酒和果酒生产和研发的实体企业，生产的“荞酒”系列和杨梅酒系列口感较好，受到客户好评；公司成立之初在市区南环路租用生产场地，2002年投资410万元迁往双水新区，按国内先进的生产工艺和生产流程设计建造，设计生产能力为年产200万千克。2008年，公司自筹资金3000万元进行技改，设计生产能力达年产1000万千克/果酒、荞酒。2008年4月，公司兼并平坝县平峰酒厂并搬迁至双水新区进行整合。2008年12月，公司占地0.76公顷，注册资金50万元，固定资产1000余万元，有员工197人（其中专业技术人员2人）。

贵州大宏禹管业制造有限公司　2006年4月成立，注册资金1210万元，总资产1000万元，有职工60人（其中技术人员10人）；位于双水新区老贵烟路，占地28000平方米，是生产销售各种管材、管件的经营实体。公司具有独立知识产权的钢塑复合管材生产线和配套的辅助生产设备；主要产品有高、中、低压钢丝骨架复合聚乙烯管材（给排水管、燃气管、耐磨管、矿用管、矿用瓦斯排放管、农业灌溉和腐蚀介质输送管等），各种压力等级的聚乙烯（PE）给排水管、矿用管、燃气管等。2008年10月，自筹资金1000万元进行技改后设计生产能力为年产100万千克聚乙烯（复合）管，年销售收入可达2000万元以上，年可创税180万元。

六盘水固虹塑料制品有限公司　2003年11月成立，位于双水新区塔山路，占地0.77公顷，车间面积4500平方米，为水泥包装袋生产销售经营实体。2004年3月开工建设，2005年3月建成第一条塑料水泥包装袋生产线，形成年产2100万条水泥包装袋的生产规模。2006年投资800万元进行技改，增加1条年产3200万条水泥包装袋生产线。2008年，注册资金268万元，资产2000万元，职工263人，销售收入160万元，利润5万元，上缴税金12万元。

县金农食品厂　2006年成立，位于发耳小城镇规划区。产品有“龟杰郎”精肉鲊、水豆豉、酸姜、萝卜干、姜制品、腌肉等，以具有地方民族特色风味的“龟杰郎”精肉鲊为主要产品，设计生产能力为年产60万千克。精肉鲊具有悠久的历史和成熟的加工技术，香辣爽口，深受美食爱好者好评。该厂采取“公司+基地+农户”的经营模式，在发耳乡民主村开发辣椒基地33.33公顷。2008年，该厂有职工25人，销售收入120万元，利润45万元，上缴税金2万元。

县兴龙精淀粉有限公司　2005年7月在玉舍乡新河村建成，注册资金200万元，总投资1050万元，职工120人，设计生产能力为年加工马铃薯精淀粉500万千克；主要原料为马铃薯，年购进马铃薯近4000万千克，可增加农民收入1000万元以上，产生2000万千克优质薯渣饲料。公司采用世界先进的湿法物化分离生产工艺，有效提取马铃薯中的淀粉而不破坏马铃薯纤维，无任何化学添加剂，拥有自主知识产权；产品符合国家质量标准且达到世界先进水平，竞争力强。2008年，销售收入1152万元，利润92万元，上缴税金28万元。

水城姜业发展有限公司　于1999年成立，是以生姜功能食品加工为主导，实行种植、加工、销售一体化经营的民营科技企业，为省级重点龙头企业。公司位于双水新区中心地带，厂区面积4公顷，注册资金384万元，实有资产3000余万元，有职工45人（大专以上学历占44%）。公司经国家绿色中心认证的生姜绿色种植基地666.67公顷，拥有国内先进的姜汤生产线和低硫干姜片生产线各1条。开发出“山明”姜茶、“姜太公”老姜汤、低硫干姜（以出口为主）、姜精油等产品。“姜太公”老姜汤（速溶功能性饮料）依托省内知名高校和国家科研机构，为采用超低温工艺提取的纯天然食品，最大限度地保留水城生姜富含的姜精油、姜辣素、有机硒等活性成分，对人体消化系统有明显的保健作用，有预防、抑制和修复胃载膜损伤、溃疡，促进胃液分泌，加强肠胃运动等功效，产品深受客户好评。公司先后通过绿色食品、QS、HACCP和IS09001:2000认证。2008年，公司销售收入57.7万元，上缴税金13.9万元。

第二章　电　力

第一节　火　电

一、发耳电厂

发耳电厂（4×60 万千瓦）新建工程项目是国家“西电东送”重点项目，位于发耳乡卢家寨，属于典型的大型坑口电厂，项目同期建设4台60万千瓦国产亚临界燃煤发电机组，所发电量通过兴仁500千伏大型换流站，以直流方式直接向广东送电，属南方电网直调电厂。

2001年4月18日，省电力公司等4家专家组对发耳火电厂4个初选厂址进行考察分析后确定卢家寨为首选厂址，并对大荒地灰场提出梯级设计方案。2001年5月15日，省煤炭局副局长何刚召开《贵州省发耳4×60万千瓦电厂供煤计划》评估会，对发耳电厂50千米范围内煤层构造进行评估，要求新建年生产能力91亿千克矿井（5处），技改年生产能力9亿千克矿井（15处）。2001年6月10日，国家电力公司总工程师冉莹一行，到县考察发耳电厂筹建情况。2001年8月30日，《发耳电厂新建工程初步可行性研究报告》在贵阳审查通过。

2002年1月16日，西南电力设计院副总工程师谢永宁带领专家组，对发耳电厂建厂条件、煤炭资源、生产工艺及水源、灰场、公路、厂址等进行核实。

2003年8月1日，发耳电厂工程可行性研究报告通过国家电力规划总院预审查，确定厂址卢家寨，建设规模为4×60万千瓦，煤源以年产30亿千克煤的发耳煤矿为主。2003年9月10日，兖矿贵州能化有限公司、贵州金元电力有限公司、六枝工矿（集团）公司签署“出资组建贵州发耳煤业有限公司协议书”“出资组建贵州发耳电厂有限公司协议书”。

2004年2月28日，由西南电力设计院规划设计的发耳电厂4×60万千瓦工程设计方案经过省发展计划委员会、省经贸委，省电力公司、省煤炭管理局以及投资各方的资深专家讨论、评议、审查后一致通过。2004年2月29日，发耳电厂项目的出资方进行重新调整，同意六枝工矿（集团）有限责任公司退出筹建工作和10%的股份，由贵州金元电力投资股份有限公司、兖矿贵州能化公司分别再承担5%。2004年3月22日，成立贵州发耳发电厂筹备处。2004年12月22日，县筹资823万元（其中多数为干部职工捐款）支持发耳电厂前期建设。

2005年3月9日，贵州金元电力投资股份有限公司党委书记王远海、副董事长匡忠雄一行在市巡视员管彦鹤及筹备处领导胡在春、王君弟、刘劲松等陪同下，到发耳电厂工地调研，并与副市长叶文邦就电厂供煤量、运煤通道、大件运输等问题进行探讨；市政府承诺尽快筹集资金1500万元加快发耳火车站至发耳电厂公路建设，家属区土地性质变更、征地等事宜经市政府第43次常务会议研究，同意将钟山区凤凰新区原规划为公园用地的西北面8公顷土地调整为发耳电厂生活基地项目用地，同时选定生活区的规划方案。2005年5月16日，国家发改委组织的电源建设项目云贵调研组一行8人，在省、市各部门领导陪同下到发耳电厂工地进行调研。2005年5月22日，发耳电厂开工典礼在发耳工地进行。2005年8月1日，省发改委致函发耳电厂项目有关设备制造厂（公司），明确提出发耳发电厂是省确保南方电网和贵州电网“十五”至“十一五”“西电东送”的规划电源项目，工程2005年开工建设，2008年投产2台机组，以弥补2008年“西电东送”和省内电力缺额；希望有关设备制造厂（公司）一如既往地支持贵州电力发展，务必按合同，保证设备质量，保证按期交货。

2007年1月12日，国家环保部等4部委下文叫停发耳电厂项目。2007年6月18日，贵州金元集团公司召开发耳电厂复工专题会，参会人员除金元、西辰、西能等公司的相关领导外，还有参建单位电建一公司、星云公司及市、县政府的相关人员；会议决定自当日起1周内发耳电厂恢复到停工前状态。

2008年6月中旬，发耳电厂管理信息系统投入试运行，为提高工作效率、实现工作程序化和无纸化办公提供可靠保障。2008年6月21日23时42分，发耳电厂1号机组一次性顺利通过168小时试运行，相关单位代表随即在机组移交仪式上签字，发耳电厂1号机组正式投入商业运营。2008年7月2—3日，发耳电厂启动验收委员会主任、贵州金元集团公司副董事长兼副总经理匡忠雄等人对发耳电厂1号机组进行启动验收并认定通过验收。2008年11月26日8时，发耳电厂2号机组顺利通过168小时试运行，相关单位代表在机组移交仪式上签字后，2号机组正式投入商业运营。2008年12月，发耳电厂3、4号机组建设顺利进行。

二、其他电厂

水城电厂　代号300号信箱，1970年开工，1974年第一台机组投入运行。1978年全面建成，装机容量10万千瓦，并与220千伏水普线联网。是当时贵州电网稳定运行的重要电源之一，担负水城、安顺乃至贵阳地区工矿企业及居民用电的供电任务。2003年，因节能减排不达标关停。

双水电厂　1997年建成，装机容量0.3万千瓦，并与35千伏出双线联网，补充双水片区供电的不足。后因能耗高，运行成本高，电厂亏损，于1999年被迫停产。

第二节　水　电

1982年6月28日，加开营水电站举行通电典礼，电站建在加开营水库大坝旁，装机容量640千瓦；2台机组可供周边5个公社、3500户（15000人）照明、加工用电。

1990年前，全县建成小型水电站9座，总装机仅1435千瓦（加开营电站装机2×320千瓦，龙场电站装机2×75千瓦，者卡电站装机1×20千瓦，营盘电站装机2×75千瓦，顺场二河电站装机1×75千瓦，连山电站装机2×75千瓦，化乐猪场电站装机2×50千瓦，蟠龙塘上电站装机1×50千瓦，玉舍加开电站装机2×50千瓦），其中最为典型的加开营电站，于1975年开工建设，受当时经济、技术及施工条件的限制，工期长达7年，于1982年建成投产，2003年技改增容为920千瓦。连山电站和化乐猪场电站也技改增容为420千瓦和500千瓦。这些小电站只解决部分区街道、村寨用电。

1991年3月，开工建设出水洞电站，装机为2×4000千瓦，投资4555.85万元。由于经济体制等原因，筹资贷款十分困难，用了9年的建设工期，于1999年12月18日建成投产。

1994年，开工建设响水电站一期，装机为2×5万千瓦，投资53776万元；因在界河上修建，市和云南省宣威市对等投资，对等受益。受各种因素影响，建设工期近10年，于2003年投产。

2001年，县列为全国农村电气化县。

2003年6月3日，县政府与省国电科技有限责任公司签订《投资开发贵州省六盘水市水城县岔河水电站项目协议书》。2003年8月14—15日，由国家水电水利规划总院、贵阳勘测设计院组成的专家组，对北盘江石板寨、善泥坡水电站进行现场踏勘。2003年12月17日，比德乡岔河（抵母河）金狮子二级水电站动工，总投资1.47亿元。

2004年，县列为全国小水电代燃料试点县，水电建设加速发展。

2005年5月23日，装机容量为3×6万千瓦的毛家河水电站预可行性研究报告通过。

2008年11月29日，全县有响水电站一期、金狮子二级、出水洞等水电站16座，装机容量15.93万千瓦；正在建设的响水电站二期、泥猪河（可渡河一段）、乌图河一级等水电站6座，装机容量27.06万千瓦；拟建的善泥坡、毛家河（清水河一段）、金狮子一级等水电站6座，装机容量42.27万千瓦。

在建和拟建电站全部建成后，全县水电装机总容量85.26万千瓦，年发电总量40亿度，每年可提供财政收入1亿元。县水电站概况见表10－2－1。

水城县水电站概况统计表

表10－2－1

电站名称	建设性质	所在乡（镇）	装机（万千瓦）	电站名称	建设性质	所在乡（镇）	装机（万千瓦）
响水一期	已建	都格	10/2	益　民	已建	化　乐	0.05
金狮子二级	已建	比德	2	水帘洞	已建	双　戛	0.63
出水洞	已建	保华	0.8	兰　花	已建	营　盘	0.08
何家寨	已建	龙场	0.64	岔　河	已建	蟠　龙	0.25
乌图河二级	已建	花戛	0.75	苹果冲	已建	米　箩	0.24
新　桥	已建	木果	0.04	加开营	已建	蟠　龙	0.09
小黑箐	已建	化乐	0.1	响水电站二期	在建	都　格	13/2
雾龙河	已建	蟠龙	0.12	泥猪河	在建	都　格	10.2/2
加　开	已建	玉舍	0.1	乌图河一级	在建	花　戛	2.5
花　戛	已建	花戛	0.04	猴　场	在建	猴　场	0.96
顺　场	在建	顺场	0.25	毛家河	拟建	都格、鸡场	18/2
沙　坝	在建	陡箐	0.15	蟠　龙	拟建	蟠　龙	2
善泥坡	拟建	顺场	18.55	小田坝	拟建	猴场、红岩	0.32
金狮子一级	拟建	董地	2.2	下扒瓦	拟建	发箐、保华	1.2

说明：响水一期、响水二期、泥猪河、毛家河4座电站在界河修建，云南和贵州各占一半

第三节　供　电

一、机构建设

1992年4月，成立县地方电力公司，属正科级事业单位，隶属县水电局，内设行政股、技术股、后勤股、业务股，编制20人。2000年5月23日，县地方电力公司内设机构改为办公室、财经科、生技科、用电科、调度班、安装维护班、团支部、多经公司，下辖双水供电所、南部供电所、出水洞电站；租用县水利局办公楼四层、五层办公；有在册职工103人。2000年8月，县地方电力公司由六盘水供电局代管。2001年2月，县地方电力公司下辖双水供电所、玉舍供电所、董地供电所、陡箐供电所、阿戛供电所、蟠龙供电所、发耳供电所、野钟供电所、南开供电所、新街供电所、保华供电所。2002年1月，县地方电力公司成立党组织。2003年，成立双戛供电服务站。2003年4月，县地方电力公司内设机构改为办公室、政工科、纪检监察室、工会办、材料科（含基建办）、电网办、计财科、调度室、安生科、检修工区。2004年，县地方电力公司有在册职工113人，聘用工89人。2004年5月，自筹资金450.58万元，先后修建陡箐供电所、木果供电所、保华供电所、南开供电所、阿戛供电所、蟠龙供电所、董地供电所、玉舍供电所、野钟供电所、发耳供电所办公楼。2004年8月，县地方电力公司投资123万元购买县水利局位于花渔洞的旧办公楼办公，再投资150万元装修及购办公设施。2005年，县地方电力公司内设机构改为办公室、党群部（含纪检监察、工会办和团支部）、规管办、基建办、财务科、用电科、计量室、材料科、调度室、变电管理所、检修试验所、安全监督科、生技科；双戛供电服务站更名木果供电所。2005年12月30日，县地方电力公司被贵州电网公司评为省级达标企业。2006年1月14日，县地方电力公司被中国南方电网公司评为农村供电营业规范化服务达标单位。2006年6月12日，县地方电力公司获市安全生产知识电视大奖赛二等奖。2006年11月23日，县地方电力公司工会被省总工会表彰为模范职工之家。2006年12月10日，县地方电力公司被市委、市政府表彰为2004—2006年度精神文明建设先进单位。2006年12月26日，县地方电力公司被中国南方电网公司评为达标企业。2008年，县地方电力公司内设机构改为办公室（含人事、统计）、工程设计部、生产技术部、市场营销部、财务部、安全监察部（含保卫、保险理赔）、党群部（含纪检监察、审计、团支部和达标办）、工会、调度管理所、信息通讯中心、变电管理所、检修试验所、计量管理所、物资供应中心，下辖12个供电所和出水洞电站。2008年6月16日，县地方电力公司被市委、市政府表彰为“抗凝冻、保民生”先进集体。

二、电网建设

1992—1999年，县地方电力公司主要负责修建出水洞电站，无负荷和用户。2000年，县地方电力公司自筹资金建设10千伏联络线与双水火电厂联网，共同向双水、尖山、陡箐、化乐片区供电。2000年7—9月，建成10千伏双金线，扩大供电区域和增加供电用户。

2001—2002年，县地方电力公司实施第一期农网建设与改造工程；共投资7170.23万元，新建35千伏线路52.03千米、10千伏线路872.41千米、400伏线路116.89千米、220伏线路1599.03千米，10千伏改造线路323千米；建成35千伏南开变电站、35千伏蟠龙变电站、35千伏陡箐变电站、35千伏野钟变电站、35千伏比德变电站，容量为3.82万千伏安；接管35千伏新街变电站、35千伏勺米变电站、35千伏都格变电站，容量为1.7万千伏安；安装一户一表11894户，执行同网同价；行政村通电547个，县、乡、村通电率均为100%，全县户通电率89%。

2004年，经过一、二期农网改造，县地方电力公司管辖35千伏变电站9座（容量6.32万千伏安），35千伏输电线路155.9千米，10千伏配电线路2002.71千米，低压线路2530.16千米，配电变压器1868台（容量17.78万千伏安）；有动力用户398户，居民用户110895户；供电量15411万千瓦时（首次突破1亿千瓦时），售电量14454万千瓦时。

2005年，制定县"十一五"电网初步规划（规划35千伏线路48千米，变电站2座，10千伏线路525千米，低压线路2245千米，配电变压器531台，总投资10700万元；县地方电力公司自筹投资319万元，用于线路、设备改造）。2006年，投资4000万元，新建10千伏线路135.71千米，改造10千伏线路41.6千米、400伏线路38.27千米、220伏线路909.21千米，配电变压器安装473台，柱上真空断路器安装10台；投资约2000万元，建成110千伏木果变电站（容量2万千伏安）；县地方电力公司自筹投入310万元，用于线路、设备改造。2007年，投资853万元，新建10千伏线路31.04千米，改造10千伏线路24.75千米，400伏线路5.94千米，220伏线路82.61千米，配电变压器安装22台。2007年10月，县地方电力公司接管110千伏杨梅变电站。

2008年，无电村通电工程投资898万元，新建10千伏线路51.25千米、400伏线路6.89千米、220伏线路124.72千米，安装配电变压器49台，解决2610户居民用电，全县户通电率99.36%；县级电网其他项目投资1280万元，新建10千伏线路49.55千米，改造10千伏线路16千米、400伏线路19.01千米、220伏线路167.65千米，新建和改造配电变压器45台，安装真空开关2台；投资200万元新建王家寨110千伏变10千伏工程，新建线路17千米；投资约2500万元，建成110千伏玉舍变电站（容量为8万千伏安）；完成8座35千伏变电站和出水洞电站的预试定检计划262项，安装35千伏变电站、10千伏及以上的输配电线路、配电变压器的防雷设备；县地方电力公司自筹487万元投入大修技改项目78项，实施两措计划13项。

2000—2008年，县供、售电量情况见表10-2-2。

2000—2008年水城县供、售电量统计表

表10-2-2　　单位：万千瓦时

年度	2000	2001	2002	2003	2004	2005	2006	2007	2008
供电量	2193	4806	8926	10883	15411	20763	25065	26160	29451
售电量	1930	4312	7580	9430	14454	19609	23340	24473	27713

三、抗凝冻灾害

2008年1月中旬，县电网遭遇历史上最严重覆冰灾害，35千伏线路受损7条（21.62千米，杆塔受损7基），10千伏线路受损33条（82.16千米，杆塔受损515基），400伏及以下线路受损146个台区（43.26千米，杆塔受损495基），35千伏变电站受损3座，因灾总损失1023万元。县地方电力公司及时部署抢险及修复工作，干部职工发挥特别能吃苦、特别能战斗、特别能奉献的精神；于2

月5日完成乡乡通电，2月20日全县实现灾后“村村复电”，3月3日全县实现“户户复电”；受灾线路修复共投资888万元。

第四节　重大项目移民

一、机构

2003年4月26日，组建县重大项目移民搬迁安置办公室，挂靠县政府办，为正科级事业单位，内设办公室和业务股，定事业编制10名，设主任1名，副主任1名，股长（或副股长）、内设的办公室主任（或副主任）2名。

二、移民安置

1978—2002年，县（特区）重大项目移民由项目所在区（镇）、乡（镇）负责，2003—2008年，县重大项目移民以县重大项目移民搬迁安置办公室为主，项目所在乡（镇）配合。

响水电站征地搬迁工作1991年开始，1994年结束；涉及都格乡龙井村、都格村、黄泥村、兴盘村；电站占地8公顷，搬迁安置移民2户、21人；进入响水电站的公路占地26.67公顷。电站占地按每公顷9.15～10.35万元补偿，公路占地按每公顷3.75～5.25万元补偿。

玉舍水库征地移民搬迁安置工作2001年启动，2003年结束，主要采取分散就近安置方式进行；涉及玉舍乡和纸厂乡，淹没影响土地166.11公顷，搬迁移民355户、1385人。

发耳煤电项目征地移民拆迁2003年10月启动，2005年结束；涉及发耳乡猪场村猪场组、卢家寨组和店子村湾河组、良田组，共拆迁874户、3281人，移民安置采用集中建房安置方式。

光照水电站移民工作2005年启动，2007年结束；涉及猴场乡、果布戛乡、野钟乡和花戛乡，淹没影响土地460.79公顷，搬迁安置移民13户、61人。

金狮子水电站移民搬迁安置工作2007年结束；涉及比德、董地、青林3个乡，淹没影响土地76.71公顷，搬迁安置移民58户、210人。

泥猪河水电站征地涉及坪寨和都格2个乡，淹没影响土地4.18公顷，未涉及搬迁人口。

第三章　乡镇企业

第一节　乡镇企业发展

一、机构

1977 年 12 月，成立特区社队企业管理局，归口特区革委农林办公室；内设人秘股、计划财务股、安全生产股、技术推广站；有工作人员 4 人。1983 年 12 月，特区社队企业管理局归口特区党委农村工作部。1984 年 2 月，撤销特区社队企业管理局，成立特区社队企业公司（后来改称特区乡镇企业公司），实行政企合一体制，归口特区经济委员会；有职工 29 人。1984 年 5 月，特区乡镇企业公司分设为特区乡镇企业管理局和特区煤炭管理局。1985 年 7 月，特区乡镇企业管理局与特区煤炭管理局合并为特区乡镇企业局，有职工 75 人，其中行政编制 15 人。1986 年 6 月，成立特区煤炭工业局，特区乡镇企业局归口特区农村工作委员会，其地方煤炭生产、安全管理服务职能划归特区煤炭工业局。1987 年 12 月，特区乡镇企业局改称县乡镇企业局（简称县乡企局）。1989 年 9 月，县乡企局内设人秘股、计划财务股、生产管理股、矿山管理站，有职工 43 人（包括供销公司人员）。1992 年，县乡企局人秘股改为办公室，生产管理股改为企业管理站。1993 年，县乡企局矿山管理站改为安全环保站。1995 年 7 月，县乡企局定行政编制 10 人，事业编制 8 人。1998 年 5 月，县乡企局有职工 18 人（行政人员 10 人，事业人员 8 人）。2000 年，县乡企局内设办公室、统计财务股、企业管理股、安全环保站、审计股；增设纪检组长 1 名，定行政编制 11 人，事业编制 6 人。2002 年 6 月，县乡镇企业局撤销，新建的县经济贸易局内设有乡镇企业及非公有制经济发展股（县乡镇企业减负领导小组办公室）。

二、发展状况

1978 年，特区乡镇企业为公社和生产大队组建的社队企业，沿袭生产资料和生产产品公有、产生利润上缴的办法；全特区有社队企业 557 个（公社办 367 个，大队办 190 个），从业人员 7372 人；社队企业总产值和营业收入均为 842. 96 万元。1980 年后，个体、联户等私营企业从政策限制中解脱出来，乡镇企业队伍逐步壮大；但因“左”的思想影响，私营企业融资难，一些个体、合伙的社队企业，纷纷找政府部门入伙，打集体企业招牌以便取得银行贷款。1984 年，特区乡镇企业总产值（现价）1836. 58 万元。1985 年，随着政策进一步放宽，个体、私营、股份合作制企业发展加快。1986 年，特区乡镇企业营业收入 10204 万元，总产值（现价）10148 万元（其中个体企业 5298. 58 万元、联户企业 1500. 78 万元）；在乡办、村办、组办企业中，相当部分产权不清、吃“大锅饭”、化公为私等问题仍然存在，严重制约企业发展。1991 年，县乡镇企业总产值（现价）5739 万元，营业收入5239万元，上缴税金131万元。1996年，县乡镇企业总产值38915万元，增加值3819万元，上缴税金1122万元。1996年5月，县建成东西合作示范工业区（双水开发区），为乡镇企业快速发展奠定良好的基础。1999年，县引导乡镇企业合理聚集、推动产业经营和外向型经济发展，乡镇企业继续深化改革，淘汰落后生产工艺，进行技术改造和技术创新；全县乡镇企业总产值76954万元，增加值15876万元，上缴税金1296万元，从业人员33094人。2002年，县取缔“土法”炼锌和规模较小、布局不合理的小煤窑，对部分行业企业进行调整；扶持一批效益高、经济推动作用强的龙头骨干企业，引导乡镇企业健康、高效发展。2004年，全县乡镇企业上缴税金11875万元，占财政收入的57.3%；增加值61715万元，占国民生产总值的33.7%；转移农村剩余劳动力37795人，支付劳动者报酬13044万元。2007年，全县乡镇企业转移农村剩余劳动力44341人，增加值142689万元，上缴税金42905万元。2008年，受雪凝灾害和全球金融危机影响，全县乡镇企业增加值179390万元（其中工业增加值155753万元），上缴税金37459万元。

第二节　体制改革

一、股份合作制改造

1988年，全国乡镇企业工作会议决定乡镇企业所有权和经营权分离，实行股份合作制；所有盈利企业均可以吸收工人股，也可以向社会招股，按股份分红；使全体经营者风险共担、利益均沾，企业所有人员都关心企业命运和前途，乡镇企业成为独立生产经营者；原则上因地制宜，采取多种形式，尊重乡（镇）、企业和群众意愿，引导乡镇企业逐步向股份合作制转变。1988年后，县乡企局按全国乡镇企业工作会议精神引导乡镇企业进行股份合作制改革。1992年1月后，县按市委《关于进一步加快发展乡镇企业有关政策的补充规定》深化乡镇企业经营机制改革，坚持“两权分离”原则，实行经理（厂长）负责制和经营承包责任制。1994年，县委、县政府与市委、市政府签订每年必须完成股份合作制企业改制20个的目标管理责任书，落实市委、市政府《关于在乡镇企业中大力推行股份合作制的决定》，一手抓乡（镇）集体企业改制，一手抓新建企业按股份合作制运作，把改制列为乡镇企业管理的经常性工作；完成木果久兴联合煤矿、木果二号煤矿、木果打铁寨煤矿、木果达罗沟煤矿改为股份合作制。1995年，县按照“先改制，后完善，再规范”的原则，完成天生桥铁厂、朝阳铅锌矿、玉江砖厂、勺米煤矿、天湖铁合金厂、双水火力发电厂的股份合作制改造。1996年，县实施杏子树煤矿、阿戛乡赵家水井煤矿、阿戛乡大河湾煤矿、阿戛乡潘家寨煤矿等21个乡镇企业股份合作制改造；但各地改革工作发展不平衡，非煤乡镇企业改革步伐迟缓，一些厂长（经理）对改革重要性认识不足，不愿改、不想改的情况严重存在。1998年12月31日，县完成40余个乡镇工业的股份合作制改造。2007年，县“规模以上股份合作制企业”减少到1户。2008年，县有股份合作制企业8户。

二、企业改制

1990年，针对市场竞争日趋激烈和乡镇企业规模效益差等实际，为在较短时间内解决乡镇企业规模小、档次低、发展缓慢问题，使境内乡镇企业较快增强市场竞争能力，县乡企局引导铅锌、煤炭、建材行业及相关产业，在自愿的基础上，联合组建企业集团。1999 年，由市农村经济开发公司、县乡镇企业公司职工入股和引进资金技术组建水城朝阳锌业集团，为股份合作制企业；从单一铅锌矿开采，发展到 1 矿 3 厂（朝阳铅锌矿、朝阳选矿厂、朝阳化工厂、朝阳精锌厂）的采、选、炼一条龙生产；集团资产从原有的 1540 万元发展到 3500 万元；年生产铅锌矿 1300 万千克，入选矿石 2000 万千克，生产锌焙烧砂 350 万千克、硫酸 600 万千克，工业产值 3500 万元，利税 720 万元。2002 年，水城朝阳锌业集团停产。

三、产权转让

1988 年前，特区部分乡镇企业通过出售、转产方式出让产权，由于出让人对企业缺乏信心，急于出售，转产价普遍偏低。1989 年，县乡企局加强乡镇企业产权转让工作的领导，组织部分停产、资不抵债、微利、亏损的乡镇企业进行转让、出卖；滥坝铁厂以 480 万元出卖给水城钢铁公司。1998 年 7 月，县净水剂厂以 56. 6 万元出卖给六盘水雨田化工厂，勺米煤矿以 13 万元出卖给私营企业主代华朝。

第十一篇　煤　炭

第一章　煤炭资源

第一节　勘　探

水城煤矿区地貌特征：背斜成山，向斜成谷，山脉顺应构造线发展，山地和谷地平行，岩层走向排列，循岩层走向延伸。

1976年前，多个地质队对特区境内煤田进行踏查、普查、详查和精查，形成各类地质报告，为水城煤炭开发提供比较完整的资料。1982年10月，重庆煤矿设计院对格目底东段进行踏勘，1983年7月提交《格目底东段矿区建设可行性研究报告》，于1983年12月经煤炭工业部昆明论证会通过。1983年，省煤田地勘公司113地质队将格目底向斜内9个井田的原勘探资料补作少量野外工作，于1984年6月汇总编制《格目底矿区东段详查总体地质报告》。1989年，省地矿局113地质队提交《玉舍精查补勘地质报告》，1990年10月，省主管部门批准该报告。2001年，对发耳矿区进行勘探。2003年，在化乐井田、发耳井田进行补勘。2005年，对发耳矿区玉舍西井进行勘探。2007年，对马场煤矿进行补勘，对化乐煤矿进行精查。

1976—2008年，水城煤田地质勘探概况见表11－1－1。

1976—2008年水城煤田地质勘探概况表

表11－1－1

勘探地点	勘探程度	勘查日期	地质资料名称	勘查单位
老鹰山井田	补勘	1976. 1—1978. 2	老鹰山煤田西翼采区补勘报告	省煤田地勘公司142队
双巢井田	普勘	1977—1980. 3	小河边向斜北东翼北段最终普查地质勘探报告	省煤田地勘公司142队
红旗矿煤田	生补	1977. 3—1979. 12	钻孔柱状剖面底板等高线图（1980年提交）	水城矿务局地勘队
木冲沟一采	补钻	1978. 3—1978. 5	钻孔柱状剖面图	水城矿务局地勘队
顶拉矿一井	补钻	1979	钻孔柱状剖面图	水城矿务局地勘队
那罗寨井田	详补	1979. 8—1982. 6	那罗寨井田详细勘探补充报告	省煤田地勘公司142队
顶拉矿	补勘	1981. 7—1981. 12	顶拉矿补充设计	水城矿务局地勘队

续表 11－1－1

勘探地点	勘探程度	勘查日期	地质资料名称	勘查单位
顶拉矿	补勘	1982—1983.3	单孔柱状剖面图	水城矿务局地勘队
大湾井田	精补	1982.8—1985.12	大湾井田精查补充地质勘探报告	省煤田地勘公司 142 队
格目底向斜东段	详勘	1983—1984.7	格目底矿区东段详勘总体设计	省煤田地勘公司 113 队
格目底向斜东段	详查	1983.3—1984.6	格目底矿区向斜东段详查总体地质报告	省煤田地勘公司 113 队
汪家寨煤田	生补	1983.5—1986	汪家寨煤矿斜井北三采生产补勘地质报告	水城矿务局地勘队
大河边煤田	生补	1983.5—1986	大河边矿四、六采区生产补勘地质报告	水城矿务局地勘队
顶拉矿	补勘	1983.9—1984.5	报告补勘的主要图件	水城矿务局地勘队
发耳矿区玉舍西井	普查	1984—1989.11	贵州省水城县格目底矿区玉舍井田勘探地质报告	省地矿局 113 队
木冲沟二采	补钻	1985	钻孔柱状剖面图	水城矿务局地勘队
发耳矿区	详查	2001—2003.5	贵州省水城矿区发耳片区煤矿勘探地质报告	省煤田地质局地质勘探院
发耳井田	补勘	2003—2005	贵州省水城县发耳煤矿补充勘探地质报告	重庆 136 地质队
化乐井田	普查	2003.5—2004.2	六盘水市化乐勘探区煤炭普查地质报告	省煤田地质局地勘院
发耳矿区玉舍西井	精补	2005.10—2006.11	玉舍西井煤矿补充勘探（一期工程）地质报告	重庆 136 地质队
化乐煤矿	精查	2007.6—2008.12	黑塘矿区化乐煤矿二井煤炭勘探地质报告	六枝工矿（集团）恒达勘察设计公司
化乐煤矿	精查	2007.6—2008.12	黑塘矿区化乐煤矿二井煤炭勘探地质报告	六枝工矿（集团）恒达勘察设计公司
马场煤矿	补勘	2007.10—2009.8	格目底一号矿井补充勘探地质报告	省西能煤炭勘查开发公司
都格井田	精查	2008.3—2011.12	贵州省水城县都格煤矿地质勘探报告	省煤田地质局地勘院

第二节　煤田构造与分布

一、构造

水城煤田含煤地层，有早石炭世大塘组旧司段，早二叠世梁山组，晚二叠世龙潭组、长兴组或宣威群，晚三叠世二桥组或一平浪群，以晚二叠世含煤地层为主。

煤田内地层出露，从泥盆系中统到侏罗系地层均有分布，地层沉积厚度为 5080～10310 米，第四系仅见于山间盆地岔地及现代河流两岸。泥盆系地层只出露中上统，分布于水城南部乌都河背斜一带，出露面积 18.2 平方千米；石炭系地层分布广泛，约 832.12 平方千米，出露于威水背斜，水相背斜，布坑底背斜，格所背斜等轴部；二叠系分布较广，境内各地均有出露，总出露面积 2338.96 平方千米；侏罗系主要分布在水城北部和东部，该系组成向斜核部地层，出露面积 811.86 平方千米；侏罗系地层在水城煤田出露不全，仅见于中下统，分布在格目底向斜核部及大河边向斜核部，分布面积 36.44 平方千米；第四系出露面积小，分布零散，主要见于响水河、三岔河及北盘江两岸和低凹盆地岩溶坡等小范围。

水城煤田构造，属黔中古陆和康滇地轴之间的沉降带，为黔西山字形构造西翼中段。主要构造方向呈北西—南东西，区内构造形迹有褶曲断裂、滑坡、火成岩及煤层风氧化带等构造。

各井田可采上下煤层组中，以暗淡型、半暗淡型为主，中组煤以亮煤为主，各煤层均呈黑至灰黑色。原煤含磷量平均为 0.0123%，洗煤含磷量平均为 0.0078%；原煤平均灰分为 9.98%，洗煤平均灰分为 8.84%；原煤含硫平均为 1.46%，洗煤含硫平均为 0.86%；精煤发热量每千克 8528 大卡兆焦，原煤发热量每千克平均为 8500 大卡。

水城煤田含煤构造单元属二叠统龙潭组。含煤地层为梁山组、龙潭组和长兴组。

梁山组　厚 40 ~ 257 米，向西、向北均逐渐减薄，一般厚约 100 米。主要为灰白、灰黄色中厚层石英砂岩，夹灰褐、灰黄、灰黑色页岩及黏土岩，局部夹灰岩。含煤 2 ~ 9 层，可采 2 层。岩相为潟湖沼泽相及闭塞近海相。分布于滥坝一带煤层最好，外围含煤地层减薄，煤层减少。

龙潭组　厚 119 ~ 380 米，平均厚 200 米左右，岩性为灰白、浅灰、灰黑色泥岩、页岩、粉砂岩、细沙岩、中粗沙岩、粗沙岩、夹灰岩、泥灰岩、黏土岩、岩质页岩及煤层组成。岩相由滨海平原潟湖相开始，有泛滥平原的河床相、河漫相、湖泊相、三角洲相与滨海相、浅海相等互相叠层变化。西部以陆相为主，夹薄层海相层，东部以海相层为主，夹少数陆相薄层，含煤性较好。向西或向东含煤性减弱，煤层厚度迅速变薄。含煤 8 ~ 60 层（一般为 25 层），每层含煤总厚度 3.67 ~ 31.12 米左右（一般厚 15 米左右），可采煤层 1 ~ 17 层（平均可采 5 ~ 10 层），可采总厚 1.36 ~ 25.17 米（平均厚为 15 米左右）。

长兴组　厚 73 ~ 120 米，平均厚 90 米左右，岩性为浅灰、灰白、灰黑色泥岩、页岩、粉砂岩、中粗沙岩、灰岩、粗沙岩、岩质页岩及煤层组成。岩相为滨海相、浅海相夹陆相地层。含煤性较好。以格目底东段和杨梅煤层最厚，向西、向东变薄，含煤层数减少。含煤 3 ~ 14 层（平均 5 层），含煤总厚 2.2 ~ 24.43 米（平均厚度 11.65 米），可采煤层总厚 1.52 ~ 22.23 米（平均采厚为 8.88 米），含煤地层中，煤层由东向西逐渐向上抬高或迁移。

二、分布

水城煤炭资源分布较广，特区矿床展布主要有 9 大向斜（县区分设后大河边向斜、小河边向斜、二塘向斜属钟山区境），共有井田 27 处（县区分设后双巢井田、小河井田、老鹰山井田、大河边井田、汪家寨井田、那罗寨井田、顶拉井田、大湾井田和木冲沟井田属钟山区境），探明储量为 69220 亿千克。多为大型煤田，除大向斜外，矿床展布几乎遍及全境各地，全特区面积 4071 平方千米，含煤面积达 2100 多平方千米。零星分布矿点主要有哈箐底矿点、五里坪矿点和百打龙场矿点。哈箐底矿点位于营盘乡哈箐底穹窿构造北西缘，含煤岩系厚度103米，含煤3层，上层煤厚约1米，一般0.4~0.7米，有的地段变薄至0.1~0.2米，煤层构造结构单一；中、下层煤厚度小于0.2米。五里坪矿点位于北西向的得着向斜南东缘，煤层倾角小于15度；含煤5层，唯最下层可采，延续长约8千米，最大处厚度近2米，一般0.5米，结构单一，煤质尚好。百打龙场矿点：位于发耳构造盆地南东缘，单斜构造，岩层倾向北西向，倾角5~17度；含煤岩多已剥蚀，残留煤层一般3层，底层最厚，约0.8~1米，含石灰质黏土岩夹矸3层；其余煤层厚度均在0.4米以下；煤层间距3~6米，煤层薄，硫分高，规模小。特区大型煤田煤层深厚，煤质优良，工业牌号齐全，煤种有肥煤、焦煤、瘦煤、贫煤、气煤、无烟煤等；是全国南方规模最大、煤质最好的煤炭基地之一，与六枝、盘县一起被称为“西南煤海”“江南煤都”，在省煤炭工业中占有举足轻重的地位。境内有贵昆铁路、贵昆铁路大湾支线和水柏铁路，各煤矿均有公路干线相通，便于开发运输。2008年，全县各煤田煤炭保有储量49156.62亿千克。

土地垭向斜　位于市中心城区东北20~30千米，走向为北东—北西，北端近于东西向。地层倾角北翼为30度，南翼为20度。无大断层，构造中等。向斜长16千米，平均宽5千米。含煤面积77.9平方千米。煤系地层厚170~310米，含煤27层，共有可采煤层10层，其中稳定可采4层，局部可采6层，可采总厚14.87米，煤层倾角20~40度。煤层中瓦斯含量较高，探明工业储量1045.13亿千克，远景储量3494.84亿千克，煤种为焦煤、瘦煤和贫煤。

格目底向斜　位于水城之南，向斜东起阿戛，西止云南省边界，地层走向北西，长约70千米，宽约10千米，倾角北陡南缓，北翼50~70度，南翼20~30度。北东翼构造复杂，南西翼断层较少，构造简单。向斜东段全长32.5千米，宽8~11千米，面积约320.5平方千米。煤系地层厚330~447米，含煤80余层，共有可采煤层8~30层，其中稳定可采5~12层，局部可采3~18层，可采总厚15.41~29.2米，煤层倾角20~70度。探明工业储量9579.26亿千克，远景储量16976.01亿千克，煤种为焦煤、瘦煤、贫煤和无烟煤。

杨梅向斜　位于水城西南部，向斜为一完整不对称盆形构造，向斜东南翼走向约6.8千米段地层倾角12度左右，西北走向约3.5千米段地层倾角15度左右，其他各翼倾角均较大，北东翼走向约8千米段地层倾角29~34度，西翼走向约8千米段地层倾角27~32度。南翼走向约4.5千米段地层倾角24~38度。煤系地层厚410~430米，含煤42~76层，共有可采煤层19层，其中稳定可采9层、可采厚度15.91米，局部可采10层、煤层倾角14~40度，远景储量16722.7亿千克。煤种以瘦煤为主，部分贫煤，少量焦煤。

蟠龙向斜　位于水城东南部，向斜地层走向北西，长约60千米，宽约10千米，倾角50~70度，东西两翼走向断层较多，东翼地层直立或侧转，构造简单。煤系地层厚147~360米，含煤14层，可采煤层3层，可采总厚12.41米，煤层倾角50~70度，远景地质储量7212.23亿千克。煤种为主焦煤和焦煤。

比德向斜　位于市中心城区东北32千米，轴向北部约呈北东80度，向斜走向长60千米，宽则依地而异，北部宽3千米，南端宽9千米，面积约190平方千米。倾角北部和中部一般为5度，南部一般为20度。横向及斜交正断层一般向北西倾斜，倾角较陡，多数断距不大。煤系地层厚382~402米，含煤30~36层，一般为35层，共有可采煤层12层，其中稳定可采5层，局部可采7层，可采总厚5.2～21.02米，煤层倾角5～28度，远景储量12386.5亿千克。煤种以贫煤为主，其次是瘦煤和无烟煤。

神仙坡向斜 位于市中心城区以北20千米，为一向斜盆地构造，东翼地层走向为北东，倾角14～16度，西翼走向北西，北段近东西向，倾角9～36度。构造中等，小断层较多。向斜长9千米，平均宽4千米。面积约36平方千米。煤系地层平均厚325米，含煤24～27层，共有可采煤层14层，其中稳定可采4层，局部可采10层，可采煤层总厚14.45米，煤层倾角15～30度，工业储量1706.87亿千克，远景储量2337.55亿千克。煤种为焦煤、瘦煤和贫煤。

水城煤质特征见表11－1－2，煤炭资源储量见表11－1－3，煤种分布见表11－1－4和表11－1－5。

水城县矿区各构造单元煤质特征表

表11－1－2

构造单元（井田）	各项指标				牌号
名称	灰分（%）	挥发分（%）	硫分（%）	发热量（MJ/kg）	
格目底向斜（阿戛）	15.32～32.03	8.35～16.66	0.21～5.86	35.84～36.9	SM、PM、WY
蟠龙向斜	8.59～14.59	24.87～33.2	0.6～1.78	28.42～33.63	JM、FM
土地垭向斜	8.53～13.21	21.8～27.9	0.24～1.48	27.17～30.51	JM
比德向斜	12.27～22.46	10.51～15.1	1.45～4.89	33.63～36.48	PM
神仙坡向斜	15.36～28.43	11.48～19.46	0.21～5.21	34.88～36.13	JM、SM、Pm
杨梅树向斜	15.5～23.1	15.52～20.61	0.2～3.48	34.99～36.58	Sm

2008年水城县各煤田煤炭资源储量表

表11－1－3

构造单元	井田名称	勘探程度	保有储量（亿千克）			
			（331）＋（332）	－333	（334）	合计
神仙坡向斜	神仙坡井田	勘探	142.3	120	33.7	296
	义忠井田	勘探	134.2	226	44.4	404.6
土地垭向斜	保华井田	勘探	951.66	—	256.12	1207.78
	土地垭矿区	详查	—	93.47	2193.6	2287.07
格目底向斜东段	玉舍井田	勘探	762.2	654	225.2	1641.4
	滥坝井田	勘探	784.73	1321.47	317.41	2423.61
	勺米井田	勘探	795.57	1329.23	750.63	2875.43
	米箩井田	勘探	768.97	1010.23	285.63	2064.83
	阿戛井田	勘探	428.62	582.08	202.51	1213.21
	马场井田	勘探	465.66	1591.64	117.19	2174.49
	格目底向斜远景区	找煤	—	—	223.2	223.2

续表 11－1－3

构造单元	井田名称	勘探程度	保有储量（亿千克）			
			（331）＋（332）	－333	（334）	合计
杨梅树向斜	发耳勘探区	详查	1408.8	2373.3	681.6	4463.7
	未详查区	—	—	—	12259	12259
蟠龙向斜	蟠龙向斜测区	初普	—	—	3289.8	3289.8
比德向斜	化乐井田	勘探	4649.4	5954.1	1783	12386.5

水城县（特区）煤种分布表（一）

表 11－1－4

地点		保华井	立新一号井	立新二号井	双巢井	南开	蟠龙	苏田	牛场	马场	阿戛	米箩	俄戛
煤种牌号	长兴煤组	肥煤焦煤瘦煤	焦煤瘦煤贫煤	贫煤	肥煤气煤	焦煤瘦煤贫煤	肥煤焦煤	焦煤	焦煤	肥煤焦煤	焦煤瘦煤	瘦煤	贫煤
	龙潭煤组	肥煤焦煤瘦煤	焦煤瘦煤贫煤	贫煤	肥煤气煤焦煤	焦煤瘦煤贫煤	肥煤焦煤瘦煤	焦煤	焦煤	肥煤焦煤	焦煤瘦煤气煤无烟煤	瘦煤贫煤无烟煤	贫煤无烟煤

水城县（特区）煤种分布表（二）

表 11－1－5

地点		勺米	滥坝	玉舍	发耳	杨梅	格木底西段	小河边	老鹰山	大河边	汪家寨	那罗寨	二塘
煤种牌号	长兴煤组	瘦煤贫煤	瘦煤贫煤	瘦煤贫煤	瘦煤	瘦煤	焦煤肥煤瘦煤	肥煤	气煤肥煤	气煤	焦煤肥煤气煤	焦煤瘦煤	肥煤焦煤
	龙潭煤组	贫煤无烟煤	瘦煤贫煤无烟煤	贫煤无烟煤	瘦煤贫煤	瘦煤贫煤	—	焦煤肥煤	肥煤气煤	肥煤气煤	焦煤肥煤	焦煤瘦煤	肥煤焦煤

第二章 煤炭开发

第一节 煤炭矿厂

一、煤矿

1978年后，国家对地方乡镇煤矿实行集体、个人一起上的方针，地方乡镇煤矿逐年增多。1985年，全特区有乡镇煤矿613个（乡或镇煤矿31个，村组煤矿81个，个人煤矿501个）。1986年，全特区有乡镇煤矿959个，从业人员11776人。1988年，全县有矿井208个，其中发证煤矿18个；水城列为全国41个重点产煤县之一。1990年，县扶持新建和续建矿井19个，增加年生产能力1.9亿千克；全县有发证煤矿30个。1997—2001年，全县大规模取缔关闭无证非法矿井，建立《煤炭生产许可证》《安全生产许可证》制度，全县有矿井150个，各矿井设计能力在年产1000~3000万千克之间，年单产1000万千克左右，煤炭年总产量15~17亿千克，煤焦税费2000万元。1998年，全县建成洗煤企业20座（年入洗能力达20亿千克），焦化厂6座（年生产能力2.1亿千克）。1999年，下发《水城县人民政府贯彻执行国务院关于关闭非法和布局不合理煤矿有关问题的决定》，成立关井压产执法监察队，取缔（关闭）矿井50个。2002—2005年，全县煤矿大规模进行生产能力改扩建，生产能力从年产1000万千克改为年产3000万千克、年产3000万千克改为年产6000万千克或年产3000万千克改为年产9000万千克，矿井年平均单产2000万千克；全县有煤矿160个，产量30亿千克，煤焦税费10000万元。2006年，整顿煤矿生产经营秩序，关闭不具备安全生产条件和非法矿井；全县矿井从172个减少到158个，产量58亿千克，税费接近30000万元。2007—2008年，全面推进整顿关闭和资源整合，地方煤矿通过整合和技改扩能后从原有141个减少到85个，设计能力从原有的61.8亿千克增加到171.6亿千克；矿井单井生产能力和抵御安全风险能力大幅提高，煤矿管理队伍素质明显提升，煤炭产量超过45亿千克，煤焦税费突破30000万元。

（一）省属国有煤矿

水城矿务局汪家寨煤矿 位于原艺奇乡境内，铁路、公路直达矿区。矿井初建于1958年，由水城建井工程处施工，后停建。1965年由水城煤矿设计院重新设计，由煤炭工业部70和42工程处施工。有平硐、斜井2对矿井，设计年生产能力15亿千克，服务年限51年，设计总投资1.26亿元。煤矿井田呈一单斜构造，倾角8~24度。地质储量2900亿千克，可采储量1930亿千克。煤种牌号分为气肥煤、肥煤和主焦煤。采用走向平硐开拓和斜井水平分区开拓，走向长壁垮落法采煤。采用分区抽出式通风。属煤与瓦斯突出矿井，1977年，建立瓦斯抽放系统。1985年，该矿为水城矿务局设计能力最大的矿，亦是江南大型矿井之一。1985年9月，建立全省第一个井下瓦斯电子计算机集中

监控系统。1987 年 12 月起，汪家寨煤矿属钟山区境内企业。1990 年末，煤矿在册职工 7763 人，固定资产原值 10458.5 万元，各种设备 2554 台（件）；矿下属 6 个采煤队，7 个掘进队，15 个辅助队，23 个科室；是水城矿务局采煤机械化程度较高矿之一。

水城矿务局老鹰山煤矿 位于原滥坝区境内，其专用铁路与贵昆线相接，水（城）纳（雍）公路横穿矿区。老鹰山立井设计年生产能力 9 亿千克，服务年限 77 年，地质储量 1300 亿千克。可采煤层为气煤、肥煤。煤质好，灰分在 16.8% 左右，主采煤层灰分 13.5%。于 1965 年 10 月由煤炭工业部 71 工程处兴建，1970 年正式投产，实际年生产能力 6 亿千克。1970—1990 年累计生产原煤 905580 万千克。矿井开拓方式为立井多水平分区式，煤层群分组集中布置。采用走向长壁采煤，自然陷落法管理顶板，掘进机械化程度达 60%。多井口分区抽出式通风，原煤运输以刮板机、皮带机、蓄电池机车和矿车运送井底，主井筒垂深 331 米，用 8000 千克箕斗提升到地面入洗，主井年提升 12.8 亿千克。属煤与瓦斯突出矿井，建有瓦斯抽放系统，瓦斯监测站。3 个采区生产，有职工 4171 人。主要机电设备 1459 台（件），固定资产原值 7703.6 万元。建有计算机中心，对地测数据、矿井储量、顶板管理、瓦斯、档案、计划、财务成本进行监控。煤矿曾被煤炭工业部评为机电管理甲级先进矿和省级先进企业。1982 年 12 月，工人敖其君当选共青团中央十届候补委员，工人敖其君、宋宝歧获省劳动模范称号。1987 年 12 月起，老鹰山煤矿属钟山区境内企业。1990 年，原煤全员效率 791 千克/工；煤矸石化工厂试产成功，设计年生产净化工业废水、生活用水的结晶氯化铝 150 万千克。

水城矿务局大河边煤矿 位于大河区境内，铁路、公路横穿矿区。1965 年由水城煤矿设计院设计，年生产能力 6 亿千克，服务年限 100 年。该矿煤层倾角 20～30 度，地质储量 1050 亿千克，工业储量 830 亿千克，煤质牌号为肥气煤。采用走向长壁后退式炮采落煤，全部陷落法管理顶板。矿井采用中央分区抽出式通风，属高沼气矿井，有煤与瓦斯突出、爆炸、煤层自然发火危险。1966 年由煤炭工业部 36 工程处兴建，1971 年投产，有 2 个生产矿区。1987 年 12 月起，大河边煤矿属钟山区境内企业。1989 年，矿长龙世昌被评为全国劳动模范，矿党委被评为全国先进基层党组织。1989 年和 1990 年，该矿获全国煤质管理先进矿称号。1990 年，有职工 4029 人，固定资产原值 5782.7 万元，各种设备 1113 台（件）；原煤全员工效 940 千克。

水城矿务局木冲沟煤矿 位于大湾镇与威宁县、赫章县交界处，一、二、三采区属大湾镇范围，四采区属威宁县境。矿境内有大湾至六盘水铁路支线，大湾至威宁、赫章公路。1966 年 3 月由水城煤矿设计院设计，年生产能力 9 亿千克，服务年限 79 年。1966 年 8 月，由煤炭工业部 24 工程处兴建（1975 年投产）。井田范围属二塘向斜东北翼浅部。井田走向 8 千米，倾斜角 8～10 度。地质储量 1200 亿千克，可采储量 890 亿千克。煤种牌号以焦煤为主，有部分肥煤。采用留长壁、倾斜长壁采煤，陷落法管理顶板（后来采面支护全采用单体液压支柱和铰接顶梁）。采用分区抽出式通风，属高沼气矿井，有瓦斯突出和煤层爆炸危险。1973—1986 年，实行矿、井、区三级管理。1976 年，划出顶拉矿井成立顶拉煤矿，撤销八一矿井，实行矿、区两级管理。1982 年，工人周训林被煤炭工业部评为劳动模范。1983 年 3 月 20 日，发生瓦斯爆炸事故，死亡 84 人。1984 年起，在中厚煤层推行沿空留巷技术。1985 年，省人大常委会授予周训林特等劳动模范称号。1987 年，周训林当选中共第十三次全国代表大会代表。1987 年 12 月起，木冲沟煤矿属钟山区境内企业。1988 年，周训林当选省委候补委员。1989 年，周训林获全国劳动模范称号。1990 年，采煤、掘进机械化程度为 36% 和 15%；

有5个采煤区、6个掘进区、9个生产辅助工区，职工4423人。1992年，周训林当选中共第十四次全国代表大会代表。

水城矿务局顶拉煤矿 位于大湾镇与威宁县东风镇交界处，矿中心距铁路4.5千米。设计年生产能力1.5亿千克，服务年限26年。原设计为片盘斜井开拓，后改为斜井多水平开拓。1971年6月由煤炭工业部24工程处和71工程处兴建，1975年12月简易投产，时为木冲沟煤矿的一对矿井。1976年12月，成立顶拉煤矿。探明储量212.16亿千克，煤种牌号为焦煤。井田采用走向长壁采煤法，放炮落煤、全部陷落法管理顶板，原设计为中央并列式通风（1982年改造为两翼对角式通风）。有采煤工区2个、掘进工区2个，辅助工区4个。1976—1990年生产原煤29.46亿千克。1987年12月起，顶拉煤矿属钟山区境内企业。1990年，煤矿有职工1728人，固定资产原值2519.8万元；原煤全员效率为839千克/工；该矿曾被评为省级先进企业。

水城矿务局红旗煤矿 位于大河区境内，原为大河焦煤厂，后易名红旗煤厂，始建于1958年，1966年改属省煤炭工业局管理。1967年4月与白岩脚小井对调。白岩脚小井是一对片盘小井，设计年生产能力1亿千克，1970年简易投产，1972年该矿移交水城矿务局管理，新井于1986年移交生产（1989年正式投产），核定年生产能力为1.8亿千克，井田保有地质储量80.63亿千克，可采储量56.18亿千克，煤种牌号为气煤，属于高沼气矿井，有煤与瓦斯突出危险。采用片盘斜井开拓方式，分阶段开采，走向长壁后退式落煤，中央并列式通风，运输为斜井单钩串车提升。1987年12月起，红旗煤矿属钟山区境内企业。1989年，该矿评为省级质量标准化矿井。1990年底，该矿有职工1757人，全员工效832千克/工，生产原煤2.54亿千克。

水城矿务局小河边煤矿 位于原滥坝区境内，水纳公路横穿矿区，距贵昆铁路滥坝站10千米。前身是水城铁厂附属采煤车间，1958年6月扩建并移交省煤矿管理局，名为水城煤矿。1965年划归水城矿区建设指挥部后易名为小河边煤矿。1、2号井年生产能力1.5亿千克，于1960年12月投产（1979年闭坑）。3号井设计年生产能力1.5亿千克（后调为3亿千克和1亿千克），于1963年投产（1978年7月煤已采完）。1983年后，该矿处于收尾阶段。1987年12月起，小河边煤矿属钟山区境内企业。1989年，该矿转移到石板河井生产，小河边煤矿闭坑。该矿投产后累计生产原煤43.17亿千克。1990年底，有职工1042人，固定资产原值1349.7万元。

水城矿务局那罗寨煤矿 位于原艺奇乡境内，1967年6月由煤炭工业部70工程处兴建，1973年停建，1982年7月由六枝矿务局66工程处、水城矿务局64工程处和建安工程处复建。地质储量3630亿千克，工业储量2510亿千克。煤种牌号有焦煤、焦瘦煤、瘦煤。原煤灰分高，煤尘有爆炸及自燃危险倾向性，属高沼气矿井。矿井设计年生产能力9亿千克，服务年限132年。原煤外运采用1.4万千克架线式电机车，经8千米长的“101”隧道运输至汪家寨选煤厂洗选外销。1987年12月起，那罗寨煤矿属钟山区境内企业。1988年12月，一、二采区建成投产。1990年，有职工2910人，生产原煤41010万千克，固定资产原值1.7亿元。

贵州格目底矿业有限公司 该公司是由贵州水城矿业（集团）股份有限公司控股出资41.27%，贵州黔东电力有限公司出资35%，六盘水市开发投资有限公司出资10%，首钢水城钢铁（集团）有限责任公司出资9%，贵州能发电力燃料开发有限公司出资4.73%，共同开发的“西电东送”电煤基地重点矿井建设项目，是电煤供应的配套骨干矿井。公司于2005年9月在县工商局登记注册成立，

注册资金63401.1万元。公司井田范围内开发建设3对矿井，总设计生产能力为年产42亿千克（中井煤矿年产6亿千克、东井煤矿年产24亿千克、米箩煤矿年产12亿千克）。格目底公司及所属部分矿井位于勺米乡、米箩乡境内，玉（舍）马（场）公路贯穿全境，交通运输便利，矿区煤炭储量丰富，主要为贫煤、瘦煤、主焦煤，煤质较好，主要作为冶金、化工及动力用煤。

贵州发耳煤业有限公司　该公司于2003年12月在县注册成立，是由兖矿贵州能化有限公司、六枝工矿（集团）有限责任公司和贵州能发电力燃料开发有限公司共同出资组建的国有股份制企业。公司地处发耳乡，距发耳火车站约5千米。所属的发耳煤矿是省“西电东送”工程的重点建设项目之一，是发耳电厂的配套工程，井田开采面积3666.63公顷，地质储量6000亿千克，可采储量2000亿千克。矿井由中煤国际集团南京设计院设计，设计年生产能力30亿千克（一井年产18亿千克、二井年产12亿千克），投资10.48亿元，服务年限48年。矿井与发耳电厂毗邻，所产原煤直接通过胶带输送机运到电厂，零距离运输使发耳矿井成为贵州典型的大型坑口煤矿。发耳煤矿建设项目2004年立项，一井于2005年1月开工建设，2008年12月联合试运转（2009年底正式投产）。

贵州玉舍煤业有限公司　位于玉舍乡境内，水红铁路、212省道与11万伏动力输电线经过矿区，南距发耳4×60万千瓦火电厂51千米，矿区面积850公顷。公司概算总投资为56000万元，全矿员工900余人。公司为省“西电东送”“大煤保大电”的大型骨干配套煤矿，矿井建设规模为年产12亿千克，是由六枝工矿（集团）有限责任公司控股50%、广西投资集团有限公司和贵州能发电力燃料开发有限公司参股30%和20%共同组建的股份有限责任公司，注册资本2亿元，于2002年5月开工建设，2004年3月18日挂牌，同年12月24日正式登记成立；主营煤炭开采与销售、煤层气开发与利用。经过几年的建设发展，公司形成“一矿二厂一线”（设计规模为年产12亿千克的煤矿、年产12亿千克的配套选煤厂、10×500千瓦瓦斯发电厂、勺米铁路货场专用线）的综合立体化发展模式。

（二）地方煤矿

董地大营煤矿　位于董地乡境内，1973年由滥坝区建设，矿井采用斜井开拓，绞车提升，实际年生产能力2000万千克。1978年因管理不善停产，1979年移交万全乡管理，并聘用小河煤矿工程技术人员为顾问参与管理，对矿井进行扩建改造，形成年产3000万千克的乡镇骨干矿井，采煤工作面采用水平分层和高落式采煤法，溜子运输，主斜井箕斗提升。1991年，大营煤矿配套年入选能力5000万千克的洗煤设备。2003年，该矿委托市地方煤矿设计所进行年产6000万千克的扩建设计。2003—2005年，县煤炭局将该矿列为重点扶持扩建矿井，指派工程技术人员驻矿指导。2005年，该矿年生产能力为6000万千克，采用长壁后退式开采，水平分层采煤法，中央抽出式通风。2008年，该矿与相邻星明煤矿、联合煤矿、岔河煤矿进行整合扩建，并委托贵州工学院对矿井进行年产4.5亿千克设计。大营煤矿是县发展历史最长、技术革新最快、机械化提升程度最高的乡镇矿井。

玉舍支都煤矿　位于玉舍乡上寨村境内。1987年由玉舍区贷款72万元投资建设（系扶贫项目），1988年7月因投资不足停建。1990年该矿移交县煤炭工业局管理，经清产核资后，申请90万元扶贫贷款作为投资补欠，于1993年6月30日正式验收投入生产，属于县骨干煤矿。设计年生产能力6000万千克，平硐（长625米）开拓，轨道运输。工业储量21亿千克，可采储量10.5亿千克。1999年进行改制。2003 年 3 月，由市煤矿设计所设计，年生产能力为 6000 万千克。2008 年 10 月，该矿与玉舍支都村煤矿、玉舍上寨村玉林煤矿和玉舍三棵树煤矿进行整合，整合后年生产能力 1.5 亿千克，仍叫玉舍支都煤矿，由贵州宏景矿产资源开发服务有限公司负责设计。

南开立胜煤矿　位于南开乡沙拉村，设计规模为年产 1.5 亿千克。由省煤矿设计院设计，总投资 1.8 亿元。2005 年 5 月建井，2008 年 12 月取得《安全生产许可证》《煤炭生产许可证》。

木果蒿枝煤矿　位于木果乡蒿枝村境内。2003 年 3 月，由省有色地质勘查局二总队勘探，后由贵州创新矿二冶工程开发有限责任公司设计，设计年生产能力 9000 万千克。2004 年 10 月取得《个人独资企业营业执照》，2005 年 8 月取得《采矿许可证》。2006 年 6 月开工建设，总投资 0.19 亿元，井田面积 94.27 公顷、可采储量 23.07 亿千克。2008 年 6 月进行开采方案设计变更。

玉舍中寨煤矿　位于玉舍乡中寨村境内，为地方民营煤矿。2006 年 12 月 11 日由原中寨煤矿、仙水沟煤矿、罗家营煤矿和海子湾煤矿整合而成，设计年生产能力 1.5 亿千克。总投资 1.01 亿元，由贵州淞源矿山开发技术咨询有限公司设计。

阿戛祥雅煤矿　位于阿戛乡台沙坝村境内，2008 年 3 月由石丫口煤矿与祥发煤矿整合而成，为私营合伙企业，设计年生产能力 3 亿千克，总投资为 1.3 亿元。

木果神仙坡煤矿　位于木果乡境内，为国家“西电东送”项目野马寨电厂电煤供应配套矿井，设计年生产能力 4.5 亿千克，总投资 2.61 亿元。2004 年 9 月由贵州能发电力燃料开发有限公司开工建设，2006 年 10 月 26 日，湖南省煤业集团接手建设，2008 年 9 月 19 日取得《安全生产许可证》（2009 年 3 月建成投产）。

木果晋家冲煤矿　位于木果乡境内，为新建煤矿，2003 年 9 月开工建设。设计年生产能力 4.5 亿千克，由省煤矿设计研究院设计，总投资 44097 万元。

金盆义忠煤矿　位于金盆乡境内，为野马寨电厂配套供煤矿井，距野马寨电厂 33.7 千米，距六盘水火车站 51 千米。由省煤矿设计研究院设计，年生产能力 6 亿千克，总投资 58082 万元。2005 年 5 月由贵州能发电力燃料开发有限公司开工建设，因故于 2006 年 7 月停建。2007 年 4 月贵州湘能实业有限公司注册成立后负责复建，2007 年 5 月取得《采矿许可证》，2008 年 6 月取得《工商营业执照》，2008 年 10 月全面启动复建工作。

保华煤矿　位于保华乡加河村境内，为县第一个设计年生产能力达 1.5 亿千克的国营煤矿，距双水新区（县政府驻地）21 千米，水城至南开公路从该矿一侧通过。地质储量 68.16 亿千克，可采储量 51.49 亿千克，设计服务年限 22.5 年；分 2 个采区，回采为长壁式采煤法，放炮落煤，人工装煤，矿车运输，绞车提升。1989 年 10 月兴建，投资概算 1486 万元（国家拨款 1336 万元，地方自筹 150 万元）；截至 1994 年 12 月，实际到位资金 824.3 万元（国家补助 700 万元，省补助 20 万元，县自筹 104.3 万元）。1999 年正式投产，规模不足年产 1.5 亿千克。2002 年进行改制。2006 年，该矿与县保华东升煤矿整合，矿区面积扩为 156.6 公顷。2008 年 7 月获一年期《采矿许可证》，生产能力为年产 3 亿千克。2008 年 5 月，该矿被贵州湘能实业有限公司收购。

保华丰胜煤矿　位于保华乡加营村境内，前身为保华联营煤矿。1989 年由县煤炭工业局与保华乡政府共同担保贷款建设，1992 年县煤炭工业局指派 3 名工程技术人员进驻该矿进行技术监督指导，1995 年进行改制。2007 年，该矿由丰胜煤矿、加营煤矿、昌宏煤矿和东兴煤矿整合而成；整合后矿区面积108.36公顷，总资源储量1207.8亿千克，设计年生产能力为1.5亿千克。2007年7月，省国土资源厅颁发一年期《采矿许可证》。

鸡场黔源煤矿　位于鸡场乡凹子村境内，由贵州工业大学勘察设计研究院设计，年生产能力1.5亿千克，2004年1月动工建设，总投资1.52亿元。

阿戛鱼塘煤矿　位于阿戛乡境内，紧邻203县道，距水黄高等级公路法那收费站8千米，矿区地理坐标为北纬26度28分28秒至26度28分46秒，东经105度1分6秒至105度1分15秒。1990年，该矿作为扶贫项目贷款50万元兴建，由米箩区承建，平硐开拓，轨道运输；由于投资不足、管理混乱、工程质量差，于1992年停建。1994年，该矿移交阿戛乡和县煤炭工业局管理，由县煤炭局承担续建工程，为县煤炭工业局直属乡镇企业；设计年生产能力3000万千克，地质储量41730万千克，可采储量27000万千克，可采煤层4层；煤类为主焦煤，原煤灰分20%～33.5%，硫份0.3%～1.5%，发热量每千克8500～8700大卡。2000年，该矿进行改制。

阿戛陈家沟煤矿　位于阿戛乡境内，紧邻203县道，距水黄高等级公路法那收费站6千米，地理坐标为北纬26度27分51秒至26度28分42秒，东经105度1分31秒至105度2分27秒。由原县阿戛陈家沟煤矿和县阿戛朱家沟煤矿整合而成，矿区面积126.84公顷，年生产能力1.5亿千克。开拓方式为斜井开拓。

阿戛煤矿　位于阿戛乡境内，距双水新区15千米，紧邻203县道，地理坐标为北纬26度29分3秒至26度29分30秒，东经104度56分59秒至104度57分54秒。该矿由原县阿戛煤矿和县阿戛元宝煤矿整合而成，矿区面积69.19公顷，年生产能力1.5亿千克。开拓方式为斜井开拓，总投资6976万元。

阿戛潘家寨煤矿　位于阿戛乡境内，距双水新区30千米，紧邻203县道，地理坐标为北纬26度24分13秒至26度25分3秒，东经105度3分23秒至105度3分57秒。2008年，该矿列为独立技改矿井（设计年生产能力3000万千克），技改后矿区面积0.94平方千米。2008年12月获得《采矿许可证》。

阿戛健恒煤矿　位于阿戛乡境内，距双水新区15千米，紧邻203县道。总投资23792万元，开拓方式为斜井开拓。该矿由县阿戛河边煤矿、县阿戛瑞彤煤矿和县阿戛新寨煤矿整合而成，设计年生产能力3亿千克。2007年9月获得《采矿许可证》。

蟠龙甘家沟煤矿　位于蟠龙乡境内。1990年3月动工建设，为县乡镇集体骨干煤矿，设计年生产能力3000万千克，服务年限12年；作为扶贫开发项目贷款40万元，由蟠龙区承建，斜井开拓，绞车提升；由于投资不足、缺乏技术力量和管理能力，于1991年12月停建。1994年，该矿移交县煤炭工业局管理并进行续建；地质储量4.5亿千克，可采储量3.6亿千克，可采煤层5层，可采总厚度9.85米，平均厚度1.92米；煤类为主焦煤，原煤灰分18%～29%，硫份0.2%～1.4%，发热量每千克8000～8500大卡。

蟠龙店子煤矿　位于蟠龙乡境内，距双水新区40千米。由贵州工业大学勘察设计研究院和贵州创新矿冶工程开发有限责任公司设计，年生产能力9000万千克，属煤与瓦斯突出矿井。2004年4月开工建设，总投资4550万元。2005年4月取得《采矿许可证》（2006年3月投产）。2006年，该矿在井下开拓施工时发现井下煤层与原控制的有变化，委托省有色地质勘查局二总队重新勘查，对原报告作进一步补充和完善。2008 年 8 月，该矿使用柔性掩护支架采煤法。

阿戛捡材沟煤矿　位于阿戛乡马场村境内，距双水新区 21 千米。2006 年，由原阿戛捡材沟煤矿（于 2002 年开工建设）和腾飞煤矿整合而成。2007 年 9 月，由市地方煤矿设计所设计，年生产能力 1.5 亿千克，服务年限 10.59 年；取得省国土资源厅颁发的一年期《采矿许可证》，矿区范围 111.5 公顷；开始使用金属材料支护，淘汰木支护及落后采煤工艺和设备。

化乐燊达煤矿　位于化乐乡猫场村境内，距双水新区 45 千米。其前身为始建于 20 世纪 90 年代初的小煤窑。2002 年，该矿开始筹建年生产能力 9000 万千克矿井。2006 年 9 月，取得《工商营业执照》。2007 年，与大水洞煤矿整合为年生产能力 3 亿千克矿井。2007 年 6 月，取得省国土资源厅核发的《采矿许可证》，为私营合资企业。

猴场亮水田煤矿　位于猴场乡境内，由省煤矿设计研究院设计，年生产能力 9000 万千克，服务年限 12 年，总投资 0.12 亿元，属煤与瓦斯突出矿井。2004 年 5 月取得《采矿许可证》。2004 年 7 月开工建设。2007 年 7 月取得《安全生产许可证》，2008 年 4 月取得《煤炭生产许可证》。

勺米关门山煤矿　位于勺米乡境内，距双水新区 22 千米，煤矿总投资 0.36 亿元。2003 年 8 月取得《工商营业执照》。2007 年 8 月，该矿与县勺米源深煤矿进行整合。2007 年 9 月，贵州奇星资源勘查有限公司对该矿整合后的资源储量进行普查核实。整合后由省动能煤炭技术发展服务有限公司设计，年生产能力 1.5 亿千克。2008 年 9 月取得《采矿许可证》。

阿戛凉水沟煤矿　位于阿戛乡境内，距双水新区 21 千米。矿井设计年生产能力 3 亿千克，总投资 1.92 亿元。2006 年，该矿由怀亮煤矿和原凉水沟煤矿整合而成，由贵州华源矿山设计有限公司设计。2008 年开工建设。

化乐大田煤矿　位于化乐乡境内，距双水新区 46 千米，有县道与 S102 省道公路相接，交通较为方便。2007 年 8 月，该矿由原大田煤矿和合理煤矿整合而成。

贵州华源瑞丰煤业股份有限公司　位于鸡场乡坪地村境内，前身为县攀枝花煤矿，矿井始建于 2002 年，建设规模为年产 3000 万千克。2004 年 6 月，由六盘水煤田地质勘探公司 159 队详查。2005 年由年产 3000 万千克改为年产 6000 万千克。2007 年与新寨煤矿整合成年产 4.5 亿千克矿井，2008 年 10 月开工建设整合后的新矿井。

水城腾庆煤业有限公司　位于化乐乡境内，距双水新区 65 千米。2006 年，化乐凤凰山煤矿和比德腾庆煤矿整合成水城腾庆煤业有限公司。整合后规模为年产 4.5 亿千克。2008 年 12 月取得《工商营业执照》。

勺米荒田煤矿　位于勺米乡境内，距双水新区 50 千米。2007 年，由原荒田煤矿、辛家沟煤矿、黄水沟煤矿和小河坝煤矿整合而成。2007 年 10 月由省地矿局 113 地质大队开展详查工作。2008 年 5 月取得《工商营业执照》。

勺米范家寨煤矿　位于勺米乡境内，距双水新区 46 千米。总投资 1.5 亿元，1998—2006 年为巷柱式开采。2006—2008 年为走向长壁液压支柱后退式采煤。2007 年 7 月，由贵州奇星勘查开发有限公司开展详查勘探工作。2008 年 12 月 16 日取得《采矿许可证》。

勺米弘财煤矿　位于勺米乡境内，距双水新区 38 千米。2006 年，由桃树湾煤矿（2002 年回采工作面采用单体液压支柱进行支护，属县第一家采煤工作面采用单体液压支护的地方煤矿企业）、庆微煤矿和勺米煤矿整合而成。2008 年 1 月，由省地矿局 113 地质大队详查，2008 年 3 月开始整合后建设，设计规模为年产 3 亿千克，总投资 2 亿元。

都格保兴煤矿　位于都格乡境内，距双水新区 72 千米，总投资 2.5 亿元。1998 年，该矿由当地小煤矿衍变而来。2000—2008 年，煤矿年生产能力 3000 ~ 9000 万千克，回采工作面支护材料使用单体液压支柱，矿车运输，绞车提升，机械通风，供电实行低压 380 伏下井。2006 年，该矿由原保兴煤矿和通达煤矿进行整合再扩界矿井，保有资源量 328.9 亿千克，矿井煤层瓦斯含量高，具有自燃发火性，煤尘具有爆炸性，属煤与瓦斯突出矿井。2008 年 6 月，由省煤矿设计研究院进行设计，年生产能力 4.5 亿千克，平硐斜井混合开拓，分 4 个采区。2008 年 8 月，按年生产能力 6 亿千克开工建设，巷道支护采用锚、网、喷支护，采面实行综合机械化采煤，矿井实行双回路高压下井，瓦斯治理采取 2 个“四位一体”的综合防突措施，开掘顶、底板瓦斯抽放巷，对煤层瓦斯进行有计划治理，通风系统、排水系统、抽放系统、运输系统等均满足安全生产要求。

玉舍大坪煤矿　位于玉舍乡上寨村境内，1996 年始建时为私营小煤矿，1996—2008 年，设计年生产能力 3000 万千克，采用斜井开拓。2008 年 6 月，由原大坪煤矿、玉舍山林沟煤矿、华兴煤矿、铜厂沟煤矿和宏盛发达煤矿整合成该矿，整合后由省地矿局 113 地质大队进行煤矿资源储量勘探，由江苏省第一工业设计院设计，年生产能力 3 亿千克。

阿戛大树脚煤矿　位于阿戛乡境内，距双水新区 35 千米。2006 年 8 月矿井开工建设，设计年生产能力 1.5 亿千克。

阿戛禹举明矿业有限公司　位于阿戛乡苏田村境内，距双水新区 25 千米。2006 年，由原禹举明煤矿（属私营企业，2001 年建成投产，采用斜井开拓）和山岔沟煤矿（1999 年建成投产，采用斜井开拓）整合而成。整合后设计年生产能力 1.5 亿千克。2008 年 5 月，由盘江煤电（集团）煤矿设计研究有限公司进行设计。2008 年 9 月取得《采矿许可证》。

猴场会泽煤矿　位于猴场乡境内，距双水新区 50 千米。由贵州煤矿勘察设计研究院设计，年生产能力 9000 万千克，总投资 7500 万元。2000 年取得《采矿许可证》《工商营业执照》。2008 年 8 月开工建设。

比德丰源煤矿　位于比德乡境内，距双水新区 61 千米。2008 年，由原丰源煤矿、东德煤矿和香里坡煤矿整合而成。矿区面积为 149.64 公顷。2007 年 12 月，贵州煤矿地质工程咨询与地质环境监测中心核实煤矿资源储量为 82 亿千克。2008 年 9 月，建设规模为年产 1.5 亿千克。

发耳新龙煤矿　位于发耳乡新联村，距双水新区 81 千米。扩能后设计年生产能力 3 亿千克，总资源量 180.3 亿千克，斜井开拓，采煤方法为走向长壁后退式采煤。

纸厂新兴矿业有限公司　位于纸厂乡境内，距双水新区 21 千米。2008 年，由县纸厂乡税上煤矿和县纸厂乡东方煤矿整合而成。由贵州兴源煤矿科技有限责任公司设计，年生产能力 3 亿千克，矿区面积约 155.8 公顷，总资源量为 1303340 万千克。斜井开拓，采用伪倾斜柔性掩护支架采煤法，采煤工艺为炮采；使用长距离快速架空乘人装置，10 千伏双回路供电，主井绞车使用高压变频电控装置（每年节电约 15 万度），安装净化水装置。

阿戛杨家寨煤矿　位于阿戛乡苏田村境内，距双水新区 18 千米。1996 年建成投产，设计能力年产 3000 万千克。2004 年 3 月，由年产 3000 万千克改为年产 6000 万千克。2007 年，由原杨家寨煤矿、苏田煤矿和阿戛关门山煤矿整合成该矿，矿区面积133.78公顷。

红岩新寨煤矿 位于红岩乡境内，2007年由原新寨煤矿和红岩煤矿整合而成，总投资0.61亿元。2007年5—7月，由省地质矿产勘查开发局105地质大队进行详查勘探。

木果兴盛煤矿 位于木果乡境内，总投资1.85亿元，设计年生产能力1.5亿千克。2008年9月取得《采矿许可证》。

贵州鲁能矿业有限公司 位于玉舍乡境内，2007年，由迎松煤矿、铜厂煤矿、营松煤矿和湘玉煤矿整合形成，矿区面积为203.77公顷，保有资源储量251.2亿千克，可采煤层7层，为贫瘦煤，属煤与瓦斯突出矿井，煤层为二类、三类自燃，煤尘有爆炸性。由江苏省第一工业设计院有限责任公司设计，年生产能力3亿千克，总投资16850万元。2008年9月开工建设。

玉舍四营沟煤矿 位于玉舍乡境内，2007年由原四营沟煤矿、玉松煤矿和枣庄煤矿整合而成，井田面积为149.23公顷，保有资源储量234.04亿千克，设计年生产能力3亿千克。

勺米顺发煤矿 位于勺米乡境内，2007年由原顺发煤矿、正华煤矿和风华煤矿整合而成，矿区面积256.63公顷，保有资源储量206.88亿千克，共有可采煤层11层，为贫瘦煤，属煤与瓦斯突出矿井，煤层为二类、三类自燃，煤尘有爆炸性。由盘江煤电（集团）煤矿设计研究院设计，年生产能力3亿千克，总投资1.57亿元。

保华实业煤矿 位于保华乡加河村境内，2007年由原实业煤矿和新圆煤矿整合而成，矿区面积73.17公顷，储量120.14亿千克，共有可采煤层6层，以主焦煤为主，部分为贫瘦煤，属高瓦斯矿井，煤层为二类、三类自燃，煤尘有爆炸性。设计年生产能力1.5亿千克，总投资0.96亿元。新系统于2008年5月开工建设。

保华复兴煤矿 位于保华乡境内，2007年经扩能技改后，设计年生产能力1.5亿千克，矿区面积140.45公顷，保有资源储量1639180万千克。

都格河边煤矿 位于都格乡黄泥村境内，距双水新区62千米。2003年10月，煤矿开工建设，设计年生产能力3000万千克。2007年7—8月，省黔美基础工程公司对该煤矿进行补勘工作。2008年3月，该矿技改为设计年生产能力3亿千克矿井，由中矿国际工程设计研究院有限公司设计，总投资36005万元。2008年6月取得《采矿许可证》。

阿戛乡岩脚田煤矿 位于阿戛乡马场村境内，距双水新区19千米，距水黄公路3千米，玉马公路从矿区通过。1996年，煤矿开工建设，年产原煤1000万千克。1996—2001年为无证开采。2001年12月办理《采矿许可证》，属私营企业，设计年生产能力3000万千克，主要开采17、18号煤层。2003年技改后，实际开采能力超过年产3000万千克。2006年初，办理扩界扩能手续。2008年进行整合扩能，由省煤田地质局142队进行勘探，设计年生产能力1.5亿千克，总投资1.1亿元。

勺米乡营脚沟煤矿 位于勺米乡境内，距双水新区38千米，总投资额0.3亿元。矿井东西走向长1450米，南北倾向长700米。矿井东部扩界（原小河坝西部）150米，西部扩界（原龙井水西部）1000米，北部无矿井开采，南部扩界500米（玉马公路往外的南部区域）。2007年4月后，建设规模为年产1.5亿千克。2007年11月后，由省地质矿产勘查开发局105地质大队勘探。

二、洗煤厂

水城矿务局汪家寨洗煤厂 位于原艺奇乡境内，有铁路专用线与贵昆铁路水大支线接轨，水

（城）威（宁）公路经过厂区。1966年6月由煤炭工业部67工程处和92工程处兴建，1970年9月1日正式投产，设计能力为年入洗原煤15亿千克，服务年限100年，为群矿型选煤厂。煤种牌号主要是供冶金工业炼焦用的焦煤和肥焦煤。采用跳汰主洗和跳汰再洗、煤泥浮洗联合工艺流程；入洗原煤主要来源于汪家寨煤矿、那罗寨煤矿；洗选加工实行调度集中控制，自动化生产。1978年完成"煤泥水闭路循环""重阶立轮分选机及工艺"，获全国科学大会奖。1985年，国家第一台SKT－24M－2筛下空气室跳汰机在该厂投入生产，并通过部级鉴定，获国家科技进步二等奖。1987年12月起，汪家寨洗煤厂属钟山区境内企业。从投产至1990年底，该厂累计入洗原煤2042170万千克，精煤产量881370万千克，上缴利润4399.94万元；产品有15级冶炼精煤，18级洗混煤，特殊加工煤及煤泥等。1990年，入洗原煤量首次突破设计能力（163950万千克），质量标准化达到部一级水平，该厂获省级先进企业称号。该厂曾有职工1183人，分设7个车间，2个辅助单位等。

水城矿务局老鹰山选煤厂　位于原滥坝区境内，有3.7千米铁路专用线与贵昆铁路滥坝站接轨，厂区公路与水纳公路相连。由原水城煤矿设计院设计，1969年2月正式投产。为群矿型中型选煤厂，主要入洗老鹰山煤矿、小河边煤矿原煤，有空中索道运送原煤。设计年处理原煤11.5亿千克，其中入洗原煤8亿千克，入洗原煤牌号为三分之一焦煤。采用跳汰和浮选联合工艺，主要产品为15级冶炼精煤、块精煤、特殊加工洗混煤等。1987年12月起，老鹰山选煤厂属钟山区境内企业。1988—1990年，共入洗原煤193830万千克，产精煤93050万千克。1989年中国统配煤矿总公司授予该厂煤炭工业部环保先进单位称号。1990年底，有职工840人（建厂初期生产管理人员大部分来自安徽省淮南矿务局望峰岗选煤厂），省政府授予该厂"抓管理、上等级省级先进企业"称号。2002年该厂并入老鹰山煤矿。

保华洗煤厂　位于保华乡境内，隶属县煤炭局，设计年入洗原煤能力1.5亿千克，煤种属焦煤，采用跳汰选煤方法，1993年产精煤4200万千克。

正华洗煤厂　隶属县煤炭局，设计年入洗原煤能力2.1亿千克，煤种属焦煤。采用跳汰选煤方法，1993年产精煤6200万千克。

马场洗煤厂　隶属原县开发办公室，设计年入洗原煤能力2.1亿千克，煤种属焦煤。采用水介质旋流选煤方法，1993年产精煤2000万千克。

保华煤矿选煤厂　隶属县煤炭局，设计年入洗原煤能力9000万千克，煤种属焦煤。采用跳汰选煤方法。1993年产精煤3000亿千克。

金穗洗煤厂　属于县煤炭局，从清镇市经贸实业总公司引进资金300万元建设，年入洗原煤能力3亿千克，采用跳汰选煤方法，1993年产精煤3000万千克。

智胜洗选有限公司　位于鸡场乡坪地村，2008年1月开工建设，有职工100人，设计年生产能力7.5亿千克，核定年生产能力7.8亿千克。洗选方式为重介工艺，洗选方法为重介浮选洗。

1979—2008年，县（特区）原煤、焦煤、精煤产量见表11－2－1。

1979—2008 年水城县（特区）原煤、焦煤、精煤产量统计表

表 11－2－1　　单位：万千克

年度	原煤	焦煤	洗精煤	年度	原煤	焦煤	洗精煤
1979	343000	50000	102000	1984	383000	66000	135000
1980	309000	51000	58000	1985	444000	71000	106000
1981	329000	44000	70000	1986	443000	73000	83000
1982	368000	57000	82000	1987	493000	74000	82000
1983	364000	57000	9000	1988	63000	9000	—
1989	86270	8520	—	1999	80390	15470	31060
1990	87430	11430	1700	2000	69000	28160	39540
1991	48230	8110	2210	2001	81000	32000	40000
1992	42210	7110	5100	2002	134000	27590	47640
1993	82430	10540	7120	2003	256000	40590	46850
1994	79000	14380	10480	2004	302000	39330	46900
1995	112000	16720	5760	2005	415000	43230	48160
1996	95210	15550	15010	2006	584000	40500	51410
1997	105000	26040	35190	2007	463520	52440	85160
1998	139860	16630	18460	2008	469490	45520	63400

说明：1979—1987 年部分年份含水城矿务局产量

第二节　煤炭开采

一、管理机构

1977 年，特区煤炭管理组（股级）该改名为特区煤焦公司，行使行政管理职能；成立大河、滥坝、米箩、玉舍、南开、比德、蟠龙、杨梅 8 个区煤焦管理站。1980 年，特区煤焦公司改为矿厂公司。1984 年 4 月，成立特区煤炭工业管理局。1985 年 4 月，特区煤炭工业管理局与特区乡镇企业局合署办公。1986 年 6 月，特区煤炭工业管理局与特区乡镇企业局分设。1987 年 12 月，特区煤炭工业管理局易名县煤炭工业局，下设办公室、财务股、安全监察股、生产技术股、调度室。1989 年 2 月，县煤炭工业局设公安检查站，矿山救护队，煤焦管理站。1992 年，在玉舍、勺米、纸厂、双戛、木果、保华、比德、化乐、董地、滥坝、陡箐、蟠龙、阿戛、杨梅、鸡场设置 14 个煤炭工业管理站，县煤炭工业局机关增设审计股和安全技术指导站。2002 年 6 月，县煤炭工业局易名县煤炭管理局，成立都格、红岩 2 个煤炭管理站。后来又增设猴场、南开、发箐、金盆、米箩 5 个煤炭管理站。2008 年 5 月，县煤炭管理局撤销安全咨询服务站、会计服务站、煤矿技术服务队、矿山救护队；设立煤炭生产技术服务中心、煤炭信息调度中心、煤炭安全应急救援队、煤炭安全技术培训中心、煤炭市场服务中心。

二、开采技术演变

1978—1996 年，统配煤矿分别采用立井、斜井、平硐 3 种不同的开拓方式，地方小煤窑一直沿袭原始的巷道式采煤方法。掘进率每 1000 万千克煤从 24.5 米降到 15.8 米。在巷道施工中，掘进工艺全过程分为打眼、装药放炮、装运、支护、钉道、挖砌水沟和铺设通风通水管线等；使用侧式供水电钻打眼，装运经历人工、绞车、装载机等阶段。统配煤矿基本上采用壁式采煤方法，在急倾斜薄煤层多采用仓储式或伪斜仓储式采煤方法；采煤工艺经历人工、半机械化、机械化的过程。通风方式均采用抽出式，以分区式通风为主，矿井的固定式扇风机有轴流式和离心式两种；平硐矿井均为自流排水，立井和斜井采用电动水泵排水。煤矿机械设备的直接动力源有电力、压缩空气和蒸汽 3 种，煤矿照明以电为主；用电经历柴油发电机供电、自备电厂供电和外网供电；矿区通讯早期以固定电话为主，后来发展到无线电话与网络通讯。

1997—2001 年，县煤矿安全管理落实五消灭（消灭自然通风、独眼井、明火明电照明、明刀闸明开关、鸡爪子羊尾巴）制度，通过矿业秩序规范整顿，逐步规范采矿权人和采矿范围，将回采率和三量管理提上管理内容。

2000 年，县地方煤矿机械化程度极低，开采技术条件极为落后。保华煤矿，支都煤矿、仲何煤矿、鱼塘煤矿、甘家沟煤矿、腾威煤矿、元宝山新建煤矿、玉舍乡永华煤矿、董地乡大营煤矿、联合煤矿、勺米乡桃树弯煤矿、阿戛禹举明煤矿、小窝田煤矿实现机械负压供风，绞车提升，矿车运输，准壁式工作面，为井下从业人员定期发放工作服、安全帽、水鞋（矿靴）；但瓦斯、水害治理、顶板管理措施不到位，“两堂一舍”（澡堂、食堂、宿舍）不完善，职业病防治与检查意识不强，职业病防治体系未建立。除上述煤矿外，县其他地方煤矿：90% 未实现正规布置工作面开采，处于独眼井巷道式开采，通风方式为地面局部通风机压入式通风，运输方式基本为人工背运；80% 未向工人发放工作服、安全帽、水鞋（矿靴），井下从业人员个人防护得不到保障；100% 未建“两堂一舍”；90% 没有瓦斯、水害治理、顶板管理措施。

2001 年，市政府下发《关于印发六盘水市地方骨干煤矿建设优惠办法的通知》，市、县两级出台一些扶持政策，对技改 3000 万千克到 6000 万千克，3000 万千克到 9000 万千克的煤矿经验收合格后，一次性补助 30 万元和 60 万元的措施；强制所有合法煤矿安装主扇风机，实现全负压机械通风；扇风机安装合格率达 80% 以上，有效控制了瓦斯事故；狠抓壁式等正规采煤法的试点和推广，形成合理通风系统，减少煤炭资源浪费和提高单产能力；市、县两级煤炭局把推广壁式采煤列为重点工作，积极跟踪、督促、提供服务；县是年形成壁式采煤法的矿井 16 对。2002 年，县地方煤矿以推广壁式采煤法为核心，全面推动通风、落煤、运输、支护管理等一系列技术，促进煤炭企业综合管理能力提高；筹集资金新建、改扩建年产 6000 万千克以上矿井，县 7 对骨干矿井进行技术改造。

2002—2005 年，县矿井实现负压通风、机械运输，完善瓦检制度、出入井检身制度，采煤方法得到改进，支护改革开始起步，瓦斯检测监控逐步规范，煤矿安全生产管理水平得到提高，业主的管理意增强。

2003 年，全县多数矿井采用壁式等正规采煤法，全部矿井安装瓦斯监测监控系统，全面实现绞车提升、主扇负压通风，部分矿井使用金属支柱或单体液压支柱；通过几项技术措施的推广，矿井完善通风系统，抗灾能力、技术含量有较大程度提高。2006年，县推行支护材料和采煤方法改革，急倾斜煤层的采煤方法（柔性掩护支架）试点成功并推广使用，瓦斯检测监控系统全面改造，完善煤矿的管理制度，落实煤矿从业人员的培训和矿领导下井带班制度。

2007—2008年，县推广先进支护材料和采面方法，实现瓦斯检测监控系统县级联网，落实企业的安全主体责任和监管行业的监管责任。

第三节　煤矿事故

一、地方煤矿事故

县（特区）是煤炭大县，煤炭开采带来可观的经济效益，也发生不少事故。随着煤矿技改扩能推进，煤矿安全生产管理水平逐步提高，煤矿安全事故也得到有效遏制。1979—2008年，县（特区）地方煤矿事故共死亡956人。2000—2008年，全县地方煤矿共发生安全事故102起、死亡223人（10人以上重大事故4起、死亡61人）；瓦斯事故16起，死亡106人，分别占事故起数和死亡人数的15.69%和47.53%；顶板事故58起，死亡80人，分别占事故起数和死亡人数的56.86%和35.87%；透水事故5起，死亡11人，分别占事故起数和死亡人数的4.9%和4.93%；中毒窒息事故5起，死亡6人，分别占事故起数和死亡人数的4.9%和2.69%；触电、运输和其他事故18起，死亡20人，分别占事故起数和死亡人数的17.65%和8.97%。

1979—2008年，县（特区）地方煤矿死亡人数见表11-2-2。

1979—2008年水城县（特区）地方煤矿死亡人数统计表

表11-2-2　　单位：人、起

年度	死亡人数	年度	死亡人数	事故起数	年度	死亡人数	事故起数
1979	31	1989	24	—	1999	30	5
1980	13	1990	22	—	2000	19	3
1981	24	1991	38	10	2001	19	3
1982	20	1992	12	4	2002	18	12
1983	47	1993	30	4	2003	31	21
1984	56	1994	48	8	2004	21	15
1985	58	1995	12	6	2005	63	14
1986	104	1996	36	7	2006	19	13
1987	35	1997	33	4	2007	15	9
1988	24	1998	36	6	2008	18	12

说明：表中数据不含水城矿务局所属煤矿数据

二、境内典型事故

“3·12”艺奇大队队办煤厂瓦斯事故　1979年3月12日，艺奇公社艺奇大队队办煤厂发生瓦斯爆炸事故，死亡17人，重伤11人，轻伤1人，直接经济损失3万余元。经调查，大队党支部对煤厂管理不到位，煤厂领导思想麻痹，管理混乱，违章作业，是事故的主要原因；井下瓦斯聚积，搭明电进行放炮，引发瓦斯爆炸是事故的直接原因。特区革委对事故责任者分别给予撤职和党内处分。

“11·23”以德公社煤厂顶板事故　1979年11月23日，大河区以德公社煤厂发生冒顶事故，死亡4人，轻伤1人，经济损失3万余元。经特区工会、特区社企局、特区劳动局、中共大河区委、大河区企业办等单位联合调查，确定事故主要原因为该矿支护不够，采面大，无支柱架，压力超限导致大面积垮塌。特区社队企业管理局对事故责任者给予撤职处分。

“8·11”大河边煤矿一采区（南井）顶板事故　1981年8月11日，水城矿务局大河边煤矿一采区（南井）发生特大顶板事故，死亡10人。由于1076回采工作面工程质量低劣，现场指挥失误，发生摧垮性大冒顶事故，冒落区长57米，面积228平方米。

“3·20”木冲沟煤矿瓦斯事故　1983年3月20日，水城矿务局木冲沟煤矿发生特大瓦斯、煤尘爆炸事故，死亡84人（含参加抢救的救护队员2人）。事故的直接原因是违章指挥、违反《煤矿安全规程》、冒险违章放炮引起。中央调查组和省委研究并报国务院同意，省政府1983年12月5日发出黔府〔1983〕96号文件，认定木冲沟煤矿忽视安全违章指挥和违章作业，水城矿务局因片面追求产量，对木冲沟煤矿存在的煤尘等重大问题不深入调查、督促和帮助解决，对木冲沟煤矿负直接领导责任者和相关责任者给予处分。

“9·1”纳福管理区二号煤井瓦斯事故　1986年9月1日，大河镇纳福管理区二号煤井发生特大瓦斯爆炸事故，死亡31人，重伤1人。1986年9月23日，省政府黔府通字〔1987〕67号文件《关于水城特区大河镇纳福管理区二号井“九·一”瓦斯爆炸事故的批复》，认定该煤井违反安全生产有关规定违章指挥，对事故负有直接领导责任者或直接责任者，分别给予处分或提交司法机关追究刑事责任。

“1·8”双营乡大河村郭大彬无证小煤窑瓦斯事故　1990年1月8日，南开区双营乡大河村郭大彬无证煤窑发生瓦斯爆炸事故，死亡9人，重伤4人。县政府责令责任单位写出书面检查，对事故直接责任者移交司法机关依法追究刑事责任。

“1·12”法那乡仓脚村陈启峰等4人无证小煤窑瓦斯事故　1990年1月12日，蟠龙区法那乡仓脚村陈启峰等4人无证小煤窑发生瓦斯爆炸事故，死亡10人。县政府责令责任单位写出书面检查，对事故直接责任者移交司法机关依法追究刑事责任。

“7·11”中寨村仙水沟无证煤井瓦斯事故　1990年7月11日，玉舍区玉舍乡中寨村仙水沟无证煤井发生瓦斯爆炸事故，死亡5人，重伤2人。市煤炭工业局调查确认：因该煤井长期独眼井生产，未采取任何通风措施，加之巷道长，致使瓦斯严重超限，启动开关抽水，产生电火花引爆瓦斯，是事故的直接原因；井下长期使用未检验过的电源设备，明线接头多，管理混乱，违章作业，是引发事故的主要原因。对相关人员按规定进行处理。

“12·31”田坝村杨湾湾煤厂瓦斯事故　1991年12月31日，米箩区田坝村杨湾湾煤厂发生瓦斯爆炸事故，死亡15人。经调查，井下明电照明产生电火花是事故的直接原因；独眼井开采，没有完善的通风设施、无防爆照明设备和安全设备、无任何安全管理规章制度、乱挖滥采，是造成事故的根本原因，对相关人员按规定进行处理。

“1·4”田坝村大炉湾煤矿瓦斯事故　1996年1月4日，阿戛乡田坝村大炉湾煤矿发生瓦斯爆炸事故，死亡7人，重伤7人，经济损失约4万元。经调查，井下管理混乱，在间断通风和未检查瓦斯的情况下违章指挥，违章作业，启动井下水泵，导致电线明接头短路产生电火花引起瓦斯爆炸，是事故的直接原因；矿井在不具备安全生产条件下强行生产，对乡政府和煤管站停产通知拒不执行，是造成事故的主要原因。处理结果：责令乡政府责任人员作出书面检查，对煤矿责任者进行经济处罚，直接责任者由司法机关追究刑事责任。

“6·14”徐纳盖村唐家学煤窑瓦斯事故　1996年6月14日，阿戛乡徐纳盖村唐家学煤窑发生瓦斯爆炸事故，死亡5人，重伤2人，经济损失3万余元。市、县联合事故调查组调查认定：工人在井下违章抽烟是事故的直接原因。处理结果：对煤矿事故主要责任者3人依法从严追究刑事责任。

“7·31”玉舍乡蔡定华无证煤窑瓦斯事故　1996年7月31日，玉舍乡蔡定华无证煤窑发生瓦斯爆炸事故，死亡5人，重伤3人，经济损失4.5万元。市、县事故联合调查组调查认定：启动井下水泵抽水，插入插头产生电火花引发瓦斯爆炸，是事故的直接原因；乡政府和煤管站对下达指令书未进行跟踪监督执行，制止不力，是事故管理上的原因。

“8·20”金家沟陈文光煤窑瓦斯事故　1996年8月20日，比德乡金家沟陈文光煤窑发生瓦斯爆炸事故，死亡6人（含一名14岁非矿人员擅自入井），经济损失约2.5万元；县事故联合调查组调查认定：无证非法开采，独眼井生产，无风机，无瓦检器，造成井内瓦斯积聚，管理混乱，生产人员带打火机入井，是事故的主要原因；14岁的余江福非该矿人员，擅自入井玩耍，用气体打火机照明引爆瓦斯，是事故的直接原因；乡政府安全生产管理不落实，煤管站管理人员不到位，安全工作失控，是事故管理上的原因。处理结果：煤窑主未经任何部门同意，擅自办矿，违法违章生产，对事故负主要责任，由司法机关追究刑事责任；比德乡政府没有建立健全煤管站，造成安全生产失控，给予有关人员行政处分，乡政府向县政府写出书面检查。

“5·28”玉舍乡朱勋碧煤窑瓦斯事故　1997年5月28日，玉舍乡朱勋碧煤窑发生瓦斯爆炸事故，死亡19人，受伤1人，直接经济损失约13万元。省、市、县事故联合调查组调查认定：独眼井生产，无任何通风设备及安全设施，工人私自拆卸矿灯灯头，产生电火花引爆瓦斯，是事故的直接原因；矿灯出租人违反规定，出租失爆矿灯，是事故的主要原因。处理结果：对矿灯出租人予以经济处罚，取消其出租矿灯的经营权；县矿产资源管理局对事故负有管理责任，县人事劳动局对事故负有监督不力的责任，责成县矿产资源管理局和县人事劳动局主要负责人向县政府写出深刻检查。

“8·21”阿戛乡田维礼煤窑瓦斯事故　1997年8月21日，阿戛乡田维礼煤窑发生瓦斯爆炸事故，死亡9人，重伤1人，轻伤5人，经济损失约6万元。事故原因：煤窑管理混乱，独眼井生产，多头作业，在井下通风不良情况下安排工人冒险作业；煤窑负责人事故发生后逃离事故现场，不配合救援。处理结果：煤窑负责人对事故负有主要责任，由司法机关追究刑事责任；对乡政府和煤管站责任者给予行政处分。

“5·15”元宝山煤矿瓦斯事故　1998年5月15日，陡箐乡元宝山煤矿发生瓦斯爆炸事故，死亡7人，经济损失6万余元。事故原因：独眼井生产，局扇因供电问题长期处于时开时停状态，导致井下瓦斯聚积，入井工人拆卸矿灯产生电火花引爆瓦斯，是事故直接原因；矿井管理混乱，制度不健全，安全管理人员和瓦检员无证上岗，对井下安全情况未认真检查，不能及时清除事故隐患，矿井负责人不执行行业管理部门停产整改指令，违章生产是引起事故的主要原因。处理结果：对煤矿主要负责人及相关责任人进行经济处罚，对无证上岗人员责令其在未取得合格证之前，不得从事煤矿安全管理工作；乡政府对该矿管理力度不够，责成向县政府写出书面检查，煤管站向县煤炭局写出书面检查。

“7·14”湾子村小桥边煤窑瓦斯事故　1998年7月14日，化乐乡湾子村小桥边煤窑发生瓦斯爆炸事故，死亡9人，直接经济损失6万元。事故原因：独头巷道过长，局扇未投入使用，造成井下瓦斯积聚，井下违章带电维修照明电路，产生火花引爆瓦斯，为事故发生的直接原因。处理结果：对事故发生后逃离的煤矿业主移交司法机关追究刑事责任；责成县煤炭局、县矿产资源管理局、化乐乡政府主管领导，向县政府写出检查，并在全县通报批评；责成化乐乡煤管站向县煤炭局写出检查。

“7·29”勺米乡联营煤矿瓦斯事故　1998年7月29日，勺米乡联营煤矿发生瓦斯爆炸事故，死亡6人，经济损失约5万元。事故原因：在掘进过程中，局扇风筒断风，导致瓦斯积聚，水泵电线明接头产生电火花引爆瓦斯。处理结果：对煤矿进行经济处罚，撤销矿长职务，责成县乡镇企业管理局和勺米乡政府向县政府写出书面检查。

“8·1”麻窝田煤窑瓦斯事故　1998年8月1日，比德乡麻窝田煤窑发生瓦斯爆炸事故，死亡6人，伤2人，直接经济损失3万元。市、县事故联合调查组认定：独眼井生产，无通风设施，井下瓦斯积聚，明电下井产生火花引发瓦斯爆炸，是直接原因；该煤窑不具备基本安全生产条件，冒险蛮干，是造成事故发生的主要原因。处理结果：煤窑主违法违章开办煤窑，事故发生后不配合处理善后事宜，移交司法机关追究刑事责任；乡政府及县煤炭行业主管部门对事故负有管理责任的人员，责令深刻检查并进行经济处罚；责成比德乡政府、县地质矿产资源管理局、县人事劳动局向县政府写出书面检查；责成县政府向市政府写出书面检查。

“8·21”牛场煤矿透水事故　1998年8月21日，阿戛乡牛场煤矿发生透水事故，死亡6人，经济损失4万余元。在即将与老井贯通时，老井巷道积水，掘进诱发透水是直接原因；煤矿未制定两井贯通时的有关措施，未打钻探水排除老井巷道积水是造成事故的主要原因。处理结果：针对煤矿管理混乱，新建井和老井贯穿没有制定相关措施导致事故发生，按规定给予经济处罚；乡政府及县煤炭行业主管部门对事故负有管理责任的人员，责令进行深刻检查并进行通报批评。

“1·30”仲河村牛场组赵泽义无证煤窑瓦斯事故　1999年1月30日，阿戛乡仲河村牛场组赵泽义无证煤窑发生瓦斯爆炸事故，死亡4人，经济损失4万余元。经市、县事故联合调查组调查认定：违法办矿，不执行乡政府和煤管站的封闭指令，强行冒险蛮干，违章指挥生产，是导致事故的主要原因；独眼井生产，独头巷道过长，无风作业，导致井下瓦斯聚积，电工在井下带电检修水泵，产生火花引爆瓦斯，是事故直接原因。处理结果：煤窑主要负责人及合伙人违法办矿，违章盲目生产，不服从管理，强行蛮干，是事故主要责任者，由司法机关立案查处；对事故发生后积极抢险，配合有关部门调查和事故善后的合伙人，给予经济处罚；对乡政府及县煤炭行业主管部门负有管理责任的人员，责令进行深刻检查并给予经济处罚。

“2·3”保华乡金鑫煤矿瓦斯事故　1999年2月3日，保华乡金鑫煤矿发生瓦斯爆炸事故，死亡3人，伤6人，经济损失约4.5万元，市、县联合事故调查组认定：由于该矿放炮员放炮时，未执行“一炮三检”，违章作业，导致事故发生。处理结果：对煤矿负责人进行经济处罚，责成保华煤管站向乡政府和县煤炭局写出深刻检查。

“3·31”新划村彭唤琴无证煤窑瓦斯事故　1999年3月31日，阿戛乡新划村彭唤琴无证煤窑发生瓦斯爆炸事故，死亡7人，轻伤2人，经济损失3万余元；经市、县事故联合调查组调查认定：违法办矿，擅自启封已填平井口组织生产，违章作业，盲目蛮干，是事故的主要原因；独眼井生产，无风作业，导致井下瓦斯聚积，工人在井下违章拆卸矿灯产生电火花引爆瓦斯，是事故直接原因。处理结果：煤窑主违法办矿，擅自启封填平井口组织生产，是事故的主要责任者，由司法机关依法追究刑事责任；对乡政府及县煤炭行业主管部门负有管理责任的人员，给予行政处分和经济处罚。

“4·21”星明煤矿瓦斯事故　1999年4月21日，董地乡星明煤矿发生瓦斯爆炸事故，死亡13人，经济损失11万元。省、市、县事故联合调查组认定：主扇停开，局扇安装在回风巷形成循环风，造成瓦斯积聚，工人在井下吸烟引爆瓦斯是事故的直接原因；瓦检员脱岗，在井下瓦斯超限时不撤出人员是事故的主要原因；乡政府领导违纪开办煤矿，顾此失彼，管理混乱是事故的重要原因。处理结果：对煤矿负领导责任者和直接责任者分别提交司法机关追究其刑事责任；对其他相关政府部门及责任者，按规定进行处理。

“4·20”玉舍上寨2号煤矿瓦斯事故　2000年4月20日，玉舍乡上寨2号煤矿发生瓦斯爆炸事故，死亡8人，直接经济损失5万元。事故原因是井下局扇的安装及风筒口的位置违反《煤矿安全规程》规定，造成瓦斯积聚，工人在井下违章拆卸矿灯产生电火花引爆瓦斯。对该矿按规定进行经济处罚，对事故责任者进行行政处分和经济处罚。

“7·24”群益村陶家湾煤窑（无证）瓦斯事故　2002年7月24日，玉舍乡群益村陶家湾煤窑（无证）发生特大瓦斯爆炸事故，死亡22人，重伤1人，轻伤6人，直接经济损失80万元。经省、市事故联合调查组进行全面调查后，确认该事故为陶家湾煤窑业主非法盗采国家煤炭资源，当地政府及有关职能部门严重失察，个别工作人员失职渎职而导致的一起重大责任事故；矿井独眼井开采，井下长期无风或循环风作业，导致瓦斯集聚，违章操作引发瓦斯爆炸，是事故直接原因。2003年12月9日，按国家煤矿安全监察局煤安监二字〔2003〕98号文件批准，省政府下发黔府办函〔2003〕50号文件，对该非法煤窑业主和失职渎职工作人员分别移交司法机关追究刑事责任，对事故负有重要责任者给予处分。

“8·8”湾子煤矿瓦斯事故　2005年8月8日，发耳乡湾子煤矿发生特大瓦斯爆炸事故，死亡17人，受伤6人，直接经济损失400万元。经省、市事故联合调查组全面调查后，确认该事故为一起责任事故。2006年6月19日，国家煤矿安全监察局下发煤安监调查字〔2006〕32号文件《关于贵州省水城县发耳乡湾子煤矿“8·8”特大瓦斯爆炸事故处理意见的批复》，对该煤矿进行吊销证照、实施关闭的行政处罚，对该事故相关责任者分别给予移交司法机关追究刑事责任、行政处罚和处分。

“11·18”沙沟煤矿瓦斯事故　2005年11月18日，蟠龙乡沙沟煤矿发生特大瓦斯爆炸事故，死亡16人，直接经济损失约457万元。经省、市事故联合调查组进行全面调查后，确认该事故为一起责任事故。2006年6月19日，国家煤矿安全监察局下发煤安监调查字〔2006〕31号文件《关于贵州省水城县蟠龙乡沙沟煤矿“11·18”特大瓦斯爆炸事故处理意见的批复》，对该煤矿进行吊销证照、实施关闭的行政处罚；对该事故相关责任者分别给予移交司法机关追究刑事责任、行政处罚和处分。

“12·2”仲河煤矿瓦斯事故　2005年12月2日，阿戛乡仲河煤矿发生特大瓦斯爆炸事故，死亡16人，直接经济损失569万元。经省、市事故联合调查组进行全面调查后，确认该事故为一起责任事故。国家煤矿安全监察局下发煤安监调查字〔2006〕29 号文件《关于贵州省水城县阿戛乡仲河煤矿“12・2”特大瓦斯爆炸事故处理意见的批复》，对该煤矿进行吊销证照、实施关闭的行政处罚；对事故相关责任者分别给予移交司法机关追究刑事责任、行政处罚和处分。

“12・2”*仙水沟煤矿瓦斯事故*　2005 年 12 月 2 日，玉舍乡仙水沟煤矿发生一起煤与瓦斯突出事故，死亡 3 人，直接经济损失 80 万元。经省、市事故联合调查组进行全面调查后，确认该事故为仙水沟煤矿安全管理混乱，未制定作业规程而导致的一起责任事故。2006 年 7 月 5 日，贵州煤矿安全监察局印发黔煤安监调查字〔2006〕103 号文件《关于水城县玉舍乡仙水沟煤矿“12・2”重大煤与瓦斯突出事故处理意见的批复》，对该事故直接责任者移交司法机关追究刑事责任，对该煤矿及负有重要责任者给予行政处罚。

“5・10”*大梁子煤矿透水事故*　2008 年 5 月 10 日，湖南省安石企业（集团）六盘水煤业公司住鑫煤业有限公司保华乡大梁子煤矿发生一起透水事故，死亡 4 人，受伤 1 人，直接经济损失 110 万元。经联合事故调查组进行全面调查后，确认该事故为一起责任事故。企业对煤矿安全监管严重失控，该矿拒不执行煤矿安全监察部门指令，违章指挥、违章作业导致事故发生。2008 年 7 月 31 日，贵州煤矿安全监察局、省监察厅联合下发黔煤安监调查字〔2008〕68 号文件《关于对水城县保华乡大梁子煤矿“5・10”较大透水事故处理意见的批复》，对该企业负直接责任者移交司法机关追究刑事责任，对企业及相关责任者进行经济处罚，对事故负有主要责任的工作人员给予行政处分。

第三章 煤炭经营

第一节 煤炭销售

特区境内的水城矿务局系统所产煤炭，由国家按计划统配调拨销售。县（特区）只进行地方煤矿所产煤炭销售，煤焦产品主要销往广东、广西、四川、湖南、江苏等省（区），还销往水钢、水城矿务局、水城水泥厂、水城发电厂、都匀剑江化肥厂等厂矿企业。

1976 年前，特区地方煤矿、社队煤矿和私人煤矿实行自由开采，自由交易。1977 年，特区成立煤焦公司，负责全特区乡镇煤矿的产、供、销工作。1984 年起，随着改革开放政策推行，地方煤矿销售机构，从特区煤焦公司一家经营发展到 37 家煤焦经营单位；价格、财务、运输、税收等中间环节，处于混乱状态。1987 年，根据市政通字第 90 号文件，特区政府对煤焦经营单位收取维简费（原煤 1000 千克 3 元，土焦 1000 千克 6 元），出省经济补助费（原煤 1000 千克 5 元，土焦 1000 千克 10 元），育林费（原煤 1000 千克 0.1 元，土焦 1000 千克 0.2 元），管理费（按煤焦出厂价卖方 1.5%、买方 3%），出省煤焦燃料管理费（1000 千克 1.14 元），其他费用由各业务部门按国家政策规定执行。1987 年 5 月，特区政府按“活而不乱，管而不死”的原则，制定《水城特区乡镇煤矿销售产品管理暂行办法》，多渠道销售变为特区煤炭局统筹销售，原煤、焦炭销售统一使用专用货票、税票。1987 年 8 月，特区政府对所制定煤焦销售办法作出补充规定，取缔不符合条件煤焦经营公司。1988 年，县政府下发文件，责成县煤炭局配合工商、税务等部门对全县煤焦经营单位再次进行全面清理整顿，由县煤炭、税务、公安等部门联合制定《水城县乡镇煤矿煤焦产品经销管理办法》的实施细则；对县内 10 家对外经销煤焦企业的财务管理、规章制度进行清理整顿，停止 4 家公司的经营业务。1988 年 6 月，县政府作出规定，要求销售单位和用户，在领取“煤焦发运专用单”“煤焦销售专用发货票”时缴纳相关税费；具体为维简费（原煤 1000 千克 3 元，土焦 1000 千克 6 元），工商税（销售额的 1%），育林基金（原煤 1000 千克 1 元，土焦 1000 千克 2 元），环保排污费（原煤 1000 千克 0.1 元，土焦 1000 千克 0.2 元），出省煤焦经济补贴（原煤 1000 千克 5 元，土焦 1000 千克 10 元）。

能源部〔1988〕煤地方字第 70 号文件批准县为全国第一批重点产煤县，为适应工作需要，1989 年 1 月 31 日，县煤炭工业局成立煤焦产销服务部，主要进行县地方煤矿的生产、安全、供销等行政后勤工作服务，主营原煤、土焦销售及煤矿专用设备、矿山机电产品的修理安装。1989 年 2 月 1 日，市政府市府通字〔1989〕7 号文件规定，在服从市、特区（县、区）煤炭工业管理部门对产、供、销、运和安全的统一管理下，允许有经营能力的煤焦生产企业自主经营。1991 年，根据省经委〔1991〕128 号文件精神，成立县煤炭工业局煤炭矿产资源开发公司，负责原煤、洗精煤、焦炭的生产经营。

1992 年 11 月，经省、市政府批准，成立市煤炭批发市场，按照大市场、大流通的要求和场内放开、场外严管的原则，全市地方生产的煤焦产品，一律纳入市场交易。市煤炭批发市场组建后，形成运输车皮计划统一审核、汇总、申报、分配。由于有关单位认识不统一，1993年下半年，市煤炭批发市场不能正常运行，煤炭批发改由特区（县、区）煤炭工业局统一管理。

1997年，按黔煤改〔1997〕313号文件精神，对煤炭经营企业进行清理整顿；县原有38家煤焦经营单位，经过清理整顿保留10家。1997年1月，全县煤炭行业逐步向“产、供、销、运、安全”五统一管理过渡，为规范煤焦税费征管，成立县煤焦税费征收管理办公室。

1998年7月29日，市依法整顿煤炭生产经营秩序领导小组和市煤炭工业局联合下发市煤字〔1998〕02号文件《关于全市地方煤焦生产经营实施“五统一”管理的通告》，要求从1998年8月1日起，在全市境内全面实施煤焦生产、经营“五统一”（统一订货、统一价格、统一票证、统一调运、统一结算）管理。

2003年4月2日，根据全国整顿和规范市场经济秩序工作会议精神，为整顿和规范煤炭产品经营秩序，强化煤炭产品税费征收管理，成立县煤炭局票证管理站和县煤炭产品运销稽查队，撤销县煤焦税费征收管理办公室。通过整治，规范煤炭产品的税费征收及煤炭产品验票管理工作，推行煤炭产品准销、准运制度，规定《贵州省六盘水市地方煤炭产品专用发票》必须和《煤炭产品准运证》共同使用，对偷漏煤焦税费及调运无证煤矿产品等违法行为进行严厉打击。

2004年11月，遵照省物价局、省财政厅、省经贸委、省煤炭管理局黔价〔2004〕164号文件《关于印发〈贵州省煤炭价格调节基金征集使用办法〉的通知》和黔价〔2004〕234号文件《关于印发〈贵州省煤炭价格调节基金征集使用办法实施细则〉（试行）的通知》，成立县煤炭价格调节基金管理委员会，日常工作由县物价部门管理。县煤炭价格调节基金起征时间为2004年11月10日，征收标准原则上执行省的统一标准，但可根据煤炭产品供求价格情况，报市政府同意后适时进行调整。对煤炭价格调节基金的使用范围进行严格规定。

2008年，为进一步加强全县煤炭产品销售工作，县煤炭局成立县煤炭市场服务中心，负责拟定煤炭行业经济运行的政策和措施，指导煤炭产品产运销衔接工作，整顿和规范煤炭市场，协调煤炭产品调运和电煤、民用煤、燃气煤的供应。

1979—2008年，县（特区）原煤、焦煤、洗精煤销售情况见表11－3－1。

1979—2008年水城县（特区）原煤、焦煤、洗精煤销售表

表11－3－1　　单位：万千克

年度	原煤	焦煤	年度	原煤	焦煤	年度	原煤	焦煤	洗精煤
1979	22600	9100	1987	152000	27300	2001	57910	30000	—
1980	36900	10200	1988	83300	12300	2003	285840	40590	—
1981	44200	9700	1989	61400	8500	2004	306580	25820	—
1982	46000	12600	1990	63400	11400	2005	286710	36910	—
1983	40400	11100	1991	13060	2350	2006	574960	37790	75640
1984	59000	19100	1993	37110	8550	2007	451460	51830	60800
1985	146000	25200	2000	73160	28160	2008	456730	38080	44320
1986	130000	26000							

第二节 煤化工

一、煤化工状况

20世纪70年代，特区地方煤焦企业以土法炼焦为主，土法炼焦又以坡坡窑、锅底窑为主。1984年，特区采用萍乡窑、圆窑炼焦技术。1985—1998年，县（特区）土法炼焦企业逐步增加。1992年8月至1993年12月，为改善焦化工艺和作业条件，填补市地方煤炭行业无机焦产品的空白，经市政协牵头，由市煤炭工业局、省金属学会焦化学术委员会、市环境科学学会共同集资30万元，利用水城仲河煤矿焦化厂原有烟囱（直径4.5米、高45米）、厂房、场地等设施合作开发绝热空气加热，煤气回炉二次燃烧，窑式碳化接焦，推窑机出窑式SJ－1小型机焦炉生产试点，建成一座9孔小机焦及附属设施；经多次对该小机焦炉和炼焦工艺进行改进，于1993年底生产出符合三级冶金质量标准的机焦产品。1998年，县按上级要求关停土焦炉500只；全县建成焦化厂6座，年生产能力2.1亿千克。

2005年9月28日，县召开煤化工工作会议，提出“综合开发、深度加工、高效利用、循环发展”的煤化工工作思路，积极推动以煤炭开发为基础，发展采掘、洗选、焦化、煤气净化、煤焦油深加工、发电、冶金、机械加工、建材等科技含量高、环境保护好、经济效益显著的相关产业，力求实现“连片开发、资源共享”，使产业结构向合理化、高级综合化转变，以资源节约、综合利用和清洁生产为重点，建立循环经济的产业链模式。

二、煤化工企业

首钢水钢煤焦化公司　原名水城钢铁厂焦化厂，1966年建厂，总投资（固定资产原值）10.6亿元，1969年9月28日该厂第一座鞍62型36孔焦炉（2号焦炉）投产，1978年7月1日该厂总投资26912152元的1号焦炉投产，1980年该厂洗氨、洗苯、粗苯及粗苯加工等相继投产。1987年12月后，水城钢铁厂焦化厂属钟山区境内企业。1991年8月26日该厂改质沥青工程装置投产，1993年12月30日该厂形成年产9亿千克全焦的生产能力，1994年3月该厂二回收的脱硫蒸氨、硫氨系统投产。1998年8月该厂易名水钢煤焦化分公司。2003年8月6日，该公司投资25656270元的4号焦炉投产，年产全焦14亿千克。2008年该公司易名为首钢水钢煤焦化公司，具备14亿千克的冶金焦生产能力；主要为高炉冶炼提供焦炭，并为水钢和市区居民提供民用煤气。该公司产品远销省内外及东南亚地区，生产的化工产品主要有：工业萘、中温沥青、高温沥青、改质沥青、精苯、甲苯、二甲苯、粗酚、筑路沥青、沥青漆等20余种；其中工业萘、精苯获省优质产品称号；工业萘、精苯、改质沥青获“省杜鹃花节信得过产品”称号（1993年）。

保华乡焦化厂　位于保华乡加河村，距双水新区23千米。为县1988年招商合作项目，合作方式为联办，总投资770万元，由山东枣庄市薛城区投资470万元（包括中国贫困地区经济开发服务中心的县办企业贷款270万元），由县从省切块到县的专项贴贷款投入270万元，县自筹30万元。项目建设严格遵守《东西联合开发贫困地区试行办法》的规定，于1989年初动工兴建，1991年建成投产。

年产干全焦5600万千克，粗焦油250万千克，煤气170647标准立方米。

县保华机焦厂　位于保华乡加河村，距双水新区25千米。设计年产机焦2000万千克。总投资1903万元。1998年9月开工建设，2000年2月投入生产，2005年总资产2193196元，2006年生产机焦458300千克，2007年生产机焦7734410千克，2008年生产机焦8350000千克。

兴盛煤化工有限公司　公司和下属3个子公司（水城盛炜焦化有限公司、水城兴利焦化有限公司和水城盛宇焦化有限公司）均位于滥坝镇发齐村境内贵烟公路旁，距双水新区11千米，距六盘水市火车东站14千米，距滥坝火车站3千米。3个子公司各建设年产2亿千克机焦生产线，均于2004年6月后投产。2005年，公司固定资产1.5亿元，产值18000万元，缴税4000万元。

水城国贸焦化厂　位于滥坝镇白泥村境内，2001年3月16日注册成立，主要经营原煤、焦煤、煤焦油的生产销售，有员工280人，注册资本1000万元。2004—2006年，该厂投入节能减排技术改造资金1592万元，对炼焦废气、废物进行再利用，既降低成本，又减少污染物排放。2004年10月，该厂与六盘水拓源公司联合投资806万元，建成一个3000千瓦焦炉煤气发电厂（2005年5月投产后，发电除企业生产自用外，上网销售897千瓦时，是年收入226万元，2006年收入397万元）。2006年，该厂投入资金786万元建设年产200万千克粗笨回收车间和对焦化部分冷却系统进行改造，有效加大回收利用力度，并从煤气中提取粗苯；实现粗苯销售收入598万元，增加税费300万元。2007年，省乡镇企业局把水城国贸焦化厂列为全省发展循环经济的试点单位。截至2008年，该厂累计完成营业收入29052万元，上缴税金3009万元。

县兴利焦化有限公司　位于滥坝镇发齐村，2004年2月建成投产，总投资4800万元，是一家集科研、生产、销售为一体的综合性民营股份制企业，有各类专职人员130人。主要产品有二级焦、三级焦，设计年生产能力2亿千克。2008年，该公司生产焦炭1.26亿千克，产值13784.5万元，上缴税金417.1万元。

县利得煤焦有限公司　位于阿戛乡马场，1998年7月建成投产，注册资金60万元，年产改良焦2000万千克。2005年，该公司以承担仲河煤矿债务的形式对其进行收购，因仲河煤矿瓦斯爆炸事故（12月2日）暂时停业。2006年初，该公司投入2500万元购进99－3号机焦炉，年生产能力提高到1.5～2亿千克，由于流动资金不足，生产效率不高，每年焦炭产量5000万千克左右，中间产品回收程度有限。2008年，该公司生产焦炭4070万千克，原煤6070万千克，回收煤焦油28.3万千克，粗苯2.3万千克，工业产值6612万元，上缴税金672.5万元。

第十二篇　商贸　非公经济

第一章　商　贸

第一节　商业贸易

一、管理机构

1978—1987 年，特区商业局主管商业贸易。1987 年 12 月，特区商业局更名县商业局。1993 年，撤销县商业局，组建县商业贸易总公司，归口县贸易局。2002 年 6 月，县贸易局并入县经济贸易局，县商业贸易总公司归口县经济贸易局。

二、百货公司

特区百货公司由 1954 年成立的县百货公司发展而成。1977 年，特区百货公司经营家用电器、自行车、缝纫机、糖烟酒、棉布、化纤布、毛料、针棉织品、大小百货、文化用品等近千个品种，销售总额 2260. 7 万元，创历史最高记录。1980 年 1 月，特区百货公司分出纺织品公司，是年销售总额 821. 2 万元，利润 78 万元，纳税 26 万元。1984 年 1 月，特区百货公司上调归市。1987 年 12 月，另建特区百货公司（即百货大楼）。1999 年，县百货大楼改为股份合作制企业。

1981—1994 年，县（特区）百货公司经营及资金情况见表 12 – 1 – 1。

1981—1994 年水城县（特区）百货公司经营及资金情况统计表

表 12 – 1 – 1　　单位：万元

年度	销售总额	经营利润	利润总额	缴纳税金	年末职工人数	国家流动资金	商品占用资金	固定资产原值
1981	194. 9	9. 5	8. 2	4. 1	71	55	73. 9	8
1982	175. 4	7	3. 8	1. 9	73	55	77. 3	8
1983	162	6. 5	2. 3	1. 18	73	50	72	8
1984	272. 2	6. 1	7. 6	3. 8	80	67	92. 5	11. 4
1985	291. 6	12. 5	8. 5	3. 5	85	67	12. 9	11. 4
1986	207. 5	3. 2	2	5. 2	105	67	150. 4	13. 1
1987	144. 1	– 2. 4	– 8. 6	—	87	66. 9	147. 4	13. 1
1988	148. 7	– 2. 4	– 8	1	77	66. 6	118. 8	13. 1
1989	55	– 18	2. 7	1	67	66. 6	75. 9	15. 9

续表 12－1－1

单位：万元

年度	销售总额	经营利润	利润总额	缴纳税金	年末职工人数	国家流动资金	商品占用资金	固定资产原值
1990	13.39	－12.49	－13.96	0.39	61	66.6	61.5	16.97
1991	849.61	46.37	31.91	47.98	120	49	196.58	148.16
1992	1005.32	43.49	36.26	45.22	116	49	258.06	148.16
1993	1096.49	65.69	28.8	—	116	—	328.51	148.16
1994	848.1	111.7	40	55.5	116	—	—	186.5

三、民贸公司

1978—1983年，特区民族贸易公司主要经营少数民族用品。1984年1月，特区民族贸易公司上调归市。1986年，民贸公司挂市民族贸易公司与特区民族贸易公司2块牌子。1987年12月，特区民族贸易公司从市民族贸易公司分出并改称县民族贸易公司。1989年，县民族贸易公司设2个门市部和1个批发部，经营商品有小百货、五金、机电、副食、针织品、棉布、糖烟酒和少数民族特需商品、金银首饰等。

1981—2008年，县（特区）民族贸易公司经营及资金情况见表12－1－2。

1981—2008年水城县（特区）民族贸易公司经营及资金情况统计表

表 12－1－2

单位：万元、人

年度	销售总额	经营利润	利润总额	职工人数	交纳税金	商品占用资金	国家流动资金	企业流动资金	固定资产原值
1981	161.5	9	8.5	36	3	39.2	32.6	—	11.8
1982	167.5	7.4	4.5	53	2.2	45.7	32.6	—	12.8
1983	200.3	9.4	7.8	59	5.2	55.6	37.6	—	30.2
1984	268.1	14.5	11	72	6	59.1	37.6	—	29.4
1985	412.2	22.8	19.3	85	9.1	97.5	37.6	—	32.2
1986	528.7	26.9	25	82	12.2	130.6	37.6	0.3	44.5
1987	567.4	12	6.5	83	9.6	163.7	37.6	1.4	44.5
1988	509.5	13.5	17	83	7.9	163.4	37.6	3.7	102.6
1989	385.9	－7.4	－29	78	5	171.2	37.6	4.5	101.6
1990	280.83	－52.79	－66.13	69	5.94	152.24	37.6	5.14	101.62
1991	241.86	－9.68	－12.26	68	4.92	145.56	37.6	5.14	101.62
1992	351.37	－15.84	－20.09	75	6.56	145.76	37.6	5.14	101.62
1993	96.5	－53.71	－53.61	84	7.1	136.74	37.6	－5.	101.62
1994	200.2	11.8	－24.2	78	4	115	37.6	－5.9	110.2
1995	110.39	－46.39	－24.73	79	2.4	79.21	37.6	13.38	110.2
1996	108.22	－30.47	－18.54	81	3.18	189.41	37.6	14.1	110.2
1997	87.23	－26.75	－16.55	80	1.59	104.95	37.6	5.23	277.1

续表 12－1－2 单位：万元、人

年度	销售总额	经营利润	利润总额	职工人数	交纳税金	商品占用资金	国家流动资金	企业流动资金	固定资产原值
1998	37.32	－33.5	－17	79	0.76	87.44	37.6	2	277.1
1999	7.29	－37.09	－8.39	78	0.89	77.18	37.6	1.53	380.71
2000	14.38	－43.65	－13.44	77	0.71	72.3	37.6	3.19	380.71
2001	—	－41.4	－12.55	77	0.1	49.72	37.6	2.15	384.75
2002	—	－40	－10.8	76	—	44.43	37.6	1.2	384.75
2003	—	－30.8	－13.77	76	—	44.43	37.6	1.29	380.71
2004	—	－32.01	－8.73	76	—	—	39.75	2.29	386.21
2005	—	－43.33	－16.66	75	—	—	39.75	2.28	386.21
2006	—	－45.42	－0.83	75	—	—	39.75	4.82	386.21
2007	—	－30.91	－5.18	74	—	—	39.75	1.31	393.38
2008	—	－33.42	－4.5	73	—	—	39.75	2.2	387.88

四、盐业公司

特区盐业公司由1951年成立的县盐业商店发展而成。1980年，特区盐业公司在铁路水城站旁建仓库1栋，500平方米。1986年，特区盐业公司在铁路水城站旁建仓库1栋，660平方米。1980—1989年，县（特区）盐业公司平均年进货量500万千克（从云南进岩盐300～350万千克，从四川进井盐100—150万千克，从江苏连云港进海盐50万千克）。1986—1989年，县（特区）盐业公司批发食盐给各区供销社，转供农村，城市居民用盐由市盐业公司直接供应。1987年，特区盐业公司开始进购加腆盐投放市场。1987年12月，特区盐业公司改称县盐业公司。1988年，县食盐供应紧张，农业人口和非农业人口每人每月分别凭票供应0.6千克和0.5千克。1989年，县盐业公司铁路六盘水站旁仓库划归市盐业公司。

1981—2008年，县（特区）盐业公司经营及资金情况见表12－1－3。

1981—2008年水城县（特区）盐业公司经营及资金情况统计表

表12－1－3 单位：万元、人

年度	销售总额	商品经营利润	利润总额	年末职工人数	交纳税金	国家流动资金	企业流动资金	固定资产原值
1981	122.6	25.96	25.7	18	12.79	32.6	32.6	22.7
1982	116	24.7	23.98	20	9.67	—	—	24.4
1983	127.4	28.4	27.2	27	12.3	33.18	—	44.7
1984	161.3	33.8	30.1	42	24.4	33.18	33.18	48.9
1985	149.98	30.9	28.7	42	23.06	32.68	33.18	46.4
1986	164	35.1	30.7	42	17.1	33.68	0.5	51.4
1987	150	34.5	30.49	42	21	33.68	1.07	80
1988	182.7	37.1	32.96	41	16.6	33.68	1.9	91.9

续表 12－1－3　　单位：万元、人

年度	销售总额	商品经营利润	利润总额	年末职工人数	交纳税金	国家流动资金	企业流动资金	固定资产原值
1989	132.9	24.7	18.8	32	8.9	56.6	1.9	90.18
1990	167.14	26.65	24.31	31	15.65	56.65	2	79.58
1991	178.12	38.57	37.83	32	25.74	56.65	6.12	87.51
1992	220.35	49.25	45.9	31	30.11	56.64	22.16	91.72
1993	251.21	36.33	40.26	40	26.12	73.03	168.77	93.74
1994	186.5	71.7	34.1	40	27.3	81.32	—	93.74
1995	196.09	84.79	30.57	42	21.13	53.98	—	127.58
1996	203.4	84.9	24.3	40	17.55	27	—	200
1997	251.19	90.38	21.31	44	28.31	31.32	—	200
1998	264.84	82.4	13.14	45	11.04	60.32	—	206
1999	331.95	93.80	16.57	46	32.18	113.48	—	206
2000	343.15	102.84	20.01	44	48.09	80.21	—	216.67
2001	444.99	158.53	24	34	33.64	91.85	—	126.33
2002	480.32	182.33	26.2	36	52.43	231.53	—	126.6
2003	515.79	182.98	11.36	33	39.74	320.87	—	126.85
2004	517.4	182.99	11.36	33	66.70	248.61	—	141.31
2005	469.89	159.31	7.18	32	50.9	51.25	—	407.05
2006	460.87	193.1	18.19	31	38.52	66.53	—	407.05
2007	503.67	229.94	41.66	28	51.53	25.35	—	407.05
2008	529.35	270.99	52.75	27	63.7	36.09	—	446.45

五、石油公司

特区石油公司由 1959 年成立的县石油煤建公司发展而成。1983 年，特区石油公司有职工 42 人。1984 年 1 月，特区石油公司上调归市。之后，县（特区）无石油公司，境内有直属市石油公司的滥坝油库和各加油站，煤油主要由各基层供销社销售。

1979—2008 年，县（特区）油料销售情况见表 12－1－4。

1979—2008 年水城县（特区）油料销售统计表

表 12－1－4　　单位：万千克、万元

年度	汽油	煤油	柴油	润滑油	销售金额	年度	汽油	煤油	柴油	润滑油	销售金额
1979	314.4	59.3	101.6	20	—	1994	731.5	8.5	648	21	—
1980	306.3	65.7	90	19	—	1995	797.4	9.4	790.6	21.5	—
1981	240.9	2.11	74.23	14.47	242.8	1996	869.1	10.3	964.5	22	—
1982	276.7	0.96	73.79	13.83	261.4	1997	947.3	11.3	1176.7	22.5	—

续表 12－1－3　　　　　　　　　　　　　　　　　　　　　单位：万元、人

年度	汽油	煤油	柴油	润滑油	销售金额	年度	汽油	煤油	柴油	润滑油	销售金额
1983	283.5	2.98	72.72	15.55	292.5	1998	1032.6	12.5	1435.6	23	—
1984	309	3.3	88.7	17	—	1999	1125.5	13.7	1751.4	23.5	—
1985	336.8	3.6	108.2	16	—	2000	1226.8	15.1	2136.7	24	—
1986	367.1	4	132	17	—	2001	1337.3	16.6	2606.8	24.5	—
1987	400.2	4.4	161.1	18	—	2002	1457.6	18.2	3180.2	24	—
1988	436.2	4.8	196.5	18	—	2003	1627.3	33.4	3991.5	27.2	18749
1989	475.4	5.3	239.8	18.5	—	2004	1889.9	53	4403.2	29.5	28075
1990	518.2	5.8	292.5	19	—	2005	1172.9	34.3	2846.5	21.2	19710
1991	564.9	6.4	356.9	19.5	—	2006	1347.5	42.7	2946.5	17.8	25086
1992	615.7	7	435.4	20	—	2007	1379.5	52.8	3111.5	53	27889
1993	671.1	7.7	531.2	20.5	—	2008	1396.4	98.1	3362.4	49.5	25084

六、糖烟酒公司

1955 年，成立县烟酒公司，有职工 11 人。1971 年，县烟酒公司改为特区糖业烟酒公司。1984 年 1 月，特区糖业烟酒公司上调归市。后来，县食品公司更名县糖烟酒公司。2008 年，县糖烟酒公司有在职职工 31 人。

1981—1999 年，县（特区）糖烟酒公司经营情况见表 12－1－5。

1981—1999 年水城县（特区）糖烟酒公司经营情况统计表

表 12－1－5　　　　　　　　　　　　　　　　　　　　　　单位：万元

年度	购货总值	省内调入总值	省外调入总值	销售总值	年度	购货总值	省内调入总值	省外调入总值	销售总值
1981	180.2	540.6	724	557	1995	118.64	118.64	—	137.05
1982	146.3	635.3	212.5	738.4	1996	126.5	108.95	17.55	118.61
1983	304.2	635.8	—	964.3	1997	216.27	153.98	62.28	195.4
1992	37.99	7.8	0.94	44.65	1998	153.16	100.88	52.28	131.75
1993	86.15	76.91	9.24	78.17	1999	222.09	—	2.85	190.23
1994	64.92	38.56	—	93.57					

第二节　物　资

一、机构

1978 年，特区物资局归口特区计划委员会，在铁路水城西站有 2238 平方米仓库 1 幢，在扁桶山有 669 平方米火工库 2 幢。1980 年 9 月，特区物资局下设特区生产资料公司。1982 年，特区物资局

增设铁路水城西站门市部。1984 年，特区物资局分别在宫厅和铁路水城西站建总面积为 1171 平方米的综合大楼和散灰水泥库（二、三层为宿舍）。1984 年 2 月，特区物资局改为特区物资供应公司（列入企业），隶属特区经济委员会。1985 年，特区物资供应公司下设金属材料组、机电化轻组、对外协作组（亦称生产资料公司）和西站门市部 4 个承包经营单位。1985 年 9 月，特区物资供应公司金属材料组、机电化轻组、西站门市部合并为综合业务组。1985 年 11 月，特区物资供应公司在官厅成立物资交易所，生产资料公司与物资交易所合为一体，1 个单位 2 块牌子。1986 年，恢复特区物资局（保留特区物资供应公司名称，仍为企业），隶属特区计划委员会，撤销综合业务组，成立业务股（仍辖西站门市部）、储运股、劳动服务站。1986 年 8 月，在物资交易所建立特区金属回收公司，1 个单位 3 块牌子。1987 年，成立大湾物资供应站。1987 年 12 月，特区物资局更名县物资局。1988 年 11 月，县物资局成为管理职能部门，组建金属建材公司、机电化工公司，连同原有的金属回收公司，共有 3 个独立核算的下属单位。1989 年，县物资局机关列为事业单位，定事业编制 10 人，行政编制 3 人。1990 年，县物资局共有职工 52 人（行政 2 人、事业 10 人、企业 40 人）。1993 年，撤销县物资局，组建县物资贸易总公司，辖金属建材公司、机电化工公司、金属回收公司，归口县贸易局。2002 年 6 月，县物资贸易总公司归口县经济贸易局。2008 年，县物资贸易总公司有在职职工 2 人。2008 年 2 月，县物资贸易总公司下属的机电化工公司，被省联名民爆器材经营有限责任公司兼并。

二、物资供销

1979—2008 年，县（特区）物资供销情况见表 12－1－6、表 12－1－7、表 12－1－8。

1979—2006 年水城县（特区）物资购销统计表

表 12－1－6　　单位：万元

年度	购进总额（销价）	销售总额（销价）	期末总额（销价）	其中销售（销价）				
				金属	电机	建材	化轻	其他
1979	154.71	217.39	65.04	71.41	36.44	26.29	48.96	—
1980	123.61	163.5	45.76	56.38	23.05	36.46	23.9	—
1981	165.59	184.19	54.19	76.67	12.78	47.72	19.31	—
1982	194.6	209.54	65.94	68.23	44.78	45.23	23.14	—
1983	161.22	217.37	43.71	89.18	27.17	27.49	28.33	—
1984	297.31	275.48	147	67.13	62.14	47.7	58.23	—
1985	517.15	557.74	154.91	239.26	146.01	51.86	52.36	—
1986	404.76	520.8	103.32	250.34	119.38	83.93	90.68	—
1987	476.04	507.97	83	244.93	80.02	90.98	91.83	0.21
1988	477.45	447.27	100.85	135.18	131.61	64.44	95.58	20.46
1989	710.68	689.29	115.23	225.89	103.09	112.95	139.32	108.04
1990	774.18	719.75	99.9	192.24	182.85	47.87	189.08	107.71
1991	564	496.37	122.87	151.4	151	10.64	19.35	163.98

续表 12－1－6　　单位：万元

年度	购进总额（销价）	销售总额（销价）	期末总额（销价）	其中销售（销价）				
				金属	电机	建材	化轻	其他
1992	410.92	1298.32	466.65	540.41	422.87	62.21	25.97	246.86
1993	424.9	1223.69	341.75	395.32	317.7	138.27	135.88	236.52
1994	411.31	1114.65	130.44	—	—	—	1114.65	—
1995	608.36	1114.46	108.79	—	—	—	1114.46	—
1996	630.25	979.35	138.2	—	—	—	979.35	—
1997	346.21	588.37	100.7	—	—	—	588.37	—
1998	294.17	429.3	39.68	—	—	—	429.3	—
1999	305.26	487.3	-48.8	—	—	—	487.3	—
2000	271.29	336.43	164.26	—	—	—	336.43	—
2001	411.36	682.97	121.53	—	—	—	682.97	—
2002	529.45	849.62	193.18	—	—	—	849.62	—
2003	456.29	968.02	64.51	—	—	—	968.02	—
2004	843.29	1542.91	83.88	—	—	—	1542.91	—
2005	894.18	1827.23	35.38	—	—	—	1827.23	—
2006	786.23	1696.49	651.73	—	—	—	1696.49	—

1981—1991 年水城县（特区）主要物资销售统计表

表 12－1－7

年度	钢材（万千克）	生铁（万千克）	水泥（万千克）	玻璃（重量箱）	汽车大/小（辆）	电机（千瓦/台）	电线（千米）	油毡（卷）	化肥（万千克）	84 号火工（万千克）	轮胎（套）
1981	81.4	63.5	528.7	888	10/1	—	—	—	30	15	186
1982	104.4	27.7	669.3	2231	5/0	249.3/23	93.3	1361	5	14	174
1983	126	20	679.7	1328	25/0	152.9/15	51.2	2305	—	20	169
1984	132.4	30	412.9	3007	15/0	136/23	22.3	1373	9	21	146
1985	181.6	60	621.2	4457	26/0	284.8/36	23.6	—	12	31	230
1986	142.7	79.3	392.1	4613	34/0	109.4/31	39	1618	20	28	346
1987	151.6	20	358.4	3568	12/0	330/47	158	2000	10	28	548
1988	172.3	20	565.3	2000	6/14	80/20	5	2500	30	34	290
1989	120.6	10	383.3	2100	41/1	86/11	30	1500	10	31	321
1990	168.2	46.1	551.3	875	21/3	68/19	60	2050	20	35	812
1991	123	—	193.8	1510	28/3	41/10	48	2500	60	38	808

2001—2008 年水城县 84 号火工产品销售统计表

表 12－1－8　　单位：万千克

年度	数量	年度	数量	年度	数量	年度	数量
2001	121.9	2003	143	2005	242.4	2007	186.1
2002	150.3	2004	222	2006	182.5	2008	168.3

第三节　粮　油

一、机构

1978 年，特区粮食局内设政工（人事）、保卫、财会、统计、业务（市镇供应）、购销（农管）、储运、基建、加工、行政 10 个股室，有职工 66 人；下辖城关、大湾、滥坝、比德、玉舍、杨梅、发耳、龙场、大河、南开、米箩、蟠龙 12 个区粮管所，场坝、水西、汪家寨、小河 4 个粮油供应站，场坝、黄土坡 2 个粮食加工厂及粮食局汽车队、水西转运站；特区粮食系统有职工 890 人，粮站（店）86 个，粮食仓容 7940 万千克，总资产 1639 万元。1981 年 3 月，成立特区粮油议价公司。1982 年，特区粮食局内设政保、人事、行政、财会、计划统计、业务（市镇供应、购销）、储运、基建加工 8 个股室，特区粮食系统有职工 1083 人。1984 年 1 月，场坝、水西、汪家寨、小河粮油供应站，场坝、黄土坡粮食加工厂，粮食局汽车队，水西粮食转运站，粮油议价公司划归市粮食局，共上调职工 598 人、网点 29 个、仓容 3530 万千克、汽车 8 辆，资产总值 418.66 万元；特区粮食局内设机构缩减为 5 股 1 室。1984 年 6 月，市粮食局划拨给特区粮食局站台仓容 80 万千克，重新成立特区粮油转运站。1986 年 3 月，重新成立特区粮油议价公司。1987 年 12 月，特区粮食局更名县粮食局。1990 年，全县粮食系统有职工 475 人，粮站（店）49 个，仓容 3422.5 万千克，资产总值 2122.3 万元。1991 年 10 月，成立县粮食局饲料公司。1992 年，10 个粮管所直属县粮食局。1992 年 6 月，成立县粮食总公司，与县粮食局 1 套人员、2 块牌子，下设计财、购销、多种经营组。1993 年 8 月，撤销县粮食局，成立县粮油贸易总公司。1994 年 6 月，恢复县粮食局，继续实行 1 套人员，2 块牌子。1996 年 1 月，县粮食局行政编制 30 人，实行 1 套人员，2 块牌子；10 个直属粮管所、粮食转运站、直属库为政策性业务单位，负责国家粮食收购、储存、调运等工作；粮油贸易总公司、饲料公司、粮油贸易经营部为商业性经营单位，自主经营、自负盈亏。1999 年 1 月 1 日起，县粮食局与粮食企业彻底脱钩，局机关设业务股、计财股、办公室，定编制 18 人，经费列入县级财政预算；撤销县粮油贸易总公司，成立县粮食购销公司（独立核算，自主经营、自负盈亏）；撤销粮管所，分别建立购销分公司和粮食经营公司，各购销分公司为县粮食购销公司分支机构，不设法人，实行报账制，统一纳入县粮食购销公司核算；粮管所人员、资产、债权、债务划给各购销分公司，统一归县粮食购销公司。2000 年，全县有粮食购销企业 3 个、粮食经营企业 13 个，粮食职工 672 人。2002 年 4 月，县粮食局机关迁至双水办公。2003 年，全县粮食购销企业在册的 238 人中，重新竞聘上岗 116 人，内退 48 人、分流安置 74 人；44 个粮站（点）减为 29 个。

二、粮食征购

1979—2002 年，县（特区）逐年逐级下达粮食征购任务（包括公粮、余粮和超购粮）到农户，公粮（农业税）由农户无偿交到粮站，余粮和超购粮一般收购玉米或稻谷，粮食部门长期按每千克 0.19 元的价格（玉米与稻谷同价）收购，后期超购粮价格略有提高。2003 年 4 月，国家取消粮食征购，粮食购销价格全面放开，粮食购销市场化。2006 年 1 月，国家废止《中华人民共和国农业税条例》，农业税征收实物的工作结束。

1979—2000 年，县（特区）粮食征购情况见表 12－1－9。

1979—2000 年水城县（特区）粮食征购统计表

表 12－1－9　　单位：万千克

年度	粮食征购合计	其中公粮	年度	粮食征购合计	其中公粮	年度	粮食征购合计	其中公粮
1979	892	258	1987	438.5	109	1994	2246.5	2246.5
1980	883.5	272	1988	382.5	382.5	1995	577	577
1981	1001	250	1989	510	510	1996	2232	2232
1982	1062.5	249	1990	468	468	1997	1306	1306
1983	1119	314.5	1991	2080	2036	1998	1307	1307
1984	469	112.5	1992	1859.5	1853.5	1999	1203	1203
1985	812	—	1993	1728	1538.5	2000	121.5	121.5
1986	575	126						

三、粮油平价销售

1978—1992 年，县（特区）非农业人口（特区约 13 万人，县约 3 万人）凭《购粮证》或粮票在所属粮店（站）定量（成人一般每月 15 千克粮食、0.5 千克食油）购买平价粮油，农业人口有特殊情况时根据政府分配的指标购买平价粮油；价格长期为每千克大米 0.276 元、每千克玉米或稻谷 0.19 元。1992 年，县取消长达 37 年（1955—1992 年）的粮油凭证凭票平价供应。

1979—1992 年，县（特区）平价粮油销售情况见表 12－1－10、表 12－1－11。

1979—1992 年水城县（特区）平价粮销售统计表

表 12－1－10　　单位：万千克

年度	合计	非农业	农业	年度	合计	非农业	农业
1979	3935	2937	998	1986	1061.5	460	601.5
1980	3669	2839	830	1987	2325.5	815	1510.5
1981	3474	2764	710	1988	2015	888.5	1126.5
1982	3895	3072	823	1989	1403.5	755.5	648
1983	3305.5	2565	740.5	1990	1168.5	548	620.5
1984	1813	956.5	856.5	1991	5646.5	3444	2202.5
1985	2794.5	834.5	1960	1992	6268	2006	4262

1979—1992 年水城县（特区）平价油脂销售统计表

表 12－1－11　　单位：千克

年度	食油销售合计	其中		桐油销售	年度	食油销售合计	其中	
		非农业	农业				非农业	农业
1979	463350	457450	5900	4000	1985	315000	295650	19350
1980	562000	556650	5350	5150	1986	128400	124500	3900
1981	968100	951850	16250	1650	1987	257100	247200	9900
1982	1121300	1086400	34900	1850	1988	282200	278900	3300
1983	898850	828750	70100	3100	1991	1434000	1015000	419000
1984	309200	256300	52900	—	1992	627000	231000	396000

四、粮油议价购销

1983 年起，粮食部门开展粮油议价（开初价格由物价部门决定，比平价高 50% 左右，后来价格由粮食部门根据市场变化确定）经营。1986 年，特区行业用粮、用油全部实行议价销售。

1979—2008 年，县（特区）粮食议价经营情况见表 12－1－12。

1979—2008 年水城县（特区）粮食议价经营统计表

表 12－1－12　　单位：万千克

年　度	议　　购		议　销	年　度	县外议购	议　销
	县（特区）内	县（特区）外				
1979	19	—	—	1994	5614	21496
1980	26.5	—	199.5	1995	5026.5	7543
1981	88	—	220.5	1996	4833.5	2766
1982	58	—	199	1997	2871	3582.5
1983	59	—	453	1998	3681	3384.5
1984	6.5	—	—	1999	1622	1872
1985	11	9	32	2000	2406	4206.5
1986	21.5	422	342.5	2001	1217.5	4141.5
1987	29.5	2144	1536.5	2002	7195.5	7830
1988	92.5	1134.5	1367	2003	8766.5	6668
1989	101.5	1244.5	638	2004	14235	15832.5
1990	158	1061.5	245	2005	4880.5	4521.5
1991	1458	6671.5	6010	2006	1499.5	4059.5
1992	1630.5	5886.5	9573	2007	350.5	20252.5
1993	3504	3981	11952	2008	4743.5	6575.5

五、农村销售

1983—2008 年，县（特区）销往农村粮食 13800 万千克，占总销量的 28%，其中发放救济、救助粮（无偿）3940 万千克，退耕还林（还草）粮 6300 万千克，供应农村回销粮 3200 万千克。1983

年，向农村回销粮食（平价）629万千克，发放救济粮200万千克。1984年起，对农村退耕还林（还草）被占土地农民给予3年平价粮食供应，每年每公顷375千克。1985年，特区对农村发放退耕还林（还草）粮500多万千克，向农村回销粮食1191.4万千克，发放救济粮549.5万千克。1991年7月，因灾发放救济粮230万千克，向农村回销粮食412.9万千克。1992年，水盘东线公路工程政府安排使用农村回销粮油137.3万千克；全县2000公顷坡改梯工程发放以工代赈粮食388万千克。1993年，县安排销售平抑市场粮价粮100万千克，发放救济粮271万千克，并代政府发放非农业人口肉食补贴305056.8元、补贴对象28246人。

六、粮食调运与储藏

粮食调运　粮食调运实行全国一盘棋，由粮食部门组织，县（特区）长期从外地调入粮食。1986—1989年，县（特区）大米供应紧张，县（特区）粮食局安排1名副局长带队，到省外各地协调调入。1986—1990年，县（特区）调入粮油5520.5万千克。

粮食储藏　1978年，特区有仓库点78处、105栋，总仓容7775万千克，库存粮食4335.7万千克；但区、乡及老公路沿线库点多，铁路沿线及工矿区仓容少。1978—2008年，县（特区）粮食局每年春、夏、冬3季对库存粮油进行普查。1987年，特区粮食局开展“四无”（无虫、无霉变、无鼠雀、无事故）粮仓活动，有8个粮管所、24个粮站符合“四无”标准。1990年，全县有粮食仓库76栋，总容量3422.5万千克。1990年后，学习四川“双低”（低氧、低药量）储粮技术。2007年，县开展“一符四无”（账实相符、四无粮仓）活动，合格率达仓库总容量的62%，“双低”储粮1505.1万千克，占储粮总数的68%。2008年，全县粮食库存207.3万千克（其中县级地方储备200万千克）。

七、经营状况

1979—2008年，县（特区）粮食企业主要经济指标见表12-1-13。

1979—2008年水城县（特区）粮食企业主要经济指标统计表

表12-1-13

年度	商业亏损（万元）	商业费用（万元）	总经营量（万千克）	经营万斤费用（元）	储存万斤费用（元）	纯销售额（万元）
1979	335.7	262	10276.5	128	95	1242.3
1980	366.2	263.2	11628	113	75	1465.7
1981	-1.4	326.5	19390.5	136	72	2404.4
1982	467.9	304.5	17324.5	141	68	1408.9
1983	533	328.7	11710.5	140	76	1399.4
1984	169.2	122.8	3960	155	71	572.8
1985	195.5	210.6	5667	114	126	883.9
1986	292.5	156.5	6312.5	124	97	905.7
1987	408.	284.8	5151	277	116	776.5
1988	328.	233.6	4673.5	250	85	598.2

续表 12-1-13

年度	商业亏损（万元）	商业费用（万元）	总经营量（万千克）	经营万斤费用（元）	储存万斤费用（元）	纯销售额（万元）
1989	486.3	391.9	6208	31564	106	528.4
1990	375.3	244.9	17810.5	7998	122	386
1991	416.39	364.03	17887	101.84	21.05	836.51
1992	521.79	327.72	13655.5	119.81	50.6	1267.96
1993	-24.47	300.04	12736	117.79	4.97	2777.52
1994	-63.04	345.51	10491.5	164.66	12.76	1435.22
1995	218.51	391.34	10971.5	178.35	40.92	1604.73
1996	183.08	497.62	14045.5	178	11.53	1066.5
1997	721.76	636.2	6530.5	218	5.09	888.46
1998	191	513	13062.5	196	14.89	592
1999	81.81	335.04	9447.5	177.32	16.58	436.31
2000	12.40	337.28	8720	194.39	56.34	1298.9
2001	-31.94	327.91	13060	126	62.55	1964.88
2002	-53.1	491.3	23871	102.91	145.28	3570.42
2003	271.74	414.58	23698	87.47	69.52	2415.46
2004	-112.94	650.64	35275	92.22	56.9	5642.52
2005	64	364	10762.5	169.11	11.94	1849
2006	237.34	417.17	9293.5	222.83	13.12	1336.76
2007	209	350	3241.5	539.84	4	390
2008	76.76	276.1	4154	332.33	6.50	479.05

第四节　供　销

1978年后，特区供销合作社系统按合同收购烤烟9712担。1980—1988年，县（特区）供销合作社汇总利润2137053元。1983年，特区供销合作社改成特区供销合作联社，为基层供销社的经济联合体，下辖的土产、农资、废旧、日杂、贸易公司为专业经营单位，基层供销社为合作商业。1984年，特区供销合作联社和85%的基层供销社先后召开社员代表大会，制定章程，民主选举理事会和监事会，确定供销社工作人员。1987年12月，特区供销合作联社改称县供销合作联社。1989年起，全县供销系统出现全面连续亏损，仅1990年全系统就亏损340.9万元。1998年，县供销合作联社土产公司引资830万元，联合建成15600平方米七十三恒丰建材家具市场。2000年后，县供销系统各单位分别根据自身实际，采取多种形式招商引资，进行存量资产开发利用，取得一定成效。2000—2008年，龙场供销社承包荒山166.67公顷种植药材、果树，发展生猪养殖基地1个，带动周边群众发展养殖业近500户。2002年2月，县供销合作联社列入参照公务员制度管理事业单位。2006年后，县供销合作联社各直属公司先后引资、集资开发废旧、日杂、农资等商住小区和综合楼，资产增值近2000万元。2007年，全县供销系统在乡（镇）组建农资店28个、农家日用品消费店62个。2008年，全县供销系统购进各类化肥1069.5万千克，供应化肥818万千克、农用地膜2.5万千克；建设村级综合服务站20个；商品销售总额6521.77万元，市场交易10790万元，汇总利润8.2万元，上缴税费总额47.7万元。

1982—2008年，县（特区）供销系统商品销售情况见表12－1－14、表12－1－15、表12－1－16、表12－1－17。

1982—1988年水城县（特区）供销系统商品销售情况统计表

表12－1－14

项　目		单位	1982年	1983年	1984年	1985年	1986年	1987年	1988年
纯销售总值		万元	2352.92	2238.81	2441.47	2862.85	2762.94	2744.31	2337.87
其中	生产资料	万元	474.65	376.81	507.05	602.61	750.91	633.64	658.42
	生活资料	万元	1755.23	1777.54	1728.59	1831.35	1550.73	1498.4	1203.57
商品批发		万元	—	—	—	309.16	—	420.32	333.48
食盐销售		万千克	295.97	306.92	292.8	308.72	316.24	242.26	292.02
煤油销售		万千克	77.66	70.33	73.15	84.39	68.63	70.41	78.87
食糖销售		万千克	18.06	15.02	12.11	12.55	11.41	11.88	7.44
香烟销售		条	461981	394526	260371	349318	325936	237256	102352
棉布销售		米	3569269	1906971	2291951	2495468	615678	417317	335250
化肥销售		标吨	—	17042.9	19403.2	22510.8	25371.2	23163.2	18568
其中	氮肥	标吨	—	12829.2	17086.5	19530	22982.3	17708.7	14245
	磷肥	标吨	—	4213.7	2316.7	2980.8	2388.9	4836.5	4323
	复合肥	标吨	—	—	—	—	—	618	—
缝纫机销售		台	1204	788	813	753	771	804	265
自行车销售		辆	716	793	859	275	302	138	211
农具销售		件	—	18070	19051	41158	23992	9169	2874
其中	铁制农具	件	—	17584	16123	14355	5758	—	—
	竹制农具	件	—	486	730	9172	2201	—	—
	木制农具	件	—	—	2198	17631	16033	—	—
饮食营业额		万元	11.28	8.15	—	—	—	—	—

1989—1995 年水城县供销系统商品销售情况统计表

表 12－1－15

项　目		单位	1989 年	1990 年	1991 年	1992 年	1993 年	1994 年	1995 年
纯销售总值		万元	2174. 48	2301. 73	2360. 27	2653. 77	1854. 4	1125. 15	3158. 08
其中	生产资料	万元	722. 86	1030. 43	1177. 74	1554. 66	855. 26	578. 79	2369. 44
	生活资料	万元	1040. 62	982. 55	1007. 53	837. 21	411. 88	414. 43	350. 64
商品批发		万元	203. 94	104. 06	573. 12	419. 14	35. 59	131. 92	438. 72
食盐销售		万千克	361. 65	264. 92	202. 38	148. 53	28. 89	15. 76	12. 94
煤油销售		万千克	80. 56	99. 54	84. 18	62. 13	19. 83	31. 73	8. 97
食糖销售		万千克	17. 24	10. 66	3. 37	11. 95	0. 91	0. 06	0. 29
香烟销售		条	64595	35742	23380	12155	1982	1739	13196
棉布销售		米	344885	220108	119323	9797	34773	3224	20676
化肥销售		标吨	17991. 6	23030. 4	33887	32355. 7	16319	15848. 6	31785. 7
其中	氮肥	标吨	10576	16743. 9	25759	22577. 4	10139	13115. 1	23545
	磷肥	标吨	7415. 6	5679. 8	8104	6561. 3	4680. 5	2717	6012. 95
	复合肥	标吨	—	606. 7	24	3217	1500. 4	16. 5	2227. 75
缝纫机销售		台	229	—	825	285	69	73	266
自行车销售		辆	47	—	330	21	2	—	1
农具销售		件	651	—	24	104	70	—	3045
铁制农具		件	—	—	24	104	70	—	—

1996—2002 年水城县供销系统商品销售情况统计表

表 12－1－16

项　目		单位	1996 年	1997 年	1998 年	1999 年	2000 年	2001 年	2002 年
纯销售总值		万元	1951. 82	2216. 57	1745. 76	1621. 25	1089. 88	796. 57	374. 81
其中	生产资料	万元	1091. 86	1629. 61	1348. 21	1099. 55	666. 84	594. 79	315. 15
	生活资料	万元	216. 37	252. 3	196. 99	152. 08	97. 62	77. 21	47. 75
商品批发		万元	643. 58	334. 66	200. 56	369. 62	325. 41	124. 57	11. 9
食盐销售		万千克	23. 25	19. 24	60. 08	7. 31	7. 8	5	4. 94
煤油销售		万千克	8. 32	11. 05	1. 31	1. 13	—	—	—
食糖销售		万千克	0. 39	0. 68	0. 57	0. 42	—	—	—
香烟销售		条	22630	10558	4658	6728	—	—	—
棉布销售		米	11623	10690	5230	6670	—	—	—
化肥销售		标吨	12318. 8	17648. 6	17799. 2	15604	14215	12542	4962
其中	氮肥	标吨	6068. 65	9854. 65	10119. 9	6532	6652	4433	1502
	磷肥	标吨	6227. 15	7767. 95	7619. 5	8750	7341	7961	3347
	复合肥	标吨	23	26	59. 8	322	222	148	113
缝纫机销售		台	204	36	125	189	—	—	—
自行车销售		辆	7	—	—	—	—	—	—
农具销售		件	217	—	—	—	—	—	—

2003—2008 年水城县供销系统商品销售情况统计表

表 12－1－17

项　目		单位	2003 年	2004 年	2005 年	2006 年	2007 年	2008 年
国内纯销售总值		万元	310.53	546	756.12	899.94	5549.03	6521.77
其中	农业生产资料	万元	274.32	488.44	661.95	498.61	1145.86	1361.69
	生活资料	万元	36.21	55.43	94.16	41.12	87.11	72.56
对集体、个体批发		万元	—	2.3	—	360.21	6548.05	5087.52
食盐销售		万千克	0.77	8.3	31.58	0.36	—	—
化肥销售		标吨	4047	3938	3993	4945	6325	8180
其中	氮肥	标吨	1445	2217	3596	4234	5528	5787
	磷肥	标吨	2487	1611	249	409	420	1054
	复合肥	标吨	115	110	148	302	377	1389

第五节　外　贸

一、概况

1978—2008 年，县（特区）没有建立外贸机构，煤炭、钢铁、水泥等工业品外贸由水城矿务局（水城矿业集团公司）、水钢、水城水泥厂等企业直接进行；其他产品外贸由市外贸局（公司）经营，市外贸局（公司）曾委托县（特区）供销部门或个人收购干姜等外贸产品。县（特区）出口主要产品有干姜、芸豆、荞麦、大蒜、辣椒干、马铃薯、油菜籽、烤烟、茶叶、核桃、桐油、蜂蜜、中药材、肠衣、煤炭、钢铁、水泥、重晶石、硅铁、粗锌等。县（特区）肠衣销售收入见表 12－1－18，部分中药材收购情况见表 12－1－19。

1978—1990 年水城县（特区）肠衣销售收入统计表

表 12－1－18　　单位：万元

年度	收入	年度	收入	年度	收入	年度	收入	年度	收入	年度	收入
1978	38.13	1980	241.9	1983	82.2	1985	159.3	1987	515.1	1989	1041
1979	79.42	1981	69.4	1984	98.9	1986	336.3	1988	352.3	1990	1465.6

1989—2008 年水城县主要中药材收购统计表

表 12－1－19　　单位：千克

年度	杜仲	厚朴	半夏	龙胆草	年度	杜仲	厚朴	半夏	龙胆草	黄柏
1989	40000	10000	2000	—	1999	30000	—	30000	—	—
1990	50000	10000	3000	—	2000	30000	—	30000	—	—

续表 12－1－19　　单位：千克

年度	杜仲	厚朴	半夏	龙胆草	年度	杜仲	厚朴	半夏	龙胆草	黄柏
1991	50000	5000	4000	50000	2001	30000	—	40000	20000	
1992	50000	5000	50000	—	2002	20000	—	20000	—	—
1993	50000	5000	8000	—	2003	20000	—	20000	—	—
1994	30000	—	9000	—	2004	20000	—	15000	30000	10000
1995	30000	—	10000	—	2005	20000	5000	15000	10000	10000
1996	30000	—	15000	—	2006	20000	3000	15000	3000	20000
1997	30000	—	20000	30000	2007	20000	1000	20000	3000	20000
1998	30000	—	20000	—	2008	20000	1000	19000	3000	30000

说明：2008 年另收购党参 7500 千克、金银花 3000 千克、枳壳 8000 千克

二、干姜经营

1975 年，地区外贸部门在特区发展生姜 20 公顷，收购干姜 2.4 万千克（约 6 千克生姜去皮后可烘烤成 1 千克干姜）。1977 年，全特区种植生姜 66.67 公顷，省粮油进出口公司协助发耳区建立出口干姜基地，地区外贸部门在发耳区召开干姜生产经验交流会。1978 年，省划定特区为出口干姜基地，拨给发耳区扶持发展干姜资金 1.5 万元，鼓励姜农制作干姜供国家出口。1979 年，发耳区龙井公社被对外经济贸易部列为贵州外贸干姜出口基地（1975—1978 年，该公社共提供近 10 万千克干姜出口）；省粮油进出口公司在发耳区召开干姜现场会，总公司领导从北京到发耳主持会议。1983 年，发耳区龙井乡生产的干姜品质优良，列为国家出口免检产品，获对外经济贸易部颁发证书。1987 年，特区收购干姜 109.6 万千克，其中 55 万千克销往香港、澳门、东南亚。2000 年后，县农户停止烘烤干姜，出口干姜由水城姜业发展有限公司加工。

在发展干姜的过程中，干姜价格因市场变化升降幅度较大，并且不能预测；价格高的年份，发耳区龙井乡（公社）干姜收入超 1 万元的农户曾在 100 户以上；价格低的年份，农户干姜收入大幅减少；有些年份干姜积压，第二年才销售完；但从总体情况看，县（特区）干姜出口曾大幅增加农户收入。市外贸局（公司）开初委托供销部门收购干姜，后来委托个人收购干姜，发耳区曾出现大、小“姜老板”上百人，其中 20 多人很快成为万元户。全市出口的干姜有一半以上产自发耳区为主的水城南部区、乡（公社）。

1979—2000 年，全市出口干姜（一半以上产自水城）情况见表 12－1－20。

1979—2000 年六盘水市出口干姜统计表

表 12－1－20　　单位：千克

年度	数量	年度	数量	年度	数量	年度	数量	年度	数量
1979	187550	1984	146540	1988	761780	1992	727130	1996	73000
1981	436950	1985	319800	1989	243030	1993	238620	1998	161000
1982	129200	1986	531600	1990	290600	1994	977900	1999	132800
1983	178200	1987	1231270	1991	604200	1995	975220	2000	12000

第二章　非公有制经济

第一节　发展措施

在改革开放和建立社会主义市场经济的过程中，县（特区）发展非公有制经济，经历从排斥到被动接受，再到大力发展的过程。

1978—1987 年，由于干部受计划经济的影响很深，特区对发展非公有制经济存在排斥情形，私营经济在贷款等方面受到限制，私营经济组织为了获得政府支持，往往打着集体的牌子，私营经济的比例很小。

1988—1998 年，县对发展非公有制经济虽然存在余虑，但面对上级的政策和非公有制经济强大的生命力，发展的步伐逐步加快。1989 年，县组织人员到各区、乡宣讲国家发展个体经济的“五不限”（不限发展比例，不限发展速度，不限经营方式，不限经营规模，不限经营范围）政策。1993 年，工商部门对个体工商户注册资金不作硬性规定，对偏远民族地区和贫穷落后地区个体户，鼓励先经营后办照。1995 年，县按照“一放二帮三管”（放手发展个体私营经济，帮助个体私营业户上档次上规模，管理个体私营企业违法违章行为）方针，在农村引导扶持农民务工经商，为其提供方便和优惠政策。

1999—2008 年，县积极推动非公有制经济发展，组织非公有制经济人士学习党的路线、方针、政策和法律法规，聆听省、市专家讲座，选派非公有制经济人士到省外大学、省内培训班培训，逐步提高其政治素质；推荐非公有制经济人士参选人大代表或政协委员，为经济社会发展建言献策，发挥其参政、议政的作用；到企业走访，召开代表会议，组织非公有制企业家与税务、安全监督、纪检监察等部门进行座谈，加强政企沟通，帮助非公有制企业解决其无法解决的问题，维护非公有制企业合法权益，推动非公有制企业健康发展。1999 年 1 月，县发〔1999〕9 号文件《中共水城县委水城县人民政府关于进一步加快非公有制经济发展若干问题的意见》规定：对非公有制经济实行“五给”（政治上给信任、政策上给优惠、服务上给方便、发展上给支持、经营上给指导）、“五不限”政策；非公有制企业建厂所需土地、经营场所，按土地出让和《中华人民共和国水保法》有关规定及时办理；下岗职工、分流人员凭本人申请、下岗证和身份证，可到工商部门注册办理非公有制企业手续；非公有制企业年吸纳下岗职工超过从业人数 5% 者，免 3 年所得税和有关税费；投资者在县内开办交通、水利、种植业、养殖业、教育、卫生、旅游、环保、三废利用、高科技、新技术和产品出口创汇等非公有制企业，生产时间在 10 年以上者，免征 10 年企业所得税。2002 年，下发《中共水城县委办公室关于印发水城县工商业联合会（县商会）职能配置内设机构和人员编制方案的通知》，明确县工商联服务非公有制经济的职能，为非公有制经济有序发展提供组织保障；县工商业联合会（县商会），发挥县委、县政府联系非公有制经济的桥梁和纽带作用，组织非公有制企业参与县政治、经济、文化、社会等各个领域建设，发挥非公有制经济在活跃市场、扩大就业、满足人民群众物质需求、促进农民脱贫致富等方面的作用。2003 年，县办发〔2003〕77 号文件《中共水城县委办公室关于建立县委县政府领导与非公有制经济人士联系制度的通知》建立县委县政府领导与非公有制经济人士联系制度，形成有利于非公有制经济发展的环境。2008 年 8 月 5 日，县天羿集团关心下一代工作委员会成立（全省第一个非公有制企业关工委）。

第二节　发展状况

非公有制经济发展的过程，是计划经济向社会主义市场经济转化的过程，经历许多艰难曲折。经过 30 年的发展，县（特区）由 1978 年的完全计划经济体制，转变为 2008 年的多元非公有制经济为主体的市场经济体制。

1990 年，全县只有私营企业 10 户、20 人，注册资金 91.7 万元。1991 年，全县有私营企业 23 户、63 人，注册资金 210.2 万元，总产值 145.6 万元，纳税 5.8 万元。1992 年 12 月 30 日，全县有个体工商户 2523 户（交通运输业 1135 户、商业 2005 户、饮食业 180 户、服务业 81 户、修理业 55 户、其他行业 67 户），注册资金 1076 万元，从业人员 3955 人（交通运输业 1135 人、商业 2287 人、饮食业 315 人、服务业 96 人、修理业 55 人、其他行业 67 人）；是年非公有制经济纳税 572.5 万元，占全县税收总额的 20.5%。1995 年，全县引进资金 1128 万元，新开办私营企业 29 户；私营企业发展到 89 户、1374 人，注册资金 2150 万元。1998 年，全县非公有制经济纳税 1460 万元，占财政总收入的 26.71%。1999 年 9 月，全县有个体工商户 3362 户，从业人员 6601 人，注册资金 1747 万元；有私营企业 178 家，从业人员 1651 人，注册资金 9949 万元。

2002 年 7 月 26 日，全县有个体工商户 3600 户，注册资金 4739 万元，从业人员 3889 人；有私营企业 251 家，注册资金 28695 万元，从业人员 2949 人。2004 年，全县第二产业全部 357 个工业企业中有私营企业 320 个、在第二产业工业企业就业的 18578 人中有私营企业就业人员 15379 人，第二产业有建筑个体经营户 15 户、就业 65 人；在全县二、三产业企业总资本 10.71 亿元中有个体企业资本 8.75 亿元，二、三产业企业就业的 44719 人中有个体企业就业人员 11949 人；第三产业有个体交通运输经营户 3051 户、就业 3254 人、营业收入 1.44 亿元，有私营房地产企业 5 个、就业 101 人、资产合计 1.13 亿元、负债 8188.8 万元，有批发和零售业私营企业 7 个、就业 52 人，有零售个体经营户 3635 户、就业 3776 人，有食宿和餐饮业私营企业 2 个、就业 35 人、营业额 50.3 万元，有个体食宿和餐饮业经营户 589 户、就业 887 人，有其他第三产业个体经营户 709 户、就业 893 人。2005 年，全县非公有制企业和个体工商户共有 4825 家，从业人员 40829 人，营业收入 32.8 亿元，缴纳税金 2.7 亿元，占全县财政收入的 79%。2008 年，全县个体工商业情况见表 12－2－1。

2008 年水城县个体工商业统计表

表 12 - 2 - 1

行业分类	户　数			从业人员（人）			自有资金（万元）			营业额（万元）		
	合计	城镇	农村	合计	城镇	农村	合计	城镇	农村	合计	城镇	农村
合　计	3604	702	2902	3593	559	3034	2270	696	1574	5134	850	4284
工　业	91	39	52	58	39	19	109	91	18	132	30	102
商　业	2755	386	2369	2771	386	2385	1522	355	1167	3844	500	3344
饮食业	565	138	427	571	—	571	485	124	361	958	160	798
服务业	188	134	54	188	134	54	154	126	28	200	160	40
其他业	5	5	—	5	—	5	—	—	—	—	—	—

第十三篇　财税　金融

第一章　财　政

第一节　机　构

一、县级机构

1978—1987 年，特区财政局内设人事秘书股、企业财务股、房产管理股、预算股和农财股。1987 年 12 月，特区财政局改称县财政局，内设人事秘书股、企业财务股、农业财务股、预算财务股、文教行政财务股、综合计划股、三查（财政、物价、税收检查）办，有职工 28 人。1989 年，县财政局撤销三查办，增设财政监察与会计管理股。1990 年，县财政局增设国有资产管理股。1993 年 10 月，县财政局增设财政信用资金管理所、农业财务股，文教行政财务股并入预算股，人事秘书股改称办公室。1996 年 3 月，县财政局国有资产管理股升格为县国有资产管理局（副科级）。1996 年 5 月，成立县预算外资金管理局，隶属县财政局。1999 年 7 月，撤销县预算外资金管理局。2002 年 7 月，撤销县国有资产管理局，县财政局增设统计评价股、社会保障股和国库股。2003 年 11 月，成立县农业税征收管理局，与县财政局农税股合署办公，设局长 1 名，副局长 1 名，核定事业编制 6 名。2004 年 5 月，成立县国库集中收付中心，隶属县财政局，定编 25 名（其中工勤人员 1 名）。2006 年 1 月，县财政局撤销统计评价股，设置经济建设股。2007 年 6 月，县农业税征收管理局改为县基层财政管理局（隶属县财政局），撤销农税股；成立县财政局信息中心，定编 3 名，设主任 1 名，均为专业技术人员编制。2007 年 7 月，全县煤炭产品税费征收管理职能从县煤炭局划归县财政局管理，成立县煤炭产品税费征收管理办公室，核定事业编制 40 人，设主任 1 人（副科级），副主任 2 人（股级），下设办公室、结算中心、调度中心及 20 余个验票站，共有干部职工 140 余人（含聘用人员）。2008 年 8 月，县财政局增设农业股。2008 年 12 月，县财政局内设办公室、预算股、国库股、社会保障股、综合股（含政府采购）、经济建设股、农业股、财政监察与会计管理股和信息中心；下辖县基层财政管理局、县国库集中收付中心、县煤焦税费征收管理办公室 3 个副科级事业单位；局机关核定编制 94 人（事业编制 72 人，行政编制 20 人，工勤编制 2 人），实有在编人员 93 人。

二、基层机构

1983 年，在城关、滥坝、比德、南开、大河、玉舍、发耳、龙场、杨梅、米箩、蟠龙、大湾 12

个区（镇）各设1个财政所，隶属特区财政局，每所定编3～4人。1985年，通过文化考试和考核，在12个区（镇）的111个乡各配备1名财政员，全为聘用制人员。1988年，县财政局辖10个区财政所（共有职工48名），98名乡财政员，全县共有财政工作人员169人。1992年，全县33个乡（镇）均设置财政所，为财政全额拨款事业单位，每所定编3～5人，工作人员有正式干部和原小乡的聘用制财政员。2008年，全县33个财政所职工编制169名，实有在编人员154人；原聘用制人员全部为事业编制人员（通过文化考试和考核陆续转编）。

第二节　财政体制改革

一、财政包干

1980年，上级对特区实行“划分收支，分级包干”的财政包干体制。1980年3月16日，特区对行政部门和文教、科技、卫生等事业单位试行“预算包干、增长分成、节约归己、分灶吃饭”的财政体制改革。

1982年后，上级对特区的财政包干体制逐步改为“总额分成，比例包干”。一是划分收入。将中央企业收入、关税收入作为中央财政的固定收入；地方企业收入、盐税、农牧业税、工商所得税、地方税和其他收入作为地方固定收入；由地方上划给中央部门直接管理的企业，其收入作为固定比例分成收入，80%归中央，20%归地方；工商税作为中央和地方的调剂收入；省、市在特区内企业收入由市比照中央企业进行划分。二是划分支出。隶属中央、省、市的企事业单位属于中央、省、市的财政支出范围，属于特区的企事业单位属于特区财政支出范围。三是“分级包干”；以1979年财政收支预算数确定特区财政收支的包干基数，收支相抵，多余留用或按比例上缴，不足由上级补助或自行解决。

1985年起，上级对特区实行“划分税种、核定收支、分级包干”的财政管理体制。1988年起，上级对县实行过“收入递增包干”“总额分成”“总额分成加增长分成”“上解递增包干”“定额上解”“定额补助”等形式的财政包干体制。

二、分税制

1994年实施分税制改革。（1）划分支出。地方财政主要承担本地区政权机关运转所需支出以及本地区经济、事业发展所需支出。（2）划分收入。中央财政固定税收有7种，地方财政固定税收有18种，中央与地方共享税收有3种。（3）建立收入返还制度。消费税和增值税收入的75%上划到中央，但按分税后地方净上划中央的收入数额，作为中央对地方的税收返还基数，基数部分全额返还地方；1994年后，各地区“两税”每增长1%，中央财政对该地区的税收返还增长0.3%。（4）税收机构分设。分设国家税务局和地方税务局，分别征管国税和地税。（5）解决原体制遗留问题。对原财政包干体制中遗留问题采取适当方式解决。

2002年1月1日起，国家实施所得税收入分享改革，企业所得税和个人所得税收入实行中央与地方按比例分享。2005年，全县取消除烤烟特产税外的农业税、农业特产税及其附加。

三、公共财政改革

2000年起，全县实行“一个部门一本预算”制度。2003年8月，县实行政府采购制度，先后将工程、车辆购买等纳入政府采购范围，各年度实际纳入政府采购金额为2003年223万元、2004年884万元、2005年2337万元、2006年2183万元、2007年2322.8万元、2008年3391.74万元。2004年，县开始国库集中支付改革（至2008年，县级72家预算单位全部纳入国库集中支付管理）。2007年，实施“乡财县管乡用”，涉农补贴资金实行“一折通”管理。2008年7月起，各项村级资金按“村财乡代管村用”改革的要求统一纳入“村级集体资金代管专户”管理。

第三节　财政收支与债券发行

一、财政收支

1993年，县财政总收入和本级财政收入均为1646万元，其中：工商税收类1276.9万元、农牧业税和耕地占用税303.8万元、国有企业所得税类88.4万元、国有企业计划亏损补贴类 -188万元、其他收入类151.6万元、国家预算调节基金类3.9万元、国有企业承包收入退库类 -20.4万元、专项收入类29.8万元。财政总支出为4849万元，其中：基本建设20万元、企业挖潜改造30.3万元、简易建筑3万元、支援农村生产支出347.2万元、农林水利气象等部门事业费310.4万元、工业交通5.1万元、教育和卫生及文体广播事业费1534.6万元、科学技术11.5万元、税务等部门166.4万元、抚恤和社会福利救济230万元、国防4.4万元、行政管理费1172.5万元、公检法司支出234.9万元、城市维护费2万元、政策性补贴支出44.8万元、支援不发达地区支出140万元、专项支出31.2万元、其他支出560.7万元。

2008年，县财政总收入为64144万元，本级财政预算收入为33903万元，其中：税收收入22717万元（增值税5338万元、营业税4957万元、企业所得税1549万元、个人所得税3711万元、资源税2087万元、城市维护建设税1731万元、房产税176万元、印花税380万元、城镇土地使用税462万元、土地增值税90万元、车船税109万元、耕地占用税303万元、契税112万元、烟叶税1712万元），非税收入11186万元（专项收入6815万元、行政事业性收费收入1532万元、罚没收入1552万元、国有资产经营收入148万元、国有资产有偿使用收入277万元、其他收入862万元）。财政总支出为106906万元（一般公共服务22619万元、国防50万元、公共安全3978万元、教育30341万元、科学技术367万元、文化体育与传媒591万元、社保和就业10943万元、医疗卫生10256万元、环保2493万元、城乡社区事务1263万元、农林水事务19382万元、交通运输556万元、工业商业金融等事务2104万元、其他支出1963万元）。

1978—2008年，县（特区）财政收支情况见表13 -1 -1。

1978—2008 年水城县（特区）财政收支情况统计表

表 13－1－1　　　　单位：万元

年度	财政总收入		本级财政收入		财政总支出	
	收入	较上年增长（%）	收入	较上年增长（%）	支出	较上年增长（%）
1978	1899	41.29	1899	41.29	1138	13.35
1979	2006	5.63	2006	5.63	1272	11.78
1980	896	－55.33	896	－55.33	1054	－17.14
1981	540	－39.73	540	－39.73	1530	45.16
1982	488	－9.63	488	－9.63	1510	－1.31
1983	576	18.03	576	18.03	1847	22.32
1984	914	58.68	914	58.68	2521	36.49
1985	777	－14.99	777	－14.99	2569	1.9
1986	1409	81.34	1409	81.34	2936	14.29
1987	1528	8.45	1528	8.45	2901	－1.19
1988	526	－65.58	526	－65.58	2814	－3
1989	772	46.77	772	46.77	3922	39.37
1990	838	8.55	838	8.55	3756	－4.23
1991	955	13.96	955	13.96	4142	10.28
1992	1171	22.62	1171	22.62	4632	11.83
1993	1646	40.56	1646	40.56	4849	4.68
1994	1679	2	991	－39.79	5233	7.92
1995	2534	50.92	1773	78.91	6711	28.24
1996	3850	51.93	2701	52.34	7411	10.43
1997	4573	18.78	3224	19.36	9305	25.56
1998	5120	11.96	3763	16.72	10353	11.26
1999	6579	28.5	4553	20.99	12306	18.86
2000	7337	11.52	5117	12.39	14328	16.43
2001	8389	14.34	5769	12.74	20180	40.84
2002	10066	19.99	6885	19.34	24316	20.5
2003	14640	45.44	8499	23.44	28626	17.72
2004	20713	41.48	11428	34.46	35166	22.85
2005	34131	64.78	16506	44.43	46968	33.56
2006	41240	20.83	19784	19.86	58616	24.8
2007	50354	22.1	25532	29.05	72166	23.12
2008	64144	27.39	33903	32.79	106906	48.14

二、债券发行

国库券　1981 年开始发行，单位年利率为 4%，个人年利率为 8%；1987 年调整为单位年利率

6%，个人年利率10%；1989年个人年利率调为14%；1990年单位年利率调为15%。国家重点建设债券：1987年发行，单位年利率6%，个人年利率10.5%。保值公债：1989年发行，第四年一次性还本付息，年利率随人民银行规定的3年定期储蓄存款利率浮动，加保值贴补率，外加1个百分点。特种公债：1989年发行，对象有企业、金融机构和职工养老基金管理机构等，年利率15%，5年还本付息。县（特区）债券发行情况见表13－1－2。

水城县（特区）债券发行统计表

表13－1－2　　单位：元

<table>
<tr><th>类别</th><th>年度</th><th>任务</th><th>完成</th><th>类　别</th><th>年度</th><th>任务</th><th>完成</th></tr>
<tr><td rowspan="6">国库券</td><td>1982</td><td>458000</td><td>438379</td><td rowspan="3">国库券</td><td>1988</td><td>600000</td><td>611555</td></tr>
<tr><td>1983</td><td>458000</td><td>480838</td><td>1989</td><td>586000</td><td>592675</td></tr>
<tr><td>1984</td><td>370000</td><td>356060</td><td>1990</td><td>586000</td><td>587000</td></tr>
<tr><td>1985</td><td>530000</td><td>542220</td><td>国家重点建设债券</td><td>1987</td><td>395000</td><td>395000</td></tr>
<tr><td>1986</td><td>530000</td><td>584295</td><td>保值公债</td><td>1989</td><td>—</td><td>994300</td></tr>
<tr><td>1987</td><td>550000</td><td>585605</td><td>特种公债</td><td>1989</td><td>226000</td><td>231000</td></tr>
</table>

第四节　财政监督与财源建设

一、财政监督

1978—2008年，县（特区）财政局不断完善相关制度和管理办法，将财政监督贯穿于财政管理运行全过程，保证各项财政政策落实。1987年，成立三查办，专门履行财政监督职能。1989年，撤销三查办，财政局内设财政监察与会计管理股，履行财政监督与财务会计管理职能。

二、财源建设

1978—1988年，受各种因素影响，县（特区）资源优势未转化为经济优势，农业在整个经济发展中占主导地位，特区财政收入主要来源于农业。

1989—1998年，县财源以烟叶和乡镇企业为主。财源建设按“以粮食生产为基础，烤烟、煤炭和铅锌为龙头”的思路，不断巩固农业基础，发展乡镇企业；立足资源优势，发展烤烟生产和烟叶加工；围绕“煤及煤化工、铝及铝加工、锌及锌加工”拓展财源，发展非公有制经济和第三产业、绿色特色产业。由于巩固基础财源，培植新兴财源，涵养后续财源，夯实财源基础，有力促进财政经济增长；1998年全县财政总收入5120万元，一般预算收入3763万元，分别为1989年的6.6倍和4.9倍。

1999—2008年，县立足资源富集、交通便利、生态环境良好等优势，克服取缔“两土”、煤炭“关井压产”、烤烟计划调减、取消农业税和农业特产税、亚洲金融危机冲击、国内有效需求不足等不利因素的影响，抢抓国家实施西部大开发战略、积极财政政策和新阶段扶贫开发的历史机遇，以产业结构调整为主线，以粮食生产为基础，烤烟、煤炭、电力和铝为龙头，小城镇建设为载体，开展财源建设，逐步形成煤、电、铝、建材、农产品加工、城镇物流等多元化财源格局。一是打造绿色产业。在交通主干线和城郊结合部进行精品水果和无公害蔬菜基地建设；推进牛、羊、猪、草场、核桃、茶叶、猕猴桃、马铃薯、蔬菜、冷库等农业产业工程建设，先后形成姜业公司、奔牛食品厂等一批农产品加工龙头企业。二是打造黑色产业。支持煤及煤化工，铝及铝加工，锌及锌加工以及红山轻工业集中区建设；抓好发耳煤业、玉舍煤业、比德煤矿、神仙坡煤矿、晋家冲煤矿等骨干矿井建设，形成大煤保大电、大电促大煤的互动格局，促使电力企业对县财政的支撑作用。三是打造白色产业。加大水能资源的开发利用，支持善泥坡、泥猪河、金狮子等水电站建设，形成水火互补的电力建设格局，推进资源优势向经济优势转化。四是加快城镇化建设步伐。完善城区基础设施、信息和物流体系建设，扩大城市辐射功能，推进乡镇小城镇规划建设。五是加快旅游业发展。利用“中国·凉都”品牌，推进北盘江大峡谷、玉舍国家级森林公园等旅游景点建设，培植新的经济增长点。2008 年，全县财政总收入 64144 万元，一般预算收入 33903 万元，分别为 1999 年的 9.75 倍和 7.45 倍。

第二章　税　务

第一节　税收征管

一、机构

1974年4月，财政、税务机构分设，成立特区税务局，业务归地区财政局领导，内设人秘股、税政股、会统股、监交利润股，下设城关、滥坝、比德、南开、大河、玉舍、发耳、龙场、杨梅、米箩、蟠龙、大湾12个税务所，局机关在特区政府大楼内办公（后来迁至特区政府大楼侧面的办公楼）。1978年12月，特区税务局业务改归市财政局领导。1980年3月，成立市税务局，特区税务局隶属市税务局。1984年3月，特区税务局内设秘书股、人事教育股、税政一股、税政二股、税政三股、计会股，下设城关、钟山、水钢、滥坝、比德、南开、大河、玉舍、杨梅、发耳、米箩、蟠龙、龙场、大湾14个税务所。1987年4月，特区税务局增设税务稽查队。1987年12月，特区税务局改称县税务局，增设征收管理股。1990年12月，县税务局内设办公室、人事教育股、监察股、税政股、计会股、征收管理股、稽查队、票管站，下设第一税务所和滥坝、比德、南开、大河、玉舍、发耳、龙场、杨梅、米箩、蟠龙税务所。1994年9月28日，县税务局分设为县国家税务局和县地方税务局。

二、税制改革

1978—1982年，国营企业实现的利润全部上缴财政，企业发生的亏损由财政拨补，企业发展生产所需资金，由财政拨付。1983年6月，对国营企业实行利改税，把国营企业上缴利润改为按照国家规定的税种、税率向国家缴纳税金；除军工企业、邮政企业、粮食企业、外贸企业、农牧企业和劳改企业外的所有盈利企业实行利改税；企业分为大中型企业和小型企业，按不同的税率纳税；企业可根据国家规定申请减、免税。1984年9月，农机供销公司、小水电企业暂不实行利改税，扩大小型企业的范围并按新税率征税，对减免税审批权和程序进行规范。1990年，推行税收征管改革方案：县税务局征收管理股和第一税务所实行征收、管理、检查“三分离”管理模式，其余10个农村税务所实行征管、检查“两分离”管理模式；转变纳税人观念，强化纳税人责任，改税务人员上门征税为纳税人按期申报纳税、自觉履行纳税义务，国营企业申报率97.9%，集体企业申报率92.3%，固定个体业户申报率96.7%；推行“公开办税”制度，县税务局公开税收法规、税务人员工作职责和工作纪律，接受社会监督。

三、税种

1978—1994年，县（特区）主要税种有：屠宰税（1983年8月1日起，屠宰每头猪5元、牛3元、羊0.4元），牲畜交易税（1983年1月1日起，购买牛、马、骡等牲畜按5%课征交易税，但种畜、科研教学与实验用牲畜免征税），工商所得税（1984年第二步利改税时，工商所得税成为税制结构中的主要税种之一），集体企业所得税（1986 年 1 月 1 日起开征，征收范围为从事工业、商业、饮食服务业、交通运输业、建筑安装业、修理修配业及其他行业的独立核算城乡集体企业），城乡个体工商业户所得税（1986 年 7 月 1 日起开征），个人收入调节税（1987 年 1 月起开征），国营企业所得税（1983 年 6 月利改税后征收），房产税〔1986 年 10 月 1 日起开征，征收范围为市中心区、特区政府所在地、建制镇（不含乡级镇）、工矿区范围的公私房屋，由产权所有人缴纳〕，印花税（为国家对商事、产权等行为所书或使用的凭证征税），建筑税（1983 年 10 月 1 日起开征），固定资产投资方向调节税（1991 年起开征），奖金税（1984 年起开征），资源税（1984 年 10 月 1 日起开征），城市维护建设税（1985 年起开征）。

四、税收

1978—1994 年，县（特区）税收总数见表 13－2－1，主要税种征收情况见表 13－2－2、表 13－2－3。

1978—1994 年水城县（特区）税收总数统计表

表 13－2－1　　单位：万元

年度	税收	年度	税收	年度	税收	年度	税收	年度	税收
1978	176.4	1982	510.1	1986	1332.1	1989	594	1992	929
1979	180.81	1983	585.5	1987	1428.9	1990	741.6	1993	1303
1980	220.74	1984	825.3	1988	885.4	1991	829	1994	1304.5
1981	475.8	1985	1107.5						

1978—1994 年水城县（特区）主要税种征收统计表（一）

表 13－2－2　　单位：万元

年度	屠宰税	牲畜交易税	工商所得税	年度	屠宰税	牲畜交易税	工商所得税
1978	12.6542	0.0697	25.9	1985	26.4910	3.8040	106.2
1979	9.0867	0.0529	28.3	1986	23.0823	2.5793	—
1980	8.1269	0.0583	31.5	1987	17.5095	—	—
1981	21.8759	20.9054	38.6	年度	固定资产投资方向调节税		资源税
1982	18.4418	—	40.7	1992	9		10.7
1983	13.6412	1.6319	36.2	1993	7		18
1984	31.5846	3.7271	57.3	1994	1		27

1978—1994 年水城县（特区）主要税种征收统计表（二）

表 13－2－3　　单位：万元

年度	集体企业所得税	个体工商户所得税	个人收入调节税	国营企业所得税	房产税	印花税	建筑税	奖金税	城市维护建设税
1984	—	—	—	41.5	—	—	3	—	—
1985	—	—	—	49.6	—	—	32	9	32
1986	224	10	—	53.7	4.7	—	74	7	56

续表 13-2-3

年度	集体企业所得税	个体工商户所得税	个人收入调节税	国营企业所得税	房产税	印花税	建筑税	奖金税	城市维护建设税
1987	151	6	0.02	58	12	—	64	1	59
1988	28.6	2	0.05	65.2	5.2	1.6	61	0.4	25
1989	32	2	0.03	69	5	1.9	10	2	25
1990	64	6	3	57	14	3.3	32	3	13
1991	87	6	6	68.5	21	2.5	16	12	16
1992	44	17	1	78	22	2.6	—	2	18
1993	10	32	1	78	24	3.4	—	0.03	28
1994	760	—	—	45	24	5.7	—	—	31

第二节　国　税

一、机构

1994 年 9 月 28 日，县国家税务局（简称县国税局）内设办公室、人事教育科、监察室、税政科、计划财务科、征收管理科、发票管理所、稽查队，下设 11 个税务所。1997 年 8 月，县国税局内设机构有管理服务科、政策法规科、计划财务科、人事教育科、办公室、监察室，直属机构有稽查局、直属征收管理分局，派出机构有米箩征收管理分局、滥坝征收管理分局、南开征收管理分局、玉舍征收管理分局、发耳征收管理分局、大河税务所。2001 年，县国税局增设事业单位信息中心，直属征收管理分局更名向阳征收管理分局，撤销大河税务所。2004 年 3 月，县国税局内设机构有办公室、综合业务科、计划财务科、人事教育科、监察室、信息中心（事业单位），直属机构有稽查局、向阳税务分局，派出机构有滥坝税务分局、南开税务分局、玉舍税务分局、发耳税务分局、米箩税务分局。

二、税收征管

1994—1997 年，为税收征管改革的初步实践阶段，在进一步完善征、管、查“三分离”征管机制的基础上，逐步向新的征管模式过度。1996 年 3 月，各级税务机关实行“以纳税申报和优化服务为基础，以计算机网络为依托，集中征收，重点稽查”的征管模式；开发运用以税务登记、纳税申报、发票管理、税收会统 4 个模块为主体的征管软件；建立办税服务厅，初步实现手工操作向计算机管理的转变。1997 年，县国税局征管科、办税服务厅计算机局域网安装调试完毕，转入计算机开票时代；提出“银税合一”“固定税户”全部建账征收管理要求，办税厅服务窗口与农行联合，为 246 户纳税人办理“金穗爱心卡”；出台《水城县国家税务局基层建设实施办法》，从 7 个方面细化、量化各税务所（税务分局）的建设目标；1 个税务所被评为省级文明单位，3 个税务所被评为市级文明单位，1 名税务干部被评为市级“十佳”青年。

1997—2003 年，为信息化带动税收征管规范的实践阶段；形成“以纳税申报和优化服务为基础，以计算机网络为依托，集中征收，重点稽查，强化管理”的征管模式。1998 年，县国税局成立 12 个

工作组，在全县范围开展税收大检查；检查企业17户，查补税款和罚款共71623.84元；检查个体工商户104户，查补税款和罚款共10926.14元；组建1个追欠工作组，清收欠税16万元；严厉打击部分偷抗税违法单位和个人，整顿全县税收秩序。1999年，县国税局成立“一把手”负总责的行风工作领导小组，下发《水城县国家税务局开展行业工作作风整顿工作实施意见》，设立举报箱、举报电话，建立稽查回访制度，聘请兼职监察员；向社会发放问卷调查400余份，走访72人，邀请纳税人座谈8次，全局干部职工勤政廉政风气初步形成。2000年，县国税局按“三到位，八结合”（工作职责到位、督查到位、考核到位，日常征管与税收宣传结合，日常管理与帮助企业提高经营管理结合，税收执法与执法责任结合，日常管理与岗位练兵结合，日常管理与征管质量考核结合，日常管理与创建最佳办税服务厅或室结合，日常管理与征管模块运用结合）开展工作。2001年，县国税局对14户征管企业（11户盈利、3户亏损）和2户监管企业上年度所得税汇算清缴。2002年7月25日，县国税局成功收到省局传递测试文件，国税系统无纸化办公启动。2003年5月，县国税局开展税收资料调查工作，调查一般纳税人48户（流通企业30户，工业企业18户）；其中年纳税额5~10万元的4户，10~50万元的15户，50~100万元的4户，100万元以上的8户。

2004—2008年，县国税局每年都组织税收宣传和检查，认真开展税收征缴工作。2005年，“中国税收征管系统”上线运行，实现征管数据省级集中；国税部门在各局之间建立局域网，合理设置办税窗口，实现“一窗多能、一机多用、一岗多责”，为纳税人提供方便、快捷的优质服务。2006年起，国税部门探索对税收征管业务开展流程再造，推行税收工作流程管理系统，县国税局税收征管逐步走上“科学化、精细化管理”的道路。

三、税收

县国税局采取各种措施提高税务工作人员的业务素质和工作积极性，加强税收征管，按时完成各年度税收任务，各年度税收为：1995年1134万元，1996年1245万元，1997年1420万元，1998年1890万元；1999—2008年，县国税局税收完成情况见表13－2－4。

1999—2008年县国税局税收完成情况统计表

表13－2－4　　　　单位：万元

年度	年度计划数	实际完成数	其中							
			增值税	消费税	企业所得税	个人所得税	中央营业税	其他罚没收入	利息所得税	税务行政性收费
1999	2040	2492	2433	7	—	—	51	—	1	—
2000	2640	2861	2747	10	—	—	65	—	39	—
2001	3115	3345	3239	7	—	—	32	—	65	2
2002	3780	4068	3974	9	1	—	14	—	67	3
2003	6150	7721	7593	6	64	—	5	2	36	15
2004	10045	11417	11395	2	2	18	—	—	—	—
2005	17160	21182	21128	1	20	33	—	—	—	—
2006	25000	25464	25307	1	82	74	—	—	—	—
2007	31840	30112	29718	1	316	77	—	—	—	—
2008	34390	38098	36269	2	1783	44	—	—	—	—

第三节 地 税

一、机构

1994年9月28日，县地方税务局（简称县地税局）内设人秘股、税政股、征管股、计划会计股、稽查队和直属税务所。1994年10月至1998年4月，地方税务机关实行“条块结合，以块为主”的管理体制，按行政区划设置地税机构。1998年5月，全省地税系统实行编制、机构、人员、经费垂直管理。2001年，县地税局内设4股2室，下设1个直属分局，9个地税所（分局）。2006年，县地税局增设信息中心。2007年，县地税局增设办税服务中心，全县地税系统共有干部、职工101人，承担全县2055户企业和5361户个体工商户的税收征管工作。

二、税种

1994—2008年，县地税局征管税种有：营业税（纳税人按营业额缴纳税金，交通运输业、建筑业、邮电通信业和文化体育业税率均为3%，服务业、销售不动产、转让无形资产和金融保险业税率均为5%，娱乐业税率为5%～20%），企业所得税（以企业取得的生产经营所得和其他所得为征税对象，基本税率为25%，西部大开发企业按15%征收，小型微利企业按20%征收），个人所得税（工资、薪金所得适用3%～45%的七级超额累进税率，个体工商户的生产经营所得、企事业单位的承包和承租经营所得适用5%～35%的五级超额累进税率），印花税（各类合同及具有合同性质的凭证、记载资金的账簿和产权转移书据等分别按0.05‰、0.3‰、0.5‰、1‰的比例税率征收，权利、许可证照和营业账簿中的其他账簿按每件5元定额税率征收），资源税（原油、天然气按销售额的5%～10%征收，焦煤按1000千克8～20元征收，其他煤炭按1000千克0.3～5元征收，普通非金属矿原矿按1000千克或者每立方米0.5～20元征收，贵重非金属矿原矿按每千克或者每克拉0.5～20元征收，黑色金属矿原矿按1000千克2～30元征收，稀土矿按1000千克0.4～60元征收，其他有色金属矿原矿按1000千克0.4～30元征收，固体盐按1000千克10～60元征收，液体盐按1000千克2～10元征收），房产税（按房产原值一次减除10%～30%后余值的1.2%征收，或按房产租金收入的12%征收），城镇土地使用税（县城一级每平方米9元、二级每平方米6元、三级每平方米4.8元、四级每平方米3.6元，工矿区每平方米3.5元，建制镇每平方米2.4元），土地增值税（对有偿转让国有土地使用权及地上建筑物和其他附着物产权、取得增值收入的单位和个人征收），契税（转移土地、房屋权属时承受的单位和个人缴纳契税，税率3%），城市维护建设税（纳税人所在地在城市市区的税率为7%，纳税人所在地在建制镇的税率为5%，纳税人所在地不在城市市区、县城、建制镇的税率为1%），教育费附加（附加率为3%，分别与增值税、消费税、营业税同时缴纳），车辆购置税（税率为10%），车船使用税（由拥有并且使用车船的单位和个人缴纳，税额根据车船类型核定），屠宰税，固定资产投资方向调节税，烟叶税，其他收入。

三、税收

1994—2008年，县地税局各税种征收情况见表13－2－5、各年税收总数见表13－2－6。

1995—2008 年水城县地税局各税种征收统计表

表 13-2-5　　单位：万元

年度	营业税	资源税	企业所得税	城市维护建设税	个人所得税	房产税	屠宰税	车船税	土地使用税	印花税	土地增值税	投资调节税	烟叶税	其他收入	教育费附加
1995	324	54	289	8	39	34	14	2	10	10	—	3	—	—	—
1996	427	42	454	130	62	28	12	6	18	10	—	14	—	—	—
1997	443	44	596	145	810	42	14	9	19	15	—	5	—	—	—
1998	1289	65	37	175	172	75	16	9	28	31	—	24	—	—	—
1999	939	72	99	163	246	74	19	4	22	17	25	425	—	—	—
2000	1257	121	241	177	378	105	16	1	22	18	—	6	—	—	76
2001	1207	96	430	246	421	102	16	4	24	17	18	—	—	—	151
2002	1202	149	488	416	428	138	6	2	28	41	—	—	—	—	241
2003	1118	188	501	423	1244	131	—	4	47	64	—	—	—	—	377
2004	2267	222	874	522	2758	119	—	1	53	173	—	—	—	—	715
2005	4190	563	600	881	3135	148	—	11	73	213	5	—	—	—	999
2006	5072	1042	949	1021	4316	212	—	26	92	212	22	—	836	11	1199
2007	5210	1831	2268	1320	7230	234	—	34	192	301	156	—	929	1	1278
2008	5318	2982	2090	1732	9277	177	—	110	658	379	90	—	1712	3	1370

1994—2008 年水城县地税局税收总数统计表

表 13-2-6　　单位：万元

年度	计划	完成	年度	计划	完成	年度	计划	完成	年度	计划	完成
1994	339	446	1995	500	787	1996	1124	1203	1997	1370	2142
1998	1744	1921	2001	2710	2731	2004	6400	7704	2007	16930	20984
1999	2240	2105	2002	3130	3138	2005	10795	10818	2008	24869	25898
2000	2390	2418	2003	3620	4097	2006	13709	15010			

第三章 金 融

第一节 特区金融业

一、机构

1978年，特区内有中国人民银行水城特区支行、中国建设银行水城特区支行。1979年，特区内有储蓄所4个、储蓄综合柜7个，共有储蓄工作人员41人。1980年，中国农业银行水城特区支行从中国人民银行水城特区支行分出。1984年，建立中国工商银行水城特区支行。1987年，特区内有银行储蓄机构37个（储蓄所24个、储蓄综合柜或专柜13个），另有邮政储蓄所1个、邮政储蓄专柜1个、城市信用社2个，共有储蓄工作人员188人。

二、货币

1978—1987年，特区货币投放情况见表13－3－1。

1978—1987年水城特区货币投放统计表

表13－3－1　　单位：万元

年度	现金收入	现金支出	发行额	年度	现金收入	现金支出	发行额
1978	6735	8991	2256	1983	12804	16457	3653
1979	7604	10782	3178	1984	12472	17538	5066
1980	8368	11742	3374	1985	21386	30421	9035
1981	9496	13123	3627	1986	16843	26549	7906
1982	10781	14041	3260	1987	30951	41838	10887

三、存款

1978—1987年，特区各项存款见表13－3－2。

1978—1987年水城特区各项存款统计表

表13－3－2　　单位：万元

年度	企业存款	财政存款	机关团体存款	特种存款	基建存款	农村存款	城镇储蓄存款	其他存款
1978	2830.2	36.1	416.3	12.6	10.6	818.2	348.8	—
1979	1847.2	233.4	443.6	11.4	391.9	771.5	473.8	832.5
1980	2117.8	172.95	422.42	12.28	0.03	198.24	744	10.45
1981	2327.41	183.29	381.35	10.78	85.81	84.87	1056.94	47.22

续表 13－3－2

年度	企业存款	财政存款	机关团体存款	特种存款	基建存款	农村存款	城镇储蓄存款	其他存款
1982	2525.71	183.75	463.85	24.16	—	—	1412.89	91.55
1983	4064.49	324.8	632.69	44.25	422.7	156.8	1891.19	87.06
1984	12078.52	314.5	2601.3	27.22	758.1	1544.33	2751.95	62.07
1985	480.58	271.8	541.61	46.16	—	80.28	4027.43	253.36
1986	6712.99	703.8	10.3	0.45	—	46.78	5550.04	516.54
1987	2622.04	1052.16	—	—	—	80.43	7398.84	1199.73

四、贷款

1978—1987 年，特区贷款情况见表 13－3－3、表 13－3－4、表 13－3－5。

1980—1987 年水城特区各银行技术改造贷款统计表

表 13－3－3　　单位：万元

年　度	年末余额		年　度	年末余额			
	人民银行	建设银行		人民银行	建设银行	农业银行	工商银行
1980	88.1	—	1984	580	2165	56	—
1981	54	11	1985	—	2803	56	337
1982	80	94	1986	—	3193	90	1226
1983	197	94	1987	—	5746	70	1440

1978—1987 年水城特区工业贷款统计表

表 13－3－4　　单位：万元

年　度	工业贷款年末总余额	其　中			
		工业贷款年末余额	物资工业贷款年末余额	集体工业贷款年末余额	城镇无息工业贷款年末余额
1978	2459.4	1642.5	795	18.1	3.8
1979	2585.4	1774.5	790	20.9	—
1980	4050.7	3224.2	702	36.4	88.1
1981	5520.3	4166.2	419.7	46.5	887.9
1982	6245.7	5095.8	428.5	36.5	684.9
1983	6711.3	5829.2	374.5	39.8	467.8
1984	7240.9	6826	64	34.9	316
1985	8291.2	7056.9	568.9	55.7	609.7
1986	18861.6	16758	1180	96.2	827.4
1987	21988.7	20236	420.2	100.7	1231.8

1978—1987 年水城特区商业和农村贷款统计表

表 13－3－5　　单位：万元

年度	商业贷款							农村贷款	
	年末余额合计	其中						年度	贷款余额
		商业贷款年末余额	粮食贷款年末余额	供销贷款年末余额	外贸贷款年末余额	其他商业贷款年末余额	农机公司贷款年末余额		
1978	3140.1	1764.1	589.5	591	44.7	9.1	141.7	1978	8174
1979	3758.1	1693.4	985.7	781.1	118.8	37	142.1	1979	9276
1980	2618.6	1433.1	574.2	419	157.9	11.7	22.7	1980	1426
1981	3252.5	1226.3	1035.3	861.1	67.9	8.4	53.5	1981	1332
1982	3300.1	1397.6	903.7	890.3	56.2	10.7	41.6	1982	1358
1983	3803.2	1822	1001.6	892.4	29.3	10	47.9	1983	1421
1984	4397.6	1587.5	1119.6	1649.4	10	13	18.1	1984	2874
1985	5718.5	1936.8	1729	1998.7	14.5	14.5	25	1985	4275
1986	8081.4	2482	2807.9	2731.1	6.5	30.9	23	1986	5235
1987	8950.9	2864.8	2953.9	2801.3	300	2.2	28.7	1987	7908

五、拨款

1980—1987 年，特区建设银行办理基建拨款和特区农业银行办理农业拨款（对 21 个开户拨款单位）情况见表 13－3－6。

1980—1987 年水城特区基建和农业拨款统计表

表 13－3－6　　单位：万元

年度	基建拨款			农业拨款		
	中央拨款	地方拨款	形成固定资产	当年拨入	当年拨出	年末结转
1980	1546.1	468.34	1611.55	330	304	26
1981	2024.01	620.74	2115.8	492	457	35
1982	2397.27	847.94	2596.16	414	402	12
1983	3846.96	1098.9	3956.68	398	379	19
1984	4399.51	1875.38	5199.12	433	401	32
1985	4511.94	3217.8	6183.79	510	480	30
1986	4864.2	4753.68	7694.44	472	443	29
1987	9948.5	2618.46	10053.56	450	416	34

第二节 县农行和县农发行

一、县农业银行

机构 1988年，中国农业银行水城特区支行改为中国农业银行六盘水市中心支行营业部，全县各营业所为其下属机构。1992年7月，成立中国农业银行水城县支行（简称县农行），驻市区建设东路20号；下设办公室、人事股、工会办、信贷股、资组股、信合股，下辖龙场营业所、发耳营业所、杨梅营业所、玉舍营业所、米箩营业所、蟠龙营业所、比德营业所、滥坝营业所、南开营业所、场坝营业所、城关营业所、水城营业所、钟西储蓄所、钟东储蓄所、人民路储蓄所、向阳储蓄所、农贸储蓄所。1994—1997年，县农行代理农发行业务。1997年，县农行建立营业室，撤销玉舍、龙场、比德、杨梅4个营业所。1998年，县农行撤销发耳、蟠龙、滥坝、南开、米箩5个营业所。1998年7月27日，县农行成立信贷部。2002年，县农行下设营业室和客户部。2006年，县农行增设信贷管理部。2007年，中国农业银行水城县支行更名中国农业银行股份有限公司水城县支行。

业务 县农行及各营业所、储蓄所切实制定并实施年度工作计划，开展存款和贷款等金融业务，为全县经济建设和社会发展、农民致富与农村繁荣提供有效服务。2008年3月14日，县农行以水农银发〔2008〕9号请示，报请对水城姜业发展有限公司授信700万元（用水城姜业发展有限公司位于双水新区约2公顷土地抵押担保）。2008年4月14日，县农行以水农银发〔2008〕15号请示，报请批准对水城县茶叶发展有限公司发放流动资金贷款200万元（期限1年，利率执行7.47%上浮16%，还款方式为到期一次性还款、按月付息，贷款方式为抵押担保）。2008年7月18日，县农行以水农银发〔2008〕48号请示，报请与六盘水东方房地产开发有限公司签订2400万元的《住房按揭合作协议》。

荣誉 1995年3月，县农行被县委、县政府评为1994年度财税工作先进单位。1998年9月23日，县农行营业室团支部被团中央、中国人民银行、建设部等11个中央部办委联合评选为国家级“青年文明号”。2001年，县农行被中国农业银行评为新世纪之春优质服务竞赛活动先进集体。2002年，在中国农业银行举办的“迎新春”优质服务竞赛活动中，县农行钟西储蓄所被评为先进集体，杨红霞、赵灵活被评为先进个人。2003年，县农行获全国金融“五一劳动奖状”，县农行建设路分理处团支部被中国农业银行团组织授予“青年文明号”称号，中国农业银行评选县农行建设路分理处为“迎新春”优质服务竞赛活动先进集体、县农行行长傅兴中为劳动模范。2004年，县农行营业室被中国农业银行授予“女职工文明示范岗”称号和评为“迎新春”优质服务竞赛活动先进集体。2006年，县农行被中国农业银行评为先进单位（集体）和授予“百家先进支行”称号，县农行营业室被中国农业银行评为职工职业道德建设十佳班组。

二、县农业发展银行

1997年初，组建中国农业发展银行水城县支行（简称县农发行），驻市区钟山西路24号，内设信贷业务部、会计结算部和办公室；为政策性银行，以国家信用为基础筹集资金，承担农业政策性金融业务，代理财政支农资金拨付，为农业和农村经济发展服务。1997年1月，中国农业发展银行六盘水市分行以市农发行字〔1997〕04号文件，请求批准县农发行等4个金融机构。1997年1月6日，中国农业发展银行六盘水市分行以市农发行字〔1997〕05号文件，决定盛作义为县农发行主要负责人。1997年3月20日，中共水城县直属机关委员会以机党批字〔1997〕16号文件，批准成立中共水城县农业发展银行支部委员会。1997年4月7日，中国人民银行贵州省分行以黔银复〔1997〕20号文件，批准成立县农发行等4个金融机构。1997年12月2日，中共水城县农业发展银行支部民主评议党员工作结束，有党员7人，评出优秀1人、合格6人。

2000年，县农发行年末各项贷款余额3261.1万元（地方储备贷款184万元，收购贷款915万元，中央和地方消化本息挂账贷款1794万元，企业消化本息挂账贷款165万元，简易建仓贷款105万元，新增企业消化粮食挂账贷款81万元，挂账停息占用贷款17.1万元），年末各项存款余额600.4万元（粮油企业基本存款5.2万元，应付利息存款11.7万元，收购资金存款10万元，企业财务资金存款47.4万元，县级风险基金存款491.5万元，其他活期存款33.1万元，临时存款1.5万元），累计发放贷款227万元（调销贷款43万元，收购贷款124万元，建仓贷款60万元），累计收回贷款347万元（其中调销贷款43万元，收购贷款233万元，营业占用贷款2万元，费用和中央专储贷款37万元）；县农发行到营盘乡哈青、营盘2村扶贫，协调贷款27万元为2村农户饲养黑山羊2140只，出资3000元为2村修建2座电视地面卫星接收站，请农业技术人员为2村培训农民200人次，职工捐款1760元为贫困户购买化肥。

2001年，县农发行年末各项贷款余额2621万元（保护价收购贷款143万元，非保护价收购贷款152万元，地方储备贷款184万元，调销贷款43万元，简易建仓贷款75万元，中央和地方消化本息挂账贷款1794万元，粮食企业消化本息不合理呆滞贷款158万元，粮食企业消化其他不合理呆滞贷款55万元，粮食附营业务停息挂账贷款17万元），累计发放贷款310万元，累计收回贷款950万元（其中收购贷款847万元，简易建仓逾期贷款30万元，费用贷款26万元，待处理陈化粮损失贷款40万元，企业消化本息不合理呆滞贷款7万元）；县农发行被市委、市政府授予市级文明单位称号。

2002年8月，县农发行被表彰为农发行系统国家财会工作先进单位。

2003年，县农发行年末各项贷款余额4568万元，年末各项存款余额585万元，累计发放贷款2546万元（收购贷款562万元，调销贷款1984万元），实现利润69万元。

2004年，县农发行年末各项贷款余额2249万元（粮食调控收购贷款106万元，地方储备贷款329万元，中央和地方财政共同贴息新增财务挂账和其他不合理占用贷款1794万元，陈化粮价差占用贷款20万元），累计发放贷款3407万元（收购贷款2050万元，调销贷款1028万元，县级储备贷款329万元），累计收回贷款5726万元（收购贷款2392万元，调销贷款33万元，轮换县级储备贷款184万元，挂账及不合理占用贷款3117万元），实现利润117万元。

2005年，县农发行有职工22人，年末各项贷款余额14736万元，年末各项存款余额9306万元，实现利润180万元。

2006年，县农发行有职工27人，年末各项贷款余额73460万元，考核期末月均存款23602万元，考核期末利润1525万元；发放农业产业化龙头企业中长期贷款57600万元（低风险贷款55000万元、永恒粮贸基建技改贷款2600万元）、农业产业化龙头企业短期贷款1500万元、地方储备粮贷款1080

万元、粮油收购贷款2500万元、其他企业短期贷款300万元、挂账贷款到县粮食局20万元，收回流转粮食购调贷款2700万元、地方储备粮贷款1056万元、加工企业贷款500万元、企业挂账20万元；县农发行营业部被市委、市政府授予市级文明单位称号。2006年7月，县农发行被农发行总行授予第二届中国农业发展银行文明建设先进单位称号。

2007年，县农发行有职工24人，年末各项贷款余额120160万元（其中中央储备粮贷款6058万元，省级储备粮贷款3300万元，市和县储备粮油贷款866万元，产业化龙头企业中长期贷款57600万元，产业化龙头企业其他中长期贷款49500万元，新增财务挂账贷款2516万元，陈化粮价差亏损挂账贷款20万元），考核期末月均存款32018万元，考核期末利润4910万元。

2008年，县农发行加强政策性粮油贷款投放和管理，落实防范信贷风险的有效措施，开展企业信用等级评定，进行粮食库存检查，以严格内控制度为重点提高精细化管理水平，努力做好党建、宣传、安全保卫等工作；有职工23人，年末各项贷款余额123071万元（中央储备粮贷款6342万元，省级储备粮贷款3300万元，市和县储备粮贷款2572万元，市和县储备油贷款475万元，挂账及不合理占用贷款2482万元，产业化龙头企业短期贷款800万元，产业化龙头企业中长期贷款107100万元），考核期末月均存款39990万元，考核期末利润6367万元。

第三节　信用合作社

1978年，全特区有农村信用社111个，职工145人。1980年，特区农村信用社归中国农业银行水城特区支行直接领导。1987年，成立特区农村信用合作联社和特区农村信用合作联社营业部，特区信用合作联社辖营业部1个、区中心农村信用社12个、乡农村信用社111个，共有职工211人。1987年12月，特区农村信用合作联社改称县农村信用合作联社。1992年，撤销各区中心农村信用社和各乡（小乡）农村信用社，成立33个乡（镇）农村信用社。1996年末，县农村信用合作联社与中国农业银行水城县支行脱离行政隶属关系，由中国人民银行六盘水中心支行领导。1998年，撤销19个乡（镇）农村信用社，县农村信用合作联社辖营业部、14个乡（镇）农村信用社和七十三农村信用分社。1999年，增设新客车站农村信用分社。2000年，县农村信用合作联社辖营业部、10个乡（镇）农村信用社和2个农村信用分社。2003年末，县农村信用合作联社与中国人民银行六盘水中心支行脱离行政隶属关系，由新成立的省农村信用社联合社领导。2005年，县农村信用合作联社成立理事会和监事会，统一法人；辖营业部，双戛、滥坝、董地、蟠龙、杨梅、木果、发耳、龙场、都格、保华、阿戛、南开、玉舍13个乡（镇）农村信用社和公园路、七十三、新客车站3个农村信用分社，有在职员工220人。

1991—2008年，县农村信用合作联社存款与贷款情况见表13－3－7。

1991—2008 年水城县农村信用合作联社存款与贷款统计表

表 13－3－7　　单位：万元

年　度	各项存款余额	各年贷款		各项贷款余额	
		累计发放	累计收回	总余额	其中涉农贷款余额
1991	2242	2008	1347	1363	921
1992	1046	2739	1702	2400	1556
1993	1418	1829	1404	2825	1493
1994	1613	1627	1412	3040	1884
1995	2005	1184	983	3241	2122
1996	2620	1898	1459	3680	2034
1997	2962	794	1161	3313	2031
1998	4638	1422	882	3853	2454
1999	6904	3463	2028	5288	2275
2000	10215	8113	4112	9289	4736
2001	11292	8308	6416	11181	4854
2002	14708	8745	5962	13964	8146
2003	17143	8793	8750	14007	8066
2004	39017	33402	12991	34418	15575
2005	73977	55409	23206	66622	33966
2006	108927	63236	38770	91088	40058
2007	128024	71163	55661	106590	27059
2008	151602	82878	62877	126591	29281

第四节　保　险

一、机构

1978—1987 年，特区未设保险机构，特区内单位和个人均在市保险公司投保。1988—2008 年，县保险机构长期不健全，县内单位和个人多数在市级保险公司投保。

1981 年 5 月，成立中国人民保险（集团）公司六盘水市中心支公司（简称中保市公司），在市区钟山西路 41 号办公。1988 年 3 月，中保市公司迁到市区明湖路新办公楼办公。1990 年，中保市公司内设办公室、城市保险业务科、人身保险业务科、农村保险业务科、计财科、人事科、监察审计科、纪检组，下辖 3 个县级支公司，共有职工 88 人。1992 年，成立中国人民保险公司水城县支公司，内设办公室、计划财务股、城市业务股、农村业务股、人险业务股。1994 年，中保市公司内设机构改为办公室、纪检组、人事处、监察审计处、计财处、工会办、城市保险业务处、人身保险业务处、农村保险业务处、代理网点管理处，下辖六枝、盘县、水城、钟山4个支公司，有代理网点45个、正式职工152人。1996年5月11日，中国人民保险（集团）公司六盘水市中心支公司分设为中保财产保险有限公司六盘水分公司（内设4部2室）和中保人寿保险有限公司六盘水分公司（内设4部2室），撤销水城县支公司和钟山区支公司，成立中保财产保险有限公司六盘水分公司营业部（内设4个部，负责水城县和钟山区财产保险业务）和中保人寿保险有限公司六盘水分公司营业部（内设3个部，负责水城县和钟山区人寿保险业务）。1997年10月14日，成立太平洋财产保险六盘水中心支公司，参与承保机动车辆等各种保险业务；该公司员工队伍不断壮大，后来建有办公楼，有各类业务用车20辆，其中15辆用于专门查勘理赔服务；该公司未在县设分支机构，但县有不少单位和个人在该公司投保。1999年1月18日，中保财产保险有限公司六盘水分公司更名中国人民保险公司六盘水分公司，中保人寿保险有限公司六盘水分公司更名中国人寿保险公司六盘水分公司，中保财产保险有限公司六盘水分公司营业部更名中国人民保险公司六盘水分公司营业部，中保人寿保险有限公司六盘水分公司营业部更名中国人寿保险公司六盘水分公司营业部。2007年7月，成立中国人民财产保险公司水城营销服务部，在市区荷城花园中央商务广场A座租房405平方米办公，内设业务部、营销一部、营销二部、客户部、理赔派驻小组、综合部、渠道部。2007年12月，全市保险机构有人保（中国人民保险公司六盘水分公司和中国人寿保险公司六盘水分公司）、太平洋保险公司、平安保险公司、天安保险公司、安邦保险公司、阳光保险公司、大地保险公司。

二、险种

企业财产保险　企业以固定资产、流动资产或其他财产向保险公司投保的一种保险，机关、事业和人民团体的财产也可以投保，保险费率根据投保财产的危险程度确定。投保财产因火灾、爆炸、雷电、暴雨、暴风、冰雹、洪水、海啸、地震、地陷、崖崩以及空中运行物体坠落等灾害或者事故造成的损失和因减少投保财产损失而进行施救保护等合理费用，保险公司均按规定赔偿。1981年5月，市开办企业财产保险业务后，县（特区）企业、机关、事业和人民团体逐步投保。1986年，特区供销社系统13个单位投保，共交保费3.4万元。1987年，校场橡胶厂、麒麟电石厂和特区供销社系统共15个单位投保，交保费3.13万元。随着企业体制改革不断深入，政府要求国有企业和集体企业投保。

机动车辆保险　属运输工具保险的一种，分为车辆损失险和第三者责任险。1981年，市开办机动车辆保险业务后，县（特区）由机动车辆所有者投保。1981年12月，特区五胶化公司等5个单位的125辆汽车向市保险公司投保，共交保费3.3万元。1982年，特区汽车队、人民汽车站及食品厂等单位的208辆汽车向市保险公司投保，共交保费5.89万元。1985年，市保险公司有1508辆汽车投保，保费收入41.8万元。机动车辆保险的条款经过一系列变革，逐步加强理赔管理并促进业务发展，县（特区）机动车辆承保面曾达70%。后来实施机动车辆第三者责任强制保险（所有合法机动车辆均参加），车辆发生意外事故所引起的民事纠纷得到妥善处理。

货物运输保险　是对运送过程中的货物因意外损失负赔偿责任的保险。1981年，市开办货物运输保险。1981—1985年，市保险公司货物运输保险共收保费5107元。1986年，市保险公司在铁路水城西站、东站、滥坝站开展业务，运程250千米，省内按保险价值的2‰收费，省外按保险价值的

4‰收费，保费收入 81.7 万元。1987 年，市保险公司在铁路梅花山、裕民、野马寨、二塘、大湾站设立代办处，共承办业务 15563 笔，保费收入 102.1 万元。

家庭财产保险　承保房屋、家具、文化用品等，保险责任包括火灾、爆炸、雷电、冰雹、洪水、暴风雨造成的损失及施救保护等合理费用；还可以附加盗抢险。1982 年，市开办家庭财产保险业务。1985 年，特区有 68 户城镇居民和 4 户农村农户投保，共交保费 234 元。1986 年，特区有 5360 户投保，共交保费 3.7 万元。1987 年，特区有 5907 户投保，共交保费 4.1 万元。后来县购买按揭贷款住房者，均按房开商要求办理房屋财产保险。

农业保险　1986 年，市保险公司在特区畜牧局生物工程队试办生猪保险，承保生猪 3035 头，收保费 2.11 万元，亏损 2000 元。1987 年，市保险公司承保特区畜牧局生物工程队生猪 3500 头，盈利 323 元。1987 年 1 月，玉舍林场、杨梅林场和 21 个林业承包大户的 3265.87 公顷林木投保，共交保费 2.5 万元。1992 年后，县温饱工程、烤烟等曾参加保险。2007 年 10 月，开办能繁母猪保险，发生死亡时由保险公司负责赔偿；每头能繁母猪交保险费 60 元，财政部补贴 30 元、地方财政补贴 18 元、养猪户承担 12 元；全县能繁母猪全部参保。

人身保险　投保人身保险的被保险人生命或身体因疾病或意外事故致伤残或死亡时，保险公司按规定赔付保险金。1982 年后，市保险公司开办学生意外伤害保险，由学校集体投保，保期 1 年，保险赔付金额每人最低 1000 元、最高 3000 元。1985 年，特区有 3636 人次参加人身保险，共交保费 3.7 万元。1986 年，市保险公司开办养老金保险、子女教育婚嫁保险和人身意外伤害满期还本保险。1987 年，市保险公司开办乡（镇）煤矿职工团体人身意外伤害保险，由矿主或承包人办理投保手续并交纳保费；投保煤矿职工因发生事故死亡或伤残，由保险公司给付保险金，保险金额高低不等。1988 年，县有 43096 人投保人身保险（共 14 个险种），共交保费 31.2 万元。

三、业务

1981—1987 年，特区内保费收入情况见表 13－3－8、保险理赔情况见表 13－3－9。

1981—1987 年水城特区内保费收入统计表

表 13－3－8　　单位：万元

险　种	1981 年	1982 年	1983 年	1984 年	1985 年	1986 年	1987 年
企财险	26.13	21.8	22.5	22.86	25.4	34.1	54.6
农业险	—	—	—	—	—	2.11	3.9
运输工具险	3.3	5.89	13.28	23.61	41.8	82.3	106.9
货物运输险	0.07	0.2	0.29	0.02	—	81.7	102.5
人身险	—	0.11	0.07	0.13	3.7	28.4	63.1
家财险	—	0.01	—	—	0.0234	3.7	4.1

1982—1987 年水城特区内保险理赔统计表

表 13－3－9　　　　单位：万元

险　种	1982 年	1983 年	1984 年	1985 年	1986 年	1987 年
企财险	—	—	9.86	—	2.9	2.6
农业险	—	—	—	—	1.5	1.5
运输工具险	1.07	4.46	10.25	25.9	73	91
货物运输险	4.83	—	—	—	1.3	7.6
人身险	—	—	0.51	0.2	3.3	8.5
家财险	—	—	—	—	0.2	0.9
防灾费	—	—	1.36	2.23	3.06	3.31

1988—1991 年，中保市公司保费收入中有县保费 108 万元（其中 1988 年 15.9 万元、1989 年 26.1 万元、1991 年前 8 个月 41.1 万元）。2000 年，中国人民保险公司六盘水分公司营业部保费收入 2427.95 万元（包括县和钟山区）。2007 年 7—12 月，中国人民财产保险公司水城营销服务部保费收入为 1065 万元。

2007 年，市内各保险公司市场份额和非寿险保费收入见表 13－3－10。

2007 年六盘水市内各保险公司市场份额和非寿险保费收入统计表

表 13－3－10

项　目	人保	太保	平安	天安	安邦	阳光	大地
市内市场份额（%）	50.4	22.03	5.3	6.28	8.38	4.47	3.14
非寿险保费收入（万元）	11355	4962.77	1193.82	1415.99	1888.41	1006.08	708.25

第十四篇　经济管理

第一章　经济发展综述

第一节　改革开放起步阶段

1978—1997 年，县（特区）与全国一样实行改革开放，虽取得一定成绩，但因区位、基础条件、思想开放程度等因素，落后于先进发达地区。1978—1987 年，因特区内水钢、水城矿务局、水城水泥厂等大型企业均属上级企业，特区经济以农业为主，发展速度缓慢。1980 年，特区年末总人口 765966 人，社会固定资产投资 5185 万元，社会消费品零售总额 8822 万元。1981 年，特区年末总人口 781788 人，社会固定资产投资 3491 万元，社会消费品零售总额 8844 万元。1985 年，特区年末总人口 855667 人，社会固定资产投资 18720 万元，社会消费品零售总额 15984 万元。1986 年，特区年末总人口 867478 人，社会固定资产投资 14335 万元，社会消费品零售总额 18120 万元。1987 年，特区年末总人口 886967 人，社会固定资产投资 19722 万元，社会消费品零售总额 22440 万元。1988—1997 年，县在更低的起点上实行改革开放，县财政曾十分困难，经济发展受到一定制约；县主要经济社会发展指标见表 14－1－1 和 14－1－2。

1988—1992 年水城县主要经济社会发展指标表

表 14－1－1

项　目	单位	1988 年	1989 年	1990 年	1991 年	1992 年
土地面积	平方千米	3642	3642	3642	3642	3642
年末总人口	万人	60.59	61.83	62.82	63.28	63.63
年末在岗职工人数	万人	0.91	1.01	1.1	1.03	1.06
在岗职工年平均工资	元	1583	1430	1781	1696	2148
本地生产总值	万元	20108	18428	21396	21602	24625
第一产业产值	万元	14580	13208	15219	14070	15111
第二产业产值	万元	2006	2075	2456	3062	4101
第三产业产值	万元	3522	3145	3721	4470	5413
人均生产总值	元	298.04	298.04	340.59	341.37	387
社会固定资产投资	万元	1113	1283	1474	1646	2257
地方财政收入	万元	526	772	838	955	1171

续表 14－1－1

项　目	单位	1988 年	1989 年	1990 年	1991 年	1992 年
地方财政支出	万元	2814	3922	3756	4142	4632
农村居民人均纯收入	元	157	180	205	211	226
耕地面积	千公顷	34.06	34.06	34.05	34.04	34.03
农林牧渔业总产值	万元	19877	16726	21978	21319	23040
农业产值	万元	14094	10684	14935	14736	14926
牧业产值	万元	5425	5736	6731	6118	7253
粮食产量	千万千克	11.19	11.77	11.98	12.44	11.68
烤烟产量	万千克	157.1	206.7	200.1	154.3	249
肉类总产量	千万千克	0.86	0.97	1.01	1.03	1.08
大牲畜存栏头数	万头	13.79	14	14.07	14.46	13.99
全部工业总产值	万元	3116	3818	4572	5182	8794
社会消费品零售总额	万元	6650	5586	6473	6753	7703
普通中学学校数	所	48	14	13	13	11
普通中学在校学生数	人	30835	10939	10991	11530	12227
小学学校数	所	443	397	352	358	325
小学在校学生数	人	120792	73218	74228	79817	81385
学龄儿童入学率	%	72.5	75.63	75.76	76.9	81.66
卫生机构数	个	122	71	73	66	35
卫生机构床位数	张	1642	514	444	538	112
卫生机构工作人员数	人	549	594	137	148	81

说明：年末人口数为户籍人口数，人均地区生产总值按年平均人口数计算

1993—1997 年水城县主要经济社会发展指标表

表 14－1－2

项　目	单位	1993 年	1994 年	1995 年	1996 年	1997 年
土地面积	平方千米	3642	3642	3642	3642	3584
年末总人口	万人	64.01	64.53	65.3	66.13	66.84
年末在岗职工人数	万人	1.14	1.22	1.26	1.19	1.27
在岗职工年平均工资	元	2782	4223	4755	4700	5349
本地生产总值	万元	26889	39643	46298	62201	69439
第一产业产值	万元	15327	21834	26918	34534	34758
第二产业产值	万元	4666	8562	9023	15630	19820

续表 14－1－2

项　目	单位	1993 年	1994 年	1995 年	1996 年	1997 年
第三产业产值	万元	6896	9247	10357	12037	14861
人均生产总值	元	415.74	602.97	688.42	908.26	960
社会固定资产投资	万元	2853	7293	9993	14497	13668
地方财政收入	万元	1646	991	1773	2701	3224
地方财政支出	万元	4849	5233	6711	7411	9305
农村居民人均纯收入	元	248	395	789	991	1071
耕地面积	千公顷	34.03	33.93	33.86	33.84	33.78
农林牧渔业总产值	万元	23589	34448	41999	51042	53522
农业产值	万元	15356	22726	28181	36293	38483
牧业产值	万元	7561	10873	12763	13209	13404
粮食产量	千万千克	11.55	13.07	14.11	14.58	14.45
烤烟产量	万千克	398.8	285.6	298.9	745.6	1067
肉类总产量	千万千克	1.12	1.11	1.19	1.23	1.27
大牲畜存栏头数	万头	13.91	13.35	13.43	13.4	13.35
全部工业总产值	万元	13127	15442	17980	37242	39969
社会消费品零售总额	万元	8287	8886	9870	11273	11748
普通中学学校数	所	11	36	12	14	15
普通中学在校学生数	人	11595	11284	10640	11222	12191
小学学校数	所	285	268	278	300	301
小学在校学生数	人	79738	82767	88642	95034	99698
学龄儿童入学率	%	83.1	83.56	87	88.96	95
卫生机构数	个	30	35	35	35	36
卫生机构床位数	张	331	419	433	352	387
卫生机构工作人员数	人	91	125	129	286	301

说明：年末人口数为户籍人口数，人均地区生产总值按年平均人口数计算

第二节　全方位实施改革开放后

1998—2008 年，县实行全面改革开放，切实利用国家扶贫和西部大开发的各项优惠政策，充分发挥煤电资源优势，经济发展进入高速运行的轨道，但因基础差、总量小等因素，与先进发达地区相比还有差距，县主要经济社会发展指标见表 14－1－3 和表 14－1－4。

1998—2002 年水城县主要经济社会发展指标表

表 14－1－3

项　目	单位	1998 年	1999 年	2000 年	2001 年	2002 年
土地面积	平方千米	3584	3584	3584	3584	3584
年末总人口	万人	67.73	68.59	72.05	72.87	73.91
年末在岗职工人数	万人	1.18	1.31	1.18	1.11	1.26
在岗职工年平均工资	元	5812	6683	7818	10785	12592
本地生产总值	万元	75586	82733	100225	113000	128771
第一产业产值	万元	35162	38120	41275	42523	42451
第二产业产值	万元	23289	24856	37154	40815	48090
第三产业产值	万元	17135	19757	21796	29662	38230
人均生产总值	元	1006	1206.2	1391.05	1559.5	1754.6
社会固定资产投资	万元	24745	14568	14559	45983	44372
地方财政收入	万元	3763	4553	5117	5769	6885
地方财政支出	万元	10353	12306	14328	20180	24316
农村居民人均纯收入	元	1120	1189	1212	1272	1323
耕地面积	千公顷	33.67	33.68	33.48	33.33	33.33
农林牧渔业总产值	万元	52709	56877	61611	63786	65019
农业产值	万元	35369	38756	42245	44231	43596
牧业产值	万元	15346	16065	16814	17190	17692
粮食产量	千万千克	16.19	18.56	21.88	22.45	21.56
烤烟产量	万千克	547	764.7	616.5	606.3	629.8
肉类总产量	千万千克	1.31	1.46	1.56	1.59	1.77
大牲畜存栏头数	万头	13.33	13.45	13.41	13.42	12.78
全部工业总产值	万元	44611	58619.4	64175	93904	623296
社会消费品零售总额	万元	12798	12815	12909	14530	56708
普通中学学校数	所	22	21	22	35	53
普通中学在校学生数	人	12791	14455	17428	24087	42012
小学学校数	所	327	312	307	258	302
小学在校学生数	人	103729	106212	104322	96315	108470
学龄儿童入学率	%	96.6	97.43	97.92	98.92	99.4
卫生机构数	个	41	36	35	36	37
卫生机构床位数	张	457	584	416	357	622
卫生机构工作人员数	人	657	448	647	729	746

说明：2000—2001 年年末人口数为常住一年人口数，其他年度年末人口数为户籍人口数；人均地区生产总值按年平均人口数计算

2003—2008 年水城县主要经济社会发展指标表

表 14－1－4

项　目	单位	2003 年	2004 年	2005 年	2006 年	2007 年	2008 年
土地面积	平方千米	3584	3584	3584	3584	3584	3584
年末总人口	万人	74.85	75.85	76.36	76.84	77.18	73.09
年末在岗职工人数	万人	1.23	1.24	1.4	1.41	1.45	1.35
在岗职工年平均工资	元	12653	14134	19191	22381	31433	34045
本地生产总值	万元	171839	226085	280094	346185	410882	515060
第一产业产值	万元	43362	48254	54634	58516	61483	73460
第二产业产值	万元	79742	112544	143659	191693	228141	301244
第三产业产值	万元	48735	65287	81801	95976	121258	140356
人均生产总值	元	2310.3	3000.5	3911	4833.3	5755.7	7078.9
社会固定资产投资	万元	55316	167099	247930	434450	464136	573932
地方财政收入	万元	8499	11428	16506	19784	25532	33903
地方财政支出	万元	28626	35166	46968	58616	72166	106906
农村居民人均纯收入	元	1389	1545.9	1729.74	1847	2178	2538.7
耕地面积	千公顷	33.25	33.2	33.2	33.1	33.11	33.1
农林牧渔业总产值	万元	68878	79244	85373	85160	104099	127180
农业产值	万元	44119	52000	55037	59458	63334	75544
牧业产值	万元	19773	24746	27745	22492	37186	46682
粮食产量	千万千克	22.06	23.54	24.29	25.05	25.83	26.48
烤烟产量	万千克	316.4	369.2	452.1	563.5	449.5	524.7
肉类总产量	千万千克	2.04	2.36	2.71	2.56	2.3	2.56
大牲畜存栏头数	万头	12.14	12.22	12.73	9.34	9.6	9.2
全部工业总产值	万元	168015	255900	293355	411393	446302	623296
社会消费品零售总额	万元	17629	21060	37366	42074	48511	56708
普通中学学校数	所	36	39	56	56	59	53
普通中学在校学生数	人	31720	37024	40516	40072	37994	42012
小学学校数	所	285	279	348	343	331	302
小学在校学生数	人	93110	101683	107369	110107	108150	108470
学龄儿童入学率	%	98.9	99	98.96	99	99.24	99.4
卫生机构数	个	39	36	36	38	38	37
卫生机构床位数	张	418	483	446	511	515	622
卫生机构工作人员数	人	1152	800	754	764	775	746

说明：年末人口数为户籍人口数，人均地区生产总值按年平均人口数计算

第二章　计　划

第一节　计划管理

一、机构

1978年，特区计划委员会内设统计科、物资科、物价科。1980年，特区计划委员会物价科分出并升格为特区物价局。1981年，特区计划委员会统计科分出并升格为特区统计局。1987年12月，特区计划委员会更名县计划委员会，内设计划科、人秘科。1990年6月，成立县以工代赈工作领导小组，下设办公室在县计划委员会。1991年11月，成立县煤焦销售协调领导小组，下设办公室在县计划委员会。1993年8月7日，县计划委员会、县经济委员会合并为县计划与经济局，挂对外经济协作局牌子，内设计划股、企管股、煤协办、外协办、办公室；撤销县以工代赈领导小组办公室，其职能并入县计划与经济局。1994年6月14日，县计划与经济局分设为县计划局和县工业局，县计划局内设办公室、计划综合股、以工代赈办公室、煤焦协调办公室。1996年8月21日，建立县信息中心，为县计划局下属股级事业单位，定编制2名。1996年11月7日，县以工代赈办公室升格为副科级事业单位，设主任1名，业务人员2名，会计、出纳各1名。1997年1月，煤焦协调办公室划归县煤炭局。2002年2月22日，县计划局更名县发展计划局，内设办公室、计划综合股、项目建设管理股。2004年6月21日，县发展计划局更名县发展和改革局。2008年8月，县重大项目办公室划归县发展和改革局，属副科级事业单位，下设综合股、规划管理股、项目股。

二、部分计划

1978—2008年，县（特区）由计划经济体制逐步转变为市场经济体制，计划也由指令性计划逐步转变为指导性计划，计划部门由制定各种具体的计划逐渐改为制定宏观控制性计划。

1980年，特区计划不发达地区项目4个，资金4万元；完成项目4个，投资4万元，建筑面积627平方米，形成固定资产4万元。1980—1981年，特区计划民族经费补助项目4个，资金5万元；完成项目2个，投资3.6万元，建筑面积447平方米，形成固定资产3.1万元。1981年，特区计划不发达地区项目8个，资金13万元；完成项目2个，投资9万元，建筑面积537平方米，形成固定资产2.9万元。1982年4月17日，特区计划修建比德区牛场小学、大湾区三合小学、发耳区龙井小学、比德区中学、玉舍区中学、蟠龙区中学，总投资25万元；计划修建杨梅、米箩、比德3个区医院和19个公社卫生院，每个区医院投资5万元，每个公社卫生院投资2万元。1982年4月19日，特区计划修建蟠龙至猴场公路23千米，投资60.3万元。1982年4月20日，特区计划修建木城茶叶加工厂（建筑面积400平方米，投资5万元），玉舍马铃薯加工厂（建筑面积500平方米，投资5万元），发耳生姜、魔芋综合厂（建筑面积500平方米，投资5万元）。1983年，计划特区酿造厂、特区铸造厂、特区土桥酒厂、特区轻工局等技术改造项目是年投入资金108.65万元（其中建房5290平方米，投资50.7万元），1984年投入资金24.7万元（其中建房1500平方米，投资5万元），1985年投入资金7.9万元。1983年4月18日，省计划委员会下发〔1983〕黔计教字第096号文件《关于水城第三中学计划任务书的批复》，批准建设水城第三中学（后来改为市第三中学），规模为24个班，投资150万元，总建筑面积9500平方米。1983年7月20日，省计划委员会和省农业厅下发〔1983〕黔农财字第177号文件《关于水城特区畜牧业基地建设计划任务书的批复》，批准建设特区畜牧业基地；拟建牧草种子繁殖基地400公顷、人工草场2333.33公顷，饲养奶肉兼用改良牛1200头、奶山羊和半细毛羊500只，总投资262.2万元，1983年开工，1985年竣工。

1995年2月28日，县计划局以水计字〔1995〕2号文件，下达1995年地方煤炭、焦炭出省分配计划，分配到全县43个煤焦企业，煤炭出省计划1800万千克，焦炭出省计划7000万千克。1995年6月30日，县计划局以水县计字〔1995〕第24号文件，下达救灾化肥指标50万千克。2008年：全县经济发展主要计划为生产总值增长18%以上，全社会固定资产投资增长11%以上，财政总收入增长21%以上（其中地方财政收入增长15%以上），社会消费品零售总额增长12%以上，农民人均纯收入增长8%以上；计划完成情况为生产总值增长10.1%，全社会固定资产投资增长23.66%，财政总收入增长27.39%（其中地方财政收入增长32.79%），社会消费品零售总额增长16.89%，农民人均纯收入增长16.5%。

第二节　年度计划与长远规划

一、年度计划

县（特区）每年均制定国民经济和社会发展计划。1981—2005年，县（特区）计划部门负责人每年均在人民代表大会上作上年国民经济和社会发展计划执行情况与是年国民经济和社会发展计划草案报告；2006—2008年，县召开人民代表大会时，计划部门负责人不作报告，但将上年国民经济和社会发展计划执行情况与是年国民经济和社会发展计划草案报告印发全体代表讨论；无论是否在人民代表大会上作报告，“国民经济和社会发展计划报告”均由人民代表讨论并通过相应的决议，执行中需要调整时，也由县（特区）人大常委会决定。

（一）特区1981年计划主要指标执行结果和1982年计划主要指标安排

1981年经济和社会发展计划主要指标执行结果。粮食总产量14250万千克，比计划增长7.6%，比1980年增长8.9%；农业总产值7600万元，比1980年增长16.2%；油菜籽完成计划的221.49%，比1980年增长4.5倍；烤烟完成计划的94%，比1980年增长72.9%；花生产量87500千克，比1980年增长25%；茶叶产量58500千克，比1980年增长21.4%；生猪年末存栏208000头，比1980年增长5.8%；牛年末存栏95000头，比1980年增长0.4%；羊年末存栏76000只，比1980年增长16%；造林381.33公顷，完成计划的22.9%；社队企业总收入1123万元，完成计划的86.4%；工业总产值1656万元，完成计划的99.9%；财政收入5401200元，完成计划的107.4%；商品零售总额7297

万元，比 1980 年增长 1%；城镇储蓄完成计划的 109.4%，农村集镇储蓄比计划增加 142 万元，农业贷款收回完成计划的 101.9%；基本建设总投资 1142000 元，比 1980 年减少 40.6%；人口自然增长率 16.43‰，比 1980 年降低 1.7‰。

1982 年经济和社会发展计划主要指标安排。粮食总产量 14500 万千克，比 1981 年增长 1.75%；油菜播面 2000 公顷，产量 60 万千克，比 1981 年增长 80.6%；烤烟种植 800 公顷，产量 90 万千克，比 1981 年增长 3.7 倍；花生播面 333.33 公顷，产量 25 万千克，比 1981 年增长 1.85 倍；茶叶产量 6.5 万千克，比 1981 年增长 11.1%；造林 2900 公顷，比 1981 年增长 6.6 倍；生猪存栏 21 万头，比 1981 年增长 0.96%；大牲畜存栏 137000 头（匹），比 1981 年增长 10.9%；羊存栏 80000 只，比 1981 年增长 5.26%；社队企业总收入 1050 万元，比 1981 年减少 6.5%；工业总产值 1815 万元，比 1981 年增长 9.6%；商业局系统商品销售额 4780 万元，供销系统商品销售额 2200 万元；基本建设总投资 104 万元，比 1981 年减少 8.93%；普通高中招生 300 人，初中招生 3220 人，人口自然增长率控制在 14.26‰以下。

（二）县 1996 年计划主要指标执行结果和 1997 年计划主要指标安排

县 1996 年经济和社会发展计划主要指标执行结果。国民生产总值 62201 万元，为计划的 102.71%，比上年增长 9%；粮食总产量 14580 万千克，为计划的 100.33%，比上年增长 32%；烤烟产量 745.6 万千克，为计划的 106.51%，比上年增长 1.49 倍；造林 4453.33 公顷，为计划的 83.5%；年末大牲畜存栏 13.4 万头（匹），为计划的 89.3%；生猪存栏 24.5 万头，为计划的 97.9%，比上年增长 1.1%；羊存栏 7.2 万只，为计划的 77.7%，比上年减少 7.2%；肉类总产量 1230 万千克，为计划的 89.8%，比上年增长 3.36%；乡镇企业总产值 3.49 亿元，为计划的 92%，比上年增长 28.78%；农业总产值 2.47 亿元，比上年增长 9.8%；工业总产值 3.01 亿元，比上年增长 35.5%；原煤产量 94080 万千克，为计划的 94.08%，比上年增长 9.13%；焦煤产量 19540 万千克，为计划的 108.56%，比上年增长 14.81%；洗精煤产量 14070 万千克，为计划的 100.5%，比上年增长 16.09%；财政税收 4072 万元，为调整预算的 108.2%，比上年增长 48.12%；本级财政收入 2873 万元，为调整预算的 111.3%，比上年增长 62.04%；社会消费品零售总额 1.12 亿元，为计划的 114.13%，比上年增长 4.87%；人口出生率 20.91‰，人口自然增长率 14.21‰；适龄儿童入学率 88.96%。

县 1997 年经济和社会发展计划主要指标安排。粮食总产量增长 3%，生猪存栏增长 15.1%，年末大牲畜存栏增长 13.6%，肉类总产量增长 15%，原煤产量增长 20%，焦煤产量增长 10%，洗精煤产量增长 15%，种植绿肥 20000 公顷，造 5333.33 公顷；财政税收增长 15.9%，达 4720 万元；本级财政收入增长 14.86%，达 3300 万元；社会消费品零售总额增长 15%，达 12880 万元；农民人均纯收入增加 150 元以上，人口自然增长率控制在 12‰以内，适龄儿童入学率达 94% 以上。

二、长远规划

1978—1980 年，特区实施国民经济和社会发展第五个五年计划，1980 年特区制定国民经济和社会发展第六个五年计划，1985 年特区制定国民经济和社会发展第七个五年计划，1990 年县制定国民经济和社会发展第八个五年计划，1995 年县制定国民经济和社会发展第九个五年计划和 2010 年远景目标，2000 年县制定国民经济和社会发展第十个五年计划，2005 年县制定国民经济和社会发展第十一个五年计划。国民经济和社会发展的每一个五年计划均在人民代表大会上作报告，并由全体代表审议通过，并形成相应决议。1995年县制定的《水城县国民经济和社会发展第九个五年计划和2010年远景目标》主要内容如下：

总体结构《水城县国民经济和社会发展第九个五年计划和2010年远景目标》分为13章，共62节。第一章改革开放16年的回顾，第二章经济发展总目标，第三章农村经济，第四章工业经济，第五章基础设施建设，第六章环境治理与保护，第七章市场体系培育，第八章财贸经济，第九章科学技术，第十章教育事业，第十一章深化改革、扩大开放，第十二章人民生活与社会保障，第十三章社会主义精神文明建设。

主要计划指标国民生产总产值（按90不变价，下同）2000年达5.05亿元，2010年达14.3亿元；工农业总产值2000年达5.82亿元，2010年达15.83亿元；农业总产值2000年达2.68亿元，2010年达4亿元；工业总产值2000年达3.14亿元，2010年达11.83亿元；粮食总产量2000年达18180万千克，2010年达22000万千克；烤烟面积2000年为7333.33公顷，2010年达1万公顷；油菜籽产量2000年达302万千克，2010年达540万千克；甘蔗产量2000—2010年保持1160万千克；蔬菜产量2000年达7820万千克，2010年达12470万千克；绿肥种植面积2000年为33333.33公顷，2010年达40000公顷；茶叶产量2000—2010年保持200万千克；生猪年末存栏2000年达26.72万头，2010年达31.01万头；黄牛年末存栏2000年达12.93万头，2010年达14万头；羊年末存栏2000年达11.61万只，2010年达15.61万只；肉类总产量2000年达1850万千克，2010年达2440万千克；人工造林29000公顷，封山育林23333.33公顷，林业产值2000年达4201万元；乡镇企业产总值2000年达8亿元，2010年达20亿元；地方财政收入（按当时体制计算）2000年达4143万元，2010年达8868万元；农民人均纯收入2000年达882元，2010年达1400元；人口自然增长率始终控制在12‰以内；适龄儿童入学率2000年达95%，2010年进一步提高。

第三章　招商引资与对外经济技术合作

第一节　机构与政策

一、机构

1995年12月，成立县招商引资局，为事业单位。1996年12月，恢复县政府对外经济协作办公室（事业单位），与县招商引资局实行一个机构、两块牌子。2002年，撤销县招商引资局（县政府对外经济协作办公室），其行政职能由县发展和计划局承担。

二、政策

县在认真执行中发〔1998〕6号文件《中共中央、国务院关于进一步扩大对外开放提高利用外资水平的若干意见》、黔府发〔1996〕46号文件《贵州省进一步推动横向经济联合与协作的若干规定》、黔府发〔1998〕4号文件《贵州省人民政府关于进一步放宽政策改善投资环境的若干规定》、市发〔1998〕21号文件《中共六盘水市委、市人民政府关于进一步扩大对外开放加强对外招商与经济技术合作的若干规定》等文件的基础上，制定并逐步修改招商引资与对外经济技术合作政策规定。其中县委、县政府于1998年10月制定的“水城县招商引资与经济技术合作的规定”主要内容如下：

（一）县境内的资源、产业、市场（国家有特殊规定的除外），面向国内国外开放。欢迎和鼓励投资者（包括国外、港、澳、台及国内投资者）以各种方式，投资开发各类资源，兴办企业，开展多层次、多形式、多领域的经济技术合作。(1) 开展双边（对口）、多边区域联合与合作，组建区域性经济合作组织，互设办事机构，设立“经济窗口”；(2) 开展经济、科技、教育、文化等方面的交流，开展各种联谊活动，组建合作网络组织；(3) 投资者可以独资或多种合作方式参与县资源、商品、劳务、技术、信息、市场的开发和建设。

（二）对外招商引资可采用以资源换技术、以产权换资金、以市场换项目、以存量换增量的“四换”政策，促进县资源、能源、劳动力、市场与东部沿海地区的资金、技术、人才和管理的互补合作。

（三）凡来县投资者，合作方式可自行选择或共同商定。可采取合资（合作）经营、独资经营、股份合作制经营、承包租赁、补偿贸易、产销联营、联购联销、来料来样加工、技术（设备、商标、专利）入股或转让、企业兼并、购买企业所有权等形式，以及合作方认为合适的其他合作形式。

（四）凡来县投资兴办联合、独资企业项目，优先纳入县基建或技改自筹投资计划。凡生产性建设项目，基本建设条件能自行解决的，不受投资规模限制。县在立项、审批、规划、选址、定点、征地、拆迁、施工安排、能源配置、运输等方面优先安排。

（五）多渠道多形式集资、融资。可采取出售、出租、合资、包装上市等形式扩大筹资、融资渠道，进一步加快基础设施建设步伐。

（六）依照国家有关政策，对外来投资实行“五放开”（放开合作领域、放开合资合作形式、放开控股比例、放开所有制形式、放开投资主体对经营管理者的选择）。

（七）建立联席办公制度。实行“一站式”办理证、照，一条龙跟踪服务。市外投资企业（项目）的立项审批、工商注册、税务登记、生产（经营）许可证、环保、征地、规划等有关证件手续，由县政府招商引资办牵头办理。实行特事特办，减少环节，联席审批，确保项目顺利实施。（1）投资项目报县招商引资局审批；（2）凡属县审批权限内的项目、项目建议书、可行性研究报告或合同、章程，审批机关在7个工作日内决定批准与否；（3）属于县审批权限外的项目，在5个工作日内决定转报或不转报；（4）投资企业符合法人登记条件，文件证件齐备的，在3日内核准登记注册，不符合条件的在时限内给予回复；（5）投资企业在有关部门办理有关手续，在5个工作日内给予办理，不能办理的，给予答复并说明原因。

（八）县外投资者与县兴办的联合企业，原有的信贷关系不变。县外投资企业需县配套的固定资产贷款及流动资金贷款，在同等条件下优先安排。投资者在县贫困地区兴办的独资、联合项目，如资金不足，可申请使用扶贫贷款和其他专项贷款，县有关部门实行贷款倾斜政策。

（九）根据国家有关法律、政策，结合县的实际，对县外投资企业，在用地、税收、收费等方面给予优惠。

（十）对引进县外资金的单位和个人，实行引资奖励政策。（1）引进捐赠、赞助等无偿资金，按引资额的6%奖励；（2）以独资、合资、合作、补偿贸易等形式引进资产兴办生产性企业的，项目建成投产后，按形成固定资产金额的2%给予奖励；兴办非生产性企业的（商业贸易项目除外），按形成固定资产金额的1%给予奖励；（3）商业贸易投资项目，按是年上缴税收的数额给予2%的一次性奖励；（4）引进无息贷款使用年限在1年以上的，按总贷款额的2%给予奖励；其他有息贷款，使用年限在1年以上的，按总贷款额的0.5%给予奖励；（5）对引资有功人员的奖励部分，10万元以内免征个人所得税，10万元以上的减半征收个人所得税；（6）奖励由引资人或单位书面申请，并附投资企业引资证明、资金到银行账户证明、形成固定资产的资金额等有关材料，经县招商引资局审核，报县政府批准后由县招商引资局及时组织兑换，奖励资金由财政列支。

（十一）凡兼并、收购、租赁、托管、承包县亏损企业的，从盈利年度起，先用所得税补亏，补亏完毕后，可享受免征所得税2年，返还所得税3年的优惠。

（十二）科研单位、大专院校对县的技术成果转让、技术咨询、技术服务、技术培训、技术承包等所取得的技术性服务收入，年净收入在30万元以下免征所得税。

（十三）县外投资者在县获得的合法利润、物资，由其自主支配。物资运出县的，有关部门和单位给予积极协助和方便。

（十四）中央、省、市属在县企业，县、乡（镇）所属企业充分利用管理人才、技术、资金、设备的优势，新建独办及与地方或县外联办的多经企业，视为横向经济联合企业，享受本规定中的优惠政策。

（十五）依法保护县外投资者的合法权益，县招商引资局负责协调服务，各有关部门应给予积极支持。

（十六）凡经批准注册的县外投资企业，投资额在500万元以上且经营期在3年以上者，可申请办理外来企业人员的居民常驻户口手续。由县招商引资局审核后，按照户籍管理规定，到公安部门办理入户手续。子女入学、入托享受县居民同等待遇。

第二节　措施与成果

一、措施

县利用各种新闻媒体，广泛宣传县资源和区位优势、发展潜力、投资环境、优惠政策等，吸引外来投资者到县投资；建立县级招商引资与经济技术合作项目库，编印“投资指南”“项目指南”，为外来投资者到县投资提供详实可靠的依据；对外来投资者提出的政策优惠要求，在政策法规允许的范围内实行“能优则优”“向上争取”“特事特办”，尽最大可能满足；县政府成立专门机构，向外来投资者提供选址、征地、基建、办证等全程服务；把招商引资和服务企业工作纳入全县各单位年度目标管理的内容，进行考核和奖惩；成立企业投诉中心和外商（外来投资者）投诉中心，有效根治“吃、拿、卡、要”“三乱”等现象；建立听证制度和咨询制度，对管理和服务中存在的问题及时纠正；企业发展中若遇到困难，政府千方百计帮助解决。2004年1月19日，县政府常务会议研究决定，对招商引资项目实行“一站式”办公，减少办事程序，提高服务质量。

1997年，县政府兑现县招商引资局副局长杨厚勇引资奖金3.5万元（其将奖金捐给“希望工程”）。2000年，县长杨明达获招商引资奖金3万元（其将奖金捐给“希望工程”）。2000年1月10日，县委以县通字〔2000〕2号文件《中共水城县委水城县人民政府关于兑现1999年度招商引资奖励的通知》，对1999年度招商引资成绩突出人员进行奖励；何传忠、周红明、王庆明等5人引荐养马河桥梁厂水城分厂到位资金3000万元，兑现奖励30万元；毛毅引荐水城环保机焦厂到位资金402万余元，兑现奖励4万余元；王成奎引荐纸厂页岩砖厂到位资金216万余元，兑现奖励2万余元；韩素珍引荐双闽页岩砖厂到位资金127万元，兑现奖励1.27万元；邹建亚引进朝阳铅锌矿技改资金到位100万元，兑现奖励1万元；盛作义引荐玉舍锌制品厂到位资金50万元，兑现奖励0.5万元；陈泰斌引进烤烟生产发展资金到位50万元，兑现奖励0.5万元。2002年，县委以县决字〔2002〕02号文件《中共水城县委水城县人民政府关于表彰2000至2001年度全县招商引资先进个人的决定》，对在全县招商引资工作中成绩突出的先进个人进行表彰；陈依良等人引进贵州省六盘水双牌有限责任公司，协议资金10亿元，实际到位资金1.2亿元，获奖金10万元；周霖等人引进水城正鑫锌业有限责任公司，协议资金1.2亿元，实际到位资金2265万元，获奖金2万元；范存文等人引进六盘水鼎峰锌业有限责任公司，协议资金2500万元，实际到位资金720万元，获奖金0.4万元。

二、成果

1998年，县招商引资与经济技术合作成果见表14－3－1；1999—2008年，县招商引资与经济技术合作成果简况见表14－3－2。

1998年水城县招商引资与经济技术合作成果表

表14－3－1

单位：万元

企业名称	设计规模	总投资	引进资金	自筹资金
精细化工厂	300万千克	2085	900	—
水城铸造焦厂	3000万千克	1120	650	—
水城县花岗石厂	1000立方米	110	110	—
水泥包装制品厂	—	1000	730	—
保华乡实业煤矿	3000万千克	100	120	—
保华乡大梁子煤矿	6000万千克	300	300	—
保华乡东升煤矿	3000万千克	150	80	—
保华乡严家寨煤矿	3000万千克	120	60	—
保华机焦厂	3000万千克	200	200	—
鸿基化工有限公司	50万千克	670	351	80
水城县富锰渣厂	—	250	130	—
贵塔砖厂	—	150	30	—
朝阳铅锌冶炼厂	50万千克	86	86	—
双建水泥厂	1亿千克	3000	100	—
双利金属制品厂	—	200	66	—
常友焦厂	3000万千克	450	250	—
中药材加工厂	100万千克	200	40	—
塔山锌厂（技改）	200万千克	50	50	—
新发冶炼厂（技改）	200万千克	50	50	—
金盾锌厂（技改）	200万千克	50	50	—
纸厂振兴煤矿	3000万千克/年	31	31	—
勺米桃树湾矿	3000万千克/年	20	—	20
纸厂乡东方煤矿	3000万千克/年	24	24	—
勺米1号矿	3000万千克/年	15	—	15
纸厂乡红星煤矿	3000万千克/年	18	—	18
阿戛大田煤矿	3000万千克/年	19	19	—
纸厂福田煤矿	3000万千克/年	38	28	10
勺米范家寨煤矿	3000万千克/年	16	—	16
纸厂偏庆煤矿	3000万千克/年	18	—	18
勺米乡内一煤矿	3000万千克/年	25	25	—
阿戛石桥煤矿	3000万千克/年	20	—	20
阿戛侯家店煤矿	3000万千克/年	19	—	19
光明煤矿	3000万千克/年	20	—	20
勺米观音山矿	3000万千克/年	20	—	20
玉舍仙水沟矿	3000万千克/年	16	—	16
精铁公司大发煤矿	3000万千克/年	42	42	—

表 14－3－1　　单位：万元

企业名称	设计规模	总投资	引进资金	自筹资金
玉舍迎松煤矿	3000 万千克/年	21	—	21
玉舍发达煤矿	3000 万千克/年	20	—	20
玉舍四营煤矿	3000 万千克/年	19	—	19
玉舍贵河煤矿	3000 万千克/年	23	10	13
玉舍四营沟煤矿	3000 万千克/年	22	22	—
玉舍玉坪煤矿	3000 万千克/年	19	—	19
玉舍三棵树煤矿	3000 万千克/年	20	20	—
发耳双福煤矿	3000 万千克/年	26	26	—
玉舍海子湾煤矿	3000 万千克/年	20	—	20
玉舍永华煤矿	3000 万千克/年	45	45	—
合　计	—	10937	4645	384

1999—2008 年水城县招商引资与经济技术合作成果简况表

表 14－3－2　　单位：个、亿元

年度	引进项目	到位资金	年度	引进项目	到位资金	年度	引进项目	到位资金
1999	14	0.52	2003	28	1.82	2007	39	11.57
2000	21	0.8	2004	—	6.06	2008	38	15.1
2001	10	1.56	2005	68	7.39			
2002	58	5.97	2006	21	5.81			

第四章　统　计

第一节　统计机制与执法

一、县级机构

1979—1980 年，特区统计工作由特区计划委员会统计科负责。1981 年，成立特区统计局，编制 8 人，内设行政综合统计股、工交统计股、财贸统计股、农业统计股。1987 年 12 月，特区统计局改称县统计局，定编制 10 人，内设综合统计股、农业财贸股、工交基建股。1990 年 11 月，县统计局内设办公室、综合信息股、经济统计股。1996 年 12 月，县统计局增设调查股。2002 年 7 月，县统计局定行政编制 11 人。2003 年 1 月，县统计局办公地点由黄土坡迁至双水县政府综合楼二楼。2004 年 5 月，县统计局增设统计执法大队（股级），编制 3 人。2006 年 11 月，县统计局增设统计信息中心，编制 2 人。2008 年，县统计局内设办公室、统计股、综合股、调查统计组、统计执法大队、统计信息中心，编制 22 人。

二、基层机构

1985 年 3 月，特区招聘区（镇）统计员 26 人。1986 年 7 月，特区政府出台《关于进一步加强统计工作的决定》，要求各区（镇）、各部门和企事业单位根据统计任务，设置统计机构、配备统计人员。1987 年 10 月，特区招聘乡级统计员 104 人。1992 年，33 个乡（镇）建立统计站，原有统计人员 96 人全部纳入事业编制。2008 年，乡（镇）统计站并入乡（镇）财政所。

三、统计管理体制

1984 年前，全国实行“一垂三统”的统计管理体制，业务上受国家统计局垂直领导，统一管理编制，统一管理经费，统一管理人员；区、乡统计人员收集和整理的统计资料，报送上级统计部门的同时报送当地党政机关。1984 年 1 月 1 日后，国家建立集中的统计系统，实行统一领导、分级负责的统计管理体制。1985 年 9 月，建立特区、区（镇）、乡（管理区）三级条块统计体制，形成以政府统计为中心的统计网络；所属各部门在政府统一领导下，负责调查提供本部门的有关数字，统一核实，分别上报。

四、统计执法

1978—1984 年，特区的统计工作以《统计工作条例》为指导。1984 年 1 月 1 日《中华人民共和国统计法》施行后，统计机构依法行使职责。1989 年初，成立统计法规检查小组，开展全县统计法规执行情况大检查；重点检查年报中粮食产量、农民收入、工业总产值、工业企业利润额、固定资产投资额等指标。1999 年，开展统计执法专项检查，对部分单位统计工作进行整改，查处违法案件。2006 年后，县统计局统计执法大队负责全县统计执法检查工作。2007 年，县统计局统计执法大队查处企业统计人员无统计从业资格证，未按规定设置统计台账和原始记录以及瞒报虚报统计资料等违法行为。

第二节　统计方式

一、定期统计

定期统计是统计的主要方式，由有关部门定期报送月报、季报、年报等报表。包括农业统计，工业统计，固定资产投资统计，建筑业统计，劳动工资统计，国民经济核算与综合平衡统计，商业统计（批发零售贸易、餐饮业统计），交通运输业、服务业、原材料、能源统计等。由于受领导政绩考评等因素影响，统计数据与真实情况有一定误差。

二、抽样调查

抽样调查是从全部调查研究对象中抽选一部分样本进行调查，并据以对全部调查研究对象估计和推断的一种调查统计方式。县（特区）进行过：农村经济抽样选点调查（样本由 1981 年的 30 户增加到 1994 年的 370 户，再减少为 2008 年的 100 户），农村贫困监测（1999 年抽样 90 户），粮食抽样选点调查（1986 年抽样 642 个村总户数的 7%，1992 年后抽样 9440 户），畜牧业抽样调查（1999 年以村为样本全面调查），规模以下工业企业抽样调查（1999 年抽样企业及个体工业户 759 个），百分之一人口抽样调查（10 年 1 次，在两次人口普查中间的年份进行），百分之一人口变动情况、城镇劳动力、群众安全感抽样调查（1982—2003 年开展人口变动抽样调查 19 次，1996 年后开展城镇劳动力调查，2001 年后进行群众安全感调查），人口变动情况抽样调查（每年 1 次、按上级分配数抽取样本），商业、饮食业定点抽样调查（1988 年抽样 30 户个体商业和 101 户饮食业），个体商业抽样调查（2007—2008 年抽样 97 户、16 个加油站）。

三、专项普查

专项普查时，各级政府采取一定措施，得出的数据与真实情况比较接近；其中人口普查因国家和各级政府均高度重视，采取一些非常措施，得出的数据与真实情况几乎一样。

（一）人口普查

1978—2008 年，县（特区）3 次全国人口普查的主要数据见本志“人口与计生章”。

（二）经济普查

第一次全国经济普查的标准时点是 2004 年 12 月 31 日，普查资料为 2004 年度，普查对象是在境内从事第二产业和第三产业的全部法人单位、产业活动单位和个体工商户，于 2005 年 10 月结束。2005 年 12 月 12 日，县第一次经济普查办公室被国务院第一次全国经济普查领导小组评为先进集体，王建光、陈银芳等人被国务院第一次全国经济普查领导小组评为先进个人。县第一次全国经济普查时法人单位为 1204 个（企业法人 405 个、事业法人 243 个、机关法人 96 个、社会团体法人 84 个、其他法人 376 个），法人单位从业人数为 32770 人（企业单位 20356 人、事业单位 6869 人、机关单位 3183 人、社会团体单位 156 人、其他单位 2206 人）。

（三）农业普查

全国第一次农业普查的标准时期为 1996 年 1 月 1 日至 1996 年 12 月 31 日，访问登记时间为 1997 年 1 月 1—31 日；县被表彰为全国第一次农业普查先进集体。全国第二次农业普查的标准时期为 2006 年 1 月 1 日至 2006 年 12 月 31 日，访问登记时间为 2007 年 1 月 1—31 日。

（四）工业普查

特区全国第二次工业普查于 1986 年进行；普查对象是辖区内的全部工业企业，包括各种经济类型的独立核算工业企业、非独立核算生产单位、村办工业和个体工业；调查内容为 1985 年特区工业企业基本情况，包括人、财、物、产、供、销情况，重点是工业装备的技术状况、经济效益、工业内部结构和职工状况。县全国第三次工业普查于 1996 年进行；普查对象为县域内的全部工业企业，重点为国有企业、乡镇企业；普查主要内容为 1995 年工业生产经营基本情况，包括生产、销售、库存和成本、费用、价格、盈利等情况、资产负债状况及其构成、生产能力利用水平及技术装备状况等；县工业普查办被评为国家级普查工作先进集体。

（五）第三产业普查

1993 年，县开展全国第三产业普查；普查年度为 1991 年和 1992 年，普查范围包括县内所有第三产业的企业、事业、行政单位和社会团体，普查内容包括机构和人员、生产经营活动情况、实物资产情况等；县第三产业普查办被评为国家级综合部门先进集体，滥坝镇第三产业普查办被评为国家级三普基层单位先进集体，陈银芳被评为国家级综合部门先进工作者。

（六）基本单位普查

全国第一次基本单位普查对象为所有法人单位及法人单位附属的产业活动单位，普查内容主要有单位的经济类型、所属行业、从业人员、企业规模、营业状况等各类单位的基本属性和主要标志，普查标准时点为 1996 年 12 月 31 日，1997 年 12 月完成普查；县第一次基本单位普查办被评为省级先进集体。

第五章 审 计

第一节 机 构

一、县级机构

1983年前，特区的审计职能由财政部门监察员兼职行使。1983年12月，成立特区审计局，定编制10人，借用特区税务局三楼6间近65平方米的房间办公。1987年12月，特区审计局更名县审计局。1993年9月，县审计局迁至县政府办公楼一楼，办公面积120平方米，有4间办公室，1间档案室。1997年，县审计局内设办公室、财金审计股、企业审计股、行政事业审计股、基本建设审计股。2001年8月，县审计局迁至双水县政府综合楼三楼，办公面积180平方米，有9间办公室、1间档案室。2002年，县审计局企业审计股与行政事业审计股合并为行政企事业审计股，基本建设审计股更名固定资产投资审计股，增设经济责任审计股、审计组。2006年6月，县审计局办公地点迁至双水县政府综合楼五楼，办公面积300平方米，有12间办公室、1间档案室、1间会议室。2007年，县审计局增设审计政策咨询服务中心。从成立至2008年，县（特区）审计局2次被评为全省审计系统先进集体；刘光敏、张勤荣、邓彦涛、方仕会先后被表彰为全省审计系统先进工作者。2008年，县审计局内设办公室、经济责任审计股、财金审计股、固定资产投资审计股、行政企事业审计股、审计组、审计政策咨询中心；行政编制11人，事业编制9人（含参照公务员法管理6人），设局长1名、副局长2名、总经济（审计）师1名；有干部职工20人（本科学历12人、大专学历7人、初中学历1人，副高级职称1人、中级职称5人，初级职称3人），有局长1人、副局长2人。

二、社会和内部审计机构

1993年12月18日，成立县审计事务所，隶属县审计局，系具有独立法人资格的全民所有制事业单位，注册资金5000元；经营范围包括审计查证、资产评估、建账理账、会计咨询、验资、工程预决算、清理债权债务等；实行有偿服务、照章纳税、自收自支、自负盈亏。1994—1998年，县审计事务所（市审计师事务所水城分所）接受社会委托项目240项，收入15.41万元，上缴税金0.71万元；其中审计23项、企业年检25项（年检金额115.39万元）、注册资金验证190户（验证资金7643.28万元）、清产核资2项（清产核资资金95.19万元）；核减虚假注册资金98.11万元。1996年，县审计事务所更名市审计师事务所水城分所。1998年12月，市审计师事务所水城分所有从业人员6人（管理人员1人，中级职称以上3人，其他业务人员2人）。2000年6月，撤销市审计师事务所水城分所。

1991—1993年，县税务局、县煤炭局等部门先后成立内部审计机构，有专（兼）职审计人员6

人。1996年后，县审计局指导有关部门内部审计机构完善审计准则和业务规章制度，加强对内部审计工作质量的监督。2003年后，县审计局指导和协助各企业逐步建立健全内控制度。

第二节　审计工作

审计工作总体情况　1983—2008年，县（特区）审计局共审计项目651项（单位746个），查出违规金额47144.5万元、管理不规范金额18938万元、应上缴财政2797.8万元（督促上缴财政2675.3万元）、应归还原渠道资金1520万元、应调账处理16894万元、应自行纠正4477万元，促进增收节支450万元；向县委（特区党委）、县（特区）政府和上级审计机关等部门提交审计报告、审计调查报告、综合性专题报告、审计信息共1161篇，被县委（特区党委）、县（特区）政府及有关部门批示、采用76篇；审计工作未发生行政复议或行政诉讼案件。

财政审计　1989年，县审计局审结发耳、龙场、杨梅3个财政所和3个税务所1988年财政决算及财务收支合规性和合法性情况等28个项目，查出违纪金额231.61万元，挽回经济损失100多万元。1991—2008年，县审计局完成县级部门财政预算执行审计项目47项，查出违规金额20430万元；完成乡级财政决算审计14项，查出违规金额1018万元，应上缴财政14万元，督促上缴财政11万元。

金融审计　1995年以前，金融审计主要审查国有金融机构的财务收支。1995年《中华人民共和国审计法》实施以后，金融审计逐步转向对国有金融机构资产、负债和损益的审计监督。1995—2008年，县审计局审计国际金融组织贷款、援款项目等45项，查出违规金额106万元；根据上级审计机关委托对工商银行、农业发展银行等金融保险机构进行审计及审计调查10项。

国有企业审计　1986年，特区审计局审结特区建筑公司1984—1985年财务收支情况和特区工商银行信托部1984年5月至1986年5月资金情况等12个项目，查出违纪金额125.51万元。1987年，特区审计局审结特区水电局1985年兴建深沟水库情况和特区“双扶”中心1985年8月成立后扶贫资金使用情况等11个项目，查出违纪金额87.4万元。1988年，县审计局审计县烟叶复烤厂1987年财务收支情况、县民政局专项扶贫资金情况和县计生委计生专项资金使用等17个项目，揭露滥坝铁厂违纪172.48万元问题。1990年，县审计局审结县房地产开发公司承包及财务收支情况等32个项目，查出违纪金额270.67万元。1998年，县审计局参与对六枝特区粮食局1992年4月至1998年5月国有粮食企业新增财务挂账和其他不合理占用农发行贷款问题的清查审计，核实新增财务挂账1990万元，其他不合理占用贷款638.1万元，核减违规金额85.1万元。1999年，县审计局对原县烟叶复烤厂1996—1998年资产、负债、损益进行审计，查出该厂资产、负债、损益不实，虚增虚减利润等问题，为该厂净核减亏损1051.14万元。2006年，县审计局对县明硐水库开发公司2002—2005年财务收支进行审计，查出该公司违规金额1118.52万元，发现该公司经理赵庆文（县水利局副局长兼任）涉嫌贪污、受贿金额39.05万元线索，依法移送县反贪局查处。1991—2008年，县审计局共完成企业审计37项，查出违规金额12809万元，查出应上缴财政32万元，督促上缴财政28万元。

行政事业审计　1984年，特区审计局审计特区教育局1983—1984年教育经费财务收支情况等3

个项目，查出违纪金额612.89万元。1985年，特区审计局审结特区建委1984年老城至场坝一期饮水工程资金使用情况和发耳区供销社1984年发放奖金情况等7个项目，查出违纪金额76.96万元。1991—2008年，县审计局完成行政事业审计202项，查出违规金额1823.8万元，查出应上缴财政17万元，督促上缴财政14万元。

固定资产投资审计　特区审计局于20世纪90年代初开展固定资产投资审计。县审计局针对固定资产投资审计工作的专业性、特殊性，结合全县固定资产投资规模逐年加大与审计力量不足的实际，在以该局工程审计人员为主审的基础上，经县政府同意，采取委托社会中介机构、聘用工程专业技术人员等方式开展固定资产投资审计；截至2008年，完成基建自筹资金来源及开工前审计93项、建设工程项目竣工决算（结算）审计174项，审计建设工程项目资金25150万元，查出违规金额311万元、管理不规范金额44万元，通过审计核减工程造价4352万元。

经济责任审计　1999年5月，县纪委等5部门下发《关于实行领导干部离任审计制度的通知》。2000年底至2001年初，县审计局对县盐业公司经理李显春进行任期经济责任审计，查出该公司违规资金27.24万元，漏交企业所得税1.46万元等问题。2001—2008年，县审计局受县政府及县委组织部委托，完成经济责任审计项目34项（县级部门及乡镇党政主要领导31项、国有及国有控股企业领导3项），查出违规金额7981.57万元（其中领导干部应负领导责任7583.67万元，应负直接责任397.9万元）；相关经济责任人被县组织人事部门诫勉谈话8人；移送纪检监察部门处理事项1件，金额0.7万元，涉及3人。

审计调查　1983—2008年，县（特区）审计局共完成审计调查项目58个。1984年，完成特区滥发服装情况、行政事业单位发放奖金等3个项目调查。1986年，完成特区1986年自筹基本建设资金情况和特区1986年扶贫支农调转金情况等6个项目调查。1987年，完成特区10个区（镇）65所公、民办中学危房改造情况和特区1987年自筹基本建设资金使用情况等4个项目调查。1989年，完成县1989年上半年财政预算执行情况和1987年后中、小学危房改造费使用情况等5个项目调查。1990年，完成县1989年扶贫资金发放使用情况调查。2004—2008年，根据省、市审计机关的统一部署，县、市审计机关先后对县2001—2008年教育经费管理使用进行专项审计调查和审计；审计（调查）金额28091万元，发现违规金额2693万元，其中有县财政欠拨教育费附加1149万元、县教育局截留挤占教育费附加20万元、虚列支出629万元、义教工程项目超概算387万元、中小学危房改造资金未纳入专户管理508万元等问题。

第六章　工商管理

第一节　机　构

一、工商机构

1979 年，特区工商行政管理局增设企业登记股、市管股，辖滥坝、比德、南开、大河、玉舍、发耳、龙场、杨梅、米箩、蟠龙工商所。1983 年，特区工商行政管理局增设合同商标股、财会股。1987 年 12 月，特区工商行政管理局改称县工商行政管理局（简称县工商局），内设办公室、人秘股、企业登记股、市管股、合同商标广告股、财会股、个体经济管理股；局机关有职工 31 人，全县工商系统有 103 人。1989 年 3 月 17 日，县工商局增设经济检查所。1989 年 11 月 9 日，县工商局增设城区工商所。1993 年 1 月 18 日，县工商局增设保华、纸厂、仲河、野钟、鸡场、化乐工商所。1993 年 4 月 26 日，县工商局增设木果工商所。1993 年 7 月，县工商行政管理局、县技术监督局、县物价局合并为县工商行政管理局。1994 年 5 月，县工商行政管理局分设为县工商行政管理局、县技术监督局、县物价局。1995 年 7 月 10 日，成立县工商局城区第二工商所。2000 年，县工商局内设办公室、政教股、企业股、市场股、合同商标广告股、财会股、个体股、财务股、法制股、消费者协会、个体劳动者协会、经济检查所；局机关有 51 人，全县工商系统有 181 人。

二、个体劳动者协会（个体私营企业协会）

1984 年 7 月 26 日，成立特区个体劳动者协会；在城关、水西、水钢、滥坝、大河、大湾、玉舍、杨梅、发耳、龙场、南开、蟠龙、比德、米箩设分会，有会员 212 人。1987 年 12 月，特区个体劳动者协会改称县个体劳动者协会。1988 年，县个体劳动者协会有 9 个分会。1992 年 9 月 12 日，县个体劳动者协会改名县个体私营企业协会（简称县个协）。2002 年，县个协有会员 1009 人，选出会长 1 名，副会长 2 名，秘书长 1 名，理事 18 名。2008 年 8 月，县个协选出会长 1 名，副会长 4 名，秘书长 1 名，理事 17 名。

县个协向会员宣传党的方针政策，为会员排忧解难，组织会员参加相关法律培训，提高会员依法纳税的自觉性，根据国家法律和政策保护会员正当权益；对个体工商户进行爱国、敬业、守法，守信等教育；树立先进典型，及时推荐表彰先进会员或个体工商户，发挥其引导作用；加强各行业分会的联系，在党委、政府和个体工商户之间发挥纽带作用。1989 年 6 月 29 日，城区 1 名个体户进货途中因车祸遇难，县个体劳动者协会有关领导亲临现场组织抢救，抚慰其亲属并组织捐款。1998 年，县个协会员出资 1500 元，购买文具对县工商局扶贫点大坝村小学进行慰问。2002 年，县个协向贫困户捐款 3462 元，参与慰问军烈属、五保户。

三、消费者协会

1991年9月10日，成立县消费者协会（简称县消协），理事会成员由县工商、司法、经委、标准计量、民政、税务、法院、劳动、物价、畜牧、工业、总工会、财贸、乡企、建委、商业、供销、粮食、民委、广播、公安、物资、卫生、检察、报社等单位负责人组成。2006年，全县33个乡（镇）建立县消协分会，分会会长由乡（镇）政府分管农业的副职担任；建立314个消费者投诉站及“12315”申诉举报联络站，站长由村支书（或村主任）担任，乡（镇）、村共有工作人员320人。

1991—2001年，县消协配合省市消协印制资料6000余份，检查市场1万余次，发放宣传资料1.8余份，提供咨询1700余次；受理各种投诉1121起，为消费者挽回经济损失98万余元；收到消费者感谢信61件、锦旗6面。2008年7月25日，县消协处理玉米种子出芽率低，农民要求赔偿问题，会同县农业局、县种子公司、杨梅乡政府，在杨梅乡木城村召开使用“西山70”“西山99”的农户补偿现场会；县种子公司按每公顷3000元对农户进行补偿，为192户农户挽回损失29750元。

第二节　市场建设与管理

一、市场建设与服务

市场建设　1979年，财政拨款3万元给玉舍、米箩工商所进行市场建设。1981年，特区投资2.72万元在大湾、比德、玉舍、滥坝、水钢等地建摊点14933平方米，修建货摊24个。1982年，特区投资16.3万元，修建水西、七十三、木果、巴西等市场；在城关、蟠龙、小马场、猴场、发耳、滥坝、陡箐等地集市增设牛马交易市场。1986年，全特区有市场107个。1987年，特区搬迁市场3个，扩建市场3个。1988年，划出33个市场归钟山区，县有市场66个；县投资162万元建设向阳北路和陡箐市场，向阳北路市场占地0.25公顷、建筑面积5425平方米，陡箐市场增设120个货摊。1989—1999年，县共投资41.78万元改善15个市场经营环境。1990年，全县有市场64个，总面积13.9万平方米；向阳北路市场有门面172个，比德和米箩硬化市场路面3000平方米、共有货摊610个。1991年，向阳北路市场增建门面36个；投资15万元建成发耳市场货摊40个、米箩市场货摊115个；搬迁比德、立火马路市场；整修哈青、玉舍市场。1992年，建成鸡场市场，占地9425平方米。1995年，县投资634万元建设明湖高架桥旁市场，占地13256平方米。1996年，县投资900万元建设明湖高架桥旁市场，建成门面202个。1999年，全县有市场67个（城区市场2个，农村集贸市场65个）。2001年，工商机关实行“办管脱钩”，由建市场向规范市场、管理市场和行政执法转变。

市场服务　1979年起，市场服务重点向便于交易、提高质量方向发展；组织交易者入场登记、按行归市，建立公平秤，提供行业用水、打扫卫生、兑换零钱、交易参考价和信息咨询、代客储存货物等服务。2000—2007年，从“管集市、收票子、赶摊子”转移到加大行政执法为重点；从重管理、建规则、当参谋、重引导等服务内容延伸到换位思考、排忧解难、提高和拓宽服务质量。2007年，县工商局在全省率先建立工商巡回服务机制，为基层单位及个体业主提供方便；遵义、黎平等工商部门先后到县学习交流。

二、市场管理

1978—1980年，特区查处伪劣商品案例逐步增加。

1980—1988 年，县（特区）工商部门查处各类违法违章案件 791 件（其中投机倒把性质案件 60 件），罚没款 8.2 万元，没收物资折款 17.5 万元。破获主要案件有：王某某为首贩毒集团案，贩卖鸦片 6.3 千克，查获走私手表、伪币、现金、票证等物；破坏电力网案，查获非法收购国家电网电线 9500 千克，价值 4 万多元；福建省长乐县鹤上公社李、林二犯贩卖白银案，查获小洋 3269 枚、大洋 43 枚、现金 1000 元、伪币 110.01 万元；1988 年 12 月 7 日，查获 1 起假茅台酒案，查出假茅台酒 1448 瓶，假商标 580 多套和部分瓶盖包装工具，价值近 12 万元。

1989—2000 年，县工商局查处收缴淫秽书刊 1000 余本，伪劣药品 52 件；查处并销毁假烟、假酒、霉变过期饮料或食品 3520 条（瓶、包），价值 14.24 万元。

1995 年，县工商局依法取缔 4 户非法经营农药点，没收假农药 127 盒，假稻种 34 千克；查处非法贩运粮食案 1 件，没收粮食变价款 1 万元；打击非法收购拆解拼装汽车及配件经销，扣留配件价值 880 元，罚款 200 元。

2000—2007 年，县工商局开展粮食、成品油、危险化学品、农资市场、建筑市场及旅游市场专项治理，组织反垄断、反不正当竞争，规范网吧经营，查处过期药品、食品，打击非法收购拆解拼装汽车及其配件、非法传销及变相传销、非法出版物，扫除黄色书刊和音像制品。

2002 年，县工商局查获市奎浩粮油贸易公司经营陈化粮案，没收陈化大米 4 万千克，收缴价款 2.8 万元，罚款 9000 元；没收毒鼠强 120 包，对 4 户违法经营个体工商户进行处罚；查处非法经营化肥案 14 起，罚款 2.3 万元；销毁劣质假稻种 28 千克、霉变食品等 70 千克。

2005 年，县工商局查处制售假冒伪劣化肥案 1 件，没收成品、半成品共 2.8 万千克及全部生产加工设备，罚款 2.4 万元。

2008 年，县工商局查处假化肥案 1 件，没收兴鸣牌过磷酸钙 1100 千克，宏伟牌复合肥 1.1 万千克，没收非法所得 3000 元，罚款 7000 元。

三、工商管理收费

1978—2008 年，县（特区）工商部门在各市场按规定收取工商管理费。2008 年 9 月 1 日起，工商部门停收市场管理费、个体工商户管理费、摊位费。

1979—2008 年，县（特区）工商管理收费情况见表 14－6－1。

1979—2008 年水城县（特区）工商管理收费统计表

表 14－6－1　　单位：元

年度	市管费	个体管理费	年度	市管费	个体管理费	年度	市管费	个体管理费	其他收费
1979	6600	1985	1993	250470	—	2001	409000	49600	—
1980	15048	1428	1994	270480	—	2002	960000	580000	—
1987	25713	—	1995	304561	—	2003	343745	1232654	—
1988	45000	—	1996	34871	21842	2004	258976	1507177	—
1990	200000	—	1999	378901	—	2007	87259	511840	480
1992	197700	—	2000	389702	—	2008	34478	303736	606

第三节　业户管理

一、个体工商户

1979—1985 年，全特区个体工商业发展到 3324 户。1988 年，全县有个体工商户 4678 户、5234 人，注册资金 1349.43 万元。1989 年，县对个体工商户进行“三自”（自我管理、自我教育、自我服务）教育。1993 年，各工商所上门宣传，帮助个体工商户代办登记注册手续，注册资金不作硬性规定，对偏远民族地区和贫穷落后地区个体户，鼓励先经营后办照。1999 年，对个体工商户简化办照手续、缩短办照时限。

二、企业登记

1978 年，全特区有 44 个行业办理企业登记，从业人员 1234 人。1980 年 4 月，对全特区手工业进行普查登记和发证，有食堂、理发、托幼、修理、装卸搬运、竹木器加工、小五金加工、农具修理、缝纫等行业 102 个企业登记发证；对全特区 127 个工业企业进行调查清理，换发营业执照。1985 年，全特区有工商企业 3988 户、14810 人、总资金 1489.65 万元；其中国营 72 户、1147 人、资金 179.08 万元，集体 437 户、8386 人、资金 233.81 万元，联营 155 户、1589 人、资金 21.6 万元。

1988 年，全县核发各类企业营业执照 86 户、1165 人，注册资金 2006.9 万元。1988 年 11 月，县对 36 户公司进行清理整顿，对属于清理范围的 12 户分别作出处理。1990 年，县对公司重新审核登记，保留公司 29 户，撤销 9 户，合并 4 户，办理 13 户公司的注销合并手续，变更处理名称与实际情况不一致公司 1 户，纠正扩大经营范围公司 1 户，重核企业性质公司 1 户；新发执照 31 户、935 人，注册资金 574.8 万元；全县有各类企业 434 户、9860 人，注册资金 4802.3 万元。1995 年，县检查企业 205 户，查处违反《企业登记管理条例》企业 4 户，清理“三无企业”（无厂址、无厂名、无营业执照）55 户，吊销“三无企业”36 户；全县有企业 813 户，从业人员 16928 人，注册资金 15874 万元。2000 年，县依法吊销 94 户“三无”企业营业执照，使用简易程序处罚违法违章企业 30 户、罚款 1.89 万元；使用一般程序处罚违法违章企业 3 户、罚款 0.9 万元；新登记企业 143 户、1560 人，注册资金 2904 万元；全县有各类企业 365 户（国有 44 户、集体 64 户、联营 1 户、股份合作制 7 户、国有独资公司 8 户、私营企业 241 户），从业人员 9695 人（国有 1857 人、集体 4770 人、联营 30 人、股份合作制 89 人、国有独资公司 75 人、私营企业 2874 人），注册资金 23360 万元（国有 4680 万元、集体 3036 万元、联营 4 万元、股份合作制 618 万元、国有独资公司 5480 万元、私营企业 9542 万元）。2005 年，县应年检企业 514 户，参加年检 489 户，通过年检 397 户（含免检企业 7 户）；年检时依法办理变更登记企业 27 户；全县有各类企业 548 户、7107 人，注册资金 113038 万元。2008 年，县新办各类企业 152 户、1194 人，注册资金 8783 万元；应年检企业 779 户，实际年检 741 户；查处不按规定期限申报的企业 55 户，罚款 4.6 万元；全县有各类企业 933 户、9660 人，注册资金 262670 万元。

第四节　商标广告与合同管理

一、商标注册登记

1979 年，特区注册登记商标有：特区酿造厂的“钟山曲酒”“钟山酒”“荷泉酒”，水城煤矿设计院“五七”造纸厂的“荷花牌特级卫生纸”，特区糖业烟酒公司场坝糕点厂的“熊猫牌包装袋”，特区农机修造厂的“1.5T 农用拖车”“TJ－1500 型多用脱粒机”，特区酒厂的“荷泉窖酒”等。1980 年，特区注册登记商标有：特区酿造厂的“钟山窖酒”“双钟大曲”“双钟窖酒”“双钟醋”“花鱼洞醋”，水城水泥厂的“乌蒙牌水泥”等。1990—2007 年，县注册登记商标有：水城华夏造纸厂的“佳牌”纸品，“六盘水凉都温泉度假有限公司”“凉都旅游”“凉都蜜瓜”“凉都峡谷”“凉都河源”“白车河果蔬类”“黔红”等，其中黔红牌红心猕猴桃被 2008 年北京奥运会作为推荐果品；获省级著名商标认定 2 件，市级知名商标认定 5 件。

二、商标广告管理

1986 年，特区工商行政管理局查收伪商标 1500 多张，清理 1 户美术广告经营单位。1987 年，特区工商行政管理局查处伪冒商标案 1 起，制止商标侵权行为 2 起。1998 年，县工商局解决水城酿造厂使用“贵酒”牌商标侵权案，审查上报“双钟牌”油漆、“玉紫”牌肥皂等商标。2001—2002 年，县工商局办理户外广告发布登记证 23 户，店堂广告发布登记证 5 户，对“三角区”内诊所及药店擅自发布广告及虚假广告行为进行查处；立案 32 件，罚款 14750 元，没收布幅户外广告 5 幅。2003—2004 年，县工商局办理各类广告登记证 123 户（其中户外广告 67 户、店堂广告 4 户）；出动执法车辆 35 台次，执法人员 286 人次，查处违法违章广告案 13 件，罚款 12.75 万元。2005—2006 年，县工商局检查各类广告 158 条，查处违法广告案 2 件，办理户外广告登记 5 户。2008 年，县工商局检查虚假广告 11 次，立案处理 2 件，罚款 1500 元；对“米箩春”“龟杰郎”“白车河”“发耳鸡枞油”商标注册进行规范指导。

三、合同管理

1979 年，特区工商行政管理局第一次鉴证经济合同。1997 年，县工商局查处骗贷抵押合同 1 份，贷款金额 25 万元，罚款 3000 元。2001 年，县工商部门停止鉴证经济合同。2005 年，县工商局办理 4 起抵押合同，价值 432 万元，主债权 430 万元。2006 年，县工商局办理 6 件财产抵押登记，抵押值 3682.07 万元，抵押金额 2635 万元；对贵州江河水利电力建设工程有限公司项目部虚构主体资格签订劳务合同进行查处，罚款 2000 元，为当事人挽回损失 10 万元。

1979—2000 年，县（特区）工商部门合同鉴证情况见表 14－6－2。

1979—2000 年水城县（特区）工商部门合同鉴证统计表

表 14－6－2

年度	鉴证份数	金额（万元）	年度	鉴证份数	金额（万元）	年度	鉴证份数	金额（万元）
1979	3	5	1988	100	2947	1995	28	934.4
1980	6	10.25	1989	25	1676.3	1996	28	1360
1981	91	2034	1990	27	251.6	1997	31	2424
1982	68	960	1991	41	912	1998	24	1352.6
1983	24	321.01	1992	25	319.6	1999	26	1637.5
1986	71	605.4	1993	81	1749.9	2000	41	2844.7
1987	48	471.2	1994	44	7118.3			

四、合同仲裁

1989 年，成立县经济合同仲裁委员会，受理经济合同案件 8 件，争议金额 334876 元，裁决结案 6 件，使用授权委托书 10 份。县经济合同仲裁委员会：1990 年受理经济合同案件 4 件，争议金额 10.3 万元，裁决结案 4 件，追回欠款 15.25 万元；1991 年受理经济合同案件 2 件，裁决结案 2 件，追回欠款 18 万元，使用授权委托书 17 份；1992 年受理经济合同案件 2 件，调解结案 1 件，违约金赔偿 0.93 万元；1993 年受理经济合同案件 4 件，争议金额 22.9 万元，调解结案 1 件，裁决结案 2 件，撤诉 1 件；1994 年受理经济合同案件 3 件，争议金额 16 万元，调解结案 2 件，裁决结案 1 件；1995 年受理经济合同案件 3 件。1998—2008 年，县经济合同仲裁委员会未收到合同仲裁案件。

第七章 质量技术监督

第一节 技术监督

一、机构

1978—1982 年，特区计量管理所隶属特区科学技术委员会。1983 年，特区计量管理所隶属特区经济委员会。1984 年 12 月，特区计量管理所升格为特区标准计量管理局，有职工 11 人。1985 年，特区标准计量管理局设人事秘书股、标准化质量监督股、计量监督股，辖技术综合测试所。1987 年 12 月，特区标准计量管理局改称县标准计量管理局。1990 年 11 月，县标准计量管理局内设人事秘书股、标准化质量监督股、计量监督股和技术综合测试所。1992 年，县标准计量管理局改称县技术监督局（简称县技监局）。1993 年 7 月，县技监局并入县工商行政管理局。1994 年 5 月，县技监局从县工商行政管理局中分出。1999 年 7 月，县技监局改称县质量技术监督局（简称县质监局），为市质量技术监督局的直属机构，行政编制 10 人，事业编制 11 人。2007 年 12 月，县质监局内设办公室、业务股、安全监察股、稽查队，辖县质量技术监督检测所。

二、产品质量监督

1985 年 3 月，特区标准计量管理局开展产品质量监督。1996 年，县技监局报验强制性商品 26 批次（化肥 771.7 万千克，农膜 2 万千克，种子 7 个品种、7840 千克），报验总值 389 万元；抽查商店 32 个，检查商品 108 种，货值 44 万元；市场商品抽样检验 12 次，合格率 66%。1999 年，县质监局检查生产企业 8 个，商场 7 个，商品经营店 82 个，商品 253 批次，货值 3291 万元；查出假冒伪劣香烟 350 条、酒类 1000 余瓶、食品和日用化妆品等 2400 余件，不合格化肥 30 万千克，货值 63 万元；对县农资公司、县种子公司的产品进行售前报验，查处无证销售种子 450 千克，货值 3600 元。2000 年，县质监局检查单位和个体户 94 个、商品 186 种，没收变质、“三无”和不合格产品 38 种，处罚有违法行为的单位和个体户 60 个。2003 年，县质监局对年产值 200 万元以上的 9 个生产企业建立质量档案；与药监、工商、公安、物价等 8 个部门组建检查组，开展防治“非典”用药品、消毒产品、医疗器械、食品质量安全进行专项检查，集中销毁无厂名厂址、无合格证的橡胶手套 50 双、防护手套 25 双和防护口罩 350 个；配合省、市质量技术监督局对县辖区 12 个烧结砖生产企业进行抽样送检，6 个企业产品质量不合格，4 个整改后复检取得合格证，2 个作停产处理。2008 年，县质监局抽样检查产品 20 个，合格 20 个。

三、计量监督

1984 年，特区推行法定计量单位，液体容量单位使用升、毫升，重量单位使用千克（千克）、克、毫克；特区标准计量管理局对特区计量器具进行摸底调查，全特区共有28203件。1987年，特区依法制定计量器具周期检定申报制度，对计量器具生产企业实行生产许可证制度，推行法定计量单位及法定计量器具改制工作，千克杆秤改制5500件，台案秤改制77件，取缔非法定计量器具6392件。1988年，县标准计量管理局抽查计量器具530件，对不合格的183件进行修复或没收。1991年，县技监局对县酿造厂三级计量企业进行复核，对县酒厂（土桥酒厂）进行计量认证。1996年，县技监局检查计量器具使用单位60个。1999年，县质监局检查计量器具228件，合格率90%，没收不合格台案秤24台；检查定量包装商品30种，合格率90%；检查乡级集市计量器120台（把），合格率80%，对违法个体经营户罚款400元；对全县烟叶、粮食收购站进行检查，查出失准计量器具6台，保护农民利益2.3万元，挽回企业损失1.8万元。2005年，县技监局查处计量案件9个，罚款3400元。2006年，县质监局检查血压计27台，合格率90%；检查心电监护仪5台，合格率100%；检查B超机5台，合格率80%；检查心电图机2台，合格率100%；检查X光机、分光光度计各1台，均合格；检查加油机239台（264枪）。2007年，县质监局检定加油站152个、加油枪683把。2008年，县质监局检定加油机125个；召开35户个体户诚信计量现场会，15个单位签订《诚信计量承诺书》；建立计量免费咨询服务制度。

四、标准化监督

1985年，特区对生产企业执行标准情况进行摸底调查，收集标准89个；制定企业标准2个，帮助企业修订产品生产技术标准5个。1986年，特区收集国家标准11个、国际标准3个、行业标准2个、地方标准2个，向地方企业推行8个标准；帮助10个企业按标准（国家标准3个、行业标准6个、企业标准1个）组织生产。1991年，县开展食品标签检查，市场食品标签通用标准合格率为35%。1992年，县技监局检查县直厂矿企业9个，查出无标准生产企业2个；协助县酿酒厂制定男士酒、贵康酒、美味酱油标准。1993年，县印刷企业施行GB1416－87国家信封标准。1997年，县开展辖区内生产企业标准认证。1998年，县技监局向企业推荐7个国家标准，组织31个乡镇企业参加全国企业标准化函授培训。1999年，县质监局对抽样达不到GB15063－94标准的烤烟专用复合肥作退回厂方处理。2001年，县质监局对60家生产企业进行企业产品标准备案和执行标准登记。2002年，县质监局开展标准复查和检查，检查辖区内生产企业和市场的产（商）品货值270万元，对不合格产（商）品罚款139244元。2005年，县质监局办理标准登记51个（企业标准3个，地方标准3个，行业标准8个，国家标准37个）。

第二节　质量技术管理与执法

一、质量技术检测

1978年，省标准计量局调拨五级5千克标准天平1台、六级1千克标准天平1台、七级20千克标准天平1台、水恒器1台（3件）、油恒器1台（2件）、交流稳压器1台、电学三表0.5级1套（5件）给特区标准计量管理局。1985年，国家公布的第一批强制性检定计量器具目录，全特区有14

种；特区标准计量管理局检定衡器316件，血压计3件，安装地中衡1件，服务修理衡器159件；在量值传递测试中发现大湾镇二塘蔬菜大队1家木杆称制造商生产800把杆秤投放市场，75%不合格，按规定进行处理。1986—1989年，县（特区）计量器具周期检定1425件。1991年，县技监局建立加油机检定设备1台；县技监局技术综合测试所被表彰为全省先进集体。1992—1998年，县技监局检定地中衡396台，台案秤198件，加油机（油表）293件。1999年，县质监局检定计量器具487件；其中加油机125台、合格率90%，地中衡和台案称362件、受检率60%、合格率60%，对不合格的计量器具进行调试或淘汰。2000年，县质监局检定加油机100台，地中衡10台，台案秤470台。2001年，县质监局检定台秤300件，合格率85%；地中衡10台，合格率100%；加油机89台，合格率96%。2006年，县质监局对54个加油站进行2次周期检定，受检率100%；检定盘秤、案秤32台，受检率100%；检定乡（镇）烟叶站使用计量器。

二、质量技术巡查

（一）特种设备安全巡查

2000年，县质监局接管特种设备安全。2001年，县质监局开展锅炉、压力容器、压力管道安全监察登记备案。2003年，县质监局检查县中心城区、玉舍乡、杨梅乡、发耳乡等地锅炉36台，责令停止使用违法锅炉7台，拆除“土锅炉”2台。2004年，县质监局检查特种设备使用单位52个，整治和建档气瓶充装站1个。2005年，县质监局出动执法人员96人次，检查特种设备生产或使用单位31个、设备52台，发出《安全监察指令书》10份，取缔“土锅炉”2台。2006年，县质监局检查特种设备生产或使用单位42个，气瓶充装站2个，特种设备113台；处理违法单位16个，查处违法使用锅炉11台、压力容器5台、起重机械29台、销售及充装液化气2起；取缔红岩乡个体酿酒经营户“土锅炉”1台。2007年，县质监局开展气瓶检验和“土锅炉”专项整治，检查锅炉31台次，压力容器29台次，起重机械71台次；14个特种设备使用单位签订《特种设备安全管理责任书》。2008年，县质监局检查锅炉21台、压力容器35台、起重机械123台、电梯8台、厂内机动车辆34台，下达《特种设备安全监察指令书》12份。

（二）食品安全巡查

1992年，县技监局检查食品生产、经销单位48个，受检商品60种，合格41种，不合格19种；为县松针饮料厂核发食品标签准印证。2005年，县质监局对全县11个食品生产企业进行档案登记，签订企业食品安全承诺书；开展7类食品生产许可证专项调查和在食品中非法加入罂粟壳等专项治理，查处食品违法案件4件，罚款7500元。2006年，全县20家食品生产企业建立档案，县质监局将食品加工企业按区域分类，采取分片监管措施，实行月巡查制度，建立“三员”（专业监督员、政府协管员和企业检验员）、“四图”（企业变化动态图、食品行业分布图、监管责任落实图和食品安全警示图）的动态食品安全监管网络。

三、质量技术执法

1987年，特区标准计量管理局检查流入境内销售的外地生产计量器3次，查封市制计量器具27件；检查商业户79户、生产企业23个、商品43091件（54种）；查出17种不合格产品，销毁21954

件。1988 年，县标准计量管理局受理消费者对云南彩色电视机（山茶牌）质量问题投诉，向厂方提出更换合格品的处理意见，帮助消费者挽回 500 多元经济损失。1989 年，县建立严厉惩处经销伪劣商品举报中心，加强市场商品质量监督管理；抽查 19 种商品，合格率 40%，销毁发霉变质商品，挽回经济损失 1.3 万元。1992 年，县技监局查处假冒伪劣商品、过期商品共 1540 件，货值 0.8 万元，共罚款 1000 元；查处县农资公司经销的钾含量不合格尿素 52 万千克，货值 56.1 万元。1996 年，县技监局立案 5 起，结案 3 起，移送案件 1 起，罚没收入 1.09 万元，为企业挽回经济损失 5.6 万元；协助办案 1 起，配合工商、物价检查市场和企业 8 次。1999 年，县质监局检查建筑材料 8 批次，货值 27 万元，查出劣质墙砖 230 件、地板砖 160 件、电器 390 余件；查处违法案件 40 起，没收假冒伪劣商品 1500 余件，货值 3 万元，共罚款 6000 元。2000 年，在“查农资”“保春耕”打假中，县质监局出动执法人员 22 人次，检查农资市场 4 个，生产企业 2 个，对红岩乡农村市场 1000 千克水稻种无质量检验报告进行查封，对县农资公司的化肥、县种子公司的种子进行售前报验。2002 年，县质监局对 14 家五金店进行检查，检查品种 30 个，对不合格产品销售者罚款 5400 元；对 24 家烧结砖厂进行抽样送检，19 家产品不合格，其中 9 家移交钟山区处理，对 10 家砖厂罚款 1.35 万元；对 17 家销售地板砖经营户进行检查，抽样送检 3 家，对产品质量不合格的 2 家罚款 3.4 万元；查出并销毁 40 床“黑心棉”；接到消费者投诉 7 起，对 1 家存在质量问题的经销店罚款 2000 元。2007 年，县质监局查处违法案件 15 件（立案 10 件，现场处罚 5 件）。2008 年，县质监局查处违法案件 14 起（质量案件 8 起，计量案件 2 起，生产许可证案件 4 起），共罚款 26.16 万元。

第八章　物价管理

第一节　机构与职工荣誉

一、机构

1978—1979 年，特区计划委员会内设物价科，配备专职干部 3 人。1980 年，成立特区物价局，内设工业品股、农产品股。1984 年 2 月 23 日，特区物价局新增事业编制 8 人，总编制为 20 人。1984 年 4 月 17 日，特区物价局定行政编制 12 人，不设内部机构。1984 年 6 月，特区物价局内设物价检查所，设正、副所长各 1 人，工作人员 6 人；全局共有 16 人。1985—1993 年，县（特区）物价局先后被市委和市政府、市委宣传部、市物价局、县（特区）党委、西南价格报社等评为先进集体。1986 年 6 月 19 日，特区物价局内设价格管理股、综合股、物价检查所（定事业编制 8 名）。1987 年 12 月，特区物价局更名县物价局。1993 年 7 月，县物价局并入县工商行政管理局。1994 年 5 月，县物价局从县工商行政管理局分出，定编制 15 人，内设物价检查股、价格管理股、综合股。1999 年 10 月 20 日，县物价局内设价格事务所，为股级事业单位，实行企业管理，经费自收自支，自负盈亏；定编制 3 名，所长 1 名、工作人员 2 名。2002 年 7 月 8 日，县物价局内设办公室、价格管理股、价格检查股、价格认证中心；定事业编制 12 名、工勤编制 1 名，局长 1 名、副局长 2 名、主任科员或副主任科员 1 名、正副股长（主任）4 名；人员列入参照国家公务员制度管理范围。2008 年 3 月 5 日，县物价局价格检查股更名价格监督检查局（股级），定行政编制 7 名（其中局长 1 名）；县物价局行政编制 7 名，事业编制 5 名，工勤编制 1 名。2008 年 9 月 21 日，县物价局定行政编制 7 名，工勤编制 1 名。

二、职工荣誉

县（特区）物价局除组织职工进行内部培训外，先后推荐 6 名职工参加学历教育，分别取得本科或大专学历。何昭明曾被《西南价格报》聘为特邀记者，先后发表作品 200 余篇，连续 5 年被该报评为优秀通讯员；其论文《同市异价探讨》获省价格科研三等奖，《关于房地产开发的几个问题》被中国书籍出版社收入《中国当代学者论文精选》。1982 年，特区物价局干部费克芬、王英、何昭明分别被评为物价专业经济师。1985 年，特区物价局先后派出 23 人次到遵义和贵阳参加省物价局举办的物价改革学术报告会。1986 年 8 月 15 日，特区物价局局长何昭明应邀出席在青岛召开的全国价格体系改革研讨会。1989 年，县物价局职工鹿广黔、杜宏珍、何昭明应邀参加在深圳召开的全国价格体系改革研讨会。1991 年，何昭明被市委、市政府授予“八十年代优秀科技工作者”称号。1995 年，县物价局职工蔡华被评为全省农业调查先进个人。1999 年，县物价系统 4 人获价格鉴证员资质。2004 年，县物价局职工李荔被评为全省农业调查先进个人。2005 年，县物价局职工胡家萍被评为全省物价工作先进个人。

第二节 物价工作

一、价格管理

1979 年，特区粮食收购价提高 26.8%，农民受益 60.72 万元；猪肉等 8 种副食品零售价提高 39.5%。1982 年 8 月 6 日，国务院发布《物价管理暂行条例》，决定采用多种价格管理形式，价格管理体制改革起步。1984 年 5—8 月，省发出《改革商业价格管理试行意见》等文件，下放部分商品价格管理权限，三类工农业产品（商品）价格全部放开。1985 年 1 月，中共中央、国务院发布《关于进一步活跃农村经济的十项政策》后，特区粮食收购价提高 15%（农民增加收入 44.19 万元），放开猪肉价格，木材实行议购议销，中药材除因保护资源必须严格控制的少数品种（如麝香等）外实行价格放开，国产手表、缝纫机、收音机、自行车、电冰箱、洗衣机、中长纤维布、茅台酒、董酒、云烟等 30 多种商品实行企业定价。1991 年 5 月 1 日，县提高玉米、籼米、面粉、菜油统销价。1992 年 4 月 1 日，县提高定量粮油统销价。1992 年 7 月 1 日后，县粮价全面放开，必要时由政府制定最高销售限价和最低收购保护价。2000—2008 年，县物价局共核发 314 个单位的收费许可证，涉及收费总额 12223 万元；取消和降低收费标准 84 项，为群众减轻负担 958 万元；县物价局价格认证中心受县检察院、县公安局、六盘水铁路刑侦大队等单位委托，共评估涉案物品或非涉案物品 1174 件，评估总值 4905.24 万元。2003—2008 年，县物价局对大米等 8 种生活必需品价格逐月进行监测，5 年间单项物价指数最高为猪肉（240%），最低为面粉（111.11%）。2003 年和 2008 年，县物价局分别召开听证会，制定和调整双水新区供水价格和污水处理费收取标准。2005—2008 年，县物价局征收煤炭价格调节基金 5864.02 万元。

二、物价检查

1981 年 8 月 31 日，特区成立物价大检查领导小组，由副区长赵振福任组长，物价局局长鹿世发和财办主任王清沛任副组长，开展物价大检查；之后县（特区）每年开展 1 次，但从 1987 年起，将税收、财务纳入大检查范围，称为税收、财务、物价大检查。1985—1991 年，县（特区）物价局共查出价格违法金额 124.97 万元，收缴财政 69.25 万元，免收 28.32 万元，退还消费者 0.53 万元；纠正企业计价差错挽回损失 0.75 万元。1986 年 1 月，5 个物价检查组对 10 个区（镇）进行 10 天左右的物价大检查，处理 39 起价格违法行为（14 起进行批评教育，25 起采取没收非法收入或罚款，共罚款 757 元）；对场坝、老城、西站 3 个城镇市场进行 1 次夜间检查，处理 38 户白天不敢提价夜间提价的个体商店；《贵州日报》曾对该次大检查作报道。1988 年，县食盐供应紧张，县物价局查处 9 起套购囤积再提价销售食盐 5.44 万千克的案件，没收所剩食盐 4.1 万千克和提价非法收入，罚款 0.49 万元；《贵州日报》曾作报道。1991 年 5—6 月，县物价局组成 8 人综合检查组，对 10 个区进行巡回检查，查处价格违法行为或案件 11 起，收缴非法收入 9.27 万元，罚款 1.88 万元。2001—2008 年，县物价局查出价格违法行为或案件 1010 起、非法收入 704.02 万元，因无执行权，仅收缴财政 5.44 万元。

三、物价计量信得过活动

1986 年 11 月 16 日，特区成立物价计量信得过领导小组，开展物价计量信得过活动；采取普查和抽查、明查和暗查等办法，按 20 项具体指标逐项验收评比，对达到 90 分以上的百货大楼，民贸公司第一、二、三门市部，日杂公司第一、二门市部，物资局物资交易所，城关供销社，水钢商场发给物价计量信得过牌匾。1990 年，县物价计量信得过领导小组对上述 9 家企业进行复查，百货大楼、民贸公司、日杂公司等 6 家（含门市部）企业继续保留物价计量信得过牌匾，另外 3 家因经营范围变动等原因撤销牌匾。

第九章　国土资源管理

第一节　机　构

一、县级机构

1973年5月至1984年4月，特区土地管理由特区民政局负责。1984年5月至1986年3月，特区土地管理由特区农业局负责。1986年4月，组建特区土地管理局，下设办公室土地管理股、法规监察股，有工作人员3人。

1987年12月，特区土地管理局更名县土地管理局；内设办公室、法规监察股、地籍管理股。1988年4月，县土地管理局增设土地勘察规划站，为事业机构。1989年2月，成立县矿产资源管理办公室。1993年8月，县土地管理局、县环境保护局、县矿产资源管理办公室合并组建县国土资源管理局；内设办公室、环境保护股、土地管理股、矿产资源管理股、土地勘测规划所、环境监测监理站。1994年5月，县国土资源管理局分设为县土地管理局、县矿产资源管理局、县环境保护局；县土地管理局内设办公室、建设用地股、法规监察股、土地勘查站。1996年，县土地管理局改称县国土局。2002年7月，县国土局与县矿产资源管理局合并为县国土资源局，内设办公室、建设用地与法规地籍管理股、地质环境与矿产资源股，定行政编制9名，局长职数1名，副局长职数3名，正副股长职数4名；下设执法监察大队，列入参照公务员制度管理范围，定事业编制5名，大队长职数1名，副大队长职数2名。2005年，县国土资源局增设人事教育股、耕地保护与规划股、地籍管理股；增编总工程师职数1名，纪检组长职数1名，行政编制增至10名；国土资源执法监察大队升格为副科级事业单位，加挂法制股牌子，定编制7名；成立县国土资源储备中心、国土资源勘察所、国土资源信息服务中心，均为财政全额拨款的股级事业单位，分别定事业编制12名、7名和7名；成立县土地开发中心，为自收自支股级事业机构，定编制9名。

二、基层建设

1992年，全县33个乡（镇）均设土地管理所。1999年，市国土局拨款9万元给双戛乡、营盘乡、野钟乡土地管理所修建办公楼。2002年前，乡（镇）土地管理所基本无独立办公和生活场所（已修办公楼的3个乡除外），靠乡（镇）提供1～2间办公用房，无交通工具、电脑、照相机、摄像机等办公设备，工作经费没有保障，条件艰苦。2002年7月，33个乡（镇）土地管理所改称国土资源所，定编制98名，列入参照公务员制度管理范围。2007年12月，全县33个乡（镇）国土资源所全部纳入耕地保护系统基础设施建设项目，按省国土资源厅“六个一”（100平方米办公用房、每人一套办公桌椅、一台固定电话、一辆交通工具、一部照相机、一台电脑）标准进行建设，全县共投入资金682万元，不久达到“六个一”标准；33个乡（镇）国土资源所工作经费均纳入县级财政预算。

乡（镇）文明国土资源所制定《水城县国土资源系统文明国土资源所创建标准》《乡镇国土资源所工作标准》《水城县国土资源系统行为规范》，开展创建乡（镇）文明国土资源所活动。2007年，滥坝、玉舍2个国土资源所被市国土资源局命名为文明国土资源所。

第二节　土地管理

一、地籍管理

1987年11月，国家土地管理局下发《关于开展土地登记发证试点工作的通知》；因县区分设，工矿多数划入钟山区，全县仅有4个单位申报登记26宗，面积共44.32公顷。1987年11月至1999年6月，全县共登记发证302个。2002年1月至2007年12月，全县完成城镇地籍调查并登记发证2738宗。2004年，开展农村集体土地所有权登记发证。2004年11月，县农村集体土地所有权登记发证完成90%，共颁发《集体土地所有权证》608本（村集体600宗、飞地8宗），待处理争议地8宗。

二、土地法律宣传

1986年后，县（特区）土地管理局，开展国土观念教育和土地法制宣传。1991年，国务院确定6月25日为全国土地宣传日后，每年县国土资源局（县国土局、县土地管理局）均采取多种形式宣传《中华人民共和国土地管理法》《中华人民共和国矿产资源法》等法律、法规，增强群众的土地法律意识。

三、国土资源纠纷调查与听证

1986—2008年，县（特区）土地管理部门共调处各类土地纠纷上千起。较突出者有：市水电局家属区与县建设局宿舍区土地使用权争议，滥坝镇与钟山区老鹰山镇界线争议，滥坝镇塔山村与钟山区杉树林村土地权属争议，滥坝镇与钟山区观音山镇界线争议，水城矿务局老鹰山煤矿与县土地权属争议等。土地管理部门以事实为依据，以法律为准绳，对当事双方作深入细致工作，均得到妥善解决。

发耳乡民主村山林边组与杉树脚组土地权属争议产生多年，经县联合调查组调查后，1999年4月，县政府决定：（1）杨梅林场划出的10公顷土地，收为集体所有，交民主村委会管理；（2）“小树林”3.33公顷荒山，除原村委会因公益事业占用土地维持村意见外，其余荒地由民主村委会收回管理；（3）收回的土地，凡坡度25度以下已开垦土地，由村委会另行发包，承包期最多3年，以利今后公益用地调整，25度以上者坚决退耕还林，由乡政府配合村委会组织实施。

2002年7月《国土资源信访规定》施行后，县国土资源局共受理各类信访件768件，办结758件。其中：违法占地类信访件受理130件，办结130件；权属纠纷类信访件受理110件，办结105件；探采纠纷类信访件受理65件，办结65件；地质纠纷类信访件受理255件，办结250件；征地纠纷类信访件受理180件，办结180件；综合类信访件受理28件，办结28件。

2005—2008年，县国土资源局依法组织国土资源听证25件，维持25件。

四、非农业用地清查

1986—1987年，全特区清理非农业建设用地工作投入1500人次，共清理出违法占地案6911起，占地131.68公顷，罚款15.73万元。1997年，全县清理出1991年1月1日至1997年4月15日发生的非农业用地95宗（其中违法用地56宗），占地45.17公顷（其中违法占地13.23公顷），占用耕地20.12公顷（其中违法占用耕地9公顷）；违法用地中有国家建设用地2宗、2公顷，集体建设用地4宗、6.4公顷，个人建房40宗、0.9公顷，私营企业建设用地8宗、1.93公顷；对违法用地分别依法处理。1998年，全县共清退非农业建设占用耕地340宗（个人住宅用地300宗，国家建设用地10宗，村镇集体建设用地30宗）。

五、国土资源动态巡查与违法案件查处

2002—2008年，全县开展国土资源动态巡查58463次，投入资金2584350元，投入人力108754人次，出动车辆36819台次；炸封和取缔非法采矿21247个次（非法煤窑10647个次、非法铅锌矿点8300个次、非法金属矿点2300个次）；发现土地违法案件50件、地质灾害险情2起；发现和纠正国土资源轻微违法行为；对违法案件立案查处，追究刑事责任8人，没收矿产品50万千克。2005年5月，水城兴利焦化有限公司未经批准占用滥坝镇发其村8876.8平方米集体土地建型焦厂，县国土资源部门对该公司进行处罚：责令其立即停止违法行为；对其处以88768元罚款，责令该公司在60日内纠正违法占地行为；该公司按时兑现了处罚。

六、耕地保护

县国土资源部门严格控制非农建设占用耕地（特别是基本农田），制定占补平衡措施。以保护农用地（特别是耕地）为重点，加强基本农田保护，推进以坡改梯为主的基本农田建设和土地整理，加大工矿废弃地复垦力度，耕地保护由数量保护向数量、质量和生态全面管护转变。

七、国家建设征用土地

1979年，特区民政局对“三线建设”未按法规程序征用土地进行审核复查，督促水钢、观音山铁矿、水城矿务局等单位，对用地手续不全的33.33公顷土地，补办征地手续，补付各项征地补偿费给生产队。1999年，县审查报批株六铁路复线、水柏铁路、内昆铁路、六盘水南编组站等工程项目用地共412.66公顷，拆迁铁路用地内企事业单位25家、住户280户；玉舍供水工程征地180公顷，库区移民786户；“义教工程”征地15公顷，双水新县城建设征地145.07公顷。2000年，县内水柏铁路征地51.5公顷、水黄公路征地465.26公顷，对征地范围内地上建筑物、附着物、构筑物进行拆迁补偿。2001—2008年，全县办理各类建设用地96宗。2003年，市府发〔2003〕9号文件《关于六盘水市建设用地管理若干规定的通知》，对征地、拆迁补偿标准等作进一步规范。2004年，对全县1999年后经国务院和省政府批准的项目18宗、用地230.18公顷，报市国土资源局和省国土资源厅备案。2006年起，建立征地补偿款预存制度，全县建设项目在申报用地前，建设单位一次性将征地补偿款预拨到县国土资源局设定的账户上。

1999 年前，县（特区）国家建设征用土地见表 14 - 9 - 1。

1999 年前水城县（特区）国家建设征用土地统计表

表 14 - 9 - 1　　单位：公顷

年度	数量	年度	数量	年度	数量	年度	数量	年度	数量
1986 及以前	3107.97	1989	50.58	1992	21.45	1995	24.17	1998	437.63
1987	69.17	1990	15.01	1993	25.43	1996	27.83	1999	412.66
1988	83.74	1991	18.9	1994	31.47	1997	1.2		

第三节　矿产资源管理

一、矿产资源

经过贵州有色地质勘探二队、106 地质队等长期勘查，发现县内矿产（含伴生矿种）有：煤、铁、铅、锌及硫铁矿、石灰岩、白云岩、黏土、大理石等 31 种，发现矿床、矿点 100 余处，分布于全县 33 个乡（镇）。其中煤、铅锌、铁、镍、钴、锰、冶金用白云岩、砖瓦用砂岩及页岩、玻璃用砂岩、大理石等 14 种矿产不同程度探明了储量，主要产地有 34 处。煤炭储量排在全省前列，不仅资源丰富，而且具有明显经济优势。县域内石灰岩、白云岩分布广泛，厚度较大，产出层位从石炭系至三叠系均有；摆佐组顶部、黄龙群下部或中下部及马平群下部石灰岩质量较好，少数达电石用灰岩要求；关岭组上部白云岩可达溶剂、制钙镁磷肥用白云岩要求；摆佐组下部白云岩色浅、质纯，达制造玻璃用白云岩要求。部分地区梁山组有灰白、白色厚层块状粗粒石英砂岩，是较好的玻璃原料。县内有大面积的玄武岩，本身可作建材，尚有铜矿及大量稀有稀土金属产于其中，如牛场井田部分煤层含铂族氧化物达 0.012% ~0.059%。

二、矿权登记

采矿权登记实行分级审批，县级国土资源部门负责除由省以上国土资源行政主管部门审批发证的 34 种矿种以外的中小型矿山采矿权登记。2001 年 9 月至 2006 年 12 月，全县共有各类矿山 424 个（省级以上发证煤矿 156 个，市级发证非煤矿山 56 个，县级审批发证砂石厂 212 个）。2003 年 8 月前，主要采取行政划拨或协议出让方式审批采矿权。从 2003 年 8 月 1 日起，采矿权一律实行招标拍卖挂牌出让。2006 年 12 月，县对 156 个地方煤矿进行资源整合，整合后减少为 69 对；全县有煤矿 91 对，砂石厂 112 个。

三、矿产资源税费

县矿产资源补偿费收入：1995 年 108.8 万元，1996 年 267 万元，1997 年 282.3 万元，1998 年 270 万元。2000—2007 年，县矿产资源税费见表 14 - 9 - 2。

2000—2007 年水城县矿产资源税费统计表

表 14-9-2　　单位：万元

年度	资源补偿费	采矿权价款	采矿权使用费	采矿登记费	年度	资源补偿费	采矿权价款	采矿权使用费	采矿登记费
2000	198.4	—	0.22	—	2004	1340.72	1195.89	97.04	3.21
2001	20	—	1.09	0.1	2005	2463.57	177.65	79.61	5.39
2002	382.71	—	6.57	0.78	2006	2910.95	101.74	48.92	1.44
2003	751.14	32.47	6	0.51	2007	4261.99	265.23	105.71	3.45

四、矿产资源执法监察

县国土资源部门经常进行矿产资源执法监察，对发现的违法违规行为进行处罚。都格乡河边煤矿未经批准，于 2004 年 8 月将该矿转经袁某某、杨某某、罗某某，并于同年 8 月 23 日将该矿工商营业执照变更；该行为属于非法转让采矿权行为，根据《探矿权采矿权转让管理办法》第十四条规定，对该矿罚款 10 万元，该矿在规定时限内接受了处罚。

第四节　土地开发与规划

一、土地开发

全县有待整理土地 73040.21 公顷，可新增耕地 3652.01 公顷；农村居民点整理可新增耕地 1060.1 公顷；因自然和人为等各种因素造成的废弃地 969.06 公顷，复垦后可新增耕地 514.23 公顷。全县有待开发土地 571.99 公顷，开发后可增加耕地 426.84 公顷。县土地整理复垦开发重点工程见表 14-9-3。

水城县土地整理复垦开发重点工程统计表

表 14-9-3　　单位：公顷

项目名称	类型	规模	净增耕地	新增耕地（%）	级别
发耳乡猪木农村居民点整理	整理	5.25	2	38.1	省级
滥坝镇一字河农村居民点整理	整理	5.24	2	38.17	省级
花戛乡揸者土地复垦	复垦	100.47	50.84	50.6	省级
米箩乡光德土地复垦	复垦	111.32	56.33	50.6	省级
蟠龙乡沙仓土地复垦	复垦	86.56	43.8	50.6	省级
木果乡新场土地复垦	复垦	103.12	52.18	50.6	省级
蟠龙乡院庆耕地整理	整理	46.33	1.39	3	市级
杨梅乡彭台耕地整理	整理	41.87	1.26	3	市级
南开乡川合耕地整理	整理	51.93	1.56	3	市级
红岩乡波发土地复垦	复垦	45.25	22.9	50.61	市级
阿戛乡马台土地复垦	复垦	51.14	25.88	50.61	市级
猴场乡打小土地复垦	复垦	35.48	17.95	50.59	市级
蟠龙乡高布土地开发	开发	60.92	45.46	74.62	市级
陡箐乡胜朝土地开发	开发	37.21	27.77	74.63	市级

二、土地利用规划

县土地利用规划到2015年目标为：全县耕地保有量控制在101090公顷以上，基本农田总量保持90650公顷数量不减少、质量不下降；园地达到4659.31公顷，林地达到144298.02公顷，牧草地达到36923.09公顷；居民点及工矿用地、交通运输用地、水利设施用地达到12035.99公顷，城乡用地控制在9623公顷以内，城镇工矿用地达到2498公顷；交通、水利及其他用地达到4522.99公顷；新增建设用地达到3400公顷，新增建设用地占用农用地控制在2970公顷以内，新增建设用地占用耕地控制在1790公顷以内；人均建设用地达到167平方米，人均城乡建设用地达到110～114平方米，人均城镇工矿用地达到105平方米；土地整理复垦和未利用土地开发增加耕地2089公顷，实现非农建设占用耕地的占补平衡并略有盈余。

三、重点工程项目用地规划

县重点工程项目用地规划为：生态工业基地及工业集中区5个，用地1695.5公顷；输变电工程13个，用地21.75公顷；煤矿整合技改扩能52个，用地131公顷；煤矿技改扩能18个，用地38.2公顷；新建煤矿26个，用地103公顷；在建水电站11个（含已建未办完用地手续），用地542.85公顷；规划水电站41个，用地47.3公顷；其他工业及能源基础设施62个，用地349.07公顷；民航机场1个，用地170公顷；铁路3条，用地398.65公顷；码头10个，用地10公顷；公路35条，用地1078.55公顷；城（集）镇建设34个，用地1312公顷；水库等农业基础设施建设12个，用地532.45公顷；旅游基础设施建设29个，用地95公顷。

第十五篇　民政
人事劳动和社保　安监

第一章　民　政

第一节　机　构

1973 年 5 月，特区民政组改称特区民政局。1981 年 3 月 1 日，特区民政局编制 12 人，内设人秘股、社会救济股、优抚股；区（镇）设民政股，编制 2～3 人，实有 1～2 人。1984 年 12 月，特区民政局将土地征用管理业务移交特区农业局办理。1986 年 6 月 22 日，特区民政局增设民政股，人秘股改为办公室。1986 年 9 月，特区民政局下属的特区老残院改称特区社会福利院（事业单位）。

1987 年 12 月，特区民政局改称县民政局。1990 年 10 月 8 日，县老龄问题委员会更名县老龄委员会，下设的办公室为正科级事业单位，归口党群系统，编制 3 人。1990 年 11 月，县残联挂靠县民政局。1991 年，县民政局有 4 个股级工作机构和 1 个下属事业单位，编制 15 名，实有 17 人；全县 10 个区共有民政专干 16 人。1992 年，各乡（镇）设民政福利股，承担民政、老龄、民族宗教事务等工作，配股长 1 人，助理员 1～3 人；全县共有民政干部 106 人（县局 17 人、乡和镇民政福利股 89 人）。1993 年 8 月，县民政局增设救灾基金管理所，为财政全额拨款股级事业单位，编制 3 人；县民政局共有 43 人（局长 1 人、副局长 4 人、职工 38 人）。1994 年 3 月 14 日，在县民政局民政股内增设婚姻介绍所。1994 年 8 月 19 日，县残联和县民政局分开办公。1996 年 7 月，县民政局增设计财股，行政编制 2 人。1996 年 10 月，县勘界工作领导小组在县民政局内设办公室，为财政全额拨款副科级事业单位。2000 年 12 月，县民政局增设纪检组长 1 名。2002 年 5 月，县老龄工作委员会办公室设在县民政局，为参照公务员管理的正科级机构，编制 3 名（含工勤人员 1 名），主任由县民政局局长兼任，设专职副主任 1 名。2002 年 7 月 16 日，县民政局内设办公室、优抚安置股、社会福利和社会事务股、救灾救济股、基层政权和社区建设股、区划地名股、老龄综合股，下设救灾基金管理所、县勘界办公室、县社会福利院 3 个事业单位；县老龄委员会改称县老龄工作委员会。2002 年 8 月 2 日，县民政局增设民间组织管理股，由局内部调剂 1 名行政编制人员任股长，增加事业编制 2 人。2003 年 4 月 10 日，县民政局增设城乡居民最低生活保障工作办公室，为财政全额拨款正股级事业单位，编制 4 人。2004 年 5 月 14 日，县民政局增设县拥军优属拥政爱民工作领导小组办公室（为财政全额拨款副科级事业单位、编制 3 人）、殡葬管理所（为财政全额拨款正股级事业单位、编制 3 人）、救助管理站（为财政全额拨款正股级事业单位、编制 4 人）。2005 年 12 月 24 日，县民政局增设县流浪儿童救助保护中心，与县救助管理站实行两块牌子，一套人员。2006 年 11 月 18 日，县民政局增设殡葬执法大队，为财政全额拨款正股级事业单位，编制 3 人。2007 年 2 月 27 日，县老龄工作委员会办公室编制转为行政编制。2008 年，乡（镇）民政福利股改为民政社会事务办公室。

第二节　优抚安置

一、优待抚恤

1979 年 1 月 1 日起，特区发给在乡革命残废人员副食品补贴为：特等、一等每人每月 5 元，二等每人每月 3 元，三等每人每月 2 元。1982 年 1 月 1 日起：特区因战在职残废人员每月残废金为特等 90 元、一等 76 元、二等甲级 60 元、二等乙级 52 元、三等甲级 46 元、三等乙级 40 元，因公在职残废人员每月残废金为特等 78 元、一等 66 元、二等甲级 54 元、二等乙级 46 元、三等甲级 40 元、三等乙级 36 元。1985 年 7 月 1 日起，特区发给在乡革命残废军人生活补贴费为：特等、一等每人每月 12 元，二等每人每月 6 元，三等每人每月 4 元；不分等级每人每月发给肉食补贴费 2.5 元。1987 年，全特区有革命残废人员 303 人。1987 年 1 月 1 日起，对在乡特等、一等革命残废军人，按县（特区）单位职工的标准发给洗理费和报刊资料费。1988 年，县在职革命伤残人员优待金改称保健金。1988 年 3 月 9 日，全县有革命残废人员 134 人（在职残废军人 52 人、在乡残废军人 77 人、在职残废工作人员 4 人、残废民兵 1 人）。1993 年 1 月 1 日起，县因战、因公致残的在职特、一等伤残人员，每人每月发护理费标准为 80 元，因病致残的在职特、一等伤残人员每人每月发护理费标准为 60 元。1999 年 7 月 1 日起，县在乡（含在荣军院）特、一等革命伤残军人每人每月发交通费标准为 7 元、生活补助费标准为 18 元。2004 年 10 月 1 日起，县不分在职或在乡，按同一级别统一发放残疾抚恤经费。

2004 年 11 月 16 日，县伤残人员等级由 3 等 4 级改为 1～10 级。2008 年，全县有伤残人员 152 人：三级 7 人（因战 2 人、因公 3 人、因病 2 人），五级 10 人（因战 5 人、因公 5 人），六级 24 人（因战 7 人、因公 12 人、因病 5 人），七级 60 人（因战 9 人、因公 51 人），八级 45 人（因战 10 人、因公 35 人），九级 4 人（因公 4 人），十级 2 人（因公 2 人）。

县（特区）始终按国家政策规定对伤残人员进行抚恤。其中：三等甲级因战革命伤残人员每年抚恤金，1993 年为 416 元、1994 年为 536 元；在乡三等甲级因战革命伤残人员每年抚恤金，1998 年为 748 元、1999 年 1 月 1 日起为 900 元、2000 年 1 月 1 日起为 1050 元、2001 年 1 月 1 日起为 1180 元、2002 年 1 月 1 日起为 1360 元；三级因战革命伤残人员每年抚恤金，2004 年 10 月 1 日起为 8960 元、2006 年 1 月 1 日起为 11650 元、2008 年 10 月 1 日起为 18000 元。

二、拥军优属

1979 年 5 月，特区组成对越自卫还击战牺牲烈士慰问团，由有关单位及解放军 35216 部队、文山军分区等负责人参加，在烈士家乡区、公社、大队干部的陪同下，历时 7 天，慰问 14 户烈士家属。1980 年，特区政府优待烈属、军属 825 户，户均 12.26 元。1984 年，特区政府优待军属 827 户，户均粮食300斤，优待金100元；其中城关镇优待金最高（400元），边远贫困地区优待金最低（30元）。1986年10月，特区政府制定现役军人家属优待办法；在职职工服兵役，按其基本工资的60%发给家属优待金，每年按10%递增；农村义务兵服役第一年，发放军属优待金100元，从第二年起每年按50%递增。1987年11月16日，特区政府决定从是年起，对在部队立一、二、三等功军人发奖金；是年优待军属1446户，户均105.38元。1988年，县民政局拨专款为无房户建房，退伍军人65户受惠。1990年1月2日，县政府对《现役军人家属优待办法》进行修订后，拥军优属逐步形成制度化；是年优待军属334户，户均143.71元。1997年7月27日，县4个领导班子和县人武部领导到陡箐乡武警二等功臣杨勇家中慰问。1998年1月17日，县征兵办组织相关单位组成“水城县新兵慰问团”赴部队慰问。2004年4月22日，县“双拥”（拥军优属、拥政爱民）工作领导小组，由赵庆周（县委副书记）、吕玉顺（县人武部政委）任组长，樊章学（县委常委、县委办主任）、范存文（副县长）、陈泰斌（县民政局局长）、陆国栋（县人武部政工科长）任副组长，成员由相关单位负责人组成；领导小组下设办公室，由王彦勇兼任主任，袁树琼任副主任。2004年8月19日，县民政局、财政局确定在乡农户现役军人家庭优待金标准为每户每年1380元。2004年11月25日，县解决2名驻军干部家属就业安置问题。2005年4月12日，县“双拥”工作领导小组组长由赵庆周、彭康（县人武部政委）担任，副组长由樊章学、杨昌显（副县长）、陈泰斌、陆国栋担任。2005年9月5日，县“双拥”领导小组由赵庆周、彭康担任组长，樊章学、张锡钢（副县长）、陈泰斌、陆国栋担任副组长；王莉娟任办公室主任，胡文俊、袁树琼、朱兴平、吕锋、黎振海为办公室成员；后来，县根据人事调整及时健全“双拥”工作机构。2005年9月23日，县政府决定县人武部部长骆科用家属段丽荣和县消防大队副大队长谭俊阳家属颜燕，作为聘用制工勤人员安置到县医院工作。

三、复退军人安置

县（特区）认真落实上级的退伍安置政策，在就业难度逐步加大的形势下，尽力做好复退军人安置工作。1993年，县退伍军人安置领导小组成员进行调整，办公室设在民政局。后来，县根据人事调整及时健全退伍军人安置领导小组。1997年4月4日，县民政局转发省退伍军人安置办公室《关于退伍安置工作中有关问题的通知》，对全县退伍军人安置工作进行安排部署。2005年8月27日，县政府决定安排53名符合安置条件的城镇退役士兵到县煤炭局和部分乡（镇）工作。2005年8月29日，县政府制定《水城县城镇退役士兵安置工作方案》。

1978—2008年，县（特区）复员退伍军人安置情况见表15－1－1。

1978—2008年水城县（特区）复员退伍军人安置统计表

表15－1－1　　单位：人

年度	复员退伍军人	安置数	年度	复员退伍军人	安置数	年度	复员退伍军人	安置数
1978	362	34	1982	497	255	1986	598	348
1979	226	39	1983	539	225	1987	290	158
1980	601	82	1984	319	159	1988	402	214
1981	697	159	1985	326	149	1989	68	13

续表 15－1－1　　　　　　　　　　　　　　　　　　　　　　　　　　　　单位：人

年度	复员退伍军人	安置数	年度	复员退伍军人	安置数	年度	复员退伍军人	安置数
1990	123	71	1997	148	46	2004	245	73
1991	83	49	1998	201	108	2005	221	114
1992	169	92	1999	176	69	2006	253	58
1993	184	105	2000	232	163	2007	244	58
1994	230	112	2001	226	54	2008	233	45
1995	220	45	2002	214	63			
1996	133	63	2003	256	85			

第三节　救灾救济

一、灾情统计

1979—2008 年，县（特区）农作物受灾面积见表 15－1－2 和表 15－1－3，因灾损失情况见表 15－1－4。

1979—2000 年水城县（特区）农作物受灾面积统计表

表 15－1－2　　　　　　　　　　　　　　　　　　　　　　　　　　　　单位：公顷

年度	受灾面积						成灾面积					
	合计	旱灾	水灾	风雹	霜雪	其他	合计	旱灾	水灾	风雹	霜雪	其他
1979	8520	3060	2740	1820	—	900	3560	1420	1187	673	—	280
1980	18394	467	2680	4880	6427	3940	9047	400	160	2867	4793	827
1981	17354	3420	5720	4347	1300	2567	5627	940	1260	2367	367	693
1982	19833		5733	6867	1893	5340	12339	—	1673	6700	1433	2533
1983	38787	720	15320	18460	140	4147	25247	480	11080	11887	—	1800
1984	29767	2787	7700	13800	2447	3033	14799	1040	4133	8033	660	933
1985	40527	5287	22647	6140	4740	1713	25973	4167	16373	3273	1040	1120
1986	39434	7933	15767	8667	7067	—	28754	5580	11987	6040	3747	1400
1987	38665	24933	2833	9133	13	1753	25613	15153	1927	6793	—	1740
1988	54667	18667	30600	4000	667	733	28467	12940	10727	4000	467	333
1989	38667	20400	5973	5007	4667	2620	28400	15467	2933	4600	3667	1733
1990	51219	23333	6313	3660	2913	15000	30334	14667	5980	2880	2160	4647
1991	22001	—	16667	4867	—	467	16400	—	12133	4067	—	200
1992	59520	19933	8760	30800	—	27	52120	19353	7220	25547	—	—
1993	49846	30333	8000	11333	13	167	43126	24260	7973	10767	13	113
1994	46333	32000	4380	7800	2000	153	36346	23560	3353	7500	1800	133
1995	37433	7333	9000	16100	1500	3500	32300	6100	8000	14200	900	3100

续表 15－1－2　　单位：公顷

年度	受灾面积						成灾面积					
	合计	旱灾	水灾	风雹	霜雪	其他	合计	旱灾	水灾	风雹	霜雪	其他
1996	64840	10867	23500	24413	—	6060	39700	2467	18500	18120	—	613
1997	65600	3500	29000	29000	4100	—	51640	2900	16700	28340	3700	—
1998	35606	7000	14533	10073	4000	—	25533	5700	10253	6780	2800	—
1999	26992	1133	11813	9333	2380	2333	15686	360	7580	4580	833	2333
2000	52746	—	27373	20973	4400	—	33033	—	17433	12960	2640	—

2001—2008 年水城县农作物受灾面积统计表

表 15－1－3　　单位：公顷

年度	农作物受灾面积		其中									
			旱灾		洪涝灾		风雹灾		霜雪冰冻		其他	
	受灾面积	其中绝收	受灾面积	其中绝收	受灾面积	其中绝收	受灾面积	其中绝收	受灾面积	其中绝收	受灾面积	绝收
2001	31922	8084	7474	1337	11288	3347	11312	2963	1848	437	—	—
2002	27131	10504	9908	2264	3900	936	5350	1379	6987	5235	986	690
2003	18686	2028	8347	99	3345	277	6092	1632	—	—	902	20
2004	18046	3004	—	—	5772	1149	12210	1850	—	—	64	5
2005	13285	4206	—	—	3395	1769	9890	2437	—	—	—	—
2006	17600	2520	11450	390	1130	240	2530	490	2490	1400	—	—
2007	8374.3	1081	1520	—	2351.9	274.7	3342.4	794.3	1127	—	33	12
2008	30700	19600	—	—	200	100	2700	800	27800	18700	—	—

1979—2008 年水城县（特区）因灾损失情况统计表

表 15－1－4

年度	死亡人口（人）	减产粮食（万千克）	减产油料（万千克）	减产烤烟（万千克）	死亡大牲畜（头、匹）	倒塌民房（间）	损坏民房（间）	因灾损失折款（万元）
1979	4	801	—	—	53	362	2490	466.66
1980	19	629	11.55	—	6	856	1742	257.22
1981	31	648	0.1	1.5	321	154	497	227.17
1982	21	2945	8.35	0.265	72	159	1249	924.89
1983	109	2406	12.565	—	52	1046	11256	1365.23

续表 15－1－4

年度	死亡人口（人）	减产粮食（万千克）	减产油料（万千克）	减产烤烟（万千克）	死亡大牲畜（头、匹）	倒塌民房（间）	损坏民房（间）	因灾损失折款（万元）
1984	5	2247.65	7.93	3.65	46	439	1887	1019
1985	43	4065.5	19	24.3	79	2270	7208	2052.2
1986	21	2250	20.685	22.425	23	510	2279	2134.7
1987	16	2582	1.955	16.58	61	4283	37869	2838
1988	16	2400	0.2	22.5	60	458	16490	1656
1989	3	2750	6	32.5		152	857	2340
1990	13	2016	—	—	—	—	7	74.55
1991	23	925	—	8.45	172	3000	4500	—
1992	17	2125	4	30.45	26	1184	51758	—
1993	6	2100	0.75	—	7	1489	15265	—
1994	3	1549.15	0.8	15.5	5	153	5181	—
1995	26	1300	1.2	—	55	2061	28044	—
1996	6	1298.1	0.35	140.3	327	6058	81513	—
1997	20	2382	1.85	140.4	29	227	2215	—
1998	5	1340.25		144	619	2802	9136	—
1999	3	1088.55	3.05	198.85	171	1440	4450	—
2000	27	2781	64.85	231.5	2652	7620	30	5594
2001	13	—	—	—	49	2614	3337	5114
2002	3	—	—	—	—	431	1407	6276
2003	5	—	—	—	4	161	743	5859
2004	28	—	—	—	33	460	4046	7793
2005	7	—	—	—	2	270	1611	7551
2006	6	—	—	—	9	254	941	4537.57
2007	3	—	—	—	11	232	524	83857.64
2008	2	—	—	—	937	1757	8096	5594

二、救灾救济

1978—2003 年，县（特区）五保户以政府供养为主，以救济粮、款等形式保障其基本生活；特殊性城乡困难户，政府以定期定量补助等形式进行救助；临时性城乡困难户，政府以救济款、粮等形式进行救助。对于灾民，采取政府、社会团体、个人相结合的形式进行救助。

（一）农村困难户救济

农村特困家庭定期救助制度于 2003 年 10 月在花戛乡（一类贫困乡）启动，2004 年在全县铺开。2004 年，经过全面排查、核查，全县有农村特困家庭定期救助对象 4390 户、13970 人，占全县农业人口的2.05%。2004年7月2日施行《水城县农村特困群众社会救助实施细则》，按每人每年200元标准救助，是年全县共发放农村特困家庭救助资金150.75万元，救助4390户、13970人。2007年7月，县政府制发《水城县农村居民最低生活保障制度实施细则（暂行）》。2007年7月1日至2008年6月30日，全县农村有低保对象28652户、75739人，发放农村低保金1363.3万元。2008年7月1日起，全县有农村低保对象42042户、101000人，年发放农村低保金4936万元。

（二）城市困难户救济

《水城县城市居民最低生活保障实施细则》于2004年6月1日起施行。2004年县发放城市低保金179.96万元。2006年县发放城市低保金347.17万元。2008年县发放城市低保金615.84万元，保障2543户、4032人。

（三）五保户供养救济

2004年，全县有五保户2133户、2516人，占全县农业人口的0.37%，按每人每年625元标准发放供养金，共发放93.27万元。2006年，修建滥坝、纸厂、比德3所乡（镇）敬老院。2006年3月1日，国务院新《农村五保供养工作条例》施行，农村五保供养资金纳入县级财政预算。2007年修建化乐、鸡场、蟠龙、龙场4所乡敬老院。2008年，修建营盘、果布戛、米箩、猴场、金盆、保华、木果、勺米8所乡敬老院（2012年全县33乡或镇均建有敬老院）；全县有农村五保供养对象3125户、3707人，集中供养125户、125人，分散供养3000户、3582人，集中供养对象实际每人领取供养金2486元、分散供养对象实际每人领取供养金1362元。

（四）城乡医疗救济

2004年，制定《水城县农村医疗救助实施细则》，全县发放农村医疗救助金24.6万元，救助178户、179人。2005年，县发放农村医疗救助金33.83万元，救助385户、389人。2006年，县发放农村医疗救助金38.5万元，救助418户、419人。2007年，制定《水城县城市医疗救助暂行办法》；全县发放农村医疗救助金72.25万元，救助591户、639人。2008年，县发放农村医疗救助金211.37万元，救助1631户、1748人；对城市困难群众开展医疗救助，救助15户、15人，发放医疗救助金7万元。

1979—2008年，县（特区）救灾救济情况见表15－1－5和表15－1－6。

1979—1990年水城县（特区）救灾救济情况统计表

表15－1－5

年度	用于救灾款项			实际开支救灾款（万元）	实际返销口粮		得国家救济	
	共计（万元）	县财政拨款（万元）	省市财政拨款（万元）		共计（万千克）	其中救济粮（万千克）	户数（户）	人数（人）
1979	23.11	—	23.11	23.11	998	70	19111	86000
1980	81.86	—	81.86	81.86	830	81.5	40700	203700
1981	30.94	—	30.94	30.94	710	67	17000	67000
1982	57.89	—	57.89	57.89	823	397.5	43100	215600
1983	96.11	—	96.11	96.11	740.5	190	52983	244472
1984	59.99	—	59.99	59.99	850.5	265	48199	240600

续表 15－1－5

年度	用于救灾款项			实际开支救灾款（万元）	实际返销口粮		得国家救济	
	共计（万元）	县财政拨款（万元）	省市财政拨款（万元）		共计（万千克）	其中救济粮（万千克）	户数（户）	人数（人）
1985	371.38	—	371.38	371.38	1960	536.5	91767	381700
1986	193.21	—	193.21	193.21	602.5	359	64100	321000
1987	207.66	—	207.66	207.66	1510.5	491.5	54944	263340
1988	159.2	—	159.2	159.2	1126.5	261	51200	257150
1989	232.6	23.6	209	267.2	30	30	6996	27753
1990	108.5	—	108.5	108.5	150	150	43753	175010

1991—2008 年水城县救灾粮款发放情况统计表

表 15－1－6

年　度	因灾缺粮人口（万人）	得到国家救济		实发救灾款（万元）	实发救济粮（万千克）
		户数（户）	人口（人）		
1991	36.55	60712	354212	62.2	191.5
1992	40.4	79425	341504	166.2	264.6
1993	35.64	63385	278956	88.7	270.82
1994	28	60150	259055	145.5	257.5
1995	28.5	92074	368300	325.2	162
1996	44	65548	262200	303	106.4
1997	37.2	47446	197000	426	295
1998	20	12000	44000	277	36
1999	22.32	6616	26467	285	30.5
2000	31	25496	102000	322	151
2001	4.3	6016	24667	174.16	74
2002	20.56	5945	23780	150.4	82
2003	3.2	3252	13540	149.342	36.71
2004	2.8	12088	48352	395.28	57.5
2005	6.55	9325	37300	964.491	78.85
2006	4.4	14815	59260	580.3	110.42
2007	5.32	10332	41328	475.89	36.5
2008	1.75	28954	115816	1905.25	51

第四节　地名与边界

一、地名工作

1980 年 12 月 16 日，特区成立地名普查领导小组，办公室设在特区民政局。经 2 年地名普查工作，将普查结果汇编成《六盘市地名录》（下册）水城特区部分；该书包括地名图、概况、地名表、照片 4 部分，共收集大队以上行政机构地名 778 条，自然村寨地名 3863 条，境内中央、省属企事业单位名称 122 条，纪念地、名胜古迹名称 11 条，山峰、洞穴、山隘、地片名称 1127 条，水库、沟渠、井、桥、渡口、瀑布名称 28 条；更名、新命名地名 1302 条，废村名 107 条。

2004 年，县命名 10 条路、巷：双水大道、拥军路（2012 年改为人民路东段）、兴县路、诚信路、水城大道、建业路、金山路、富民路、井海路、金山南巷。

2007 年，县命名 20 条路、巷、街：瑞安大道（2012 年改为金竹大道）、塔山路、展场路（后改为盘海路）、腾庆路、石桥路、明硐路、小山路、金山北巷、龙泉路、金山东巷、金山西巷、金山巷、织金巷、织金东路、明硐巷、小箐街、文苑路、栖凤路、佳苑巷、金山南巷。

二、边界纠纷

1974 年，发耳区安居公社与盘县特区坪地区大寨公社发生边界林权纠纷，大寨公社上百村民 3 次涌入明子山国营林场乱砍滥伐林木。市政府曾多次调解，因双方意见分歧较大，矛盾难以解决。1982 年 11 月 4 日，市政府作出《关于解决盘县特区大寨公社与水城特区所属公社边界争议的决定》，以市府发〔1982〕37 号文件划定边界线（东西走向）为：张家岩嘴—偏小岩—小叉沟—捡菌梁子—黄家小丫口汇小路—牛吃水塘边—大荒地梁子沿山脊分水线—龙家冲沟底—清水河。市政府在文件中要求 2 特区做好村民思想工作，制止乱砍滥伐林木行为，长达 8 年的边界林权纠纷终于解决。

1993 年，云南省宣威县普立乡腊戛村几户村民说水城县都格乡兴盘村大坡组的少量荒地是其土改地，并出示“土改证”，要求领取响水电站占地补偿款，和大坡组村民发生纠纷。经都格乡调查核实，几户村民是在都格乡土改后迁到腊戛村的，后经都格乡与普立乡协商纠纷解决。

三、勘界工作

县与周边毗邻县、市（地、州）共有 8 条行政区域界线（省级界线 1 条、地州级界线 4 条、县级界线 3 条）。省级界线为县与云南省宣威市（县）界线，长 47010 米。地州级界线分别是县与纳雍县界线，长 87530 米；县与赫章县界线，长 57870 米；县与威宁县界线，长 43931 米；县与普安县界线，长 32449 米。县级界线分别为县与钟山区界线，长 229990 米；县与六枝特区界线，长 67786 米；县与盘县界线，长 85959 米。1998 年 4 月 10 日，县全面完成与云南省宣威市的省级行政区域界线，与威宁、赫章、纳雍、普安 4 县的地州级行政区域界线，与盘县、六枝、钟山 3 县（特区、区）的县级行政区域界线的核定工作。

第五节　婚姻登记

1978—1986 年，特区婚姻登记由各区（镇）民政股和乡（管理区）政府（管理委员会）负责办理。1987 年，县民政局民政股负责婚姻登记管理工作，由培训合格的区（镇）、乡工作人员办理婚姻登记，结婚证加盖特区政府婚姻登记专用章。1988 年后，县各区（镇）、乡（镇）政府负责办理本辖区的婚姻登记。2003 年 8 月 8 日，国务院颁布新修订的《婚姻登记条例》（自是年 10 月 1 日起实施）取消结婚、离婚由所在单位或村（居）委出具证明的做法，结婚改由当事人作无配偶等相关情况声明，对婚前医学检查不再作强制性规定。2004 年 5 月 28 日，省民政厅下发《关于印发贵州省婚姻登记机关设置方案》后，县在 32 个乡政府和县民政局设立婚姻登记处；滥坝镇和县直机关、企业事业单位的婚姻登记，由县民政局婚姻登记处负责办理。2004 年 6 月后，国内人登记结婚，当事人递交证件证明，填写结婚登记申请书，手续齐备，符合规定者，当日受理后即时核发结婚证书；协议离婚登记的，当事人递交证件证明，填写离婚登记申请书与离婚协议书，经调解不愿和好的，发给离婚证书，逾 2 个月不领证者，视为自动撤销协议离婚登记申请；协议离婚申请登记手续齐备的离婚申请者，自受理之日起 1 个月内办理完毕；婚姻登记机关还为申请人出具婚姻关系证明，手续齐备者，自受理之日起 1 星期内完成。2007—2008 年，县民政局被民政部评为全国婚姻登记规范示范单位。

1980—2008 年，县（特区）婚姻登记情况见表 15－1－7。

1980—2008 年水城县（特区）婚姻登记统计表

表 15－1－7

年度	准予登记结婚（对）	其中		准予离婚（对）
		初婚（人）	再婚（人）	
1980	413	356	57	117
1981	300	600	—	4
1982	544	—	—	103
1983	1220	2294	27	61
1984	1418	2802	17	97
1985	1490	2943	59	20
1986	1684	1372	39	83
1987	2406	4976	8	79
1988	1389	2754	24	44
1989	1280	2535	21	46
1990	1605	3305	25	98
1997	6439	12808	70	203
1998	8558	16984	132	92
1999	5584	11086	82	101
2000	5233	10256	210	102
2001	5825	11214	436	115
2002	5224	9444	1004	97
2003	3996	7960	32	92
2004	3300	6532	68	600
2005	1880	3633	127	46
2006	2680	5295	65	63
2007	2705	5350	60	68
2008	3766	7461	71	231

第六节　社会福利与老龄工作

一、社会福利院

1964年，玉舍儿童福利院改为县儿童福利院。1970年，县儿童福利院更名特区儿童福利院。1978年，特区儿童福利院更名特区老残疾教养院。1986年，特区老残疾教养院更名特区社会福利院。1987年12月，特区社会福利院更名县社会福利院。1990—2007年，县社会福利院有在院孤残人10人（4名老残疾人员，6名孤残人员）。2007年后，县社会福利院收养社会弃婴21人，先后被家庭收养10人，在院的11人中有残疾或患有疾病的9人；采取家庭寄养和集中供养2种方式进行供养，在院收养人员生活费由县民政局拨给，2008年后每人每月提高到200元。

二、社会福利

1990—2000年，县民政局按上级安排开展社会福利有奖募捐工作，多次销售福利彩票，奖品从毛巾、脸盆、电饭锅等，逐步发展为踏花被、自行车、金首饰、彩电、摩托车、轻型汽车等；群众踊跃购买，高峰时日销售量达200万元。彩票销售资金50%作为奖金（含奖品）返回购买者，2.5%为代销费，8%为发行费（包括宣传费、储运费、场地费、工作人员旅差费等），12.5%上交上级，22%作为县社会福利基金。

2003年，县塔山锌厂、水城正鑫公司、贵州仙劲公司、水城鼎峰公司、水城发箐公司、水城新发冶炼厂、水城鸿程洗煤厂、水城宏大锌厂兴办社会福利企业。2004年，水城宏鑫煤厂兴办社会福利企业。2005年，固虹塑料制品公司兴办社会福利企业。10家社会福利企业安排残疾人就业从176人增加到347人，为县社会福利事业作出一定贡献。2007年，新的税收政策出台后，县福利企业相继停产，多家企业都表示退出。

三、老龄工作

县老龄委员会成立后，组织编制县老龄事业发展“九五”“十五”“十一五”规划，并协调相关部门组织实施，使老龄工作纳入县委、县政府的工作范畴；向上级和县委、县政府反映老年人的情况和要求，促使出台尊老敬老政策，使尊老敬老的社会氛围逐渐形成；以农村社区建设为契机，完善基层老年协会，80%以上的村建立老年协会，并有活动场所和规章制度；每年老年节期间组织老年文娱活动，使老年人老有所乐；老年节、春节期间开展进村入户看望百岁老人和慰问高龄特困老人活动，使高龄老年人感受到社会大家庭的温暖；充分发挥广播、电视等新闻媒体的作用，宣传老龄工作，使老龄工作深入人心；协调司法部门开展有关老年人的法律法规宣传，使老年人的合法权益逐步得到保障；开展创建“全国老龄工作先进县”“老龄工作先进乡（镇）”“敬老示范村”活动。2005年，县被全国老龄工作委员会授予全国老龄工作先进县称号。2006年2月，县老龄工作委员会成功举办第四届毗邻7县（区）老年门球协作赛。2006年10月，猴场乡红星村被评为全国敬老模范村。

第七节　其他民政工作

一、社会团体管理

1979—1995 年，县（特区）登记社会团体 31 个。1995 年全县社会团体有：县基督教三自爱国运动委员会、县环境科学学会、县林学会、县畜牧兽医学会、县建筑学会、县医学会、县农村卫生协会、县红十字会、县水电协会、县中医药学会、县个体劳动者协会、县青少年科技辅导协会、县计划生育协会、县优生优育协会、县信鸽协会、县羽毛球乒乓球协会、县老有所为协会、县关心下一代协会、县私营企业协会、县气象学会、县老年人体育协会、县钓鱼协会、县象棋围棋协会、县消费者协会、县老年人门球协会、县审计事务所、县珠算协会、县教育协会、县教学研究会。

2000 年 2 月，按规定撤销 23 个社会团体后，全县社会团体有：县私营企业协会、县个体劳动者协会、县开发研究促进会、县中医药学会、县林学会、县彝学会、县畜牧兽医学会、县基督教三自爱国运动委员会。

2003 年，成立县滥坝镇严家寨村养鱼协会。2004 年，成立县药学会、县煤炭协会、县个体私营企业协会、县蟠龙乡沙坡村果蔬协会、县马场片区蔬菜协会；撤消县私营企业协会、县个体劳动者协会。2005 年，成立县水利水土保持学会、县猴场乡果蔬协会、县发耳乡果蔬协会、县化乐乡蔬菜协会、县滥坝镇养猪协会、县南开乡养牛协会、县猴场乡畜禽养殖协会。2006 年，成立县钟山小学退休教师协会、县阿戛乡白车河果蔬协会、县米箩乡烟叶生产协会、县米箩乡果蔬生产协会、县纸厂乡前进村养殖协会、县纸厂乡前进村果蔬协会、县纸厂乡养殖协会、县发耳乡养蜂协会、县布依学会、县苗学会、县滥坝镇住武村养鸡协会、县盐井乡果蔬协会、县双戛乡河沟村养殖协会、县野钟乡果蔬协会、县发耳乡养猪协会。2007 年，成立县南部姜业协会、县根艺盆栽奇石协会、县蟠龙乡大田油桐协会、县劳动力资源开发促进会、县老年人体育协会、县果布戛乡罗盘村果蔬协会、县双戛乡河沟村种植协会、县蟠龙乡法那村养殖协会、县比德乡中心村养殖协会、县蟠龙乡沙坡村养殖协会、县阿戛乡独店子村养殖协会、县顺场乡养殖协会、县蟠龙乡大田村养殖协会、县蟠龙乡蟠龙村养殖协会、县保华乡果蔬协会。2008 年，成立县滥坝镇法都村果蔬协会、县滥坝镇白腻村养猪协会、县蟠龙乡蟠龙村种植协会、县顺场乡顺场村种植协会、县顺场乡大发村果蔬协会、县阿戛乡马场村养殖协会、县蟠龙乡法那村果蔬协会、县红岩乡畜禽养殖协会、县玉舍乡元箐村养殖协会。

二、殡葬管理

1978 年六盘水殡仪馆投入使用后，机关、学校、厂矿、企事业单位职工去世，按要求送往殡仪馆火化，火化率逐年提高，丧葬习俗逐渐发生变化，“文明祭祀、绿色殡葬”等观念逐步形成。

2003—2008 年，建成并启用董地乡董地村、保华乡民生村、顺场乡顺场村、发耳乡民主村、玉舍乡海坪村、蟠龙乡坝子村、鸡场乡箐泥塘村、猴场乡幸路村、猴场乡火把村、双戛乡中箐村、双戛乡河沟村、滥坝镇尖山村、阿戛乡高仲村 13 个农村公益性公墓。

三、基层行政组织建设

区级　1978—1992 年，区是县（特区）的派出机构，不是一级政府。1978 年 12 月至 1980 年 12

月，区的行政机构为区革命委员会，设主任、副主任和委员，由县（特区）政府（革命委员会）任命。1981 年 1 月至 1992 年 3 月，区的行政机构为区公所，设区长和副区长，由县（特区）政府任命。

乡（人民公社）级　1978 年 12 月至 1980 年 12 月，人民公社的行政机构为公社革命委员会，设主任、副主任和委员，由社员代表大会选举产生。1981 年 1 月至 1984 年 3 月，人民公社的行政机构为公社管理委员会，设主任、副主任和委员，由社员代表大会选举产生。1984 年 3 月 16 日，根据上级决定，全特区的人民公社更名为乡；设乡人民政府，为基层人民政权，设乡长和副乡长，由乡人民代表大会选举产生。1984 年 3 月至 1992 年 3 月，乡人民政府为股级行政机构，每届任期 3 年。1992 年 3 月，全县的 98 个乡合并为 32 个乡、1 个镇，乡（镇）人民政府升格为科级行政机构，设乡（镇）长和副乡（镇）长，由乡（镇）人民代表大会选举产生。1992—2001 年，乡（镇）人民政府每届任期 3 年。2001—2008 年，乡（镇）人民政府每届任期 5 年。

村（生产大队）级　1978 年 12 月至 1984 年 3 月，公社下级行政组织为生产大队，设大队长、副大队长和会计等职位，其中大队长和副大队长由社员代表会议选举产生。1984 年 3 月 16 日，根据上级决定，全特区的生产大队更名为村；建立村民委员会，为村民自治组织，设主任、副主任和委员，由村民直接选举产生，每届任期 3 年，至 2008 年共经历 9 届。

组（生产队）级　1978 年 12 月至 1984 年 3 月，生产大队下级行政组织为生产队，设队长、副队长和会计等职位，其中队长和副队长由社员直接选举产生。1984 年 3 月 16 日，根据上级决定，全特区的生产队更名为村民组；设组长、副组长和会计等职位，其中组长和副组长由村民直接选举产生，每届任期 3 年，至 2008 年共经历 9 届。

第二章 人事劳动和社会保障

第一节 机构与机关建设

一、机构

1974 年 3 月，成立特区劳动工资局。1979 年，成立特区安全生产委员会办公室，挂靠特区劳动工资局。1980 年 9 月，成立特区人事局。1981 年 5 月，特区编制委员会挂靠特区人事局（编委主任由人事局局长兼任）。1985 年 3 月，特区编制委员会办公室（简称特区编委办）挂靠特区人事局（编委办主任由人事局局长兼任）。1987 年，特区劳动工资局改称特区劳动局。1987 年 12 月，特区人事局改称县人事局，特区劳动局改称县劳动局，特区安全生产委员会办公室改称县安全生产委员会办公室（简称县安委办），特区编委办改称县编委办。1992 年 8 月，县安委办归口县政府办。1992 年 11 月 23 日，县劳动局保险事业股独立为县社会保险事业局（股级）。1993 年 8 月，县人事局、县劳动局、县安委办合并为县人事劳动局，县编委办挂靠县人事劳动局（主任由人事劳动局局长兼任）。1996 年，县人事劳动局有职工 38 人。2000 年，县人事劳动局有在职职工 29 人、离休干部 1 人、退休职工 9 人。2000 年 1 月，县社会保险事业局升格为副科级事业单位，有在职职工 19 人。2002 年 7 月 17 日，县安委办和县编委办从县人事劳动局中分出，县人事劳动局与县社会保险事业局合并为县人事劳动和社会保障局（简称县人社局），下设办公室、干部股、工资福利退休股、专业技术股、劳动争议仲裁股、社会保障股、劳动保障监察股、劳动保障监察大队、县劳动就业办。2003 年 4 月，县人社局内分别成立县养老保险基金管理中心（副科级）、县失业保险基金管理中心（副科级）、县医疗保险基金管理中心（副科级），县劳动就业办列入参照公务员管理单位。2003 年 7 月，成立县人力资源培训中心。2003 年 11 月 10 日，县劳动就业办升格为副科级单位。2005 年 3 月，县人社局内成立县工伤保险基金管理中心（副科级）；在 33 个乡（镇）设立劳动保障事务所（全县定编 70 名）。2006 年 11 月 19 日，县劳动就业办更名县就业局（编制 14 名）。2008 年，县劳动监察大队升格为副科级（编制 8 人）；县人社局下设办公室、干部股、工资福利退休股、专业技术股、劳动争议仲裁股、社会保障股、劳动保障监察股、县就业局、县劳动保障监察大队、县养老保险基金管理中心、县失业保险基金管理中心、县医疗保险基金管理中心、县工伤保险基金管理中心、县人才交流服务中心、县人力资源培训中心，有在职职工 80 人、离休干部 1 人、退休职工 15 人；乡（镇）劳动保障事务所与社会救助站、农村合作医疗办合并为社会救助和劳动保障所（全县定编 154 名）。

二、设施

1978 年至 2002 年 10 月，县人社局（即前身）在特区钟山中路（后来属钟山区）办公。2000

年，县人事劳动局有小汽车2辆、电脑3台，另有劳动服务中心兼荷城酒楼（7层，共1400平方米）；县社会保险事业局有小汽车1辆、电脑1台。2002年10月，县人社局搬迁到双水县政府综合楼办公，有办公室22间。2006年4月，县人社局搬迁到双水新区诚信路办公。2008年，县人社局有1栋5层的独立办公楼，1栋会训楼，总建筑面积6500平方米；有劳动系统电视（电话）会议室、多媒体培训机房（有79台电脑），建成70多台办公用电脑的局域网；有大客车1辆、小汽车7辆。

三、机关建设

县人社局曾开展“五个一”（一张笑脸相迎，一张凳子请坐，一杯开水请喝，一件事情办好，一个满意答复）创建等活动；开设劳动就业和社会保障2个“便民服务大厅”后，实行“一站式”办公，尽量方便群众办事，提高工作效率；按要求开展农村党建扶贫等工作。2001—2003年度，县人社局（县人事劳动局）被市委、市政府表彰为文明单位。2003年，县劳动就业办主任汪再剑被市委、市政府表彰为就业和再就业先进个人。2004年，县人社局被市委、市政府授予“人民满意的机关”称号；县人社局局长马永相被省委、省政府表彰为全省勤政廉政先进工作者，被市委、市政府表彰为全市勤政廉政模范人物。2004—2005年度，县人社局被劳动和社会保障部表彰为全国劳动和社会保障系统优质服务窗口。2004—2006年度，县人社局被市委、市政府表彰为文明单位。2005年，县人社局被省再就业领导小组表彰为再就业先进单位、被省人事厅表彰为全省人事系统先进单位，县劳动保障监察大队被表彰为全国优质文明服务窗口。2006年，县人社局党支部被市委表彰为先进基层党组织。2007年，县人社局被省劳动和社会保障厅表彰为全省劳动和社会保障系统先进集体、2005—2006年度全省劳动争议仲裁工作先进单位、2006—2007年度全省劳动和社会保障系统优质服务窗口，县工伤保险基金管理中心获省劳动保障系统2006—2007年度优质服务窗口单位称号，县就业局局长汪再剑被省劳动和社会保障厅表彰为全省劳动和社会保障系统先进工作者，县人社局局长齐强华被市委、市政府表彰为“两基”攻坚先进个人。2008年，县人社局被省委、省政府表彰为精神文明建设工作先进单位。

第二节　劳动人事制度改革与就业

一、劳动人事制度改革

1978—1986年，特区的招工政策执行过“统筹安排，择优录用”，也执行过子女顶替（干部职工办理离退休手续时，安排1名子女参加工作）和内招（限定招收系统内部职工亲属）。1982年，停办干部离退休顶替。1983年起，特区办理“以工代干”人员转干手续。1985年前，特区国家行政机关和事业单位招收的工人为固定制工人，由劳动部门下达指标并办理手续。1986年，特区取消工人子女顶替和内招，招收的工人为合同制工人。1986年后，特区逐步实行“面向社会，公开招收，全面考核，择优录用”的招工政策。黔人字〔1989〕18号文件《关于印发〈贵州省事业单位和区、乡（镇）基层新增干部实行聘用制暂行办法〉的通知》下发后，县区（镇）、乡机关、事业单位，在省、市下达的增干指标内，采取面向社会公开招考、选举等措施，聘用部分聘用制干部。1990年起，县各单位新增工人由人事部门下达招工指标，劳动部门办理招工手续。1995 年，县企业实行全员合同制。1997 年，县行政、事业单位职工实行计划管理，接收大、中专毕业生，由县人事部门审批，县教育行政主管部门根据审批文件办理派遣手续；其余单位接收大、中专毕业生由县教育行政主管部门派遣；行政、事业单位的工人由县人事部门办理招收和调动手续。1998 年起，县行政单位停止接收毕业生，大、中专毕业生的分配去向为企业和事业单位，面向基层，鼓励和引导毕业生到私营、个体企业就业，允许毕业生双向选择，鼓励自主择业。2001 年后，全县非师范类中专毕业生停止分配工作。2002 年后，县行政机关严格执行“凡进必考”。2006 年 7 月后，县大专以上毕业生及师范类中专毕业生停止分配工作。2006 年 7 月起，根据省人事厅黔人发〔2006〕4 号文件《关于印发〈贵州省事业单位新增人员公开招聘暂行办法〉的通知》规定，全县事业单位新增人员一律实行公开招聘。

二、劳动就业

县（特区）劳动服务公司（1979 年成立时隶属特区劳动工资局，1987 年 12 月改称县劳动服务公司，1992 年更名为县劳动就业办公室）：1979—1990 年，为水城矿务局、水城水泥厂、水钢和其他企业（国有和集体企业）招聘劳动合同制工人 4719 名（来源于城镇待业青年或失业人员），安置退伍军人 491 人；1984—1990 年，培训会计、泥水工、家电维修工、水电工等专业技术人员 1181 人；1987—1990 年，组织劳务输出 2547 人。

全县劳动就业组织，开展促进就业和下岗失业人员再就业、组织劳务输出、培训各类再就业人员等工作。2003 年起，县将劳务输出任务分解到各乡（镇），并纳入目标考核。县劳动就业存在劳动者的就业技能与岗位需求不相适应、劳动力供大于求、有组织劳务输出难度大等问题。

1979—2008 年，县（特区）企业职工人数见表 15－2－1 和表 15－2－2，就业人数见表 15－2－3。

1979—1990 年水城县（特区）企业职工人数统计表

表 15－2－1

年　度	年末职工总数（人）			工资总额（万元）		
	合　计	全民企业	集体企业	合　计	全民企业	集体企业
1979	16132	12338	3794	1026.94	758.82	268.12
1980	13907	10450	3457	1097.35	847.95	249.4
1981	15300	12500	2800	1160.91	910.91	250
1982	15451	12702	2749	1243.61	989	254.61
1983	15400	12702	2698	1372.6	1091.3	281.3
1984	16590	13057	3533	1176	817.4	358.6
1985	13098	9520	3578	1530.14	1017.77	512.37
1986	12605	9698	2907	1712.82	1185.08	527.74
1987	15207	10233	4974	1722.05	1336.19	385.86
1988	15633	10555	5078	1686.52	1297.06	389.46
1989	15287	10174	5113	1695.7	1304.2	391.5
1990	15409	10223	5186	1710.1	1312.7	397.4

说明：表中数据不含在县（特区）中央、省、市企业职工

1994—2008 年水城县企业职工人数统计表

表 15－2－2　　单位：人

年度	全民企业	集体企业	私营企业	年度	全民企业	集体企业	私营企业
1994	1534	698	3278	2002	2134	780	10890
1995	1728	721	3459	2003	2223	780	12546
1996	1854	754	3875	2004	2027	758	16308
1997	1895	781	4156	2005	1795	732	17504
1998	1944	800	4456	2006	1523	721	16800
1999	1958	811	4689	2007	1332	720	18306
2000	1987	802	7259	2008	1227	720	21850
2001	1992	802	9678				

1979—2008 年水城县（特区）就业人数统计表

表 15－2－3　　单位：人

年度	农村外出打工	大中专生就业	公务员考录	下岗人员重新就业	全民所有单位招工、顶替	集体单位招工	退伍安置	自谋职业
1979	—	—	—	—	250	200	23	150
1980	—	—	—	—	238	370	38	160
1981	—	—	—	—	253	410	48	210
1982	—	—	—	—	227	110	32	260
1983	—	—	—	—	238	170	45	300
1984	—	—	—	—	206	300	27	372
1985	—	—	—	—	80	270	46	410
1986	—	—	—	—	1165	300	39	390
1987	327	—	—	—	100	110	50	517
1988	510	—	—	—	156	90	40	249
1989	802	—	—	—	145	50	28	646
1990	908	—	—	—	161	120	75	420
1991	2450	—	—	—	29	—	5	320
1992	2605	—	—	—	10	—	10	200
1993	2506	—	—	—	8	—	29	215
1994	35	—	—	—	6	—	25	238
1995	4320	—	—	—	6	—	18	268
1996	7520	—	—	—	8	—	33	246
1997	10200	—	—	—	7	—	32	304
1998	1047	—	—	—	—	—	51	315
1999	12500	—	—	53	—	—	17	324
2000	12500	—	—	53	—	—	102	386

续表 15－2－3　　单位：人

年度	农村外出打工	大中专生就业	公务员考录	下岗人员重新就业	全民所有单位招工、顶替	集体单位招工	退伍安置	自谋职业
2001	13500	—	14	53	—	—	30	401
2002	15400	—	24	350	—	—	34	427
2003	16700	421	25	2293	66	—	66	815
2004	21460	1144	33	301	16	—	16	754
2005	25457	604	51	306	10	—	104	721
2006	25451	202	17	203	17	—	17	805
2007	24898	153	45	53	13	—	13	652
2008	23711	28	8	103	6	—	11	685

第三节　工　资

一、工资制度改革

1985 年，特区机关、事业单位参与全国第二次工资制度改革，建立新的工资制度；对供销社、物资公司、招待所、电影公司和人民银行等单位进行自费工资改革。特区共有 6272 人参与工改，月净增工资 150098 元，人均月增资 23.93 元。其中公安干警 221 人，月净增工资 7679 元，人均月增资 34.75 元；中、小学及中专教师 2453 人，月净增工资 62233 元，人均月增资 25.37 元；商业局、粮食局、物资供应公司、招待所、电影公司和交通运输管理总站共 176 人，月净增工资 4078 元，人均月增资 23.17 元；有 1621 名教师享受教龄津贴（每月共 9526 元），77 名护理人员享受护龄津贴（每月共 403 元）。工资改革后，执行工龄补助，发医药费、洗澡理发费、回民伙食补贴、出差生活补贴等。

1993 年 10 月，县机关、事业单位参与全国第三次工资制度改革，对 1985 年建立的结构工资制进行根本性改革，机关与事业单位分类管理，实行不同的工资标准，但在工资水平上保持合理的比例关系。公务员实行职级工资制，工资包括基础工资、职务工资、级别工资、工龄津贴、艰苦边远地区津贴。不同职务的公务员均执行相同的基础工资，1993 年 10 月为 90 元（工改后进行过几次调整）；职务工资按公务员职务高低确定，每一职务设若干工资档次，公务员的职务工资随着职务变动而变动；级别工资按公务员的工作年限和任职年限确定，分为 15 级，每级设置 1 个工资标准；公务员从参加工作的当年算起，每工作 1 年增加 1 元工龄津贴，一直计算到离（退）休当年为止；艰苦边远地区津贴分为 1～4 类地区，按不同的职务和岗位确定具体标准，但 2001 年 1 月 1 日起才执行，县按二类地区标准，县处级 120 元，科级 95 元，科员以下 80 元（后来进行过调整）。工改后保留原有的部分地方性生活补贴。事业单位根据不同行业特点，划分为全额拨款、差额拨款、自收自支 3 种不同类型。全额拨款事业单位工资固定部分占 70%，活的部分占 30%，工资由财政全额拨款；差额拨款事业单位工资固定部分占 60%（财政拨款），活的部分占 40%（单位自支）；自收自支事业单位工资固定部分占55%，活的部分占45%，财政不拨款。全县机关、事业单位工资进行套改的8958人，月增资592520元，人均月增资66.14元；其中离休153人，月增资32985元，人均月增资215.59元；退休人员1022人，月增资88223元，人均月增资86.32元。

2006年7月，县机关、事业单位参与全国第四次工资制度改革。基本在原工资框架内进行改革，机关单位取消工龄津贴。机关有2913人（县处级29人，科级945人，副科级827人，科员466人，办事员12人，高级工88人，中级工252人，初级工92人，普通工人202人）参加工改，月增资864918元，人均月增资296.92元；事业单位有8120人（其中管理人员六级岗位1人、七级岗位104人、八级岗位206人、九级岗位579人、十级岗位135人，专业技术人员七级岗位87人、十级岗位2034人、十二级岗位2378人、十三级岗位1926人，技术工78人、技术工四级190人、技术工五级104人、普通工298人）参加工改，月增资2222521.7元，人均月增资273.71元；全额拨款事业单位有7250人参加工改，月增资2026548.4元，人均月增资279.52元；差额拨款事业单位有670人参加工改，月增资154841.3元，人均月增资231.11元；自收自支单位有200人参加工改，月增资41132元，人均月增资205.66元。

二、工资调整

1980年起，特区农业、畜牧、农机部门在区、乡工作的中专以上知识分子向上浮动一级工资。1981年，特区为教育、卫生、体育系统的部分职工调整工资，其中教育系统有1763人增加1级、349人增加2级，卫生系统有395人增加1级、88人增加2级。1983年，特区为国家机关、科学文教卫生等部门的部分职工增加工资，属调资范围职工有2703人，调整升级者2446人，占应调职工数的90.5%，其中升1级者1935人、升2级者511人；由于各种原因不升级和缓升级者257人，占应调职工数的9.5%。1987年，特区为国家机关和事业单位的1249人进行工资调整，月增资8032元，人均增资6.43元。1988年1月，县在原退休费标准基础上，对1952年底以前参加工作，连续工龄满30年和20年的退休人员，分别提高20%和15%的退休费；对1953年1月以后参加工作的退休人员，连续工龄满30年和20年者，分别提高15%和10%的退休费。1989年，县为2178名中年专业技术人员调整工资，月增资15315元，人均增资7元。1990年，县调整工资情况为：县机关1397人，月增资15939元；区、乡798人，月增资9727元；事业单位4653人，月增资51740元；招聘人员477人，月增资5724元。1993—2006年，县机关工作人员连续3年考核为优秀1次或连续5年考核为称职以上1次，晋升1级级别工资。1993—2008年，县工作人员连续2年考核为称职以上1次，晋升1档职务工资。2007年后，年度考核为优秀的工作人员，改为每年一次性奖励800元。

除基本工资外，与工资一起发放的部分津补贴也是职工的固定收入。1978—2008年，根据不同行业或工种，县（特区）津补贴分别执行过井下工作津贴、野外工作津贴、流动施工津贴、夜班工作津贴（夜餐费）、井下班（组）长津贴（含安全检查员）和跟班生产干部补贴、井下工人岗位生产补贴、知识分子津贴（亦称技术业务津贴）、班主任津贴和超课时酬金、教师与护士工龄津贴、工龄津贴、林区津贴、车辆行车津贴、技师津贴与厨师津贴、纪检与监察办案补贴、公安干警值勤岗位津贴、高温津贴、医疗卫生津贴、环境卫生津贴、卫生防疫津贴、农业保健津贴、信访岗位津贴、环境监测津贴、煤炭系统保健津贴及保健食品待遇、矿山救护队火食补助费及非常津贴、粮价补贴、副食品价格补贴、矿区生活补贴、回民副食补贴、煤贴、矿龄津贴、全员合同制职工人工资性补贴、学习费、洗理费、交通费等。2008 年，县对 114 个单位（其中县直行政机关 42 个，乡、镇 33 个，参照国家公务员法管理的事业单位 36 个）的津补贴进行规范，职工收入有所增加。

2008 年，县人均月工资及比 1993 年增长情况见表 15 –2 –4。

2008 年水城县人均月工资及比 1993 年增长情况统计表

表 15 –2 –4　　单位：元

工资类别	2008 年人均月工资	2008 年比 1993 年增长%	2008 年比 1993 年人均增加
全　县	2146	73	1376
县直机关	2182	77	1420
乡级机关	2056	75	1400
国营事业	2156	72	1350
中　学	2294	73	1350
小　学	2194	71	1342
医　院	2047	70	1340
卫生部门	2047	71	1345
粮食部门	2182	76	1420
文化部门	2156	74	1418

第四节　干部招录及管理

一、招录干部

1978 年，特区从“上山下乡”知识青年中考录 127 名计生干部，招收部分公社干部。1981—1990 年，县（特区）招考干部 603 名。1984—1987 年，特区 1466 名“以工代干”人员转为正式干部，165 名“半脱产”干部转为正式干部。1987 年，特区 14 名电大、函大等毕业生办理转干手续。1991—2000 年，县招聘干部 507 人。1991—2006 年，县接收大、中专毕业生 5861 人。1991—2008 年，县接收安置军队转业干部 15 人。1992—1998 年，县从“以工代干”人员和“招聘干部”中录用干部 915 人。2002—2008 年，县公开招考录用公务员 217 人。2007 年，县事业单位公开招聘大、中专毕业生 153 人。2008 年，县事业单位招聘大、中专毕业生 28 人。

二、干部结构

2008 年与 1985 年相比，县（特区）女干部由 24.98% 上升为 30.49%；少数民族干部由 17.23% 上升为 38.55%；大专以上文化干部由 10.19% 上升为 67.36%；党员干部由 33.57% 上升为 35.8%。

1984—2008 年，县（特区）干部结构见表 15 –2 –5 和表 15 –2 –6。

1984—1990 年水城县（特区）干部结构统计表

表 15－2－5　　单位：人

年度	干部总数	其中									
		妇女	少数民族	中共党员	大专以上	中专高中	初中以下	25 岁以下	26—30 岁	31—60 岁	61 岁以上
1984	6121	1413	764	1786	576	2542	3003	1013	1083	4006	19
1985	5984	1495	1031	2009	610	3047	2327	1267	1106	3594	17
1986	6595	1682	1135	2258	676	3321	2598	1648	1090	3842	15
1988	5779	1257	1209	2018	572	2933	2274	1468	808	3480	23
1989	5984	1307	1516	2044	694	2967	2323	1557	1042	3370	15
1990	5745	1400	1399	2072	622	2882	2241	1467	947	3311	20

1991—2008 年水城县干部结构统计表

表 15－2－6　　单位：人

年度	干部总数	其中									
		妇女	少数民族	中共党员	本科以上	大专	中专	高中以下	35 岁以下	36—50 岁	51 岁以上
1991	5399	1255	1496	1695	198	452	2260	2489	2958	1627	814
1992	5357	1236	1619	1657	180	478	2367	2332	2978	1669	710
1993	5361	1238	1620	1716	181	522	2470	2188	3023	1694	644
1994	5669	1344	1711	1760	213	572	2660	2224	3282	1755	632
1995	6056	1451	1924	1825	232	784	2884	2156	3583	1836	637
1996	6353	1574	2048	1974	267	909	3040	2137	3605	2074	674
1997	6732	1713	2287	2148	305	1010	3329	2088	3684	2301	747
1998	7404	1902	2703	2317	358	1475	3565	2006	3915	2709	780
1999	7769	2011	2896	2483	377	1724	3755	1913	4165	2778	826
2000	8164	2085	3084	2654	414	1938	3870	1942	4415	2886	863
2001	8380	2183	3303	2668	430	2001	4369	1580	4384	3119	877
2002	8525	2294	3256	2899	455	2186	4465	1419	4077	3472	976
2003	8426	2283	3298	2939	670	2209	4254	1293	4145	3348	933
2004	9720	2783	3955	3083	933	3143	4501	1143	5176	3667	877
2005	10310	2988	3976	3316	1295	4100	3860	1055	5709	3626	975
2006	10401	3085	4010	3501	1547	4297	3595	962	5547	3817	1037
2007	10383	3138	4082	3563	1742	4698	3004	939	5502	3828	1053
2008	10221	3116	3940	3660	1859	5026	2268	1068	5296	3790	1135

三、人事管理

1979 年前，特区干部调动，分别由组织部和特区政府人事科办理。1980—1990 年，县（特区）调动 1613 人（调出 754 人，调入 302 人，县内调整 557 人）。1980—2008 年，县（特区）直属机关内干部调动，经双方主管部门同意后由县（特区）人事部门办理；区、乡干部调入县（特区）机关，须征得区、乡党委同意并由县（特区）分管领导批准。1991—2008 年，县政府系统股级干部任免、股级以下干部行政职务和职员等级确定，股级以下干部和工人调动均由县人社局（县人事局、县人事劳动局）负责；共任免股级干部 2504 人（其中任 2224 人，免 280 人），确定行政职务 1732 人，确定职员等级 1194 人，共调动 3383 人（调出县外 301 人，县外调入 624 人，县内调整 2458 人）。1994 年起，县行政机关、事业单位股级及以下干部和工人，全部实行年度考核，由各单位考核后报县人事劳动局（县人社局）审核。1996 年，县组织干部参加公务员基本知识考试，颁发合格证书。1997 年，全县 51 个县直单位和 33 个乡（镇）完成公务员过渡工作。县（特区）干部调动曾制定"四宽四严"（一般干部调出从宽、调入从严，下调从宽、上调从严，行政调企业从宽、企业调行政从严，科技人员调入从宽、调出从严）准则。

1978—1998 年，县（特区）人事、劳动部门根据培训计划和工作需要对干部职工进行培训。1999 年起，县开展公务员、事业单位管理人员和专业技术人员计算机应用培训。由于部分单位工作忙，不能按要求参加培训，对培训质量有一定影响。

四、职称评聘

1978 年，中共中央提出恢复技术职称制度。1981 年 5 月，特区成立自然科学技术职称评定委员会，负责初级技术职称评定，通过评定的人员由特区政府下文认定；中级技术职称，由省有关厅、局评定。1983 年 9 月 30 日，全特区有 26 人获得中级技术职称，547 人获得初级技术职称。1987 年，特区成立卫生、工程、农业、财会、中小学教师 5 个初级技术职务评审委员会，基层单位成立评审小组。1990 年前，县（特区）有 2301 人通过初级技术职务评审，由县（特区）政府颁发任命书；有 394 人通过省、市中级技术职务评审，由县（特区）政府颁发任命书（教师由市教委任命）；有 35 人通过省高级技术职务评审，由市政府颁发任命书。1992 年 3 月 21 日后，财会专业实行全国统一组织的专业技术资格考试。1993 年，国家将外语水平纳入评聘部分中、高级专业技术职务的条件之一。1994 年，县在律师、公证行业推行从业资格制度。1995 年，职称外语改为全省统一考试。2001 年 6 月 11 日后，中、初级卫生专业技术职务资格实行全国统一考试。2002 年，对全县事业单位实行专业技术职务结构比例管理，总量限制在编制范围内。2005—2008 年，全县评聘 1439 名初级专业技术职务人员；对 1526 名申报晋升中级专业技术职务和 53 名申报晋升副高级专业技术职务人员的申报材料进行审查上报。

五、离（退）休与退职

离（退）休　1975 年起，特区国家工作人员，男年满 60 周岁，女年满 55 周岁，可以离（退）休；离休人员工资照发，每年增发 1 ~2 个月的本人标准工资作为生活补贴。退休人员退休费根据工作年限，按本人标准工资的 50% ~80% 发给。1975—1990 年，县（特区）国家机关、事业单位共有

1034 名干部、工人退休。1978 年 6 月后，特区办理病退。1993 年后，县机关、事业单位工作人员，男年满 60 周岁，女年满 55 周岁，女工勤人员年满 50 周岁应当离（退）休；工作年限满 30 年的退休费比例为 100%，工作年限满 20 年不满 30 年的退休费比例为 90%，工作年限满 10 年不满 20 年的退休费比例为 70%；因县属“三线”建设地区，退休费加发 5%，领取独生子女证的退休费加发 5%，但退休费比例不能超过 100%。1993—2001 年，离（退）休手续由县离（退）休干部管理局办理。2006 年 7 月后，县退休费比例调整为：工作年限满 35 年的 90%，工作年限满 30 年不满 35 年的 85%，工作年限满 20 年不满 30 年的 80%，工作年限满 10 年不满 20 年的 70%，领取独生子女证的加发 5%，省政府颁发 30 年、25 年教龄荣誉证书教师按 100% 计发。

退职　1978 年起，经医院证明完全丧失工作能力又不具备退休条件的国家工作人员（工人经劳动鉴定委员会鉴定），可办理退职；退职人员按月发给本人标准工资 40% 的生活费，低于 20 元者发 20 元。1981—1988 年，县（特区）有 6 名职工退职。2008 年，全县有退职人员 10 人。

1979—1990 年县（特区）机关、事业单位办理退休人数见表 15－2－7，1993—2008 年县实有离（退）休人数见表 15－2－8。

1979—1990 年水城县（特区）机关、事业单位办理退休人数统计表

表 15－2－7　　单位：人

年度	干部	工人	年度	干部	工人	年度	干部	工人
1979	10	2	1983	61	45	1987	53	51
1980	54	10	1984	67	8	1988	59	55
1981	75	16	1985	282	13	1989	38	38
1982	48	11	1986	46	4	1990	49	42

1993—2008 年水城县实有离（退）休人数统计表

表 15－2－8　　单位：人

年度	离休	退休	年度	离休	退休	年度	离休	退休	年度	离休	退休
1993	153	1022	1997	145	1242	2001	124	1421	2005	98	1802
1994	151	1060	1998	140	1280	2002	115	1526	2006	97	1931
1995	150	1081	1999	135	1301	2003	102	1678	2007	96	2031
1996	148	1200	2000	130	1358	2004	100	1798	2008	93	2178

第五节　社会保险

一、养老保险

1998 年 1 月 1 日起，县建立职工养老保险个人账户。1999 年 1 月 22 日起，县将私营企业纳入养老保险参保范围。2000 年 1 月起，全县参保企业退休人员退休费纳入社会保险统筹发放。2001 年 1 月 1 日后，县死亡的企业离（退）休人员死亡待遇和离休人员护理费纳入统筹基金支付。2002 年后，县将城镇个体工商户及其从业人员和自由职业人员纳入养老保险参保范围（个人缴费20%）。2004—2007年，全县征收养老金2264.9万元，扩面新增养老保险参保1744人。2008年，全县征缴养老保险费1591万元，养老保险参保4932人（其中退休职工1015人），拨付养老金1142万元。2008年1月1日起，县城镇职工基本养老保险由省级统筹改为市级统筹。

二、失业保险

1999年1月22日后，县城镇企业、事业单位按单位工资总额的2%，职工工资的1%征收失业保险费（城镇企业、事业单位招用的农民合同制工人本人不缴纳失业保险费）。县失业保险金标准：2003年为203元，2004年10月起为252元，2006年10月起为350元，2007年11月至2008年12月为420元。2004—2007年，全县征缴失业保险金515.92万元，失业保险新增参保1100人。2008年1月1日起，失业保险实行市级统筹，全年全县失业保险基金征缴209万元，失业保险参保8105人（168户），有61人领取失业金。

三、医疗保险

职工医疗保险　1997年1月1日，县职工医疗保险制度改革试点启动。1997—1998年，管理模式为“通道式”（即个人账户用完后直接进入社会统筹报销）；缴费标准为个人缴纳年工资总额的2%，单位缴纳年工资总额的7%；支付标准为门诊看病充减个人账户，退休人员住院先自付年工资总额的5%、在职人员住院先自付年工资总额的10%，然后进入统筹报销。1999—2008年管理模式为“板块式”（将医疗保险基金划分为个人账户和社会统筹基金2个板块，个人账户归职工个人使用）；缴费标准为个人缴纳年工资总额的2%，单位缴纳年工资总额的7%，大病统筹80元（单位和个人各负担50%）。2001—2008年，社会统筹基金支付比例为：5000元以内（含5000元）部分，个人负担16%；5000元以上至1万元（含1万元）部分，个人负担9%；1万元以上至2万元（含2万元）部分，个人负担5%；2万元以上至封顶线（原则上按本市上年度职工平均工资的4倍划线）部分，个人负担3%；封顶线以上至8万元（含8万元）部分，个人负担3%；8万元以上至12万元（含12万元）部分，个人负担2%；12万元以上至15万元（含15万元）部分，个人负担1%；15万元以上部分，单位负担45%，个人负担5%，大额医疗费用基金支付50%。2004—2007年，全县医疗保险基金征缴4352.12万元，医疗保险扩面9239人。2008年，全县征缴医疗保险基金1253万元，医疗保险参保17998人。

城镇居民基本医疗保险　2008年10月，县城镇居民基本医疗保险缴费标准：各类中小学阶段在校学生及18周岁以下居民每人每年130元（个人缴纳50元、政府补助80元，重度残疾的个人缴纳10元、政府补助120元）；非从业城镇居民每人每年180元（个人缴纳100元，政府补助80元，低保对象、丧失劳动能力的重度残疾人、低收入家庭60岁以上的困难居民个人缴纳10元，政府补助170元）。支付比例：一级医疗机构、50张床位以下医疗机构、乡（镇）卫生院、社区医疗服务机构，先扣除起付标准（100元）后，由基金支付70%、个人自付30%；二级医疗机构，先扣除起付标准（300元）后，由基金支付60%、个人自付40%；三级医疗机构，先扣除起付标准（500元）后，由基金支付50%、个人自付50%；最高支付限额为4万元，超过最高限额的部分由个人自负。2008年，县中、小学在校学生5792人和滥坝镇小山社区325人参加城镇居民基本医疗保险。

四、工伤保险

县工伤保险基金征缴标准　2007年2月以前，一类低风险行业基准费率0.5%，二类中等风险行业基准费率1.2%，三类高风险行业基准费率2.5%；建筑施工企业按合同价（含合同追加价款）的20%为缴费基数（费率为1.2%），煤矿企业按实际生产量缴费，首次参加工伤保险缴费基准费额为1000千克4元。2007年3月起，煤矿行业基准费率为每万千克0.25元，技改矿井和新建矿井设计年生产能力：0.3亿千克的按全额保险费的50%征缴、0.6亿千克的按全额保险费45%征缴、0.9亿千克的按全额保险费40%征缴、1.5亿千克以上（含1.5亿千克）3亿千克以下的按全额保险费的35%征缴、3亿千克以上（含3亿千克）的按全额保险费的30%征缴。2007年12月至2008年12月，县地方煤矿行业基准费率为每万千克0.2元，在建煤矿以建设投资概算总额的15%为基数（费率为1.5%），技改煤矿以技改投资概算总额的20%为基数（费率为1.5%）。《水城县地方煤矿缴纳工伤保险人身意外伤害保险费暂行办法》，曾作为典范在全省推广。

县工伤保险待遇支付比例　1~4级伤残职工工伤保险长期待遇，以受伤时统筹地区（市）上年度职工月平均工资为基数；按工伤职工距法定退休年龄的剩余月数计算（1级不超过16年，2级为14年，3级为12年，4级为10年），伤残职工的生活自理障碍费用及其他待遇费用不再另行计发。5级、6级、7级、8级、9级、10级一次性伤残补助金，以解除或者终止劳动关系时统筹地区（市）上年度职工月平均工资的16、14、12、10、8、6个月计发。工亡职工供养亲属一次性工伤保险长期待遇，按配偶5万元，其他亲属每人3万元计发，但总数不得超过职工工亡时统筹地区（市）上年度职工年平均工资的10倍。

2008年全县工伤保险基金征缴712万元，参加工伤保险企业148户，其中煤矿企业94户（缴费覆盖率100%）、建筑行业2户、非煤矿山40户，其他12户，工伤保险参保16500人；工伤保险支出561万元（医药费167万元、工伤认定调查费14万元、伤残补助金65万元，工亡金286万元，上缴调剂金29万元）。

五、职工生育保险

2008年1月1日，县实施职工生育保险。是年，有机关、事业单位职工8900人参保，基金征缴70万元，基金由单位缴纳工资总额的0.5%，个人不缴纳，相关费用全额报销。

第六节　劳动保护与维权

一、劳动监察

县劳动保障监察大队，每年3—6月对用人单位进行劳动用工年度检查；不定期到用人单位或在人流集中的地方发放劳动保障维权手册等宣传资料，或悬挂宣传标语，接受咨询，举办培训班等进行劳动和社会保障宣传；开展农民工劳动合同签订专项检查、禁止非法使用童工专项检查、清理整顿人力资源市场秩序专项检查、农民工工资支付专项检查；会同防疫部门和有关企业按规定对职工的职业病进行普查，发现职业病及时给予治疗；对企业的劳动卫生进行监测，督促企业采取防尘等预防措施，尽力使用安全帽、防护面罩、防砸鞋等劳动保护用品和保健食品；要求企业按《女职工劳动保护规定》对女职工进行劳动保护。

1995—1999 年，对全县 39 家国有企业、73 户私营企业和个体工商户劳动用工、劳动合同签订、养老保险缴纳、执行劳动法律法规的情况进行检查，对 13 个单位下发限期整改通知书，对 3 家单位下达行政处理决定书。2002—2008 年，县劳动保障监察大队进行劳动用工年度审查 2541 户次；受理举报投诉 413 起，立案 296 起，结案 284 起；专项检查 3618 户次，追讨农民工工资 1100 余万元（涉及劳动者 1 万余人），追缴社会保险费近 800 万元，补签劳动合同 17800 余人，举办企业法人培训班 4 期，培训 600 余人次。

2004 年，县劳动用工年检 356 户，培训 129 人；开展 2 次劳动用工专项检查（共检查 370 户），督促 1793 人签订劳动用工合同，全县劳动用工合同签订率达 90%；受理劳动纠纷投诉案件 64 起，结案 59 起；追回拖欠劳动者工资 87.2 万元（不含政府拨付），涉及劳动者 1471 人；清退非法收取的押金 2100 元，涉及劳动者 7 人；深入企业检查劳动规章制度 38 户，纠正违章 1 起。2005 年，县劳动用工年检 379 户，涉及劳动者 5600 人；受理劳动纠纷投诉案件 58 起，立案 57 起，结案 56 起；追回拖欠劳动者工资 105 万余元，涉及劳动者 600 余人。2006 年，县劳动用工年检 409 户；受理劳动纠纷投诉案件 45 起，立案 45 起，结案 44 起；追回拖欠劳动者工资 90 万余元，涉及劳动者 1250 余人；追缴社会保险费 202 万元，补签劳动合同 2300 份；专项检查用人单位 467 户；在全市率先实行建设领域民工工资保障金制度，存入民工工资保障金 10 万元。2007 年，县劳动用工年审 389 户，专项检查用工单位 715 户。2008 年，县劳动用工年审 408 户，专项检查用工单位 428 户；帮助追讨农民工工资 182 万元（涉及 1176 人）。

二、劳动争议仲裁和劳动合同鉴证

1991—2000 年，县除国有企业、集体企业外，其他类型企业的劳动争议案件数量较少，主要处理工伤赔偿劳动争议。2001 年，县受理劳动争议案件 18 件，调解 14 件，裁决 4 件。2002 年，县受理劳动争议案件 20 件，调解 15 件，裁决 5 件。2003 年，县受理劳动争议案件 23 件，调解 17 件，裁决 6 件。2004 年，县受理劳动争议案件 27 件，调解 18 件，裁决 8 件，其他处理 1 件；鉴证劳动合同 2640 人。2005 年，县劳动争议案件立案 45 件，调解 20 件，裁决 17 件，其他处理 8 件；收到人事争议案件 1 件，不予立案；鉴证劳动合同 2100 人。2006 年，县劳动争议案件立案 120 件，调解 96 件，裁决 11 件，其他处理 13 件；收到并结案人事争议案件 2 件；鉴证劳动合同 12894 份。2007 年，县受理劳动争议案件 80 件，调解 41 件，裁决 32 件，其他处理 7 件（其中撤诉 3 件，移送市仲裁院 2 件）；为 275 户企业的 12237 人鉴证劳动合同 36711 份。2008 年，县受理劳动争议案件 126 件，调解 51 件，裁决 68 件，其他处理 7 件；为 93 户企业的 5331 人鉴证劳动合同 15993 份，为县机关及乡（镇）鉴证聘用合同 5872 份。

三、工伤认定

2004 年，县受理工伤案件 20 件，结案 20 件。2005 年，县受理工伤案件 15 件，结案 15 件。2006 年，县受理工伤案件 55 件，结案 54 件，其中参加工伤保险的案件 20 件。2007 年，县受理工伤案件 190 件（其中工伤认定 127 件，工亡认定 4 件），提起行政复议 3 件。2008 年，县受理工伤案件 320 件（其中参加工伤保险的 270 件），办结 300 件（其中工伤认定 127 件、工亡认定 21 件）。

第三章　安全监管

第一节　县（特区）安委办

一、机构

1979年，成立特区安全生产委员会办公室（简称特区安委办），挂靠特区劳动工资局。1986年，特区安委办下设安全检查站。1987年12月，特区安全生产委员会办公室改称县安全生产委员会办公室（简称县安委办）。1992年8月，县安委办归口县政府办。1993年8月，县安委办、县人事局、县劳动局合并为县人事劳动局。2002年7月，县安委办挂靠县经贸局。2002年8月，县安委办由县政府直接领导。

二、安全监管

1978—2003年，县（特区）安委办严格执行《中华人民共和国矿山安全法》等法律法规，坚持“安全第一”的方针，对安全生产进行监管。1980年起，特区安委办组织有关部门，连续3年开展“安全月”“百日安全”活动，对小煤窑不断进行安全检查，责令无通风设备、无瓦斯检测器和无安全制度的小煤窑停产整顿或关闭。1984年8月13日，观音山铁矿炸药库42790千克炸药、4万发雷管爆炸，死亡2人，伤223人，经济损失43万元，特区安委办参与事故调查处理。1984年10月18日，特区钟山小学发生挤压致伤学生事故，压伤27人，其中重伤8人，特区安委办要求全特区所有学习吸取教训。1986年，特区安委办安全检查站在矿山安全监察中进行取缔无证矿山等工作，督促有关企业认真执行《锅炉压力容器安全监察暂行条例》等法规，对锅炉工进行培训，对个别有重大安全问题的锅炉压力容器使用单位采取罚款等措施，责令其按期整改存在问题，支持锅炉协会开展学术交流、技术服务等工作。1986年12月3日，特区铸造厂发生爆炸事故，死亡7人，重伤7人，特区安委办进行事故调查处理。1988年后，县安委办对全县135个煤矿进行检查，查出独眼井87处、用手电照明的49个、用明火照明的34个；督促煤炭企业认真执行《煤炭安全监察条例》《煤炭安全规程》等法规和规章，按规定明确煤矿行政正职为安全生产第一责任人；要求年产0.3亿千克以上地方煤矿设安全股或安全员，年产0.3亿千克以下地方煤矿明确专人管安全；对“一长三员”（矿长、安全员、瓦检员、放炮员）进行安全技术培训。1988—1990年，县安委办与县乡镇企业局、县公安局等部门，举办培训班4期，培训各种技术人员325人，其中发给100名爆破员合格证书。1989—1995年，县安委办等部门对全县乡镇企业接触有害因素进行调查，查出接触人数8352人，占全部生产工人的80%，其中接触粉尘的7962人，占总数的95.33%，接触有害化学因素的390人，占总数的4.67%。1992年起，县安全生产纳入目标管理，县与乡（镇）签订目标责任书，内容包括各类事故死亡控制人数、特大事故发生率、事故调查处理率、乡（镇）矿山矿长及特种作业人员培训考核发证数、骨干矿井建设及乡（镇）矿山依法持证开采率等，年中和年末，县安委办和行业管理部门检查督促目标完成情况，兑现奖惩。2000 年，县质量技术监督局接管特种设备安全。

第二节　县安监局

一、机构

2004 年 7 月，成立县安全生产监督管理局（简称县安监局），为正科级参照公务员管理事业单位，挂县安全生产委员会办公室牌子。2008 年 9 月，县安监局下设滥坝、阿戛、玉舍、木果、保华、杨梅、蟠龙、比德、龙场、发耳 10 个安全生产监督管理站。

二、安监工作

煤矿安全监管　2004—2006 年，全县煤矿按照上规模、上水平、上台阶和建设安全高效矿井的要求，全面提高矿井生产能力和抗灾能力；矿井安装备用主扇，主井运输全面使用绞车提升和皮带运输，地方煤矿安全管理水平不断提高。2005 年，县推广《煤矿瓦斯治理经验五十条》，贯彻先抽后采、监测监控、以风定采的瓦斯治理方针；坚持高投入、高素质、严管理、强技术、重责任，建设安全、高效、环保矿区。2007 年，县开展煤矿关闭整合和瓦斯治理"两个攻坚战"行动，提高地方煤矿的生产规模和抗灾能力，通过对瓦斯的防治，遏制重、特大瓦斯事故的发生，减少和预防一般瓦斯事故的发生。2008 年，县向所有煤矿派驻安全监督员。

非煤矿山安全监管　2004 年，县依照《安全生产许可证条例》《非煤矿矿山建设项目安全设施设计审查与竣工验收办法》的规定，对全县非煤矿山实施"先归口、后规范"管理，进行以完善安全条件为主要内容的安全生产整顿，提高企业安全管理水平。2005 年，县对非法和不具备安全生产条件的小矿山进行集中治理，评估达不到安全条件的全部停产整顿，经整顿仍然不合格的一律予以关闭；通过现场条件审查和安全现状综合评价，打击一批、整顿一批、关闭一批、处罚一批。2006 年，县严格实施安全生产许可证制度，对未取得安全生产许可证的非煤矿山依法进行关闭；打击非法开采和超层越界开采行为，开展事故隐患排查治理，推进矿井机械通风、中深孔爆破技术，杜绝中毒窒息和飞石伤人事故。2007 年，县执行非煤矿山安全技术标准，强制推行矿井机械通风和采石场中深孔爆破；运用经济、法律和行政等多种手段，彻底整治违法开采、以探带采和乱挖滥采等危及安全生产的行为；规范露天矿山采场的台阶布置和爆破作业，推进机械采剥和机械化铲装作业；合理布局地下矿山采掘巷道，加强运输巷道的支护和采场顶板管理，提高采掘运输机械化装备水平；加强对露天边坡、提升设备、排土场、尾矿库等易发生事故的场所、设施设备的档案登记和监测监控。2008 年，县推进安全标准化工作进程，加强从业人员的安全培训，加大对坑探、槽探等探矿企业的安全监察力度。2008 年 3 月 11 日，蟠龙乡富民砂石厂发生山体垮塌，死亡 4 人；县开展事故查处和警示教育。

危险化学品和烟花爆竹安全监管　按市安全生产监督管理局、市公安局联合下发的《关于认真做好烟花爆竹安全监督管理移交工作的通知》，全县烟花爆竹生产、经营、储存单位的安全监管职责由县公安局移交县安监局。2005 年，按照《关于开展贵州省烟花爆竹临时销售许可证发放工作的通知》《关于抓紧做好六盘水市危险化学品烟花爆竹生产经营单位安全生产许可证申报工作的紧急通知》，全县危险化学品和烟花爆竹生产经营单位向县安监局申报颁证。2006 年，县配合开展全市重大危险源培训工作。2007 年，县按照《关于开展非药品类易制毒化学品生产经营许可工作有关问题的通知》，规范非药品类易制毒化学品生产经营备案工作；按照《六盘水市严厉打击非法生产经营烟花爆竹工作方案》开展专项整治。2008 年，县配合市对危险化学品和烟花爆竹生产经营单位的主要负责人、安全监管人员进行安全资格培训。

第十六篇　科技　教育　卫生

第一章　科　技

第一节　科技工作

一、机构与人员

1974年3月，成立特区科学技术委员会。1984年3月，特区科学技术委员会与特区科学技术协会合并为特区科学技术协会。1985年1月，特区科学技术委员会与特区科学技术协会分设。1987年12月，特区科学技术委员会改称县科学技术委员会，有工作人员7人，其中业务人员5人。1993年8月，县科学技术委员会和县教育委员会合并为县教育科学技术局，设科技管理股负责全县科技工作。1994年4月，成立县科学技术局（简称县科技局），下设办公室、业务管理股、科技情报室。1999年，县科技局有工作人员8人。2002年7月，县科技局内设办公室、业务管理股、知识产权管理股，定行政编制5人。2003年11月，县科技局增设科技服务中心。

1980年，特区有自然科技人员532人（工业88人、农业91人、卫生345人、科研8人）。1984年，特区招聘科技人才155人。1988年，县有自然科技人员834人（工业125人、农业218人、卫生491人），有社会科学专业人员2612人（中学教师409人、小学教师1719人、会计301人、统计人员148人，其他35人）。

二、科技培训

1988—2008年，县各有关部门举办各类适用科学技术培训2200多期，培训11万人次。培训内容包括农作物栽培管理、造林育林、西瓜种植、草莓种植、食用菌栽培、金银花种植、茶树栽培管理和茶叶加工、植物保护、兽疫防治、牛冻精输配、牧草种植、养羊、养鱼、农机修理及驾驶、防震减灾、消防、农林产业结构调整、微机原理和使用、煤矿安全生产、妇幼保健、节育知识等。培训对象涵盖专业户和重点户，县、乡、村三级干部，农村妇女和知识青年，厂矿工人，农民工及中青年科技人员。培训方式采取课堂教学和生产实践相结合，请进来与送出去相结合，面上生产和专题培训相结合，长、中、短期相结合。

三、科技示范

1989—1993年，杨梅林场在市科学技术委员会支持下建成初具规模的苹果、梨、桃、水蜜桃和板栗品比试验园。引种筛选出适合全市推广种植的水果和干果品种，培养一批果树生产管理农民技术员，建立初具规模的生产育苗基地。

1984—1990 年，发耳乡与市科学技术委员会合作（发耳乡组织农户投入 5 万元，市科学技术委员会投入技术）建成柑橘苗圃基地 0.67 公顷（出圃苗木 15 万株）、柑橘园 9 公顷（产柑橘 3 万千克）。既使参与农户获得收入，又带动了柑橘产业发展。

2006 年 5 月，建设贵州（水城）无公害蔬菜农业科技园区，加强现代农业先进技术推广和普及，推动农业产业化经营进程和科技成果向现实生产力有效转化，提高经济、社会、生态效益，全县无公害环境认证新增 9533.33 公顷。

四、气象科研成果

2007 年，县气象局高级工程师刘书华研究开发的“贵州省县级业务平台”软件在全省各县推广运用。该软件集气象资料收集、天气预报分析、卫星云图显示、雷达回波分析、乡镇区域自动站等值线显示、预报发布、短信预警、雨情快报、历史气象资料查询等内容，现代化程度高、人机交互性强。

第二节　科　协

一、机构与人员

1981 年 9 月 21 日，成立特区科学技术协会筹备委员会，下设办公室。1982 年 1 月 13 日，特区科学技术协会召开第一次代表大会，选出特区科学技术协会第一届委员会。1984 年 3 月，特区科学技术委员会并入特区科学技术协会。1985 年 1 月，特区科学技术委员会从特区科学技术协会中分出。1985 年 3 月 12 日，特区科学技术协会定事业编制 7 人。1987 年 12 月，特区科学技术协会改称县科学技术协会（简称县科协）。1996 年 12 月 26 日，县科协设主席 1 名，办公室主任 1 名，科普工作员 1 名，学会工作员 1 名。2002 年，县科协内设办公室、学会学术部、科学技术普及部，定事业编制 6 名，主席 1 名、正副部长（主任）3 名、工勤人员 1 名，人员列入参照国家公务员制度管理范围。2005 年 12 月，县科协增设副主席职数 1 名（副科级）。

1981—1991 年，县（特区）逐步形成以县（特区）科协为枢纽，区、乡科普协会为基础，科技工作者为骨干，农民技术员、科技示范户为主体的科普服务网络。1991 年，全县有 17 个县级专业科技学会，共有会员 625 人；有 7 个县级专业科技协会、10 个区科普协会，共有会员 1487 人；有农民技术骨干 986 人，科技示范户 1250 户。1992 年建镇并乡撤区前，全县有 9 个县级科技学会，会员 685 人；10 个区、98 个乡全部成立科普协会；建镇并乡撤区后成立 8 个乡科普协会，有会员 4085 人。2005 年，全县有科技学会、协会 21 个，会员 1140 人。

二、工作

1981—1991 年，县（特区）科协开展科技培训、科普宣传、科技咨询、学术交流等工作，配合妇联开展“讲精神文明、比科技致富”“双学双比”等活动。

1991—1998 年：县科协举办短期培训 8 期、432 人次，开办农函大烤烟、蔬菜、果树、养猪等专业培训 13 个班、420 人。组织科技下乡 48 次，服务 89510 人次；接受科技咨询近 1 万人次，印发科技资料 19850 份（册），放映科技电影录像 325 场；举办科技图片展 5 次，观众 2453 人；到南开、米箩、比德等乡开展科技扶贫，配合市、县有关单位实施以坡改梯为主的农田基本建设，推广优良品种，种植绿肥，发展烤烟、杜仲、蔬菜、大蒜、魔芋等，增加农业科技含量。县级学会共撰写论文及报告 1253 篇，在省级以上刊物发表 6 篇，市级刊物发表 86 篇；开展学术交流 35 次，请科研院校有关专家作学术报告 9 次、1450 人次参加听课。

1999—2005 年：县科协开展科普宣传 17 次，发放资料 32490 份、图书 12000 万多册；举办“关爱生命——预防艾滋病宣传活动”7 次，12900 人次参与。举办绿证培训班 6 期、307 人，其他培训班 2 期、100 人，开办校外青少年生产生活技能培训班 9 期、1039 人次；开办农函大培训班 5 期、252 人；编印培训资料 1000 份到营盘、纸厂、发耳、滥坝的 8 个扫盲点进行生产生活技能培训，共培训农村干部和群众 764 人。开展学术交流 31 次，发表学术论文 202 篇。开展校外青少年科技夏令营 4 次、100 名校外青少年参加，组织 22 名校外青少年参加省科技夏令营和校外青少年生活技能拓展营。组织农村科技示范户和农村科技带头人现状调查。组织 252 件作品参加全国、省、市科技创新大赛，获奖 139 件（全国科技创新大赛奖 6 项、省科技创新大赛奖 14 项、市科技创新大赛奖 119 项）。在滥坝镇严家寨村，纸厂乡新中村、前进村，发耳乡大寨村，营盘乡罗戛村实施中国科协与联合国儿童基金会非正规教育项目，为 5 个村建立青少年活动中心，配备电视机、VCD、图书（共 10460 册）、体育器材等设备；举办环保和卫生知识讲座 10 场和“崇尚科学文明、反对迷信愚昧”图片展，发放科技卫生健康知识手册纪念包 3000 份，无偿发放药品 200 多份，发放科技资料 3200 多份，接待各类咨询 800 多人次。

2006—2012 年：县科协组织各类科普宣传活动 31 次，发放宣传资料、科普图书 132054 册。开办农函大培训班 3 期、270 人，农村科技致富二传手培训 2 期、162 人，绿证培训班 1 期、50 人，农村实用技术培训班 3 期、334 人，农村青少年务工知识培训班 1 期、31 人，举办青少年科技辅导员培训班 3 期、培训教师 120 人，培训校外青少年 560 人次。组织 320 多件作品参加全国、省、市科技创新大赛，获奖 60 多件。纸厂乡新发村、杨梅乡姬官营村成立校外青少年知识信息资源中心，开展计算机、卫生健康、艾滋病防治、旅游、妇幼保健知识等培训 9 次。组织 87 名校外青少年参加省校外青少年生活技能拓展营暨体育运动会，选送 18 名校外青少年到北京参加“同梦圆”校外青少年营。

三、科协代表大会和委员会

1982 年 1 月 11—13 日，特区科学技术协会召开第一次代表大会，144 名代表出席；审议通过《关于水城特区科协第一次代表大会筹备情况和今后工作任务的报告》，讨论通过《特区科协章程》《中国科学技术协会自然科学专门学会组织通则水城特区实施条例》；选举特区科学技术协会第一届委员会委员 29 名、常务委员 13 名。特区科学技术协会第一届委员会第一次会议选举李凤元为主席，管仕品、李学文、陈景雄、晏光德为副主席。

1990 年 12 月 18—20 日，县科协召开第一次代表大会，211 名代表出席，审议通过《县科协工作报告》《水城县科学技术协会章程》《水城县县级学会组织通则》；选举县科协第一届委员会委员 33

名、常务委员 13 名。县科协第一届委员会第一次会议选举陈景雄为主席，沈静源为副主席。1998 年 9 月 9 日，县科协召开第一届委员会第二次会议，选举陈景雄为名誉主席，苏知贤为主席，张传文、罗庆华为兼职副主席。

2005 年 11 月 30 日至 12 月 1 日，县科协召开第二次代表大会，148 名代表出席，审议通过县科协一届委员会的工作报告和县科协章程；表彰先进学会（协会）2 个，先进科技工作者 10 名，先进学会（协会）工作者 5 名；选举县科协第二届委员会委员 21 名、常务委员 11 名。县科协第二届委员会第一次会议选举徐永新为主席，刘学武、严金光、陈雪梅为兼职副主席。

第二章　教　育

第一节　管理机构与体制改革

一、县级机构

1978—1984 年，特区教育局内设政工股、财务股、教育股、办公室、教研室、教育工会，定编 35 人。1987 年 12 月，特区教育局改称县教育局。1990 年，县教育局改称县教育委员会，由副县长兼教委主任，下设机构不变，定编 30 人。1991 年 2 月，县教育委员会设招生办公室。1993 年 5 月，县教育委员会设教育督导办公室。1993 年 8 月，县教育委员会和县科学技术委员会合并为县教育科学技术局，定编 31 人，内设办公室、人事股、计财股、教育工会、招生办公室、督导室和科技管理股。1994 年 4 月，县教育科学技术局分设为县教育局和县科技局，县教育局定编 24 人。2000 年，县教育局设纪检组。2002 年，县教育局定行政编制 16 人。2004 年，县教育局机关后勤服务中心改称教学设备中心，设现代信息技术教育办公室。2005 年，县教育局设监察室。2006 年，县教育局增设副科级督学 2 名。2007 年，县教育局设学生资助管理中心。

二、区、乡（镇）机构

1978 年后，特区撤销各中小学革命委员会，区（镇）设教育组，设正副主任，配备财务、教育专职干部 4～6 人。1986 年，特区农村中小学实行特区、区（镇）共管。1989 年，区教育组改称教育办公室，下设“三教”（农教、普教、幼教）、业务、出纳、会计各 1 人；各乡由乡所在地中心小学校长负责全乡教育管理工作。1990 年，全县有区教育办公室 10 个。1992 年，全县 33 个乡（镇）设教育辅导站。2004 年 2 月，县撤销乡（镇）教育辅导站，根据“两基”（基本普及九年义务教育、基本扫除青壮年文盲）攻坚需要，设乡（镇）“两基”攻坚办公室，负责指导本乡（镇）“两基”及教育工作。2006 年初，县撤销乡（镇）“两基”攻坚办公室，设立中心学校管理乡（镇）教育；中心学校设校长、常务副校长、副校长、财务、业务干部若干人。

三、教育体制改革

1978 年后，特区按照“压缩高中、调整初中、加强小学教育”的思路，对教育结构进行调整，逐步把小学教育主要靠民办改为公办为主，辞退不合格民办教师，恢复小学六年制学制，改革中等教育，调整学校布局，削减部分不具备办学条件的初中，控制和压缩高中。

1983 年，全国政治思想工作会议强调“文道结合，加强双基，开发智力，培养能力”的教改方针，特区坚持“学校是主体，教师为主导，训练为主线”的“三主”原则。各个学校注重启迪学生智力，培养自学能力，重视课堂教学效果，开辟“第二课堂”，加强学生实践。

1986 年，特区成立职业高中，恢复民族学校；重视扫盲工作，组织教师参加教材教法进修；特区师范学校在人力、财力、物力等方面得到加强。1987 年起，特区实行“分级办学，分级管理”体制。1993 年 3 月，县教师进修学校开办民族寄宿班。

1999—2000 年，出台《水城县委、县人民政府关于贯彻执行〈中共中央、国务院关于深化教育改革全面推进素质教育的决定〉的意见》《水城县人民政府关于教育费附加征管用的意见》《水城县人民政府关于职业教育发展的决定》《水城县“十五”期间教育发展及“两基”规划》，全县深化教育改革，全面推进素质教育。

第二节　设施建设

一、校舍建设

1977 年前，特区由于财力不足，中小学校舍简陋，教室严重不足；各区、乡学校只有极少数为砖混结构建筑，多数是石木瓦结构，多数民办学校没有校舍，在农户堂屋里上课；没有黑板，在木板上写，没有课桌凳，用石头和木板搭成。

1977—1980 年，特区累计投入教育经费 161. 8 万元，修建学校、维修校舍 20700 平方米。1981—1985 年，特区累计投入教育经费 810. 63 万元，新建校舍 94 所，新建和维修校舍 60200 平方米。1984 年，特区教育局对中小学校舍进行普查，境内共有校舍 212400 平方米。1987 年，特区政府成立“危房改建领导小组”，增拨“希望工程”专款。1986—1990 年，县（特区）累计投入教育经费 814. 72 万元，改建危房 47100 平方米，维修校舍 21800 平方米。1990 年，全县中小学校舍面积为 15. 88 万平方米（其中危房面积 2. 3 万平方米）；“希望工程”项目学校面积由 1985 年占总面积的 25% 降到 14. 5%，受到省政府表彰，获奖金 10 万元。1991—2000 年，县累计投入教育经费 4807. 62 万元，新建和修缮校舍 90621. 3 平方米。

1998 年，县实施第一期义教工程。1998—2000 年，县投入世界银行贷款资金 266. 9 万元，修建教学楼 27 幢，建筑面积 9923. 5 平方米。1998—2001 年，全县实施义教工程 53 个，累计投入 2129. 5 万元，建筑面积 47198. 5 平方米。1998—2007 年，县获大连市、香港慈善基金会等捐赠资金 2008. 1 万元，新建教学楼 78 幢，建筑面积 43800. 2 平方米。2000 年，全县小学校舍面积为 218046 平方米，生均 2. 05 平方米；初中校舍面积 33259 平方米，生均 2. 4 平方米。

2002—2004 年，县实施第二期义教工程 23 个，累计投入 1790. 03 万元（小学 148. 48 万元，中学 1641. 55 万元），建筑面积 46569. 21 平方米（小学 4155. 46 平方米，中学 42413. 75 平方米）；争取财政扶贫资金 342. 6 万元，修建校舍 9985. 95 平方米；国债投入资金 135 万元，修建校舍 2931 平方米；“一山一河”（八担山、三岔河）项目资金 136. 22 万元，修建校舍 3710 平方米。

在“两基”攻坚中，各级政府对县教育基础设施投入进一步加大。普九项目投入 1817. 24 万元，建筑面积 29636. 55 平方米；寄宿制工程项目投入 2110. 28 万元，修建食堂、学生宿舍共 45568. 16 平方米；薄弱学校改造项目投入 3220 万元，建筑面积 48900 平方米；县级投资 372 万元，建筑面积 5768 平方米；乡级投资 180 万元，建筑面积 1956. 18 平方米。

2007年，市政府投入1200万元，在双水新区新建县三中和县二小，建设面积共22698平方米。2008年12月，全县小学校舍建筑面积343103平方米，生均3.2平方米；中学校舍建筑面积211621平方米，生均5.6平方米；中小学均无危房。

二、现代教育远程设施建设

县农村中小学现代远程教育工程，分两轮实施；第一轮为2003年试点示范工程，配置模式一120个，模式二20个，模式三2个；第二轮为2004—2005年，省统一实施农村中小学现代远程教育工程项目，配置模式二283个，模式三31个。通过两轮实施，全县现有现代远程教育项目316个（模式二283个，模式三33个）。模式二配置1套卫星接收天线，1台资源接收电脑，2台电视机，1台卫星数字接收机，1台DVD。模式三配置1个多媒体教室，1个计算机教室；多媒体教室设备包括1台电视机，1台中控机，1台中控电脑，1套投影设备，1个DVD，1套功放设备，1套卫星接收天线，1台卫星数字接收机，1台资源接收电脑；计算机教室配置1台服务器，1台教师机，30台学生机。模式一每个每年需维修经费300元、模式二每个每年需维修经费900元、模式三每个每年需维修经费17370元，每年全县远程教育工作经费约需84万元；县政府出台《关于解决农村中小学现代远程教育设备正常运转所需经费的意见》，明确县、乡、校各出三分之一，县承担的28万元纳入县财政预算，实行报账制；乡（镇）根据自己站点的多少按总额的三分之一纳入乡财政预算，拨给两基办统一安排使用；另外三分之一由学校自行解决。县制定《项目学校设备情况定期检查制度》《项目学校人员配备定期检查制度》《项目学校资源利用定期检查制度》等10项制度，将远程教育纳入学校开学检查，实行量化评分（占学校检查分数的7%）。县委组织部与县教育局联合制定《水城县远程教育工作考评奖惩办法（试行）》，对远程教育站点实行定期考评。2008年，全县有农村中小学远程教育学校316所，实现现代远程教育对村级完小以上农村中小学的全覆盖。

三、设备及设施建设

1978年，特区各中小学无专用办公室，绝大部分学校课桌椅用木板临时钉成，办学条件简陋。1979年后，各级政府加大对学校仪器等设备、设施投入，各学校也尽力改善教学设备、设施。“义教工程”项目小学配备简单体育器材、自然教具箱、数学教具箱，“义教工程”项目中学配备音体美器材和理化生实验仪器。

2005年，县、乡共投入3500多万元用于中小学附属设施建设；全县共砌筑围墙4.15万米，硬化场地10万平方米，绿化校园17.3万平方米，新修校门181个，旗台（杆）201个，跑道1.23万米，厕所61个，投入1771万元补充添置课桌凳、图书仪器、音体美器材和电教设备；全县一次性采购双人课桌1万套，实验桌椅1521张，阅览桌350张，仪器柜460个，图书架300个，磁性黑板633块，实验仪器271套，图书52.3万册，小学音体美器材133套，计算机1337台，计算机工作台1337张，电视机506台，DVD（影碟机）486台，校园雕塑21座。

2008年3月，全县投入918.9万元，改善学校器材和增加图书；中学配备二类仪器35套，三类升二类仪器15套，体育器材48套，音乐二类器材35套，音乐三升二类器材15套，美术二类器材35套，美术三类升二类器材15套，初中卫生器械50套；小学配备体育二类器材40套，体育三类升二类器材200套，音乐二类器材40套，音乐三类升二类器材200套，美术二类器材240套，卫生器械

40 套，一类仪器 5 套，二类仪器 35 套，三类升二类仪器 200 套；购置中小学图书 258190 册，中小学生课桌凳 8000 双人套。

1988—2008 年，县校舍建设投资情况见表 16－2－1、表 16－2－2、表 16－2－3。

1988—2008 年水城县校舍建设投资统计表

表 16－2－1　　单位：万元

年度	总投资	其中			年度	总投资	其中		
		国家拨款	世行贷款项目	群众捐资			国家拨款	世行贷款项目	群众捐资
1988	163	43	—	120	2000	849.92	623.7	215.22	11
1991	100	100	—	—	2001	581.6	563.8	—	17.8
1992	260.54	42.54	183	35	2002	552.5	545.3	—	7.2
1993	167.43	94.14	15.29	58	2003	1174.6	1174.6	—	—
1994	513.41	59.11	444.3	10	2004	2306.7	2306.7	—	—
1995	429.1	45.6	346.5	37	2005	3150.8	2645.8	—	505
1996	743.8	195	422.8	126	2006	1716	1529.9	—	186.1
1997	832.6	199.5	447.6	185.5	2007	1104.4	948	—	156.4
1998	345.44	50	228.44	67	2008	2885	2885	—	—
1999	565.38	392.5	154.48	18.4					

1992—2008 年水城县实施教育工程统计表

表 16－2－2　　单位：个、平方米、万元

年度	项目数	建筑面积	总投资	捐款	年度	项目数	建筑面积	总投资	捐款
1992	2	2020	47	35	2001	19	13064.5	834.1911	—
1993	3	2800	64	58	2002	20	16483.53	617.8652	—
1994	1	320	10	—	2003	16	20958.49	813.31	—
1995	3	1280	37	—	2004	50	49339.64	2029.119	—
1996	2	1260	34	24	2005	98	79207.67	3282.727	—
1997	13	6964	230.3	148	2006	18	15800	881.1	186.1
1998	45	25197.5	845.38	67	2007	24	39359	2137	—
1999	18	14263	564.66	—	2008	31	30150	2365	—
2000	26	17448	591.35	—					

1998—2008 年水城县教育事业资金投入统计表

表 16－2－3　　　　单位：万元、平方米

乡镇名称	学校所数		金额	建筑面积
滥坝	小学	17	861	15160
	中学	1	134. 1	2972
陡箐	小学	11	240. 2	4385
	中学	1	134. 3	2982
董地	小学	9	271. 3	5488
	中学	1	162. 1	2600
比德	小学	8	177. 2	3527
	中学	1	293. 8	6491
化乐	小学	7	201. 3	4436
	中学	1	138	2925
南开	小学	17	438. 9	10398
	中学	1	209. 68	5031
保华	小学	5	85. 83	2389
	中学	1	261. 76	5134
金盆	小学	7	156. 7	3932
	中学	1	164. 63	3451
青林	小学	7	244. 7	5120
	中学	1	123. 2	2595
野钟	小学	11	176. 1	4843
	中学	1	158. 28	3684
果布戛	小学	7	200	4353
	中学	1	91. 2	1000
发耳	小学	8	350. 64	7014
	中学	1	338. 7	7601
都格	小学	11	242. 3	4924
	中学	1	165. 44	3995
鸡场	小学	6	196. 64	2800
	中学	1	166. 02	2937
龙场	小学	5	85. 27	2155
	中学	1	120. 51	3867
顺场	小学	7	109. 9	2822
	中学	1	254	6049
营盘	小学	5	140. 86	3055
	中学	1	119. 49	2811
花戛	小学	5	93. 6	2743
	中学	1	296. 9	6351
发箐	小学	7	210	5355
	中学	1	85	1000
木果	小学	11	265. 5	5731
	中学	1	234. 23	4827
双戛	小学	4	123. 7	2948
	中学	1	114. 9	2380
玉舍	小学	14	508. 3	10456
	中学	1	241. 12	5160
纸厂	小学	8	298. 8	6093
	中学	1	—	—
坪寨	小学	5	82. 94	2221
	中学	1	131. 4	2334
勺米	小学	8	274. 14	4794
	中学	1	133. 73	3360
杨梅	小学	7	131. 6	3221
	中学	1	208. 63	5109
新街	小学	5	142. 84	3711
	中学	1	262. 5	5316
米箩	小学	6	171. 3	3994
	中学	1	185. 33	4135
阿戛	小学	7	187. 9	5073
	中学	1	146. 5	3422
盐乡	小学	8	181. 3	4319
	中学	1	175. 8	3936
蟠龙	小学	15	403. 8	7838
	中学	1	175	4061
猴场	小学	8	179. 5	3642
	中学	1	250. 4	5030
红岩	小学	6	166	3686
	中学	1	261. 3	3000
县直属学校	县四小		177. 3	3600
	县一小		590	5485
	县二小		435	6702
	县三中		1513	27296

第三节　师资队伍

一、队伍建设

1978 年，全特区有正式教师 240 人，民办和代课教师 2630 人；特区建立培训网站，在特区师范学校附设教师进修班，对 618 名教师进行拼音汉字，五年级语文、数学培训。1978—1983 年，特区师范学校毕业的 777 名师范生充实特区教师队伍。1980—1982 年，特区分别组织无中师文凭的青年教师 110 人在特区师范学校进修班学习一年。1983—1986 年，特区根据“以考促学、以考促教”的原则，利用寒假举办教师培训班，组织教师 13188 人次参加教材教法过关考试，合格 4705 人。1982—1987 年，特区 58 人通过特区师范附设电大班学习获得专科毕业证书。1992—1998 年，县教师中师函授毕业 420 人，补偿教育毕业 307 人。1998 年底举行教师继续教育活动，参加培训 2611 人。1998—2000 年，县共选派 93 名非师范大学、中专毕业生进入教师队伍。2000 年暑假，县组织 630 名民转公教师和非师范专业教师进行教育心理学、教材教法培训。2000—2005 年，县除接收师范生任教外，采取招考、分配等方式，选拔部分非师范类大、中专毕业生到各中小学任教，累计增加教师 2000 余人。2006—2008 年，县举办普通话、计算机、校长、教务主任、财务人员、班主任、新教材、学科教师、骨干教师、图书、实验仪器管理员等培训 45 期，培训 4811 人次。2008 年，县职业技术学校有教职工 45 人，其中专任教师 36 人，副高职称 8 人，中级职称 14 人，初级职称 12 人。

1979—2008 年，县（特区）中小学教职工情况见表 16－2－4。

1979—2008 年水城县（特区）中小学教职工统计表

表 16－2－4　　　　单位：人

年度	合计	其中专任教师					年度	合计	其中专任教师			
		中　学		小　学					中学	小　学		
		公办	企办	公办	企办	民办			公办	公办	企办	民办
1979	5679	377	408	1365	460	2630	1989	3696	328	1586	7	1466
1980	5978	463	443	1284	473	2776	1990	3768	357	1765	18	1486
1981	5655	472	526	1440	496	2177	1991	3661	439	1615	—	1486
1982	5619	597	540	1534	760	1545	1992	3561	316	1662	—	1466
1983	5575	643	531	1559	748	1654	1993	3623	459	1732	—	1429
1984	6299	537	714	1591	807	1867	1994	3543	372	1735	—	1208
1985	6269	635	789	1611	816	1718	1995	3165	380	1860	—	784
1986	6637	654	767	1660	827	1783	1996	2993	379	2093	—	408
1987	6977	687	882	1827	826	1660	1997	2830	397	2132	—	205
1988	3754	310	—	1619	13	1480	1998	3481	441	2417	—	202
1999	3658	762	—	2168	—	107	2004	4957	1341	2779	—	—
2000	3764	814	—	2624	—	—	2005	5465	1801	3491	—	—
2001	3734	880	—	2538	—	—	2006	5551	2020	3413	—	—
2002	3768	1057	—	2685	—	—	2007	5618	1912	3484	—	—
2003	3763	1017	—	2572	—	—	2008	6221	1894	4172	—	—

二、教师队伍管理

教师任用条件　县（特区）小学教师要求具备中师或幼师学历；初中教师，初期要求高中以上学历，1980年后要求大专以上学历；高中教师，初期要求大专以上学历，1980年后要求本科以上学历。

教师专业职务聘任　1987年后，县（特区）学校实行教师专业职务聘任制，聘任期为3～5年，任职期间领取专业技术职务工资。教师专业职务分高、中、初3级；中学高级教师，中专学校高级讲师为高级职务；小学高级教师，中学一级教师，中专学校讲师为中级职务；小学一、二、三级教师，中学二、三级教师，中专学校助理讲师为初级职务。2006年前获职称者全员聘用，2007年后实行评聘分离。

教师任用及管理　1978年后，根据《国务院批转教育部关于加强中小学教师队伍管理意见》，特区内校长由特区政府任命，教师由特区教育局调配；教师跨地区调动，小学由特区教育局办理，中学由市教育局办理。1982年，对全特区民办教师进行考核整顿，分别颁发任用证、试用证和留用证。1985年，中共中央《关于教育体制改革的决定》颁布后，市委、市政府出台《关于加速教育体制改革振兴教育事业的决定》，提出分级办学、分级管理；特区及下属区（镇）党委、政府，分别对本辖区内教师的思想、工作、生活等方面进行全面管理（包括校长任免、教师调配等）。1986年12月31日后，停止任用民办教师，并根据中央“关、招、转、辞、退”方针，逐步消化原有民办教师。

第四节　初等教育

1979年，特区贯彻《认真抓好普及农村小学五年教育》，缩短中学战线，确保小学五年教育，对小学进行调整。1980年，特区农村实行家庭联产承包责任制，部分小学生辍学回家劳动，有的生产大队放弃对民办学校管理，民办学校设施破坏严重。1981年，由于民办教师报酬不落实，部分民办小学停办。1982年，特区对教育结构进行调整，强化小学教育。1983年，特区发动群众集资办学，改善民办小学办学条件，使少数民族孩子及边远落后地区儿童能就近入学。1984年，特区小学机构改革完成，把普及小学教育列为重要事项，出现以提高小学教育质量为中心，扎实抓好普及小学教育工作的局面。1985年，特区九年制义务教育按“六·三”分段（小学6年，初中3年），以乡、厂（矿）为单位分三步施行。1986年，《中华人民共和国义务教育法》公布后，特区政府及教育行政部门加强学校管理工作，提出“向管理要质量”的口号。1987年，特区把普及教育重点放在农村，抓好适龄儿童入学率和巩固率。

1988年，县对普及九年制义务教育规划进行调整，初等教育坚持一手抓普及，一手抓提高；但由于“读书无用论”抬头，致使基础教育下滑。1989年，县各学校认真执行市政府《贯彻和实施义务教育法的通知》，积极动员适龄儿童入学。1990年，县被确定为省实施国家教委与联合国儿童基金会合作的“关于加强贫困地区小学教育实验项目”县，获得1.6万美元援助，用于鸰铅、营盘、化乐、仲河、野钟、法那、妥倮、向东等小学修建。1991年，县学习山东省平度县“人民教育人民办，办好教育为人民”的经验，多渠道筹措教育经费，健全“分级办学分级管理”体制，努力进行初等教育普及工作。1992 年，世界银行贷款“贫困省教育发展”项目正式在县立项，获得 117.16 万美元，用于各乡（镇）小学校舍的修建。1993 年起，全县开始实行义务教育入学通知制度，由乡（镇）政府依法通知村民送适龄儿童入学。1994 年，县实行流失生报告制度，纸厂乡政府被省教委表彰为普及初等义务教育先进集体。1995 年，县与市委、市政府签订《教育目标管理责任书》，全县初等教育普及率提高，辍学率得到控制。1996 年 3 月起，县执行国家教委《小学管理规程》，各小学按《规程》要求规范学校管理。1999 年，县普及初等义务教育通过省政府验收。2000 年开始，县小学入学率逐年提高。2001 年，对全县中小学布局结构进行调整，撤并小学点校 33 个，改扩建 23 个，异地新建 3 个。2005 年，全县小学适龄儿童入学率 98.96%。2008 年，全县有 7～12 周岁适龄儿童 97465 人（其中残疾儿童 399 人），小学适龄儿童入学率 99.4%（其中女童入学率 99.3%）；小学在校生辍学率 0.49%。

1979—2008 年，县（特区）幼儿教育情况见表 16－2－5，小学教育情况见表 16－2－6，小学毕业人数见表 16－2－7。

1979—2008 年水城县（特区）幼儿教育情况统计表

表 16－2－5　　　　单位：所、个、人

年度	幼儿园托儿所	班数	幼儿数	教职工数		年度	幼儿园托儿所	班数	幼儿数	教职工数	
				总数	教师					总数	教师
1979	234	234	9688	—	—	1989	2	10	600	22	22
1980	250	250	1999	306	306	1990	2	19	628	22	22
1981	42	57	1830	337	134	1991	3	21	694	24	24
1982	16	35	807	83	77	1992	3	22	707	24	24
1983	39	96	2334	206	206	1993	3	24	846	28	28
1984	23	83	1667	185	116	1994	3	20	1076	32	32
1985	81	81	2216	348	217	1995	4	33	1268	34	34
1986	55	100	3426	337	182	1996	4	35	1467	36	35
1987	57	145	3007	407	223	1997	4	36	1557	36	35
1988	2	10	304	28	28	1998	4	46	1699	48	46
1999	3	48	1708	33	31	2004	4	85	4814	24	23
2000	5	48	2133	39	37	2005	4	11	573	24	23
2001	5	29	2648	20	19	2006	4	263	5825	26	25
2002	5	66	3213	22	21	2007	9	166	7575	55	51
2003	5	65	3551	26	25	2008	11	128	6075	85	53

1979—2008 年水城县（特区）小学教育情况统计表

表 16－2－6

年度	学校数（所）				班级数（个）				在校学生数（人）			
	合计	公办	民办	企办	合计	公办	民办	企办	合计	公办	民办	企办
1979	1138	304	805	29	3617	1493	1845	279	99233	52872	32399	13962
1980	923	275	624	24	3181	1436	1442	303	92685	47891	30641	14153
1981	855	250	581	24	3006	1315	1350	341	88607	48065	23554	16988
1982	746	250	463	33	2811	1369	1049	393	93084	52173	21820	19091
1983	716	242	441	33	3078	1436	1239	403	98838	55098	23720	20020
1984	799	231	528	40	3096	1520	1142	434	108629	59534	28024	21071
1985	542	231	279	32	3402	1660	1272	470	119270	71814	26456	21000
1986	585	172	381	32	3676	1360	1874	442	133252	71602	39014	22636
1987	503	131	330	42	3503	1281	1571	651	131031	65723	40438	24870
1988	369	108	259	2	2280	865	1399	16	78256	42553	35263	440
1989	347	107	239	1	2352	902	1446	4	73742	42102	31595	45
1990	352	351	1	—	2247	2236	11	—	74228	73979	249	—
1991	389	351	38	—	2437	1349	1088	—	75241	43467	31774	—
1992	373	339	34	—	2366	1927	439	—	78342	58869	19473	—
1993	333	299	34	—	2218	1964	254	—	81433	69486	11947	—
1994	327	301	26	—	2486	2115	371	—	89716	78204	11512	—
1995	316	295	21	—	2454	2189	265	—	88767	80504	8263	—
1996	300	286	14	—	2403	2192	211	—	95034	89209	5825	—
1997	321	308	13	—	2452	2251	201	—	98738	93736	5002	—
1998	327	316	11	—	2478	2289	189	—	103936	97580	6356	—
1999	312	304	8	—	2422	2319	103	—	106212	101874	4338	—
2000	480	477	3	—	2432	2406	26	—	104344	103022	1322	—
2001	297	295	2	—	2256	2251	5	—	96315	96203	112	—
2002	342	335	7	—	2258	2235	23	—	93757	92954	803	—
2003	350	346	4	—	2257	2226	31	—	92810	91626	1184	—
2004	367	353	14	—	2282	2225	57	—	101683	99325	2358	—
2005	372	361	11	—	2402	2331	71	—	107369	104315	3054	—
2006	348	345	3	—	2330	2291	39	—	110107	108406	1701	—
2007	354	345	9	—	2738	2675	63	—	108150	106043	2107	—
2008	335	331	4	—	2721	2670	51	—	108470	106727	1743	—

1979—2008 年水城县（特区）小学毕业人数统计表

表 16－2－7　　单位：人

年度	合计	公办	民办	企办	年度	合计	公办	民办	企办
1979	9175	6190	1489	1496	1994	7258	6941	317	—
1980	9056	5704	1529	1823	1995	7209	6981	228	—
1981	9061	5410	1409	2242	1996	7126	7004	122	—
1982	8857	5787	648	2422	1997	8000	7800	200	—
1983	10859	6745	725	3389	1998	10021	9783	238	—
1984	10017	6086	758	3173	1999	13053	12818	235	—
1985	9737	6516	405	2816	2000	13053	13053	—	—
1986	12731	7864	1267	3600	2001	15696	15696	—	—
1987	12629	8486	1278	2865	2002	17897	17897	—	—
1988	6443	5211	1192	40	2003	17278	17196	82	—
1989	3178	3055	123	—	2004	15033	14901	132	—
1990	6144	6144	—	—	2005	12792	12489	303	—
1991	6329	3274	3055	—	2006	13577	13284	293	—
1992	6837	5031	1806	—	2007	14869	14683	186	—
1993	7083	5914	1169	—	2008	16153	15929	224	—

第五节　中学教育

一、中学教学

1978 年，特区有中学 22 所。1979 年，特区有戴帽初中班 52 个。1980 年，特区大部分初中班撤销，有初中 41 所。1979—1987 年，特区教育局管辖的中学主要有特区一中（为省重点中学之一）、特区二中（完中）、特区五中（完中）、城关中学（完中）。1992 年后，新建乡陆续建立中学。2000 年，33 个乡（镇）均有中学，部分乡有九年一贯制学校，全县初中阶段入学率 46.7%。2003 年，成立县一中，选址于双水诚信路北端北环路南侧（后来改为市一中双水校区，再改为市第七中学），至 2008 年止，有机构、有教师，但无校舍。2005 年，全县初中阶段入学率 100.88%。2007 年，市政府拨款 1000 万元修建县三中（后来改称市第八中学），选址于水黄公路以西凉都大道南侧，2008 年秋建成并开学。2008 年，全县初中阶段入学率 103.34%。

1979—2008 年，县（特区）境内普通中学情况见表 16－2－8，普通中学概况见表 16－2－9。

1979—2008 年水城县（特区）境内普通中学情况统计表

表 16－2－8

年度	学校数（所）				班级数（个）			在校学生数（人）					
	合计	公办	民办	企办	合计	初中	高中	合计	公办	民办	企办	初中生	高中生
1979	24	9	2	13	412	369	43	19461	13375	383	5703	17564	1897
1980	41	12	3	26	402	351	51	19224	12608	385	6231	17060	2164
1981	37	11	2	24	366	327	39	17924	10669	263	6992	16094	1830
1982	52	14	3	35	412	366	46	20780	12654	374	7752	18557	2223
1983	39	17	1	21	418	366	52	22101	13333	25	8743	19480	2621
1984	43	15	—	28	430	375	55	23094	12547	—	10547	20319	2775
1985	45	17	—	28	511	443	68	25933	13442	—	12491	22812	3121
1986	45	18	—	27	512	439	73	29049	15440	—	13609	25557	3492
1987	65	37	—	28	573	484	89	31363	17401	—	13962	27601	3762
1988	13	13	—	—	191	174	17	11809	11809	—	—	10893	916
1989	14	14	—	—	200	177	23	10939	10939	—	—	10031	908
1990	13	13	—	—	187	173	14	11102	11102	—	—	10319	783
1991	13	13	—	—	187	173	14	11201	11201	—	—	10410	791
1992	13	13	—	—	188	174	14	11278	11278	—	—	10489	789
1993	14	14	—	—	194	180	14	11625	11625	—	—	10831	794
1994	14	14	—	—	194	180	14	11607	11607	—	—	10844	763
1995	14	14	—	—	194	181	13	11615	11615	—	—	10906	709
1996	14	13	1	—	193	190	3	11222	11088	134	—	10543	679
1997	15	14	1	—	196	192	4	11877	11662	215	—	11172	705
1998	21	21	—	—	198	186	12	12791	12791	—	—	12008	783
1999	21	21	—	—	256	244	12	14455	14455	—	—	13609	846
2000	45	45	—	—	300	287	13	17428	17428	—	—	16576	852
2001	34	33	1	—	374	358	16	23926	23741	185	—	22992	934
2002	34	33	1	—	433	413	20	29617	29407	210	—	28295	1322
2003	36	34	2	—	486	457	29	31720	31065	655	—	29828	1982
2004	39	36	3	—	542	508	34	37024	35815	1209	—	34365	2659
2005	56	52	4	—	696	652	44	40516	39180	1336	—	37596	2920
2006	57	53	4	—	625	580	45	39772	38668	1104	—	36769	3003
2007	59	52	7	—	679	625	54	37994	36656	1338	—	34684	3310
2008	48	44	4	—	702	641	61	40068	39238	830	—	35680	4388

2008 年水城县普通中学概况统计表

表 16－2－9

项目	学校名称	班级数（个）			学生数（人）			教职工数（人）	
		合计	初中	高中	合计	初中	高中	合计	其中教师
完全中学	水城县二中	50	18	32	4994	2347	2647	192	171
	杨梅中学	20	16	4	1066	966	100	67	63
	董地乡育强学校	6	3	3	145	94	51	23	20
	水城县一中	22	—	22	1590	—	1590	17	17
初级中学	水城县三中	24	24	—	1382	1382	—	41	39
	滥坝尖山中学	13	13	—	692	692	—	47	45
	董地中学	11	11	—	568	568	—	31	30
	陡箐中学	16	16	—	941	941	—	52	52
	比德中学	20	20	—	1174	1174	—	52	51
	化乐中学	17	17	—	809	809	—	44	43
	南开中学	20	20	—	1102	1102	—	60	58
	青林中学	12	12	—	678	678	—	24	24
	保华中学	18	18	—	1008	1008	—	47	46
	金盆中学	15	15	—	789	789	—	32	32
	木果中学	24	24	—	1365	1365	—	57	57
	发箐中学	6	6	—	272	272	—	17	17
	双戛中学	6	6	—	251	251	—	24	23
	玉舍中学	22	22	—	1233	1233	—	53	52
	勺米中学	9	9	—	460	460	—	21	20
	纸厂中学	10	10	—	587	587	—	28	27
	坪寨中学	8	8	—	433	433	—	21	20
	发耳中学	33	33	—	2002	2002	—	88	87
	都格中学	22	22	—	1192	1192	—	62	62
	鸡场中学	24	24	—	1450	1450	—	61	60
	龙场中学	20	20	—	1030	1030	—	59	57
	营盘中学	14	14	—	818	818	—	40	39
	顺场中学	17	17	—	808	808	—	48	45
	花戛中学	16	16	—	893	893	—	40	39
	新街中学	12	12	—	643	643	—	31	30
	野钟中学	14	14	—	720	720	—	29	29
	果布戛中学	12	12	—	628	628	—	24	24
	米箩中学	21	21	—	1018	1018	—	41	40
	阿戛中学	15	15	—	771	771	—	45	43
	阿戛田坝中学	8	8	—	419	419	—	22	21
	盐井中学	15	15	—	776	776	—	34	33

续表 16－2－9

项目	学校名称	班级数（个）			学生数（人）			教职工数（人）	
		合计	初中	高中	合计	初中	高中	合计	其中教师
初级中学	蟠龙中学	16	16	—	869	869	—	47	44
	猴场中学	15	15	—	845	845	—	52	51
	红岩中学	12	12	—	638	638	—	36	35
	滥坝以朵学校	7	7	—	325	325	—	19	19
	滥坝双水学校	14	14	—	675	675	—	50	50
	滥坝德安学校	8	8	—	160	160	—	14	12
	董地汶坪学校	1	1	—	22	22	—	3	3
	比德立火学校	4	4	—	244	244	—	9	9
	化乐猫场学校	7	7	—	369	369	—	13	13
	南开土角学校	8	8	—	416	416	—	15	15
	南开民忠学校	6	6	—	258	258	—	4	4
	保华羊场学校	4	4	—	178	178	—	8	8
	金盆蒿枝学校	8	8	—	362	362	—	15	15

二、毕业与升学

1977 年，特区组织学生近 1 万人（包括离校学生）参加恢复高考后的首次高考（当时不进行预选）。1979 年后，特区各中学建立学生学籍档案和教师教学业务档案；为适应高考需要，高中二年级分文理班，并设快慢班，片面追求升学率。1989 年，县根据省教委统一部署，实行高中毕业生会考制度，纠正学生文理偏科现象，高中教育从应试教育向素质教育方向转变。1990 年，市、县教育部门对各校德、智、体三项工作全面评估，对重点学校语文、物理、生物进行优质课评比；县各校高一年级学生历史会考合格率 95% 以上。

1979—2008 年，县（特区）历届中学生毕业人数见表 16－2－10，高考、中考录取情况见表 16－2－11。

1979—2008 年水城县（特区）历届中学毕业生人数统计表

表 16－2－10　　单位：人

年度	初中	高中	合计	年度	初中	高中	合计	年度	初中	高中	合计
1979	3565	901	4466	1989	3072	316	3388	1999	3775	240	4015
1980	4402	753	5155	1990	3180	291	3471	2000	3775	240	4015
1981	4111	602	4713	1991	3221	304	3525	2001	3854	224	4078
1982	4405	906	5311	1992	3198	297	3495	2002	5017	220	5237
1983	5010	1177	6187	1993	3175	259	3434	2003	6764	334	7098
1984	5187	445	5632	1994	3146	254	3400	2004	7317	357	7674
1985	5581	768	6349	1995	3120	227	3347	2005	9096	590	9686
1986	7083	911	7994	1996	3082	194	3276	2006	11726	821	12547
1987	6761	1151	7912	1997	3082	194	3276	2007	12478	940	13418
1988	3333	304	3637	1998	3358	248	3606	2008	10268	868	11136

1979—2008年水城县（特区）高考、中考录取情况统计表

表16－2－11　　单位：人

年度	高考部分					中考部分					
	报考人数	录取人数（人）				报考人数	录取人数（人）				
		本科	专科	中专	合计		五年制专科	中专	师范类	高中	合计
1979	—	101	40	—	141	—	—	—	—	—	—
1980	—	95	18	—	113	—	—	—	—	—	—
1981	—	78	41	—	119	—	—	—	—	—	—
1982	—	118	40	—	158	—	—	—	—	—	—
1983	—	161	40	—	201	—	—	—	—	—	—
1984	—	152	47	—	199	—	—	—	—	—	—
1985	—	182	84	—	266	—	—	—	—	—	—
1986	—	227	160	—	387	—	—	—	—	—	—
1987	—	277	194	—	471	—	—	—	—	—	—
1988	—	54	25	56	135	—	—	81	55	—	136
1989	—	68	50	39	157	—	—	86	43	—	129
1990	—	78	32	32	142	—	—	78	39	—	117
1991	—	74	43	30	147	—	—	81	91	—	172
1992	—	44	39	50	133	—	—	53	68	—	121
1993	—	48	67	43	158	—	—	47	73	—	120
1994	—	49	77	36	162	—	—	78	65	—	143
1995	—	42	88	29	159	—	—	85	77	—	162
1996	—	50	79	42	171	—	—	172	147	—	319
1997	—	56	81	29	166	—	—	81	129	—	210
1998	—	97	75	27	199	—	—	99	115	—	214
1999	—	62	86	29	177	—	—	156	390	—	546
2000	—	62	117	未招	179	—	—	812	196	—	1008
2001	—	117	116	未招	233	—	—	1551	358	—	1909
2002	262	101	79	未招	180	3816	481	—	164	597	1242
2003	400	121	135	未招	256	4420	452	—	108	700	1260
2004	678	250	194	未招	444	4813	809	—	167	906	1882
2005	1054	259	248	未招	507	5953	698	—	69	851	1618
2006	1207	248	214	未招	462	4999	82	529	67	941	1619
2007	1409	290	199	未招	489	4134	47	112	—	1640	1799
2008	1536	489	259	未招	748	3543	9	—	—	1870	1879

第六节　师范与职业教育

一、师范教育

1974年6月，成立特区师范学校，校址位于德坞（后属钟山区），因教学楼未建成，借用大河中学（后属钟山区）校舍招生，有教师9名。1974—1976年，特区师范学校共招收学生450人。1977年恢复招生考试后，特区师范学校招生废止推荐方法，实行统一考试单独招生。1978年，特区师范学校到德坞办学，学制改为3年，将原德坞西林村村办小学改为特区师范学校附属小学；水城矿务局技工学校开设英语师资班，招收学生38人。1980年12月，特区师范学校改为市、特区双重领导，以特区为主，为本地区和工矿企业培养合格师资。1980—1993年，特区师范学校共举办在职小学教师进修班5期，学制二年，每期学员45人，共225人。1983年，特区师范学校有教职工52人，其中专任教师27人（本科学历18人，专科学历2人，中师学历7人），共有班级11个、在校学生600余人，学校建有托儿所。1984年，成立市师范学校，特区师范学校改为特区教师进修学校，停止招收师范生；水城矿务局技工学校开设1个师范班，为该局所属小学培养教师27人。特区师范学校累计培养中师毕业生1500人。

1978—1983年，特区师范学校招生和毕业生人数见表16－2－12。

1978—1983年水城特区师范学校招生和毕业生人数统计表

表16－2－12　　单位：人

年度	招生数	毕业生数	年度	招生数	毕业生数	年度	招生数	毕业生数
1978	70	90	1980	100	—	1982	180	187
1979	170	128	1981	200	219	1983	205	153

二、职业教育

1974年，特区建立二塘农业中学，后迁大湾，改名大湾中学。1983年，大湾中学恢复二塘农业中学名称，开设作物栽培、植物保护、畜牧兽医、土壤肥料等专业课，有农学基地20公顷。1985年3月，陈谟铮、王益寿等38名特区教育界政协委员提出《集资办学，积才办学》的提案后，省拨款18万元，14个单位和1000多人捐资3.4万元兴建特区职业技术中学；特区政府划定老城原县委旧址为特区职业技术中学校址，委派特区政协副主席杨琤为特区职业技术中学校长，抽调15名教师，招收106名学生，设家电维修、农机修理2个专业班。截止1987年，二塘农业中学累计毕业学生583人。1987年11月，特区职业技术中学新修的教学大楼竣工；除招收家用电器专业学生外，还与特区煤炭局联合举办煤炭基础技术培训班，招收33名学员。1987年12月，特区职业技术中学改称县职业技术学校（简称县职校）。

1988年，县职校获省全覆盖检查三等奖（奖金1万元），被评为市政府教书育人先进集体；二塘农业中学划归钟山区。1988年1月，县职校煤炭基础技术培训班32名学员安排在区、乡煤管站工作（仅1名学员未安排工作）。1990年，政府投资86万多元给县职校添置教学设备。1992年，县将职业技术教育发展纳入“八五”规划。1993年，县职校由老城校区搬迁德坞，校园占地2.67公顷；办学模式转为三年制中专教育，有教师13人，开设家电、煤技、电工、电焊、医卫等专业，有在校生1350人；非农业户口的毕业生全部就业，占总数的70%。1993—2000年，县职校统一安排就业指标逐年下降，生源越来越少（2000年春季学期只有在校生39人，包括教学点的学生共有300余人）。1995—2005年，县职校在校内开办职业初中。1996年12月，县职校与市、县科协和农办协调，组建中国农函大六盘水市分校县职校辅导站，在滥坝镇、顺场乡、龙场乡、鸡场乡等建立8个教学点。1997年，县职校在董地乡、滥坝镇、陡箐乡办烤烟、魔芋、畜禽、黑山羊4个专业、7个班，共培训520人。1998年，县职校在纸厂乡、滥坝镇、新街乡办3个班，共培训139人。1999年，县职校培训149人。2000年，县职校培训230人。2000年3月20日，县政府下发《水城县人民政府贯彻〈贵州省人民政府关于加快职业教育改革和发展的决定〉的实施意见的通知》，对2000—2005年职业教育发展作全面安排和规划，要求各乡（镇）制定《乡（镇）职业教育发展规划》，做好初中未升入高一学生的职业技术培训。后来部分乡（镇）办职业初中班，未办者把生源输送到县职校学习，县职校与有条件的乡（镇）联合办学。

2001—2004年，县职校开办2届综合高中，毕业生先后送往兆驰电器、欧陆通电子、金石达电子有限公司、永昶集团、立讯电子有限公司等单位就业，毕业生就业率95%以上；县职校建立落飞戛杨梅种植基地、服装厂、酱油厂、洗衣粉厂、纯净水厂、珍禽养殖场等实习实训场所，学生根据所学专业进行实习实训。2002年起，县职校与省电子工业学校联合办学，开办家电维修班；与鼎正电子有限公司、亿都半导体有限公司、冠华集团、平州电子有限公司、华硕集团、福建百利电子有限公司联合办班，县职校负责培训，企业负责接收就业；县职校在保华、南开、滥坝、陡箐、木果、蟠龙、阿戛、花戛、发耳、龙场、顺场、都格、比德等学校建立中职教学点（2002年招生95人，2003年招生152人，2004年招生121人，2005年招生696人，2006年招生1350人，2007年招生2270人，2008年有在校生9013人）。2004年秋季学期起，县按省要求，在农村初中一、二、三年级开设《农村初中实用技术》地方课程。2005年，县职校争取到国债资金150万元、县级配套资金483.5万元、省职教专款220万元、市职教专款50万元，自筹100余万元，在双水新区以朵村建设新校区，占地13.73公顷，规划建筑面积55000平方米，包括教学综合楼、实验实训大楼、电教图书楼、学生公寓、大礼堂和教师公寓，可容纳全日制学生5000余人，每年可短期培训5000余人；全县33个乡（镇）和372个村均开办成人文化技术学校，开展农村实用技术培训，培训近10万人次。2006年，县被定为全省开设《农村初中实用技术》地方课程示范县，蟠龙乡中学、发耳乡中学被定为示范学校；县职校被省教育厅等7部门评为省职业教育与成人教育先进单位、省培训农民工先进单位。2008年，县职校有教师41人（其中高级职称10人，中级职称15人，初级职称12人），在校生3430人，短期培训1600余人次；开设计算机应用、电脑艺术设计、网络技术与管理、计算机组装与维护、电子电器与维修、金属焊接与加工、数控技术、采煤技术、汽车应用与维修、酒店管理10个专业；县职校系省“雨露计划”初级技工培训基地，市劳动力转移培训基地，市阳光工程培训基地，县劳务输出培训基地，县煤炭培训基地；县属范围内民办职业技术学校有市西南计算机学校、市千惠职业技术学校、六盘水军事技能职业学校；全县农技校有校舍面积2207平方米，教室44间，课桌椅1163套，实习生产基地133.17公顷，图书12150册。

2008 年 3 月 22 日，县职校由德坞校区搬迁至双水以朵新区，有教室 43 间，小办公室 8 间，学生宿舍 136 间，建筑面积 9000 多平方米，球场硬化面积 25500 平方米，绿化面积 6000 多平方米；有铁床 600 套，课桌凳 800 套，办公桌 200 套，多能教室 1 间（150 平方米，音像设备齐全），校车 2 辆；室内设备设施有计算机 250 台，汽车专业设备驾驶模拟 5 台、整车透明模型 2 台、捷达电喷发动机 1 套（演示装置），数控车床 1 台，数控铣床 1 台，变压器整体透明模型、电机整体透明模型，电焊机 5 套，钳工实验台 3 套，标准电子、电工、电拖三位一体 24 座实训室 1 套，企业生产流水线 2 条。

第七节　成人教育

1979 年，特区夜校开设 131 个班，有教师 146 人、学员 42000 人。1980 年，特区有扫盲班 113 个，学员 2995 人。1980—1989 年，县（特区）政府坚持“一堵、二扫、三提高”方针，实行扫盲目标责任制，特区政府与各区签订扫盲责任状。1981 年，由于教师报酬不落实，特区扫盲班入学人数下降到 1805 人。1982 年，特区扫盲班上升到 156 个，学员增加到 3667 人。

1988 年，全县办扫盲班 55 个，学员 919 人，脱盲 372 人。1989 年，全县有 12 ~ 40 岁农民 266550 人，其中文盲、半文盲 152610 人；10 个区及 76 个乡成立农教委员会，办扫盲班 255 个，学员 6800 人，扫除青壮年文盲 2500 人；由于政府未按规定兑现扫盲经费，未完成扫盲任务，县受到市政府批评和罚款。1990 年是国际扫盲年，县在 74 个乡开办 2034 个扫盲班，学员 61868 人（其中妇女 43308 人），验收脱盲 28543 人（其中妇女 19982 人）；县政府验收 2 个基本无盲区（大河区、米箩区），有 19 个乡实现基本无文盲。1991 年，全县办扫盲班 2084 个，学员 69868 人，脱盲 41052 人；县政府组织 100 多名农教专干对玉舍区 13 个乡农教工作进行验收，均达到合格标准。1992 年，全县开办扫盲班 2119 个，学员 51754 人，验收脱盲 13412 人。1993 年开始，全县兴办农民文化技术学校；是年全县办扫盲班 364 个，学员 28640 人，验收脱盲 12560 人。1994 年，全县验收脱盲 11284 人。1995 个，全县验收脱盲 40368 人。1996 年，全县办扫盲班 1425 个，学员 37508 人，验收脱盲 22734 人。1997 年，全县入扫盲班 14609 人，脱盲 14099 人。1998 年，全县办扫盲班 1114 个，学员 27315 人，验收脱盲 21375 人。1999 年，全县开办扫盲班 821 个，27206 人进扫盲班学习，验收脱盲 24647 人。1999 年 7 月，县“普及六年制教育”和扫盲工作通过省政府验收（是全省最后验收的 3 个县之一）。2000 年，县扫盲工作实行政府和教育部门“双线承包”责任制；全县组织 32950 人参加扫盲巩固提高学习，验收脱盲 22644 人，组织脱盲农民参加适用技术培训。

2002 年，全县办扫盲班 676 个，1633 名教师参加扫盲，15151 人参加扫盲学习，脱盲 11159 人；乡（镇）、村农民文化技术学校开展农村实用技术培训 123938 人次。2003 年，全县办扫盲班 652 个，中小学教师 1759 人参加扫盲教学，17731 人参加扫盲学习，验收脱盲 15070 人；乡（镇）、村农民文化技术学校培训 109291 人次。2004 年，全县办扫盲班 657 个，学员 16662 人，1867 名教师参加扫盲，验收脱盲 15118 人，还对学员进行实用语文、实用数学和实用技术培训；乡（镇）、村农民文化技术学校培训农民 138768 人次。2005 年，对全县 15 ~ 50 周岁青壮年进行“地毯式”排查，对历年脱盲人数进行测试，将复盲的 45725 人加入扫盲巩固提高学习，全县办扫盲班 1567 个，学员 48671

人，2795 名教师参加扫盲，验收脱盲 3420 人；农村实用技术培训 147699 人次，部分农民成为科技带头人。2006 年，县教育局下发《关于对 2006 年职业教育、扫盲和农村成人教育工作目标任务进行分解的通知》，全县办扫盲班 108 个，学员 3735 人，2362 名教师参与扫盲，脱盲 521 人，巩固提高 32814 人；实用技术培训 113141 人次。2007 年，全县办扫盲班 530 个，学员 13080 人，2277 名教师参与扫盲，验收脱盲 2226 人，巩固提高 18236 人，农村实用技术培训 122001 人次。2008 年，全县办扫盲班 272 个，学员 3586 人，2072 名教师参与扫盲，验收脱盲 393 人，巩固提高 6050 人，农村实用技术培训 126174 人次。

第八节　教育督导与教研教改

一、教育督导

1988 年，县恢复教育督导制度。1993 年，县教育督导室对 33 个乡（镇）教育辅导站，10 所初级中学，33 所乡小学，4 所县直属学校进行督导检查，引导学校进一步坚持社会主义办学方向，全面贯彻党的教育方针，推进科学管理，提高教育质量。1996 年，市人大常委会、市政府、市政协组织有关部门组成六盘水基础教育“五项内容”督导检查组，对县基础教育工作进行专项督导检查，全县首先开展自上而下和自下而上相结合的自查。1997 年，出台《水城县初级中学评估方案（试行）》《水城县小学督导评估方案（试行）》。1998 年 10—11 月，县教育督导室对尖中、尖小等 17 所中小学进行全面督导评估。1999 年，全县对教育费附加征收情况、中小学执行课程计划情况、加强薄弱学校建设情况进行自查；县教育督导室对全县各学校减轻中小学生过重负担、师德师风教育、收费等工作进行督查，对米箩乡 1 名教师酒后体罚学生的行为进行调查处理；县教育部门与县物价、财政、监察等部门对 33 个乡（镇）中小学收费情况进行检查，有效遏制学校乱收费行为。2000 年 11—12 月，县教育督导室采用不定时、不定点、随机抽查形式，对双戛小学、保华小学等 5 所小学进行督导评估。2001 年，县启动第一轮中小学督导评估。2006 年，县启动第二轮中小学督导评估。

二、教研教改

1978 年后，特区逐步恢复教研工作。1980—1982 年，特区教育局不定期编印“教育简报”“教育学会通讯”，宣传党的教育方针、政策，报道各学校教育改革和教学工作经验，介绍各地教育动向；组织小学语文、数学统一命题考试，安排直属小学实验班教师到承德“注音识字提前读写师资培训班”学习，并在特区四小和钟山小学试点推广；定期召开小学教育学会年会，开展教学论文评比活动。1983 年，特区各学校组织体育、音乐、美术、书法、舞蹈等兴趣小组，加强学生实践能力；其中发耳中学、发耳小学最有特色。1989 年，出台《水城县小学教师教学工作奖惩细则》，利用暑假在杨梅区举办教师培训班，240 人参加小学语文、数学、音乐 3 科培训。1989 年 11 月，邀请重庆市智力开发讲学团来县举办“水城片区小学教学讲习会”，2400 余人次参会。1992 年，国家颁布九年义务教育全日制小学、初级中学（各科）教学大纲（试用）后，基础教育课程和教材领域发生重大变化，全县使用国家统编教材，小学阶段设置语文、数学、体育、音乐、美术、常识或自然、思想品德等学科，初中阶段设置语文、数学、英语、物理、化学、生物、地理、历史、思想政治、美术、音乐、体育、卫生等学科。2005 年 9 月，根据《基础教育课程纲要（试行）》，出台《水城县基础教育课程改革实施方案》，全县开始实施新课程；小学阶段开设语文、数学、外语（3 年级起）、品德与生活（1～2）年级、品德与社会（3～6 年级）、科学（自然常识）、艺术音乐、美术、综合实践、体育与健康等课程，初中阶段开设语文、数学、外语、科学（或物理、化学、生物）、思想品德、历史与社会（或历史、地理）、综合实践活动、体育与健康等课程。2006 年，县启动中小学质量建设工程。2008 年秋季，县高中阶段启动新一轮课程改革，开设语文、数学、外语、科学（或物理、化学、生物）、思想品德、历史与社会（或历史、地理）、综合实践活动、体育与健康等课程。

第九节　“两基”攻坚与提高

一、“两基”攻坚

机构与规划　2000 年 7 月，县成立“两基”攻坚领导小组，下设督查组、校舍基础设施建设组、资金筹措组、宣传组、业务指导组；制定《水城县“十五”期间教育发展及“两基”规划》，实行分年度以乡（镇）推进“普九”，将基础较好的乡（镇）安排在前，基础较差的乡安排在后。县教育局各股室和人员在“两基”工作中职责：督导室负责“两基”督导、了解工作进度和软硬件建设情况、指出存在问题、提出整改意见；教育股负责基础教育、成人教育、业务指导、学籍管理、表册填报培训、补偿教育、资料收集等工作；工程办负责各类教育工程规划、设计、施工管理、质量监督；计财股负责资金预算、筹措、调度及划拨；人事股负责师资配置、教师学历提高培训、校长培训；教研室负责指导学校管理、教学质量提高、素质教育推进等工作；办公室负责联系、协调和服务，做好后勤保障。实行局领导包片、职工包乡（镇）制度，每名职工每月深入包保乡（镇）不少于 2 次；抽调 25 人组成 1 个“两基”工作业务指导组和 5 个“两基”工作巡回督查组，定期深入各乡（镇）进行业务指导和督查。

控辍保学　发放入学通知书后，各学校对学龄内未入学适龄儿童或少年，组织教师进行动员。除争取教育捐赠外，倡导“321”捐资助学活动（县级领导捐资 300 元、科级领导捐资 200 元、一般职工捐资 100 元），建立贫困学生助学金，让家庭经济困难学生不因贫困而辍学；减免农村和城镇无业居民中独生子女户、二女孩结扎户子女上学书杂费；规范学校收费制度，坚决制止中小学乱收费行为；取消留级制度，小学毕业生免试升入初中。

改善办学条件　实施第二期“义教工程”、危房改造工程、“普九”工程、财政扶贫资金项目工程、“一山一河”工程等项目，争取捐赠项目和资金。2003—2005 年，全县共争取各类捐赠项目 27 个。2005 年，全县实施各项教育工程项目 131 个，投入资金 6520 万元，建筑面积 11.2 万平方米；县委、县政府提出“花明天的钱办今天的教育”，县政府贷款 4860 万元，乡（镇）政府贷款 1750 万元，安排 2000 万元改善乡（镇）完小以上中小学办学条件，用 3500 多万元建设中小学“五化”等附属设施。

师资队伍建设　2001—2005 年，安排县籍师范类大中专毕业生 2000 多人任教，招考（聘）部分涉农专业毕业生、非师范类专科毕业生和本科毕业生到各中学任教。2003—2005 年，全县共举办普通话培训 19 期，培训和测试 4267 人次；计算机培训 18 期，培训和测试 3340 人次；小学校长培训 3 期，培训 207 人次；小学英语教师培训 3 期、200 人次；新教材培训和学科培训 28 期，培训 8500 人次。

任务完成情况　2001 年，滥坝、蟠龙、发耳、南开、龙场、阿戛、比德 7 个乡（镇）“两基”基本合格。2002 年，发箐、保华、陡箐、董地、化乐、纸厂、玉舍、杨梅、顺场 9 个乡“两基”基本合格。2003 年，木果、鸡场、双戛、营盘、都格、金盆、米箩 7 个乡“两基”基本合格。2004 年，花戛、顺场、坪寨、青林、盐井、野钟、果布戛、红岩、勺米、新街 10 个乡“两基”基本合格。2005 年，县委、县政府向省政府提出提前一年验收全县“两基”工作的建议。

“两基”成果　2005 年 11 月 11 日，县“两基”工作通过省级验收，认定“两基”各项指标（数据与本“章”其他“节”中数据不完全一致）。普及程度：全县 7～12 周岁总人口 92552 人（其中“三残”478 人），正常儿童入学 91112 人，小学适龄儿童入学率 98.96%（其中适龄女童入学率 98.81%）；13～15 周岁总人口 39122 人（其中“三残”228 人），初中阶段在校生 39236 人，初中入学率 100.88%；7～15 周岁“三残”儿童、少年 706 人（其中丧失学习能力 199 人），入学 356 人，入学率 70.22%；小学在校生辍学率 0.72%，初中在校生辍学率 1.63%；15 周岁人口初等教育完成率 98.2%；17 周岁人口初级中等教育完成率 80.13%；15 周岁人口文盲率 0.78%。师资水平：全县小学教职工 3435 人，其中专任教师 3409 人（新就业的大中专毕业生 233 人），达任职要求 3083 人，占专任教师的 97.07%，学历合格 3190 人，学历合格率 93.58%；初中教职工 1735 人，其中专任教师 1704 人（新就业的大专以上毕业生 173 人），达任职要求的 1413 人，占专任教师的 92.29%，学历合格 1629 人，学历合格率 95.6%；小学、初中校长均经岗位培训并取得合格证。办学条件：小学校舍建筑 283731 平方米，生均 2.77 平方米；中学校舍建筑 165837 平方米，生均 4.41 平方米；配齐中小学教学仪器，小学生均图书 5.2 册，初中生均图书 12.13 册。教育经费：县教育经费做到“三个增长”（政府教育财政拨款增长高于财政经常性收入增长，在校学生平均教育费用逐步增长，教师工资和学生人均公用经费逐步增长），在教育支出总额中做到以财政拨款为主；中小学预算内生均公用经费达到省规定标准；确保税费改革后中央转移支付资金 50% 以上用于农村教育。教育教学质量：各中小学严格执行课程计划，开齐课程，开足课时；2003—2005 年小学、初中毕业年级学生全科合格率呈逐年上升趋势，小学、初中毕业生毕业率 90% 以上；全县小学、初中取消留级制度，无留级生和补习生。教育执法：认真执行《中华人民共和国教育法》《中华人民共和国义务教育法》等教育法律法规；完小以上学校配备法制副校长，维护学校正常教学秩序；加强《中华人民共和国预防未成年人犯罪法》宣传教育，杜绝中小学生违法、犯罪现象。扫盲工作：15～50 周岁青壮年人口非文盲率 97.3%；2003—2005 年脱盲人员巩固率 97.77%；全县农村 372 个行政村中，非文盲率 95% 以上的行政村 371 个，达标率 99.73%；县、乡（镇）设有成人教育管理机构，按规定配备专（兼）职人员；乡（镇）、村农民文化技术学校或教学点依托普通中小学办学，按规定配备专（兼）职教师，有计划地对农民进行教育和培训；县政府每年拨付一定扫盲经费。2006 年 3 月，国家教育部认定水城县为基本普及九年义务教育县。

二、“两基”巩固提高

主要措施　2006 年，县启动“两基”巩固提高迎“国检”工作，制定《水城县“两基”三年巩固提高规划》，争取各类资金，加大教育投人，7项指标均有所提高。2006—2008年，县政府共筹资1.05亿元用于“两基”工作，其中安排918.88万元用于补充中小学图书仪器，投入112.7万元配置中小学实验桌、阅览桌、实验柜、图书架；举办普通话培训4期、培训和测试538人次，计算机培训6期、培训552人次，中小学校长培训6期、培训407人次，教务主任培训2期、培训181人次，财务人员培训3期、培训272人次，班主任培训2期、培训122人次，新教材培训和学科培训6期、培训1285人次，学科教师培训10期、培训789人次，骨干教师培训3期、培训200人次，图书和实验仪器管理员培训3期、培训465人次。

2008年县“两基”认定指标（数据与本“章”其他“节”中数据不完全一致）普及程度：全县7～12周岁总人口97465人（其中“三残”399人），正常儿童入学96465人，小学适龄儿童入学率99.4%（其中适龄女童入学率99.3%）；13～15周岁总人口40822人（其中“三残”227人），初中阶段在校生41952人，初中阶段入学率103.34%；7～15周岁“三残”儿童、少年总数626人（其中丧失学习能力152人），入学370人，入学率78.1%；15周岁人口12575人（其中丧失学习能力35人），在小学就读547人，完成初等教育11922人，初等教育完成率99.41%；17周岁人口12070人（其中丧失学习能力31人），在初中就读1757人，受初级中等教育9398人，初级中等教育完成率91.4%；15周岁人口中有文盲10人，文盲率0.08%。师资水平：小学教职工4172人，其中专任教师4120人，达任职要求3516人，占专任教师的98.7%，学历合格4029人，学历合格率97.8%；初中教职工1804人，其中专任教师1755人，达任职要求1586人，占专任教师的98.3%，学历合格1688人，学历合格率96.3%；小学、初中校长均经岗位培训并取得合格证。办学条件：全县小学校舍建筑面积343103平方米，生均3.2平方米；中学校舍建筑面积211621平方米，生均5.6平方米；小学生均图书8.6册，初中生均图书15.9册；中小学普通教室全部达标，大部分学校完善附属配套设施。教育经费：县教育经费做到“三个增长”，在教育支出总额中做到以财政拨款为主；中小学生免收书费、杂费，按省规定中学生每人每年370元、小学生每人每年235元的标准配齐；税费改革后中央转移支付资金50%以上用于农村教育。教育教学质量：各中小学严格执行新课程标准，开齐课程，不随意增减课时；2006—2008年，小学、初中毕业年级学生全科合格率呈逐年上升趋势，小学、初中毕业生毕业率98%以上；全县小学、初中取消留级制度，无留级生和补习生。学校管理（2006年前称“教育执法”）：建立“分级管理，以县为主”的农村义务教育管理体制，县、乡（镇）政府和有关职能部门认真执行《中华人民共和国义务教育法》《中华人民共和国教师法》《贵州省教师条例》《中小学教师职业道德规范》等教育法律法规，制定和完善学校管理制度；修订《水城县各乡（镇）“两基”办、中小学校常规管理和量化考核方案》，制定《水城县中小学生安全知识手册》，加强学校安全管理工作；加强中小学领导班子建设，配齐、配强学校领导班子。扫盲工作：15～50周岁青壮年人口非文盲率99.13%；2006年后，脱盲人员巩固率98.1%；全县农村313个行政村非文盲率全部在95%以上，达标率100%；县、乡（镇）设有成人教育管理机构，按规定配备专（兼）职人员；乡（镇）、村农民文化技术学校或教学点依托普通中小学办学，有计划地对农民进行教育和培训；县政府每年拨付一定的扫盲经费。

附：部分学校简介

一、县（特区）第二中学

1971 年秋，特区党委和政府决定开办特区第二中学。1972 年 3 月 1 日，特区第二中学正式开学，校舍面积约 1200 平方米，有教职员工 19 人（其中教师 14 人），学生 13 个班、300 人。1974 年 3 月，原 73 处子弟学校学生合并到特区第二中学。1979 年，该校建成 3 层教学综合楼和礼堂，学生人数大幅增加。1981 年，该校学生考上重点大学 20 多人。1983 年，该校有教职工 90 余人，28 个班级（高中 8 个，初中 20 个），在校学生近 2000 人，本科上线 55 人；建成 3 号综合楼、4 号教师楼，实验室配备完整（达到当时省规定水平）；被市评为精神文明建设单位。1983 年 12 月，该校围墙完工。1987 年 12 月，特区第二中学改称县第二中学。1995 年后，该校各种设施基本齐备，有教师 130 余人，学生 2400 余人，各年高考成绩均列全市前几位，有学生考入北大、清华。2003 年，在市政府教育督导评估中，该校评为优秀。2008 年，该校占地 2.71 公顷，有 61 个班（高中 33 个，初中 28 个），在校学生 4766 人（其中初中生 2230 人）；有教职工 198 人（专任教师 180 人、总务后勤人员 18 人）。该校建校至 2008 年，教师有 2 人被评为全国优秀教师，1 人享受省政府特殊津贴，3 人被评为省级优秀教师，8 人被评为市级优秀教师，63 人被评为县级优秀教师，2 人被评为国家级骨干教师，3 人被评为省级骨干教师，1 人被评为省级名师；教师 60 多人次获县级以上表彰，有 150 余篇教育教学论文在国家、省、市各类刊物发表，10 余名教师在省、市历届中学各科优质课比赛中获第一名。

二、县（特区）教师进修学校

1984 年，特区师范学校改为特区教师进修学校。1985 年，该校成立省中等师范函授广播学校工作站，开设除音乐、美术、体育外所有师范科目；开办 2 年学制的电大中文班，有电大学员 50 人。1985—2000 年，该校共举办 8 届中等师范函班，招收学员 1600 人，毕业 948 人。1986 年 9 月，为缓解农村教师紧缺，该校在农村中学初中毕业生中招收 100 名社来社去中师生，学制 2 年。1987 年 9 月，受特区民委委托，该校开办民族初中补习班，有学生 50 人，经过 1 年补习，录取中专、中师 46 人。1987 年 12 月，特区教师进修学校改称县教师进修学校。1991 年 7 月，该校从钟山区德坞镇迁至老城。1992—2008 年，该校共培训小学校长 10 期、600 余人次。1993—2005 年，该校受县民委委托，开设民族寄宿制初中班，每年从农村少数民族学生中招收 50 名初一学生，共招收 650 人，升学率均在 90% 以上。1995—2000 年，该校开展第一阶段小学教师继续教育五项基本功（毛笔字、钢笔字、粉笔字、简笔画、思想品德）培训。2001 年，该校对小学语文、数学、英语、自然、社会、美术、体育新教材进行培训，每乡（镇）每科选派 1 人参加培训，共培训 315 人。2002—2008 年，该校举办 20 期普通话培训，累计培训 10472 人次。2004 年 10 月，校区搬迁至双水新区。2008 年，该校有教职工 34 人（其中高级职称 9 人，中级职称 9 人，初级职称 12 人）；设校长室、行政办公室、培训处、总务处，财务室。

三、县第三中学

2007 年，建立县第三中学，位于双水新区凉都大道东段南侧水黄高等级公路与六六高速公路交汇处，按全日制普通完全中学建设，属省重点工程建设项目；校园占地 20.53 公顷，设计建筑面积 5 万余平方米、规模 105 个教学班、可容纳学生 8000 人。2007 年 9 月，该校开学招生。2009 年 10 月，县第三中学更名市第八中学。

四、县第二小学

2007 年，建立县第二小学，位于双水新区凉都大道与水黄高等级公路连接处，校园占地 3.4 公顷，建筑面积 4900 平方米，设计办学规模 40 个教学班。2008 年，该校机构健全，功能完备，正常开展教学等活动。

五、县第四小学

1972 年，建立特区第四小学，位于市中心城区明湖路，为特区第二中学的附属小学。1984 年前，该校只有 3 栋改建的小二楼，办学条件较差。1987 年 12 月，特区第四小学改称县第四小学。后来各级政府（多次）和慈善家邵逸夫对该校进行投入，修建 3 栋教学楼，该校发展为市中心城区规模较大，教学设施齐备、教学质量较好的小学。该校及其下属机构曾被评为“全国巾帼文明示范岗”、省文明单位、省“红领巾示范学校”、市“校本教研”示范学校、市“双合格”家庭教育示范学校、市“三八红旗集体”“全国魅力少先队”，该校曾获省“祖国好、家乡美”诗文大赛组织奖，该校教师、学生获国家、省、市、县各级表彰越千人次。2008 年，该校占地 12000 平方米，有教学楼 4 栋（每栋 4 层），微机室、舞蹈室、音乐室、实验室、红领巾广播站、行政办公室、教师办公室齐全，设有 42 个教学班，学生 3445 人，有教师 117 人。

六、市西南计算机学校

2003 年，成立市西南计算机学校，为民办职业技术学校，位于双水新区汽车交易市场旁，开设计算机应用、电子技术、电算会计、电脑文秘、计算机网络、广告设计、室内装潢、武术保安等专业；是年招生 386 人。2004 年，该校招生 889 人，安置 367 人。2005 年，该校招生 912 人，安置 845 人。2006 年，该校招生 678 人，安置 866 人。2007 年，该校招生 1696 人，安置 644 人。2008 年，该校招生 3999 人，安置 1611 人。

七、市千惠职业技术学校

2008 年 5 月 19 日，成立市千惠职业技术学校，为民办职业技术学校，位于双水新区世纪佳苑 3 号综合楼。2008 年，该校有教师 19 人（其中本科学历 3 人、大专学历 13 人，中级职称教师 3 人），招生 118 人，分为美容美发与形象设计、计算机、军事保卫 3 个专业班。

八、市军事技能职业学校

1995 年 11 月 23 日，成立武警六盘水消防支队职业学校，位于六盘水师专旁，校舍面积 2600 平方米，为民办职业技术学校；有教职工 26 人（其中大专以上学历 18 人，中级职称 3 人），学生 167 人，开设武术表演、保安等专业。1998 年 8 月，武警六盘水消防支队职业学校更名市技能指挥学校，与省公安干部学院联合办学，搬迁到钟山区荷城办事处茶叶林停车场旁。2000—2008 年，该校累计招生 1973 人。2004 年 9 月，市技能指挥学校更名市军事技能职业学校，搬迁到水矿集团建安处红岩子弟学校内。2005 年 9 月，市政府批准该校为市全民国防教育培训基地。2006 年 8 月，该校搬迁到双水新区拥军路县人武部院内，为集学历教育、短期培训为一体的军事职业学校。2008 年，该校有教职工 41 人（其中本科学历 9 人、专科学历 9 人，高级职称 1 人、中级职称 7 人），开设计算机应用基础、汽车维修、家用电子技术与维修、武术跆拳道、国防预备役、服装设计与缝纫等专业；课程有文秘、政治、语文、保安、应用文写作、电子技术基础、武术、军事体育等，招生 642 人。

第三章　卫　生

第一节　医疗机构与卫校

一、医疗机构

1970年12月，成立特区卫生局。1980年2月，特区卫生局下辖卫生防疫站、药检所、妇幼保健站。1987年12月，特区卫生局改称县卫生局。2002年7月，县卫生防疫站改为县疾病预防控制中心。2002年12月，成立县卫生监督所，为县卫生局所属正科级事业单位；定事业编制20名（所长1名、副所长1名、正副科长或主任4名、专业技术人员12名、工勤人员2名）；实有职工18人，内设办公室（7人）、业务一科（6人）、业务二科（5人）；借县疾病预防控制中心5间办公室办公，无车辆。2008年，全县有县级医院2个，乡（镇）卫生院33个，县疾病预防控制中心、县卫生监督所、县妇幼保健站各1个，村卫生室313个（每村1个），私人诊所10个，私人药店156个；有专业医卫人员725人（其中高级职称10人、中级职称85人、初级职称579人，执业医师176人、执业助理医师189人、执业护士82人），有村医471人（专科2人、中专342人、小学127人，每人每月补助100元）；有价值万元以上医疗设备49台（CT机1台、X光机15台、B超机12台、彩超机1台、生物安全柜1个、麻醉机1台、全自动血球仪1台、半自动生化分析仪2台、人工呼吸机2台、电解质分析仪13台），大多分布在县直医疗机构；有医疗业务用房40811平方米（县级医疗机构14949平方米、乡和村25862平方米）。

1978—2008年，县（特区）境内医疗机构见表16-3-1。

1978—2008年水城县（特区）境内医疗机构统计表

表16-3-1　　单位：个

年度	医院		乡镇卫生院	药检所	防疫站	妇幼保健站	年度	医院		乡镇卫生院	药检所	防疫站	妇幼保健站	私营	
	县级以上	区镇						县级以上	区镇					诊所	药店
1978	12	12	121	2	2	2	1985	14	13	112	2	3	2	—	—
1979	12	12	121	2	2	2	1986	15	13	112	2	3	2	—	—
1980	13	12	121	2	2	2	1987	17	13	111	2	3	2	—	—
1981	11	12	121	2	2	2	1988	2	10	98	1	1	1	—	—
1982	12	18	110	2	2	2	1989	2	10	98	1	1	1	—	—
1983	12	18	110	2	2	2	1990	2	10	98	1	1	1	—	—
1984	12	13	112	2	2	2	1991	2	10	98	1	1	1	—	—

续表 16-3-1　　　　单位：个

年度	医院		乡镇卫生院	药检所	防疫站	妇幼保健站	年度	医院		乡镇卫生院	药检所	防疫站	妇幼保健站	私营	
	县级以上	区镇						县级以上	区镇					诊所	药店
1992	2	—	33	1	1	1	2001	2	—	33	1	1	1	—	—
1993	2	—	33	1	1	1	2002	2	—	33	—	1	1	—	12
1994	2	—	33	1	1	1	2003	2	—	33	—	1	1	—	121
1995	2	—	33	1	1	1	2004	2	—	33	—	1	1	—	126
1996	2	—	33	1	1	1	2005	2	—	33	—	1	1	13	136
1997	2	—	33	1	1	1	2006	2	—	33	—	1	1	7	147
1998	2	—	33	1	1	1	2007	2	—	33	—	1	1	9	156
1999	2	—	33	1	1	1	2008	2	—	33	—	1	1	10	156
2000	2	—	33	1	1	1									

说明：1978—1987 年包括境内厂矿医疗机构，1978—1991 年“乡镇卫生院”为小乡卫生院

二、县（特区）卫校

1986 年 5 月，成立特区卫生学校。1987 年 12 月，特区卫生学校改称县卫生学校，位于市区荷泉路 77 号。1992 年，县卫生学校改称县卫生职业技术学校，属医药类职业高级中学，学制 3 年，隶属县卫生局。2008 年，县卫生职业技术学校占地 0.33 公顷，有业务用房、生活用房和其他用房共 1200 平方米、体育场地 948 平方米，有生活工作用车及各学科教学模型等设备；有教师 11 人（专职教师有 5 人、兼职教师 6 人，高级职称 3 人、中级职称 8 人），其他工作人员 3 人。

1988—2004 年，县卫生学校招生人数见表 16-3-2。

1988—2004 年水城县卫生学校招生人数统计表

表 16-3-2

招生时间（年）	学制	培训类别	人数	招生时间（年）	学制	培训类别	人数
1988	1 年	乡村医生	68	1997	3 年	医士	59
1989	2 年	医士	78	1998	3 年	医士	60
1991	1 年	乡村医生	60	1999	3 年	医士	58
1993	1 年	乡村医生	60	1999	1 年	乡村医生中专培训	30
1994	2 年	医士	80	2000	1 年	岗前、中专培训	114
1994	3 个月	岗前培训	60	2001	3 个月	岗前、中专培训	66
1995	3 年	医士	89	2001	1 年	乡村医生中专培训	50
1996	3 年	医士	60	2002	1 年	乡村医生中专培训	84
1996	3 个月	岗前培训	200	2003	1 年	乡村医生中专培训	144
2004	2 个月	中专水平考前培训	153	合计	—	—	1573

第二节　防　疫

一、卫生防疫

1978 年，特区防疫站有办公楼 1 栋，面积 1000 平方米。1978—2008 年，县（特区）防疫工作由“早发现、早治疗”的单一做法，逐步过渡到病例发生后，根据不同情况进行全面流行病学调查，分析、查找原因，制定相应的防治方案，采取综合措施进行防治，有效控制传染病传染。1988 年，县防疫站有 7 个科室、职工 45 人；建冷链及检验楼 1 栋、400 平方米，配备检验、冷链、X 光等设备。2001 年和 2002 年，县卫生防疫站连续获省消灭脊髓灰质炎工作先进集体。2006 年，县疾病预防控制中心获省结核病防治先进集体。2007 年，县免疫规划综合审评名列全省第一，县获省免疫规划先进县。2008 年，各乡（镇）疫情报告能做到准确、及时，疫情管理有条不紊。2008 年 6 月 19 日，县赴四川抗震救灾防疫医疗队在队长王家奎、副队长唐元明的带领下，到达四川省彭州市磁峰镇，对灾民进行健康教育宣传 1500 余户次，搜索灾民 5500 余户次，监测水样 150 余个，进行帐篷及周围环境消毒 2 万多平方米、垃圾堆消毒 100 余个；指导其他人员进行帐篷及周边环境消毒 87580 平方米、厕所消毒 700 余个次；责任辖区内无传染病发生；县疾病预防控制中心被省卫生厅表彰为抗震救灾防疫医疗卫生先进集体，王家奎、韩立荣、惠泽军、金城海被省卫生厅表彰为抗震救灾防疫医疗卫生先进个人。

二、传染病

经过近 30 年有效防治，曾长久在县（特区）发生危害的疟疾、麻疹、百日咳、脊髓灰质炎、流感、白喉等传染病得到有效控制。1998—2003 年，全县百日咳发病 103 例，无死亡；麻疹发病 686 例，死亡 8 人；乙脑发病 61 例，死亡 4 人；流感发病 26 例，死亡 1 人；疟疾发病 10 例，无死亡；炭疽发病 27 例，无死亡。1998—2008，县传染病年总发病率均控制在 3‰以下，死亡率降到 1% 以下；除艾滋病、性病、手足口病明显上升外，痢疾、腹泻、乙肝、伤寒等乙类传染病均有不同程度下降，集中暴发点减少，死亡率下降；白喉、脊髓灰质炎连续 10 年无病例发生。2003—2007 年，全县百日咳发病 70 例，无死亡；麻疹发病 724 例，无死亡；乙脑发病 105 例，死亡 4 人；流感发病 24 例，死亡 6 人；疟疾发病 8 例，无死亡；炭疽发病 15 例，无死亡。

三、地甲病防治

1982 年 8 月，为探索境内地甲病（地方性甲状腺肿）发病分布情况，特区按上级卫生防疫部门的统一调查方案，采用东、西、南、北、中布局选点，在顺场、湾子、凤凰、俄脚、发耳、立火、米箩，猴场、白腻 9 个公社，共调查 5461 户、30781 人，查出甲状腺肿 147 人，平均患病率为 0. 48%，发射公社最高（为 0. 94%）；认定特区不属于地甲病区范围，不需特殊服药，主要措施是推广加碘食盐。此后，县（特区）范围均推广服用碘盐。卫生防疫站重点对盐业部门进行长期的抽样检验，每年对各乡（公社）集中市场食盐零售摊点做不定期采样检测，年平均抽样 200 份以上，样品检测合格率均在 95% 以上。2007 年，对 5 个乡（镇）中心小学 8～10 岁学生 400 人进行甲状腺触诊检查，甲状腺Ⅰ度肿大6人，肿大率为1.5%；从中随机抽取200名学生尿检和家中食盐监测，200份家中碘盐合格198份。

四、地氟病防治

地氟病即地方性慢性氟中毒，造成人身骨软化畸形，严重危害人体健康。县（特区）农村多数农户取暖、做饭用煤炭为燃料，食用主粮也用煤炭烘烤，常年吸食大量氟化物，易慢性氟中毒。1985年3月，特区对乡政府所在地学校8～15岁学生进行氟斑牙检查和氟中毒因素调查，氟斑牙率为67.9%；较高的米箩为81.6%、南开为81.1%、杨梅为74.47%，较低的龙场为56.6%、玉舍为52.6%、铁路小学为46.5%、水城矿务局为28.99%、煤矿设计院为25.12%。1988年，特区对滥坝区茨冲乡、大河区以德乡进行氟骨症病例抽样调查，发生率茨冲为2.8‰（茨冲村调查200人，铝氟联合中毒患病率高达5%）、以德为1.7‰；从调查资料分析，境内氟中毒重点分布在农村，主要为常年吃烟熏主粮和敞炉取暖的村民；减少发病应尽量减少对粮食的煤炭烘烤，保持室内通风，实行改灶防氟。1985年，特区在大河、滥坝进行改灶防氟试点，家用敞灶火改为封闭式铁灶240户，随后在其他乡、村推广。1985年3月，特区对各乡所在地学校8～15岁的学生氟斑牙和氟中毒因素进行调查。1986年，特区对1000人作氟骨症发病情况检查。2008年，全县33个乡（镇）地氟病分布为：非病区乡1个（花戛乡），轻病区乡8个（比德乡、保华乡、勺米乡、玉舍乡、都格乡、董地乡、发箐乡、阿戛乡），中病区乡13个（纸厂乡、鸡场乡、杨梅乡、营盘乡、发耳乡、双戛乡、化乐乡、红岩乡、猴场乡、蟠龙乡、盐井乡、坪寨乡、龙场乡），重病区乡（镇）11个（南开乡、青林乡、金盆乡、木果乡、陡箐乡、米箩乡、新街乡、顺场乡、野钟乡、果布戛乡、滥坝镇）。

2005年，县政府成立地方性氟中毒防治工作领导小组，防氟改灶工作全面展开。2005—2010年，全县利用中央财政专项资金共改炉改灶159000户，全县防氟改灶工作基本完成。2006年，在滥坝镇、阿戛乡、纸厂乡和营盘乡共13个村改灶5000户，受益22725人。2007年，在阿戛乡、红岩乡、鸡场乡、玉舍乡、纸厂乡、营盘乡、都格乡、发耳乡共48个村改灶20000户，受益82349人。2008年，在阿戛乡、猴场乡、保华乡、米箩乡、玉舍乡、杨梅乡、发耳乡、龙场乡、顺场乡、果布戛乡共54个村改灶25000户，受益90187人。

五、麻风病防治

麻风病，俗称“癞子”，新中国建立前，认为是不治之症，病人受到严重歧视与迫害，县（特区）属于麻风一类县。1956年，县政府在龙场区建立麻风村（与外界隔离）收治麻风病人，以DDS单疗为主。1956—2008年，县（特区）累计发现麻风病人333例，绝大多数在麻风村治愈。1985年，麻风村改为特区皮肤病防治站（搬迁到市中心城区），麻风病防治改为家庭疗法，以DDS、RFP、B663联合化疗；1986年采用WHD－MDY－MB方案治疗。1987年11月30日，特区被评为全国麻风病防治先进单位。1987年12月，特区皮肤病防治站改称县皮肤病防治站。1989年，县皮肤病防治站站长邓朝忠获国家卫生部首届“马海德基金”奖。2002年，县皮肤病防治站撤销，麻风病防治由县疾病预防控制中心承担。2008年，全县有麻风病例7人。

六、结核病防治

结核病人若不进行彻底治疗，病程长，传染性增加。县（特区）结核病人及带菌人群均较多，病人不主动就医，卫生部门不易发现。2003 年 4 月，县结核病防治项目启动后，国家拨专款对全县结核病人免费治疗。2003 年 4 月 25 日至 2012 年 12 月，对全县 33 个乡（镇）全面进行调查，经过胸透、胸片、痰检、体检，共发现结核病人 8117 人（初治涂阳病人 2480 例、复治涂阳病人 402 例、初治重症涂阴病人 578 例、涂阴病人 4468 例，未查痰、结核性胸膜炎、肺外结核共 189 人）。根据检查统计，男性发病多于女性，青壮年发病多于儿童和老年人。

七、抗击非典

2003 年，国内部分省发生“非典”，县设立定点医院，抽出大量医务人员配合公安、交警、民政等部门在车站等主要进出口要道设立卡点，对外出打工、出差返县人员全部进行盘查和医学检查；有发热、咳嗽、咽部不适等上呼吸道症状者，一律送定点医院留检、隔离，进行医学观察一段时间后才能回家。全县未发生“非典”病例（全省均未发生）。

八、计划免疫

1977 年后，特区开展大规模的麻疹疫苗普种，各种生物制品的接种人数逐年增加。1984 年起，特区实行儿童计划免疫工作，国家在专项经费、生物制剂、冷链器材等方面大量投入；是年特区儿童接种卡介苗 1327 人，接种麻疹减毒活疫苗 174 人，接种流脑减毒活疫苗 383 人，儿童口服小儿麻痹糖丸 320 人。1984—2008 年，县（特区）通过卫生防疫人员的长期宣传和实行儿童计划免疫工作，农村村民对预防注射，从被动接受到主动要求。1988 年，县达到国家规定四苗覆盖 85% 的要求。

1993—2008 年，全县主要计划免疫制品接种情况见表 16－3－3 和表 16－3－4、表 16－3－5。

1993—2002 年水城县主要计划免疫制品接种统计表

表 16－3－3　　　　单位：人次

年度	卡介苗		脊灰疫苗（全程）		百白破（全程）		麻疹疫苗	
	实种数	接种率%	实种数	接种率%	实种数	接种率%	实种数	接种率%
1993	9845	94.43	8534	95.33	8590	95.32	8401	94.21
1994	10599	93.95	10059	95.46	10030	96.18	9710	95.39
1995	12608	93.56	11534	96.21	11324	96.25	11082	95.07
1996	13005	93.77	12633	97.18	12432	96.53	12266	95.41
1997	14225	95.77	13840	97.18	13856	97.24	13506	96.8
1998	13632	96.78	14151	97.57	14154	96.98	13799	96.44
1999	11522	96.26	12023	95.11	12209	97.29	12508	96.95
2000	11561	96.34	10725	98.3	10531	98.03	10229	97.34
2001	11497	96.73	11435	98.54	11294	98.45	11153	97.9
2002	10698	96.86	10757	98.4	10649	98.14	10695	97.3

2003—2005 年水城县主要计划免疫制品接种统计表

表 16－3－4　　　　单位：人次

2003 年			2004 年			2005 年		
卡介苗	实种数	9838	卡介苗	实种数	8123	卡介苗	实种数	6300
	接种率%	96.57		接种率%	96.8		接种率%	95.92
脊灰疫苗（全程）	实种数	10138	脊灰疫苗（全程）	实种数	8680	脊灰疫苗（全程）	实种数	7332
	接种率%	98.21		接种率%	97.99		接种率%	99.01
百白破（全程）	实种数	10146	百白破（全程）	实种数	8651	百白破（全程）	实种数	7412
	接种率%	98.07		接种率%	97.19		接种率%	98.75
麻疹疫苗	实种数	10100	麻疹疫苗	实种数	8688	麻疹疫苗	实种数	6561
	接种率%	97.93		接种率%	98.02		接种率%	98.03
乙肝全程	实种数	2086	乙肝全程	实种数	10250	乙肝全程	实种数	6034
	接种率%	95.86		接种率%	98.24		接种率%	97.68

2006－2008 年水城县主要计划免疫制品接种统计表

表 16－3－5　　　　单位：人次

2006 年			2007 年			2008 年		
卡介苗	实种数	6386	卡介苗	实种数	6985	卡介苗	实种数	6240
	接种率%	98.72		接种率%	95.29		接种率%	98.8
脊灰疫苗（全程）	实种数	6135	脊灰疫苗（全程）	实种数	6982	脊灰疫苗（全程）	实种数	6267
	接种率%	99.4		接种率%	98.75		接种率%	99.16
百白破（全程）	实种数	5941	百白破（全程）	实种数	6861	百白破（全程）	实种数	3961
	接种率%	98.98		接种率%	98.65		接种率%	98.21
麻疹疫苗	实种数	6029	麻疹疫苗	实种数	6694	麻疹疫苗	实种数	14066
	接种率%	99		接种率%	98.35		接种率%	98
乙肝全程	实种数	5602	乙肝全程	实种数	6028	乙肝全程	实种数	5907
	接种率%	99.54		接种率%	98.37		接种率%	99.28
乙脑疫苗	实种数	2829	乙脑疫苗	实种数	4983	乙脑疫苗	实种数	8063
	接种率%	95.61		接种率%	98.05		接种率%	91.9
流脑疫苗	实种数	2480	流脑疫苗	实种数	3529	流脑疫苗	实种数	4830
	接种率%	91.4		接种率%	99.16		接种率%	97.91

第三节　医院与医疗

一、县（特区）医院

1956 年，县卫生院改建为县人民医院，有病床 25 张、职工 11 人。1970 年，县人民医院改称特区人民医院。1977 年，特区人民医院门诊搬迁至八家寨，门诊和住院部集中于八家寨片区。1980 年，特区人民医院科室设置完善，成为集医、教、研一体的医疗服务中心和医疗技术培训中心。1980—1984年，特区人民医院修建放射科、传染病科、手术室等业务用房共1500平方米。1986年，特区人民医院有职工254人，其中卫生专业技术人员194人（高级职称60人，中级职称88人，初级职称44人），有床位200张，全年门诊112000人次，住院病人4020人次。1987年12月，特区人民医院改称县人民医院（简称县医院）；技术骨干大量调往县中医院和市人民医院，业务量严重下滑，之后处于瘫痪状态10年。1997年3月，县政府对县医院进行整改，由县卫生局副局长邓彦维任县医院管理领导小组组长。1997年10月，公开选拔县医院领导班子成员，恢复各科室；添置300MAX光机、血红蛋白仪、B超机、牙科综合治疗机、尿十项分析仪、救护车、麻醉机、综合手术床、新生儿暖箱、综合产床各1台，九孔无影灯721分光光度计、自动心电图机各2台。2000年，县医院住院楼工程列为国家对贫困县医院的扶贫项目，在双水开发区划拨17533平方米建设用地，规划修建住院楼、门诊楼、传染病区、食堂及排污处理站。2004年6月，在双水新区动工建设县医院传染病区。2005年9月，县医院从钟山区八家寨迁至双水新区。2005年10月，县医院传染病区楼竣工。2006年5月，县医院被确定为县新型农村合作医疗定点医院。2007年5月，县医院门诊楼开工建设，次年主体（4450平方米）竣工。2007年9月，省劳动保护科学技术研究院将县医院列为职业病体检定点医院。2007年11月，县人事劳动与社会保障局批准县医院为工伤保险定点医院。2008年，县医院有编制床位200张，开放床位150张，设有内、外、妇、儿、传染、五官、中医、针刀、肛肠、检验、CT、放射、B超、心电图、病理等临床科室；肛肠科、针刀科在全市处于领先地位。

1997—2008年，县医院人员情况见表16－3－6，业务量见表16－3－7。

1997—2008年水城县医院人员统计表

表16－3－6　　单位：人

年度	专业人员	高级职称	中级职称	初级职称	年度	专业人员	高级职称	中级职称	初级职称
1997	121	3	13	115	2003	108	2	12	94
1998	118	3	12	103	2004	118	2	14	102
1999	127	3	12	112	2005	142	1	14	127
2000	129	3	14	112	2006	145	1	15	129
2001	125	2	14	109	2007	135	1	13	121
2002	112	2	14	96	2008	129	2	10	117

2001—2008年水城县医院业务量统计表

表16－3－7

年度	床位	门诊人次	住院人次	业务收入（万元）	年度	床位	门诊人次	住院人次	业务收入（万元）
2001	200	2562	68	59	2005	200	3237	312	170
2002	200	2671	71	73	2006	200	4237	423	292
2003	200	2693	77	75	2007	200	6325	516	382
2004	200	2811	82	91	2008	200	8671	582	480

二、县（特区）中医院

1985年12月22日，成立特区中医院。1986年，特区中医院有中医和西医内科门诊、8张观察床，有职工37人（其中中级职称2人），年诊疗2.3万人次，业务收入18万元。1986年7月19日，明确特区中医院为正科级事业单位。1987年12月，特区中医院改称县中医院。1992年2月19日，县中医院开工修建门诊大楼，总投资50万元。1996年，县中医院谢志刚的论文《水城特区异常蛋白流行病学研究》获科技学术成果三等奖。1996年4月21日，县中医院院长罗庆华的论文《三百例肾炎的诊治和体会》获第三世界传统医学大会世界传统医学优秀成果大奖赛优秀成果奖，并受邀出席在美国召开的颁奖大会，被大奖赛组委会授予百名医药民族之星称号。1996年6月，县中医院门诊大楼落成并开诊。1996年10月，县中医院程友福的论文《中西医结合治疗肝硬化腹水51例》获美国洛杉矶"国际老年医学学术研讨会"金杯奖。1999年，县中医院邱程远的论文《民间秘传中草药治疗高血压病21例》被"99香港国际医学新进暨名医论坛大会"评为优秀论文，并受邀出席大会，获国际医学成就奖。2002年9月10日，县中医院邱程远的论文《中西医结合治疗甲乙丙型急性黄疸性肝炎23例观察》被中国科协专家学术委员会评为优秀学术成果二等奖。2008年，县中医院设有中医内科、骨伤专科、肛肠科、针灸理疗微创专科、风湿骨关节病专科、妇科、五官科、口腔科、西医内儿科、外科、体外震波碎石专科，检验科、放射科、B超室、心电图室、脑电图室等；配置有法国康强880彩色B超机、日本东芝220型B超机、400毫安X光机，移动式X光摄片机、牙科综合治疗机、牙科手机压力灭菌消毒机、裂隙灯显微镜、眼底镜、超思心电监护仪、CMS900心电监护仪、日本光电全自动血球仪、全自动电解质分析仪、动态心电分析系统、动态血压分析系统、多参数四床遥测、高频电刀、A－6半自动生化分析仪、酶标分析系统、彩色脑电图仪、体外震波碎石机、中药煎药机、心电图仪、全功能麻醉机、微波治疗仪、红外线乳腺诊断仪、三维颈腰椎牵引床及全电脑控制肛肠综合检查设备；有职工108人（其中副高级职称7人，中级职称27人）；有病床102张，年诊疗39567人次，业务收入760万元。截止2008年，县中医院临床医务人员先后在国内外刊物上发表学术论文80余篇。

1986—2008年，县（特区）中医院人员情况见表16－3－8，业务量见表16－3－9。

1986—2008年水城县（特区）中医院人员统计表

表16－3－8　　单位：人

年度	专业人员	高级职称	中级职称	初级职称	年度	专业人员	高级职称	中级职称	初级职称
1986	37	—	2	35	2005	109	6	24	63
2001	110	4	18	69	2006	107	6	26	61
2002	112	5	21	67	2007	107	7	27	60
2003	113	5	22	66	2008	108	7	27	63
2004	111	5	24	65					

2000—2008 年水城县中医院业务量统计表

表 16-3-9　　　　　　　　　　　　　　　　　　　　　　　　　　单位：人

年度	床位	门诊人次	住院人次	业务收入（万元）	年度	床位	门诊人次	住院人次	业务收入（万元）
2000	102	14500	714	410	2005	102	16670	820	638
2001	102	15800	879	480	2006	102	28960	910	649
2002	102	15630	864	467	2007	102	37220	1115	719
2003	102	16405	926	510	2008	102	38450	1117	760
2004	102	15600	875	597					

三、乡村医疗

1979 年，全特区公社卫生院有卫生员 258 人，558 个大队有卫生员 508 人、“赤脚医生”214 人。1980—1986 年，部分公社卫生院修建房屋，设置病床，配备手术器械包；特区卫生局多次组织公社卫生院职工培训，考试合格者颁发乡村卫生员证；绝大多数公社卫生员能处理多发病、常见病，部分公社卫生员对脑水肿、心衰、呼衰等危重病能及时处理、抢救。1986—1994 年，县（特区）投入资金 201 万元，对 24 个乡级卫生院进行改扩建，总面积 9220 平方米。1992 年，10 个区医院改为乡（镇）卫生院，另建 23 个乡卫生院。2000 年，县申请国家扶贫资金 90 万元，建成村级卫生室 30 个，总面积 1500 平方米。2001—2007 年，县投入资金 1719.7 万元修建 33 个乡（镇）卫生院，总面积 3259 平方米；投入资金 65 万元建成村卫生室 42 个，总面积 2000 平方米。2005 年，县投入 23.4 万元培训乡（镇）传染病主检医生 33 名、村医 400 名。2006 年，县投入 23.07 万元培训乡（镇）卫生院业务技术骨干 33 人、村医 350 名。2007 年，县投入 5.58 万元培训乡（镇）、村医生 350 人。2007 年 4 月，县实施国家“农村卫生服务体系建设项目”，投入国债资金 75 万元、自筹资金 209.29 万元，改建龙场、发耳 2 个乡卫生院业务用房共 4103 平方米。2007 年 8 月，县投入国债资金 1050 万元、配套资金 213 万元，开工改建 29 个乡（镇）卫生院，总面积 17050 平方米。2008 年，县投入 8.5 万元培训乡、村医生 160 人；培训后的乡、村医生，一般能承担农村防病治病任务，成为农村医疗保健的骨干力量；全县乡（镇）卫生院编制床位 298 张，实有床位 345 张，门诊 228511 人次，入院 25336 人，出院 24230 人，实际开放总床日 125172 天，实际占用总床日 72296 天，医疗总收入 17351 万元。

第四节　妇幼保健

1974 年 10 月，地区卫生局拨款 2 万元，特区卫生局拨款 1 万元，为特区妇幼保健站修建 1 栋 300 平方米的办公楼，特区妇幼保健站有职工 15 人。1978 年，特区妇幼保健站设妇女保健组、儿童保健组、门诊组、病房组、宣传组，有分娩室、妇检室、人流室、药剂室、供应室、治疗室、检验室、X 光室；病房设床位 20 张（实际开放 10 张）。1978 年后，特区建设妇幼保健网；公社卫生院建立妇产室、设简易产床，大队配接生员，提倡新法接生、住院分娩；对农村 13 万育龄妇女开展以子宫脱垂为重点的妇科普查。1979 年儿童节，对全特区 50% 的 12 岁以下儿童进行免费驱虫，对 20% 的

7 岁以下儿童进行体检，治疗疾病。1982 年，特区用上托法治疗子宫脱垂病人 364 人次，为 12 人进行修补术，治疗尿瘘 3 人。1986 年，特区妇幼保健站有四头无影灯 1 台、紫外线灯 1 台、分析天平 1 台、显微镜 1 台、简易产床 4 张、电冰箱 3 台、手摇电动离心机 1 台。1987 年，特区儿童体检 2119 人次，查出佝偻病 128 人，缺铁性贫血 107 人；培训村级接生员 317 人，村级配备产包；多数区卫生院和接生员能作产前检查，能计算预产期，对横位倒转、胎盘滞留、产后出血、新生儿急救等能作一般处理。1987 年 12 月，特区妇幼保健站改称县妇幼保健站。

1988 年，县妇幼保健站有职工 30 人（其中医师 5 人、医士 4 人、主管护师 1 人、护士 5 人、助产士 6 人、检验士 1 人、初级卫生人员 3 人）。1990 年，县妇幼保健站有四头无影灯、紫外线灯、分析天平、综合产床、电冰箱、电动离心机等设备；有职工 29 人，其中卫生技术人员 26 人（主治医师 4 人、医师 3 人、护师 5 人、检验师 1 人、医士 6 人、助产士 1 人、初级卫生人员 6 人）；全县有农村初级妇幼保健员 138 人；开展儿童体检 2000 人次，对托幼儿童建立健康卡片，实行规范化管理。1991 年，县实施“加中儿童健康基金会受灾儿童健康援助项目”。2000—2008 年，县启动世界银行贷款卫生项目妇幼卫生子项目，投入资金 221.52 万元（其中设备 1243 台件、价值 103.73 万元），救助孕产妇 1109 人、5 岁以下贫困儿童 4137 人，减免医药费 29.87 万元。2001 年 4 月，县初级卫生保健经省级验收合格。2004 年 12 月，县妇幼保健站被省卫生厅、省妇女儿童工作委员会、省财政厅评为先进集体。2004—2008 年，县实施降低孕产妇死亡率和消除新生儿破伤风项目，中央、省、市投入资金 322.65 万元的，县财政配套 6 万元；县医疗保健机构配备 408 台件（价值 39.47 万元）产儿科设备，减免农村孕产妇住院分娩费用 161.88 万元（5400 个家庭受益）。2005 年 12 月，县新一轮初级卫生保健工作经省级验收合格。2008 年，县妇幼保健站内设办公室、财务室、“三网监测”办公室、分娩室、妇检室、人流室、门诊室、药剂室、供应室、治疗室、检验室、X 光室、B 超室、预防接种室、手术室，有病床 15 张，有麻醉机、手术床、新生儿辐射台、新生儿暖箱、综合产床、心电监护仪、妊高征监测仪、制氧机、蓝光治疗仪、B 超机、尿液分析仪、血细胞分析仪、电动离心机、显微镜、半自动生化仪、电冰箱、多普勒胎心听诊器、200 毫安 X 机等设备；有职工 25 人，其中卫生技术人员 18 人（主治医师 2 人、医师 7 人、护师 2 人、检验士 2 人、医士 3 人、助产士 1 人、药剂士 1 人），管理人员 3 人，工勤人员 4 人；全县孕产妇死亡率为 70/10 万，婴儿死亡率为 16.51‰，5 岁以下儿童死亡率为 17.91‰。

第五节 卫生监督

1978—2002 年，县（特区）卫生监督由卫生局、防疫站、爱国卫生运动委员会及其办公室共同实施。1978 年，要求各单位经常打扫环境卫生，特区爱国卫生运动委员会办公室组织有关单位对卫生进行突击检查。1979 年，特区组织国庆卫生大扫除，受到市卫生检查团嘉奖；特区防疫站首次对城区 22 个饮用水源和 1 个工业污水排放点进行检查，提出防治水源污染的建议，受到有关部门重视；特区防疫站对城区的 119 家饮食服务单位进行卫生检查，查封 6 家饮食店，责令 15 家小饮食店限期改进卫生设施。1981 年，特区城区参加义务劳动 3431 人次，清扫 11.4 万平方米、22 个厕所，清除垃圾19.98万千克，疏通污水沟0.23万米，填平水坑38个。1984年，农村卫生人员首次对全特区9808个水源进行普查，其中8690个受不同程度的污染；特区防疫站对特区第四小学的581名学生进行健康调查，对3879名中学生进行体检并建立健康档案。1984—1990年，县（特区）共清除垃圾59475.5万千克，疏通阴沟48590米；但老城、场坝和农村仍存在“脏、乱、差”现象。1985年起，特区防疫站不断对食品从业人员进行培训，每年对食品从业人员进行1次健康体检，合格者发给卫生合格证；特区卫生局加强学校卫生监督，要求学校每年对学生进行体检。1987年起，特区参加全省十城市卫生达标竞赛活动，连续3年获总分第一。1990年，全县学生体检5861人次。

2003—2008年：县学校卫生监督见表16-3-10，放射卫生监督见表16-3-11，食品卫生监督见表16-3-12，公共场所卫生监督见表16-3-13，医疗卫生机构监督见表16-3-14，职业卫生监督见表16-3-15，集中式生活饮用水卫生监督见表16-3-16。

2003—2008年水城县学校卫生监督情况统计表

表16-3-10

年度	学校数（所）	监督学校数（所）	监督覆盖率%	监督检查情况		
				监督检查所次数	合格所次数	合格率%
2003	379	280	73.88	658	544	82.67
2004	391	280	71.61	664	553	83.28
2005	435	280	64.37	686	582	84.84
2006	436	280	64.22	718	602	83.84
2007	432	300	69.44	738	639	86.59
2008	430	300	69.77	788	658	83.5

2003—2008年水城县放射卫生监督情况统计表

表16-3-11

年度	诊疗机构数（个）	监督数（个）	监督覆盖率%	监督检查情况			卫生行政处罚情况	
				检查家次	合格家次	合格率%	处罚家数	警告家数
2003	15	15	100	28	22	78.57	6	6
2004	15	15	100	30	22	73.33	8	8
2005	16	16	100	35	30	85.71	5	5
2006	16	16	100	35	31	88.57	4	4
2007	16	16	100	32	25	78.13	7	7
2008	18	18	100	33	27	81.82	6	6

2003—2008年水城县食品卫生监督情况统计表

表16-3-12

年度	生产经营户数	监督户数	监督检查情况		卫生行政处罚情况				培训从业人员（人）
			检查户次数	合格户次	处罚（户）	警告（户）	罚款（户）	罚款（元）	
2003	987	938	2808	2666	142	132	10	1300	1280
2004	1231	1167	3495	3327	168	153	15	2000	1382
2005	1282	1276	3783	3627	176	156	20	2800	1555
2006	1291	1288	3828	3656	172	144	28	5700	1586
2007	1058	1058	7557	6675	882	858	24	3750	1323
2008	1774	1774	6892	6772	120	100	20	3000	2336

2003—2008年水城县公共场所卫生监督情况统计表

表16-3-13

年度	生产经营户数	监督户数	监督检查情况		卫生行政处罚情况				培训从业人员（人）
			检查户次数	合格户次	处罚（户）	警告（户）	罚款（户）	罚款（元）	
2003	75	72	216	179	19	19	—	—	145
2004	88	85	255	239	16	16	—	—	168
2005	92	90	322	302	20	18	2	100	176
2006	93	91	356	338	18	17	1	50	178
2007	126	124	476	433	43	42	1	50	288
2008	129	127	508	475	33	31	2	100	293

2003—2008年水城县医疗卫生机构监督情况统计表

表16-3-14

年度	医疗卫生机构数	监督数	监督覆盖率%	监督检查情况			卫生行政处罚情况			
				检查家次数	合格家次数	合格率%	处罚家数	警告家数	罚款家数	罚款（元）
2003	348	348	100	624	578	92.63	46	38	8	25000
2004	352	352	100	660	618	93.64	42	36	6	20000
2005	356	356	100	654	615	94.04	39	34	5	15000
2006	358	358	100	658	593	90.12	65	44	21	17300
2007	358	358	100	662	626	94.56	36	19	17	30200
2008	360	360	100	672	634	94.35	38	35	3	9000

2003—2008 年水城县职业卫生监督情况统计表

表 16—3—15

年度	监督户数	监督检查情况			卫生行政处罚情况			
		检查家次数	合格家次数	合格率%	处罚家数	责令整改或警告家数	罚款家数	罚款（元）
2003	50	250	206	82.4	44	44	—	—
2004	52	260	228	87.69	32	32	—	—
2005	23	138	119	86.23	19	19	—	—
2006	30	168	146	86.9	22	18	4	11000
2007	41	246	221	89.84	25	25	—	—
2008	50	286	248	86.71	38	36	2	6000

2003—2008 年水城县集中式生活饮用水卫生监督情况统计表

表 16－3－16

年度	供水单位	监督数	持证户数	监督检查情况		培训从业人员	
				检查户次数	合格率%	培训（人）	合格（人）
2003	1	1	1	4	100	8	8
2004	1	1	1	4	100	8	8
2005	2	2	2	10	100	14	14
2006	2	2	2	10	100	14	14
2007	2	2	2	10	100	15	15
2008	2	2	2	12	100	17	17

第六节　食品药品监督管理

一、机构

1978—1996 年，县（特区）食品药品监督管理职能由卫生部门履行。1997 年 3 月 27 日，成立县药品检验所，有职工 3 人，在市区保健巷办公。2002 年，成立县药品监督管理局。2004 年 2 月，县药品监督管理局改为县食品药品监督管理局，加挂县食品药品监督管理稽查局牌子。

二、监督管理

1982 年，特区卫生局对城区开业诊所的中西医生进行考核，向合格者颁发营业执照；各级医疗单位全面清理、销毁、停用卫生部公布淘汰的 120 余种药品。1984 年，特区执行《中华人民共和国药品管理法》，药品管理纳入法制轨道。1985 年，特区公安、司法、物价等部门配合卫生部门查禁、销毁伪劣或淘汰药品114种，伪劣中药材51种，总价值8.7万元。1985年11月，特区卫生局与市卫生局联合举办中西医经营训练班，发给9个国营单位和36名个体户药品经营许可证。1986年，特区卫生局根据法律及《中华人民共和国药品管理法实施办法》进行药品管理，查处伪劣药品。

1988—1990年，全县卫生部门共出动123人次，对区、乡医疗单位药品进行检查，当众销毁淘汰药品77种，价值4812元。1990年，县卫生局任命县、区药品检查员35名，在县医院、县中医院成立药事委员会，在全县建立药品质量监督网。1990年底，成立县治理整顿医药市场领导小组，下设办公室，对全县32个开业诊所和药店进行药品质量检查和相关证件核查，取缔无证经营户6家，对5户违法经营户进行罚款。1991—1995年，县卫生部门出动202人次，检查药品批发企业与零售商225户次，查获并销毁53个品种的伪劣药品。

2005年，在县食品安全协调委员会组织下，县食品药品监督管理局、县质量技术监督局、县工商局、县农业局、县畜牧局、县卫生监督所等单位，对顺场乡各中小学校长、卫生联络员及餐饮服务人员进行为期2天的食品安全知识培训；结合全县食品安全形势，学习国家和省有关食品安全的法律法规和市、县有关食品安全的规定。

2008年12月24日，县食品药品监督管理局组织双水片区各个药品经营企业的负责人和滥坝镇卫生院的人员，在双水购物广场旁举行“安全用药、健康相伴”为主题的宣传活动；向群众宣传安全用药、假劣药品识别、非药冒充药品等方面的基本知识，发放宣传页600余份，宣传画70余幅，接受咨询100余人次。

第七节　医疗救助

一、少数民族和极贫户医疗费减免

1979—2008年，县（特区）多渠道筹集资金，尽力为少数民族和极贫户减免医疗费，具体情况见表16－3－17。

1979—2008年水城县（特区）少数民族和极贫户医疗费减免情况统计表

表16－3－17

年度	减免金额（元）	年度	减免金额（元）	年度	减免金额（元）	年度	减免金额（元）	年度	减免金额（元）
1979	32469	1983	40983	1987	26913	2001	110	2005	1897
1980	23103	1984	20702	1988	22818	2002	230	2006	25082
1981	36731	1985	27505	1989	33718	2003	570	2007	32987
1982	16610	1986	28916	1990	25413	2004	764	2008	51086

二、新型农村合作医疗

1973年，特区政府在玉舍和龙场2个区推行农村合作医疗，1981年停止。2004年，县卫生局在玉舍、龙场2乡进行新型农村合作医疗（简称新农合）试点；玉舍乡参合18928人，参合率60%，龙场乡参合14500人，参合率77.1%。2005年12月，省政府确定水城县为新农合试点县；县、乡分别成立新农合管理委员会，出台《水城县新型农村合作医疗实施方案》《水城县新型农村合作医疗管理办法》《水城县新型农村合作医疗药品及医疗服务价格目录》等配套文件，规定资金筹集和使用管理、报销原则、用药目录等。2006年1月，全县新农合筹资工作启动。2006年2月6日，成立县新农合管理中心，为副科级事业单位，定事业编制12人，隶属县卫生局，内设办公室、业务股、财务股。

2006年，全县新农合筹资标准为：农民个人缴纳10元，中央、省、市、县财政分别补助20元、7元、5元、3元；全县参合499846人，收缴参合资金499.85万元，参合率73.37%。2006—2008年，县、乡新农合管理委员会按规定的程序和原则为参合后就医的农户报销医疗费。2007年，全县参合591689人，收缴参合资金591.69万元，参合率85.04%。2007年9月1日，国家调整筹资标准：农民个人缴纳10元，中央、省、市、县财政补助分别为40元、30元、6元、4元。2008年，全县参合602842人，收缴参合金602.84万元，参合率91.55%。

三、县红十字会

2006年1月，县红十字会建制独立。2007年1月，县红十字会升格为正科级参照公务员制度管理事业单位，经费由财政全额核拨，下设综合股和业务股，定编制3人。县红十字会按《中华人民共和国红十字会法》《贵州省红十字会条例》开展人道主义社会救助工作。

第十七篇　文化　旅游　档案　体育

第一章　文　化

第一节　机　构

一、文化管理机构

1978 年 6 月，特区科教办公室改为特区文教办公室，归属特区政府办。1980 年 2 月，成立特区文化局。1984 年 1 月，特区文化局与特区广播事业局合并为特区文化广播电视局。1984 年 5 月，特区文化广播电视局分设为特区文化局和特区广播电视局。1987 年 12 月，特区文化局改称县文化局，特区广播电视局改称县广播电视局。1988 年，县文化局下属新华书店与市新华书店合并，归市管理。1993 年 8 月，县文化局、县广播电视局、县体育运动委员会合并为县文体广播电视局。1996 年 6 月，县文体广播电视局分设为县体育局和县文化广播电视局。2002 年 5 月，县体育局和县文化广播电视局合并为县文体广播电视局，辖文化稽查队、文化馆、文物管理所、文工团、调频台、服务站、电影公司。2007 年 9 月，电影公司改称电影发行放影站。2008 年 5 月，增设县图书馆，归属县文体广播电视局。

二、文联

1986 年 10 月 16 日，特区文学艺术家联合会第一次代表大会在黄土坡召开，参会代表 107 人；胡家沛作《水城特区文联筹备工作报告》；大会讨论通过特区文学艺术家联合会章程和下属各协会章程，选举特区文学艺术家联合会第一届委员会委员 9 人；在特区文学艺术家联合会一届一次委员会上，胡家沛当选主席，王建湘、余挂勋当选副主席；特区文学艺术家联合会第一届委员会下设办公室，辖文学戏剧协会、音乐舞蹈协会、美术书法协会和摄影协会。特区第一届文学艺术家联合会任期内，特区有省级各文艺家协会会员 8 人（作家协会会员 1 人，戏剧家协会会员 4 人，摄影家协会会员 2 人，美术家协会会员 1 人），市级各文艺家协会会员 107 人（文学戏剧协会会员 37 人，音乐舞蹈协会会员 25 人，美术书法协会会员 25 人，摄影协会会员 20 人）。1987 年 12 月，特区文学艺术家联合会改称县文学艺术家联合会。

1993 年 8 月，在县文学艺术家联合会一届五次委员会上，汪龙舞当选主席。1994 年 8 月，在县文学艺术家联合会一届六次委员会上，罗华祥当选主席。

2004 年 3 月 29 日，县文学艺术家联合会第二次代表大会在双水召开，参会代表 70 名；王鹏翔作《文联工作报告》，大会选举县文学艺术家联合会第二届委员会委员 29 人；在县文学艺术家联合会二届一次委员会上，王鹏翔当选主席，龙江当选副主席，通过罗华祥为名誉主席。县文学艺术家联合会第二届委员会辖作家协会、美术家协会、书法家协会、摄影家协会、音乐舞蹈家协会。2004年，成立水城老年书画协会，隶属县文学艺术家联合会。

第二节　文学艺术

一、文学创作

发表作品　20世纪80年代后，县（特区）作家在各级报刊不断发表文学作品。其中王鹏翔在《香港散文诗》《散文诗》《延安文学》《山花》《贵州作家》《贵州日报》等发表文学作品，主编《新世纪贵州散文诗选》，何思鸣在《黔人》（台湾）和《诗刊》《西北军事文学》《北方作家》《延安文学》《西部散文家》《散文诗》《散文诗世界》《山花》《贵州日报》《贵州作家》等发表文学作品，高登权在《散文诗》《散文诗世界》《香港散文诗》等发表文学作品。

出版作品　县经正规出版社出版的作品有：何思鸣的诗集《生命的风景》（1989年12月在哈尔滨出版社出版），王鹏翔的散文诗集《被雨湿透的歌唱》（1996年1月在广西民族出版社出版）、散文集《诗情高原》（2001年5月在内蒙古人民出版社出版），李懿的散文集《两性割裂》（2005年9月在云南德宏出版社出版），县文学艺术家联合会组织县内作家撰写的纪实文学作品集《凌云笔——水城县“两基”攻坚纪实》（2005年10月在中国文联出版社出版），王鹏翔编著的散文诗集《高邈的空间与幻想——水城诗人散文诗选》（2006年4月在中国文联出版社出版），龙江的小说集《其实你不赖》和杨明文的散文集《烧酒、领带、老皮烟》（2006年12月皆在作家出版社出版），刘春雷的诗集《云朵下的村庄》（2008年8月在作家出版社出版），县文学艺术家联合会组织县内作家撰写的纪实文学作品集《崛起的大山——水城县区县分设20周年纪实文学集》（2008年12月在中国文联出版社出版）。县非正规出版社出版的个人作品集有：高登权的散文诗集《民歌里的村庄》，王鹏翔的散文集《村庄的背影》《爱的皈依》，何思鸣的散文集《沉默的远山》，刘世权的诗文集《燃烧的生命》，王祥林的《绽放如花》，符号的《哪些年的爱情》。

文学活动　2004年，县举办“追思邓小平丰功伟绩”征文。2005年，县举办“话说双水”征文。2006年，县举办“曲艺小品征文”；承办“贵州省首届青年散文诗研讨会及水城笔会”，在《双水》双月刊推出散文诗笔会专刊一期。2008年，县举办“水城县庆祝改革开放三十周年、建市三十周年、区县分设二十周年征文”。

作品获奖　王鹏翔的散文集《村庄的背影》获贵州少数民族文学“金贵奖”，散文集《诗情高原》在全市首届“五个一工程”优秀作品评奖中获图书类提名奖。在凉都文学奖评选中，高登权的散文《守望稻田》获三等奖，龙江的小说集《其实你不赖》获小说类提名奖，何思鸣的散文《珍藏在灵魂深处的信》获散文类提名奖。1989年12月，何思鸣的诗集《生命的风景》获全国小天鹅少年儿童文学一等奖。2003年7月，胡小柳的论文《对水城南部发耳经济开发区区情的认识》获世界华人交流协会等单位颁发的“国际优秀论文奖”。

二、艺术

书画摄影　1978—2008年，县（特区）摄影作品在《贵州画报》《西部开发报》《凉都印象》

《当代六盘水》《六盘水日报》《中国凉都》《水城报》《贵州都市报》《贵州旅游在线》等报刊发表2000余幅；胡小柳的摄影作品《深峡云海》《乌蒙霞光》《古树布依情》《乌蒙磅礴走泥丸》《乌蒙大地缝》《天生湖的春夏秋冬》等曾获省、市摄影奖。1984年，特区文化局举办“迎春书画展”。1989年10月，县在市中心城区举办“庆祝中华人民共和国成立40周年水城现代民族民间绘画展览”。1991年，县举办“水城现代民族民间绘画、传统服饰展览”。1993年，县文化局举办“纪念毛泽东诞辰100周年书画摄影展”。1997年，县举办“迎香港回归书画摄影展”。1999年10月，县举办“水城县庆祝建国50周年书画作品展”。2003年，县举办“县建制270周年书画作品展”，马均、胡春文等所作80件作品参展。2006年，县举办“水城农民画展”，展出优秀作品70余幅。2007年，县举办“中国凉都·六盘水消夏文化节·水城农民画展”，展出农民画作品100幅。2008年3月，县举办“水城旅游发展大会·水城农民画展”，展出农民画作品70幅。2008年9月，县举办“纪念改革开放30周年暨六盘水建市30周年和区县分设20周年建设成果展”，展出各类图片194幅。

歌曲 县（特区）在省级以上报刊发表或在省以上演出时演唱的歌曲有：曹继斌作词、罗华祥作曲的《苗家司机苗家爱》《车进苗山幸福来》，王建华作词、王健湘作曲的《早买囤箩好装粮》，王成文作曲的《太阳出来照白岩》，梁正荣作词、王健湘和王成文作曲的《甜日子再往甜处想》，王华明作曲的《打猪草》《贵州好》《赶场》，曹继斌作词、张人卓和罗华祥作曲的《憨哥哥哟憨哥哥》，罗华祥作曲的《矿山男子汉》《坡上有朵杜鹃花》，邓崇善作曲的《杨梅熟了》《山中的小路》《火把醉月》，张祖新作词、王健湘作曲的《秋天在哪里》，陈月枢作词、邓崇善作曲的《天生桥》，曹继斌作词、张人卓作曲的《敬你一杯家乡酒》，曹继斌作词、卓英昂和邓崇善作曲的《水城是我难舍的家》，屈贵州作词、邓崇善作曲的《仡佬人的歌》等。20世纪80年代，特区歌曲作品有100余首参加特区、市征歌或演出。1983年，特区将61首歌曲编入《荷城歌声》出版。1985—1988年，县（特区）歌曲《左手和右手》（王晨湖作词、周琼琳作曲）在省《新花乐刊》上发表；《雪花、雪花》（夏冬之作词、周琼琳作曲）、《我和祖国》（晚笛作词、周琼琳作曲）、《友谊之歌》（刘正祥作词、周琼琳作曲）、《走进三月》（汤昭智作词、周琼琳作曲）、《水乡妹子》（张冰作词、周琼琳作曲）分别在毕节地区《音乐增刊》上发表。1987年，特区吴洪义创作的《醉苗乡》获省政府三等奖。2000年后，张翼创作的《两会之歌》《煤矿工人》《父亲的背影》及吴洪义创作《夜郎王》在全县有一定的影响力，由谭辉华作词、张翼作曲的歌曲《你幸福了也快乐了》参加2007年春节联欢晚会全国征歌，入围前12位。

声乐 1985年，特区钱大力获全国“建设者之歌”优秀奖。1986年，特区钱大力获省青年歌手电视大赛专业组民族唱法一等奖，演唱的《砸酒歌》录成唱片发行。2007年，县周琼琳获省音乐家协会颁发优秀指导教师奖和优秀声乐教师奖，获市音乐家协会颁发园丁奖。2008年，在全国“夕阳红”老年合唱比赛中，县张翼担任六盘水老年大学合唱团钢琴伴奏，获最佳伴奏奖；在“多彩贵州”歌唱大赛中，县推荐的歌手雷咏梅在省决赛中获银瀑奖（二等奖）。2008年2月，县周琼琳获“中华文化五洲行”国际文化艺术节组委会颁发的国际优秀教师奖。

器乐 县（特区）选手张建生、张翼、刘章跃、邓跃等多次应邀参加市级、省级、乃至全国的大型演出，其中张建生演奏的竹笛，曾到加拿大、新加坡等8个国家演出。

舞蹈 1981—1986年，特区李友舒编导、余崇敏等表演的《山寨铜铃》《赶花路上》参加全省舞蹈调演获优秀奖；李友舒编导、潘丽霞等表演的《金丝银线》《日子多甜》《晒谷场上》《银线情话》，郑华生编导表演的《芦笙恋》，李友舒、孙贵平改编的《追鱼》《血染的风采》等，分别参加全省汇演并获奖；其中《金丝银线》《山寨铜铃》《晒谷场上》赴北京演出，《晒谷场上》获1983年全国民间音乐舞蹈丰收杯奖。1990年，县张建生作曲，唐朝晖、唐朝霞编导表演的《让地球永远是我们的世界》，在全省人口普查专题汇演中获二等奖，并由省电视台录像播放；张建生、毛胜媛编导的《笛与舞——火把醉月》《喜神》，参加全省文艺汇演。2007年，在“多彩贵州”舞蹈大赛中，南开、青林等选手表演的《乌蒙苗族芦笙舞》获省决赛铜鼓奖（三等奖），唐朝晖编导并表演的舞蹈《直萧情》获六盘水赛区民族舞一等奖，《山寨拉丁风》获六盘水赛区决赛最佳人气奖。2008年，县王恒、张艳编导的舞蹈《飞翔》参加省有色地勘系统文艺调演获一等奖，并代表省有色系统参加全省获奖节目汇报演出。

小品　20世纪80年代，特区罗华祥编写的小品《物归原主》，参加省文艺调演。2003年后，县邓跃创作，邓跃、刘章跃编导表演的小品《敛财》在全省比赛中获优秀奖；邓跃、刘章跃创作并表演的禁毒小品《不想玩了》及反应新农村建设的小品《发展》等受到观众欢迎。

第三节　民间文化

一、民间文学

1987年，特区开始收集、抢救、整理民族民间文化遗产，普查工作遍及全特区12个区、111个乡。1990年2月，县编辑出版《中国民间文学三套集成水城卷》，全书3个大类总字数122万字（民间故事类有民间故事187个、35万字，民间歌谣类82万字，民间谚语类5万字）。

二、农民画

农民画又称现代民间绘画，系各地艺术工作者在群众美术创作活动中结合当地特点，开发出的一个具有广泛性和独特性的现代画种，是在传统民间艺术基础上产生和发展起来的新型造型艺术。水城农民画富有自由、夸张、色彩艳丽的艺术形式和古朴、幽香的民族气息以及大胆、泼辣的艺术手法，“喜欢什么画什么，怎么好看怎么画”；集民间蜡染、刺绣、贴花、剪纸等民间艺术为一体。

1983—2008年，水城农民画先后有300余件作品参加全国和全省各类展览，30余件作品被中国民间美术博物馆、浙江美术馆及全国性大赛组委会收藏，90余件作品先后在《中国现代民间绘画选萃》《光明日报》《中国美术报》《中国文化报》《文艺报》《美术》《新民晚报》《贵州日报》《上海实用美术》《贵州农民报》《贵州群众文化》《贵州美术》《浙江日报》等报刊发表，100余件作品获全国和全省范围各类展览及大赛一、二、三等奖，并有多幅作品销往国外；《人民画报》（海外版）518期，以图文相配形式专版介绍水城农民画；汪龙舞等人关于水城农民画的论文多次在省以上报刊发表。1988年2月，国家文化部社会文化局命名水城为中国现代民间绘画画乡。1989年，《中国美术年鉴》收录水城画乡专章词条，文化部群众文化司授予汪龙舞（县文化局长）全国画乡优秀辅导员称号。1999年，贵州民族出版社出版中英文对照《中国水城农民画》画集（选入水城各个时期农民画代表作品80幅)。2004年9月，县文化局董成在第七届中国艺术节全国现代民间绘画画乡建设成果展暨第二届秀洲·中国农民画艺术节“中国现代民间绘画优秀画家作品提名展”中，被评为“2004中国现代民间绘画优秀画家”。2007年，县杨智麟的《踏歌起舞》在第三届中国农民画艺术节“今日中国新农村”中国百县农民画大展中获金奖。2008年，县被文化部命名为中国民间文化艺术之乡。

1987—2008年，水城农民画被收藏及主要获奖情况见表17－1－1。

1987—2008年水城农民画被收藏及主要获奖作品登记表

表17－1－1

作品名称	作　者	时间	评奖或收藏单位	获奖或收藏
森　林	岑天芬（女、布依族）	1987	中国民间美术博物馆	收藏
牧　牛	岑天美（女、布依族）	1987		收藏
飞　鸽	岑天美（女、布依族）	1987		收藏
牛与虎	罗秀珍（女、彝族）	1987		收藏
斗　虎	罗秀珍（女、彝族）	1987		收藏
豺狗与猴子	罗秀珍（女、彝族）	1987		收藏
鸭子背狗过河	祝正华（苗族）	1987		收藏
苗家女	张光珍（女、苗族）	1987		收藏
黑洞雀	罗秀珍（女、彝族）	1987		收藏
双　羊	罗秀珍（女、彝族）	1987		收藏
进　宝	罗秀珍（女、彝族）	1987		收藏
梳　妆	董　成	1987		收藏
岔路口琴曲	董　成	1987		收藏
月圆的时候	董　成	1987		收藏
秋　收	徐承贵	1990.7	全国画乡作品邀请展	一等奖
赶花场上	杨心灵（女、苗族）	1990.7		二等奖
彝傩嘬泰吉	董　成	1990.7		二等奖
漂　洗	徐承波	1990.7		二等奖
赶花坡	杨明开（女、苗族）	1990.10	省首届少数民族农民画展	一等奖
接媳妇	严俊学（女、川青人）	1990.10		一等奖
泼	杨明学（苗族）	1990.10		一等奖
羊儿乖乖	杨学英（女、苗族）	1990.10		二等奖
斗芦笙	祝正华（苗族）	1990.10		二等奖
绣	朱明芬（女、苗族）	1990.10		三等奖
寨子边	杨江（苗族）	1990.10		三等奖
只生一个好	祝正祥（苗族）	1990.10		三等奖
神　傩	杨明绣（女、苗族）	1990.10		三等奖
放牛马	严俊学（女、川青人）	1991		三等奖
追　山	祝正华（苗族）	1991		三等奖

续表 17－1－1

作品名称	作　者	时间	评奖或收藏单位	获奖或收藏
六月蕃茄红	徐承贵	1991.7	中国第二届艺术节西南分会场现代民间绘画展	一等奖
鹰	胡显邦	1991.7		二等奖
打菜籽	祝正华（苗族）	1991.7		三等奖
山妹越逗脸越红	董　成	1991.7		三等奖
唱酒令	朱学瑛（女、苗族）	1991.7		三等奖
薅秧歌	杨明开（女、苗族）	1991.7	中国第二届艺术节西南分会场现代民间绘画展	三等奖
对歌节	董　成	1992	中国第二届民族文化博览会	三等奖
跳芦笙	杨明开（女、苗族）	1993	香港之窗杯中国农民画大赛	优秀奖
马铃声声	董　成	1994	省爱祖国赞家乡绘画大赛	二等奖
踏彩云	徐承波	1994	秀洲·中国农民画艺术中心	收藏
黄瓜丰收	徐承贵	1995	万博杯全国艺术之乡艺术精品展示大赛	二等奖
收毛栗	徐承贵	1996	省第二届文艺创作评奖大赛	二等奖
出山归来	董　成	2004	秀洲·中国农民画艺术中心	收藏
跳铃铛	董　成	2004.6	全国13届群星奖本省文化厅	三等奖
太阳下坡	董　成	2005.4	浙江美术馆	收藏
枇杷熟了	徐承波	2005.4		收藏
捉　虎	董　成	2005.11	省现代民间绘画展暨“画乡”优秀作品展	金奖
栽秧歌	杨明开（女、苗族）	2005.11		金奖
鸭多又一年	徐承波	2005.11		银奖
割麦子	陶冶（女、苗族）	2005.11		银奖
天天都上山	杨敏（女、苗族）	2005.11		银奖
比技夺亲	熊兴艳（女、苗族）	2005.11		铜奖
花　香	杨明英（女、苗族）	2005.11		铜奖铜奖
和　谐	李春美（女、苗族）	2005.11		铜奖
家　中	杨明飞（女、苗族）	2005.11		铜奖
寨中请帮工	杨仲兰（女、苗族）	2005.11		铜奖
薅包谷	杨淑兵（苗族）	2005.11		铜奖
苗家丧事	熊家米（女、苗族）	2005.11		铜奖
苗家梨香	杨兴兰（女、苗族）	2005.11		铜奖
打大猫	杨先锋（苗族）	2005.11		铜奖
细语话丰年	徐承波	2007.8	描绘新农村·全国美术作品展	优秀奖
刺藜香	徐承贵	2007.8		优秀奖
你吹我舞热腾腾	董　成	2007.10	全国十四届群星奖省文化厅	三等奖
看·天边飘过的红云	杨智麟	2007.10		三等奖

续表 17－1－1

作品名称	作　者	时间	评奖或收藏单位	获奖或收藏
踏歌起舞	杨智麟	2007. 10	第三届中国农民画艺术节——百县农民画大展	金奖
苗家敬公婆	熊兴凤（女、苗族）	2007. 10		优秀奖
满地草莓香	徐承贵	2007. 10		优秀奖
苗山梨香	徐承贵	2008. 7		优秀奖
热　土	杨智麟	2008. 7		优秀奖
细语话丰年	徐承波	2008. 11	纪念改革开放 30 周年中国农民画画展（文化部、江苏省政府主办）	收藏
拜花树	杨智麟	2008. 11		收藏
心中的乐曲	董　成	2008. 11		入选
日出日落	徐承贵	2008. 11		入选
欢　聚	朱显华	2008. 11		入选

三、民间艺术

（一）刺绣

县（特区）刺绣技法有平绣、盘绣、辫绣、打籽绣等。

平绣　在县（特区）各民族中较为普遍。以苗族中的歪梳苗支系最具特色，其特点是洒线分瓣平铺、花瓣绣面多采用错针相连技法，套用水红、玫红、朱红、浅绿、粉绿、紫、白等复合色线；图案多为剪纸花样，以曲线构成为主，写实性较强；主要纹样有蝴蝶花、八宝花、牡丹花、石榴花、菊花、姑娘花、连环草、银杏叶（扇子花）、凤凰花、小鸟花、蝙蝠花等；用于袖口、围腰、儿童鞋帽、背扇、裙饰等处，配色艳丽明快，清新素雅。

盘绣、辫绣、打籽绣　在县（特区）布依族刺绣中较为流行；刺绣中各种技法相间，绣工严谨复杂；传统花纹有蟠龙、飞凤、游鱼、蝴蝶、云钩、树叶、白果、石榴、牵牛、刺梨、稻穗等图案，用色多以青紫铺底，喜用白、黄、绿、桃红、大红、深蓝、浅蓝等色相互衬托搭配，色调明朗鲜活；绣法或平顺满铺，或盘结缠绕；主要用于衣裙、飘带、背扇、童帽、鞋袜、巾帕、围腰等装饰，有较强立体浮雕效果。

（二）蜡染

县（特区）蜡染古朴原始，清雅明快，常用于帽、带帕、围腰、枕被、背扇等外装饰，深受人们喜爱。蜡染颜料多为自制，以种植蓝靛加草木灰、碱水以及星星花、耗子头、羊舌头、酸汤杆等植物配合泡制，分水状和加过滤石灰浆两种（如染黑色则加黑桃皮）。染法有提、摆、浸、泡、扎、叠、留、露等方式。除扎染外，蜡染图案大多与各民族中挑花、刺绣、剪纸等所用图案相同，且多为传统纹样及其变异，即兴随意者较少。蜡染过程中，因断蜡出现自然皴裂的“冰纹”，常为传统制作者所忌，以其越少越好；当代人则认为“冰纹”自然难测，出现意想不到的神秘效果而刻意追求。水城境内蜡染具有悠久历史，主要在苗族、布依族中流行；有画蜡染、夹染、扎染等工艺方法，以画蜡染最为普遍。

画蜡染　先用特制铜质蜡刀蘸溶化的蜜蜡（现多用石蜡），在白布上绘成所需图案，然后放入靛液中浸染；染成后用沸水浸烫除去蜡质，最后用清水漂洗晾干即成。画蜡染有单染和复染之分；单染为一次上蜡染成，成品为纯蓝白两色，清丽明朗，朴素大方；复染由多次画蜡染成，画蜡时需先留出图案中所需中间色调部分，入缸浸染到所需色调后晾干补蜡，再入缸浸染，多次反复，直到达到所需成品要求，其层次丰富，精致耐看，具有较高艺术性。

夹染　用纸和薄木板等剪或制成所需花样，然后贴放于需染白布上，刷蜡后浸染而成，或将花样贴桑，夹于布之间以线捆扎缝制后浸染。

扎染　不需绘制图案，只需用线根据需要拴扎缝制布头浸染，蓝靛浸渍处呈渐深或渐浅的晕圈，多为圆开伞状自然晕图案。

（三）彝族彩布贴花

县（特区）彩布贴花，亦称“贴花绣”“贴花”“锁边滚花”等，系用各色绢、绫、布等剪成各种图案、拼贴镶嵌挑刺而成的一种彝族服饰传统制作工艺。常用于衣襟、脱肩、吊扁、衣角、裤脚、背扇、帽帕等处。贴花所用的传统图案有卷云头、歪桃、石榴、柿饼、桃花、菜花、牡丹、转瓣花、豆瓣花、连钩草、如意草、箐鸡、麻雀、飞蛾等，还有各种剪出和自由图案，依各自爱好采用。图案按习惯分别用于不同服装部位，卷云头、如意草多用于下摆衣角，菜花、桃花多用于裤脚和袖口，歪桃、柿饼多用于托肩及前襟，牡丹、菁鸡、麻雀、飞蛾则多用于围腰、背扇等。贴花图案，均为曲线块面组合，且块面面积较大。各类选用图案，均以各种宽窄不同，旋曲多变的叶草线条串联，各类图案穿插重叠。刺绣完工后的彩布贴花，层次分明，线条流畅，色调沉稳谐调，远看如单线平涂、近看似浅面浮雕，极具民族特色。

贴花布料多采用光泽度较好绢绸，底料多选用黑、白平板麻布。颜色搭配讲究谐调鲜艳，多选用玫红、大红、橘红、藤黄、橘黄、棕黄、深绿、浅蓝、黑、白等色，或对比色直接并列，或同类型色逐渐推进，均以大色块为主，色块与色块之间用黑布线条连接或分隔。贴花选色搭配视个人爱好而定。拼贴时按各种图案设计，将色块划分剪成种类几何形块面，再用同色花线连接，并用黑布料滚边出线。滚边镶上裹边线条，使其不扯不皱，圆实均匀，平整如一。

（四）编织

县（特区）编织亦称“织绵”“编花”“织花”“毛织”等，境内各地均有流传，以苗族和布依族中应用最为广，且最具特色。

苗族编织　以黑白两色棉毛织的“素绵”最为常见，其结构为白线作经纬线编织平纹，添加黑线织成底纹图案，属两梭通经加纬织造。编织需在家用织布机安放白线作经线，并用两个木梭分装白线和黑毛线（也有用红毛线）穿插作纬线。编织时，用竹签挑出按所需图案花纹设计的经线套路，再用黑白纬线分别按线路织出具有各类图案的成品。黑线多为毛质，可粗可细，图案也可大可小。苗族编织，主要用于“花背”、披肩和日常衣着服饰，具有图案黑白分明、花纹线路清晰规整、并突出织纹穿插结构的整体美感特点。图案纹样大多与苗族各支系中挑花、刺绣、蜡染所用相同。苗族各支系图案形式有较大差异；小花苗支系编织较为精细缜密，花纹图案小巧多变；大花苗支系编织则多为红黑白三色，风格简洁粗犷，花纹图案古朴大样。

布依族编织　分为“编”“织”两种。“编”即手式编织，用料为各色花线或布条等；成品有单独使用的花带和供刺绣用的花瓣两类；花带编织法常用简单棍子或架子布经，然后用竹刀分提和梭子递各类彩色纬线编花，俗称“打花带”；花瓣编织常在每根线端系上一小木球，不用其他器械，唯靠小木球甩动以方便花线的安插桑压，编法根据花线根数多少和需要而有多种形式，花瓣多为单色，各种不同颜色和单色花瓣相互配合盘线，即可组成各类瓣绣图案。“织”即机织，分织花带和织土布两类；织花带是一种较为古老的织绵形式，有单色素花和多色彩花之分；花带有宽有窄，窄者寸余，宽者7~8寸，可单独使用，也可用于衣裙等作边饰，底色经线多为紫色，织花纬线喜用金黄、大红、朱红等喜庆色，图案多为稻穗、浮萍等传统纹样；土布织造，分单色平织和双色起花两类；单色平织布纹（俗称“暗花”）有斗底花、胡椒花、梅花点等纹样，双色有格子花、柳条叶、鱼骨刺等花式；土布花纹正反相同，织造紧密，耐用耐看。

（五）剪纸

剪纸图案连缀不断，以线面组合为主要表现形式；剪纸留出线条组成的图案称“阳花”，以镂空形成线条组成的图案称“阴花”，二者可单独使用，亦可综合运用；剪纸构图饱满丰富，疏密相间，连环相套，装饰性强，具有独特的视觉效果；在县（特区）各民族中均有流传，有供刺绣、贴花、蜡染所用花样，有纸扎工艺中单独使用的各类图案以及装饰门窗、房间的纸贴图案等。构图种类有单剪、折剪、套剪等，技法有剪、刻、撕、抠、补、留、贴等方式，或单独使用，或综合套用，皆视实际需要选择。剪纸图案有传统图案和自由图案两类；传统图案一般具有一定寓意指向，以驱邪纳吉为主要内容，如较为流行的“兵书宝剑”“野鹿含花”“嫦娥渡河”“牡丹宝贵”“石榴多子”“寿桃”“莲台”以及各民族中的背扇花、围腰花、袖子花、帽子花、托肩吊扁花等；自由图案则视剪纸作者喜好随意变换发挥，取材多以花卉鸟兽为主，间或有居室器物及人物故事等。

（六）雕刻

县（特区）民间雕刻有石雕、木雕、根雕、刻雕以及砂陶、泥、面捏塑等种类。

石雕　主要用于庙堂廊柱、墓道、碑塔、枋栏、桌台等装饰。有圆雕、浮雕、浅刻等表现形式。题材内容有佛神、人物、狮子、凤凰、麒麟、大鹏、龙、鹿、象、龟以及各类花卉、房屋、器物等。县（特区）石雕工匠以比德乡青山村为主，该村石雕技艺老传少，大带小，全村老少、妇孺皆能提锤雕石，水城一带墓地石雕，大多出于此村匠人之手。

根雕　用树根稍加雕琢修饰而成的工艺品。县（特区）境早期根雕为爱好者偶然为之，20世纪70年代后，城乡、厂矿均有不少人投入制作，市场上不时有根雕作品出售。根雕皆因势相形，奇特独到，讲究浑然一体。作品有花架、茶几、杖等实用器物，有人物鸟兽、字画及抽象图等摆设悬挂陈列品。根雕作者中，以双水徐承贵、徐承波兄弟所制作的鹰和原发耳区农推站职工陆俊制作的紫荆盆景最有特色，慕名求购者甚多。

（七）纸扎

纸扎在县（特区）各民族中均有制作，主要用于节日庆典、宗教道场、亡人祭祀等场合，用各色纸张及竹木扎制而成，有各类灯笼、人物、神鬼、禽兽、虫鱼、花果、山树、宫室、幢幡、旗彩、器具杂物等。其工艺有扎、接、缠、糊、剪、刻、绘、染等技法，常以剪纸、绘画作装饰，并辅以一些转摆摇动的小机关和灯光投影技巧。纸扎既有立体感，又有强烈装饰效果，常用以营造不同场合的各类特殊气氛。纸扎分硬扎和软扎两类。硬扎先用竹篾木条等扎成骨架，然后用纸帛或糊或缠以剪贴绘染作装饰。软扎则不用骨架，纯用纸帛剪刻套接扎成，使之能随风飘荡，摇曳生姿，常用于各类幢、幡、旗、幌等。

四、非物质文化遗产

2005 年开始，县进行非物质文化遗产收集、整理、申报和保护工作。2008 年，县共收集各类非物质文化遗产线索500 余条，全县列入非物质文化遗产名录35 项（国家级名录1 项、省级名录2 项、市级名录10 项、县级名录22 项）。县非物质文化遗产名录见表17－1－2。

水城县非物质文化遗产名录表

表17－1－2

名　称	保护级别	名　称	保护级别
矮庄苗族芦笙舞	国家级	蟠龙乡布依族唢呐曲	县级
南开三口塘苗族跳花节	省级	彝族上丧祭祀“跳脚”	县级
水城苗族芦笙舞	省级	大花支系苗族民间古歌、故事	县级
花背制作工艺	市级	双戛彝族文化生态空间	县级
苗族古歌、民间故事	市级	野钟乡布依族酒令、唢呐曲	县级
玉舍彝族文化空间	市级	陡箐乡坪箐苗族端午节歌会	县级
南开新寨、偏坡寨文化空间	市级	彝族唢呐花鼓舞、唢呐曲	县级
陡箐猴儿关苗族服饰制作工艺	市级	歪梳支系苗族蜡染	县级
陡箐坪箐苗族社区文化生态空间	市级	布依族刺绣，编织	县级
水城青林海发文化空间	市级	比德傩戏剧目	县级
布依族唢呐曲	市级	米箩等地的苗傩	县级
苗族端午节歌会	市级	布依族“五等装”服饰	县级
苗族“坐花房”“晒月亮”	市级	仡佬族祭祀舞蹈	县级
喇叭支系苗族祭祀傩戏	县级	彝族彩布贴花	县级
发耳乡彝族祭祀活动	县级	双营苗族祭山节	县级
勺米乡彝族婚庆	县级	布依族铜鼓演奏	县级
坪寨乡苗族端午节	县级	彝族盘歌	县级
小花支系苗族挑花	县级		

第四节　文　物

一、古迹

（一）古遗址

猴子厂冶炼锌矿遗址　位于野钟乡铅锌村厂上组。既包括矿洞群，又包括铅锌冶炼厂。大猴洞、二猴洞、三猴洞所采铅锌矿，均在遗址一带冶炼，故名猴子厂。遗址占地约1 平方千米，清乾隆、嘉庆年间最为兴盛。1989 年 6 月 3 日公布为县级文物保护单位。

大猴洞铅锌矿遗址　位于野钟乡铅锌村大水沟组的北盘江北岸峭壁上，距市中心城区 84 千米。据记载："城南百里许猴子厂，明时有猴子于峭壁上握矿掷下，土人因而识之，故名。"矿洞创办于明代，洞口原搭有楼梯，后毁坏，进洞不易。后来又开 2 洞，依次称二猴洞，三猴洞。大猴洞等矿洞，至清代仍在开采，清"朱批谕旨"记载，"雍正二年五月二十九日，贵州巡抚毛文铨奏：'……窃查黔省如阿都、腻书、猴子等银厂已经题报外，尚有…'"根据大楼梯摩岩石刻分析，猴子厂最兴旺时代为清乾隆、嘉庆年间。

藤桥洞铅锌矿遗址　位于野钟乡铅锌村银厂组二台坡。洞口在北盘江北岸 400 余米高绝壁上，极其险要。古时绝壁上有一大藤，有人沿藤攀壁，发现矿脉出露，后开采成洞。因凿洞采矿"路"系用藤编成，悬浮于空，形似桥，故名藤桥洞。该矿开办于明代，经清代延至现代，洞内新老矿道纵横交错。1987 年，市乡镇企业局拨款 2.1 万元开采该铅锌矿矿，从悬崖上横凿"空中走廊"（长 207 米，宽 1.5 米）直达洞口。1989 年 6 月 3 日公布为县级文物保护单位。

黑蜂洞铅锌矿遗址　位于顺场乡望乡村大坪子北盘江南岸，与对岸藤桥洞隔江相望。开采于明代，洞口开凿于数百米绝壁之上，宽 1 米，高 2 米；有百米栈道通往该遗址，路途险峻。洞凿极深，且洞中有洞，大洞套小洞，小洞中又生出大洞，犹如迷宫。该洞规模大，峻险深奇，保存完好，堪称水城矿业史上的奇迹。1989 年 6 月 3 日公布为县级文物保护单位。

落银厂冶锌遗址　位于南开乡鸽铅，为 1724 年前后冶炼铅锌矿遗址，占地 9900 平方米。1989 年 6 月 3 日公布为县级文物保护单位。

万福厂冶铅锌遗址　位于玉舍乡关门山村，为清初冶炼铅锌矿遗址，1989 年 6 月 3 日公布为县级文物保护单位。

穿岩洞铅锌矿遗址　位于滥坝镇白泥村，1989 年 6 月 3 日公布为县级文物保护单位。

税上驿道遗址　经玉舍乡、杨梅乡、龙场乡至盘县，建于清初，长近 200 千米，1989 年 6 月 3 日公布为县级文物保护单位。

盐井遗址　位于阿戛乡仲河村盐井水库尾部，距市中心城区 30 千米。清咸丰十年（1860 年），遗址一带发现其出露的水有咸味，流经之处，石头、草木起"白霜"，取水煮饭，米汤不稠，煮豆则不烂，推断为有盐源征兆。水城乡绅王古宁请四川自流井采盐内行现场勘验，证实有盐。后由云贵总督张亮基转奏清廷允准凿井，历 3 年，凿井两眼，深 48 丈。因苗族等众抗暴斗争风起云涌，盐井屯发生战事，凿井工匠离散，王氏全家搬迁威宁避战事，井遂废。民国 29 年（1940 年）春，毕节士绅糜君牧派人到盐井取旧井水化验，含盐果重，呈请贵州盐务处立案，转呈中央财政部批准。1940 年 8 月，盐务总局派袁见斋和樊树荣到盐井勘察，一致认为地质、岩层、水味与四川自贡自流井无异，确有经营价值。糜君牧与旧井主人王幼文发起，于民国 31 年成立"贵州裕民盐井股份有限公司"，集资 150 万（法币）作起金，聘自流井技工 50 名，招水城民工 100 名凿井；逾一年，凿井 1 口，未成功。后来以"盐井"命名该地名。2008 年，原垂直开凿的井筒已淤塞，其旁水沟内仍可见一段原井壁石墙（宽 1 米，高 1.7 米），墙脚仍有井水外冒。

屯口古战场遗址　位于盐井乡境内，屯内有 3 条较大溪流，四周均为悬崖峭壁，自成天险，利于守卫与出击。清康熙三年（1664 年）平西王吴三桂的军队曾在该地与水西宣慰使安坤的军队交战，

尚有战事遗留下的垛口、炮眼。1989年6月3日公布为县级文物保护单位。

扒瓦桥遗址（原为古建筑） 位于保华乡扒瓦寨村，距市中心城区20千米。据《重修扒瓦石桥记》载："于清道光二十一年秋七月兴工，越明年壬寅夏五月告竣。"为单扎大跨度石拱桥，主桥长6.9丈，宽1.5丈，正常水位时，桥面距水面高4.6丈。南桥塆26级，长3丈，北桥塆24级，长5.4丈。桥面两侧有石砌桥栏。全桥由长方形石块镶筑而成。桥北端西侧竖一四棱碑，碑东侧面刻《重修扒瓦石桥记》。1990年11月9日公布为市级文物保护单位。1991年7月3日，该桥被特大洪水冲毁，该地成为扒瓦桥遗址；是年在该地重建规模更大的钢筋混凝土大桥。

毛虫河竹竿桥遗址（原为古建筑） 位于花戛乡欧场村毛虫组毛虫河上，距市中心城区155千米。清嘉庆初，有一陆姓布依族老人，不忍睹涉水没死者惨状，决心修桥方便行人，然地处穷乡僻壤，不易筹集建桥银钱；便想一法，先在两岸选点相对各栽一树（当地人称火绳树）；树渐长大，用石将两树朝河面坠斜。使两树枝干向河中心伸长。清道光年间，两树枝干仅距20米，村民用竹竿、葛藤绑扎成桥，悬系拉架于两树之间，故名竹竿桥。该桥跨度近20米，宽1.5米，桥面距水面l0米。作"桥墩"的两棵巨树，如两把绿色巨伞，立于河两岸。1989年6月3日公布为县级文物保护单位。后该桥被冲毁，改建为铁索桥，该地成为毛虫河竹竿桥遗址。

燕子岩剑齿象化石遗址 位于市区燕子岩（后属钟山区）上洞内，1975年发掘出距今40万年的剑齿象化石1对（存省博物馆），长1.75米。1980年12月4日确定为县级文物保护单位。

硝灰洞遗址 位于水城发电厂大门左侧（后属钟山区），为旧石器早期人类活动遗址，占地16平方米；1973年发掘，1982年2月23日黔府〔1982〕30号文件确定为省级文物保护单位。

人和洞铅锌矿遗址 位于老鹰山镇人和村（后属钟山区），为1745年前后冶炼铅锌矿遗址，占地19.8万平方米。1990年11月9日，市政府以市府〔1990〕19号文件定为市级文物保护单位。

福集厂冶锌遗址 位于老鹰山镇（后属钟山区），为1745年前后冶炼铅锌矿遗址，占地20万平方米。1990年11月9日，市政府以市府〔1990〕19号文件确定为市级文物保护单位。

城垣遗址 位于市区老城（后属钟山区），1989年6月3日公布为县级文物保护单位。

（二）古墓葬

黄金印墓 黄金印（1842—1870年）为水城农民起义领袖，曾称帝，其墓位于蟠龙乡木城大寨村，占地9平方米。1990年11月9日，市政府以市府〔1990〕19号文件确定该墓为市级文物保护单位。

范氏墓群 位于勺米乡范家寨村大营组，距市中心城区31千米。墓群东西长165米、南北宽95米，总建筑面积约15675平方米，有清嘉庆年间至今的坟墓近50座。墓群完全按照清朝规制修建，对清代的丧葬习俗乃至历史、文化、礼仪等都有重要的研究价值。据有关专家验证，墓群中范起桢墓的制作工艺，堪称全市第一；墓身由白石灰加糯米浆砌扇形大石块而成（长5.45米，宽4.8米，高1.65米，周长26米），碑立于墓前0.98米处（高2.68米，宽3.7米，厚0.37米）；月台长7.3米，宽5米，面积36.5平方米；该墓为3碑4柱加顶，图案内容丰富，雕刻技艺精湛（含浮雕、镂空雕、高浮雕），分花鸟、动物、人物几类，有花窗、牡丹，狮、鱼、龙、朝廷命官等；碑面打磨精细，阴刻碑文。

（三）石刻

粮碑　立于米箩乡倮摩村岩脚组，距市中心城区50千米。清光绪十九年腊月十六日（1894年1月22日）立。碑为石灰岩质地，高1.7米、宽0.8米、厚0.12米，碑面向西。阴刻碑文624字，部分碑文已脱落。碑文属安民告示性质，反映光绪年间乡民因不堪衙役勒索之苦，联名上告，终得官府允准立碑定则。1989年6月3日公布为县级文物保护单位。

王氏节义碑　位于滥坝镇以朵村二组，全称“刘母王太君节义碑”，民国29年12月5日立。碑高1.64米，宽0.81米，厚0.14米，石灰岩质地，无装饰。碑文宣扬一位寡妇在艰苦逆境中奋起自立，对后人具有一定教益，对研究是时民风民俗有一定价值。

二、近现代代表性建筑

高家渡铁索桥　又名普济桥，位于新街乡二台村高家寨组与营盘乡交界处的北盘江上，距市中心城区80千米。始建于清光绪元年（1875年），历33年建成，全长79.6米，宽3米，一般水位时，桥面距水面20米。分桥墩、桥链、桥亭3部分。桥身由17根平列铁链、二根铁护链、54块铁拉板和若干铺桥木板构成；每根铁链由287环（露出部分）相扣的椭圆形铁环组成；铁护链每根由289环（露出部分）相扣的椭圆形铁环组成；桥面由铁链和木板组成，设27副相对的铁拉板和铁护链平衡桥面、稳定桥身。铁链和铁护链牢牢嵌入两岸峭壁之内。始建至今，除桥亭毁坏外，主桥保存完整。桥两端岩上有摩崖石刻，北岸2方，南岸7方，碑文均为正书阳刻；其中有《创修高家渡铁桥记》（宽1.8米，高1.2米，刻于南端莲叶洞内，无风化痕迹），《高家渡铁桥述成在事出力添助功德芳名列左并序》（宽1.2米，高1.1米，刻于桥北端崖壁上），《普济桥规》（宽1.28米，高0.78米，刻于桥南端崖壁上）。1984—1989年，县（特区）政府3次拨款维修该桥。1985年12月该桥公布为省级文物保护单位。2002年，省文物管理局拨款15万元，对高家渡铁索桥进行修缮。

钱家印楼　位于玉舍乡玉舍街上，距市中心城区25千米。为民国水城乡绅钱闻达住宅，故名钱家印楼，当地人称钱家碉。民国23年（1933年），该印楼建于人工水池之中，坐西向东，沿中轴线上依次为朝门、水上走廊、前印楼、过桥、后印楼，占地约0.53公顷（现朝门与原水上走廊已不存）。往昔池水清澈，有游鱼、睡莲、浮萍；池塘周围，遍植垂柳和松柏。前印楼为5层，高13.1米，单檐歇山顶，穿斗式砖木混合结构，内壁为木板壁，外壁为砖壁；一、二楼四周有砖砌廊柱12根，三、四楼有圆木廊柱12根、四周均有木栏；三楼空间高3米，四楼空间高2.3米，五楼更矮；屋面盖小青瓦，正脊两端和垂脊四角均起翘。后印楼为4层，单檐悬山顶，穿斗式砖木混合结构；背面、南北两侧为砖墙，从底楼到三楼有廊柱，二、三楼有木栏；屋面盖小青瓦，正脊两端起翘。两印楼之间，底搂和三楼，均有过桥连通，两侧有栏杆。过桥长约5.5米，建有屋顶，盖小青瓦，以遮风雨日晒。印楼四面开窗，采光尤佳，四周装有回廊，配有坐板，凭栏即可观赏湖光山色。印楼为中西结合式造型，不同于传统住宅造型，自成一格。1987年12月28日公布为县级文物保护单位；1990年11月9日公布为市级文物保护单位。2004—2006年，上级拨款30万元，对该印楼进行维修。

苏氏居宅　位于青林乡田坝村一组，距市中心城区50千米。始建于民国三十五年（1946年），为彝族土司苏发鹏私宅，是一组较为完整的庄园式彝族民居建筑。居宅5间，正面20.4米，进深9.1米，高9米，建筑面积186平方米。3层单檐歇山顶，屋面盖小青瓦，两边有半封火墙，正脊和垂脊均无装饰。台基高 1.45 米，全以优质青石砌成；门前踏垛纵 2.58 米，宽 3.37 米，无垂带。居宅明间、次间均为一进，梢间为二进；明间、次间 7 柱落脚 11 个头，梢间 9 柱落脚 11 个头。明间檐柱有一刻狮柱础；老檐柱与檐柱之间形成比较宽敞的走廊。1989 年 6 月 3 日公布为县级文物保护单位。

张氏居宅　位于蟠龙乡大田村四组（乡政府驻地），距市中心城区 45 千米。民国 34 年（1945 年）由地方绅士张灿然所建。1949 年后，先后作乡政府办公楼和粮仓（只在内部作部分改修，整个梁架结构及其外貌基本保持原状）。居宅为三合院布局，有围墙（一小段）、拱门、无垂带踏垛、朝门、台基、东西厢房、正房、厨房、天井和外围石碉，建筑面积约 1200 平方米。围墙长 7.9 米，高 3.76 米，厚 0.67 米；拱门高 2.9 米，宽 1.57 米，厚 0.67 米，无垂带，踏垛 14 级，纵 4.64 米、横 4.02 米、高 2.71 米。正房（5 间）长 17.14 米、进深 9.08 米、高 7.63 米，七架十三檩，穿斗式砖木结构，三层单檐歇山顶，屋面盖小青瓦。东西二厢房（各 3 间）长 10.84 米、进深 6.08 米、两层单檐庭殿顶，穿斗抬梁混合构架，两边、前后檐为砖墙，檐柱用砖砌筑而成，屋面盖小青瓦。正脊和四垂脊均无装饰，翼角不起翘。厨房为单檐悬山顶，屋面盖小青瓦。围墙、拱门、踏垛和台基的制作工艺精湛。1989 年 6 月 3 日公布为县级文物保护单位。

常明杨氏居宅　位于野钟乡常明。1989 年 6 月 3 日公布为县级文物保护单位。

陈氏居宅　位于蟠龙乡。1989 年 6 月 3 日公布为县级文物保护单位。

三、文物藏品

特区原有文物藏品多数为私人藏品，随人员流动而流失。2008 年，县文物藏品仅有 2 件，而且均不在县文物管理所收藏。

双鱼纹铜洗　1982 年 8 月于原南开区蒿枝乡（后属木果乡）发期村出土，无文化层，入土原因待考。该洗系青铜质，重 3050 克，高 14.5 厘米，口径 31 厘米，底径 18.5 厘米；敞口，圆鼓腹，小平底，两侧有对称铺首，内底有双鱼纹饰，无铭文纪年。经鉴定，该洗为东汉中期“朱提洗”（朱提 shushi 为郡名，治所在今云南昭通，郡内东川铜业兴盛）。该洗存于市档案馆。

游击队员毡帽　以羊毛擀制，船形，工艺较精巧，是原水城游击队队员所戴之帽。保存于发耳乡营街杨代荣（原水城游击队员）处。

四、文物管理

1988 年 7 月，成立县文物管理所。1989 年，县（特区）政府公布第一批县级文物保护单位 22 处，整理上报相关文物资料后，省公布县内文物保护单位 1 处，市公布县内文物保护单位 3 处；后因文物属地变更，位于老城的文昌阁、城区区立二等小学教学楼、杨氏居宅、罗氏居宅、廖氏居宅及城垣遗址 6 处文物保护单位划归钟山区管理；县有省级文物保护单位 1 处，市级文物保护单位 3 处，县级文物保护单位 14 处。2007 年后，县为钱家印楼等 5 处古建筑购置灭火装置，与乡（镇）签定安全管护责任状；采用全球定位系统 GPS 对县内 18 处文物保护单位进行卫星定位。2007 年 11 月至 2008 年 12 月，县参与全国第三次文物普查，对全县 33 个乡（镇）文物进行调查登记，初步登记 181 处，县文物管理所开展定位、编码、整理、甄别等工作，普查中新发现勺米范氏墓群，化乐杨正斌碉等一批有价值的文物。

第五节　广播与电视

一、机构

1978年，杨梅、滥坝、比德、南开、大河、玉舍、龙场、米箩8个区有广播站。1980年9月，成立特区广播事业局，特区广播站划归特区广播事业局。1984年1月，特区广播事业局并入特区文化广播电视局。1984年5月，从特区文化广播电视局中分出特区广播电视局。1984年12月，筹建特区调频广播电台。1987年12月，特区广播电视局改称县广播电视局。1989年3月，县广播电视局有28人（广播站25人，音响站3人）。1991年7月1日，县广播站并入县调频广播电台。1993年，县广播电视局行政编制8人（实有11人），调频台编制12人（实有9人），广播稽查编制10人（实有9人）。2002年5月，县广播电视局并入县文体广播电视局，设有服务站和调频台。2007年，县文体广播电视局服务站定事业编制6人（实有8人），调频台定事业编制4人（实有7人）。

二、广播

有线广播　1979年，建成老城至场坝，老城至黄土坡广播专线约9千米。1981年，特区广播站组织架设大湾广播专线和特区政府所在地至校场广播线路。1982年，广播节目增加中央台和省台对农村广播节目及特区城区天气预报。1983年，执行中央要求，大力发展调频广播，有线与无线相结合，广播覆盖率提高。1984年，特区财政拨出基建款17万元，在黄土坡特区机关办公楼旁修建特区广播站办公用房。1989年，县采用国家投资、乡筹资、群众集资办法，建成木城乡2个村、仲河乡3个村、马场乡3个村的广播专线。1990年后，因管理和广播发展进步等原因，县有线广播逐渐消失。

无线广播　1984年12月，特区调频广播电台购进GG－0.05－Ⅱ型调频广播发射机1台，功率50瓦。1989年6月，县调频广播电台试播，3个月后，因经费不足停播。1990年，县政府重建100瓦调频广播电台，扩音机和中转机等设备安装在县广播电视局五楼，电台主机和天线分别安装在萧家松林市电视转播台机房内和百米铁塔上，频率91.8兆赫。1991年7月1日，县调频广播电台正式播音。2005年，将原在市区黄土坡设置的调频广播设备搬迁双水新区，由于设备多数部件老化，加之年久失修，又无资金投入，不能正常播出，作报废处理。

县调频广播电台节目　第一次播音6时25分开始曲，节目预告；6时30分转播中央人民广播电台新闻和报纸摘要；7时转播贵州人民广播电台新闻；7时30分转播六盘水人民广播电台新闻；7时45分水城新闻；8时第一次播音结束。第二次播音11时55分开始曲，节目预告；12时转播贵州人民广播电台新闻；12时10分水城新闻；12时25分乐曲欣赏；12时30分转播六盘水人民广播电台新闻；12时45分时事与政策（周一、三）、文艺与生活（周二、五）、科技与信息（周四）、听众点播歌曲（周六）、一周主要节目内容回顾（周日）；13时第二次播音结束。第三次播音18时25分开始曲，节目预告；18时30分转播六盘水人民广播电台新闻；18时45分水城新闻；19时转播贵州人民广播电台新闻联播；19时30分转播六盘水人民广播电台长篇连播；20时转播中央人民广播电台各地人民广播电台联播节目；20时30分学习与宣传、天气预报；20时45分时事与政策（周一、三）、文艺与生活（周二、五）、科技与信息（周四）、听众点播歌曲（周六）、一周主要节目内容回顾（周日）；21 时第三次播音结束。

广播新闻获奖作品　王鹏升采写，聂宗明编辑的通讯《她扎根于彝家山寨的沃壤中》获 1987 年度省好新闻二等奖。吴秀春采写的通讯《献身教育三十四年整，退休不甘寂寞献余热》获 1988 年度省优秀广播新闻三等奖。吴秀春、王德健采写的连续报道《工程盲目上马，酿出苦酒难咽》获 1989 年度省好新闻作品三等奖。张奎建采写的消息《水城县以清假为突破口，计划生育取得显著成绩》获 1990 年度省优秀广播新闻二等奖，省好新闻作品三等奖。张奎建采写，雷依凡编辑的连续报道《35014 部队工兵团抵达我县抗洪救灾》获 1991 年度省优秀广播新闻三等奖。

三、电视

1978 年，大河矿、老鹰山矿分别建成小功率电视差转台，占水城片区电视总覆盖率的 10.7%。1980 年，观音山铁矿、小河煤矿、顶拉煤矿建成小功率电视差转台，覆盖 16.9 万人，特区电视总覆盖率 22.1%。1982 年，水钢建成电视差转台；水城片区小功率电视差转台发展到 13 座，覆盖 21.8 万人，总覆盖率 27%。1984 年，特区广播电视局建成蟠龙、米箩、玉舍、大河、大湾、滥坝 6 座小功率电视差转台；水城水泥厂首家建成卫星地面接收站。1985 年，建成水城矿务局、红旗矿和水城矿务局二塘医院 2 座 3 瓦差转台；水城片区小功率电视差转台发展到 22 座。1986 年 1 月 9 日，特区建设卫星地面接收站和 100 瓦分米波电视差转台各 1 座，位于北纬 26 度 35 分 40 秒，东经 104 度 50 分，海拔高度 1830 米，发射频道 15ch100 瓦。1986 年 6 月，特区与水城矿务局在水城矿务局中学食堂附近建地面接转台 1 座，功率 100 瓦、发射频道 28 个，位于北纬 26 度 40 分，东经 104 度 51 分，海拔 1876 米，相对高度 151 米，天线 25 米，覆盖黄土坡、老城片区；原 100 瓦 28 频道分米波差转台的频道转给水城矿务局；全特区电视覆盖 39.2 万人。

1989 年，兴建龙场区电视差转台，县第一家农村地面卫星电视接收站在大河区建成。1995 年 3 月，5 个乡（镇）建成地面卫星电视接收站 15 个，全县电视覆盖率 28%。1997 年，全县有地面卫星电视接收站 25 座，覆盖约 51 万人，覆盖率 76%。1999 年，县完成闭路 5 座，开路 20 座的卫星地面电视收转站建设。2000 年，县建成地面卫星电视接收站 256 座（其中开路 105 座），发射覆盖面 92.1%。2004 年，县建设农村地面卫星电视接收站 59 座。2006 年，县实施地面卫星电视接收站 60 座（44 座为自筹资金购买、惠及农户 132 户，10 座为国家和省配套资金购买、惠及农户 18 户，6 座为扶贫资金购买、惠及农户 6 户）。2007 年，县实施地面卫星电视接收站 40 座，全部由国家和省配套资金购买，惠及农户 720 户。2008 年，全县电视总覆盖率为 100%。

第六节　文化服务单位

一、文化馆

县（特区）文化馆是综合性文化事业单位。通过举办各类演出、展览、比赛、游艺、庆典等活动，向群众进行宣传教育，普及科学、文化、教育、卫生知识，开展各类文艺活动，组织和辅导群众性文化艺术活动和业余文娱创作活动，为丰富群众文化生活提供服务，对文化站及基层文化组织进行示范指导；收集整理民族民间文化遗产及非物质文化遗产保护、申报等。

二、文化站（文化中心）

文化站（文化中心）的建立和发展　20 世纪 80 年代初，特区建立民办公助性质的农村文化站，并在部分区（镇）建立文化活动中心；各地文化站建立后，开展电影放映、图书阅览、文体表演竞赛、橱窗宣传等一系列群众文化活动，一些站还开展“以文补文”有偿服务，结合当地政府的各项中心工作及节假日进行有关宣传教育，丰富农村群众文化生活，促进当地精神文明建设。1980 年 3 月，市委宣传部批准市文化局下发《关于加强我市农村文化工作的意见》，要求各地组建农村文化站；是年在杨梅区试建一个民办公助性质的文化站。1981 年后，各地文化站建设发展迅速，省文化厅曾下达文化站专干聘用指标，市、县财政均分别拨出专项补助款，购置部分电影放映机、照相机、图书等支持各文化站。1983—1984 年，在全市农村文化工作表彰大会上，南开区文化站李建平获全省群众文化工作先进个人称号。1985 年，各区（镇）建立文化站。20 世纪 90 年代后，为加强农村精神文明建设，部分乡（镇）由各级政府及有关部门投入配套资金，兴建一批集宣传教育、文化娱乐于一体的精神文明活动中心，增加部分乡（镇）文化设施建设投入，开展相关活动。1992 年，各区（镇）文化站划归所在地乡（镇）管理，各乡相继成立文化站；后来随机构改革改称文化广播站、文化体育广播电视站等。20 世纪 90 年代末，除个别由个人举办的文化站外，各乡（镇）文化广播站逐渐纳入政府机构编制，由专职、兼职、社会聘用三类人员组成。2002 年，各乡（镇）文化站撤销，其职能并入乡（镇）社会事务办公室。2007 年，各乡（镇）组建科技教育文化服务中心。

1980—1984 年，特区文化站（文化中心）　文化中心有：特区集镇文化中心（3 个）、南开区文化中心、杨梅区文化中心、龙场区文化中心。区文化站有：比德区文化站、滥坝区文化站、玉舍区文化站、发耳区文化站、米箩区文化站、蟠龙区文化站、龙场区文化站、南开区文化站、杨梅区文化站。乡文化站有：麒麟乡文化站、德坞乡文化站、场坝乡文化站、校场乡文化站、白腻乡文化站、双水乡文化站、月照乡文化站、龙场乡文化站、法德乡文化站、麻窝乡文化站、搓播乡文化站、哈青乡文化站、营盘乡文化站、兰花乡文化站、发堤乡文化站、者卡乡文化站、花戛乡文化站、杨梅乡文化站、台沙乡文化站、白牛乡文化站、发射乡文化站、陡箐乡文化站、比德乡文化站、牛场乡文化站、猫场乡文化站、化乐乡文化站、立火乡文化站、南开乡文化站、坞铅乡文化站、保华乡文化站、连山乡文化站、玉舍乡文化站、坪寨乡文化站、俄脚乡文化站、勺米乡文化站、发耳乡文化站、都格乡文化站、鸡场乡文化站、阿戛乡文化站、倮摩乡文化站、二塘乡文化站、以德乡文化站、纳福乡文化站、煤厂乡文化站、艺奇乡文化站、顺场乡文化站。

三、图书馆

1986 年，特区图书馆有图书 2. 8 万册，每天借阅 200 多人次。1988 年后，县图书管理逐步滑落，2002 年和 2003 年 2 次被盗，仅剩千余册陈旧杂志和期刊。2007 年，在双水拥军路建成县图书馆，总投资 2135373 元，建筑面积 1980 平方米。2005—2008 年，县向 20 多个乡（镇）送出图书 15000 余册。2008 年 5 月，县图书馆收存各类图书 1 万余册。

四、电影公司

1978年前，社办电影队和城镇电影院交叉放映，特区电影管理站负责影片发行、修理、器材供应等工作。1980年7月，特区电影管理站改为特区电影公司。1981年，多数农村放映队收费难，逐步改为定点售票放映。1983年，在发耳区试办电影管理分站，特区有农村放映队42个。1987年，特区电影公司由事业单位转为企业管理，实行自负盈亏，由于电视、录像普及，电影发行和放映锐减，特区电影公司亏损，停办农村放映队。1987年12月，特区电影公司改称县电影公司。1989年，县机关礼堂改为以放映电影为主。1990年，县电影公司主要开展科教影片放映活动，收入开始回升。1995年8月，县电影公司转制为差额拨款事业单位。2000年后，各乡（镇）组建电影放映队，配备电影放映机，部分乡（镇）还配备发电机等设备。2007年，县电影公司改为县电影发行放映站，有放映设备4台，发电机2台，电影放映车1台；县电影发行放映站主要指导各乡（镇）电影放映人员，完成国家规定的1村1月1场电影放映任务。

五、文工团

1978年，特区文工队建有含排练厅、办公室、宿舍的综合楼。1980年，特区文工队改称特区文工团。1984年，特区文工团改称特区民族文工团。1987年12月，特区民族文工团改称县民族文工团。1988—2008年，县民族文工团经常下乡演出，并先后往威宁、赫章、毕节、大方、织金、盘县等地巡回演出，创作节目数百个，共演出3000余场，观众300余万人次，有50多个节目在省、市演出中获奖，有3个节目选送北京演出。

六、农家书屋

2007年，县“农家书屋”建设分别在纸厂乡前进村、蟠龙乡院坝村、发耳乡新光村试点，3个试点村共有图书6000余册。2008年，在杨梅乡光明村，比德乡青山村、比德村，猴场乡格支村、黄果树村，陡箐乡茨冲村、陡箐村，阿戛乡电光村、松绿村、阿戛村、独店子村、马场村，双戛乡中箐村、落飞戛村，红岩乡波浪村、花地村，玉舍乡海坪村，果布戛乡兴隆村，纸厂乡新发村、高炉村，滥坝镇明硐村、双水村，发耳乡新龙村、双井村，野钟乡野钟村，米箩乡倮么村、米箩村，勺米乡范家寨村，蟠龙乡官寨村、木城村、蟠龙村，金盆乡营盘村，青林乡青林村，坪寨乡普联村，木果乡营脚村新建35个农家书屋。

第七节　文化市场管理

一、机构与人员

1991年2月，组建县文化稽查队，为股级事业单位，定编4名，隶属县文化局。1992年，县文化稽查队陈方戎被省文化厅评为全省文化市场管理先进工作者。2007年12月，县文化稽查队定编10人。2008年，县文化稽查队陈旺被省文化厅评为全省执法先进个人。

二、文化管理工作

1991年3月21日，市、县宣传和文化部门组织上街宣传文化市场管理法规。1991年6月，市文化局召开全市“扫黄”工作总结表彰暨压缩整顿音像工作会议后，县音像经营点压缩为20家并重新审核办证；县广播电视局、县电影公司各办1家音像发行站。1991年12月，市文化局组织市、县有关人员共10人赴深圳参加文化市场管理培训班学习。1993年，由于市、县、钟山区政府机构均集中在市中心区，文化管理出现多头办证，布局无章，管理疏漏等混乱现象；市文化局与县文化局、钟山区文化局多方协调，于1993年3月1日共同拟定“关于市中心区文化市场管理范围划分的协议”，基本解决管理混乱现象。1996年1月，县对30余家文化经营户进行上岗培训。1999年1月，县对文化市场经营户缴纳文化市场管理费实行滞纳金制度。2005年起，发耳乡文化市场开始繁荣，网吧、卡拉OK厅、音像制品、书刊店等文化产业兴起和发展，成为全县文化产业最发达的乡（镇）。2006年，网吧开始在双水落户，县文化局组织人员进行管理。2008年，双水、发耳、玉舍、勺米、南开、木果、都格均办有网吧，全县共有网吧经营户17家，共有电脑700余台。

三、文化环境治理

1988年7月28日，县委宣传部发出水宣发〔1988〕3号文件《关于查禁淫秽书刊制品加强文化市场管理的通知》，在全县开展以查禁淫秽书刊制品为主的文化环境治理。1991年11月，全市文化、公安、工商等部门联合行动，对带赌博性游戏机进行全部取缔。1993年春节期间，县参与全市开展规模较大的“扫黄”“打非”行动，共收缴并销毁非法出版物1410册、黄色录像带147盒，查获并处罚出租黄色录像带1户、播放黄色录像带放映点3个，无证经营户21家。1997年，县文化稽查队配合市文化稽查队对文化市场开展集中治理行动8次，收缴非法音像制品1400盘（盒），查获和取缔“地下”电子游戏经营户18家，取缔违规经营露天卡拉OK厅13户，收缴并销毁盗版、盗印的非法印刷品164册。1999年6月，县文化稽查队参与市文化稽查队对县20余所中小学非正常渠道购教辅教材问题进行调查，共收缴非法教辅资料1.2万册，没收非法所得4000元。2007年，县文化稽查队联合公安、工商部门打击黑网吧3家，收缴电脑25台；制定校园周边电子游戏、盗版图书专项治理整顿方案，联合查缴赌博游戏机12台，电脑主板8块。2008年，县有打字复印部16家，音像制品经营户34家，网吧17家，书刊销售店7家，娱乐场所2家，电子娱乐场所3家；县文化稽查队出动检查人员830人次、检查“网吧”400多次、查处接纳未成年人上网2家次、责令网吧停业整顿2家，联合公安和工商部门打击黑网吧5家、收缴电脑93台，制定校园周边电子游戏、盗版图书专项治理整顿方案，联合查缴赌博游戏机24台，电脑主板6块。

第二章　旅游业

第一节　旅游业发展

1978—1987 年，特区旅游业在政府引导下自由发展。1988—2000 年，纸厂乡前进村、玉舍乡海坪、双戛乡天生湖、南开乡三口塘、金盆乡天生桥等地开展领略民族风情、体验农家生活、出售民族工艺品等乡村旅游活动。2000 年 8 月，组建县旅游局，编制 6 人（含工勤人员 1 名），内设办公室和综合股。2001 年，制定《水城县旅游业发展总体规划（2001—2015 年）》，县旅游局克服各种困难，对全县的旅游资源进行考察和归类。2001 年 3 月，玉舍森林公园经省林业厅批准为省级森林公园。2003 年，南开被省政府批准为省级风景名胜区。2004 年，玉舍森林公园经国家林业局批准为国家级森林公园；县形成天生湖畔“农家乐”、玉舍森林山庄“烧烤”、海坪彝族文化园风味“羊汤锅”等特色饮食和民族服饰大集汇等旅游产品，开展格支“田园风光游”等旅游活动。2005 年 12 月，县政府制定《六盘水水城水黄绿色经济走廊农业与乡村旅游发展规划》。2006 年，制定《水城县加开营水利风景区旅游总体规划》；全县旅游接待 227902 人次（其中海外游客 119 人），旅游综合收入 2616.6 万元。2006 年 6 月，制定《水城县“十一五”旅游业发展规划》，把旅游业作为全县发展的重点产业。2006 年 7 月 15 日，县旅游局选送 25 名旅游商品能工巧匠和 52 件旅游商品设计作品参加市比赛；徐承贵、李国秀、杨明芬分别获能工巧匠二等奖（每人奖金 6000 元），熊兴凤获能工巧匠三等奖（奖金 3000 元），4 人均获“凉都旅游商品能工巧匠”称号；王广生的作品获二等奖（奖金 6000 元），熊兴凤的作品获三等奖（奖金 3000 元）。2007 年，全县旅游接待 460946 人次（其中海外游客 46 人），旅游综合收入 9615.12 万元。2007 年 5 月，制定《凉都温泉度假区总体规划》。2007 年 11 月 10—13 日，中国《新旅行》杂志摄影师黄庆军、编辑马明一行，到县对北盘江大峡谷、天生桥景区、猴儿关苗族风情及农民画进行采访。2008 年，制定《水城县米箩布依族乡乡村旅游示范区专项规划暨示范区详细规划》《水城县啰咪期生态旅游度假区》总体规划；全县旅游业投入资金 28811.5 万元，接待游客 525200 人次（其中海外游客 100 人），旅游综合收入 9585.48 万元。2008 年 4 月 20 日，美国《国家地理》杂志社记者王睿元和“世界地质公园”专家对发箐乡喀斯特地貌、青林乡海发村小花苗风情和陡箐乡猴儿关歪梳苗风情及农民画进行采访。2008 年 12 月 29 日，天运旅行社（县首家旅行社）在双水花鸟市场成立，可承办国内外、省内外旅游，飞机票等业务。

2008 年底，全县共有景区（点）165 个，其中有乌蒙山国家地质公园景区（点）7 个（玉舍国家级森林公园、北盘江峡谷景区、发耳三个屯旋卷构造台地景区、金盆天生桥景区、阿勒河景区、水城峰林景区、花戛天坑景点）和南开省级风景名胜区；基本建成并对游客开放的旅游景区（点）5 个，在建旅游景区（点）3 个，待开发旅游景区（点）157 个（其中红色旅游资源 18 处）；有旅游商品定点生产企业1个（水城姜业公司），二星级旅游宾馆1个（天湖宾馆），景区旅游接待餐馆4个（玉舍国家级森林公园、啰咪期生态旅游度假区、天生湖奇锦神态旅游区、百车河高效农业科技生态园各1个），农家乐21家（前进村15家、百车河3家、以朵1家、玉舍2家），旅行社1家（天运旅行社）；有导游和各项旅游服务人员近500人。

第二节　景　区

一、对游客开放的旅游景区

玉舍国家级森林公园　位于玉舍乡，距市中心城区30千米，总面积924.47公顷，森林覆盖率90%以上，最高海拔2422米，最低海拔1700米；人工林与原生植被交错分布，古树青藤盘根错节，有够4人合围的千年古树，有光叶珙桐（国家一级保护植物）、西康玉兰、杜鹃、水青树、野核桃、刺五加、黄檗、天麻、金佛、玉兰、八角莲等；野兔、山鸡偶尔出现，小鸟林间穿梭；群山连绵，乱石遍布，有“飞来石”一峰独秀；2条山溪穿林10里，无数瀑布千姿百态；初春百花齐放、鸟语花香，仲夏林海葱郁、蘑菇遍地，深秋叶染风霜、五彩缤纷，隆冬冰封雪飘、青松笔挺；烤全羊等民族特色美食令人馋涎欲滴。2004年获国家林业局批准为国家级森林公园。

啰咪期生态旅游度假区　位于玉舍乡与纸厂乡交界处，距市中心城区14千米，有100公顷华山松，133公顷天然杜鹃林及种类繁多的灌木和草丛，3千米长的天然景溪，近570公顷的人工湖和400公顷的天然草甸等；年平均气温13.9～14.9℃，空气清新；有民族特色美食，是典型的高原山地型生态度假旅游场所；啰咪期，彝语意为神秘的大山。

天生湖奇锦生态旅游区　位于双戛乡，马姚二级公路从景区穿过，距市中心城区12千米，规划面积15平方千米，核心区面积5平方千米；由天生湖、天湖仙园、双乳峰、学人山、溪流、瀑布、森林、古树名木、天缘洞等十余个景点组成。

百车河现代高效农业生态园　位于蟠龙乡百车河、法那、沙坡3个村，平均海拔1100米，年平均气温16～18℃；为贵州水城现代农业科技园区的核心区，景区内的百车河清澈透明、蜿蜒曲折，有高效农业展示园、高科技花卉培植园、科技服务培训中心、生态林木展示园，农家乐（3家）；常年空气新鲜，为乡村旅游度假及农业观光休闲的理想园区。2005年获农业部批准为现代高效农业生态园。

前进村农业旅游示范点　位于纸厂乡前进村，距市中心城区29千米，地处梅花山东麓的格木底盆地，海拔1970米，得益于巴豆河小流域气候特点，山清水秀、土地肥沃；一组一特色的农业产业可供观光休闲，15家农家乐可让游客尽享农家风味。2003年被国家旅游总局命名为农业旅游示范村。

二、在建旅游景区

以朵城市公园　位于滥坝镇以朵村，距市中心城区6千米，占地约4.5平方千米，依托以朵林场和苗圃场，以原生态为主体，能让游客欣赏大自然风光，感受舒适的休闲环境。该公园计划投资8000万元，建设期3年，于2007年开工，2008年完成投资1500万元，建成进场公路、进园大门、园内道路、停车场等。

凉都温泉度假区　位于距市中心城区20千米的水黄高等级公路旁，园区面积200多公顷，核心区9.87公顷；规划总投资48200万元，拟建温泉娱乐区、激情漂流区、园林花卉观赏区、温室植物观赏区、餐饮住宿服务区、枇杷园、葡萄园、石榴园等；首期投资5000万元，建设期2年，拟建集温泉度假、休闲避暑、激情漂流、农业观光采摘、餐饮住宿、会议接待、健体娱乐、园林花卉观赏等综合旅游度假区，于2007年开工，2008年完成投资1000万元。

金盆天生桥景区　位于金盆乡，距市中心城区71千米，天生桥高135米、宽35米，横顶厚度15米，桥基跨度50～60米；据中外岩溶地质学家考证，该桥为世界最高的可行驶汽车的公路天生桥；附近区域怪石嶙峋，多洞穴，是典型的喀斯特地貌景区。

第三节　待开发景区（点）

北盘江峡谷景区　为乌蒙山国家地质公园核心区，位于县南部北盘江两岸，系喀斯特及丹霞地貌大峡谷；河谷深切，水势变化无常，奇峰异石多姿，溶洞星罗棋布；许多地方两岸悬崖如斧劈刀削，崖高500米以上，崖底呈“一线天”景观。全长79千米，汇集水柏铁路大桥、虎跳石、高家渡铁索桥、红岩温泉、法德公路大桥、响水电站、泥猪河电站等景观，拟建电站有响水电站（二期）、善泥坡电站，核心区为野钟大峡谷和营盘大峡谷。野钟大峡谷位于野钟乡边缘，总面积13.62平方千米，距市中心城区81千米，北盘江沿岸峰丛高耸，自然风光雄奇壮观；黑叶猴自然保护区位于其间，有国家一级保护动物黑叶猴及二级保护动物猕猴、小灵猫、斑羚、林麝等；两岸有铅锌矿遗址和铅锌冶炼遗址。营盘大峡谷位于野钟大峡谷上游的营盘乡边缘，峰林怒拔，溶洞众多；有光叶珙桐、西康玉兰、红豆杉等珍稀植物，南岸有乌蒙大地缝和哈青峰岩石林景观。

野钟红岩脚温泉　位于野钟乡射仲村北盘江岸，平水期泉口高出江面0～1米、水温31℃、流量每秒0.1立方米，枯水期流量为每秒0.015立方米、水温29℃，洪水期被江水淹没，泉水无色、无味、透明，含微量氟离子。

阿勒河景区　位于保华乡东南阿勒河，距市中心城区20千米，河面海拔1500米左右，两岸山体平均海拔1800米左右；二次伏流形成溶洞群，溶洞内有“石头树”“雄鹰展翅”“贵妃曼舞”“公明送财”“九天银练”等景观。

出水洞　位于保华乡，因水从洞中流出而得名，是典型的喀斯特景观，洞边崖壁上有“夜郎王”“杨贵妃”等众多栩栩如生的图案，另有大洞和猴子洞（均为旱洞）；大洞位于出水洞洞口不远处的半山腰上，长800余米，宽约100米，高约80米，内有无数形态各异的针孔石，十分壮观；猴子洞洞口小、洞内大，洞内钟乳石密布，形状千姿百态，令人惊叹。

牛棚梁子　位于营盘乡西南，距市中心城区100千米，群山如林，云遮雾罩，主峰海拔2865.2米，为贵州第二高峰；有光叶珙桐、红豆杉、西康玉兰、杜鹃等植物和轿子顶草场，有国家二级保护的珍稀动物林麝、锦鸡和黄（赤）鹿等。

轿子顶草场　位于牛棚梁子顶部，有26.67公顷的草场和山腰上的66.67公顷杜鹃花丛，草场以野生草为主，花丛自然呈球状，似人工修剪加工过一般。

哈青峰岩石林景区　为水城峰林景区的1个景点，位于营盘乡哈青村，距市中心城区100千米，集自然风光、民族风情、休闲度假、科学考察为一体，面积10余平方千米；具有奇特的喀斯特地貌景观，石牙、峰丛、溶丘、溶洞、溶蚀湖错落有致，堪称“世界喀斯特精华”。

吴王山　位于花戛乡境内，该山高大，周围有99座小山相拥；传说吴三桂征剿水西时有道仙指点说，站在此山上数出100座山便可建殿统治水西，吴数来数去只有99座，忘了自己所站着的1座，该山因此得名。

可渡河　位于坪寨乡、都格乡，距市中心城区60千米，为北盘江支流，是贵州与云南界河的一部分，县境长22.5千米，峡谷段宽40~60米，呈“一线天”景观，水质清澈，河鱼特别鲜嫩，两岸林木繁茂、猕猴攀缘峭壁和树梢；铁索桥至箐马河6~8千米河段，可开发峡谷漂流。

冷饭河峡谷　位于猴场乡与蟠龙乡之间，水黄高等级公路经过该处，河水清澈，峡谷、溪瀑、村落、野山羊群、33.33公顷杜鹃花丛、彝族土司古营盘遗址，构成人与自然和谐的景观。

大硝洞　位于果布戛乡与蟠龙乡交界的牯牛河畔，距市中心城区105千米；洞口宽约20米，高约40米，距古牛河床约60米，洞区长约3000米；沿洞口下行约50米为“广场”，面积约3000平方米，地面为芝麻状的泥沙铺就，洞顶悬吊千姿百态的钟乳石，入口处有1根4米高的石笋，旁边有一猿猴状的钟乳石；“广场”一端洞壁上有梯级造型，如白玉镶嵌，沿台阶往上30米左右有一平台，如古时兵家点将台，台后有数十根钟乳石，中间形成“门”，门内有洞；沿“广场”另一端走百余米便到“田庄”，有“田”数百块；“田庄”过后再上一个缓坡，便到“玉墙”，洞壁全为银白色，灯光到处，流光四射；从“玉墙”越过几个台阶便到“乳林大世界”，占地约1万平方米，林立数百钟乳石，形态万千，是洞中最壮丽的景点，其中十多根高数十米，从洞底直达洞顶；“乳林大世界”一边有小洞，其内白雾如浪，温度较高，很像温泉所发。

牯牛河　为北盘江支流，全长约8千米，由大、小龙潭2条暗河流出形成，清澈透明，河中鱼类多样，两岸有悬崖峭壁，也有田园农庄。

小龙潭　为牯牛河支流，水从100余米高的绝壁洞中射出，形成七八个小瀑布后汇成一深潭，然后往下流，水清澈，游鱼清晰可数。

大龙潭　为牯牛河支流，冰寒切骨的水从崖壁上的洞中冒出，形成约2000平方米的潭（阴森森的，一般人不敢涉足，虫鸟的声音也难以听到）后再往下流。

杨梅林场与茶园　位于杨梅乡，是20世纪50年代创办的国有林场，约2000公顷；后来开发茶园333.33公顷和板栗、核桃、杜仲生产基地；为“水城春”（茶叶）的主要产地，披红戴绿的苗、彝、汉家姑娘采摘茶叶时，宛如迷人的画廊。

二台果园　位于新街乡二台村，距市中心城区80千米，水盘中线公路穿村而过；有一片片的甘蔗田和黄果林，每年11月，黄果挂满树梢，可供采摘。

野鸡坪草场　位于坪寨乡，距市中心城区40千米，总面积666.67公顷，可利用面积533.33公顷，平均海拔2000米左右；清晨大多被雾笼罩，给人缥缈虚幻的感觉。

发耳三个屯旋卷构造台地景区　位于原发耳区，由马龙屯（又名大屯）、棋盘屯（又名小屯）、妥倮屯（又名鸡场屯）组成，3个屯均分为3级，底大顶小，中间有二屯，四周为悬崖，屯顶与屯底高差均在1000米以上。马龙屯顶为都格乡马龙村，有10.5平方千米；清初前，归集禄氏大姓的首领曾住该屯；清朝时期因该屯鸦片产量高、质量好，经济和文化比较发达，在水城很有名气；1949年，水城游击队曾在该屯歼灭国民党19兵团溃军1个营（营建制，实际兵力只有1个加强连）；2008年，马龙村因有4317人，人多地少，为全县最贫困的村之一。棋盘屯三分之一属都格乡，三分之二属鸡场乡；1949年，水城游击队曾在其屯壁悬崖上的妥倮大洞与国民党军战斗3天3夜后撤离。妥倮屯属鸡场乡，清朝振威将军杨发贵从军前住其屯顶；1949年，水城游击队在其第二屯小岩脚起义，与国民党军战斗3天3夜后撤离。

第四节 人文景观

北盘江铁路大桥　位于发耳乡与营盘乡之间的北盘江上，为水柏铁路桥，桥面距江面280米，桥长468.2米，主跨236米，于2001年1月20日合拢；几项建设指标曾创世界第一。

夜郎王宫　因拍摄电视连续剧《夜郎王》而修建的一组仿古建筑群；位于玉舍国家级森林公园内，建筑群占地3万多平方米，建筑面积约3000平方米，包括正殿、偏殿、寝宫、回廊、花园、郡长府、街景、图腾广场等，总投资1000万元；后来被火灾焚毁。

八一水库　位于龙场乡，距市中心城区108千米，水面6.7公顷，水质清澈，养有鱼类，四周有松林26.67公顷，常有游客垂钓、游玩。

白马洞水库　距双水新区3.5千米，库容4000立方米，植被较好，县水电局计划修建集会议、休闲、娱乐、观光为一体的城郊旅游度假景点。

南开苗族跳花场　每年农历二月十五，是乌蒙山一带小花苗最隆重、最具规模的跳花节，届时常聚集3~6万人到南开乡三口塘苗族跳花场跳花及赶花场。整个活动分为砍花树、请花树、栽花树、收花树、送花树5个部分。花树选择枝叶繁茂、独株生长的大杜鹃树，由寨老领着众人在花树下举行砍花树仪式；先吹一阵欢快的芦笙乐曲，寨老用酒、鸡祭祀花树后，将花树砍下，不削枝叶。请花树在铁炮声中进行，由两人舞大刀“开山辟路”，2名芦笙手吹舞芦笙，1名歌师唱酒歌，另1人手捧一段红布，众人将砍下的花树请（抬）到花场，绕场3圈，然后栽到花场中央。栽花树时还要同栽一株竹子，意为节节升高，栽完花树，寨老要在花树前举行祭祀仪式，祭祀毕跳花正式开始。跳花时人们唱歌、跳舞、吹芦笙，花场成为人的海洋、歌的海洋；跳花节也是小花苗青年男女寻意中人的时候，姑娘准备几件“花背”（用红、黄、黑3种丝线绣成，黄色为主色调，红色镶边，黑色勾线）穿在身上，见到中意的男青年来“抢”，就脱给男青年，直至脱到最后1件。跳花节持续3天后收花树。最后举行隆重的送花树礼仪，前有开路仪仗队，且行且鸣鞭炮、吹芦笙，将花树送到牲畜不能践踏的地方或岩洞中，寨老面对花树诵念：“花树送到石旮旯，快长快发快开花，花树送到大岩洞，开花结果保苗家”，跳花活动结束。

格支喇叭苗寨　位于猴场乡格支村，北盘江自西向东把整个村子与外界隔离开，素有“格支小台湾”之称，喇叭苗的习惯保留比较完整，风景独好，常有人观光。由于推广良种良法，1998年该寨脱贫；2008年，全寨有喇叭苗63户、296人，仡佬族8户、47人。

海坪彝族文化园　每年农历六月二十四日，为彝族火把节，彝家儿女身着节日盛装，吹起悠扬的唢呐，端起醇香的美酒，喜迎八方宾客；夜色朦胧，生起篝火，手牵着手，跳起被称为“东方迪斯科”的彝族搭体舞和撒麻舞，放飞心情。1994 年，县在玉舍乡海坪村举行彝族火把节后，海坪彝族火把节的人数逐年上升；后来建成海坪彝族文化园，火把节人数曾达 5 万人。

陡箐坪箐苗族文化园　位于陡箐乡，距市中心城区 38 千米，交通便利，自然生态环境优美，民族原生态文化保存完整，民族风情浓厚。

猴儿关苗族风情景点　位于陡箐乡，居住歪梳苗（也称黑苗），民族文化历史悠久，传统的婚丧、祭祀、节日等活动保留完整；民族艺术源远流长，农民画创作无拘无束，有许多优秀作品；服饰花色图案通过蜡染、刺绣、贴布、粘花表现。1935 年，红九军团长征曾经过猴儿关；2008 年，猴儿关居住歪梳苗 114 户、428 人，部分人信仰基督教。

打把、补那布依风情寨　位于猴场乡，离水黄高等级公路 5 千米，2 寨 1000 多人全是布依族，67. 67 公顷黄果林与村寨相映，民族服饰工艺和民居住宅保留较为完整；每年农历六月六日，村寨跳的“刷把舞”“纺纱、织布舞”具有浓厚的民族特色。

第三章 档 案

第一节 机构与收藏

一、机构与设施

1978年，特区档案馆有工作人员4人；档案干部到机关、区（镇）帮助建立健全档案室45个，配备档案员45人，未建立档案室的66个单位分别确定兼职档案员管理档案。1980年，特区档案馆竣工，馆库面积600平方米，设档案库房8间（360平方米），办公室4间（129平方米），阅览室2间（86平方米），保管室1间（25平方米）；特区机关建立档案室84个，区（镇）建立档案室13个，公社建立档案室111个。1985年12月，成立特区档案局，定编制4人，档案馆隶属档案局。1987年12月，特区档案局改称县档案局。1992年，全县建立乡（镇）档案室33个。1993年，撤销县档案局，其职能并入县政府办，县档案馆隶属县政府办。1994年9月，恢复县档案局，与县档案馆1套人员，2块牌子，定编制11人，档案局局长兼任档案馆馆长。1997年4月，新建的县档案馆竣工，共5层，总面积843平方米，库房5间（330平方米），办公室12间（150平方米），阅览室1间（15平方米）。2002年，县档案局（馆）内设办公室、宣教法规与业务指导股、档案管理股、编研利用股，定事业编制11人、工勤编制1人。2004年，县档案局增设现行文件阅览中心，增加事业编制3人。2008年，县档案馆有档案柜127个（组），除湿机3台，复印机2台，电脑7台，彩色打印机2台，消毒柜1台，扫描仪1台。

二、档案收藏

1978—1985年，接收特区机关档案2100卷（特区公安局移交民国档案787卷）。1986年8月10日，特区政府下发《关于档案接收工作的安排意见的通知》，要求特区机关、各区（镇）将1983年以前档案全部移交特区档案馆；至12月，共接收档案6219卷，照片343张，资料37册。1989年，县档案馆接收县机关档案781卷，收集资料247册，收集南开和盘雄三望花场照片42张，录音带10盒。1990年，县档案馆有馆藏档案全宗79个，案卷12728卷（其中民国档案经整理后为968卷），报刊10203册，录音录像26盒，照片1606张；县机关、区（镇）档案室保管文书档案2525卷，科技档案2304盒，会计档案29386卷，音像照片4525盒（张），资料15465册。1992—1994年，接收原区、乡档案2062卷，资料140册。1995年，收集《水城县（特区）志》《六盘水市组织史资料》《调查与研究》《水城报》合订本等重要资料进馆。2001年，接收33个乡（镇）、546个村、3158个组、155372户农户的土地延包档案5301卷。2002年，接收县机关档案422卷。2003年，接收县机关档案691卷（其中会计档案34卷），著录卡9391张，税费改革档案182卷（盒）、5534件（盘、盒），征集珍贵档案及实物档案32件，收集“县建制270周年书画作品展”获奖画12幅、获奖书法作品22幅。2004年，接收县机关档案2387卷，其中纪委案件档案1041卷。2005年，接收档案761卷。2006年，接收县机关档案111卷。2008年，接收县机关档案183卷。

第二节　档案整理与利用

一、档案整理

1964—1987年，清理原水城矿区（小特区）和县委、县政府积存文件10万余件，立卷668卷，登记销毁重复文件29341件。1983年11月，检查民国档案787卷，发现有霉烂、纸张变质、案卷不符合质量等问题；抢救（清理、换卷皮、填写卷内目录、编制案卷目录）民国档案787卷。1987—1990年，整理立卷少数民族档案65卷、资料16盒，收集少数民族刊物杂志32册；清理案卷、资料22931卷（册），裱糊馆藏破损档案518卷，馆藏档案资料全部理顺、登记、编目、入柜、上架；档案设置全宗单位79个，分为党群系统（包括人大、政协）、区（镇）乡、民国档案、政府系统4个全宗群；8个库房内保管档案12728卷、10203册（张、盒）；市档案局资助档案抢救经费3000元。1993—1999年，抢救民国档案780卷（民国档案案卷整理后为1114卷）；填写民国档案全宗目录卡片1式4份，分别报送国家第二历史档案馆和省、市档案馆。1997年，县政府拨抢救经费15000元，省档案局和市档案局分别拨档案抢救经费3000元、4300元，购买裱糊纸和裱糊工具等。1999年，抢救馆藏破损档案1983卷、37580页；制定档案馆资料分类方案，对馆藏图书资料进行鉴定、分类整理、装订、编目上架。2001年，整理县延包土地文件，立卷5301卷。2003年，清查二、三号库房档案资料，对三号库房档案案卷和档案柜重新排列，制作存放索引，复印全宗珍贵档案10卷；完成75个全宗、8651卷档案备考表装补填写。2004年，整理县国有企业破产档案176盒（文书档案4盒，会计档案172盒）。2008—2012年，数字化处理（扫描、仿真复制）彝文古籍304卷（册）、2700张（页）。

二、档案编研

1978—1990年，编制案卷目录71册、1678页，卷内目录35570页，资料目录9册、303页。1999年，编制馆藏89个全宗单位的全宗介绍。2003年，编制4种专题目录586条（转正定级183条、育苗造林106条、议案提案170条、恢复工作127条），人名索引1万余条。

三、档案开放

1989年5月，成立县档案鉴定工作领导小组，开放民国档案全宗1个、496卷；档案馆设开放阅览室1间（30平方米）。1990年10月，增加开放全宗单位2个，开放档案15卷，资料111册；开放档案目录2515条。1998年12月1日，开放档案全宗单位增至85个，案卷增至5288卷，资料增至2115册。2003年12月，设立陈列展览室，开放档案938卷（册）。

四、档案利用

档案利用方式提供档案原件查阅，对经允许摘抄、摘录的材料核对无误加盖公章后利用；对特殊情况，经主管领导批准，外借档案原件，限期归还；以档案复制品加盖公章提供利用；以单位来函提纲要求，给予代查代抄，加盖公章予以复函。

档案利用 1978—2008 年，县（特区）档案馆接待档案资料利用者 14523 人次，提供利用档案 33075 卷次，资料 183 册，向外复印 1000 余份，出具有效证明 300 余份。在落实干部政策中，提供档案 4024 卷，为受冤、假、错案的 767 人提供证据（其中“右派”错案 259 人得到改正，“反右”错处分的 276 人得到纠正，其他时期错误处理的 101 人得到平反，游击队员冤案 17 人得到平反）。提供档案资料，协助编纂《水城县（特区）志》《红军长征过水城》《水城党史资料》（第三辑）、《水城党史资料》（第四辑）、《中国共产党水城县（特区）历史大事记》《水城文史资料》（少数民族专辑）、《中国共产党水城县（特区）历史》（第一卷）等。杨梅林场明子山采育队与盘县大寨公社为林界争执多年，影响林业生产，双方在特区档案馆找到“贵州省革命委员会《关于建立杨梅林场明子山采育队的报告批复》”，在明确林界、结束纷争中发挥关键作用。赫章县农资公司在县档案馆找到在大湾征地 0.33 公顷修建化肥转运站的审批文件资料，避免重新征地和支付土地占用费。市法院在县档案馆找到贵州剑河化肥厂驻水城转运站建站时的有关划拨土地手续资料，保证查封、评估、拍卖该站的房屋、土地顺利进行。县防疫站在县档案馆找到征用土地的手续资料，收回被当地农民占用的土地 0.02 公顷。土桥酒厂在县档案馆找到厂址征用土地手续资料，避免重新征地的 4 万余元损失。县二中、钟山区黄办等单位因修建征地，多年后当地农民以未付征地款为由提出争议，在县档案馆找到依据后解决问题，避免经济损失数百万元。

第四章　体　育

第一节　机构与设施

一、机构

1978 年，特区体育运动委员会下辖 10 个体育协会，特区辖区内水钢与水城矿务局体育协会共下辖 9 个体育组织。1987 年 12 月，特区体育运动委员会改称县体育运动委员会，有教练员 4 人，管理人员 2 人。1990 年，县体育运动委员会有干部职工 11 人。1993 年 8 月，县体育运动委员会与县文化局、县广播电视局合并为县文体广播电视局，下设体育股（有工作人员 3 人）。1996 年 6 月，县文体广播电视局分设为县体育局和县文化广播电视局，县体育局有干部职工 9 人。2002 年 5 月，县体育局和县文化广播电视局合并为县文体广播电视局，下设体育事业管理中心（定编制 7 人，设正副主任各 1 人），为参照国家公务员制度管理事业单位。

1978—2008 年，县（特区）体育协会简况见表 17－4－1；1978—1987 年，水钢体育协会下属体育组织简况见表 17－4－2，水城矿务局体育协会下属体育组织简况见表 17－4－3。

1978—2008 年水城县（特区）体育协会简况表

表 17－4－1　　单位：人

名称	会员数	经常参加活动人数	活动情况	名称	会员数	经常参加活动人数	活动情况
老年体育协会	150	约 80	每年 3 次比赛，每次约 300 人	信鸽协会	20	约 20	年均比赛 4 次，每次约 50 人
象棋协会	40	约 30	常年开展，每次约 25 人	田径协会	25	约 10	年均比赛 2 次，每次约 200 人
围棋协会	15	约 10	年均比赛 4 次，每次约 100 人	武术协会	20	约 15	年均比赛 4 次，每次约 50 人
乒乓球协会	20	约 15	年均比赛 4 次，每次约 120 人	钓鱼协会	60	约 40	年均比赛 4 次，每次约 50 人
篮球协会	80	约 50	年均比赛 8 次，每次约 320 人	排球协会	20	约 20	年均比赛 4 次，每次约 20 人

1978—1987 年水钢体育协会下属体育组织简况表

表 17－4－2

单位：人

名称	数量	人数	活动情况	名称	数量	人数	活动情况
老年体育协会	1	80	周末及节日比赛	举重队	1	10	周末及节日比赛
篮球队	15	300	周末及节日比赛	田径队	2	40	周末及节日比赛
足球队	2	60	周末及节日比赛				

1978—1987 年水城矿务局体育协会下属体育组织简况表

表 17－4－3

单位：人

名称	数量	人数	活动情况	名称	数量	人数	活动情况
老年体育协会	1	80	周末及节日比赛	业余体育队	10	200	周末及节日比赛
工会体育组织	1	5	周末及节日活动	半专业航模队	1	20	周末及节日比赛

二、设施

1978—1987 年，特区内市体育运动委员会和水钢、水城矿务局有大量体育设施。1987 年，市体育运动委员会体育设施简况见表 17－4－4、水钢体育设施简况见表 17－4－5、水城矿务局体育设施简况见表 17－4－6。1988—2005 年，县体育设施不断完善。1990 年，县体育运动委员会活动场所简况表见表 17－4－7；2005 年，县体育设施简况见表 17－4－8。

1987 年市体育运动委员会体育设施简况表

表 17－4－4

名　　称	面积（平方米）	投资（万元）	设备情况
体育馆	8900	500	座位 3153 个，有大型电子记时、记分牌及液压篮球架
游泳馆	3870	300	看台座位 500 个，有 3 米、5 米、7.5 米、10 米跳台，泄水可新型处理
练习馆	3054	43	可容纳 500 人，嵌木结构地板
田径场	12000	122	看台 3100 平方米，可容纳 1 万人
露天灯光篮球及网球场	1480	—	—

1987 年水钢体育设施简况表

表 17－4－5

名称	个	面积（平方米）	投资（万元）	名称	个	面积（平方米）	投资（万元）
篮球场	35	15680	35	旱冰场	1	30	20
田径场	1	6600	15	灯光篮球场	5	350	20
门球场	2	700	4				

1987 年水城矿务局体育设施简况表

表 17－4－6

名称	个	面积（平方米）	投资（万元）	名称	个	面积（平方米）	投资（万元）
篮球场	20	8960	40	灯光篮球场	6	2688	10
田径场	1	6600	10				

1990 年水城县体育运动委员会活动场所简况表

表 17－4－7

名称	个	面积（平方米）	投资（万元）	名称	个	面积（平方米）	投资（万元）
活动室	1	20	0.5	乒乓球室	1	30	0.75
灯光球场	1	448	2.5	门球场	1	350	1.6
羽毛球场	1	50	0.25				

2005 年水城县体育设施简况表

表 17－4－8

名　称	个	名　称	个	名　称	个	名称	个
体育运动场总计	347	排球场	1	乒乓球场	54	排球场	1
标准体育运动场合计	86	篮球场	83	篮球场	193	体操场	3
灯光球场	1	非标准运动场合计	261	羽毛球场	1	健身路径	2
门球场	1	小运动场	7				

第二节　学校体育

一、体育教学

1978 年后，全特区学校根据体育教学大纲要求，坚持两操（广播操、眼保健操），两课（体育课、课外活动），城区、矿区各中小学平均每天有 1 小时体育锻炼活动（包括早操、课间操、课外体育活动及体育课）；多数学校开展校园舞蹈活动；各中学（特别是高中）重视体育课教学，执行初、高中体育合格证制度，坚持把好体育及格关；原特区师范学校每天清晨组织师生跑步 2 千米，坚持近 10 年，在城区大中专学生越野赛跑中多次获得名次。1980—1990 年，县（特区）二中为体育院校输送大专学生近百人。1984 年 6 月，市教育局、市体育委员会联合行文决定，在水城第三中学（后来改为市第三中学）开设体育重点班，开展田径、男女篮球、排球、足球 4 项训练；体育重点班文化课与普通班相同，有政治、语文、数学、物理、化学、历史、地理、生物等学科，不开设音乐、美术、体育课目，集中进行专项训练，培养体育专业人才；面向全市招生，但以水城片区为主，学生实行食、宿、学习、训练四集中；体育重点班学生成为县（特区）参加市、省比赛的主力军。1986—1990 年，县（特区）四小体育设施齐全，有篮球队、体操队、武术队、田径队等体育团队，多次获省、市、县（特区）体育先进学校称号，曾在市举办的体育传统项目比赛及韵律操比赛中获奖。1987年，全特区中学共有体育教师235人（含专职教师25人）。1988年后，全县学校始终坚持“两操一课，一活动”，施行《国家体育锻炼标准》《学生体质健康标准》。1990年，全县多数城区、矿区及农村完小建立学生健康档案，每年进行1次学生体格检查。1998年，县二中被市体育局设为“培养跨世纪体育后备人才”基地，都格乡中学被县市体育局设为“培养跨世纪体育后备人才”基地。2007年，全县所有乡级学校均建有篮球场、乒乓球场、小运动场等体育活动场所。

二、体育比赛

每年“五四”青年节，县（特区）多数中学举办校内和校际体育比赛。每年“六一”儿童节，县（特区）多数小学开展各类体育比赛。县（特区）二中及部分厂矿学校，每年分别举办1次以上校内运动会。1978—1990年，杨梅区10所小学，每届儿童节均齐集区中心学校举办运动会，开展球类、田径比赛，每次约2500人参加，运动员200多人，时间1周。1985年，在市第一届中学生运动会上，特区获16项金牌，占金牌总数的27.6%；高翔获铁饼第二名（34.8米），破市纪录；吕吉明获5000米第一名。1986年开始，特区各中学均参加市中学生运动会，1987年特区四中学生赵鑫在五项全能比赛中破省纪录。2001年5月，杨梅中学举办“南部片区中学生运动会”，有200余名运动员参赛。2002年4月，发耳中学举办“南部片区中学生运动会”，有300余名运动员参赛。2008年，县二中在市校园舞蹈大赛中获三等奖。

第三节　群众体育

一、县内体育活动

全县性体育活动　1977—1978年，特区分别在杨梅区、蟠龙区举办运动会，各区（镇）派代表队参加。1980年，特区工业系统举办10次运动会。1984年，特区体育委员会先后举办10次运动会，共有2800名运动员参赛；水钢举办首届职工运动会，比赛项目13个，参赛运动员3227名。1985年，特区体育委员会组织12次体育比赛，共有2200名运动员参赛；水钢举办首届老年人运动会，比赛项目7个，参赛运动员824名。1986年，特区境内各行政事业单位及厂矿，共举办运动会8次，参赛运动员1470名；其中体育系统举办3次，参赛运动员950名。1988年，县各厂矿、行政事业单位共举办运动会82次（体育系统6次、教育系统39次、工业系统37次），13231名（体育系统1350名、教育系统9750名、工业系统2131名）运动员参赛。1989年，县举办运动会，设球类、田径等比赛项目8个，参赛运动员700名。1997年6月3—27日，县举办“庆香港回归迎国庆”县直机关运动会，设篮球、乒乓球、门球、斗鸟、象棋、围棋、钓鱼7个项目，参赛达千人，观众上万人。1998年10月，玉舍乡获全国农村群众体育先进集体奖。1998年12月，县群众体育工作获市三等奖。1999年9月28日至10月4日，县举办篮球比赛，先分5个片区进行预赛，后在县机关篮球场进行决赛；为县参赛队（男女代表队共55支）、参赛人数（男女运动员共1125人）、观众（16.2万人次）最多，参赛运动员来源最广（有干部、职工、居民、农民、学生）的一次篮球运动会。1999年10月，县举办老年节文体活动，设门球、钓鱼、象棋、乒乓球、羽毛球、老年健身舞等项目。1999年12月，县群众体育工作获市二等奖，县体育局被表彰为省全民健身宣传周先进单位。1999年12月20日，县举办“迎澳门回归篮球邀请赛”。2000年6月，县获国家体育总局赠送一套用中国体育彩票公益金购买的“健身路径”器材。2000年10月，蟠龙乡获全国亿万农民健身先进集体奖。2000年12月，县群众体育工作获市三等奖。2002年9月，双水新区办举办篮球邀请赛，13支代表队参加，256名运动员参赛。2004年6月，县地电公司举办职工运动会，参赛运动员100余人。2005年2月5日，县举办迎春文体活动，设5个大项，500余人参赛。2006年2月，县举办迎春文体活动，设6个大项，400余人参赛。2006年12月，县举办县直机关周末篮球赛。2007年2月，县举办迎春文体活动，设4个大项，600余人参赛。2007年9月15日，县举办“华飞杯”迎奥运、庆国庆5千米长跑比赛，1200余人参赛。2008年2月，县举办迎春文体活动，设5个大项，600余人参赛。2008年3月31日至4月1日，县举办“百花苑”杯老年中国象棋邀请赛，有10支代表队、40名运动员参赛。

县全民健身节　1998—2008年，县全民健身节简况见表17－4－9。

1998—2008年县全民健身节简况表

表17－4－9

届　次	举办时间	项目数（个）	参与人数（人）
第一	1998年6月9日至16日	6	450
第二	1999年8月20日至25日	20	738
第三	2000年7月2日至31日	20	875
第四	2002年10月	18	1080
第五	2004年9月27日至30日	9	2600
第六	2005年9月27日至30日	8	1500
第七	2006年11月20日至27日	5	800
第八	2007年11月26日至12月2日	1	320
第九	2008年7月28日至8月2日	2	300

少数民族传统体育活动　1978—2008年，县（特区）少数民族传统节日举办体育活动项目有打弩、打秋千、走浪桥、打鸡毛、打陀螺、打毛蛋、打扁担、斗牛、斗鸡、赛马、摔跤、拔河、斗羊、拉顺风耳等。每年农历2月15日，南开苗族跳花节基本举办体育活动。1993年起，每年农历6月24日，玉舍海坪“彝族火把节”均举行各类少数民族传统体育项目比赛。

二、参加县外比赛

1991年4月20—27日，县组队参加云南省曲靖市举办的首届云、贵、川毗邻县（市）老年门球赛，同时派老年象棋队、老年羽毛球队参加比赛。1991年5月5—14日，县组队参加云南省昭通市举办的第二届云、贵、川毗邻县（市）老年门球赛。1991年10月20—27日，县组队参加云南省富源县举办的第三届云、贵、川毗邻县（市）老年门球赛，获第14名。1992年7月，县组队参加织金县举办的“五县一区”篮球联赛，女队获第二名，男队获第三名。1992年9月4—11日，县组队参加威宁县举办的第四届云、贵、川毗邻县（市）老年门球赛，获第11名；是年县老年体育协会被表彰为市开展老年人体育活动先进单位，5 个体育协会负责人被表彰为市体育活动先进个人。1993 年 4 月 20 日，县组队参加四川省内江市举办的第五届云、贵、川毗邻县（市）老年门球赛，获第 9 名。1993 年 10 月，县组队参加四川省宜宾市举办的第六届云、贵、川毗邻县（市）老年门球赛，获第 18 名。1993 年 11 月，县承办“五县一区”篮球联赛，有本县、纳雍县、织金县、大方县、毕节县、钟山区及水城水泥厂等 14 支男女代表队参加。1994 年 8 月，县组队参加在纳雍县举办的“五县一区”篮球联赛。1995 年 4 月 25 日至 5 月 3 日，县组队参加赫章县举办的第七届云、贵、川毗邻县（市）老年门球赛，获第 12 名；是年，县老年体育协会被表彰为省先进体育协会。1996 年 4 月 25 日，县组队参加黔西县举办的“五县一区”篮球赛。1996 年 5 月 13—21 日，县组队参加四川省筠连县举办的第八届云、贵、川毗邻县（市）老年门球赛，获第 6 名。1997 年 4 月 8—15 日，县承办第九届云、贵、川毗邻县（市）老年门球赛，有 32 支代表队参赛，县队获第四名。1998 年 4 月 6—20 日，县组队参加四川省西昌市举办的第十届云、贵、川毗邻县（市）老年门球赛，获第 9 名。1998 年 6 月 10—16 日，县组团参加市第一届全民健身节，获团体第一名和优秀组织奖。1998 年 9 月 25—30 日，县组队参加市国庆节篮球邀请赛，男女队均获第三名。1998 年 10 月 19—25 日，县组队参加“钟山十年篮球邀请赛”，女队获第二名，男队获第三名。1999 年 4 月 17—27 日，县组队参加四川省宜宾市举办的第十一届云、贵、川毗邻县（市）老年门球赛，获第 10 名。1999 年 6 月 5—12 日，县组团参加市第二届全民健身节，获团体第一名和优秀组织奖，蟠龙乡代表队获乡（镇）农民篮球赛冠军。2000 年 3 月 1 日，县组队参加市“三八妇女节”篮球赛，获第 4 名。2000 年 4 月 23 日至 5 月 3 日，县组队参加云南省巧家县举办的第十二届云、贵、川毗邻县（市）老年门球赛，获第 9 名。2000 年 6 月 6—12 日，县组团参加市第三届全民健身节，获优秀组织奖；男子篮球获第一名，女子篮球获第三名，县环保足球队获第五名。2002 年 6 月，县组团参加市全民健身节，获团体第一名，获单项第一名 8 个、第二名 10 个、第三名 7 个。2003 年 4 月，县组队参加云南省鲁甸县举办的第十五届云、贵、川毗邻县（市）老年门球赛，获体育道德风尚奖。2003 年 10 月，县举办“县城乔迁庆典篮球邀请赛”，有纳雍县、威宁县、水城水泥厂、水钢等 17 支代表队、200 余名运动员参赛。2004 年 5 月，县组队参加云南省镇雄县举办的第十六届云、贵、川毗邻县（市）老年门球赛。2004 年 7 月 4 日，县承办全市教育系统职工篮球赛，男女代表队 10 支、运动员 120 余人参赛。2005 年，县组队参加云南省水富县举办的第十七届云、贵、川毗邻县（市）老年门球赛。2005 年 10 月 15 日，县老年体育协会举办“3 地州市毗邻 7 县（区）老年门球赛”，98 人参赛。2005—2008 年，县代表市参加省老年人健身球比赛，均获优秀奖。2006 年 9 月 20 日，县承办市第二届国土资源系统职工运动会，有 7 支代表队、200 余名运动员参赛。2008 年 5 月 26 日，县承办市老年人乒乓球比赛，11 支代表队、84 名运动员参赛。2008 年 6 月，县组队参加市农村体育展示比赛，获优秀组织奖。2008 年 9 月 26 日，县承办“福彩杯”市民政系统首届体育运动会。

第四节　竞技体育

1979 年，特区女子篮球队获市运动会冠军，3 次代表市参加省运动会比赛。1984 年 6 月，在市首届职工运动会上，特区代表队获总分第三名、女子篮球第一名、男子篮球第二名，共获金牌 12 枚、银牌 9 枚、铜牌 6 枚。1985 年，特区代表队参加市体育比赛，获金牌 4 枚、银牌 4 枚、铜牌 5 枚。1986 年，有特区运动员参加的市代表团，在遵义举办的省第六届运动会上获团体总分第三名。

1988 年，省第七届运动会在水城召开。1991 年 5 月 1—3 日，县参加市第五届中学生田径运动会，获团体第七名。1993 年 5 月 1—3 日，县参加市第六届中学生田径运动会，获团体第七名，单项获第一名者有尹磊（男子甲组个人全能），聂金（男子甲组 5000 米竞走），朱子（男子乙组 5000 米竞走），范学胜（男子甲组铅球）。1995 年 4 月 28 日至 5 月 1 日，县参加市第七届中学生田径运动会，获团体第八名，获单项冠军者有周滔（男子乙组 1500 米、男子乙组 3000 米）、李磊（男子乙组铅球）、韦芳（女子甲组 100 米、女子甲组 200 米），篮球男女队均获第二名。1997 年 4 月 25—27 日，县参加市第八届中学生田径、篮球运动会，获团体第五名。1998 年 4 月 26—29 日，县参加市青少年田径锦标赛，获团体第二名，获单项第一名的有周滔（男子甲组 3000 米、男子甲组 5000 米）、何娟（女子甲组 200 米）、朱贵（男子乙组跳远、全能），李建星（跳高）。1998 年 8 月，县乒乓球运动员李晓耕、余涛代表市参加省乒乓球锦标赛，分别获老年乙组男单和青年组男单冠军。1998 年 12 月，县体育局获市竞技体育评比二等奖。1999 年 5 月 1—3 日，县参加市第九届中学生田径运动会，获团体第四名。1999 年 10 月 22—31 日，县残疾运动员刘期运、邓招健代表市参加省残疾人运动会，获听力语言级别 800 米、1500 米 2 枚金牌和 5000 米银牌。2000 年 4 月，县组队参加市乒乓球比赛，获老年组团体第一名、青年组团体第二名。2000 年 4 月 29 日至 5 月 2 日，县组队参加市少年儿童田径锦标赛暨省传统学校田径运动会。2000 年 12 月 1—4 日，县组队参加健力宝杯中华小甲 A 足球选拔赛六盘水赛区比赛，获体育道德风尚奖。

2001 年 4 月 25 日，县组队参加市第十届中学生田径运动会，获团体第四名，获单项第一名 5 个、第二名 7 个、第三名 10 个。2001 年 5 月 1 日，县组团参加市职工运动会，获单项比赛第一名 3 个、第二名 4 个、第三名 4 个。2002 年，县组队参加市青少年田径锦标赛，获单项第一名 4 个、第二名 7 个、第三名 2 个。2003 年 4 月，县组队参加市青少年田径运动会，获单项第一名 3 个、第二名 2 个、第三名 5 个。2004 年，县代表市参加省青少年篮球锦标赛，获男子组第三名。2004 年 5 月，县组队参加市青少年田径锦标赛，获单项第一名 2 个、第二名 5 个、第三名 4 个。2004 年 10 月，县组队参加全国亚高原马拉松赛及登山比赛，获登山比赛少年团体组亚军和优秀组织奖。2005 年，县代表市参加省青少年篮球锦标赛，获男子组第四名。2005 年 2 月 18 日，县组队参加市小马拉松赛，获团体第一名和优秀组织奖。2005 年 5 月，县组队参加市第一届青少年乔丹杯篮球赛，获男子组第二名；组队参加市“安全杯”篮球赛，获第一名。2005 年 5 月 3 日，县组队参加市青少年运动会，获团体第五名和优秀组织奖，获单项第一名 8 个、第二名 8 个、第三名 11 个。2006 年 8 月，县组团参加市第二届凉都“安全杯”篮球比赛。2007 年 4 月，县组队参加市中学生田径运动会，获单项第一名 10 个、第二名 7 个、第三名 11 个。2007 年 5 月 2 日，县承办省汽车越野锦标赛，参赛车 22 辆、运动员 45 名。2008 年 7 月 8 日，县代表市参加省首届农民运动会风筝项目比赛，获 1 金、2 银、4 铜，并获团体第三名和体育道德风尚奖。2008 年 8 月，县组队参加市高中学生篮球比赛，获第四名。2008 年 9 月 23 日，县组队参加中国凉都·六盘水高原万人马拉松比赛，获优秀组织奖。

1984 年 6 月，特区部分运动员在市首届职工运动会上获奖成绩见表 17－4－10。

1984 年 6 月特区部分运动员在市首届职工运动会上获奖成绩统计表

表 17 – 4 – 10

姓名	项　目	成绩	名次
男团体	自行车 50 千米	117′	1
男子组	4×100 米接力	58″7	1
刘玉忠	男举重（56 千克级）	挺举 76 千克（破市纪录）	1
杨永德	男自行车（50 千米）	109′26″2	1
杨世珍	女自行车（30 千米）	80′21″4	1
周志明	男举重（60 千克级）	挺举 70 千克	2
黄兴祥	男自行车（50 千米）	112′5″7	2
马培栋	男铁饼（2 千克）	28. 8 米	2
	男铅球（7. 25 千克）	9. 26 米	3
李勇健	男 110 米低栏	18″	1
	男 400 米低栏	1′2″6	1
孔丽丽	女跳高	1. 3 米	1
	女跳远	4. 18 米	1
刘宗敏	女 800 米	2′45″2	1
	女 400 米低栏	1′25″7	1
	女跳远	4. 02 米	2
邓昭华	男跳高	1. 65 米	2
徐文书	男 10000 米	37′23″8	2
	男 5000 米	17′54″	3

第十八篇　民俗　方言　宗教

第一章　民　俗

第一节　家庭与婚姻习俗

一、家庭习俗

家庭性质转变　随着女性受教育的比例提高及各项法律的逐步施行，县（特区）境内家庭性质经历从封建家长制向民主家庭转变、以男性为核心家庭向男女平等家庭转变的过程。在家庭性质转变过程中，城市快于农村，发达地区快于落后地区，汉族地区快于少数民族地区。20世纪80年代，境内家长的权利较大，其他家庭成员有一定的权利；重男轻女的现象很普遍，女孩大部分没有读书，多数仅在出嫁时拥有陪嫁财产，没有家庭财产的分配权和继承权；决定家庭经济问题及重大事务时，女性基本不参与。20世纪90年代，境内家长的权利不大，其他家庭成员有相当的权利；重男轻女的现象有所改变，女孩大部分读书，部分女孩享有家庭财产的分配权和继承权；决定家庭经济问题及重大事务时，女性均可参与。2008年，县内家长基本没有特权，其他家庭成员享有平等的权利；重男轻女只在偏远农村存在，男女平等初步形成，女孩全部读书，多数女孩拥有家庭财产的分配权和继承权；决定家庭经济问题及重大事务时，女性均参与；在城市的少数家庭中，妇女变为家庭主导者。

称谓　县（特区）境对父亲的称谓由称“爹”向称“爸爸”过渡，1978年前出生的人，绝大多数称其父为“爹”，以后出生的人逐步改称“爸爸”，21世纪初出生的人基本称其父为“爸爸”，对母亲的称谓一直为“妈”；有些人因迷信“八字命相”，让其子女改称父母为“伯伯”“叔叔”或“婶婶”“姨妈”；有些子女称其父为“老者”，称其母为“老妈”。祖父母称“爷爷”“奶奶”。曾祖以上称“老祖”，男性加“父”，女性加“母”，已故加“考”“妣”。称儿女为“儿”“姑娘”，或统称“么”。有些称儿子为“小伙”。父亲的兄按排行数加“伯”或“大爹”，父亲的弟按排行数加“叔”或“爷”。父亲的姊按排行数加“姑妈”或“伯”，父亲的妹按排行数加“娘娘”或“叔”，或父亲的姊妹统按排行数加“爸”“姑”“娘娘”“姑姑”。母亲的父母，称“外公”“外婆”（或“姥姥”）；母亲的兄弟及其妻子，按排行数分别加“娘舅”（“舅”“舅舅”）和“舅娘”（“舅妈”“舅母”）；母亲的姊妹及其丈夫，按排行数分别加“姨妈”和“姨爹”。叔伯的子女，分别在哥、弟、姐、妹前加“堂”或只加排行数。舅舅、姑母、姨母的子女，分别在哥、弟、姐、妹前加

“表”，或统称“老表”。丈夫对妻子的父母，或随妻子称“爹”“妈”，或随子女称“外公”“外婆”或“公公”“婆婆”。妻子对丈夫的父母，多随夫称“爹”“妈”，对人谈及时，有些称“老公公”“老婆婆”。妻子的兄弟雅称“内兄”“内弟”。兄弟的子女称“侄儿”“侄女”；姊妹的子女称“外侄儿”“外侄女”，或统称“外甥”；妻子兄弟的子女称“内侄儿”“内侄女”；妻子姊妹的子女称“姨侄儿”“姨侄女”。丈夫俗称妻子为“媳妇”（“内人”“屋头人”“小娃家妈”“婆娘”“爱人”“老伴”）；妻子俗称丈夫为“老公”（“当家人”“外头人”“小娃家爹”“爱人”“老伴”）；夫妻有些向别人互相泛称为“他或她”“我家那个”。对无亲戚关系者，平辈按其排行称“哥、弟、姐、妹”；不知辈分者按年龄性别称“老带年”“老人家”“爷爷”“大爹”“大伯”“大叔”“大哥”“小弟”“奶奶”“伯娘”“大婶”“娘娘”“大嫂”“大姐”“小妹”等；社会通称有“老乡”“同志”“师傅”等。

取名　县（特区）境从传统的幼时取乳名（小名、奶名），入学或成年时取学名，逐步改变为一次性取名；多数人家改变按家谱取名习俗，喜欢取2个字的姓名，后来公安部门规定，姓名必须3个字以上才能落户，落户后一般不予更改。取名时多数随父姓，少数随母姓，也有将父母姓氏并用于名前者。由于迷信，很多人要给小孩算“八字”（旧历年、月、日、时的天干和地支共8个字），有些则因小孩多病多灾才给其算“八字”，其中有些小孩被算出要拜记别人改姓，才能消灾免难、逢凶化吉，甚至才能做大事、发大财。寻找拜记对象的方式有2种，一是算明拜记对象的年龄和“八字”，由小孩的父母去找；二是搭桥或立碑找人。拜记对象找到后，拜记的小孩一般认其为“干爹”或“干妈”，年龄太大的则认其为“干爷爷”或“干奶奶”，年龄小的则认其为“干哥哥”或“干姐姐”，若有亲戚关系，则按相应的辈分称呼，拜记对象要按其姓和相应的辈分给小孩取名；若是事先约定的，小孩的父母要拿酒或肉等礼物到拜记对象家，拜记对象要准备一条红色的细绳（丝线或棉线组合成，忌用毛线），在给小孩取名时拴在小孩的手上（不能打死结，拴上后就长期佩带），意思是把小孩的魂魄拴住，同时还给小孩一点钱，意思是小孩用拜记对象的钱后更乖。小孩拜记的第二年初，小孩的父母必须携小孩带礼物给拜记对象拜年，拜记对象要给小孩换手上的红绳并给小孩一点钱；以后若要给小孩换手上的红绳，与拜年的方式相同。搭桥找拜记对象的方式，是在较隐蔽的路段选择1条小沟（有水无水均可），搭1座象征性的小桥，等待过往行人；拉住第一个到小桥边的行人，作为小孩的拜记对象，被拉住的行人要抱小孩从小桥上走3次，边走边说“四句”（前人编的吉利词），若不会说“四句”，则说吉利话，然后给小孩取名（多数带有“桥”字），给小孩一点钱；若有时间，就被请到小孩家中招待，若没有时间，就去办自己的事，以后小孩的父母则携小孩带礼物到拜记对象家中拴红绳和拜年。立碑找拜记对象的方式，是在较隐蔽的岔路处立1块石碑，指明该处到东、南、西、北4地的路程，碑立好后，等待过往行人；拉住第一个到碑边的行人，作为小孩的拜记对象，被拉住的行人要说“四句”或吉利话，然后给小孩取名（多数带有“碑”字），给小孩一点钱；之后的程序与搭桥找拜记对象的方式一样。过去拜记对象取的姓名，多数长期使用，少数长大后就不用；现在因姓名在入户时就固定，拜记对象取的姓名只作为曾用名。

二、婚姻习俗

婚制与婚俗改变进程　县（特区）境坚持一夫一妻制，极个别男性讨小老婆。1978—2008年，境内婚姻习俗发生较大改变；城市和发达地区先行一步，农村和落后地区随后跟进，20 世纪 80 年代初，农村曾一度出现旧的习俗抬头的现象，随后向新的方向发展。

婚姻观念转变　县（特区）境 20 世纪 80 年代—20 世纪 90 年代—21 世纪初：婚姻对象选择经历以父母意见为主（恋爱成分很少，“八字”最好是相合、不能相“冲”或相“克”，先从异姓近亲中找），到以婚姻双方意见为主（恋爱成分较多，既考虑“八字”，也不全信“八字”，尽量避开《中华人民共和国婚姻法》规定的近亲），再到以婚姻双方自主（恋爱成婚，不考虑“八字”，基本避开《中华人民共和国婚姻法》规定的近亲）；彩礼形式经历以物为主（主要有 6 ~ 12 丈布匹，“3 腿 6 只鸡”——即 3 次送 3 只带尾巴的猪后腿、6 只鸡、6 瓶酒），到钱物均有（现金和少量布匹，猪后腿、鸡、酒均有，但可不达“3 腿 6 只鸡”），再到基本货币化（基本为现金，以酒肉等礼物象征性代表“3 腿 6 只鸡”）；婚姻礼节经历基本遵从古礼，到新老结合，再到基本现代化；对《中华人民共和国婚姻法》的态度经历基本不遵守（主要表现为近亲结婚、早婚），到尽量遵守，再到基本遵守；家庭中的地位经历男方为主，到男女各半，再到女方为主；不同民族结婚经历极少，到增多，再到随便；男方对再婚妇女的选择经历有顾虑者多，到顾虑者少，再到无所谓。

结婚日期与出嫁方式　县（特区）境结婚日期，城市一般选择“五一”“国庆”“元旦”等节日，农村基本请道士先生选择吉日，少数人选择旅行结婚。新娘出嫁，城市一直用乘车的方式，只是车辆越来越多、越来越高档，有讲究排场之风；农村 20 世纪 80 年代初大部分抬花轿和骑马，不久后改用乘车，车辆情况根据条件而定。

退婚与离婚　20 世纪 80 年代，县（特区）城市人订婚后退婚，多数人无所谓；农村人订婚后退婚，多数人变为仇人；农村离婚者较少，城市离婚者稍多。20 世纪 90 年代，县境城市人订婚后退婚，双方都无所谓；农村人订婚后退婚，少数人变为仇人；农村离婚者稍多，城市离婚者较多。进入 21 世纪后，县境城市人订婚后退婚，有些还是朋友；农村人订婚后退婚，双方都无所谓；农村离婚者较多，城市离婚者很多。

婚姻程序与婚姻财产　县（特区）境婚姻程序一般为订婚、过礼、迎娶几个步骤。20 世纪 80 年代，订婚称为踩门，男方备 2 瓶酒及其他礼物到女方家，女方家请其家族中名望较高的人一起喝男方送的 2 瓶酒，说明婚事已定。过礼称为“插香”，分插小香（又称毛香）和插大香 2 次，有的协商后不插小香，“插香”日期均选择农历双日，男方备 3 炷用红纸裹 3 道的香，拿到女方家神龛焚烧，男方或其代表人给女方的祖宗跪拜行礼，插小香男方送 1 只带尾巴的猪后腿、2 只鸡、2 瓶酒，插大香加送布匹，男方送礼到女方家的人必须为双数（意为成双成对），男女双方家都宴请亲友和邻居（不收礼）。迎娶（见“婚礼目”）。婚姻财产，一般男方准备房子、家具，女方准备衣装；随时代进步，款式和花样不断更新。

第二节　生活习俗

一、服饰

服装　20 世纪 80 年代，县（特区）境城市老年男子多穿青、蓝、灰色“中山装”或草绿色军干服，农村老年男子多数穿对襟短装；男青年衣服有青、蓝、灰色“中山装”、青年装、牛仔服、夹克、草绿色军干服等，裤子多为“辣椒裤”，少数穿喇叭裤的人，被老年人认为是思想有问题的人；农村女子多穿姊妹装；老年妇女以青、蓝、灰色为主，裤子一般不开岔，青年妇女的花色要多一些，裤子一般从侧面开岔；老年人多数不穿内衣，青年的内衣有棉毛衫和衬衣，男子一般不带花色，女子则反之；布料追求化纤产品，“的确良”“涤卡”时髦。20 世纪 90 年代，县境老年人服装变化不大，青年以西装、夹克为主，老年人对少数穿健美裤的人看不顺眼，少数妇女穿与男装一样从前面开岔的裤子；布料化纤与棉毛各有市场，花色增多。进入 21 世纪后，县境服装的款式逐步变为五花八门，没人再看谁的服装不顺眼，妇女裤子不再从侧面开岔，青年喜欢牛仔裤，女青年的牛仔裤裆越来越浅，布料反过来追求棉毛，化纤产品逐步被冷落。

鞋帽　20 世纪 80 年代，县（特区）境男子多数穿胶底帆布帮“解放鞋”，少数穿“球鞋”或皮鞋；女子多数穿胶底布鞋，少数穿胶鞋或皮鞋。20 世纪 90 年代，县境男子多数穿胶钉鞋或皮鞋，少数穿“解放鞋”；女子多数穿胶钉鞋或皮鞋，少数穿胶底布鞋。进入 21 世纪后，县境男女均与皮鞋和旅游鞋为主，农村有人穿“解放鞋”，城市有人穿布鞋，热天有人穿凉鞋和拖鞋。热天大部分人不戴帽，少数人戴军帽或鸭嘴帽，冷天有人戴虎头帽或毛线帽。

发式　县（特区）境老年男子多留中山头或平头，老年妇女多留“上海头”“游泳头”；进入 21 世纪后，老年白发者多数染发。20 世纪 80 年代，县（特区）境男青年的发式由短发向长发转变，女青年发式由长辫向短发转变。20 世纪 90 年代，县境男青年有“大包头”“鸡尾巴头”“公鸡头”“魔芋头”等发式，有人烫发和染发；女青年长辫极少，烫发和染发者多。进入 21 世纪后，县境男青年发式五花八门，颜色多样，追求怪相；女青年发式大体为长发和短发，长发以烫发为主，不断改变形状，短发与男发相似，以染发为主，不断改变颜色。

配饰　县（特区）境除少数男子戴戒指外，多为妇女佩戴。有项链、耳环、戒指、手镯、头花、胸花等，有戴真金白银的，有戴仿制品的；城市人和青年戴者多，农村人和老年人戴者少。20 世纪 80 年代，县（特区）境戴配饰者少，城市妇女盛行擦脂抹粉，农村女青年涂点简单脂粉；20 世纪 90 年代，县境戴配饰者多，城市妇女盛行描眉、涂唇、擦脂、抹粉，农村大部分女青年擦脂抹粉；进入 21 世纪后，县境城市妇女多数戴配饰，农村妇女戴配饰者也很多，妇女浓妆艳抹，部分人通过手术修眉和割双眼皮，少数人用手术整容。

二、饮食

县（特区）本地人喜吃酸辣味，主食以大米饭和玉米饭为主，极少数人家有时以马铃薯为主食；南下进入水城的北方人及其后代以面食为主。一般 1 日 3 餐，早餐为稀饭（粥）、粑粑、甜酒等小吃；中、晚餐吃饭，有菜有汤，中餐偏素，晚餐偏荤；少数人家还以小吃作“晌午”或“宵夜”。农村有吃中晚两餐的，多为一锅菜，加一碗豆豉辣椒蘸水；农忙时，以稀饭、粑粑等作“晌午”。荤菜有小炒、清炖或火锅；本地人离不开素汤，有酸菜豆汤、连渣捞、豆花、嫩瓜豆汤、南瓜汤、白菜汤等。辅助菜肴有泡菜、酸辣椒、霉豆腐、豆豉、酱、折耳根（鱼腥草）、蕨苔等。过节和待客饮食讲求丰盛，要办“七盘八碗”，过春节更为丰盛，一般要杀年猪、腌火腿、秋（烟熏）腊肉、装香肠、打糍粑、做饵饫粑、做汤圆。男姓民众喜饮酒，饮米酒者较少，饮玉米酒者多；有人随餐而饮，有人在餐外喝“闲酒”或上酒店；众人聚集时，一般都要饮酒，而且用划拳或赌扑克等方式互相劝酒；有些地方酿“水花酒”或“咂酒”。男性民众喜抽烟，抽香烟的人多，抽叶子烟的人少（而且逐渐减少）。民众有喝茶习惯，而且喝茶的人逐渐增加。

三、居住

住房　20世纪80年代，县（特区）境城市有些人家住3~7层的楼房，3室1厅者不少，有厨房、卫生间等房间，少数人家有吊顶、壁板、壁灯、地板砖、地毯等，住房面积一般在90平方米以下；农村多数人家住人字顶1楼1底木瓦房，一般正中做堂屋，两侧做卧室，楼上存粮食或放杂物，部分人家另配伙房与厕所；极少数贫穷农家，住叉叉房、土墙房，以树枝、竹条或玉米秆编围四周，一般只开1小门，设1小窗；少部分富裕农家住砖墙水泥顶平房，1~2层居多，3层以上很少；农村讲究“风水”，周围多栽竹木或刺丛作护围，喜欢同宗同姓聚居一地。20世纪90年代，县境城市新修的楼房一般为5~7层的步梯楼（也有10~20层的电梯楼），住房有客厅、饭厅、厨房、卫生间（有些有2个）和卧室（一般为3个，也有2个或4个），多数人家有吊顶、壁板、壁灯、地板砖等，住房面积100平方米左右；农村多数人家住木瓦房或砖墙瓦房，部分人家住砖墙水泥顶平房（二层居多，也有一层或三层及以上），农村讲究“风水”，周围多栽竹木或刺丛作护围，但建新房一般选择交通方便的地方。进入21世纪后，县境城市新修的楼房分为步梯楼（7层以下）和电梯楼（8层以上，一般为10~20层，少数超过30层），一般住房有客厅、饭厅、厨房、卫生间（有些有2个）和卧室（一般为3个、也有2个或4个），有部分楼中楼（1套2层）和单身公寓（1室1厅1厨1卫），新房一般进行装修后才能入住，装修铺木地板（或强化木地板）的人较多，住房面积120平方米左右（楼中楼200平方米左右，单身公寓50平方米左右），有些房屋结构为错层（客厅与卧室不一样高）；农村多数人家住砖墙水泥顶平房（二层居多，有一层或三层及以上），瓦房用做伙房，少数村庄按政府统一的图纸对住房进行改造（在砖墙水泥平房上加盖琉璃瓦屋顶）；农村建新住房一般选择公路边，除政府统一规划外，按“风水”选择坐向。城市居民虽然住同一栋楼房，但非亲友一般不往来，互不打扰，比较清静，但缺人情味；农村居民喜欢串门，互相拉家常，人情味较浓，但是非多一些。

家具　20世纪80年代，县（特区）境城市人家一般有组合柜、书柜、沙发（曾时兴木沙发）、品牌床、电视机、电冰箱、洗衣机等；农村不少人家有高低床、三门柜、写字台、梳妆台及沙发等，有些人家有电视机、收录机、洗衣机、缝纫机等。20世纪90年代，县境城市人家一般有组合柜、书柜、沙发（曾时兴皮沙发）、品牌床、彩色电视机、电冰箱、洗衣机、抽油烟机、消毒柜等，部分人家有固定电话和电脑；农村多数人家有高低床、三门柜、写字台、梳妆台、沙发、彩色电视机、洗衣机和缝纫机等，少数人家有固定电话。进入21世纪后，县境城市人家一般有组合柜、书柜、沙发（以布沙发为主）、品牌床、彩色电视机（多为平板液晶）、电冰箱、洗衣机（部分为全自动）、抽油烟机、消毒柜等，多数人家有电脑但不用固定电话，用手机；农村多数人家有品牌床、沙发、彩色电视机、电冰箱和洗衣机等，少数人家有电脑和手机。

色彩喜好　县（特区）境基本为传统的尚红贵黄；红为“吉祥、喜庆、美好”的象征，婚事称“红喜”，送礼用“红包”，贺生、祝寿、嫁娶用红联和红花渲染喜庆气氛；黄色代表“高尚、华贵、超然”，匾额、对联、招牌用金字；白色代表“悲哀、痛苦、死亡”，丧事称“白喜”，祭品、孝联、孝衣、孝帕皆用白色，白色亦表示纯洁，着白装的人较多；蓝色、绿色表示宁静，蓝色服装极为普遍；黑色视为“悲哀、不吉”，挽联用黑纱，但黑色不易脏，着黑装的人也较多；随着生活水平不断提高，人们色彩喜好逐渐趋向华美艳丽。

四、节日

春节　春节是水城最隆重的节日，称过年。除夕日，须备酒肴去祖先坟前“送年饭”；备盛餐先敬神和祖宗，再喂狗或牛，鸣爆竹后进餐；食时较晚而长，称吃“长年饭”；给小孩发“压岁钱”。农村有些人家待雀鸟归宿方食，意使来年雀鸟不啄食谷物。夜晚须升熊熊大火，称“三十夜的火”，往往通宵不睡，称“守岁”；少数人家交岁前将家具用物贴上纸钱，称“封印”；子时“请水”，将挑来之水煨茶，鸣爆竹敬神。初一、二、三日早餐，多吃汤圆。十五日过“元宵节”，傍晚先备香、烛、灯笼到祖先坟前“亮灯”（后因防火，“亮灯”被逐步取消），形成满山灯光点照；备盛餐合家过节，入夜各室均点上灯烛，称“十五的灯”；夜间吃“元宵”。20世纪80年代初，县（特区）境春节只过初一、二、三日，“元宵节”与春节分开过；20世纪90年代及以后，县境农村正月十五前一般不干农活，过“元宵节”后，年才算过完。机关、团体，年前举行茶话会，向烈属、军属拜年，有些厂矿举办灯会或放烟花；除夕夜，合家看中央电视台春节联欢晚会或作其他娱乐；零时迎年，城镇工矿地区，千家万户爆竹烟花齐鸣。

清明节　县（特区）境清明前后，备香、纸、酒肴扫墓，称“挂纸”；有些地方只在清明当日扫墓。机关、学校常于清明为烈士扫墓，送花圈。

端阳节　又称端午节，农历五月初五。县（特区）名录境门上挂菖蒲、艾蒿；吃粽子，喝雄黄酒（并洒于屋前后，以除蛇、虫）；20世纪90年代后，县境民众有全天去野外游走的习俗，称“游百病”；老年人喜采三角枫、九里光、艾叶等草药，传说当天采的草药最好，采草药的人很多。

中元节　又称七月半。县（特区）境少数人家设案于神龛左侧，供“老人牌”，上列历代宗亲名字，牌前陈“金山银山”“金童玉女”、茶酒和供果等，早晚献酒菜饭食，点香烧纸钱；13日（有些14日，极少数人家15日）晚，备丰盛酒菜辞送祖先，在屋外或门前路口画灰圈，于圈内烧纸钱（或封好的纸钱包）。多数人家不供“老人牌”，只备盛餐供祖先和烧纸钱。

中秋节　农历八月十五，合家吃月饼赏月；县（特区）境农村有少数人借中秋偷别人地里老瓜取乐，以示添子和吉利，被偷人家往往不计较。

十月节　亦称“牛王节”，部分民族称“大年节”，农历十月初一。县（特区）境农村为庆丰收和体念牛辛苦，打糯米粑敬牛王，合家吃糯米粑；对耕牛饲以上料，双角挂上糯米粑，项挂红布、红线或野花，牵至水边，让牛映照发欢；城市合家吃糯米粑。

新兴节日　县（特区）境有情人节、母（父）亲节、圣诞节等；还有元旦节、三八妇女节、五一劳动节、五四青年节、八一建军节、十一国庆节等法定假日也逐步成为习惯。

第三节　礼仪习俗

一、婚礼

20 世纪 80 年代初，县（特区）境农村多数沿袭传统的婚礼。待嫁新娘提前 3～30 天哭嫁（每晚哭约 1 小时）；哭调为先“呜”1 声，再诉说几句，重复进行；哭词多为诉说亲情，也有讥讽之词（甚至骂人）；出嫁的前一天整天哭嫁，出嫁的当天哭到上花轿为止；在床帐中可由别人代哭。成亲前一天“过礼”，女家大摆酒席，招待前来祝贺的宾客，男家备香蜡纸烛、爆竹、糕点、“1 方 1 肘”（带尾巴的猪后腿和有 4 根以上肋骨的猪肉）、2 只鸡、2 瓶酒和新娘盖头、衣装等，由接亲人（为双数）带往女家；晚饭后进行“典礼”，由接亲人中德高望重者“押礼”，在女家神龛前交礼。成亲当天，新娘头顶盖头，由送亲人搀扶拜别祖宗、爹娘，在中堂由亲人背出大门上花轿；接亲人背拿新娘的嫁妆（箱、柜、床单、棉被、蚊帐等），吹奏唢呐，与送亲人（也是双数，其中 2 名妇女为“送亲婆”，男的从老到小几代人）一起往男家，途中花轿不能落地，需休息时，用床单等先铺地；男家门前设迎亲香案，花轿到时停立案前，行“回喜神”仪式（又称“回车马”）；再由送亲人搀扶新娘进中堂神案前与新郎行“拜堂礼”（拜天地、祖宗、父母及夫妻对拜）后入洞房；“圆亲婆”（夫妻双全且有儿有女的妇女）先铺床并主持圆亲仪式后，同辈亲友“闹新房”；男家大摆酒席，招待前来祝贺的宾客；新娘不能见宾客，只能在新房中活动，也只能吃干粮。成亲第二天（过去为第四天）“回门”，早餐后，男家长辈到中堂就座，分发新娘制作的布鞋（称人情鞋），得鞋者按约定给钱；新郎、新娘带猪肋肉 1 块、酒 2 瓶，与送亲人一起回女家，新郎要在女家神龛前跪拜行礼，当天新娘父（或母）送新郎、新娘回男家。

20 世纪 90 年代及以后，县境新娘改座汽车，传统的接亲礼仪只是象征性地保留一些，而且各地保留的部分有所不同。城市一般在设宴处贴 1“双喜”剪字，新郎、新娘于门前佩戴红花迎接客人，开席前举行结婚典礼，由有经验的人（或专业人员）主持，一般为新郎、新娘先上台，主持人介绍新郎、新娘的情况，新郎、新娘交换戒指，新郎、新娘的父母上坐，新郎、新娘分别改口称呼对方父母，被称呼者打发“红包”，双方父母退场，新郎、新娘向宾客 3 鞠躬；婚典结束时开席，新郎、新娘逐桌敬酒。农村大部分举行“拜堂礼”。

二、丧礼

县（特区）境丧礼有旧礼和新礼 2 种。机关职工和部分城镇居民举行新礼，即开追悼会或举行遗体告别仪式，并逐渐推行火葬。

农村多行旧礼，各地有一些差异，并逐步加与改革，但大体如下所述：

病人弥留之际，移至中堂，由子女扶护坐着逝去（称“扶老人落气”），并烧“倒头纸”（又称落气纸）；为逝者理发、洗脸（逝者洗脸水由其子女分喝）、穿老衣（衣料须棉布或丝绸），停放中堂，用白布覆盖，以白纸遮面；择时刻入殓，逝者子女披麻戴孝；“孝子”（逝者后辈）分赴亲友处报丧。设灵堂祭悼，鸣放地炮（后来用雷管，再后来用大号爆竹），一次连放 3 炮为死人信号，周围的人听到后会自动到逝者家帮忙。请道士先生做“法事”超度亡魂，治丧期1天称“开路”，3天称“除白”，5天称“应七”，7天称“做斋”。随着时代进步，人们已不相信做“法事”能超度亡魂，旧的丧礼逐步简化，但因条件渐好和互相攀比，治丧期由一般3天，逐渐变为男性死者3天，女性死者5天。治丧期间，按规矩逝者子女既不能睡床，也不能坐凳子。

“法事”大体分“拜忏”和“念经”2部分，“拜忏”时，一般道士先生需2人以上，1人敲鼓和钹，1人敲铙，人多时，再敲大小锣、吹海螺等，每1堂“法事”有1本书，道士先生敲打1阵，唱1句，不同的唱调，敲打的乐谱也不同，孝子1~2人，持“引魂幡”跪于“法事”桌前（其中“绕棺救苦”时全体孝子绕棺转圈，到棺前时行跪拜礼）；“念经”时，道士先生1人手敲木鱼，口念“经书”，孝子1人以上，跪于“法事”桌前。主要“法事”有“开路”“绕棺救苦”“过殿”“对道场”“除白”“破地狱”（或“破枉死城”）与“破血河”等。做3天以上“法事”立“寿纸”（又称“望乡台”）；做5天以上“法事”立“幡”，一般同时立布“幡”和纸“幡”若干匹，布“幡”用布制成，下端撕成布条，每条末端拴1枚硬币，初挂布“幡”时，布条是顺的，随风飘舞后，布条必须交织在一切，否则就认为所做“法事”不灵，道士先生就找原因，反复做该项“法事”，若“幡”头最终仍不结在一起，就认为该班道士先生的“法力”低，办丧事的主人家要倒霉；纸“幡”用土白纸糊成，其上写相应的字。

做“法事”过程中选择时刻举行出棺仪式，棺由8人（或16人）抬，孝子哭送，亲友结队送丧。散丢“买路钱”（在黄色土纸上用特制铁器打若干半圆形的缝纹而成）开道，将棺抬至墓地。治丧完毕，按逝者死期，推算出相应时刻，全家届时出外“回避”；逢第七日要烧纸，直到49天为止；守孝一年或三年，守孝期间，不贴红对联，孝子（女）不结婚，孝女不着艳装。

逝者墓地讲究风水山向；下葬时，众孝子跪于墓穴前，将衣襟牵起，接“地理先生”撒出之“福禄钱米”，并呼答“富贵双要”等祝语；孝子呼别逝者，先捧三捧泥土覆棺。葬后第三日为“复山”，亲友往坟前献祭品，添修坟墓不完善之处。20世纪90年代以后，县境兴起立石碑墓之风，多数为逝者立，少数活人就立石碑墓，石碑越来越气派，占地越来越多。

三、其他礼仪

生礼　县（特区）境生头胎，要到小孩的外婆家报喜。分娩第三天为“三朝”（或“洗三日”），用草药熬水给婴儿洗澡，请接生婆及女性内亲吃“三朝饭”。分娩的1个月内，亲友、邻居送鸡、蛋、米或衣料，称“送月米”。满1月给婴儿剃胎头，有些不剃（留胎头3~12岁，请道士先生做“法事”后再剃），请“满月酒”。满1周岁让小孩“抓周”（摆放很多物品，让小孩自己挑拿，认为小孩先拿什么，长大后做与该物品有关的事情就有成就）。生二胎或多胎，不用报喜，但仍兴“送月米”和“抓周”。进入21世纪后，县境小孩基本在医院生，生礼改变许多。

寿礼　又称“做生”（有人认为做生可求得长寿）。县（特区）境一般满50岁开始做生，60、70、80岁做大生。寿星端坐堂上，晚辈分别行叩首礼；子女送衣服，至亲送寿匾、寿对、寿面、寿酒等。一般备酒菜供祖宗，率家人进寿餐；有人请道士先生做“法事”，也有人大办酒席收礼。少数人久病不愈，以做生“冲喜”。由于小孩数量逐渐减少，给小孩庆贺生日的风气逐渐兴起。

祭礼　县（特区）境每年清明节到祖坟地祭祀，开初“挂纸”、烧“纸钱”，后因森林防火，逐步改为“挂纸”和献鲜花。中元节在家中祭祀去世老人。大姓氏家族，偶尔集资杀猪宰羊，在祖坟地祭祀祖先。有些人家，因纪念先人或因疾病、遇灾难后信迷信许愿，给先人“挂纸”，杀羊或鸡祭祀，请道士先生做“法事”。农村有些地方，每年农历三月初三日祭山神。

乔迁礼　县（特区）境迁移住处，要推算吉利的日期和时辰，有些亲友为其生火，并送1甄满的饭，称“烧锅底”；进新居时放鞭炮，有些摆宴席招待亲友并收礼。

第四节　禁忌与迷信

一、禁忌

岁时禁忌　县（特区）境农历正月和腊月，忌说带有“鬼”“死”“杀”“凶”等不吉利的话，忌打碎锅、碗等用具，谓“正月忌头，腊月忌尾”。嫁出去的女儿大年三十不能回娘家吃年饭。正月初一不说“起”字、不杀生，有些地方全天吃素食，忌女性来家串门。正月初一至初三，忌往屋外倒垃圾和污水，忌出财，以防财源外流。正月初三不挑水。正月初七不出远门，称“七不出八不归”。正月忌给小孩剃头，恐亏母氏。清晨，忌复述梦事，忌老鸦屋上叫，忌打坏东西，忌说不吉利话，谓不祥之兆；入睡前忌照镜子。忌母鸡学公鸡叫，初更前忌鸡鸣，谓灾兆。夜里有人呼唤自己的名字，不能马上答应，恐怕鬼魂呼唤。随着时代进步，禁忌的人越来越少。

日常禁忌　父母健在，忌留胡须，忌“做生”，忌穿白鞋。左眼皮跳财、右眼皮跳祸，耳热为有人在责骂，心闷为将遇不顺心事。出门不说丧气活，不在别人家中流泪哭泣。忌猪来家门，谓“猪来穷”，忌猫投奔家中，谓“孝服”。忌遇蛇交配，谓“大难将临头”，见蛇时忌叫别人名字。忌雀鸟排粪便落在身上，谓“病灾”。忌蛇及野生动物钻家，谓要遭“勾绞”。忌蒸饭甑子鸣叫，烤酒、做豆豉不发酵，谓不顺利之兆。点豆腐忌生人来，恐将豆腐“采”去。小孩忌在屋内打伞，恐长不高，忌啃鸡爪，恐写字乱画。不准小孩吃猪蹄，谓刺痛媒人嘴，娶不到媳妇或找不到婆家。就餐不能在盘中翻挑选菜，谓无家教。看病人时忌说“病”“死”字。忌本家外的成年男女（包括本家女儿与女婿）在屋内同宿，称“宁让人停丧，不让人成双”。宴会上忌反扣碗盘，意为咒主人早死。忌把时钟当礼品送人，因“送钟”与“送终”同音。男人忌被女人打1耳光，称背失耳光。妇女忌早晨不梳洗进入他人家中，忌上房，忌入煤窑。忌挑空桶进入屋内，忌向人要水后还水，忌在家中吹口哨。忌猪生双仔和狗生独仔，忌猪蹄分5爪，忌喂养7齿牛和腮上有痣的马。忌房屋失火时说“被火烧”，要说“失水”。饭吃光时，不能说没有饭，要说饭甑（锅）满了。忌对小孩的体重说“重”，忌妇女小孩坐门槛。20世纪80年代初，县（特区）境农村禁忌的人还很多，进入21世纪后，县境禁忌的人极少。

伦理禁忌　老公公忌入儿媳卧室，不能乱骂儿媳；兄长不入弟媳卧室，不骂弟媳；妇女忌从老公公或丈夫兄长前近距离经过。男子忌与女子争斗。忌同宗或同姓结婚，忌辈分不相称婚配。忌子女打骂虐待父母，违者视为大逆不道。男子忌穿妇女衣服和由妇女衣裙下走过，女子忌从男子头上跨过，谓要“倒霉”。忌在家周围或不同辈分的男女在一起时听到人唱情歌。随着改革开放的深入，县（特区）境伦理禁忌被逐步抛弃。

生育禁忌　县（特区）境忌家人以外的孕妇（包括嫁出去的女儿）在住房中生小孩。孕妇忌看月食，恐胎儿四肢不全；孕妇被称为“4 眼人”，忌参加重大礼仪活动。产后忌吃公鸡肉、母猪肉，忌触冷水和风吹日晒，谓“种病根”，未满月忌同房，忌生人入产房。

婚事禁忌　县（特区）境忌生辰属相冲或相克，忌女比男大 1 岁，属羊的女孩被嫌弃。羊年谓“寡妇年”，一年打两春之年谓“歉年”，不打春之年谓“无春年”，均忌办婚事。迎亲途中，忌遇出殡；忌 2 家迎亲对过，须绕道，或新娘互换红花。忌孕妇进新房。1 家人忌 1 年内嫁 1 个娶 1 个或有人死亡之年娶亲。

丧葬禁忌　县（特区）境在外亡故者，忌遗体进屋治丧，须在屋外搭棚操办，称“冷尸进房，家破人亡”。遗体忌猫跳越。寿衣穿单不穿双，免犯重丧，忌用毛料、皮料，避免二世投胎为牲畜。入殓时，忌属相与死者相克者在场，免亏死者，忌哭泣，免泪落入棺木，尤忌金属物入棺或入墓内。出殡时忌说“棺木重”。下葬忌身带凶器者参与挖墓穴。忌“山向”偏颇和与其他坟墓“骑龙”和“绞向”。忌葬于水涝地和遭风处。丧事办完后，忌在家哀哭，免再死人。人死亡忌说“死”，改称去世、逝世、过世、作古、千古、西归等。棺木称老木、寿木、老房子等。安葬后的坟墓忌别人挖动。

行业禁忌　县（特区）境商人忌说“亏”，忌坐柜台，忌开张生意顾客还价买货不爽快或退货。各种工匠忌别人踩踏或跨越工具。赶马人忌别人移动其摆好饭菜，忌别人将碗叠放在自己空碗上，忌倒放杯碗。卖猪忌将拴猪绳一齐卖出；卖马忌将笼头一起出卖。车辆忌载尸体或骨灰（专用车除外），也忌载新娘或孕妇，必须乘载新娘或孕妇时，需给车辆挂红（用 1 小块红布系在车上，并燃放 1 串鞭炮），还要给驾驶员“红包”。行业禁忌已逐步被遗忘。

二、迷信

敬神　县（特区）境农村部分民众认为神（各种神）和祖宗灵魂能保佑人，于是在住宅中堂设神堂，上供天地、祖宗及各种神位，下供土地神位，逢节日上香供奉；感觉运气不好时到有庙宇的地方或祖宗坟前许愿，祈求神或祖宗保佑。

宿命　县（特区）境有些人认为，人全由命运主宰，一生吉凶祸福，可用生辰八字和相貌等测断，有些人认为人的命运与祖坟及住宅等有关，便求助于算、卜、星相及风水，请算命子、看相人、风水先生、端公及巫婆指点或化解。少数人迷信取名的好坏关系人的一生，找专职取名的人为孩子取名，街上的“取名馆”从无到有，生意逐步兴旺。20 世纪 90 年代以后，县境迷信风水的人增多，少数文化水平很高的人也迷信风水；修建住房和安葬老人，均找风水先生选择位置和日期。

迷信活动　县（特区）境农村少数人生病后，认为被“撞磕”（鬼神作怪），先是自己“竖筷子、泼水饭”（用 3 支筷子在盛水的碗中竖立，边竖边请求鬼神解除纠缠，依次提及可能遇到的鬼神，直到筷子在碗中站稳，筷子刚好站稳时提及的鬼神，即认定为所“撞磕”者，然后用手抓一点饭撒到水碗中，用筷子拍打病人身体或将水碗在病人头上绕 3 圈后反手将水饭泼出门外，将该碗反扣在地上）。若病人仍无好转，就找端公或巫婆算卜，按算卜出的鬼神进行送鬼神活动（有多种鬼神，送法也不一样）。送鬼神活动均在夜间进行，均送一些物件到岔路边，第二天最先路过的人认为运气不佳。农村少数人生病或认为运气不佳时以及小孩死亡后，请道士先生、端公或巫婆“解身上”，按所请之人所学的套路做“法事”，有的念“消灾经”、有的“跳神”、有的“捉鬼”，五花八门，装神弄鬼。农村少数人因小孩夜晚经常哭泣，就请人用木板写 1 块“夜哭牌”插在路边，认为有人念过“夜哭牌”上的文字后，小孩就不再哭泣。

第五节　移风易俗

婚姻习俗改变　县（特区）境婚姻对象的选择，从小孩很小就定“娃娃亲”，逐步改变为男女双方成年后恋爱成婚。20 世纪 80 年代初，老表成亲被认为“亲上加亲”，近亲结婚的人很多；农村女孩多数 16 周岁出嫁，20 周岁后出嫁的女孩被认为有问题；未婚怀孕被视为伤风败俗，会遭到公开侮辱；再婚女孩选择对象时被嫌弃，要降低标准；很难找到媳妇的人才当“倒插门”女婿，往往被人瞧不起；婚姻要按老的程序进行，否则会遭人笑话。随着独生子女和 2 女户增多、遗传知识的普及和《中华人民共和国婚姻法》执行力度加大，婚姻习俗发生很大改变。进入 21 世纪后，近亲结婚基本没有，先怀孕再结婚的人很多；女孩 30 周岁以下结婚被视为正常，30 周岁以上结婚也不奇怪；女孩再婚不用降低标准，婚姻程序只象征性地保留一些。

生活习俗改变　县（特区）境服饰和发式逐步向多元化方向改变，总体突出经济、方便、适用，也出现一些偏极的现象，人们从对少数人的服饰或发式看不顺眼到无所谓。饮食从解决温饱，逐步向营养、健康的方向改变，也出现一些偏离正常的情况。由于居住条件逐步改善，讲究卫生逐渐形成习惯。20 世纪 80 年代，外出步行的人很多，进入 21 世纪后，远行基本乘车。节日习俗保留部分传统，逐步增加喜庆健康的内容。

礼仪习俗改变　县（特区）境生礼和婚礼逐步简化，保留部分传统，逐步增加新的内容，更显健康和时尚。寿礼在保留部分传统的同时，逐步兴起过生日之风，而且城市盛于农村。因互相攀比，农村旧的丧礼乘上升趋势，但很多环节简化，人们逐步不信迷信，重在悼念。祭礼逐渐减少，以祭祖宗为主。乔迁礼变为庆贺为主。

禁忌习俗改变　20 世纪 80 年代，县（特区）境各种禁忌虽然没有从前多，但人们基本知道有哪些禁忌；由于很多禁忌因歧视妇女而产生，随着妇女地位提升，相应的禁忌也被抛弃，加之人们思想逐步解放，有些禁忌自然消除，禁忌越来越少；对于禁忌，一代比一代知道得少。

迷信习俗改变　20 世纪 80 年代，县（特区）农村迷信鬼神的人不少，常有“解身上”、送鬼神的活动；20 世纪 90 年代，县境迷信鬼神的人迅速减少；进入 21 世纪后，县境只有极少数老年人迷信鬼神，但设神堂的人较多，敬神与敬祖宗的习惯并存，以敬祖宗为主。虽然科学越来越发达，但迷信“八字”和风水的人却没有减少；20 世纪 90 年代后，姓名与人生成为一种新的迷信；风水学原本利用传统认识与遗传现象的巧合骗人，迷信者却有增无减。

推行火化　县（特区）境非正常死亡的人，历来采用火化；正常死亡的人，推行火化的难度很大。20 世纪 90 年代，由于政府推行火化的力度很大，在医院住院的人将死时，就通知殡仪馆，殡仪馆的执法人员（被称为“抢尸队”）立即赶到，强行将尸体运走并进行火化；在医院外死亡的人，由于找不到运输尸体的工具，很快会被有关部门发现并通知殡仪馆运去火化；当时农村的老年人生病后，因惧怕火化，绝大部分不愿到医院医治，宁愿在家中等待死亡。进入 21 世纪后，政府推行火化的力度减弱一些，加之逝者家属随时随地均可租用汽车运输尸体，火化率降低一些；但财政供养人员有比较严格的规定，基本执行火化。

元宵节与清明节禁火　由于元宵节上坟“亮灯”和清明节上坟烧香、烧纸多次引起森林火灾，20世纪90年代后，县政府每年都下发文件，进行各种形式的宣传，于元宵节和清明节组织大量人员，在交通要道和进山路口巡查，对民众进行劝阻，收缴携带用于火化的物品，初步形成元宵节不上坟“亮灯”，清明节上坟不烧香、不烧纸（改用鲜花）的习惯。

工程性坟墓搬迁　县（特区）境有“活人妻，死人墓，轻轻摸着是台祸”的说法，死人埋葬后，最忌搬迁；过去修公路时曾出现给死人让路的情况，坟墓搬迁曾是难题，随着建设工程增加，被搬迁的坟墓越来越多，加之补偿逐渐合理，工程用地内的坟墓自动搬迁逐步成为习惯。

第二章 方 言

第一节 常用字方言与普通话读音差异

县（特区）境常用字方言与普通话读音差异见表 18－2－1。

水成县（特区）境常用字方言与普通话读音差异对照表

表 18－2－1

例字	啊	矮	爱	碍	安	鞍	按	暗	案	肮	昂
普通话	A	ai	ai	ai	an	an	an	an	an	ang	ang
水城话	o	ŋai	ŋai	ŋai	ŋan	ŋan	ŋan	ŋan	ŋan	ŋang	ŋang
例 字	凹	傲	熬	袄	奥	澳	懊	扒	跋	白	百
普通话	ao	ao	ao	ao	ao	ao	ao	ba	ba	bai	bai
水城话	wa	ŋao	ŋao	ŋao	ŋao	ŋao	ŋao	pa	pa	be	be
例 字	伯	柏	绊	剥	褒	薄	北	备	被	崩	蹦
普通话	bai	bai	ban	bao	bao	bao	bei	bei	bei	beng	beng
水城话	be	be	pan	bo	bo	bo	be	bi	bi	ben	ben
例 字	鄙	弼	臂	瘪	白	勃	渤	跛	埠	参	差
普通话	bi	bi	bi	bie	bo	bo	bo	bo	bu	cen	ci
水城话	pi	pi	pei	pie	be	pu	pu	bai	fu	can	ca
例 字	婵	阐	尝	常	偿	裳	嫦	辰	晨	谌	—
普通话	chan	chan	chang	chang	chang	chang	chang	chan	chen	chen	—
水城话	san	san	sang	sang	sang	sang	sang	sen	sen	sen	—
例 字	幢	纯	唇	淳	促	村	存	妒	吨	顿	盾
普通话	chuang	chun	chun	chun	cu	cun	cun	du	dun	dun	dun
水城话	dong	sun	sun	sun	cuo	cen	cen	gou	den	den	den
例 字	鹅	蛾	俄	额	厄	恶	饿	鳄	噩	恩	佛
普通话	e	e	e	e	e	e	e	e	e	en	fo
水城话	wo	wo	wo	ŋe	ŋe	wo	wo	ŋo	ŋo	ŋen	fu
例 字	概	溉	哥	歌	阁	给	国	还	郝	喝	何
普通话	gai	gai	ge	ge	ge	gei	guo	hai	hao	he	he
水城话	kai	kai	go	go	go	ge	gui	huan	ho	ho	ho
例 字	和	河	荷	禾	鹤	黑	横	乎	忽	胡	糊
普通话	he	he	he	he	he	hei	heng	hu	hu	hu	hu

续表 18－2－1

水城话	ho	ho	ho	ho	ho	he	hun	fu	fu	fu	fu
例　字	弧	湖	虎	浒	户	护	互	或	获	角	爵
普通话	hu	hu	hu	hu	hu	hu	hu	huo	huo	jiao	jue
水城话	fu	fu	fu	fu	fu	fu	fu	hai	hai	go	jiao
例　字	脚	阶	皆	街	捷	解	介	戒	届	界	茎
普通话	jiao	jie	jie	jie	jie	jie	jie	jie	jie	jie	jing
水城话	jue	gai	gai	gai	qie	gai	gai	gai	gai	gai	heng
例　字	窘	觉	倔	咖	可	坷	苛	扩	阔	括	烙
普通话	jiong	jiao	jue	ka	ke	ke	ke	kuo	kuo	kuo	lao
水城话	qiong	jue	qu	jia	ko	ko	ko	kui	kui	gua	lo
例　字	乐	雷	了	累	类	泪	垒	六	吕	铝	屡
普通话	le	lei	le	lei	lei	lei	lei	liu	lu	lu	lu
水城话	lo	lui	liao	lui	lui	lui	lui	lu	lui	lui	lui
例　字	绿	掠	略	伦	轮	论	麦	脉	眉	秘	没
普通话	lü	lüe	lüe	lun	lun	lun	mai	mai	mei	mi	mo
水城话	lu	nüe	nüe	len	len	len	me	me	mi	bei	mu
例　字	殁	陌	墨	默	内	酿	虐	欧	偶	呕	藕
普通话	mo	mo	mo	mo	nei	niang	nüe	ou	ou	ou	ou
水城话	mu	me	me	me	lui	rang	lüe	ŋou	ŋou	ŋou	ŋou
例　字	拍	彭	批	披	坯	譬	迫	魄	泣	卡	敲
普通话	pai	peng	pi	pi	pi	pi	po	Po	qi	qia	qiao
水城话	pe	pen	pei	pei	pei	pei	pe	pe	xi	ka	kao
例　字	茄	倾	顷	曲	屈	雀	确	却	鹊	榷	荣
普通话	qie	qing	qing	qü	qü	que	que	que	que	que	rong
水城话	que	qun	qun	qu	qu	quo	quo	quo	quo	quo	yong
例　字	容	熔	榕	融	肉	瑞	赛	塞	僧	厦	删
普通话	rong	rong	rong	rong	rou	rui	sai	sai	seng	xia	shan
水城话	yong	yong	yong	yong	ru	sui	se	se	zen	sua	suan
例　字	珊	跚	勺	芍	虱	熟	俗	肃	速	宿	粟
普通话	shan	shan	shao	shao	shi	shou	su	su	su	su	su
水城话	suan	suan	suo	suo	se	su	xu	xu	xu	xu	xu
例　字	虽	隧	遂	孙	町	凸	吞	屯	我	衔	详
普通话	sui	sui	sui	sun	ting	tu	tun	tun	wo	xian	xiang
水城话	xü	xü	xü	sen	din	gong	ten	ten	ŋo	han	qiang
例　字	祥	翔	项	巷	鞋	絮	学	削	靴	岩	研

续表 18－2－1

普通话	xiang	xiang	xiang	xiang	xie	xu	xue	xue	xue	yan	yan
水城话	qiang	qiang	hang	hang	hai	sui	xo	xo	xü	ŋai	nian
例　字	阎	颜	验	淹	仰	咬	药	业	仪	宜	疑
普通话	yan	yan	yan	yan	yang	yao	yao	ye	yi	yi	yi
水城话	nian	ŋan	nian	ŋan	niang	niao	yo	lie	li	li	li
例　字	义	议	役	萤	硬	永	泳	咏	孕	摘	宅
普通话	yi	yi	yi	ying	ying	yong	yong	yong	yun	zhai	zhai
水城话	li	ni	yu	yong	ŋen	yun	yun	yun	run	ze	ce
例　字	窄	着	粥	轴	皱	拙	泽	啄	足	族	育（狱、浴、域、欲）
普通话	zhai	zhao	zhou	zhou	zhou	zhuo	ze	zhao	zu	zu	yu（撮口韵）
水城话	ze	zuo	ju	zu	zong	zuai	ce	zua	ju	cu	yu（合口韵）

第二节　方言词

县（特区）境常见方言词注释于下：

巴——粘，贴，附着。罢脚——剩下，即将结束。鳔——溜滑，猛烈喷出。岔巴——多嘴，逞能。杵脱——死，不存在，冤枉损失。舍财——损失钱财。吊二——不认真，不严肃。隔屯——间断，停顿。夹二（或“倒二”“二”）——“半瓶醋”“半桶水”。拐——糟，错，不行。刁意——故意。敦笃——短小结实。庬——胖，肥大。蒿——细瘦。不地道——有点缺德。害——差，弱。下——一下子。孽——傻，无礼貌。黄——外行，不讲情理，不熟悉。猴急——贪婪，急躁。尖（或“奸”）——聪明。恼（或“老”）火——严重，困难，厉害。躼——瘦小，细弱。裸连——拖沓，不认真。巴实——实在，很丰厚。落觉（jiao）——靠得住。麻喳——马虎，不清楚。隔气——有隔阂。铆（或“矛”）——有矛盾，和不来。毛——粗心，暴躁。抿——少许地吸吮。绵——疲慢，拖延。满连——全部，一齐。趴——烂熟，疲软，软弱、无力气。浦——汤、水等煮开外溢。偏生——执意。神——神气十足，怪，不配合。硬火——实力雄厚。弯酸——固执，不爽快。巫教——干邪门事，不公正。枉道——过分，横蛮。小滴滴——细微。形——质量低劣、不结实，出不了劳力。相因——便宜。阴倒——暗地，不吭声、不张扬。脏倒——无主见，逻辑反常。咋巴——话多，不稳重。咋筋——纠缠打扰。摆寨——串门子。扯白——说假话。摆白话——讲故事，拉家常。背失——倒霉。扯广子——找借口掩饰摆脱。岔嘴——插话。操——辱骂，责骂，训斥。冲气——斗气发火。吃豁皮——吃便宜。簖——阻拦。吃欺头——占便宜，戏弄人。耳——理睬。估——对抗，倒行。方（或“封”）——使人难堪。惯适——姑息，纵容，迁就。呵——用巧语骗人。诀——骂人。经忧——照看，照顾。垮脸——板面孔、丧脸生气。老——举，抬。搂——承担，捧手拾物。款嘴——夸口，吹嘘。拢——走到。麻——蒙蔽，欺骗。默倒——以为，认为。离——避让。理麻——

追究，整治。秋——烟熏。摔摆——刁难，做事过慢。免——不通理。筑——说气话，让人生闷气。着不住——受不了。咒——骂人。脸包——面颊。锭子——拳头。夹肢孔——肩腋下。克膝头——膝盖。上天蓬——上颚。躴巴儿——小指。脑门心——额。脑壳——头。尿泡——膀胱。臁儿杆——膝下肢。手道拐——手肘。心口——胸膛。摆子——疟疾。隔食——消化不良。烧热——伤寒。发痧——肠胃炎。鸡窝寒——霍乱。凉倒（或“着凉”）——感冒。癞子——麻风。灌——化脓，感染。猴儿包——腮腺炎。牯子——未阉公牛。叫马——公马。骒马——母马。骒驹——幼雌马。鬼灯哥——猫头鹰。饿老鹳——鹤。叫居居——蟋蟀。客妈——青蛙。蛐蟮——蚯蚓。马丁丁——蜻蜓。癞格宝——蟾蜍。草狗（猪）——尚未生仔的雌狗（猪）仔。嘎嘎——肉。灰面——面粉。弥帽——斗笠。桩桩——突出的一小节。汗裳——衬衣。摇裤——内短裤。旺子——凝聚的动物血。疙兜——木本植物土内的总根系。包包——小丘。麻窝——山窝地。梁子——山脊。冲子——峡谷。箐——林木密集之地。白雨——冰雹。凌——冰。罩子——雾。火闪——闪电。二天——以后。啦长——很长、拖泥带水。紧倒——长时间。抵倒——赶快，及时。刷黑——傍晚。帽帽——帽儿。壶嘴嘴——壶嘴儿。小包包——小包儿。菜苔苔——菜苔儿。刀口口——刀口儿。树根根——树根儿。弯翘翘——很弯曲。细纠纠——很小。红肥肥——很红一遍。黑秋秋——很黑。皋嗷嗷——很傲慢，不好相处。

第三章　宗　教

第一节　水城境内宗教

水城有佛教、道教、伊斯兰教、天主教、基督教等宗教信徒8227人（最多时），信徒中少数民族占总数的80%以上。特区第二届政协有宗教界委员3人，特区第三届政协有宗教界委员9人，县第一届政协有宗教界委员7人，县第二届、第三届政协均有宗教界委员9人，县第四届、第五届政协均有宗教界委员11人，县第六届政协有宗教界委员6人。

佛教　县（特区）境佛教明末清初由威宁、大定（今大方）传入，信徒分散，有大量经典和专用服饰（“法衣”）。逢庙会做会，平时为善男信女念经、做“法事”超度亡灵。有“三皈五戒”（皈依佛、皈依法、皈依僧，不杀生、不偷盗、不邪淫、不妄语、不食肉）教规；收徒时，师傅坐于蒲团之上，要求徒弟遵守教规，并按统一的字辈给徒弟取“法名”，徒弟跪于佛案前发誓遵守师傅教诲；但教徒多为俗家弟子，未严格遵守教规。

道教　县（特区）境道教清初由大定、平远（今织金）传入，仅在民间活动，有大量经典和专用服饰（“法衣”）。专为死者“开路”“绕棺”超度亡灵，为民众“祈病除灾”。道士饮酒吃肉，婚娶成家，无斋戒定期。

伊斯兰教　县（特区）境伊斯兰教随回民迁入而传入，信徒最多时有759户、3326人（男1785人、女1541人）。县境伊斯兰教经典有《古兰经》等，功课有“五项功课”（即念功、礼功、斋功、课功、朝功，简称“五功”或“五常”，亦称“五桩天命”），节日活动有开斋节、古尔邦节、圣纪等，有活动点（清真寺）6处。

天主教　县（特区）境天主教于1948年由盘县传入，“三线建设”时期部分教徒从外地迁入；教徒敬奉天主，行善避恶，以“天主十诫”为宗教信仰准则；教仪有圣洗、坚振、告解、圣体、终傅、神品、婚配7件圣事。1987年全特区有信徒50余人，1990年全县有信徒10多人。

基督教　亦称新教或耶稣教，于清朝光绪三十二年（1906年）由安顺传入猴儿关（今属陡箐乡），建立猴儿关文堂，再传到马坝、蟠龙、猴场等地；后来又由威宁石门坎传入金盆，再传到玉舍、杨梅、顺场等地。信徒最多时有2178户、4901人（男2408人、女2493人），其中苗族较多。县境基督教分为内地会和循道公会2个宗派；经典主要为《圣经》（是基督教教义和神学的根本依据，内容包括历史、传奇、律法、诗歌、论述、书函等）；礼仪有洗礼，圣餐等；节日有圣诞节，复活节等；有活动点74个，教堂39个（总建筑面积4006平方米）。基督教徒只敬奉“上帝”，不信其他“神”；定期（一般1星期1次）集中向“上帝”祷告；倡导孝敬父母、不杀人、不奸淫、不偷盗、不贪婪、不作假证害人等。

第二节　宗教事务

一、管理机构

1981 年，成立特区宗教事务所。1984 年，特区宗教事务所与特区民族事务委员会合并为特区民族宗教事务委员会。1985 年 3 月，撤销特区民族宗教事务委员会，特区政府办设宗教事务科。1985 年 8 月，特区政府办宗教事务科改称特区宗教事务办公室。1987 年 12 月，特区宗教事务办公室改称县宗教事务办公室。1993 年 7 月至 2008 年 12 月，县民族事务委员会和县宗教事务办公室合并为县民族宗教事务局，内设有宗教股。

二、宗教事务

1985 年，特区补助 13 名宗教人士共 810 元。1986 年，特区培训 40 多个宗教活动点的负责人等 51 人。1991 年，县投入 1 万元支持南开区双营乡和青林乡维修清真寺。1994 年，县 79 个宗教活动点涉及 25 个乡、107 个村、160 个组。1995 年，宗教部门为县伊斯兰教登记活动点（清真寺）6 处，概况见表 18－3－1。

水城县伊斯兰教活动点统计表

表 18－3－1

名称	地址	建寺时间	名称	地址	建寺时间
彭家寨清真寺	杨梅乡彭家寨村	1936 年	梅子关清真寺	红岩乡梅子关村	1995 年
大坪子清真寺	杨梅乡台沙村	1995 年	黄屯清真寺	保华乡双营村	1989 年
高炉清真寺	纸厂乡高炉村	1978 年	群新清真寺	青林乡青林村	1980 年

1996 年 7 月 2 日，成立县基督教三自爱国运动委员会和县基督教教务管理委员会（至 2008 年分别换了 3 届）。1997 年，县推荐 3 名宗教界人士参加省第五届基督教代表大会。1997 年 8 月 26 日，县政协、县委政法委、县委统战部、县民族宗教事务局、县文广局、县公安局对位于钟山区老城的观音阁进行清理整顿。1998 年 2 月 13 日，县政府批准观音阁为佛教临时活动点。2000 年，到观音阁活动的佛教信徒有 1200 余人。2000 年 11 月 26 日县政府批准观音阁为佛教活动点后，成立观音阁管理委员会，释通广（丁光长）为法人代表，汪如道为主任，王明书为副主任，有委员 9 人。2003 年，成立县乡村三级宗教工作领导小组，加强宗教活动点年检工作和人员培训。2004 年 7 月 9 日，拆修观音阁时发现 1 块古碑，碑文载明为清朝嘉庆十三年（1808 年）修建“观音寺山门”而立；便将重建的观音阁改名“水城观音寺”。2004 年 9 月，县对 22 个宗教活动点的村支书、主任等 372 人进行宗教工作培训。2006 年，市宗教事务局下发《关于水城观音寺属地管理有关问题的通知》，将水城观音寺划归钟山区民族宗教事务局管理。2007 年，县有宗教部门批准建立的基督教教堂 39 个，活动点 74 个、概况见表 18－3－2。

2007年水城县基督教活动点统计表

表18－3－2

名称	地址	名称	地址	名称	地址
冉家麻窝	红岩乡窑上村	大寨	金盆乡大寨村	上　营	坪寨乡箐马村
石板沟	红岩乡窑上村	金盆	金盆乡新益村	前　进	纸厂乡前进村
龙家屯	红岩乡以那村	营发	金盆乡营发村	务　佐	果布戛乡罗盘村
法　沟	猴场乡支村	蔡干丹	金盆乡金钟村	麻　窝	果布戛乡罗盘村
金竹箐	猴场乡格支村	营合	金盆乡营合村	牛角山	果布戛乡枫香村
黄果树	猴场乡黄果树村	双塘	金盆乡双塘村	通　岩	果布戛乡大寨村
山后头	猴场乡格支村	浦泥寨	金盆乡永和村	坡　脚	果布戛乡罗盘村
西拉包	猴场乡杉明村	岩头上	金盆乡永和村	妈妮克	野钟乡归贵平村
老婆田	猴场乡黄果树村	猓布	金盆乡棋林村	小安山	野钟乡响石村
格　支	猴场乡格支村	偏坡	南开乡兴寨村	五珍古	野钟乡归贵平村
打把半坡	猴场乡打把村	凉山	南开乡凉山村	田　坝	野钟乡野钟村
利克坡	蟠龙乡发贡村	索桥	青林乡大土村	张家田	野钟乡发射村
大沟边	蟠龙乡庆祝村	木戛	青林乡木戛村	归贵平	野钟乡归贵平村
法那寨	蟠龙乡木桥村	营桥	木果乡营桥村	柏家营	鸡场乡旗帜村
官　寨	蟠龙乡官寨村	铺开	木果乡登享村	坡　脚	阿戛乡松绿村
王家水沟	蟠龙乡二道岩村	新锋	木果乡新锋村	老　鸹	阿戛乡高中村
侯家箐	蟠龙乡高仲村	大岩洞	木果乡岩脚村	卜鲁克	阿戛乡高中村
闹　塘	蟠龙乡闹塘村	海秋	木果乡岩脚村	铜　厂	米箩乡铜厂村
马　店	蟠龙乡大田村	营脚	木果乡发期村	荒　田	米箩乡米箩村
猴儿关	陡箐乡新街村	界牌	发箐乡清塘村	跑　马	米箩乡跑马村
坪　箐	陡箐乡坪箐村	官寨	玉舍乡石板箐村	倮　摩	米箩乡亮河村
沙　坝	陡箐乡阿佐村	光荣	玉舍乡元箐村	水　塘	顺场乡水塘村
高　炉	陡箐乡陡箐村	大坪子	玉舍乡上寨村	河　沟	双戛乡河沟村
大　寨	董地乡董地村	摩篩戛	玉舍乡德格村	马　戛	双戛乡马戛村
夹　岩	董地乡双巢村	三家寨	玉舍乡石板箐村		

人　物

一、人物传

（一）传　记

李克彧

（1914—1992）

李克彧，男，汉族，1914年生于江西省兴国县江背区后溪村贫苦农家，少时读过2年书。1929年10月，李克彧与哥哥李克章一起参加红军，其被分配到阳阴县保卫局任战士，不到10天就调到瑞金中央保卫局3中队3排任战士。1934年9月13日，李克彧所在部队从瑞金出发开始长征，1935年1月7日到贵州遵义。李克彧因病在卫生队医治20多天，治愈准备归队时，其所在的保卫局已转移，李克彧就到红九军团特务排任战士。1935年4月上旬，红九军团在打鼓新场（今金沙）被敌人包围，李克彧在突围中左腿膝部负伤。部队为了摆脱敌人，日夜兼程向水城开进。李克彧带伤随队前进，伤势逐渐加重，后来不能走动，被安置在常明乡梁启贤家。民国水城县政府曾多次派人盘查，梁家让李克彧以放牛为名上山躲避，因而未被发现。

1938年，李克彧听说米箩有个红军杨连长（尹自勇），就想方设法与其联系；两人约定，每逢常明赶场，由尹自勇下属的原红军战士刘方才和李联络；尹李计划于1940年农历正月初三同时组织3组人去给大恶霸张灿然、杨银武、钱文达“拜年”，以突然袭击的方式夺取武器，然后组织游击队，公开与国民党反动派战斗，后因尹自勇被民国水城县政府杀害而未实施。李克彧在梁家住了4年，于1939年与当地女子孔琴尊结婚，在务农的同时，兼做铜匠、石匠和做鞭炮。1943年，孔琴尊病故，李克彧又被常明土司杨银武的队长陈绍清抓去，准备将其杀害，李结交的好友杨明亮费了许多周折，才将李保释。李克彧认为在常明住下去，难免遭到国民党的迫害，于1945年带着2个小孩秘密迁到米箩干沟（后属米箩区铜厂乡）居住；不久与姓胡的女子结婚，1949年胡氏病故。后来李再与铜厂的田应飞结婚。

1951年，李克彧在米箩找到解放军剿匪部队某连连长张文千，张给李写了个条子，让其去找土改工作队。李找到米箩土改队负责人李登峰，李又将其介绍到县民政科。李克彧积极参加清匪、反霸、减租、退押、征粮、土地改革等工作。1952年土改，李全家分得土地后，便从事农业生产。

1953年2月15日，县民政科发给李克彧能买500斤大米的钱，作为生活补助。1954年，县民政科发给李克彧100元钱，并特邀其到县政府过春节。1974年，米箩区补助李克彧50元。1978年，李克彧有2个儿子、9个孙辈（5男4女）、1个重孙，全家16人。1983年，李克彧要求回原籍探亲，特区政府补助其路费300元；李回到老家，其亲人喜出望外，立刻把挂在家里的烈士牌摘掉；李克彧探亲回米箩后，特区民政局又补助其120元。1985年后，民政部门将李克彧和其爱人列为定期定量补助对象。1992年10月13日，李克彧病故，葬于米箩乡。

李克彧因伤离开部队，但其一生相信共产党，始终保持红军战士坚定的革命信念；其因在农田基本建设中成绩显著，受到中共米箩区委表彰，曾当选铜厂乡人民代表大会代表。

李荣光

（1917—1995）

李荣光，男，汉族，江西省赣县王母渡人，九三学社社员、高级畜牧兽医师、全国牧畜兽医学会会员。生于1917年，1941年毕业于江西高级兽医专科学校，先后在江西和贵州供职。解放不久，其就担任省消灭牛瘟工作大队大队长，深入农家牛棚诊治牛瘟，曾被农民称为“人民政府派来的耕牛救星”。1951年，其自编教材授课，开办3期全省农牧干部训练班，培训兽疫防治人员200多人，其编著的《兽疫防治人员学习手册》，为全省建立兽疫防治大队提供技术准备。1955年，李荣光主动要求下基层工作；先后在威宁县种羊场、奶牛场、畜牧兽医站工作，治好收治绵羊80%的疥癣病，控制住羊体内寄生虫病流传，创造用菜油代替石蜡油配合四氯化碳驱除绵羊肝片吸虫方法，采取“三步并取”措施防治牛胎衣滞留。1966年，其调毕节农校执教。

1984年，李荣光应聘到特区奶牛场工作，其精心编制奶牛饲养管理规程及有关方案，研制饲料配方，扩大料源，改进饲料加工办法，对奶牛进行科学实用的编号、立卡、建档。1995年，李荣光因病去世。

李荣光生活简朴，居室以藏书和资料为主；兽医技艺高，经验丰富，经常为工作单位附近农民医治畜病，不论白昼，随请随到，不收劳务报酬；其一生发表不少论文，著有《家畜传染病及微生物学》《家畜寄生虫病学》等专著。

卯照松

（1917—2008）

卯照松，男，汉族，1917年生于鸡场镇上营村贫苦农民家庭。1942年被抓去当兵，1943年初于夜间翻墙逃出军营，一路讨饭回家。后来卯照松曾任保长，但其始终维护贫苦百姓的利益。中共地下组织在发贵乡（今鸡场镇）一带开展活动，卯照松是发贵乡受革命思想影响最早的人员之一。1945年，卯照松参加水城游击队。1948年，水城游击队3次攻破发贵乡公所后，一段时间没人敢任发贵乡乡长；水城游击队便建立水城历史上第一个村级人民政权——欧布村（今鸡场镇上营村一带），卯照松任村长，高双林任副村长，尹光顺任农会主席，安子成任治安委员，徐明德任文书。卯照松任欧布村村长后，组织民兵武装，动员青壮年参加游击队，侦察敌情，给游击队送信、带路，为游击队筹集粮款。

1950年12月至1952年8月，卯照松任发贵乡乡长，带领干部和群众开展清匪反霸，查田评产等工作。1952年8月，因卯照松曾任保长，在“三反”运动中受到迫害。1960年，卯照松的问题获得平反，安排在公社工作后，其兢兢业业，尽力为人民办每一件事。后来，卯照松退休（应为离休，但未落实）。2008年11月13日，卯照松因病去世。

卯照松一生拥护共产党，热爱人民，勤俭朴素，为基层干部的榜样。

周忠诚

（1918—2009）

周忠诚，男，汉族，1918年12月22日生于山东省金乡县周庄下中农家庭，念过几年私塾（后来被认定为中学文化程度），1945年8月参加工作，是年10月加入中国共产党。

1945年8月，周忠诚任村长后，发动和带领群众开展对地主、汉奸的斗争，分田分粮，稳定村政权。1946年，刘邓大军打响陇海战役，其带领担架队和大车运粮队到陇海铁路前线支前并圆满完成任务。后因斗争形势变化，其随中共金乡县城关区委转移，开展游击斗争，在区中队公安连队任班长，多次出色完成侦察任务，曾冒着生命危险抢救伤员；其被选派到湖西地委党校学习两个月后，安排在金乡县公安局做秘书工作，后又兼任检查股长。1949年3月，党组织从冀鲁豫边区抽调620名干部随解放军第二野战军第五兵团渡江南下接管赣东北，其响应组织号召，抛家舍业，义无反顾地成为南下大军中的一员；接管江西景德镇市后，其任市公安局秘书。1949年9月10日，其加入解放军第二野战军第五兵团西进支队后，跟随队伍行程4000多千米到达毕节地区，在毕节专署公安局担任秘书工作。1950年，毕节专署抽派其筹办财经大队（又称财经训练班）并任大队长，为各县培养财经干部；在此期间大定县（今大方县）遭遇大灾，其受专署委派，带领财经大队150多名学员赶赴灾区救灾，得到上级表彰。1951年，其参加征粮和农村经济情况调查及土改等工作。1952年，其调到威宁县工作，先后任财政科长、秘书科长、中共黑石头区委书记、中共龙场区委书记、县委委员，参加土改、剿匪、发展生产等工作。1954年，其任威宁县供销社主任，因威宁地处高寒偏远山区，商品稀缺，其带领人员克服困难，除保证国家统购统销物资供销外，还想方设法组织茶叶等货源。1956年，其任中共威宁县委常委、县委办主任。1957年，其任中共威宁县委常委、县委秘书长。1960年，其任毕节专署办公室主任。后来任专署税务局长，当时正处三年自然灾害时期，其长期深入基层宣传国家税收政策，保证税务工作正常进行。1965年12月，其任水城矿区办公室主任，虽然各方面条件都很差，但其无怨无悔地工作。

1974年，周忠诚任特区党委常委、党办主任后，充分发挥参谋助手作用，严守政治纪律，搞好协调服务，抓好机关作风建设。1981年，其当选特区人大常委会副主任后，认真履行职责。1982年3月，其当选特区政协主席，任期内带领政协工作人员和政协委员充分发挥参政议政的作用，为水城建设出力，特区政协各项工作均取得显著成绩。1985年6月，其离休，享受副地级待遇。离休后，其参加集资办学，接济过十几名贫困少年，其书法作品多次在省、市书画展中获奖。2009年6月，周忠诚因病去世。

周忠诚一生坚持共产主义理想，以“非吾所有一毫莫取，众益之事尽力去为”为座右铭，清正廉洁，坚持原则，为党和人民的事业做出不可磨灭的贡献。

胡德良

（1924—2014）

胡德良，又名胡泽波，男，汉族，初中文化，营盘乡胡家寨人，生于1924年6月，读中学时思想开始倾向革命。1944年，其任发贵乡（今鸡场镇）中心国民学校校长，受中共地下组织引导，在学校开始革命宣传活动。

1944年冬，水城县政府将其逮捕，列为政治犯，打入死牢。1946年，其获特赦出狱后，又遭奸人迫害，再度入狱。1946年秋，其到发贵小学任校长，继续进行革命宣传活动。1948年4月，胡德良参加革命。1948年6月，因革命活动暴露，其毅然离校弃家，到云南省公开参加革命。民国水城县政府用丰厚条件“招安”，均未动摇其革命斗志。随后，其在云南省宣威县宝山乡开展统一战线工作，为游击队争取人、财、武器等支持。

1949年，胡德良参加发动水城游击队小岩脚起义。1949年10月初，其在水城游击队参加哈青战斗，因而导致亲属10户人家的房屋被敌人烧光。1949年11月初，水城游击队发动攻打天险马龙屯的战斗，胡德良率领1个分队据守屯东垭口场一带，负责阻击杨梅方向援敌，战斗中其身负重伤。1950年3月20日，水城游击队整编为中国人民解放军16军47师141团1营13连，胡德良担任排长。

1950年4月5日，水城党政军1500余人撤离至纳雍县阳长时遭叛军伏击，经3昼夜战斗后突围。1950年4月9日上午，突围人员行至纳雍县龙场槽子的木梳溪时遭敌军拦击；为掩护大部队撤离，胡德良奉命带领熊景章班（共13人）担任阻击任务，其指挥抢占木梳溪右侧制高点，以猛烈火力挡住正在迫近的敌人。敌遭阻击，死伤惨重，便不断组织力量，增加兵员，反复向阻击阵地发起冲锋。战斗一开始就打得十分惨烈，但阻击战士打得很顽强，未让敌人靠近。战斗中，班长熊景章和6名战士壮烈牺牲，余下6人后来被敌人包围。下午5时，敌知解放军突围主力去远，已无法再追，便在收兵前用炮火向阻击阵地轰击，目的是把阻击战士消灭在山上。顿时，一发发炮弹在阵地上爆炸，一团团烟幕笼罩在阵地上空。胡德良左眼被炸成重伤，虽然血流满面，仍当机立断，命令剩下人员趁烟幕未散，分两路突围，撤出阵地后各自寻找部队。突围中，胡德良因流血太多，昏厥过去，被流窜打窃的敌兵发现，一敌兵向其开了一枪，子弹从其右肩穿过，另一敌兵见其还能动弹，举起马刀砍下，其抬手抵挡，创4指。敌兵见其不再动弹，以为已死，便将其身上东西搜抢一空后离去。胡德良得到好心的老百姓救治，伤势有所好转后，艰难步行100余千米，于4月11日回归部队。1950年7月，胡德良加入中国共产党。

胡德良投笔从戎，担任过战士、小队长、分队长、排长，参加大小战斗50多次，3次受重伤，身上有伤口16处，且多处弹片留于体内。

1952年，胡德良转业至地方工作，到杨梅区任民政助理员，又相继参加在杨梅、发耳、常明、米箩、格支等地的剿匪战斗，后调县人事民政科主持工作。1953 年，胡德良任比德区区长。1957 年，“反右斗争”扩大化，胡德良被打成“右派”，下放劳动教养 3 年。1962 年，胡德良摘掉“右派帽子”。1978 年，其到水城国营砂石厂任书记、厂长。1981 年后，其任特区建委科长、调研员。1985 年 6 月其离休，享受副县级待遇。2014 年，胡德良与世长辞。

花如松

（1925—2001）

花如松，男，汉族，江苏省大丰县南团乡人，1925 年生于贫苦农家，未成年即参加革命，1944 年加入中国共产党。

其先后担任民兵中队长、村长、乡财粮员和乡指导员。一次，村子被还乡团包围，花如松率领民兵战斗到凌晨 3 点才撤至安全地带，突然想起还有部分文件未带出，便带领 2 名民兵重入险境；几经周折取得文件，天已破晓；再次突围时，七八个敌人紧追不舍，双方激战至弹尽；一民兵牺牲，另一民兵和花如松一起与敌人拼刺刀，2 人摆脱敌人的追击后，在老乡地窖藏了 7 昼夜，终于保住文件。

后来，花如松担任过大丰县西团区武装队长、宣传委员、区委副书记、区委书记。1950 年 11 月，其任中共大丰县委组织部副部长兼县整党队长。1950 年 12 月，其调中共江苏省委组织部工作。1951 年，其调上海市金山县任县委常委、组织部长。

1964 年 10 月，中央从全国选调一批优秀干部赴贵州工作，花如松在选调之列，上海市委组织部征求其意见与要求，花如松表示“服从组织安排，哪里艰苦就到哪里去，党叫干啥就干啥”；上海市委组织部提出为其长子和大女儿安排工作，花如松婉言谢绝；于是花如松被选调到毕节地委工作。1965 年 11 月，花如松调任中共水城县委常委、组织部长。在水城工作的十多年中，花如松经常手拄棍子，身背水壶，翻山越岭，走村串户，与农民同吃包谷饭，同喝酸菜汤，同烤柴火，同睡草席；详细了解水城的情况和群众对各级干部的看法，根据掌握的第一手资料对干部进行奖惩和培养教育。1980 年，花如松调任市人事局副局长。1985 年，花如松离休。

花如松长期从事干部工作，从不以权谋私。老伴在上海原是工人，调贵州后仍为工人；7 个子女中，有 5 个工人；其对子女教育有方，子女也很争气，取其长子曾任省卫生厅厅长。1998 年，花如松患直肠癌；身为享受副厅级待遇的老干部，仍然注意为财政节省开支，坚持就地治疗，不滥用贵重药品，不搭车为亲友代开药品。2001 年，花如松去世。

邹　璜

（1928—2002）

邹璜，男，汉族，浙江衢州人，1928 年 2 月生于常山县。自幼受进步思想影响，志向远大。1949 年 5 月，中国人民解放军南下，正在高中就读的邹璜毅然投笔从戎，入野战军政大学五分校接受政治军事教育。西进途中其调入解放军第五兵团十六军四十七师任宣传员。1950 年，其随毕节地委工作队接管威宁县；到达威宁的当天晚上，奉命起草《告威宁县人民书》，发布后使威宁县各族人民在第一时间了解人民政府的大政方针，安定了民心，稳定了大局。1950 年 10 月至 1962 年 12 月，其历任中共威宁县委秘书、中共黑土河区委书记、县农工部部长、中共威宁县委秘书长、县委常委，参与威宁县剿匪、土改全过程和各项建设。1963 年，其调任中共毕节地委副秘书长。1965 年至 1992 年，其历任中共水城县委副书记、水城特区党委副书记、水城特区党委书记、六盘水市政府秘书长、六盘水市委统战部部长、六盘水市政协副主席。1992 年 4 月，其离休。2002 年，邹璜因病去世。

邹璜在水城特区党委书记任内，为平反冤假错案、落实干部政策、拨乱反正、改革开放做了大量工作，受到特区广大干部群众的一致好评。

邹璜为人正派、作风民主。处事光明正大，不搞阴谋诡计；在领导岗位上遇事必与班子成员沟通，大事必通过会议研究决定，从不独断专行。

邹璜一生廉洁奉公。在任特区党委书记期间，组织部门根据基层举荐，几次提议其侄子任职，均被其婉言谢绝。“文化大革命”造成大批青年不能就业，其任特区党委书记时曾多次召开常委会专题研究青年就业问题，一些同事在会上提出安置其子女就业，其均以先安排困难家庭子女为由谢绝。其一家七口长期靠百元左右工资生活，拮据程度可想而知。其工作多次变动，一家辗转搬迁，总是居住在办公室或筒子楼，1980 年后终于住进套房，但使用面积只有 50 平方米，后来市政府几次为其安排住宅其均婉言谢绝，直到其去世，一家仍在那套住宅居住。

班邦英

（1928—2010）

班邦英，男，布依族，中共党员，中专文化，1928 年 10 月 14 日生于黔西县金碧镇，1949 年 11 月参加工作。

其 1949 年 11 月至 1952 年 3 月，任黔西县沟腰村副村长、彻其村土改工作组长；1952 年 3 月至 1953 年 6 月，在黔西县农民积极分子训练班学习后先后到黔西县银行、毕节专署保险公司工作；1953 年 6 月至 1954 年 5 月，在水城县税务局工作；1954 年 5 月，加入中国共产党；1954 年 5 月至 1956 年 3 月，任杨梅税务所副所长、所长；1956 年 3 月至 1964 年 6 月，任中共蟠龙区委书记；1964 年 7 月至 1965 年 5 月，任中共水城县委常委、代理县长；1965 年 5 月至 1967 年 6 月，任水城县副县长；1967 年 6 月至 1971 年 1 月，因“文化大革命”被夺权、受批斗；1971 年 1 月至 1972 年 7 月，在六盘水地区工业局工作；1972 年 7 月至 1975 年 10 月，任六盘水地区工业局副局长；1975 年 10 月至 1979 年 10 月，任特区革委副主任；1979 年 11 月至 1980 年 12 月，任特区革委副主任（主持工作）；1981 年 1 月至 1984 年 4 月，任特区区长；1984 年 4 月至 1988 年 6 月，任特区人大常委会主任；1988 年 6 月至 1990 年 3 月，任县人大常委会主任；1992 年 6 月退休后，任蟠龙乡洗线沟林场场长。2010 年 10 月 17 日，班邦英病故。

班邦英 5 岁时父亲病故，6 岁时母亲又病故，由其二哥夫妇抚养；解放前其家庭曾受到剥削和压迫，被迫到外地投靠其舅舅家 2 年；在十分艰难的情况下，其二哥夫妇仍供其读书 7 年。在税务部门工作期间，班邦英严格执行政策，吃苦耐劳，多次被评为先进工作者。任中共蟠龙区委书记时，班邦英深入基层调查研究，带领群众进行社会主义建设；在浮夸风十分严重时仍尽量坚持实事求是，为群众办了不少好事。担任代理县长和副县长时，班邦英先后任县铁路修建支援委员会主任和县支重委员会负责人，在支援贵昆铁路、水钢、水城矿务局等“三线建设”项目中夜以继日地工作。“文化大革命”中班邦英被打成“走资派”，受尽折磨。任特区革委副主任时，班邦英带领干部和群众治理水城河，根除为害多年的水患；在特区区长任上，班邦英组织有关部门为300多人补办因政府原因失去的《购粮证》，解决遗留20多年的问题；任特区人大常委会主任后，班邦英在干好人大工作的同时，还在学校危房改造、修建蟠龙公路和玉江砂砖厂扭亏为盈等工作中发挥关键作用。班邦英退休后，贷款6万元到蟠龙乡洗线沟承包荒山创办林场，带领林场人员用7年植树58万株，绿化荒山90.67公顷；不仅还清贷款，还修建林场办公和生活用房400平方米，解决林场和附近村民用电，林场树木价值100万元以上。

班邦英爱岗敬业，无私奉献；其在各个岗位上均尽职尽责并不断取得成绩；退休后本可安享晚年，却冒着风险创办林场，实现其“留片青山在人间”的愿望。班邦英刚正不阿，敢于碰硬；1947年，小学校长吴吉吾故意生事打伤班邦彦（班邦英族中兄弟）后，还要敲诈班邦彦家200千克稻谷、100张校凳，班邦英联合众人到黔西县法院状告吴吉吾打人，吴不但未达到敲诈目的，反而被判赔偿医药费5000元；在1964年的“四清”运动中，班邦英遭人诬告，毕节地区下派的工作队长未核实就认为其有问题，结果被其当面驳斥。班邦英公道正派，深受群众爱戴；“文化大革命”中其受到打击、排斥时，仍有很多人暗中帮助；1987年3月，特区人大进行换届选举，因班邦英已58岁，组织上未安排其作为下一任候选人，但17个代表团中有15个代表团提名其为人大常委会主任候选人，以全体代表90%以上选票再次当选特区人大常委会主任。

刘　杲

（1930—1997）

刘杲，男，汉族，江苏省扬州市人，生于富裕的书香人家，青少年时期在上海生活。1955年毕业于南京大学天文数学系，分配到北京高教出版社工作。

1959年，刘杲响应号召支援贵州，安排到县商业局任会计，其主动要求到杨梅中学教书；时值“困难时期”，杨梅中学原有2个教师进修班，因学员吃不饱肚子，1个班自行解散，剩下1个班由刘杲执教；为稳住学员，刘杲搬到学生宿舍与学员同寝食，学员太饿时，就让大家躺在床上听课；当时刘杲月工资近70元，在杨梅中学最高，但其每月仅用10多元生活费，用余钱买高价的黄粑和水果糖分给学员充饥，使该班学员全部坚持到毕业。

几年后，刘杲被分配到更边远的常明公社小学教一年级算术，因牙疼误用他人赠与的药方，牙齿掉光；虽然生活十分艰难，但其除做好本职工作外，还坚持学习俄文版的高等数学和天体物理。后来其调到德坞教师进修学校任教。一次，为了讲授真空原理，其步行15千米，到县一中背回1台真空仪，教学生做实验；实验完毕，又连夜步行送还仪器；刘杲一丝不苟的教学精神，使学生深受启发。

20世纪70年代末，刘杲到特区二中任教；既是教导主任，又是数学教师，工作时间每天都在10

小时以上。杨梅区在二中读书的七八名贫困家庭学生，吃住都在刘杲家，刘杲长期给他们补课；有一名学生临近高考，尽管刘杲因病不能起床，还是用被子垫起身子，在床上坚持辅导，是年该学生考取本科（当时乡下学生考取本科者极少）。刘杲3个孩子有2个是盲人，妻子是农村户口，没有收入并有严重眼疾，家庭经济并不宽裕，却全力帮助贫困学生。

1997年，刘杲患胃癌去世，前往哀悼的人络绎不绝，不少人来自偏远的乡下。同年，《贵州日报》《六盘水日报》刊登刘杲爱岗敬业、乐于助人的事迹，其朋友和学生，买了很多报纸张贴在大街小巷，以此寄托哀思与敬仰之情。

李大柄

(1930—2009)

李大柄，男，汉族，1930年5月生于比德乡大寨村，1950年10月1日参加教育工作。

李大柄学习努力，知识全面，在猫场小学时，因学校无语文教师，其既教数学又教语文；在比德中学时，学校缺化学教师，其又承担化学课。20世纪60年代初期，教育事业处于低潮，有些教师改行，李大柄却毫不动摇，一心扑在教育事业上。“文化大革命”期间，很多年轻教师都闹“革命”去了，其和校长（猫场小学）王瑞福依然坚守岗位，教学质量不降反升。1972年9月，李大柄加入中国共产党。1978年恢复中考后，位于穷乡僻壤的猫场学校中考成绩却名列全区第一。从教42年中，李大柄讲述凝练，提问精当，教学设计精巧，教学方法灵活；不仅注意教育学生完成学业，取得优异成绩，而且注重培养学生如何做人，怎样树立理想；对学生总是“动之以情，晓之以理”，耐心细致，循循善诱，从不体罚或变相体罚学生。

李大柄担任教导主任38年，对业务精益求精，不断学习和运用先进的教育教学理念；经常和学生谈心，鼓励学生认真学习；长期坚持和班主任、科任教师交流，听取教师对学校工作的建议和意见，有针对性地解决问题。20世纪80年代后期至90年代初期，李大柄所在的比德中学考取中专、中师的人数，一直名列全县区（镇）、乡（镇）中学前茅。

李大柄注重自身品德和职业道德修养，总以自身行动影响凝聚人；年轻教师称李大柄为“老大哥”，遇到不顺心的事，都愿意跟其说，李大柄总是耐心倾听，有针对性地进行开导，尽力帮助解决困难。李大柄最突出的优点是淡泊名利、默默奉献，教书育人42年，没评过先进或优秀，有困难也从未向组织提过要求。2009年3月7日下午6时20分，李大柄因病医治无效去世。

熊光初

(1931—1996)

熊光初，男，苗族，陡箐乡猴儿关人，高中文化，生于1931年，1950年参加工作。

其1950年被安排到毕节地区干校学习，1951年后参加县委干部武装工作队到农村开展清匪、反霸、减租、退押、征粮、禁烟禁毒、土地改革等工作，1953年任县委宣传部干事，1954年加入中国共产党，1954年后任共青团玉舍区委副书记，1956年后任中共玉舍区委副书记、玉舍区区长，1980

年 10 月任特区党委常委、特区革委副主任，1981 年 1 月任特区首届政协主席，1982 年 1 月任特区党委副书记，1984 年 4 月至 1991 年 3 月连任特区第二届、特区第三届及县第一届政协主席，1993 年退休。1996 年，熊光初因病治疗无效去世。

在玉舍区工作期间，熊光初坚决执行党的路线、方针、政策；用约一半时间深入社队搞调查研究，与基层干部和群众同吃同住同劳动。1958 年春夏，水城大旱，县委调集 400 名干部分赴灾区抗旱；熊光初被抽到旱情最重的发耳区，其便从玉舍组织 3000 人，自带耕牛、农具和粮食到发耳区救灾，发动该区群众找到水源 50 多处，开挖引水沟渠 10 余千米，修筑大小堰塘多处，抢种秧田 10 公顷，挑水栽玉米 166.67 公顷，抢收小麦 880 公顷。

熊光初对党忠诚，品行端正，热爱人民，清白一生。有一次，熊光初带几名政协机关工作人员到比德区工作，当地村民主动将新米（“五里香”）以低价售给工作人员，其说：“农民兄弟辛苦一年收获一点粮食，自己舍不得吃，你们却用低价买走，这不是占老百姓的便宜吗?”几名工作人员立即改用市场价补足米钱，并向群众道歉。又一次，县委书记陈月枢去猴儿关为《少数民族专辑》拍照，熊光初同车回家，其用小乌洋芋和包谷酒给陈月枢等人做午饭；回城路上，陈月枢感慨地说：“今天老熊招待我们的不是美酒佳肴，而是一锅五香烹饪的小乌洋芋，看得出他很节俭，也很懂生活，向他这样清正廉洁的县级干部如今确是屈指可数了!”

王菊鲜

(1931—2013)

王菊鲜，女，苗族，高小文化，1931 年生于鸡场镇纸厂村。未出世，父亲就被地主吊打坐水牢致死。一家靠叔父帮衬艰难度日，儿时就对旧社会埋下仇恨的种子。1943 年，在母亲及家人的努力下，其在发贵乡（今鸡场镇）中心国民学校读书，完成高小课程。

1949 年 2 月，水城游击队在发贵乡一带的革命活动和哥哥王清波卖掉家里的牛买枪加入游击队的事情激发王菊鲜埋藏心灵深处多年的仇恨与斗志；在游击队领导、大表哥尹朝阳的劝说和鼓励下，王菊鲜奔赴滇东宣威县参加水城游击队，加入宣传队，随大队部行动。1949 年 4 月，王菊鲜加入中国共产党。1949 年 11 月，游击队为迎接解放军打开水城、纳雍通道。在攻打马龙屯战斗中，王菊鲜与宣传队员一面发动群众，一面通过宣传政策，动摇敌军军心，减少战斗伤亡。宣传队与战斗队的得力配合最终取得马龙屯战斗的胜利。1950 年 2 月中旬，水城游击队整训后，奉命配合解放军清剿残敌和土匪，干部战士 80 多人整装出发，王菊鲜是唯一的贵州籍女战士。1950 年 3 月，水城游击队在水城与中国人民解放军 16 军 47 师 141 团会师，并整编为该团 1 营 13 连。整编后，配合该团 1 营 2 连开往玉舍乡攻打土豪安文光盘踞的独木沟大洞，战斗 3 天攻破大洞；解放军伤亡较大，王菊鲜从唯一的女宣传员转变为唯一的女护理员，参与多次战斗。剿匪战事相对稳定后，王菊鲜与胡德恒被派往发贵乡工作，为了稳定新政权，二人召集山东老王（王琪政，民国县长落泊后参加革命的）、王清波、夏祖仙等人，组织群众发展生产，在下纸厂学校办了 3 期（300 余人）民兵训练班，训练内容为自卫保家乡，建立村政权，学习土地改革大纲等。1950 年 6 月，解放军 134 团和 141 团 1 营 13 连收复水城，王菊鲜回到部队。

1950 年 9 月，王菊鲜进入毕节地区革命干教班学习。1951 年 3 月，王菊鲜调到水城县委组织的工作队，下到地方进行清匪、反霸、土改等工作。1954 年 3 月，其到比德区妇联工作。1957 年，“反右斗争”扩大化，王菊鲜划为“右派”分子，被开除党籍并株连全家，4 个孩子被取消城镇粮户关系，回到农村老家务农。1979 年 4 月，王菊鲜得到平反并安排在发耳区工作。1979 年 11 月，其调任特区人民汽车站党组书记。1992 年 1 月，王菊鲜离休，享受副县级待遇。2013 年 4 月，王菊鲜因病去世。

丁绍书

(1936—1984)

丁绍书，男，汉族，1936 年生于黔西县，1956 年 8 月分配到发耳区工作。首先到梓椅公社创办学校，借用村民杨应周家茅草屋，将村民献出的木板用砖头搭成简易的课桌凳，办起一、二年级复式班。1957 年 2 月下旬，教学点搬到上梓椅何国俊家，增加教师后办一、二、三、四年级，学生约 120 人。每学期开学前，丁绍书均组织学生步行 50 多千米到县教育局背教材，十分辛苦。1957 年 8 月，丁绍书调妥倮公社创办妥倮小学，依靠地方政府和群众，搬移红光大队老屋基生产队 1 栋（3 间）草盖木房作教室；1958 年 8 月，组织当地群众投工投劳，把政府拨给的 3 间木瓦房和 1 栋木草房搬移到妥倮作为教学用房。丁绍书果断将各大队的教学点集中到妥倮小学，统筹安排，形成规模。“文化大革命”期间，丁绍书虽然遭受很多屈辱，但其凭借坚强意志，坚持教学工作。1976 年 8 月，丁绍书调任都格学校教导主任；其在做好教务工作的同时承担初三语文、政治、历史等课程，当时该校教学质量为全区前列。1980 年 8 月，丁绍书调任发耳中学教导主任，其以教书育人为己任，事事率先垂范，使学校教学步入正常有序的轨道。由于操劳成疾，丁绍书于 1984 年 10 月 14 日病逝。

丁绍书一生甘为人梯，堪称教育工作者的楷模。

何献珍

(1937—2003)

何献珍，女，彝族，中共党员，生于 1937 年农历 8 月 12 日，尖山街道（原滥坝镇）白腻村人，曾任民兵排长、原滥坝区尖山公社副社长、原中共水城县委委员。

1958 年冬至 1959 年春，水城大兴水利工程，民兵排长何献珍带领 37 名女民兵参加修建观音山水库，提出“水不到田不回家”的口号。女民兵克服各种困难，冒着严寒开山炸石，肩挑手推搬运石头，头发曾被凝成冰条，手脚曾被冻得红肿，始终不叫苦和累，与群众一起苦战一冬一春，建成库容 9980 立方米的水库，可灌溉耕地 300 公顷。女民兵排成为“巾帼不让须眉”的典型，作风和工作能力均得到参加修水库的群众称赞。何献珍曾腰系安全绳，登上悬崖峭壁打眼放炮，并处处发挥带头作用，成为群众学习的榜样，被原中共水城县委评为“打石模范”、提拔为公社副社长，被毕节军分区授予“女英雄民兵排长”称号，于 1959 年 12 月 16 日出席全国妇女建设社会主义积极分子代表大会。1962 年 5 月何献珍因旷工 3 天被处理回家，1986 年 8 月平反，安排在原滥坝镇万全管理区工作，1990 年 12 月在钟山区老鹰山镇退休，2003 年 3 月 30 日因病去世。何献珍的事迹载入《铁水钢花映水城》《六盘水市志·军事志》《六盘水市大事记（619—2013）》。

陈文荣

（1940—2003）

陈文荣，男，汉族，四川省宣汉县人，本科文化程度。1940年11月10日生于宣汉县毛坝镇天坪村，1950年7月在天坪村白果小学读书；1951年9月至1953年7月，在毛坝乡读书；1953年9月至1954年7月，在胡家小学读书；1954年9月至1956年7月，在南坝中学读初中；1956年9月至1957年7月，在毛坝中学读初中；1957年9月至1960年7月，在达州县读高中；1960年9月至1964年7月，在贵州大学中文系读书；1964年10月至1972年7月，在毕节农校工作；1972年9月至1980年7月，在毕节地区农办工作（1976年6月加入中国共产党）；1980年8月至1983年10月，在六盘水市政府办工作；1983年10月至1984年1月，任市农工部副部长；1984年1月至1984年11月，任水城特区党委副书记；1984年11月至1985年9月，任水城特区党委书记（列管彦鹤之后）；1985年9月至1987年12月，任水城特区党委书记（1986年10月选为市委委员，1987年5月补选为市人大代表）；1988年1月至1991年10月，任市委党校第一副校长；1991年10月至1994年4月，在市商委工作，先后任副主任（党组副书记），主任（党组书记）、商业系统党委书记；1994年4月后，任市机关工委副书记、书记；2000年退休。2003年6月，陈文荣因病在六盘水市医院抢救无效去世。

陈文荣在水城特区工作期间：认真抓党的组织建设，按上级要求主持整党，保质保量完成整党工作；重视党风建设，多次召开会议分析研究特区的党风状况，制定促进党风好转的措施；大力开展宣传文化等工作，特区的精神文明建设取得一定成效。根据特区实际主持制定“七五”规划，提出在绝不放松粮食生产的前提下大力发展以烤烟生产为龙头的多种经营和以煤焦生产为龙头的乡镇企业的经济发展指导方针，使特区经济快速发展。本着“扶贫先扶志”的原则，立足资源优势，以智力开发为本，以“短、平、快”项目为重点，组织制定和实施特区扶贫规划，加快了特区脱贫致富的步伐。深入基层调查研究，得出水城适宜大面积种植烤烟的结论；召开会议决定在全特区发展烤烟产业和兴建复烤厂；带队到毕节考查烤烟发展情况，到盐井乡蹲点抓烤烟生产；使烤烟产业后来成为水城的支柱产业，财政和农民收入均增加。

陈文荣一生坚持原则，工作兢兢业业，为党和人民的事业作出一定的贡献。

柏世明

（1943—2000）

柏世明，男，米箩乡倮么村人，共产党员，生于1943年；担任过民办教师、生产队长、村委会主任兼治安员、村党支部书记。任民办教师期间，其认真授课；任生产队长时，其总是出工比别人早，收工比别人晚，从不计较报酬；任村委会主任兼治安员期间，其更是不分白天、黑夜，忘我地工作。1979年，其第一个走上手术台，带头作计生结扎手术。1995—1998年，其调解民事纠纷上百起，收缴各类管制刀具16把，为派出所提供破案线索23起，帮助群众找回被盗牛、马4头（匹），挽回经济损失上万元。1996年，其发动群众引种早熟蔬菜20多公顷。1997年，其发动群众稻田养鱼，取得较好的经济效益；带领群众投工投劳，使倮么村在全乡率先通电。1998年，其带领村民修河堤1300多米，恢复水打沙压田15.2公顷，植树造林666.67公顷。1999年和2000年，乡计生工作组分别在偏坡组和亮河苗寨组受到计生对象的围攻，其主动前往解围，协助派出所妥善处理，避免祸事发生。2000年6月发生洪水灾害，号山组13.33公顷良田受到威胁，其第一个跳进河堤缺口，带领群众在汹涌的洪水中连续奋战6小时，终于将缺口堵住。

2000年7月5日，柏世明配合乡工作组清收电费回家途中，遇歹徒赵应荣手持木棍追打村民杨小纠，便上前制止。赵不但不听，反而打向柏世明，歹徒的父亲赵成先、叔叔赵成明也分别持斧子、木棍，一起冲向柏世明乱打乱砍。柏世明身负重伤，经群众送往医院抢救无效，于2000年7月6日下午去世。2000年8月16日，市委以市发〔2000〕21号文件，追授柏世明优秀党支部书记称号。

何选书

（1945—1989）

何选书，又名何老三，男，汉族，小学文化，原杨梅区永姑公社中岩生产队人；生于1945年4月，1964年加入共青团，1972年加入中国共产党。

1956年3月至1960年12月，先后在发射小学和常明小学读书；1961年1月至1965年2月，在家参加农业生产；1965年3月至1965年5月，在大河区艺奇公社参加社会主义教育工作；1965年6月至1965年9月，在杨梅区工作；1965年10月至1966年7月，在毕节地区学习；1966年8月至1967年8月，在龙场区者卡公社参加“四清”（清账目、清仓库、清财务、清工分）工作；1967年8月至1969年8月，在家参加农业生产；1969年9月至1972年1月，在永姑公社信用社代理会计工作；1972年5月至1972年12月，任杨梅区发射公社党委副书记（半脱产）；1972年12月至1981年6月，任发射公社管理委员会（革命委员会）主任；1981年6月至1987年6月，任发射乡（公社）党委副书记；1987年6月至1988年12月，任杨梅区罗盘乡党委副书记；1988年12月至1989年5月，任发射乡党委书记。

1989年5月下旬，杨梅区工作队协助发射乡开展计生工作。1989年5月27日，村民叶某某因对超生子女处罚不满，伙同其弟于黑夜对乡政府办公楼实施爆炸，何选书身亡，区武装部部长何仁泉受重伤。1989年6月20日，县委作出《关于在全县开展向何选书同志学习的决定》。1989年6月21日，县委在发射乡举行何选书追悼大会。

陈月枢

（1945—2000）

陈月枢，男，汉族，平坝县人，生于1945年11月，1965年9月考入贵州农学院林业系学习，1969年8月参加工作。1970年8月后在六枝特区工作，历任区农推站技术员，特区农林办工作员、副主任，特区政府副区长兼岩脚区党委书记，特区党委常委、特区政府常务副区长，特区党委副书记；1977 年 5 月加入中国共产党；1985 年 12 月调任市文化局局长、党组书记；1988 年 3 月调任中共水城县委书记，1989 年 10 月增补为市委委员；1991 年 8 月调任市委宣传部部长，1991 年 10 月当选市委候补委员；1997 年 4 月当选政协六盘水市第四届委员会副主席；1998 年 7 月兼任六盘水师范高等专科学校党委书记。

陈月枢在基层农推站工作期间，不怕吃苦，经常深入田间地头为农民传授农业实用技术，为农业生产服务。任六枝特区副区长分管文教卫生工作时，组织文化创作队伍，倡导和发起“桃花诗会”，重视桃花洞——古人类遗址的保护工作，为六枝特区的文化事业作出较大贡献。任市文化局局长后，组织有关专家学者对全市范围内发现的文物古迹进行发掘、研究，为市发展成为具有国家、省重点文物保护遗址的重点地区做了大量卓有成效的工作。作为县区分设后水城县首任县委书记，在财政十分困难的情况下，其带领全县各族人民奋发图强，励精图治，深入基层调查研究，根据县情主持制定“粮、烟、煤、人”的四字发展方针，使水城经济和各项社会事业全面发展，表现出较高的领导能力；采取有力措施创造水城计生工作成绩的历史之最，使水城计生工作由全省挂末跃为全省先进，县的 5 个单位被省政府表彰为计生先进集体，其和另 3 人被省政府表彰为计生优秀工作者。任市委宣传部部长时，牵头建立理论宣传联席会制度，推进全市社会主义精神文明建设等工作。当选市政协副主席后，为全市的民主政治建设建言献策，在《贵州旅游文史丛书》《三线建设文史专辑》《六盘水市政协志》征编等方面做了大量工作。兼任六盘水师专党委书记期间，倾听教职工和学生的心声，有针对性地做好思想政治工作，为修建第二教学楼、校门、进校大道、新的食堂争取资金，主持完成《六盘水师院规划蓝图》。2000 年 10 月 16 日 23 时 5 分，陈月枢因病医治无效在六盘水市医院去世。

陈月枢勤奋学习，知识丰富，文化功底深厚，工作之余笔耕不辍，先后出版诗歌散文集《荷月》、传统诗集《明湖吟草》、小说散文集《凤凰岭》；是作协贵州分会会员、中华诗词学会会员、省诗词学会顾问、市诗词学会名誉会长、市诗书画院名誉院长，曾当选市文联兼职副主席。其坚持原则，立场坚定，顾全大局，勤政为民；是省第六次党代会代表，市第一次、第二次党代会代表，六枝特区第四届人代会代表、第四次党代会代表，水城县第一次党代会代表。其平易近人，爱护人才，在干部和群众中享有较高威望。

严成昌

（1946—1997）

严成昌，男，水族，保华乡人，中共党员；生于 1946 年，1968 年毕业于毕节师范学校，到龙场区麻窝小学任教师，1970 年任麻窝小学校长。当时学校只有几间简陋的木屋教室和 3 名教师，却承担 1 ~ 5 年级的教学任务，为了改变学校的面貌，其动员学生家长和公社社员出义务工，带领人员上山砍树，修成 5 间新教室。后来严成昌调龙场区中心小学工作，于 1974 年任龙场区教育组长，1980 年任南开区教育组长；其潜心改善学校管理，改进教学方法，提高教学质量。其 1982 年任中共南开区委宣传干事，1984 年任特区人大办公室副主任，1989 年任县职工教育办公室副主任，是年任县史志办主任。

严成昌到县史志办后，为配备工作人员、组建《水城县（特区）志》编纂班子、改善办公用房等条件、争取领导和相关部门对修志工作支持等辗转奔走，很快打开修志工作局面。正当修志工作紧张进行时，严成昌却患黄疸性肝炎，医院曾下病危通知，但病刚好转，其就一头扎进办公室，边吃药、打针边工作，甚至连输液架也搬进办公室。1990—1993 年，严成昌作为《水城县（特区）志》的常务副主编，从修订篇目、校对史实、文字把关到主持审稿，事必躬亲，半夜伏案改稿成为常事，后来干脆把行李般进办公室，肝病复发时就抵着胸腹硬撑；妻女苦劝其休息，不起作用。1993 年，严成昌调任县建设局副局长，除干好本职工作外，还参与《水城县（特区）志》的校订，对有关章、节进行修改。1997 年 7 月，严成昌因患肝癌去世，临终时对儿子说："我参与修志，有了成就，就是少活几年，也是值得的"。

赵德军

（1951—1997）

赵德军，男，汉族，1951 年 2 月生于城关区城关乡（后为钟山区凤凰街道办）马鞍村贫苦农民家庭。上小学起，赵德军就勤奋读书，成绩优良，并经常做家务，养成勤劳节俭的作风；假日，其主动邀约同学为五保老人挑水、扫地、砍柴，深受村民称赞。1969 年 4 月，初中未毕业的赵德军应征入伍，在担负战备油库守护任务的中国人民解放军 0069 部队服役，其刻苦学习政治和军事，经常为部队和驻地群众做好事，多次受到部队嘉奖或表扬，很快加入中国共产党。

1970 年 3 月 27 日下午 6 时许，油库区突然发生山火；由于天干物燥，火乘风威，越烧越烈，库区部队、驻地群众的生命财产危在旦夕；正在用餐的赵德军和战友把碗一丢，向山火冲去。赵德军先用扫帚和树枝拼力扑火，扫帚和树枝烧光了，其就脱下衣服扑火。这时又是一阵大风，凶猛的山火直向三号油罐窜去；三号油罐装有 100 多万千克战备汽油，一旦爆炸，不仅会危及另外 8 个蓄油罐，还将威胁部队和群众的生命安全。赵德军毅然横身倒下，赤身裸体，在烈火中急速翻滚，用身子压出一条 60 多米长的防火隔离带。赵德军舍身扑火的英雄行为，鼓舞了在场的干部、战士和当地群众，一起奋力拼搏，终于扑灭了山火，避免一场特大事故。

赵德军身负重伤，烧伤面积 95%，其中三度、四度烧伤面积 90%。为挽救赵德军的生命，部队组织专家医疗组日夜进行抢救；医生将赵德军 3% 的好皮肤取下，切成 700 多块绿豆大小的皮片，嵌种于烧焦的皮肤之中。赵德军强忍每次手术的极大痛苦，以惊人的毅力配合治疗，最终战胜死神。昆明军区党委为赵德军记一等功，破格提拔其为排长，批准其为特等残废军人，转业到地方修养。贵州省将赵德军的事迹编入小学教材。《国防战士报》《云南日报》等报刊分别刊载通讯，报道赵德军的英雄事迹，号召部队指战员、地方干部和群众向赵德军学习。

赵德军后来回到水城家中，由于烧伤严重，五官变形，说话有一定困难，皲裂的皮肤时不时疼痛，变形的手无法自如活动，但赵德军对生活充满信心，与伤病顽强斗争 20 余年，终因体质太弱，病情恶化，抢救无效，于 1997 年 2 月与世长辞。

王鹏飞

（1964—2000）

王鹏飞，男，汉族，重庆市忠县拨山镇火炉村人，家住安徽省黄山市，共产党员，铁道部第四工程局六处水柏铁路工程指挥长。1998 年，为照顾患有精神分裂症的 1 名工人，王鹏飞没有回重庆老家与父母过春节，留下为该工人烧水煮饭，并带该工人看病，令工人的亲属感动不已。1999 年 1 月，民工头为承揽工程悄悄塞给王鹏飞 2 万元，其严词拒绝。2000 年 2 月，铁道部四局六处给王鹏飞兑现工程项目承包奖金 32723. 21 元，其将奖金全部上交财务。

2000 年 6 月 2 日晚上，王鹏飞与工程部长吴礼兵到营盘乡火烧坳隧道指挥施工。隧道全长 260 米，是全线有名的“烂洞子”，施工难度相当大。由于连降暴雨，雨水增加隧道拱顶的负荷。当晚 11 时 15 分左右，王鹏飞发现隧道顶部掉落碎土，便大喊：“要塌方，快撤！”随即指挥在下导坑作业的 8 名工友迅速离开作业区，又一把推开没有反应过来的电焊工肖忠福，一脚将工程部长吴礼兵蹬出险区。10 名工友全部脱险，王鹏飞却因组织撤离耽误了时间，被埋在塌落的土石中，经抢救无效，献出了宝贵的生命。

王鹏飞曾多次被处、局评为优秀共产党员、优秀党务工作者、优秀项目经理、先进工作者，很快从一名普通工人成长为领导干部。其用实际行动兑现生前写下的“为党和人民的利益，不惜牺牲个人一切”的誓言。王鹏飞牺牲后，《六盘水日报》发表社论《崇仰英雄》，号召全市人民向其学习；《贵州日报》《安徽日报》《工人日报》《人民铁道》《人民日报》等相继报道王鹏飞的事迹；省政府于 2000 年 12 月批准王鹏飞为革命烈士。

严碧美

（1974—1996）

严碧美，女，汉族，鸡场镇人，中专文化，共青团员，生于 1974 年 11 月 26 日。

严碧美之父原是发耳区供销社鸡场分销店职员，其母亲曾在鸡场街上开一家杂货店，家境还算殷实，儿时的严碧美过着衣食无忧的生活。1986 年，其父亲退休，家庭收入有所减少。1988 年，其母亲因故暴亡，严碧美因悲伤而从水城二中初三年级退学，几个月终日以泪洗面；在父兄的鼓励和支持下，严碧美重新振作，再度踏进校园。1992 年，严碧美考入都匀供销学校，在校就读的 4 年中，其热心公益事业，乐于助人，连续几年被评为优秀共青团员。1994 年，严碧美在学校举办的手抄小报比赛中获优秀奖。1994 年和 1995 年，严碧美 2 次在中国珠算协会举办的珠算竞赛中获优胜奖。1996 年 7 月，严碧美中专毕业。1996 年 10 月，严碧美被水城县地方税务局录用，准备于当月 28 日到单位报到。

1996 年 10 月 27 日下午，严碧美正在家中收拾行李，听到外面有求救声；其出家门后见隔壁周姓杂货店起火，店内存放有桶装汽油、柴油、煤油、油漆等物品；严碧美没有多想，同多名强壮男子来回十多次将屋内的物品（包括易燃物品）搬出；当最后搬出大衣柜时突然听到后屋传来孩子的啼哭声，但屋内的火势已很猛烈，其他人均在犹豫，严碧美却毫不迟疑地冲进后屋，几秒钟后房倒梁塌，火光冲天，周家孩子的啼哭声没有了，严碧美再也没有走出来。

事后记者翻阅严碧美的日记，见其在日记中写道："如果你能为了他人的利益站起来呼吁，如果你有勇气面对危险，如果你能尽最大的努力履行你对祖国的义务，如果你总是帮助别人，你就站在了成功之路的起点上。"严碧美用实际行动站在了其认定的成功之路起点上，用其22岁的年轻生命谱写了一曲舍己救人的壮歌。记者采访了火灾现场的20多位目击者，人人都为其毅然再次冲向火海的英雄行为而叹服，为其献出年轻的生命而惋惜。1996年11月29日，中共水城县委决定在全县开展向严碧美学习活动。

附：补　遗

欧阳崇庭

(1911—1941)

欧阳崇庭，又名欧阳崇信、欧阳崇迪、欧阳崇盾，男，江西省兴国县鼎龙乡杨村人，1911年生于农民家庭；1929年初加入共青团，任兴国县二区三乡少共书记、劳动部长；1932年，任兴国县苏维埃政府国民经济部部长；1934年出席在瑞金召开的中华苏维埃第二次全国人民代表大后，调任粤赣苏维埃国民经济部部长兼外贸局局长；1934年5月，任中央国民经济部合作总社社长；其随红一方面军长征，1935年1月在遵义奉命留黔工作；1935年2月加入中国共产党。

1936年初，欧阳崇庭在乌江以南找到红二、六军团，随军进占毕节县城。1936年2月14日，席大明、周质夫领导的2支"绿林武装"与川南游击纵队阮俊臣部改编为贵州抗日救国军一、二、三支队；三支队队长阮俊臣，党代表（政委）欧阳崇庭。1936年3月，三支队在八寨坪出击国民党中央军99师1个团，歼敌80余名，缴枪50余支。1936年4月，三支队在孙家渡截击国民党毕节专署运输队，缴获大量军需物资。1936年5月，三支队策动毕节防军柳际明旅二团三营300多名官兵起义，到毕节杨家湾编为支队第五营。1936年6月8日，三支队与川滇黔边区游击纵队在云南省威信院子场会师，合编为中国工农红军川滇黔边区先遣队，下设3个支队。欧阳崇庭任第一支队政委。

1936年7月，一支队进攻大兔场（今纳雍县城关），民国区长郑建修兵败东撤，一支队乘胜追击，一举攻占王家寨（纳雍县六区属地）；将部分战利品分给百姓。1936年8月初，一支队联合熊朴及宋显珍的"绿林武装"攻打织金县城不克。1936年8月上旬，敌人调集重兵"围剿"；由于众寡悬殊，在威信野猫坳突围时，一支队被打散，部分人随欧阳崇庭到纳雍县境；那支小队伍最终也被瓦解，仅剩欧阳崇庭一人一枪，与中共党组织也失去联系。1937年春，欧阳崇庭接受宋显珍邀请，出任其参谋长，主要负责练兵；其向宋显珍部及附近的"绿林军"武装宣传中国共产党的政治主张，助宋整顿军纪。1937年末，欧阳崇庭离开宋显珍部，到水城县南开以角与农家女刘淑先（婚后更名刘玉兰）结为夫妻。

1938 年 1 月，织金县县长曹毅以老乡关系委欧阳崇庭任织金县第八区区长；欧阳崇庭以该身份作掩护，四处探寻支队失散人员。1939 年 9 月，贵州第三行政区督察专员刘时范到郎岱县巡视，查悉欧阳崇庭身份，上报贵州省政府。不久，欧阳崇庭遭围捕；其潜往水城县加入以王炳安为首的农民抗暴组织“齐心会”。1940 年 8 月，欧阳崇庭回以角探亲时被告密；水城县县长阮略指使保警队长田玉林，带领 20 多名保警兵到以角抓捕，欧阳崇庭不幸被捕，在狱中多次遭受严刑拷问，始终坚贞不屈。1941 年 1 月 26 日，阮略以解送欧阳崇庭去毕节为幌子，在水城青㭎林三块田大转弯处将其秘密处死，遗体被刘玉兰就地收葬。1986 年春，欧阳崇庭遗体迁葬毕节地区烈士陵园。

朱云先　王红军

（？—1939）

中国工农红军一方面军九军团长征过水城时，有 2 名男性红军战士留在顺场邓焕章家治病；一人叫朱云先，另一人不透露名字，只知其姓王，人们称其“王红军”。经邓焕章家求医找药和精心护理，3 个月后 2 人病体康复，但红军队伍已远离。二人决定先找个立足点，便给龙场区区长黄流全当区丁。

半年后，黄流全被土豪禄银坤等状告撤职，二人随黄到龙场碗厂，黄将其安排在焦少兰家（焦少兰的哥哥焦长命 9 个月前随红军参军）。二人和焦家越来越亲密，便拿出有镰刀锤子图案的小红旗，提出开展革命活动的想法，焦少兰同意协助开展革命活动。

通过 2 个多月的暗地串联，1936 年 12 月的一天夜晚，在大地头张家包包秘密召开 13 人参加的会议，建立碗厂“齐心会”，推选朱云先为“齐心会”队长，焦少兰为副队长；议定发展组织，建立武装，打富济贫，打倒土豪劣绅，反对乡、保长抓兵派款和敲诈百姓等事项。

1937 年 2 月的一天晚上，朱云先、焦少兰率领 30 余名会员，攻打发提哥波寨土目关子朝家，将其仓库打开，分粮济贫；又将其牛宰杀，分给群众；战斗中会员李兰先牺牲。1937 年春，又率众袭击区长陆子高家，缴获步枪 10 支及一批物资；活捉陆子高，陆保证不再欺压百姓后将其释放。1938 年，朱云先又率领“齐心会”会员袭击恶霸禄银坤家，将禄赶跑到盘县鸡场坪。朱云先、王红军所领导的碗厂革命斗争，动摇了土豪权势和民国区、乡政权，敌人视之为“大患”，便联合进攻这支革命力量。

禄银坤之子禄阳忠纠集 300 多人，于 1939 年夏对碗厂“齐心会”发动突然袭击。面对来势凶猛的众多敌人，朱云先、王红军、焦少兰等率会员奋起迎敌，碗厂群众群起参战。枪支不足，就举起梭镖、菜刀、锄头和棍棒痛击敌人；击毙击伤敌人 6 人，缴获 8 支枪和许多物资，禄阳忠被迫坠马逃命，坐骑被缴获；朱云先、王红军冲锋在前，英勇杀敌，在战斗中不幸牺牲，遗体安葬在龙场乡碗厂村。

浦恩绍

（1925—1972）

浦恩绍，原名浦恩三，男，云南省宣威市人，中共党员，1925 年生于榕城镇浦家山村贫苦农民家庭。1945 年，浦恩绍的二哥被民国地方组织抓兵，其主动替换二哥。1948 年秋，浦恩绍所在的滇军在辽沈战役中被歼灭，其编入中国人民解放军第 4 野战军 15 兵团 43 军 127 师 381 团 2 营 6 连。浦恩绍先后参加辽西会战、平津战役、渡江战役、广东战役、广西战役，多次立功。1950 年初，浦恩绍所在部队接受解放海南岛的任务，其被选为水手后勤学苦练，很快学会全套驾船技术；战前，浦恩绍把所有积蓄作为永久党费交给党组织。

1950 年 3 月 31 日夜，解放军以轻便木船担任掩护主力船队的任务，浦恩绍驾驶的 5 号船上有 3 名渔民船工和步兵班，配备 1 门 60 炮和 1 挺机枪，船长是副指导员何少甫。入夜 11 点，5 号船向敌舰开去，敌舰的炮弹在小船周围掀起巨浪；离敌舰约 100 米时，60 炮、机枪、步枪一齐开火，迫使敌舰不得不将全部火力用来对付该小木船。1 发炮弹炸断小船的篷杆，船篷下落把船压倾斜，浦恩绍立即从船尾跳来整理篷索；又 1 发炮弹炸断船桅，大半截桅杆砸下把船头压入水中，接着小船又被炸 1 个大洞，海水像喷泉似涌上来；浦恩绍抓 1 个背包去堵洞口，因洞口太大背包漏入海中。浦恩绍一面鼓励大家沉着应战，一面收集 4 个背包、3 个干粮袋，迅速堵住洞口，其上衣被子弹和弹片穿了几个窟窿。不一会，背包又被海水鼓了起来，在万般无奈的情况下，浦恩绍只好含泪用战友的尸体压住背包，不顾敌人的迫近射击，抡起大砍刀，砍断乱成一堆的篷索，把船篷和断桅杆推入大海，小船这才恢复平衡。离敌舰约 60 米时，浦恩绍先用冲锋枪向敌人扫射 1 梭子，又抬起机枪向敌舰猛烈扫射；小船又连中 3 炮，60 炮炮腿被炸断，浦恩绍双手抓住已断的炮腿，双膝用力稳定炮座，叫炮手继续发射，敌舰连中 3 炮，敌人被打得哇哇乱叫；小船再中 2 炮，舵板被炸碎，浦恩绍仍用没把的秃橹艰难划行，又与敌舰周旋 2 个多小时。由于担任掩护任务的小木船与敌舰纠缠约 5 个小时，主力船队顺利通过海峡，在对岸登陆成功。4 月 1 日黄昏，5 号船才被渔民救上岸。为表彰“木船战军舰”的功绩，5 号船被部队命名为“英雄船”，浦恩绍被授予“海上英雄”称号。

浦恩绍在全国解放战争中立功 6 次，荣获奖章、纪念章 18 枚。1950 年 9 月，浦恩绍被中央军委授予全国战斗英雄称号，出席全国群英会，受到毛泽东主席等中央领导接见。浦恩绍的英雄事迹载入《中国大百科全书军事卷》。

1956 年，浦恩绍转业到水城县工作，先后任县公安局侦查股副股长、城关派出所副所长、县商业局采购经理部经理等职；其从不以英雄自居，工作始终兢兢业业。1972 年，浦恩绍因积劳成疾病逝，遗体后来迁葬于仙水坡烈士陵园。

（二）传略

王福才
（1885—1960）

王福才，男，1885 年农历 3 月 6 日生于湖南省永顺县下泽坪，后来参加红军。1935 年 4 月红九军团长征到达阿戛时，其因伤重被安排在阿戛乡台沙村小寨组（当时属水城县十区）余永和家治疗休养，之后长期在余家居住，1960 年农历 11 月病逝，葬于小寨组包包圆子脚。

张立新
（1924—2000）

张立新，男，汉族，山东省金乡县人，生于 1924 年 9 月，1943 年 4 月参加工作，1945 年 3 月加入中国共产党。1947 年至 1948 年，任山东省金乡县周楼区组织干事、组织委员；1949 年至 1950 年，随解放军西进支队辗转进入贵州；1950 年至 1964 年，任威宁县八区党委书记、副县长、县委常委、县委书记处书记等职；1965 年至 1981 年 1 月，任水城特区（水城矿区）财办副主任、财办主任、特区革委副主任、特区党委常委等职；1981 年 1 月至 1984 年 10 月，任水城特区党委副书记、水城特区人大常委会主任；1992 年 12 月离休，享受副地级待遇。2000 年 7 月 2 日张立新病故，其响应党的号召，离乡背井到贵州工作，为党和人民的事业奋斗了一生。

文瑞珍
（1927—1981）

文瑞珍，男，彝族，南开乡人，生于 1927 年 10 月。1952 年 4 月参加工作，1954 年 1 月任南开区银行办事处主任，1956 年 5 月任中国人民银行水城县支行副行长，1956 年 6 月加入中国共产党，1958 年 5 月任中共德坞区委副书记，1961 年 2 月任中国人民银行水城县支行副行长，1965 年 12 月后任县财政局副局长、县湘黔铁路工程指挥部副指挥长，1972 年 6 月至 1976 年 5 月任中共城关镇委副书记、中共城关区委副书记，1976 年 5 月任中共玉舍区委书记，1980 年任特区民委主任，1981 年 1 月当选特区政协副主席，是月因脑溢血去世。文瑞珍一生清正廉洁、无私奉献。

王庆珉

(1933—1998)

王庆珉，男，汉族，水城县人，生于1933年3月，1951年7月参加工作，1951年12月加入中国共产党。1951年7月至1952年11月，任纳雍县三区、威宁县九区土改工作组组长；1952年11—12月，在毕节干校学习；1952年12月至1959年12月，任杨梅区代理文书、青年干事、组织干事、副区长、区委副书记；1959年12月至1962年7月，任水城县农业局工作人员；1962年7月至1963年3月，任水城县凤凰公社党委书记；1963年3月至1976年6月，任水城县（特区）团委副书记；1976年6月至1980年10月，任比德区党委书记兼区革委主任；1980年10月至1986年3月，任水城特区农委主任、特区副区长等职。1986年3月至1990年3月，任水城县（特区）人大常委会副主任。1990年3月至1993年3月，任水城县人大常委会主任；1993年3月退休。1998年11月2日王庆珉病故，其为水城的建设和发展奋斗了40多年。

潘学文

(1937—2000)

潘学文，男，苗族，生于1937年6月，蟠龙乡营发村营支组人。1957年9月至1959年9月在米箩区阿戛乡任教；1959年10月入伍，历任战士、卫生员、营职干部等职；1981年12月转业后，历任特区民委主任、县人大民族工作委员会主任、县人大常委会副主任等职；2000年9月退休。2003年12月18日潘学文病故，其为水城的民族事业作出一定贡献。

张九忠

(1937—2009)

张九忠，男，汉族，高中文化，水城县人，生于1937年9月，1956年7月参加工作，1958年10月加入中国共产党。1956年7月至1965年6月，在水城县任供销社会计、信用社会计、管理区秘书、管理区副书记、团区委副书记；1965年6月至1978年11月，任水城县（特区）组织部工作人员、龙场区区委书记兼区革委主任、蟠龙区区委书记；1978年11月至1985年9月，任水城特区纪委科长、副书记；1985年9月至1990年3月，任水城县（特区）党委常委、纪委书记；1990年3月至1990年10月，任水城县委常委、县纪委书记、县人大常委会副主任；1990年10月至1993年3月，任水城县人大常委会副主任；1993年3月至1996年3月，任水城县人大常委会主任；1997年9月退休；2009年5月12日病故。张九忠清正廉洁，勤劳敬业，朴素爱民，为水城建设和发展奉献了毕生精力。

常开学
（1955—1984）

常开学，又名小王顺，男，汉族，中共党员，初中文化，生于1955年3月20日，原水城特区大河区煤厂乡鱼塘村人。1973年入伍，中国人民解放军35201部队67分队副连长，1979年在对越自卫还击作战中立二等功。1984年6月14日对越自卫还击作战牺牲于云南省老山，部队为其追记二等功。

肖德学
（1958—1981）

肖德学，男，彝族，高小文化，中共党员，生于1958年6月14日，原米箩区箐口乡庆丰村人。1976年3月入伍，中国人民解放军云南省文山军分区侦察排长，曾立二等功。1981年3月24日对越自卫还击作战牺牲，遗体安葬于云南省富宁县烈士陵园。

附：补　遗

禄万钟
（生卒不详）

禄万钟，男，为归集（今发耳镇、都格镇、鸡场镇范围）彝族土司禄氏大姓末代首领（归集彝族土司禄氏大姓首领的领地原为归集地区，世居归集马龙屯——今都格镇马龙村；明朝进军西南时，归集彝族土司禄氏大姓首领资助大量钱粮，明朝赏其扩大封地，让其站在水城与盘县交界的八担山上远望，能望到那里，其封地就扩大到那里，使其封地扩大到今发耳镇、都格镇、鸡场镇、杨梅乡、新街乡、野钟乡、果布戛乡、营盘乡、龙场乡、顺场乡、花戛乡和盘县的一些地方，其子孙世袭。清朝初，禄万钟无继承人，水西宣慰使（与贵州巡抚平级）安坤为了继承其财产，认其为义父，还组织修通从垭口上马龙屯的骑马路，每年都到禄万钟家吃“杀猪饭”，留下许多传说，禄万钟的势力可见一斑；安坤被吴三桂剿灭后，禄万钟的财产由云南彝族姬姓土司继承。后来因归集民众到云南交租十分不便，就聚众请姬姓移居归集，刚好姬姓早有该打算，双方一拍即合；于是姬姓就被“请”到杨梅姬官营定居。姬姓一直不忘禄万钟的恩惠，在马龙屯上建禄氏祠堂（新中国建立后被拆除），长期安排人供奉；每年春节，姬姓要听到禄氏祠堂供饭的炮（民间制作的地炮）响之后才吃年饭。

胡天格
（生卒不详）

胡天格，男，清朝水城马腾街（今钟山区属地）人，祖籍遵义；由战兵从征缅甸有功，升任安笼镇千总；从征金川有功，累升湖南提督、四川提督，诰授建威将军。

杨 秀
（生卒不详）

杨秀，男，清朝水城人；乾隆三十二年（1767 年）由战兵从征缅甸有功，升任威宁镇把总；乾隆三十五年（1770 年）从征金川有功，升任千总、黔西右营守备（赏带蓝翎、加都司衔）；乾隆四十一年（1776 年）升寿春游击；乾隆五十一年（1786 年）升保定参将；乾隆五十三年（1788 年）升衡州副将；乾隆五十六年（1791 年）升延绥总兵；嘉庆元年（1796 年）率陕西兵剿湖北白莲教，加提督衔；嘉庆二年（1797 年）因战事失利降为参将；嘉庆四年（1799 年）由云南参将任上求准休官。

国 兴
（生卒不详）

国兴，男，清朝水城南薰街（今钟山区属地）人；由营把总从征缅甸、金川等处，以战功升任川北镇总兵，赏戴花翎；阵亡后荫袭骑都尉。

范定邦
（1808—1866）

范定邦，男，又名范和邦，字位三，号燮堂，水城厅（今勺米镇）人。其祖父范兴国为水城厅武生；其父范如萱为水城厅武庠生；其伯父范如榛为清朝嘉庆庚午科（1810 年）武举人。其自幼受家庭熏陶，习文练武寒暑不辍，17 岁即精通家传刀枪剑棍与散打；道光乙酉年（1825 年）取为武庠生，已丑年（1829 年）到省城应武科乡试取武举人；辛卯年（1831 年）任新添营把总，后任清江营千总、松桃营守备；咸丰三年（1853 年）任直隶正定镇龙固营都司，咸丰五年（1855 年）任安义镇中军游击，咸丰七年（1857 年）任水城营游击，咸丰十一年（1861 年）任荔波营游击；曾参加镇压贵州少数民族杨隆喜起义和威宁回、苗民起义等战事。同治五年（1866 年），因饥荒苗民叛乱，其率第三子范凤山（营千总）守贵州荔波城，因断粮城破，农历 3 月丁亥日突围时父子均战死；范定邦荫袭云骑尉，其父范如萱和伯父范如榛均诰封武功将军；范凤山荫袭恩骑尉。

杨发贵
（生卒不详）

杨发贵，男，清朝水城归集（今鸡场镇）人，祖籍云南；征云南回民叛乱立功加总兵衔；同治九年（1870年）任兴义镇总兵，同治十二年（1873年）任铜仁协总兵，后任镇筸镇总兵；诰授振威将军。其从军前居住地（鸡场镇妥倮屯上）留有许多传奇故事。

二、人物简介

（一）1978—2008年县（特区）烈士简介

李灿学，男，穿青人，初中文化，生于1956年6月，原蟠龙区猴场乡红星村人。1976年3月入伍，中国人民解放军云南省文山军分区侦察连副班长。1979年2月2日对越自卫还击作战牺牲，遗体安葬于云南省富宁县烈士陵园，部队为其追记三等功，追认其为中共党员。

刘朝军，男，汉族，小学文化，生于1960年5月，原滥坝区董地乡董地村人。1979年1月入伍，中国人民解放军35216部队71分队战士。1979年2月17日对越自卫还击作战牺牲，遗体安葬于云南省河口县小南溪烈士陵园。

宋成镇，男，生于1958年，原水城矿务局大河矿人。1979年1月由水城特区入伍，中国人民解放军35216部队61分队副班长，共青团员。1979年2月21日对越自卫还击作战牺牲，遗体安葬于云南省河口县小南溪烈士陵园，部队为其追记三等功。

刘显武，男，生于1960年，原籍纳雍，迁居水城。1979年1月由水城特区入伍，中国人民解放军35216部队61分队战士。1979年2月21日对越自卫还击作战牺牲，遗体安葬于云南省河口县小南溪烈士陵园，部队为其追记二等功，追认其为中共党员。

李玉昌，男，穿青人，初中文化，生于1958年4月，原南开区田坝乡一村人。1979年1月入伍，中国人民解放军35216部队61分队战士。1979年2月22日对越自卫还击作战牺牲，遗体安葬于云南省河口县小南溪烈士陵园，部队为其追记三等功，追认其为共青团员。

许永生，男，生于1960年7月11日，原籍广东汕头，迁居水城。1979年1月由水城特区入伍，中国人民解放军35216部队61分队战士。1979年2月22日对越自卫还击作战牺牲，遗体安葬于云南省河口县小南溪烈士陵园，部队为其追记三等功。

郑宏林，男，生于1959年8月，原水城特区城关镇人。1979年1月入伍，中国人民解放军35216部队40分队战士。1979年2月23日对越自卫还击作战牺牲，遗体安葬于云南省河口县小南溪烈士陵园，部队为其追记二等功，追认其为共青团员。

杨文高，男，苗族，初中文化，生于1960年3月，原南开区干河乡营河村人。1979年1月入伍，中国人民解放军35216部队67分队战士，共青团员。1979年2月23日对越自卫还击作战牺牲，遗体安葬于云南省河口县小南溪烈士陵园。

黄方贤，男，苗族，高中文化，生于1958年1月17日，原龙场区龙场乡龙场村人。1979年1月入伍，中国人民解放军35216部队71分队战士，共青团员。1979年2月28日对越自卫还击作战牺牲，遗体安葬于云南省河口县小南溪烈士陵园，部队为其追记三等功。

张瑞明，又名小营华，男，汉族，初中文化，生于1957年8月，原南开区坞铅乡发仲村人。1979年1月入伍，中国人民解放军35216部队61分队战士，共青团员。1979年3月4日对越自卫还击作战牺牲，遗体安葬于云南省屏边县烈士陵园，部队为其追记三等功。

黄方兴，又名黄乖乖，男，初中文化，生于1957年10月27日，原龙场区顺场乡营盘村人。1976年3月入伍，中国人民解放军35546部队5连副班长。1979年3月4日对越自卫还击作战牺牲，遗体安葬于云南省富宁县烈士陵园，部队为其追记三等功，追认其为中共党员。

翟培云，男，生于1958年3月，原水城特区大河区以德乡大地村人。1976年3月入伍，中国人民解放军35547部队52分队战士。1979年3月11日对越自卫还击作战牺牲，遗体安葬于云南省麻栗坡县烈士陵园，部队为其追记三等功，追认其为中共党员。

廖文贤，男，汉族，小学文化，生于1956年1月，原大河区发箐乡发戛村人。1976年3月入伍，中国人民解放军35546部队4连战士。1979年3月11日对越自卫还击作战牺牲，遗体安葬于云南省富宁县烈士陵园，部队为其追记三等功，追认其为中共党员。

张启荣，男，彝族，初小文化，生于1960年2月，原米箩区铜厂乡新河村人。1979年1月入伍，中国人民解放军35216部队71分队战士，共青团员。1979年4月23日对越自卫还击作战牺牲，遗体安葬于云南省河口县小南溪烈士陵园，部队为其追记二等功。

岳连华，男，汉族，初中文化，生于1958年10月，原南开区连山乡新民村人。1978年4月入伍，中国人民解放军00100部队38分队战士。1979年4月28日牺牲于北京市延庆县。

范成德，男，汉族，初中文化，生于1958年8月，原水城特区城关镇人。1978年4月入伍，中国人民解放军00100部队38分队战士，共青团员。1979年5月9日牺牲于北京市延庆县。

周真喜，又名周保安，男，生于1957年4月，原水城特区大河区以德乡周家寨人。1976年9月入伍，中国人民解放军603部队1中队战士。1980年10月14日牺牲于河北唐山。

肖德学（详见传略）。

龙开庭，男，汉族，初中文化，生于1961年8月2日，原米箩区阿戛乡阿戛村人。1979年1月入伍，中国人民解放军35216部队59分队战士，共青团员。1981年5月7日对越自卫还击作战牺牲，遗体安葬于云南省麻栗坡县烈士陵园，部队为其追记二等功。

谢庆权，男，生于1959年11月，原比德区比德乡人。1979年1月入伍，中国人民解放军35216部队59分队战士，共青团员。1981年5月7日对越自卫还击作战牺牲，遗体安葬于云南省麻栗坡县烈士陵园，部队为其追记二等功。

李庭俊，男，汉族，初中文化，生于1958年4月17日，原米箩区箐口乡龙华村人。1979年1月入伍，中国人民解放军35216部队73分队战士。1981年5月24日对越自卫还击作战牺牲，遗体安葬于云南省麻栗坡县烈士陵园，部队为其追记三等功，追认其为共青团员。

罗富平，男，生于1960年5月，原水城特区城关镇人。1980年1月入伍，中国人民解放军云南省军区独立师战士。1981年7月4日对越自卫还击作战牺牲，遗体安葬于云南省麻栗坡县烈士陵园，部队为其追记三等功，追认其为中共党员。

张学碧，男，彝族，初中文化，生于1964年2月，原玉舍区笔架乡海坝村人。1981年11月入伍，贵州省安顺市镇宁县消防队战士。1982年5月10日牺牲于镇宁县。

刘国福，又名龙玉福，男，汉族，初中文化，生于1962年12月，原玉舍区玉舍乡中寨人。1981年11月入伍，中国人民解放军89339部队13小队战士，共青团员。1984年5月25日牺牲于天津。

常开学（详见传略）。

赵勇，男，汉族，初中文化，生于1966年8月，原水城特区城关镇人。1983年1月入伍，中国人民解放军35110部队73分队战士，共青团员。1984年11月22日对越自卫还击作战牺牲，遗体安葬于云南省麻栗坡县烈士陵园，部队为其追记二等功。

吴大平（前志已列传），男，中共党员，生于1955年2月，原滥坝区白腻乡水营村人。1976年参加工作，先后担任双水公社武装部部长、双水公社党委副书记、中共陡箐乡委书记。1987年3月28日在计生工作中被歹徒杀害。

杨卫国，男，生于1968年7月，原水城特区城关镇人。1986年12月入伍，中国人民解放军西藏军区炮兵308团汽车连战士，共青团员。1989年6月1日牺牲于西藏米拉山。

钱思，男，汉族，初小文化，生于1968年7月7日，原龙场区龙场乡挖银村人。1989年3月入伍，中国人民解放军35108部队56分队战士。1990年1月7日牺牲于云南省宣威县。

王鹏飞（详见传记）。

（二）1978—2008年县（特区）功臣简介

张传佑，男，原水城特区凤凰乡人，在云南省扣林山对越作战中运送弹药、伤员及烈士成绩突出，立一等功1次。

谢盛良，男，苗族，大专学历，发耳镇大寨村人，生于1972年9月，1995年8月参加工作，1997年8月入党。2000年3月至2004年3月，任水城县公安局都格派出所所长。2001年1月，其获公安部记一等功1次。2001年5月9日，其与干警陈正文一起和2名蒙面持火药枪车匪搏斗，手臂、脖颈、眼眶多处受伤，仍顽强战斗，生擒匪徒1名。2003年6月10日，其获省政府记一等功1次。

王家奎，男，汉族，本科学历，金沙县人，生于1962年9月，1979年11月参加工作，1982年6月入党。2008年4月，其为县卫生局局长，因抗击凝冻灾害表现突出获省政府记一等功。

陈泰斌，男，汉族，赫章县人，生于1958年9月，1978年3月入伍，1982年12月入党。在部队历任战士、司务长、排长、副连长、连长，参谋、副科长、科长，参加过对越自卫还击作战。转业后任县民政局局长、县政协副主席。在部队和地方共立二等功1次，三等功5次。

王大均，男，汉族，生于1932年1月，初中文化，特区公安局干警，1983年立二等功。

顾家义，男，汉族，生于1949年6月，小学文化，县公安派出所所长，1988年立二等功。

刘时光，男，彝族，盘县羊场乡人，生于1969年，1987年10月入伍，1992年6月入党。在部队历任战士、学员、排长、扫雷副队长、助理员、参谋、副科长、科长、县人武部副部长，2006年8月转业。1992年12月至1994年12月，在中越边境云南段（富宁、马关、河口、麻栗坡、金屏一线）大面积扫雷中立二等功1次。

杨勇，男，陡箐乡陡箐道班人，1994年12月入伍，武警贵阳支队班长。1997年7月1日回家探亲途经陡箐乡爰家坪村时，遇车匪路霸抢劫过往车辆，其一边向公安部门报案，一边同犯罪分子顽强搏斗，在公安人员配合下，将犯罪分子抓获归案，事后部队为其记二等功1次。

龙祥，男，化乐乡沙林村一组人，1995年12月入伍，中国人民解放军77160部队代理排长。1997年6月，在完成国防战备光缆施工任务中成绩突出立二等功1次。

李佳席，男，彝族，大专学历，都格镇马龙村人，生于1972年3月，1993年9月参加工作，1996年8月入党，历任成都铁路局六盘水工务段工人、班长、工长、车间副主任、车间主任等职。1999年8月28日，且午段铁路因暴雨塌方约1800米，沪昆铁路中断，李佳席（时任工长）组织180多名职工和1000多村民抢修，上级要求3天修通，结果36个小时就修通该路段，被成都铁路局记二等功1次。

龙石虎，男，仡佬族，高中学历，鸡场镇人，生于1963年11月，县法院法官，2001年8月因工作成绩突出被省高级人民法院批准立二等功。

李昌富，男，苗族，本科学历，都格镇马龙村人，生于1969年11月，1989年9月参加工作，1998年5月入党。历任市商业学校教师、县检察院书记员、助理检察员、检察员、反贪局侦查队长和侦查科长、反贪局副局长、木果乡党委书记、比德乡党委书记。2003年4月因工作成绩突出被市政府批准立二等功。

代军，男，阿戛乡刘家寨村刘家寨组人，2001年12月入伍，中国人民解放军步兵第149师侦察营二连一级士官。2003年9月，参加集团军侦察兵比武成绩突出立二等功1次。2004年9月，参加成都军区侦察兵比武成绩突出立二等功1次。

韩贵安，男，汉族，本科学历，山东省肥城市人，生于1957年7月，1974年8月参加工作，1978年4月入党。2005年6月17日，其为县检察院检察长，因工作成绩突出立二等功。

杨超，男，蟠龙乡店子村人，2006年12月入伍，武警黔西南消防支队战士。2008年在抗击凝冻灾害中成绩突出立二等功1次。

邓长贤，男，龙场乡人，2001年12月入伍，武警黔南消防支队战士。2008年在抗击凝冻灾害中成绩突出立二等功1次。

郑陆军，男，水城县人，1997年12月入伍，武警黔东南消防支队战士。2008年参加四川汶川抗震救灾成绩突出立二等功1次。

王明林，男，汉族，水城县人，生于1986年1月，2002年12月入伍，在武警成都市支队服役，2004年10入党。2008年11月18日因表现突出在部队立二等功1次。

三、名　录

（一）1978—2008 年县（特区）获省部级表彰人员名录

1978—2008 年水城县（特区）获省部级表彰人员名录表

人物表－1

姓名	性别	民族	出生年月	学历	单位与职务	表彰类别	表彰年月	颁奖单位
陈怀美	女	汉	1955.7	大专	公社妇联主任	“三八红旗手”	1979.9	全国妇联
唐建华	男	汉	1939.2	本科	特区教育局教师	优秀工作者	1980.9	省政府
黄定恩	男	汉	1941.2	高中	木果小学教师	优秀工作者	1980.9	省政府
刘跃书	女	汉	1941.10	大专	特区防疫站医师	长期科技工作	1983.7	国家民委
					县防疫站副站长	卫生防疫 30 年	1995.4	卫生部
马富忠	男	汉	1937.4	大专	特区防疫站科长	长期科技工作	1983.7	国家民委
					县防疫站科长	卫生防疫 30 年	1995.4	卫生部
伍云卿	男	汉	1934.9	中师	特区二中教师	全国优秀班主任	1983.9	教育部
冯荣彬	女	汉	1941.10	本科	特区二中教师	优秀工作者	1983.12	省政府
谌洪尤	男	汉	1940.10	大专	特区职中教师	优秀教师	1984.9	省政府
王大均	男	汉	1932.1	初中	特区公安干警	先进个人	1987	公安部
杜广林	男	汉	1962.10	中师	钟山小学教师	体育优秀工作者	1987.9	教育部
骆开书	男	汉	1942.4	大专	特区防疫站医师	卫生防疫 30 年	1987.10	卫生部
					县防疫站站长	防疫先进个人	1993.9	
顾家义	男	汉	1949.6	小学	公安派出所所长	“严打”先进个人	1988	公安部
邓朝忠	男	汉	1939.12	中专	县皮防站站长	“马海德基金”奖	1989	卫生部
夏吉仁	男	汉	1946.11	高中	杨梅乡计生科员	优秀调查指导员	1989.3	国家计生委
牛建平	女	汉	1955.8	中专	县计生局科员	先进工作者	1989.3	国家计生委
罗明生	男	汉	1958.4	中专	县计生局科员	优秀调查指导员	1989.3	国家计生委
					县计生协副会长	先进工作者	2007.12	中国计生协
余克英	女	蒙古	1957.12	中专	滥坝镇计生科员	优秀调查指导员	1989.3	国家计生委
				大专		先进工作者	2000.6	省政府

续人物表－1

姓名	性别	民族	出生年月	学历	单位与职务	表彰类别	表彰年月	颁奖单位
李宗万	男	汉	1938. 11	中师	县职中教师	优秀教师	1989. 9	国家教委
周福卿	男	汉	1937. 9	速师	县四小教师	优秀教师	1989. 9	国家教委
李力红	男	汉	1955. 4	高中	钟山小学教师	优秀教师	1989. 9	国家教委
黄平安	男	苗	1949. 11	高中	龙场小学教师	优秀教师	1989. 9	国家教委
肖洪全	男	汉	1950. 7	大专	滥坝镇教辅教师	优秀教育工作者	1989. 9	国家教委
陈月枢	男	汉	1945. 11	本科	县委书记	计生先进工作者	1991. 3	省政府
李九流	男	—	—	—	县计生委主任	计生先进工作者	1991. 3	省政府
朱二合	男	—	—	—	发耳区计生科员	计生先进工作者	1991. 3	省政府
朱勋海	男	汉	1965. 8	中专	玉舍乡计生科员	计生先进工作者	1991. 3	省政府
杨昌华	男	汉	1964. 3	大专	木果乡团支书	青年星火带头人	1991. 3	团中央
					玉舍林场场长	扶贫先进个人	1998. 9	省政府
孙　亭	男	汉	1955. 7	初中	县法院副院长	先进工作者	1991. 4	省委
黄明琪	男	汉	1957. 8	本科	县二中教师	优秀教师	1991. 9	国家教委
余德邦	男	彝	1938. 2	初中	县法院法官	司法建设贡献奖	1992. 2	最高法院
吴兴才	男	汉	1947. 5	中专	县林业局副局长	科技兴农人才奖	1992. 2	省政府
邓仁群	男	汉	1941. 1	本科	县二中教师	优秀教师	1993. 9	国家教委
王祖达	男	汉	1972. 2	本科	县农业局技术员	物价信息一等奖	1995. 3	农业部
曾居荣	女	汉	1960. 6	初中	双戛乡计生科员	计生工作 15 年	1994. 7	国家计生委
杜绍卫	男	彝	1946. 6	初中	县农机局局长	农机先进工作者	1995. 3	农业部
牟　飞	男	汉	1966. 10	大专	县水利局工程师	水保先进个人	1995. 11	水利部
周化海	男	汉	1966. 10	研究生	县二中教师	教育先进工作者	1997. 8	国家教委
侯贵玉	男	汉	1946. 4	中专	县政协主席	省社科四等奖	1997. 3	省政府
邓昌锋	男	汉	1965. 5	初中	阿戛乡水利工人	水利模范工人	1997. 6	水利部
陈　虎	男	汉	1951. 1	中专	县水利局局长	水利先进工作者	1997. 10 2000. 10	省政府
刘孟功	男	汉	1969. 1	本科	县水利局工程师	水利先进工作者	1997. 10	省政府
何瑞彬	男	汉	1967. 3	本科	县农办股长	坡改梯先进个人	1998. 2	省政府
车林筑	男	汉	1964. 11	本科	水利监察大队长	优秀驻村队员	1998. 3	省委
彭楚忠	男	汉	1957. 5	本科	县二中教师	优秀教师	1998. 9	教育部
王道军	男	汉	1964. 12	大专	陡箐乡教辅教师	中华扫盲奖	1998. 9	教育部
李刚毅	男	汉	1963. 11	中专	县水利局工程师	水利先进工作者	1998. 11	省政府
张传文	男	汉	1947. 2	本科	县水保办主任	科技进步三等奖	1998. 12	省政府
宋治祥	男	汉	1964. 12	大专	县农推站站长	农牧渔业三等奖	1999. 11	农业部
王庆明	男	穿青人	1954. 8	大专	滥坝镇镇长	人民满意公务员	1999. 1	省政府

续人物表－1

姓名	性别	民族	出生年月	学历	单位与职务	表彰类别	表彰年月	颁奖单位
李　勇	男	水	1968.7	本科	团县委书记	优秀团干部	2000.5	团中央
				研究生	蟠龙乡书记	先进个人	2006.10	省政府
马明安	男	回	1961.4	本科	县林业局局长	造林先进工作者	2000.6	国家林业局
						林业项目二等奖	2003.9	
李吉康	男	彝	1954.7	大专	县教育局局长	“两基”先进个人	2000.6	教育部
谢粉权	男	彝	1969.11	中专	营盘乡计生科员	计生先进个人	2000.8	国家计生委
柏发君	男	布依	1973.7	中专	新街乡农推站长	人才创新奖	2001.5	省政府
何　魏	男	白	1971.9	大专	营盘乡林业站长	林业先进工作者	2001.5	国家林业局
杨龙政	男	白	1958.6	本科	县委副书记	优秀党务工作者	2001.7	省委
王天喜	男	汉	1960.5	大专	县信访办主任	信访优秀工作者	2001.9	国家信访局
孔祥文	男	汉	1960.12	本科	县二中教师	优秀教师	2001.9	教育部
王家奎	男	汉	1962.9	本科	县卫生防疫站长	防疫先进个人	2001.10	卫生部
杨　尧	男	穿青人	1964.10	大专	县农办主任助理	农业先进工作者	2001.11	省政府
陈　军	男	汉	1967.7	本科	县林业局副局长	科技兴农人才奖	2001.11	省政府
龙石虎	男	仡佬	1963.11	高中	县法院法官	优秀青年卫士	2001.12	最高法院
谢盛良	男	苗	1972.9	大专	都格派出所所长	“严打”先进个人	2003.1	中央政法委
						优秀警察	2004.1	公安部
张文道	男	汉	1952.8	大专	县计生局副局长	计生先进个人	2003.9	国家计生委
罗　华	男	苗	1964.5	大专	猴场乡计生科员	计生工作15年	2004.3	国家计生委
马永相	男	回	1963.8	本科	县人劳社保局长	廉政先进工作者	2004.9	省委
陈依良	男	汉	1963.5	本科	县教育局局长	人民满意公务员	2005.2	省政府
					副县长	“两基”先进个人	2006.6	省政府
唐伟节	男	汉	1959.1	本科	县医院副院长	先进工作者	2005.4	省政府
何明军	男	汉	1968.9	大专	前进村党支书	劳动模范	2005.4	省政府
严金光	男	汉	1964.1	本科	县财政局局长	先进工作者	2005.8	省委
刘宗敏	女	汉	1959.10	大专	县文广电视局长	体育先进个人	2005.10	国家体育局
谢开亮	男	白	1962.7	研究生	县计生局局长	计生先进工作者	2005.11	省政府
刘　逊	男	白	1974.3	大专	龙场乡农业职工	农业优秀工作者	2005.12	农业部
胡顺达	男	白	1956.2	中专	龙场乡小学教师	十佳种粮大户	2005.12	农业部
周顺昌	男	苗	1968.11	本科	花戛乡党委书记	绿化先进工作者	2006.3	省政府
赵国富	男	汉	1968.11	大专	双戛乡林业站长	先进工作者	2006.3	国家林业局

续人物表 -1

姓名	性别	民族	出生年月	学历	单位与职务	表彰类别	表彰年月	颁奖单位
王然富	男	汉	1973.9	本科	县水利局工程师	水利先进工作者	2006.4	省政府
周传英	女	汉	1958.7	中专	县计生主治医师	计生先进个人	2006.6	国家计生委
岑兴文	男	布依	1966.8	中专	花戛计生站站长	计生先进个人	2006.6	国家计生委
龚申雄	男	苗	1970.10	本科	纸厂乡党委书记	优秀党务工作者	2006.7	省委
邓万举	男	苗	1957.8	高中	阿戛乡村党支书	优秀共产党员	2006.8	省委
杨　林	男	苗	1966.12	大专	猴场“两基”主任	“两基”先进个人	2006.10	省政府
陈泰斌	男	汉	1958.5	大专	县民政局局长	民政先进工作者	2006.11	民政部
郭岚莲	女	土家	1970.10	本科	农业局农经站长	物价优秀调查员	2006.11	农业部
高扬才	男	彝	1953.7	小学	龙场乡农民	粮食生产大户	2006.12	农业部
彭　康	男	汉	1961.10	本科	县人武部政委	先进个人	2007	成都军区
龙春江	—	—	—	—	乡镇工作人员	先进志愿者	2007	全国计生协
邓献发	—	—	—	—	乡镇工作人员	先进志愿者	2007	全国计生协
陈安卫	男	彝	1966.11	本科	县安监局局长	安监先进个人	2007.1	国家安监局
陈洪刚	男	彝	1977.11	本科	县安监局科员	安监先进个人	2007.1	国家安监局
徐彦平	男	汉	1954.4	中专	民政副主任科员	先进个人	2007.9	民政部
姬　宁	男	彝	1978.9	大专	玉舍乡教师	优秀教师	2007.9	教育部
陆凤英	女	布依	1974.12	大专	发耳乡村卫生员	优秀乡村医生	2007.12	卫生部
彭福生	男	汉	1962.6	本科	县人武部政委	抗雪凝先进个人	2008	成都军区
叶本燕	女	汉	1972.7	中专	野钟村党副支书	农村致富带头人	2008	团中央
陈安宁	男	黎	1970.11	研究生	县经信局职工	污染普查先进	2008	环保部
任天禄	男	汉	1952	初中	盐井乡村党支书	省劳模	2008	省政府
陶　甄	男	汉	1963.3	本科	县公安局副局长	先进个人	2008.4	省政府
肖　明	男	彝	1968.4	本科	县政府办主任	先进个人	2008.10	省政府

说明：多个单位联合颁奖只填主要的 1 个单位名

（二）县（特区）离休干部名录

水城县（特区）离休干部名录表

人物表－2

姓名	性别	出生年月	民族	参加革命年　月	入党年月	离休前单位及职务	离休年月	离休待遇	附注
田德胜	男	1922.1	汉	1937.10	1940.1	特区人大副主任	1985.2	副地	—
汤存瑞	男	1921.7	汉	1943.1	1944.3	特区人大副主任	1985.2	副地	已故
齐敦元	男	1923.11	汉	1944.1	1944.1	特区政协副主席	1985.6	副地	—
周忠诚	男	1918.12	汉	1945.8	1945.10	特区政协主席	1985.6	副地	已故
潘琪洪	男	1927.8	汉	1944.1	1946.4	建设副局长（副县）	1985.6	副地	已故
陈友生	男	1927.12	汉	1946.1	1946.4	特区人大副主任	1990.6	副地	已故
赵永泰	男	1925.11	汉	1945.10	1947.1	农办副主任（副县）	1983.12	副地	已故
徐先刚	男	1924.5	汉	1946.6	1947.3	特区法院院长	1985.9	副地	—
王心现	男	1925.7	汉	1942.1	1942.1	特区人大副主任	1987.2	副地	已故
张立新	男	1924.9	汉	1943.4	1945.3	特区人大主任	1992.12	副地	已故
方守全	男	1920.10	汉	1944.3	1944.4	特区党委副书记	1981.1	副地	已故
李衍信	男	1930.2	汉	1947.1	1947.6	特区党委副书记	1993.6	正县	—
舒志辉	男	1933.12	汉	1949.5	1953.12	县政协副主席	1996.5	正县	—
郝国元	男	1929.2	汉	1949.1	1952.10	县人大法律委主任	1990.6	正县	—
王庭忠	男	1923.2	汉	1947.9	1949.1	特区党校副校长	1982.2	正县	已故
韩绪贵	男	1930.4	汉	1947.5	1953.7	县工业局调研员	1990.5	正县	已故
张呈跃	男	1930.11	汉	1949.6	1954.5	特区财委调研员	1992.9	正县	已故
李延年	男	1926.11	汉	1945.11	1947.6	县农委副主任	1990.5	正县	已故
陈志兴	男	1926.11	汉	1946.4	1947.4	政协工作委副主任	1985.6	正县	已故
孙华义	男	1927.8	汉	1947.12	1948.3	县委统战部副部长	1989.1	正县	已故
曹青山	男	1925.10	汉	1945.10	1947.5	特区建委调研员	1985.6	正县	已故
王玉金	男	1919.3	—	1940	1941.7	特区经委干部	1983.2	正县	已故
任立国	男	1931.12	汉	1947.6	1949.3	县文化局副局长	1992.9	副县	—
谢福田	男	1925.9	汉	1947.7	1948.6	工业局下属经理	1983.2	副县	已故
张秀山	男	1931.1	汉	1947.2	1948.7	县商业局干部	1992.6	副县	—
张田熙	男	1926.5	汉	1946.8	1950.8	特区粮食局副局长	1985.5	副县	已故
赵惠民	男	1931.7	汉	1949.4	1949.12	县粮食局副局长	1992.6	副县	已故
阮顺照	男	1936.2	汉	1948.11	1949.6	特区粮食局股长	1985.6	副县	已故
孙大林	男	1928.12	汉	1947.1	1951.4	特区粮食局股长	1985.5	副县	已故
马志堂	男	1924.5	汉	1947.7	1949.8	特区商业局副局长	1983.3	副县	已故

续人物表－2

姓名	性别	出生年月	民族	参加革命年　月	入党年月	离休前单位及职务	离休年月	离休待遇	附注
王希德	男	1923.3	汉	1948.1	1950.4	县商业局局长	1991.9	副县	已故
王玉山	男	1931.3	汉	1948.4	1953.1	县商业公司经理	1992.2	副县	—
李　文	男	1927.7	汉	1947.3	1952.1	发耳区副书记	1986.5	副县	已故
王绪亮	男	1927.1	汉	1947.3	1950.1	大河镇调研员	1990.4	副县	—
杨学忠	男	1933.11	汉	1948.3	1954.11	县检察院副检察长	1993.11	副县	—
马嵋川	女	1926.11	汉	1949.5	—	特区供销社科长	1987.4	副县	已故
王官友	男	1927.10	汉	1947.1	1950.5	特区供销社经理	1985.5	副县	已故
黄焕章	男	1929.10	汉	1949.4	1950.6	县贸易局下属经理	1990.6	副县	已故
杨春祥	男	1930.1	汉	1947.7	1949.5	县贸易局下属经理	1991.10	副县	—
陶友山	男	1925.11	汉	1949.4	1953.5	特区粮食局所长	1984.9	副县	—
王清华	男	1924.11	汉	1947.8	1948.2	特区建委调研员	1985.6	副县	—
谷修范	女	1928.6	汉	1946.3	1946.3	特区计生委主任	1985.6	副县	已故
周玉祥	男	1923.10	汉	1946.1	1947.8	特区人防办副主任	1983.3	副县	—
李印堂	男	1921.12	汉	1948.3	1949.5	特区人防办副主任	1983.3	副县	—
张家锁	男	1929.2	汉	1948.7	1950.4	特区人防办副主任	1982.6	副县	已故
仵保佑	男	1929.7	汉	1948.4	1950.5	县人防办副主任	1989.6	副县	—
田志明	男	1929.9	汉	1949.5	1950.3	特区经委调研员	1990.4	副县	—
魏跃胜	男	1921.4	汉	1945.12	—	特区医院院长	1982.4	副县	—
李学文	男	1928.12	汉	1946.6	1947.6	县卫生局副局长	1990.11	副县	—
刘二效	男	1932.11	汉	1948.3	1950.5	县防疫站站长	1992.9	副县	—
马金祥	男	1929.10	回	1949.1	1950.12	特区水电局股长	1985.5	副县	已故
孙　录	男	1924.12	汉	1946.9	1947.3	特区农业局副局长	1985.5	副县	—
李新忠	男	1926.9	汉	1949.5	1950.9	特区农业局股长	1983.2	副县	—
衣居堂	男	1926.5	汉	1947.3	1948.5	特区工商局副局长	1985.5	副县	—
王廷梁	男	1928.5	汉	1949.4	—	特区工商局股长	1985.5	副县	—
刘景才	男	1931.9	汉	1947.1	1949.3	县煤炭工业局局长	1992.8	副县	已故
顾绍业	男	1930.12	汉	1948.10	1950.3	特区财经委主任	1992.9	副县	—
胡廷翼	男	1928.10	汉	1947.7	1947.7	政协学习委主任	1985.6	副县	—
鲁亚思	男	1928.11	汉	1949.5	1950.8	县机关党委调研员	1990.5	副县	—
韦文泉	男	1928.4	壮	1946.1	1953.10	县委党校科长	1989.5	副县	已故
王　军	女	1934.7	汉	1947.1	1947.2	县妇联副主任	1989.1	副县	—
梁丙前	男	1927.12	汉	1949.9	1948.8	特区政府办秘书	1985.6	副县	—
李明儒	男	1924.2	汉	1947.2	1948.1	特区政府办副主任	1984.5	副县	已故

续人物表-2

姓名	性别	出生年月	民族	参加革命年　月	入党年月	离休前单位及职务	离休年月	离休待遇	附注
李如泰	男	1924.10	汉	1947.1	1948.4	特区公安派出所长	1984.7	副县	已故
苑克广	男	1929.10	汉	1946.4	1949.6	特区公安局副局长	1985.6	副县	已故
杨荣朝	男	1926.5	汉	1947.1	1948.8	特区司法局副局长	1985.6	副县	已故
宋顺礼	男	1930.8	汉	1947.1	1948.6	县司法局副局长	1990.12	副县	已故
李兴荣	男	1930.8	汉	1948.1	1955.4	特区建委科长	1985.6	副县	—
胡德良	男	1924.6	汉	1948.4	1950.7	特区建委调研员	1985.6	副县	已故
杨儒遵	男	1922.8	汉	1944.1	1945.7	特区人防办主任	1985.5	副县	已故
王锦祥	男	1930.1	汉	1945.6	1950.5	县卫生局局长	1990.11	副县	已故
李忠权	男	1925.12	汉	1944.8	1951.3	特区交通局股长	1984.1	副县	已故
赵国庭	男	1931.6	蒙古	1945.1	1949.6	县人事劳动局副局长	1993.12	副县	—
杨承华	男	1916.12	汉	1943.1	1945.8	人防办办公室主任	1981.1	副县	已故
冯天海	男	1921.1	汉	1940.1	1949.6	特区建委科长	1980.12	副县	已故
杨守礼	男	1922.8	汉	1942.6	1942.8	特区交通局局长	1981.3	副县	已故
于成柱	男	1927.7	汉	1944.3	1944.3	特区林业局副局长	1983.2	副县	—
宫万荣	男	1925.5	汉	1943.2	1943.4	特区交通局局长	1983.12	副县	—
陈金胜	男	1925.5	汉	1944.2	1946.5	特区物资局局长	1983.12	副县	已故
邵继昌	男	1924.1	汉	1942.8	1945.9	特区统战部副科长	1983.12	副县	—
李同清	男	1927.10	汉	1942.6	1949.8	特区粮食局股长	1983.12	副县	—
沈景芝	男	1929.11	汉	1947.3	1948.3	县政府调研员	1990.5	副县	已故
王菊鲜	女	1931.4	苗	1949.2	1949.4	汽运司党支部书记	1992.1	副县	已故
王　杰	男	1925.3	汉	1948.11	—	特区粮食局股长	1985.5	副县	已故
彭大斌	男	1923.3	汉	1949.2	1949.10	特区兽医站站长	1983.2	副县	—
李金山	男	1923.3	汉	1945.1	1946.9	特区汽运司队长	1981.11	副县	已故
马德高	男	1930.5	汉	1949.6	1952.10	县民政局科长	1993.11	副县	已故
何守山	男	1930.11	汉	1944.3	1945.5	大河镇调研员	1986.2	副县	—
张殿左	男	1928.1	汉	1945.8	1947.1	特区民政局局长	1985.5	副县	—
刑克敏	女	1926.8	汉	1944.7	1945.8	特区环保局干部	1985.5	副县	—
白甫胜	男	1926.11	汉	1944.11	1947.8	特区供销社股长	1985.5	副县	已故
刘光林	男	1925.8	汉	1945.2	1948.1	特区民政局副局长	1985.6	副县	—
姜永贵	男	1920.4	汉	1944.6	1947.10	特区招待所所长	1982.8	副县	—
裴贵林	男	1928.1	汉	1947.9	1962.10	特区商业局股长	1984.1	副县	—
吴明顺	男	1924.12	汉	1947.12	1950.4	特区民政局副局长	1985.5	副县	—

续人物表－2

姓名	性别	出生年月	民族	参加革命年　月	入党年月	离休前单位及职务	离休年月	离休待遇	附注
金书轩	男	1927.9	汉	1948.9	1950.3	特区防疫站秘书	1985.3	副县	—
刘　振	男	1924.8	汉	1946.6	1948.1	特区农机局副局长	1985.6	副县	—
鄂振声	男	1932.3	汉	1947.8	1956.2	县农机公司副经理	1991.1	副县	已故
罗发贵	男	1923.5	汉	1946.6	1948.8	县林业局副局长	1989.1	副县	—
安宗昌	男	1928.10	汉	1947.7	1953.5	政协学习委副主任	1985.6	副县	已故
李　贺	男	1928.10	汉	1948.1	1945.5	特区组织部副部长	1985.5	副县	—
鲁洪德	男	1928.3	汉	1947.1	1948.10	特区老干局调研员	1985.5	副县	—
武民政	男	1923.9	汉	1947.2	1948.4	特区统战部副科长	1983.2	副县	—
李凤元	男	1931.6	汉	1948.6	1952.9	县委统战部副科长	1990.8	副县	—
程克斌	男	1928.7	汉	1948.5	1948.9	县委党校科长	1990.4	副县	已故
尤长发	男	1924.3	汉	1947.4	1948.7	特区看守所所长	1983.2	副县	—
汪兴我	男	1925.8	—	1949.6	1951.2	县委办干部	—	副县	已故
郭师则	男	1931.1	—	1947.2	1947.12	特区建委干部	1983.12	副县	已故
于永祥	男	1926.2	汉	1945.11	1948.5	特区建委干部	1985.5	副县	—
杨国振	男	1925.8	汉	1948.12	1949.5	特区劳动局干部	1983.2	副县	—
陈振山	男	1926.8	汉	1944.2	1944.1	特区经委干部	1983.3	副县	—
张绍清	男	1930.8	汉	1946.10	1949.7	特区经委干部	1983.12	副县	—
田天成	男	1926.8	汉	1948.10	1950.2	特区经委干部	1985.6	副县	—
骈子发	男	1929.1	汉	1945.6	—	特区计量局干部	1981.9	副县	—
任崇高	男	1922	—	1947.8	1949.4	手工业联社干部	1978	副县	已故
侯立英	女	1926.10	—	1949.3	—	特区保健站干部	1983.12	副县	已故
牛印起	男	—	—	1945.5	1949.6	特区机关党委干部	—	副县	已故
罗才德	男	1926.1	汉	1946.8	—	特区法院干部	1983.10	副县	—
孙火金	男	1925.2	—	1946.6	1949.4	特区法院干部	1985.4	副县	已故
蔡声荣	男	1927.8	汉	1948.1	—	特区财政局干部	1982.12	副县	已故
朱学文	男	1928.12	汉	1948.12	1949.6	水城镇筹备组干部	1983.2	副县	—
付治国	男	1927.2	汉	1947.7	1949.7	城关镇食品站站长	—	副县	—
李方文	男	1924.7	汉	1947.9	1948.12	水城镇筹备副组长	1984.1	副县	—
宋大安	男	1925.8	—	1947.9	1953.10	水城镇筹备组干部	1985.6	副县	已故
薛克敬	男	1923.10	—	1945.8	1948.4	大湾区副区长	1983.12	副县	已故
洪贵珍	男	1925.5	—	1945.11	1946.5	大河镇干部	—	副县	已故
夏成法	男	1928.2	汉	1948.12	1951.4	特区公安局干部	1985.6	副县	—

续人物表－2

姓名	性别	出生年月	民族	参加革命年　月	入党年月	离休前单位及职务	离休年月	离休待遇	附注
赵颜斌	男	1921. 12	—	1949. 4	1950. 6	特区农机公司干部	1982. 8	副县	已故
彭德华	男	1933. 9	汉	1949. 9	1952. 11	滥坝供销社干部	1984. 1	副县	—
王宪章	男	1920. 3	汉	1946. 7	1947. 9	特区供销社干部	1980. 12	副县	—
车振方	男	1927. 4	汉	1935	—	特区供销社干部	1983. 2	副县	已故
高东明	男	1913. 1	汉	1945. 8	1946. 6	特区税务局局长	1981. 5	副县	已故
刘玉印	男	1920	汉	1947. 9	1947. 10	特区税务局干部	1983. 6	副县	—
孙广良	男	1927. 6		1946. 8	1946. 8	特区新华书店经理	—	副县	已故
邓继全	男	1928. 4	汉	1949. 9	1951. 3	特区工商联秘书	1985. 4	原职	已故
肖镜华	女	1932. 9	汉	1949. 8	—	特区司法局出纳	1985. 6	原职	—
王学俭	男	1932. 1	汉	1948. 1	1952. 6	特区建委站长	1985. 6	原职	—
孙千柱	男	1927. 10	汉	1949. 4	1949. 9	特区养护工区区长	1983. 2	原职	已故
李光武	男	1931. 2	汉	1949. 4	1955. 6	特区林业局干部	1985. 6	原职	—
王　珍	男	1928. 1	汉	1947. 5	—	特区防疫站股长	1985. 3	原职	已故
牛新春	男	1924. 12	汉	1948. 4	1950. 3	特区轻工业厂长	1984. 11	原职	已故
李希琼	女	1932. 8	汉	1949. 8	—	县商业局科长	1991. 9	原职	已故
蒋正德	男	1923. 2	汉	1948. 12	1948. 12	发耳区教育组长	1984. 11	原职	已故
马庆华	男	1928. 5	汉	1948. 1	—	杨梅区干部	1991. 8	原职	—
李绍周	男	1923. 10	汉	1948. 4	1955. 4	米箩区干部	1984. 8	原职	已故
晏祥松	男	1928. 6	汉	1948. 1	—	米箩派出所所长	1984. 6	原职	已故
徐树林	男	1926. 10	汉	1948. 8	1956. 8	发耳区龙井乡乡长	1986. 5	原职	已故
陈永龙	男	1927. 12	汉	1947. 8	1955. 6	马龙公社管委主任	1986. 5	原职	—
张锁年	男	1927. 11	汉	1949. 4	1950. 1	特区供销社副经理	1982. 4	原职	已故
赵云州	男	1925. 8	汉	1949. 4	1951. 1	滥坝区供销社主任	1982. 4	原职	已故
罗正芳	男	1931. 2	汉	1949. 4	1951. 1	县贸易局科长	1993. 6	原职	—
王世英	女	1929. 2	汉	1946. 6	1954. 10	特区贸易局科长	1985. 5	原职	—
刘华平	男	1924. 10	汉	1949. 5	1949. 1	酿造厂工会主席	1985. 4	原职	—
毛学友	男	1928. 4	汉	1949. 6	1951. 3	滥坝供销社保管员	1983. 2	原职	已故
梁贵廷	男	1924. 3	汉	1948. 1	—	杨梅区供销社干部	1985. 6	原职	已故
刘绍达	男	1926. 12	汉	1949. 4	—	特区文广局干部	1986. 11	原职	—
程清连	男	1926. 3	汉	1947. 10	1949. 1	特区纪委干部	1983. 2	原职	已故
蒋成文	男	1927. 10	汉	1948. 2	1950. 6	杨梅区秘书	1984. 11	原职	—
李　国	男	1936. 7	汉	1949. 10	1954. 7	发耳区龙井乡乡长	1986. 6	原职	已故

续人物表-2

姓名	性别	出生年月	民族	参加革命年　月	入党年月	离休前单位及职务	离休年月	离休待遇	附注
赵玉和	男	1925.4	汉	1947.1	1953.3	垭口公社副书记	1986.5	原职	已故
罗兴舟	男	1930.2	汉	1949.5	—	特区供销社驾驶员	1983.2	原职	—
禹福四	男	1923.2	汉	1948.8	1950.5	杨梅区供销社主任	1982.4	原职	—
魏永竹	男	1922	汉	1942	—	特区计量局干部	1983.2	原职	—
赵成田	男	1908	—	1942.8	—	特区林业局干部	1983.3	原职	已故
张国顺	男	1926.12	汉	1948.1	—	手工业联社干部	1983.2	原职	—
董云才	男	1922.9	—	1947.10	—	水城镇干部	—	原职	已故
肖成学	男	1916.6	汉	1947.11	—	米箩区干部	—	原职	已故
高　升	男	1927.4	彝	1948.5	1949.8	玉舍区干部	1985.4	原职	—
龚永德	男	1930.12	—	1949	1952	滥坝供销社干部	—	原职	已故
张金栋	男	1927.10	汉	1946.5	1947.7	滥坝供销社干部	1982.8	原职	—
谭燧明	男	1930.8	—	1949.8	—	滥坝供销社干部	—	原职	已故
梁顺智	男	1922.2	汉	1948.6	1949.6	滥坝粮管所干部	1980.12	原职	—
李凡喜	—	1919	—	1948.10	1949.6	大河粮管所干部	1982.2	原职	已故
张友明	男	1927.6	汉	1949.4	—	特区供销社干部	1983.2	原职	—
李　均	男	1925.8	汉	1949.6	—	杨梅供销社干部	1985.9	原职	—
王绍武	男	1922	汉	1949.6	1950.6	杨梅供销社干部	1981.8	原职	—
唐和清	男	1916.8	汉	1949.2	1949.6	特区供销社经理	1985.8	原职	已故
罗家国	男	1930.7	—	1949.4	1950.5	城关医院院长	1985.5	原职	已故
赵　毅	男	1928.6	汉	1946.8	1951.3	特区计生委干部	1985.5	原职	—
钱秀英	女	1929.2	汉	1947.6	—	林业局干部	—	原职	—
郑殿珍	男	1928.2	—	1947.1	1947.8	公路养护工区干部	1983.2	原职	已故
王光庆	男	1925	—	1940.3	—	特区运输总站干部	1983.2	原职	已故
田寿帮	男	1930.4	彝	1947.8	1953	鸡场公社党委书记	—	原职	已故
徐光国	男	—	—	1949.1	—	教育局干部	—	原职	已故
李国京	男	1923.5	—	1945.4	1946.2	工会干部	—	原职	已故
杨朝亮	男	—	—	—	—	发耳区干部	—	原职	已故
何国俊	男	—	—	—	—	发耳区干部	—	原职	已故
肖居民	男	—	—	—	—	玉舍区干部	—	原职	—
吴清安	—	—	—	—	—	农机局干部	—	原职	已故

（三）1978—2016年县（特区）100岁及以上人员名录

1978—2016年水城县（特区）100岁及以上人员名录表

人物表-3

姓名	性别	民族	年龄	学历	所在乡村组名	职业	出生时间	死亡时间
聂小定	女	汉	101	文盲	鸡场乡小坝古村毛家河组	农民	1888.7	1989.10
蒋二妹	女	汉	103	文盲	董地乡董地村董地组	农民	1892.1	1995.1
龙张氏	女	苗	102	文盲	青林乡海发村三组	农民	1901.11	2003.6
钟启先	男	汉	100	文盲	新街乡马路村杜家寨组	农民	1906.6	2006.6
肖杨氏	女	汉	101	文盲	金盆乡麻窝村龙井组	农民	1907.3	2008.2
熊庆珍	女	苗	105	文盲	玉舍乡海坪村海坪组	农民	1903.10	2008.3
王周氏	女	穿青人	103	文盲	金盆乡麻窝村鱼塘组	农民	1907.9	2010.2
刘李氏	女	汉	101	文盲	新街乡马路村杜家寨组	农民	1910.10	2011.1
杨　氏	女	汉	107	文盲	果布戛乡高石坎村马家冲组	农民	1906.2	2013.5
赵　民	女	汉	105	文盲	果布戛乡高石坎村马家冲组	农民	1911.6	2016.3
郭兰秀	女	汉	107	文盲	营盘乡红德村望龙组	农民	1906.8	2013仍健在
周四妹	女	汉	104	文盲	金盆乡麻窝村鼠场组	农民	1909.10	2013仍健在
吴赵氏	女	汉	103	文盲	金盆乡和平村一组	农民	1910.4	2013仍健在
刘胖妹	女	汉	102	文盲	营盘乡红德村徐迷组	农民	1911.7	2013仍健在
李树英	女	彝	101	文盲	果布戛乡兴隆村坪子组	农民	1915.2	2016仍健在

附　录

一、文件选录

中共水城特委水城特区人民政府
关于抓紧发展烤烟生产的安排意见

党发〔1986〕28 号

烤烟是一种经济效益好而且见效快的经济作物。因地制宜地在我区发展烤烟生产，是加速我区脱贫致富的一项重大措施。为了不失时机地把我区的烤烟生产搞上去，特作如下安排意见：

（一）指导思想

必须切实抓住党中央支持贵州省的贫困县发展烤烟生产的有利时机，认真贯彻中央“计划种植，主攻质量，优质适产”的方针。牢固树立“质量第一，以优取胜”的思想。各级各业务部门在发展烤烟生产中一定要明确主攻质量是方向。要树立起以优质求生存，以优质求发展，以优质跻身于烟草生产激烈竞争行列的信心和决心。同时这又是我区产业结构和耕作技术的一场大变革。所以，我们还必须以高度的革命责任感和全心全意为人民服务的精神，为水城人民办好这件事。严禁粗放耕作和不讲科学地盲目扩大生产。

（二）奋斗目标

我区烤烟生产分两步走。第一步，一九八七年全区种植烤烟确保四万亩，力争五万亩，产量确保八万担，力争达到十万担。烟叶外观质量要求：上等烟达到百分之五，中等烟达到百分之六十五，斤均价九角；内在质量要求达到：烟碱含量百分之一点三以上；烟碱与还原糖比例一比十二以下；氯离子含量百分之一以下。第二步，一九八八年全区种植烤烟确保九万亩，力争十万亩，产量确保二十万担，力争达到二十二万担。烟叶外观质量要求：上等烟达到百分之七，中等烟达到百分之七十，斤均价一元；内在质量要求达到：烟碱含量在百分之一点五以上；烟碱与还原糖比例一比十以下；氯离子含量百分之零点五以下。

另外，特区将根据生产发展情况，拟先搞好烟叶收购，再力争兴建一座小型复烤厂。

（三）技术要求

实行“三化”种烟，靠科学技术取胜。一是布局区域化。本着适当集中，择优发展的原则，把烤烟种植面积安排在海拔900至1700米之间，年降雨量900—1000毫米，无霜期230天以上，土壤为黄泥夹沙、黄沙泥土、小黄泥的乡、村；同时还需考虑交通条件和具有一定技术力量；对不适应种植的乡、村，不安排种植计划。二是品种良种化。我区目前种植的红花大金元属于优良品种，另外，还可引进已经国家烟草部门认定的北卡82、北卡89和基28、基140等良种；从明年起严禁种植多叶型品种，如春雷三号等以及未经省烤烟品种审定委员会批准的品种；从明年起，全特区实行统一供种。三是栽培规范化。严格把四关。育苗关：大力推广烟苗营养块假植；移栽关：推行起垄种植，亩株数控制在1500—1800株；管理关：实行重施底肥，早薅铲早追肥，及时培土上高厢，打顶打叉去脚叶；烘烤关：切实掌握慢交黄、稳升温的工艺要求，坚持“同种同烤，同质同烤”，力争多烘烤出黄烟。

（四）具体措施和要求

1. 切实加强领导，搞好生产服务和技术指导工作。特区成立烤烟生产领导小组，下设属部、办、委级的烤烟办公室，编制8人，常年抓烤烟生产。各区（镇）凡是种植面积二千亩以上的都要成立区属乡级常设机构的烤烟办公室，编制3人，人员从现有编制中调整抽调有实干精神的行政、事业在职干部2名，区供销社人员1名；办公室受区公所和特区烤烟办公室双重领导。种植面积二千亩及以下的成立烤烟生产领导小组，由2—3人组成。各乡（管理区）种植面积在五百亩以上的成立烤烟生产指导站，由一名乡长或副乡长专职抓此项工作，担任站长，其他二名成员由辅导员或外地聘请的技术员组成。指导站受乡（管理区）政府和区烤烟办或烤烟生产领导小组双重领导。种植面积在五百亩以下的乡（管理区）由区指定一名副乡长专人负责抓此项工作。

2. 特区每年组织开好五个会。一是签订合同，落实任务会；二是育苗会；三是田间管理会；四是烘烤现场会，同时落实分级扎把的收购；五是总结评比会。

3. 各级、各业务部门要积极搞好产前、产中、产后的服务。（1）特区每年拨出适当的经费从烟农中聘请有经验、有实干精神的辅导员，具体到种植重点的乡、村、组、户指导和帮助生产，原则上每个辅导员要负责400—500亩生产和技术承包任务，聘金在本区（乡）的每月60元，全年720元，到外区（镇）任辅导员的每月80元，全年960元；通过1—2年的努力，要建立起一支自己的烤烟生产管理和技术队伍。（2）有关业务部门可优先发放有偿资金和贷款支持烤烟生产，还可按产销合同提前发放预购定金。（3）粮食部门按政策规定，根据实际减免烤烟种植户的合同订购粮；认真兑现烤烟收购奖售粮；因灾致使烟农烤烟无收造成生活困难的，要优先给予救济粮；同时要从外地多调进议价粮，使烟农能“以黄换白”，解决口粮。（4）采取财政贴息的办法贷款给种植烤烟的贫困农户修建烘房。（5）交通部门要想方设法保证烟区的公路畅通。（6）供销部门要提前落实收购环节中的各项工作；同时还要组织足够的肥料，实行烟肥挂钩的奖售。（7）农业、科委、科协等部门要分别在特区、区、乡举办烤烟技术培训班，技术人员要上门传授技术；科委从现在起就着手建立特区的烤烟良种培育、繁殖基地。

4. 二塘农中每年负责种植50亩烤烟示范地，同时要经常集中一些专业干部和种植重点户举办技术培训班，为全特区培养烤烟技术骨干队伍。

5. 各级和有关业务部门的主要领导要亲自过问烤烟生产，层层抓优质适产样板地，以点带面，扎扎实实地在提高质量上下功夫；收购部门不能收购青烟和末级烟，从明年起不再收购上五级烟、青烟和末级烟。

6. 试行各种不同形式的烤烟质量承包责任制，调动一切积极因素把产量和质量搞上去（具体细则和办法由特区烤烟办公室到生产实践中去，尽快拿出具体意见交烤烟生产领导小组研究后再试行）。

（五）今后三年内烤烟税利上交财政后的返还原则

为了鼓励烤烟生产的发展，从今年起的三年内特区对完成各项指标的区（镇）采取优惠的经济政策。

财政根据各区（镇）实现烤烟专项的税收中，扣除上划中央、省级外其余部分，对米箩、南开老烟区返还百分之三十，对其他区（镇）返还百分之四十；对特区烤烟办公室返还税收的百分之十，返还资金用于扩大再生产的经费和与烤烟有直接关系的单位的公益事业费以及用于奖励从事烤烟生产的科技人员、专业行政人员和为发展烤烟生产作出贡献的其他人员（具体奖罚条例由特区烤烟办公室制定出详细细则，交特区政府研究后再予公布）。

原特区规定的财政税收分成办法仍然不变，但将分别考核执行。烤烟未完成任务的，不得用其他税收超收弥补。

各区（镇）对乡（管理区）的烤烟专项税收返还办法及使用，参照特区的办理。

一九八六年七月十七日

国务院关于贵州省撤销水城特区设置六盘水市钟山区和水城县的批复

国函〔1987〕199号

贵州省人民政府：

你省报来《关于撤销水城特区设置六盘水市钟山区、水城县的请示》收悉。同意撤销水城特区，设立六盘水市钟山区和水城县；以原水城特区的水城、大河、汪家寨、大湾、老鹰山、观音山六个镇和城关、教场、麒麟、德坞、凤凰、白腻、月照、煤厂、以德、艺奇、纳福、三合、二塘十三个乡为钟山区的行政区域，其余九十八个乡为水城县的行政区域，县人民政府驻钟山区。

中华人民共和国国务院（印章）

一九八七年十二月十五日

（说明：县区分设从上报到批复经历很长时间，下批复时大河、汪家寨、大湾、老鹰山、观音山五个镇已不存在，钟山区的行政区域实际只有水城镇和城关、教场、麒麟、德坞、凤凰、白腻、月照、煤厂、以德、艺奇、纳福、三合、二塘十三个乡。）

关于贵州省水城县人民政府驻地迁移的批复

民函〔2003〕99号

贵州省人民政府：

你省《关于水城县人民政府驻地由钟山区黄土坡街道迁移至水城县滥坝镇的请示》（黔府呈〔2002〕19号）收悉。经国务院批准，同意水城县人民政府驻地由六盘水市钟山区黄土坡街道办事处迁至水城县滥坝镇。搬迁经费由你省自行解决。

中华人民共和国民政部（印章）

二○○三年五月二十日

全面落实科学发展观强力推进水城经济社会发展的历史性跨越

——在中国共产党水城县第五次代表大会上的报告

杨龙政

（2006年10月29日）

各位代表，同志们：

现在，我代表中国共产党水城县第四届委员会向大会作报告，请予审议。

中国共产党水城县第五次代表大会，是在“十一五”开局之年召开的一次十分重要的会议，也是在水城县发展处于机遇期、关键期、转型期召开的一次十分重要的会议。主题是：以邓小平理论和“三个代表”重要思想为指导，全面落实科学发展观，为强力推进水城经济社会发展的历史性跨越而努力奋斗。主要任务是：听取和审查中国共产党水城县第四届委员会工作报告，审查中国共产党水城县纪律检查委员会工作报告；选举产生中国共产党水城县第五届委员会和中国共产党水城县纪律检查委员会。

四届县委的工作回顾

县第四次党代表大会以来，县委始终坚持以邓小平理论和“三个代表”重要思想为指导，认真贯彻落实中央的决策、决定和省、市的安排部署，牢牢把握“抢抓机遇、加快发展”这一主题，紧紧抓住西部大开发和新阶段扶贫开发机遇，突出谋发展、抓发展、保发展，大力弘扬“团结协作、抢抓争上、攻坚克难、与时俱进”的水城精神，团结带领全县各族人民着力经济建设、政治建设、文化建设、和谐社会建设、党的建设，全面完成了第四次党代会提出的各项目标任务，全县经济社会保持了持续快速健康发展，各项工作实现了整体推进，在水城发展史上写下了辉煌的一页。

一、突难推优，综合经济实力跃上新台阶

始终坚持以经济建设为中心，突出农村加快发展这个难点，强推资源优势向经济优势转化这个重点，发展速度明显加快，质量效益明显提高，经济实力明显增强。全县生产总值从2001年的11.3亿元提高到2005年的27.32亿元，年均增长17%；全社会固定资产投资累计完成55.78亿元，年均增长48.25%；财政总收入从0.86亿元提高到3.41亿元，年均增长42%，地方财政收入从0.58亿元提高到1.65亿元，年均增长30%；社会消费品零售总额从2.3亿元提高到3.73亿元，年均增长12.82%；农民人均纯收入从1272元提高到1729元，年均增长7.4%。

——“三农”工作有新成效。紧紧抓住新阶段扶贫开发历史机遇，围绕“粮食增产，农业增效，农民增收”目标，大力发展以种植粮、烟、姜、茶、果、蔬、药为主要内容的种植业，以养殖牛、羊、猪为主要内容的养殖业，以农产品为原料的加工业，粮食产量稳步增加，畜牧业产值占农业总产值的比重迅速提高，森林覆盖率进一步上升，农业产业结构进一步优化，农产品加工亮点频现，扶贫开发成效明显，社会主义新农村建设有序推进。

——工业经济有新突破。紧紧抓住西部大开发这一历史机遇，立足煤炭、水能资源优势，大力发展以采掘煤炭资源为主要内容的采掘业，以采掘品甚至工业初产品为原料的加工业，大力支持优势产业、重点企业做大做强，以发耳电厂、发耳煤矿、毛家河电站、双牌铝业技改扩能为代表的一批重大项目建设进展顺利，以兴盛焦化厂为代表的煤化工项目获省备案，《六盘水市红山轻工业集中区详规》经市政府批准，基本形成煤、电、铝、锌支柱产业格局，工业经济实现了结构的优化、速度的加快、质量的提高、效益的增加。

——第三产业有新进展。抓住省委省政府建设旅游大省和市委市政府打造“凉都”品牌、举办消夏文化节的机遇，加大近郊旅游景区景点开发力度，支持交通运输、餐饮等行业发展，部分旅游景区景点基础设施逐步完善，接待能力明显增强，交通运输、餐饮、娱乐等行业发展步伐明显加快。

——非公有制经济有新提高。坚持把发展非公有制经济作为实现加快发展的重要内容，围绕贯彻落实中央、省、市加快发展非公有制经济的政策措施，突出服务这一根本，着力营造招商引资环境，强力推进非公有制经济快速发展，非公有制经济已成为支撑全县经济增长的主导力量。

——城乡面貌有新变化。坚持把双水新区作为实施城镇带动战略的重点，紧紧围绕建成“山水园林城市”和现代物流中心的定位，按照“政府牵头、市场运作、投资多元化、管理社会化”的思路，大力实施“建设工程、绿化工程、亮丽工程、严管工程、文明工程、人气工程”，积极配合市中心区主干道双水新区段建设，双水城区建设初具规模。2003年10月实现县城搬迁，既为第三产业提供了有效载体，又拓展了水城发展空间。认真开展清理闲置土地和整合土地资源工作，督促土地使用权拥有者在规定时限内开发建设，认真抓好区内道路、通信、给排水管网、学校、医院建设和绿化、环卫工作，双水新区再次掀起建设高潮。注重乡镇政府所在地小城镇建设，发耳、玉舍等乡政府所在地小城镇建设加速推进，产业承载力、辐射带动力明显增强。以服务“三线一站”工程为契机，大力加强以通乡油路、通村公路为重点的基础设施建设，城乡通路、通水、通电、通信率大幅度提高，大力实施“一气带五改”工程，农村生产生活环境明显改善。

二、统筹兼顾，社会事业全面进步

坚持把教育放在优先发展的战略地位，认真落实“以县为主”的义务教育管理体制，果断决策举全县之力打好“两基”攻坚战，“两基”工作提前一年通过省验收，教育事业取得突破性进展。坚持以巩固提高“村为主”、推进“村（居）民自治”为重点，着力落实奖励扶助政策，扎实开展创建省级计划生育优质服务先进县活动，认真落实人口计生工作责任制和责任追究制，人口计生工作跃入全省中游水平。加强对科技、文化、体育、卫生等工作的领导并支持相关部门发挥职能作用，科技对经济增长的贡献率有新提高，文化、体育事业有新发展，卫生事业有新起色。

三、点面结合，社会文明程度不断提升

全面落实思想政治工作的各项要求，进一步增强了宣传工作的吸引力和感召力；大力开展各种精神文明创建活动，建成了一批省、市、县级文明单位、乡镇、村和户，创建“文明卫生城市”“双拥模范城”成效明显；重视精神文明基础设施建设，建成县宣传文化中心和一批乡镇精神文明活动中心、村精神文明活动室；积极开展送文化、科技、卫生“三下乡”活动，最大限度地满足了人民群众日益增长的文化生活需要；全面落实《公民道德建设实施纲要》，加强爱国主义、集体主义等教育，组织开展了社会捐助、希望工程等道德实践活动，注重加强社会主义荣辱观教育，扎实开展“整脏治乱”专项活动，初步形成了良好的精神风貌。

四、促稳解困，和谐程度明显提高

坚持“稳定压倒一切”的方针。全面落实维护稳定责任制，适时开展各类专项治理和禁毒斗争，依法打击各种刑事、经济犯罪活动。坚持以创建“平安水城”为载体，全面落实社会治安综合治理措施，大力推进“平安乡镇”“平安村寨”创建，社会治安状况明显好转。认真落实“从严治警、从优待警”要求和开展“规范执法行为、促进司法公正”活动，政法队伍的思想政治素质和执法水平明显提高。认真开展“四五”普法教育，“四五”普法通过省验收并获好评。按照“属地管理、分级负责，谁主管、谁负责”的原则，认真抓好信访工作，各类矛盾得到及时化解。

积极推进社会保障体系建设。建立完善了城乡居民最低生活保障制度，促进了“两个确保”和“三条保障线”的衔接，城市低保、养老保险、失业保障、医疗保险覆盖面进一步扩大。始终坚持以人为本，竭尽全力帮助群众解决生产生活困难问题。从2004年起，全部免除农业税，全面兑现“两减免三补贴”政策，进一步减轻了农民负担；认真抓好民用煤供应和沼气池、防氟节能灶建设，多数农村群众的燃料问题得到解决。

认真抓好安全生产。全面落实中央、省、市关于安全生产的法律法规、政策措施和会议精神，注重安全监管队伍建设，强化安全生产责任制和责任追究制的落实，坚持安全与生产、监管与服务、严格管理与科学管理的统一，安全生产形势趋好。

五、支持激活，政治文明建设有序推进

按照总揽全局、协调各方的要求，加强对人大、政府、政协工作的领导，支持人大、政府、政协依照宪法、法律和章程独立自主地开展工作，支持工会、共青团、妇联等群团组织充分发挥桥梁纽带作用，支持统战、民族宗教等部门认真履行职责，支持人武部加强民兵预备役建设，加强与社会各界的联系，进一步调动了各族各界谋发展、抓发展、保发展的积极性、主动性。

六、强基固本，党的建设全面加强

坚持以提高党的执政能力和先进性建设为重点，注重从思想、组织、作风、制度上推进党的建设。着力思想建设，认真开展“三个代表”重要思想学习教育和保持共产党员先进性教育活动，各级党组织和党员不相适应、不相符合的问题得到有效整改。着力组织建设，全面落实《党政领导干部选拔任用工作条例》和“四个一批”要求，注重使用经实践检验综合素质高、工作政绩突出的优秀干部，配齐配强了县、乡镇和部门领导班子。坚持党管人才原则，制定出台了《关于实施人才强县战略的意见》并认真抓好落实，人才队伍得到进一步优化。坚持以“三级联创”为载体，认真落实中央、省、市安排部署的同时，立足水城县情，制定出台了《村干部管理办法（试行）》，村干部管理进一步科学化、规范化，基层组织建设取得明显成效。加强党员发展工作，党员队伍进一步壮大。着力作风建设，坚持把解决思想作风、学风、工作作风、领导作风和干部生活作风方面的突出问题作为主要内容，认真开展了“三满意”创建、整顿县乡两级机关工作作风活动，坚持把不落实作为违纪问题处理，机关“四难”现象得到有效遏制，各级干部为民意识有明显增强，工作效能有较大提高；深入开展反腐倡廉工作，支持纪检监察部门依纪依规办案，突破了一批有影响的大案要案；注重惩处与保护结合，激发了干部干事创业的积极性。着力制度建设，在认真执行中央、省、市出台政策的基础上，围绕巩固先进性教育活动成果，建立完善了一批新制度，推动了各项工作进一步制度化、规范化。

五年的实践，我们深刻地体会到，强力推进水城经济社会跨越式发展，一定要始终做到“八个必须”：

——必须坚持解放思想、实事求是、与时俱进的思想路线，把上级精神和水城实际紧密结合，创造性地开展工作。

——必须适时对形势作出科学判断，对县情作出客观审视，妥善处理好继承与发展的关系，适时细化发展思路，细化工作内容，细化目标责任。

——必须认真处理好城市与农村、经济与社会、工业与农业、增量与提质、开发与保护、利用与节约、控制与提高、激内与借外、加强与改进、远谋与近施的关系。

——必须紧紧扭住发展第一要务，用发展统一全县各级干部、各族群众的思想和行动。

——必须大力弘扬团结协作、抢抓争上、攻坚克难、与时俱进的水城精神。

——必须把招商引资作为工作的重要内容，大力营造亲商、安商、富商的良好环境。

——必须坚持以市场为导向，因地制宜调整产业产品结构，发展特色经济，支持优势产业和优势企业做大做强。

——必须牢记立党为公、执政为民宗旨，把维护好、实现好、发展好最广大人民群众的根本利益作为一切工作的出发点和落脚点，千方百计让人民群众分享改革发展成果。

五年的抢抓争上，铸就了辉煌的业绩；五年的攻坚克难，凸显出今天的巨变。今天的水城充满希望，充满活力。这是党中央、省委、市委正确领导的结果，是全县各级党组织团结带领广大党员、干部和各族群众共同努力、艰苦奋斗的结果；是社会各界大力支持、帮助的结果，是上届为下届打基础、一届接着一届干的结果。在此，我代表中共水城县第四届委员会向各位代表、各位同志，并通过你们向全县广大党员、干部、各族群众和离退休老同志，向驻县人民解放军、武警消防官兵、民兵预备役人员，向各民主党派、工商联和无党派人士，向所有关心、支持和参与水城改革发展稳定工作的同志们、朋友们表示最衷心的感谢和最崇高的敬意！

在充分肯定成绩的同时，我们必须清醒地看到工作中还存在一些问题和不足。主要是：县域经济总量小，一些主要指标与全市平均水平还有较大差距；经济结构性矛盾仍很突出，经济发展缺乏更多骨干企业支撑；基础设施建设压力大，经济与社会发展不够协调，可持续发展的后劲仍需增强；城镇化水平极低，产业承载力和辐射力不足，城乡二元结构突出，城乡生活困难群众比例大，社会就业问题进一步凸显，社会保障体系还不够健全，维护稳定的任务依然繁重；党的建设还存在一些薄弱环节，消极腐败现象在某些领域、行业依然存在，干事创业环境需要进一步优化，干部综合素质需要进一步提高。这些问题我们必须高度重视，采取有力措施认真加以解决。

今后五年的主要任务

今后五年，是水城县全面推进社会主义新农村建设和小康社会建设的关键时期，是全力实现经济社会发展历史性跨越的重要时期。

总体要求是：以邓小平理论和“三个代表”重要思想为指导，以科学发展观统领经济社会发展全局，抓住西部大开发和新阶段扶贫开发这一难得的历史机遇，围绕“加快发展、科学发展、确保发展”，大力发展“五大产业”，认真抓好“五个建设”，积极构建“四个工业组团”，努力推进“七项事业”，大力推进精神文明、政治文明与和谐社会建设，全面加强党的建设，全力追求水城经济社会发展的历史性跨越。

奋斗目标是：到2010年，生产总值达70亿元以上，人均生产总值达1000美元以上；固定资产投资累计完成250亿元以上；财政总收入达8亿元以上，其中地方财政收入达3亿元以上；社会消费品零售总额达6亿元以上；人口自然增长率控制在8‰以内；城镇化率达15%以上；农民人均纯收入达2500元以上；社会各项事业有新进展；精神文明建设和政治文明建设有新进步；和谐社会建设有新起色；党的建设有新成效；人民群众得到更多实惠。

确定这样的奋斗目标，既是省委、省政府的希望，也是市委、市政府的要求，更是水城人民的根本利益所在。工作中，要把确定的目标作为工作的底线，要始终坚持“能快则快、能超则超”的原则，力争又快又好，因为我们既有快和超的条件，更有快和超的信心。一是以胡锦涛同志为总书记的党中央创造性地提出科学发展观，为水城指明了前进方向。二是国家加大力度实施西部大开发和新阶段扶贫开发战略特别是“西电东送”项目，为水城加快发展提供了难得的历史机遇。三是省委省政府明确提出把六盘水建设成为煤化工为主的重化工基地，进一步显示出水城县构建“四个工业组团”决策的预见性、科学性。四是对内对外开放领域日趋扩大，招商引资软硬环境日益改善，为进一步聚集资金、技术和人才，借助外力发展提供了更大的空间。五是近年全县综合经济实力明显增强，一批大项目的实施，为经济腾飞奠定了坚实的基础。六是全县各级干部各族群众不甘落后、不甘贫穷的愿望十分强烈，为尽快改变贫穷落后面貌提供了强大的精神动力。当然，在前进的道路上我们也面临不少挑战，诸如国家宏观调控趋紧，土地、信贷、产业、环保政策对一批重大项目建设带来影响等，必须坚持有所为有所不为的原则，趋利避害，争取主动，按照“发展要有新思路，改革要有新突破，开放要有新局面，各项工作要有新举措”的要求，把加快发展、科学发展、确保发展作为根本，把团结协作、抢抓争上、攻坚克难、与时俱进作为动力，把维护好、实现好、发展好最广大人民的根本利益作为目标，进一步激发全县各级干部谋发展、抓发展、保发展的合力，带领全县各族人民不断开创新局面，创造新业绩。

一、坚持以经济建设为中心，强力推动县域经济跨越式发展

着力抓结合、求统一、奠基础，力求经济增长速度、质量与效益的统一，为全面建设小康社会奠定坚实的物质基础。

——切实抓好“三农”工作，大力推进社会主义新农村建设。建设社会主义新农村，是党中央在新形势下解决“三农”问题，统筹城乡经济社会发展的重大战略决策，既是一项长期任务，又是一项紧迫工作。作为农村人口占总人口96%以上的农业人口大县，实现人民生活水平由温饱到小康的跨越，重点在农村，难点也在农村，做好“三农”工作对全县经济社会发展具有举足轻重的作用，全县各级党组织必须突出抓好“三农”工作。认真落实各项扶农惠农政策。始终坚持城乡统筹、工业反哺农业、城市支持农村和“多予、少取、放活”的方针，按照“三个高于”要求加大对农业的投入，逐步建立和完善覆盖农村的公共财政体系，促进各项扶农惠农政策的落实。努力促进农业产业结构调整。坚持“布局调优，规模调大，效益调高”的原则，围绕市中心城区城郊圈、水黄路沿线、两水线沿线、北盘江流域、三岔河流域等五个区域优化布局，大力发展种、养、加产业。种植业方面，粮食生产要着力良种良法、提高复种指数、种地养地结合；烤烟生产要着力稳定面积、主攻单产、提高质量、增加效益；生姜生产要着力增加科技含量、深度加工；茶叶生产要着力扩大面积、强化管理；果品生产要着力优质、特色；蔬菜生产要着力无公害、反季节、规范化种植；药材生产要着力深石山区、地道、规模；花卉生产要着力增品种、上档次。养殖业方面，要突出良种繁育、饲料饲草、疫病防治体系建设，推进农户适度规模饲养和养殖基地建设。农产品加工业方面，既要支持现有企业上规模、创品牌，又要大力引进科技含量高、投入能力强的投资者到水城兴办企业。大力推进农业产业化建设。按照建大龙头、带大基地、兴大产业、占大市场的思路，采取支持、服务等措施，大力推进特色农产品基地建设，着力培养龙头企业，努力形成公司+基地+农户、产销一条龙、贸工农一体化的农业产业化经营格局。注重产地农产品批发市场建设、农村经纪人的培养和农村合作经济组织建设，努力降低农民进入市场的成本和风险。扎实抓好扶贫开发工作。坚持巩固温饱与解决温饱并重原则，按照“三个基本”要求，突出“三项重点工作”，采取“三项措施”，合力攻坚，着力实施整村推进，稳定解决贫困人口的温饱和低收入人口的增收。加强农村基础设施建设。抓住中央、省、市把农村基础设施作为投入重点的机遇，大力加强农村水、电、路、通信等基础设施建设，确保农村人畜饮水安全，努力实现农村用电同网同价，努力提高乡村公路等级和通达能力，努力提高信息化水平。同时，积极配合国家、省、市抓好杭瑞高速公路、毕水兴大通道、环城高等级公路建设，构建四通八达的公路网络。强力推进社会主义新农村建设。把建设社会主义新农村作为今后一段时期统领“三农”工作的主线，按照“二十字”方针要求，坚持因村制宜、分类指导、循序渐进的原则，坚持一手抓规划、一手抓建设，努力走出一条政府引导、群众参与、政策激励、市场运作的新农村建设路子。

——依托资源优势，促进工业经济快速发展。工业是县域经济发展的主导力量，是壮大县域经济实力的必由之路。要把实现资源合理配置，产业链尽快延长，工业结构早日合理作为抓工业的目标，依靠科技进步和劳动者素质提高，努力走出一条科技含量高、经济效益好、资源消耗低、环境污染小、人力资源优势得到充分发挥的新型工业化道路。着力区域经济布局。抓住省委、省政府决定建立毕水兴经济带和把六盘水市建成重化工基地，市委、市政府决定大力发展煤化工的契机，认真抓好区域经济规划，力争"四个工业组团"列入省规划，早日启动实施；为抢占发展先机，要集中人、财、物力，加快六盘水市红山轻工业集中区建设的前期工作，确保今年内启动建设。大力发展以采掘煤炭资源为主要内容的采掘业。着力煤炭、锰矿的科学开采，努力提高资源回采率，尽最大限度减少资源浪费。大力发展以采掘品甚至工业初产品为原料的加工业。着力煤化工、水火电、铝锌锰产品、钢铁产品、轻工业产品的生产与加工，着力固废的利用，通过强化协调服务，支持现有企业满负荷生产、在建项目早日建成投产、拟建企业早日进场建设，推动工业经济加快发展。努力走出一条煤及煤化工、电及高载能、固废及建材、钢铁加工及轻工同步发展的工业化路子。加大招商引资力度。坚持"上争、外引、内联、强服务"的工作原则，把招商引资作为加快全县经济社会发展的一项重要战略任务。采取以商招商、组织外出招商和运用现代信息技术招商等多种形式加大招商引资力度；坚持招商引资软硬环境一起建，在加强基础设施建设、改善"硬"环境的同时，采取特殊措施治理投资环境，努力提高各级各部门的服务水平，营造招商引资小环境；认真做好项目前期工作，建成项目齐备、体现优势、吸引力强的项目库，进一步增强招商引资的针对性和有效性，通过招商与选商结合，努力拓宽投资渠道，着力发展投资拉动型经济。大力发展非公有制经济。坚持把发展和壮大非公有制经济作为加快发展的突破口。按照国家《关于鼓励支持和引导个体私营等非公有制经济发展的若干意见》和省、市的要求，立足水城县情制定更加有效的政策措施，支持产品有市场、科技含量高的双牌铝业等企业上规模、创品牌，支持有利于延长产业链、增加附加值的兴盛焦化等项目早日启动建设，支持利用马铃薯生产燃料酒精和有机肥等生物质能项目的开发建设，力争建成一批营业收入上亿元甚至上百亿元的非公有制企业。

——大力发展以旅游业为主的第三产业，积极培育新的经济增长点。抓住全省建设旅游大省、市委市政府打造"凉都"品牌的机遇，以旅游业为依托，以服务业为主体，大力发展第三产业。按照先近后远、先易后难的原则，着力已开发旅游景区景点基础设施的配套完善和接待能力、接待水平的提高；积极配合市做好乌蒙山国家地质公园的建设工作，突出抓好北盘江峡谷、凉都温泉等项目的开发；把旅游景区景点开发项目纳入招商引资的内容，通过招商引资解决旅游开发投入不足问题；加大旅游市场促销力度，力争已开发旅游景区景点纳入省、市有影响力的旅游线路，促进旅游业快速发展。围绕"食、住、行、游、购、娱"，加快以餐饮、商贸流通、交通运输等就业容量大的服务业发展，积极发展中介服务、现代物流、信息服务等新兴服务业，促进第三产业加快发展。

——积极实施城镇带动战略，努力提高城镇化水平。城市是配置资源的中心，是区域经济发展的增长极。紧紧围绕六盘水建设50—100万人口大城市，基本建成现代开放、和谐文明的中心城市的目标，强化经营城市理念，认真抓好以双水新区为主要内容的城镇建设。围绕建设"山水园林城市"和现代物流中心，按照"严、高、特、新、活、快、实"的要求，全面落实双水新区控制性详规，突出宜居特点，认真实施"六大工程"，大力推进学校建设、房地产开发和市场建设，促进双水新区繁荣；根据区域和实际情况，按照循序渐进、节约土地、集约发展、合理布局的原则，注重抓好以乡镇所在地为重点的小城镇规划、建设和管理，增强小城镇的产业承载力和辐射力。

二、坚持以人为本，强力推进社会事业跨越式发展

立足水城县社会事业发展欠账大的实情，始终坚持经济与社会统筹发展，突出发展教育、人口计生、文化、卫生等社会事业。

——扎实推进教育事业发展。坚持把教育放在优先发展的战略位置，坚持以素质教育为主题，围绕“普及、发展、提高”，认真落实“以县为主”的义务教育管理体制，加大投入，突出抓好学校合理布局、完善学校功能、提高教学质量、运用“两基”攻坚的成功做法、探索更加有效的工作方式，全面完成“两基”巩固提高任务，确保2008年通过复查验收。高度重视非义务教育，按照突出义教与搞活非义教的原则，制定更具吸引力的政策措施，鼓励和支持社会各界到县内投资兴办幼儿教育、高中教育、职业教育，努力形成各类教育协调发展格局，真正把教育办成人民满意的教育。

——认真抓好人口计生工作。坚持以稳定低生育水平为目标，进一步贯彻落实《人口与计划生育法》等法律法规，以“村（居）民自治”工作为主线，以优质服务为载体，以新机制为保障，着力突破流动人口管理难点，全面落实计划生育家庭奖励扶助制度，大力实施“少生快富”工程，有效遏制人口性别比升高失衡的势头，认真落实计划生育目标管理责任制和责任追究制，加强计生队伍建设，提高管理服务水平，为经济社会发展创造良好人口环境。

——大力加强文化建设。坚持“二为”方向和“双百”方针，着力创作群众喜闻乐见、富有浓郁水城特色和强烈时代气息的文艺精品；认真落实《国家“十一五”时期文化发展规划纲要》，坚持“区别对待、分类指导、循序渐进、逐步推进”的原则，大力发展文化事业和文化产业。加强文化市场的建设和管理，鼓励和发展乡镇文化、村寨（社区）文化，积极发展健康有益的休闲娱乐文化，加强图书馆、文化馆、健身馆等各类文化设施建设，满足人民群众多样化的文化需求。重视民族民间文化的挖掘和保护，着力研究少数民族历史文化、饮食文化、服饰文化、医药文化、娱乐文化等，并与开发食品、服饰、医药、旅游品结合，与增强旅游景区景点的文化底蕴结合，与发展少数民族地区经济结合。积极参与市举办的一年一度的消夏文化节，充分利用南开苗族花场、玉舍海坪彝族文化园、双水广场等，适时组织各种健康向上、群众参与度高的文体活动，通过文化搭台，经济唱戏，努力实现群众业余文化生活的丰富与促进文化生产力发展的统一。切实加强体育设施建设，积极发展体育事业，认真开展全民健身运动，努力提高全民健康水平。

——积极发展卫生事业。科学合理配置卫生资源，实施非均衡推进战略，突出县属医院、中心乡镇所在地医院和边远村卫生室建设；积极推进农村新型合作医疗试点工作，通过提高诊疗水平，强化服务，努力提高参合率，切实解决群众看病难、看病贵甚至无钱看病等问题。加强公共卫生体系建设，切实提高处置公共卫生突发事件的能力。

——认真抓好科技工作。坚持以科技引领经济社会发展，以推广先进实用技术为重点，大力实施科技成果转化工程和实用技术入户工程，努力提高工农业产品的科技含量。始终做到使用人才、引进人才、培养人才的有机统一，注重发挥现有人才作用，适时引进经济社会发展急需人才，按照不求所有但求所用的理念，加强与大专院校、科研院所的联系与合作，着力解决高素质人才匮乏问题和经济社会发展中遇到的各种技术难题。强化人才队伍培训，认真落实“五个一批”培训工程，提高现有人才素质。着力建成“贵州（水城）矿区无公害蔬菜农业科技园”。进一步加强对农民的科技培训，提高农民科技素质，努力培养适应社会主义新农村建设的新型农民。加大专业技术协会、行业学会建设力度，促进科学技术的推广运用。

——努力抓好生态建设和资源保护。进一步加大以北盘江、三岔河流域为中心的生态屏障建设，以天然林保护、退耕还林为重点，大力实施植树造林，石漠化治理，环城绿化带建设，进一步提高森林覆盖率；实施最严格的土地管理制度，坚决制止乱占滥用耕地、盲目开垦荒地等浪费和破坏资源的行为，优先保证国家重点工程建设用地，同时，加大土地治理力度，遏制重复建设和盲目圈地，实现土地占补平衡。坚持“在保护中开发、在开发中保护”的方针，加强水资源保护和水环境建设，加强景区景点和矿产资源开发区的生态保护和管理；围绕建设环境友好型、资源节约型社会，大力发展循环经济，抓好“三废”治理，确保资源合理开发和永续利用，促进经济与人口、资源、环境的协调发展。

三、大力推进改革，不断提升发展活力

改革与发展是时代的主题，各项改革的实质在于体制与机制的创新，必须坚持改革开放不动摇，着力抓好深化农村改革、财政体制改革、投融资体制改革、行政管理体制改革、国有企业改革。

——深化农村各项配套改革。要进一步促进乡镇政府职能转变，按照县乡联动、条块协调、服务基层的原则，整合农村各种行政资源，大力推进窗口式办公、板块式运行、下沉式服务工作机制，努力实现乡镇政府由行政管理型向服务型、发展型、法制型转变，以职能的大转变，促进工作水平的大提升。要进一步理顺县乡管理体制，切实解决管人与管事不统一的问题。要以建立“民主管理、村民自治、引导服务”制度，增强群众信任度，以民主管理增加群众参与度，以村民自治提高农村稳定度。要坚持执行土地经营权和林业产权制度。按照“自愿、依法、有偿”的原则，建立合理的土地经营权流转机制。

——不断推进财政体制改革。大力推进财政公共预算管理，切实解决资金资源浪费的问题和贫富不均、苦乐不均的现象，杜绝资金使用中的腐败现象；强化财政资金管理，坚持国库集中支付、政府投资项目统一审计支付、政府集中采购等制度，加强对财政性资金的科学管理，提高资金集中运营效率；逐步调整和完善乡镇财政管理体制，坚持快发展多受益的原则，推进以确定基数、超收分成、加大激励、自求平衡为特征的新一轮乡镇财政管理体制改革，实行“乡财县管乡用”“村账托管”等措施，进一步调动乡镇理财、聚财的积极性。

——科学推进投资体制改革。一是用项目招商引资。对经济回报式项目，着眼于先认证包装，再对外推介，吸引外来资金投入。二是用资本运营资金。将国有和集体资产由政府统一集中运营，使公益性资产保值增值，闲置性资产集中盘活，经营性资产有效运营。三是经营土地变资金。完善项目用地规划，实行土地资源集约化经营，建立以土地为纽带的城市经营机制，实现土地市场效益最大化。四是资源市场运作聚资金。加快开发利用矿产、水能等国有资源和城市经营无形资源，进行市场化运作，搞活经营权聚集资金。五是预期项目贷资金。控制投资风险，科学评审，项目预期抵押筹措资金。六是科学管理营资金。对全县财政性资金实行一体化管理，优化资金调度，集中有限财力办大事。七是信用保证启动民间资金。建立信用担保中心，利用担保基金为中小企业和民间投资提供担保，以小额资金引得大额投资。八是研究政策争资金。对基础性项目、公益性项目和国家政策性项目，早报立项，争取上级资金投入。适时研究国家资金投向，提高项目申报成功率。通过投融资机制和债务预警机制的建立，解决筹集资金难题，推进项目建设，发展资本市场，实现快速发展。

——积极推进行政管理体制改革。坚持以形成行为规范、运转协调、公正透明、廉洁高效的行政管理体制为目标，改进管理方式，提高行政效率，进一步把政府职能转变到经济调节、市场监管、社会管理和公共服务上来，切实解决职能“缺位、错位、越位”问题。

——加快国有企业改革。按照建立现代企业制度和搞活国有企业的要求，以产权制度为核心，认真抓好国有企业改革，力争用五年左右时间完成国有企业改革任务。

四、大力推进精神文明建设，为加快发展提供精神动力和智力支持

——加强理论宣传教育。深入开展党的基本理论、基本路线、基本纲领、基本经验和“三个代表”重要思想、科学发展观的宣传教育，结合学习《江泽民文选》，引导广大群众进一步解放思想、与时俱进、开拓创新，确立共同理想和精神支柱。切实加强舆论宣传工作，按照“三贴近”要求，正确引导社会舆论，通过解疑释惑，理顺情绪，化解矛盾，统一思想，把全县人民的智慧和力量凝聚到推进水城经济社会超常规跨越式发展上来。

——切实加强思想道德建设。全面贯彻落实《公民道德建设实施纲要》，提高全民思想道德素质，广泛持久地开展以“八荣八耻”为主要内容的社会主义荣辱观教育。大力弘扬和培育以爱国主义为核心的伟大民族精神和以改革开放为特征的时代精神，弘扬“团结协作，抢抓争上，攻坚克难，与时俱进”的水城精神，使全县人民始终保持昂扬向上的精神状态。加强在校学生和青少年的思想道德教育，努力培养一代社会主义的“四有”新人。

——扎实开展群众性精神文明创建活动。按照“巩固、发展、创新、求实”的思路，以开展“整脏治乱”活动、创建“文明卫生城市”“双拥模范城”为载体，继续开展创建文明乡镇、文明机关、文明村寨、文明行业、星级文明户活动，不断把群众性精神文明创建活动引向深入，确保双水建成省级“文明卫生城市”“双拥模范城”。继续开展科技、文化、卫生“三下乡”活动，切实丰富群众文化生活。加大精神文明硬件建设投入力度，有计划、分期分批建设乡镇精神文明活动中心和村级文明活动室，力争到“十一五”末，基本实现乡乡有精神文明活动中心，80%以上建制村有精神文明活动室。

五、大力推进政治文明建设，努力形成加快发展合力

推进政治文明是社会发展的必然要求，是构建和谐社会的重要保证。要按照总揽全局、协调各方的原则，进一步改革和完善县委的领导方式和执政方式，注重集中精力抓大事、议大事，支持各方独立负责、步调一致地开展工作。规范县委与人大、政府、政协以及人民团体的关系，加强和改进对人大、政协工作的领导，坚持和完善人民代表大会制度，保证人民代表大会及其常务委员会依法履行职能，大力推进依法治县进程。坚持和完善共产党领导的多党合作和政治协商制度，加强同民主党派、无党派人士的团结合作，拓宽党外人士参政议政渠道，促进政治协商、民主监督、参政议政的规范化、制度化。要巩固和发展最广泛的爱国统一战线，全面贯彻党的民族宗教政策，依法加强宗教事务管理。加强对工会、共青团、妇联等人民团体的领导，支持其依照法律和各自章程创造性地开展工作，更好地发挥联系群众的桥梁纽带作用。支持法、检两院依法独立公正地行使审判权和检察权，加强对司法工作的监督，推进公正司法和严格执法。坚持党管武装原则，高度重视民兵预备役队伍建设。进一步健全民主制度，丰富民主形式，扩大公民有序的政治参与，保证人民依法进行民主选举、民主决策、民主管理和民主监督，大力推进基层民主政治建设。

六、大力推进和谐社会建设，为经济社会发展创造安定有序的社会环境

深入学习贯彻十六届六中全会精神，围绕“九项目标任务”，按照“六个必须”的原则，不断推动和谐社会建设取得重大进展。

——*切实维护稳定*。始终坚持“稳定压倒一切”的方针，全面落实维护稳定责任制。坚持“严打”方针不动摇，依法严厉打击严重影响公众安全感的暴力犯罪；全面落实社会治安综合治理各项措施，大力推进社会治安防控体系建设，深入开展创建“平安水城”和创建“七有七无”平安和谐村活动，深入开展禁毒人民战争，切实推进“无毒乡镇”“无毒村寨”的创建，积极营造安定、安全、安宁的社会环境；认真落实从严治警、从优待警措施，加强政法队伍建设，努力把政法队伍建成一支政治坚定、业务精通、作风优良、执法公正的队伍。全面实施“五·五”普法规划，深入开展法律进机关、进农村、进校园活动，进一步加强社会主义法治理念教育，不断提高公民的法律素质。进一步规范司法行为，加强司法监督，促进司法公正。高度重视群众来信来访，做好矛盾纠纷排查调处工作，妥善处理人民内部矛盾特别是涉及群众切身利益的矛盾，减少集访等群体性事件，努力创造和谐稳定的社会环境。

——*认真抓好就业再就业工作*。坚持以扩大就业为着力点，围绕改善就业环境，培育就业岗位，搞好就业培训，加强就业服务，认真落实就业再就业的各项优惠政策；加快建立城乡统一规范的就业服务体系，依托六盘水市红山轻工业集中区发展就业容量大的劳动密集型产业，加强与县内规模企业的联系，力争企业更多使用县内富余劳动力，促进就业再就业；积极鼓励提倡自谋职业、自主创业，努力拓宽就业渠道。认真抓好农村富余劳动力培训，借鉴外地成功经验，促进农村富余劳动力有序转移，着力发展劳务经济。

——*加强社会保障体系建设*。建立健全与水城经济发展水平相适应的社会保障体系，进一步完善和落实以养老、失业、工伤、医疗、生育为重点的社会保险制度，确保社保基金按时足额发放。强化城市居民最低生活保障制度建设，做到应保尽保。切实关心困难群众和弱势群体生活，积极发展社会救助、社会福利、社会慈善等事业。同时，通过抓好民用煤供应、茅草屋改造等工作，通过加大投入、加强协调、努力争取等方式，通过认真落实《土地法》、城市“低保”制度等措施，认真解决包括失地农民、地质灾害区群众等困难群众最关心、最现实、最直接的生产生活问题。

——*切实抓好安全生产*。牢固树立“责任重于泰山”思想和“细节决定成败”理念，始终把安全生产工作放在首位，全面贯彻落实安全生产法律法规和政策要求，强化企业业主主体责任，强化政府监管主体责任，认真落实责任制和责任追究制，坚持把隐患当作事故处理，坚决遏制重特大事故发生，确保人民生命财产安全。

七、大力加强党的建设，为经济社会发展提供强有力的组织保障

突出以加强党的执政能力建设和先进性建设为重点，始终抓好党的思想建设、组织建设、作风建设和制度建设。

——*坚持搞好理论武装不动摇，切实加强思想政治建设*。始终坚持思想政治建设抓学习的要求，深入学习“三个代表”重要思想、科学发展观、《江泽民文选》，做到学理论与学习中央重要会议精神、胡锦涛总书记重要讲话精神结合，与落实省、市重大决策部署结合，通过加强思想政治建设，强化广大党员干部的责任意识，充分激发党员干部的工作热情，提高党性修养。真正把学习的成效内化为正确的世界观，外化为推动工作的具体行动，转化为抓好发展的实际成果。

——*着力优化干事创业环境，切实加强基层组织建设。*始终坚持正确的用人导向，以发展论英雄，凭实绩行奖惩，依德能定位子，真正把那些对工作有激情、有信心，干工作有思路、有方法，推动工作有魄力，有韧劲的干部选拔到领导岗位上来，真正让想干事的人有机会，能干事的人有平台，干成事的人有地位。高度重视妇女干部、少数民族干部、年轻干部、党外干部的培养、选拔和使用，不断优化各级领导班子结构。全面科学评价干部，按照科学发展观和正确政绩观的要求，对照岗位职责、目标责任，区分不同岗位、不同层次，进一步建立健全科学合理的领导干部考核评价体系，力求实事求是、客观公正地反映每一位干部的实绩，不让老实人吃亏，不让沽名钓誉者得到好处。切实加强各级干部的教育培训，力争实现五年在职干部轮训的目标。进一步深化干部人事制度改革，力求干部工作在创新方式、规范程序、提高质量方面有新突破；高度重视干事创业环境建设，大力营造敢闯、敢冒、敢试、敢为人先的干部就得到支持和鼓励的从政环境，大力营造想干事、能干事、干成事、不出事的干部就得到尊重的舆论环境，大力营造能者上、平者让、庸者下，不用事业将就人的用人环境。坚持以人为本，做到严格要求与关心爱护的统一，采取有力措施从政治上、经济上、生活上进一步关心爱护干部，尤其要帮助基层干部减少包袱、减轻负担、减小压力、降低风险。认真落实离退休干部政治、生活待遇，确保“六个老有”得以体现。大力实施党的基层组织先进性建设工程，切实加强党的基层组织建设，坚持围绕中心、服务大局，拓宽领域、强化功能，扩大党的工作覆盖面，深入开展“三级联创”活动，突出抓好乡镇党委和村党支部“创五好”，不断提高基层党组织和广大党员带领群众致富的能力。认真抓好机关、学校、企业的党建工作，加大新经济组织党建工作力度，进一步提高基层党组织的吸引力、凝聚力和战斗力。切实做好党员发展工作，进一步壮大党的队伍。加强党员教育管理，尤其要注重加强外出务工党员的管理，严肃处置不合格党员，积极探索建立党员长期受教育、永葆先进性的长效机制。

——*围绕健全惩治预防体系，切实加强党风廉政建设。*始终把解决思想作风、学风、工作作风、领导作风和干部生活作风方面的突出问题作为主要内容，采取更加有效措施，促进各级干部思想作风、学风、工作作风、领导作风和干部生活作风进一步转变，使其思维方式、工作方法、抓落实的力度更符合新形势、新任务的要求，经常深入基层调查研究，了解社情民意，为民排忧解难，在全县形成领导在一线服务，干部在一线创业，政策在一线落实，问题在一线解决，形象在一线树立，经验在一线总结的新局面。突出抓好《建立健全教育、制度、监督并重的惩治和预防腐败体系实施纲要》的贯彻落实，着眼治标，立足治本，坚持和完善反腐败领导体制和工作机制，高度重视反腐倡廉教育，筑牢思想道德防线，着力建立和完善权力运行监督制约机制，规范从政行为，强化对重要部门和重点岗位人员的监督，进一步提高监督的有效性，坚决查处违纪违法案件，坚决纠正部门和行业不正之风，切实解决群众反映强烈的热点难点问题，力求早日形成具有水城特点的教育、制度、监督并重的惩治和预防腐败体系。认真落实党风廉政建设责任制，确保反腐倡廉各项工作落到实处。坚持做到惩治腐败者与保护廉政勤政者的统一，注重支持和保护勤政廉洁的干部。坚持以优良的党风带动和促进政风、行风和社会风气的好转，不断开创党风正、民心顺、事业兴的新局面。

——围绕形成永葆先进性的长效机制，着力加强党的制度建设。始终坚持一手抓执行，一手抓新建的原则，全面落实中央、省、市出台各项规章制度和县内制发制度的同时，针对出现的新情况新问题，适时完善和制定行之有效的制度，用制度规范各级党组织和党员的言行，努力实现各级党组织工作的规范化、制度化。

各位代表、同志们，回首过去，拼搏的艰辛与辉煌的成就历历在目，展望未来，面临的挑战和壮丽的图景催人奋进，我们肩负推进水城经济社会超常规跨越式发展的重任光荣而艰巨。面对机遇期，我们必须抢抓争上，面对关键期，我们必须攻坚克难，面对转型期，我们必须与时俱进。让我们更加紧密地团结在以胡锦涛同志为总书记的党中央周围，在中共六盘水市委的正确领导下，团结带领全县广大党员和各族群众，继续弘扬团结协作、抢抓争上、攻坚克难、与时俱进的精神，为实现水城经济社会发展历史性跨越的宏伟目标而努力奋斗！

二、限外资料

（一）2009—2015 年水城县经济社会发展情况

2009—2015 年，水城县坚持党委领导，政府落实，人大、政协监督和参与的工作格局；通过全县各级干部和人民群众的共同奋斗，经济高速发展，社会事业全面进步，政治建设成效明显，人民生活水平逐步提高。

1. 建置与机构人员变化

建置调整　2010 年 5 月 24 日，市府复字〔2010〕26 号文件《市人民政府关于红桥新区管理界线的批复》，将滥坝镇的红山、白泥、付家营 3 个村全部，严家寨村的大部分，住武和双水村的小部分划归红桥新区开发建设和管理（共 22.23 平方千米）。2011 年 10 月 30 日，省政府以黔府函〔2011〕390 号文件《省人民政府关于同意设立贵州水城经济开发区的批复》，批准在董地、老鹰山片区设立贵州水城经济开发区，首期开发建设面积 15 平方千米，起步期面积 5 平方千米。2012 年，省政府以黔府函〔2012〕261 号文件《省人民政府关于同意六盘水市水城县阿戛乡等四个乡撤乡设镇的批复》，批准撤销阿戛乡设置阿戛镇、撤销蟠龙乡设置蟠龙镇、撤销玉舍彝族苗族乡设置玉舍镇、撤销发耳布依族苗族彝族乡设置发耳镇，4 个乡撤乡设镇后原行政区域不变。2012 年 12 月 28 日，省政府以黔府函〔2012〕326 号文件《省人民政府关于同意撤销水城县都格乡等 4 个乡设置都格镇等 4 个镇的批复》，批准撤销都格布依族苗族彝族乡设置都格镇、撤销鸡场布依族彝族苗族乡设置鸡场镇、撤销勺米彝族苗族乡设置勺米镇、撤销化乐苗族彝族乡设置化乐镇，4 个乡撤乡设镇后原行政区域不变。2013 年，省政府以黔府函〔2013〕29 号文件《省人民政府关于同意撤销水城县木果乡等三个乡设置木果镇等三个镇的批复》，批准撤销木果彝族苗族乡设置木果镇、撤销比德苗族彝族乡设置比德镇、撤销保华苗族彝族乡设置保华镇，3 个乡撤乡设镇后原行政区域不变；省政府以黔府函〔2013〕105 号文件《省人民政府关于同意将钟山区老鹰山镇行政区域划归水城县管辖的批复》，批准将钟山区老鹰山镇整建制划归水城县管辖，原老鹰山镇行政区域不变；省政府以黔府函〔2013〕106 号文件《省人民政府关于同意将水城县双戛彝族乡行政区域划归钟山区管辖的批复》，批准将水城县双戛彝族乡整建制划归钟山区管辖，原双戛彝族乡行政区域不变。2015 年 6 月 4 日，根据黔府函〔2015〕129 号文件《省人民政府关于同意水城县乡镇行政区划调整的批复》，撤销玉舍镇、滥坝镇、老鹰山镇、保华镇、阿戛镇、盐井乡、发箐苗族彝族乡、陡箐苗族彝族乡、红岩布依族彝族苗族乡、纸厂彝族乡、董地苗族彝族乡、米箩布依族苗族彝族乡，设置新保华镇、阿戛镇、玉舍镇、陡箐镇、米箩镇、尖山街道、双水街道、老鹰山街道、董地街道；新设置的保华镇辖原保华镇和发箐苗族彝族乡地域，新设置的阿戛镇辖原阿戛镇和盐井乡地域，新设置的玉舍镇辖原玉舍镇和纸厂彝族乡地域，新设置的陡箐镇辖原陡箐苗族彝族乡和红岩布依族彝族苗族乡地域，新设置的米箩镇辖原米箩布依族苗族彝族乡地域，新设置的尖山街道辖原滥坝镇尖山村、白腻村、滴水岩村和发都村的一组、二组、三组、四组地域，新设置的双水街道辖原滥坝镇广场社区、双水社区、黄家桥社区、小山社区、朝阳社区、以朵村、严家寨村、白泥村、红山村、付家营村、发都村（只有丫口组、龙井组、大桥组、黄家寨组、木房组）地域，新设置的老鹰山街道辖原老鹰山镇地域，新设置的董地街道辖原董地苗族彝族乡地域；行政区划调整后，水城县辖双水街道、尖山街道、老鹰山街道、董地街道、陡箐镇、比德镇、化乐镇、保华镇、木果镇、玉舍镇、勺米镇、发耳镇、都格镇、鸡场镇、阿戛镇、米箩镇、蟠龙镇、南开苗族彝族乡、金盆苗族彝族乡、青林苗族彝族乡、坪寨彝族乡、龙场苗族白族彝族乡、营盘苗族彝族白族乡、顺场苗族彝族布依族乡、花戛苗族布依族彝族乡、杨梅彝族苗族回族乡、新街彝族苗族布依族乡、野钟苗族彝族布依族乡、果布戛彝族苗族布依族乡、猴场苗族布依族乡。2009 年初，全县有 1 个社区，313 个村；经几次调整，2015 年，全县有 30 个社区，170 个村。

机构变化　2009 年县政府机构改革：保留机构有县政府办、县发展和改革局、县财政局、县环境保护局、县林业局、县水利局、县审计局、县统计局、县国土资源局、县司法局、县教育局、县民政局、县人口和计生局、县民族宗教事务局，县农业局、县科学技术局、县畜牧事业局、县烤烟生产办公室、县扶贫开发办公室、县农业机械服务中心、县农业办公室合并为县农业局，县建设局（县城管局）、县房产管理局（县住房制度改革领导小组办公室）合并为县住房和城乡建设局，县粮食局、县经济贸易局（县乡镇企业局、县非公有制经济发展局）合并为县经济和信息化局（增加对外经济协作职能），县文体广播电视局（县新闻出版局、县版权局）、县旅游局合并为县文体广电旅游局（挂县新闻出版局、县版权局牌子），县卫生局、县食品药品监督管理局合并为县卫生和食品药品监督管理局，县安全生产监督管理局由县政府直属事业单位调整为县政府工作部门，撤销县物价局（其职能并入县发展和改革局），县人事劳动和社会保障局更名县人力资源和社会保障局，县煤炭管理局更名县煤炭局，县交通局更名县交通运输局，组建县水利水电工程移民局（为县政府直属事业单位）。2010 年，从县农业局中分出县扶贫开发局。2011 年：县中医院升格为市中医院（副县级），业务仍由县管理；设立县招商引资和投资促进局、县玉舍产业园区管理委员会、县发耳产业园区管理委员会、县中箐产业园区管理委员会，重新确定县百车河生态旅游园区管理委员会，组建县经信局综合执法大队，原县农业局执法大队和原县畜牧局执法大队合并为县农业综合执法大队，县人力资源和社会保障局所属的县养老保险基金管理中心、县失业保险基金管理中心、县医疗保险基金管理中心、县工伤保险基金管理中心合并为县社会保险事业局；进行乡（镇）机构改革，每个乡（镇）定领导职数 9 名，党委书记 1 名、人大主席团常务主席 1 名、乡（镇）长 1 名、党委副书记 2 名（1 人担任乡长或镇长、1 人担任纪委书记）、副乡（镇）长 4 名、武装部长兼政法委书记 1 名（再兼任综治办主任），乡（镇）管理为主的事业单位设农业综合服务中心（挂扶贫工作站牌子）、科技教育文化服务中心、人口和计划生育技术服务站、水利站、林业站、财政所（挂统计站牌子）、人力资源和社会保障服务中心（挂农村合作医疗站牌子），县直部门派驻乡（镇）机构有安全生产监督管理站

（挂煤炭管理站牌子）、国土资源所和中心小学，全县33个乡（镇）核定行政编制882名、工勤编制82名，管理为主的事业单位编制1264名（不含学校），国土资源所编制98名，安全生产监督管理站（煤炭管理站）编制119名，卫生院编制826名。2012年，乡（镇）财政所改为财政分局（升格为副科级，为县财政局派驻机构），成立县煤矿安全监督管理局（在县安全生产监督管理局挂牌），成立县科技事业局、县气象防灾减灾中心。2012年5月18日，县纪委与县监察局下设4个纪律检查工作委员会与监察分局。2013年，成立县城市管理局、县安全生产执法监察局（与县安全生产监督管理局合署办公）。2014年6月，县卫生和食品药品监督管理局分为县卫生局、县食品药品监督管理局。2014年9月，成立六盘水野玉海山地旅游度假区管理委员会。2014年11月，成立县生态文明建设和旅游发展局，县食品药品监督管理局、县工商行政管理局、县质量技术监督局合并为县市场监督管理局。2014年12月17日，县卫生局与县人口和计划生育局合并为县卫生和计划生育局。2015年7月起，各单位纪委（纪工委）书记不再由同级党委副书记担任。

编制与人员　2009年，全县有行政机构156个，编制1986人，实有1967人；有事业机构968个，编制10039人，实有9829人；年末总户数214404户，户籍人口790389人，其中农业人口767456人。2010年，全县有行政机构155个，编制2001人，实有1926人；有事业机构916个，编制10947人，实有9585人；年末总户数226778户，户籍人口826256人，其中农业人口799844人。2011年，全县有行政机构155个，编制2025人，实有2060人；有事业机构921个，编制11345人，实有10138人；年末总户数233439户，户籍人口833383人，其中农业人口805006人。2012年，全县有行政机构155个，编制2092人，实有2041人；有事业机构997个，编制11760人，实有10154人；年末总户数238027户，户籍人口839648人，其中农业人口809676人。2013年，全县有行政机构156个，编制2232人，实有2621人；有事业机构1046个，编制12219人，实有9957人；年末总户数240539户，户籍人口848260人，其中农业人口817053人。2014年，全县有行政机构181个，编制2232人，实有1981人；有事业机构987个，编制12239人，实有12242人；年末总户数256691户，户籍人口892499人，其中农业人口839331人。2015年，全县有行政机构181个，编制2232人，实有2051人；有事业机构1060个，编制12239人，实有10691人；年末总户数265479户，户籍人口934729人，其中乡村人口881184人。

2. 经济建设

经济发展　县委不断制定招商引资等经济政策，县政府集中精力发展经济；发改、招商等部门做好项目管理与服务，不断培育新的经济增长点；财政部门精心安排有限的资金，既保障人民生活逐步改善，又尽力支持经济和社会发展；税务部门依法加强征管，促使税收逐年递增；审计部门进行审计监督，使资金落到实处；各乡（镇、街道）大力开展经济建设，全县经济沿着高速健康的轨道发展。2009年：全县推出25个重点项目对外招商，引进项目18个，协议资金76.11亿元，实际到位资金20.38亿元；生产总值575951万元，固定资产投资647884万元，社会消费品零售总额66462万元，农民人均纯收入2819.6元；财政总收入8.55亿元，地方财政收入45095万元，地方财政支出140086万元。2010年：全县生产总值724917万元，固定资产投资830001万元，社会消费品零售总额77681.2万元，农民人均纯收入3273.7元；财政总收入13.47亿元，地方财政收入61643万元，地方财政支出195558万元。2011年：全县招商引资项目43个，实际到位资金63.71亿元；生产总值890583万元，固定资产投资1301027万元，社会消费品零售总额92168.7万元，农民人均纯收入4010元；财政总收入170633万元，地方财政收入98937万元，地方财政支出261376万元。2012年：全县获得资金补助19.86亿元，在全市率先建立北京、深圳、杭州、重庆招商引资分局，重点包装100个成熟精品项目开展驻外招商，签约项目68个，协议资金320亿元，实际到位资金117亿元；生产总值1135099万元，固定资产投资2440953万元，社会消费品零售总额106454.8万元，农民人均纯收入4725元；财政总收入233118万元，地方财政收入162768万元，地方财政支出351423万元。2013年：全县招商引资项目59个，实际到位资金175亿元（含续建项目）；生产总值1373357万元，固定资产投资409.2亿元，社会消费品零售总额12.2亿元，农民人均纯收入5421元；财政总收入286143万元，地方财政收入200080万元，地方财政支出431250万元。2014年：全县引进项目74个，签约资金377.83亿元，其中省外实际到位资金149.8亿元，招商引资在全省排名第8位；生产总值181.11亿元，固定资产投资559.15亿元，社会消费品零售总额13.76亿元，城镇居民人均可支配收入19603元，农村居民人均可支配收入6400元；财政总收入28.82亿元，地方财政收入19.51亿元，地方财政支出44.35亿元。2015年：全县招商引资实际到位资金156.8亿元；生产总值206.29亿元，固定资产投资638.77亿元，社会消费品零售总额16.94亿元，城镇居民人均可支配收入21407元，农村居民人均可支配收入7088元；财政总收入29亿元，地方财政收入20.7亿元，地方财政支出50.01亿元。

农业　县农业部门、各乡（镇、街道）始终把发展农业放在首位，气象等涉农部门尽力为农业服务，全县农业稳步前进。2009年：财政投入支农资金2.32亿元，总投资100万元以上的农产品加工企业有24户，百车河玖圣马铃薯精淀粉加工厂（每年可加工5000万千克）和丰源鲜蔬菜脱水加工厂（每年可加工3000万千克）投产；全县有马铃薯基地49960公顷，新增茶园666.67公顷、猕猴桃166.67公顷，蔬菜种植6653.33公顷（其中商品蔬菜基地1333.33公顷）；陡箐、红岩、蟠龙草地生态畜牧业科技扶贫养羊项目初见成效，冷坝片区万头优质肉牛基地初步建成；农林牧渔业总产值14.18亿元（其中畜牧业产值5.36亿元），粮食总产量27080万千克。2010年：全县农林牧渔业总产值15.53亿元（其中畜牧业产值52422万元），粮食总产量24240万千克；县获全国粮食生产先进县、全省“三增一减”工作先进县称号和全市“三农”工作目标考核第一名。2011年，全县农林牧渔业总产值171266万元（其中林业产值3149万元，畜牧业产值69777万元），粮食总产量16587.4万千克。2012年：启动建设米箩现代高效农业产业园区，新增茶叶、猕猴桃、核桃等特色产业基地14746.67公顷，“水城红心猕猴桃”获农业部地理标志保护产品认证，15个农产品获农业部无公害认证，新增省、市龙头企业7家；全县农林牧渔业总产值216835万元（其中林业产值5385万元，畜牧业产值84855万元），粮食总产量21616.6万千克。2013年：启动建设猴场、龙场、南开3个现代高效农业产业园区，入驻企业21个，建成标准化生产示范基地3866.67公顷；种植猕猴桃、茶叶等27733.33公顷，7个农产品列入全国农产品地理标志保护目录；新增省级龙头企业6个、市级龙头企业11个、农民专业合作组织21个；全县农林牧渔业总产值260199万元（其中林业产值6731万元，畜牧业产值99324万元），粮食总产量23250万千克。2014年：成立富硒茶产业园区管委会及猕猴桃产业园区管委会；开展蟠龙、米箩农村土地承包经营权确权登记颁证试点；全县农林牧渔业总产值34.27亿元（其中畜牧业产值13亿元），粮食总产量22600万千克。2015年：在米箩、转山、海坪等地进行“三变”（资源变资产、资金变股金、农民变股东）改革，有2953.33公顷村集体“四荒”地、1713.33公顷村集体林地和1153.33公顷村集体草地变资产，有各级财政资金3424.24万元、村集体入股资金554万元、社会入股资金4.38亿元变股金，有3.6万户、13.48万人变股民；根据市委“坚决把60%的玉米退下来”的要求，新增农业特色产业27640公顷，全县有特色农业产业89893.33公顷，猕猴桃产业示范园区获全省综合考评第一名（连续3年）；农林牧渔业总产值43.22亿元（其中林业产值8.5亿元）。

工业　县工业、煤炭等部门和各工业园区，加强对企业管理和服务，全县工业快速发展。2009年：启动双戛中箐循环经济工业集中区规划，红山工业集中区备案企业40家、签约企业17家、签约资金6.5亿元、进入园区企业12家；双元（双牌）铝厂稳定生产，玉舍2×11亿千克/年循环经济型煤焦化项目前期工作快速推进，豪龙公司20亿千克/年干法水泥生产线项目建设紧张进行，黔峰6亿千克/年水泥粉磨站项目基本建成，配套日产250万千克新型干法熟料生产线项目获省发改委批复；非煤矿山由229家整合为163家，对煤炭洗选行业进行治理整顿，出台《水城县关于从严执行煤焦税费征收管理的实施意见》；全县工业总产值87.98亿元（其中规模以上工业产值57.84亿元，轻工业产值3.1亿元），生产原煤662290万千克，洗精煤120130万千克，发电71.33亿度。2010年，以煤、电、铝为重点的能源工业加速发展，煤化工、高载能等相关产业延伸发展，全县工业总产值129.22亿元。2011年，全县工业总产值241亿元，生产原煤768200万千克，焦煤产量56110万千克，洗精煤540370万千克，发电121.11亿度，铝产量20350万千克。2012年：发耳煤电化产业园区进入全省100个示范产业园区培育计划，木果工业园区、以朵食品药品加工区开展前期工作；建成洗煤企业21家（新增年入洗能力144亿千克），全县工业总产值345.45亿元，生产原煤1370990万千克，焦煤产量71800万千克，洗精煤789750万千克，发电139.65亿度，铝产量24270万千克，生产水泥29450万千克。2013年：“煤电铝、煤电化、煤电钢、煤电材”四个一体化的工业发展取得新进展；新增规模以上工业企业26个（总数为144个），规模以上工业增加值113.3亿元；9个煤矿企业集团基本具备主体资格，共有煤炭生产矿井67个；全县工业总产值480.35亿元，生产原煤1853160万千克，焦煤产量60630万千克，洗精煤946990万千克，发电158.4亿度，铝产量30800万千克。2014年：发耳工业园区入驻企业11家，循环经济模式初现雏形；淘汰落后产能企业2户（产能3.8亿千克），全县工业总产值559亿元，生产原煤174.2亿千克，洗精煤83.7亿千克，发电135.27亿度，铝产量3.57亿千克，生产水泥19.5亿千克。2015年：发耳工业园区推动低碳、循环、集约、清洁经济发展，全县新增规模以上企业21户；全县工业总产值422.22亿元，生产原煤176.5亿千克，洗精煤86.2亿千克，发电137.13亿度，铝产量28110万千克，生产水泥229390万千克。

服务业　商业、贸易、供销、金融、保险、旅游、物流、运输、信息咨询、餐饮娱乐等行业和部门，在全县经济发展中各显其能；工商、质量技术监督、物价等部门严格执法和服务，维护良好的市场经济秩序。2009年：成立玉舍森林旅游开发有限公司，建设滑草场、滑雪场，开发水上游乐园；启动乌蒙山国家地质公园天生桥景区遗迹保护工程、北盘江营盘乌蒙景区和野钟至猴场景区建设，农村信用社增设21个农村网点和2个小额贷款公司，全县接待游客87.18万人次，服务业增加值13.99亿元。2010年：全县农村信用社发放贷款133916万元，各项存款余额284910万元；接待游客98.87万人次，旅游收入11860万元。2011年：全县农村信用社发放贷款152611万元，各项存款余额320953万元；接待国内外旅客98.47万人次，旅游综合收入3.54亿元；休闲娱乐、保险、中介服务等产业加速发展，批发业收入1681万元，零售贸易业收入68365万元，住宿业收入1845万元，餐饮业收入20277万元。2012年：全县农村信用社发放贷款211361万元，各项存款余额404461万元；接待游客130万人次，旅游综合收入6.08亿元；落实扶持微型企业发展政策，批发业收入2308万元，零售贸易业收入83175.2万元，住宿业收入1809.7万元，餐饮业收入19161.9万元，三产增加值26.51亿元。2013年：开展"万村千乡市场工程""万户小老板"行动，新增各类市场主体3793个，百车河统筹城乡转型发展旅游综合体、野玉海景区初现雏形；全县接待游客222万人次，旅游总收入5.5亿元；批发业收入2636.5万元，零售贸易业收入95010.4万元，住宿业收入2067.2万元，餐饮业收入21888.5万元，三产增加值38.7亿元。2014年：成立野玉海山地旅游度假区管委会，推进野玉海国际山地旅游度假区、野鸡坪军事体验营、运动员高原耐力训练基地、海坪千户彝寨、土司庄园等项目建设；以明硐、以朵为重点的双水片区生产型和生活型服务业加快发展，新增市场主体2923户（注册资金共31.9亿元）。2015年：按"市场活、可持续"的要求健全城镇体系，推动物流、电子商务、信息服务、医疗健康等产业发展；全县有个体工商户15269户、从业人员15269人、资金50025.74万元，供销社系统总营业额3.6亿元，旅游总收入9.84亿元。

生态环境建设　林业、水土保持、环保等部门，大力进行石漠化治理和污染治理，全县生态环境不断改善。2009年：全县造林3560公顷，退耕还林466.67公顷；国家投资140万元，实施天然林保护工程（封山育林）1333.33公顷；聘请护林员655人（常年护林员564人、季节性护林员91人），支付护林员工资122.9万元，管护森林98653.33公顷；实施国家重点公益补偿林20009.93公顷，补偿基金2891957元；县全国第一次污染源普查工作通过市级验收，对主要流域进行污染治理，限期治理企业14家，取缔落后企业25家；玉舍水库、白马洞水库饮用水源水质稳定达国家Ⅱ级标准以上；启动石漠化综合治理试点工程24.95平方千米，治理水土流失34.5平方千米。2010年：全县种植核桃333.33公顷，退耕还林666.67公顷；国家投资140万元，实施天然林保护工程（封山育林）1333.33公顷；聘请护林员641人（常年护林员545人、季节性护林员96人），支付护林员工资124.4万元，管护森林98653.33公顷；实施国家重点公益补偿林20009.93公顷，补偿基金2891957元。2011年：全县造林1298公顷，退耕还林533.33公顷；聘请护林员554人（常年护林员464人、季节性护林员90人），支付护林员工资126.4万元，管护森林149040公顷；实施国家重点公益补偿林57053.33公顷，补偿基金8309552元。2012年：全县造林12093.33公顷，退耕还林3706.69公顷，森林覆盖率39.88%；国家投资600万元，实施天然林保护工程（封山育林）1000公顷；聘请护林员680人（常年护林员561人、季节性护林员119人），支付护林员工资478.04万元，管护森林131826.67公顷；实施国家重点公益补偿林126526.67公顷，补偿基金11101250元；二氧化硫排放控制在9589.4万千克以内，氮氧化物排放控制在4303.6万千克以内，化学需氧量控制在327.7万千克以内，氨氮排放量控制在15万千克以内，石漠化综合治理19.57平方千米，治理水土流失4.17平方千米。2013 年：全县淘汰落后产能 39800 万千克，实施三岔河流域、百车河流域、巴浪河流域环境整治；强化 2 个县级以上和 30 个乡（镇）千人以上饮用水源保护工作，治理石漠化 14.2 平方千米，造林 9733.33 公顷，森林覆盖率 41.2%；实施沼气池、圈舍改建、土壤改良、土地开发复垦等项目，新增耕地 608.8 公顷。2014 年：监测白马洞水库、玉舍水库、阿勒河、百车河、巴浪河等 10 个水质断面和 33 个乡（镇）集中式饮用水源地，全县综合治理水土流失 14.24 平方千米，石漠化综合治理 14.5 平方千米，造林 9560 公顷，森林覆盖率 45%，空气质量达标率 99.4%。2015 年：实施河流治污、植树造林、封山育林、天然林保护、矿山复绿、双水城区绿化、景区景点绿化等工程，全县造林 18200 公顷，森林覆盖率 50.05%；严格督促环保设施不完善的企业落实整改措施，空气质量达标率 99.71%。

城镇建设　住房和城乡建设、双水新区等部门对城镇建设进行规划指导，加强工程管理和服务，使城乡居住条件逐步改善。2009 年：龙泉山西路、大威烟路改造工程基本完成，人民路东段（水城段）建设进展顺利，新县城基本形成三纵九横的城市道路网骨架；建成城市垃圾中转站 1 座，污水处理工程通水调试；启动双水新区拆迁安置点规划编制工作，双水新区土地历史遗留问题处置进入实质性阶段，全县房地产业投资 2.21 亿元；完成南开小城镇规划，实施 4 个村的新建村庄整治规划。2011 年，新县城道路、污水处理、供电网络、医院、学校、市场等市政公用设施不断完善，综合承载能力进一步增强，全县房地产开发投资 3.43 亿元。2012 年：开展双水城区控制性详规修编，编制 7 个乡（镇）总体规划和 34 个村庄整治规划，115 个村庄规划开展前期工作；明硐湖国际新城、以朵影视主题公园等项目开工，以朵大道、新县城路网改扩建、入城段景观绿化、污水处理后续管网工程、学校和医院配套工程加快实施，城区供水与市中心区联网，建行、工行等金融机构入驻双水城区，城市功能不断完善，全县房地产开发投资 4.08 亿元，启动玉舍省级示范小城镇和发耳市级示范小城镇建设。2013 年：投资 9.8 亿元实施双水城区路网管网、市民广场等建设，城市管理由“粗放式”向“精细化”转变，城市品位快速提升，服务功能逐渐齐备；将中心城区向东扩容延伸，城市扩容 2 平方千米，全县房地产开发投资 6.39 亿元；玉舍、发耳等示范小城镇建设加快，全县城镇化率 20.2%。2014 年：制定塔山片区机场高速沿线概念性设计和双水片区水系规划，进行双水片区防洪工程和双水河道改造工程设计；完成城区 2 个农贸市场升级改造，建成保健农贸市场；推进山地特色新型小城镇建设，完善米箩、蟠龙、木果等 7 个小城镇规划，全县城镇化率 31.33%。2015 年：双水城区改造升级，实施“打开围墙、还绿于民”工程，红豆公园、铁艺公园、龙池公园、两江源公园、以朵城市森林公园以及艾蘭国际酒店建成并投入使用，完成第二批 13 个小城镇建设，打造滴水岩、院坝、转山等 32 个“美丽乡村”升级版示范点，城乡面貌焕然一新；有城市公园 5 个、五星级酒店 1 个，双水城区人口 5 万余人，面积超过 13 平方千米，全县城镇化率 33.26%。

基础设施建设　交通、水利、供电、移民等部门和电信、移动、联通、邮政等行业，全力开展基础设施建设。2009 年：配合水盘高速、玉马、俄都发、马场桥经仲河至盐井、杨梅至果布戛等重点公路和大河至木果、陡箐至化乐运煤公路及都格大桥等建设，组织立火经比德至化乐运煤公路和玉舍至坪寨、蟠龙经红岩至小马场、猴场收费站至猴场通乡油路建设，实施 29 条（318.5 千米）通村公路和 27 座（631.4 延米）农村公路桥梁项目；修建覆盖 9 个乡、16 个村的农村饮水工程（可解决

2.55 万人安全饮水）和涉及 6 个乡、8 个村的库区移民饮水工程（可解决 0.24 万人安全饮水），完成 2 个病险水库除险加固和 28 处“三小”水利工程；发耳电厂 3 号机组发电，双戛 2×30 万千瓦煤矸石电厂项目前期工作获省发改委批准，善泥坡水电站开工建设，毛家河水电站、响水电站二期工程建设进展顺利，泥猪河水电站主体工程基本完工；进行电网建设和改造，使 1237 户无电户通电。2010 年：配合六盘水月照机场建设和杭瑞、水盘、六（盘水）六（六枝）高速公路等建设，修建运煤公路 130 千米、通乡油路 385 千米、通村公路 2039.6 千米，进行通村水泥路试点工程 55 千米，基本实现乡乡通油路、村村通公路，建成 12 个乡（镇）客车站，完成 10 个病险水库治理和 21 处“三小”水利工程；建成变电站 7 座，完成玉舍、鸡场、化乐等片区煤矿的双回路建设。2011 年：全县有运煤公路、通乡油路 440.6 千米，通村公路 1749.9 千米、通村油（水泥）路 98.3 千米，有 15 个乡（镇）客车站；全县电站装机容量 268.58 万千瓦（其中发耳电厂 4 号机组 60 万千瓦），在建电站装机容量 46.75 万千瓦，户通电率 100%。2012 年：启动 113 千米运煤公路和“十二五”规划的 1356 千米通村油路（水泥路）建设，建成公路 460 千米；配合双桥水库建设，开工建设观音岩水库、万营水库，实施病险水库除险加固、中小河流治理等 102 个农田水利基础设施项目，解决 4.5 万农村人口饮水；配合实施 110 千伏以上输变电工程，建成线路 132.1 千米，升级改造 10 千伏以下农村配电网线路 1094 千米。2013 年：水盘高速公路通车，建成通村油路 1200 千米、运煤公路 52 千米、专项公路 88.9 千米；善泥坡、毛家河、黄家寨和金狮子一级水电站建设稳步推进，五里坪水库投入使用，实施 116 个农村饮水及农田水利项目，解决 11.5 万农村人口饮水；进一步优化供电、通讯网络，农网升级改造工程有序推进；新增移动基站 90 个，新增联通、移动、电信宽带线路 58.6 千米，新增农村邮政服务网点 24 个。2014 年：启动连山至董地北部大通道建设，投入使用运煤公路 200 千米、通乡油路 385 千米、通村油路 1500 千米；双桥水库进入下闸蓄水阶段，善泥坡电站并网发电，新增灌溉面积 673.33 公顷，解决 7.89 万农村人口饮水；建成 1 座 110 千伏变电站、2 座 35 千伏变电站，新建 110 千伏线路 1.98 千米、35 千伏线路 51.57 千米，新建及改造 10 千伏及以下线路 88.99 千米，新增移动基站 223 个、自然村通电话 23 个、行政村通宽带 90 个。2015 年，建成南开至维新、新街至新寨、马场至蟠龙、猴儿关至蟠龙、东升至丫口及大田至老马场 6 条运煤公路，建设 176.9 千米通村油路（总投资约 11854 万元）；全县公路网里程 3442 千米（其中高速公路通车里程 150 千米，普通国、省干线总里程 717 千米），行政村通车率 100%、通客车率 86%。

水成经济开发区建设　贵州水城经济开发区是 2011 年 10 月经省政府批准设立的省级经济开发区，是全省“511”示范培育园区，其功能定位为“贵州省新型重化工业基地和循环经济示范区、新型产业拓展区和承接地、贵州西部综合性物流中心，以煤电化、煤电铝为主导产业的省级经济开发区”；开发区位于市中心城区东部，距双水新区 12 千米，距月照机场 7 千米；杭瑞高速和都（都匀）香（香格里拉）高速在核心区设有匝道，六（盘水）安（顺）城际铁路设有站点，境内有日吞吐量 5000 万千克的滥坝货运站；开发区总面积 203.35 平方千米，总人口 7.8 万人（其中农业人口 4.7 万人）。2011 年：开发区建成企业 60 余家（有煤矿 11 对、铝厂 1 个、阳极碳素厂 1 个、洗煤厂 8 个、铅锌矿 1 个、大理石厂 1 个、萤石矿 1 个、焦化厂 6 个，矿石厂 20 个，其余企业 10 余家），固定资产投资 30.58 亿元，工业总产值 78 亿元，财政总收入 30617.8 万元，地方财政收入 15178 万元。2012

年，开发区招商引资到位资金21亿元，固定资产投资34.28亿元，工业总产值120.33亿元，财政总收入2.83亿元。2012年2月14日，市委、市政府以市发〔2012〕11号文件《关于建立水城经济开发区的决定》对开发区的范围、定位、目标、管理体制等进行明确。2012年3月29日，开发区定编制90名，下设党政办公室、宣传组织人事部、经济发展和环境保护局（招商局）、财政局、住房和城乡建设局、社会事务局、监察室、建设服务中心。2012年7月，市委、市政府将水城经济开发区委托给水城县管理，实行县区一体化。2013年1—11月，开发区招商引资到位资金31.78亿元，固定资产投资42.23亿元，工业总产值126.8亿元，税收4.25亿元。2014年，开发区招商引资到位资金55.03亿元，新开工项目29个，新投产项目20个，建成标准化厂房20万平方米，固定资产投资55亿元，工业总产值154.97亿元，税收5.87亿元。2015年：开发区招商引资到位资金74.34亿元，有省、市重点建设项目25个（总投资200.42亿元），建成60万平方米标准化厂房和配套员工公寓及倒班宿舍，形成以煤电化、煤电铝、制鞋、电子、玄武岩纤维等为代表的“一区多园”产业化格局；固定资产投资69.76亿元，工业总产值187.24亿元，进出口贸易额0.6亿美元，税收7.03亿元。

3. 社会事业

教育　教育部门尽力争取上级对教育的投入，不断改善教育设施，加强师资队伍建设和教育督导，使全县教育长足发展。2009年：县二中更名市第四中学，县一中更名市第七中学，县三中更名市第八中学，县双水学校更名市第十九中学，县以朵学校更名市第二十中学；市第七中学建设进展顺利，市第十九中学投入使用；义务教育均衡发展，通过省政府“两基”复查和“普实”验收；全县有普通中学54所、在校生37994人，有小学313所、在校生104204人，小学入学率99.4%。2010年，全县有普通中学54所、在校生50616人，初中入学率105.92%，有小学335所、在校生97029人，小学入学率99.4%。2011年：全县有中学49所，专任教师2263人，在校生42655人，初中有图书654732册，初中阶段入学率85.2%；有完全中学3所，教学班92个，专任教师243人，在校高中生7612人；有小学308所，教职工3559人，在校生86032人，校舍总面积331391平方米，有图书953157册，小学入学率99.5%；有幼儿园26所，专任教师107人，在园幼儿2745人。2012年：全县有中学54所，专任教师2196人，在校生42910人，校舍面积246672平方米，有图书577984册，初中阶段入学率86.6%；有完全中学3所，教学班116个，专任教师453人，在校高中生9234人；有小学309所，教职工3829人，在校生74662人，校舍面积369855平方米，有图书855156册，小学入学率99.6%；有幼儿园34所，专任教师139人，在园幼儿5741人。2013年：启动教育“9+3”计划（9年义务教育加3年高职教育）和“四项突破工程”（学前教育、农村寄宿制学校建设、高中阶段教育、高等教育突破工程），全县九年义务教育巩固率82.7%，县职校纳入省“百校大战”建设盘子，实施学前教育和高中阶段突破工程等76个项目；全县有中学55所，初中专任教师2222人，在校生36910人，校舍面积347022平方米，有图书524143册，初中阶段入学率85.2%；有完全中学3所，教学班158个，高中专任教师376人，在校高中生12445人；有小学287所，小学专任教师3853人，在校生70843人，校舍面积401284平方米，有图书1142111册，小学入学率99.3%；有幼儿园41所，专任教师277人，在园幼儿8460人。2014年，全县49个教育续建项目和36个“四项突破工程”稳步推进，9年义务教育巩固率85.1%；县政府与北大附属实验学校在以朵职教城合办市第

二十三中学，为全寄宿制高级中学。2015 年：全县实施“全面改薄”学校 18 所（总投资 9713 万元），完成 15 所受地质灾害学校治理（投资 4292 万元）和 14 所乡（镇）中心幼儿园、16 所学生宿舍续建项目建设（总面积 63018 平方米，总投资 14413 万元），新建、改扩建 15 所幼儿园（建筑面积 18356 平方米，总投资 1897.6 万元，完成投资 300 万元），启动县职业技术学校实训综合楼建设（计划建筑面积 6600 平方米，估算总投资 1425 万元）；招商引资 3.5 亿元建设六盘水外国语实验学校（建筑面积 86206.93 平方米，到位资金 2.2 亿元，完成建筑面积 54442 平方米，完成投资 16670 万元）；补充特岗教师 200 名、幼儿教师 120 名、普通高中教师 101 名，学前三年毛入学率 78.1%，“普九”人口覆盖率 100%，高中阶段毛入学率 88.9%。

文化与体育　文体部门努力工作，农民文化园、农民体育健身、“村村响”等文体设施不断完善，海坪彝族火把节、南开苗族跳花节、青林芦笙艺术节形成文化品牌，“水城农民画”成为水城民族民间文化艺术瑰宝，补那、格支、天门、猴儿关等特色民族村寨具有很大魅力。2009 年，举办“多彩贵州”等多项文化活动，启动 24 个乡（镇）综合文化站、37 个农民体育健身工程和 35 个村级农家书屋建设，建成县级信息资源共享工程分中心和 314 个村级信息资源点，实施 323 座“村村通”广播电视工程。2010 年，33 个乡（镇）视频会议系统开通，全县广播电视入户率 50%，广播综合人口覆盖率 94.48%，电视综合人口覆盖率 96.81%。2011 年，全县广播电视入户率 70%，广播综合人口覆盖率 95.4%，电视综合人口覆盖率 96.79%。2012 年，全县广播电视入户率 92.45%，广播综合人口覆盖率 97.11%，电视综合人口覆盖率 96.79%，开展全民健身运动、群众性竞技体育活动。2013 年，广播电视“村村通”“户户通”工程全面完成，全县广播电视入户率 97%，广播综合人口覆盖率 98%，电视综合人口覆盖率 98.7%。2015 年：建成 200 个“村村响”工程，农村地面数字电视入户 70000 户；举办旅游文化产业发展大会和每月 1 次的广场群众文化活动，承办市第二届旅游文化产业发展大会开幕式活动；对猴场格支苗族文化、玉舍和纸厂彝族文化、花戛天门布依族文化进行深度普查，对猴场补那“布依好歌曲”进行整理记录；举办全国农民画展和贵州水城农民画恭贺祖国 66 华诞走进金色北京画展；组织全县女职工“三八”集体跳绳和单人跳绳比赛，举办自行车赛和全国摩托车越野锦标赛；完成 25 个村级农民体育健身工程、5 个健身路径、10 个乡（镇）农民体育健身工程建设。

卫生与计生　卫生和食品药品监督管理、疾病预防控制、妇幼保健、新农合、计生等部门和县、乡医疗机构通力合作，全县卫生事业和计生工作取得显著成绩。2009 年：建成县医院门诊大楼，新建 3 个乡卫生院、100 所村卫生室；启动医药卫生体制改革，完成地氟病防治项目 2.9 万户；全县有卫生机构 37 个，病床 791 张，卫生机构工作人员 716 人，新农合参合率 96.58%；完成人口信息采集工作，人口出生率 7.4‰，符合政策生育率 93.76%。2010 年：全县有卫生机构 37 个（其中卫生院 33 个）、病床 786 张、卫生机构工作人员 687 人；有 266 个村卫生室，新农合实现全覆盖；人口出生率 12.59‰，人口自然增长率 6.79‰。2011 年：县中医院升格为市中医院（副县级）并搬迁双水，业务仍由县管理，原址改为门诊部；全县有医疗机构 35 个（医院 2 个，卫生院 33 个），病床 861 张，医院、卫生院技术人员 610 人、其中执业医师（含执业助理医师）365 人、执业护士 82 人；常住人口出生率 6.47‰，人口自然增长率 1.01‰，出生人口性别比为 105.89：100。2012 年：全县有卫生机构40个（其中医院2个，卫生院33个），病床850张，医院、卫生院技术人员664人、其中执业医师（含执业助理医师）365人、执业护士82人；有乡村医生492人，县医院顺利创建“二甲”，新农合参合率97.11%；人口计生工作以强化基层基础工作和责任制为重点，扭转被动局面，跳出“重管县”行列。2013年：全县有医疗机构36个（医院3个，卫生院33个），病床860张，医院、卫生院技术人员716人、其中执业医师（含执业助理医师）363人、执业护士128人；有乡村医生482人，全县孕产妇住院分娩率95.02%，孕产妇系统管理率91.3%；新农合参合率99.17%，减免新农合医疗费用1.84亿元；人口计生工作实行整体推进，实现保位目标。2014年，全县新农合参合率99.25%，常住人口出生率7.77‰、符合政策生育率98.48%，出生人口性别比为108.49：100。2015年：全县基本公共卫生服务经费到位2437.38万元（中央2068.1万元、省级212.7万元、县级配套156.58万元）；引进民营医疗机构6家，推进8个中心乡（镇）卫生院建设，新建和改扩建村级卫生室67个，乡村医生补助每月每人817元，补助金额共计429.58万元；报告乙、丙类传染病18种，病例2986例，死亡19例，发病率398.66/10万，死亡率2.54/10万；住院分娩5901人，住院分娩率95.9%；新农合参合678836人，参合率99.26%，筹集参合金3.05亿元；严格执行人口计生“双诚信双承诺”“三按月”绩效管理制度，落实“单独二孩”生育政策，男女结扎5872例（其中腹腔镜输卵管结扎402例），常住人口出生率8.52‰、符合政策生育率97.99%，流动人口符合政策生育率93.95%，出生人口性别比为106.92：100。

维稳工作　县政法委组织公、检、法、司等部门预防和打击违法犯罪，维护社会治安；信访等部门认真处理群众来信、接待群众来访，解决群众合理诉求。2009年：推进社会治安综合治理，县法院审结刑事案件263件，民事案件902件，经济案件451件，行政案件18件；办理答复群众信访315批件，化解积案103件，推广发耳乡“7·20·3”（7天受理，20天调查办理，3天答复信访人）信访工作经验。2010年：县“五五”普法工作通过省、市验收，进行“平安水城”建设，开展反邪教和反渗透工作，禁毒工作有序推进，依法打击以黑恶势力犯罪为重点的各种违法犯罪；县法院审结刑事案件357件，民事案件808件，经济案件419件，行政案件50件；收到群众来信245件，接待来访群众716批次（2444人次），群众集体到市上访78批次（999人次），进京非正常上访19批次（31人次）。2011年：县法院审结刑事案件292件，民事案件1014件，经济案件485件，行政案件35件；收到群众来信162件，接待来访群众739批次（2979人次），争取信访救助金45.2万元，化解19件时间跨度长、处理难度大的陈年疑难信访问题；县领导接待群众来访15批（87人），办理答复11批（62人）；群众集体到市上访23批次（397人次），集体赴省上访3批次（71人次），进京非正常上访4人次。2012年：县法院审结刑事案件351件、民事案件1087件、经济案件588件、行政案件35件，县被评为省级法制县创建活动先进县；收到群众来信29件，接待来访群众880批次（3372人次），群众集体到市上访18批次（267人次），集体赴省上访8批次（78人次），进京非正常上访7人次。2013年：县强化矛盾纠纷排查调处，解决地质灾害和双水小地基等历史遗留信访问题；群众对“平安贵州”建设工作、社会治安、政法机关、公安机关满意率和安全感测评名列全市第一。2014年，县被评为全国青少年法治教育示范县，县关工委、县教育局被评为全国青少年普法教育先进单位，玉舍镇海坪村获“第五批全国民主法制示范村”称号，勺米镇坡脚村获第六批“全国民主法制示范村”称号，12所学校被评为“零犯罪学校”，2位市民、2位农民分别被评为全省“诚信守法市民”“诚信守法农民”。2015年：推进“法治水城”建设，开展法治教育进机关、进企业、进农村、进社区、进学校、进单位、进项目、进市场、进监所、进家庭“十进活动”，有13个乡（镇）和12个部门聘请法律顾问，30个乡（镇、街道）设置法律工作站；县公安局立刑事案件1416起、破获589起、刑拘或逮捕514人，发命案11起、破获11起，缴获海洛因5554.86克、麻古4912.88克、冰毒69.17克、鸦片0.95克、麻黄素2.53克、美沙酮560克，铲除罂粟2673株，收戒吸毒人员365名；成立“信访督察专员办”，建立信访督查巡视机制，有效推动各类信访案件“案结事了”。

保障和改善民生　人力资源和社会保障、民政、扶贫、安全等部门认真工作，全力保障和改善民生。2009年：县兑现干部职工、离退休人员津贴、补贴和事业单位绩效工资，高龄老人养老补助标准和农村居民最低生活保障标准提高，扩大养老、失业、工伤、医疗、生育等保险覆盖面，城乡低保实现应保尽保，发放城市居民低保金638万元、农村居民最低生活保障金6868万元；完成793户农村危房改造扩大试点工程和5261户农村危房改造，保障性住房支出2568万元，城镇新增就业1638人；减少贫困人口1.77万人，安全生产事故起数和死亡人数实现“双降”；开展产品质量和食品安全专项整治，创建国家食品安全示范县成果进一步巩固。2010年：县投入财政扶贫资金12.37亿元，减少农村贫困人口6.7万人；投入资金3.1亿元，完成20557户农村危房改造；投入资金930.96万元，完成1644户美好家园建设；城镇居民医疗保险制度全面推行，城镇登记失业率控制在4.47%以内；亿元生产总值死亡率下降到0.58，道路交通万车死亡率下降到2.35，煤矿10亿千克死亡率下降到3，工矿商贸10万从业人员死亡率下降到16.74。2011年：县城镇新增就业4048人，下岗失业人员再就业532人，就业困难对象再就业305人，农业劳动力转移就业16430人，农村劳动者、城镇登记失业人员技能就业培训2637人，发放就业小额担保贷款1542万元；养老保险参保6963人，医疗保险参保职工20800人，参加失业保险9525人，参加工伤保险20311人，参加生育保险12600人，发放城市居民低保金382.4万元、农村居民低保金11115.5万元；建敬老院和福利院22个，社会福利单位有床位879张，收养各类社会福利人员402人，供养农村“五保”人员3207人。2012年：县城乡养老保险参保28.5万人，城镇医疗、失业、工伤、生育等保险基本全覆盖；发放城市低保金325万元、农村低保金1.55亿元；完成1.7万户“四在农家”新民居建设和1.21万户农村危房改造；开工建设300套廉租房，建成1632套廉租房和204套公租房；扶贫攻坚实施“整乡推进、连片开发”和产业化扶贫，扶贫搬迁225户（1000人），米箩、都格、鸡场、玉舍、双戛、勺米6个乡（镇）“减贫摘帽”，有4.8万人越过贫困线；新增城镇就业1.65万人，农村劳动力转移就业1.76万人。2013年：县投入27.2亿元实施“二十件民生实事”，9个乡（镇）“减贫摘帽”，扶贫搬迁3368人，减少贫困人口6.3万人；城镇登记失业率控制在4.2%以内，促进城镇新增就业7369人，促进农业劳动力转移就业17722人；发放就业小额担保贷款9161万元，拉动社会资金1.7亿元，带动就业4879人；城乡居民社会养老保险参保29.57万人，发放城乡低保金1.8亿元；建设城市棚户区改造房1182套，1668套教师公租房、96套廉租房主体工程完工，“四在农家·美丽乡村”创建46300户；开展煤矿安全生产攻坚专项行动，以铁的手腕强力扭转安全生产被动局面。2014年：县“十件民生实事”投资14.8亿元，安全生产实现“双降”；6个乡（镇）“减贫摘帽”，21个贫困村完成扶贫“整村推进”，5.5 万人越过贫困线；城乡居民养老保险参保 31.18 万人，建成各类保障性住房 1232 套（户），发放住房租赁补贴 171.9 万元、解决 2740 户（3233 人）的住房困难，建成美丽乡村新民居 5.4 万户。2015 年，县减少贫困人口 5 万人，农村劳动力转移就业 2.03 万人，城镇新增就业 0.94 万人，摘掉“全国煤矿安全重点县”的“帽子”。

4. 政治建设

党的思想建设 全县各级党组织坚持党员和干部的经常性教育，并不断取得成果。2009 年，县按上级要求成立深入学习实践科学发展观活动领导小组，分 3 个阶段开展学习实践科学发展观活动；学习调研阶段，组织全县党员和干部学习中共十七大报告、中共十七届三中全会精神、《毛泽东邓小平江泽民论科学发展观》《科学发展观重要论述摘编》、胡锦涛在全党深入学习实践科学发展观活动动员大会上的讲话等文件，采取多种形式进行调查研究和征求意见，围绕科学发展开展思想大讨论；分析检查阶段，召开全县各级党组织领导班子和党员领导干部专题民主生活会，开展批评和自我批评，各级领导班子撰写分析检查报告，组织干部和群众对领导班子进行评议；整改落实阶段，全县各级党组织针对查找出的问题，制定整改落实方案，集中解决突出问题，完善体制机制，做好活动总结测评工作。2014 年 2 月 12 日至 10 月 21 日，县按市委的统一部署，在市委第二督导组的指导下，开展党的群众路线教育实践活动；按照“照镜子、正衣冠、洗洗澡、治治病”的总要求，完成 3 个环节的各项工作；学习教育、听取意见环节，组织全县党员对中共十八大报告、《中国共产党章程》、习近平总书记系列重要讲话、《党的群众路线教育实践活动学习文件选编》、焦裕禄精神、“三严三实”（严以修身、严以用权、严以律己，谋事要实、创业要实、做人要实）、《面向未来的赶考》、中央八项规定和省委、市委十项规定等文件认真学习，通过多种方式征求群众对全县各级党组织的意见和建议；查摆问题、开展批评环节，全县各级党组织认真查摆存在问题，分别召开专题民主生活会，班子成员以整风精神开展批评和自我批评，进行积极健康的思想斗争；整改落实、建章立制环节，全县各级党组织认真整改存在问题，健全各种规章制度；通过教育实践活动，全县党员和干部的理想信念、宗旨意识和党性修养强化，工作作风明显转变，党内政治生活更加正常，群众对全县各级党组织的满意度提高。

党组织建设 县委及其组织部门，重视党组织建设，不断完善各级党组织和发展党员，加强党员和干部教育与管理，根据需要培养和选拔各级领导干部，使全县党的事业兴旺发达。2009—2012 年，全县有乡（镇）党委 33 个，部门党委（工委）5 个，党总支部 19 个。2009 年：全县有党组 40 个，党支部 676 个，党员 18017 人；有干部 10822 名（县处级干部 35 名、正科级干部 214 名，副科级干部 640 名，科员及以下干部 9933 名），其中少数民族 4401 名、妇女 3315 名、研究生及以上学历 38 名、35 岁及以下 5278 名；提拔乡科级正职 10 名、副职 43 名。2010 年：全县有党组 34 个，党支部 676 个，党员 18476 人，蟠龙乡法那村党支部被评为全国优秀基层党组织；有干部 10856 名（县处级干部 38 名、正科级干部 213 名，副科级干部 757 名，科员及以下干部 9848 名），其中少数民族 4358 名、妇女 3477 名、研究生及以上学历 39 名、35 岁及以下 5099 名；提拔乡科级正职 3 名、副职 16 名，调整干部 136 名，交流干部 29 名。2011 年：全县有党组 34 个，党支部 644 个，党员 18989 人；有干部 11838 名（县处级干部 46 名、正科级干部 249 名，副科级干部 835 名，科员及以下干部

10708名），其中少数民族4742名、妇女3728名、研究生及以上学历55名、35岁及以下5739名；提拔乡科级正职4名、副职29名，公开选拔科级干部4名。2012年：全县有党组37个，党支部654个，党员19686人；在41个村进行富民型党组织创建试点；有干部11463名（县处级干部55名、正科级干部309名，副科级干部899名，科员及以下干部10200名），其中少数民族4455名、妇女3457名、研究生及以上学历95名、35岁及以下5187名；县级干部任职9名，提拔乡科级正职39名、副职83名，面向全国公开选拔科级干部15名，公推比选团县委书记1名、县执法监督管理局局长1名；引进硕士研究生以上学历人员17人。2013年，全县交流干部112人，10名干部改任非领导职务，干部免职51人；引进本科以上学历人员424人（其中硕士研究生49人，副高级职称6人），全县有副高级职称人员181人，有硕士研究生以上学历66人（其中博士研究生1人，全日制硕士研究生25人）。2015年：全县在非公有制企业建立党组织163家，100家社会组织中有17家建立党组织；交流干部195人、干部改任非领导职务34人、干部免职38人；培养选拔35岁以下干部161名，59名乡（镇）党政正职中有35岁及以下者17人；引进急需人才127名，招录选调生28名、公务员27名；培训科级干部3200人次，股级干部职工9800人次，村干部3900人次，乡村党员6000人次；将村级办公经费从1.5万元提高到2万元，村干部推行8小时坐班制、24小时值班制，招考200名事业单位人员到村任文书；村党组织书记、村委主任月报酬2500元，村党组织副书记、村委副主任月报酬1800元，其他村干部月报酬1500元，村干部均参加养老、医疗和工伤保险。

宣传工作　县委宣传部门和县电视、报刊、网络等新闻媒体，大力宣传水城，不断用先进的思想和文化占领宣传阵地。2009年：县开展理论知识竞赛和干部职工理论考试，利用“新华网水城站”等网络平台宣传水城；建有猴场乡和纸厂乡精神文明活动中心示范点，开展“文明新风进新村”“婚育新风进万家”“文明从脚下起步”等活动。2010年：县有1篇论文收入中央党校专刊，33个乡（镇）收集资料供市编辑出版《六盘水乡镇发展报告》，干部职工进行理论考试；创办《水城快讯》，水城县电视台试播，建立新闻发言人队伍，建有花戛乡都云村、鸡场乡上营村、红岩乡苏家寨村、蟠龙乡大田村、坪寨乡普联村5个精神文明示范村，“整脏治乱”工作排名全省第十五、全市第一。2011年：县开展“学习理论、指导实践”读书征文活动，组织“理论下乡村”活动7场（听众1400余人）和干部职工理论考试；县城获2009—2011年省文明县城称号，蟠龙乡法那村获省文明村称号，县国税局、县气象局被省评为文明单位，蟠龙乡沙坡村被省评为创建文明村镇工作先进村，县财政局、县法院、县人力资源和社会保障局、县国税局玉舍分局被省评为精神文明建设先进单位。2012年：县有5篇论文在全省征文中获奖，开展“社科理论下基层”宣讲8场（听众1600余人），组织干部职工理论考试，《水城快讯》恢复《水城报》名，在新华网、人民网等媒体刊发（播）县消息百余篇（条）；水城成为“富民型”党组织建设发源地，“整脏治乱”在全省排名第10位，“满意在贵州”主题活动在全省排名第6位。2013年：县开展“十破十立”“十强化十转变”大讨论，宣讲中共十八届三中全会精神等220场；制作《水城印象》等10个专题宣传片和2本宣传画册，在中央电视台发稿2条、省电视台发稿10条，处置网络舆情40起，在城区和交通沿线安装LED显示屏和制作具有民族特色的宣传画；开展“满意在交通·文明伴水城行”系列活动。2014年，县坚持意识形态工作与经济建设“两手抓”，推进社会主义核心价值体系教育。2015年：创办《生态水城》双月刊，开设“微信水城”、县官方微博，在中央、省级媒体发稿1200余条，中央电视台《乡村大世界》栏目录播“走进水城”节目，编辑出版“生态水城”丛书4本，出版音乐碟片《水城晒月亮》，处置网络舆情39起；评选“十星级文明户”60000户，361个“道德讲堂”开展活动974场次。

纪检监察工作　县纪委每年召开一次全会，各纪工委、纪检组、乡（镇）纪委领导列席，县纪委书记作年度工作报告，总结上年和部署下年党风廉政建设与反腐败工作。建立党风廉政建设与反腐败工作“一把手”负总责、各级领导人人有责的机制，每年初下发党风廉政建设与反腐败各项任务责任分解的通知，县委、县政府领导与下属单位领导签订党风廉政建设目标责任书，年终对全县各单位的党风廉政建设情况进行考核奖惩。建立健全各项党风廉政建设制度，形成全面预防腐败的制度体系。通过领导上廉政党课、开展廉政培训、制作《勤政廉政宣传手册》、举办廉政书画展、在《水城报》和水城电视台进行廉政宣传、开设和点击廉政网页、建立和组织参观百花苑廉政教育基地、组织旁听案件庭审和观看警示教育影视、节假日和重要时段发廉政短信等措施，对党员和干部进行党风廉政教育，增强其拒腐防变能力。对许可事项进行清理，全县行政许可事项由238项减少到118项，非行政许可事项由191项减少到66项。全面实行领导述职述廉评议，派纪检监察干部对投资项目、人事招聘等进行全程监督；对教育收费、药品采购、劳动用工等进行专项监察。组织干部查找思想道德、制度机制和岗位职责风险点，制定有效防控措施；在县内企业建立33个软环境建设监测点，聘请监测员33名。对633名干部进行任前廉政谈话，对141名干部进行诫勉谈话，对1578人进行廉洁自律情况审核。领导干部主动上交礼金233.84万元、上交价值40万余元的礼品。受理来信、来访、举报5674件次，立案557件，结案535件，移送司法机关95人，党纪、政纪处分704人，追缴违纪款3130.14万元；对干部违规使用公车、违规操办酒席等进行查处，对在安全生产等工作中应负责任的198名干部进行问责。查处违反工作纪律317人，辞退“吃空饷”的28人。开展“大约谈”活动，共约谈11829人次，部分有问题的干部主动说出自己的问题后轻装上阵。由于惩治腐败的力度逐步加大，党风和政风均有明显好转。

人大工作　县、乡人大机关依法开展工作，充分行使人民当家作主的权利。2009年：县人大召开人代会1次，常委会9次，主任会议31次，听取和审议30个专项工作报告，决定重大事项1个，任免国家机关工作人员48人，补选市人大代表1名，对18名国家机关工作人员进行任后监督测评；驻县省人大代表、县选举的市人大代表和县人大代表调研和视察各2次；形成调研报告18个、督查报告6个，开展9个法律、法规执法检查；督促有关部门办复代表提出的全部建议，受理群众来信77件、来访85批；为扶贫村协调资金43万元，干部职工捐款9250元帮扶贫困农户。2010年：县人大召开人代会1次，常委会7次，主任会议26次，听取和审议专项工作报告30个，决定重大事项4个，任免国家机关工作人员51人，对任命的17名国家机关工作人员进行监督测评；驻县省、市人大代表集中调研1次、视察1次，市人大代表小组活动2次，县人大代表集中调研1次、委托乡（镇）人大组织县人大代表视察1次；形成调研报告27个、督查报告12个，对3部法律、法规实施情况进行检查；督促有关部门办复县六届人大四次会议代表提出的建议76件，受理群众来信来访190件次、304人次；为扶贫点比德乡协调资金100万元，干部职工向扶贫点捐款2.8万元。2011年：县人大召开人代会2次，常委会11次，主任会议33次，听取和审议22个专项工作报告，任免国家机关工作人员21人，决定重大事项2个；驻县省、市人大代表集中调研1次、视察1次，县人大代表集中调研1次、开展执法检查2次；县、乡人大进行换届选举，选出县人大代表261名、乡（镇）人大代表1743名，县、乡人代会分别选出新一届人大和政府等机关；督促有关部门办复代表提出的65件建议和51条意见。2012年：县人大召开常委会11次，主任会议30次，听取和审议专项工作报告22个，决定重大事项3个，任免国家机关工作人员107人，建立健全规章制度40个；驻县省、市人大代表和县人大代表集中调研、视察各1次，开展执法检查2次；形成调研报告27个、督查报告4个、执法检查报告2个；督促有关部门办复县七届人大一次会议代表提出的建议62件，受理群众来信来访147件次、187人次；为扶贫村协调资金260余万元，干部职工捐款27500元帮扶贫困农户。2013年：县人大召开人代会1次，常委会14次，主任会议32次，听取和审议专项工作报告34个，决定重大事项6个，任免国家机关工作人员75人；驻县省、市人大代表集中专题调研1次、专题视察1次，县人大代表调研34次、督查24次，执法检查2次；督促有关部门办复代表提出的53件建议和66条意见，受理群众来信来访150件次；为扶贫村协调资金85.6万元，干部职工捐款3万余元帮扶贫困农户。2014年：县人大召开人代会1次，常委会9次，党组会议12次，主任会议29次，听取和审议专项工作报告22个，决定重大事项11个，对国家机关工作人员任命职务73人、免职36人、撤销职务1人，任命人民陪审员27人，接受7人辞去代表职务，暂停1人执行代表职务，补选市人大代表3名、县人大代表9名；驻县省、市人大代表和县人大代表集中调研、视察各1次；形成调研报告40个、视察报告2个、督查通报22个、执法检查报告2个；督促有关部门办复代表提出的67件建议和42条意见，受理群众来信来访172件次；为扶贫村协调资金141万元和6万千克水泥，干部职工捐款2.3万元帮扶贫困农户。2015年：县人大召开人代会1次，常委会10次，主任会议24次，听取和审议专项工作报告17个，对国家机关工作人员任命职务43人、免职37人，补选市人大代表5名，接受3人辞去市人大代表职务；驻县省、市人大代表集中调研视察各1次、分片区视察13次、代表小组调研33次；县人大代表开展执法检查6次、对政府3个工作部门进行工作评议，形成调研报告20个、视察报告25个；督促有关部门办复代表提出的91件建议和54条意见；县人大信访办受理群众来信来访162件，县人大领导接待来访群众199人次、协调解决问题81个，县人大领导下访活动中接待群众272人次、协调解决问题46个；为扶贫村协调项目资金1230余万元和为138户（退耕还林户）安装太阳能设备，干部职工捐款4.1万元帮扶贫困农户。

政协工作　县政协履行政治协商、民主监督、参政议政职能，在全县经济和社会发展中发挥作用。2009年：县政协召开委员会1次，常委会4次，主席会议和党组会议各12次，非公有制经济人士代表座谈会1次；县六届政协三次会议委员提出意见和建议58条，驻县市政协委员和部分县政协委员视察调研形成视察报告3个、调研报告9个、提出意见和建议62条，督促有关部门办复委员提案63件；为米箩乡协调项目43个、涉及资金7040.85万元，为营盘乡协调资金28万元，干部职工向扶贫点捐款7500元。2010年：县政协召开委员会1次，常委会4次，督促有关部门办复委员提案64件（提案所提问题解决或基本解决11件）；在龙场乡对130人进行果树栽培等技术培训，121人取得绿色证书；联系香港慈善机构向南开、发箐、玉舍、纸厂、米箩、盐井等乡资助教育和卫生经费505291元。2011年：县政协召开委员会2次，常委会6次，主席会议6次；县政协六届五次会议委员提出意见和建议 86 条，委员专题视察调研形成报告 10 个；督促有关部门办复委员提案 36 件，落实率 18%。2012 年：县政协召开常委会 3 次，主席会议 12 次；县政协七届一次会议委员提出意见和建议 37 条，委员专题视察调研形成视察报告 7 个、调研报告 8 个、提出意见和建议 95 条；召开 1 次老干部座谈会、4 次委员约谈会，共征求到意见和建议 20 条；督促有关部门办复委员提案 80 件，落实率 27.5%；引进县宏源农业有限发展公司在扶贫点投资 8000 万元建设 400 公顷猕猴桃基地，联系香港慈善机构出资 22 万元开展社会服务和资助贫困学生，干部职工向扶贫点捐款 1.56 万元。2013 年：县政协召开委员会 1 次，常委会 4 次，党组会议和主席会议各 20 次；县政协七届二次会议委员提出意见和建议 65 条，委员视察调研形成视察报告 2 个、调研报告 8 个、提出意见和建议 60 条；督促有关部门办复委员提案 50 件，落实率 38%；为扶贫点米箩乡倮么村筹措帮扶资金 40 万元，协调资金 16 万元、民用煤 7 万余千克，干部职工向扶贫点捐款 1.7 万元；联系香港慈恩基金会出资 16 万余元支持教育或帮助贫困学生。2014 年：县政协召开委员会 1 次，常委会 4 次，县政协七届三次会议委员提出意见和建议 65 条，委员专题视察调研形成报告 8 个、提出意见和建议 56 条；督促有关部门办复委员提案 67 件，落实率 25.4%；为扶贫点米箩乡倮么村协调项目 5 个、涉及资金 46 万元；政协机关开展“帮一农户脱贫、培一致富能手、做一民生实事、化一民怨积案”行动，协调资金 145 万元（其中自筹 31 万元），为民办实事 18 件；全县 238 名政协委员出资 250 万元，协调资金 680 万元，为民办实事 587 件。2015 年：县政协召开委员会 1 次，常委会 4 次，主席会议 18 次，党组会议 9 次；县政协七届四次会议委员提出意见和建议 65 条，召开 1 次老干部座谈会收集建议 18 条，委员专题视察调研形成报告 10 个、提出建议 67 条，开展民主监督中向县委、县政府及相关部门提出监督意见近 200 条；督促有关部门办复委员提出的提案，落实率 38.2%；筹资 18 万元为扶贫点米箩镇俄戛村修通 7 千米通组公路和改善村办公条件，机关 31 名干部职工结对帮扶 129 户贫困户，全县政协委员为民办实事 80 余件。

人武部工作　县人武部和乡（镇）武装部，按上级要求开展部队或民兵年度政治教育、军事训练、后勤保障等工作，不断提高部队和民兵的素质及战斗能力；切实进行民兵预备役建设，军人和民兵在抢险救灾、维护社会治安等工作中发挥关键作用。2009 年：全县有普通民兵连 102 个，基干民兵营 1 个、连 4 个、连级分队 1 个、排 38 个，民兵应急连 4 个；完成征兵和训练民兵任务；民兵应急分队在蟠龙乡“打黑除恶”和红山轻工业区、市一中双水校区执勤中发挥重要作用；组织民兵 300 余人参加发耳乡马场水库溢洪道溃堤抢险。2010 年：全县训练专武干部和民兵 200 人，完成征兵任务；组织民兵 1470 人次参与扑救玉舍森林公园、纸厂乡前进村森林、滥坝镇双水村森林等火灾；组织民兵 620 人次分别参加水盘高速公路、海坪彝族火把节、市举行的全省综合应急救援队伍建设现场会、凉都消夏文化节和杭瑞高速公路六枝至水城段开工典礼等执勤；是年底至次年初，县人武部组织官兵和民兵上万人（次）、出动车辆 1000 余台（次）抗旱救灾，铺设送水管道 300 余千米，送水 300 余万千克；县人武部党委被省军区党委表彰为先进党委，县人武部获省政府记集体一等功，县人武部部长张士现被省军区表彰为抗旱救灾先进个人，县城获双拥模范城称号。2011 年：成立县人武部直属民兵应急分队，全县有普通民兵连 120 个，基干民兵营 4 个、连 14 个（民兵应急连 4 个）、连级分队 1 个、排 34 个；完成征兵任务，训练民兵 320 人；组织民兵 600 余人次参加 10 余次森林火灾扑救，组织官兵和民兵1270人次参与抗冰雪救灾，组织民兵450人次参与海坪彝族火把节、凉都消夏文化节等值勤，县人武部3次向灾民捐款3万余元；县人武部党委被省军区党委表彰为优秀团级党委，县人武部被省军区表彰为军事训练先进单位、“十一五”期间计生工作先进单位，县人武部被水城军分区表彰为安全稳定工作先进单位，县城获双拥模范城称号。2012年：全县有普通民兵连173个，完成征兵任务，训练民兵375人；组织民兵及村民880人次扑救野钟乡发射村山林火灾、玉舍乡啰咪期森林公园火灾和参加鸡场乡毛家河水电站悬崖岩石垮落抢险，组织官兵和民兵390人次参与海坪彝族火把节和阿戛乡水库项目开工仪式等执勤，县人武部官兵向灾区捐款2万余元；县人武部党委被省军区党委表彰为优秀团级党委，县人武部被省军区表彰为全面建设先进单位、民兵工作先进单位、党风廉政建设先进单位、民兵武器装备管理先进单位，县人武部部长盛向阳和政委尹俊辉被省军区表彰为一对好主官。2013年：全县完成征兵任务，训练民兵285人；组织民兵530人次参与扑救鸡场镇凹子村三岔地、红岩乡马场村四组、发箐乡、勺米乡、都格乡等火灾和阿戛乡马场煤矿瓦斯突出事故抢险及新街乡二台村翻车事故救援，组织民兵1521人次参加森林防火等执勤；春节期间慰问困难群众、老党员、老军人。2015年：县修订完善25类战备预（方）案，在30个乡（镇）和街道各组建不低于20人的民兵应急分队，民兵应急骨干分队队员月工资由1200元增至1800元；完成征兵任务，训练民兵310人；全县科级以上干部200多人参加“八一军事日”活动；协调和筹资3万余元慰问军烈属，投入20600元扶贫济困；组织民兵2650余人次参与扑灭火灾和护林防火、市第二届旅发大会等执勤，县人武部在省军地联考联评中获动员筹划科目第一名，3千米越野第三名，综合第11名，总评优秀。

相关部门工作　县委办当好县委领导的参谋和助手，统揽全县党务工作全局，保证县委的决策部署落实。县统战部门团结包括侨属和港、澳、台属的一切力量，为全县经济和社会发展出力。县委党校按计划培训党员和干部，在理论研究和政策宣讲等方面发挥特长。县离退休工作部门尽力为老干部服务，发挥老干部的余热。县编制部门管理各单位编制，在机构改革中发挥参谋作用。县政策研究部门严把重要文件制定关，保证县委出台政策的正确性。县保密和机要部门按密级保守秘密，督促各单位执行保密法。县督查部门督促检查县委、县政府决策落实情况，保证政令畅通。县机关党委管理机关党务，发挥机关党组织和党员的带头作用。县史志部门编辑史志书籍，传承全县历史，发挥资政育人作用。县工会维护工人的合法权益，发挥工人在经济建设中的积极性。全县共青团组织带领团员和青年进行经济和社会建设，为党组织培养后备军。县妇联维护妇女的合法权益，发挥“半边天”的作用。县工商联（商会）引导非公有制经济正确发展，发挥县委、县政府与非公有制经济人士间的桥梁和纽带作用。县残联维护残疾人的合法权益，引导残疾人树立积极向上的思想。县红十字会协调各方面救援力量，开展人道主义救援。县关心下一代协会切实开展工作，鞭策下一代健康成长。县开发研究促进会开展调查研究等工作，促进成员单位为民办实事。县内民盟、民建、民进、九三学社不断加强自身建设，发挥参政议政与民主监督功能，助推水城经济和社会发展。县政府办当好县政府领导的参谋和助手，协调全县政务，保证政府工作落实。县武警与消防部门不断加强政治教育和业务训练，提高官兵的素质，在维护社会治安和处置火灾等突发事件中发挥尖刀作用。县人民防空和国防教育部门按各自的职责开展工作，为国防建设贡献力量。县国土资源部门依法管理土地和矿产，严格保护耕地，合理安排国家建设用地，按开发与保护相结合的原则制定矿产开采计划，使有限的资源发挥最佳效益。县民族与宗教部门执行国家民族与宗教政策，促进各民族共同繁荣，促使各宗教健康发展。县科技部门组织科技人员宣传和推广科学技术，落实科技兴县战略。县统计部门依法开展统计工作，为领导决策提供数据。县档案部门按规定管理档案，为编辑史志和解决历史遗留问题提供依据。县机关服务部门进行会务等服务，保证各种会议与活动正常开展。全县所有部门群策群力，共同为促进水城经济发展和社会进步奋斗。

2009—2015 年，水城经济、社会和政治等建设均取得显著成绩，但因底子薄、经济总量小等因素，与发达地区相比还有差距。水城人长期形成的拼搏精神将在未来的建设中发挥作用，水城的明天一定更加美好。

（二）2009—2015 年水城县副县级及以上干部名册

2009—2015 年水城县副县级及以上干部名册表

附录表 - 1

职务	姓名	性别	民族	任职起止时间	附　注
县委书记	杨龙政	男	白	2009. 1—2011. 6	—
	王　彬	男	汉	2011. 6—2014. 10	市委常委
	张志祥	男	汉	2014. 10—	市委常委
县人大常委会主任	赵庆周	男	白	2009. 1—	—
县委副书记、县长	刘　睿	女	汉	2009. 1—2009. 6	—
县委副书记、代理县长	付国祥	男	汉	2009. 6—2010. 3	—
县委副书记、县长				2010. 3—2012. 6	—
县委副书记、代理县长	王尔彬	男	汉	2012. 6—2013. 3	—
县委副书记、县长				2013. 3—	—
县政协主席	颜昌友	男	汉	2009. 1—2015. 7	—
	蔡盛周	男	汉	2015. 7—	—
县委常委、县人武部部长	张士现	男	汉	2009. 1—2011. 4	—
县委常委、县人武部政委	尹俊辉	男	汉	2011. 5—	—
县委副书记	刘　纯	男	水	2009. 1—2011. 10	—
	张　涛	男	彝	2011. 10—2012. 3	—
	吴君隆	男	侗	2012. 4—2014. 8	正县级
	闫秀春	女	汉	2012. 12—2013. 1	—
	龚　茜	女	汉	2013. 10—2014. 9	—
	杨　坚	男	苗	2014. 8—2015. 7	正县级
	赵　坤	男	汉	2015—	正县级
	瞿从勇	男	汉	2014—2015	挂职
	方雷明	男	汉	2014—2015	挂职
	胡　刚	男	汉	2015—	挂职
	杜　薇	女	汉	2015. 3—	挂职
县委常委、常务副县长	邓志宏	男	苗	2009. 1—2010. 4	—
	张云长	男	汉	2010. 4—2012. 11	—
	李仕强	男	汉	2012. 11—2014. 8	—
	廖　翔	男	苗	2014. 8—	—
县委常委、副县长	杨昌显	男	苗	2009. 1—2011. 10	—
	肖　明	男	彝	2011. 10—2013. 3	—
	蔡盛周	男	汉	2013. 9—2015. 7	—

续附录表－1

职务	姓名	性别	民族	任职起止时间	附 注
县委常委、县纪委书记	王亚军	男	汉	2009. 1—2011. 9	—
	李佳军	男	彝	2011. 10—2014. 8	—
	王永曦	女	汉	2014. 8—	—
县委常委、组织部部长	闫秀春	女	汉	2009. 1—2012. 3	—
	廖 翔	男	苗	2012. 3—2014. 8	—
	王 帆	男	汉	2014. 8—	—
县委常委、宣传部部长	徐永俊	男	汉	2009. 1—2010. 6	—
	禄 祎	女	汉	2010. 6—2011. 12	—
	李 勇	男	水	2012. 3—	水城县人
县委常委、统战部部长	龚申雄	男	苗	2009. 1—2012. 5	—
	黄光启	男	汉	2012. 5—2013. 10	—
	龙 挺	男	穿青人	2013. 10—	—
县委常委、政法委书记	包崇刚	男	汉	2009. 1—2011. 10	—
	马从容	男	回	2011. 10—2012. 8	县公安局局长
	何 方	男	汉	2012. 8—	县公安局局长
县人武部部长	盛向阳	男	汉	2011. 4—	—
县人大常委会副主任	张国田	男	彝	2009. 1—2010. 3	—
	樊章学	男	汉	2009. 1—2014	—
	张善周	男	彝	2009. 1—2011. 12	—
	王学明	男	苗	2009. 1—2010. 3	—
	王庆明	男	穿青人	2009. 1—2011. 12	—
	徐青青	女	汉	2009. 1—	—
	严金光	男	汉	2010. 3—	—
	谢开亮	男	白	2011. 3—	—
	马永相	男	回	2011. 12—2013. 1	—
	廖明芳	男	汉	2011. 12—2012. 11	—
	王 鹏	男	彝	2011. 12—2014. 11	—
	马玉勇	男	彝	2013. 3—	—
	李 刚	男	苗	2013. 3—	—
	赵传纲	男	白	2013. 3—	—
副县长	陈依良	男	汉	2009. 1—2011. 5	—
	蒋云丽	女	汉	2009. 1—2009. 6	—
	李 勇	男	汉	2009. 1—2010. 6	盘县人
	肖 明	男	彝	2010. 3—2011. 10	—
	龚 茜	女	汉	2011. 3—2013. 10	—
	蔡盛周	男	汉	2011. 12—2013. 9	—
	罗忠国	男	彝	2011. 12—2014. 6	—

续附录表－1

职务	姓名	性别	民族	任职起止时间	附　注
副县长	唐小国	男	汉	2011. 12—2015. 2	—
	陈朝晖	男	土家	2013. 2—2015. 2	—
	贺小考	男	汉	2013. 5—	—
	王　鹏	男	彝	2014. 11—	—
	龙　兴	男	彝	2015. 3—	—
	黎永胜	男	彝	2015. 3—	—
	谢寿阳	男	汉	2015. 11—	—
	罗天明	男	汉	2009. 1—2009. 6	挂职
	赵　鸿	男	汉	2010. 5—2011. 5	挂职
	常　亮	男	汉	2010. 9—2011. 9	挂职
副县长	张济农	男	汉	2013. 4—2013. 10	挂职
	罗玉成	男	汉	2014. 8—2015. 8	挂职、县委常委
	蒋　函	男	汉	2015—	挂职
	宋明智	男	满	2015. 1—	挂职
	曾莉红	女	汉	2015. 9—	挂职 1 年
	程安云	男	汉	2015. 11—	挂职 2 年
县政协副主席	蒋国钧	男	汉	2009. 1—2009. 3	—
	张建生	男	汉	2009. 1—2011. 12	后期为正县级
	陈泰斌	男	汉	2009. 1—2014. 3	—
	王友梅	女	汉	2009. 1—	—
	杨喜书	男	布依	2009. 1—	—
	蒋先中	男	苗	2009. 1—	—
	简正隆	男	汉	2011. 3—2015. 8	—
	罗亚婴	男	汉	2011. 12—2015. 3	—
	赵玉雄	男	布依	2011. 12—	—
	邓　辉	男	汉	2015. 3—	—
县法院院长	马永相	男	回	2009. 1—2011. 12	—
	徐　园	男	彝	2011. 12—	—
县检察院检察长	韩贵安	男	汉	2009. 1—2011. 10	—
	蒋金安	男	汉	2011. 12—	—
县人武部副部长	梁洪波	男	汉	2009. 1—2009. 3	—
	李海燕	男	汉	2009. 3—2012. 3	—
	龙湖江	男	汉	2012. 3—2014	—
	张　欣	男	汉	2014—	—
县公安局局长	陈国庆	男	汉	2009. 1—2009. 3	副县级
	李晓忠	男	汉	2009. 3—2011. 3	副县级

续附录表－1

职务	姓名	性别	民族	任职起止时间	附 注
县公安局政委	叶 圣	男	汉	2012. 12—2015. 2	副县级
	郭军力	男	回	2015. 8—	副县级
玉舍森林公园管理处主任	杨昌华	男	汉	2009. 1—	副县级
市中医院党委书记	张 凌	男	苗	2015. 11—	副县级
市中医院院长	陈华伟	男	黎	2011. 12—	副县级
水城经开区主任	王宜治	男	汉	2011. 12—2012. 6	—
水城经开区副书记	谢如宪	男	彝	2011. 12—	纪工委书记
水城经开区常务副主任	黄光启	男	汉	2013. 10—	—
水城经开区副主任	张 霖	男	穿青人	2011. 12—2013. 10	—
	王晓春	男	汉	2011. 12—2012. 7	—
	赵庆强	男	汉	2011. 12—2012. 7	—
	马华国	男	汉	2012. 7—	—
	李立国	男	汉	2012. 7—2013	—
	陆秀云	男	汉	2012. 7—	—
水城经开区公司董事长	王 敏	男	彝	2013. 5—	副县级
调研员	张善周	男	彝	2011. 12—2014. 1	—
	王庆明	男	穿青人	2011. 12—2014. 9	—
	樊章学	男	汉	2014—	—
副调研员	李含俊	男	穿青人	2009. 1—2011. 2	—
	王大亮	男	汉	2009. 1—2009. 10	—

三、初级资料稿编写单位

编写单位　县政府办、县委组织部、县委宣传部、县委政法委、县委党校、县政策研究室、县机要局、县保密局、县信访局、县督查室、县机关党委、县总工会、民盟水城支部、民进水城支部、九三学社水城支社、县民族宗教事务局、县消防大队、县人防办、县公安局、县检察院、县司法局、县住房和城乡建设管理局、县城乡规划和城市管理局、双水新区、县环保局、县农业局、县水务局、县水库和生态移民局、县供电局、县扶贫局、县经济和信息化局、县财政局、县国税局、县地税局、县信用联社、县发改局、县市场监督管理局、县民政局、县人力资源和社会保障局、县安监局、县科协、县教育局、县卫生与计生局、县疾控中心、县文联、县档案局、县生态文明建设和旅游发展局、尖山街道、老鹰山街道、陡箐镇、比德镇、化乐镇、南开乡、青林乡、木果镇、勺米镇、坪寨乡、新街乡、野钟乡、果布戛乡、都格镇、鸡场镇、营盘乡、龙场乡、顺场乡、米箩镇、蟠龙镇、猴场乡、发箐乡、纸厂乡、盐井乡、红岩乡。

修志始末

地方志是种独成体系的典籍，素有“博物之书”“一方之全书”“地方百科全书”等誉称，作为“一方之全书”，其全面、系统、准确的汇集一个地方自然、经济、社会、文化历史和现状的资料性著述，具有资政、存史、教化的重要作用。

按照《地方志管理条例》之规定，2007 年，水城县启动《水城县志（1978—2008）》，2019 年成稿，历经十二载，十修其稿、八更篇章、六改篇目、四易主编、二轮初审，付梓出版，实属不易。回望十二年的修志历程，支持与帮助、艰辛与成就、执着与责任比翼前行，最终成书，为后者了解其中艰难，特将编修历程作简单记述。

首先，集县域齐力，依法修志。

2007 年 8 月，按照中央、省、市的要求，以及水城县第一轮志书的时限，水城县启动本志编纂工作，成立《水城县志（1978—2008）》编纂委员会。2008 年 8 月 11 日，县委办和县政府办以水党发〔2008〕36 号文件，将本志各章节资料稿编写任务分配到各有关单位，并提出相关要求。2008 年 8 月 29 日，召开本志编纂委员会第一次会议，研究召开全县第二轮修志业务人员培训会的有关事项，通过本志编辑人员名单。2008 年 9 月 9 日，召开全县第二轮修志业务人员培训会，128 个承担资料稿编写单位的 216 人参加会议。

依照编修工作的需要，编修工作十二年里，各单位积极配合编制初稿的同时，县集组织部、财政、档案、统计等多家单位给予志书的编撰提供人力、资金、档案资料、统计资料等的支持。

其次，加强工作管束，推动工作进程。

2008 年 9 月至 2011 年 8 月，全县 128 个承编单位仅有 64 个单位交初稿、32 个单位交正稿。2012 年 8 月，在县委分管领导的协调和极力推动下，二轮修志工作再次启动，史志办为加大稿件移送力度，提高稿件的实用性，通过与督查室多次的沟通协调催稿。同时，请示县委县政府将稿件交收纳入 2014 年县委县政府年度考核的共性目标任务中。截至 2014 年 12 月，稿件移送达到 116 家。

2016 年 7 月，史志办通过委派工作人员蹲点的方式，到档案局逐年翻查档案，复印收集原始档案资料，详实稿件实体。

再次，聚集修志实力，保障志书质量。

为更好地更高质量的完成志书编纂工作，2007 年，通过购买服务的形式，聘请谢应钦、熊光阳为副主编。负责起草本志“篇目”和全县 128 个单位资料长编的编写提纲。史志办业务人员配合编修工作。2010 年，因工作短暂停滞，聘任事务同时结束。2010 年 9 月，史志办调任主任，人事变动，修志工作暂停。2011 年 5 月，史志办调任主任，人事变动后，在县委分管领导的一再敦促下，8 月修志工作再次启动。2013—2014 年，通过购买服务的形式，聘请代兴赋为本志副主编。2016 年 6 月，史志办调任主任，人事变动，修志工作再次提速。2016 年 7 月，再次通过购买服务的形式聘请李正